中国年鉴资源全文数据库核心年鉴
Core Yearbooks of China Yearbooks Full-text Database

# 中国企业年鉴 2012

# CHINA ENTERPRISE YEARBOOK

中国企业年鉴编委会/编

企业管理出版社
ENTERPRISE MANAGEMENT PUBLISHING HOUSE

**图书在版编目（CIP）数据**

**中国企业年鉴**．2012/《中国企业年鉴》编委会 编．–北京：企业管理出版社，2012.12

ISBN 978–7–5164–0231–3

Ⅰ．①中…　Ⅱ．①中…　Ⅲ．①企业经济–中国–2012–年鉴　Ⅳ．①F279.2–54

**中国版本图书馆CIP数据核字（2012）第285938号**

**书　　名：**中国企业年鉴（2012）
**作　　者：**《中国企业年鉴》编委会 编
**责任编辑：**尹　青
**书　　号：**ISBN 978–7–5164–0231–3
**出版发行：**企业管理出版社
**地　　址：**北京市海淀区紫竹院南路17号　　**邮编：**100048
**网　　址：**http：//www.emph.cn
**电　　话：**总编室68701719　　发行部68414644　　编辑部68701184　　广告部68701192
**电子邮箱：**80147@sina.com　　chinaqynj@163.com
**印　　刷：**北京画中画印刷有限公司
**经　　销：**新华书店
**规　　格：**889毫米×1194毫米　　16开本　　印张：41.5　　彩插：8.25　　字数：1200千字
**版　　次：**2012年12月第1版　　2012年12月第1次印刷
**定　　价：**480.00元（附赠光盘）
**广告经营许可证：**京海工商广字8127号

# 编纂说明

一、《中国企业年鉴》（以下称《年鉴》）于2011年在《中国企业管理年鉴》的基础上，更名改版，本卷为连续出版的第22卷。

二、《年鉴》是由国务院国有资产监督管理委员会主管，中国企业联合会、中国企业家协会组织编写的全国大型资料性年刊，是中国出版工作者协会年鉴工作委员会第一批认证的“中国年鉴资源全文数据库核心年鉴”。

三、《年鉴》继续由我国经济界、企业界老前辈袁宝华、陈锦华、张彦宁同志担任编委会名誉主任，中国企业联合会、中国企业家协会会长王忠禹担任编委会主任；国家发改委、国务院国资委、工信部的领导同志担任编委会副主任。同时聘请了社会各界有关专家、学者、领导和企业家担任理事会成员、特约编委和特约撰稿人。

四、《年鉴》是中国国内迄今为止唯一一部反映和纪录中国企业改革与发展历程的史鉴，融政策性、权威性和实用性于一体，从不同层面、多元视角、各个领域真实再现了中国企业改革、管理和发展的新成就和新经验，热情讴歌了先进企业的骄人业绩和创业企业家的领军风采。

五、《年鉴》秉承“鉴往知来，服务现实，保存资料，惠及后代”的重要使命，奉行“时代性、系统性、权威性和连续性”的办刊方针，为中国的各类企业和企业家以及众多研究和关注中国企业改革发展的专家学者提供数据信息和参考资料。

六、《年鉴》（2012）共设10个篇章，即：A.重要文献；B.专文；C.经济法律法规和政策；D.企业篇；E.行业篇；F.管理篇；G.企业论坛；H.国民经济和社会发展统计资料；I.附录；J.图片资料。

七、本卷涉及全国性统计数据，暂未包括港澳台地区，其统计数据截至2011年12月31日。国民经济和企业发展统计资料中的数据采用国家统计局公布的初步统计数据；由于统计口径、方法不尽相同，如有行业、地方的统计数据与上述数据不完全一致的情况，以国家统计局的数据为准。

八、本卷编辑工作得到了全体特约编委、特约撰稿人和中国企业联合会有关部门同志的热心帮助和鼎立支持，在此一并表示诚挚的谢意。

九、自2011年改版后，每卷同步出版多媒体全文检索电子光盘（CD—ROM），随书赠送。

《中国企业年鉴》编委会
2012年10月

▲ 胡锦涛视察东风汽车

2011 年 6 月 1 日，国家主席胡锦涛来到东风汽车公司的技术中心看望技术人员。

（供稿：东风汽车公司）

▲ **温家宝视察本钢集团公司**

2011 年 7 月 3 日，国务院总理温家宝来到本钢集团有限公司，在生产线进行了考察。

（供稿：本钢集团有限公司）

▲ 王忠禹会见国际劳工组织总干事

2011 年 11 月 29 日，中国企业联合会、中国企业家协会会长王忠禹（右三）在北京会见了来访的国际劳工组织总干事索马维亚（左二）一行。

（记者：林瑞泉 摄）

▲ 李德成在联合国全球契约组织总部

2011 年 6 月 21 日，中国企业联合会、中国企业家协会常务副会长兼理事长李德成（左）与联合国全球契约组织总干事乔治 · 科尔（中）、中国石化董事长傅成玉（右）在纽约联合国全球契约组织总部合影。

（供稿：全球契约中国网络秘书处）

2011 年 3 月 26 日，由中国企业联合会、中国企业家协会主办的主题为："后危机时期的企业管理：转型•队伍•创新"的全国企业管理创新大会在北京举行。

（记者：林瑞泉　摄）

▲ 全国企业管理创新大会在京举行

2011 年 7 月 17—18 日，由中国企业联合会、中国企业家协会主办的主题为：深化企业价值体系建设　增强企业文化驱动力的全国企业文化年会在北京召开。

（记者：林瑞泉　摄）

▲ 全国企业文化年会（2011）在京举行

2011 年 9 月 3—5 日，中国企业联合会、中国企业家协会在四川省成都市发布第 9 个中国企业 500 强排行榜暨中国大企业高峰会。

（记者：林瑞泉　摄）

▲ 2011 中国企业 500 强排行榜发布

▲ 全国企业技术创新大会在京举行

2011 年 11 月 26 日，由国家工业和信息化部、财政部、中国企业联合会联合主办的全国企业技术创新大会在北京召开。

（记者：林瑞泉 摄）

▲ 全球契约中国网络成立

2011 年 11 月 28 日，全球契约中国网络成立大会在北京举行。

（供稿：全球契约中国网络秘书处）

# 编 委 会

刘建军　河北省企业家协会秘书长
汤友富　中铁第四勘察设计院集团有限公司副院长
安　进　安徽江淮汽车股份有限公司董事长
许力为　红云红河烟草（集团）有限责任公司党委书记
闫冰竹　北京银行党委书记、董事长
孙　波　国家质量监督检验检疫总局质量管理司司长
孙　勤　中国核工业集团公司党组书记、董事长
孙树义　第十届全国政协委员
孙文序　国家工商行政管理总局消费者权益保护局局长
孙庆生　企业管理出版社总编辑
孙兆学　中国黄金集团公司总经理、党委书记
　　　　中国黄金协会会长
孙又奇　中国核工业集团公司党组成员、副总经理、总会计师，中核集团中核财务有限责任公司董事长
次仁彭多　西藏自治区企业联合会负责人
杜广义　中国石化中原油田局党委常委、副局长
李　玲　中国机械工业企业管理协会副会长兼秘书长
李士林　中信国安集团公司董事长
李西人　陕西省企业家协会秘书长
李长华　江苏省企业联合会、企业家协会秘书长
李朴民　国家发展和改革委员会秘书长
李其华　江西省企业联合会、企业家协会秘书长
李振中　商务部市场秩序司副司长
李寿生　中国石油和化学工业联合会常务副会长
李明星　中国企业联合会、中国企业家协会副理事长兼国际联络部主任
李贵阳　邯郸钢铁集团有限公司董事长、党委书记
李和仁　中国交通企业管理协会常务副秘书长
李普强　内蒙古自治区企业联合会秘书长
李建明　中国企业联合会、中国企业家协会副理事长兼研究部主任
李建疆　云南省企业联合会、企业家协会副会长兼秘书长
李赞英　黑龙江省哈尔滨市企业联合会副会长
杨　鹏　宁夏回族自治区企业家协会秘书长
杨连盛　广东省企业联合会、广东省企业家协会常务副会长
杨廷成　青海省企业联合会副秘书长
吴荣启　贵州省企业联合会、企业家协会会长
吴显名　四川省企业联合会、企业家协会副会长兼秘书长
何希霖　山东能源新矿集团翟镇煤矿矿长
何训班　国家工商行政管理总局外资局局长
辛仁周　工业和信息化部产业政策司副司长
沈　莹　国务院国有资产监督管理委员会财务监督与考核评价局局长
沈文荣　江苏沙钢集团公司董事局主席
宋志平　中国建筑材料集团有限公司董事长、党委书记，中国医药集团总公司董事长
张志骧　中国企业联合会、中国企业家协会党委副书记、纪委书记兼信息工作部主任
张雨夏　广西中烟工业有限责任公司党组书记、总经理
张晓芳　本钢集团有限公司总经理
张　诚　中国长江三峡集团公司党组成员、副总经理
　　　　中国长江电力股份有限公司总经理
张序国　科技部火炬高新技术产业开发中心党委书记
张启曾　新疆自治区企业联合会、企业家协会常务副会长
张祥明　重庆市企业联合会、企业家协会常务副会长兼秘书长
陈兰通　中国企业联合会、中国企业家协会执行副会长
陈卫东　浙江省企业联合会、企业家协会常务副会长兼秘书长
陈爱莲　万丰奥特控股集团党委书记、董事长
邵安林　鞍钢集团矿业公司总经理
范继祥　中国电力企业联合会副秘书长
林左鸣　中国航空工业集团公司董事长、党组书记
周明春　中国石油天然气股份有限公司财务总监
周生贤　国家环境保护部部长
周渝波　国务院国有资产监督管理委员会政策法规局局长

---

主　　编：李德成
副 主 编：刘　鹏　　卢卫东
执行副主编：官永久
责任编辑：尹　青
编　　辑：崔立凯
黄宜成　杨天良　朱永美

# 特约撰稿人

**撰稿人：**（按姓氏笔画排序）

马　超　中国企业联合会雇主工作部项目主任
王永干　中国电力企业联合会秘书长
王吉伟　中国企业联合会企业文化建设委员会副秘书长
王华俊　中国有色金属工业协会副秘书长
王德春　中国钢铁工业协会综合部副部长
毛元斌　国务院国有资产监督管理委员会企业改革局集团处处长
朱小群　中国（民）私营经济研究会
朱向群　中国（民）私营经济研究会
任　慧　中国思想政治工作研究会、中宣部思想政治工作研究所调研一部助理研究员
刘　刚　中国企业联合会管理现代化办公司副处长
汤家轩　中国煤炭工业协会副主任、教授级高工
孙才森　国务院国有资产监督管理委员会政策法规局副局长
孙淮滨　中国纺织工业协会产业部副主任
李朴民　国家发展和改革委员会秘书长
李培松　中国轻工业联合会研究室主任、副研究员
李战军　中国房地产协会中房研协技术服务有限公司所长
李月田　国家人力资源和社会保障部政策研究司副司长
肖春华　中国交通年鉴社编辑主任
吴义国　国家工业和信息化部中小企业司副司长
谷东玉　中国建筑材料联合会综合处处长
辛仁周　国家工业和信息化部产业政策司副司长
迟惠玲　中国企业联合会企业文化建设委员会秘书长
张文彬　中国企业联合会企业技术创新办公室副处长
张明钟　国家工业和信息化部信息中心统计分析处
张路鹏　国家发展和改革委员会政策研究室
陈国栋　国务院国有资产监督管理委员会综合局处长
邵红亚　中国企业联合会、中国企业家协会
林瑞泉　《中国企业报》记者
欧阳晓明　中华全国工商业联合会经济部部长
周　密　商务部研究院博士
周志成　中国物流与采购联合会研究室
郑佳节　国家人力资源和社会保障部政策研究司
赵志平　中国石油和化学工业联合会信息与市场部主任
赵明霞　中国纺织工业协会产业部行业分析师
赵新敏　中国机械工业联合会
姚明宽　国家发展和改革委员会资源节约和环境保护司综合处副处长
贺登才　中国物流与采购联合会副会长、中国物流学会副会长
聂平香　商务部研究院外资研究部副研究员
黄　蕾　中国电子信息产业发展研究院工业化研究中心、中小企业研究所所长
黄澄清　国家工业和信息化部信息中心主任
常　杉　中国企业联合会企业技术创新办公室
谢又乔　国家发展和改革委员会经济运行局高级工程师

# 地方企联、企协工作站

**站长名单：**（按姓氏笔画排序）

马晓丽　青海省企业联合会、企业家协会会员部主任
王森林　云南省企业联合会、企业家协会研究会主任
王惠璋　海南省企业联合会、企业家协会秘书长助理、研究策划部主任
王昌宏　贵州省企业联合会、企业家协会副秘书长
王新哲　河南省企业联合会、企业家协会研究部副主任
王泽新　广东省企业联合会、企业家协会主编
井红霞　新疆自治区企业联合会、企业家协会专职副秘书长
古建忠　江西省企业联合会、企业家协会办公室副主任
朱家驹　安徽省企业联合会、企业家协会副秘书长
庄德彬　黑龙江省企业联合会、企业家协会常务副会长兼秘书长
刘绍华　湖北省企业联合会、企业家协会综合工作部、咨询培训部部长
刘建军　河北省企业家协会秘书长
杜怀明　甘肃省企业联合会、企业家协会副秘书长
李　珍　陕西省企业联合会会员工作部部长
李　韬　广西企业与企业家联合会会员部主任
李西人　陕西省企业家协会秘书长
李　阳　宁夏回族自治区企业家协会行政助理
李贞国　河北省企业联合会办公室主任
李晓东　山西省企业联合会、企业家协会常务副秘书长兼会员部主任
张玉萍　内蒙古自治区企业联合会、企业家协会办公室主任
张　恒　四川省企业联合会、企业家协会会员部部长
张　强　辽宁省企业联合会　企业家协会副部长
郑　璀　福建省企业与企业家联合会会员工作部副主任
赵静姝　江苏省企业联合会、企业家协会会员工作部
段晓凡　山东省企业联合会、企业家协会会员中心副主任
徐增康　浙江省企业联合会、企业家协会副秘书长
郭庆华　重庆市企业联合会、企业家协会会长助理兼会员部主任
商　艳　湖南省企业联合会、企业家协会会员联络和培训部部长
温池洪　吉林省企业联合会、企业家协会副秘书长
穆克宪　天津市企业联合会、企业家协会研究部部长

# 特约协办单位、特约理事单位

## 特约协办单位：(排序不分先后)

中国石油天然气股份有限公司
中国海洋石油总公司
国家电网公司
中国建筑材料集团有限公司
新兴际华集团有限公司
中国华融资产管理公司

## 特约理事单位：(排序不分先后)

五矿发展股份有限公司
首钢总公司
河北钢铁集团有限公司
唐山钢铁集团有限责任公司
邯郸钢铁集团有限责任公司
江苏沙钢集团公司
天津钢管集团股份有限公司
天津钢铁集团有限公司
攀钢集团有限公司
东北特殊钢集团有限责任公司
本钢集团有限公司
鞍钢集团矿业公司
首钢长治钢铁集团有限公司
攀枝花钢城集团有限公司
东风汽车公司
江铃汽车股份有限公司
中国南方机车车辆工业集团公司
长沙中联重工科技发展股份有限公司
万丰奥特控股集团
大唐电信科技产业集团
中信国安集团公司
中国航空工业集团公司
中国航空集团公司
国家开发投资公司
招商银行
北京银行
中国核工业集团公司
中国黄金集团公司
山东黄金集团有限公司
恒大集团

中国长江电力股份有限公司
华能澜沧江水电有限公司
中国轻工业品进出口总公司
中建材集团进出口公司
浙江大东南股份有限公司
山东科达集团有限公司
重庆医药（集团）股份有限公司
南京医药产业（集团）有限责任公司
中国石油化工集团公司
中国石油管道公司
中国石化中原油田
中国石化北京燕山石油化工有限公司
中国石油集团东方地球物理勘探有限责任公司
中国石油辽河油田分公司
中国石油集团渤海钻探工程有限公司
北京京煤集团有限责任公司
山东能源新矿集团翟镇煤矿
红云红河烟草（集团）有限责任公司
中昊晨光化工研究院
中铁第四勘察设计院集团有限公司

# 发挥骨干引领作用　构建和谐劳动关系<br>争创世界一流企业

## 在2011中国企业500强发布暨中国大企业高峰会上

## （代序）

中国企业联合会
中国企业家协会　会长　王忠禹

2011中国企业500强发布暨中国大企业高峰会是在全国上下认真学习贯彻胡锦涛总书记"七一"重要讲话精神之际，在"十二五"开局不久、全面建设小康社会进入关键时期，在深化改革开放、加快转变经济发展方式进入攻坚阶段的重要时刻召开的。本次会议的一项重要内容，就是总结过去，展望未来，探讨在新的历史条件下，更加奋发有为地将中国大企业发展事业继续推向前进。

### 一、中国企业在做强做大的道路上已经取得很大进步

21世纪以来，经济全球化深入发展，中国经济持续高速增长。这是一个需要大企业而且产生大企业的时代。在党和国家发展具有国际竞争力的大型企业集团的方针政策指引下，中国企业充分发挥比较优势，积极应对国际竞争挑战，成功把握国内工业化、城镇化、市场化带来的历史性机遇，坚持内涵发展与外延发展并重，在做强做大的道路上取得了令人瞩目的成效，为中国综合国力和竞争力的提高提供了有力的保障。以2002年中国企联推出的中国企业500强为基础，可以看出中国大企业的发展成就。

规模实力迅速提升，经济效益同步改善。2002—2011年中国企业500强的营业收入，从61 000亿元增长到363 000亿元，提高了4.9倍；入围门槛由20亿元提升到142亿元，增加了122亿元；年营业收入在千亿元以上的企业由10家增加到80家。同期资产总额从260 000亿元增长到1 081 000亿元，扩大了3.2倍。特别是净利润总额从3 057亿元增长到20 835亿元，提高了5.8倍，明显高于营业收入和资产增长幅度，显示出企业的发展质量在不断提高。

2002—2011中国企业500强的营业收入总额与GDP的比值从63.6%上升为91.3%，大企业在国民经济中的影响力日益显著；纳税总额占全国税收总额的比重长期稳定在35.0%以上，对国家财

税贡献非常突出；“十一五”期间，中国企业500强中开展并购重组的从131家增加到182家，并购重组企业数从408家上升到1 112家，在经济和产业结构调整中发挥了重要作用。

与美国大企业的差距正在缩小，在世界大企业中的地位大幅提升。2002—2011年中国企业500强营业收入年均增长22.0%，明显高于同期世界企业500强6.9%和美国企业500强4.1%的水平。资产总额年均增长17.1%，也明显高于世界企业500强9.9%和美国企业500强6.5%的水平。就经济效益而言，虽然在大部分年份里，中国企业500强的有关指标与世界和美国企业500强有一定的差距，但在国际金融危机期间，世界和美国企业500强的净利润都出现了剧烈下降，目前才大体恢复到危机前的水平，因此，就10年的平均水平看，中国大企业与世界和美国大企业相比并不逊色。

10年前，中国企业500强的营业收入总额仅相当于美国企业500强的10.0%，现在这一比例达到了49.8%。中国内地企业入围世界企业500强的数量每年都有新的突破。10年来从11家跃升到58家，现在已位居世界第三，仅次于美国和日本，明显多于德国、英国和法国等传统经济大国。有3家企业进入前10位，58家企业的总体效益状况高于世界平均水平。中国大企业已经成为世界大企业中的一支重要力量。

体制和机制转换取得重大突破，技术和管理创新取得明显进步。国有大企业通过公司化和股份制改造、完善公司治理结构、大力推进战略性重组、建立市场化的激励和约束机制，在国民经济中的带动力、控制力和影响力不断增强。民营大企业逐步推行资本社会化、管理专业化、治理规范化，创新用人机制，在克服家族治理与现代市场经济的矛盾中不断取得进展。民营企业入围中国企业500强的数量从最初的87家增加到现在的184家，已经接近40.0%，在国民经济和大企业中的地位明显增强。中国企业健康持续发展的体制机制基础得到不断加强。

中国大企业高度重视技术进步，积极探索中国特色的自主创新之路。一些领先企业开始在自我积累的基础上，强化自主研发，努力掌握核心技术，培育自主品牌，涌现了一系列值得学习和推广的经验。华为和中兴以全球市场为导向，攻克核心技术，自主建立产业链，实现了渐进性自主创新；海尔集团和中国船舶立足自主品牌，积极利用全球技术资源，走出了一条快速响应市场需求的集成创新之路；奇瑞和海信坚持整机产品自主设计和核心技术并重的创新模式，新产品开发不断取得突破。

中国大企业紧跟世界潮流，注重从传统文化中汲取营养，推进企业管理水平迈上新台阶，企业经营理念发生深刻变化，品牌、声誉、知识产权、企业文化等无形资产受到重视；企业组织形态日趋合理；企业职能管理在强化基础管理的同时，积极向供应链管理、资本运营、风险管理、社会责任等领域拓展；企业管理信息化成效显著，用友公司迅速成长为亚洲最大的管理软件公司，宝钢、中国远洋、联想等一大批企业，充分利用信息和互联网技术，搭建大规模协同管理平台，极大地改变了企业的运营和管理模式。

总体上看，进入21世纪以来，中国大企业进入了一个崭新的发展时期，无论是各项经济指标还是企业的综合素质都得到了显著提升。

## 二、发挥骨干引领作用，争创世界一流企业

综观国内外形势变化，从国际看，2008年爆发的国际金融危机影响深远，2010年以来的欧美债

务危机最近又引发国际金融市场剧烈动荡，对世界经济的复苏带来严重影响，全球经济增长趋缓，甚至可能出现波折，影响中国外需持续增长。中国未来将面临更为复杂、更为激烈的国际竞争环境，给大企业开拓国际市场，拓展发展空间带来新的困难。从国内看，虽然说中国市场需求潜力巨大，企业做强做大前景广阔，但需要看到，中国经济正处在一个由数量经济到效益经济、由制造到创造、由粗放发展到科学发展、由吸引外资到对外投资的历史转折点上；中国企业普遍存在发展方式粗放、产品结构水平低、自主创新能力不强、管理水平不高等问题，需要积极应对成本持续上升、资源环境约束强化、切实履行社会责任等一系列严重挑战。中国大企业未来的成长道路并不平坦。

面对复杂多变的国际形势，中国大企业要在已经取得的成就基础上，科学判断和准确把握国内外经济发展大势，加快解决影响企业持续健康发展的突出矛盾和问题，大力提高国际竞争力，在科学发展、转型升级、结构调整中发挥更大的作用。

### （一）看到差距，明确目标，增强紧迫感和责任感

我们必须清醒地看到，中国大企业发展取得的成绩，在很大程度上依赖于中国经济的持续高速增长，还没有完全摆脱粗放型增长模式，与世界一流企业相比，在许多方面的差距还是相当大的。

世界一流企业是能够真正为消费者创造价值、为社会创造价值、切实推动产业和社会进步的企业。这些企业不但在规模与业绩水平上名列全球同行业前列，而且还能够提出引领行业持续增长的观点和主张，是产业规则与相关标准的制定者；能够在经营管理上开展卓有成效的创新，他们创立的许多管理方法往往会成为业界的最佳实践；具有全球认知度的国际品牌，具备全球领先的技术研发实力与成果转化能力，能够对全球资源进行优化配置与整合，能够以重要角色参与国际分工，具有产业话语权和主导权。

以这样的标准来衡量，中国大企业提升国际竞争力还有很长的路要走！我们绝不能津津乐道于企业规模的扩张和排名的提升。赶上世界先进水平，需要我们付出巨大的努力，容不得我们有丝毫懈怠。为此，大企业需要树立起强烈的紧迫意识，进一步增强使命感和责任感，紧紧抓住难得的发展机遇，将民族复兴的伟大理想融入到企业发展的长远战略中去，探索符合自身实际的发展道路，不断向世界一流企业迈进。

### （二）引领产业整合，积极进军新兴产业

“十二五”规划纲要坚持把经济结构的战略性调整作为加快转变经济发展方式的主攻方向，提出了转型升级、提高产业核心竞争力的战略任务。大企业由于处在产业链和产业网络的核心地位，拥有雄厚的实力和市场影响力，在优化产业组织结构、提高产业的组织化程度、推进产业升级的过程中，发挥着中小企业难以替代的骨干引领作用。

针对中国重点产业长期存在的协作效率低、产业链衔接不顺畅等突出问题，大企业应该继续积极实施强强联合、跨地区兼并重组，提高产业集中度和资源配置效率。着力推动建立科学合理的产业竞争规则和秩序，形成以大企业为龙头，大、中、小企业高效分工协作的新型产业体系。要以清晰的战略指导并购重组，做好并购重组后的有效整合，深入挖掘内部资源的协同效应，通过产业链整

合，推动资源向产业链的关键环节和高端布局。

针对中国经济结构中传统产业多、产业层次低、新兴产业不发达的局面，大企业要积极进军战略性新兴产业，带动社会资本加大对新兴产业的投资。要牢牢抓住未来具有重要发展前途、关系国计民生、关系国家安全的新技术、新产业的发展动态和方向，进行战略性投资和布局，积极抢占带动未来发展的制高点。要注意新兴产业与传统产业之间的良性互动与相互促进，以新兴产业带动传统产业的升级换代，逐步使战略性新兴产业成为企业可持续发展的重要力量。

**（三）提高自主创新能力，特别是产业链创新的主导能力**

提升自主创新能力是中国摆脱受制于人局面，加快转变经济发展方式的必由之路。在 2011 世界企业 500 强中，中国虽然有 58 家企业入围，但在核心技术和高强度研发投入主导的行业，仍然很难看到中国企业的踪影。中国大企业应该进一步加大研发投入，着力打造一流的科研开发平台，着力构建开放式技术创新体系，持续提升研发效率，坚持不懈的提高自主创新能力。

需要强调的是，相对于企业单独进行自主创新，许多国际知名企业非常重视提高以带动产业链技术升级为目的的创新能力。例如，英特尔和微软在 PC 机产业，通过掌握核心技术主导了产业链的创新，耐克在运动服装和运动鞋产业，也通过产品整体技术和强势品牌主导了产业链的创新。可见，对于产业龙头企业来说，增强产业链创新的主导能力，就显得尤为重要。拥有这种能力之后，多个企业、多个产品和多项技术就会形成相互支持、相互依赖的关系，自主创新活动具有很大的稳定性和方向性，能够形成产业主导权，对提高产业竞争力可以发挥巨大的作用。

对于中国优势企业来说，要在注重提高自身自主创新能力的同时，高度重视增强产业链创新的主导能力，推动自主创新能力进入高级阶段。奇瑞以经济型轿车整车和系列发动机核心技术能力主导产业链的技术创新，带动了上游零部件供应商和汽车钢板等材料供应商的创新；大唐电信以 TD 核心技术主导 3G 和 4G 国际移动通信标准，并在其中嵌入自主知识产权，以主导产业联盟近 200 多家企业的方式带动了整个产业链的形成和技术创新，就是这方面的典型范例，其发展模式值得更多的企业借鉴。

**（四）提升系统化管理水平，高度重视产品质量管理**

随着全球范围内产业分工的深入发展，当今世界企业之间的竞争已经超越单个企业之间的竞争，更多地表现为供应链、产业链之间的竞争。在这样的竞争格局中，大规模运营能力、系统化管理能力，就成为企业必须具备的基础能力。一些世界一流企业，之所以能够成为行业领先者，就在于它们非常重视供应链的各个环节遵循统一的市场标准、彼此协同，形成了强大的系统化管理能力。相比之下，中国许多企业在快速成长过程中，企业管理还难以真正适应大规模、超大规模运营的需要。提高企业的系统管理化水平已成为当务之急，由于这方面不适应造成的问题已经显现并影响发展。提高企业系统管理水平，要勇于突破惯性思维和习惯做法的约束，树立协同、共赢发展的理念；要切实加强集团总部建设，协调好各业务板块之间的关系；要广泛采用虚拟组织、战略联盟、价值链管理等方法和手段，提高供应链管理水平；要继续加强信息化和标准化建设，构建反应敏捷的一体化管控平台。

必须特别强调的是，无论在什么情况下，无论企业管理处于什么阶段，我们都要始终高度重视产品质量管理，不能有丝毫的放松麻痹。近年来，在食品领域出现的“苏丹红”、“瘦肉精”等事件，在煤炭、石油、铁路等领域出现的一系列安全事故，都给公共利益造成严重伤害，极大地损害了企业的形象。企业必须把产品质量提高到关系国家形象的高度，提高到维系企业生命的高度去认识。要切实承担企业自身的质量主体责任，敢于向社会作出质量承诺；要牢固树立“以人为本”的理念，打造素质过硬的职工队伍；要建立覆盖产品全生命周期的质量管理体系，层层落实质量管理责任；要通过精益管理、贯标达标、加强检测等途径，切实提高产品的可靠性。唯有如此，企业才能赢得消费者的信赖，赢得社会的尊重，企业发展才能建立在坚实的基础之上。

## 三、贯彻全国构建和谐劳动关系先进表彰暨经验交流会精神，主动积极构建和谐劳动关系

2011 年 8 月 15—16 日，中央召开了“全国构建和谐劳动关系先进表彰暨经验交流会”，这是改革开放 30 多年来第一次全国性研究部署构建和谐劳动关系的专题工作会议，规格高，规模大，效果好。6 位党和国家领导同志出席会议并亲切接见获奖单位代表，习近平副主席在大会上作了重要讲话，王兆国同志主持会议并作了讲话，张德江副总理作了总结讲话。习近平同志站在党和国家事业发展全局的战略高度，深刻阐述了构建和谐劳动关系的重要意义，明确指出构建中国特色和谐劳动关系是坚持中国特色社会主义道路、贯彻中国特色社会主义理论体系、完善中国特色社会主义制度的重要组成部分，其经济、政治、社会意义十分重大而深远。这篇讲话是新时期做好劳动关系工作的纲领性文献。

习近平同志在讲话中强调指出，和谐劳动关系不仅直接关系到企业的发展和职工群众利益的实现，而且关系社会和谐稳定与发展进步。在一定程度上可以说，企业兴则经济兴，职工稳则社会稳。构建和谐劳动关系，搞好企业发展是前提。企业发展了，才能创造更多的就业机会，才能改善职工条件，才能增加职工收入。

构建和谐劳动关系是我们当前必须抓好的一项紧迫而重要的政治任务。创世界一流企业，必须构建企业和谐劳动关系。劳动关系和谐了，才能充分调动广大职工的积极性，才能保持职工群众的创造活力，才能不断促进企业发展繁荣。构建企业和谐劳动关系，必须坚持“以人为本”，紧紧依靠职工办好企业。要依法经营、诚信经营，善待职工，切实维护广大职工的经济、政治、文化、社会权益，增强企业的凝聚力和职工的归属感。会议强调当前要重点做好以下工作：

一是规范企业劳动用工，特别是要建立健全劳动合同制度。要全面推行劳动合同制度，提高劳动合同的覆盖面、签订率和履约质量。特别是保障农民工的各项合法权益。

二是合理调节企业工资收入分配，特别是要深入推进集体合同制度。要尊重职工的劳动价值，建立职工工资正常增长机制，积极稳妥推动工资集体协商，实现企业与职工协商共谋、机制共建、效益共创、利益共享。

三是加强企业民主管理建设，特别是要建立健全职代会、厂务公开等各项民主管理制度。畅通

职工民主参与渠道，依法保障职工的知情权、参与权、表达权、监督权。同时，要通过开展员工提合理化建议、技术革新等活动，发挥员工的聪明才智和创新精神。

四是努力化解劳动关系矛盾，特别是要建立健全企业内部调解机制。企业要重视发挥调解的基础性作用，大力加强企业劳动争议调解组织和调解员队伍建设，把矛盾和纠纷解决在基层，化解在萌芽状态。

五是要加强企业经营者队伍建设，特别是要提高企业家素质。要加快培育具有世界眼光、战略思维、创新精神和经营能力的企业家。广大企业家要努力提高思想政治素质，树立奉献精神，在坚持科学发展、保障职工权益、履行社会责任等方面尽职尽责，让企业做强、做优、健康发展，让职工快乐工作、体面劳动、幸福生活。

"十二五"时期是中国经济社会发展的关键时期，也是中国企业进一步做强做大的战略机遇期。大企业是国民经济的中流砥柱，坚定不移的向世界一流企业迈进，在"转方式、调结构"中发挥骨干引领作用，是时代赋予我们的历史使命，我们肩负的责任重大。我相信，中国大企业一定能够紧紧抓住重要战略机遇期，不为任何困难所惧，不为任何干扰所惑，不断研究新情况，解决新问题，开创新局面，为保持国民经济持续快速健康发展，为建设社会主义现代化强国，作出新的更大的贡献！

# 目　次



## A 重要经济文献



## B 专　文



## C 经济法律法规选编

### 法　律



### 行政法规

## D　企业发展概况

## E 行业发展概况



## F 企业管理综述

## G 企业论坛

## H　国民经济和社会发展统计资料



## I　附　录

## J 图片资料

### 重点企业



### 优秀企业

A

# 重要经济文献

# 政府工作报告

## ——2012年3月5日在第十一届全国人民代表大会第五次会议上

国务院总理　温家宝

**各位代表：**

现在，我代表国务院，向大会报告政府工作，请各位代表审议，并请全国政协委员提出意见。

## 一、2011年工作回顾

过去的一年，面对复杂多变的国际政治经济环境和艰巨繁重的国内改革发展任务，全国各族人民在中国共产党领导下，同心同德，团结奋进，改革开放和社会主义现代化建设取得新的重大成就。国内生产总值472 000亿元，比上年增长9.2%；公共财政收入103 700亿元，增长24.8%；粮食产量57 121万吨，再创历史新高；城镇新增就业1 221万人，城镇居民人均可支配收入和农村居民人均纯收入实际增长8.4%和11.4%。我们巩固和扩大了应对国际金融危机冲击成果，实现了“十二五”时期良好开局。

一年来，我们主要做了以下工作：

### （一）加强和改善宏观调控，遏制物价过快上涨，实现经济平稳较快发展

我们实施积极的财政政策和稳健的货币政策，坚持正确处理保持经济平稳较快发展、调整经济结构和管理通胀预期的关系，更加注重把握好政策实施的重点、力度和节奏，努力做到调控审慎灵活、适时适度，不断提高政策的针对性、灵活性和前瞻性。在全球通胀预期不断增强，国际市场大宗商品价格高位波动，国内要素成本明显上升，部分农产品供给偏紧的严峻形势下，我们把稳定物价总水平作为宏观调控的首要任务，坚持综合施策，合理运用货币政策工具，调节货币信贷增速，大力发展生产，保障供给，搞活流通，加强监管，居民消费价格指数、工业生产者出厂价格指数涨幅从8月份起逐月回落，扭转了一度过快上涨势头。下半年，世界经济不稳定性、不确定性上升，国内经济运行出现一些新情况新问题，我们一方面坚持宏观调控的基本取向不变，保持宏观经济政策基本稳定，继续控制通货膨胀；一方面适时适度预调微调，加强信贷政策与产业政策的协调配合，加大结构性减税力度，重点支持实体经济特别是小型微型企业，重点支持民生工程特别是保障性安居工程，重点保证国家重大在建、续建项目的资金需要，有针对性地解决经济运行中的突出矛盾。我们坚定不移地加强房地产市场调控，确保调控政策落到实处、见到实效。投机、投资性需求得到明显抑制，多数城市房价环比下降，调控效果正在显现。我们高度重视防范和化解财政金融领域的潜在风险隐患，及时对地方政府性债务进行全面审计，摸清了多年形成的地方政府性债务的总规模、形成原因、偿还时限和区域分布。这些债务在经济社会发展中发挥了积极作用，形成了大量优质资产；也存在一些风险隐患，特别是部分偿债能力较弱地区存在局部性风险。我们认真开展债务清理整顿和规范工作，严格控制增量，积极稳妥解决债务偿还和在建项目后续融资问题。目前，中国政府性债务水平是可控的、安全的。总的看，中国国民经济继续朝着宏观调控预期方向发展，抗风险能力不断增强，呈现增长较快、价格趋稳、效益较好、民生改善的良好态势。

### （二）加快转变经济发展方式，提高发展的协调性和产业的竞争力

我们坚持有扶有控，促进结构调整和优化升级，增强发展后劲。

巩固和加强农业基础。全面落实强农惠农富农

政策，加大农业生产补贴力度，稳步提高粮食最低收购价，加强以农田水利为重点的农业农村基础设施建设，开展农村土地整治，加强农业科技服务和抗灾减灾，中央财政“三农”支出超过10 000亿元，比上年增加1 839亿元。农业全面丰收，粮食总产量实现了历史罕见的“八连增”，连续5年超万亿斤，标志着中国粮食综合生产能力稳定跃上新台阶。继续推进农村危房改造，解决了6 398万农村人口的饮水安全和60万无电地区人口的用电问题，农村生产生活条件进一步改善。加快产业结构优化升级。大力培育战略性新兴产业，新能源、新材料、生物医药、高端装备制造、新能源汽车快速发展，三网融合、云计算、物联网试点示范工作步伐加快。企业兼并重组取得新进展。支持重点产业振兴和技术改造，中央预算投资安排150亿元，支持4 000多个项目，带动总投资3 000亿元。加快发展信息咨询、电子商务等现代服务业，新兴服务领域不断拓宽。交通运输产业快速发展，经济社会发展的基础进一步夯实。推进节能减排和生态环境保护。发布实施“十二五”节能减排综合性工作方案、控制温室气体排放工作方案和加强环境保护重点工作的意见。清洁能源发电装机达到2.9亿千瓦，比上年增加3 356万千瓦。加强重点节能环保工程建设，新增城镇污水日处理能力1 100万吨，5 000多万千瓦新增燃煤发电机组全部安装脱硫设施。加大对高耗能、高排放和产能过剩行业的调控力度，淘汰落后的水泥产能1.5亿吨、炼铁产能3 122万吨、焦炭产能1 925万吨。实施天然林保护二期工程并提高补助标准，实行草原生态保护奖补政策，开展湖泊生态环境保护试点。植树造林9 200多万亩。

促进区域经济协调发展。深入实施区域发展总体战略和全国主体功能区规划。出台实施促进西藏、新疆等地区跨越式发展的一系列优惠政策。制定实施新10年农村扶贫开发纲要和兴边富民行动规划。区域发展协调性进一步增强，中西部和东北地区主要经济指标增速高于全国平均水平，东部地区产业转型升级步伐加快。城镇化率超过50.0%，这是中国社会结构的一个历史性变化。胜利完成四川汶川特大地震灾后恢复重建任务，积极推进青海玉树、甘肃舟曲、云南盈江抗灾救灾和恢复重建工作。

**（三）大力发展社会事业，促进经济社会协调发展**

各级政府加大对科技、教育、文化、卫生、体育事业的投入，全国财政支出28 200亿元。

持续提升科技创新能力。加强基础研究和前沿技术研究。实施国家科技重大专项，突破一些关键核心技术，填补了多项重大产品和装备的空白。天宫一号目标飞行器与神舟八号飞船先后成功发射并顺利交会对接，成为中国载人航天发展史上新的里程碑。

扎实推进教育公平。深入贯彻落实教育改革和发展规划纲要。经过25年坚持不懈的努力，全面实现九年制义务教育。免除3 000多万名农村寄宿制学生住宿费，其中1 228万名中西部家庭经济困难学生享受生活补助。建立起完整的家庭经济困难学生资助体系。初步解决农民工随迁子女在城市接受义务教育的问题。推动实施“学前教育三年行动计划”，提高幼儿入园率。大力发展职业教育。加强中小学教师培训工作，扩大中小学教师职称制度改革试点，提高中小学教师队伍整体素质。首届免费师范生全部到中小学任教，90.0%以上在中西部。

大力加强文化建设。中央财政加大对文化惠民工程的支持，各地对公益性文化事业投入显著增加。扩大公共文化设施免费开放范围，服务面逐步拓展。文化体制改革继续推进，文化产业快速发展。文物保护、非物质文化遗产保护和传承取得重要进展。大力加强群众体育设施建设，全民健身活动蓬勃开展，体育事业取得新成绩。

积极稳妥推进医药卫生事业改革发展。基本医疗保险覆盖范围继续扩大，13亿城乡居民参保，全民医保体系初步形成。政策范围内住院费用报销比例提高，重大疾病医疗保障病种范围进一步扩大。各级财政对城镇居民医保和新农合的补助标准由每人每年120元提高到200元。国家基本药物制度在政府办基层医疗卫生机构实现全覆盖，基本药物安全性提高、价格下降。公立医院改革试点有序进行。基层医疗卫生服务体系基本建成。基本公共卫生服务均等化取得新进展。

**（四）切实保障和改善民生，解决关系群众切身利益的问题**

我们坚持民生优先，努力使发展成果惠及全体人民，促进社会公平正义。

实施更加积极的就业政策。多渠道开发就业岗位，全力推动以创业带动就业，加强职业技能培训和公共就业服务体系建设。加大财政、税收、金融等方面支持力度，着力促进高校毕业生、农民工等重点人群就业。高校毕业生初次就业率77.8%，同比提高1.2个百分点。农民工总量2.53亿人，比上年增长4.4%，其中，外出农民工1.59亿人，增长3.4%。

积极调整收入分配关系。着力提高低收入群众收入。农村居民人均纯收入实际增速为1985年以来最高，连续2年快于城镇居民；各地普遍较大幅度调高最低工资标准；连续第7年提高企业退休人员基本养老金，全年人均增加1 680元，5 700多万人受益；进一步提高城乡低保补助水平以及部分优抚对象抚恤和生活补助标准，对全国城乡低保对象、农村五保供养对象等8 600多万名困难群众发放一次性生活补贴；建立社会救助和保障标准与物价上涨挂钩的联动机制。扩大中等收入者所占比重。个人所得税起征点从2 000元提高到3 500元。降低900多万个体工商户税负。中央决定将农民人均纯收入2 300元（2010年不变价）作为新的国家扶贫标准，比2009年提高92.0%，把更多农村低收入人口纳入扶贫范围，这是社会的巨大进步。

加强社会保障体系建设。社会保障覆盖范围继续扩大，全国参加城镇基本养老保险、失业保险、工伤保险和生育保险人数大幅增加。2 147个县（市、区）实施城镇居民社会养老保险试点，1 334万人参保，641万人领取养老金。2 343个县（市、区）开展新型农村社会养老保险试点，3.58亿人参保，9 880万人领取养老金，覆盖面扩大到60.0%以上。解决了500多万名集体企业退休人员养老保障的历史遗留问题。将312万名企业“老工伤”人员和工亡职工供养亲属纳入工伤保险统筹管理。养老保险跨地区转移接续工作有序推进。社会保障体系不断健全，向制度全覆盖迈出重大步伐，这是推进基本公共服务均等化取得的重要成就。

大力推进保障性安居工程建设。出台关于保障性安居工程建设和管理的指导意见，完善财政投入、土地供应、信贷支持、税费减免等政策，着力提高规划建设和工程质量水平，制定保障性住房分配、管理、退出等制度和办法。中央财政安排资金1 713亿元，是2010年的2.2倍，全年城镇保障性住房基本建成432万套，新开工建设1 043万套。

努力维护社会公共安全。加强安全生产监管，做好重特大安全事故的处置、调查、问责工作。完善食品安全监管体制机制，集中打击、整治非法添加和违法生产加工行为。坚持以人为本、服务为先，加强和创新社会管理，着力排查化解各类社会矛盾，依法打击违法犯罪活动，保持社会和谐稳定。

**（五）深入推进改革开放，为经济社会发展注入新的活力和动力**

我们按照“十二五”规划提出的改革任务，加大攻坚力度，推动重点领域和关键环节的改革。

完善公共财政体系特别是预算管理制度，把预算外资金全部纳入预算管理，扩大国有资本经营预算实施范围，深化部门预算改革，推进政府预算、决算公开，98个中央部门和北京、上海、广东、陕西等省市公开“三公经费”。在全国范围实施原油、天然气资源税从价计征改革，出台营业税改征增值税试点方案。把跨境贸易人民币结算范围扩大到全国，启动境外直接投资人民币结算试点，开展外商直接投资人民币结算业务。深化集体林权制度改革，启动国有林场改革试点，依法开展草原承包经营登记。推进水利建设管理体制改革，创新水资源管理体制。深化国有企业改革。启动实施电网主辅分离改革重组以及上网电价和非居民用电价格调整方案。基本完成乡镇机构改革。事业单位分类改革有序开展。

我们坚持出口和进口并重，利用外资和对外投资并举，全面提升开放型经济水平。积极推进市场多元化战略，努力优化贸易结构。全年货物进出口总额36 400亿美元，增长22.5%，其中，出口增长20.3%，进口增长24.9%，贸易顺差进一步下降。实际使用外商直接投资1 160亿美元，服务业和中西部地区比重提高。企业“走出去”步伐加快，非金融类对外直接投资601亿美元。积极参与国际和区域经济合作,多边双边经贸关系继续深化。

我们在民主法制建设、国防和军队建设、港澳台工作和外交工作等方面,都取得了卓有成效的进展。

过去一年的成绩来之不易,显示了中国特色社会主义的优越性和生命力,增强了中华民族的自豪感和凝聚力。这是以胡锦涛同志为总书记的党中央科学决策、正确领导的结果,是全党全军全国各族人民齐心协力、顽强拼搏的结果。我代表国务院,向全国各族人民,向各民主党派、各人民团体和各界人士,表示诚挚的感谢!向香港特别行政区同胞、澳门特别行政区同胞、台湾同胞和海外侨胞,表示诚挚的感谢!向关心和支持中国现代化建设的各国政府、国际组织和各国朋友,表示诚挚的感谢!

我们也清醒地看到,中国经济社会发展仍然面临不少困难和挑战。从国际看,世界经济复苏进程艰难曲折,国际金融危机还在发展,一些国家主权债务危机短期内难以缓解。主要发达经济体失业率居高难下,增长动力不足,新兴经济体面临通货膨胀和经济增速回落的双重压力。主要货币汇率剧烈波动,大宗商品价格大幅震荡。国际贸易投资保护主义强化。从国内看,解决体制性结构性矛盾,缓解发展不平衡、不协调、不可持续的问题更为迫切、难度更大,经济运行中又出现不少新情况新问题。主要是:经济增长存在下行压力,物价水平仍处高位,房地产市场调控处于关键阶段,农业稳定发展、农民持续增收难度加大,就业总量压力与结构性矛盾并存,一些企业特别是小型微型企业经营困难增多,部分行业产能过剩凸显,能源消费总量增长过快。一些长期矛盾与短期问题相互交织,结构性因素和周期性因素相互作用,国内问题和国际问题相互关联,宏观调控面临更加复杂的局面。政府工作仍存在一些缺点和不足,节能减排、物价调控目标没有完成;征地拆迁、安全生产、食品药品安全、收入分配等方面问题还很突出,群众反映强烈;政府管理和服务水平有待提高,廉政建设亟须加强。

我们一定要以对国家和人民高度负责的精神,采取更加有力的措施,切实解决存在的问题,努力把各项工作做得更好,决不辜负人民的重托。

## 二、2012 年工作总体部署

2012 年是“十二五”时期承前启后的重要一年,也是本届政府任期的最后一年。我们要恪尽职守、锐意进取、攻坚克难、决不懈怠,交出一份人民满意的答卷。

中国发展仍处于重要战略机遇期,在较长时期内继续保持经济平稳较快发展具备不少有利条件。工业化、城镇化和农业现代化快速推进,消费结构和产业结构升级蕴藏着巨大的需求潜力;经过 30 多年改革开放,中国发展建立了良好的物质基础和体制条件,宏观调控经验不断丰富,企业竞争力和抗风险能力明显提高;东部地区创新发展能力增强,中西部地区和东北等老工业基地发展潜力不断释放;经济发展的传统优势依然存在,劳动力资源丰富、素质提高;财政收支状况良好,金融体系运行稳健,社会资金比较充裕。世界经济政治格局正在发生深刻变化,和平、发展、合作仍然是时代潮流,总体上有利于中国和平发展。我们要坚定信心,善于运用有利条件和积极因素,继续抓住和用好重要战略机遇期,推动经济平稳较快发展,不断增强中国的综合国力和国际影响力。

我们要高举中国特色社会主义伟大旗帜,以邓小平理论和“三个代表”重要思想为指导,深入贯彻落实科学发展观,坚持稳中求进,加强和改善宏观调控,继续处理好保持经济平稳较快发展、调整经济结构和管理通胀预期的关系,加快推进经济发展方式转变和经济结构调整,着力扩大国内需求特别是消费需求,着力加强自主创新和节能减排,着力深化改革开放,着力保障和改善民生,全面推进社会主义经济建设、政治建设、文化建设、社会建设以及生态文明建设,努力实现经济平稳较快发展和物价总水平基本稳定,保持社会和谐稳定,以经济社会发展的优异成绩迎接党的十八大胜利召开。

2012 年经济社会发展的主要预期目标是:国内生产总值增长 7.5%;城镇新增就业 900 万人以上,城镇登记失业率控制在 4.6% 以内;居民消费价格涨幅控制在 4.0% 左右;进出口总额增长 10.0% 左右,国际收支状况继续改善。同时,要在产业结构调整、自主创新、节能减排等方面取得新进展,城乡居民收入实际增长和经济增长保持同步。这里要着重说明,国内生产总值增长目标略微调低,主要是要与“十二五”规划目标逐步衔接,引导各方面把工作着力点放到加快转变经济发展方式、切实提高经济发展质量和效益上来,以利于实现更长时期、更高水平、更好质量发展。提出居民消费价格涨幅控制在4.0%左右,综合考虑了输入性通胀因素、要素成本上升影响以及居民承受能力,也为价格改革预留一定空间。

综合考虑各方面情况,要继续实施积极的财政政策和稳健的货币政策,根据形势变化适时适度预调微调,进一步提高政策的针对性、灵活性和前瞻性。

继续实施积极的财政政策。保持适度的财政赤字和国债规模。2012年拟安排财政赤字8 000亿元,赤字率下降到1.5%左右,其中中央财政赤字5 500亿元,代发地方债2 500亿元。优化财政支出结构、突出重点,更加注重向民生领域倾斜,加大对教育、文化、医疗卫生、就业、社会保障、保障性安居工程等方面的投入。更加注重加强薄弱环节,加大对“三农”、欠发达地区、科技创新和节能环保、水利、地质找矿等的支持。更加注重勤俭节约,严格控制“三公经费”,大力精简会议和文件,深化公务用车制度改革,进一步降低行政成本。继续控制楼堂馆所建设规模和标准,压缩大型运动会场馆建设投入。全面加强对重点领域、重点部门和重点资金的审计。实施结构性减税。认真落实和完善支持小型微型企业和个体工商户发展的各项税收优惠政策,开展营业税改征增值税试点。继续对行政事业性收费和政府性基金进行清理、整合和规范。加强地方政府性债务管理和风险防范。按照分类管理、区别对待、逐步化解的原则,继续妥善处理存量债务。进一步清理规范地方政府融资平台公司。坚决禁止各级政府以各种形式违规担保、承诺。同时,把短期应对措施和长期制度建设结合起来,严格控制地方政府新增债务,将地方政府债务收支分类纳入预算管理。

继续实施稳健的货币政策。按照总量适度、审慎灵活的要求,兼顾促进经济平稳较快发展、保持物价稳定和防范金融风险。综合运用各种货币政策工具,调节好货币信贷供求,保持社会融资规模合理增长。广义货币预期增长14.0%。优化信贷结构,支持国家重点在建、续建项目和保障性安居工程建设,加强对符合产业政策、有市场需求的企业特别是小型微型企业的信贷支持,切实降低实体经济融资成本。继续严格控制对高耗能、高污染和产能过剩行业的贷款。完善人民币汇率形成机制,增强人民币汇率双向浮动弹性,保持人民币汇率在合理均衡水平上的基本稳定。大力发展外汇市场,丰富外汇产品。为市场主体提供更多的汇率避险工具,管好用好外汇储备。建立健全系统性金融风险防范和监管协调机制,增强抵御风险能力。加强跨境资本流动监控。规范各类借贷行为,引导民间融资健康发展。

全面做好2012年的工作,必须坚持突出主题、贯穿主线、统筹兼顾、协调推进,把稳增长、控物价、调结构、惠民生、抓改革、促和谐更好地结合起来。稳增长,就是要坚持扩大内需、稳定外需,大力发展实体经济,努力克服国内外各种不稳定不确定因素的影响,及时解决苗头性、倾向性问题,保持经济平稳运行。控物价,就是要继续采取综合措施,保持物价总水平基本稳定,防止价格走势反弹。调结构,就是要有扶有控,提高经济增长质量和效益,增强发展的协调性和可持续性。惠民生,就是要坚持把保障改善民生作为工作的根本出发点和落脚点,把促进社会公平正义放在更加突出的位置,切实办成一些让人民群众得实惠的好事实事。抓改革,就是要以更大的决心和气力推进改革开放,着力解决影响经济长期健康发展的体制性、结构性矛盾,在一些重点领域和关键环节取得新突破。以开放促改革、促发展、促创新。促和谐,就是要正确处理改革、发展、稳定三者关系,积极有效化解各种矛盾和风险隐患,防止局部性问题演变成全局性问题,促进社会和谐稳定。

## 二、2012年主要任务

### (一)促进经济平稳较快发展

扩大内需特别是消费需求是中国经济长期平稳较快发展的根本立足点,是2012年工作的重点。

着力扩大消费需求。加快构建扩大消费的长效机制。大力调整收入分配格局，增加中低收入者收入，提高居民消费能力。完善鼓励居民消费政策。大力发展社会化养老、家政、物业、医疗保健等服务业。鼓励文化、旅游、健身等消费，落实好带薪休假制度。积极发展网络购物等新型消费业态。支持引导环保建材、节水洁具、节能汽车等绿色消费。扩大消费信贷。加强城乡流通体系和道路、停车场等基础设施建设。加强产品质量安全监管。改善消费环境，维护消费者合法权益。

不断优化投资结构。保持投资稳定增长，促进投资和消费良性互动。认真落实《国务院关于鼓励和引导民间投资健康发展的若干意见》，出台具有可操作性的实施细则。加强政府投资对结构调整的引领作用，优先保证重点在建、续建项目，有序推进国家重大项目开工建设。把好土地、信贷、节能、环保、安全、质量等准入和审核关，加强对重大项目特别是政府和国有投资项目的监管、督查，提高投资质量和效益。

### （二）保持物价总水平基本稳定

这是关系群众利益和经济社会发展全局的重点工作。要在有效实施宏观经济政策、管好货币信贷总量、促进社会总供求基本平衡的基础上，搞好价格调控，防止物价反弹。

增加生产、保障供给。继续把控制食品价格过快上涨作为稳定物价的重点。落实好"米袋子"省长负责制和"菜篮子"市长负责制，保障主要农产品供给。大中城市要有合理的菜地保有量，稳定和提高本地应季蔬菜自给水平，同周边地区和优势产区协作建设"菜篮子"产品基地。加强重要商品产运销衔接，完善政府储备和商业储备体系，做好主要农产品收储和投放，增强市场调控能力。

搞活流通、降低成本。严格执行蔬菜等鲜活农产品运输绿色通道政策。认真落实对农产品批发市场、集贸市场、社区平价菜店等的扶持政策，鼓励城市连锁超市、高校、大型企业、社区与农产品流通企业、专业合作社、种养大户对接，减少流通环节，增加零售网点，充分发挥流通主渠道作用。深化流通体制改革。扩大物流企业营业税差额纳税试点范围，完善大宗商品仓储设施用地税收政策。调整完善部分农产品批发、零售增值税政策，推动流通标准化、信息化建设。要多管齐下，切实把流通效率提上去、中间成本降下来，真正让生产者和消费者都得到好处。

加强监管、规范秩序。重点加强对食品、药品价格和医疗、通信、教育等服务收费的监督检查，坚决治理交通运输领域乱收费乱罚款，纠正大型零售商业企业违规收费行为，严厉查处发布虚假信息、囤积居奇、操纵价格、恶意炒作等违法行为。把握好舆论导向，正确引导社会预期。

### （三）促进农业稳定发展和农民持续增收

在工业化和城镇化发展进程中，要更加重视农业现代化。必须坚持把解决好"三农"问题作为各项工作的重中之重，进一步加大强农惠农富农政策力度，巩固和发展农业农村好形势。

稳定发展农业生产，多渠道增加农民收入。继续开展粮食稳定增产行动，稳定粮食种植面积，着力提高单产。引导农民调整结构，扩大紧缺、优质农产品生产，支持蔬菜、肉蛋奶、水产品等生产。农业补贴要继续增加总量，提高标准，扩大范围，完善机制，新增补贴重点向种养大户、农民专业合作社及各种生产服务组织倾斜。继续提高粮食最低收购价，2012 年小麦、稻谷最低收购价平均每 50 千克分别提高 7.4 元和 16 元。健全主产区利益补偿机制，增加粮油、生猪等重要农产品生产大县奖励补助资金。实施新 10 年农村扶贫开发纲要，按照新的国家扶贫标准，全面做好扶贫开发工作，加大集中连片特殊困难地区扶贫开发力度，让扶贫对象更多地分享改革发展成果。

加快农业科技进步。农业的根本出路在科技。要大力推动农业科技创新，加大对良种繁育、疫病防控、农产品质量安全等关键技术研发和应用的支持力度。加快推进基层农技推广服务体系改革和建设，健全乡镇或区域性农业公共服务机构。完善农业技术补贴制度，促进先进适用农业技术到田到户。建好现代农业示范区，推进高产创建和标准化创建。加快农业机械化步伐。

加强农业农村基础设施建设。2012 年中央财政用于"三农"的投入拟安排12 287亿元，比上年增加1 868亿元。要搞好灌区配套改造和小型农田水利建设，大力发展节水农业，加大土地开发整理复垦力度，大规模建设旱涝保收高标准基本农田。加快中小河流治理、小型水库除险加固和山洪地质灾害综合防治。加强农村水电路气以及文化体育等基础设施建设，推进农村环境治理，加快农村危房改造，继续改善农村生产生活条件。

深化农村改革。坚持农村基本经营制度不动摇。要认真搞好土地确权登记颁证。土地承包经营权、宅基地使用权、集体收益分配权是法律赋予农民的财产权利，任何人都不能侵犯。加强土地承包经营权流转管理和服务，发展适度规模经营。严格保护耕地。制定出台农村集体土地征收补偿条例。扶持发展农民专业合作社、产业化龙头企业，开展多种形式的农业社会化服务，发展农业保险，提高农业产业化、组织化程度。深化农村综合改革。推进国有农场、林场体制改革，继续深化集体林权制度改革。

**（四）加快转变经济发展方式**

解决发展不平衡、不协调、不可持续的问题，关键在于加快转变经济发展方式，推进经济结构战略性调整，这既是一个长期过程，也是当前最紧迫的任务。

促进产业结构优化升级。推动战略性新兴产业健康发展。建立促进新能源利用的机制，加强统筹规划、项目配套、政策引导，扩大国内需求，防止太阳能、风电设备制造能力的盲目扩张。发展新一代信息技术，加强网络基础设施建设，推动三网融合取得实质性进展。大力发展高端装备制造、节能环保、生物医药、新能源汽车、新材料等产业。扩大技改专项资金规模，促进传统产业改造升级。以汽车、钢铁、造船、水泥等行业为重点，控制增量，优化存量，推动企业兼并重组，提高产业集中度和规模效益。落实并完善促进小型微型企业发展的政策，进一步减轻企业负担，激发科技型小型微型企业发展活力。实施有利于服务业发展的财税、金融政策，支持社会资本进入服务业，促进服务业发展提速、比重提高、水平提升。

推进节能减排和生态环境保护。节能减排的关键是节约能源，提高能效，减少污染。要抓紧制定出台合理控制能源消费总量工作方案，加快理顺能源价格体系。综合运用经济、法律和必要的行政手段，突出抓好工业、交通、建筑、公共机构、居民生活等重点领域和千家重点耗能企业节能减排，进一步淘汰落后产能。加强用能管理，发展智能电网和分布式能源，实施节能发电调度、合同能源管理、政府节能采购等行之有效的管理方式。优化能源结构，推动传统能源清洁高效利用，安全高效发展核电，积极发展水电，加快页岩气勘查、开发攻关，提高新能源和可再生能源比重。加强能源通道建设。深入贯彻节约资源和保护环境基本国策。开展节能认证和能效标识监督检查，鼓励节能、节水、节地、节材和资源综合利用，大力发展循环经济。加强环境保护，着力解决重金属、饮用水源、大气、土壤、海洋污染等关系民生的突出环境问题。努力减少农业面源污染。严格监管危险化学品。2012 年在京津冀、长三角、珠三角等重点区域以及直辖市和省会城市开展细颗粒物(PM2.5)等项目监测，2015 年覆盖所有地级以上城市。推进生态建设，建立健全生态补偿机制，促进生态保护和修复，巩固天然林保护、退耕还林还草、退牧还草成果，加强草原生态建设，大力开展植树造林，推进荒漠化、石漠化、坡耕地治理，严格保护江河源、湿地、湖泊等重要生态功能区。加强适应气候变化特别是应对极端气候事件能力建设，提高防灾减灾能力。坚持共同但有区别的责任原则和公平原则，建设性推动应对气候变化国际谈判进程。我们要用行动昭告世界，中国绝不靠牺牲生态环境和人民健康来换取经济增长，我们一定能走出一条生产发展、生活富裕、生态良好的文明发展道路。

促进区域经济协调发展。实施区域发展总体战略和主体功能区规划，充分发挥各地特色和优势，进一步提高区域发展的协调性和基本公共服务均等化水平。认真落实西部大开发新 10 年的政策措施，加大实施中部地区崛起战略的力度，加快推进东北地区等老工业基地振兴，积极支持东部地区转型发展、在更高层次上参与国际竞争与合作。要加大对革命老区、民族地区、边疆地区和贫困地区的扶持力度。更好地发挥经济特区、上海浦东新区、天津滨海新区在改革开放中先行先试的重要作用。制定和实施海洋发展战略，促进海洋经济发展。加强和完善跨区域合作机制，消除市场壁垒，促进要素流动，引导产业有序转移，推动区域经济良性互动、协调发展。

积极稳妥推进城镇化。要遵循城市发展规律，从各地实际出发，促进大中小城市和小城镇协调发展。根据资源环境和人口承载能力，优化全国生产力布局，形成合理的城镇体系和与国土规模、资源分布、发展潜力相适应的人口布局。各类城市都要夯实经济基础，创造就业机会，完善基础设施，改善人居环境，加强管理服务，提升城镇化质量和水平。更加注重把在城镇稳定就业和居住的农民工有序转变为城镇居民；放宽中小城市落户条件，合理引导人口流向，让更多农村富余劳动力就近转移就业。加强对农民工的人文关怀和服务，着力解决农民工在就业服务、社会保障、子女入园上学、住房租购等方面的实际问题，逐步将城镇基本公共服务覆盖到农民工。关爱留守儿童、留守妇女和留守老人。让农民无论进城还是留乡，都能安居乐业、幸福生活。

### （五）深入实施科教兴国战略和人才强国战略

大力发展科技、教育事业，培养高素质的人才队伍，是国家强盛、民族复兴的必由之路。

坚持优先发展教育。中央财政已按全国财政性教育经费支出占国内生产总值的4%编制预算，地方财政也要相应安排，确保实现这一目标。教育经费要突出保障重点，加强薄弱环节，提高使用效益。深入推进教育体制改革，加强教师队伍建设，大力实施素质教育，逐步解决考试招生、教育教学等方面的突出问题。推进学校民主管理，逐步形成制度。促进义务教育均衡发展，资源配置要向中西部、农村、边远、民族地区和城市薄弱学校倾斜。继续花大气力推动解决择校、入园等人民群众关心的热点难点问题。农村中小学布局要因地制宜，处理好提高教育质量和方便孩子们就近上学的关系。办好农村寄宿学校，实施好农村义务教育学生营养改善计划。加强校车安全管理，确保孩子们的人身安全。加强学前教育、继续教育和特殊教育，建设现代职业教育体系。办好民族教育。高等教育要与经济社会发展和国家战略需要紧密结合，提高教育质量和创新能力。完善国家助学制度，逐步将中等职业教育免学费政策覆盖到所有农村学生，扩大普通高中家庭经济困难学生资助范围。大力发展民办教育，鼓励和引导社会资本进入各级各类教育领域。教育寄托着人民的希望，关系国家的未来，我们一定要把这项事业办得更好！

大力推进科技创新。加强国家创新体系建设。深化科技体制改革，推动企业成为技术创新主体，促进科技与经济紧密结合。支持企业加强研发中心建设，承担国家和地区重大科技项目。引导科研机构、高等院校的科研力量为企业研发中心服务，更好地实现产学研有机结合，提高科技成果转化和产业化水平。推动基础研究和前沿技术研究，提高原始创新能力。完善科技评价和奖励制度。倡导学术诚信，鼓励独立思考，保障学术自由，弘扬科学精神。坚定不移地实施国家知识产权战略。

全面加强人才工作。深化人才体制改革，大力培养造就高水平创新创业人才、青年人才和急需紧缺人才，引进高层次人才。完善人才培养、任用、评价、激励机制。努力营造人才辈出、人尽其才、才尽其用的良好社会环境。

### （六）切实保障和改善民生

实现好、维护好、发展好最广大人民的根本利益是以人为本理念的具体体现。要把保障和改善民生作为政府工作的重要任务。

千方百计扩大就业。就业是关系国家发展和人民福祉的大事。今年就业压力仍然很大，各级政府务必坚持就业优先战略，继续实施更加积极的就业政策。重点扶持就业容量大的服务业、创新型科技企业和小型微型企业，创造更多就业岗位。鼓励以创业带动就业。抓好高校毕业生、农民工和城镇就业困难人员就业，加强退役军人技能培训与就业安置工作。鼓励高校毕业生投身农村、基层、中西部地区建设。加强职业培训和公共就业服务工作。加快建立健全统一规范灵活的人力资源市场。积极构建和谐劳动关系，加强对劳务派遣的规范管理，开展劳动关系争议排查，加强劳动监察和调解仲裁，维护劳动者合法权益。

加快完善社会保障体系。今年年底前实现新型农村社会养老保险和城镇居民社会养老保险制度全覆盖。扩大各项社会保险覆盖面。增加企业退休人员基本养老金。加强城乡低保和社会救助工作，加快发展社会福利事业和慈善事业。加强各项社会保障制度衔接。多渠道增加社会保障基金，加强社会保险基金、社会保障基金投资监管，实现保值增值。加强社保服务能力建设，有条件的地方可对各类社保经办机构进行整合归并，有些服务可委托银行、商业保险机构代办。加快全国统一的社会保障卡发放。

大力推进医药卫生事业改革发展。加快健全全民医保体系，巩固扩大基本医保覆盖面，提高基本医疗保障水平和管理服务水平。城镇居民医保和新农合补助标准提高到每人每年 240 元。全面推开尿毒症等 8 类大病保障，将肺癌等 12 类大病纳入保障和救助试点范围。巩固完善基本药物制度，加强基层医疗卫生服务体系建设。推进公立医院改革，实行医药分开、管办分开，破除以药补医机制。鼓励引导社会资本办医，加快形成对外开放的多元办医格局。充分调动医务工作者积极性，建立和谐的医患关系。加强公共卫生服务，预防控制严重威胁群众健康的重大传染病、慢性病、职业病。加强药品安全工作。扶持和促进中医药和民族医药事业发展。

全面做好人口和计划生育工作。继续稳定低生育水平，综合治理出生人口性别比偏高问题，提高出生人口质量。加快实现计划生育优质服务全覆盖，将免费孕前优生健康检查试点范围扩大到 60.0% 的县(市、区)。提高农村部分计划生育家庭奖励扶助、特殊扶助标准。加强流动人口计划生育服务管理。做好妇女儿童工作，扩大农村妇女宫颈癌、乳腺癌免费检查覆盖面，提高妇女儿童发展和权益保障水平。进一步完善残疾人社会保障体系和服务体系。积极发展老龄事业，加快建设社会养老服务体系，努力让城乡老年人都老有所养，幸福安度晚年。

继续搞好房地产市场调控和保障性安居工程建设。严格执行并逐步完善抑制投机、投资性需求的政策措施，进一步巩固调控成果，促进房价合理回归。继续推进保障性安居工程建设，在确保质量的前提下，基本建成 500 万套，新开工 700 万套以上。抓紧完善保障性住房建设、分配、管理、退出等制度。采取有效措施，增加普通商品住房供给。加快建设城镇住房信息系统，改革房地产税收制度，促进房地产市场长期平稳健康发展。

加强和创新社会管理。加强社会矛盾化解、社会管理创新、公正廉洁执法。强化政府社会管理和公共服务职能。提高城乡基层群众性自治组织的自治能力。发挥社会组织在社会管理中的积极作用。积极稳妥推进户籍管理制度改革，推动实行居住证制度，为流动人口提供更好服务。以信息共享、互联互通为重点，加快建设国家电子政务网。大力推进政务诚信、商务诚信、社会诚信建设，构建覆盖全社会的征信系统。加强和改进互联网管理，营造健康的网络环境。健全重大决策社会稳定风险评估机制和突发事件应急管理机制。实施安全发展战略，加强安全生产监管，防止重特大事故发生。深入开展打击侵犯知识产权和制售假冒伪劣商品行动。增强食品安全监管能力，提高食品安全水平。加强和改进信访工作。加强法律服务和法律援助。严密防范和依法打击违法犯罪活动，保障人民群众生命财产安全。

**（七）促进文化大发展大繁荣**

文化是人类的精神家园，优秀文化传承是一个民族生生不息的血脉。要提供优质丰富的文化产品，不断满足人民群众的精神文化需求。深入推进社会主义核心价值体系建设。加强社会公德、职业道德、家庭美德和个人品德教育，做好青少年思想道德教育工作，努力形成知荣辱、讲正气、守诚信、作奉献、促和谐的良好风尚。大力发展公益性文化事业。以农村和中西部地区为重点，加强基层文化设施建设。推动哲学社会科学繁荣发展，积极发展新闻出版、广播影视、文学艺术和档案事业。加强文化遗产保护，繁荣发展少数民族文化事业。深化文化体制改革，继续推动经营性文化单位转企改制。提高文化产业规模化、集约化、专业化水平，推动文化产业成为国民经济支柱性产业。深入开展对外人文交流，促进中外文化相互借鉴。广泛开展全民健身活动，增强人民体质，促进体育事业和体育产业协调发展。中华文化具有强大的向心力和震撼力，当代中华儿女一定要肩负起弘扬中华文化的历史重任。

**（八）深入推进重点领域改革**

改革开放是决定中国前途命运的正确抉择。必须按照科学发展观要求，尊重群众首创精神，大胆探索，以更大决心和勇气继续全面推进经济体制、政治体制等各项改革，破解发展难题。当前和今后一段时期，改革的重点领域和关键环节是：进一步转变政府职能，完善宏观调控体系，理顺政府与市场的关系，更好地发挥市场配置资源的基础性作用；推进财税体制改革，理顺中央与地方及地方各级政府间财政分配关系，更好地调动中央和地方两个积极性；深化土地、户籍、公共服务改革，理顺城市与农村的关系，推动工业化、城镇化和农业现代化协调发展；推进社会事业、收入分配等改革，理顺经济与社会发展的关系，有效保障社会公平正义；推进依法行政和社会管理创新，理顺政府与公民和社会组织的关系，建设服务、责任、法治、廉洁政府。2012 年改革的重点任务是：

深化财税金融体制改革。完善分税制，健全转移支付制度，提高一般性转移支付规模和比例。完善县级基本财力保障机制。稳步推进地方财政预算、决算公开。深化国库集中收付、政府采购及国债管理制度改革。健全消费税制度。全面深化资源税改革，扩大从价计征范围。深入推进国有控股大型金融机构改革，规范发展小型金融机构，健全服务小型微型企业和“三农”的体制机制。推动实施银行业新监管标准。推进建立存款保险制度。深化政策性金融机构改革。健全完善新股发行制度和退市制度，强化投资者回报和权益保护。积极发展债券市场。推进保险业改革发展。深化利率市场化改革。稳步推进人民币资本项目可兑换，扩大人民币在跨境贸易和投资中的使用。

推动多种所有制经济共同发展。毫不动摇地巩固和发展公有制经济，毫不动摇地鼓励、支持、引导非公有制经济发展。深入推进国有经济战略性调整，完善国有资本有进有退、合理流动机制。研究推进铁路、电力等行业改革。完善和落实促进非公有制经济发展的各项政策措施，打破垄断，放宽准入，鼓励民间资本进入铁路、市政、金融、能源、电信、教育、医疗等领域，营造各类所有制经济公平竞争、共同发展的环境。

深化价格改革。稳妥推进电价改革，实施居民阶梯电价改革方案，完善水电、核电及可再生能源定价机制。逐步理顺煤电价格关系。完善成品油价格改革，推进天然气价格改革。实行最严格的水资源管理制度，合理制定和调整各地水资源费征收标准，推进农业水价综合改革。开展碳排放和排污权交易试点。

深化收入分配制度改革。抓紧制定收入分配体制改革总体方案。努力提高居民收入在国民收入分配中的比重，提高劳动报酬在初次分配中的比重。完善工资制度，建立工资正常增长机制，稳步提高最低工资标准。创造条件增加居民财产性收入。建立公共资源出让收益的全民共享机制。加大对高收入者的税收调节力度，严格规范国有企业、金融机构高管人员薪酬管理，扩大中等收入者比重，提高低收入者的收入，促进机会公平。规范收入分配秩序，有效保护合法收入，坚决取缔非法收入，尽快扭转收入差距扩大的趋势。

积极稳妥推进事业单位分类改革。科学划分事业单位类别，分类指导、分业推进、分级组织、分步实施，深化事业单位管理体制和人事、收入分配、社会保障制度改革。

加快推进政府改革。扩大社会主义民主，依法实行民主选举、民主决策、民主管理、民主监督，保障人民的知情权、参与权、表达权和监督权。全面贯彻依法治国基本方略，尊重和维护宪法和法律的权威，严格依法行政，坚决纠正有法不依、执法不严、违法不究、粗暴执法、渎职失职和执法腐败等行为。加强廉政建设，深入开展反腐败斗争，扎实推进惩治和预防腐败体系建设的各项长期性、基础性工作，着力解决人民群众反映强烈的突出问题。严格依法设定、实施、清理、规范行政审批事项。严禁领导干部插手政府采购、工程招标、土地矿业权拍卖等经济活动。严格执行领导干部廉洁从政各项规定。加强行政监督、民主监督、舆论监督。坚决查处各类违纪违法案件，严厉惩治腐败分子。

**（九）努力提高对外开放的质量和水平**

中国对外开放已进入新的阶段，进出口贸易、双向投资的地位和作用发生了深刻变化。必须适应新的形势，创新对外经济工作思路，转变对外经济发展方式，提升开放型经济水平，形成开放型经济新格局。

保持对外贸易稳定发展。我们强调扩大内需，但决不能忽视外需对中国经济发展的重要作用。要保持外贸政策基本稳定。稳定出口退税政策，扩大贸易融资和信用保险，改进海关、质检、外汇等方面的监管和服务，帮助企业克服订单不足、成本升高、摩擦增多等多重困难和压力。要加快转变外贸发展方式。深入实施科技兴贸、以质取胜和市场多元化战略，支持企业培育自主品牌、营销网络和研发中心，引导加工贸易向产业链高端延伸、向中西部转移。巩固美日欧传统市场，开拓新兴市场。稳定劳动密集型产品出口，扩大高技术、高附加值产品出口，控制高耗能、高污染产品出口。大力发展服务贸易，承接服务外包。制定加强进口、促进贸易平衡的指导意见，完善进口政策，搭建更多的进口促进平台，推动进出口平衡发展。

提高利用外资质量。坚持积极有效利用外资的方针，更加注重优化结构和提高质量。实施新修订的外商投资产业指导目录，引导外资更多投向先进制造业、高新技术产业、节能环保产业、现代服务业和中西部地区。

实施“走出去”战略。中国正处于对外投资加快发展的重要阶段，要加强宏观指导，强化政策支持，简化审批手续，健全服务保障。引导各类所有制企业有序开展境外能源、原材料、农业、制造业、服务业、基础设施等领域投资合作和跨国并购。创新境外经贸合作区发展模式，支持“走出去”的企业相互协同、集群发展。规范发展对外劳务合作。放宽居民境外投资限制。加强对外投资风险管理，维护我境外企业人员和资产安全。

参与全球经济治理和区域合作。努力保持与发达国家经贸关系稳定发展，全面深化与发展中国家的互利合作。继续推进自贸区建设和区域经济一体化进程。积极参与二十国集团等全球经济治理机制建设，加强与主要经济体宏观经济政策协调，反对各种形式的保护主义，继续在多哈回合谈判、国际金融体系改革中发挥建设性作用。

各位代表！中国是统一的多民族国家，各民族共同团结奋斗、共同繁荣发展，国家才能兴旺发达。要坚持和完善民族区域自治制度，认真贯彻落实中央支持少数民族和民族地区发展的政策措施，大力实施扶持人口较少民族发展、推进兴边富民行动和发展少数民族事业规划。坚定不移地巩固和发展平等团结互助和谐的社会主义民族关系。

认真贯彻党的宗教工作基本方针。维护宗教团体、宗教界人士和信教群众的合法权益，充分发挥他们在促进经济发展、文化繁荣、社会和谐中的积极作用。

全面贯彻党的侨务政策。维护海外侨胞和归侨侨眷合法权益，支持他们积极参与祖国现代化建设与和平统一大业。

各位代表！巩固的国防和强大的军队，是维护国家主权、安全和发展利益的坚强后盾。要着眼全面履行新世纪新阶段军队历史使命，全面加强军队革命化现代化正规化建设，不断提高以打赢信息化条件下局部战争能力为核心的完成多样化军事任务的能力。加强思想政治建设，坚持党对军队绝对领导的根本原则和人民军队的根本宗旨。积极开展信息化条件下军事训练。加快全面建设现代后勤步伐。大力提高国防科技和武器装备自主创新能力。着力培养高素质新型军事人才。积极稳妥地实施国防和军队改革。坚持依法治军、从严治军。全面建设现代化武装警察力量。加强国防动员和后备力量建设。坚决完成反恐维稳、处置突发事件、抢险救灾等任务。坚持军民结合、寓军于民，走中国特色军民融合式发展路子。巩固发展军政军民团结。

各位代表！香港、澳门与祖国休戚相关、荣辱与共。我们将坚定不移地贯彻“一国两制”、“港人治港”、“澳人治澳”、高度自治的方针，全力支持香港、澳门发展经济，改善民生，推进民主。支持特区政府积极应对国际经济风险挑战，维护经济金融稳定和长期繁荣发展。衔接和落实好支持港澳经济社会发展的系列政策措施，大幅提升内地对港澳服务贸易开放水平，加快推进港珠澳大桥等基础设施建设和对接，深化合作，支持港澳参与国际和区域经济合作。

支持香港巩固和提升国际金融、贸易、航运中心地位，建设离岸人民币业务中心。支持澳门建设世界旅游休闲中心，推进横琴新区建设，促进经济适度多元发展。我们相信，有伟大祖国作为坚强后盾，香港、澳门同胞一定能够把自己的家园建设得更加美好!

过去的一年,两岸关系经受了严峻考验,取得了积极进展。反对"台独"、认同"九二共识",巩固交流合作成果,促进两岸关系和平发展,日益成为两岸同胞的共同意愿。新的一年,我们要继续坚持中央对台工作的大政方针,增强两岸关系发展的政治、经济、文化和民意基础,拓展两岸关系和平发展新局面。要全面深化经济金融合作,推动两岸经济合作框架协议后续商谈取得新进展。加快海峡西岸经济区建设。积极扩大各界往来,开展文化、教育等交流,使两岸同胞联系更紧密,感情更贴近,利益更融合。全体中华儿女要更加紧密地团结起来,为完成祖国统一大业、实现中华民族伟大复兴而努力奋斗!

各位代表!新的一年,外交工作要更好地服务于改革开放和社会主义现代化建设大局,为促进世界经济增长、维护和平稳定作出更大贡献。我们将继续深化同周边国家的睦邻友好关系,积极参与周边各种合作机制,推动区域合作深入发展,共同营造和平稳定、平等互信、合作共赢的地区环境。我们将与广大发展中国家加强团结合作,深化传统友谊,扩大互利合作,推动实现联合国千年发展目标,维护发展中国家的正当权益和共同利益。我们将加强与各大国的战略对话,增进战略互信,拓展合作领域,推进相互关系长期稳定健康发展。我们将积极参与多边事务和全球治理,推动国际秩序朝着更加公正合理的方向发展。我们将坚定不移地走和平发展道路,坚持独立自主的和平外交政策,奉行互利共赢的开放战略,同世界各国一道,为促进人类文明进步,增进各国人民的福祉和建设一个持久和平、共同繁荣的和谐世界而不懈努力!

各位代表!回顾过去,我们拼搏奋进,取得显著成就;展望未来,我们任重道远,仍须不懈努力。让我们紧密团结在以胡锦涛同志为总书记的党中央周围,解放思想,开拓创新,扎实工作,奋力开创社会主义现代化建设新局面!

# 关于 2011 年国民经济和社会发展计划执行情况与 2012 年国民经济和社会发展计划草案的报告(节选)

——2012 年 3 月 5 日在第十一届全国人民代表大会第五次会议上

国家发展和改革委员会

## 一、2011 年国民经济和社会发展计划执行情况

2011 年,面对复杂多变的国际政治经济环境和国内经济运行的新情况新变化,各地区、各部门按照中央的决策部署,以科学发展为主题,以加快转变经济发展方式为主线,按照十一届全国人大四次会议审议批准的国民经济和社会发展计划,加强和改善宏观调控,正确处理保持经济平稳较快发展、调整经济结构和管理通胀预期的关系,巩固和扩大应对国际金融危机冲击成果,国民经济继续朝着宏观调控的预期方向发展,呈现增长较快、价格趋稳、效益较好、民生改善的良好态势。计划执行情况总体是好的,实现了"十二五"良好开局。

### (一)经济平稳较快发展

经济运行总体平稳,效益保持较高水平。初步核算,国内生产总值471 564亿元,比上年增长9.2%,超过预期目标1.2个百分点。经济增速较上年出现了适度回落,但符合年初确定的调控方向,仍处在较快区间。第一、二、三产业分别增长4.5%、10.6%和8.9%,超过预期目标0.2个、2.4个和0.4个百分点。全部工业增加值188 600亿元,增长10.7%。加强煤电油气运供需衔接,居民生活、重点

时段、重要领域的需求得到较好保障。经济增长的质量和效益继续改善，规模以上工业企业实现利润54 500亿元，比上年增长25.4%；全国公共财政收入103 700亿元，增长24.8%，财政赤字比预算减少500亿元。国内生产总值增长率见图1。

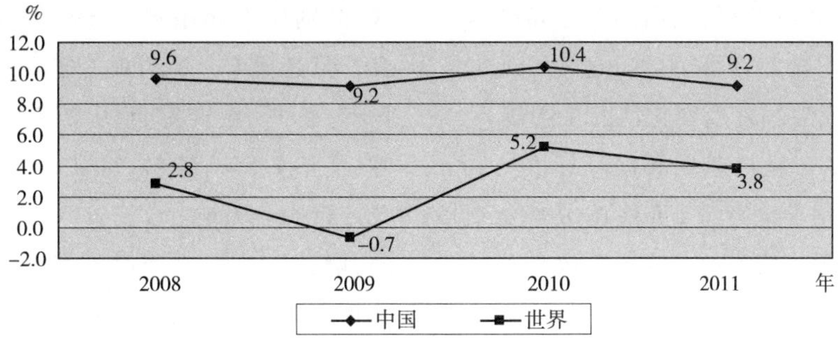


**图1　国内生产总值增长率**

注：世界经济增长率来源于国际货币基金组织数据库。

消费、投资稳定增长，内需动力明显增强。扩大消费的各项政策措施得到认真落实并不断完善。社会消费品零售总额183 919亿元，增长17.1%，超过预期目标1.1个百分点。投资结构得到调整和优化，民间投资的增速和比重继续提高。全社会固定资产投资311 022亿元，增长23.6%，超过预期目标5.6个百分点，其中，东部、中部、西部和东北地区投资分别增长20.1%、27.5%、28.7%和30.4%；民间投资（不含农户）增长34.3%，所占比重提高4.5个百分点。最终消费、资本形成总额分别拉动经济增长4.7个和5个百分点；最终消费的贡献率为51.6%，提高10.1个百分点，资本形成总额的贡献率为54.2%，提高1.4个百分点。

**（二）物价涨势得到初步遏制**

市场供应保持稳定。大力发展农业特别是粮食生产，支持蔬菜生产基地建设，落实生猪生产扶持政策；启动实施棉花、油菜籽、大豆、玉米临时收储，建立北方大城市冬春蔬菜储备制度；适时组织玉米、大豆、食用油、棉花、食糖、猪肉等紧缺商品进口和投放，累计投放国家储备粮3 986万吨、食糖127万吨。

货币条件明显改善。综合运用多种货币政策工具，6次上调存款准备金率，3次上调存贷款基准利率。全年新增人民币贷款74 700亿元，比上年少增3 901亿元；年末广义货币供应量$M_2$余额同比增长13.6%，低于预期目标2.4个百分点。

流通成本得到控制。取消、降低和减免了一批涉农涉企收费。对农副产品生产用水、用电实行了价格优惠政策，对蔬菜批发、零售免征增值税。收费公路专项清理和取消政府还贷二级公路收费工作有序推进。农贸市场摊位和超市进场的收费行为得到进一步规范。

市场监管继续加强。严厉查处少数商贸企业的价格违法行为，深入开展反价格欺诈、打击恶意囤积、查处散布虚假涨价信息等专项行动，大力推进反价格垄断执法工作。全年共查处各类价格违法案件4.5万件，实施经济制裁20.9亿元。

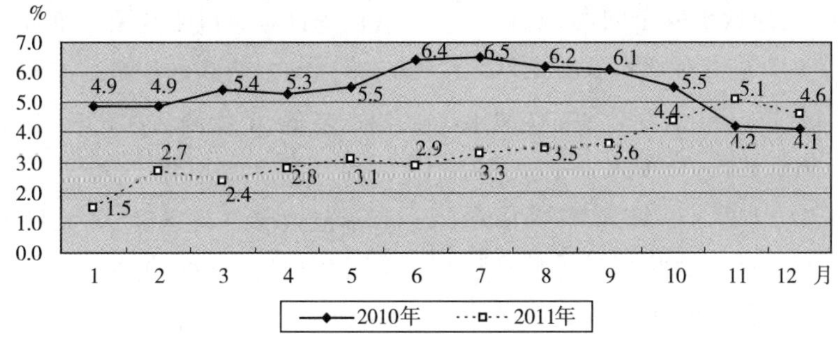


**图2　居民消费价格同比涨幅月度变化情况**

价格涨幅逐步收窄。居民消费价格同比涨幅由 7 月份的 6.5% 逐月回落到 12 月份的 4.1%，全年上涨 5.4%，没有实现预期目标。重点城市房价涨幅回落，12 月份，70 个大中城市中，新建商品住宅价格同比下降的有 9 个，环比价格下降的城市扩大到 52 个。居民消费价格同比涨幅月度变化情况见图 2。

涨价影响得到缓解。社会救助和保障标准与物价上涨挂钩的联动机制全面建立，价格调节基金制度依法设立并不断完善，各地全年累计发放价格临时补贴近百亿元。

### (三)农业和农村发展保持良好态势

主要农产品全面增产。夏粮、早稻、秋粮季季丰收，分别比上年增产 2.5%、4.5% 和 5.1%；全年粮食产量达到57 121万吨，增长 4.5%，实现连续 8 年增产，总产、单产都创历史新高。油料产量3 279万吨，增长 1.5%；糖料产量12 520万吨，增长 4.3%；棉花产量 660 万吨，增长 10.7%；肉类总产量7 957万吨，增长 0.4%；水产品产量5 600万吨，增长 4.2%。粮食连续 8 年增产情况见图 3。

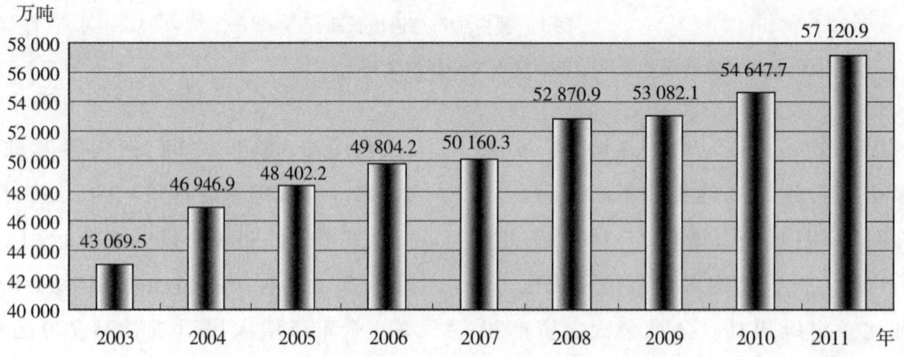


图 3　粮食连续 8 年增产情况

强农惠农富农政策全面落实。全国财政用于“三农”的支出达29 342亿元，增长 21.2%；中央预算内投资用于农业和农村建设的比重超过 50.0%。新增千亿斤粮食生产能力建设全面推进，江河治理、骨干水源、大型灌区建设与节水改造等重点工程的投入增加，农田水利建设和中小河流治理得到加强。全年补充耕地313 300公顷，建成高标准基本农田 400 多万公顷。对农业生产的补贴力度加大，小麦、稻谷最低收购价平均每 50 千克分别提高 5.4 元和 14 元。

农村生产生活条件进一步改善。解决了6 398万农村居民和农村学校师生的饮水安全问题，农村安全饮水普及率达到 75.0%。新建和改造农村电网线路 34 万公里，新改建农村公路 19 万公里，启动了 331 个水电新农村电气化县建设，新增沼气用户 280 万户、小水电代燃料用户 11 万户。改造农村危房 265 万户，比上年增加 145 万户。支持建设了粮食收储仓容 430 万吨、农产品批发市场 115 个、农产品冷链物流项目 186 个。农村流通“万村千乡”市场工程和连锁经营网络建设向纵深发展。

### (四)经济结构调整积极推进

自主创新能力增强，战略性新兴产业发展势头良好。创新 2020 工程开始实施。新建国家(重点)实验室 54 家、国家工程实验室 28 家，认定国家科技基础条件平台 23 家、国家级企业技术中心 88 家，中央和地方联合共建实验室(工程中心)173 家。天宫一号与神舟八号成功实现交会对接，北斗卫星导航系统投入试运行服务，百亩超级杂交稻试验田亩产突破 900 千克。设立战略性新兴产业专项资金，新增新兴产业创业投资基金 41 只。具有自主知识产权的地面数字电视国家标准和第四代移动通信技术标准成为新的国际标准。平板显示、集成电路、智能制造装备、生物制药和育种、国家基因库等重大工程实现阶段性突破，21 个电子商务示范城市、5 个云计算示范城市启动建设，中关村国家自主创新示范区发展规划纲要颁布实施。高技术制造业增加值增长 16.5%，比规模以上工业增加值增速高 2.6 个百分点。高技术制造业增加值情况见图 4。

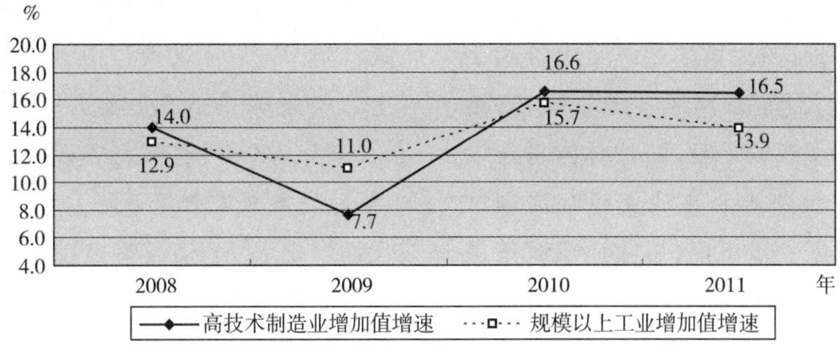


图4 高技术制造业增加值情况

产业转型升级加快，基础保障能力提升。新的产业结构调整指导目录颁布实施。中央预算内投资安排重点产业振兴和技术改造专项资金150亿元，支持了4 000多个企业技术改造项目。装备制造业快速发展，重大技术装备自主化水平明显提高。淘汰落后产能工作积极开展，淘汰落后的水泥产能1.5亿吨、炼铁产能3 122万吨、焦炭产能1 925万吨、煤矿产能2 463万吨，关闭小火电机组超过700万千瓦，均超额完成计划目标。交通基础设施建设加快推进，新建铁路投产里程2 167公里，京沪高铁投入运营；新增公路通车里程71 400公里，改扩建国省道完成2万公里；改善内河航道里程1 091公里；新增运输机场5个。能源特别是可再生能源和清洁能源加快发展，新增非化石能源电力装机超过3 400万千瓦，占全部新增装机的1/3以上。全年原煤产量35.2亿吨，增长8.7%；原油产量2.04亿吨，增长0.3%；发电量47 001亿千瓦小时，增长11.7%。

服务业发展环境不断改善，水平继续提高。颁布实施了支持现代物流业、高技术服务业、家庭服务业发展的政策措施，运用国家服务业发展引导资金支持了服务业集聚区和生产性服务平台建设。积极推进服务业综合改革试点和现代服务业创新发展示范城市建设。加强现代服务业新兴业态培育，推动服务业规模化、品牌化、网络化经营，信息、咨询、文化创意、电子商务等现代服务业发展加快。

区域发展总体战略深入推进，主体功能区战略实施开局良好。西部大开发新10年政策措施全面实施。新开工22项西部大开发重点工程，投资总规模2 079亿元。促进西藏、新疆跨越式发展和长治久安以及加快青海等四省藏区发展的各项举措得到较好落实，新时期对口支援工作全面开展。东北地区等老工业基地振兴成果得到巩固和扩大，产业结构调整和改革开放取得新的进展，中央财政用于资源枯竭城市财力性转移支付资金达到135亿元，比上年增加60亿元。促进中部地区崛起规划全面实施，“三基地、一枢纽”建设稳步推进，中西部地区承接产业转移工作有序展开。东部地区经济转型升级迈出新步伐，全国海洋经济发展试点工作稳步开展。出台了成渝经济区、海峡西岸经济区、河北沿海等区域规划和云南桥头堡、中原经济区等区域性政策文件，深圳前海、珠海横琴、福建平潭、浙江舟山等试验功能区建设顺利推进。全国主体功能区规划颁布实施，对国家重点生态功能区实行了财政转移支付政策。汶川地震灾后恢复重建胜利完成，灾区基本生产生活条件和经济社会发展水平明显超过震前。玉树、舟曲、盈江灾后恢复重建进展顺利。

### （五）节能减排和生态环境保护工作进一步加强

节能工作积极推进。全年单位国内生产总值能耗下降2.0%，虽然没有完成计划目标，但工作力度继续加大，政策措施不断完善。“十二五”节能减排综合性工作方案颁布实施。支持重点节能项目924个，建成后可形成2 200多万吨标准煤的年节能能力。节能产品惠民工程深入实施，推广高效节能空调1 600多万台、电机500多万千瓦、节能灯1.6亿只。节能与新能源汽车示范推广试点工作进展顺利。半导体照明应用工程试点在37个城市开展。合同能源管理政策进一步落实。支持循环经济和资源节约重大项目415个，建成后可形成年节水9.2亿吨、废物循环利用量7 240万吨的能力。国家“城市矿产”示范基地、产业园区循环化改造、餐厨废弃物资源化利用进展顺利，再制造产业化取得初步成效。

生态环境保护得到加强。长江黄河上中游水土保持、天然林资源保护二期、京津风沙源治理、岩溶地区石漠化综合治理、小流域治理、防护林体系建设等重点工程继续推进,坡耕地水土流失综合治理试点扩大,退耕还林成果进一步巩固,退牧还草政策进一步完善,开展湖泊生态环境保护试点。植树造林610多万公顷。塔里木河、石羊河近期治理任务基本完成,太湖等重点流域水环境综合治理积极推进。城镇污水垃圾处理设施建设力度加大,新增城镇污水日处理能力1 100万吨、垃圾日处理能力11万吨。5 000多万千瓦新增燃煤发电机组全部安装脱硫设施。80.0%以上的铅蓄电池企业已关闭或停产。全年二氧化硫排放量、化学需氧量排放量分别下降2.2%和2.0%,超额完成计划目标0.7个和0.5个百分点;氨氮排放量下降1.5%,完成计划目标;氮氧化物排放量上升5.7%,没有完成计划目标;万元工业增加值用水量82立方米,下降8.9%,完成计划目标;工业固体废物综合利用率66.7%,没有完成计划目标;城市污水处理率和生活垃圾无害化处理率分别达到82.6%和78.0%,超额完成计划目标。见图5。

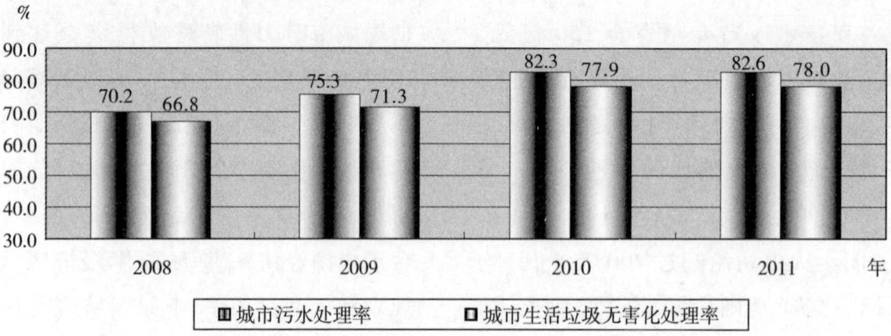


**图5 城市污水处理率和生活垃圾无害化处理率情况**

应对气候变化工作务实推进。"十二五"控制温室气体排放工作方案颁布实施,在七省市开展碳排放权交易试点,积极参加联合国气候大会德班会议等国际谈判,加强应对气候变化国际合作和人才培训。

### (六)保障改善民生力度加大

就业形势保持稳定。就业政策得到较好落实,城镇新增就业人数1 221万人,超过预期目标321万人,年末城镇登记失业率4.1%,实现了预期目标。高校毕业生初次就业率达到77.8%,比上年提高1.2个百分点。下岗失业人员和就业困难人员实现再就业分别达到553万人和180万人。外出农民工15 863万人,增长3.4%。城镇新增就业情况见图6。

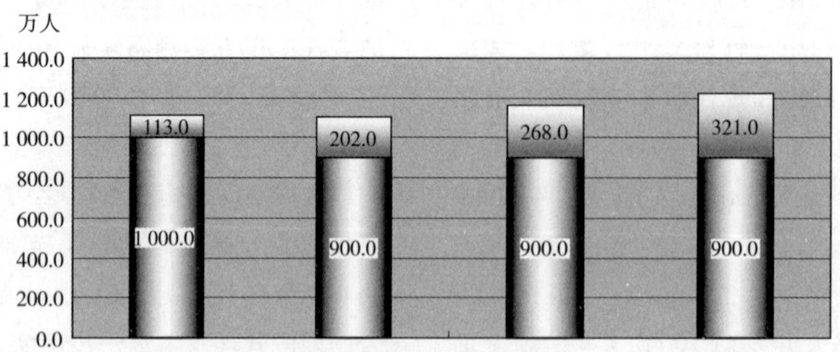


**图6 城镇新增就业情况**

居民收入继续提高。城镇居民人均可支配收入和农村居民人均纯收入分别达到21 810元和6 977元，剔除价格因素，实际增长8.4%和11.4%，农民收入是1985年以来实际增速最快的一年。外出农民工月均收入达到2 049元，比上年增长21.2%。颁布了新10年农村扶贫开发纲要，集中连片特殊困难地区扶贫攻坚启动实施，易地搬迁农村贫困人口90万人，超额完成计划目标3万人。城乡居民收入增长情况见表1。

城乡居民收入增长情况

表1

| 年份 | 城镇居民人均可支配收入 | | 农村居民人均纯收入 | |
|---|---|---|---|---|
| | 收入（元） | 实际增长率（%） | 收入（元） | 实际增长率（%） |
| 2008 | 15 780.8 | 8.4 | 4 760.6 | 8.0 |
| 2009 | 17 174.7 | 9.8 | 5 153.2 | 8.5 |
| 2010 | 19 109.4 | 7.8 | 5 919.0 | 10.9 |
| 2011 | 21 809.8 | 8.4 | 6 977.3 | 11.4 |

覆盖城乡居民的社会保障制度基本建立。2 147个县（市、区）开展了城镇居民社会养老保险试点，2 343个县（市、区）开展了新型农村社会养老保险试点，覆盖面达60.0%以上。连续第7年提高企业退休人员基本养老金，新型农村合作医疗和城镇居民基本医疗保险的财政补助标准提高到每人每年200元，将312万名企业“老工伤”人员和工亡职工供养亲属纳入工伤保险统筹管理。年末参加城镇基本养老、城镇基本医疗、失业、工伤、生育保险人数分别达2.9亿人、4.7亿人、1.4亿人、1.8亿人和1.4亿人，国家新农保试点地区参保人数达3.3亿人。城乡最低生活保障制度惠及农村5 300多万人、城市2 200多万人。

大规模推进保障性安居工程建设。落实并完善优惠政策，运用多种融资渠道，支持廉租住房建设，国有工矿、林区林场、垦区和中央下放煤矿棚户区改造，以及农村危房改造、游牧民定居工程，其中中央安排财政性资金1 713亿元，是上年的2.2倍。增加保障性安居工程用地供应，做到了应保尽保。截至年末，基本建成城镇保障性安居工程住房432万套；新开工1 043万套（户），超额完成计划目标。

### （七）教育、卫生、文化等社会事业全面发展

教育事业改革发展积极推进。农村义务教育经费保障水平继续提高，公用经费年生均基准定额又提高了100元，中西部地区小学年生均达到500元、初中700元。在集中连片特殊困难地区启动实施了农村义务教育学生营养改善计划，惠及2 600万农村在校学生。九年义务教育巩固率91.5%，比上年提高1.8个百分点；高中阶段教育毛入学率84.0%，比上年提高1.5个百分点；普通高等学校招生681.5万人，研究生56万人，均完成计划目标。基层医疗卫生服务体系进一步健全，全科医生临床培养基地、基层医疗卫生信息化建设启动，每千人口医院和卫生院病床数达到3.5张，比上年增长7.3%。中央对深化文化体制改革、推动社会主义文化大发展大繁荣进行了全面部署，公共文化服务体系建设成效显著，文化产业加快发展，广播电视村村通工程、文化信息资源共享工程、新闻出版东风工程取得重要进展，国家文化和自然遗产地保护性基础设施建设力度加大，国家博物馆改扩建工程、国家话剧院剧场工程竣工。哲学社会科学、新闻出版、文学艺术等事业繁荣发展。全国重点景区和旅游线路的配套设施进一步改善，旅游产业规模持续扩大，旅游接待总人数达到27.8亿人次，增长12.7%。人口自然增长率4.79‰，完成计划目标。社会养老服务体系建设步伐加快，每千名老人拥有养老床位数达到20.1张，比上年增长11.7%。全民健身计划深入推进，体育事业加快发展。残疾人康复和托养工程启动实施。

### （八）改革开放继续深化

重点领域和关键环节改革迈出新步伐。25个省份基本完成集体林权制度改革任务，国有林场改革试点正式启动，水利建设管理体制改革顺利推进。国有企业改革继续深化，电网企业主辅分离改革取得实质性进展，三网融合试点扩大到各直辖市和各省（区）的省会城市及其他符合条件的城市。制定出台了促进小型微型企业发展的扶持政策，非公有制经济发展的体制环境进一步改善。资源性产品价格改革稳步推进，煤炭电力价格综合调控方案和试行居民阶梯电价指导意见出台，天然气价格形成机制

改革在部分地区试点，排污权有偿使用和交易试点以及水价改革有序推进。全民基本医保体系初步形成，基本药物制度在城乡政府办基层医疗卫生机构基本实现全覆盖，公立医院改革试点稳步推进。修订后的资源税暂行条例颁布施行，个人所得税改革方案出台实施。逐步建立金融宏观审慎政策框架，实施差别准备金动态调整机制，符合现代银行特点的公司治理体制机制不断健全，跨境贸易和投资人民币结算范围扩大到全国。国有文艺院团转企改制取得实质性进展，非时政类报刊出版单位改革正式启动，教育体制改革试点工作顺利推进。综合配套改革试验取得积极进展。

开放型经济水平继续提升。进出口贸易趋向平衡。外贸进出口总额36 421亿美元，增长22.5%，其中，出口18 986亿美元，增长20.3%；进口17 435亿美元，增长24.9%；贸易顺差1 551亿美元，比上年减少264亿美元。利用外资结构继续优化。全年非金融领域实际使用外商直接投资1 160亿美元，增长9.7%，其中服务业使用外资增长20.5%。借用国外贷款252亿美元，增长23.0%。企业“走出去”稳步推进。全年非金融类境外直接投资601亿美元，与上年基本持平；对外承包工程业务完成营业额1 034亿美元，增长12.2%。非金融类境外直接投资情况见图7。

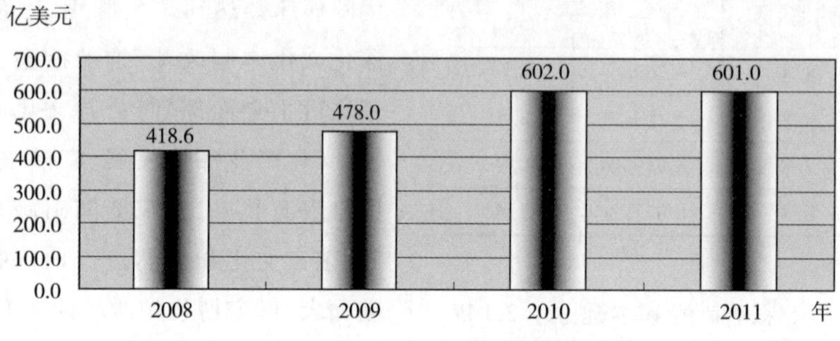


**图7　非金融类境外直接投资情况**

“十二五”规划实施总体上进展顺利。(1)进行年度分解的7个约束性指标中的11个分项指标，单位工业增加值用水量、化学需氧量排放量、二氧化硫排放量、氨氮排放量、城镇参加基本养老保险人数、城乡三项基本医疗保险参保率、城镇保障性安居工程建设、全国总人口8个分项指标，完成或超额完成年度任务；但是，单位国内生产总值能源消耗和二氧化碳排放量、氮氧化物排放量3个分项指标，没有完成年度计划目标。(2)进行年度分解的9个预期性指标中，国内生产总值、城镇化率、高中阶段教育毛入学率、城镇居民人均可支配收入、农村居民人均纯收入、城镇登记失业率、城镇新增就业人数7个指标，实现或超额完成年度预期目标；但是，服务业增加值比重、研究与试验发展经费支出占国内生产总值比例2个指标没有实现年度预期目标。(3)一些指标未能完成年度计划任务或实现年度预期目标，主要原因是：经济发展方式还没有根本转变，经济结构调整仍然滞后，重化工业比重偏大，产业技术水平总体偏低；有的约束性指标是“十二五”规划新确定的，工作基础比较薄弱，尚未形成完整有效的政策措施，已有措施的作用还没有得到充分发挥，实际工作也需要进一步提高和改进。

在严峻复杂的国内外环境下，我国经济社会发展保持良好态势，成绩来之不易。这是党中央国务院科学决策、正确领导的结果，是各地区各部门不懈努力、扎实工作的结果，是全国各族人民同心同德、团结奋斗的结果，也充分体现了中国特色社会主义制度的优越性。

在充分肯定成绩的同时，我们清醒地认识到，2012年宏观调控面临的形势仍然严峻复杂。从国际看，世界经济复苏的不确定性不稳定性上升，下行压力明显增加，欧洲主权债务危机继续恶化，国际金融市场剧烈动荡，贸易和投资保护主义加剧。国际和地区热点问题此起彼伏，全球能源资源稳定供应面临重大挑战。从国内看，发展中不平衡、不协调、不可持续的矛盾和问题仍很突出。一是经济增长存在下行压力。外需持续疲弱和内需增长放缓可能同时显现。2011年9月份以来我国出口增速持续回落，2012年面临的困难进一步加大。内需增长的制约因素继续增多，消费增速可能稳中趋缓，企业投资能力和意愿有所减弱。二是物价上涨压力仍然较大。劳动力、土地、能源资源等要素价格上涨呈长期化趋势，面临的输入性通胀因素不容低估，部分农产品紧平衡格局难以改变，理顺资源性产品价格关系也会在一定程度上推升价格总水平。三是农业稳定增产的难度较大。农业基础尚不巩固，科技水平不高，资源约束加剧，务农比较收益较低。同时，粮食在实现"八连增"后，面临产量基数高、生产成本高等新的情况。四是节能减排形势严峻。结构不合理问题突出，淘汰落后产能、促进服务业和战略性新兴产业发展的市场条件和政策环境有待完善，能源消费增长较快，节能减排长效机制尚不健全，污染物排放量仍然较大，环境污染事故呈多发态势。五是部分企业生产经营困难加重。一些行业产能过剩问题凸显，企业亏损面扩大，特别是一些小型微型企业经营困难突出。同时，财政金融领域存在潜在风险，房地产市场调控处于关键阶段，收入分配差距依然较大，教育、卫生事业改革发展任务艰巨，在安全生产、产品质量、征地拆迁等方面存在一些群众反映强烈的问题，影响社会的和谐稳定。对于上述问题，我们将高度重视，在工作中认真加以解决和应对。

## 二、2012年经济社会发展的总体要求和主要目标(略)

B

# 专文

# 抓住转型机遇　促进管理创新

## ——在2011全国企业管理创新大会上

中国企业联合会
中国企业家协会　会长　王忠禹

### 一、充分认识到当前是推进企业管理创新最好的时机

第一，从“十二五”规划纲要的要求来看。刚刚由全国人大颁布的“十二五”发展纲要，是未来5年我国社会、经济发展的总纲。大家可能注意到，“十二五”纲要文件中，两次强调了管理创新问题。一处是在第一篇《转变方式　开创科学发展新局面》的“指导思想”一章中，明确提出“要依靠科技进步、劳动者素质提高、管理创新的转变，加快建设创新型国家”。另一处是在第三篇《转型升级　提高产业核心竞争力》的第九章，提出要“推动研发设计、生产流通、企业管理等环节的信息化改造升级，推行先进质量管理，促进企业管理创新”。要“推动企业自主品牌建设，提升品牌价值和效应，加快发展拥有国际知名品牌和核心竞争力的大型企业”。把管理创新写入规划，特别作为指导思想提出，这还是第一次，说明国家非常重视管理创新工作。它突出了转变经济发展方式这条主线，凝聚了改革开放以来我国广大企业的成长经验，也回应了我国企业界、管理界希望把管理创新纳入国家创新体系的普遍要求。这对广大从事企业管理的同志来说，无疑是极大地激励和鼓舞。我们要以此为动力，抓住机遇，动员群众，更有成效地开展企业管理创新实践，把工作做得更好。

第二，从企业在经济转型中的地位和作用来看。“十二五”期间，促进发展方式转变，是党中央、国务院的既定方针，是今后五年或更长时间的奋斗方向。如何落实这项工作？从企业的角度来看，我们必须认真研究企业的发展和宏观经济转型的关系，必须认真研究企业的生产、经营活动和企业外部社会生活的关系，必须认真研究企业的创新活动和国家创新体系以及建设创新型国家的关系，搞清楚企业在国家经济转型的大局中应该承担什么样的角色和责任。这些问题，大家都可以深入展开讨论。一个基本的认识是，企业是国民经济的载体和支撑，经济发展方式的转变最终都要直接或间接地落实在企业的生产经营活动中。“十二五”规划纲要中确定的一些主要目标，如资源节约与环境友好、重点产业结构调整、现有企业的改造升级、战略性新兴产业的发展布局、拥有国际知名品牌和竞争力的大企业建设、中小企业发展等，这些任务，无一不是由企业担当。从这个意义上说，企业的转型决定了宏观经济的转型。而一个企业能否成功转型，又取决于技术创新和管理创新两个“轮子”是不是能够同时转起来。上面提到的“十二五”规划的几项重大任务，不仅涉及技术领域的创新问题，而且涉及管理领域的创新问题。顺利完成这些任务，在企业层面，必须技术、管理两手抓，以持续的管理创新来支撑持续的技术创新。两个“轮子”同时转，硬科学、软科学一起抓，企业才能拥有持续发展的动力。所以，经济发展方式转变的压力传递到企业，对企业的发展来说，既是前所未有的挑战，也为管理创新提供了发展空间。新形势下，企业可以有更大的作为。

第三，今后几年国民经济发展速度的安排为企业转型、管理创新提供了一个较为宽松的宏观环境。“十二五”规划和上次规划比较，一个重大调整就是适当调低了发展速度。这样的调整，为企业的创新活动预留了空间和余地。过去的20多年，我国企业不断地在发展规模，不断地在拼搏市场，很多企业家

为企业能高速发展忙碌不堪，没有更多的精力去思考企业发展的基本规律，也少有机会和时间去解决“强身健体”的问题。“十二五”规划给了企业这个机会和空间，使企业领导不必去追求过高的产值，有可能解决企业发展过程中积累下来的一些亟待解决的难点问题。比如，如何处理好规模扩展和自主创新的关系，使企业在关键技术和核心能力方面拥有竞争力？如何将企业的战略定位从低端向高端转化？如何打造国际化品牌？如何凝聚创新型人才？如何在建设好硬实力的同时建设好软实力？等等。解决这些问题，都有赖于管理创新的不断深化。和“十二五”发展规划的指导思想相一致，企业的发展也要把质量、效益放在第一位，适当调低扩张的速度，让管理赶得上企业快速发展的步伐，实现均衡发展。

第四，从我国企业管理创新实践来看。改革开放以来，我国企业的管理从学习、模仿中起步，历经30年，进步很大。一批后来居上的企业，经过多年探索、创新，管理水平已经接近或赶上世界先进企业。全国企业管理创新成果审定活动就是见证我国企业管理水平提升的一个很好的窗口。这项活动从1990年开始，连续20多年，共办了17届，审定了1 600多项成果，全国共有一万多家（次）企业共同参与。回顾历史，一年一个台阶，我们可以看到中国企业管理水平提升的清晰路径。从当前管理创新的发展趋势看，很多企业已经由单项管理的方法发展到系统思考、全面变革、整体提升，创新的领域涵盖了战略管理、职能管理、基础管理、文化管理等各个方面。一些企业和企业家，经历近30年发展之后，开始思考、总结中国特色的管理模式和方法。所有这些经验，对于当前我国企业开展管理创新，是极具价值的示范和榜样。20多年前，我们学习现代企业管理的主要方式是考察、借鉴外国先进企业的管理模式和方法，现在我们可以不出国门，在身边就能学到适合中国企业生存和发展的管理经验。这种情况，为我国企业广泛开展管理创新活动提供了丰富的信息资源和经验宝库，有利于形成群众性的创新潮流。今后，我们应该一如既往放开眼界，认真地学习外国企业的先进理念和方法，同时我们也必须眼睛向内，关注并认真总结国内企业来自实践第一线的活生生的成功案例，遵照“以我为主、博采众长、融合提炼、自成一家”的创新原则，从整体上促进我国企业管理迈上新台阶。

## 二、当前推进企业管理创新的重点

企业管理工作千头万绪，当前应当重点抓住以下几项工作：

第一，端正经营理念。经营理念是企业生存和发展的根本，决定着企业的发展方向和命运。我国企业数量众多，并且已有40多家跻身世界500强行列，但由于大多创业成长历史比较短，伴随市场化改革和社会转型，在经营理念上仍存在一些问题。比如，过分强调企业自身利益或所有者利益，不注重甚至侵害利益相关者权益；制售假冒伪劣产品行为屡禁不止；破坏自然环境、侵害劳动者权益、损害正常市场竞争秩序的事件也屡有发生。这些行为与我国社会主义建设的根本目标是不相符合的。企业必须端正经营理念，从人的全面发展、企业的可持续发展以及企业内部与外部的和谐关系建设等方面进行思考。特别要强调加强商业伦理建设，在依法经营的基础上，诚实守信，互利共赢，既关注市场中的顾客和竞争对手，也要关注企业内部的员工，更要关注社会和生态环境。

第二，加快战略转型。这次国际金融危机的影响深远，未来各国经济的合作与分工格局将发生深刻变化，而我国经济转型和结构调整又将加快步伐，迫使企业必须对长期经营方向、运营模式、资源配置方式等进行整体性转变，实施战略转型，重塑竞争优势，或寻找新的利润增长空间以求得生存。从西方企业的发展历史来看，企业战略转型的产业选择和定位基本上是围绕着资源和能力建设来进行的。在企业转型的关键因素中，内部因素（资源和能力）起着决定性作用。对我国企业来讲，加快战略转型关键是培育核心竞争能力，要从“低成本竞争”向“差异化竞争”转型，从“多元化”向“归核化”转型，从“规模扩张”向“质量提升”转型，从“跨越式发展”向“可持续发展”转型。上海纺织控股（集团）通过战略转型，由传统的大型国有纺织生产和出口企业转变为以高科技纺织产品生产和服饰设计、时尚发布为导向的新型纺织企业；广新外贸集团通过战略转型，由以对外贸易为主的省级外贸公司转变为以实业为主的跨国公司。他们的经验值得我们借鉴。

第三，创立国际知名品牌。目前我国经济总量居世界第2位、制造业总值居世界第1位（约220种工业产品产量居世界首位）、货物出口居世界第一位，产品行销全球各地，在全球各大城市的商场中，随处可见“中国制造”的商品，但却难以寻找到“中国品牌”。由于缺乏国际知名品牌，很多企业只能采用代工模式，处于产业链低端。据统计，全国出口企业中拥有自主品牌的不到20%。因此，要由“制造大国”变为“制造强国”及“品牌强国”，必须推进品牌国际化，创立国际知名品牌。要积极借鉴国际著名企业的成功经验，把品牌建设提升到战略层面系统谋划，准确把握品牌目标，丰富品牌传播方式，提供独特的顾客体验，塑造卓越的、独特的产品品牌，通过品牌的力量提升我国企业的竞争力。海尔、联想、华为、中兴通讯、三一重工等企业一些品牌建设的有效做法，值得其他企业学习。

第四，强化基础管理。基础管理是企业稳定、持续运营的保证。近年来，我国企业安全生产、产品质量问题日益突出，严重影响了人民健康安全和自然环境，乃至中国制造的形象。食品安全、煤矿安全、施工安全漏洞很多，究其原因，很多问题直接是由企业管理基础薄弱造成的。误操作往往酿成大事故。大庆当年创造的“三老四严”精神没能得到有效传承，而全面质量管理、精益生产等现代管理理论和方法掌握的又不够。很多企业各项规章制度制定得都很完善，但有不少都流于形式，执行不到位。当前强化企业基础管理，一方面要狠抓规范化管理，从岗位培训入手，全面提高劳动者素质，保证各项管理制度和措施的有效落实；另一方面，要突出抓好质量管理和安全管理，依靠质量赢得市场竞争地位，下大力量减少或杜绝安全事故的发生。同时，要积极采用各种现代化管理方法和手段，提高科学管理水平。

第五，加强风险管控。我国企业的风险管理尚处于起步阶段，许多企业虽然认识到它的重要性，但相应管理体系建设并不完善，实际控制措施的实施面临体制、能力等条件的制约。国务院国资委2006年就发布了《全面风险管理指引》，积极推动中央企业加强风险管控。财政部等部门也制定了加强企业内控管理的相关规定。在海外上市的一些企业，也要接受上市所在地的内控监管。但是，随着市场竞争环境的不断变化，企业除了遵循监管机构相关要求外，必须从自身发展角度加强实际业务的风险管控，与公司治理和战略决策、日常业务活动监督有机结合起来。一方面要促进企业有效把握市场机遇，防范重大投资决策和经营风险；另一方面，针对出现的各种风险给企业带来的冲击，及时采取应对措施，尽可能化解风险或将损失降低到最小。近几年来，国家级企业管理创新成果中，有关风险管理的成果越来越多，如武钢、中国移动、中海油等企业，在这方面进行了有益探索，确保了企业平稳发展。

第六，推进信息化建设。全面提高信息化水平是促进企业转型升级、提高核心竞争力的重要手段，是创新管理的重要内容。国家“十二五”规划中，提出要构建下一代信息基础设施，加快经济社会信息化。信息技术的广泛应用，改变了企业生存的内外部环境，使得传统企业的组织结构、生产管理方法、产品营销模式以及管理内容等都发生了深刻变化。多年来，我国企业的信息化建设取得了显著成绩，有效促进了管理水平的提高，很多企业创造出了成功经验。可以说，对绝大多数企业来说，离开了信息化手段的支撑已无法正常运转。同时，电子商务也在快速发展，云计算、物联网等正在推进。但是，与国外先进企业相比还有很大的差距，企业之间信息化水平极不平衡。新时期，企业还应继续推进信息化建设，通过信息化提高科学管理水平，尽快缩小与国外企业在信息化方面差距，在某些方面争取赶超国外先进企业，并探索形成中国特色的企业信息化管理模式和管理工具。通过信息化，全面带动企业的现代化。

2011年是“十二五”开局之年，广大企业要牢牢掌握科学发展的大方向，适应国家发展大局，认真贯彻落实国家“十二五”规划纲要，以“苟日新，日日新，又日新”的精神积极推进管理创新，谋划战略转型和长远发展，力争在未来几年迈上创新和成长的新台阶。

# 中国经济朝着更高水平更好质量的发展阔步前行

——2012年3月18日在中国发展高层论坛会上

国家发展和改革委员会主任　张　平

近年来特别是国际金融危机爆发以来，中国政府把“稳增长、抑通胀、调结构”作为经济工作的重要着力点，因应国内外形势变化，适时调整和完善宏观经济政策，增强调控的针对性、灵活性和前瞻性，有力地促进了经济增长由政策刺激步入自主增长的轨道，促进了发展方式转变和经济结构调整，保持了经济社会发展的良好态势。

2011年，在严峻复杂的国内外环境下，中国国内生产总值增长了9.2%，比上年虽有所回落，但仍处在一个较快的发展区间；物价过快上涨势头得到初步遏制，居民消费价格涨幅由2011年7月份的6.5%回落到12月份的4.1%；结构调整积极推进，农业保持良好发展态势，粮食实现了连续8年增产；高技术产业和战略性新兴产业发展加快，淘汰落后产能工作取得新的进展；民生改善成为新的亮点，城镇新增就业创历史新高，达到1 221万人，城乡居民收入分别实际增长8.4%和11.4%，年末基本建成城镇保障性安居工程住房432万套，新开工1 043万套。这些情况充分表明，中国宏观经济政策的正确有效，中国特色社会主义制度的巨大优势。当然，我们也清醒地认识到，当前中国发展面临的国际环境依然严峻复杂，国内发展也面临不平衡、不协调、不可持续的问题，处理好速度、物价、结构三者关系面临诸多新的挑战。

2012年是中国实施“十二五”规划承前启后的重要一年，我们将突出科学发展这个主题，贯穿加快转变经济发展方式这条主线，坚持稳中求进的工作总基调，保持宏观经济政策的连续性和稳定性，继续实施积极的财政政策和稳健的货币政策，并根据形势变化适时适度进行预调微调，进一步处理好保持经济平稳较快发展、调整经济结构、管理通胀预期的关系，努力实现经济社会发展的目标任务。

第一，要保持经济平稳较快发展。发展是解决中国一切问题的关键。在推进社会主义现代化建设的历史进程中，我们都将把经济建设作为中心任务。当前，尽管形势严峻复杂，但机遇依然大于挑战，中国发展长期向好的基本面没有改变，我们有信心、有条件保持国民经济长期平稳较快发展。我们将牢牢把握扩大内需这一战略基点，尤其是着力扩大消费需求，提高城乡居民特别是中低收入群众的收入，让老百姓有钱消费；进一步健全社会保障制度，让老百姓敢于消费；采取鼓励消费的财税、金融等政策和措施，让老百姓乐于消费；改善消费的环境和条件，让老百姓方便消费；加强市场监管，让老百姓放心消费；特别是要积极稳妥地推进城镇化，让蕴藏的巨大消费潜力成为持续扩大的现实需求。同时，要在优化投资结构的基础上保持投资的合理增长。在工业化、城镇化、农业现代化统筹推进的过程中，投资仍是扩大内需的重要力量。我们将把增投资与扩消费、调结构、惠民生更好地结合起来，把发挥政府投资的引导作用与调动民间投资的积极性更好地结合起来，政府投资要进一步向民生领域和民生工程倾斜，加大对保障性安居工程、“三农”、节能减排、自主创新、社会事业等方面的支持力度；以放宽市场准入为重点，实施更具针对性和可操作性的鼓励政策，支持民营资本进入铁路、市政、金融、能源、电信、教育、医疗等领域。

第二，要保持物价总水平基本稳定。物价涉及广大群众的切身利益，事关经济健康运行和社会大局稳定。在经济下行压力和物价上涨压力并存的情况下，稳增长与稳物价，是一个“两难”的选择。尽管目前物价水平呈回稳态势，但我们不敢有丝毫的麻痹，更不敢掉以轻心。当前物价形势仍较为严峻，全球流动性比较宽裕，国际市场大宗商品价格高位震荡，国内部分农产品的供求关系尚处于紧平衡状态，成本推动价格上涨的压力将长期存在。我们将继续把稳定物价总水平放在重要位置，坚持多措并举、综合施策，把稳增长与稳物价有机结合起来，在实现7.5%增长目标的同时，把居民消费价格涨幅控制在4.0%左右；要继续实施好稳健的货币政策，在满足经济发展对融资合理需求的同时，进一步改善货币条件；在保供应、控成本、强监管的同时，把握好政府管理价格调整的力度、节奏和时机，既考虑经济发展需要，也充分考虑社会的承受能力。

第三，要在转变经济发展方式上取得新进展。这是解决中国发展中不平衡、不协调、不可持续问题的关键，是当前和今后一个较长时期的紧迫任务。我们将大力推进产业结构优化升级，巩固和加强农业基础地位，完善和落实强农惠农富农各项政策，毫不放松抓好粮食等重要农产品生产，力争今年粮食产量继续保持在5亿吨以上；坚持以自主创新为重要支撑，着力推进高技术产业和战略性新兴产业健康发展，加快传统产业转型升级，促进服务业发展提速、比重提高、水平提升。我们将大力推进节能减排和生态环境保护，合理控制能源消费总量，提高清洁能源、可再生能源比重，发展循环经济，着力解决大气、土地、饮用水源污染等突出问题，落实控制温室气体排放工作方案，积极务实地参与应对全球气候变化国际交流与合作，努力使今年单位国内生产总值能耗下降3.5%左右，二氧化碳排放强度的降幅更大一些。我们将大力推进城乡、区域协调发展，进一步落实区域发展总体战略和主体功能区战略，继续推动新一轮西部大开发，全面实施东北振兴、中部崛起战略，支持东部地区率先发展，缩小城乡差距，促进区域经济优势互补、良性互动。

第四，要在深化改革开放上取得新突破。改革开放是前无古人的伟大事业，是决定中国前途命运的正确抉择。我们将坚持社会主义市场经济的改革方向，坚定攻坚克难的决心和必胜信心，全面推进各领域改革。要加强改革的顶层设计、总体规划和统筹协调，增强改革措施的有效性和协调性，以理顺政府与市场、中央与地方、城市与农村、经济与社会、国内与国际等重大关系为重点，着力推进重点领域和关键环节的改革，尤其是要在改革资源性产品价格、医药卫生体制、收入分配制度、财税金融体制等方面取得新的进展，促进社会主义市场经济体制更加完善。对外开放是中国的基本国策，在任何时候、任何情况下都不会改变。截至2011年，中国实施对外开放政策已有33年，加入世贸组织也有10余年，中国经济与世界经济日益相互融合、共同发展，中国对外开放的广度深度空前提高。我们将继续实施互利共赢的开放战略，进一步提升开放型经济水平，以开放促改革、促发展。我们致力于对外贸易平衡发展，支持自由贸易，反对各种形式的保护主义；我们坚持“引进来”与“走出去”并重，优化外商投资环境，加强知识产权保护力度，积极鼓励、规范有条件的中国企业开展境外投资合作。

第五，要在改善民生上取得新成效。保障改善民生是我们一切工作的根本出发点和落脚点，也是稳增长、抑通胀、调结构的根本目的。我们将继续实施更加积极的就业政策，认真解决高校毕业生、农民工、城镇就业困难人员等重点人群的就业问题，使今年城镇新增就业岗位保持在900万人以上，城镇登记失业率控制在4.6%以内。我们将继续完善社会保障体系，提升社会保险统筹层次和待遇水平，着力构建社会稳定的安全网。我们将继续大力推进保障性安居工程建设，完善政策措施，动员社会力量，增加资金投入，确保工程质量，努力实现住房困难家庭“住有所居”的期盼，今年要基本建成城镇保障性安居工程住房500万套，新开工700万套以上。我们将继续加强社会事业建设，坚持教育优先发展，合理配置公共教育资源，重点向农村、边远、贫困、民族地区倾斜，大幅度提升医疗卫生、文化等方面的公共服务能力，积极推进基本公共服务均等化，加强和创新社会管理，保持社会和谐安宁、充满活力。

中国经济的平稳较快发展，经济转型步伐的不断加快，结构调整的积极推进，必将为全球经济复苏和世界的繁荣发展发挥重要作用，也将为世界各国的企业家和投资者带来更多的商机。我们真诚地希望，各国企业家和投资者敏锐捕捉中国经济发展的新机遇，积极拓展合作空间，共享中国改革发展的丰硕成果。

# 国有企业要在推进社会主义核心价值体系建设中发挥表率作用

——2011年12月26日在全国国有企业推进社会主义核心价值体系建设座谈会上

国务院国有资产监督管理委员会主任　王　勇

党的十七届六中全会通过的《中共中央关于深化文化体制改革、推动社会主义文化大发展大繁荣若干重大问题的决定》，把建设社会主义核心价值体系作为文化改革发展的根本任务，深刻阐述了“推进社会主义核心价值体系建设，巩固全党全国各族人民团结奋斗的共同思想道德基础”这一重大问题。建设社会主义核心价值体系，是全党全社会的共同任务，国有企业必须发挥表率作用。

## 一、国有企业的性质地位和作用决定了国有企业必须在推进社会主义核心价值体系建设中发挥表率作用

社会主义核心价值体系在党和国家事业中居于灵魂位置，在社会主义先进文化中具有精髓意义，在中国特色社会主义发展中起着决定方向的关键性作用。国有企业要从建设中国特色社会主义的全局和战略高度，充分认识推动社会主义核心价值体系建设的重要意义，做社会主义核心价值体系的宣传者、践行者、捍卫者。

首先，国有企业是中国特色社会主义的重要支柱。公有制为主体、多种所有制经济共同发展是社会主义初级阶段的基本经济制度，也是中国特色社会主义的重要特征。搞好国有企业，发展壮大国有经济，是坚持中国特色社会主义共同理想的内在要求。经过30多年的改革发展，国有企业管理体制和经营机制发生了根本变化，国有经济整体实力进一步增强，综合素质进一步提升，在国民经济中继续发挥着主导作用，为建设中国特色社会主义作出了重要贡献。一方面，国有企业改革发展取得的成就，为坚定中国特色社会主义共同理想提供了强有力的支撑；另一方面，社会主义核心价值体系建设为国有企业改革发展提供了强大精神动力。这就要求，国有企业要不断深化改革，加快发展，坚定广大干部群众建设中国特色社会主义的信心和信念；国有企业广大干部职工要把个人奋斗融入建设中国特色社会主义事业的伟大实践中，以更加坚定的信念、更加坚韧的意志、更加坚强的团结投身于国有企业改革发展的事业中。

第二，国有企业是全面建设小康社会的重要力量。国有企业大多处在关系国家安全和国民经济命脉的重要行业和涉及国计民生的关键领域，是国家物质财富的重要创造者，是实现共同富裕的重要载体。国有企业不仅为社会提供了巨大的物质财富，而且为社会提供了丰富的精神财富，在社会主义文化建设中发挥着重要作用。国有企业在改革发展过程中创造的丰富多彩的企业文化，已经成为中国特色社会主义文化的重要组成部分；国有企业广泛开展的群众性文化活动，为传播先进文化理念、提升广大人民群众的文化素质发挥了重要作用；国有企业作为文化产业的骨干力量，为广大人民群众源源不断地提供了精神食粮。国有企业作为继承中国传统文化和创新时代精神的重要载体，过去是将来也必定是推进社会主义核心价值体系建设的重要力量，肩负着建设社会主义文化强国的历史责任。

第三，国有企业是我们党执政的重要基础。国有企业健全完善的党的组织体系，在宣传贯彻落实党的理论、路线、方针、政策方面发挥了重要作用。

国有企业党组织的先锋模范作用和党员的战斗堡垒作用,极大地激发了职工群众的社会主义建设热情。长期以来,国有企业坚持不懈地深入开展理想信念教育,引导广大干部职工深刻认识中国共产党领导和中国特色社会主义制度的历史必然性和优越性,用中国特色社会主义理论体系武装头脑,以实际行动践行社会主义核心价值体系,在全社会发挥了表率和引领作用。

## 二、要把社会主义核心价值体系全面融入思想政治工作和企业文化建设中

推进社会主义核心价值体系建设,是一项重要的基础工程、灵魂工程、系统工程。要将社会主义核心价值体系融入到企业的思想政治工作和企业文化建设之中,通过坚持不懈、持之以恒的努力,使之真正成为国有企业干部职工的普遍共识、自觉行动和精神力量。

一是要毫不动摇地坚持马克思主义指导地位和中国特色社会主义共同理想。国有企业推进社会主义核心价值体系建设,首先要毫不动摇地坚持马克思主义指导地位和中国特色社会主义共同理想,从推进社会主义核心价值体系建设的全局出发,统一思想,加强引导。第一,要加强文化自信。在实践中我们已经探索出了一条中国特色国有企业改革发展成功道路,我们要对此充满自信,对肩负的神圣使命和重要责任充满自信,对搞好国有企业、发展壮大国有经济充满自信。第二,要坚持用马克思主义的立场、观点和方法分析问题解决问题。认真总结国有企业改革发展成功实践,不断深化对国有企业改革发展客观规律的认识,不断丰富和完善中国特色国有企业改革发展理论体系,推动这一理论进教材、进讲堂、进头脑。第三,要采取多种形式广泛宣传国有企业改革发展的成就。大力宣传国有企业为经济社会发展作出的巨大贡献,大力宣传国有企业履行社会责任的典型事例,大力宣传国有企业在完成艰难任务中的先进事迹,讲好国有企业的故事。在全党全社会形成对国有经济地位作用的正确认识,形成推动国有企业改革发展的强大共识。

二是要大力弘扬培育国有企业先进精神,夯实社会主义核心价值体系在国有企业的实践基础。国有企业改革发展过程中形成了"两弹一星"精神、大庆精神、铁人精神、载人航天精神、青藏铁路建设精神等一系列富有各个时代特点的国有企业精神。推进社会主义核心价值体系建设,我们要认真总结、深入挖掘、提炼具有国有企业共同特点的核心价值理念,形成一个符合社会主义核心价值体系要求、符合时代特点的国有企业精神。要体现爱党爱国的精神,将党和国家的利益放在首位;要体现求实创新的精神,把解放思想、实事求是、与时俱进的思想路线贯穿于国有企业改革发展之中;要体现拼搏奉献的精神,面对困难勇往直前,服务人民甘于奉献;要体现诚实守信的精神,做完善社会主义市场经济体制的健康力量;要体现和谐包容的精神,促进经济、社会、环境和谐发展,做履行企业社会责任的表率。要通过弘扬和培育国有企业先进精神,将社会主义核心价值体系融入国有企业文化建设之中,形成国有企业特有的软实力和品牌形象。

三是要树立和践行社会主义荣辱观,提升广大干部职工思想道德素质。改革开放以来,国有企业广大干部职工的思想道德主流是好的,人们精神风貌昂扬向上,但是受社会上一些消极现象的影响,国有企业少数干部职工也存在着理想信念有所动摇,拜金主义、享乐主义有所滋长等现象,个别干部的腐败问题,败坏了国有企业的声誉,造成了很坏的影响。国有企业推进社会主义核心价值体系建设,要着眼于培育知荣辱、讲正气、促和谐的良好风尚,切实树立和践行社会主义荣辱观。要大力开展以"八荣八耻"为主题的实践教育活动,把"八荣八耻"的基本要求落实到职工的日常工作生活之中,落实到为企业添光彩、为他人送温暖、为社会作贡献的过程之中。要大力加强以爱岗敬业、诚实守信、办事公道、服务群众、奉献社会为主要内容的职业道德教育,增强职业道德意识,养成职业道德品格,不断增强道德荣誉感和道德判断力。要深入开展反腐倡廉教育,坚决反对拜金主义、享乐主义、极端个人主义,严厉惩处各种腐败行为。要坚持持之以恒,常抓不懈,建立经常化、长效化的工作机制,激励广大干部职工以更加饱满的热情和振奋的精神投身到国有企业科学发展、和谐发展当中。

四是要把社会主义核心价值体系转化为落实“十二五”规划做强做优国有企业的精神力量。“十二五”时期是国有企业贯彻落实科学发展观、加快转变发展方式的重要时期。国资委提出了“十二五”时期国资监管和国有企业改革发展“两新目标”和“做强做优中央企业、培育具有国际竞争力的世界一流企业”的中央企业改革发展核心目标。这些目标是当前和今后一个时期国有企业广大干部员工为之奋斗的共同愿景。“十二五”开局之年，国有企业认真贯彻落实党中央、国务院各项决策部署，积极应对错综复杂的国内外经济形势，克服重重困难，生产经营保持平稳运行。展望明年，世界经济形势仍将十分严峻复杂，经济运行中面临不少新情况、新问题，国有企业改革发展面临着新的困难和挑战。历史的经验证明，越是环境复杂、矛盾突出、挑战严峻的时候，越要加强企业思想政治工作，越是要鼓舞士气，增强信心。我们要把社会主义核心价值体系转化为推进企业改革发展的动力，转化为克服困难的勇气，转化为应对挑战和机遇的智慧。要紧紧抓住迎接党的十八大胜利召开的有利契机，不断深化创先争优活动，深化“四好”领导班子创建活动，增强党组织的创造力、凝聚力和战斗力，将国有企业的政治优势、组织优势、群众工作优势转化为企业的核心竞争力，为国有企业改革发展提供坚强的思想政治保证。

## 三、要把社会主义核心价值体系贯穿到国有企业改革发展的实践中

建设社会主义核心价值体系，必须贯穿到改革开放和社会主义现代化建设的各个领域。对国有企业而言，推进社会主义核心价值体系建设，要注意把握好以下几个问题。

一是坚持党对国有企业的领导。坚持党的领导，发挥国有企业党组织的政治核心作用，是一个重大原则，任何时候都不能动摇。坚持党对国有企业的领导，是把社会主义核心价值体系贯穿到国有企业改革发展全过程的重要保证。要把建设高素质经营管理者队伍、人才队伍、党员队伍、职工队伍和增强国有经济活力、控制力、影响力贯穿到国有企业党组织建设始终，保证党组织参与决策、带头执行、有效监督，发挥政治核心作用，推动国有企业做强做优，发展壮大国有经济。

二是坚持全心全意依靠工人阶级。推进社会主义核心价值体系建设，从根本上来说，是要以共同的理想、信念来团结人民群众，形成统一的意志，追求共同的目标。把社会主义核心价值体系贯穿到做强做优国有企业的实践中，就是要秉承我们党全心全意为人民服务的宗旨，全心全意依靠工人阶级办好国有企业。要更加注重尊重职工的主体地位和首创精神，进一步完善职工民主管理制度；更加注重促进职工的全面发展，提升队伍的整体素质；更加注重维护职工的合法权益，关心关爱职工，建设和谐团队。

三是坚持和谐包容的企业发展理念。树立和谐包容的发展理念，不仅是国有企业自身发展的需要，也是推进社会主义核心价值体系的要求。要更加注重诚信经营，为合作伙伴提供公平机会，带动产业链健康发展；更加注重环境保护，坚持走资源节约型和环境友好型发展道路；更加注重社区发展，积极参与社会公益事业；更加注重加强新闻宣传，主动和新闻媒体沟通，赢得社会各界的理解和支持。

四是坚持发挥国有企业在发展文化产业中的主导作用。党的十七届六中全会明确提出，要形成公有制为主体、多种所有制共同发展的文化产业格局，必须毫不动摇地支持和壮大国有或国有控股文化企业，毫不动摇地鼓励和引导各种非公有制文化企业健康发展。国有企业文化产业的发展面临着重大历史机遇，负有重要的政治责任和社会责任，必须有所作为，要培育一批核心竞争力强的国有或国有控股大型文化企业或企业集团，在推动文化产业发展和繁荣市场方面发挥主导作用。

国有企业推进社会主义核心价值体系建设责任重大，使命光荣。我们要紧密团结在以胡锦涛同志为总书记的党中央周围，统一思想，坚定信心，开拓进取，以高度的政治责任感、奋发有为的精神状态和求真务实的工作作风，努力开创推进社会主义核心价值体系建设工作新局面，为推动社会主义文化大发展大繁荣，为促进国有企业科学发展作出新的更大贡献！

# 树立企业文化建设典范　为企业搭建交流平台

## ——在2011全国企业文化(潍柴动力)现场会开幕式上

中国企业联合会　中国企业家协会常务副会长兼理事长　李德成

在潍柴建厂65周年之际,我们召开2011全国企业文化(潍柴动力)现场会,举行授予潍柴动力股份有限公司"全国企业文化示范基地"的揭牌仪式。

当今时代,文化已经越来越成为民族凝聚力和创造力的重要源泉,越来越成为综合国力竞争的重要因素。近年来,中国企联在不断拓展服务领域、加大服务力度的过程中,积极致力于推进我国企业文化建设。其中,创建全国企业文化示范基地就是一项重要的服务工作。通过树立企业文化建设典范,为企业搭建交流平台,引导广大企业学习借鉴先进企业的成功经验,使企业界、学术界在观摩、学习和体验中拓展视野、丰富认知、提升水平,进一步推进企业文化创新。

当前,我国经济发展面临的国内外环境比以往更加错综复杂。从国际看,国际金融危机深层次影响正在加深和扩大,西方国家主权债务危机继续蔓延和扩散、主要发达经济体失业率居高不下、新兴经济体通胀压力上升等不确定、不稳定因素严重影响着全球经济的复苏,世界经济"二次探底"的风险日益显现;从国内看,我国正处于结构调整和加快转变经济发展方式的关键时期,迫切需要解决发展中不平衡、不协调、不可持续的问题,着力克服制约科学发展的体制机制障碍。对此,我们企业要认清形势,主动适应环境变化,有效化解各种矛盾,更加奋发有为地推进改革创新,保持企业发展的良好势头。

装备制造业是为国民经济各行业提供技术装备的基础性和战略性产业,产业关联度高,吸纳就业能力强,与国际市场联系紧密,是各行业产业升级的重要保障和国家综合实力的集中体现。经过多年的快速发展,我国已经成为全球第一装备制造业大国,并且涌现出一批像潍柴动力这样的领先企业。据统计,目前我国装备制造业规模总量已经达到22 000亿美元,美国和日本两国制造业总量分别为15 000亿美元和12 300亿美元。但是,大并不代表强,有规模并不意味着有竞争力。低端制造普遍、自主创新能力薄弱、国际性优势品牌缺失等问题依然突出。对此,我国出台了一系列实质性的政策措施,鼓励发展高端制造,支持企业自主创新、创建国际品牌。在《国家战略性新兴产业发展规划》中,高端装备制造已被列入我国七大战略性新兴产业之一。2011年3月,中国机械工业联合会在发布的《"十二五"机械工业发展总体规划》提出,我国机械工业的预期目标是到2020年我国主要产品的国际市场占有率处于世界前三位;重点行业的排头兵企业进入世界前三强之列。我国制造业企业要以此为契机,抓住制造业转型升级的有利时机,提高关键技术与核心技术的自主创新能力,加大产品的研发设计力度,努力提升企业的管理水平,进一步加强产业链整合,充分利用国际国内两个市场、两种资源,深入实施"走出去"战略,不断增强国际竞争力。在这当中,企业尤其要重视企业文化建设。企业文化有助于提高管理水平,增强创新活力,凝聚发展信心,提升企业素质,引领、支撑企业实现更高水平、更好质量的发展。在这方面,潍柴动力进行了许多有益的探索,在管理实践中积累了宝贵经验,建立了独具特色的企业文化体系,使企业在不断变化的市场环境中始终保持着良好的发展态势。

潍柴是一家在人民解放战争的炮火中诞生的国有老企业,在65年的发展过程中,她紧随着共和国前进的步伐,凭借着自强不息、艰苦奋斗、锐意进取的拼搏创业精神,由小到大,由弱到强,一步步发展壮大,取得了优异成绩。尤其是进入21世纪以来,潍柴紧跟市场，抓住机遇，不断深化体制改革，积极推进战略创新，按照清晰的发展思路，依靠科学的治理结构、完善的体制机制和严格的制度流程，连续多年实现快速增长，从1998年一家濒临破产的小厂发展成为中国机械装备制造行业的排头兵企业。目前，潍柴动力已经构筑起了国内最完整的包括发动机、变速器、驱动桥和商用车在内的重型汽车黄金产业链，企业综合竞争力和品牌知名度大幅度提升。今年，在中国企联最新公布的中国500强企业中，潍柴控股集团以911亿元的营业收入，排名第93位，在中国制造业500强中排名第35位。

潍柴动力能够取得这样的成绩，一个非常重要的原因是高度重视企业文化建设，坚持以企业文化引领和推动企业的改革发展，把企业文化作为企业发展的制高点。从"二次创业"时期的"约法三章"、"干就负责、做就到位"，到规模迅速扩张时期的"以我为主、链合创新"，再到并购重组时期的"责任、沟通、包容"，潍柴动力从没有停止企业文化创新的步伐，这些文化创新举措不仅反映了潍柴动力不同发展阶段的经营理念和管理风格，而且充分体现了企业文化在企业发展中的先导和支撑作用，"动力"文化就是潍柴动力在当前进入集团化和国际化发展阶段的背景下提出来的。

为实现"2015年销售收入翻一番，冲刺世界500强"的战略目标，潍柴动力在继承传统优秀文化的基础上，不断丰富、提升企业文化内涵，构建了以"责任为本"为核心、以"绿色动力，国际潍柴"为使命的"动力"文化体系，致力于成为全球装备制造业的重要一极，并通过培育特色文化，整合多元文化，使潍柴动力的企业文化始终保持着与时俱进的良好状态。同时，潍柴动力的领导班子以身作则，率先垂范，自觉践行企业价值观，并通过成立潍柴企业文化研究会、推行WOS运营管理模式等措施，积极探索企业文化与经营管理实践有机结合、集团文化融合的有效途径，以动力文化点燃了企业各级管理团队和广大员工干事创业的激情，为企业建立科学的经营体制、完善的运营管理体系、有效的人力资源管理机制等提供了强有力的保障。

潍柴动力企业文化建设带给我们的启示是：面对复杂多变的经营环境和日益激烈的市场竞争，企业竞争越来越突出地表现为企业文化的竞争，谁拥有文化优势，谁就拥有管理优势、效益优势和竞争优势；只有把经过系统化设计的企业文化深深熔铸于企业经营管理的每个细节，深刻影响员工的思想和行为，并与企业战略实现良好互动，企业的经营方略和创新举措才能发挥出最大的效用。

胡锦涛同志曾多次指出，在实现中华民族伟大复兴的道路上，必须要坚定不移的推进社会主义文化建设。建设社会主义先进文化的过程，也是企业文化大发展、大繁荣的过程。潍柴动力向我们展示的企业文化，让我们深切地感受到企业文化建设对企业发展的重要作用。希望广大企业以"企业文化示范基地"为榜样，坚持"以我为主、博采众长、融合创新、自成一家"的方针，以高度的文化自觉和文化自信，打造独具特色、卓有成效的企业文化。中国企联愿意同大家一道共同探索中国企业文化的创新之路与兴盛之道，不断促进我国企业文化建设向着更高水平迈进。

# 大企业要做好六篇大文章

## ——在2011中国企业500强发布暨中国大企业高峰会上

国务院国有资产管理与监督委员会副主任　黄淑和

中国企业500强排行榜真实记录了新世纪以来我国大企业快速成长的发展轨迹。2002年度中国企业500强的入围门槛只有20亿元，年营业收入在千亿元以上的企业只有10家。经过10年的改革发展，我国大企业经济规模持续扩大，运营效益和竞争实力得到了快速提升。这次发布的中国企业500强入围门槛已经提高到142亿元，年营业收入在千亿元以上的企业已经有80家，其中有58家企业进入世界500强。这一组数据的变化，充分反映了我国大企业10年来所取得的成长和进步，也从一个侧面展示了我国综合实力和国际竞争力的大幅提升。

中国企业500强排行榜还印证了国有企业改革发展所取得的显著成就。经过多年来的改革、调整和创新，国有企业体制、机制发生了深刻变化，运行质量和经营效益得到了很大提升，竞争能力和发展活力得到了明显增长。已经成为引领国民经济科学发展、支撑中华民族和平崛起的中坚力量。在今天发布的中国企业500强中，国有企业仍然居于重要地位，国有和国有控股企业户数占63.0%，实现营业收入占85.0%，实现利润占84.0%，上缴税收占91.6%。其中，入榜的中央企业营业收入占44.0%，实现利润占31.0%，上缴税收占49.0%。同时，我们还非常高兴地看到民营企业在这10年中也取得了长足发展。今天发布的中国企业500强中，以华为、沙钢、复星、新希望等企业为杰出代表的民营企业有184家，这些企业治理不断规范、管理逐步专业化、治理水平明显提升，实现了跨越式的发展，这也充分体现出国有企业与民营企业平等竞争、优势互补、相互促进、共同发展，为建设社会主义现代化，实现全面建设小康社会宏伟目标作出了突出贡献。

事实充分证明，党中央、国务院关于坚持“两个毫不动摇”的方针、政策是正确的。国有企业和民营企业都是中国的企业，他们不断做强做优，做成世界一流，都是我们中国的骄傲，都应该得到全社会的大力支持。

中国企业联合会、中国企业家协会连续10年推出中国企业500强排行榜，全面分析和评价我国企业的发展成就，在与世界500强的对比当中，找出我国企业的差距和不足，引导我国企业加快做强做优做大，充分发挥了行业协会在促进我国健康发展中的重要作用。

在此，我代表国务院国资委对中国企业联合会、中国企业家协会持续不懈开展这项工作的可贵精神表示钦佩，并向你们为此付出的辛勤努力表示衷心感谢。

这次会议以“突破与引领：大企业发展新征程”为主题，这个主题具有鲜明时代特征，符合企业的发展方向。当今世界，国与国之间在政治、经济、文化等方面的竞争越来越激烈。这种竞争主要体现为大企业之间的竞争，企业强则国家强。我们经过“十一五”时期的快速发展，经济总量已经居世界第二位，贸易总额已经居世界首位，在国际政治中的地位不断提升，影响力、话语权不断增强。但是跟我国在世界上的地位相比，我国的大企业成长历史较短，规模实力偏弱，创新能力还不够强，国际化水平还不够高，特别是缺乏一批在国际上具有重大影响力的著名跨国企业。

“十二五”时期，我国仍处于大有可为的重要战略机遇期，正在逐步实现从成本优势到价值优势、从制造到创造、从大国到强国的转变。大企业作为国民经济的中流砥柱，在这一个发展阶段的作用尤为重要。站在科学发展的新起点，面对转变经济发展方式的新任务，适应国际社会对我国履行责任的新要求，必须加快培育和发展一批具有国际竞争力的世界一流大企业。这是一项特别重要和紧迫的战略任务，也是我国大企业发展的新征程，需要我们大家共同奋斗，努力实现。

为实现世界经济发展的大趋势，打造世界级一流企业，进一步增强我国大企业的国际影响力，当前和今后一个时期，我国的大企业要继续努力做好以下六篇大文章：

第一，实现创新突破。创新是企业发展的不竭动力。当前要抓好三个创新：一是体制创新。大企业要加快完善公司治理步伐，重点是建设规范的董事会，形成各负其责、协调运转、有效制衡的机制，为企业永续发展提供体制保障；二是科技创新。要努力突破和掌握关键核心技术，培育一批高附加值的高端产品，打造一批国际的知名品牌，增强在国际标准制定中的话语权，使企业走上创新驱动、全面协调可持续发展的道路；三是管理创新。要切实强化基础管理，大力推行精益管理，深入开展国际对标，切实加强信息化建设，优化管理流程，创新商业模式，提高现代化管理水平。

第二，加快转型升级。大企业是产业链当中的排头兵企业，在产业发展中占有重要地位。应该成为产业转型升级的重要推动力量。要加快淘汰落后产能，推进企业联合重组，提高产业集中度。推动产业链向高端发展，延伸产业链和价值链，带动全产业链的发展。大力培育发展技术含量高、带动作用大的战略性新兴产业，抢占未来竞争的制高点，实现发展方式由主要依靠要素投入、规模扩张向主要依靠科技进步、劳动者素质提高、管理创新的转变。

第三，全球配置资源。大企业必须大力提升全球配置资源、开拓国际市场的能力。要培养全球化的战略思维和国际视野，立足全球配置各类资源，努力成为善于利用两个市场和两种资源来发展自己的行家里手。要把坚实有力的国内经营与积极有效的国际经营有机结合，积极开拓海外业务，不断扩大国际市场的份额，大力提升国际化经营的水平。

第四，凝聚优秀人才。人力资源是企业的第一资源、第一推动力。要重点抓好三支队伍建设：一是要抓好经营管理人才队伍建设，特别是要培育一批具有国际视野的优秀企业家。二是要抓好科技人才队伍建设，积极引进海外高端人才，培养提升现有人才，创新科技人才使用机制，完善科技人才发展环境。三是要抓好职工队伍建设。特别是要培育一支具有高水平的技能人才队伍。要充分调动各类人才的积极性和创造性，创造人人成才、人尽其才、才尽其用的良好氛围，为企业发展提供强有力的人才支撑和智力保障。

第五，履行社会责任。履行社会责任是社会对大企业的普遍期望，也是大企业健康发展的必然要求。大企业要主动把社会责任理念融入到生产经营各个环节，作为企业战略决策的重要组成部分，努力做依法经营、诚实守信的表率，做节约资源、保护环境的表率，做以人为本、构建和谐企业的表率。在海外经营中更要注重遵纪守法、尊重当地文化习俗、保护资源环境，促进所在国经济社会发展，树立我们中国企业的良好形象。

第六，发挥引领作用。大企业大多处于产业链的高端，是行业排头兵和系统集成商。要发挥大企业在资本、技术、管理、品牌、商誉、渠道网络等方面的优势，带动产业链上中小企业共同发展。大力推进产业链专业化分工协作，进一步优化配置资源，实现合作发展、多方共赢，加快提升我国企业在国际分工体系中的层次和我国产业在国际市场上的竞争力。

站在"十二五"发展的新起点，开启大企业发展的新征程，我们既要看到企业的成长与进步，坚定发展的信心，又要看到存在的差距与不足，明确赶超的目标和措施。取得的成就只能说明过去，创造新的辉煌更要我们谦虚谨慎，戒骄戒躁，奋力开拓。我相信，经过10年左右的时间，我国大企业将会以更加崭新的姿态、更加骄人的业绩、更加强大的实力，巍然站在世界竞争的舞台上。

# 学习海尔　努力探索互联网时代管理新模式

——在2011全国企业管理创新大会上

全国企业管理现代化创新成果审定委员会主任
中国企业联合会　中国企业家协会执行副会长　蒋黔贵

在第十八届国家级企业管理创新成果审定中，海尔集团申报的《以自主经营体为基础的人单合一管理》得到了评审专家的高度肯定，以总分第一的成绩被审定为一等成果。随后，我们又组织了几次专题研讨，并到海尔进行了实地调研和访谈。专家们认为，海尔这一具有时代性、原创性、前瞻性的成果，在企业管理的潮流中有重要引领导向作用。为此，这次大会我们以海尔为例，与大家共同来探讨互联网时代企业管理模式问题。

## 一、全球进入互联网时代

互联网自20世纪80年代中期诞生以来，便迅速成为新一轮科技革命中发展最快、应用最广的技术。尤其是进入21世纪以来，移动互联网、云计算、物联网等新一代技术迅猛发展，互联网加速向宽带、融合、泛在方向演进，推动人类社会从工业化时代迈入信息化时代，即互联网时代。正如蒸汽机对于第一次工业革命、电能对于第二次工业革命的作用一样，今天，互联网正在新一轮科技革命中扮演着同样的角色，全方位改变着工业革命以来所形成的经济形态、生活方式和社会特征，为企业经营提供了一系列新的机遇和挑战。

1. 社会和经济的高度信息化、网络化。在工业社会中，制造是经济增长的源泉。而信息网络技术的诞生，则改变了这种单一增长方式。信息和知识成为重要的资产，成为国民生产中"附加值"的源泉，网络成为社会和经济发展重要的平台和载体。这一方面表现为信息网络技术自身的市场化、产业化，即信息经济、网络经济、知识经济等新经济的快速崛起。已经并将继续为人们带来无可估量的巨大商业机会，在短时间内诞生了众多世界级的企业。另一方面表现为信息技术、互联网向传统产业部门的渗透和延伸，使传统产业更加自动化、智能化和网络化，颠覆了传统产业链的概念，使原有不相关的要素重新积聚。比如，苹果手机便是将通话、视频、音乐、游戏等多功能进行有效组合的移动网络终端，对传统的手机行业、数码音频视频行业、游戏机行业带来了巨大的替代性挑战。

2. 全球实现互联互通。虽然过去几十年，全球化已经得到很大发展。但互联网的诞生突破了时空限制，促进了全球一体化的真正形成。全球范围内国家之间、企业之间、个人之间，甚至是人与物之间、物与物之间都可能实现互联互通。全球化的触角将延伸到世界的每一个角落，渗透到社会经济的方方面面，形成了一个庞大无比的互联式社会。全球性企业、全球性消费者、全球性市场、全球化产品、全球性竞争，以及金融、信息、资本、人才等要素的全球化都将实现。正如弗里德曼在其《世界是平的》一书中指出的那样，整个世界正在变成毫无国界的"地球村"。网络加快了学习模仿的进程，科技进步加速，创新要求更加迫切，企业发展的空间更加广阔，企业之间的竞争更加激烈。

3. 信息传播交流的即时化、互动化和平等化。网络环境的开放性、虚拟性、交互性等特征使得人们能够随时随地接触和利用互联网络，每个人都可以成为信息的创造者、传播者，并与他人开展即时互动交流，使得工业化时代形成的层级式单向交流方式彻底改变，管理层对信息的解释权、过滤权和控制权也随之弱化，取而代之的是即时、平等、互动的多向交流方式。消费者利用互联网这个信息无比丰富、高效便捷低成本的交流平台，有了决定性的话语权，彻底改变了工业时代厂商与消费者之间信息不对称和力量对比不均衡的状况，消费者正在成为市场的主人，他们将决定生产什么、何时生产、在哪里生产以及如何定价方面拥有了决定性的话语权。这将彻底改变传统的商业规则和竞争方式，形成一种全新的商业形态。

4. 就业形态的脑力化和就业方式的灵活化。在社会经济高度信息化和网络化的社会中，具体产品的生产制造将由高度机械化和自动化的"工具"来完成，人们将主要从事知识和信息的创造。德鲁克所称的"知识工人"将成为就业人口的主力，比如工程师、技师、专业技术人员、管理专家、艺术人才等，他们都是富有表达性和合作性的共同创造者，劳动的过程就是知识或信息创造的过程。他们已经超越了对生存需求的基本满足，而把幸福感、自我价值实现作为人生的第一目标。这些都与工业化时代蓝领工人的人生观、价值观和工作观截然不同。同时，借助于无时无地不在的网络，人们在什么地方工作，在什么时候工作，为几家企业工作都具有极大的灵活性，工作和家庭之间的场地界限和时间区隔变得模糊，难以区分。

总之，互联网的发展对社会环境的改变是革命性的，工业时代的管理模式已经无法适应竞争所需的灵活性、创造力和分享机制，对传统管理的局部调整已经难以应对变化，只有进行战略性的、贯穿整个价值链的深度变革才能使企业在新的时代获得制胜的先机。

一是在经营理念上。我们知道，亚当·斯密的分工理论是工业文明发展的基石，由此诞生的规模经济、科层制结构及其相适应的标准化、专业化和集中化，被美国未来学家托夫勒称之为工业时代的精神气质。然而在网络时代，由于摩尔定律、梅特卡夫法则、马太效应、吉尔德定律等网络规律的作用，使经济发展呈现出显著的快捷性、高渗透性、自我膨胀性、边际效益递增性、外部经济性，这与工业经济的特征完全不同。为此，管理者必须突破工业时代所形成的标准化、大规模、一体化、零和竞争等传统经营理念，树立起开放、协同、融合、共赢的新理念，把工业化时代分离的内外部系统通过网络整合为以消费者为中心的圈环式价值创造网，使企业与员工、产业链上下游、合作者、甚至是竞争者等相关方成为同呼吸共命运的利益有机体，实现商业生态系统的有效协同和共赢发展。

二是在经营方式上。一体化经营在工业时代被众多企业作为增强企业竞争优势的重要经营战略。互联网的出现导致市场交易费用和管理费用明显下降，突破了科斯定律等经济法则，越来越多企业放弃了传统的经营体制和机制，采用业务外包、特许经营、战略联盟等各种形式。有资料显示，目前发达国家正以每年30.0%以上的速度组建跨行业、跨地区甚至跨国界的虚拟企业，许多大公司中有50%以上的业务是通过上述这些经营方式获取利润的。著名的耐克公司，没有一家工厂，却靠着自己的品牌通过虚拟经营获得了巨大成功，被认为是虚拟经营的楷模。虚拟经营带给我们的重要启示是：在未来的经营中企业要不求大，但求强；不求广，但求专；不求全，但求精；不求所有，但求所用。

三是在产销模式上。工业化时代的产销模式是建立在规模经济上的，是大生产+大品牌+大物流+大零售，核心是通过大规模的生产和生产过程的标准化、高效率，持续的降低成本。而在网络时代，消费者权力上升，在社会阶层、价值观念、审美趣味、消费方式等方面的巨大差异得到彰显，大众消费正在向分众消费深入发展，市场需求正在裂变为难以计数的“碎片”，这就要求企业要将自己的注意力高度集中到消费者身上，工业时代的大规模生产逐步被各种形式的大规模定制和柔性化生产所取代，按需生产将成为企业源源不断获得竞争优势的来源。而且，互联网的出现，极大提升了生产者与消费者的互动效率，生产者可以随时了解消费者的反馈，获得海量的个性化订单，甚至可以让消费者根据自己的需求参与产品的设计，在他们自己产生这些需求前就让他们心满意足。

四是在组织管理上。网络时代最大的特点便是速度快捷。这对企业组织的柔性和对外部环境的适应性提出了越来越高的要求，原本等级健全的科层制组织架构暴露出行动缓慢的天生缺陷，越来越多的企业开始借助于网络向松散的有机式网络型组织结构转化，呈现出小型化、扁平化与外部化的特征。组织管理的范围从内部拓展到了企业外部，包括供应商、分销商、分包方、战略联盟、客户等利益相关方的管理；管理的重点也从传统的内部关系管理转变为如何通过数字神经系统的建设，实现组织的扁平化、柔性化，保持类似有机体那样的低成本有机协调的能力，并加强企业内部和外部的各种联系、协作和合作；管理的目的也从“做大”、“做强”转变为“做活”，把企业从“机械组织”转变为有机的生命体，能够自适应、自创新、自激励，实现企业的永续发展。正因为如此，在网络时代中，传统的大型企业由于体制机制僵化而面临许多危机和挑战，“大企业病”凸显；而一些中小型企业则由于灵活的经营机制和广泛的关系网络而更加具有活力。

五是在管理方式上。互联网的发展使得知识型员工阶层崛起，并成为企业员工的主体。与其他类型的员工相比，知识型员工更加重视有挑战性的工作，喜欢在自我激励下自主工作，他们的满意度来自于工作本身，他们渴望得到更多的尊重与信任，更重视公平、公正的工作机会，他们不仅具有“社会人”和“自我实现人”的特性，更具有“创造人”的特性，创造是知识型员工的本质。为此，企业管理者必须改变传统的命令与控制型的管理方式，管理者自身要从传统的决策者、命令者转变为教练员、服务员，通过充分授权，使基层组织和员工具有充分的自主权，同时注重员工内心幸福感、归属感、自我实现的激励，以最大限度地发挥员工的创造潜能。

总之，互联网时代的来临为企业管理突破性的创新提供了思路、手段和条件，既有挑战更有机遇。谁能抓住这些机遇，谁就能在新的时代背景下赢得先机。

## 二、海尔在互联网时代的管理创新

海尔是目前我国为数不多将创新聚焦到互联网的企业。2005年以来，海尔为应对互联网的挑战进行了一系列颠覆性系统性的变革，从战略到机制到运营到考核，涉及了所有业务、所有环节和所有员工。可以说，海尔正在进行一次具有原创性的伟大实验。

一是适应互联网时代的商业模式创新。海尔认为，互联网时代企业生存和发展的权力不取决于企业，而取决于用户。而用户需求日益呈现出碎片化、个性化、体验化的特点。正如张瑞敏所说的“固定靶”变成了“飞靶”。而要“打中飞靶”，企业就必须突破原有的商业模式。为此，海尔在战略指导思想上的重要创新点是要实现由生产型向服务型转变。由原来以厂商为中心的、大规模生产、大规模促销和低成本竞争的B2C模式，转变为以消费者为中心的、个性化营销、柔性化生产和精准化服务的C2B模式。海尔的服务转型，不是简单的“去制造化”，搞虚拟经济；也不是狭义的向产前、产后等服务环节拓展，而是企业整体服务化的全面变革。在经营模式上，推行“人单合一”管理。人即员工，单即订单。传统的经营机制是人单分离的，“内部管理与市场拓展两张皮”，权力集中在领导。海尔彻底扭转了这种经营机制，把经营决策权、资源配置权和利益分配权下放到一线员工，由他们根据市场变化和用户需求来自主经营。并通过“倒逼机制”让研发、生产、供应、职能服务等后台系统与用户需求有效衔接，从而使企业全员面对用户，黏住用户。领导从原来的决策、分配、监督转变为主要向一线员工提供支持和服务。将原来企业员工听领导的，转变为员工听用户的，企业和领导听员工的。当我们在海尔看到每个员工都在为满足顾客需求（订单或潜在订单）而忙碌时，才真正懂得了服务型企业的含义。在产销模式上，推行“零库存下的即需即供”。长期以来，海尔与中国大多数制造企业一样，实行的是生产－库存－销售的传统产销模式，存在很大刚性。库存一直是困扰海尔的一个十分头疼问题。向服务转型以来，张瑞敏借助互联网提出了“零库存下的即需即供”，将海尔从大规模制造转变为大规模定制。2008年8月，海尔取消了全国26个中心仓库，要求“真单直发”，销售人员必须获取零售终端的真实订单，然后再在内部下单，从“为产品找客户”转变为“为客户找产品”。“倒逼”产品设计、企划、质量、生产、供应等后台系统进行大规模调整，同时在研发、生产、供应、职能管理等领域大力推行模块化技术，以提高响应速度。在营销模式上，推行“零距离下的虚实网结合”。海尔提出要“虚网做实，实网做深”。所谓“虚网做实”就是在互联网上不仅仅是开展电子商务，更重要的是通过互联网搭建与用户零距离互动的平台，深度挖掘个性化需求信息，并转化为有价值的订单，实现“以服务卖产品”。比如，海尔在FACEBOOK上黏住了10万多名铁杆“粉丝”。在澳洲，通过FACEBOOK实现与用户的互动，2011年海尔法式对开门冰箱在澳洲市场超越LG、三星，连续两次获得澳洲用户最满意品牌第一名。目前，海尔已经建立了专门的网上设计体验馆，用户可以根据海尔提供的模块自行设计产品，并随时下单。所谓“实网做深”，就是进一步完善营销网、物流网、服务网，形成一个覆盖全国、甚至是全球的网络，实现与“虚网”的有效结合。目前，海尔在全国建立了“销售到村”的营销网、“送货到门”的物流网和“服务到户”的服务网。完善的营销网络已经成为海尔重要竞争优势。在近年来的全国家电下乡中，海尔成为最大赢家，2009年的市场份额占到了32.0%。许多跨国知名品牌也纷纷把产品在中国市场的销售权委托给海尔。

二是适应新商业模式的组织模式创新。经营战略的调整必然带来组织的变革。用什么样的组织形式把职工创新积极性最大限度的调动起来，去了解和发掘个性化的需求，并使其相对规模化，实现灵活的有效率的生产呢？海尔在组织结构上的重要创新点是改变传统的事业部为主要载体的企业组织结构，将其解构和裂变为两千多个密切围绕市场的“自主经营体”，实现企业由做大做强向做活转变。

自主经营体的组建完全是根据用户需求来决定

的。首先根据市场机会确定经营体准入标准(即竞争力门槛),再由有意愿的员工"抢单"进入。经营体长的聘任,完全颠覆了传统由领导指派的方式,由员工拿出实施方案与可实施的凭证,包括三预(预算、预案、预酬)方案来公开竞聘,由横向部门、利益相关者、员工、客户共同组成评委综合评估确定。经营体长拥有用人权和分配权,还拥有企业的大资源平台。无固定任期,随时接受经营成果检验和"官兵互选",2/3以上的成员就可以联名淘汰经营体长,重新竞聘。经营体的成员由人力资源部门与经营体长共同设定岗位标准和定编,通过公开竞聘"抢入"。竞聘过程既明确了最终要完成的目标,又明确了完成目标所需要的手段、方法、路径和资源等,还明确了完成该目标之后所对应的薪酬水平。经营预案都是员工根据自己能力确定的,是员工与自己能力的博弈,而不是员工与企业的博弈。对于未能竞聘成功的员工,海尔给予多次机会竞聘。如果三个月后还没有"抢入"新的经营体,则被淘汰。

海尔对经营体的要求是标准化、制度化、量化。如何量化为客户创造的价值以及在此过程中量化个人的贡献是重中之重。为此,海尔自主发明了三张表,即:战略损益表、日清表和人单酬表。其中,"战略损益表"具有非常重要的理论价值和现实意义,海尔已经申请了国家专利。"战略"就是与用户零距离,"收益"是自主经营体为用户创造价值获得的收入。核算指标从传统的销售收入、利润等,逐步发展到了市场份额、用户满意度等市场竞争力指标,目前是比用户忠诚度更全面更量化的用户黏度指标等。而且是预先算赢,在面对用户同一目标下,实现统一承诺的预赢方案。"日清表"是借助IT系统形成每天工作预算和行动计划,以保证目标的按时完成,目前已经实现了信息化日清,每天能将实施情况通过信息系统自动通知员工。"人单酬表"是"果",基本要求是缴足利润,挣够费用,超利分成,落实到人。体现了海尔提出的"我的用户我创造,我的增值我分享"的理念。他们认为,"传统的财务报表是以资本为中心,追求股东利益至上;海尔的新三表是以员工的能力为中心,是员工与自身能力的博弈,实现了用户、企业和员工的共赢"。

自主经营体的实质是将市场和竞争的概念引入到了内部管理。企业划小了,员工活跃了。为了活而不乱,海尔将经营体分为三类。活跃在市场前线的两千多个直接按"单"定制、生产、营销的一级经营体。中间是平台经营体,为一级经营体提供资源和专业服务。断后的是战略经营体,即原来的高层管理者,主要负责创造机会和创新机制。海尔要求各级各类经营体必须面对同一目标,实现纵横连线。其中,"倒逼机制"是三级经营体之间能够有效连线的关键。自主经营体已经不存在传统的向领导汇报的概念。对于一级经营体,通过一个公开的信息平台提出自己的需求,二、三级经营体均会根据平台机制给予解决,如果解决不了,则是平台和机制出了问题,需要二级、甚至是三级来关闭差距。"关差"的过程就是二级,甚至是三级经营体的"单"。通过这样的"倒逼"和纵横连线,将海尔传统的金字塔式组织结构转变为以自主经营体为基本单元的倒三角网络型组织,使企业的所有环节和员工都面向用户,为创造和满足用户需求而创造性的工作。

三是对外合作模式的开放式创新。海尔认为,互联网时代是大规模协作的时代,企业要成为一个开放的系统,在全球范围内进行资源和能力的整合与配置,建立一个全球协作的大平台。海尔在合作模式的重要创新点是坚持从"分工"转向"合工",从"零和"转向"共赢",在"地球村"里构筑起市场拉动的"价值创造网"。为此,提出了"资源换资源"的新理念,基于终端用户的需求与上下游、甚至是竞争对手开展广泛合作,共创共享,合作共赢。在市场资源方面,新西兰斐雪派克公司和美国通用电气公司利用海尔在中国的市场网络和资源拓展中国市场;海尔则利用斐雪派克公司和通用电气公司分别在澳大利亚、新西兰和美国的市场网络拓展当地市场,实现了优势市场资源的互换共赢。GE冰箱2009年9月"嫁入"海尔营销网络后的三个月就超过了其2008年全年在中国市场的销量,一跃成为外资冰箱品牌的第二名。在供应合作方面,海尔邀请有实力的供应商参与产品的前端设计与开发,使其由传统的零部件供应商上升到以订单为中心的战略合作伙伴。在国内,海尔还与分销商在需求预测、挖掘用户需求信息、个性化定制、售后服务等方面进行了全面的深度合作。2010年7月,海尔与国美签署了三年实现

500亿销售规模的战略合作协议。其中约定，在海尔每年为国美提供的600款系列商品中，个性化定制产品将占到50.0%以上。让分销商加入到消费者个性化需求的满足中，促进了分销商附加价值的提升，也使海尔更加接近了用户。

在智力资源和研发方面，海尔提出了“智慧利用”的新理念，提出“全球都是海尔的人力资源和中央研究院”，要整合全球一流资源，为我所用。倡导自主经营体根据需要主动寻找外部专家，以弥补自身团队的不足，从而高质量完成工作目标。比如最近推出的3D冰箱，就是海尔研究团队整合全球研发资源快速突破的，它的用户研究来自德国和法国的团队，节能设计团队来自海尔，保温系统来自德国陶氏，光源照明来自韩国三星，制冷系统则来自巴西。2011年，海尔的这一开放式创新体系荣获当年国家科技进步二等奖。

到目前为止，海尔的创新探索还在继续，后面还有许多难关需要突破。但令人兴奋的是，经过这几年的努力，海尔创新的效果已经显现，竞争实力明显增强，不但使海尔成功应对了国际金融危机的冲击，而且实现了逆势增长，尤其是利润的增幅远大于销售收入的增幅。2008年到2011年，海尔全球销售收入分别增长8.0%、4.5%、9.1%和11.0%，但利润总额增幅分别是20.6%、55.0%、77.4%和21.0%。这几年利润复合增长率为38.0%，是行业平均增幅的2倍。目前，海尔的库存周转天数缩短为5天，是中国工业企业平均库存天数的1/10；营运资金周转天数达到了负的10天，这在中国制造业中是极少企业可以达到的，行业平均为27天。劳动生产率近三年平均每年提升30.0%左右；员工平均收入增幅在15.0%左右，而行业平均收入增幅仅为9.0%左右。在全球市场份额和品牌价值方面，根据权威市场调查机构欧睿国际发布的数据，海尔2009年起连续三年在世界白色家电品牌中排名第一，全球市场占有率分别为5.1%、6.1%和7.8%，逐年上升。并在2011年首次获得“全球大型家电第一品牌”称号。在2010年度“世界品牌500强”排行榜中，海尔不仅成功超越了日韩家电品牌，而且超越了拥有百年历史的西门子、伊莱克斯、惠而浦等欧美家电品牌，成为世界家电领域最年轻、同时也是发展最快的世界500强品牌之一。与此同时，海尔的管理创新也引起了世界著名大学和商学院的高度关注。美国的哈佛大学、南加州大学、沃顿商学院，瑞士的洛桑国际管理发展学院，法国的欧洲管理学院，日本的神户大学等著名院校对海尔这些年的创新实践进行了持续研究，哈默教授、迈克尔·波特教授、马歇尔教授等世界知名管理专家给予了充分肯定。

## 三、海尔经验对我们的启示

1. 学习海尔持续管理创新的精神。海尔创业28年来，管理创新的脚步从未停止。从创业之初的“管理13条”整顿生产经营秩序，到当众砸毁76台“问题冰箱”，在国内率先开展全面质量管理；从20世纪90年代初发明OEC管理法，形成严、细、实、恒的管理作风，到90年代末期独创“市场链”经营，全面开展业务流程再造；从21世纪初开始推行“人人都是SBU（战略业务单元）”经营，到2005年开始人单合一管理。正是这种“咬定青山不放松”的持续创新精神，使海尔从一个集体小厂快速发展成为全球化经营的企业，从最原始的经验管理一步步走到了世界管理前沿。其中，最关键的推动力来自于张瑞敏同志坚持不断创新的精神，来自于他作为一个优秀企业家所展现出来的高度使命感、责任感和危机感。创业之初，他就立志要将海尔打造成为世界级品牌，20多年来这一目标从未改变。虽然过去海尔取得了一个又一个成功，但他从不满足。对于成功，张瑞敏有自己的理解。他认为，世界上没有成功的企业，只有时代的企业。如果符合时代的要求，企业就会成功；如果跟不上时代的变化，企业就会淘汰。然而，时代在发展，市场时时刻刻都在变化，尤其在全球化、网络化时代更是如此。因此，张瑞敏同志始终“战战兢兢，如履薄冰”。他在办公桌上放了一张2002年美国《财富》杂志的封面照片，照片上一艘代表企业的巨轮正在沉入大海，下面是美国管理大师德鲁克说的一句话：“当你的企业要破产的时候，你可能会找出很多理由，但是最根本的就是你自己的责任。”什么责任呢？就是你的思维没有跟上外部世界的变化。他把这张照片放在案头，以此警示自己，要不断否定自己，不断开拓进取，只有这样，才能紧跟时代。我们学习海尔，首先就要学习海尔和张瑞敏同志这种始终没有满足，始终没有松懈，始终在不断总结中的不断反思，始终不断根据对未来的洞察，不断勇于挑战既有成功的持续创新精神。

2. 努力探索互联网时代管理新模式。海尔的管理是独特的，海尔的管理模式和许多做法是在20多年的艰苦探索中逐渐形成的。对于其他企业来说，更具有普遍意义的是海尔创新的一些理念，比如，如何借助互联网实现以用户为中心，从生产型向服务型转变，从“为产品找客户”转变为“为客户找产品”。如何利用互联网，将企业从做大做强转变为做活，做成一个能够自适应环境变化自创新自循环的有机组织。这对于许多企业来说，尤其是大企业来说，是非常有现实针对性的。如何遵从网络经济的基本规律，将经营视角从规模经济转变为范围经济，建立起协作、共创、共赢的快速反应的社会化价值创造网络，海尔在这方面应该说进行了有益的探索。还有，海尔在员工激励方面的做法也是非常有创新性的。传统的员工激励都是基于人性假设基础上的外在激励，而海尔转变了思路，通过创造公平的机会和平台将外在激励转变为员工的内在的自我激励，形成员工与自身能力的博弈。这种“能本管理”思想对于当前我国即将面临刘易斯拐点的大背景下，如何把人力资源管理的重点从降低劳动力成本转向提高劳动效率、发挥员工潜能方面具有重要意义。

当然，海尔的创新还是初步的，探索性质的，不论是在理论层面还是在实践层面都需要进一步完善。在理论层面，海尔通过互联网将市场治理模式引进了企业内部，实现了市场治理模式与层级治理模式的结合，这种结合在企业管理理论上有什么新突破。海尔建立了员工与用户的动态契约关系，用户是委托人，员工是代理人，并自我监督。这是一种全新的委托代理关系，在哪些方面超越了西方契约理论。海尔通过自主经营体颠覆了企业原有的科层制组织结构，建立了一种全新的倒三角形网络化组织。这种新型组织在资源配置、权力运行、信息传递、组织沟通等方面都呈现出许多新的特征，从组织理论上如何提炼。海尔通过三张表很好地界定和衡量了人力资本的价值，并将其价值创造体现在了员工日常薪酬中，为人力资本分享企业剩余价值开辟了一条新路，在人力资本理论上有何价值。这些都为新时代的管理创新留出了广阔空间。海尔这场伟大的实践还在继续，我们殷切希望有更多的企业加入到这个队伍中来，有更多的学者关注研究这场实验，为探索互联网时代的管理模式贡献力量。

# 经济法律法规选编

China Enterprise Yearbook 2012

## 法 律

# 中华人民共和国煤炭法

(1996年8月29日第八届全国人民代表大会常务委员会第二十一次会议通过 2009年8月27日第十一届全国人民代表大会常务委员会第十次会议《关于修改部分法律的决定》第一次修订 2011年4月22日第十一届全国人民代表大会常务委员会第二十次会议《关于修改〈中华人民共和国煤炭法〉的决定》第二次修订 2011年4月22日中华人民共和国主席令第45号公布 自2011年7月1日起施行)

## 第一章 总 则

**第一条** 为了合理开发利用和保护煤炭资源,规范煤炭生产、经营活动,促进和保障煤炭行业的发展,制定本法。

**第二条** 在中华人民共和国领域和中华人民共和国管辖的其他海域从事煤炭生产、经营活动,适用本法。

**第三条** 煤炭资源属于国家所有。地表或者地下的煤炭资源的国家所有权,不因其依附的土地的所有权或者使用权的不同而改变。

**第四条** 国家对煤炭开发实行统一规划、合理布局、综合利用的方针。

**第五条** 国家依法保护煤炭资源,禁止任何乱采、滥挖破坏煤炭资源的行为。

**第六条** 国家保护依法投资开发煤炭资源的投资者的合法权益。

国家保障国有煤矿的健康发展。

国家对乡镇煤矿采取扶持、改造、整顿、联合、提高的方针,实行正规合理开发和有序发展。

**第七条** 煤矿企业必须坚持安全第一、预防为主的安全生产方针,建立健全安全生产的责任制度和群防群治制度。

**第八条** 各级人民政府及其有关部门和煤矿企业必须采取措施加强劳动保护,保障煤矿职工的安全和健康。

国家对煤矿井下作业的职工采取特殊保护措施。

**第九条** 国家鼓励和支持在开发利用煤炭资源过程中采用先进的科学技术和管理方法。

煤矿企业应当加强和改善经营管理,提高劳动生产率和经济效益。

**第十条** 国家维护煤矿矿区的生产秩序、工作秩序,保护煤矿企业设施。

**第十一条** 开发利用煤炭资源,应当遵守有关环境保护的法律、法规,防治污染和其他公害,保护生态环境。

**第十二条** 国务院煤炭管理部门依法负责全国煤炭行业的监督管理。国务院有关部门在各自的职责范围内负责煤炭行业的监督管理。

县级以上地方人民政府煤炭管理部门和有关部门依法负责本行政区域内煤炭行业的监督管理。

**第十三条** 煤炭矿务局是国有煤矿企业,具有独立法人资格。

矿务局和其他具有独立法人资格的煤矿企业、煤炭经营企业依法实行自主经营、自负盈亏、自我约束、自我发展。

## 第二章 煤炭生产开发规划与煤矿建设

**第十四条** 国务院煤炭管理部门根据全国矿产资源勘查规划编制全国煤炭资源勘查规划。

**第十五条** 国务院煤炭管理部门根据全国矿产资源规划规定的煤炭资源,组织编制和实施煤炭生产开发规划。

省、自治区、直辖市人民政府煤炭管理部门根据全国矿产资源规划规定的煤炭资源，组织编制和实施本地区煤炭生产开发规划，并报国务院煤炭管理部门备案。

**第十六条** 煤炭生产开发规划应当根据国民经济和社会发展的需要制定，并纳入国民经济和社会发展计划。

**第十七条** 国家制定优惠政策，支持煤炭工业发展，促进煤矿建设。

煤矿建设项目应当符合煤炭生产开发规划和煤炭产业政策。

**第十八条** 开办煤矿企业，应当具备下列条件：

（1）有煤矿建设项目可行性研究报告或者开采方案；

（2）有计划开采的矿区范围、开采范围和资源综合利用方案；

（3）有开采所需的地质、测量、水文资料和其他资料；

（4）有符合煤矿安全生产和环境保护要求的矿山设计；

（5）有合理的煤矿矿井生产规模和与其相适应的资金、设备和技术人员；

（6）法律、行政法规规定的其他条件。

**第十九条** 开办煤矿企业，必须依法向煤炭管理部门提出申请；依照本法规定的条件和国务院规定的分级管理的权限审查批准。

审查批准煤矿企业，须由地质矿产主管部门对其开采范围和资源综合利用方案进行复核并签署意见。

经批准开办的煤矿企业，凭批准文件由地质矿产主管部门颁发采矿许可证。

**第二十条** 煤矿建设使用土地，应当依照有关法律、行政法规的规定办理。征收土地的，应当依法支付土地补偿费和安置补偿费，做好迁移居民的安置工作。

煤矿建设应当贯彻保护耕地、合理利用土地的原则。

地方人民政府对煤矿建设依法使用土地和迁移居民，应当给予支持和协助。

**第二十一条** 煤矿建设应当坚持煤炭开发与环境治理同步进行。煤矿建设项目的环境保护设施必须与主体工程同时设计、同时施工、同时验收、同时投入使用。

## 第三章 煤炭生产与煤矿安全

**第二十二条** 煤矿投入生产前，煤矿企业应当依照本法规定向煤炭管理部门申请领取煤炭生产许可证，由煤炭管理部门对其实际生产条件和安全条件进行审查，符合本法规定条件的，发给煤炭生产许可证。

未取得煤炭生产许可证的，不得从事煤炭生产。

**第二十三条** 取得煤炭生产许可证，应当具备下列条件：

（1）有依法取得的采矿许可证；

（2）矿井生产系统符合国家规定的煤矿安全规程；

（3）矿长经依法培训合格，取得矿长资格证书；

（4）特种作业人员经依法培训合格，取得操作资格证书；

（5）井上、井下、矿内、矿外调度通讯畅通；

（6）有实测的井上、井下工程对照图、采掘工程平面图、通风系统图；

（7）有竣工验收合格的保障煤矿生产安全的设施和环境保护设施；

（8）法律、行政法规规定的其他条件。

**第二十四条** 国务院煤炭管理部门负责下列煤矿企业的煤炭生产许可证的颁发管理工作：

（1）国务院和依法应当由国务院煤炭管理部门审查批准开办的煤矿企业；

（2）跨省、自治区、直辖市行政区域的煤矿企业。

省、自治区、直辖市人民政府煤炭管理部门负责前款规定以外的其他煤矿企业的煤炭生产许可证的颁发管理工作。

省、自治区、直辖市人民政府煤炭管理部门可以授权设区的市、自治州人民政府煤炭管理部门负责煤炭生产许可证的颁发管理工作。

**第二十五条** 煤炭生产许可证的颁发管理机关，负责对煤炭生产许可证的监督管理。

依法取得煤炭生产许可证的煤矿企业不得将其煤炭生产许可证转让或者出租给他人。

**第二十六条** 在同一开采范围内不得重复颁发

煤炭生产许可证。

煤炭生产许可证的有效期限届满或者经批准开采范围内的煤炭资源已经枯竭的，其煤炭生产许可证由发证机关予以注销并公告。

煤矿企业的生产条件和安全条件发生变化，经核查不符合本法规定条件的，其煤炭生产许可证由发证机关予以吊销并公告。

**第二十七条** 煤炭生产许可证管理办法，由国务院依照本法制定。

省、自治区、直辖市人民代表大会常务委员会可以根据本法和国务院的规定制定本地区煤炭生产许可证管理办法。

**第二十八条** 对国民经济具有重要价值的特殊煤种或者稀缺煤种，国家实行保护性开采。

**第二十九条** 开采煤炭资源必须符合煤矿开采规程，遵守合理的开采顺序，达到规定的煤炭资源回采率。

煤炭资源回采率由国务院煤炭管理部门根据不同的资源和开采条件确定。

国家鼓励煤矿企业进行复采或者开采边角残煤和极薄煤。

**第三十条** 煤矿企业应当加强煤炭产品质量的监督检查和管理。煤炭产品质量应当按照国家标准或者行业标准分等论级。

**第三十一条** 煤炭生产应当依法在批准的开采范围内进行，不得超越批准的开采范围越界、越层开采。

采矿作业不得擅自开采保安煤柱，不得采用可能危及相邻煤矿生产安全的决水、爆破、贯通巷道等危险方法。

**第三十二条** 因开采煤炭压占土地或者造成地表土地塌陷、挖损，由采矿者负责进行复垦，恢复到可供利用的状态；造成他人损失的，应当依法给予补偿。

**第三十三条** 关闭煤矿和报废矿井，应当依照有关法律、法规和国务院煤炭管理部门的规定办理。

**第三十四条** 国家建立煤矿企业积累煤矿衰老期转产资金的制度。

国家鼓励和扶持煤矿企业发展多种经营。

**第三十五条** 国家提倡和支持煤矿企业和其他企业发展煤电联产、炼焦、煤化工、煤建材等，进行煤炭的深加工和精加工。

国家鼓励煤矿企业发展煤炭洗选加工，综合开发利用煤层气、煤矸石、煤泥、石煤和泥炭。

**第三十六条** 国家发展和推广洁净煤技术。

国家采取措施取缔土法炼焦。禁止新建土法炼焦窑炉；现有的土法炼焦限期改造。

**第三十七条** 县级以上各级人民政府及其煤炭管理部门和其他有关部门，应当加强对煤矿安全生产工作的监督管理。

**第三十八条** 煤矿企业的安全生产管理，实行矿务局长、矿长负责制。

**第三十九条** 矿务局长、矿长及煤矿企业的其他主要负责人必须遵守有关矿山安全的法律、法规和煤炭行业安全规章、规程，加强对煤矿安全生产工作的管理，执行安全生产责任制度，采取有效措施，防止伤亡和其他安全生产事故的发生。

**第四十条** 煤矿企业应当对职工进行安全生产教育、培训；未经安全生产教育、培训的，不得上岗作业。

煤矿企业职工必须遵守有关安全生产的法律、法规、煤炭行业规章、规程和企业规章制度。

**第四十一条** 在煤矿井下作业中，出现危及职工生命安全并无法排除的紧急情况时，作业现场负责人或者安全管理人员应当立即组织职工撤离危险现场，并及时报告有关方面负责人。

**第四十二条** 煤矿企业工会发现企业行政方面违章指挥、强令职工冒险作业或者生产过程中发现明显重大事故隐患，可能危及职工生命安全的情况，有权提出解决问题的建议，煤矿企业行政方面必须及时作出处理决定。企业行政方面拒不处理的，工会有权提出批评、检举和控告。

**第四十三条** 煤矿企业必须为职工提供保障安全生产所需的劳动保护用品。

**第四十四条** 煤矿企业应当依法为职工参加工伤保险缴纳工伤保险费。鼓励企业为井下作业职工办理意外伤害保险，支付保险费。

**第四十五条** 煤矿企业使用的设备、器材、火工产品和安全仪器，必须符合国家标准或者行业标准。

## 第四章 煤炭经营

**第四十六条** 依法取得煤炭生产许可证的煤矿企业，有权销售本企业生产的煤炭。

**第四十七条** 设立煤炭经营企业，应当具备下列条件：

（1）有与其经营规模相适应的注册资金；

（2）有固定的经营场所；

（3）有必要的设施和储存煤炭的场地；

（4）有符合标准的计量和质量检验设备；

（5）符合国家对煤炭经营企业合理布局的要求；

（6）法律、行政法规规定的其他条件。

**第四十八条** 设立煤炭经营企业，须向国务院指定的部门或者省、自治区、直辖市人民政府指定的部门提出申请；由国务院指定的部门或者省、自治区、直辖市人民政府指定的部门依照本法第四十七条规定的条件和国务院规定的分级管理的权限进行资格审查；符合条件的，予以批准。申请人凭批准文件向工商行政管理部门申请领取营业执照后，方可从事煤炭经营。

**第四十九条** 煤炭经营企业从事煤炭经营，应当遵守有关法律、法规的规定，改善服务，保障供应。禁止一切非法经营活动。

**第五十条** 煤炭经营应当减少中间环节和取消不合理的中间环节，提倡有条件的煤矿企业直销。

煤炭用户和煤炭销区的煤炭经营企业有权直接从煤矿企业购进煤炭。在煤炭产区可以组成煤炭销售、运输服务机构，为中小煤矿办理经销、运输业务。

禁止行政机关违反国家规定擅自设立煤炭供应的中间环节和额外加收费用。

**第五十一条** 从事煤炭运输的车站、港口及其他运输企业不得利用其掌握的运力作为参与煤炭经营、谋取不正当利益的手段。

**第五十二条** 国务院物价行政主管部门会同国务院煤炭管理部门和有关部门对煤炭的销售价格进行监督管理。

**第五十三条** 煤矿企业和煤炭经营企业供应用户的煤炭质量应当符合国家标准或者行业标准，质级相符，质价相符。用户对煤炭质量有特殊要求的，由供需双方在煤炭购销合同中约定。

煤矿企业和煤炭经营企业不得在煤炭中掺杂、掺假，以次充好。

**第五十四条** 煤矿企业和煤炭经营企业供应用户的煤炭质量不符合国家标准或者行业标准，或者不符合合同约定，或者质级不符、质价不符，给用户造成损失的，应当依法给予赔偿。

**第五十五条** 煤矿企业、煤炭经营企业、运输企业和煤炭用户应当依照法律、国务院有关规定或者合同约定供应、运输和接卸煤炭。

运输企业应当将承运的不同质量的煤炭分装、分堆。

**第五十六条** 煤炭的进出口依照国务院的规定，实行统一管理。

具备条件的大型煤矿企业经国务院对外经济贸易主管部门依法许可，有权从事煤炭出口经营。

**第五十七条** 煤炭经营管理办法，由国务院依照本法制定。

## 第五章 煤矿矿区保护

**第五十八条** 任何单位或者个人不得危害煤矿矿区的电力、通讯、水源、交通及其他生产设施。

禁止任何单位和个人扰乱煤矿矿区的生产秩序和工作秩序。

**第五十九条** 对盗窃或者破坏煤矿矿区设施、器材及其他危及煤矿矿区安全的行为，一切单位和个人都有权检举、控告。

**第六十条** 未经煤矿企业同意，任何单位或者个人不得在煤矿企业依法取得土地使用权的有效期间内在该土地上种植、养殖、取土或者修建建筑物、构筑物。

**第六十一条** 未经煤矿企业同意，任何单位或者个人不得占用煤矿企业的铁路专用线、专用道路、专用航道、专用码头、电力专用线、专用供水管路。

**第六十二条** 任何单位或者个人需要在煤矿采区范围内进行可能危及煤矿安全的作业时，应当经煤矿企业同意，报煤炭管理部门批准，并采取安全措施后，方可进行作业。

在煤矿矿区范围内需要建设公用工程或者其他工程的，有关单位应当事先与煤矿企业协商并达成协议后，方可施工。

## 第六章　监督检查

**第六十三条**　煤炭管理部门和有关部门依法对煤矿企业和煤炭经营企业执行煤炭法律、法规的情况进行监督检查。

**第六十四条**　煤炭管理部门和有关部门的监督检查人员应当熟悉煤炭法律、法规，掌握有关煤炭专业技术，公正廉洁，秉公执法。

**第六十五条**　煤炭管理部门和有关部门的监督检查人员进行监督检查时，有权向煤矿企业、煤炭经营企业或者用户了解有关执行煤炭法律、法规的情况，查阅有关资料，并有权进入现场进行检查。

煤矿企业、煤炭经营企业和用户对依法执行监督检查任务的煤炭管理部门和有关部门的监督检查人员应当提供方便。

**第六十六条**　煤炭管理部门和有关部门的监督检查人员对煤矿企业和煤炭经营企业违反煤炭法律、法规的行为，有权要求其依法改正。

煤炭管理部门和有关部门的监督检查人员进行监督检查时，应当出示证件。

## 第七章　法律责任

**第六十七条**　违反本法第二十二条的规定，未取得煤炭生产许可证，擅自从事煤炭生产的，由煤炭管理部门责令停止生产，没收违法所得，可以并处违法所得1倍以上5倍以下的罚款；拒不停止生产的，由县级以上地方人民政府强制停产。

**第六十八条**　违反本法第二十五条的规定，转让或者出租煤炭生产许可证的，由煤炭管理部门吊销煤炭生产许可证，没收违法所得，并处违法所得1倍以上5倍以下的罚款。

**第六十九条**　违反本法第二十九条的规定，开采煤炭资源未达到国务院煤炭管理部门规定的煤炭资源回采率的，由煤炭管理部门责令限期改正；逾期仍达不到规定的回采率的，吊销其煤炭生产许可证。

**第七十条**　违反本法第三十一条的规定，擅自开采保安煤柱或者采用危及相邻煤矿生产安全的危险方法进行采矿作业的，由劳动行政主管部门会同煤炭管理部门责令停止作业；由煤炭管理部门没收违法所得，并处违法所得1倍以上5倍以下的罚款，吊销其煤炭生产许可证；构成犯罪的，由司法机关依法追究刑事责任；造成损失的，依法承担赔偿责任。

**第七十一条**　违反本法第四十八条的规定，未经审查批准，擅自从事煤炭经营活动的，由负责审批的部门责令停止经营，没收违法所得，可以并处违法所得1倍以上5倍以下的罚款。

**第七十二条**　违反本法第五十三条的规定，在煤炭产品中掺杂、掺假，以次充好的，责令停止销售，没收违法所得，并处违法所得1倍以上5倍以下的罚款，可以依法吊销煤炭生产许可证或者取消煤炭经营资格；构成犯罪的，由司法机关依法追究刑事责任。

**第七十三条**　违反本法第六十条的规定，未经煤矿企业同意，在煤矿企业依法取得土地使用权的有效期间内在该土地上修建建筑物、构筑物的，由当地人民政府动员拆除；拒不拆除的，责令拆除。

**第七十四条**　违反本法第六十一条的规定，未经煤矿企业同意，占用煤矿企业的铁路专用线、专用道路、专用航道、专用码头、电力专用线、专用供水管路的，由县级以上地方人民政府责令限期改正；逾期不改正的，强制清除，可以并处5万元以下的罚款；造成损失的，依法承担赔偿责任。

**第七十五条**　违反本法第六十二条的规定，未经批准或者未采取安全措施，在煤矿采区范围内进行危及煤矿安全作业的，由煤炭管理部门责令停止作业，可以并处5万元以下的罚款；造成损失的，依法承担赔偿责任。

**第七十六条**　有下列行为之一的，由公安机关依照治安管理处罚法的有关规定处罚；构成犯罪的，由司法机关依法追究刑事责任：

（1）阻碍煤矿建设，致使煤矿建设不能正常进行的；

（2）故意损坏煤矿矿区的电力、通讯、水源、交通及其他生产设施的；

（3）扰乱煤矿矿区秩序，致使生产、工作不能正常进行的；

（4）拒绝、阻碍监督检查人员依法执行职务的。

**第七十七条**　对不符合本法规定条件的煤矿企业颁发煤炭生产许可证或者对不符合本法规定条件设立煤炭经营企业予以批准的，由其上级主管机关或者监察机关责令改正，并给予直接负责的主管人员和其他直接责任人员行政处分；构成犯罪的，由司法机关依法追究刑事责任。

**第七十八条** 煤矿企业的管理人员违章指挥、强令职工冒险作业，发生重大伤亡事故的，依照刑法有关规定追究刑事责任。

**第七十九条** 煤矿企业的管理人员对煤矿事故隐患不采取措施予以消除，发生重大伤亡事故的，依照刑法有关规定追究刑事责任。

**第八十条** 煤炭管理部门和有关部门的工作人员玩忽职守、徇私舞弊、滥用职权的，依法给予行政处分；构成犯罪的，由司法机关依法追究刑事责任。

## 第八章 附 则

**第八十一条** 本法自1996年12月1日起施行。

# 中华人民共和国职业病防治法

（2001年10月27日第九届全国人民代表大会常务委员会第二十四次会议通过 2011年12月31日第十一届全国人民代表大会常务委员会第二十四次会议《关于修改〈中华人民共和国职业病防治法〉的决定》修订 2011年12月31日中华人民共和国主席令第52号公布 自公布之日起施行）

## 第一章 总 则

**第一条** 为了预防、控制和消除职业病危害，防治职业病，保护劳动者健康及其相关权益，促进经济社会发展，根据宪法，制定本法。

**第二条** 本法适用于中华人民共和国领域内的职业病防治活动。

本法所称职业病，是指企业、事业单位和个体经济组织等用人单位的劳动者在职业活动中，因接触粉尘、放射性物质和其他有毒、有害因素而引起的疾病。

职业病的分类和目录由国务院卫生行政部门会同国务院安全生产监督管理部门、劳动保障行政部门制定、调整并公布。

**第三条** 职业病防治工作坚持预防为主、防治结合的方针，建立用人单位负责、行政机关监管、行业自律、职工参与和社会监督的机制，实行分类管理、综合治理。

**第四条** 劳动者依法享有职业卫生保护的权利。

用人单位应当为劳动者创造符合国家职业卫生标准和卫生要求的工作环境和条件，并采取措施保障劳动者获得职业卫生保护。

工会组织依法对职业病防治工作进行监督，维护劳动者的合法权益。用人单位制定或者修改有关职业病防治的规章制度，应当听取工会组织的意见。

**第五条** 用人单位应当建立、健全职业病防治责任制，加强对职业病防治的管理，提高职业病防治水平，对本单位产生的职业病危害承担责任。

**第六条** 用人单位的主要负责人对本单位的职业病防治工作全面负责。

**第七条** 用人单位必须依法参加工伤保险。

国务院和县级以上地方人民政府劳动保障行政部门应当加强对工伤保险的监督管理，确保劳动者依法享受工伤保险待遇。

**第八条** 国家鼓励和支持研制、开发、推广、应用有利于职业病防治和保护劳动者健康的新技术、新工艺、新设备、新材料，加强对职业病的机理和发生规律的基础研究，提高职业病防治科学技术水平；积极采用有效的职业病防治技术、工艺、设备、材料；限制使用或者淘汰职业病危害严重的技术、工艺、设备、材料。

国家鼓励和支持职业病医疗康复机构的建设。

**第九条** 国家实行职业卫生监督制度。

国务院安全生产监督管理部门、卫生行政部门、劳动保障行政部门依照本法和国务院确定的职责，负责全国职业病防治的监督管理工作。国务院有关部门在各自的职责范围内负责职业病防治的有关监督管理工作。

县级以上地方人民政府安全生产监督管理部门、卫生行政部门、劳动保障行政部门依据各自职责，负责本行政区域内职业病防治的监督管理工作。县级以上地方人民政府有关部门在各自的职责范围内负责职业病防治的有关监督管理工作。

县级以上人民政府安全生产监督管理部门、卫生行政部门、劳动保障行政部门（统称“职业卫生监督管理部门”）应当加强沟通，密切配合，按照各自职责分工，依法行使职权，承担责任。

**第十条** 国务院和县级以上地方人民政府应当制定职业病防治规划，将其纳入国民经济和社会发展计划，并组织实施。

县级以上地方人民政府统一负责、领导、组织、协调本行政区域的职业病防治工作，建立健全职业病防治工作体制、机制，统一领导、指挥职业卫生突发事件应对工作；加强职业病防治能力建设和服务体系建设，完善、落实职业病防治工作责任制。

乡、民族乡、镇的人民政府应当认真执行本法，支持职业卫生监督管理部门依法履行职责。

**第十一条** 县级以上人民政府职业卫生监督管理部门应当加强对职业病防治的宣传教育，普及职业病防治的知识，增强用人单位的职业病防治观念，提高劳动者的职业健康意识、自我保护意识和行使职业卫生保护权利的能力。

**第十二条** 有关防治职业病的国家职业卫生标准，由国务院卫生行政部门组织制定并公布。

国务院卫生行政部门应当组织开展重点职业病监测和专项调查，对职业健康风险进行评估，为制定职业卫生标准和职业病防治政策提供科学依据。

县级以上地方人民政府卫生行政部门应当定期对本行政区域的职业病防治情况进行统计和调查分析。

**第十三条** 任何单位和个人有权对违反本法的行为进行检举和控告。有关部门收到相关的检举和控告后，应当及时处理。

对防治职业病成绩显著的单位和个人，给予奖励。

## 第二章 前期预防

**第十四条** 用人单位应当依照法律、法规要求，严格遵守国家职业卫生标准，落实职业病预防措施，从源头上控制和消除职业病危害。

**第十五条** 产生职业病危害的用人单位的设立除应当符合法律、行政法规规定的设立条件外，其工作场所还应当符合下列职业卫生要求：

（1）职业病危害因素的强度或者浓度符合国家职业卫生标准；

（2）有与职业病危害防护相适应的设施；

（3）生产布局合理，符合有害与无害作业分开的原则；

（4）有配套的更衣间、洗浴间、孕妇休息间等卫生设施；

（5）设备、工具、用具等设施符合保护劳动者生理、心理健康的要求；

（6）法律、行政法规和国务院卫生行政部门、安全生产监督管理部门关于保护劳动者健康的其他要求。

**第十六条** 国家建立职业病危害项目申报制度。

用人单位工作场所存在职业病目录所列职业病的危害因素的，应当及时、如实向所在地安全生产监督管理部门申报危害项目，接受监督。

职业病危害因素分类目录由国务院卫生行政部门会同国务院安全生产监督管理部门制定、调整并公布。职业病危害项目申报的具体办法由国务院安全生产监督管理部门制定。

**第十七条** 新建、扩建、改建建设项目和技术改造、技术引进项目（统称“建设项目”）可能产生职业病危害的，建设单位在可行性论证阶段应当向安全生产监督管理部门提交职业病危害预评价报告。安全生产监督管理部门应当自收到职业病危害预评价报告之日起30日内，作出审核决定并书面通知建设单位。未提交预评价报告或者预评价报告未经安全生产监督管理部门审核同意的，有关部门不得批准该建设项目。

职业病危害预评价报告应当对建设项目可能产生的职业病危害因素及其对工作场所和劳动者健康的影响作出评价，确定危害类别和职业病防护措施。

建设项目职业病危害分类管理办法由国务院安全生产监督管理部门制定。

**第十八条** 建设项目的职业病防护设施所需费用应当纳入建设项目工程预算，并与主体工程同时设计，同时施工，同时投入生产和使用。

职业病危害严重的建设项目的防护设施设计，应当经安全生产监督管理部门审查，符合国家职业卫生标准和卫生要求的，方可施工。

建设项目在竣工验收前，建设单位应当进行职业病危害控制效果评价。建设项目竣工验收时，其职业病防护设施经安全生产监督管理部门验收合格后，方可投入正式生产和使用。

**第十九条** 职业病危害预评价、职业病危害控制效果评价由依法设立的取得国务院安全生产监督管理部门或者设区的市级以上地方人民政府安全生产监督管理部门按照职责分工给予资质认可的职业卫生技术服务机构进行。职业卫生技术服务机构所作评价应当客观、真实。

**第二十条** 国家对从事放射性、高毒、高危粉尘等作业实行特殊管理。具体管理办法由国务院制定。

## 第三章 劳动过程中的防护与管理

**第二十一条** 用人单位应当采取下列职业病防治管理措施：

（1）设置或者指定职业卫生管理机构或者组织，配备专职或者兼职的职业卫生管理人员，负责本单位的职业病防治工作；

（2）制定职业病防治计划和实施方案；

（3）建立、健全职业卫生管理制度和操作规程；

（4）建立、健全职业卫生档案和劳动者健康监护档案；

（5）建立、健全工作场所职业病危害因素监测及评价制度；

（6）建立、健全职业病危害事故应急救援预案。

**第二十二条** 用人单位应当保障职业病防治所需的资金投入，不得挤占、挪用，并对因资金投入不足导致的后果承担责任。

**第二十三条** 用人单位必须采用有效的职业病防护设施，并为劳动者提供个人使用的职业病防护用品。

用人单位为劳动者个人提供的职业病防护用品必须符合防治职业病的要求；不符合要求的，不得使用。

**第二十四条** 用人单位应当优先采用有利于防治职业病和保护劳动者健康的新技术、新工艺、新设备、新材料，逐步替代职业病危害严重的技术、工艺、设备、材料。

**第二十五条** 产生职业病危害的用人单位，应当在醒目位置设置公告栏，公布有关职业病防治的规章制度、操作规程、职业病危害事故应急救援措施和工作场所职业病危害因素检测结果。

对产生严重职业病危害的作业岗位，应当在其醒目位置，设置警示标识和中文警示说明。警示说明应当载明产生职业病危害的种类、后果、预防以及应急救治措施等内容。

**第二十六条** 对可能发生急性职业损伤的有毒、有害工作场所，用人单位应当设置报警装置，配置现场急救用品、冲洗设备、应急撤离通道和必要的泄险区。

对放射工作场所和放射性同位素的运输、贮存，用人单位必须配置防护设备和报警装置，保证接触放射线的工作人员佩戴个人剂量计。

对职业病防护设备、应急救援设施和个人使用的职业病防护用品，用人单位应当进行经常性的维护、检修，定期检测其性能和效果，确保其处于正常状态，不得擅自拆除或者停止使用。

**第二十七条** 用人单位应当实施由专人负责的职业病危害因素日常监测，并确保监测系统处于正常运行状态。

用人单位应当按照国务院安全生产监督管理部门的规定，定期对工作场所进行职业病危害因素检测、评价。检测、评价结果存入用人单位职业卫生档案，定期向所在地安全生产监督管理部门报告并向劳动者公布。

职业病危害因素检测、评价由依法设立的取得国务院安全生产监督管理部门或者设区的市级以上地方人民政府安全生产监督管理部门按照职责分工给予资质认可的职业卫生技术服务机构进行。职业卫生技术服务机构所作检测、评价应当客观、真实。

发现工作场所职业病危害因素不符合国家职业卫生标准和卫生要求时，用人单位应当立即采取相应治理措施，仍然达不到国家职业卫生标准和卫生要求的，必须停止存在职业病危害因素的作业；职业病危害因素经治理后，符合国家职业卫生标准和卫生要求的，方可重新作业。

**第二十八条** 职业卫生技术服务机构依法从事职业病危害因素检测、评价工作，接受安全生产监督管理部门的监督检查。安全生产监督管理部门应当依法履行监督职责。

**第二十九条** 向用人单位提供可能产生职业病危害的设备的，应当提供中文说明书，并在设备的醒目位置设置警示标识和中文警示说明。警示说明应当载明设备性能、可能产生的职业病危害、安全操作和维护注意事项、职业病防护以及应急救治措施等内容。

**第三十条** 向用人单位提供可能产生职业病危害的化学品、放射性同位素和含有放射性物质的材料的，应当提供中文说明书。说明书应当载明产品特性、主要成分、存在的有害因素、可能产生的危害后果、安全使用注意事项、职业病防护以及应急救治措施等内容。产品包装应当有醒目的警示标识和中文警示说明。贮存上述材料的场所应当在规定的部位设置危险物品标识或者放射性警示标识。

国内首次使用或者首次进口与职业病危害有关的化学材料，使用单位或者进口单位按照国家规定经国务院有关部门批准后，应当向国务院卫生行政部门、安全生产监督管理部门报送该化学材料的毒性鉴定以及经有关部门登记注册或者批准进口的文件等资料。

进口放射性同位素、射线装置和含有放射性物质的物品的，按照国家有关规定办理。

**第三十一条** 任何单位和个人不得生产、经营、进口和使用国家明令禁止使用的可能产生职业病危害的设备或者材料。

**第三十二条** 任何单位和个人不得将产生职业病危害的作业转移给不具备职业病防护条件的单位和个人。不具备职业病防护条件的单位和个人不得接受产生职业病危害的作业。

**第三十三条** 用人单位对采用的技术、工艺、设备、材料，应当知悉其产生的职业病危害，对有职业病危害的技术、工艺、设备、材料隐瞒其危害而采用的，对所造成的职业病危害后果承担责任。

**第三十四条** 用人单位与劳动者订立劳动合同（含聘用合同，下同）时，应当将工作过程中可能产生的职业病危害及其后果、职业病防护措施和待遇等如实告知劳动者，并在劳动合同中写明，不得隐瞒或者欺骗。

劳动者在已订立劳动合同期间因工作岗位或者工作内容变更，从事与所订立劳动合同中未告知的存在职业病危害的作业时，用人单位应当依照前款规定，向劳动者履行如实告知的义务，并协商变更原劳动合同相关条款。

用人单位违反前两款规定的，劳动者有权拒绝从事存在职业病危害的作业，用人单位不得因此解除与劳动者所订立的劳动合同。

**第三十五条** 用人单位的主要负责人和职业卫生管理人员应当接受职业卫生培训，遵守职业病防治法律、法规，依法组织本单位的职业病防治工作。

用人单位应当对劳动者进行上岗前的职业卫生培训和在岗期间的定期职业卫生培训，普及职业卫生知识，督促劳动者遵守职业病防治法律、法规、规章和操作规程，指导劳动者正确使用职业病防护设备和个人使用的职业病防护用品。

劳动者应当学习和掌握相关的职业卫生知识，增强职业病防范意识，遵守职业病防治法律、法规、规章和操作规程，正确使用、维护职业病防护设备和个人使用的职业病防护用品，发现职业病危害事故隐患应当及时报告。

劳动者不履行前款规定义务的，用人单位应当对其进行教育。

**第三十六条** 对从事接触职业病危害的作业的劳动者，用人单位应当按照国务院安全生产监督管理部门、卫生行政部门的规定组织上岗前、在岗期间和离岗时的职业健康检查，并将检查结果书面告知劳动者。职业健康检查费用由用人单位承担。

用人单位不得安排未经上岗前职业健康检查的劳动者从事接触职业病危害的作业；不得安排有职业禁忌的劳动者从事其所禁忌的作业；对在职业健康检查中发现有与所从事的职业相关的健康损害的

劳动者,应当调离原工作岗位,并妥善安置;对未进行离岗前职业健康检查的劳动者不得解除或者终止与其订立的劳动合同。

职业健康检查应当由省级以上人民政府卫生行政部门批准的医疗卫生机构承担。

**第三十七条** 用人单位应当为劳动者建立职业健康监护档案,并按照规定的期限妥善保存。

职业健康监护档案应当包括劳动者的职业史、职业病危害接触史、职业健康检查结果和职业病诊疗等有关个人健康资料。

劳动者离开用人单位时,有权索取本人职业健康监护档案复印件,用人单位应当如实、无偿提供,并在所提供的复印件上签章。

**第三十八条** 发生或者可能发生急性职业病危害事故时,用人单位应当立即采取应急救援和控制措施,并及时报告所在地安全生产监督管理部门和有关部门。安全生产监督管理部门接到报告后,应当及时会同有关部门组织调查处理;必要时,可以采取临时控制措施。卫生行政部门应当组织做好医疗救治工作。

对遭受或者可能遭受急性职业病危害的劳动者,用人单位应当及时组织救治、进行健康检查和医学观察,所需费用由用人单位承担。

**第三十九条** 用人单位不得安排未成年工从事接触职业病危害的作业;不得安排孕期、哺乳期的女职工从事对本人和胎儿、婴儿有危害的作业。

**第四十条** 劳动者享有下列职业卫生保护权利:

(1)获得职业卫生教育、培训;

(2)获得职业健康检查、职业病诊疗、康复等职业病防治服务;

(3)了解工作场所产生或者可能产生的职业病危害因素、危害后果和应当采取的职业病防护措施;

(4)要求用人单位提供符合防治职业病要求的职业病防护设施和个人使用的职业病防护用品,改善工作条件;

(5)对违反职业病防治法律、法规以及危及生命健康的行为提出批评、检举和控告;

(6)拒绝违章指挥和强令进行没有职业病防护措施的作业;

(7)参与用人单位职业卫生工作的民主管理,对职业病防治工作提出意见和建议。

用人单位应当保障劳动者行使前款所列权利。因劳动者依法行使正当权利而降低其工资、福利等待遇或者解除、终止与其订立的劳动合同的,其行为无效。

**第四十一条** 工会组织应当督促并协助用人单位开展职业卫生宣传教育和培训,有权对用人单位的职业病防治工作提出意见和建议,依法代表劳动者与用人单位签订劳动安全卫生专项集体合同,与用人单位就劳动者反映的有关职业病防治的问题进行协调并督促解决。

工会组织对用人单位违反职业病防治法律、法规,侵犯劳动者合法权益的行为,有权要求纠正;产生严重职业病危害时,有权要求采取防护措施,或者向政府有关部门建议采取强制性措施;发生职业病危害事故时,有权参与事故调查处理;发现危及劳动者生命健康的情形时,有权向用人单位建议组织劳动者撤离危险现场,用人单位应当立即作出处理。

**第四十二条** 用人单位按照职业病防治要求,用于预防和治理职业病危害、工作场所卫生检测、健康监护和职业卫生培训等费用,按照国家有关规定,在生产成本中据实列支。

**第四十三条** 职业卫生监督管理部门应当按照职责分工,加强对用人单位落实职业病防护管理措施情况的监督检查,依法行使职权,承担责任。

## 第四章 职业病诊断与职业病病人保障

**第四十四条** 医疗卫生机构承担职业病诊断,应当经省、自治区、直辖市人民政府卫生行政部门批准。省、自治区、直辖市人民政府卫生行政部门应当向社会公布本行政区域内承担职业病诊断的医疗卫生机构的名单。

承担职业病诊断的医疗卫生机构应当具备下列条件:

(1)持有《医疗机构执业许可证》;

(2)具有与开展职业病诊断相适应的医疗卫生技术人员;

(3)具有与开展职业病诊断相适应的仪器、设备;

(4)具有健全的职业病诊断质量管理制度。

承担职业病诊断的医疗卫生机构不得拒绝劳动者进行职业病诊断的要求。

**第四十五条** 劳动者可以在用人单位所在地、本人户籍所在地或者经常居住地依法承担职业病诊断的医疗卫生机构进行职业病诊断。

**第四十六条** 职业病诊断标准和职业病诊断、鉴定办法由国务院卫生行政部门制定。职业病伤残等级的鉴定办法由国务院劳动保障行政部门会同国务院卫生行政部门制定。

**第四十七条** 职业病诊断,应当综合分析下列因素:

(1)病人的职业史;

(2)职业病危害接触史和工作场所职业病危害因素情况;

(3)临床表现以及辅助检查结果等。

没有证据否定职业病危害因素与病人临床表现之间的必然联系的,应当诊断为职业病。

承担职业病诊断的医疗卫生机构在进行职业病诊断时,应当组织3名以上取得职业病诊断资格的执业医师集体诊断。

职业病诊断证明书应当由参与诊断的医师共同签署,并经承担职业病诊断的医疗卫生机构审核盖章。

**第四十八条** 用人单位应当如实提供职业病诊断、鉴定所需的劳动者职业史和职业病危害接触史、工作场所职业病危害因素检测结果等资料;安全生产监督管理部门应当监督检查和督促用人单位提供上述资料;劳动者和有关机构也应当提供与职业病诊断、鉴定有关的资料。

职业病诊断、鉴定机构需要了解工作场所职业病危害因素情况时,可以对工作场所进行现场调查,也可以向安全生产监督管理部门提出,安全生产监督管理部门应当在10日内组织现场调查。用人单位不得拒绝、阻挠。

**第四十九条** 职业病诊断、鉴定过程中,用人单位不提供工作场所职业病危害因素检测结果等资料的,诊断、鉴定机构应当结合劳动者的临床表现、辅助检查结果和劳动者的职业史、职业病危害接触史,并参考劳动者的自述、安全生产监督管理部门提供的日常监督检查信息等,作出职业病诊断、鉴定结论。

劳动者对用人单位提供的工作场所职业病危害因素检测结果等资料有异议,或者因劳动者的用人单位解散、破产,无用人单位提供上述资料的,诊断、鉴定机构应当提请安全生产监督管理部门进行调查,安全生产监督管理部门应当自接到申请之日起30日内对存在异议的资料或者工作场所职业病危害因素情况作出判定;有关部门应当配合。

**第五十条** 职业病诊断、鉴定过程中,在确认劳动者职业史、职业病危害接触史时,当事人对劳动关系、工种、工作岗位或者在岗时间有争议的,可以向当地的劳动人事争议仲裁委员会申请仲裁;接到申请的劳动人事争议仲裁委员会应当受理,并在30日内作出裁决。

当事人在仲裁过程中对自己提出的主张,有责任提供证据。劳动者无法提供由用人单位掌握管理的与仲裁主张有关的证据的,仲裁庭应当要求用人单位在指定期限内提供;用人单位在指定期限内不提供的,应当承担不利后果。

劳动者对仲裁裁决不服的,可以依法向人民法院提起诉讼。

用人单位对仲裁裁决不服的,可以在职业病诊断、鉴定程序结束之日起15日内依法向人民法院提起诉讼;诉讼期间,劳动者的治疗费用按照职业病待遇规定的途径支付。

**第五十一条** 用人单位和医疗卫生机构发现职业病病人或者疑似职业病病人时,应当及时向所在地卫生行政部门和安全生产监督管理部门报告。确诊为职业病的,用人单位还应当向所在地劳动保障行政部门报告。接到报告的部门应当依法作出处理。

**第五十二条** 县级以上地方人民政府卫生行政部门负责本行政区域内的职业病统计报告的管理工作,并按照规定上报。

**第五十三条** 当事人对职业病诊断有异议的,可以向作出诊断的医疗卫生机构所在地地方人民政府卫生行政部门申请鉴定。

职业病诊断争议由设区的市级以上地方人民政府卫生行政部门根据当事人的申请,组织职业病诊断鉴定委员会进行鉴定。

当事人对设区的市级职业病诊断鉴定委员会的鉴定结论不服的，可以向省、自治区、直辖市人民政府卫生行政部门申请再鉴定。

**第五十四条** 职业病诊断鉴定委员会由相关专业的专家组成。

省、自治区、直辖市人民政府卫生行政部门应当设立相关的专家库，需要对职业病争议作出诊断鉴定时，由当事人或者当事人委托有关卫生行政部门从专家库中以随机抽取的方式确定参加诊断鉴定委员会的专家。

职业病诊断鉴定委员会应当按照国务院卫生行政部门颁布的职业病诊断标准和职业病诊断、鉴定办法进行职业病诊断鉴定，向当事人出具职业病诊断鉴定书。职业病诊断、鉴定费用由用人单位承担。

**第五十五条** 职业病诊断鉴定委员会组成人员应当遵守职业道德，客观、公正地进行诊断鉴定，并承担相应的责任。职业病诊断鉴定委员会组成人员不得私下接触当事人，不得收受当事人的财物或者其他好处，与当事人有利害关系的，应当回避。

人民法院受理有关案件需要进行职业病鉴定时，应当从省、自治区、直辖市人民政府卫生行政部门依法设立的相关的专家库中选取参加鉴定的专家。

**第五十六条** 医疗卫生机构发现疑似职业病病人时，应当告知劳动者本人并及时通知用人单位。

用人单位应当及时安排对疑似职业病病人进行诊断；在疑似职业病病人诊断或者医学观察期间，不得解除或者终止与其订立的劳动合同。

疑似职业病病人在诊断、医学观察期间的费用，由用人单位承担。

**第五十七条** 用人单位应当保障职业病病人依法享受国家规定的职业病待遇。

用人单位应当按照国家有关规定，安排职业病病人进行治疗、康复和定期检查。

用人单位对不适宜继续从事原工作的职业病病人，应当调离原岗位，并妥善安置。

用人单位对从事接触职业病危害的作业的劳动者，应当给予适当岗位津贴。

**第五十八条** 职业病病人的诊疗、康复费用，伤残以及丧失劳动能力的职业病病人的社会保障，按照国家有关工伤保险的规定执行。

**第五十九条** 职业病病人除依法享有工伤保险外，依照有关民事法律，尚有获得赔偿的权利的，有权向用人单位提出赔偿要求。

**第六十条** 劳动者被诊断患有职业病，但用人单位没有依法参加工伤保险的，其医疗和生活保障由该用人单位承担。

**第六十一条** 职业病病人变动工作单位，其依法享有的待遇不变。

用人单位在发生分立、合并、解散、破产等情形时，应当对从事接触职业病危害的作业的劳动者进行健康检查，并按照国家有关规定妥善安置职业病病人。

**第六十二条** 用人单位已经不存在或者无法确认劳动关系的职业病病人，可以向地方人民政府民政部门申请医疗救助和生活等方面的救助。

地方各级人民政府应当根据本地区的实际情况，采取其他措施，使前款规定的职业病病人获得医疗救治。

## 第五章　监督检查

**第六十三条** 县级以上人民政府职业卫生监督管理部门依照职业病防治法律、法规、国家职业卫生标准和卫生要求，依据职责划分，对职业病防治工作进行监督检查。

**第六十四条** 安全生产监督管理部门履行监督检查职责时，有权采取下列措施：

（1）进入被检查单位和职业病危害现场，了解情况，调查取证；

（2）查阅或者复制与违反职业病防治法律、法规的行为有关的资料和采集样品；

（3）责令违反职业病防治法律、法规的单位和个人停止违法行为。

**第六十五条** 发生职业病危害事故或者有证据证明危害状态可能导致职业病危害事故发生时，安全生产监督管理部门可以采取下列临时控制措施：

（1）责令暂停导致职业病危害事故的作业；

（2）封存造成职业病危害事故或者可能导致职业病危害事故发生的材料和设备；

(3)组织控制职业病危害事故现场。

在职业病危害事故或者危害状态得到有效控制后，安全生产监督管理部门应当及时解除控制措施。

**第六十六条** 职业卫生监督执法人员依法执行职务时，应当出示监督执法证件。

职业卫生监督执法人员应当忠于职守，秉公执法，严格遵守执法规范；涉及用人单位的秘密的，应当为其保密。

**第六十七条** 职业卫生监督执法人员依法执行职务时，被检查单位应当接受检查并予以支持配合，不得拒绝和阻碍。

**第六十八条** 安全生产监督管理部门及其职业卫生监督执法人员履行职责时，不得有下列行为：

(1)对不符合法定条件的，发给建设项目有关证明文件、资质证明文件或者予以批准；

(2)对已经取得有关证明文件的，不履行监督检查职责；

(3)发现用人单位存在职业病危害的，可能造成职业病危害事故，不及时依法采取控制措施；

(4)其他违反本法的行为。

**第六十九条** 职业卫生监督执法人员应当依法经过资格认定。

职业卫生监督管理部门应当加强队伍建设，提高职业卫生监督执法人员的政治、业务素质，依照本法和其他有关法律、法规的规定，建立、健全内部监督制度，对其工作人员执行法律、法规和遵守纪律的情况，进行监督检查。

## 第六章 法律责任

**第七十条** 建设单位违反本法规定，有下列行为之一的，由安全生产监督管理部门给予警告，责令限期改正；逾期不改正的，处10万元以上50万元以下的罚款；情节严重的，责令停止产生职业病危害的作业，或者提请有关人民政府按照国务院规定的权限责令停建、关闭：

(1)未按照规定进行职业病危害预评价或者未提交职业病危害预评价报告，或者职业病危害预评价报告未经安全生产监督管理部门审核同意，开工建设的；

(2)建设项目的职业病防护设施未按照规定与主体工程同时投入生产和使用的；

(3)职业病危害严重的建设项目，其职业病防护设施设计未经安全生产监督管理部门审查，或者不符合国家职业卫生标准和卫生要求施工的；

(4)未按照规定对职业病防护设施进行职业病危害控制效果评价、未经安全生产监督管理部门验收或者验收不合格，擅自投入使用的。

**第七十一条** 违反本法规定，有下列行为之一的，由安全生产监督管理部门给予警告，责令限期改正；逾期不改正的，处10万元以下的罚款：

(1)工作场所职业病危害因素检测、评价结果没有存档、上报、公布的；

(2)未采取本法第二十一条规定的职业病防治管理措施的；

(3)未按照规定公布有关职业病防治的规章制度、操作规程、职业病危害事故应急救援措施的；

(4)未按照规定组织劳动者进行职业卫生培训，或者未对劳动者个人职业病防护采取指导、督促措施的；

(5)国内首次使用或者首次进口与职业病危害有关的化学材料，未按照规定报送毒性鉴定资料以及经有关部门登记注册或者批准进口的文件的。

**第七十二条** 用人单位违反本法规定，有下列行为之一的，由安全生产监督管理部门责令限期改正，给予警告，可以并处5万元以上10万元以下的罚款：

(1)未按照规定及时、如实向安全生产监督管理部门申报产生职业病危害的项目的；

(2)未实施由专人负责的职业病危害因素日常监测，或者监测系统不能正常监测的；

(3)订立或者变更劳动合同时，未告知劳动者职业病危害真实情况的；

(4)未按照规定组织职业健康检查、建立职业健康监护档案或者未将检查结果书面告知劳动者的；

(5)未依照本法规定在劳动者离开用人单位时提供职业健康监护档案复印件的。

**第七十三条** 用人单位违反本法规定，有下列行为之一的，由安全生产监督管理部门给予警告，责令限期改正，逾期不改正的，处5万元以上20万元以下的罚款；情节严重的，责令停止产生职业病危害的作业，或者提请有关人民政府按照国务院规定的权限责令关闭：

（1）工作场所职业病危害因素的强度或者浓度超过国家职业卫生标准的；

（2）未提供职业病防护设施和个人使用的职业病防护用品，或者提供的职业病防护设施和个人使用的职业病防护用品不符合国家职业卫生标准和卫生要求的；

（3）对职业病防护设备、应急救援设施和个人使用的职业病防护用品未按照规定进行维护、检修、检测，或者不能保持正常运行、使用状态的；

（4）未按照规定对工作场所职业病危害因素进行检测、评价的；

（5）工作场所职业病危害因素经治理仍然达不到国家职业卫生标准和卫生要求时，未停止存在职业病危害因素的作业的；

（6）未按照规定安排职业病病人、疑似职业病病人进行诊治的；

（7）发生或者可能发生急性职业病危害事故时，未立即采取应急救援和控制措施或者未按照规定及时报告的；

（8）未按照规定在产生严重职业病危害的作业岗位醒目位置设置警示标识和中文警示说明的；

（9）拒绝职业卫生监督管理部门监督检查的；

（10）隐瞒、伪造、篡改、毁损职业健康监护档案、工作场所职业病危害因素检测评价结果等相关资料，或者拒不提供职业病诊断、鉴定所需资料的；

（11）未按照规定承担职业病诊断、鉴定费用和职业病病人的医疗、生活保障费用的。

**第七十四条** 向用人单位提供可能产生职业病危害的设备、材料，未按照规定提供中文说明书或者设置警示标识和中文警示说明的，由安全生产监督管理部门责令限期改正，给予警告，并处5万元以上20万元以下的罚款。

**第七十五条** 用人单位和医疗卫生机构未按照规定报告职业病、疑似职业病的，由有关主管部门依据职责分工责令限期改正，给予警告，可以并处1万元以下的罚款；弄虚作假的，并处2万元以上5万元以下的罚款；对直接负责的主管人员和其他直接责任人员，可以依法给予降级或者撤职的处分。

**第七十六条** 违反本法规定，有下列情形之一的，由安全生产监督管理部门责令限期治理，并处5万元以上30万元以下的罚款；情节严重的，责令停止产生职业病危害的作业，或者提请有关人民政府按照国务院规定的权限责令关闭：

（1）隐瞒技术、工艺、设备、材料所产生的职业病危害而采用的；

（2）隐瞒本单位职业卫生真实情况的；

（3）可能发生急性职业损伤的有毒、有害工作场所、放射工作场所或者放射性同位素的运输、贮存不符合本法第二十六条规定的；

（4）使用国家明令禁止使用的可能产生职业病危害的设备或者材料的；

（5）将产生职业病危害的作业转移给没有职业病防护条件的单位和个人，或者没有职业病防护条件的单位和个人接受产生职业病危害的作业的；

（6）擅自拆除、停止使用职业病防护设备或者应急救援设施的；

（7）安排未经职业健康检查的劳动者、有职业禁忌的劳动者、未成年工或者孕期、哺乳期女职工从事接触职业病危害的作业或者禁忌作业的；

（8）违章指挥和强令劳动者进行没有职业病防护措施的作业的。

**第七十七条** 生产、经营或者进口国家明令禁止使用的可能产生职业病危害的设备或者材料的，依照有关法律、行政法规的规定给予处罚。

**第七十八条** 用人单位违反本法规定，已经对劳动者生命健康造成严重损害的，由安全生产监督管理部门责令停止产生职业病危害的作业，或者提请有关人民政府按照国务院规定的权限责令关闭，并处10万元以上50万元以下的罚款。

**第七十九条** 用人单位违反本法规定，造成重大职业病危害事故或者其他严重后果，构成犯罪的，对直接负责的主管人员和其他直接责任人员，依法追究刑事责任。

**第八十条** 未取得职业卫生技术服务资质认可擅自从事职业卫生技术服务的，或者医疗卫生机构未经批准擅自从事职业健康检查、职业病诊断的，由安全生产监督管理部门和卫生行政部门依据职责分工责令立即停止违法行为，没收违法所得；违法所得

5 000元以上的，并处违法所得2倍以上10倍以下的罚款；没有违法所得或者违法所得不足5 000元的，并处5 000元以上5万元以下的罚款；情节严重的，对直接负责的主管人员和其他直接责任人员，依法给予降级、撤职或者开除的处分。

**第八十一条** 从事职业卫生技术服务的机构和承担职业健康检查、职业病诊断的医疗卫生机构违反本法规定，有下列行为之一的，由安全生产监督管理部门和卫生行政部门依据职责分工责令立即停止违法行为，给予警告，没收违法所得；违法所得5 000元以上的，并处违法所得2倍以上5倍以下的罚款；没有违法所得或者违法所得不足5 000元的，并处5 000元以上2万元以下的罚款；情节严重的，由原认可或者批准机关取消其相应的资格；对直接负责的主管人员和其他直接责任人员，依法给予降级、撤职或者开除的处分；构成犯罪的，依法追究刑事责任：

（1）超出资质认可或者批准范围从事职业卫生技术服务或者职业健康检查、职业病诊断的；

（2）不按照本法规定履行法定职责的；

（3）出具虚假证明文件的。

**第八十二条** 职业病诊断鉴定委员会组成人员收受职业病诊断争议当事人的财物或者其他好处的，给予警告，没收收受的财物，可以并处3 000元以上5万元以下的罚款，取消其担任职业病诊断鉴定委员会组成人员的资格，并从省、自治区、直辖市人民政府卫生行政部门设立的专家库中予以除名。

**第八十三条** 卫生行政部门、安全生产监督管理部门不按照规定报告职业病和职业病危害事故的，由上一级行政部门责令改正，通报批评，给予警告；虚报、瞒报的，对单位负责人、直接负责的主管人员和其他直接责任人员依法给予降级、撤职或者开除的处分。

**第八十四条** 违反本法第十七条、第十八条规定，有关部门擅自批准建设项目或者发放施工许可的，对该部门直接负责的主管人员和其他直接责任人员，由监察机关或者上级机关依法给予记过直至开除的处分。

**第八十五条** 县级以上地方人民政府在职业病防治工作中未依照本法履行职责，本行政区域出现重大职业病危害事故、造成严重社会影响的，依法对直接负责的主管人员和其他直接责任人员给予记大过直至开除的处分。

县级以上人民政府职业卫生监督管理部门不履行本法规定的职责，滥用职权、玩忽职守、徇私舞弊，依法对直接负责的主管人员和其他直接责任人员给予记大过或者降级的处分；造成职业病危害事故或者其他严重后果的，依法给予撤职或者开除的处分。

**第八十六条** 违反本法规定，构成犯罪的，依法追究刑事责任。

## 第七章 附 则

**第八十七条** 本法下列用语的含义：

职业病危害，是指对从事职业活动的劳动者可能导致职业病的各种危害。职业病危害因素包括：职业活动中存在的各种有害的化学、物理、生物因素以及在作业过程中产生的其他职业有害因素。

职业禁忌，是指劳动者从事特定职业或者接触特定职业病危害因素时，比一般职业人群更易于遭受职业病危害和罹患职业病或者可能导致原有自身疾病病情加重，或者在从事作业过程中诱发可能导致对他人生命健康构成危险的疾病的个人特殊生理或者病理状态。

**第八十八条** 本法第二条规定的用人单位以外的单位，产生职业病危害的，其职业病防治活动可以参照本法执行。

劳务派遣用工单位应当履行本法规定的用人单位的义务。

中国人民解放军参照执行本法的办法，由国务院、中央军事委员会制定。

**第八十九条** 对医疗机构放射性职业病危害控制的监督管理，由卫生行政部门依照本法的规定实施。

**第九十条** 本法自2002年5月1日起施行。

## 行政法规

# 国家赔偿费用管理条例

（2011年1月17日中华人民共和国国务院令第589号公布　自公布之日起施行）

**第一条**　为了加强国家赔偿费用管理，保障公民、法人和其他组织享有依法取得国家赔偿的权利，促进国家机关依法行使职权，根据《中华人民共和国国家赔偿法》（简称"国家赔偿法"），制定本条例。

**第二条**　本条例所称国家赔偿费用，是指依照国家赔偿法的规定，应当向赔偿请求人赔偿的费用。

**第三条**　国家赔偿费用由各级人民政府按照财政管理体制分级负担。

各级人民政府应当根据实际情况，安排一定数额的国家赔偿费用，列入本级年度财政预算。当年需要支付的国家赔偿费用超过本级年度财政预算安排的，应当按照规定及时安排资金。

**第四条**　国家赔偿费用由各级人民政府财政部门统一管理。

国家赔偿费用的管理应当依法接受监督。

**第五条**　赔偿请求人申请支付国家赔偿费用的，应当向赔偿义务机关提出书面申请，并提交与申请有关的生效判决书、复议决定书、赔偿决定书或者调解书以及赔偿请求人的身份证明。

赔偿请求人书写申请书确有困难的，可以委托他人代书；也可以口头申请，由赔偿义务机关如实记录，交赔偿请求人核对或者向赔偿请求人宣读，并由赔偿请求人签字确认。

**第六条**　申请材料真实、有效、完整的，赔偿义务机关收到申请材料即为受理。赔偿义务机关受理申请的，应当书面通知赔偿请求人。

申请材料不完整的，赔偿义务机关应当当场或者在3个工作日内一次告知赔偿请求人需要补正的全部材料。赔偿请求人按照赔偿义务机关的要求提交补正材料的，赔偿义务机关收到补正材料即为受理。未告知需要补正材料的，赔偿义务机关收到申请材料即为受理。

申请材料虚假、无效，赔偿义务机关决定不予受理的，应当书面通知赔偿请求人并说明理由。

**第七条**　赔偿请求人对赔偿义务机关不予受理决定有异议的，可以自收到书面通知之日起10日内向赔偿义务机关的上一级机关申请复核。上一级机关应当自收到复核申请之日起5个工作日内依法作出决定。

上一级机关认为不予受理决定错误的，应当自作出复核决定之日起3个工作日内通知赔偿义务机关受理，并告知赔偿请求人。赔偿义务机关应当在收到通知后立即受理。

上一级机关维持不予受理决定的，应当自作出复核决定之日起3个工作日内书面通知赔偿请求人并说明理由。

**第八条**　赔偿义务机关应当自受理赔偿请求人支付申请之日起7日内，依照预算管理权限向有关财政部门提出书面支付申请，并提交下列材料：

（1）赔偿请求人请求支付国家赔偿费用的申请；

（2）生效的判决书、复议决定书、赔偿决定书或者调解书；

（3）赔偿请求人的身份证明。

**第九条**　财政部门收到赔偿义务机关申请材料后，应当根据下列情况分别作出处理：

（1）申请的国家赔偿费用依照预算管理权限不属于本财政部门支付的，应当在3个工作日内退回申请材料并书面通知赔偿义务机关向有管理权限的财政部门申请；

（2）申请材料符合要求的，收到申请即为受理，并书面通知赔偿义务机关；

（3）申请材料不符合要求的，应当在3个工作日内一次告知赔偿义务机关需要补正的全部材料。赔偿义务机关应当在5个工作日内按照要求提交全部补正材料，财政部门收到补正材料即为受理。

**第十条** 财政部门应当自受理申请之日起15日内，按照预算和财政国库管理的有关规定支付国家赔偿费用。

财政部门发现赔偿项目、计算标准违反国家赔偿法规定的，应当提交作出赔偿决定的机关或者其上级机关依法处理、追究有关人员的责任。

**第十一条** 财政部门自支付国家赔偿费用之日起3个工作日内告知赔偿义务机关、赔偿请求人。

**第十二条** 赔偿义务机关应当依照国家赔偿法第十六条、第三十一条的规定，责令有关工作人员、受委托的组织或者个人承担或者向有关工作人员追偿部分或者全部国家赔偿费用。

赔偿义务机关依照前款规定作出决定后，应当书面通知有关财政部门。

有关工作人员、受委托的组织或者个人应当依照财政收入收缴的规定上缴应当承担或者被追偿的国家赔偿费用。

**第十三条** 赔偿义务机关、财政部门及其工作人员有下列行为之一，根据《财政违法行为处罚处分条例》的规定处理、处分；构成犯罪的，依法追究刑事责任：

（1）以虚报、冒领等手段骗取国家赔偿费用的；

（2）违反国家赔偿法规定的范围和计算标准实施国家赔偿造成财政资金损失的；

（3）不依法支付国家赔偿费用的；

（4）截留、滞留、挪用、侵占国家赔偿费用的；

（5）未依照规定责令有关工作人员、受委托的组织或者个人承担国家赔偿费用或者向有关工作人员追偿国家赔偿费用的；

（6）未依照规定将应当承担或者被追偿的国家赔偿费用及时上缴财政的。

**第十四条** 本条例自公布之日起施行。1995年1月25日国务院发布的《国家赔偿费用管理办法》同时废止。

# 危险化学品安全管理条例

（2002年1月26日中华人民共和国国务院令第344号公布　2011年2月16日国务院第144次常务会议修订通过　2011年3月2日中华人民共和国国务院令第591号公布　自2011年12月1日起施行）

## 第一章　总　则

**第一条** 为了加强危险化学品的安全管理，预防和减少危险化学品事故，保障人民群众生命财产安全，保护环境，制定本条例。

**第二条** 危险化学品生产、储存、使用、经营和运输的安全管理，适用本条例。

废弃危险化学品的处置，依照有关环境保护的法律、行政法规和国家有关规定执行。

**第三条** 本条例所称危险化学品，是指具有毒害、腐蚀、爆炸、燃烧、助燃等性质，对人体、设施、环境具有危害的剧毒化学品和其他化学品。

危险化学品目录，由国务院安全生产监督管理部门会同国务院工业和信息化、公安、环境保护、卫生、质量监督检验检疫、交通运输、铁路、民用航空、农业主管部门，根据化学品危险特性的鉴别和分类标准确定、公布，并适时调整。

**第四条** 危险化学品安全管理，应当坚持安全第一、预防为主、综合治理的方针，强化和落实企业的主体责任。

生产、储存、使用、经营、运输危险化学品的单位（统称"危险化学品单位"）的主要负责人对本单位的危险化学品安全管理工作全面负责。

危险化学品单位应当具备法律、行政法规规定和国家标准、行业标准要求的安全条件，建立、健全安全管理规章制度和岗位安全责任制度，对从业人员进行安全教育、法制教育和岗位技术培训。从业人员应当接受教育和培训，考核合格后上岗作业；对有资格要求的岗位，应当配备依法取得相应资格的人员。

**第五条** 任何单位和个人不得生产、经营、使用国家禁止生产、经营、使用的危险化学品。

国家对危险化学品的使用有限制性规定的，任何单位和个人不得违反限制性规定使用危险化学品。

**第六条** 对危险化学品的生产、储存、使用、经营、运输实施安全监督管理的有关部门（统称“负有危险化学品安全监督管理职责的部门”），依照下列规定履行职责：

（1）安全生产监督管理部门负责危险化学品安全监督管理综合工作，组织确定、公布、调整危险化学品目录，对新建、改建、扩建生产、储存危险化学品（包括使用长输管道输送危险化学品，下同）的建设项目进行安全条件审查，核发危险化学品安全生产许可证、危险化学品安全使用许可证和危险化学品经营许可证，并负责危险化学品登记工作。

（2）公安机关负责危险化学品的公共安全管理，核发剧毒化学品购买许可证、剧毒化学品道路运输通行证，并负责危险化学品运输车辆的道路交通安全管理。

（3）质量监督检验检疫部门负责核发危险化学品及其包装物、容器（不包括储存危险化学品的固定式大型储罐，下同）生产企业的工业产品生产许可证，并依法对其产品质量实施监督，负责对进出口危险化学品及其包装实施检验。

（4）环境保护主管部门负责废弃危险化学品处置的监督管理，组织危险化学品的环境危害性鉴定和环境风险程度评估，确定实施重点环境管理的危险化学品，负责危险化学品环境管理登记和新化学物质环境管理登记；依照职责分工调查相关危险化学品环境污染事故和生态破坏事件，负责危险化学品事故现场的应急环境监测。

（5）交通运输主管部门负责危险化学品道路运输、水路运输的许可以及运输工具的安全管理，对危险化学品水路运输安全实施监督，负责危险化学品道路运输企业、水路运输企业驾驶人员、船员、装卸管理人员、押运人员、申报人员、集装箱装箱现场检查员的资格认定。铁路主管部门负责危险化学品铁路运输的安全管理，负责危险化学品铁路运输承运人、托运人的资质审批及其运输工具的安全管理。民用航空主管部门负责危险化学品航空运输以及航空运输企业及其运输工具的安全管理。

（6）卫生主管部门负责危险化学品毒性鉴定的管理，负责组织、协调危险化学品事故受伤人员的医疗卫生救援工作。

（7）工商行政管理部门依据有关部门的许可证件，核发危险化学品生产、储存、经营、运输企业营业执照，查处危险化学品经营企业违法采购危险化学品的行为。

（8）邮政管理部门负责依法查处寄递危险化学品的行为。

**第七条** 负有危险化学品安全监督管理职责的部门依法进行监督检查，可以采取下列措施：

（1）进入危险化学品作业场所实施现场检查，向有关单位和人员了解情况，查阅、复制有关文件、资料；

（2）发现危险化学品事故隐患，责令立即消除或者限期消除；

（3）对不符合法律、行政法规、规章规定或者国家标准、行业标准要求的设施、设备、装置、器材、运输工具，责令立即停止使用；

（4）经本部门主要负责人批准，查封违法生产、储存、使用、经营危险化学品的场所，扣押违法生产、储存、使用、经营、运输的危险化学品以及用于违法生产、使用、运输危险化学品的原材料、设备、运输工具；

（5）发现影响危险化学品安全的违法行为，当场予以纠正或者责令限期改正。

负有危险化学品安全监督管理职责的部门依法进行监督检查，监督检查人员不得少于 2 人，并应当出示执法证件；有关单位和个人对依法进行的监督检查应当予以配合，不得拒绝、阻碍。

**第八条** 县级以上人民政府应当建立危险化学品安全监督管理工作协调机制，支持、督促负有危险化学品安全监督管理职责的部门依法履行职责，协调、解决危险化学品安全监督管理工作中的重大问题。

负有危险化学品安全监督管理职责的部门应当相互配合、密切协作，依法加强对危险化学品的安全监督管理。

**第九条** 任何单位和个人对违反本条例规定的行为，有权向负有危险化学品安全监督管理职责的部门举报。负有危险化学品安全监督管理职责的部门接到举报，应当及时依法处理；对不属于本部门职责的，应当及时移送有关部门处理。

**第十条** 国家鼓励危险化学品生产企业和使用危险化学品从事生产的企业采用有利于提高安全保障水平的先进技术、工艺、设备以及自动控制系统，鼓励对危险化学品实行专门储存、统一配送、集中销售。

## 第二章 生产、储存安全

**第十一条** 国家对危险化学品的生产、储存实行统筹规划、合理布局。

国务院工业和信息化主管部门以及国务院其他有关部门依据各自职责，负责危险化学品生产、储存的行业规划和布局。

地方人民政府组织编制城乡规划，应当根据本地区的实际情况，按照确保安全的原则，规划适当区域专门用于危险化学品的生产、储存。

**第十二条** 新建、改建、扩建生产、储存危险化学品的建设项目（简称“建设项目”），应当由安全生产监督管理部门进行安全条件审查。

建设单位应当对建设项目进行安全条件论证，委托具备国家规定的资质条件的机构对建设项目进行安全评价，并将安全条件论证和安全评价的情况报告报建设项目所在地设区的市级以上人民政府安全生产监督管理部门；安全生产监督管理部门应当自收到报告之日起45日内作出审查决定，并书面通知建设单位。具体办法由国务院安全生产监督管理部门制定。

新建、改建、扩建储存、装卸危险化学品的港口建设项目，由港口行政管理部门按照国务院交通运输主管部门的规定进行安全条件审查。

**第十三条** 生产、储存危险化学品的单位，应当对其铺设的危险化学品管道设置明显标志，并对危险化学品管道定期检查、检测。

进行可能危及危险化学品管道安全的施工作业，施工单位应当在开工的7日前书面通知管道所属单位，并与管道所属单位共同制定应急预案，采取相应的安全防护措施。管道所属单位应当指派专门人员到现场进行管道安全保护指导。

**第十四条** 危险化学品生产企业进行生产前，应当依照《安全生产许可证条例》的规定，取得危险化学品安全生产许可证。

生产列入国家实行生产许可证制度的工业产品目录的危险化学品的企业，应当依照《中华人民共和国工业产品生产许可证管理条例》的规定，取得工业产品生产许可证。

负责颁发危险化学品安全生产许可证、工业产品生产许可证的部门，应当将其颁发许可证的情况及时向同级工业和信息化主管部门、环境保护主管部门和公安机关通报。

**第十五条** 危险化学品生产企业应当提供与其生产的危险化学品相符的化学品安全技术说明书，并在危险化学品包装（包括外包装件）上粘贴或者拴挂与包装内危险化学品相符的化学品安全标签。化学品安全技术说明书和化学品安全标签所载明的内容应当符合国家标准的要求。

危险化学品生产企业发现其生产的危险化学品有新的危险特性的，应当立即公告，并及时修订其化学品安全技术说明书和化学品安全标签。

**第十六条** 生产实施重点环境管理的危险化学品的企业，应当按照国务院环境保护主管部门的规定，将该危险化学品向环境中释放等相关信息向环境保护主管部门报告。环境保护主管部门可以根据情况采取相应的环境风险控制措施。

**第十七条** 危险化学品的包装应当符合法律、行政法规、规章的规定以及国家标准、行业标准的要求。

危险化学品包装物、容器的材质以及危险化学品包装的型式、规格、方法和单件质量（重量），应当与所包装的危险化学品的性质和用途相适应。

**第十八条** 生产列入国家实行生产许可证制度

的工业产品目录的危险化学品包装物、容器的企业，应当依照《中华人民共和国工业产品生产许可证管理条例》的规定，取得工业产品生产许可证；其生产的危险化学品包装物、容器经国务院质量监督检验检疫部门认定的检验机构检验合格，方可出厂销售。

运输危险化学品的船舶及其配载的容器，应当按照国家船舶检验规范进行生产，并经海事管理机构认定的船舶检验机构检验合格，方可投入使用。

对重复使用的危险化学品包装物、容器，使用单位在重复使用前应当进行检查；发现存在安全隐患的，应当维修或者更换。使用单位应当对检查情况作出记录，记录的保存期限不得少于2年。

**第十九条** 危险化学品生产装置或者储存数量构成重大危险源的危险化学品储存设施（运输工具加油站、加气站除外），与下列场所、设施、区域的距离应当符合国家有关规定：

（1）居住区以及商业中心、公园等人员密集场所；

（2）学校、医院、影剧院、体育场（馆）等公共设施；

（3）饮用水源、水厂以及水源保护区；

（4）车站、码头（依法经许可从事危险化学品装卸作业的除外）、机场以及通信干线、通信枢纽、铁路线路、道路交通干线、水路交通干线、地铁风亭以及地铁站出入口；

（5）基本农田保护区、基本草原、畜禽遗传资源保护区、畜禽规模化养殖场（养殖小区）、渔业水域以及种子、种畜禽、水产苗种生产基地；

（6）河流、湖泊、风景名胜区、自然保护区；

（7）军事禁区、军事管理区；

（8）法律、行政法规规定的其他场所、设施、区域。

已建的危险化学品生产装置或者储存数量构成重大危险源的危险化学品储存设施不符合前款规定的，由所在地设区的市级人民政府安全生产监督管理部门会同有关部门监督其所属单位在规定期限内进行整改；需要转产、停产、搬迁、关闭的，由本级人民政府决定并组织实施。

储存数量构成重大危险源的危险化学品储存设施的选址，应当避开地震活动断层和容易发生洪灾、地质灾害的区域。

本条例所称重大危险源，是指生产、储存、使用或者搬运危险化学品，且危险化学品的数量等于或者超过临界量的单元（包括场所和设施）。

**第二十条** 生产、储存危险化学品的单位，应当根据其生产、储存的危险化学品的种类和危险特性，在作业场所设置相应的监测、监控、通风、防晒、调温、防火、灭火、防爆、泄压、防毒、中和、防潮、防雷、防静电、防腐、防泄漏以及防护围堤或者隔离操作等安全设施、设备，并按照国家标准、行业标准或者国家有关规定对安全设施、设备进行经常性维护、保养，保证安全设施、设备的正常使用。

生产、储存危险化学品的单位，应当在其作业场所和安全设施、设备上设置明显的安全警示标志。

**第二十一条** 生产、储存危险化学品的单位，应当在其作业场所设置通信、报警装置，并保证处于适用状态。

**第二十二条** 生产、储存危险化学品的企业，应当委托具备国家规定的资质条件的机构，对本企业的安全生产条件每3年进行一次安全评价，提出安全评价报告。安全评价报告的内容应当包括对安全生产条件存在的问题进行整改的方案。

生产、储存危险化学品的企业，应当将安全评价报告以及整改方案的落实情况报所在地县级人民政府安全生产监督管理部门备案。在港区内储存危险化学品的企业，应当将安全评价报告以及整改方案的落实情况报港口行政管理部门备案。

**第二十三条** 生产、储存剧毒化学品或者国务院公安部门规定的可用于制造爆炸物品的危险化学品（简称“易制爆危险化学品”）的单位，应当如实记录其生产、储存的剧毒化学品、易制爆危险化学品的数量、流向，并采取必要的安全防范措施，防止剧毒化学品、易制爆危险化学品丢失或者被盗；发现剧毒化学品、易制爆危险化学品丢失或者被盗的，应当立即向当地公安机关报告。

生产、储存剧毒化学品、易制爆危险化学品的单位，应当设置治安保卫机构，配备专职治安保卫人员。

**第二十四条** 危险化学品应当储存在专用仓库、专用场地或者专用储存室（统称“专用仓库”）

内,并由专人负责管理;剧毒化学品以及储存数量构成重大危险源的其他危险化学品,应当在专用仓库内单独存放,并实行双人收发、双人保管制度。

危险化学品的储存方式、方法以及储存数量应当符合国家标准或者国家有关规定。

**第二十五条** 储存危险化学品的单位应当建立危险化学品出入库核查、登记制度。

对剧毒化学品以及储存数量构成重大危险源的其他危险化学品,储存单位应当将其储存数量、储存地点以及管理人员的情况,报所在地县级人民政府安全生产监督管理部门(在港区内储存的,报港口行政管理部门)和公安机关备案。

**第二十六条** 危险化学品专用仓库应当符合国家标准、行业标准的要求,并设置明显的标志。储存剧毒化学品、易制爆危险化学品的专用仓库,应当按照国家有关规定设置相应的技术防范设施。

储存危险化学品的单位应当对其危险化学品专用仓库的安全设施、设备定期进行检测、检验。

**第二十七条** 生产、储存危险化学品的单位转产、停产、停业或者解散的,应当采取有效措施,及时、妥善处置其危险化学品生产装置、储存设施以及库存的危险化学品,不得丢弃危险化学品;处置方案应当报所在地县级人民政府安全生产监督管理部门、工业和信息化主管部门、环境保护主管部门和公安机关备案。安全生产监督管理部门应当会同环境保护主管部门和公安机关对处置情况进行监督检查,发现未依照规定处置的,应当责令其立即处置。

## 第三章 使用安全

**第二十八条** 使用危险化学品的单位,其使用条件(包括工艺)应当符合法律、行政法规的规定和国家标准、行业标准的要求,并根据所使用的危险化学品的种类、危险特性以及使用量和使用方式,建立、健全使用危险化学品的安全管理规章制度和安全操作规程,保证危险化学品的安全使用。

**第二十九条** 使用危险化学品从事生产并且使用量达到规定数量的化工企业(属于危险化学品生产企业的除外,下同),应当依照本条例的规定取得危险化学品安全使用许可证。

前款规定的危险化学品使用量的数量标准,由国务院安全生产监督管理部门会同国务院公安部门、农业主管部门确定并公布。

**第三十条** 申请危险化学品安全使用许可证的化工企业,除应当符合本条例第二十八条的规定外,还应当具备下列条件:

(1)有与所使用的危险化学品相适应的专业技术人员;

(2)有安全管理机构和专职安全管理人员;

(3)有符合国家规定的危险化学品事故应急预案和必要的应急救援器材、设备;

(4)依法进行了安全评价。

**第三十一条** 申请危险化学品安全使用许可证的化工企业,应当向所在地设区的市级人民政府安全生产监督管理部门提出申请,并提交其符合本条例第三十条规定条件的证明材料。设区的市级人民政府安全生产监督管理部门应当依法进行审查,自收到证明材料之日起45日内作出批准或者不予批准的决定。予以批准的,颁发危险化学品安全使用许可证;不予批准的,书面通知申请人并说明理由。

安全生产监督管理部门应当将其颁发危险化学品安全使用许可证的情况及时向同级环境保护主管部门和公安机关通报。

**第三十二条** 本条例第十六条关于生产实施重点环境管理的危险化学品的企业的规定,适用于使用实施重点环境管理的危险化学品从事生产的企业;第二十条、第二十一条、第二十二条第一款、第二十七条关于生产、储存危险化学品的单位的规定,适用于使用危险化学品的单位;第二十二条关于生产、储存危险化学品的企业的规定,适用于使用危险化学品从事生产的企业。

## 第四章 经营安全

**第三十三条** 国家对危险化学品经营(包括仓储经营,下同)实行许可制度。未经许可,任何单位和个人不得经营危险化学品。

依法设立的危险化学品生产企业在其厂区范围内销售本企业生产的危险化学品,不需要取得危险化学品经营许可。

依照《中华人民共和国港口法》的规定取得港口经营许可证的港口经营人,在港区内从事危险化学品仓储经营,不需要取得危险化学品经营许可。

**第三十四条** 从事危险化学品经营的企业应当具备下列条件:

(1)有符合国家标准、行业标准的经营场所,储存危险化学品的,还应当有符合国家标准、行业标准的储存设施;

(2)从业人员经过专业技术培训并经考核合格;

(3)有健全的安全管理规章制度;

(4)有专职安全管理人员;

(5)有符合国家规定的危险化学品事故应急预案和必要的应急救援器材、设备;

(6)法律、法规规定的其他条件。

**第三十五条** 从事剧毒化学品、易制爆危险化学品经营的企业,应当向所在地设区的市级人民政府安全生产监督管理部门提出申请,从事其他危险化学品经营的企业,应当向所在地县级人民政府安全生产监督管理部门提出申请(有储存设施的,应当向所在地设区的市级人民政府安全生产监督管理部门提出申请)。申请人应当提交其符合本条例第三十四条规定条件的证明材料。设区的市级人民政府安全生产监督管理部门或者县级人民政府安全生产监督管理部门应当依法进行审查,并对申请人的经营场所、储存设施进行现场核查,自收到证明材料之日起30日内作出批准或者不予批准的决定。予以批准的,颁发危险化学品经营许可证;不予批准的,书面通知申请人并说明理由。

设区的市级人民政府安全生产监督管理部门和县级人民政府安全生产监督管理部门应当将其颁发危险化学品经营许可证的情况及时向同级环境保护主管部门和公安机关通报。

申请人持危险化学品经营许可证向工商行政管理部门办理登记手续后,方可从事危险化学品经营活动。法律、行政法规或者国务院规定经营危险化学品还需要经其他有关部门许可的,申请人向工商行政管理部门办理登记手续时还应当持相应的许可证件。

**第三十六条** 危险化学品经营企业储存危险化学品的,应当遵守本条例第二章关于储存危险化学品的规定。危险化学品商店内只能存放民用小包装的危险化学品。

**第三十七条** 危险化学品经营企业不得向未经许可从事危险化学品生产、经营活动的企业采购危险化学品,不得经营没有化学品安全技术说明书或者化学品安全标签的危险化学品。

**第三十八条** 依法取得危险化学品安全生产许可证、危险化学品安全使用许可证、危险化学品经营许可证的企业,凭相应的许可证件购买剧毒化学品、易制爆危险化学品。民用爆炸物品生产企业凭民用爆炸物品生产许可证购买易制爆危险化学品。

前款规定以外的单位购买剧毒化学品的,应当向所在地县级人民政府公安机关申请取得剧毒化学品购买许可证;购买易制爆危险化学品的,应当持本单位出具的合法用途说明。

个人不得购买剧毒化学品(属于剧毒化学品的农药除外)和易制爆危险化学品。

**第三十九条** 申请取得剧毒化学品购买许可证,申请人应当向所在地县级人民政府公安机关提交下列材料:

(1)营业执照或者法人证书(登记证书)的复印件;

(2)拟购买的剧毒化学品品种、数量的说明;

(3)购买剧毒化学品用途的说明;

(4)经办人的身份证明。

县级人民政府公安机关应当自收到前款规定的材料之日起3日内,作出批准或者不予批准的决定。予以批准的,颁发剧毒化学品购买许可证;不予批准的,书面通知申请人并说明理由。

剧毒化学品购买许可证管理办法由国务院公安部门制定。

**第四十条** 危险化学品生产企业、经营企业销售剧毒化学品、易制爆危险化学品,应当查验本条例第三十八条第一款、第二款规定的相关许可证件或者证明文件,不得向不具有相关许可证件或者证明文件的单位销售剧毒化学品、易制爆危险化学品。对持剧毒化学品购买许可证购买剧毒化学品的,应当按照许可证载明的品种、数量销售。

禁止向个人销售剧毒化学品(属于剧毒化学品的农药除外)和易制爆危险化学品。

**第四十一条** 危险化学品生产企业、经营企业销售剧毒化学品、易制爆危险化学品,应当如实记录购买单位的名称、地址、经办人的姓名、身份证号码以及所购买的剧毒化学品、易制爆危险化学品的品种、数量、用途。销售记录以及经办人的身份证明复印件、相关许可证件复印件或者证明文件的保存期限不得少于1年。

剧毒化学品、易制爆危险化学品的销售企业、购买单位应当在销售、购买后5日内,将所销售、购买的剧毒化学品、易制爆危险化学品的品种、数量以及流向信息报所在地县级人民政府公安机关备案,并输入计算机系统。

**第四十二条** 使用剧毒化学品、易制爆危险化学品的单位不得出借、转让其购买的剧毒化学品、易制爆危险化学品;因转产、停产、搬迁、关闭等确需转让的,应当向具有本条例第三十八条第一款、第二款规定的相关许可证件或者证明文件的单位转让,并在转让后将有关情况及时向所在地县级人民政府公安机关报告。

## 第五章 运输安全

**第四十三条** 从事危险化学品道路运输、水路运输的,应当分别依照有关道路运输、水路运输的法律、行政法规的规定,取得危险货物道路运输许可、危险货物水路运输许可,并向工商行政管理部门办理登记手续。

危险化学品道路运输企业、水路运输企业应当配备专职安全管理人员。

**第四十四条** 危险化学品道路运输企业、水路运输企业的驾驶人员、船员、装卸管理人员、押运人员、申报人员、集装箱装箱现场检查员应当经交通运输主管部门考核合格,取得从业资格。具体办法由国务院交通运输主管部门制定。

危险化学品的装卸作业应当遵守安全作业标准、规程和制度,并在装卸管理人员的现场指挥或者监控下进行。水路运输危险化学品的集装箱装箱作业应当在集装箱装箱现场检查员的指挥或者监控下进行,并符合积载、隔离的规范和要求;装箱作业完毕后,集装箱装箱现场检查员应当签署装箱证明书。

**第四十五条** 运输危险化学品,应当根据危险化学品的危险特性采取相应的安全防护措施,并配备必要的防护用品和应急救援器材。

用于运输危险化学品的槽罐以及其他容器应当封口严密,能够防止危险化学品在运输过程中因温度、湿度或者压力的变化发生渗漏、洒漏;槽罐以及其他容器的溢流和泄压装置应当设置准确、起闭灵活。

运输危险化学品的驾驶人员、船员、装卸管理人员、押运人员、申报人员、集装箱装箱现场检查员,应当了解所运输的危险化学品的危险特性及其包装物、容器的使用要求和出现危险情况时的应急处置方法。

**第四十六条** 通过道路运输危险化学品的,托运人应当委托依法取得危险货物道路运输许可的企业承运。

**第四十七条** 通过道路运输危险化学品的,应当按照运输车辆的核定载质量装载危险化学品,不得超载。

危险化学品运输车辆应当符合国家标准要求的安全技术条件,并按照国家有关规定定期进行安全技术检验。

危险化学品运输车辆应当悬挂或者喷涂符合国家标准要求的警示标志。

**第四十八条** 通过道路运输危险化学品的,应当配备押运人员,并保证所运输的危险化学品处于押运人员的监控之下。

运输危险化学品途中因住宿或者发生影响正常运输的情况,需要较长时间停车的,驾驶人员、押运人员应当采取相应的安全防范措施;运输剧毒化学品或者易制爆危险化学品的,还应当向当地公安机关报告。

**第四十九条** 未经公安机关批准,运输危险化学品的车辆不得进入危险化学品运输车辆限制通行的区域。危险化学品运输车辆限制通行的区域由县级人民政府公安机关划定,并设置明显的标志。

**第五十条** 通过道路运输剧毒化学品的,托运人应当向运输始发地或者目的地县级人民政府公安机关申请剧毒化学品道路运输通行证。

申请剧毒化学品道路运输通行证,托运人应当向县级人民政府公安机关提交下列材料:

(1)拟运输的剧毒化学品品种、数量的说明;

(2)运输始发地、目的地、运输时间和运输路线的说明；

(3)承运人取得危险货物道路运输许可、运输车辆取得营运证以及驾驶人员、押运人员取得上岗资格的证明文件；

(4)本条例第三十八条第一款、第二款规定的购买剧毒化学品的相关许可证件，或者海关出具的进出口证明文件。

县级人民政府公安机关应当自收到前款规定的材料之日起7日内，作出批准或者不予批准的决定。予以批准的，颁发剧毒化学品道路运输通行证；不予批准的，书面通知申请人并说明理由。

剧毒化学品道路运输通行证管理办法由国务院公安部门制定。

**第五十一条** 剧毒化学品、易制爆危险化学品在道路运输途中丢失、被盗、被抢或者出现流散、泄漏等情况的，驾驶人员、押运人员应当立即采取相应的警示措施和安全措施，并向当地公安机关报告。公安机关接到报告后，应当根据实际情况立即向安全生产监督管理部门、环境保护主管部门、卫生主管部门通报。有关部门应当采取必要的应急处置措施。

**第五十二条** 通过水路运输危险化学品的，应当遵守法律、行政法规以及国务院交通运输主管部门关于危险货物水路运输安全的规定。

**第五十三条** 海事管理机构应当根据危险化学品的种类和危险特性，确定船舶运输危险化学品的相关安全运输条件。

拟交付船舶运输的化学品的相关安全运输条件不明确的，应当经国家海事管理机构认定的机构进行评估，明确相关安全运输条件并经海事管理机构确认后，方可交付船舶运输。

**第五十四条** 禁止通过内河封闭水域运输剧毒化学品以及国家规定禁止通过内河运输的其他危险化学品。

前款规定以外的内河水域，禁止运输国家规定禁止通过内河运输的剧毒化学品以及其他危险化学品。

禁止通过内河运输的剧毒化学品以及其他危险化学品的范围，由国务院交通运输主管部门会同国务院环境保护主管部门、工业和信息化主管部门、安全生产监督管理部门，根据危险化学品的危险特性、危险化学品对人体和水环境的危害程度以及消除危害后果的难易程度等因素规定并公布。

**第五十五条** 国务院交通运输主管部门应当根据危险化学品的危险特性，对通过内河运输本条例第五十四条规定以外的危险化学品(简称“通过内河运输危险化学品”)实行分类管理，对各类危险化学品的运输方式、包装规范和安全防护措施等分别作出规定并监督实施。

**第五十六条** 通过内河运输危险化学品，应当由依法取得危险货物水路运输许可的水路运输企业承运，其他单位和个人不得承运。托运人应当委托依法取得危险货物水路运输许可的水路运输企业承运，不得委托其他单位和个人承运。

**第五十七条** 通过内河运输危险化学品，应当使用依法取得危险货物适装证书的运输船舶。水路运输企业应当针对所运输的危险化学品的危险特性，制定运输船舶危险化学品事故应急救援预案，并为运输船舶配备充足、有效的应急救援器材和设备。

通过内河运输危险化学品的船舶，其所有人或者经营人应当取得船舶污染损害责任保险证书或者财务担保证明。船舶污染损害责任保险证书或者财务担保证明的副本应当随船携带。

**第五十八条** 通过内河运输危险化学品，危险化学品包装物的材质、型式、强度以及包装方法应当符合水路运输危险化学品包装规范的要求。国务院交通运输主管部门对单船运输的危险化学品数量有限制性规定的，承运人应当按照规定安排运输数量。

**第五十九条** 用于危险化学品运输作业的内河码头、泊位应当符合国家有关安全规范，与饮用水取水口保持国家规定的距离。有关管理单位应当制定码头、泊位危险化学品事故应急预案，并为码头、泊位配备充足、有效的应急救援器材和设备。

用于危险化学品运输作业的内河码头、泊位，经交通运输主管部门按照国家有关规定验收合格后方可投入使用。

**第六十条** 船舶载运危险化学品进出内河港口，应当将危险化学品的名称、危险特性、包装以及进出港时间等事项，事先报告海事管理机构。海事管理机构接到报告后，应当在国务院交通运输主管部门规定的时间内作出是否同意的决定，通知报告人，同时通报港口行政管理部门。定船舶、定航线、定货种的船舶可以定期报告。

在内河港口内进行危险化学品的装卸、过驳作业，应当将危险化学品的名称、危险特性、包装和作业的时间、地点等事项报告港口行政管理部门。港口行政管理部门接到报告后，应当在国务院交通运输主管部门规定的时间内作出是否同意的决定，通知报告人，同时通报海事管理机构。

载运危险化学品的船舶在内河航行，通过过船建筑物的，应当提前向交通运输主管部门申报，并接受交通运输主管部门的管理。

**第六十一条** 载运危险化学品的船舶在内河航行、装卸或者停泊，应当悬挂专用的警示标志，按照规定显示专用信号。

载运危险化学品的船舶在内河航行，按照国务院交通运输主管部门的规定需要引航的，应当申请引航。

**第六十二条** 载运危险化学品的船舶在内河航行，应当遵守法律、行政法规和国家其他有关饮用水水源保护的规定。内河航道发展规划应当与依法经批准的饮用水水源保护区划定方案相协调。

**第六十三条** 托运危险化学品的，托运人应当向承运人说明所托运的危险化学品的种类、数量、危险特性以及发生危险情况的应急处置措施，并按照国家有关规定对所托运的危险化学品妥善包装，在外包装上设置相应的标志。

运输危险化学品需要添加抑制剂或者稳定剂的，托运人应当添加，并将有关情况告知承运人。

**第六十四条** 托运人不得在托运的普通货物中夹带危险化学品，不得将危险化学品匿报或者谎报为普通货物托运。

任何单位和个人不得交寄危险化学品或者在邮件、快件内夹带危险化学品，不得将危险化学品匿报或者谎报为普通物品交寄。邮政企业、快递企业不得收寄危险化学品。

对涉嫌违反本条第一款、第二款规定的，交通运输主管部门、邮政管理部门可以依法开拆查验。

**第六十五条** 通过铁路、航空运输危险化学品的安全管理，依照有关铁路、航空运输的法律、行政法规、规章的规定执行。

## 第六章 危险化学品登记与事故应急救援

**第六十六条** 国家实行危险化学品登记制度，为危险化学品安全管理以及危险化学品事故预防和应急救援提供技术、信息支持。

**第六十七条** 危险化学品生产企业、进口企业，应当向国务院安全生产监督管理部门负责危险化学品登记的机构（简称“危险化学品登记机构”）办理危险化学品登记。

危险化学品登记包括下列内容：

（1）分类和标签信息；

（2）物理、化学性质；

（3）主要用途；

（4）危险特性；

（5）储存、使用、运输的安全要求；

（6）出现危险情况的应急处置措施。

对同一企业生产、进口的同一品种的危险化学品，不进行重复登记。危险化学品生产企业、进口企业发现其生产、进口的危险化学品有新的危险特性的，应当及时向危险化学品登记机构办理登记内容变更手续。

危险化学品登记的具体办法由国务院安全生产监督管理部门制定。

**第六十八条** 危险化学品登记机构应当定期向工业和信息化、环境保护、公安、卫生、交通运输、铁路、质量监督检验检疫等部门提供危险化学品登记的有关信息和资料。

**第六十九条** 县级以上地方人民政府安全生产监督管理部门应当会同工业和信息化、环境保护、公安、卫生、交通运输、铁路、质量监督检验检疫等部门，根据本地区实际情况，制定危险化学品事故应急预案，报本级人民政府批准。

**第七十条** 危险化学品单位应当制定本单位危险化学品事故应急预案，配备应急救援人员和必要的应急救援器材、设备，并定期组织应急救援演练。

危险化学品单位应当将其危险化学品事故应急预案报所在地设区的市级人民政府安全生产监督管理部门备案。

**第七十一条** 发生危险化学品事故，事故单位主要负责人应当立即按照本单位危险化学品应急预案组织救援，并向当地安全生产监督管理部门和环境保护、公安、卫生主管部门报告；道路运输、水路运输过程中发生危险化学品事故的，驾驶人员、船员或者押运人员还应当向事故发生地交通运输主管部门报告。

**第七十二条** 发生危险化学品事故，有关地方人民政府应当立即组织安全生产监督管理、环境保护、公安、卫生、交通运输等有关部门，按照本地区危险化学品事故应急预案组织实施救援，不得拖延、推诿。

有关地方人民政府及其有关部门应当按照下列规定，采取必要的应急处置措施，减少事故损失，防止事故蔓延、扩大：

（1）立即组织营救和救治受害人员，疏散、撤离或者采取其他措施保护危害区域内的其他人员；

（2）迅速控制危害源，测定危险化学品的性质、事故的危害区域及危害程度；

（3）针对事故对人体、动植物、土壤、水源、大气造成的现实危害和可能产生的危害，迅速采取封闭、隔离、洗消等措施；

（4）对危险化学品事故造成的环境污染和生态破坏状况进行监测、评估，并采取相应的环境污染治理和生态修复措施。

**第七十三条** 有关危险化学品单位应当为危险化学品事故应急救援提供技术指导和必要的协助。

**第七十四条** 危险化学品事故造成环境污染的，由设区的市级以上人民政府环境保护主管部门统一发布有关信息。

## 第七章 法律责任

**第七十五条** 生产、经营、使用国家禁止生产、经营、使用的危险化学品的，由安全生产监督管理部门责令停止生产、经营、使用活动，处20万元以上50万元以下的罚款，有违法所得的，没收违法所得；构成犯罪的，依法追究刑事责任。

有前款规定行为的，安全生产监督管理部门还应当责令其对所生产、经营、使用的危险化学品进行无害化处理。

违反国家关于危险化学品使用的限制性规定使用危险化学品的，依照本条第一款的规定处理。

**第七十六条** 未经安全条件审查，新建、改建、扩建生产、储存危险化学品的建设项目的，由安全生产监督管理部门责令停止建设，限期改正；逾期不改正的，处50万元以上100万元以下的罚款；构成犯罪的，依法追究刑事责任。

未经安全条件审查，新建、改建、扩建储存、装卸危险化学品的港口建设项目的，由港口行政管理部门依照前款规定予以处罚。

**第七十七条** 未依法取得危险化学品安全生产许可证从事危险化学品生产，或者未依法取得工业产品生产许可证从事危险化学品及其包装物、容器生产的，分别依照《安全生产许可证条例》、《中华人民共和国工业产品生产许可证管理条例》的规定处罚。

违反本条例规定，化工企业未取得危险化学品安全使用许可证，使用危险化学品从事生产的，由安全生产监督管理部门责令限期改正，处10万元以上20万元以下的罚款；逾期不改正的，责令停产整顿。

违反本条例规定，未取得危险化学品经营许可证从事危险化学品经营的，由安全生产监督管理部门责令停止经营活动，没收违法经营的危险化学品以及违法所得，并处10万元以上20万元以下的罚款；构成犯罪的，依法追究刑事责任。

**第七十八条** 有下列情形之一的，由安全生产监督管理部门责令改正，可以处5万元以下的罚款；拒不改正的，处5万元以上10万元以下的罚款；情节严重的，责令停产停业整顿：

（1）生产、储存危险化学品的单位未对其铺设的危险化学品管道设置明显的标志，或者未对危险化学品管道定期检查、检测的；

（2）进行可能危及危险化学品管道安全的施工作业，施工单位未按照规定书面通知管道所属单位，或者未与管道所属单位共同制定应急预案、采取相应的安全防护措施，或者管道所属单位未指派专门人员到现场进行管道安全保护指导的；

（3）危险化学品生产企业未提供化学品安全技术说明书，或者未在包装（包括外包装件）上粘贴、拴挂化学品安全标签的；

（4）危险化学品生产企业提供的化学品安全技

术说明书与其生产的危险化学品不相符，或者在包装(包括外包装件)粘贴、拴挂的化学品安全标签与包装内危险化学品不相符，或者化学品安全技术说明书、化学品安全标签所载明的内容不符合国家标准要求的；

(5)危险化学品生产企业发现其生产的危险化学品有新的危险特性不立即公告，或者不及时修订其化学品安全技术说明书和化学品安全标签的；

(6)危险化学品经营企业经营没有化学品安全技术说明书和化学品安全标签的危险化学品的；

(7)危险化学品包装物、容器的材质以及包装的型式、规格、方法和单件质量(重量)与所包装的危险化学品的性质和用途不相适应的；

(8)生产、储存危险化学品的单位未在作业场所和安全设施、设备上设置明显的安全警示标志，或者未在作业场所设置通信、报警装置的；

(9)危险化学品专用仓库未设专人负责管理，或者对储存的剧毒化学品以及储存数量构成重大危险源的其他危险化学品未实行双人收发、双人保管制度的；

(10)储存危险化学品的单位未建立危险化学品出入库核查、登记制度的；

(11)危险化学品专用仓库未设置明显标志的；

(12)危险化学品生产企业、进口企业不办理危险化学品登记，或者发现其生产、进口的危险化学品有新的危险特性不办理危险化学品登记内容变更手续的。

从事危险化学品仓储经营的港口经营人有前款规定情形的，由港口行政管理部门依照前款规定予以处罚。储存剧毒化学品、易制爆危险化学品的专用仓库未按照国家有关规定设置相应的技术防范设施的，由公安机关依照前款规定予以处罚。

生产、储存剧毒化学品、易制爆危险化学品的单位未设置治安保卫机构、配备专职治安保卫人员的，依照《企业事业单位内部治安保卫条例》的规定处罚。

**第七十九条**　危险化学品包装物、容器生产企业销售未经检验或者经检验不合格的危险化学品包装物、容器的，由质量监督检验检疫部门责令改正，处10万元以上20万元以下的罚款，有违法所得的，没收违法所得；拒不改正的，责令停产停业整顿；构成犯罪的，依法追究刑事责任。

将未经检验合格的运输危险化学品的船舶及其配载的容器投入使用的，由海事管理机构依照前款规定予以处罚。

**第八十条**　生产、储存、使用危险化学品的单位有下列情形之一的，由安全生产监督管理部门责令改正，处5万元以上10万元以下的罚款；拒不改正的，责令停产停业整顿直至由原发证机关吊销其相关许可证件，并由工商行政管理部门责令其办理经营范围变更登记或者吊销其营业执照；有关责任人员构成犯罪的，依法追究刑事责任：

(1)对重复使用的危险化学品包装物、容器，在重复使用前不进行检查的；

(2)未根据其生产、储存的危险化学品的种类和危险特性，在作业场所设置相关安全设施、设备，或者未按照国家标准、行业标准或者国家有关规定对安全设施、设备进行经常性维护、保养的；

(3)未依照本条例规定对其安全生产条件定期进行安全评价的；

(4)未将危险化学品储存在专用仓库内，或者未将剧毒化学品以及储存数量构成重大危险源的其他危险化学品在专用仓库内单独存放的；

(5)危险化学品的储存方式、方法或者储存数量不符合国家标准或者国家有关规定的；

(6)危险化学品专用仓库不符合国家标准、行业标准的要求的；

(7)未对危险化学品专用仓库的安全设施、设备定期进行检测、检验的。

从事危险化学品仓储经营的港口经营人有前款规定情形的，由港口行政管理部门依照前款规定予以处罚。

**第八十一条**　有下列情形之一的，由公安机关责令改正，可以处1万元以下的罚款；拒不改正的，处1万元以上5万元以下的罚款：

(1)生产、储存、使用剧毒化学品、易制爆危险化学品的单位不如实记录生产、储存、使用的剧毒化学品、易制爆危险化学品的数量、流向的；

(2)生产、储存、使用剧毒化学品、易制爆危险化学品的单位发现剧毒化学品、易制爆危险化学品丢失或者被盗，不立即向公安机关报告的；

（3）储存剧毒化学品的单位未将剧毒化学品的储存数量、储存地点以及管理人员的情况报所在地县级人民政府公安机关备案的；

（4）危险化学品生产企业、经营企业不如实记录剧毒化学品、易制爆危险化学品购买单位的名称、地址、经办人的姓名、身份证号码以及所购买的剧毒化学品、易制爆危险化学品的品种、数量、用途，或者保存销售记录和相关材料的时间少于1年的；

（5）剧毒化学品、易制爆危险化学品的销售企业、购买单位未在规定的时限内将所销售、购买的剧毒化学品、易制爆危险化学品的品种、数量以及流向信息报所在地县级人民政府公安机关备案的；

（6）使用剧毒化学品、易制爆危险化学品的单位依照本条例规定转让其购买的剧毒化学品、易制爆危险化学品，未将有关情况向所在地县级人民政府公安机关报告的。

生产、储存危险化学品的企业或者使用危险化学品从事生产的企业未按照本条例规定将安全评价报告以及整改方案的落实情况报安全生产监督管理部门或者港口行政管理部门备案，或者储存危险化学品的单位未将其剧毒化学品以及储存数量构成重大危险源的其他危险化学品的储存数量、储存地点以及管理人员的情况报安全生产监督管理部门或者港口行政管理部门备案的，分别由安全生产监督管理部门或者港口行政管理部门依照前款规定予以处罚。

生产实施重点环境管理的危险化学品的企业或者使用实施重点环境管理的危险化学品从事生产的企业未按照规定将相关信息向环境保护主管部门报告的，由环境保护主管部门依照本条第一款的规定予以处罚。

**第八十二条** 生产、储存、使用危险化学品的单位转产、停产、停业或者解散，未采取有效措施及时、妥善处置其危险化学品生产装置、储存设施以及库存的危险化学品，或者丢弃危险化学品的，由安全生产监督管理部门责令改正，处5万元以上10万元以下的罚款；构成犯罪的，依法追究刑事责任。

生产、储存、使用危险化学品的单位转产、停产、停业或者解散，未依照本条例规定将其危险化学品生产装置、储存设施以及库存危险化学品的处置方案报有关部门备案的，分别由有关部门责令改正，可以处1万元以下的罚款；拒不改正的，处1万元以上5万元以下的罚款。

**第八十三条** 危险化学品经营企业向未经许可违法从事危险化学品生产、经营活动的企业采购危险化学品的，由工商行政管理部门责令改正，处10万元以上20万元以下的罚款；拒不改正的，责令停业整顿直至由原发证机关吊销其危险化学品经营许可证，并由工商行政管理部门责令其办理经营范围变更登记或者吊销其营业执照。

**第八十四条** 危险化学品生产企业、经营企业有下列情形之一的，由安全生产监督管理部门责令改正，没收违法所得，并处10万元以上20万元以下的罚款；拒不改正的，责令停产停业整顿直至吊销其危险化学品安全生产许可证、危险化学品经营许可证，并由工商行政管理部门责令其办理经营范围变更登记或者吊销其营业执照：

（1）向不具有本条例第三十八条第一款、第二款规定的相关许可证件或者证明文件的单位销售剧毒化学品、易制爆危险化学品的；

（2）不按照剧毒化学品购买许可证载明的品种、数量销售剧毒化学品的；

（3）向个人销售剧毒化学品（属于剧毒化学品的农药除外）、易制爆危险化学品的。

不具有本条例第三十八条第一款、第二款规定的相关许可证件或者证明文件的单位购买剧毒化学品、易制爆危险化学品，或者个人购买剧毒化学品（属于剧毒化学品的农药除外）、易制爆危险化学品的，由公安机关没收所购买的剧毒化学品、易制爆危险化学品，可以并处5 000元以下的罚款。

使用剧毒化学品、易制爆危险化学品的单位出借或者向不具有本条例第三十八条第一款、第二款规定的相关许可证件的单位转让其购买的剧毒化学品、易制爆危险化学品，或者向个人转让其购买的剧毒化学品（属于剧毒化学品的农药除外）、易制爆危险化学品的，由公安机关责令改正，处10万元以上20万元以下的罚款；拒不改正的，责令停产停业整顿。

**第八十五条** 未依法取得危险货物道路运输许

可、危险货物水路运输许可,从事危险化学品道路运输、水路运输的,分别依照有关道路运输、水路运输的法律、行政法规的规定处罚。

**第八十六条** 有下列情形之一的,由交通运输主管部门责令改正,处5万元以上10万元以下的罚款;拒不改正的,责令停产停业整顿;构成犯罪的,依法追究刑事责任:

(1)危险化学品道路运输企业、水路运输企业的驾驶人员、船员、装卸管理人员、押运人员、申报人员、集装箱装箱现场检查员未取得从业资格上岗作业的;

(2)运输危险化学品,未根据危险化学品的危险特性采取相应的安全防护措施,或者未配备必要的防护用品和应急救援器材的;

(3)使用未依法取得危险货物适装证书的船舶,通过内河运输危险化学品的;

(4)通过内河运输危险化学品的承运人违反国务院交通运输主管部门对单船运输的危险化学品数量的限制性规定运输危险化学品的;

(5)用于危险化学品运输作业的内河码头、泊位不符合国家有关安全规范,或者未与饮用水取水口保持国家规定的安全距离,或者未经交通运输主管部门验收合格投入使用的;

(6)托运人不向承运人说明所托运的危险化学品的种类、数量、危险特性以及发生危险情况的应急处置措施,或者未按照国家有关规定对所托运的危险化学品妥善包装并在外包装上设置相应标志的;

(7)运输危险化学品需要添加抑制剂或者稳定剂,托运人未添加或者未将有关情况告知承运人的。

**第八十七条** 有下列情形之一的,由交通运输主管部门责令改正,处10万元以上20万元以下的罚款,有违法所得的,没收违法所得;拒不改正的,责令停产停业整顿;构成犯罪的,依法追究刑事责任:

(1)委托未依法取得危险货物道路运输许可、危险货物水路运输许可的企业承运危险化学品的;

(2)通过内河封闭水域运输剧毒化学品以及国家规定禁止通过内河运输的其他危险化学品的;

(3)通过内河运输国家规定禁止通过内河运输的剧毒化学品以及其他危险化学品的;

(4)在托运的普通货物中夹带危险化学品,或者将危险化学品谎报或者匿报为普通货物托运的。

在邮件、快件内夹带危险化学品,或者将危险化学品谎报为普通物品交寄的,依法给予治安管理处罚;构成犯罪的,依法追究刑事责任。

邮政企业、快递企业收寄危险化学品的,依照《中华人民共和国邮政法》的规定处罚。

**第八十八条** 有下列情形之一的,由公安机关责令改正,处5万元以上10万元以下的罚款;构成违反治安管理行为的,依法给予治安管理处罚;构成犯罪的,依法追究刑事责任:

(1)超过运输车辆的核定载质量装载危险化学品的;

(2)使用安全技术条件不符合国家标准要求的车辆运输危险化学品的;

(3)运输危险化学品的车辆未经公安机关批准进入危险化学品运输车辆限制通行的区域的;

(4)未取得剧毒化学品道路运输通行证,通过道路运输剧毒化学品的。

**第八十九条** 有下列情形之一的,由公安机关责令改正,处1万元以上5万元以下的罚款;构成违反治安管理行为的,依法给予治安管理处罚:

(1)危险化学品运输车辆未悬挂或者喷涂警示标志,或者悬挂或者喷涂的警示标志不符合国家标准要求的;

(2)通过道路运输危险化学品,不配备押运人员的;

(3)运输剧毒化学品或者易制爆危险化学品途中需要较长时间停车,驾驶人员、押运人员不向当地公安机关报告的;

(4)剧毒化学品、易制爆危险化学品在道路运输途中丢失、被盗、被抢或者发生流散、泄露等情况,驾驶人员、押运人员不采取必要的警示措施和安全措施,或者不向当地公安机关报告的。

**第九十条** 对发生交通事故负有全部责任或者主要责任的危险化学品道路运输企业,由公安机关责令消除安全隐患,未消除安全隐患的危险化学品运输车辆,禁止上道路行驶。

**第九十一条** 有下列情形之一的,由交通运输主管部门责令改正,可以处1万元以下的罚款;拒不改正的,处1万元以上5万元以下的罚款:

（1）危险化学品道路运输企业、水路运输企业未配备专职安全管理人员的；

（2）用于危险化学品运输作业的内河码头、泊位的管理单位未制定码头、泊位危险化学品事故应急救援预案，或者未为码头、泊位配备充足、有效的应急救援器材和设备的。

**第九十二条** 有下列情形之一的，依照《中华人民共和国内河交通安全管理条例》的规定处罚：

（1）通过内河运输危险化学品的水路运输企业未制定运输船舶危险化学品事故应急救援预案，或者未为运输船舶配备充足、有效的应急救援器材和设备的；

（2）通过内河运输危险化学品的船舶的所有人或者经营人未取得船舶污染损害责任保险证书或者财务担保证明的；

（3）船舶载运危险化学品进出内河港口，未将有关事项事先报告海事管理机构并经其同意的；

（4）载运危险化学品的船舶在内河航行、装卸或者停泊，未悬挂专用的警示标志，或者未按照规定显示专用信号，或者未按照规定申请引航的。

未向港口行政管理部门报告并经其同意，在港口内进行危险化学品的装卸、过驳作业的，依照《中华人民共和国港口法》的规定处罚。

**第九十三条** 伪造、变造或者出租、出借、转让危险化学品安全生产许可证、工业产品生产许可证，或者使用伪造、变造的危险化学品安全生产许可证、工业产品生产许可证的，分别依照《安全生产许可证条例》、《中华人民共和国工业产品生产许可证管理条例》的规定处罚。

伪造、变造或者出租、出借、转让本条例规定的其他许可证，或者使用伪造、变造的本条例规定的其他许可证的，分别由相关许可证的颁发管理机关处10万元以上20万元以下的罚款，有违法所得的，没收违法所得；构成违反治安管理行为的，依法给予治安管理处罚；构成犯罪的，依法追究刑事责任。

**第九十四条** 危险化学品单位发生危险化学品事故，其主要负责人不立即组织救援或者不立即向有关部门报告的，依照《生产安全事故报告和调查处理条例》的规定处罚。

危险化学品单位发生危险化学品事故，造成他人人身伤害或者财产损失的，依法承担赔偿责任。

**第九十五条** 发生危险化学品事故，有关地方人民政府及其有关部门不立即组织实施救援，或者不采取必要的应急处置措施减少事故损失，防止事故蔓延、扩大的，对直接负责的主管人员和其他直接责任人员依法给予处分；构成犯罪的，依法追究刑事责任。

**第九十六条** 负有危险化学品安全监督管理职责的部门的工作人员，在危险化学品安全监督管理工作中滥用职权、玩忽职守、徇私舞弊，构成犯罪的，依法追究刑事责任；尚不构成犯罪的，依法给予处分。

## 第八章 附 则

**第九十七条** 监控化学品、属于危险化学品的药品和农药的安全管理，依照本条例的规定执行；法律、行政法规另有规定的，依照其规定。

民用爆炸物品、烟花爆竹、放射性物品、核能物质以及用于国防科研生产的危险化学品的安全管理，不适用本条例。

法律、行政法规对燃气的安全管理另有规定的，依照其规定。

危险化学品容器属于特种设备的，其安全管理依照有关特种设备安全的法律、行政法规的规定执行。

**第九十八条** 危险化学品的进出口管理，依照有关对外贸易的法律、行政法规、规章的规定执行；进口的危险化学品的储存、使用、经营、运输的安全管理，依照本条例的规定执行。

危险化学品环境管理登记和新化学物质环境管理登记，依照有关环境保护的法律、行政法规、规章的规定执行。危险化学品环境管理登记，按照国家有关规定收取费用。

**第九十九条** 公众发现、捡拾的无主危险化学品，由公安机关接收。公安机关接收或者有关部门依法没收的危险化学品，需要进行无害化处理的，交由环境保护主管部门组织其认定的专业单位进行处理，或者交由有关危险化学品生产企业进行处理。处理所需费用由国家财政负担。

**第一百条** 化学品的危险特性尚未确定的，由国务院安全生产监督管理部门、国务院环境保护主管部门、国务院卫生主管部门分别负责组织对该化学品的物理危险性、环境危害性、毒理特性进行鉴定。根据鉴定结果，需要调整危险化学品目录的，依照本条例第三条第二款的规定办理。

**第一百零一条** 本条例施行前已经使用危险化学品从事生产的化工企业，依照本条例规定需要取得危险化学品安全使用许可证的，应当在国务院安全生产监督管理部门规定的期限内，申请取得危险化学品安全使用许可证。

**第一百零二条** 本条例自2011年12月1日起施行。

# 出版管理条例

（2001年12月25日中华人民共和国国务院令第343号公布　2011年3月16日国务院第147次常务会议《国务院关于修改〈出版管理条例〉的决定》修订　2011年3月19日中华人民共和国国务院令第594号公布　自公布之日起施行）

## 第一章　总　则

**第一条** 为了加强对出版活动的管理，发展和繁荣有中国特色社会主义出版产业和出版事业，保障公民依法行使出版自由的权利，促进社会主义精神文明和物质文明建设，根据宪法，制定本条例。

**第二条** 在中华人民共和国境内从事出版活动，适用本条例。

本条例所称出版活动，包括出版物的出版、印刷或者复制、进口、发行。

本条例所称出版物，是指报纸、期刊、图书、音像制品、电子出版物等。

**第三条** 出版活动必须坚持为人民服务、为社会主义服务的方向，坚持以马克思列宁主义、毛泽东思想、邓小平理论和“三个代表”重要思想为指导，贯彻落实科学发展观，传播和积累有益于提高民族素质、有益于经济发展和社会进步的科学技术和文化知识，弘扬民族优秀文化，促进国际文化交流，丰富和提高人民的精神生活。

**第四条** 从事出版活动，应当将社会效益放在首位，实现社会效益与经济效益相结合。

**第五条** 公民依法行使出版自由的权利，各级人民政府应当予以保障。

公民在行使出版自由的权利的时候，必须遵守宪法和法律，不得反对宪法确定的基本原则，不得损害国家的、社会的、集体的利益和其他公民的合法的自由和权利。

**第六条** 国务院出版行政主管部门负责全国的出版活动的监督管理工作。国务院其他有关部门按照国务院规定的职责分工，负责有关的出版活动的监督管理工作。

县级以上地方各级人民政府负责出版管理的部门（简称“出版行政主管部门”）负责本行政区域内出版活动的监督管理工作。县级以上地方各级人民政府其他有关部门在各自的职责范围内，负责有关的出版活动的监督管理工作。

**第七条** 出版行政主管部门根据已经取得的违法嫌疑证据或者举报，对涉嫌违法从事出版物出版、印刷或者复制、进口、发行等活动的行为进行查处时，可以检查与涉嫌违法活动有关的物品和经营场所；对有证据证明是与违法活动有关的物品，可以查封或者扣押。

**第八条** 出版行业的社会团体按照其章程，在出版行政主管部门的指导下，实行自律管理。

## 第二章　出版单位的设立与管理

**第九条** 报纸、期刊、图书、音像制品和电子出版物等应当由出版单位出版。

本条例所称出版单位，包括报社、期刊社、图书出版社、音像出版社和电子出版物出版社等。

法人出版报纸、期刊，不设立报社、期刊社的，其设立的报纸编辑部、期刊编辑部视为出版单位。

**第十条** 国务院出版行政主管部门制定全国出版单位总量、结构、布局的规划，指导、协调出版产业和出版事业发展。

**第十一条** 设立出版单位，应当具备下列条件：

(1)有出版单位的名称、章程；

(2)有符合国务院出版行政主管部门认定的主办单位及其主管机关；

(3)有确定的业务范围；

(4)有30万元以上的注册资本和固定的工作场所；

(5)有适应业务范围需要的组织机构和符合国家规定的资格条件的编辑出版专业人员；

(6)法律、行政法规规定的其他条件。

审批设立出版单位，除依照前款所列条件外，还应当符合国家关于出版单位总量、结构、布局的规划。

**第十二条** 设立出版单位，由其主办单位向所在地省、自治区、直辖市人民政府出版行政主管部门提出申请；省、自治区、直辖市人民政府出版行政主管部门审核同意后，报国务院出版行政主管部门审批。设立的出版单位为事业单位的，还应当办理机构编制审批手续。

**第十三条** 设立出版单位的申请书应当载明下列事项：

(1)出版单位的名称、地址；

(2)出版单位的主办单位及其主管机关的名称、地址；

(3)出版单位的法定代表人或者主要负责人的姓名、住址、资格证明文件；

(4)出版单位的资金来源及数额。

设立报社、期刊社或者报纸编辑部、期刊编辑部的，申请书还应当载明报纸或者期刊的名称、刊期、开版或者开本、印刷场所。

申请书应当附具出版单位的章程和设立出版单位的主办单位及其主管机关的有关证明材料。

**第十四条** 国务院出版行政主管部门应当自受理设立出版单位的申请之日起60日内，作出批准或者不批准的决定，并由省、自治区、直辖市人民政府出版行政主管部门书面通知主办单位；不批准的，应当说明理由。

**第十五条** 设立出版单位的主办单位应当自收到批准决定之日起60日内，向所在地省、自治区、直辖市人民政府出版行政主管部门登记，领取出版许可证。登记事项由国务院出版行政主管部门规定。

出版单位领取出版许可证后，属于事业单位法人的，持出版许可证向事业单位登记管理机关登记，依法领取事业单位法人证书；属于企业法人的，持出版许可证向工商行政管理部门登记，依法领取营业执照。

**第十六条** 报社、期刊社、图书出版社、音像出版社和电子出版物出版社等应当具备法人条件，经核准登记后，取得法人资格，以其全部法人财产独立承担民事责任。

依照本条例第九条第三款的规定，视为出版单位的报纸编辑部、期刊编辑部不具有法人资格，其民事责任由其主办单位承担。

**第十七条** 出版单位变更名称、主办单位或者其主管机关、业务范围、资本结构，合并或者分立，设立分支机构，出版新的报纸、期刊，或者报纸、期刊变更名称的，应当依照本条例第十二条、第十三条的规定办理审批手续。出版单位属于事业单位法人的，还应当持批准文件到事业单位登记管理机关办理相应的登记手续；属于企业法人的，还应当持批准文件到工商行政管理部门办理相应的登记手续。

出版单位除前款所列变更事项外的其他事项的变更，应当经主办单位及其主管机关审查同意，向所在地省、自治区、直辖市人民政府出版行政主管部门申请变更登记，并报国务院出版行政主管部门备案。出版单位属于事业单位法人的，还应当持批准文件到事业单位登记管理机关办理变更登记；属于企业法人的，还应当持批准文件到工商行政管理部门办理变更登记。

**第十八条** 出版单位中止出版活动的，应当向所在地省、自治区、直辖市人民政府出版行政主管部门备案并说明理由和期限；出版单位中止出版活动不得超过180日。

出版单位终止出版活动的，由主办单位提出申请并经主管机关同意后，由主办单位向所在地省、自治区、直辖市人民政府出版行政主管部门办理注销登记，并报国务院出版行政主管部门备案。出版单位属于事业单位法人的，还应当持批准文件到事业单位登记管理机关办理注销登记；属于企业法人的，还应当持批准文件到工商行政管理部门办理注销登记。

**第十九条** 图书出版社、音像出版社和电子出版物出版社自登记之日起满180日未从事出版活动的，报社、期刊社自登记之日起满90日未出版报纸、期刊的，由原登记的出版行政主管部门注销登记，并报国务院出版行政主管部门备案。

因不可抗力或者其他正当理由发生前款所列情形的，出版单位可以向原登记的出版行政主管部门申请延期。

**第二十条** 图书出版社、音像出版社和电子出版物出版社的年度出版计划及涉及国家安全、社会安定等方面的重大选题，应当经所在地省、自治区、直辖市人民政府出版行政主管部门审核后报国务院出版行政主管部门备案；涉及重大选题，未在出版前报备案的出版物，不得出版。具体办法由国务院出版行政主管部门制定。

期刊社的重大选题，应当依照前款规定办理备案手续。

**第二十一条** 出版单位不得向任何单位或者个人出售或者以其他形式转让本单位的名称、书号、刊号或者版号、版面，并不得出租本单位的名称、刊号。

出版单位及其从业人员不得利用出版活动谋取其他不正当利益。

**第二十二条** 出版单位应当按照国家有关规定向国家图书馆、中国版本图书馆和国务院出版行政主管部门免费送交样本。

## 第三章 出版物的出版

**第二十三条** 公民可以依照本条例规定，在出版物上自由表达自己对国家事务、经济和文化事业、社会事务的见解和意愿，自由发表自己从事科学研究、文学艺术创作和其他文化活动的成果。

合法出版物受法律保护，任何组织和个人不得非法干扰、阻止、破坏出版物的出版。

**第二十四条** 出版单位实行编辑责任制度，保障出版物刊载的内容符合本条例的规定。

**第二十五条** 任何出版物不得含有下列内容：

（1）反对宪法确定的基本原则的；

（2）危害国家统一、主权和领土完整的；

（3）泄露国家秘密、危害国家安全或者损害国家荣誉和利益的；

（4）煽动民族仇恨、民族歧视，破坏民族团结，或者侵害民族风俗、习惯的；

（5）宣扬邪教、迷信的；

（6）扰乱社会秩序，破坏社会稳定的；

（7）宣扬淫秽、赌博、暴力或者教唆犯罪的；

（8）侮辱或者诽谤他人，侵害他人合法权益的；

（9）危害社会公德或者民族优秀文化传统的；

（10）有法律、行政法规和国家规定禁止的其他内容的。

**第二十六条** 以未成年人为对象的出版物不得含有诱发未成年人模仿违反社会公德的行为和违法犯罪的行为的内容，不得含有恐怖、残酷等妨害未成年人身心健康的内容。

**第二十七条** 出版物的内容不真实或者不公正，致使公民、法人或者其他组织的合法权益受到侵害的，其出版单位应当公开更正，消除影响，并依法承担其他民事责任。

报纸、期刊发表的作品内容不真实或者不公正，致使公民、法人或者其他组织的合法权益受到侵害的，当事人有权要求有关出版单位更正或者答辩，有关出版单位应当在其近期出版的报纸、期刊上予以发表；拒绝发表的，当事人可以向人民法院提起诉讼。

**第二十八条** 出版物必须按照国家的有关规定载明作者、出版者、印刷者或者复制者、发行者的名称、地址，书号、刊号或者版号，在版编目数据，出版日期、刊期以及其他有关事项。

出版物的规格、开本、版式、装帧、校对等必须符合国家标准和规范要求，保证出版物的质量。

出版物使用语言文字必须符合国家法律规定和有关标准、规范。

**第二十九条** 任何单位和个人不得伪造、假冒出版单位名称或者报纸、期刊名称出版出版物。

**第三十条** 中学小学教科书由国务院教育行政

主管部门审定;其出版、发行单位应当具有适应教科书出版、发行业务需要的资金、组织机构和人员等条件,并取得国务院出版行政主管部门批准的教科书出版、发行资质。纳入政府采购范围的中学小学教科书,其发行单位按照《中华人民共和国政府采购法》的有关规定确定。其他任何单位或者个人不得从事中学小学教科书的出版、发行业务。

## 第四章　出版物的印刷或者复制和发行

**第三十一条**　从事出版物印刷或者复制业务的单位,应当向所在地省、自治区、直辖市人民政府出版行政主管部门提出申请,经审核许可,并依照国家有关规定到工商行政管理部门办理相关手续后,方可从事出版物的印刷或者复制。

未经许可并办理相关手续的,不得印刷报纸、期刊、图书,不得复制音像制品、电子出版物。

**第三十二条**　出版单位不得委托未取得出版物印刷或者复制许可的单位印刷或者复制出版物。

出版单位委托印刷或者复制单位印刷或者复制出版物的,必须提供符合国家规定的印刷或者复制出版物的有关证明,并依法与印刷或者复制单位签订合同。

印刷或者复制单位不得接受非出版单位和个人的委托印刷报纸、期刊、图书或者复制音像制品、电子出版物,不得擅自印刷、发行报纸、期刊、图书或者复制、发行音像制品、电子出版物。

**第三十三条**　印刷或者复制单位经所在地省、自治区、直辖市人民政府出版行政主管部门批准,可以承接境外出版物的印刷或者复制业务;但是,印刷或者复制的境外出版物必须全部运输出境,不得在境内发行。

境外委托印刷或者复制的出版物的内容,应当经省、自治区、直辖市人民政府出版行政主管部门审核。委托人应当持有著作权人授权书,并向著作权行政管理部门登记。

**第三十四条**　印刷或者复制单位应当自完成出版物的印刷或者复制之日起2年内,留存一份承接的出版物样本备查。

**第三十五条**　从事出版物总发行业务的单位,经所在地省、自治区、直辖市人民政府出版行政主管部门审核后,报国务院出版行政主管部门批准。国务院出版行政主管部门应当自受理申请之日起60日内,作出批准或者不批准的决定。

从事出版物批发业务的单位,须经省、自治区、直辖市人民政府出版行政主管部门审核许可。

从事出版物零售业务的单位和个体工商户,须经县级人民政府出版行政主管部门审核许可。

从事出版物连锁经营业务的单位,在省、自治区、直辖市范围内经营的,应当经其总部所在地省、自治区、直辖市人民政府出版行政主管部门批准;跨省或者在全国范围内经营的,应当经其总部所在地省、自治区、直辖市人民政府出版行政主管部门审核后,报国务院出版行政主管部门批准。国务院出版行政主管部门应当自受理申请之日起60日内,作出批准或者不批准的决定。

从事出版物发行业务的单位和个体工商户经出版行政主管部门批准、取得《出版物经营许可证》,并向工商行政管理部门依法领取营业执照后,方可从事出版物发行业务。

**第三十六条**　通过互联网等信息网络从事出版物发行业务的单位或者个体工商户,应当依照本条例规定取得《出版物经营许可证》。

提供网络交易平台服务的经营者应当对申请通过网络交易平台从事出版物发行业务的单位或者个体工商户的经营主体身份进行审查,验证其《出版物经营许可证》。

**第三十七条**　从事出版物发行业务的单位和个体工商户变更《出版物经营许可证》登记事项,或者兼并、合并、分立的,应当依照本条例第三十五条的规定办理审批手续,并持批准文件到工商行政管理部门办理相应的登记手续。

从事出版物发行业务的单位和个体工商户终止经营活动的,应当到工商行政管理部门办理注销登记,并向原批准的出版行政主管部门备案。

**第三十八条**　出版单位可以发行本出版单位出版的出版物,不得发行其他出版单位出版的出版物。

**第三十九条**　国家允许设立从事图书、报纸、期刊、电子出版物发行业务的中外合资经营企业、中外合作经营企业、外资企业。

**第四十条**　印刷或者复制单位、发行单位不得印刷或者复制、发行有下列情形之一的出版物：

（1）含有本条例第二十五条、第二十六条禁止内容的；

（2）非法进口的；

（3）伪造、假冒出版单位名称或者报纸、期刊名称的；

（4）未署出版单位名称的；

（5）中学小学教科书未经依法审定的；

（6）侵犯他人著作权的。

## 第五章　出版物的进口

**第四十一条**　出版物进口业务，由依照本条例设立的出版物进口经营单位经营；其他单位和个人不得从事出版物进口业务。

**第四十二条**　设立出版物进口经营单位，应当具备下列条件：

（1）有出版物进口经营单位的名称、章程；

（2）有符合国务院出版行政主管部门认定的主办单位及其主管机关；

（3）有确定的业务范围；

（4）具有进口出版物内容审查能力；

（5）有与出版物进口业务相适应的资金；

（6）有固定的经营场所；

（7）法律、行政法规和国家规定的其他条件。

**第四十三条**　设立出版物进口经营单位，应当向国务院出版行政主管部门提出申请，经审查批准，取得国务院出版行政主管部门核发的出版物进口经营许可证后，持证到工商行政管理部门依法领取营业执照。

设立出版物进口经营单位，还应当依照对外贸易法律、行政法规的规定办理相应手续。

**第四十四条**　出版物进口经营单位变更名称、业务范围、资本结构、主办单位或者其主管机关，合并或者分立，设立分支机构，应当依照本条例第四十二条、第四十三条的规定办理审批手续，并持批准文件到工商行政管理部门办理相应的登记手续。

**第四十五条**　出版物进口经营单位进口的出版物，不得含有本条例第二十五条、第二十六条禁止的内容。

出版物进口经营单位负责对其进口的出版物进行内容审查。省级以上人民政府出版行政主管部门可以对出版物进口经营单位进口的出版物直接进行内容审查。出版物进口经营单位无法判断其进口的出版物是否含有本条例第二十五条、第二十六条禁止内容的，可以请求省级以上人民政府出版行政主管部门进行内容审查。省级以上人民政府出版行政主管部门应出版物进口经营单位的请求，对其进口的出版物进行内容审查的，可以按照国务院价格主管部门批准的标准收取费用。

国务院出版行政主管部门可以禁止特定出版物的进口。

**第四十六条**　出版物进口经营单位应当在进口出版物前将拟进口的出版物目录报省级以上人民政府出版行政主管部门备案；省级以上人民政府出版行政主管部门发现有禁止进口的或者暂缓进口的出版物的，应当及时通知出版物进口经营单位并通报海关。对通报禁止进口或者暂缓进口的出版物，出版物进口经营单位不得进口，海关不得放行。

出版物进口备案的具体办法由国务院出版行政主管部门制定。

**第四十七条**　发行进口出版物的，必须从依法设立的出版物进口经营单位进货。

**第四十八条**　出版物进口经营单位在境内举办境外出版物展览，必须报经国务院出版行政主管部门批准。未经批准，任何单位和个人不得举办境外出版物展览。

依照前款规定展览的境外出版物需要销售的，应当按照国家有关规定办理相关手续。

## 第六章　监督与管理

**第四十九条**　出版行政主管部门应当加强对本行政区域内出版单位出版活动的日常监督管理；出版单位的主办单位及其主管机关对所属出版单位出版活动负有直接管理责任，并应当配合出版行政主管部门督促所属出版单位执行各项管理规定。

出版单位和出版物进口经营单位应当按照国务院出版行政主管部门的规定，将从事出版活动和出版物进口活动的情况向出版行政主管部门提出书面报告。

**第五十条**　出版行政主管部门履行下列职责：

（1）对出版物的出版、印刷、复制、发行、进口单位进行行业监管，实施准入和退出管理；

（2）对出版活动进行监管，对违反本条例的行为进行查处；

（3）对出版物内容和质量进行监管；

（4）根据国家有关规定对出版从业人员进行管理。

**第五十一条**　出版行政主管部门根据有关规定和标准，对出版物的内容、编校、印刷或者复制、装帧设计等方面质量实施监督检查。

**第五十二条**　国务院出版行政主管部门制定出版单位综合评估办法，对出版单位分类实施综合评估。

出版物的出版、印刷或者复制、发行和进口经营单位不再具备行政许可的法定条件的，由出版行政主管部门责令限期改正；逾期仍未改正的，由原发证机关撤销行政许可。

**第五十三条**　国家对在出版单位从事出版专业技术工作的人员实行职业资格制度；出版专业技术人员通过国家专业技术人员资格考试取得专业技术资格。具体办法由国务院人力资源社会保障主管部门、国务院出版行政主管部门共同制定。

## 第七章　保障与奖励

**第五十四条**　国家制定有关政策，保障、促进出版产业和出版事业的发展与繁荣。

**第五十五条**　国家支持、鼓励下列优秀的、重点的出版物的出版：

（1）对阐述、传播宪法确定的基本原则有重大作用的；

（2）对弘扬社会主义核心价值体系，在人民中进行爱国主义、集体主义、社会主义和民族团结教育以及弘扬社会公德、职业道德、家庭美德有重要意义的；

（3）对弘扬民族优秀文化，促进国际文化交流有重大作用的；

（4）对推进文化创新，及时反映国内外新的科学文化成果有重大贡献的；

（5）对服务农业、农村和农民，促进公共文化服务有重大作用的；

（6）其他具有重要思想价值、科学价值或者文化艺术价值的。

**第五十六条**　国家对教科书的出版发行，予以保障。

国家扶持少数民族语言文字出版物和盲文出版物的出版发行。

国家对在少数民族地区、边疆地区、经济不发达地区和在农村发行出版物，实行优惠政策。

**第五十七条**　报纸、期刊交由邮政企业发行的，邮政企业应当保证按照合同约定及时、准确发行。

承运出版物的运输企业，应当对出版物的运输提供方便。

**第五十八条**　对为发展、繁荣出版产业和出版事业作出重要贡献的单位和个人，按照国家有关规定给予奖励。

**第五十九条**　对非法干扰、阻止和破坏出版物出版、印刷或者复制、进口、发行的行为，县级以上各级人民政府出版行政主管部门及其他有关部门，应当及时采取措施，予以制止。

## 第八章　法律责任

**第六十条**　出版行政主管部门或者其他有关部门的工作人员，利用职务上的便利收受他人财物或者其他好处，批准不符合法定设立条件的出版、印刷或者复制、进口、发行单位，或者不履行监督职责，或者发现违法行为不予查处，造成严重后果的，依法给予降级直至开除的处分；构成犯罪的，依照刑法关于受贿罪、滥用职权罪、玩忽职守罪或者其他罪的规定，依法追究刑事责任。

**第六十一条**　未经批准，擅自设立出版物的出版、印刷或者复制、进口、发行单位，或者擅自从事出版物的出版、印刷或者复制、进口、发行业务，假冒出版单位名称或者伪造、假冒报纸、期刊名称出版出版物的，由出版行政主管部门、工商行政管理部门依照法定职权予以取缔；依照刑法关于非法经营罪的规定，依法追究刑事责任；尚不够刑事处罚的，没收出版物、违法所得和从事违法活动的专用工具、设备，违法经营额1万元以上的，并处违法经营额5倍以上10倍以下的罚款，违法经营额不足1万元的，可以处5万元以下的罚款；侵犯他人合法权益的，依法承担民事责任。

**第六十二条** 有下列行为之一，触犯刑律的，依照刑法有关规定，依法追究刑事责任；尚不够刑事处罚的，由出版行政主管部门责令限期停业整顿，没收出版物、违法所得，违法经营额1万元以上的，并处违法经营额5倍以上10倍以下的罚款；违法经营额不足1万元的，可以处5万元以下的罚款；情节严重的，由原发证机关吊销许可证：

（1）出版、进口含有本条例第二十五条、第二十六条禁止内容的出版物的；

（2）明知或者应知出版物含有本条例第二十五条、第二十六条禁止内容而印刷或者复制、发行的；

（3）明知或者应知他人出版含有本条例第二十五条、第二十六条禁止内容的出版物而向其出售或者以其他形式转让本出版单位的名称、书号、刊号、版号、版面，或者出租本单位的名称、刊号的。

**第六十三条** 有下列行为之一的，由出版行政主管部门责令停止违法行为，没收出版物、违法所得，违法经营额1万元以上的，并处违法经营额5倍以上10倍以下的罚款；违法经营额不足1万元的，可以处5万元以下的罚款；情节严重的，责令限期停业整顿或者由原发证机关吊销许可证：

（1）进口、印刷或者复制、发行国务院出版行政主管部门禁止进口的出版物的；

（2）印刷或者复制走私的境外出版物的；

（3）发行进口出版物未从本条例规定的出版物进口经营单位进货的。

**第六十四条** 走私出版物的，依照刑法关于走私罪的规定，依法追究刑事责任；尚不够刑事处罚的，由海关依照海关法的规定给予行政处罚。

**第六十五条** 有下列行为之一的，由出版行政主管部门没收出版物、违法所得，违法经营额1万元以上的，并处违法经营额5倍以上10倍以下的罚款；违法经营额不足1万元的，可以处5万元以下的罚款；情节严重的，责令限期停业整顿或者由原发证机关吊销许可证：

（1）出版单位委托未取得出版物印刷或者复制许可的单位印刷或者复制出版物的；

（2）印刷或者复制单位未取得印刷或者复制许可而印刷或者复制出版物的；

（3）印刷或者复制单位接受非出版单位和个人的委托印刷或者复制出版物的；

（4）印刷或者复制单位未履行法定手续印刷或者复制境外出版物的，印刷或者复制的境外出版物没有全部运输出境的；

（5）印刷或者复制单位、发行单位或者个体工商户印刷或者复制、发行未署出版单位名称的出版物的；

（6）出版、印刷、发行单位出版、印刷、发行未经依法审定的中学小学教科书，或者非依照本条例规定确定的单位从事中学小学教科书的出版、发行业务的。

**第六十六条** 出版单位有下列行为之一的，由出版行政主管部门责令停止违法行为，给予警告，没收违法经营的出版物、违法所得，违法经营额1万元以上的，并处违法经营额5倍以上10倍以下的罚款；违法经营额不足1万元的，可以处5万元以下的罚款；情节严重的，责令限期停业整顿或者由原发证机关吊销许可证：

（1）出售或者以其他形式转让本出版单位的名称、书号、刊号、版号、版面，或者出租本单位的名称、刊号的；

（2）利用出版活动谋取其他不正当利益的。

**第六十七条** 有下列行为之一的，由出版行政主管部门责令改正，给予警告；情节严重的，责令限期停业整顿或者由原发证机关吊销许可证：

（1）出版单位变更名称、主办单位或者其主管机关、业务范围，合并或者分立，出版新的报纸、期刊，或者报纸、期刊改变名称，以及出版单位变更其他事项，未依照本条例的规定到出版行政主管部门办理审批、变更登记手续的；

（2）出版单位未将其年度出版计划和涉及国家安全、社会安定等方面的重大选题备案的；

（3）出版单位未依照本条例的规定送交出版物的样本的；

（4）印刷或者复制单位未依照本条例的规定留存备查的材料的；

（5）出版进口经营单位未将其进口的出版物目录报送备案的；

（6）出版单位擅自中止出版活动超过180日的；

(7)出版物发行单位、出版物进口经营单位未依照本条例的规定办理变更审批手续的;

(8)出版物质量不符合有关规定和标准的。

**第六十八条** 未经批准,举办境外出版物展览的,由出版行政主管部门责令停止违法行为,没收出版物、违法所得;情节严重的,责令限期停业整顿或者由原发证机关吊销许可证。

**第六十九条** 印刷或者复制、批发、零售、出租、散发含有本条例第二十五条、第二十六条禁止内容的出版物或者其他非法出版物的,当事人对非法出版物的来源作出说明、指认,经查证属实的,没收出版物、违法所得,可以减轻或者免除其他行政处罚。

**第七十条** 单位违反本条例,被处以吊销许可证行政处罚的,应当按照国家有关规定到事业单位登记管理机关或者工商行政管理部门办理注销登记或者变更登记;逾期未办理的,由事业单位登记管理机关撤销登记或者由工商行政管理部门吊销营业执照。

**第七十一条** 单位违反本条例被处以吊销许可证行政处罚的,其法定代表人或者主要负责人自许可证被吊销之日起10年内不得担任出版、印刷或者复制、进口、发行单位的法定代表人或者主要负责人。

出版从业人员违反本条例规定,情节严重的,由原发证机关吊销其资格证书。

**第七十二条** 依照本条例的规定实施罚款的行政处罚,应当依照有关法律、行政法规的规定,实行罚款决定与罚款收缴分离;收缴的罚款必须全部上缴国库。

## 第九章 附 则

**第七十三条** 行政法规对音像制品和电子出版物的出版、复制、进口、发行另有规定的,适用其规定。

接受境外机构或者个人赠送出版物的管理办法、订户订购境外出版物的管理办法、网络出版审批和管理办法,由国务院出版行政主管部门根据本条例的原则另行制定。

**第七十四条** 本条例自2002年2月1日起施行。1997年1月2日国务院发布的《出版管理条例》同时废止。

# 中华人民共和国个人所得税法实施条例

(1994年1月28日中华人民共和国国务院令第142号发布 根据2011年7月19日《国务院关于修改〈中华人民共和国个人所得税法实施条例〉的决定》第三次修订 2011年7月19日中华人民共和国国务院令第600号公布 自2011年9月1日起施行)

**第一条** 根据《中华人民共和国个人所得税法》(简称"税法")的规定,制定本条例。

**第二条** 税法第一条第一款所说的在中国境内有住所的个人,是指因户籍、家庭、经济利益关系而在中国境内习惯性居住的个人。

**第三条** 税法第一条第一款所说的在境内居住满一年,是指在一个纳税年度中在中国境内居住365日。临时离境的,不扣减日数。

前款所说的临时离境,是指在一个纳税年度中一次不超过30日或者多次累计不超过90日的离境。

**第四条** 税法第一条第一款、第二款所说的从中国境内取得的所得,是指来源于中国境内的所得;所说的从中国境外取得的所得,是指来源于中国境外的所得。

**第五条** 下列所得,不论支付地点是否在中国境内,均为来源于中国境内的所得:

(1)因任职、受雇、履约等而在中国境内提供劳务取得的所得;

(2)将财产出租给承租人在中国境内使用而取

得的所得；

（3）转让中国境内的建筑物、土地使用权等财产或者在中国境内转让其他财产取得的所得；

（4）许可各种特许权在中国境内使用而取得的所得；

（5）从中国境内的公司、企业以及其他经济组织或者个人取得的利息、股息、红利所得。

**第六条** 在中国境内无住所，但是居住1年以上5年以下的个人，其来源于中国境外的所得，经主管税务机关批准，可以只就由中国境内公司、企业以及其他经济组织或者个人支付的部分缴纳个人所得税；居住超过5年的个人，从第6年起，应当就其来源于中国境外的全部所得缴纳个人所得税。

**第七条** 在中国境内无住所，但是在一个纳税年度中在中国境内连续或者累计居住不超过90日的个人，其来源于中国境内的所得，由境外雇主支付并且不由该雇主在中国境内的机构、场所负担的部分，免予缴纳个人所得税。

**第八条** 税法第二条所说的各项个人所得的范围：

（1）工资、薪金所得，是指个人因任职或者受雇而取得的工资、薪金、奖金、年终加薪、劳动分红、津贴、补贴以及与任职或者受雇有关的其他所得。

（2）个体工商户的生产、经营所得，是指：①个体工商户从事工业、手工业、建筑业、交通运输业、商业、饮食业、服务业、修理业以及其他行业生产、经营取得的所得；②个人经政府有关部门批准，取得执照，从事办学、医疗、咨询以及其他有偿服务活动取得的所得；③其他个人从事个体工商业生产、经营取得的所得；④上述个体工商户和个人取得的与生产、经营有关的各项应纳税所得。

（3）对企事业单位的承包经营、承租经营所得，是指个人承包经营、承租经营以及转包、转租取得的所得，包括个人按月或者按次取得的工资、薪金性质的所得。

（4）劳务报酬所得，是指个人从事设计、装潢、安装、制图、化验、测试、医疗、法律、会计、咨询、讲学、新闻、广播、翻译、审稿、书画、雕刻、影视、录音、录像、演出、表演、广告、展览、技术服务、介绍服务、经纪服务、代办服务以及其他劳务取得的所得。

（5）稿酬所得，是指个人因其作品以图书、报刊形式出版、发表而取得的所得。

（6）特许权使用费所得，是指个人提供专利权、商标权、著作权、非专利技术以及其他特许权的使用权取得的所得；提供著作权的使用权取得的所得，不包括稿酬所得。

（7）利息、股息、红利所得，是指个人拥有债权、股权而取得的利息、股息、红利所得。

（8）财产租赁所得，是指个人出租建筑物、土地使用权、机器设备、车船以及其他财产取得的所得。

（9）财产转让所得，是指个人转让有价证券、股权、建筑物、土地使用权、机器设备、车船以及其他财产取得的所得。

（10）偶然所得，是指个人得奖、中奖、中彩以及其他偶然性质的所得。

个人取得的所得，难以界定应纳税所得项目的，由主管税务机关确定。

**第九条** 对股票转让所得征收个人所得税的办法，由国务院财政部门另行制定，报国务院批准施行。

**第十条** 个人所得的形式，包括现金、实物、有价证券和其他形式的经济利益。所得为实物的，应当按照取得的凭证上所注明的价格计算应纳税所得额；无凭证的实物或者凭证上所注明的价格明显偏低的，参照市场价格核定应纳税所得额。所得为有价证券的，根据票面价格和市场价格核定应纳税所得额。所得为其他形式的经济利益的，参照市场价格核定应纳税所得额。

**第十一条** 税法第三条第四项所说的劳务报酬所得一次收入畸高，是指个人一次取得劳务报酬，其应纳税所得额超过2万元。

对前款应纳税所得额超过2万~5万元的部分，依照税法规定计算应纳税额后再按照应纳税额加征五成；超过5万元的部分，加征十成。

**第十二条** 税法第四条第二项所说的国债利息，是指个人持有中华人民共和国财政部发行的债券而取得的利息；所说的国家发行的金融债券利息，是指个人持有经国务院批准发行的金融债券而取得的利息。

**第十三条** 税法第四条第三项所说的按照国家

统一规定发给的补贴、津贴，是指按照国务院规定发给的政府特殊津贴、院士津贴、资深院士津贴，以及国务院规定免纳个人所得税的其他补贴、津贴。

**第十四条** 税法第四条第四项所说的福利费，是指根据国家有关规定，从企业、事业单位、国家机关、社会团体提留的福利费或者工会经费中支付给个人的生活补助费；所说的救济金，是指各级人民政府民政部门支付给个人的生活困难补助费。

**第十五条** 税法第四条第八项所说的依照我国法律规定应予免税的各国驻华使馆、领事馆的外交代表、领事官员和其他人员的所得，是指依照《中华人民共和国外交特权与豁免条例》和《中华人民共和国领事特权与豁免条例》规定免税的所得。

**第十六条** 税法第五条所说的减征个人所得税，其减征的幅度和期限由省、自治区、直辖市人民政府规定。

**第十七条** 税法第六条第一款第二项所说的成本、费用，是指纳税义务人从事生产、经营所发生的各项直接支出和分配计入成本的间接费用以及销售费用、管理费用、财务费用；所说的损失，是指纳税义务人在生产、经营过程中发生的各项营业外支出。

从事生产、经营的纳税义务人未提供完整、准确的纳税资料，不能正确计算应纳税所得额的，由主管税务机关核定其应纳税所得额。

**第十八条** 税法第六条第一款第三项所说的每一纳税年度的收入总额，是指纳税义务人按照承包经营、承租经营合同规定分得的经营利润和工资、薪金性质的所得；所说的减除必要费用，是指按月减除3 500元。

**第十九条** 税法第六条第一款第五项所说的财产原值，是指：

(1)有价证券，为买入价以及买入时按照规定交纳的有关费用；

(2)建筑物，为建造费或者购进价格以及其他有关费用；

(3)土地使用权，为取得土地使用权所支付的金额、开发土地的费用以及其他有关费用；

(4)机器设备、车船，为购进价格、运输费、安装费以及其他有关费用；

(5)其他财产，参照以上方法确定。

纳税义务人未提供完整、准确的财产原值凭证，不能正确计算财产原值的，由主管税务机关核定其财产原值。

**第二十条** 税法第六条第一款第五项所说的合理费用，是指卖出财产时按照规定支付的有关费用。

**第二十一条** 税法第六条第一款第四项、第六项所说的每次，按照以下方法确定：

(1)劳务报酬所得，属于一次性收入的，以取得该项收入为1次；属于同一项目连续性收入的，以1个月内取得的收入为1次。

(2)稿酬所得，以每次出版、发表取得的收入为1次。

(3)特许权使用费所得，以一项特许权的一次许可使用所取得的收入为1次。

(4)财产租赁所得，以1个月内取得的收入为1次。

(5)利息、股息、红利所得，以支付利息、股息、红利时取得的收入为1次。

(6)偶然所得，以每次取得该项收入为1次。

**第二十二条** 财产转让所得，按照一次转让财产的收入额减除财产原值和合理费用后的余额，计算纳税。

**第二十三条** 两个或者两个以上的个人共同取得同一项目收入的，应当对每个人取得的收入分别按照税法规定减除费用后计算纳税。

**第二十四条** 税法第六条第二款所说的个人将其所得对教育事业和其他公益事业的捐赠，是指个人将其所得通过中国境内的社会团体、国家机关向教育和其他社会公益事业以及遭受严重自然灾害地区、贫困地区的捐赠。

捐赠额未超过纳税义务人申报的应纳税所得额30.0%的部分，可以从其应纳税所得额中扣除。

**第二十五条** 按照国家规定，单位为个人缴付和个人缴付的基本养老保险费、基本医疗保险费、失业保险费、住房公积金，从纳税义务人的应纳税所得额中扣除。

**第二十六条** 税法第六条第三款所说的在中国境外取得工资、薪金所得，是指在中国境外任职或者受雇而取得的工资、薪金所得。

**第二十七条** 税法第六条第三款所说的附加减

除费用，是指每月在减除3 500元费用的基础上，再减除本条例第二十九条规定数额的费用。

**第二十八条** 税法第六条第三款所说的附加减除费用适用的范围，是指：

（1）在中国境内的外商投资企业和外国企业中工作的外籍人员；

（2）应聘在中国境内的企业、事业单位、社会团体、国家机关中工作的外籍专家；

（3）在中国境内有住所而在中国境外任职或者受雇取得工资、薪金所得的个人；

（4）国务院财政、税务主管部门确定的其他人员。

**第二十九条** 税法第六条第三款所说的附加减除费用标准为1 300元。

**第三十条** 华侨和香港、澳门、台湾同胞，参照本条例第二十七条、第二十八条、第二十九条的规定执行。

**第三十一条** 在中国境内有住所，或者无住所而在境内居住满1年的个人，从中国境内和境外取得的所得，应当分别计算应纳税额。

**第三十二条** 税法第七条所说的已在境外缴纳的个人所得税税额，是指纳税义务人从中国境外取得的所得，依照该所得来源国家或者地区的法律应当缴纳并且实际已经缴纳的税额。

**第三十三条** 税法第七条所说的依照税法规定计算的应纳税额，是指纳税义务人从中国境外取得的所得，区别不同国家或者地区和不同所得项目，依照税法规定的费用减除标准和适用税率计算的应纳税额；同一国家或者地区内不同所得项目的应纳税额之和，为该国家或者地区的扣除限额。

纳税义务人在中国境外一个国家或者地区实际已经缴纳的个人所得税税额，低于依照前款规定计算出的该国家或者地区扣除限额的，应当在中国缴纳差额部分的税款；超过该国家或者地区扣除限额的，其超过部分不得在本纳税年度的应纳税额中扣除，但是可以在以后纳税年度的该国家或者地区扣除限额的余额中补扣。补扣期限最长不得超过5年。

**第三十四条** 纳税义务人依照税法第七条的规定申请扣除已在境外缴纳的个人所得税税额时，应当提供境外税务机关填发的完税凭证原件。

**第三十五条** 扣缴义务人在向个人支付应税款项时，应当依照税法规定代扣税款，按时缴库，并专项记载备查。

前款所说的支付，包括现金支付、汇拨支付、转账支付和以有价证券、实物以及其他形式的支付。

**第三十六条** 纳税义务人有下列情形之一的，应当按照规定到主管税务机关办理纳税申报：

（1）年所得12万元以上的；

（2）从中国境内两处或者两处以上取得工资、薪金所得的；

（3）从中国境外取得所得的；

（4）取得应纳税所得，没有扣缴义务人的；

（5）国务院规定的其他情形。

年所得12万元以上的纳税义务人，在年度终了后3个月内到主管税务机关办理纳税申报。

纳税义务人办理纳税申报的地点以及其他有关事项的管理办法，由国务院税务主管部门制定。

**第三十七条** 税法第八条所说的全员全额扣缴申报，是指扣缴义务人在代扣税款的次月内，向主管税务机关报送其支付所得个人的基本信息、支付所得数额、扣缴税款的具体数额和总额以及其他相关涉税信息。

全员全额扣缴申报的管理办法，由国务院税务主管部门制定。

**第三十八条** 自行申报的纳税义务人，在申报纳税时，其在中国境内已扣缴的税款，准予按照规定从应纳税额中扣除。

**第三十九条** 纳税义务人兼有税法第二条所列的两项或者两项以上的所得的，按项分别计算纳税。在中国境内两处或者两处以上取得税法第二条第一项、第二项、第三项所得的，同项所得合并计算纳税。

**第四十条** 税法第九条第二款所说的特定行业，是指采掘业、远洋运输业、远洋捕捞业以及国务院财政、税务主管部门确定的其他行业。

**第四十一条** 税法第九条第二款所说的按年计算、分月预缴的计征方式，是指本条例第四十条所列的特定行业职工的工资、薪金所得应纳的税款，按月预缴，自年度终了之日起30日内，合计其全年工资、薪金所得，再按12个月平均并计算实际应纳的税款，多退少补。

**第四十二条** 税法第九条第四款所说的由纳税义务人在年度终了后30日内将应纳的税款缴入国库，是指在年终一次性取得承包经营、承租经营所得的纳税义务人，自取得收入之日起30日内将应纳的税款缴入国库。

**第四十三条** 依照税法第十条的规定，所得为外国货币的，应当按照填开完税凭证的上一月最后一日人民币汇率中间价，折合成人民币计算应纳税所得额。依照税法规定，在年度终了后汇算清缴的，对已经按月或者按次预缴税款的外国货币所得，不再重新折算；对应当补缴税款的所得部分，按照上一纳税年度最后一日人民币汇率中间价，折合成人民币计算应纳税所得额。

**第四十四条** 税务机关按照税法第十一条的规定付给扣缴义务人手续费时，应当按月填开收入退还书发给扣缴义务人。扣缴义务人持收入退还书向指定的银行办理退库手续。

**第四十五条** 个人所得税纳税申报表、扣缴个人所得税报告表和个人所得税完税凭证式样，由国务院税务主管部门统一制定。

**第四十六条** 税法和本条例所说的纳税年度，自公历1月1日起至12月31日止。

**第四十七条** 1994纳税年度起，个人所得税依照税法以及本条例的规定计算征收。

**第四十八条** 本条例自发布之日起施行。1987年8月8日国务院发布的《中华人民共和国国务院关于对来华工作的外籍人员工资、薪金所得减征个人所得税的暂行规定》同时废止。

# 放射性废物安全管理条例

（2011年12月20日中华人民共和国国务院令第612号公布 自2012年3月1日起施行）

## 第一章 总 则

**第一条** 为了加强对放射性废物的安全管理，保护环境，保障人体健康，根据《中华人民共和国放射性污染防治法》，制定本条例。

**第二条** 本条例所称放射性废物，是指含有放射性核素或者被放射性核素污染，其放射性核素浓度或者比活度大于国家确定的清洁解控水平，预期不再使用的废弃物。

**第三条** 放射性废物的处理、贮存和处置及其监督管理等活动，适用本条例。

本条例所称处理，是指为了能够安全和经济地运输、贮存、处置放射性废物，通过净化、浓缩、固化、压缩和包装等手段，改变放射性废物的属性、形态和体积的活动。

本条例所称贮存，是指将废旧放射源和其他放射性固体废物临时放置于专门建造的设施内进行保管的活动。

本条例所称处置，是指将废旧放射源和其他放射性固体废物最终放置于专门建造的设施内并不再回取的活动。

**第四条** 放射性废物的安全管理，应当坚持减量化、无害化和妥善处置、永久安全的原则。

**第五条** 国务院环境保护主管部门统一负责全国放射性废物的安全监督管理工作。

国务院核工业行业主管部门和其他有关部门，依照本条例的规定和各自的职责负责放射性废物的有关管理工作。

县级以上地方人民政府环境保护主管部门和其他有关部门依照本条例的规定和各自的职责负责本行政区域放射性废物的有关管理工作。

**第六条** 国家对放射性废物实行分类管理。

根据放射性废物的特性及其对人体健康和环境的潜在危害程度，将放射性废物分为高水平放射性废物、中水平放射性废物和低水平放射性废物。

**第七条** 放射性废物的处理、贮存和处置活动，应当遵守国家有关放射性污染防治标准和国务院环境保护主管部门的规定。

**第八条** 国务院环境保护主管部门会同国务院核工业行业主管部门和其他有关部门建立全国放射性废物管理信息系统，实现信息共享。

国家鼓励、支持放射性废物安全管理的科学研究和技术开发利用，推广先进的放射性废物安全管理技术。

**第九条** 任何单位和个人对违反本条例规定的行为，有权向县级以上人民政府环境保护主管部门或者其他有关部门举报。接到举报的部门应当及时调查处理，并为举报人保密；经调查情况属实的，对举报人给予奖励。

## 第二章 放射性废物的处理和贮存

**第十条** 核设施营运单位应当将其产生的不能回收利用并不能返回原生产单位或者出口方的废旧放射源（简称“废旧放射源”），送交取得相应许可证的放射性固体废物贮存单位集中贮存，或者直接送交取得相应许可证的放射性固体废物处置单位处置。

核设施营运单位应当对其产生的除废旧放射源以外的放射性固体废物和不能经净化排放的放射性废液进行处理，使其转变为稳定的、标准化的固体废物后自行贮存，并及时送交取得相应许可证的放射性固体废物处置单位处置。

**第十一条** 核技术利用单位应当对其产生的不能经净化排放的放射性废液进行处理，转变为放射性固体废物。

核技术利用单位应当及时将其产生的废旧放射源和其他放射性固体废物，送交取得相应许可证的放射性固体废物贮存单位集中贮存，或者直接送交取得相应许可证的放射性固体废物处置单位处置。

**第十二条** 专门从事放射性固体废物贮存活动的单位，应当符合下列条件，并依照本条例的规定申请领取放射性固体废物贮存许可证：

（1）有法人资格；

（2）有能保证贮存设施安全运行的组织机构和3名以上放射性废物管理、辐射防护、环境监测方面的专业技术人员，其中至少有1名注册核安全工程师；

（3）有符合国家有关放射性污染防治标准和国务院环境保护主管部门规定的放射性固体废物接收、贮存设施和场所，以及放射性检测、辐射防护与环境监测设备；

（4）有健全的管理制度以及符合核安全监督管理要求的质量保证体系，包括质量保证大纲、贮存设施运行监测计划、辐射环境监测计划和应急方案等。

核设施营运单位利用与核设施配套建设的贮存设施，贮存本单位产生的放射性固体废物的，不需要申请领取贮存许可证；贮存其他单位产生的放射性固体废物的，应当依照本条例的规定申请领取贮存许可证。

**第十三条** 申请领取放射性固体废物贮存许可证的单位，应当向国务院环境保护主管部门提出书面申请，并提交其符合本条例第十二条规定条件的证明材料。

国务院环境保护主管部门应当自受理申请之日起20个工作日内完成审查，对符合条件的颁发许可证，予以公告；对不符合条件的，书面通知申请单位并说明理由。

国务院环境保护主管部门在审查过程中，应当组织专家进行技术评审，并征求国务院其他有关部门的意见。技术评审所需时间应当书面告知申请单位。

**第十四条** 放射性固体废物贮存许可证应当载明下列内容：

（1）单位的名称、地址和法定代表人；

（2）准予从事的活动种类、范围和规模；

（3）有效期限；

（4）发证机关、发证日期和证书编号。

**第十五条** 放射性固体废物贮存单位变更单位名称、地址、法定代表人的，应当自变更登记之日起20日内，向国务院环境保护主管部门申请办理许可证变更手续。

放射性固体废物贮存单位需要变更许可证规定的活动种类、范围和规模的，应当按照原申请程序向国务院环境保护主管部门重新申请领取许可证。

**第十六条** 放射性固体废物贮存许可证的有效期为10年。

许可证有效期届满，放射性固体废物贮存单位需要继续从事贮存活动的，应当于许可证有效期届满90日前，向国务院环境保护主管部门提出延续申请。

国务院环境保护主管部门应当在许可证有效期届满前完成审查，对符合条件的准予延续；对不符合条件的，书面通知申请单位并说明理由。

**第十七条** 放射性固体废物贮存单位应当按照国家有关放射性污染防治标准和国务院环境保护主管部门的规定，对其接收的废旧放射源和其他放射性固体废物进行分类存放和清理，及时予以清洁解控或者送交取得相应许可证的放射性固体废物处置单位处置。

放射性固体废物贮存单位应当建立放射性固体废物贮存情况记录档案，如实完整地记录贮存的放射性固体废物的来源、数量、特征、贮存位置、清洁解控、送交处置等与贮存活动有关的事项。

放射性固体废物贮存单位应当根据贮存设施的自然环境和放射性固体废物特性采取必要的防护措施，保证在规定的贮存期限内贮存设施、容器的完好和放射性固体废物的安全，并确保放射性固体废物能够安全回取。

**第十八条** 放射性固体废物贮存单位应当根据贮存设施运行监测计划和辐射环境监测计划，对贮存设施进行安全性检查，并对贮存设施周围的地下水、地表水、土壤和空气进行放射性监测。

放射性固体废物贮存单位应当如实记录监测数据，发现安全隐患或者周围环境中放射性核素超过国家规定的标准的，应当立即查找原因，采取相应的防范措施，并向所在地省、自治区、直辖市人民政府环境保护主管部门报告。构成辐射事故的，应当立即启动本单位的应急方案，并依照《中华人民共和国放射性污染防治法》、《放射性同位素与射线装置安全和防护条例》的规定进行报告，开展有关事故应急工作。

**第十九条** 将废旧放射源和其他放射性固体废物送交放射性固体废物贮存、处置单位贮存、处置时，送交方应当一并提供放射性固体废物的种类、数量、活度等资料和废旧放射源的原始档案，并按照规定承担贮存、处置的费用。

## 第三章 放射性废物的处置

**第二十条** 国务院核工业行业主管部门会同国务院环境保护主管部门根据地质、环境、社会经济条件和放射性固体废物处置的需要，在征求国务院有关部门意见并进行环境影响评价的基础上编制放射性固体废物处置场所选址规划，报国务院批准后实施。

有关地方人民政府应当根据放射性固体废物处置场所选址规划，提供放射性固体废物处置场所的建设用地，并采取有效措施支持放射性固体废物的处置。

**第二十一条** 建造放射性固体废物处置设施，应当按照放射性固体废物处置场所选址技术导则和标准的要求，与居住区、水源保护区、交通干道、工厂和企业等场所保持严格的安全防护距离，并对场址的地质构造、水文地质等自然条件以及社会经济条件进行充分研究论证。

**第二十二条** 建造放射性固体废物处置设施，应当符合放射性固体废物处置场所选址规划，并依法办理选址批准手续和建造许可证。不符合选址规划或者选址技术导则、标准的，不得批准选址或者建造。

高水平放射性固体废物和α放射性固体废物深地质处置设施的工程和安全技术研究、地下实验、选址和建造，由国务院核工业行业主管部门组织实施。

**第二十三条** 专门从事放射性固体废物处置活动的单位，应当符合下列条件，并依照本条例的规定申请领取放射性固体废物处置许可证：

（1）有国有或者国有控股的企业法人资格。

（2）有能保证处置设施安全运行的组织机构和专业技术人员。低、中水平放射性固体废物处置单位应当具有10名以上放射性废物管理、辐射防护、环境监测方面的专业技术人员，其中至少有3名注册核安全工程师；高水平放射性固体废物和α放射性固体废物处置单位应当具有20名以上放射性废物管理、辐射防护、环境监测方面的专业技术人员，其中至少有5名注册核安全工程师。

（3）有符合国家有关放射性污染防治标准和国务院环境保护主管部门规定的放射性固体废物接

收、处置设施和场所，以及放射性检测、辐射防护与环境监测设备。低、中水平放射性固体废物处置设施关闭后应满足300年以上的安全隔离要求；高水平放射性固体废物和α放射性固体废物深地质处置设施关闭后应满足1万年以上的安全隔离要求。

（4）有相应数额的注册资金。低、中水平放射性固体废物处置单位的注册资金应不少于3 000万元；高水平放射性固体废物和α放射性固体废物处置单位的注册资金应不少于1亿元。

（5）有能保证其处置活动持续进行直至安全监护期满的财务担保。

（6）有健全的管理制度以及符合核安全监督管理要求的质量保证体系，包括质量保证大纲、处置设施运行监测计划、辐射环境监测计划和应急方案等。

**第二十四条** 放射性固体废物处置许可证的申请、变更、延续的审批权限和程序，以及许可证的内容、有效期限，依照本条例第十三条至第十六条的规定执行。

**第二十五条** 放射性固体废物处置单位应当按照国家有关放射性污染防治标准和国务院环境保护主管部门的规定，对其接收的放射性固体废物进行处置。

放射性固体废物处置单位应当建立放射性固体废物处置情况记录档案，如实记录处置的放射性固体废物的来源、数量、特征、存放位置等与处置活动有关的事项。放射性固体废物处置情况记录档案应当永久保存。

**第二十六条** 放射性固体废物处置单位应当根据处置设施运行监测计划和辐射环境监测计划，对处置设施进行安全性检查，并对处置设施周围的地下水、地表水、土壤和空气进行放射性监测。

放射性固体废物处置单位应当如实记录监测数据，发现安全隐患或者周围环境中放射性核素超过国家规定的标准的，应当立即查找原因，采取相应的防范措施，并向国务院环境保护主管部门和核工业行业主管部门报告。构成辐射事故的，应当立即启动本单位的应急方案，并依照《中华人民共和国放射性污染防治法》、《放射性同位素与射线装置安全和防护条例》的规定进行报告，开展有关事故应急工作。

**第二十七条** 放射性固体废物处置设施设计服役期届满，或者处置的放射性固体废物已达到该设施的设计容量，或者所在地区的地质构造或者水文地质等条件发生重大变化导致处置设施不适宜继续处置放射性固体废物的，应当依法办理关闭手续，并在划定的区域设置永久性标记。

关闭放射性固体废物处置设施的，处置单位应当编制处置设施安全监护计划，报国务院环境保护主管部门批准。

放射性固体废物处置设施依法关闭后，处置单位应当按照经批准的安全监护计划，对关闭后的处置设施进行安全监护。放射性固体废物处置单位因破产、吊销许可证等原因终止的，处置设施关闭和安全监护所需费用由提供财务担保的单位承担。

## 第四章　监督管理

**第二十八条** 县级以上人民政府环境保护主管部门和其他有关部门，依照《中华人民共和国放射性污染防治法》和本条例的规定，对放射性废物处理、贮存和处置等活动的安全性进行监督检查。

**第二十九条** 县级以上人民政府环境保护主管部门和其他有关部门进行监督检查时，有权采取下列措施：

（1）向被检查单位的法定代表人和其他有关人员调查、了解情况；

（2）进入被检查单位进行现场监测、检查或者核查；

（3）查阅、复制相关文件、记录以及其他有关资料；

（4）要求被检查单位提交有关情况说明或者后续处理报告。

被检查单位应当予以配合，如实反映情况，提供必要的资料，不得拒绝和阻碍。

县级以上人民政府环境保护主管部门和其他有关部门的监督检查人员依法进行监督检查时，应当出示证件，并为被检查单位保守技术秘密和业务秘密。

**第三十条** 核设施营运单位、核技术利用单位和放射性固体废物贮存、处置单位，应当按照放射性废物危害的大小，建立健全相应级别的安全保卫制度，采取相应的技术防范措施和人员防范措施，并适时开展放射性废物污染事故应急演练。

**第三十一条** 核设施营运单位、核技术利用单位和放射性固体废物贮存、处置单位，应当对其直接从事放射性废物处理、贮存和处置活动的工作人员进行核与辐射安全知识以及专业操作技术的培训，并进行考核；考核合格的，方可从事该项工作。

**第三十二条** 核设施营运单位、核技术利用单位和放射性固体废物贮存单位应当按照国务院环境保护主管部门的规定定期如实报告放射性废物产生、排放、处理、贮存、清洁解控和送交处置等情况。

放射性固体废物处置单位应当于每年3月31日前，向国务院环境保护主管部门和核工业行业主管部门如实报告上一年度放射性固体废物接收、处置和设施运行等情况。

**第三十三条** 禁止将废旧放射源和其他放射性固体废物送交无相应许可证的单位贮存、处置或者擅自处置。

禁止无许可证或者不按照许可证规定的活动种类、范围、规模和期限从事放射性固体废物贮存、处置活动。

**第三十四条** 禁止将放射性废物和被放射性污染的物品输入中华人民共和国境内或者经中华人民共和国境内转移。具体办法由国务院环境保护主管部门会同国务院商务主管部门、海关总署、国家出入境检验检疫主管部门制定。

## 第五章 法律责任

**第三十五条** 负有放射性废物安全监督管理职责的部门及其工作人员违反本条例规定，有下列行为之一的，对直接负责的主管人员和其他直接责任人员，依法给予处分；直接负责的主管人员和其他直接责任人员构成犯罪的，依法追究刑事责任：

（1）违反本条例规定核发放射性固体废物贮存、处置许可证的；

（2）违反本条例规定批准不符合选址规划或者选址技术导则、标准的处置设施选址或者建造的；

（3）对发现的违反本条例的行为不依法查处的；

（4）在办理放射性固体废物贮存、处置许可证以及实施监督检查过程中，索取、收受他人财物或者谋取其他利益的；

（5）其他徇私舞弊、滥用职权、玩忽职守行为。

**第三十六条** 违反本条例规定，核设施营运单位、核技术利用单位有下列行为之一的，由审批该单位立项环境影响评价文件的环境保护主管部门责令停止违法行为，限期改正；逾期不改正的，指定有相应许可证的单位代为贮存或者处置，所需费用由核设施营运单位、核技术利用单位承担，可以处20万元以下的罚款；构成犯罪的，依法追究刑事责任：

（1）核设施营运单位未按照规定，将其产生的废旧放射源送交贮存、处置，或者将其产生的其他放射性固体废物送交处置的；

（2）核技术利用单位未按照规定，将其产生的废旧放射源或者其他放射性固体废物送交贮存、处置的。

**第三十七条** 违反本条例规定，有下列行为之一的，由县级以上人民政府环境保护主管部门责令停止违法行为，限期改正，处10万元以上20万元以下的罚款；造成环境污染的，责令限期采取治理措施消除污染，逾期不采取治理措施，经催告仍不治理的，可以指定有治理能力的单位代为治理，所需费用由违法者承担；构成犯罪的，依法追究刑事责任：

（1）核设施营运单位将废旧放射源送交无相应许可证的单位贮存、处置，或者将其他放射性固体废物送交无相应许可证的单位处置，或者擅自处置的；

（2）核技术利用单位将废旧放射源或者其他放射性固体废物送交无相应许可证的单位贮存、处置，或者擅自处置的；

（3）放射性固体废物贮存单位将废旧放射源或者其他放射性固体废物送交无相应许可证的单位处置，或者擅自处置的。

**第三十八条** 违反本条例规定，有下列行为之一的，由省级以上人民政府环境保护主管部门责令停产停业或者吊销许可证；有违法所得的，没收违法所得；违法所得10万元以上的，并处违法所得1倍以上5倍以下的罚款；没有违法所得或者违法所得不足10万元的，并处5万元以上10万元以下的罚款；造成环境污染的，责令限期采取治理措施消除污染，逾期不采取治理措施，经催告仍不治理的，可以指定有治理能力的单位代为治理，所需费用由违法者承担；构成犯罪的，依法追究刑事责任：

（1）未经许可，擅自从事废旧放射源或者其他放射性固体废物的贮存、处置活动的；

（2）放射性固体废物贮存、处置单位未按照许可证规定的活动种类、范围、规模、期限从事废旧放射源或者其他放射性固体废物的贮存、处置活动的；

（3）放射性固体废物贮存、处置单位未按照国家有关放射性污染防治标准和国务院环境保护主管部门的规定贮存、处置废旧放射源或者其他放射性固体废物的。

**第三十九条** 放射性固体废物贮存、处置单位未按照规定建立情况记录档案，或者未按照规定进行如实记录的，由省级以上人民政府环境保护主管部门责令限期改正，处1万元以上5万元以下的罚款；逾期不改正的，处5万元以上10万元以下的罚款。

**第四十条** 核设施营运单位、核技术利用单位或者放射性固体废物贮存、处置单位未按照本条例第三十二条的规定如实报告有关情况的，由县级以上人民政府环境保护主管部门责令限期改正，处1万元以上5万元以下的罚款；逾期不改正的，处5万元以上10万元以下的罚款。

**第四十一条** 违反本条例规定，拒绝、阻碍环境保护主管部门或者其他有关部门的监督检查，或者在接受监督检查时弄虚作假的，由监督检查部门责令改正，处2万元以下的罚款；构成违反治安管理行为的，由公安机关依法给予治安管理处罚；构成犯罪的，依法追究刑事责任。

**第四十二条** 核设施营运单位、核技术利用单位或者放射性固体废物贮存、处置单位未按照规定对有关工作人员进行技术培训和考核的，由县级以上人民政府环境保护主管部门责令限期改正，处1万元以上5万元以下的罚款；逾期不改正的，处5万元以上10万元以下的罚款。

**第四十三条** 违反本条例规定，向中华人民共和国境内输入放射性废物或者被放射性污染的物品，或者经中华人民共和国境内转移放射性废物或者被放射性污染的物品的，由海关责令退运该放射性废物或者被放射性污染的物品，并处50万元以上100万元以下的罚款；构成犯罪的，依法追究刑事责任。

## 第六章 附 则

**第四十四条** 军用设施、装备所产生的放射性废物的安全管理，依照《中华人民共和国放射性污染防治法》第六十条的规定执行。

**第四十五条** 放射性废物运输的安全管理、放射性废物造成污染事故的应急处理，以及劳动者在职业活动中接触放射性废物造成的职业病防治，依照有关法律、行政法规的规定执行。

**第四十六条** 本条例自2012年3月1日起施行。

# 中华人民共和国招标投标法实施条例

（2011年12月20日中华人民共和国国务院令第613号公布 自2012年2月1日起施行）

## 第一章 总 则

**第一条** 为了规范招标投标活动，根据《中华人民共和国招标投标法》（简称“招标投标法”），制定本条例。

**第二条** 招标投标法第三条所称工程建设项目，是指工程以及与工程建设有关的货物、服务。

前款所称工程，是指建设工程，包括建筑物和构筑物的新建、改建、扩建及其相关的装修、拆除、修缮等；所称与工程建设有关的货物，是指构成工程不可分割的组成部分，且为实现工程基本功能所必需的设备、材料等；所称与工程建设有关的服务，是指为完成工程所需的勘察、设计、监理等服务。

**第三条** 依法必须进行招标的工程建设项目的具体范围和规模标准，由国务院发展改革部门会同国务院有关部门制订，报国务院批准后公布施行。

**第四条** 国务院发展改革部门指导和协调全国招标投标工作，对国家重大建设项目的工程招标投标活动实施监督检查。国务院工业和信息化、住房城乡建设、交通运输、铁道、水利、商务等部门，按照规定的职责分工对有关招标投标活动实施监督。

县级以上地方人民政府发展改革部门指导和协调本行政区域的招标投标工作。县级以上地方人民政府有关部门按照规定的职责分工，对招标投标活动实施监督，依法查处招标投标活动中的违法行为。县级以上地方人民政府对其所属部门有关招标投标活动的监督职责分工另有规定的，从其规定。

财政部门依法对实行招标投标的政府采购工程建设项目的预算执行情况和政府采购政策执行情况实施监督。

监察机关依法对与招标投标活动有关的监察对象实施监察。

**第五条** 设区的市级以上地方人民政府可以根据实际需要，建立统一规范的招标投标交易场所，为招标投标活动提供服务。招标投标交易场所不得与行政监督部门存在隶属关系，不得以营利为目的。

国家鼓励利用信息网络进行电子招标投标。

**第六条** 禁止国家工作人员以任何方式非法干涉招标投标活动。

## 第二章 招 标

**第七条** 按照国家有关规定需要履行项目审批、核准手续的依法必须进行招标的项目，其招标范围、招标方式、招标组织形式应当报项目审批、核准部门审批、核准。项目审批、核准部门应当及时将审批、核准确定的招标范围、招标方式、招标组织形式通报有关行政监督部门。

**第八条** 国有资金占控股或者主导地位的依法必须进行招标的项目，应当公开招标；但有下列情形之一的，可以邀请招标：

（1）技术复杂、有特殊要求或者受自然环境限制，只有少量潜在投标人可供选择；

（2）采用公开招标方式的费用占项目合同金额的比例过大。

有前款第二项所列情形，属于本条例第七条规定的项目，由项目审批、核准部门在审批、核准项目时作出认定；其他项目由招标人申请有关行政监督部门作出认定。

**第九条** 除招标投标法第六十六条规定的可以不进行招标的特殊情况外，有下列情形之一的，可以不进行招标：

（1）需要采用不可替代的专利或者专有技术；

（2）采购人依法能够自行建设、生产或者提供；

（3）已通过招标方式选定的特许经营项目投资人依法能够自行建设、生产或者提供；

（4）需要向原中标人采购工程、货物或者服务，否则将影响施工或者功能配套要求；

（5）国家规定的其他特殊情形。

招标人为适用前款规定弄虚作假的，属于招标投标法第四条规定的规避招标。

**第十条** 招标投标法第十二条第二款规定的招标人具有编制招标文件和组织评标能力，是指招标人具有与招标项目规模和复杂程度相适应的技术、经济等方面的专业人员。

**第十一条** 招标代理机构的资格依照法律和国务院的规定由有关部门认定。

国务院住房城乡建设、商务、发展改革、工业和信息化等部门，按照规定的职责分工对招标代理机构依法实施监督管理。

**第十二条** 招标代理机构应当拥有一定数量的取得招标职业资格的专业人员。取得招标职业资格的具体办法由国务院人力资源社会保障部门会同国务院发展改革部门制定。

**第十三条** 招标代理机构在其资格许可和招标人委托的范围内开展招标代理业务，任何单位和个人不得非法干涉。

招标代理机构代理招标业务，应当遵守招标投标法和本条例关于招标人的规定。招标代理机构不得在所代理的招标项目中投标或者代理投标，也不得为所代理的招标项目的投标人提供咨询。

招标代理机构不得涂改、出租、出借、转让资格证书。

**第十四条** 招标人应当与被委托的招标代理机构签订书面委托合同，合同约定的收费标准应当符合国家有关规定。

**第十五条** 公开招标的项目，应当依照招标投标法和本条例的规定发布招标公告、编制招标文件。

招标人采用资格预审办法对潜在投标人进行资格审查的，应当发布资格预审公告、编制资格预审文件。

依法必须进行招标的项目的资格预审公告和招标公告，应当在国务院发展改革部门依法指定的媒介发布。在不同媒介发布的同一招标项目的资格预审公告或者招标公告的内容应当一致。指定媒介发布依法必须进行招标的项目的境内资格预审公告、招标公告，不得收取费用。

编制依法必须进行招标的项目的资格预审文件和招标文件，应当使用国务院发展改革部门会同有关行政监督部门制定的标准文本。

**第十六条** 招标人应当按照资格预审公告、招标公告或者投标邀请书规定的时间、地点发售资格预审文件或者招标文件。资格预审文件或者招标文件的发售期不得少于5日。

招标人发售资格预审文件、招标文件收取的费用应当限于补偿印刷、邮寄的成本支出，不得以营利为目的。

**第十七条** 招标人应当合理确定提交资格预审申请文件的时间。依法必须进行招标的项目提交资格预审申请文件的时间，自资格预审文件停止发售之日起不得少于5日。

**第十八条** 资格预审应当按照资格预审文件载明的标准和方法进行。

国有资金占控股或者主导地位的依法必须进行招标的项目，招标人应当组建资格审查委员会审查资格预审申请文件。资格审查委员会及其成员应当遵守招标投标法和本条例有关评标委员会及其成员的规定。

**第十九条** 资格预审结束后，招标人应当及时向资格预审申请人发出资格预审结果通知书。未通过资格预审的申请人不具有投标资格。

通过资格预审的申请人少于3个的，应当重新招标。

**第二十条** 招标人采用资格后审办法对投标人进行资格审查的，应当在开标后由评标委员会按照招标文件规定的标准和方法对投标人的资格进行审查。

**第二十一条** 招标人可以对已发出的资格预审文件或者招标文件进行必要的澄清或者修改。澄清或者修改的内容可能影响资格预审申请文件或者投标文件编制的，招标人应当在提交资格预审申请文件截止时间至少3日前，或者投标截止时间至少15日前，以书面形式通知所有获取资格预审文件或者招标文件的潜在投标人；不足3日或者15日的，招标人应当顺延提交资格预审申请文件或者投标文件的截止时间。

**第二十二条** 潜在投标人或者其他利害关系人对资格预审文件有异议的，应当在提交资格预审申请文件截止时间2日前提出；对招标文件有异议的，应当在投标截止时间10日前提出。招标人应当自收到异议之日起3日内作出答复；作出答复前，应当暂停招标投标活动。

**第二十三条** 招标人编制的资格预审文件、招标文件的内容违反法律、行政法规的强制性规定，违反公开、公平、公正和诚实信用原则，影响资格预审结果或者潜在投标人投标的，依法必须进行招标的项目的招标人应当在修改资格预审文件或者招标文件后重新招标。

**第二十四条** 招标人对招标项目划分标段的，应当遵守招标投标法的有关规定，不得利用划分标段限制或者排斥潜在投标人。依法必须进行招标的项目的招标人不得利用划分标段规避招标。

**第二十五条** 招标人应当在招标文件中载明投标有效期。投标有效期从提交投标文件的截止之日起算。

**第二十六条** 招标人在招标文件中要求投标人提交投标保证金的，投标保证金不得超过招标项目估算价的2.0%。投标保证金有效期应当与投标有效期一致。

依法必须进行招标的项目的境内投标单位，以现金或者支票形式提交的投标保证金应当从其基本账户转出。

招标人不得挪用投标保证金。

**第二十七条** 招标人可以自行决定是否编制标底。一个招标项目只能有一个标底。标底必须保密。

接受委托编制标底的中介机构不得参加受托编制标底项目的投标，也不得为该项目的投标人编制投标文件或者提供咨询。

招标人设有最高投标限价的,应当在招标文件中明确最高投标限价或者最高投标限价的计算方法。招标人不得规定最低投标限价。

**第二十八条** 招标人不得组织单个或者部分潜在投标人踏勘项目现场。

**第二十九条** 招标人可以依法对工程以及与工程建设有关的货物、服务全部或者部分实行总承包招标。以暂估价形式包括在总承包范围内的工程、货物、服务属于依法必须进行招标的项目范围且达到国家规定规模标准的,应当依法进行招标。

前款所称暂估价,是指总承包招标时不能确定价格而由招标人在招标文件中暂时估定的工程、货物、服务的金额。

**第三十条** 对技术复杂或者无法精确拟定技术规格的项目,招标人可以分两阶段进行招标。

第一阶段,投标人按照招标公告或者投标邀请书的要求提交不带报价的技术建议,招标人根据投标人提交的技术建议确定技术标准和要求,编制招标文件。

第二阶段,招标人向在第一阶段提交技术建议的投标人提供招标文件,投标人按照招标文件的要求提交包括最终技术方案和投标报价的投标文件。

招标人要求投标人提交投标保证金的,应当在第二阶段提出。

**第三十一条** 招标人终止招标的,应当及时发布公告,或者以书面形式通知被邀请的或者已经获取资格预审文件、招标文件的潜在投标人。已经发售资格预审文件、招标文件或者已经收取投标保证金的,招标人应当及时退还所收取的资格预审文件、招标文件的费用,以及所收取的投标保证金及银行同期存款利息。

**第三十二条** 招标人不得以不合理的条件限制、排斥潜在投标人或者投标人。

招标人有下列行为之一的,属于以不合理条件限制、排斥潜在投标人或者投标人:

(1)就同一招标项目向潜在投标人或者投标人提供有差别的项目信息;

(2)设定的资格、技术、商务条件与招标项目的具体特点和实际需要不相适应或者与合同履行无关;

(3)依法必须进行招标的项目以特定行政区域或者特定行业的业绩、奖项作为加分条件或者中标条件;

(4)对潜在投标人或者投标人采取不同的资格审查或者评标标准;

(5)限定或者指定特定的专利、商标、品牌、原产地或者供应商;

(6)依法必须进行招标的项目非法限定潜在投标人或者投标人的所有制形式或者组织形式;

(7)以其他不合理条件限制、排斥潜在投标人或者投标人。

## 第三章 投 标

**第三十三条** 投标人参加依法必须进行招标的项目的投标,不受地区或者部门的限制,任何单位和个人不得非法干涉。

**第三十四条** 与招标人存在利害关系可能影响招标公正性的法人、其他组织或者个人,不得参加投标。

单位负责人为同一人或者存在控股、管理关系的不同单位,不得参加同一标段投标或者未划分标段的同一招标项目投标。

违反前两款规定的,相关投标均无效。

**第三十五条** 投标人撤回已提交的投标文件,应当在投标截止时间前书面通知招标人。招标人已收取投标保证金的,应当自收到投标人书面撤回通知之日起 5 日内退还。

投标截止后投标人撤销投标文件的,招标人可以不退还投标保证金。

**第三十六条** 未通过资格预审的申请人提交的投标文件,以及逾期送达或者不按照招标文件要求密封的投标文件,招标人应当拒收。

招标人应当如实记载投标文件的送达时间和密封情况,并存档备查。

**第三十七条** 招标人应当在资格预审公告、招标公告或者投标邀请书中载明是否接受联合体投标。

招标人接受联合体投标并进行资格预审的,联合体应当在提交资格预审申请文件前组成。资格预审后联合体增减、更换成员的,其投标无效。

联合体各方在同一招标项目中以自己名义单独投标或者参加其他联合体投标的,相关投标均无效。

**第三十八条** 投标人发生合并、分立、破产等重大变化的,应当及时书面告知招标人。投标人不再具备资格预审文件、招标文件规定的资格条件或者其投标影响招标公正性的,其投标无效。

**第三十九条** 禁止投标人相互串通投标。

有下列情形之一的,属于投标人相互串通投标:

(1)投标人之间协商投标报价等投标文件的实质性内容;

(2)投标人之间约定中标人;

(3)投标人之间约定部分投标人放弃投标或者中标;

(4)属于同一集团、协会、商会等组织成员的投标人按照该组织要求协同投标;

(5)投标人之间为谋取中标或者排斥特定投标人而采取的其他联合行动。

**第四十条** 有下列情形之一的,视为投标人相互串通投标:

(1)不同投标人的投标文件由同一单位或者个人编制;

(2)不同投标人委托同一单位或者个人办理投标事宜;

(3)不同投标人的投标文件载明的项目管理成员为同一人;

(4)不同投标人的投标文件异常一致或者投标报价呈规律性差异;

(5)不同投标人的投标文件相互混装;

(6)不同投标人的投标保证金从同一单位或者个人的账户转出。

**第四十一条** 禁止招标人与投标人串通投标。

有下列情形之一的,属于招标人与投标人串通投标:

(1)招标人在开标前开启投标文件并将有关信息泄露给其他投标人;

(2)招标人直接或者间接向投标人泄露标底、评标委员会成员等信息;

(3)招标人明示或者暗示投标人压低或者抬高投标报价;

(4)招标人授意投标人撤换、修改投标文件;

(5)招标人明示或者暗示投标人为特定投标人中标提供方便;

(6)招标人与投标人为谋求特定投标人中标而采取的其他串通行为。

**第四十二条** 使用通过受让或者租借等方式获取的资格、资质证书投标的,属于招标投标法第三十三条规定的以他人名义投标。

投标人有下列情形之一的,属于招标投标法第三十三条规定的以其他方式弄虚作假的行为:

(1)使用伪造、变造的许可证件;

(2)提供虚假的财务状况或者业绩;

(3)提供虚假的项目负责人或者主要技术人员简历、劳动关系证明;

(4)提供虚假的信用状况;

(5)其他弄虚作假的行为。

**第四十三条** 提交资格预审申请文件的申请人应当遵守招标投标法和本条例有关投标人的规定。

## 第四章 开标、评标和中标

**第四十四条** 招标人应当按照招标文件规定的时间、地点开标。

投标人少于3个的,不得开标;招标人应当重新招标。

投标人对开标有异议的,应当在开标现场提出,招标人应当当场作出答复,并制作记录。

**第四十五条** 国家实行统一的评标专家专业分类标准和管理办法。具体标准和办法由国务院发展改革部门会同国务院有关部门制定。

省级人民政府和国务院有关部门应当组建综合评标专家库。

**第四十六条** 除招标投标法第三十七条第三款规定的特殊招标项目外,依法必须进行招标的项目,其评标委员会的专家成员应当从评标专家库内相关专业的专家名单中以随机抽取方式确定。任何单位和个人不得以明示、暗示等任何方式指定或者变相指定参加评标委员会的专家成员。

依法必须进行招标的项目的招标人非因招标投标法和本条例规定的事由,不得更换依法确定的评标委员会成员。更换评标委员会的专家成员应当依照前款规定进行。

评标委员会成员与投标人有利害关系的，应当主动回避。

有关行政监督部门应当按照规定的职责分工，对评标委员会成员的确定方式、评标专家的抽取和评标活动进行监督。行政监督部门的工作人员不得担任本部门负责监督项目的评标委员会成员。

**第四十七条** 招标投标法第三十七条第三款所称特殊招标项目，是指技术复杂、专业性强或者国家有特殊要求，采取随机抽取方式确定的专家难以保证胜任评标工作的项目。

**第四十八条** 招标人应当向评标委员会提供评标所必需的信息，但不得明示或者暗示其倾向或者排斥特定投标人。

招标人应当根据项目规模和技术复杂程度等因素合理确定评标时间。超过1/3的评标委员会成员认为评标时间不够的，招标人应当适当延长。

评标过程中，评标委员会成员有回避事由、擅离职守或者因健康等原因不能继续评标的，应当及时更换。被更换的评标委员会成员作出的评审结论无效，由更换后的评标委员会成员重新进行评审。

**第四十九条** 评标委员会成员应当依照招标投标法和本条例的规定，按照招标文件规定的评标标准和方法，客观、公正地对投标文件提出评审意见。招标文件没有规定的评标标准和方法不得作为评标的依据。

评标委员会成员不得私下接触投标人，不得收受投标人给予的财物或者其他好处，不得向招标人征询确定中标人的意向，不得接受任何单位或者个人明示或者暗示提出的倾向或者排斥特定投标人的要求，不得有其他不客观、不公正履行职务的行为。

**第五十条** 招标项目设有标底的，招标人应当在开标时公布。标底只能作为评标的参考，不得以投标报价是否接近标底作为中标条件，也不得以投标报价超过标底上下浮动范围作为否决投标的条件。

**第五十一条** 有下列情形之一的，评标委员会应当否决其投标：

(1)投标文件未经投标单位盖章和单位负责人签字；

(2)投标联合体没有提交共同投标协议；

(3)投标人不符合国家或者招标文件规定的资格条件；

(4)同一投标人提交两个以上不同的投标文件或者投标报价，但招标文件要求提交备选投标的除外；

(5)投标报价低于成本或者高于招标文件设定的最高投标限价；

(6)投标文件没有对招标文件的实质性要求和条件作出响应；

(7)投标人有串通投标、弄虚作假、行贿等违法行为。

**第五十二条** 投标文件中有含义不明确的内容、明显文字或者计算错误，评标委员会认为需要投标人作出必要澄清、说明的，应当书面通知该投标人。投标人的澄清、说明应当采用书面形式，并不得超出投标文件的范围或者改变投标文件的实质性内容。

评标委员会不得暗示或者诱导投标人作出澄清、说明，不得接受投标人主动提出的澄清、说明。

**第五十三条** 评标完成后，评标委员会应当向招标人提交书面评标报告和中标候选人名单。中标候选人应当不超过3个，并标明排序。

评标报告应当由评标委员会全体成员签字。对评标结果有不同意见的评标委员会成员应当以书面形式说明其不同意见和理由，评标报告应当注明该不同意见。评标委员会成员拒绝在评标报告上签字又不书面说明其不同意见和理由的，视为同意评标结果。

**第五十四条** 依法必须进行招标的项目，招标人应当自收到评标报告之日起3日内公示中标候选人，公示期不得少于3日。

投标人或者其他利害关系人对依法必须进行招标的项目的评标结果有异议的，应当在中标候选人公示期间提出。招标人应当自收到异议之日起3日内作出答复；作出答复前，应当暂停招标投标活动。

**第五十五条** 国有资金占控股或者主导地位的依法必须进行招标的项目，招标人应当确定排名第一的中标候选人为中标人。排名第一的中标候选人放弃中标、因不可抗力不能履行合同、不按照招标文件要求提交履约保证金，或者被查实存在影响中标结果的违法行为等情形，不符合中标条件的，招标人可以按照评标委员会提出的中标候选人名单排序依次确定其他中标候选人为中标人，也可以重新招标。

**第五十六条** 中标候选人的经营、财务状况发生较大变化或者存在违法行为，招标人认为可能影响其履约能力的，应当在发出中标通知书前由原评标委员会按照招标文件规定的标准和方法审查确认。

**第五十七条** 招标人和中标人应当依照招标投标法和本条例的规定签订书面合同，合同的标的、价款、质量、履行期限等主要条款应当与招标文件和中标人的投标文件的内容一致。招标人和中标人不得再行订立背离合同实质性内容的其他协议。

招标人最迟应当在书面合同签订后5日内向中标人和未中标的投标人退还投标保证金及银行同期存款利息。

**第五十八条** 招标文件要求中标人提交履约保证金的，中标人应当按照招标文件的要求提交。履约保证金不得超过中标合同金额的10.0%。

**第五十九条** 中标人应当按照合同约定履行义务，完成中标项目。中标人不得向他人转让中标项目，也不得将中标项目肢解后分别向他人转让。

中标人按照合同约定或者经招标人同意，可以将中标项目的部分非主体、非关键性工作分包给他人完成。接受分包的人应当具备相应的资格条件，并不得再次分包。

中标人应当就分包项目向招标人负责，接受分包的人就分包项目承担连带责任。

## 第五章 投诉与处理

**第六十条** 投标人或者其他利害关系人认为招标投标活动不符合法律、行政法规规定的，可以自知道或者应当知道之日起10日内向有关行政监督部门投诉。投诉应当有明确的请求和必要的证明材料。

就本条例第二十二条、第四十四条、第五十四条规定事项投诉的，应当先向招标人提出异议，异议答复期间不计算在前款规定的期限内。

**第六十一条** 投诉人就同一事项向两个以上有权受理的行政监督部门投诉的，由最先收到投诉的行政监督部门负责处理。

行政监督部门应当自收到投诉之日起3个工作日内决定是否受理投诉，并自受理投诉之日起30个工作日内作出书面处理决定；需要检验、检测、鉴定、专家评审的，所需时间不计算在内。

投诉人捏造事实、伪造材料或者以非法手段取得证明材料进行投诉的，行政监督部门应当予以驳回。

**第六十二条** 行政监督部门处理投诉，有权查阅、复制有关文件、资料，调查有关情况，相关单位和人员应当予以配合。必要时，行政监督部门可以责令暂停招标投标活动。

行政监督部门的工作人员对监督检查过程中知悉的国家秘密、商业秘密，应当依法予以保密。

## 第六章 法律责任

**第六十三条** 招标人有下列限制或者排斥潜在投标人行为之一的，由有关行政监督部门依照招标投标法第五十一条的规定处罚：

（1）依法应当公开招标的项目不按照规定在指定媒介发布资格预审公告或者招标公告；

（2）在不同媒介发布的同一招标项目的资格预审公告或者招标公告的内容不一致，影响潜在投标人申请资格预审或者投标。

依法必须进行招标的项目的招标人不按照规定发布资格预审公告或者招标公告，构成规避招标的，依照招标投标法第四十九条的规定处罚。

**第六十四条** 招标人有下列情形之一的，由有关行政监督部门责令改正，可以处10万元以下的罚款：

（1）依法应当公开招标而采用邀请招标；

（2）招标文件、资格预审文件的发售、澄清、修改的时限，或者确定的提交资格预审申请文件、投标文件的时限不符合招标投标法和本条例规定；

（3）接受未通过资格预审的单位或者个人参加投标；

（4）接受应当拒收的投标文件。

招标人有前款第一项、第三项、第四项所列行为之一的，对单位直接负责的主管人员和其他直接责任人员依法给予处分。

**第六十五条** 招标代理机构在所代理的招标项

目中投标、代理投标或者向该项目投标人提供咨询的，接受委托编制标底的中介机构参加受托编制标底项目的投标或者为该项目的投标人编制投标文件、提供咨询的，依照招标投标法第五十条的规定追究法律责任。

**第六十六条** 招标人超过本条例规定的比例收取投标保证金、履约保证金或者不按照规定退还投标保证金及银行同期存款利息的，由有关行政监督部门责令改正，可以处5万元以下的罚款；给他人造成损失的，依法承担赔偿责任。

**第六十七条** 投标人相互串通投标或者与招标人串通投标的，投标人向招标人或者评标委员会成员行贿谋取中标的，中标无效；构成犯罪的，依法追究刑事责任；尚不构成犯罪的，依照招标投标法第五十三条的规定处罚。投标人未中标的，对单位的罚款金额按照招标项目合同金额依照招标投标法规定的比例计算。

投标人有下列行为之一的，属于招标投标法第五十三条规定的情节严重行为，由有关行政监督部门取消其1年至2年内参加依法必须进行招标的项目的投标资格：

（1）以行贿谋取中标；

（2）3年内2次以上串通投标；

（3）串通投标行为损害招标人、其他投标人或者国家、集体、公民的合法利益，造成直接经济损失30万元以上；

（4）其他串通投标情节严重的行为。

投标人自本条第二款规定的处罚执行期限届满之日起3年内又有该款所列违法行为之一的，或者串通投标、以行贿谋取中标情节特别严重的，由工商行政管理机关吊销营业执照。

法律、行政法规对串通投标报价行为的处罚另有规定的，从其规定。

**第六十八条** 投标人以他人名义投标或者以其他方式弄虚作假骗取中标的，中标无效；构成犯罪的，依法追究刑事责任；尚不构成犯罪的，依照招标投标法第五十四条的规定处罚。依法必须进行招标的项目的投标人未中标的，对单位的罚款金额按照招标项目合同金额依照招标投标法规定的比例计算。

投标人有下列行为之一的，属于招标投标法第五十四条规定的情节严重行为，由有关行政监督部门取消其1～3年内参加依法必须进行招标的项目的投标资格：

（1）伪造、变造资格、资质证书或者其他许可证件骗取中标；

（2）3年内2次以上使用他人名义投标；

（3）弄虚作假骗取中标给招标人造成直接经济损失30万元以上；

（4）其他弄虚作假骗取中标情节严重的行为。

投标人自本条第二款规定的处罚执行期限届满之日起3年内又有该款所列违法行为之一的，或者弄虚作假骗取中标情节特别严重的，由工商行政管理机关吊销营业执照。

**第六十九条** 出让或者出租资格、资质证书供他人投标的，依照法律、行政法规的规定给予行政处罚；构成犯罪的，依法追究刑事责任。

**第七十条** 依法必须进行招标的项目的招标人不按照规定组建评标委员会，或者确定、更换评标委员会成员违反招标投标法和本条例规定的，由有关行政监督部门责令改正，可以处10万元以下的罚款，对单位直接负责的主管人员和其他直接责任人员依法给予处分；违法确定或者更换的评标委员会成员作出的评审结论无效，依法重新进行评审。

国家工作人员以任何方式非法干涉选取评标委员会成员的，依照本条例第八十一条的规定追究法律责任。

**第七十一条** 评标委员会成员有下列行为之一的，由有关行政监督部门责令改正；情节严重的，禁止其在一定期限内参加依法必须进行招标的项目的评标；情节特别严重的，取消其担任评标委员会成员的资格：

（1）应当回避而不回避；

（2）擅离职守；

（3）不按照招标文件规定的评标标准和方法评标；

（4）私下接触投标人；

（5）向招标人征询确定中标人的意向或者接受任何单位或者个人明示或者暗示提出的倾向或者排斥特定投标人的要求；

（6）对依法应当否决的投标不提出否决意见；

（7）暗示或者诱导投标人作出澄清、说明或者接受投标人主动提出的澄清、说明；

（8）其他不客观、不公正履行职务的行为。

**第七十二条** 评标委员会成员收受投标人的财物或者其他好处的，没收收受的财物，处3 000元以上5万元以下的罚款，取消担任评标委员会成员的资格，不得再参加依法必须进行招标的项目的评标；构成犯罪的，依法追究刑事责任。

**第七十三条** 依法必须进行招标的项目的招标人有下列情形之一的，由有关行政监督部门责令改正，可以处中标项目金额10.0‰以下的罚款；给他人造成损失的，依法承担赔偿责任；对单位直接负责的主管人员和其他直接责任人员依法给予处分：

（1）无正当理由不发出中标通知书；

（2）不按照规定确定中标人；

（3）中标通知书发出后无正当理由改变中标结果；

（4）无正当理由不与中标人订立合同；

（5）在订立合同时向中标人提出附加条件。

**第七十四条** 中标人无正当理由不与招标人订立合同，在签订合同时向招标人提出附加条件，或者不按照招标文件要求提交履约保证金的，取消其中标资格，投标保证金不予退还。对依法必须进行招标的项目的中标人，由有关行政监督部门责令改正，可以处中标项目金额10.0‰以下的罚款。

**第七十五条** 招标人和中标人不按照招标文件和中标人的投标文件订立合同，合同的主要条款与招标文件、中标人的投标文件的内容不一致，或者招标人、中标人订立背离合同实质性内容的协议的，由有关行政监督部门责令改正，可以处中标项目金额5.0‰以上10.0‰以下的罚款。

**第七十六条** 中标人将中标项目转让给他人的，将中标项目肢解后分别转让给他人的，违反招标投标法和本条例规定将中标项目的部分主体、关键性工作分包给他人的，或者分包人再次分包的，转让、分包无效，处转让、分包项目金额5.0‰以上10.0‰以下的罚款；有违法所得的，并处没收违法所得；可以责令停业整顿；情节严重的，由工商行政管理机关吊销营业执照。

**第七十七条** 投标人或者其他利害关系人捏造事实、伪造材料或者以非法手段取得证明材料进行投诉，给他人造成损失的，依法承担赔偿责任。

招标人不按照规定对异议作出答复，继续进行招标投标活动的，由有关行政监督部门责令改正，拒不改正或者不能改正并影响中标结果的，依照本条例第八十二条的规定处理。

**第七十八条** 取得招标职业资格的专业人员违反国家有关规定办理招标业务的，责令改正，给予警告；情节严重的，暂停一定期限内从事招标业务；情节特别严重的，取消招标职业资格。

**第七十九条** 国家建立招标投标信用制度。有关行政监督部门应当依法公告对招标人、招标代理机构、投标人、评标委员会成员等当事人违法行为的行政处理决定。

**第八十条** 项目审批、核准部门不依法审批、核准项目招标范围、招标方式、招标组织形式的，对单位直接负责的主管人员和其他直接责任人员依法给予处分。

有关行政监督部门不依法履行职责，对违反招标投标法和本条例规定的行为不依法查处，或者不按照规定处理投诉、不依法公告对招标投标当事人违法行为的行政处理决定的，对直接负责的主管人员和其他直接责任人员依法给予处分。

项目审批、核准部门和有关行政监督部门的工作人员徇私舞弊、滥用职权、玩忽职守，构成犯罪的，依法追究刑事责任。

**第八十一条** 国家工作人员利用职务便利，以直接或者间接、明示或者暗示等任何方式非法干涉招标投标活动，有下列情形之一的，依法给予记过或者记大过处分；情节严重的，依法给予降级或者撤职处分；情节特别严重的，依法给予开除处分；构成犯罪的，依法追究刑事责任：

（1）要求对依法必须进行招标的项目不招标，或者要求对依法应当公开招标的项目不公开招标；

（2）要求评标委员会成员或者招标人以其指定的投标人作为中标候选人或者中标人，或者以其他方式非法干涉评标活动，影响中标结果；

（3）以其他方式非法干涉招标投标活动。

**第八十二条** 依法必须进行招标的项目的招标投标活动违反招标投标法和本条例的规定，对中标结果造成实质性影响，且不能采取补救措施予以纠正的，招标、投标、中标无效，应当依法重新招标或者评标。

## 第七章 附 则

**第八十三条** 招标投标协会按照依法制定的章程开展活动，加强行业自律和服务。

**第八十四条** 政府采购的法律、行政法规对政府采购货物、服务的招标投标另有规定的，从其规定。

**第八十五条** 本条例自2012年2月1日起施行。

法规性文件

# 国务院关于促进稀土行业持续健康发展的若干意见

（2011年5月10日　国发〔2011〕12号）

各省、自治区、直辖市人民政府，国务院各部委、各直属机构：

稀土是不可再生的重要战略资源，在新能源、新材料、节能环保、航空航天、电子信息等领域的应用日益广泛。有效保护和合理利用稀土资源，对于保护环境，加快培育发展战略性新兴产业，改造提升传统产业，促进稀土行业持续健康发展，具有十分重要的意义。经过多年发展，我国稀土开采、冶炼分离和应用技术研发取得较大进步，产业规模不断扩大。但稀土行业发展中仍存在非法开采屡禁不止，冶炼分离产能扩张过快，生态环境破坏和资源浪费严重，高端应用研发滞后，出口秩序较为混乱等问题，严重影响行业健康发展。要进一步提高对有效保护和合理利用稀土资源重要性的认识，采取有效措施，切实加强稀土行业管理，加快转变稀土行业发展方式，促进稀土行业持续健康发展。现提出以下意见：

## 一、明确指导思想、基本原则和发展目标

（1）指导思想。以邓小平理论和“三个代表”重要思想为指导，深入贯彻落实科学发展观，加快转变稀土行业发展方式，促进稀土产业结构调整，严格控制开采和冶炼分离能力，大力发展稀土新材料及应用产业，进一步巩固和发挥稀土战略性基础产业的重要作用，确保稀土行业持续健康发展。

（2）基本原则。坚持保护环境和节约资源，对稀土资源实施更为严格的保护性开采政策和生态环境保护标准，尽快完善稀土管理法律法规，依法打击各类违法违规行为；坚持控制总量和优化存量，加快实施大企业大集团战略，积极推进技术创新，提升开采、冶炼和应用技术水平，淘汰落后产能，进一步提高稀土行业集中度；坚持统筹国内国际两个市场、两种资源，积极开展国际合作；坚持与地方经济社会发展相协调，正确处理局部与整体、当前与长远的关系。

（3）发展目标。用1—2年时间，建立起规范有序的稀土资源开发、冶炼分离和市场流通秩序，资源无序开采、生态环境恶化、生产盲目扩张和出口走私猖獗的状况得到有效遏制；基本形成以大型企业为主导的稀土行业格局，南方离子型稀土行业排名前三位的企业集团产业集中度达到80.0%以上；新产品开发和新技术推广应用步伐加快，稀土新材料对下游产业的支撑和保障作用得到明显发挥；初步建立统一、规范、高效的稀土行业管理体系，有关政策和法律法规进一步完善。再用3年左右时间，进一步完善体制机制，形成合理开发、有序生产、高效利用、技术先进、集约发展的稀土行业持续健康发展格局。

## 二、建立健全行业监管体系，加强和改善行业管理

（4）严格稀土行业准入管理。对稀土资源实施更为严格的保护性开采政策和生态环境保护标准，严把行业和环境准入关。加快制定和完善稀土开采及生产标准，明确稀土矿山和冶炼分离企业的产品质量、工艺装备、生产规模、能源消耗、资源综合利用、环境保护、清洁生产、安全生产和社会责任等方面的准入要求。实施严格的环境准入制度，严格执行《稀土工业污染物排放标准》，制定稀土行业环境风险评估制度。

(5)完善稀土指令性生产计划管理。实施严格的稀土指令性生产计划编制、下达和监管制度。加强稀土开采、冶炼分离、出口等计划间的相互衔接。对稀土冶炼分离企业实行生产许可。建立稀土开采、冶炼分离和产品流通台账和专用发票管理制度。采用信息技术实现稀土开采、冶炼分离、出口企业联网,实行在线监控。

(6)提高稀土出口企业资质门槛。稀土出口企业必须符合行业规划、产业政策、行业准入、环保标准等要求。进一步提高稀土出口企业资质标准。加强对出口企业的监督管理,强化行业自律,对存在从非法渠道采购产品出口及其他严重扰乱出口经营秩序等违法行为的企业,依法追究相应法律责任。

(7)加强稀土出口管理。按照限制"两高一资"产品出口的有关政策,在严格控制稀土开采和生产总量的同时,严格控制稀土金属、氧化物、盐类和稀土铁合金等初级产品出口,有关开采、生产、消费及出口的限制措施应同步实施。统筹考虑国内资源和生产、消费以及国际市场情况,合理确定年度稀土出口配额总量。完善出口配额分配方式,严惩倒卖稀土出口配额行为。细化稀土产品税号和海关商品编码,并将稀土产品列入法定检验目录。严格海关监管,规范企业申报管理,完善海关检测方法和手段,加强对海关一线查验、检测设备投入,建立稀土开采、生产与出口企业间票据联动制度。加强对稀土行业准入后企业生产经营的监督管理,防止变相出口稀土产品。

(8)健全税收、价格等调控措施。大幅提高稀土资源税征收标准,抑制资源开采暴利。改革稀土产品价格形成机制,加大政策调控力度,逐步实现稀土价值和价格的统一。落实矿山生态环境治理和生态恢复保证金制度,严格企业生态环境保护与恢复的经济责任。

(9)认真执行有关法律法规和制度。严格执行矿产资源法、海关法等有关法律法规的规定,依法加强对稀土的勘查开采、冶炼加工、产品流通、推广应用、战略储备、进出口等环节的管理。抓紧研究制定或修改完善稀土等稀有金属管理的有关法律法规。

## 三、依法开展稀土专项整治,切实维护良好的行业秩序

(10)坚决打击非法开采和超控制指标开采。国土资源部要进一步巩固稀土矿产开发秩序专项整治成果,加大稀土勘察开采监管力度,严格稀土开采总量控制指标管理,加强对重点稀土产区的联合监管。坚决取缔非法开采,严格禁止超控制指标开采,对重大非法开采案件要挂牌督办,依法追究企业和相关人员责任。重新审核已颁发的勘查许可证和开采许可证,向社会公布合法采矿企业名单。加快建立规范稀土开采秩序和监管的长效机制。

(11)坚决打击违法生产和超计划生产。工业和信息化部要会同有关部门立即开展稀土生产专项整治行动,向社会公布合法生产企业名单,加强对国家稀土指令性生产计划执行情况的监督检查。对无计划、超计划生产企业要责令停止国家指令性计划管理产品的生产,追查矿产品来源,对违法收购和销售的企业依法予以处罚,取消生产许可和销售资质,并由工商行政管理部门限期办理变更登记、注销登记或者依法吊销营业执照。

(12)坚决打击破坏生态和污染环境行为。环境保护部要立即对稀土开采及冶炼分离企业开展环境保护专项整治行动,严格执行国家和地方污染物排放标准。对未经环评审批的建设项目,一律停止建设和生产;对没有污染防治设施及污染防治设施运行不正常、超标排放或超过重点污染物排放总量控制指标的企业,依法责令立即停产,限期治理,逾期未完成治理任务的,依法注(吊)销相关证照。

(13)坚决打击稀土非法出口和走私行为。海关总署要会同商务部等有关部门立即开展稀土出口秩序专项整治行动,加大审单、查验力度,依法严惩伪报、瞒报品名,以及分批次、多口岸以"货样广告品"、"快件"等方式非法出口和走私稀土行为。

## 四、加快稀土行业整合,调整优化产业结构

(14)深入推进稀土资源开发整合。国土资源部要会同有关部门,按照全国矿产资源开发整合工作

的整体部署，挂牌督办所有稀土开发整合矿区，深入推进稀土资源开发整合。严格稀土矿业权管理，原则上继续暂停受理新的稀土勘查、开采登记申请，禁止现有开采矿山扩大产能。

（15）严格控制稀土冶炼分离总量。"十二五"期间，除国家批准的兼并重组、优化布局项目外，停止核准新建稀土冶炼分离项目，禁止现有稀土冶炼分离项目扩大生产规模。坚决制止违规项目建设，对越权审批、违规建设的，要严肃追究相关单位和负责人责任。

（16）积极推进稀土行业兼并重组。支持大企业以资本为纽带，通过联合、兼并、重组等方式，大力推进资源整合，大幅度减少稀土开采和冶炼分离企业数量，提高产业集中度。推进稀土行业兼并重组要坚持统筹规划、政策引导、市场化运作，兼顾中央、地方和企业利益，妥善处理好不同区域和上下游产业的关系。工业和信息化部要会同有关部门尽快制定推进稀土行业兼并重组的实施方案。

（17）加快推进企业技术改造。鼓励企业利用原地浸矿、无氨氮冶炼分离、联动萃取分离等先进技术进行技术改造。加快淘汰池浸开采、氨皂化分离等落后生产工艺和生产线。发展循环经济，加强尾矿资源和稀土产品的回收再利用，提高稀土资源采收率和综合利用水平，降低能耗物耗，减少环境污染。支持企业将技术改造与兼并重组、淘汰落后产能相结合，加快推进技术进步。

## 五、加强稀土资源储备，大力发展稀土应用产业

（18）建立稀土战略储备体系。按照国家储备与企业（商业）储备、实物储备和资源（地）储备相结合的方式，建立稀土战略储备。统筹规划南方离子型稀土和北方轻稀土资源的开采，划定一批国家规划矿区作为战略资源储备地。对列入国家储备的资源地，由当地政府负责监管和保护，未经国家批准不得开采。中央财政对实施资源、产品储备的地区和企业给予补贴。

（19）加快稀土关键应用技术研发和产业化。按照发展战略性新兴产业总体要求，引导和组织稀土生产应用企业、研发机构和高等院校，大力开发深加工和综合利用技术，推动具有自主知识产权的科技成果产业化，为发展战略性新兴产业提供支撑。

## 六、加强组织领导，营造良好的发展环境

（20）建立完善协调机制。要进一步发挥稀有金属部际协调机制的作用，统筹研究国家稀土发展战略、规划、计划和政策等重大问题。在工业和信息化部设立稀土办公室，统筹做好稀土行业管理工作；负责协调制定稀土开采、生产、储备、进出口计划等，纳入国家国民经济和社会发展年度计划，牵头做好年度计划实施、行业准入和稀土新材料开发推广等工作。

（21）明确责任和分工。国务院有关部门按职能分工，做好相应管理工作，承担相应的责任，并严格实行问责制。坚决改变重计划、轻落实，重审批、轻监管的现状。工业和信息化部负总责，并负责稀土行业管理，制定指令性生产计划，维护稀土生产秩序，指导组建稀土行业协会。工业和信息化部、商务部、新闻办牵头做好我稀土政策的对外宣传和释疑工作。发展改革委牵头做好稀土投资规模和出口总量控制工作。发展改革委、财政部、国土资源部共同牵头研究建立稀土战略储备。财政部牵头研究制定财税支持政策。国土资源部负责稀土资源勘查开采和总量控制管理、矿业秩序整顿和资源地储备。环境保护部负责环保专项整治，严格环境准入，加强污染防治。商务部负责出口配额管理，妥善协调与各国贸易关系。海关总署负责严格出口监管和打击走私。质检总局负责严格出口检验监管和打击逃漏检行为。监察部负责对地方政府和有关部门落实稀土政策情况进行监督检查，对工作不力，影响稀土行业持续健康发展的，要严肃追究责任。有关地方政府对本地区稀土行业的管理负总责，要层层落实责任制，督促稀土企业依法经营，严格按照国家计划组织生产经营，严格履行社会责任，切实保护资源和环境。

（22）正确引导舆论。加强稀土行业管理是保护生态环境和资源、促进稀土行业持续健康发展的需要，是转变稀土行业发展方式、发展战略性新兴产业的需要，是提高稀土行业整体效益、维护人民群众长

远利益的需要。要正确引导舆论，积极宣传加强稀土行业管理的重要意义和积极作用，争取国内外的理解和支持。

国务院各有关部门和有关地方政府要进一步统一思想，增强大局意识、责任意识，加强组织领导和协调配合，抓好督促检查，落实责任制，确保各项政策措施落到实处，切实加强稀土资源的有效保护和合理利用，促进稀土行业持续健康发展。

# 国务院批转发展和改革委员会关于2011年深化经济体制改革重点工作意见的通知

（2011年5月28日　国发〔2011〕15号）

各省、自治区、直辖市人民政府，国务院各部委、各直属机构：

国务院同意发改委《关于2011年深化经济体制改革重点工作的意见》，现转发给你们，请认真贯彻执行。

2011年是"十二五"开局之年，积极适应国内外形势新变化，进一步加大改革攻坚力度，加快破除制约科学发展的体制机制障碍，对顺利启动实施"十二五"规划、促进经济发展方式转变，具有十分重要的意义。现就2011年深化经济体制改革重点工作提出以下意见：

## 一、指导思想和总体要求

（1）指导思想。高举中国特色社会主义伟大旗帜，以邓小平理论和"三个代表"重要思想为指导，深入贯彻落实科学发展观，全面贯彻党的十七大、十七届三中、四中、五中全会和中央经济工作会议精神，坚持社会主义市场经济改革方向，按照"十二五"规划总体部署，以科学发展为主题，以加快转变经济发展方式为主线，以更大决心和勇气推进重点领域改革，着力解决深层次矛盾和化解潜在风险，促进"十二五"开好局、起好步。

（2）总体要求。要处理好应对当前挑战和建立长效机制的关系，更好发挥改革创新对保持年度经济平稳较快增长和长远经济发展方式转变的促进作用；处理好政府和市场的关系，提高资源配置效率和政府宏观调控水平；处理好发展社会事业和创新社会体制的关系，更加重视从制度上保障和改善民生、促进社会公平正义；处理好改革创新和依法行政的关系，有效运用法制手段规范改革程序、深化改革实践、巩固改革成果；处理好深化改革和保持稳定的关系，统筹各项改革措施出台的时机、力度和节奏。

## 二、围绕加快转变经济发展方式深化改革

（3）推进资源性产品价格改革。积极推进成品油价格市场化改革。加快输配电价改革，推进竞争性电力市场建设和大用户直接交易试点，完善水电、核电、可再生能源发电价格形成机制，调整销售电价分类结构，择机实施居民用电阶梯电价。建立反映资源稀缺程度和市场供求关系的天然气价格形成机制，进一步理顺天然气与可替代能源的比价关系。（发改委牵头）

（4）改革和完善税收制度。在总结试点经验的基础上，扩大资源税改革实施范围。在部分生产性服务业领域推行增值税改革试点。合理调整消费税范围和税率结构，研究将部分大量消耗资源、严重污染环境的商品纳入消费税征收范围。完善房地产相关税收政策。（财政部、税务总局、住房城乡建设部、法制办负责）

（5）推进电力体制改革。深入推进电网企业主辅、主多分离，稳步开展电力输配分开试点，探索输配分开的有效实现形式。从实际出发，因地制宜，稳步推进农村电力体制改革，制定实施改革指导意见。（发改委、电监会、国资委、能源局、财政部、水利部等

负责）

（6）完善食品安全监管体制，建立健全地方政府食品安全综合协调机制，加强监管基础能力建设和基层执法队伍建设，加大行政执法和责任追究力度，完善应对食品安全事故的快速反应机制和程序。深化流通体制改革，开展农产品现代流通综合试点，稳步推进肉类、蔬菜流通追溯体系试点。（食品安全办、公安部、农业部、卫生部、质检总局、工商总局、商务部、中央编办等负责）

（7）推进场外交易市场建设，研究建立国际板市场，进一步完善多层次资本市场体系。深入推进跨境贸易人民币结算试点，扩大人民币在跨境贸易和投资中的使用。推进利率市场化改革。加快推出存款保险制度。（证监会、人民银行、银监会等负责）

（8）加快完善境外投资法律法规制度，深化以投资便利化为核心的管理体制改革，完善跨部门协调机制，健全支持"走出去"的相关政策和服务体系。建立健全境外投资风险防控机制，完善风险预警体系和突发事件应急处理机制。（发改委、商务部等负责）

## 三、围绕保障和改善民生深化改革

（9）围绕"保基本、强基层、建机制"，统筹推进医药卫生体制五项重点改革，不断取得新突破。进一步提高基本医疗保障和基本公共卫生服务水平。在政府举办的基层医疗卫生机构全面实施基本药物制度，推进基层医疗卫生机构综合改革。加快推进公立医院改革试点。鼓励和引导社会资本举办医疗机构。（发改委、卫生部、财政部、人力资源社会保障部、中央编办负责）

（10）全面落实国家中长期教育改革和发展规划纲要，积极推进国家教育体制改革试点，加快推进义务教育均等化。深化科技管理体制改革，加快科技成果转化，完善科研经费管理和评价奖励制度，促进科技资源高效配置和开放共享。（教育部、科技部等负责）

（11）深化文化体制改革，全面推进国有文艺院团体制改革和非时政类报刊转企改制，深入推进公益性文化事业单位内部机制改革，创新公共文化服务运行机制。（文化部、广电总局、新闻出版总署负责）

（12）深化收入分配和社会保障制度改革。提高个人所得税工薪所得费用扣除标准，合理调整税率结构，降低中低收入者税负，加大对高收入的调节。以非公有制企业、中小企业密集的区域和行业为重点，稳步推行工资集体协商制度。开展城镇居民养老保险试点，扩大新型农村社会养老保险试点范围，出台职业年金试行办法。（财政部、税务总局、人力资源社会保障部等负责）

（13）推进公共服务体制改革。强化政府提供基本公共服务的责任，明确基本公共服务的范围、标准及各级政府的事权和支出责任，建立评价指标体系。改革基本公共服务提供方式，扩大政府购买服务范围，推动提供主体和提供方式多样化。积极推进非基本公共服务市场化改革。（发改委、财政部、中央编办等负责）

## 四、围绕加强政府自身建设深化改革

（14）深入推进行政审批制度改革，进一步减少审批事项，规范审批程序，健全制约监督机制，促进行政审批规范有序、高效便民、公开透明。建立政府绩效管理制度，加强行政问责制度建设，着力提高政府执行力和公信力。（监察部牵头）

（15）制定出台分类推进事业单位改革的指导意见及相关配套文件，分类指导、分业推进、分级组织、分步实施。（中央编办、财政部、人力资源社会保障部等负责）

（16）完善政府预算公开机制，进一步细化公开中央财政总预算和总决算，继续推进中央部门预算和决算公开，加快因公出国（境）、公务用车购置及运行、公务接待等"三公"经费和行政经费支出情况公开，推进中央对地方转移支付资金管理办法公开和地方财政预算、决算公开，保障公民知情权、参与权和监督权。研究推进公务用车制度、机关后勤服务社会化等政府机关事务管理体制改革，提高机关后勤服务运行效率，降低成本。（财政部、发改委、国管局、中央编办等负责）

（17）在有条件的地方开展省直管县（市）改革

试点，扩大县级政府经济社会管理权限，进一步理顺省、市、县（市）政府间财政分配关系，积极探索省直接管理县（市）的途径和方式。（中央编办、发改委、民政部、财政部负责）

## 五、围绕完善农村发展体制机制深化改革

（18）完善土地管理制度。完善农村土地承包关系长久不变的政策和实施办法，赋予农民更加充分而有保障的土地承包经营权。开展耕地保护补偿试点，探索建立激励性补偿机制。以征地制度改革为核心，研究修订土地管理法等相关法律法规。完善城乡平等的要素交换关系，促进土地增值收益主要用于农业农村。（农业部、国土资源部、法制办负责）

（19）推进国有林场和国有林区改革，研究提出改革指导意见，选择部分基础好、有代表性的地区开展国有林场改革试点。全面深化集体林权制度改革，加快明晰产权、承包到户。推进国有农场改革，分离企业办社会职能。做好新形势下农村改革试验区工作。（发改委、林业局、农业部、财政部、人力资源社会保障部负责）

（20）创新水利发展体制机制。完善水资源管理体制，促进水资源优化配置。加快水利工程建设和管理体制改革，区分水利工程性质，分类推进改革，健全良性运行机制。健全基层水利服务体系。积极推进水价改革，合理制定水资源费征收标准和水利工程供水价格。（水利部、财政部、发改委负责）

（21）积极稳妥推进户籍管理制度改革，充分考虑当地经济社会发展水平和城市综合承载能力，把有稳定劳动关系并在城镇居住一定年限的农民工及其家属逐步转为城镇居民。切实保护农民承包地、宅基地等合法权益，充分尊重农民在进城和留乡问题上的自主选择权。（公安部、人力资源社会保障部、发改委、农业部、国土资源部等负责）

## 六、积极推进综合配套改革试点

（22）围绕贯彻落实科学发展观，突出主题、特色和重点，积极开展各类综合配套改革试点。上海浦东新区、天津滨海新区、深圳经济特区要加快转变经济发展方式，创新开发开放体制，力争率先建成完善的社会主义市场经济体制。认真总结成都市、重庆市统筹城乡综合配套改革试点经验，积极探索解决农业、农村、农民问题新途径。武汉城市圈和长株潭城市群要深入推进“两型”社会建设改革试点，尽快形成经验，为全国提供示范和借鉴。山西省和沈阳经济区要分别围绕资源型经济转型和新型工业化改革主题，针对重点难点问题，大胆探索创新。支持和指导各地区、各有关部门开展多层次、多形式的改革试点。（发改委牵头）

各地区、各有关部门要加强组织领导和统筹协调，狠抓贯彻落实，确保 2011 年各项重点改革取得实质性突破。对“十二五”规划提出的深化铁路石油等行业改革、理顺各级政府间财力事权关系、调整国民收入分配格局、推进基础养老金全国统筹等中长期重大改革任务，要抓紧制定方案，尽快启动实施。对国有经济战略性调整、促进非公有制经济发展、金融机构改革和农村新型金融机构发展、住房保障体系建设等需要继续深化的改革任务，要按照国务院的部署积极推进。牵头负责部门要切实负起责任，明确部门分工和工作任务，相关部门要根据职能积极配合。发改委要进一步完善统筹协调推进改革的工作机制，切实加强对年度重点改革工作的协调指导、督促推进和检查评估，及时将各项改革进展情况和重大问题报告国务院。

# 国务院关于印发"十二五"节能减排综合性工作方案的通知

（2011年8月31日　国发〔2011〕26号）

各省、自治区、直辖市人民政府，国务院各部委、各直属机构：

现将《"十二五"节能减排综合性工作方案》印发给你们，请结合本地区、本部门实际，认真贯彻执行。

"十一五"时期，各地区、各部门认真贯彻落实党中央、国务院的决策部署，把节能减排作为调整经济结构、转变经济发展方式、推动科学发展的重要抓手和突破口，取得了显著成效。全国单位国内生产总值能耗降低19.1%，二氧化硫、化学需氧量排放总量分别下降14.29%和12.45%，基本实现了"十一五"规划纲要确定的约束性目标，扭转了"十五"后期单位国内生产总值能耗和主要污染物排放总量大幅上升的趋势，为保持经济平稳较快发展提供了有力支撑，为应对全球气候变化作出了重要贡献，也为实现"十二五"节能减排目标奠定了坚实基础。

充分认识做好"十二五"节能减排工作的重要性、紧迫性和艰巨性。"十二五"时期，我国发展仍处于可以大有作为的重要战略机遇期。随着工业化、城镇化进程加快和消费结构持续升级，我国能源需求呈刚性增长，受国内资源保障能力和环境容量制约以及全球性能源安全和应对气候变化影响，资源环境约束日趋强化，"十二五"时期节能减排形势仍然十分严峻，任务十分艰巨。特别是我国节能减排工作还存在责任落实不到位、推进难度增大、激励约束机制不健全、基础工作薄弱、能力建设滞后、监管不力等问题。这种状况如不及时改变，不但"十二五"节能减排目标难以实现，还将严重影响经济结构调整和经济发展方式转变。

各地区、各部门要真正把思想和行动统一到中央的决策部署上来，切实增强全局意识、危机意识和责任意识，树立绿色、低碳发展理念，进一步把节能减排作为落实科学发展观、加快转变经济发展方式的重要抓手，作为检验经济是否实现又好又快发展的重要标准，下更大决心，用更大气力，采取更加有力的政策措施，大力推进节能减排，加快形成资源节约、环境友好的生产方式和消费模式，增强可持续发展能力。

严格落实节能减排目标责任，进一步形成政府为主导、企业为主体、市场有效驱动、全社会共同参与的推进节能减排工作格局。要切实发挥政府主导作用，综合运用经济、法律、技术和必要的行政手段，加强节能减排统计、监测和考核体系建设，着力健全激励和约束机制，进一步落实地方各级人民政府对本行政区域节能减排负总责、政府主要领导是第一责任人的工作要求。要进一步明确企业的节能减排主体责任，严格执行节能环保法律法规和标准，细化和完善管理措施，落实目标任务。要进一步发挥市场机制作用，加大节能减排市场化机制推广力度，真正把节能减排转化为企业和各类社会主体的内在要求。要进一步增强全体公民的资源节约和环境保护意识，深入推进节能减排全民行动，形成全社会共同参与、共同促进节能减排的良好氛围。

要全面加强对节能减排工作的组织领导，狠抓监督检查，严格考核问责。发展改革委负责承担国务院节能减排工作领导小组的具体工作，切实加强节能减排工作的综合协调，组织推动节能降耗工作；环境保护部为主承担污染减排方面的工作；统计局负责加强能源统计和监测工作；其他各有关部门要切实履行职责，密切协调配合。各省级人民政府要立即部署本地区"十二五"节能减排工作，进一步明确相关部门责任、分工和进度要求。

各地区、各部门和中央企业要按照本通知的要求，结合实际抓紧制定具体实施方案，明确目标责任，狠抓贯彻落实，坚决防止出现节能减排工作前松后紧的问题，确保实现"十二五"节能减排目标。

# “十二五”节能减排综合性工作方案

## 一、节能减排总体要求和主要目标

（1）总体要求。以邓小平理论和“三个代表”重要思想为指导，深入贯彻落实科学发展观，坚持降低能源消耗强度、减少主要污染物排放总量、合理控制能源消费总量相结合，形成加快转变经济发展方式的倒逼机制；坚持强化责任、健全法制、完善政策、加强监管相结合，建立健全激励和约束机制；坚持优化产业结构、推动技术进步、强化工程措施、加强管理引导相结合，大幅度提高能源利用效率，显著减少污染物排放；进一步形成政府为主导、企业为主体、市场有效驱动、全社会共同参与的推进节能减排工作格局，确保实现“十二五”节能减排约束性目标，加快建设资源节约型、环境友好型社会。

（2）主要目标。到2015年，全国万元国内生产总值能耗下降到0.869吨标准煤（按2005年价格计算），比2010年的1.034吨标准煤下降16.0%，比2005年的1.276吨标准煤下降32.0%；“十二五”期间，实现节约能源6.7亿吨标准煤。2015年，全国化学需氧量和二氧化硫排放总量分别控制在2 347.6万吨、2 086.4万吨，比2010年的2 551.7万吨、2 267.8万吨分别下降8.0%；全国氨氮和氮氧化物排放总量分别控制在238万吨、2 046.2万吨，比2010年的264.4万吨、2 273.6万吨分别下降10.0%。

## 二、强化节能减排目标责任

（3）合理分解节能减排指标。综合考虑经济发展水平、产业结构、节能潜力、环境容量及国家产业布局等因素，将全国节能减排目标合理分解到各地区、各行业。各地区要将国家下达的节能减排指标层层分解落实，明确下一级政府、有关部门、重点用能单位和重点排污单位的责任。

（4）健全节能减排统计、监测和考核体系。加强能源生产、流通、消费统计，建立和完善建筑、交通运输、公共机构能耗统计制度以及分地区单位国内生产总值能耗指标季度统计制度，完善统计核算与监测方法，提高能源统计的准确性和及时性。修订完善减排统计监测和核查核算办法，统一标准和分析方法，实现监测数据共享。加强氨氮、氮氧化物排放统计监测，建立农业源和机动车排放统计监测指标体系。完善节能减排考核办法，继续做好全国和各地区单位国内生产总值能耗、主要污染物排放指标公报工作。

（5）加强目标责任评价考核。把地区目标考核与行业目标评价相结合，把落实五年目标与完成年度目标相结合，把年度目标考核与进度跟踪相结合。省级人民政府每年要向国务院报告节能减排目标完成情况。有关部门每年要向国务院报告节能减排措施落实情况。国务院每年组织开展省级人民政府节能减排目标责任评价考核，考核结果向社会公告。强化考核结果运用，将节能减排目标完成情况和政策措施落实情况作为领导班子和领导干部综合考核评价的重要内容，纳入政府绩效和国有企业业绩管理，实行问责制和“一票否决”制，并对成绩突出的地区、单位和个人给予表彰奖励。

## 三、调整优化产业结构

（6）抑制高耗能、高排放行业过快增长。严格控制高耗能、高排放和产能过剩行业新上项目，进一步提高行业准入门槛，强化节能、环保、土地、安全等指标约束，依法严格节能评估审查、环境影响评价、建设用地审查，严格贷款审批。建立健全项目审批、核准、备案责任制，严肃查处越权审批、分拆审批、未批先建、边批边建等行为，依法追究有关人员责任。严格控制高耗能、高排放产品出口。中西部地区承接产业转移必须坚持高标准，严禁污染产业和落后生产能力转入。

（7）加快淘汰落后产能。抓紧制定重点行业“十二五”淘汰落后产能实施方案，将任务按年度分解落实到各地区。完善落后产能退出机制，指导、督促淘汰落后产能企业做好职工安置工作。地方各级人民政府要积极安排资金，支持淘汰落后产能工作。中央财政统筹支持各地区淘汰落后产能工作，对经济欠发达地区通过增加转移支付加大支持和奖励力度。完善淘汰落后产能公告制度，对未按期完成淘汰任务的地区，严格控制国家安排的投资项目，暂停对该地区重点行业建设项目办理核准、审批和备案手续;对未按期淘汰的企业,依法吊销排污许可证、生产许可证和安全生产许可证;对虚假淘汰行为,依法追究企业负责人和地方政府有关人员的责任。

(8)推动传统产业改造升级。严格落实《产业结构调整指导目录》。加快运用高新技术和先进适用技术改造提升传统产业,促进信息化和工业化深度融合,重点支持对产业升级带动作用大的重点项目和重污染企业搬迁改造。调整《加工贸易禁止类商品目录》,提高加工贸易准入门槛,促进加工贸易转型升级。合理引导企业兼并重组,提高产业集中度。

(9)调整能源结构。在做好生态保护和移民安置的基础上发展水电,在确保安全的基础上发展核电,加快发展天然气,因地制宜大力发展风能、太阳能、生物质能、地热能等可再生能源。到2015年,非化石能源占一次能源消费总量比重达到11.4%。

(10)提高服务业和战略性新兴产业在国民经济中的比重。到2015年,服务业增加值和战略性新兴产业增加值占国内生产总值比重分别达到47.0%和8.0%左右。

## 四、实施节能减排重点工程

(11)实施节能重点工程。实施锅炉窑炉改造、电机系统节能、能量系统优化、余热余压利用、节约替代石油、建筑节能、绿色照明等节能改造工程,以及节能技术产业化示范工程、节能产品惠民工程、合同能源管理推广工程和节能能力建设工程。到2015年,工业锅炉、窑炉平均运行效率比2010年分别提高5个和2个百分点,电机系统运行效率提高2~3个百分点,新增余热余压发电能力2 000万千瓦,北方采暖地区既有居住建筑供热计量和节能改造4亿平方米以上,夏热冬冷地区既有居住建筑节能改造5 000万平方米,公共建筑节能改造6 000万平方米,高效节能产品市场份额大幅度提高。“十二五”时期,形成3亿吨标准煤的节能能力。

(12)实施污染物减排重点工程。推进城镇污水处理设施及配套管网建设,改造提升现有设施,强化脱氮除磷,大力推进污泥处理处置,加强重点流域区域污染综合治理。到2015年,基本实现所有县和重点建制镇具备污水处理能力,全国新增污水日处理能力4 200万吨,新建配套管网约16万公里,城市污水处理率达到85.0%,形成化学需氧量和氨氮削减能力280万吨、30万吨。实施规模化畜禽养殖场污染治理工程,形成化学需氧量和氨氮削减能力140万吨、10万吨。实施脱硫脱硝工程,推动燃煤电厂、钢铁行业烧结机脱硫,形成二氧化硫削减能力277万吨;推动燃煤电厂、水泥等行业脱硝,形成氮氧化物削减能力358万吨。

(13)实施循环经济重点工程。实施资源综合利用、废旧商品回收体系、“城市矿产”示范基地、再制造产业化、餐厨废弃物资源化、产业园区循环化改造、资源循环利用技术示范推广等循环经济重点工程,建设100个资源综合利用示范基地、80个废旧商品回收体系示范城市、50个“城市矿产”示范基地、5个再制造产业集聚区、100个城市餐厨废弃物资源化利用和无害化处理示范工程。

(14)多渠道筹措节能减排资金。节能减排重点工程所需资金主要由项目实施主体通过自有资金、金融机构贷款、社会资金解决,各级人民政府应安排一定的资金予以支持和引导。地方各级人民政府要切实承担城镇污水处理设施和配套管网建设的主体责任,严格城镇污水处理费征收和管理,国家对重点建设项目给予适当支持。

## 五、加强节能减排管理

(15)合理控制能源消费总量。建立能源消费总量控制目标分解落实机制,制定实施方案,把总量控制目标分解落实到地方政府,实行目标责任管理,加大考核和监督力度。将固定资产投资项目节能评估审查作为控制地区能源消费增量和总量的重要措施。建立能源消费总量预测预警机制,跟踪监测各地区能源消费总量和高耗能行业用电量等指标,对能源消费总量增长过快的地区及时预警调控。在工业、建筑、交通运输、公共机构以及城乡建设和消费领域全面加强用能管理,切实改变敞开口子供应能源、无节制使用能源的现象。在大气联防联控重点区域开展煤炭消费总量控制试点。

(16)强化重点用能单位节能管理。依法加强年耗能万吨标准煤以上用能单位节能管理，开展万家企业节能低碳行动，实现节能 2.5 亿吨标准煤。落实目标责任，实行能源审计制度，开展能效水平对标活动，建立健全企业能源管理体系，扩大能源管理师试点；实行能源利用状况报告制度，加快实施节能改造，提高能源管理水平。地方节能主管部门每年组织对进入万家企业节能低碳行动的企业节能目标完成情况进行考核，公告考核结果。对未完成年度节能任务的企业，强制进行能源审计，限期整改。中央企业要接受所在地区节能主管部门的监管，争当行业节能减排的排头兵。

(17)加强工业节能减排。重点推进电力、煤炭、钢铁、有色金属、石油石化、化工、建材、造纸、纺织、印染、食品加工等行业节能减排，明确目标任务，加强行业指导，推动技术进步，强化监督管理。发展热电联产，推广分布式能源。开展智能电网试点。推广煤炭清洁利用，提高原煤入洗比例，加快煤层气开发利用。实施工业和信息产业能效提升计划。推动信息数据中心、通信机房和基站节能改造。实行电力、钢铁、造纸、印染等行业主要污染物排放总量控制。新建燃煤机组全部安装脱硫脱硝设施，现役燃煤机组必须安装脱硫设施，不能稳定达标排放的要进行更新改造，烟气脱硫设施要按照规定取消烟气旁路。单机容量 30 万千瓦及以上燃煤机组全部加装脱硝设施。钢铁行业全面实施烧结机烟气脱硫，新建烧结机配套安装脱硫脱硝设施。石油石化、有色金属、建材等重点行业实施脱硫改造。新型干法水泥窑实施低氮燃烧技术改造，配套建设脱硝设施。加强重点区域、重点行业和重点企业重金属污染防治，以湘江流域为重点开展重金属污染治理与修复试点示范。

(18)推动建筑节能。制定并实施绿色建筑行动方案，从规划、法规、技术、标准、设计等方面全面推进建筑节能。新建建筑严格执行建筑节能标准，提高标准执行率。推进北方采暖地区既有建筑供热计量和节能改造，实施“节能暖房”工程，改造供热老旧管网，实行供热计量收费和能耗定额管理。做好夏热冬冷地区建筑节能改造。推动可再生能源与建筑一体化应用，推广使用新型节能建材和再生建材，继续推广散装水泥。加强公共建筑节能监管体系建设，完善能源审计、能效公示，推动节能改造与运行管理。研究建立建筑使用全寿命周期管理制度，严格建筑拆除管理。加强城市照明管理，严格防止和纠正过度装饰和亮化。

(19)推进交通运输节能减排。加快构建综合交通运输体系，优化交通运输结构。积极发展城市公共交通，科学合理配置城市各种交通资源，有序推进城市轨道交通建设。提高铁路电气化比重。实施低碳交通运输体系建设城市试点，深入开展“车船路港”千家企业低碳交通运输专项行动，推广公路甩挂运输，全面推行不停车收费系统，实施内河船型标准化，优化航路航线，推进航空、远洋运输业节能减排。开展机场、码头、车站节能改造。加速淘汰老旧汽车、机车、船舶，基本淘汰 2005 年以前注册运营的“黄标车”，加快提升车用燃油品质。实施第四阶段机动车排放标准，在有条件的重点城市和地区逐步实施第五阶段排放标准。全面推行机动车环保标志管理，探索城市调控机动车保有总量，积极推广节能与新能源汽车。

(20)促进农业和农村节能减排。加快淘汰老旧农用机具，推广农用节能机械、设备和渔船。推进节能型住宅建设，推动省柴节煤灶更新换代，开展农村水电增效扩容改造。发展户用沼气和大中型沼气，加强运行管理和维护服务。治理农业面源污染，加强农村环境综合整治，实施农村清洁工程，规模化养殖场和养殖小区配套建设废弃物处理设施的比例达到 50.0% 以上，鼓励污染物统一收集、集中处理。因地制宜推进农村分布式、低成本、易维护的污水处理设施建设。推广测土配方施肥，鼓励使用高效、安全、低毒农药，推动有机农业发展。

(21)推动商业和民用节能。在零售业等商贸服务和旅游业开展节能减排行动，加快设施节能改造，严格用能管理，引导消费行为。宾馆、商厦、写字楼、机场、车站等要严格执行夏季、冬季空调温度设置标准。在居民中推广使用高效节能家电、照明产品，鼓励购买节能环保型汽车，支持乘用公共交通，提倡绿色出行。减少一次性用品使用，限制过度包装，抑制不合理消费。

(22)加强公共机构节能减排。公共机构新建建筑实行更加严格的建筑节能标准。加快公共机构办公区节能改造，完成办公建筑节能改造6 000万平方米。国家机关供热实行按热量收费。开展节约型公共机构示范单位创建活动，创建2 000家示范单位。推进公务用车制度改革，严格用车油耗定额管理，提高节能与新能源汽车比例。建立完善公共机构能源审计、能效公示和能耗定额管理制度，加强能耗监测平台和节能监管体系建设。支持军队重点用能设施设备节能改造。

## 六、大力发展循环经济

（23）加强对发展循环经济的宏观指导。研究提出进一步加快发展循环经济的意见。编制全国循环经济发展规划和重点领域专项规划，指导各地做好规划编制和实施工作。研究制定循环经济发展的指导目录。制定循环经济专项资金使用管理办法及实施方案。深化循环经济示范试点，推广循环经济典型模式。建立完善循环经济统计评价制度。

（24）全面推行清洁生产。编制清洁生产推行规划，制（修）订清洁生产评价指标体系，发布重点行业清洁生产推行方案。重点围绕主要污染物减排和重金属污染治理，全面推进农业、工业、建筑、商贸服务等领域清洁生产示范，从源头和全过程控制污染物产生和排放，降低资源消耗。发布清洁生产审核方案，公布清洁生产强制审核企业名单。实施清洁生产示范工程，推广应用清洁生产技术。

（25）推进资源综合利用。加强共伴生矿产资源及尾矿综合利用，建设绿色矿山。推动煤矸石、粉煤灰、工业副产石膏、冶炼和化工废渣、建筑和道路废弃物以及农作物秸秆综合利用、农林废物资源化利用，大力发展利废新型建筑材料。废弃物实现就地消化，减少转移。到2015年，工业固体废物综合利用率达到72.0%以上。

（26）加快资源再生利用产业化。加快“城市矿产”示范基地建设，推进再生资源规模化利用。培育一批汽车零部件、工程机械、矿山机械、办公用品等再制造示范企业，发布再制造产品目录，完善再制造旧件回收体系和再制造产品标准体系，推动再制造的规模化、产业化发展。加快建设城市社区和乡村回收站点、分拣中心、集散市场“三位一体”的再生资源回收体系。

（27）促进垃圾资源化利用。健全城市生活垃圾分类回收制度，完善分类回收、密闭运输、集中处理体系。鼓励开展垃圾焚烧发电和供热、填埋气体发电、餐厨废弃物资源化利用。鼓励在工业生产过程中协同处理城市生活垃圾和污泥。

（28）推进节水型社会建设。确立用水效率控制红线，实施用水总量控制和定额管理，制定区域、行业和产品用水效率指标体系。推广普及高效节水灌溉技术。加快重点用水行业节水技术改造，提高工业用水循环利用率。加强城乡生活节水，推广应用节水器具。推进再生水、矿井水、海水等非传统水资源利用。建设海水淡化及综合利用示范工程，创建示范城市。到2015年，实现单位工业增加值用水量下降30.0%。

## 七、加快节能减排技术开发和推广应用

（29）加快节能减排共性和关键技术研发。在国家、部门和地方相关科技计划和专项中，加大对节能减排科技研发的支持力度，完善技术创新体系。继续推进节能减排科技专项行动，组织高效节能、废物资源化以及小型分散污水处理、农业面源污染治理等共性、关键和前沿技术攻关。组建一批国家级节能减排工程实验室及专家队伍。推动组建节能减排技术与装备产业联盟，继续通过国家工程（技术）研究中心加大节能减排科技研发力度。加强资源环境高技术领域创新团队和研发基地建设。

（30）加大节能减排技术产业化示范。实施节能减排重大技术与装备产业化工程，重点支持稀土永磁无铁芯电机、半导体照明、低品位余热利用、地热和浅层地温能应用、生物脱氮除磷、烧结机烟气脱硫脱硝一体化、高浓度有机废水处理、污泥和垃圾渗滤液处理处置、废弃电器电子产品资源化、金属无害化处理等关键技术与设备产业化，加快产业化基地建设。

（31）加快节能减排技术推广应用。编制节能减排技术政策大纲。继续发布国家重点节能技术推广目录、国家鼓励发展的重大环保技术装备目录，建立节能减排技术遴选、评定及推广机制。重点推广能量梯级利用、低温余热发电、先进煤气化、高压变频

调速、干熄焦、蓄热式加热炉、吸收式热泵供暖、冰蓄冷、高效换热器，以及干法和半干法烟气脱硫、膜生物反应器、选择性催化还原氮氧化物控制等节能减排技术。加强与有关国际组织、政府在节能环保领域的交流与合作，积极引进、消化、吸收国外先进节能环保技术，加大推广力度。

## 八、完善节能减排经济政策

（32）推进价格和环保收费改革。深化资源性产品价格改革，理顺煤、电、油、气、水、矿产等资源性产品价格关系。推行居民用电、用水阶梯价格。完善电力峰谷分时电价政策。深化供热体制改革，全面推行供热计量收费。对能源消耗超过国家和地区规定的单位产品能耗（电耗）限额标准的企业和产品，实行惩罚性电价。各地可在国家规定基础上，按程序加大差别电价、惩罚性电价实施力度。严格落实脱硫电价，研究制定燃煤电厂烟气脱硝电价政策。进一步完善污水处理费政策，研究将污泥处理费用逐步纳入污水处理成本问题。改革垃圾处理收费方式，加大征收力度，降低征收成本。

（33）完善财政激励政策。加大中央预算内投资和中央财政节能减排专项资金的投入力度，加快节能减排重点工程实施和能力建设。深化“以奖代补”、“以奖促治”以及采用财政补贴方式推广高效节能家用电器、照明产品、节能汽车、高效电机产品等支持机制，强化财政资金的引导作用。国有资本经营预算要继续支持企业实施节能减排项目。地方各级人民政府要加大对节能减排的投入。推行政府绿色采购，完善强制采购和优先采购制度，逐步提高节能环保产品比重，研究实行节能环保服务政府采购。

（34）健全税收支持政策。落实国家支持节能减排所得税、增值税等优惠政策。积极推进资源税费改革，将原油、天然气和煤炭资源税计征办法由从量征收改为从价征收并适当提高税负水平，依法清理取消涉及矿产资源的不合理收费基金项目。积极推进环境税费改革，选择防治任务重、技术标准成熟的税目开征环境保护税，逐步扩大征收范围。完善和落实资源综合利用和可再生能源发展的税收优惠政策。调整进出口税收政策，遏制高耗能、高排放产品出口。对用于制造大型环保及资源综合利用设备确有必要进口的关键零部件及原材料，抓紧研究制定税收优惠政策。

（35）强化金融支持力度。加大各类金融机构对节能减排项目的信贷支持力度，鼓励金融机构创新适合节能减排项目特点的信贷管理模式。引导各类创业投资企业、股权投资企业、社会捐赠资金和国际援助资金增加对节能减排领域的投入。提高高耗能、高排放行业贷款门槛，将企业环境违法信息纳入人民银行企业征信系统和银监会信息披露系统，与企业信用等级评定、贷款及证券融资联动。推行环境污染责任保险，重点区域涉重金属企业应当购买环境污染责任保险。建立银行绿色评级制度，将绿色信贷成效与银行机构高管人员履职评价、机构准入、业务发展相挂钩。

## 九、强化节能减排监督检查

（36）健全节能环保法律法规。推进环境保护法、大气污染防治法、清洁生产促进法、建设项目环境保护管理条例的修订工作，加快制定城镇排水与污水处理条例、排污许可证管理条例、畜禽养殖污染防治条例、机动车污染防治条例等行政法规。修订重点用能单位节能管理办法、能效标识管理办法、节能产品认证管理办法等部门规章。

（37）严格节能评估审查和环境影响评价制度。把污染物排放总量指标作为环评审批的前置条件，对年度减排目标未完成、重点减排项目未按目标责任书落实的地区和企业，实行阶段性环评限批。对未通过能评、环评审查的投资项目，有关部门不得审批、核准、批准开工建设，不得发放生产许可证、安全生产许可证、排污许可证，金融机构不得发放贷款，有关单位不得供水、供电。加强能评和环评审查的监督管理，严肃查处各种违规审批行为。能评费用由节能审查机关同级财政部门安排。

（38）加强重点污染源和治理设施运行监管。严格排污许可证管理。强化重点流域、重点地区、重点行业污染源监管，适时发布主要污染物超标严重的国家重点环境监控企业名单。列入国家重点环境监控范围的电力、钢铁、造纸、印染等重点行业的企业，要安装运行管理监控平台和污染物排放自动监控系统，定期报告运行情况及污染物排放信息，推动污染源自动监控数据联网共享。加强城市污水处理厂监控平台建设，提高污水收集率，做好运行和污染物削减评估考核，考核结果作为核拨污水处理费的重要依据。对城市污水处理设施建设严重滞后、收费政策不落实、污水处理厂建成后一年内实际处理水量达不到设计能力60.0%，以及已建成污水处理设施但无故不运行的地区，暂缓审批该城市项目环评，暂缓下达有关项目的国家建设资金。

（39）加强节能减排执法监督。各级人民政府要组织开展节能减排专项检查，督促各项措施落实，严肃查处违法违规行为。加大对重点用能单位和重点污染源的执法检查力度，加大对高耗能特种设备节能标准和建筑施工阶段标准执行情况、国家机关办公建筑和大型公共建筑节能监管体系建设情况，以及节能环保产品质量和能效标识的监督检查力度。对严重违反节能环保法律法规，未按要求淘汰落后产能、违规使用明令淘汰用能设备、虚标产品能效标识、减排设施未按要求运行等行为，公开通报或挂牌督办，限期整改，对有关责任人进行严肃处理。实行节能减排执法责任制，对行政不作为、执法不严等行为，严肃追究有关主管部门和执法机构负责人的责任。

## 十、推广节能减排市场化机制

（40）加大能效标识和节能环保产品认证实施力度。扩大终端用能产品能效标识实施范围，加强宣传和政策激励，引导消费者购买高效节能产品。继续推进节能产品、环境标志产品、环保装备认证，规范认证行为，扩展认证范围，建立有效的国际协调互认机制。加强标识、认证质量的监管。

（41）建立“领跑者”标准制度。研究确定高耗能产品和终端用能产品的能效先进水平，制定“领跑者”能效标准，明确实施时限。将“领跑者”能效标准与新上项目能评审查、节能产品推广应用相结合，推动企业技术进步，加快标准的更新换代，促进能效水平快速提升。

（42）加强节能发电调度和电力需求侧管理。改革发电调度方式，电网企业要按照节能、经济的原则，优先调度水电、风电、太阳能发电、核电以及余热余压、煤层气、填埋气、煤矸石和垃圾等发电上网，优先安排节能、环保、高效火电机组发电上网。研究推行发电权交易。电网企业要及时、真实、准确、完整地公布节能发电调度信息，电力监管部门要加强对节能发电调度工作的监督。落实电力需求侧管理办法，制定配套政策，规范有序用电。以建设技术支撑平台为基础，开展城市综合试点，推广能效电厂。

（43）加快推行合同能源管理。落实财政、税收和金融等扶持政策，引导专业化节能服务公司采用合同能源管理方式为用能单位实施节能改造，扶持壮大节能服务产业。研究建立合同能源管理项目节能量审核和交易制度，培育第三方审核评估机构。鼓励大型重点用能单位利用自身技术优势和管理经验，组建专业化节能服务公司。引导和支持各类融资担保机构提供风险分担服务。

（44）推进排污权和碳排放权交易试点。完善主要污染物排污权有偿使用和交易试点，建立健全排污权交易市场，研究制定排污权有偿使用和交易试点的指导意见。开展碳排放交易试点，建立自愿减排机制，推进碳排放权交易市场建设。

（45）推行污染治理设施建设运行特许经营。总结燃煤电厂烟气脱硫特许经营试点经验，完善相关政策措施。鼓励采用多种建设运营模式开展城镇污水垃圾处理、工业园区污染物集中治理，确保处理设施稳定高效运行。实行环保设施运营资质许可制度，推进环保设施的专业化、社会化运营服务。完善市场准入机制，规范市场行为，打破地方保护，为企业创造公平竞争的市场环境。

## 十一、加强节能减排基础工作和能力建设

（46）加快节能环保标准体系建设。加快制（修）订重点行业单位产品能耗限额、产品能效和污染物排放等强制性国家标准，以及建筑节能标准和设计规范，提高准入门槛。制定和完善环保产品及装备标准。完善机动车燃油消耗量限值标准、低速汽车排放标准。制（修）订轻型汽车第五阶段排放标准，颁布实施第四、第五阶段车用燃油国家标准。建立满足氨氮、氮氧化物控制目标要求的排放标准。

鼓励地方依法制定更加严格的节能环保地方标准。

（47）强化节能减排管理能力建设。建立健全节能管理、监察、服务“三位一体”的节能管理体系，加强政府节能管理能力建设，完善机构，充实人员。加强节能监察机构能力建设，配备监测和检测设备，加强人员培训，提高执法能力，完善覆盖全国的省、市、县三级节能监察体系。继续推进能源统计能力建设。推动重点用能单位按要求配备计量器具，推行能源计量数据在线采集、实时监测。开展城市能源计量建设示范。加强减排监管能力建设，推进环境监管机构标准化，提高污染源监测、机动车污染监控、农业源污染检测和减排管理能力，建立健全国家、省、市三级减排监控体系，加强人员培训和队伍建设。

### 十二、动员全社会参与节能减排

（48）加强节能减排宣传教育。把节能减排纳入社会主义核心价值观宣传教育体系以及基础教育、高等教育、职业教育体系。组织好全国节能宣传周、世界环境日等主题宣传活动，加强日常性节能减排宣传教育。新闻媒体要积极宣传节能减排的重要性、紧迫性以及国家采取的政策措施和取得的成效，宣传先进典型，普及节能减排知识和方法，加强舆论监督和对外宣传，积极为节能减排营造良好的国内和国际环境。

（49）深入开展节能减排全民行动。抓好家庭社区、青少年、企业、学校、军营、农村、政府机构、科技、科普和媒体等十个节能减排专项行动，通过典型示范、专题活动、展览展示、岗位创建、合理化建议等多种形式，广泛动员全社会参与节能减排，发挥职工节能减排义务监督员队伍作用，倡导文明、节约、绿色、低碳的生产方式、消费模式和生活习惯。

（50）政府机关带头节能减排。各级人民政府机关要将节能减排作为机关工作的一项重要任务来抓，健全规章制度，落实岗位责任，细化管理措施，树立节约意识，践行节约行动，作节能减排的表率。

# 国务院关于加强环境保护重点工作的意见

（2011 年 10 月 17 日　国发〔2011〕35 号）

各省、自治区、直辖市人民政府，国务院各部委、各直属机构：

多年来，我国积极实施可持续发展战略，将环境保护放在重要的战略位置，不断加大解决环境问题的力度，取得了明显成效。但由于产业结构和布局仍不尽合理，污染防治水平仍然较低，环境监管制度尚不完善等原因，环境保护形势依然十分严峻。为深入贯彻落实科学发展观，加快推动经济发展方式转变，提高生态文明建设水平，现就加强环境保护重点工作提出如下意见：

### 一、全面提高环境保护监督管理水平

（1）严格执行环境影响评价制度。凡依法应当进行环境影响评价的重点流域、区域开发和行业发展规划以及建设项目，必须严格履行环境影响评价程序，并把主要污染物排放总量控制指标作为新改扩建项目环境影响评价审批的前置条件。环境影响评价过程要公开透明，充分征求社会公众意见。建立健全规划环境影响评价和建设项目环境影响评价的联动机制。对环境影响评价文件未经批准即擅自开工建设、建设过程中擅自作出重大变更、未经环境保护验收即擅自投产等违法行为，要依法追究管理部门、相关企业和人员的责任。

（2）继续加强主要污染物总量减排。完善减排统计、监测和考核体系，鼓励各地区实施特征污染物排放总量控制。对造纸、印染和化工行业实行化学需氧量和氨氮排放总量控制。加强污水处理设施、污泥处理处置设施、污水再生利用设施和垃圾渗滤液处理设施建设。对现有污水处理厂进行升级改

造。完善城镇污水收集管网,推进雨、污分流改造。强化城镇污水、垃圾处理设施运行监管。对电力行业实行二氧化硫和氮氧化物排放总量控制,继续加强燃煤电厂脱硫,全面推行燃煤电厂脱硝,新建燃煤机组应同步建设脱硫脱硝设施。对钢铁行业实行二氧化硫排放总量控制,强化水泥、石化、煤化工等行业二氧化硫和氮氧化物治理。在大气污染联防联控重点区域开展煤炭消费总量控制试点。开展机动车船尾气氮氧化物治理。提高重点行业环境准入和排放标准。促进农业和农村污染减排,着力抓好规模化畜禽养殖污染防治。

(3)强化环境执法监管。抓紧推动制定和修订相关法律法规,为环境保护提供更加完备、有效的法制保障。健全执法程序,规范执法行为,建立执法责任制。加强环境保护日常监管和执法检查。继续开展整治违法排污企业保障群众健康环保专项行动,对环境法律法规执行和环境问题整改情况进行后督察。建立建设项目全过程环境监管制度以及农村和生态环境监察制度。完善跨行政区域环境执法合作机制和部门联动执法机制。依法处置环境污染和生态破坏事件。执行流域、区域、行业限批和挂牌督办等督察制度。对未完成环保目标任务或发生重特大突发环境事件负有责任的地方政府领导进行约谈,落实整改措施。推行生产者责任延伸制度。深化企业环境监督员制度,实行资格化管理。建立健全环境保护举报制度,广泛实行信息公开,加强环境保护的社会监督。

(4)有效防范环境风险和妥善处置突发环境事件。完善以预防为主的环境风险管理制度,实行环境应急分级、动态和全过程管理,依法科学妥善处置突发环境事件。建设更加高效的环境风险管理和应急救援体系,提高环境应急监测处置能力。制定切实可行的环境应急预案,配备必要的应急救援物资和装备,加强环境应急管理、技术支撑和处置救援队伍建设,定期组织培训和演练。开展重点流域、区域环境与健康调查研究。全力做好污染事件应急处置工作,及时准确发布信息,减少人民群众生命财产损失和生态环境损害。健全责任追究制度,严格落实企业环境安全主体责任,强化地方政府环境安全监管责任。

## 二、着力解决影响科学发展和损害群众健康的突出环境问题

(5)切实加强重金属污染防治。对重点防控的重金属污染地区、行业和企业进行集中治理。合理调整涉重金属企业布局,严格落实卫生防护距离,坚决禁止在重点防控区域新改扩建增加重金属污染物排放总量的项目。加强重金属相关企业的环境监管,确保达标排放。对造成污染的重金属污染企业,加大处罚力度,采取限期整治措施,仍然达不到要求的,依法关停取缔。规范废弃电器电子产品的回收处理活动,建设废旧物品回收体系和集中加工处理园区。积极妥善处理重金属污染历史遗留问题。

(6)严格化学品环境管理。对化学品项目布局进行梳理评估,推动石油、化工等项目科学规划和合理布局。对化学品生产经营企业进行环境隐患排查,对海洋、江河湖泊沿岸化工企业进行综合整治,强化安全保障措施。把环境风险评估作为危险化学品项目评估的重要内容,提高化学品生产的环境准入条件和建设标准,科学确定并落实化学品建设项目环境安全防护距离。依法淘汰高毒、难降解、高环境危害的化学品,限制生产和使用高环境风险化学品。推行工业产品生态设计。健全化学品全过程环境管理制度。加强持久性有机污染物排放重点行业监督管理。建立化学品环境污染责任终身追究制和全过程行政问责制。

(7)确保核与辐射安全。以运行核设施为监管重点,强化对新建、扩建核设施的安全审查和评估,推进老旧核设施退役和放射性废物治理。加强对核材料、放射性物品生产、运输、贮存等环节的安全管理和辐射防护,促进铀矿和伴生放射性矿环境保护。强化放射源、射线装置、高压输变电及移动通信工程等辐射环境管理。完善核与辐射安全审评方法,健全辐射环境监测监督体系,推动国家核与辐射安全监管技术研发基地建设,构建监管技术支撑平台。

(8)深化重点领域污染综合防治。严格饮用水水源保护区划分与管理,定期开展水质全分析,实施水源地环境整治、恢复和建设工程,提高水质达标率。开展地下水污染状况调查、风险评估、修复示

范。继续推进重点流域水污染防治，完善考核机制。加强鄱阳湖、洞庭湖、洪泽湖等湖泊污染治理。加大对水质良好或生态脆弱湖泊的保护力度。禁止在可能造成生态严重失衡的地方进行围填海活动，加强入海河流污染治理与入海排污口监督管理，重点改善渤海和长江、黄河、珠江等河口海域环境质量。修订环境空气质量标准，增加大气污染物监测指标，改进环境质量评价方法。健全重点区域大气污染联防联控机制，实施多种污染物协同控制，严格控制挥发性有机污染物排放。加强恶臭、噪声和餐饮油烟污染控制。加大城市生活垃圾无害化处理力度。加强工业固体废物污染防治，强化危险废物和医疗废物管理。被污染场地再次进行开发利用的，应进行环境评估和无害化治理。推行重点企业强制性清洁生产审核。推进污染企业环境绩效评估，严格上市企业环保核查。深入开展城市环境综合整治和环境保护模范城市创建活动。

(9)大力发展环保产业。加大政策扶持力度，扩大环保产业市场需求。鼓励多渠道建立环保产业发展基金，拓宽环保产业发展融资渠道。实施环保先进适用技术研发应用、重大环保技术装备及产品产业化示范工程。着重发展环保设施社会化运营、环境咨询、环境监理、工程技术设计、认证评估等环境服务业。鼓励使用环境标志、环保认证和绿色印刷产品。开展污染减排技术攻关，实施水体污染控制与治理等科技重大专项。制定环保产业统计标准。加强环境基准研究，推进国家环境保护重点实验室、工程技术中心建设。加强高等院校环境学科和专业建设。

(10)加快推进农村环境保护。实行农村环境综合整治目标责任制。深化“以奖促治”和“以奖代补”政策，扩大连片整治范围，集中整治存在突出环境问题的村庄和集镇，重点治理农村土壤和饮用水水源地污染。继续开展土壤环境调查，进行土壤污染治理与修复试点示范。推动环境保护基础设施和服务向农村延伸，加强农村生活垃圾和污水处理设施建设。发展生态农业和有机农业，科学使用化肥、农药和农膜，切实减少面源污染。严格农作物秸秆禁烧管理，推进农业生产废弃物资源化利用。加强农村人畜粪便和农药包装无害化处理。加大农村地区工矿企业污染防治力度，防止污染向农村转移。开展农业和农村环境统计。

(11)加大生态保护力度。国家编制环境功能区划，在重要生态功能区、陆地和海洋生态环境敏感区、脆弱区等区域划定生态红线，对各类主体功能区分别制定相应的环境标准和环境政策。加强青藏高原生态屏障、黄土高原—川滇生态屏障、东北森林带、北方防沙带和南方丘陵山地带以及大江大河重要水系的生态环境保护。推进生态修复，让江河湖泊等重要生态系统休养生息。强化生物多样性保护，建立生物多样性监测、评估与预警体系以及生物遗传资源获取与惠益共享制度，有效防范物种资源丧失和流失。加强自然保护区综合管理。开展生态系统状况评估。加强矿产、水电、旅游资源开发和交通基础设施建设中的生态保护。推进生态文明建设试点，进一步开展生态示范创建活动。

## 三、改革创新环境保护体制机制

(12)继续推进环境保护历史性转变。坚持在发展中保护，在保护中发展，不断强化并综合运用法律、经济、技术和必要的行政手段，以改革创新为动力，积极探索代价小、效益好、排放低、可持续的环境保护新道路，建立与我国国情相适应的环境保护宏观战略体系、全面高效的污染防治体系、健全的环境质量评价体系、完善的环境保护法规政策和科技标准体系、完备的环境管理和执法监督体系、全民参与的社会行动体系。

(13)实施有利于环境保护的经济政策。把环境保护列入各级财政年度预算并逐步增加投入。适时增加同级环保能力建设经费安排。加大对重点流域水污染防治的投入力度，完善重点流域水污染防治专项资金管理办法。完善中央财政转移支付制度，加大对中西部地区、民族自治地方和重点生态功能区环境保护的转移支付力度。加快建立生态补偿机制和国家生态补偿专项资金，扩大生态补偿范围。积极推进环境税费改革，研究开征环境保护税。对生产符合下一阶段标准车用燃油的企业，在消费税政策上予以优惠。制定和完善环境保护综合名录。对“高污染、高环境风险”产品，研究调整进出口关税政策。支持符合条件的企业发行债券用于环境保护项目。加大对符合环保要求和信贷原则的企业和项目的信贷支持。建立企业环境行为信用评价制度。健全环境污染责任保险制度,开展环境污染强制责任保险试点。严格落实燃煤电厂烟气脱硫电价政策,制定脱硝电价政策。对可再生能源发电、余热发电和垃圾焚烧发电实行优先上网等政策支持。对高耗能、高污染行业实行差别电价,对污水处理、污泥无害化处理设施、非电力行业脱硫脱硝和垃圾处理设施等鼓励类企业实行政策优惠。按照污泥、垃圾和医疗废物无害化处置的要求,完善收费标准,推进征收方式改革。推行排污许可证制度,开展排污权有偿使用和交易试点,建立国家排污权交易中心,发展排污权交易市场。

(14)不断增强环境保护能力。全面推进监测、监察、宣教、信息等环境保护能力标准化建设。完善地级以上城市空气质量、重点流域、地下水、农产品产地国家重点监控点位和自动监测网络,扩大监测范围,建设国家环境监测网。推进环境专用卫星建设及其应用,提高遥感监测能力。加强污染源自动监控系统建设、监督管理和运行维护。开展全民环境宣传教育行动计划,培育壮大环保志愿者队伍,引导和支持公众及社会组织开展环保活动。增强环境信息基础能力、统计能力和业务应用能力。建设环境信息资源中心,加强物联网在污染源自动监控、环境质量实时监测、危险化学品运输等领域的研发应用,推动信息资源共享。

(15)健全环境管理体制和工作机制。构建环境保护工作综合决策机制。完善环境监测和督察体制机制,加强国家环境监察职能。继续实行环境保护部门领导干部双重管理体制。鼓励有条件的地区开展环境保护体制综合改革试点。结合地方人民政府机构改革和乡镇机构改革,探索实行设区城市环境保护派出机构监管模式,完善基层环境管理体制。加强核与辐射安全监管职能和队伍建设。实施生态环境保护人才发展中长期规划。

(16)强化对环境保护工作的领导和考核。地方各级人民政府要切实把环境保护放在全局工作的突出位置,列入重要议事日程,明确目标任务,完善政策措施,组织实施国家重点环保工程。制定生态文明建设的目标指标体系,纳入地方各级人民政府绩效考核,考核结果作为领导班子和领导干部综合考核评价的重要内容,作为干部选拔任用、管理监督的重要依据,实行环境保护一票否决制。对未完成目标任务考核的地方实施区域限批,暂停审批该地区除民生工程、节能减排、生态环境保护和基础设施建设以外的项目,并追究有关领导责任。

各地区、各部门要加强协调配合,明确责任、分工和进度要求,认真落实本意见。环境保护部要会同有关部门加强对本意见落实情况的监督检查,重大情况向国务院报告。

# 国务院关于坚持科学发展安全发展促进安全生产形势持续稳定好转的意见

(2011年11月26日　国发〔2011〕40号)

各省、自治区、直辖市人民政府,国务院各部委、各直属机构:

安全生产事关人民群众生命财产安全,事关改革开放、经济发展和社会稳定大局,事关党和政府形象和声誉。为深入贯彻落实科学发展观,实现安全发展,促进全国安全生产形势持续稳定好转,提出以下意见:

## 一、充分认识坚持科学发展安全发展的重大意义

(1)坚持科学发展安全发展是对安全生产实践经验的科学总结。多年来,各地区、各部门、各单位

深入贯彻落实科学发展观，按照党中央、国务院的决策部署，大力推进安全发展，全国安全生产工作取得了积极进展和明显成效。“十一五”期间，事故总量和重特大事故大幅度下降，全国各类事故死亡人数年均减少约1万人，反映安全生产状况的各项指标显著改善，安全生产形势持续稳定好转。实践表明，坚持科学发展安全发展，是对新时期安全生产客观规律的科学认识和准确把握，是保障人民群众生命财产安全的必然选择。

（2）坚持科学发展安全发展是解决安全生产问题的根本途径。我国正处于工业化、城镇化快速发展进程中，处于生产安全事故易发多发的高峰期，安全基础仍然比较薄弱，重特大事故尚未得到有效遏制，非法违法生产经营建设行为屡禁不止，安全责任不落实、防范和监督管理不到位等问题在一些地方和企业还比较突出。安全生产工作既要解决长期积累的深层次、结构性和区域性问题，又要应对不断出现的新情况、新问题，根本出路在于坚持科学发展安全发展。要把这一重要思想和理念落实到生产经营建设的每一个环节，使之成为衡量各行业领域、各生产经营单位安全生产工作的基本标准，自觉做到不安全不生产，实现安全与发展的有机统一。

（3）坚持科学发展安全发展是经济发展社会进步的必然要求。随着经济发展和社会进步，全社会对安全生产的期待不断提高，广大从业人员“体面劳动”意识不断增强，对加强安全监管监察、改善作业环境、保障职业安全健康权益等方面的要求越来越高。这就要求各地区、各部门、各单位必须始终把安全生产摆在经济社会发展重中之重的位置，自觉坚持科学发展安全发展，把安全真正作为发展的前提和基础，使经济社会发展切实建立在安全保障能力不断增强、劳动者生命安全和身体健康得到切实保障的基础之上，确保人民群众平安幸福地享有经济发展和社会进步的成果。

## 二、指导思想和基本原则

（4）指导思想。坚持以邓小平理论和“三个代表”重要思想为指导，深入贯彻落实科学发展观，牢固树立以人为本、安全发展的理念，始终把保障人民群众生命财产安全放在首位，大力实施安全发展战略，紧紧围绕科学发展主题和加快转变经济发展方式主线，自觉坚持“安全第一、预防为主、综合治理”方针，坚持速度、质量、效益与安全的有机统一，以强化和落实企业主体责任为重点，以事故预防为主攻方向，以规范生产为保障，以科技进步为支撑，认真落实安全生产各项措施，标本兼治、综合治理，有效防范和坚决遏制重特大事故，促进安全生产与经济社会同步协调发展。

（5）基本原则。——统筹兼顾，协调发展。正确处理安全生产与经济社会发展、与速度质量效益的关系，坚持把安全生产放在首要位置，促进区域、行业领域的科学、安全、可持续发展。——依法治安，综合治理。健全完善安全生产法律法规、制度标准体系，严格安全生产执法，严厉打击非法违法行为，综合运用法律、行政、经济等手段，推动安全生产工作规范、有序、高效开展。——突出预防，落实责任。加大安全投入，严格安全准入，深化隐患排查治理，筑牢安全生产基础，全面落实企业安全生产主体责任、政府及部门监管责任和属地管理责任。——依靠科技，创新管理。加快安全科技研发应用，加强专业技术人才队伍和高素质的职工队伍培养，创新安全管理体制机制和方式方法，不断提升安全保障能力和安全管理水平。

## 三、进一步加强安全生产法制建设

（6）健全完善安全生产法律制度体系。加快推进安全生产法等相关法律法规的修订制定工作。适应经济社会快速发展的新要求，制定高速铁路、高速公路、大型桥梁隧道、超高层建筑、城市轨道交通和地下管网等建设、运行、管理方面的安全法规规章。根据技术进步和产业升级需要，抓紧修订完善国家和行业安全技术标准，尽快健全覆盖各行业领域的安全生产标准体系。进一步建立完善安全生产激励约束、督促检查、行政问责、区域联动等制度，形成规范有力的制度保障体系。

（7）加大安全生产普法执法力度。加强安全生产法制教育，普及安全生产法律知识，提高全民安全法治意识，增强依法生产经营建设的自觉性。加强安全生产日常执法、重点执法和跟踪执法，强化相关部门及与司法机关的联合执法，确保执法实效。继续依法严厉打击各类非法违法生产经营建设行为，切实落实停产整顿、关闭取缔、严格问责的惩治措施。强化地方人民政府特别是县乡级人民政府责任，对打击非法生产不力的，要严肃追究责任。

(8)依法严肃查处各类事故。严格按照“科学严谨、依法依规、实事求是、注重实效”的原则，认真调查处理每一起事故，查明原因，依法严肃追究事故单位和有关责任人的责任，严厉查处事故背后的腐败行为，及时向社会公布调查进展和处理结果。认真落实事故查处分级挂牌督办、跟踪督办、警示通报、诫勉约谈和现场分析制度，深刻吸取事故教训，查找安全漏洞，完善相关管理措施，切实改进安全生产工作。

## 四、全面落实安全生产责任

(9)认真落实企业安全生产主体责任。企业必须严格遵守和执行安全生产法律法规、规章制度与技术标准，依法依规加强安全生产，加大安全投入，健全安全管理机构，加强班组安全建设，保持安全设备设施完好有效。企业主要负责人、实际控制人要切实承担安全生产第一责任人的责任，带头执行现场带班制度，加强现场安全管理。强化企业技术负责人技术决策和指挥权，注重发挥注册安全工程师对企业安全状况诊断、评估、整改方面的作用。企业主要负责人、安全管理人员、特种作业人员一律经严格考核、持证上岗。企业用工要严格依照劳动合同法与职工签订劳动合同，职工必须全部经培训合格后上岗。

(10)强化地方人民政府安全监管责任。地方各级人民政府要健全完善安全生产责任制，把安全生产作为衡量地方经济发展、社会管理、文明建设成效的重要指标，切实履行属地管理职责，对辖区内各类企业包括中央、省属企业实施严格的安全生产监督检查和管理。严格落实地方行政首长安全生产第一责任人的责任，建立健全政府领导班子成员安全生产“一岗双责”制度。省、市、县级政府主要负责人要定期研究部署安全生产工作，组织解决安全生产重点难点问题。

(11)切实履行部门安全生产管理和监督职责。健全完善安全生产综合监管与行业监管相结合的工作机制，强化安全生产监管部门对安全生产的综合监管，全面落实行业主管部门的专业监管、行业管理和指导职责。相关部门、境内投资主体和派出企业要切实加强对境外中资企业安全生产工作的指导和管理。要不断探索创新与经济运行、社会管理相适应的安全监管模式，建立健全与企业信誉、项目核准、用地审批、证券融资、银行贷款等方面相挂钩的安全生产约束机制。

## 五、着力强化安全生产基础

(12)严格安全生产准入条件。要认真执行安全生产许可制度和产业政策，严格技术和安全质量标准，严把行业安全准入关。强化建设项目安全核准，把安全生产条件作为高危行业建设项目审批的前置条件，未通过安全评估的不准立项；未经批准擅自开工建设的，要依法取缔。严格执行建设项目安全设施“三同时”(同时设计、同时施工、同时投产和使用)制度。制定和实施高危行业从业人员资格标准。加强对安全生产专业服务机构管理，实行严格的资格认证制度，确保其评价、检测结果的专业性和客观性。

(13)加强安全生产风险监控管理。充分运用科技和信息手段，建立健全安全生产隐患排查治理体系，强化监测监控、预报预警，及时发现和消除安全隐患。企业要定期进行安全风险评估分析，重大隐患要及时报安全监管监察和行业主管部门备案。各级政府要对重大隐患实行挂牌督办，确保监控、整改、防范等措施落实到位。各地区要建立重大危险源管理档案，实施动态全程监控。

(14)推进安全生产标准化建设。在工矿商贸和交通运输行业领域普遍开展岗位达标、专业达标和企业达标建设，对在规定期限内未实现达标的企业，要依据有关规定暂扣其生产许可证、安全生产许可证，责令停产整顿；对整改逾期仍未达标的，要依法予以关闭。加强安全标准化分级考核评价，将评价结果向银行、证券、保险、担保等主管部门通报，作为企业信用评级的重要参考依据。

(15)加强职业病危害防治工作。要严格执行职业病防治法,认真实施国家职业病防治规划,深入落实职业危害防护设施"三同时"制度,切实抓好煤(矽)尘、热害、高毒物质等职业危害防范治理。对可能产生职业病危害的建设项目,必须进行严格的职业病危害预评价,未提交预评价报告或预评价报告未经审核同意的,一律不得批准建设;对职业病危害防控措施不到位的企业,要依法责令其整改,情节严重的要依法予以关闭。切实做好职业病诊断、鉴定和治疗,保障职工安全健康权益。

## 六、深化重点行业领域安全专项整治

(16)深入推进煤矿瓦斯防治和整合技改。加快建设"通风可靠、抽采达标、监控有效、管理到位"的瓦斯综合治理工作体系,完善落实瓦斯抽采利用扶持政策,推进瓦斯防治技术创新。严格控制高瓦斯和煤与瓦斯突出矿井建设项目审批。建立完善煤矿瓦斯防治能力评估制度,对不具备防治能力的高瓦斯和煤与瓦斯突出矿井,要严格按规定停产整改、重组或依法关闭。继续运用中央预算内投资扶持煤矿安全技术改造,支持煤矿整顿关闭和兼并重组。加强对整合技改煤矿的安全管理,加快推进煤矿井下安全避险系统建设和小煤矿机械化改造。

(17)加大交通运输安全综合治理力度。加强道路长途客运安全管理,修订完善长途客运车辆安全技术标准,逐步淘汰安全性能差的运营车型。强化交通运输企业安全主体责任,禁止客运车辆挂靠运营,禁止非法改装车辆从事旅客运输。严格长途客运、危险品车辆驾驶人资格准入,研究建立长途客车驾驶人强制休息制度,持续严厉整治超载、超限、超速、酒后驾驶、高速公路违规停车等违法行为。加强道路运输车辆动态监管,严格按规定强制安装具有行驶记录功能的卫星定位装置并实行联网联控。提高道路建设质量,完善安全防护设施,加强桥梁、隧道、码头安全隐患排查治理。加强高速铁路和城市轨道交通建设运营安全管理。继续强化民航、农村和山区交通、水上交通的安全监管,特别要抓紧完善校车安全法规和标准,依法强化校车安全监管。

(18)严格危险化学品安全管理。全面开展危险化学品安全管理现状普查评估,建立危险化学品安全管理信息系统。科学规划化工园区,优化化工企业布局,严格控制城镇涉及危险化学品的建设项目。各地区要积极研究制定鼓励支持政策,加快城区高风险危险化学品生产、储存企业搬迁。地方各级人民政府要组织开展地下危险化学品输送管道设施安全整治,加强和规范城镇地面开挖作业管理。继续推进化工装置自动控制系统改造。切实加强烟花爆竹和民用爆炸物品的安全监管,深入开展"三超一改"(超范围、超定员、超药量和擅自改变工房用途)和礼花弹等高危产品专项治理。

(19)深化非煤矿山安全整治。进一步完善矿产资源开发整合常态化管理机制,制定实施非煤矿山主要矿种最小开采规模和最低服务年限标准。研究制定充填开采标准和规定。积极推行尾矿库一次性筑坝、在线监测技术,搞好尾矿综合利用。全面加强矿井安全避险系统建设,组织实施非煤矿山采空区监测监控等科技示范工程。加强陆地和海洋石油天然气勘探开采的安全管理,重点防范井喷失控、硫化氢中毒、海上溢油等事故。

(20)加强建筑施工安全生产管理。按照"谁发证、谁审批、谁负责"的原则,进一步落实建筑工程招投标、资质审批、施工许可、现场作业等各环节安全监管责任。强化建筑工程参建各方企业安全生产主体责任。严密排查治理起重机、吊罐、脚手架等设施设备安全隐患。建立建筑工程安全生产信息系统,健全施工企业和从业人员安全信用体系,完善失信惩戒制度。建立完善铁路、公路、水利、核电等重点工程项目安全风险评估制度。严厉打击超越资质范围承揽工程、违法分包转包工程等不法行为。

(21)加强消防、冶金等其他行业领域的安全监管。地方各级人民政府要把消防规划纳入当地城乡规划,切实加强公共消防设施建设。大力实施社会消防安全"防火墙"工程,落实建设项目消防安全设计审核、验收和备案抽查制度,严禁使用不符合消防安全要求的装修装饰材料和建筑外保温材料。严格落实人员密集场所、大型集会活动等安全责任制,严防拥挤踩踏事故。加强冶金、有色等其他工贸行业企业安全专项治理,严格执行压力容器、电梯、游乐设施等特种设备安全管理制度，加强电力、农机和渔船安全管理。

## 七、大力加强安全保障能力建设

（22）持续加大安全生产投入。探索建立中央、地方、企业和社会共同承担的安全生产长效投入机制，加大对贫困地区和高危行业领域倾斜。完善有利于安全生产的财政、税收、信贷政策，强化政府投资对安全生产投入的引导和带动作用。企业在年度财务预算中必须确定必要的安全投入，提足用好安全生产费用。完善落实工伤保险制度，积极稳妥推行安全生产责任保险制度，发挥保险机制的预防和促进作用。

（23）充分发挥科技支撑作用。整合安全科技优势资源，建立完善以企业为主体、以市场为导向、产学研用相结合的安全技术创新体系。加快推进安全生产关键技术及装备的研发，在事故预防预警、防治控制、抢险处置等方面尽快推出一批具有自主知识产权的科技成果。积极推广应用安全性能可靠、先进适用的新技术、新工艺、新设备和新材料。企业必须加快国家规定的各项安全系统和装备建设，提高生产安全防护水平。加强安全生产信息化建设，建立健全信息科技支撑服务体系。

（24）加强产业政策引导。加大高危行业企业重组力度，进一步整合浪费资源、安全保障低的落后产能，加快淘汰不符合安全标准、职业危害严重、危及安全生产的落后技术、工艺和装备。地方各级人民政府要制定相关政策，遏制安全水平低、保障能力差的项目的建设和延续。对存在落后技术设备、构成重大安全隐患的企业，要予以公布，责令其限期整改，逾期未整改的依法予以关闭。把安全产业纳入国家重点支持的战略产业，积极发展安全装备融资租赁业务，促进企业加快提升安全装备水平。

（25）加强安全人才和监管监察队伍建设。加强安全科学与工程学科建设，办好安全工程类高等教育和职业教育，重点培养中高级安全工程与管理人才。鼓励高等院校、职业学校进一步落实完善校企合作办学、对口单招、订单式培养等政策，加快培养高危行业专业人才和生产一线急需技能型人才。加快建设专业化的安全监管监察队伍，建立以岗位职责为基础的能力评价体系，加强在岗人员业务培训。进一步充实基层监管力量，改善监管监察装备和条件，创新安全监管监察机制，切实做到严格、公正、廉洁、文明执法。

## 八、建设更加高效的应急救援体系

（26）加强应急救援队伍和基地建设。抓紧7个国家级、14个区域性矿山应急救援基地建设，加快推进重点行业领域的专业应急救援队伍建设。县级以上地方人民政府要结合实际，整合应急资源，依托大型企业、公安消防等救援力量，加强本地区应急救援队伍建设。建立紧急医学救援体系，提升事故医疗救治能力。建立救援队伍社会化服务补偿机制，鼓励和引导社会力量参与应急救援。

（27）完善应急救援机制和基础条件。健全省、市、县及中央企业安全生产应急管理体系，加快建设应急平台，完善应急救援协调联动机制。建立健全自然灾害预报预警联合处置机制，加强安监、气象、地震、海洋等部门的协调配合，严防自然灾害引发事故灾难。建立完善企业安全生产动态监控及预警预报体系。加强应急救援装备建设，强化应急物资和紧急运输能力储备，提高应急处置效率。

（28）加强预案管理和应急演练。建立健全安全生产应急预案体系，加强动态修订完善。落实省、市、县三级安全生产预案报备制度，加强企业预案与政府相关应急预案的衔接。定期开展应急预案演练，切实提高事故救援实战能力。企业生产现场带班人员、班组长和调度人员在遇到险情时，要按照预案规定，立即组织停产撤人。

## 九、积极推进安全文化建设

（29）加强安全知识普及和技能培训。加强安全教育基地建设，充分利用电视、互联网、报纸、广播等多种形式和手段普及安全常识，增强全社会科学发展、安全发展的思想意识。在中小学广泛普及安全基础教育，加强防灾避险演练。全面开展安全生产、应急避险和职业健康知识进企业、进学校、进乡村、进社区、进家庭活动，努力提升全民安全素质。大力开展企业全员安全培训，重点强化高危行业和中小企业一线员工安全培训。完善农民工向产业工人转化过程中的安全教育培训机制。建立完善安全技术人员继续教育制度。大型企业要建立健全职业教育和培训机构。加强地方政府安全生产分管领导干部的安全培训，提高安全管理水平。

(30)推动安全文化发展繁荣。充分利用社会资源和市场机制，培育发展安全文化产业，打造安全文化精品，促进安全文化市场繁荣。加强安全公益宣传，大力倡导“关注安全、关爱生命”的安全文化。建设安全文化主题公园、主题街道和安全社区，创建若干安全文化示范企业和安全发展示范城市。推进安全文化理论和建设手段创新，构建自我约束、持续改进的长效机制，不断提高安全文化建设水平，切实发挥其对安全生产工作的引领和推动作用。

### 十、切实加强组织领导和监督

(31)健全完善安全生产工作格局。各地区要进一步健全完善政府统一领导、部门依法监管、企业全面负责、群众参与监督、全社会广泛支持的安全生产工作格局，形成各方面齐抓共管的合力。要切实加强安全生产工作的组织领导，充分发挥各级政府安全生产委员会及其办公室的指导协调作用，落实各成员单位工作责任。县级以上人民政府要依法健全完善安全生产、职业健康监管体系，安全生产任务较重的乡镇要加强安全监管力量建设，确保事有人做、责有人负。

(32)加强安全生产绩效考核。把安全生产考核控制指标纳入经济社会发展考核评价指标体系，加大各级领导干部政绩业绩考核中安全生产的权重和考核力度。把安全生产工作纳入社会主义精神文明和党风廉政建设、社会管理综合治理体系之中。制定完善安全生产奖惩制度，对成效显著的单位和个人要以适当形式予以表扬和奖励，对违法违规、失职渎职的，依法严格追究责任。

(33)发挥社会公众的参与监督作用。推进安全生产政务公开，健全行政许可网上申请、受理、审批制度。落实安全生产新闻发布制度和救援工作报道机制，完善隐患、事故举报奖励制度，加强社会监督、舆论监督和群众监督。支持各级工会、共青团、妇联等群众组织动员广大职工开展群众性安全生产监督和隐患排查，落实职工岗位安全责任，推进群防群治。

# 国务院关于印发国家环境保护“十二五”规划的通知

(2011 年 12 月 15 日　国发〔2011〕42 号)

各省、自治区、直辖市人民政府，国务院各部委、各直属机构：现将《国家环境保护“十二五”规划》印发给你们，请认真贯彻执行。

保护环境是我国的基本国策。为推进“十二五”期间环境保护事业的科学发展，加快资源节约型、环境友好型社会建设，制定本规划。

### 一、环境形势

党中央、国务院高度重视环境保护工作，将其作为贯彻落实科学发展观的重要内容，作为转变经济发展方式的重要手段，作为推进生态文明建设的根本措施。“十一五”期间，国家将主要污染物排放总量显著减少作为经济社会发展的约束性指标，着力解决突出环境问题，在认识、政策、体制和能力等方面取得重要进展。化学需氧量、二氧化硫排放总量比 2005 年分别下降 12.45%、14.29%，超额完成减排任务。污染治理设施快速发展，设市城市污水处理率由 2005 年的 52.0% 提高到 72.0%，火电脱硫装机比重由 12.0% 提高到 82.6%。让江河湖泊休养生息全面推进，重点流域、区域污染防治不断深化，环境质量有所改善，全国地表水国控断面水质优于Ⅲ类的比重提高到51.9%，全国城市空气二氧化硫平均浓度下降26.3%。环境执法监管力度不断加大，农村环境综合整治成效明显，生态保护切实加强，核与辐射安全可控，全社会环境意识不断增强，人民群众参与程度进一步提高，"十一五"环境保护目标和重点任务全面完成。

当前，我国环境状况总体恶化的趋势尚未得到根本遏制，环境矛盾凸显，压力继续加大。一些重点流域、海域水污染严重，部分区域和城市大气灰霾现象突出，许多地区主要污染物排放量超过环境容量。农村环境污染加剧，重金属、化学品、持久性有机污染物以及土壤、地下水等污染显现。部分地区生态损害严重，生态系统功能退化，生态环境比较脆弱。核与辐射安全风险增加。人民群众环境诉求不断提高，突发环境事件的数量居高不下，环境问题已成为威胁人体健康、公共安全和社会稳定的重要因素之一。生物多样性保护等全球性环境问题的压力不断加大。环境保护法制尚不完善，投入仍然不足，执法力量薄弱，监管能力相对滞后。同时，随着人口总量持续增长，工业化、城镇化快速推进，能源消费总量不断上升，污染物产生量将继续增加，经济增长的环境约束日趋强化。

## 二、指导思想、基本原则和主要目标

### （一）指导思想

以邓小平理论和"三个代表"重要思想为指导，深入贯彻落实科学发展观，努力提高生态文明水平，切实解决影响科学发展和损害群众健康的突出环境问题，加强体制机制创新和能力建设，深化主要污染物总量减排，努力改善环境质量，防范环境风险，全面推进环境保护历史性转变，积极探索代价小、效益好、排放低、可持续的环境保护新道路，加快建设资源节约型、环境友好型社会。

### （二）基本原则

——科学发展，强化保护。坚持科学发展，加快转变经济发展方式，以资源环境承载力为基础，在保护中发展，在发展中保护，促进经济社会与资源环境协调发展。

——环保惠民，促进和谐。坚持以人为本，将喝上干净水、呼吸清洁空气、吃上放心食物等摆上更加突出的战略位置，切实解决关系民生的突出环境问题。逐步实现环境保护基本公共服务均等化，维护人民群众环境权益，促进社会和谐稳定。

——预防为主，防治结合。坚持从源头预防，把环境保护贯穿于规划、建设、生产、流通、消费各环节，提升可持续发展能力。提高治污设施建设和运行水平，加强生态保护与修复。

——全面推进，重点突破。坚持将解决全局性、普遍性环境问题与集中力量解决重点流域、区域、行业环境问题相结合，建立与我国国情相适应的环境保护战略体系、全面高效的污染防治体系、健全的环境质量评价体系、完善的环境保护法规政策和科技标准体系、完备的环境管理和执法监督体系、全民参与的社会行动体系。

——分类指导，分级管理。坚持因地制宜，在不同地区和行业实施有差别的环境政策。鼓励有条件的地区采取更加积极的环境保护措施。健全国家监察、地方监管、单位负责的环境监管体制，落实环境保护目标责任制。

——政府引导，协力推进。坚持政府引导，明确企业主体责任，加强部门协调配合。加强环境信息公开和舆论监督，动员全社会参与环境保护。探索以市场化手段推进环境保护。

### （三）主要目标

到2015年，主要污染物排放总量显著减少；城乡饮用水水源地环境安全得到有效保障，水质大幅提高；重金属污染得到有效控制，持久性有机污染物、危险化学品、危险废物等污染防治成效明显；城镇环境基础设施建设和运行水平得到提升；生态环境恶化趋势得到扭转；核与辐射安全监管能力明显增强，核与辐射安全水平进一步提高；环境监管体系得到健全。见表1。

"十二五"环境保护主要指标

表1

| 序　号 | 指　标 | | 2010 年 | 2015 年 | 2015 年比 2010 年增长 |
|---|---|---|---|---|---|
| 1 | 化学需氧量排放总量 | （万吨） | 2 551.7 | 2 347.6 | -8.0% |
| 2 | 氨氮排放总量 | （万吨） | 264.4 | 238.0 | -10.0% |
| 3 | 二氧化硫排放总量 | （万吨） | 2 267.8 | 2 086.4 | -8.0% |
| 4 | 氮氧化物排放总量 | （万吨） | 2 273.6 | 2 046.2 | -10.0% |
| 5 | 地表水国控断面劣Ⅴ类水质的比例 | （%） | 17.7 | <15.0 | -2.7% |
|  | 七大水系国控断面水质好于Ⅲ类的比例 | （%） | 55.0 | >60.0 | 5.0% |
| 6 | 地级以上城市空气质量达到二级标准以上的比例 | （%） | 72.0 | ≥80.0 | 8.0% |

注：①化学需氧量和氨氮排放总量包括工业、城镇生活和农业源排放总量，依据2010年污染源普查动态更新结果核定。

②"十二五"期间，地表水国控断面个数由759个增加到970个，其中七大水系国控断面个数由419个增加到574个；同时，将评价因子由12项增加到21项。据此测算，2010年全国地表水国控断面劣Ⅴ类水质比例为17.7%，七大水系国控断面好于Ⅲ类水质的比例为55.0%。

③"十二五"期间，空气环境质量评价范围由113个重点城市增加到333个全国地级以上城市，按照可吸入颗粒物、二氧化硫、二氧化氮的年均值测算，2010年地级以上城市空气质量达到二级标准以上的比例为72.0%。

## 三、推进主要污染物减排

### （一）加大结构调整力度

加快淘汰落后产能。严格执行《产业结构调整指导目录》、《部分工业行业淘汰落后生产工艺装备和产品指导目录》。加大钢铁、有色、建材、化工、电力、煤炭、造纸、印染、制革等行业落后产能淘汰力度。制定年度实施方案，将任务分解落实到地方、企业，并向社会公告淘汰落后产能企业名单。建立新建项目与污染减排、淘汰落后产能相衔接的审批机制，落实产能等量或减量置换制度。重点行业新建、扩建项目环境影响审批要将主要污染物排放总量指标作为前置条件。

着力减少新增污染物排放量。合理控制能源消费总量，促进非化石能源发展，到2015年，非化石能源占一次能源消费比重达到11.4%。提高煤炭洗选加工水平。增加天然气、煤层气供给，降低煤炭在一次能源消费中的比重。在大气联防联控重点区域开展煤炭消费总量控制试点。进一步提高高耗能、高排放和产能过剩行业准入门槛。探索建立单位产品污染物产生强度评价制度。积极培育节能环保、新能源等战略性新兴产业，鼓励发展节能环保型交通运输方式。

大力推行清洁生产和发展循环经济。提高造纸、印染、化工、冶金、建材、有色、制革等行业污染物排放标准和清洁生产评价指标，鼓励各地制定更加严格的污染物排放标准。全面推行排污许可证制度。推进农业、工业、建筑、商贸服务等领域清洁生产示范。深化循环经济示范试点，加快资源再生利用产业化，推进生产、流通、消费各环节循环经济发展，构建覆盖全社会的资源循环利用体系。

### （二）着力削减化学需氧量和氨氮排放量

加大重点地区、行业水污染物减排力度。在已富营养化的湖泊水库和东海、渤海等易发生赤潮的沿海地区实施总氮或总磷排放总量控制。在重金属污染综合防治重点区域实施重点重金属污染物排放总量控制。推进造纸、印染和化工等行业化学需氧量和氨氮排放总量控制，削减比例较2010年不低于10.0%。严格控制长三角、珠三角等区域的造纸、印染、制革、农药、氮肥等行业新建单纯扩大产能项目。禁止在重点流域江河源头新建有色、造纸、印染、化工、制革等项目。

提升城镇污水处理水平。加大污水管网建设力度，推进雨、污分流改造，加快县城和重点建制镇污水处理厂建设，到2015年，全国新增城镇污水管网约16万公里，新增污水日处理能力4 200万吨，基本实现所有县和重点建制镇具备污水处理能力，污水处理设施负荷率提高到80.0%以上，城市污水处理率达到85.0%。推进污泥无害化处理处置和污水再生利用。加强污水处理设施运行和污染物削减评估考核，推进城市污水处理厂监控平台建设。滇池、巢湖、太湖等重点流域和沿海地区城镇污水处理厂要提高脱氮除磷水平。

推动规模化畜禽养殖污染防治。优化养殖场布局，合理确定养殖规模，改进养殖方式，推行清洁养殖，推进养殖废弃物资源化利用。严格执行畜禽养殖业污染物排放标准，对养殖小区、散养密集区污染物实行统一收集和治理。到2015年，全国规模化畜禽养殖场和养殖小区配套建设固体废物和污水贮存处理设施的比例达到50.0%以上。

#### （三）加大二氧化硫和氮氧化物减排力度

持续推进电力行业污染减排。新建燃煤机组要同步建设脱硫脱硝设施，未安装脱硫设施的现役燃煤机组要加快淘汰或建设脱硫设施，烟气脱硫设施要按照规定取消烟气旁路。加快燃煤机组低氮燃烧技术改造和烟气脱硝设施建设，单机容量30万千瓦以上（含）的燃煤机组要全部加装脱硝设施。加强对脱硫脱硝设施运行的监管，对不能稳定达标排放的，要限期进行改造。

加快其他行业脱硫脱硝步伐。推进钢铁行业二氧化硫排放总量控制，全面实施烧结机烟气脱硫，新建烧结机应配套建设脱硫脱硝设施。加强水泥、石油石化、煤化工等行业二氧化硫和氮氧化物治理。石油石化、有色、建材等行业的工业窑炉要进行脱硫改造。新型干法水泥窑要进行低氮燃烧技术改造，新建水泥生产线要安装效率不低于60.0%的脱硝设施。因地制宜开展燃煤锅炉烟气治理，新建燃煤锅炉要安装脱硫脱硝设施，现有燃煤锅炉要实施烟气脱硫，东部地区的现有燃煤锅炉还应安装低氮燃烧装置。

开展机动车船氮氧化物控制。实施机动车环境保护标志管理。加速淘汰老旧汽车、机车、船舶，到2015年，基本淘汰2005年以前注册运营的“黄标车”。提高机动车环境准入要求，加强生产一致性检查，禁止不符合排放标准的车辆生产、销售和注册登记。鼓励使用新能源车。全面实施国家第四阶段机动车排放标准，在有条件的地区实施更严格的排放标准。提升车用燃油品质，鼓励使用新型清洁燃料，在全国范围供应符合国家第四阶段标准的车用燃油。积极发展城市公共交通，探索调控特大型和大型城市机动车保有总量。

### 四、切实解决突出环境问题

#### （一）改善水环境质量

严格保护饮用水水源地。全面完成城市集中式饮用水水源保护区审批工作，取缔水源保护区内违法建设项目和排污口。推进水源地环境整治、恢复和规范化建设。加强对水源保护区外汇水区有毒有害物质的监管。地级以上城市集中式饮用水水源地要定期开展水质全分析。健全饮用水水源环境信息公开制度，加强风险防范和应急预警。

深化重点流域水污染防治。明确各重点流域的优先控制单元，实行分区控制。淮河流域要突出抓好氨氮控制，重点推进淮河干流及郑州、开封、淮北、淮南、蚌埠、亳州、菏泽、济宁、枣庄、临沂、徐州等城市水污染防治，干流水质基本达到Ⅲ类。海河流域要加强水资源利用与水污染防治统筹，以饮用水安全保障、城市水环境改善和跨界水污染协同治理为重点，大幅减少污染负荷，实现劣Ⅴ类水质断面比重明显下降。辽河流域要加强城市水系环境综合整治，推进辽河保护区建设，实现辽河干流以及招苏台河、条子河、大辽河等支流水质明显好转。三峡库区及其上游要加强污染治理、水生态保护及水源涵养，确保上游及库区水质保持优良。松花江流域要加强城市水系环境综合整治和面源污染治理，国控断面水质基本消除劣Ⅴ类。黄河中上游要重点推进渭河、汾河、湟水河等支流水污染防治，加强宁东、鄂尔多斯和陕北等能源化工基地的环境风险防控，加强河套灌区农业面源污染防治，实现支流水质大幅改善，干流稳定达到使用功能要求。太湖流域要着力降低入湖总氮、总磷等污染负荷，湖体水质由劣Ⅴ类提高到Ⅴ类，富营养化趋势得到遏制。巢湖流域要加强养殖和入湖污染控制，削减氨氮、总氮和总磷污染负荷，加强湖区生态修复，遏制湖体富营养化趋势，主要入湖支流基本消除劣Ⅴ类水质。滇池流域要综合推进湖体、生态防护区域、引导利用区域和水源涵养区域的水污染防治，改善入湖河流和湖体水质。南水北调中线丹江口库区及上游要加强水污染防治和水土流失治理，推进农业面源污染治理，实现水质全面达标；东线水源区及沿线要进一步深化污染治理，确保调水水质。

抓好其他流域水污染防治。加大长江中下游、珠江流域污染防治力度，实现水质稳定并有所好转。将西南诸河、西北内陆诸河、东南诸河，鄱阳湖、洞庭湖、洪泽湖、抚仙湖、梁子湖、博斯腾湖、艾比湖、微山湖、青海湖和洱海等作为保障和提升水生态安全的重点地区，探索建立水生态环境质量评价指标体系，开展水生态安全综合评估，落实水污染防治和水生态安全保障措施。加强湖北省长湖、三湖、白露湖、洪湖和云南省异龙湖等综合治理。加大对黑龙江、乌苏里江、图们江、额尔齐斯河、伊犁河等水域的环境监管和污染防治力度。加大对水质良好或生态脆弱湖泊的保护力度。

综合防控海洋环境污染和生态破坏。坚持陆海统筹、河海兼顾，推进渤海等重点海域综合治理。落实重点海域排污总量控制制度。加强近岸海域与流域污染防治的衔接。加强对海岸工程、海洋工程、海洋倾废和船舶污染的环境监管，在生态敏感地区严格控制围填海活动。降低海水养殖污染物排放强度。加强海岸防护林建设，保护和恢复滨海湿地、红树林、珊瑚礁等典型海洋生态系统。加强海洋生物多样性保护。在重点海域逐步增加生物、赤潮和溢油监测项目，强化海上溢油等事故应急处置。建立海洋环境监测数据共享机制。到2015年，近岸海域水质总体保持稳定，长江、黄河、珠江等河口和渤海等重点海湾的水质有所改善。

推进地下水污染防控。开展地下水污染状况调查和评估，划定地下水污染治理区、防控区和一般保护区。加强重点行业地下水环境监管。取缔渗井、渗坑等地下水污染源，切断废弃钻井、矿井等污染途径。防范地下工程设施、地下勘探、采矿活动污染地下水。控制危险废物、城镇污染、农业面源污染对地下水的影响。严格防控污染土壤和污水灌溉对地下水的污染。在地下水污染突出区域进行修复试点，重点加强华北地区地下水污染防治。开展海水入侵综合防治示范。

### （二）实施多种大气污染物综合控制

深化颗粒物污染控制。加强工业烟粉尘控制，推进燃煤电厂、水泥厂除尘设施改造，钢铁行业现役烧结（球团）设备要全部采用高效除尘器，加强工艺过程除尘设施建设。20蒸吨（含）以上的燃煤锅炉要安装高效除尘器，鼓励其他中小型燃煤工业锅炉使用低灰分煤或清洁能源。加强施工工地、渣土运输及道路等扬尘控制。

加强挥发性有机污染物和有毒废气控制。加强石化行业生产、输送和存储过程挥发性有机污染物排放控制。鼓励使用水性、低毒或低挥发性的有机溶剂，推进精细化工行业有机废气污染治理，加强有机废气回收利用。实施加油站、油库和油罐车的油气回收综合治理工程。开展挥发性有机污染物和有毒废气监测，完善重点行业污染物排放标准。严格污染源监管，减少含汞、铅和二噁英等有毒有害废气排放。

推进城市大气污染防治。在大气污染联防联控重点区域，建立区域空气环境质量评价体系，开展多种污染物协同控制，实施区域大气污染物特别排放限值，对火电、钢铁、有色、石化、建材、化工等行业进行重点防控。在京津冀、长三角和珠三角等区域开展臭氧、细颗粒物（PM2.5）等污染物监测，开展区域联合执法检查，到2015年，上述区域复合型大气污染得到控制，所有城市空气环境质量达到或好于国家二级标准，酸雨、灰霾和光化学烟雾污染明显减少。实施城市清洁空气行动，加强乌鲁木齐等城市大气污染防治。实行城市空气质量分级管理，尚未达到标准的城市要制定并实施达标方案。加强餐饮油烟污染控制和恶臭污染治理。

加强城乡声环境质量管理。加大交通、施工、工业、社会生活等领域噪声污染防治力度。划定或调整声环境功能区，强化城市声环境达标管理，扩大达标功能区面积。做好重点噪声源控制，解决噪声扰民问题。强化噪声监管能力建设。

### （三）加强土壤环境保护

加强土壤环境保护制度建设。完善土壤环境质量标准，制定农产品产地土壤环境保护监督管理办法和技术规范。研究建立建设项目用地土壤环境质量评估与备案制度及污染土壤调查、评估和修复制度,明确治理、修复的责任主体和要求。

强化土壤环境监管。深化土壤环境调查,对粮食、蔬菜基地等敏感区和矿产资源开发影响区进行重点调查。开展农产品产地土壤污染评估与安全等级划分试点。加强城市和工矿企业污染场地环境监管,开展污染场地再利用的环境风险评估,将场地环境风险评估纳入建设项目环境影响评价,禁止未经评估和无害化治理的污染场地进行土地流转和开发利用。经评估认定对人体健康有严重影响的污染场地,应采取措施防止污染扩散,且不得用于住宅开发,对已有居民要实施搬迁。

推进重点地区污染场地和土壤修复。以大中城市周边、重污染工矿企业、集中治污设施周边、重金属污染防治重点区域、饮用水水源地周边、废弃物堆存场地等典型污染场地和受污染农田为重点,开展污染场地、土壤污染治理与修复试点示范。对责任主体灭失等历史遗留场地土壤污染要加大治理修复的投入力度。

### (四)强化生态保护和监管

强化生态功能区保护和建设。加强大小兴安岭森林、长白山森林等25个国家重点生态功能区的保护和管理,制定管理办法,完善管理机制。加强生态环境监测与评估体系建设,开展生态系统结构和功能的连续监测和定期评估。实施生态保护和修复工程。严格控制重点生态功能区污染物排放总量和产业准入环境标准。

提升自然保护区建设与监管水平。开展自然保护区基础调查与评估,统筹完善全国自然保护区发展规划。加强自然保护区建设和管理,严格控制自然保护区范围和功能分区的调整,严格限制涉及自然保护区的开发建设活动,规范自然保护区内土地和海域管理。加强国家级自然保护区规范化建设。优化自然保护区空间结构和布局,重点加强西南高山峡谷区、中南西部山地丘陵区、近岸海域等区域和河流水生生态系统自然保护区建设力度。抢救性保护中东部地区人类活动稠密区域残存的自然生境。到2015年,陆地自然保护区面积占国土面积的比重稳定在15.0%。

加强生物多样性保护。继续实施《中国生物多样性保护战略与行动计划(2011—2030年)》,加大生物多样性保护优先区域的保护力度,完成8~10个优先区域生物多样性本底调查与评估。开展生物多样性监测试点以及生物多样性保护示范区、恢复示范区等建设。推动重点地区和行业的种质资源库建设。加强生物物种资源出入境监管。研究建立生物遗传资源获取与惠益共享制度。研究制定防止外来物种入侵和加强转基因生物安全管理的法规。强化对转基因生物体环境释放和环境改善用途微生物利用的监管,开展外来有害物种防治。发布受威胁动植物和外来入侵物种名录。到2015年,90%的国家重点保护物种和典型生态系统得到保护。

推进资源开发生态环境监管。落实生态功能区划,规范资源开发利用活动。加强矿产、水电、旅游资源开发和交通基础设施建设中的生态监管,落实相关企业在生态保护与恢复中的责任。实施矿山环境治理和生态恢复保证金制度。

## 五、加强重点领域环境风险防控

### (一)推进环境风险全过程管理

开展环境风险调查与评估。以排放重金属、危险废物、持久性有机污染物和生产使用危险化学品的企业为重点,全面调查重点环境风险源和环境敏感点,建立环境风险源数据库。研究环境风险的产生、传播、防控机制。开展环境污染与健康损害调查,建立环境与健康风险评估体系。

完善环境风险管理措施。完善以预防为主的环境风险管理制度,落实企业主体责任。制定环境风险评估规范,完善相关技术政策、标准、工程建设规范。建设项目环境影响评价审批要对防范环境风险提出明确要求。建立企业突发环境事件报告与应急处理制度、特征污染物监测报告制度。对重点风险源、重要和敏感区域定期进行专项检查,对高风险企业要予以挂牌督办、限期整改或搬迁,对不具备整改条件的,应依法予以关停。建立环境应急救援网络,完善环境应急预案,定期开展环境事故应急演练。完善突发环境事件应急救援体系,构建政府引导、部门协调、分级负责、社会参与的环境应急救援机制，依法科学妥善处置突发环境事件。

建立环境事故处置和损害赔偿恢复机制。将有效防范和妥善应对重大突发环境事件作为地方人民政府的重要任务，纳入环境保护目标责任制。推进环境污染损害鉴定评估机构建设，建立鉴定评估工作机制，完善损害赔偿制度。建立损害评估、损害赔偿以及损害修复技术体系。健全环境污染责任保险制度，研究建立重金属排放等高环境风险企业强制保险制度。

**（二）加强核与辐射安全管理**

提高核能与核技术利用安全水平。加强重大自然灾害对核设施影响的分析和预测预警。进一步提高核安全设备设计、制造、安装、运行的可靠性。加强研究堆和核燃料循环设施的安全整改，对不能满足安全要求的设施要限制运行或逐步关停。规范核技术利用行为，开展核技术利用单位综合安全检查，对安全隐患大的核技术利用项目实施强制退役。

加强核与辐射安全监管。完善核与辐射安全审评方法。加强运行核设施安全监管，强化对在建、拟建核设施的安全分析和评估，完善核安全许可证制度。完善早期核设施的安全管理。加强对核材料、放射性物品生产、运输、存储等环节的安全监管。加强核技术利用安全监管，完善核技术利用辐射安全管理信息系统。加强辐射环境质量监测和核设施流出物监督性监测。完善核与辐射安全监管国际合作机制，加强核安全宣传和科普教育。

加强放射性污染防治。推进早期核设施退役和放射性污染治理。开展民用辐射照射装置退役和废源回收工作。加快放射性废物贮存、处理和处置能力建设，基本消除历史遗留中低放废液的安全风险。加快铀矿、伴生放射性矿污染治理，关停不符合安全要求的铀矿冶设施，建立铀矿冶退役治理工程长期监护机制。

**（三）遏制重金属污染事件高发态势**

加强重点行业和区域重金属污染防治。以有色金属矿（含伴生矿）采选业、有色金属冶炼业、铅蓄电池制造业、皮革及其制品业、化学原料及化学制品制造业等行业为重点，加大防控力度，加快重金属相关企业落后产能淘汰步伐。合理调整重金属相关企业布局，逐步提高行业准入门槛，严格落实卫生防护距离。坚持新增产能与淘汰产能等量置换或减量置换，禁止在重点区域新改扩建增加重金属污染物排放量的项目。鼓励各省（区、市）在其非重点区域内探索重金属排放量置换、交易试点。制定并实施重点区域、行业重金属污染物特别排放限值。加强湘江等流域、区域重金属污染综合治理。到2015年，重点区域内重点重金属污染物排放量比2007年降低15.0%，非重点区域重点重金属污染物排放量不超过2007年水平。

实施重金属污染源综合防治。将重金属相关企业作为重点污染源进行管理，建立重金属污染物产生、排放台账，强化监督性监测和检查制度。对重点企业每两年进行一次强制清洁生产审核。推动重金属相关产业技术进步，鼓励企业开展深度处理。鼓励铅蓄电池制造业、有色金属冶炼业、皮革及其制品业、电镀等行业实施同类整合、园区化管理，强化园区的环境保护要求。健全重金属污染健康危害监测与诊疗体系。

**（四）推进固体废物安全处理处置**

加强危险废物污染防治。落实危险废物全过程管理制度，确定重点监管的危险废物产生单位清单，加强危险废物产生单位和经营单位规范化管理，杜绝危险废物非法转移。对企业自建的利用处置设施进行排查、评估，促进危险废物利用和处置产业化、专业化和规模化发展。控制危险废物填埋量。取缔废弃铅酸蓄电池非法加工利用设施。规范实验室等非工业源危险废物管理。加快推进历史堆存铬渣的安全处置，确保新增铬渣得到无害化利用处置。加强医疗废物全过程管理和无害化处置设施建设，因地制宜推进农村、乡镇和偏远地区医疗废物无害化管理，到2015年，基本实现地级以上城市医疗废物得到无害化处置。

加大工业固体废物污染防治力度。完善鼓励工业固体废物利用和处置的优惠政策，强化工业固体废物综合利用和处置技术开发，加强煤矸石、粉煤灰、工业副产石膏、冶炼和化工废渣等大宗工业固体废物的污染防治，到2015年，工业固体废物综合利用率达到72.0%。推行生产者责任延伸制度，规范废弃电器电子产品的回收处理活动，建设废旧物品回收体系和集中加工处理园区，推进资源综合利用。加强进口废物圈区管理。

提高生活垃圾处理水平。加快城镇生活垃圾处理设施建设，到2015年，全国城市生活垃圾无害化处理率达到80.0%，所有县具有生活垃圾无害化处理能力。健全生活垃圾分类回收制度，完善分类回收、密闭运输、集中处理体系，加强设施运行监管。对垃圾简易处理或堆放设施和场所进行整治，对已封场的垃圾填埋场和旧垃圾场要进行生态修复、改造。鼓励垃圾厌氧制气、焚烧发电和供热、填埋气发电、餐厨废弃物资源化利用。推进垃圾渗滤液和垃圾焚烧飞灰处置工程建设。开展工业生产过程协同处理生活垃圾和污泥试点。

### (五)健全化学品环境风险防控体系

严格化学品环境监管。完善危险化学品环境管理登记及新化学物质环境管理登记制度。制定有毒有害化学品淘汰清单，依法淘汰高毒、难降解、高环境危害的化学品。制定重点环境管理化学品清单，限制生产和使用高环境风险化学品。完善相关行业准入标准、环境质量标准、排放标准和监测技术规范，推行排放、转移报告制度，开展强制清洁生产审核。健全化学品环境管理机构。建立化学品环境污染责任终身追究制和全过程行政问责制。

加强化学品风险防控。加强化工园区环境管理，严格新建化工园区的环境影响评价审批，加强现有化工企业集中区的升级改造。新建涉及危险化学品的项目应进入化工园区或化工聚集区，现有化工园区外的企业应逐步搬迁入园。制定化工园区环境保护设施建设标准，完善园区相关设施和环境应急体系建设。加强重点环境管理类危险化学品废弃物和污染场地的管理与处置。推进危险化学品企业废弃危险化学品暂存库建设和处理处置能力建设。以铁矿石烧结、电弧炉炼钢、再生有色金属生产、废弃物焚烧等行业为重点，加强二噁英污染防治，建立完善的二噁英污染防治体系和长效监管机制；到2015年，重点行业二噁英排放强度降低10.0%。

## 六、完善环境保护基本公共服务体系

### (一)推进环境保护基本公共服务均等化

制定国家环境功能区划。根据不同地区主要环境功能差异，以维护环境健康、保育自然生态安全、保障食品产地环境安全等为目标，结合全国主体功能区规划，编制国家环境功能区划，在重点生态功能区、陆地和海洋生态环境敏感区、脆弱区等区域划定“生态红线”，制定不同区域的环境目标、政策和环境标准，实行分类指导、分区管理。

加大对优化开发和重点开发地区的环境治理力度，结合环境容量实施严格的污染物排放标准，大幅度削减污染物排放总量，加强环境风险防范，保护和扩大生态空间。加强对农产品主产区的环境监管，加强土壤侵蚀和养殖污染防治。对自然文化资源保护区依法实施强制性保护，维护自然生态和文化遗产的原真性、完整性，依法关闭或迁出污染企业，实现污染物“零排放”。严格能源基地和矿产资源基地等区域环境准入，引导自然资源合理有序开发。

实施区域环境保护战略。西部地区要坚持生态优先，加强水能、矿产等资源能源开发活动的环境监管，保护和提高其生态服务功能，构筑国家生态安全屏障。三江源地区要深入推进生态保护综合试验区建设。塔里木河流域要加强生态治理和荒漠化防治。呼包鄂榆、关中—天水、兰州—西宁、宁夏沿黄、天山北坡等区域要严格限制高耗水行业发展，提高水资源利用水平，控制采暖期煤烟型大气污染。成渝、黔中、滇中、藏中南等区域要强化酸雨污染防治，加强石漠化治理和高原湖泊保护。

东北地区要加强森林等生态系统保护，开展三江平原、松嫩平原湿地修复，强化黑土地水土流失和荒漠化综合治理，加强东北平原农产品产地土壤环境保护。辽中南、长吉图、哈大齐和牡绥等区域要加强采暖期城市大气污染治理，推进松花江、辽河流域和近岸海域污染防治，加强采煤沉陷区综合治理和矿山环境修复，强化对石油等资源开发活动的生态环境监管。

中部地区要有效维护区域资源环境承载能力，提高城乡环境基础设施建设水平，维持环境质量总体稳定。太原城市群、中原经济区要加强区域大气污染治理合作，严格限制高耗水行业发展，加强采煤沉陷区的生态恢复。武汉城市圈、环长株潭城市群、皖江城市带等区域要把区域资源承载力和生态环境容量作为承接产业转移的重要依据，严格资源节约和环保准入门槛，统筹城乡环境保护，加快推进资源节约型、环境友好型社会建设。加强鄱阳湖生态经济区生态环境保护。

东部地区要大幅度削减污染物排放总量，加快推进经济发展方式转变，化解资源环境瓶颈制约。京津冀、长三角、珠三角等区域要加快环境管理体制机制创新，有效控制区域性复合型大气污染。河北沿海、江苏沿海、浙江舟山群岛新区、海峡西岸、山东半岛等区域要进一步提高资源能源利用效率，保护海岸带和生物多样性。加快推进海南国际旅游岛环境基础设施建设。

推进区域环境保护基本公共服务均等化。合理确定环境保护基本公共服务的范围和标准，加强城乡和区域统筹，健全环境保护基本公共服务体系。中央财政通过一般性转移支付和生态补偿等措施，加大对西部地区、禁止开发区域和限制开发区域、特殊困难地区的支持力度，提高环境保护基本公共服务供给水平。地方各级人民政府要保障环境保护基本公共服务支出，加强基层环境监管能力建设。

### （二）提高农村环境保护工作水平

保障农村饮用水安全。开展农村饮用水水源地调查评估，推进农村饮用水水源保护区或保护范围的划定工作。强化饮用水水源环境综合整治。建立和完善农村饮用水水源地环境监管体系，加大执法检查力度。开展环境保护宣传教育，提高农村居民水源保护意识。在有条件的地区推行城乡供水一体化。

提高农村生活污水和垃圾处理水平。鼓励乡镇和规模较大村庄建设集中式污水处理设施，将城市周边村镇的污水纳入城市污水收集管网统一处理，居住分散的村庄要推进分散式、低成本、易维护的污水处理设施建设。加强农村生活垃圾的收集、转运、处置设施建设，统筹建设城市和县城周边的村镇无害化处理设施和收运系统；交通不便的地区要探索就地处理模式，引导农村生活垃圾实现源头分类、就地减量、资源化利用。

提高农村种植、养殖业污染防治水平。引导农民使用生物农药或高效、低毒、低残留农药，农药包装应进行无害化处理。大力推进测土配方施肥。推动生态农业和有机农业发展。加强废弃农膜、秸秆等农业生产废弃物资源化利用。开展水产养殖污染调查，减少太湖、巢湖、洪泽湖等湖泊的水产养殖面积和投饵数量。

改善重点区域农村环境质量。实行农村环境综合整治目标责任制，实施农村清洁工程，开发推广适用的综合整治模式与技术，着力解决环境污染问题突出的村庄和集镇，到2015年，完成6万个建制村的环境综合整治任务。优化农村地区工业发展布局，严格工业项目环境准入，防止城市和工业污染向农村转移。对农村地区化工、电镀等企业搬迁和关停后的遗留污染要进行综合治理。

### （三）加强环境监管体系建设

以基础、保障、人才等工程为重点，推进环境监管基本公共服务均等化建设，到2015年，基本形成污染源与总量减排监管体系、环境质量监测与评估考核体系、环境预警与应急体系，初步建成环境监管基本公共服务体系。

完善污染减排统计、监测、考核体系。加强污染源自动监控系统建设、监督管理和运行维护。加强农村和机动车减排监管能力建设。全面推进监测、监察、宣教、统计、信息等环境保护能力标准化建设，大幅提升市县环境基础监管能力。在京津冀、长三角、珠三角等经济发达地区和重污染地区，以及其他有条件的地区，将环境监察队伍向乡镇、街道延伸。以中西部地区县级和部分地市级监测监察机构为重点，推进基层环境监测执法业务用房建设。开展农业和农村环境统计。开展面源污染物排放总量控制研究，探索建立面源污染减排核证体系。

推进环境质量监测与评估考核体系建设。优化国家环境监测断面（点位），建设环境质量评价、考核与预警网络。在重点地区建设环境监测国家站点，提升国家监测网自动监测水平。提升区域特征污染物监测能力，开展重金属、挥发性有机物等典型环境问题特征污染因子排放源的监测，鼓励将特征污染物监测纳入地方日常监测范围。开展农村饮用水源地、村庄河流（水库）水质监测试点，推进典型农村地区空气背景站或区域站建设，加强流动监测能力建设，提高农村地区环境监测覆盖率，启动农村环境质量调查评估。开展生物监测。推进环境专用卫星建设及其应用，建立卫星遥感监测和地面监测相结合的国家生态环境监测网络，开展生态环境质量监测与评估。建设全国辐射环境监测网络。

加强环境预警与应急体系建设。加快国家、省、市三级自动监控系统建设，建立预警监测系统。提高环境信息的基础、统计和业务应用能力，建设环境信息资源中心。利用物联网和电子标识等手段，对危险化学品等存储、运输等环节实施全过程监控。强化环境应急能力标准化建设。加强重点流域、区域环境应急与监管机构建设。健全核与辐射环境监测体系，建立重要核设施的监督性监测系统和其他核设施的流出物实时在线监测系统，推动国家核与辐射安全监督技术研发基地、重点实验室、业务用房建设。加强核与辐射事故应急响应、反恐能力建设，完善应急决策、指挥调度系统及应急物资储备。

提高环境监管基本公共服务保障能力。建立经费保障渠道和机制，按照运行经费定额标准及更新机制，保障国家与地方环境监管网络运行、设备更新及业务用房维修改造。加强队伍建设，提升人员素质。研究建立核与辐射安全监管及核安全重要岗位人员技术资质管理制度。完善培训机制，加强市、县两级特别是中西部地区环境监管人员培训。培养引进高端人才。定期开展环境专业技能竞赛。

## 七、实施重大环保工程

为把“十二五”环境保护目标和任务落到实处，要积极实施各项环境保护工程（全社会环保投资需求约34 000亿元），其中，优先实施8项环境保护重点工程（见表2），开展一批环境基础调查与试点示范，投资需求约15 000亿元。要充分利用市场机制，形成多元化的投入格局，确保工程投资到位。工程投入以企业和地方各级人民政府为主，中央政府区别不同情况给予支持。要定期开展工程项目绩效评价，提高投资效益。

“十二五”环境保护重点工程

表2

| 序号 | 明细 | 内容 |
| --- | --- | --- |
| 1 | 主要污染物减排工程 | 包括城镇生活污水处理设施及配套管网、污泥处理处置、工业水污染防治、畜禽养殖污染防治等水污染物减排工程，电力行业脱硫脱硝、钢铁烧结机脱硫脱硝、其他非电力重点行业脱硫、水泥行业与工业锅炉脱硝等大气污染物减排工程。 |
| 2 | 改善民生环境保障工程 | 包括重点流域水污染防治及水生态修复、地下水污染防治、重点区域大气污染联防联控、受污染场地和土壤污染治理与修复等工程。 |
| 3 | 农村环保惠民工程 | 包括农村环境综合整治、农业面源污染防治等工程。 |
| 4 | 生态环境保护工程 | 包括重点生态功能区和自然保护区建设、生物多样性保护等工程。 |
| 5 | 重点领域环境风险防范工程 | 包括重金属污染防治、持久性有机污染物和危险化学品污染防治、危险废物和医疗废物无害化处置等工程。 |
| 6 | 核与辐射安全保障工程 | 包括核安全与放射性污染防治法规标准体系建设、核与辐射安全监管技术研发基地建设以及辐射环境监测、执法能力建设、人才培养等工程。 |
| 7 | 环境基础设施公共服务工程 | 包括城镇生活污染、危险废物处理处置设施建设，城乡饮用水水源地安全保障等工程。 |
| 8 | 环境监管能力基础保障及人才队伍建设工程 | 包括环境监测、监察、预警、应急和评估能力建设，污染源在线自动监控设施建设与运行，人才、宣教、信息、科技和基础调查等工程建设，建立健全省市县三级环境监管体系。 |

## 八、完善政策措施

### （一）落实环境目标责任制

制定生态文明建设指标体系，纳入地方各级人民政府政绩考核。实行环境保护一票否决制。继续推进主要污染物总量减排考核，探索开展环境质量监督考核。落实环境目标责任制，定期发布主要污染物减排、环境质量、重点流域污染防治规划实施情况等考核结果，对未完成环保目标任务或对发生重特大突发环境事件负有责任的地方政府要进行约谈，实施区域限批，并追究有关领导责任。

### （二）完善综合决策机制

完善政府负责、环保部门统一监督管理、有关部门协调配合、全社会共同参与的环境管理体系。充分发挥环境保护部际联席会议的作用，促进部门间协同联动与信息共享。把主要污染物总量控制要求、环境容量、环境功能区划和环境风险评估等作为区域和产业发展的决策依据。依法对重点流域、区域开发和行业发展规划以及建设项目开展环境影响评价。健全规划环境影响评价和建设项目环境影响评价的联动机制。完善建设项目环境保护验收制度。加强对环境影响评价审查的监督管理。对环境保护重点城市的城市总体规划进行环境影响评估，探索编制城市环境保护总体规划。

### （三）加强法规体系建设

加强环境保护法、大气污染防治法、清洁生产促进法、固体废物污染环境防治法、环境噪声污染防治法、环境影响评价法等法律修订的基础研究工作，研究拟订污染物总量控制、饮用水水源保护、土壤环境保护、排污许可证管理、畜禽养殖污染防治、机动车污染防治、有毒有害化学品管理、核安全与放射性污染防治、环境污染损害赔偿等法律法规。

统筹开展环境质量标准、污染物排放标准、核电标准、民用核安全设备标准、环境监测规范、环境基础标准制修订规范、管理规范类环境保护标准等制（修）订工作。完善大气、水、海洋、土壤等环境质量标准，完善污染物排放标准中常规污染物和有毒有害污染物排放控制要求，加强水污染物间接排放控制和企业周围环境质量监控要求。推进环境风险源识别、环境风险评估和突发环境事件应急环境保护标准建设。鼓励地方制定并实施地方污染物排放标准。

### （四）完善环境经济政策

落实燃煤电厂烟气脱硫电价政策，研究制定脱硝电价政策，对污水处理、污泥无害化处理设施、非电力行业脱硫脱硝和垃圾处理设施等企业实行政策优惠。对非居民用水要逐步实行超额累进加价制度，对高耗水行业实行差别水价政策。研究鼓励企业废水“零排放”的政策措施。健全排污权有偿取得和使用制度，发展排污权交易市场。

推进环境税费改革，完善排污收费制度。全面落实污染者付费原则，完善污水处理收费制度，收费标准要逐步满足污水处理设施稳定运行和污泥无害化处置需求。改革垃圾处理费征收方式，加大征收力度，适度提高垃圾处理收费标准和财政补贴水平。

建立企业环境行为信用评价制度，加大对符合环保要求和信贷原则企业和项目的信贷支持。建立银行绿色评级制度，将绿色信贷成效与银行工作人员履职评价、机构准入、业务发展相挂钩。推行政府绿色采购，逐步提高环保产品比重，研究推行环保服务政府采购。制定和完善环境保护综合名录。

探索建立国家生态补偿专项资金。研究制定实施生态补偿条例。建立流域、重点生态功能区等生态补偿机制。推行资源型企业可持续发展准备金制度。

### （五）加强科技支撑

提升环境科技基础研究和应用能力。夯实环境基准、标准制定的科学基础，完善环境调查评估、监测预警、风险防范等环境管理技术体系。推进国家环境保护重点实验室、工程技术中心、野外观测研究站等建设。组织实施好水体污染控制与治理等国家科技重大专项，大力研发污染控制、生态保护和环境风险防范的高新技术、关键技术、共性技术。研发氮氧化物、重金属、持久性有机污染物、危险化学品等控制技术和适合我国国情的土壤修复、农业面源污染治理等技术。大力推动脱硫脱硝一体化、除磷脱氮一体化以及脱除重金属等综合控制技术研发。强化先进技术示范与推广。

### (六)发展环保产业

围绕重点工程需求,强化政策驱动,大力推动以污水处理、垃圾处理、脱硫脱硝、土壤修复和环境监测为重点的装备制造业发展,研发和示范一批新型环保材料、药剂和环境友好型产品。推动跨行业、跨企业循环利用联合体建设。实行环保设施运营资质许可制度,推进烟气脱硫脱硝、城镇污水垃圾处理、危险废物处理处置等污染设施建设和运营的专业化、社会化、市场化进程,推行烟气脱硫设施特许经营。制定环保产业统计标准。研究制定提升工程投融资、设计和建设、设施运营和维护、技术咨询、清洁生产审核、产品认证和人才培训等环境服务业水平的政策措施。

### (七)加大投入力度

把环境保护列入各级财政年度预算并逐步增加投入。适时增加同级环境保护能力建设经费安排。加大对中西部地区环境保护的支持力度。围绕推进环境基本公共服务均等化和改善环境质量状况,完善一般性转移支付制度,加大对国家重点生态功能区、中西部地区和民族自治地方环境保护的转移支付力度。深化"以奖促防"、"以奖促治"、"以奖代补"等政策,强化各级财政资金的引导作用。

推进环境金融产品创新,完善市场化融资机制。探索排污权抵押融资模式。推动建立财政投入与银行贷款、社会资金的组合使用模式。鼓励符合条件的地方融资平台公司以直接、间接的融资方式拓宽环境保护投融资渠道。支持符合条件的环保企业发行债券或改制上市,鼓励符合条件的环保上市公司实施再融资。探索发展环保设备设施的融资租赁业务。鼓励多渠道建立环保产业发展基金。引导各类创业投资企业、股权投资企业、社会捐赠资金和国际援助资金增加对环境保护领域的投入。

### (八)严格执法监管

完善环境监察体制机制,明确执法责任和程序,提高执法效率。建立跨行政区环境执法合作机制和部门联动执法机制。深入开展整治违法排污企业保障群众健康环保专项行动,改进对环境违法行为的处罚方式,加大执法力度。持续开展环境安全监察,消除环境安全隐患。强化承接产业转移环境监管。深化流域、区域、行业限批和挂牌督办等督察制度。开展环境法律法规执行和环境问题整改情况后督察,健全重大环境事件和污染事故责任追究制度。鼓励设立环境保护法庭。

### (九)发挥地方人民政府积极性

进一步深化环境保护激励措施,充分发挥地方人民政府预防和治理环境污染的积极性。进一步完善领导干部政绩综合评价体系,引导地方各级人民政府把环境保护放在全局工作的突出位置,及时研究解决本地区环境保护重大问题。完善中央环境保护投入管理机制,带动地方人民政府加大投入力度。推进生态文明建设试点,鼓励开展环境保护模范城市、生态示范区等创建活动。

### (十)部门协同推进环境保护

环境保护部门要加强环境保护的指导、协调、监督和综合管理。发展改革、财政等综合部门要制定有利于环境保护的财税、产业、价格和投资政策。科技部门要加强对控制污染物排放、改善环境质量等关键技术的研发与示范支持。工业部门要加大企业技术改造力度,严格行业准入,完善落后产能退出机制,加强工业污染防治。国土资源部门要控制生态用地的开发,加强矿产资源开发的环境治理恢复,保障环境保护重点工程建设用地。住房城乡建设部门要加强城乡污水、垃圾处理设施的建设和运营管理。交通运输、铁道等部门要加强公路、铁路、港口、航道建设与运输中的生态环境保护。水利部门要优化水资源利用和调配,统筹协调生活、生产经营和生态环境用水,严格入河排污口管理,加强水资源管理和保护,强化水土流失治理。农业部门要加强对科学施用肥料、农药的指导和引导,加强畜禽养殖污染防治、农业节水、农业物种资源、水生生物资源、渔业水域和草地生态保护,加强外来物种管理。商务部门要严格宾馆、饭店污染控制,推动开展绿色贸易,应对贸易环境壁垒。卫生部门要积极推进环境与健康相关工作，加大重金属诊疗系统建设力度。海关部门要加强废物进出境监管，加大对走私废物等危害环境安全行为的查处力度，阻断危险废物非法跨境转移。林业部门要加强林业生态建设力度。旅游部门要合理开发旅游资源，加强旅游区的环境保护。能源部门要合理调控能源消费总量，实施能源结构战略调整，提高能源利用效率。气象部门要加强大气污染防治和水环境综合治理气象监测预警服务以及核安全与放射性污染气象应急响应服务。海洋部门要加强海洋生态保护，推进海洋保护区建设，强化对海洋工程、海洋倾废等的环境监管。

### （十一）积极引导全民参与

实施全民环境教育行动计划，动员全社会参与环境保护。推进绿色创建活动，倡导绿色生产、生活方式。完善新闻发布和重大环境信息披露制度。推进城镇环境质量、重点污染源、重点城市饮用水水质、企业环境和核电厂安全信息公开，建立涉及有毒有害物质排放企业的环境信息强制披露制度。引导企业进一步增强社会责任感。建立健全环境保护举报制度，畅通环境信访、12369 环保热线、网络邮箱等信访投诉渠道，鼓励实行有奖举报。支持环境公益诉讼。

### （十二）加强国际环境合作

加强与其他国家、国际组织的环境合作，积极引进国外先进的环境保护理念、管理模式、污染治理技术和资金，宣传我国环境保护政策和进展。大力推进国际环境公约、核安全和放射性废物管理安全等公约的履约工作，完善国内协调机制，加大中央财政对履约工作的投入力度，探索国际资源与其他渠道资金相结合的履约资金保障机制。

积极参与环境与贸易相关谈判和相关规则的制定，加强环境与贸易的协调，维护我国环境权益。研究调整"高污染、高环境风险"产品的进出口关税政策，遏制高耗能、高排放产品出口。全面加强进出口贸易环境监管，禁止不符合环境保护标准的产品、技术、设施等引进，大力推动绿色贸易。

## 九、加强组织领导和评估考核

地方人民政府是规划实施的责任主体，要把规划目标、任务、措施和重点工程纳入本地区国民经济和社会发展总体规划，把规划执行情况作为地方政府领导干部综合考核评价的重要内容。国务院各有关部门要各司其责，密切配合，完善体制机制，加大资金投入，推进规划实施。要在 2013 年年底和 2015 年年底，分别对规划执行情况进行中期评估和终期考核，评估和考核结果向国务院报告，向社会公布，并作为对地方人民政府政绩考核的重要内容。

## 国务院部门规章

# 邮政行业安全监督管理办法

（2011年1月4日中华人民共和国交通运输部令第2号公布　自2011年2月1日起施行）

### 第一章　总　则

**第一条**　为加强邮政行业安全监督管理，维护邮政通信与信息安全，保护用户合法权益，促进邮政行业健康发展，根据《中华人民共和国邮政法》及有关法律、行政法规，制定本办法。

**第二条**　在中华人民共和国境内管理、经营和使用邮政服务、快递业务及与此相关的安全活动，适用本办法。

**第三条**　邮政行业安全监督管理坚持安全第一、预防为主、综合治理的方针，保障寄递渠道畅通和邮件、快件寄递安全，确保邮政企业、快递企业生产安全和邮政行业从业人员人身安全。

**第四条**　国务院邮政管理部门负责全国的邮政行业安全监督管理工作。

省、自治区、直辖市邮政管理机构负责本行政区域内的邮政行业安全监督管理工作。

**第五条**　邮政管理部门应当与有关部门相互配合，健全邮政安全保障机制，加强对邮政通信与信息安全的监督管理。

**第六条**　邮政企业、快递企业应当遵守国家有关安全管理的规定，不得危害国家安全、公共安全和公民、法人、其他组织的合法权益。

**第七条**　用户交寄邮件、快件应当遵守国家关于禁止寄递或者限制寄递物品的规定，不得通过寄递渠道危害国家安全、公共安全和公民、法人、其他组织的合法权益。

**第八条**　任何公民、法人或者其他组织不得隐匿、毁弃、非法开拆邮件、快件，不得损毁邮政与快递服务设施或者影响邮政与快递服务设施的正常使用。

有关公民、法人或者其他组织应当配合邮政管理部门实施邮政行业安全监督管理工作。

### 第二章　通信与信息安全

**第九条**　邮政企业、快递企业应当提示用户如实填写寄递详情单，包括寄件人、收件人名址和寄递物品的名称、类别、数量等，并核对寄件人和收件人信息，准确注明邮件、快件的重量、资费。国务院邮政管理部门规定寄件人出具身份证明的，邮政企业、快递企业应当要求用户出示有效身份证件。

邮政企业、快递企业应当在用户在场的情况下，当面验视交寄物品，检查是否属于国家禁止或限制寄递的物品，以及物品的名称、类别、数量等是否与寄递详情单所填写的内容一致。依照国家规定需要用户提供有关书面凭证的，邮政企业、快递企业应当要求用户提供凭证原件，核对无误后，方可收寄。

用户拒绝验视、拒不如实填写寄递详情单、拒不提供相应书面凭证或者不按照规定出示有效身份证件的，邮政企业、快递企业不予收寄。

**第十条**　邮政企业、快递企业在收寄过程中发现用户寄递国家禁止寄递的物品的，应当拒绝收寄。已经收寄的邮件、快件中发现有上述物品的，邮政企业、快递企业应当立即停止转发和投递。

对其中依法需要没收或者销毁的物品，应当立即向有关部门报告，并配合有关部门进行处理。

对已经收寄的不需要没收、销毁的禁寄物品以及一同查处的禁寄物品之外的物品，邮政企业、快递企业应当与寄件人或者收件人取得联系，妥善处理。

**第十一条**　快递企业不得经营由邮政企业专营

的信件寄递业务，不得寄递国家机关公文。

外商不得投资经营信件的国内快递业务。

**第十二条** 邮政企业、快递企业应当妥善投递邮件、快件。需要签收的，邮政企业、快递企业应当直接交付收件人，并办理签收手续，或者依法由他人代为签收。

机关、企事业单位、住宅小区管理单位等应当为邮政企业投递邮件提供便利，并保障代收代投邮件的安全。

**第十三条** 邮政企业、快递企业应当采用技术手段，对收寄、分拣、运输、投递等环节实行安全监控，防止邮件、快件在寄递过程中短少、丢失、损毁。

监控设备应当全天 24 小时运转，监控资料保存时间不得少于 30 天，并按照国务院邮政管理部门的要求报送。

**第十四条** 邮政企业、快递企业应当保护用户的信息安全和通信秘密，确保所掌握的用户使用邮政服务、快递业务的信息不被窃取、泄露。未经法律明确授权或者用户书面同意，邮政企业、快递企业不得将用户使用邮政服务、快递业务的信息提供给任何组织或者个人，但公安机关、国家安全机关、检察机关依法行使职权的除外。

**第十五条** 邮政企业、快递企业应当配备符合国家标准的安全检查设备，安排具备专门技术和技能的人员对邮件、快件进行安全检查。安全检查设备的标准由国务院邮政管理部门会同有关部门另行制定。

**第十六条** 邮政企业、快递企业应当按照邮政管理部门规定的项目收集、统计、分析运营信息，确保有关数据的真实、完整，并按时向邮政管理部门报送。

邮政企业、快递企业应当为接入邮政管理部门的信息管理系统预留相应的数据接口，并按规定与邮政管理部门的信息管理系统联网。

**第十七条** 邮政企业、快递企业应当配合邮政管理部门、公安机关和国家安全机关的安全监督检查，为监督检查人员提供相应的便利条件。

邮政企业、快递企业设计和建设邮件、快件处理场所，应当符合国家安全机关、海关依法履行职责的要求。

**第十八条** 邮政企业、快递企业应当保障本企业寄递渠道的畅通。

因自然灾害、社会事件、生产安全事故、经营不善等造成或者可能造成邮件、快件积压的，邮政企业、快递企业应当及时组织和调配运力，进行有效疏运。

**第十九条** 邮政企业、快递企业及其分支机构、从业人员不得非法扣留邮件、快件。

**第二十条** 邮件、快件积压或者被扣留的，邮政管理部门应当协调处理，必要时可以组织邮政企业、快递企业运输、投递，由此产生的费用由邮件、快件积压或者被扣留的邮政企业、快递企业承担。

## 第三章 生产安全

**第二十一条** 邮政企业、快递企业应当遵守本办法和其他有关安全生产的规定，加强安全生产管理，建立、健全安全生产责任制度，完善安全生产条件，确保生产安全。

**第二十二条** 邮政企业、快递企业应当遵守国家有关安全生产的法律、法规、标准，落实安全生产管理责任。

邮政企业、快递企业的主要负责人是安全生产的第一责任人，对本单位安全生产工作负有下列职责：

（1）建立、健全本企业安全生产责任制；

（2）组织制定本企业安全生产规章制度和操作规程；

（3）保证本企业安全生产资金的投入和有效使用；

（4）积极配合相关部门对本企业的安全生产工作进行监督检查；

（5）督促、检查本企业的安全生产工作，及时消除生产安全事故隐患；

（6）组织制定并实施本企业的生产安全事故应急救援预案；

（7）及时、如实报告生产安全事故。

**第二十三条** 邮政企业、快递企业应当落实岗前安全培训制度，强化从业人员安全生产知识与技能的培训、教育，使其具备与本岗位相适应的安全生产知识和处置技能。未经安全生产教育和培训合格的从业人员，不得上岗作业。

特种作业人员应当按照规定经专门的安全作业培训并取得特种作业操作资格证书，方可上岗作业。

**第二十四条** 邮政企业、快递企业应当建立健全安全生产责任制，落实安全生产保障、安全生产检查与事故隐患排查、安全生产教育培训、安全生产信息报告等制度。

**第二十五条** 邮政企业、快递企业所使用的设施设备的安装、使用、检测、维修、改造和报废，应当符合国家标准或者行业标准。有较大危险因素的生产经营场所和有关设施设备上，应当设置明显的安全警示标志。

**第二十六条** 邮件处理中心、快件分拨中心、营业网点、员工宿舍等人员密集场所应当设有符合紧急疏散要求、标志明显、保持畅通的出口。禁止封闭、堵塞出口。

前款所列人员密集场所及用于存放物品的临时场地和库房应当按规定设置防火、防触电等安全设施、设备。

**第二十七条** 邮政企业应当按照有关规定加强邮政汇兑、邮政储蓄资金票据的安全管理。

**第二十八条** 邮政企业、快递企业新建、改建和扩建邮件处理中心、快件分拨中心，其安全设施必须与主体工程同时设计、同时施工、同时投入生产和使用。已经投入生产和使用的安全设施不符合安全防护标准和要求的，邮政企业、快递企业应当予以更换或者改建。邮政企业、快递企业的邮件处理中心、快件分拨中心设计建设前及竣工验收后，应当向当地省级邮政管理机构备案。

**第二十九条** 邮政企业、快递企业的从业人员有依法获得安全生产保障的权利，企业应当为从业人员提供工伤保险和相应的个人安全防护措施、装备，营造安全的工作环境。

## 第四章　应急管理

**第三十条** 邮政管理部门以及邮政企业、快递企业应当按照《国家邮政业突发事件应急预案》建立健全突发事件应对工作机制，提高应对邮政行业突发事件能力，预防与减少邮政行业突发事件及其造成的损害。

**第三十一条** 邮政管理部门应当结合邮政行业安全监督管理的实际，定期对本行业突发事件应急预案的可行性、科学性与有效性进行评估，适时修订。定期组织邮政企业、快递企业开展突发事件应急演练。

**第三十二条** 邮政企业、快递企业应当按照国务院邮政管理部门的规定，制定突发事件应急预案和专项预案，根据情势变化适时修订更新，并及时向邮政管理部门备案。

**第三十三条** 邮政企业、快递企业应当加强应急队伍建设和物资、技术、经费保障，满足突发事件预防与处置工作的需要。

邮政管理部门为应对突发事件，可以调集和征用有关邮政企业、快递企业的人员、物资及车辆、场地和相关设备，并按照有关规定给予补偿。

**第三十四条** 发生自然灾害、事故灾难、公共卫生事件、社会安全事件等，造成下列情形之一的，邮政企业、快递企业应当在 1 小时内向突发事件发生地的省级邮政管理机构和负有相关职责的公安、国家安全、安全生产监督管理等部门报告：

（1）本企业人员死亡或者失踪 1 人以上，或者重伤 3 人以上的；

（2）邮件、快件一次丢失、损毁 100 件以上，或者积压1 000件以上的；

（3）邮寄爆炸物、生物病原体、生物毒素、危险化学品、放射性物品等，在寄递过程中发生爆炸、泄漏的；

（4）邮件处理中心、快件分拨中心内发生重大事故，生产中断的；

（5）其他可能严重影响寄递渠道畅通的情形。

**第三十五条** 有下列情形之一的，邮政企业、快递企业应当在情形发生之日起 3 日内，向邮政管理部门报告相关情况：

（1）邮政企业、快递企业及其分支机构因面临高额债务追偿或者因投资、经营不善导致无法履行对其他主体的债务，可能影响正常开展寄递业务的；

（2）邮政企业、快递企业及其分支机构因经济纠纷或者违法行为被有关机关查封运营设备、设施，或者冻结资产的；

（3）邮政企业、快递企业分立、合并、投资融资、变更终止协议等，可能影响正常开展寄递业务的；

(4)邮政企业、快递企业及其从业人员私自开拆、隐匿、毁弃邮件、快件10件以上，或者因故意延误投递邮件、快件被侦查机关立案调查的；

(5)其他可能影响寄递渠道畅通的情形。

**第三十六条** 突发事件发生后，发生事件的邮政企业、快递企业在报告信息的同时，应当及时启动应急预案进行先期处置，控制事态。

邮政管理部门在接到报告后，应当依照规定及时组织处置并向上级部门报告，必要时，联系有关部门共同处置。

**第三十七条** 邮政管理部门应当妥善处置邮政行业突发事件，查明事件原因和责任，提出整改措施，并依法对有违法行为的责任人作出处理。涉及其他部门管理职权的，应当联合有关部门共同处理。

## 第五章 监督管理

**第三十八条** 邮政管理部门依法履行下列职责：

(1)制定保障邮政通信与信息安全、安全生产的政策、制度和相关标准，并监督实施；

(2)指导与监督邮政企业、快递企业落实安全责任制，督促企业加强内部安全管理；

(3)对邮政行业运行安全进行监测、预警和应急管理；

(4)指导、监督邮政企业、快递企业开展安全运营的宣传教育和培训；

(5)依法对邮政企业、快递企业实施安全监督检查；

(6)组织调查或者参与调查邮政行业安全事故，查处违反邮政行业安全监管规定的行为；

(7)法律、法规、规章规定的其他职责。

**第三十九条** 邮政管理部门应当加强邮政行业安全管理制度和安全知识的宣传，提高从业人员的安全意识、安全操作技能，增强公众使用寄递服务的安全意识。

**第四十条** 邮政管理部门应当加强邮政行业安全运行的监测预警，建立信息管理体系，收集、分析与邮政行业安全运行有关的各类信息。

省、自治区、直辖市邮政管理机构应当及时向国务院邮政管理部门报告邮政行业安全信息，并定期通报相应的公安机关、国家安全机关、海关、安全生产监督管理部门。

**第四十一条** 邮政管理部门应当对邮政企业、快递企业建立健全和遵守安全生产制度以及企业防范安全风险、规范从业人员安全生产行为等情况进行检查。

**第四十二条** 邮政管理部门发现邮政企业、快递企业存在违反安全管理规定，妨害或者可能妨害邮政行业安全的，应当对其调查。违法行为涉及其他部门的管理职权的，邮政管理部门应当会同有关部门，共同对邮政企业、快递企业进行调查。

**第四十三条** 邮政管理部门开展监督检查，应当有两名以上监督检查人员参加。

监督检查人员应当出示执法证件，告知邮政企业、快递企业检查事由和依据。

**第四十四条** 邮政安全监督检查人员应当将检查的时间、地点、内容、发现的问题及其处理情况，作出书面记录，并由监督检查人员和被检查单位的负责人签字；被检查单位负责人拒绝签字的，监督检查人员应当将情况记录在案。

**第四十五条** 邮政管理部门可以在行业内通报邮政企业、快递企业违反安全监管有关规定、发生安全事件以及对有关责任人员进行处理的情况，必要时可以向社会公开上述信息，但涉及国家秘密、商业秘密与个人隐私的除外。

## 第六章 法律责任

**第四十六条** 用户违反本办法第七条规定，寄递危害国家安全、公共安全的信息或者物品，尚不构成犯罪的，依照《中华人民共和国治安管理处罚法》及有关法律、法规处罚；构成犯罪的，依法追究刑事责任。违法邮寄国家禁止出境或者限制出境的物品，按照《中华人民共和国海关法》处罚。给邮政企业、快递企业或者公民、法人及其他组织造成损害的，应当依法承担赔偿责任。

**第四十七条** 邮政企业、快递企业违反收寄验视制度或者违反规定收寄禁止寄递物品或者限制寄递物品的，依照《中华人民共和国邮政法》第七十五条予以处罚。违法收寄国家禁止出境或限制出境的物品，依照《中华人民共和国海关法》处罚。

**第四十八条** 违反本办法第十一条规定的，依照《中华人民共和国邮政法》第七十二条予以处罚。

**第四十九条** 邮政企业、快递企业违法提供用户使用邮政服务、快递业务的信息的，依照《中华人民共和国邮政法》第七十六条予以处罚。

**第五十条** 违反本办法第十三条第二款、第十六条第一款、第二十八条规定，未按照要求报送有关数据、信息或者备案的，由邮政管理部门责令限期改正，可以处1 000元以上10 000元以下的罚款。逾期未改正的，处10 000元以上30 000元以下的罚款。

**第五十一条** 邮政企业、快递企业有下列行为之一的，由邮政管理部门责令限期改正，可给予警告或处10 000元以下的罚款；逾期未改正的，责令停业整顿，可以并处20 000元以下的罚款：

（1）未按照本办法第二十三条的规定对从业人员进行安全生产教育和培训的；

（2）特种作业人员（特种设备作业人员除外）未按照规定经专门的安全作业培训并取得特种作业操作资格证书，上岗作业的。

**第五十二条** 邮政企业、快递企业有下列行为之一的，由邮政管理部门责令限期改正，可以处3 000元以上10 000元以下的罚款；逾期未改正的，责令停业整顿，可以并处50 000元以下的罚款；造成严重后果，构成犯罪的，依法追究刑事责任：

（1）未在有较大危险因素的生产经营场所和有关设施、设备上设置明显的安全警示标志的；

（2）安全设备的安装、使用、检测、改造和报废不符合国家标准或者行业标准的；

（3）未对安全设备进行经常性维护、保养和定期检测的；

（4）未为从业人员提供符合国家标准或者行业标准的劳动防护用品的；

（5）未对重大安全隐患进行整改的。

**第五十三条** 邮政企业、快递企业违反本办法第十七条规定，拒不配合安全监督检查的，依据《中华人民共和国邮政法》第七十七条的规定予以处罚。

**第五十四条** 邮政企业、快递企业违反本办法第三十二条规定，未制定突发事件应急预案和专项预案的，由邮政管理部门责令限期改正，可给予警告或处1 000元以上5 000元以下的罚款；逾期未改正的，处5 000元以上10 000元以下的罚款。

**第五十五条** 邮政管理部门工作人员在安全监督管理工作中滥用职权、玩忽职守、徇私舞弊，构成犯罪的，依法追究刑事责任；尚不构成犯罪的，依法给予处分。

## 第七章 附 则

**第五十六条** 机要通信安全监督管理办法另行制定。

**第五十七条** 本办法自2011年2月1日起施行。

# 出版物市场管理规定

（2011年3月25日中华人民共和国新闻出版总署　中华人民共和国商务部令第52号公布　自公布之日起施行）

## 第一章 总 则

**第一条** 为规范出版物发行活动及其监督管理，建立全国统一、开放、竞争、有序的出版物市场体系，发展社会主义出版产业，根据《出版管理条例》和有关法律、行政法规，制定本规定。

**第二条** 本规定适用于出版物发行活动及其监督管理。

本规定所称出版物，是指图书、报纸、期刊、音像制品、电子出版物等。

本规定所称发行，包括总发行、批发、零售以及出租、展销等活动。

总发行是指由唯一供货商向其他出版物经营者销售出版物。

批发是指供货商向其他出版物经营者销售出版物。

零售是指经营者直接向消费者销售出版物。

出租是指经营者以收取租金的形式向读者提供出版物。

展销是指主办者在一定场所、时间内组织出版物经营者集中展览、销售、订购出版物。

**第三条** 国家对出版物发行依法实行许可制度,未经许可,任何单位和个人不得从事出版物发行活动。本规定另有规定的除外。

**第四条** 新闻出版总署负责全国出版物发行活动的监督管理,负责制定全国出版物发行业发展规划。

省、自治区、直辖市新闻出版行政部门负责本行政区域内出版物发行活动的监督管理,制定本省、自治区、直辖市出版物发行业发展规划。省级以下各级人民政府新闻出版行政部门负责本行政区域内出版物发行活动的监督管理。

制定出版物发行业发展规划须经科学论证,遵循合法公正、符合实际、促进发展的原则。

**第五条** 发行行业的社会团体按照其章程,在新闻出版行政部门的指导下,实行自律管理。

## 第二章 出版物发行单位设立

**第六条** 设立出版物总发行企业或者其他单位从事出版物总发行业务,应当具备下列条件:

(1)有确定的企业名称和经营范围;

(2)以出版物发行为主营业务;

(3)有与出版物总发行业务相适应的组织机构和发行人员,至少一名负责人应当具有高级以上出版物发行员职业资格或者新闻出版总署认可的与出版物发行专业相关的中级以上专业技术资格;

(4)有与出版物总发行业务相适应的设备和固定的经营场所,经营场所的营业面积不少于1 000平方米;

(5)注册资本不少于2 000万元;

(6)具备健全的管理制度并具有符合行业标准的信息管理系统;

(7)最近三年内未受到新闻出版行政部门行政处罚,无其他严重违法记录。

除出版物总发行企业依法设立的从事总发行业务的分公司外,总发行单位应为公司制法人。

**第七条** 申请设立出版物总发行企业或者其他单位申请从事出版物总发行业务,须向所在地省、自治区、直辖市新闻出版行政部门提交申请材料,经其审核后,报新闻出版总署审批。

新闻出版总署应当自受理申请之日起60个工作日内作出批准或者不予批准的决定,并书面告知申请人。批准的,由新闻出版总署颁发《出版物经营许可证》,申请人持《出版物经营许可证》到工商行政管理部门依法办理相关手续;不予批准的,应当书面说明理由。

申请材料包括下列书面材料:

(1)申请书,载明单位基本情况及申请事项;

(2)组织机构和章程;

(3)注册资本信用证明;

(4)经营场所的情况和使用权证明;

(5)法定代表人及主要负责人的身份证明;

(6)负责人的发行员职业资格证书或其他专业技术资格证明材料;

(7)企业信息管理系统情况的证明材料;

(8)其他需要的证明材料。

**第八条** 设立出版物批发企业或者其他单位从事出版物批发业务,应当具备下列条件:

(1)有确定的企业名称和经营范围;

(2)有与出版物批发业务相适应的组织机构和发行人员,至少一名负责人应当具有中级以上出版物发行员职业资格或者新闻出版总署认可的与出版物发行专业相关的中级以上专业技术资格;

(3)有与出版物批发业务相适应的设备和固定的经营场所,其中进入出版物批发市场的单店营业面积不少于50平方米,独立设置经营场所的营业面积不少于200平方米;

(4)注册资本不少于500万元;

(5)具备健全的管理制度并具有符合行业标准的信息管理系统;

(6)最近三年内未受到新闻出版行政部门行政处罚,无其他严重违法记录。

除出版物发行企业依法设立的从事批发业务的分公司外，批发单位应为公司制法人。

**第九条** 申请设立出版物批发企业或者其他单位申请从事出版物批发业务，须向所在地地市级新闻出版行政部门提交申请材料，经审核后报省、自治区、直辖市新闻出版行政部门审批。

省、自治区、直辖市新闻出版行政部门自受理申请之日起20个工作日内作出批准或者不予批准的决定，并书面告知申请人。批准的，由省、自治区、直辖市新闻出版行政部门颁发《出版物经营许可证》，并报新闻出版总署备案。申请人持《出版物经营许可证》到工商行政管理部门依法办理相关手续。不予批准的，应当书面说明理由。

申请材料包括下列书面材料：

(1)申请书，载明单位基本情况及申请事项；

(2)企业章程；

(3)注册资本信用证明；

(4)经营场所的情况及使用权证明；

(5)法定代表人及主要负责人的身份证明；

(6)负责人的发行员职业资格证书或其他专业技术资格证明材料；

(7)企业信息管理系统情况的证明材料；

(8)其他需要的证明材料。

**第十条** 设立出版物零售企业或者其他单位、个人从事出版物零售业务，应当具备下列条件：

(1)有确定的名称和经营范围；

(2)至少一名负责人应当具有初级以上出版物发行员职业资格或者新闻出版总署认可的与出版物发行专业相关的初级以上专业技术资格；

(3)有固定的经营场所。

**第十一条** 申请设立出版物零售企业或者其他单位、个人申请从事出版物零售业务，须向所在地县级人民政府新闻出版行政部门提交申请材料。

县级新闻出版行政部门应当自受理申请之日起20个工作日内作出批准或者不予批准的决定，并书面告知申请人。批准的，由县级人民政府新闻出版行政部门颁发《出版物经营许可证》，并同时报上一级新闻出版行政部门备案，其中营业面积在5 000平方米以上的应同时报省、自治区、直辖市新闻出版行政部门备案。申请人持《出版物经营许可证》到工商行政管理部门依法办理相关手续。不予批准的，应当书面说明理由。

申请材料包括下列书面材料：

(1)申请书，载明单位基本情况及申请事项；

(2)经营场所的使用权证明；

(3)经营者的身份证明和发行员职业资格证书或其他专业技术资格证明材料。

**第十二条** 设立出版物出租企业或者其他单位、个人从事出版物出租业务，应当于取得营业执照后15日内持营业执照复印件及经营地址、法定代表人或者主要负责人情况等材料到当地县级人民政府新闻出版行政部门备案。

**第十三条** 设立出版物连锁经营企业或者其他连锁经营企业从事出版物连锁经营业务，应当具备下列条件：

(1)有确定的企业名称和经营范围；

(2)符合连锁经营的组织形式和经营方式；

(3)注册资本不少于300万元，其中从事全国性连锁经营的不少于1 000万元；

(4)有10个以上的直营连锁门店；

(5)有与出版物连锁业务相适应的组织机构和发行人员，至少一名负责人应当具有中级以上出版物发行员职业资格或者新闻出版总署认可的与出版物发行专业相关的中级以上专业技术资格；

(6)有与出版物连锁业务相适应的设备和固定的经营场所，其中样本店的经营面积不少于500平方米；

(7)具备健全的管理制度并具有符合行业标准的信息管理系统；

(8)最近3年内未受到新闻出版行政部门行政处罚，无其他严重违法记录。

**第十四条** 申请设立出版物连锁经营企业或者其他连锁经营企业申请从事出版物连锁经营业务，须向总部所在地地市级新闻出版行政部门提交申请材料。经审核后报省、自治区、直辖市新闻出版行政部门审批；省、自治区、直辖市新闻出版行政部门自受理申请之日起20个工作日内作出批准或者不予批准的决定，并书面告知申请人。批准的，由省、自治区、直辖市新闻出版行政部门颁发《出版物经营许可证》，并报新闻出版总署备案；不予批准的，应当书面说明理由。申请设立全国性出版物连锁经营企业或者其他连锁经营企业申请从事全国性出版物连锁经营业务，须向总部所在地省、自治区、直辖市新闻出版行政部门提交申请材料，经审核后报新闻出版总署审批。新闻出版总署应当自受理申请之日起60个工作日内作出批准或者不予批准的决定，并书面告知申请人。批准的，由新闻出版总署颁发《出版物经营许可证》。申请人持《出版物经营许可证》到工商行政管理部门依法办理相关手续。不予批准的，应当书面说明理由。申请材料包括下列书面材料：

（1）申请书，载明企业基本情况、申请事项等；

（2）组织机构和章程；

（3）注册资本信用证明；

（4）总部和连锁门店经营场所名单及使用权证明；

（5）法定代表人及主要负责人的身份证明；

（6）负责人的发行员职业资格证书或其他专业技术资格证明材料；

（7）企业信息管理系统使用情况证明材料；

（8）其他需要的证明材料。

**第十五条** 出版物连锁经营企业设立直营连锁门店不需单独办理《出版物经营许可证》，可以凭出版物连锁经营企业总部的《出版物经营许可证》复印件到门店所在地县级人民政府新闻出版行政部门备案后，到工商行政管理部门依法领取非法人的营业执照。

出版物连锁经营企业开设非直营连锁门店，连锁门店须按照本规定第十条、第十一条的有关规定办理审批手续，已具有《出版物经营许可证》的除外。

**第十六条** 国家允许设立从事图书、报纸、期刊、电子出版物发行活动的中外合资经营企业、中外合作经营企业和外资企业，允许设立从事音像制品发行活动的中外合作经营企业；其中，从事图书、报纸、期刊连锁经营业务，连锁门店超过30家的，不允许外资控股；外国投资者不得以变相参股方式违反上述有关30家连锁门店的限制。

设立外商投资出版物总发行、批发、零售、连锁经营企业应具备的条件及新闻出版行政部门的审批程序按照本规定第六条至第十五条的有关规定执行；申请人获得新闻出版行政部门批准文件后，还须按照有关法律、法规向商务主管部门提出申请，办理外商投资审批手续，并于获得批准后90天内持批准文件和《外商投资企业批准证书》到原批准的新闻出版行政部门领取《出版物经营许可证》。申请人持《出版物经营许可证》和《外商投资企业批准证书》向所在地工商行政管理部门依法领取营业执照。

**第十七条** 通过互联网等信息网络从事出版物发行业务的单位或者个人，应当依照本规定取得《出版物经营许可证》，外商投资企业还应按照相关规定办理外商投资审批手续。

已经取得《出版物经营许可证》的出版物发行单位在批准的经营范围内通过互联网等信息网络从事出版物发行业务，应自开展网络出版物发行业务15日内到原批准的新闻出版行政部门备案。

**第十八条** 申请设立从事出版物发行的书友会、读者俱乐部或者其他类似组织，按照本规定第十条、第十一条的规定办理。出版物发行企业可以设立不具备法人资格的书友会、读者俱乐部或者其他类似组织，无需审批，但应于设立后15日内持相关材料到原批准的新闻出版行政部门备案。

**第十九条** 出版物发行单位可在原批准的新闻出版行政部门所辖行政区域一定地点及时间内，设立临时零售点开展其业务范围内的出版物销售活动，但须提前到设点所在地县级新闻出版行政部门履行备案手续，并须遵守所在地其他有关管理规定。

**第二十条** 出版物总发行单位可以从事出版物批发、零售业务；出版物批发单位可以从事出版物零售业务。

出版物发行单位设立不具备法人资格的发行分支机构，根据拟设分支机构的业务范围，分别按照设立出版物总发行、批发、零售单位的有关规定办理审批手续。

出版单位设立发行本版出版物的不具备法人资格的发行分支机构，出版单位须持《出版物经营许可证》复印件及分支机构设立地址、人员情况等相关材料于分支机构设立后15日内到分支机构所在地省、自治区、直辖市新闻出版行政部门备案。

**第二十一条** 从事出版物发行业务的单位和个人变更《出版物经营许可证》登记事项，或者兼并、合并、分立的，应当依照本办法到原批准的新闻出版行政部门办理审批手续，并持批准文件到工商行政管理部门办理相应的登记手续，外商投资企业还应按照相关规定办理外商投资审批手续。

从事出版物发行业务的单位和个人终止经营活动的，应当到工商行政管理部门办理注销登记，并向原批准的新闻出版行政部门备案。

## 第三章　出版物发行活动管理

**第二十二条**　任何组织和个人不得发行下列出版物：

（1）含有《出版管理条例》禁止内容的违禁出版物；

（2）各种非法出版物，包括：未经批准擅自出版、印刷或者复制的出版物，伪造、假冒出版单位或者报刊名称出版的出版物，非法进口的出版物；

（3）侵犯他人著作权或者专有出版权的出版物；

（4）新闻出版行政部门明令禁止出版、印刷或者复制、发行的出版物。

**第二十三条**　内部发行的出版物不得公开宣传、陈列、展示、销售。

内部资料性出版物只能在本系统、本行业或者本单位内部免费分发，任何组织和个人不得发行。

**第二十四条**　从事出版物发行业务的单位和个人在发行活动中应当遵循公平、合法、诚实守信的原则，依法订立供销合同，不得损害消费者的合法权益。

从事出版物发行业务的单位和个人，必须遵守下列规定：

（1）从依法设立的出版发行单位进货；发行进口出版物的，须从依法设立的出版物进口经营单位进货；

（2）将出版物发行进销货清单等有关非财务票据至少保存两年，以备查验；

（3）不得超出新闻出版行政部门核准的经营范围经营；

（4）不得张贴和散发有法律、法规禁止内容的或者有欺诈性文字的征订单、广告和宣传画；

（5）不得擅自更改出版物版权页；

（6）《出版物经营许可证》应在经营场所明显处张挂；利用信息网络从事出版物发行业务的，应在其网站主页面或者从事经营活动的网页醒目位置公开《出版物经营许可证》和营业执照登载的有关信息或链接标识；

（7）不得涂改、变造、出租、出借、出售或者以其他任何形式转让《出版物经营许可证》和批准文件。

**第二十五条**　出版物发行单位应当建立职业培训制度，按照《中华人民共和国劳动法》和国家确定的职业分类以及出版物发行员职业技能标准，组织本单位从业人员参加经过国家劳动行政部门批准的考核鉴定机构所实施的职业技能鉴定考核。

**第二十六条**　出版单位对本版出版物具有总发行权。

出版单位不得向无出版物总发行权的单位转让或者变相转让出版物总发行权，不得委托无出版物批发权的单位批发出版物或者代理出版物批发业务，不得委托非出版物发行单位发行出版物。

**第二十七条**　建立发行出版物的网络交易平台应向所在地省、自治区、直辖市新闻出版行政部门备案，接受新闻出版行政部门的指导与监督管理。

提供出版物发行网络交易平台服务的经营者，应当对申请通过网络交易平台从事出版物发行的经营主体身份进行审查，核实经营主体的营业执照、《出版物经营许可证》，并留存证照复印件备查。不得向无证无照、证照不齐的经营者提供网络交易平台服务。

提供出版物发行网络交易平台服务的经营者，发现在网络交易平台内从事各类违法活动的，应当采取有效措施予以制止，并及时向所在地新闻出版行政部门报告。

**第二十八条**　省、自治区、直辖市新闻出版行政部门和全国性出版、发行行业协会，可以申请主办全国性的出版物展销活动，并须提前6个月报新闻出版总署审批。

全国性出版、发行行业协会可以主办跨省专业性出版物展销活动；市、县级新闻出版行政部门和省级出版、发行协会可以主办地方性的出版物展销活动；主办单位须提前2个月报所在地省、自治区、直辖市新闻出版行政部门备案。

**第二十九条**　中学小学教科书发行单位应当具有适应教科书发行业务需要的资金、组织机构和人员等条件，并取得新闻出版总署批准的教科书发行资质。纳入政府采购范围的中学小学教科书，其发行单位还须按照《中华人民共和国政府采购法》的有关规定确定。其他任何单位或者个人不得从事中学小学教科书的发行业务。

中小学教科书发行管理办法由新闻出版总署另行制定。

**第三十条** 任何单位和个人不得从事本规定第二十二条所列出版物的征订、储存、运输、邮寄、投递、散发、附送等活动。

从事出版物储存、运输、投递活动，应当接受新闻出版行政部门的监督检查。

**第三十一条** 从事出版物发行业务的单位和个人应当按照新闻出版行政部门的规定接受年度核验，并按照《中华人民共和国统计法》、《新闻出版统计管理办法》及有关规定如实报送统计资料，不得以任何借口拒报、迟报、虚报、瞒报以及伪造和篡改统计资料。出版物发行单位不再具备行政许可的法定条件的，由新闻出版行政部门责令限期改正；逾期仍未改正的，由原发证机关撤销《出版物经营许可证》。

## 第四章 罚 则

**第三十二条** 未经批准，擅自设立出版物发行单位，或者擅自从事出版物发行业务的，依照《出版管理条例》第六十一条处罚。

未经批准擅自设立发行分支机构、出版物批发市场，擅自主办全国性出版物展销活动或者不符合本条例规定的主办单位擅自主办地方性或者跨省专业性出版物展销活动的，按照前款处罚。

**第三十三条** 发行违禁出版物的，依照《出版管理条例》第六十二条处罚。

发行新闻出版总署禁止进口的出版物，或者发行进口出版物未从依法批准的出版物进口经营单位进货的，依照《出版管理条例》第六十三条处罚。

发行其他非法出版物和新闻出版行政部门明令禁止出版、印刷或者复制、发行的出版物的，依照《出版管理条例》第六十五条处罚。

发行违禁出版物或者非法出版物的，当事人对其来源作出说明、指认，经查证属实的，没收出版物和非法所得，可以减轻或免除其他行政处罚。

**第三十四条** 违反本规定发行侵犯他人著作权或者专有出版权的出版物的，依照《中华人民共和国著作权法》和《中华人民共和国著作权法实施条例》的规定处罚。

**第三十五条** 发行未经依法审定的中学小学教科书，或者未经法定方式确定的单位从事中学小学教科书的发行业务的，依照《出版管理条例》第六十五条处罚。

**第三十六条** 出版物发行单位未依照规定办理变更审批手续的，按照《出版管理条例》第六十七条处罚。

**第三十七条** 单位违反本规定被吊销《出版物经营许可证》的，由原发证单位吊销其法定代表人或者主要负责人及直接责任人的出版物发行员职业资格证书；其法定代表人或者主要负责人自许可证被吊销之日起10年内不得担任发行单位的法定代表人或者主要负责人。

**第三十八条** 违反本规定，有下列行为之一的，由新闻出版行政部门责令停止违法行为，予以警告，并处3万元以下罚款：

(1)未能提供近两年的出版物发行进销货清单等有关非财务票据的；

(2)超出新闻出版行政部门核准的经营范围经营的；

(3)张贴和散发有法律、法规禁止内容的或者有欺诈性文字的征订单、广告和宣传画的；

(4)擅自更改出版物版权页的；

(5)《出版物经营许可证》未在经营场所明显处张挂或未在网页醒目位置公开《出版物经营许可证》和营业执照登载的有关信息或链接标识的；

(6)出售、出借、出租、转让或擅自涂改、变造《出版物经营许可证》的；

(7)发行内部资料性出版物的，或公开宣传、陈列、销售规定应由内部发行的出版物的；

(8)向无总发行权的单位转让或者变相转让出版物总发行权，委托无出版物批发权的单位批发出版物或代理出版物批发业务，委托非出版物发行单位发行出版物的；

(9)提供出版物网络交易平台服务的经营者未按本规定履行有关审查及管理责任的；

(10)应按本规定进行备案而未备案的;

(11)不按规定接受年度核检的。

**第三十九条** 征订、储存、运输、邮寄、投递、散发、附送本规定第二十二条所列出版物的,按照本规定第三十三条进行处罚。

**第四十条** 违反本规定第三十一条未报送统计数据的,按照新闻出版总署《新闻出版统计管理办法》处理。

## 第五章 附 则

**第四十一条** 香港特别行政区、澳门特别行政区、台湾地区的投资者在其他省、自治区、直辖市设立出版物发行企业,按照本规定第十六条办理,并作如下补充规定:

(1)允许香港、澳门服务提供者在内地以独资、合资形式提供音像制品(含后电影产品)的发行服务;

(2)对于同一香港、澳门服务提供者在内地从事图书、报纸、期刊连锁经营,允许其控股,但出资比例不得超过65.0%;

(3)香港、澳门服务提供者应分别符合《内地与香港关于建立更紧密经贸关系的安排》及《内地与澳门关于建立更紧密经贸关系的安排》中关于"服务提供者"定义及相关规定的要求,取得香港、澳门服务提供者证明书。

**第四十二条** 除已依法设立的出版物批发市场外,各省、自治区、直辖市不得再设立或者变相设立出版物批发市场;进入出版物批发市场的经营单位在出版物销售前,须将出版物样本报送批发市场管理机构审验,报送审验的出版物样本必须与所销售的出版物一致。

**第四十三条** 本规定所称全国性连锁经营,是指跨省、自治区、直辖市连锁经营。

**第四十四条** 《出版物经营许可证》正、副本的样式由新闻出版总署规定,由新闻出版总署或者省、自治区、直辖市新闻出版行政部门统一印制。

**第四十五条** 本规定自公布之日起施行,此前新闻出版总署和有关部门颁布的《出版物市场管理规定》、《音像制品批发、零售、出租管理办法》、《外商投资图书、报纸、期刊分销企业管理办法》和《中外合作音像制品分销企业管理办法》及有关补充规定同时废止,本规定施行前与本规定不一致的其他规定不再执行。

# 固体废物进口管理办法

(2011年4月8日中华人民共和国环境保护部 中华人民共和国商务部 国家发展和改革委员会 中华人民共和国海关总署 国家质量监督检验检疫总局令第12号令公布 自2011年8月1日起施行)

## 第一章 总 则

**第一条** 为了规范固体废物进口环境管理,防止进口固体废物污染环境,根据《中华人民共和国固体废物污染环境防治法》和有关法律、行政法规,制定本办法。

**第二条** 本办法所称固体废物,是指在生产、生活和其他活动中产生的丧失原有利用价值或者虽未丧失利用价值但被抛弃或者放弃的固态、半固态、液态和置于容器中的气态的物品、物质以及法律、行政法规规定纳入固体废物管理的物品、物质。

本办法所称固体废物进口,是指将中华人民共和国境外的固体废物运入中华人民共和国境内的活动。

**第三条** 本办法适用于以任何方式进口固体废物的活动。

通过赠送、出口退运进境、提供样品等方式将固体废物运入中华人民共和国境内的,进境修理产生的未复运出境固体废物以及出境修理或者出料加工中产生的复运进境固体废物的,除另有规定外,也适用本办法。

**第四条** 禁止转让固体废物进口相关许可证。

本办法所称转让固体废物进口相关许可证，是指：

（1）出售或者出租、出借固体废物进口相关许可证；

（2）使用购买或者租用、借用的固体废物进口相关许可证进口固体废物；

（3）将进口的固体废物全部或者部分转让给固体废物进口相关许可证载明的利用企业以外的单位或者个人。

**第五条** 禁止中华人民共和国境外的固体废物进境倾倒、堆放、处置。

禁止固体废物转口贸易。

未取得固体废物进口相关许可证的进口固体废物不得存入海关监管场所，包括保税区、出口加工区、保税物流园区、保税港区等海关特殊监管区域和保税物流中心（A/B 型）、保税仓库等海关保税监管场所（简称“海关特殊监管区域和场所”）。

除另有规定外，进口固体废物不得办理转关手续（废纸除外）。

**第六条** 国务院环境保护行政主管部门对全国固体废物进口环境管理工作实施统一监督管理。国务院商务主管部门、国务院经济综合宏观调控部门、海关总署和国务院质量监督检验检疫部门在各自的职责范围内负责固体废物进口相关管理工作。

县级以上地方环境保护行政主管部门对本行政区域内固体废物进口环境管理工作实施监督管理。各级商务主管部门、经济综合宏观调控部门、海关、出入境检验检疫部门在各自职责范围内对固体废物进口实施相关监督管理。

国务院环境保护行政主管部门会同国务院商务主管部门、国务院经济综合宏观调控部门、海关总署、国务院质量监督检验检疫部门建立固体废物进口管理工作协调机制，实行固体废物进口管理信息共享，协调处理固体废物进口及经营活动监督管理工作的重要事务。

**第七条** 任何单位和个人有权向各级环境保护行政主管部门、商务主管部门、经济综合宏观调控部门、海关和出入境检验检疫部门，检举违反固体废物进口监管程序和进口固体废物造成污染的行为。

## 第二章 一般规定

**第八条** 禁止进口危险废物。禁止经中华人民共和国过境转移危险废物。

禁止以热能回收为目的进口固体废物。

禁止进口不能用作原料或者不能以无害化方式利用的固体废物。

禁止进口境内产生量或者堆存量大且尚未得到充分利用的固体废物。

禁止进口尚无适用国家环境保护控制标准或者相关技术规范等强制性要求的固体废物。

禁止以凭指示交货（TO ORDER）方式承运固体废物入境。

**第九条** 对可以弥补境内资源短缺，且根据国家经济、技术条件能够以无害化方式利用的可用作原料的固体废物，按照其加工利用过程的污染排放强度，实行限制进口和自动许可进口分类管理。

**第十条** 国务院环境保护行政主管部门会同国务院商务主管部门、国务院经济综合宏观调控部门、海关总署、国务院质量监督检验检疫部门制定、调整并公布禁止进口、限制进口和自动许可进口的固体废物目录。

**第十一条** 禁止进口列入禁止进口目录的固体废物。

进口列入限制进口或者自动许可进口目录的固体废物，必须取得固体废物进口相关许可证。

**第十二条** 进口固体废物应当采取防扬散、防流失、防渗漏或者其他防止污染环境的措施。

**第十三条** 进口固体废物的装运、申报应当符合海关规定，有关规定由海关总署另行制定。

**第十四条** 进口固体废物必须符合进口可用作原料的固体废物环境保护控制标准或者相关技术规范等强制性要求。经检验检疫，不符合进口可用作原料的固体废物环境保护控制标准或者相关技术规范等强制性要求的固体废物，不得进口。

**第十五条** 申请和审批进口固体废物，按照风险最小化原则，实行“就近口岸”报关。

**第十六条** 国家对进口可用作原料的固体废物的国外供货商实行注册登记制度。向中国出口可用作原料的固体废物的国外供货商，应当取得国务院质量监督检验检疫部门颁发的注册登记证书。

国家对进口可用作原料的固体废物的国内收货人实行注册登记制度。进口可用作原料的固体废物的国内收货人在签订对外贸易合同前，应当取得国务院质量监督检验检疫部门颁发的注册登记证书。

**第十七条** 国务院环境保护行政主管部门对加工利用进口废五金电器、废电线电缆、废电机等环境风险较大的固体废物的企业，实行定点企业资质认定管理。管理办法由国务院环境保护行政主管部门制定。

**第十八条** 国家鼓励限制进口的固体废物在设定的进口废物"圈区管理"园区内加工利用。

进口废物"圈区管理"应当符合法律、法规和国家标准要求。进口废物"圈区管理"园区的建设规范和要求由国务院环境保护行政主管部门会同国务院商务主管部门、国务院经济综合宏观调控部门、海关总署、国务院质量监督检验检疫部门制定。

**第十九条** 出口加工区内的进口固体废物利用企业以加工贸易方式进口固体废物的，必须持有固体废物进口相关许可证。

出口加工区以外的进口固体废物利用企业以加工贸易方式进口固体废物的，必须持有商务主管部门签发的有效的《加工贸易业务批准证》、海关核发的有效的加工贸易手册（账册）和固体废物进口相关许可证。

以加工贸易方式进口的固体废物或者加工成品因故无法出口需内销的，加工贸易企业无须再次申领固体废物进口相关许可证；未经加工的原进口固体废物仅限留作本企业自用。

## 第三章 固体废物进口许可管理

**第二十条** 进口列入限制进口目录的固体废物，应当经国务院环境保护行政主管部门会同国务院对外贸易主管部门审查许可。进口列入自动许可进口目录的固体废物，应当依法办理自动许可手续。

**第二十一条** 固体废物进口相关许可证当年有效。

固体废物进口相关许可证应当在有效期内使用，无论是否使用完毕逾期均自行失效。

固体废物进口相关许可证因故在有效期内未使用完的，利用企业应当在有效期届满30日前向发证机关提出延期申请。发证机关扣除已使用的数量后，重新签发固体废物进口相关许可证，并在备注栏中注明"延期使用"和原证证号。

固体废物进口相关许可证只能延期一次，延期最长不超过60日。

**第二十二条** 固体废物进口相关许可证实行"一证一关"管理。一般情况下固体废物进口相关许可证为"非一批一证"制，如要实行"一批一证"，应当同时在固体废物进口相关许可证备注栏内打印"一批一证"字样。

"一证一关"指固体废物进口相关许可证只能在一个海关报关；"一批一证"指固体废物进口相关许可证在有效期内一次报关使用；"非一批一证"指固体废物进口相关许可证在有效期内可以多次报关使用，由海关逐批签注核减进口数量，最后一批进口时，允许溢装上限为固体废物进口相关许可证实际余额的3.0%，且不论是否仍有余额，海关将在签注后留存正本存档。

**第二十三条** 固体废物进口相关许可证上载明的事项发生变化的，利用企业应当按照申请程序重新申请领取固体废物进口相关许可证。

发证机关受理申请后，注销原证，并公告注销的证书编号。

**第二十四条** 进口固体废物审批管理所需费用，按照国家有关规定执行。

## 第四章 检验检疫与海关手续

**第二十五条** 进口固体废物的承运人在受理承运业务时，应当要求货运委托人提供下列证明材料：

（1）固体废物进口相关许可证；

（2）进口可用作原料的固体废物国内收货人注册登记证书；

（3）进口可用作原料的固体废物国外供货商注册登记证书；

（4）进口可用作原料的固体废物装运前检验证书。

**第二十六条** 对进口固体废物，由国务院质量监督检验检疫部门指定的装运前检验机构实施装运前检验；检验合格的，出具装运前检验证书。

进口的固体废物运抵固体废物进口相关许可证列明的口岸后，国内收货人应当持固体废物进口相关许可证报检验检疫联、装运前检验证书以及其他必要单证，向口岸出入境检验检疫机构报检。

出入境检验检疫机构经检验检疫，对符合国家环境保护控制标准或者相关技术规范等强制性要求的，出具《入境货物通关单》，并备注"经初步检验检疫，未发现不符合国家环境保护控制标准要求的物质"；对不符合国家环境保护控制标准或者相关技术规范等强制性要求的，出具检验检疫处理通知书，并及时通知口岸海关和口岸所在地省、自治区、直辖市环境保护行政主管部门。

口岸所在地省、自治区、直辖市环境保护行政主管部门收到进口固体废物检验检疫不合格的通知后，应当及时通知利用企业所在地省、自治区、直辖市环境保护行政主管部门和国务院环境保护行政主管部门。

对于检验结果不服的，申请人应当根据进出口商品复验工作的有关规定申请复验。国务院质量监督检验检疫部门或者出入境检验检疫机构可以根据检验工作的实际情况，会同同级环境保护行政主管部门共同实施复验工作。

**第二十七条** 除另有规定外，对限制进口类或者自动许可进口类可用作原料的固体废物，应当持固体废物进口相关许可证和出入境检验检疫机构出具的《入境货物通关单》等有关单证向海关办理进口验放手续。

**第二十八条** 进口者对海关将其所进口的货物纳入固体废物管理范围不服的，可以依法申请行政复议，也可以向人民法院提起行政诉讼。

海关怀疑进口货物的收货人申报的进口货物为固体废物的，可以要求收货人送口岸检验检疫部门进行固体废物属性检验，必要时，海关可以直接送口岸检验检疫部门进行固体废物属性检验，并按照检验结果处理。

口岸检验检疫部门应当出具检验结果，并注明是否属于固体废物。

海关或者收货人对口岸所在地检验检疫部门的检验结论有异议的，国务院环境保护行政主管部门会同海关总署、国务院质量监督检验检疫部门指定专门鉴别机构对进口的货物、物品是否属于固体废物和固体废物类别进行鉴别。

《固体废物鉴别导则》及有关鉴别程序和办法由国务院环境保护行政主管部门会同海关总署、国务院质量监督检验检疫部门制定。

检验或者鉴别期间，海关不接受企业担保放行的申请。对货物在检验或者鉴别期间产生的相关费用以及损失，由进口货物的收货人自行承担。

本条所涉进口固体废物的鉴别，应当以《固体废物鉴别导则》为依据。

**第二十九条** 将境外的固体废物进境倾倒、堆放、处置的，进口属于禁止进口的固体废物或者未经许可擅自进口固体废物的，以及检验不合格的进口固体废物，由口岸海关依法责令进口者或者承运人在规定的期限内将有关固体废物原状退运至原出口国，进口者或者承运人承担相应责任和费用，并不免除其办理海关手续的义务，进口者或者承运人不得放弃有关固体废物。

收货人无法确认的进境固体废物，由承运人向海关提出退运申请或者可以由海关依法责令承运人退运。承运人承担相应责任和费用，并不免除其办理海关手续的义务。

**第三十条** 对当事人拒不退运或者超过3个月不退运出境的固体废物，口岸海关会同口岸出入境检验检疫机构和口岸所在地环境保护行政主管部门对进口者或者承运人采取强制措施予以退运。

**第三十一条** 对确属无法退运出境或者海关决定不予退运的固体废物，经进口者向口岸海关申请（进口者不明时由承运人或者负有连带责任的第三人申请），参考就近原则，由海关以拍卖或者委托方式移交省、自治区、直辖市环境保护行政主管部门认定的具有无害化利用或者处置能力的单位进行综合利用或者无害化处置，相关滞港费用和处置费用由进口者承担，进口者不明的由承运人承担。

对委托综合利用或者无害化处置扣除处理费用后产生的收益，应当由具有无害化利用或者处置能力的单位交由海关上缴国库。各级海关未经批准，不得拍卖国家禁止进口的固体废物。具体管理办法由海关总署会同国务院环境保护行政主管部门另行制定。

**第三十二条** 海关应当将退运等后续处理情况通报出入境检验检疫机构和口岸所在地省、自治区、直辖市环境保护行政主管部门。

口岸所在地省、自治区、直辖市环境保护行政主管部门应当通知进口固体废物利用企业所在地省、自治区、直辖市环境保护行政主管部门和国务院环境保护行政主管部门。

出入境检验检疫机构和环境保护行政主管部门应当根据具体情况对有关单位做出处理。

## 第五章 监督管理

**第三十三条** 进口的固体废物必须全部由固体废物进口相关许可证载明的利用企业作为原料利用。

**第三十四条** 进口固体废物利用企业应当以环境无害化方式对进口的固体废物进行加工利用。

由海关以拍卖或者委托方式移交处理的进口固体废物的利用或者处置单位，必须对所承担的进口固体废物全部进行综合利用或者无害化处置。

**第三十五条** 进口固体废物利用企业应当建立经营情况记录簿，如实记载每批进口固体废物的来源、种类、重量或者数量、去向，接收、拆解、利用、贮存的时间，运输者的名称和联系方式，进口固体废物加工利用后的残余物种类、重量或者数量、去向等情况。经营记录簿及相关单据、影像资料等原始凭证应当至少保存5年。

进口固体废物利用企业应当对污染物排放进行日常定期监测。监测报告应当至少保存5年。

进口固体废物利用企业应当按照国务院环境保护行政主管部门的规定，定期向所在地省、自治区、直辖市环境保护行政主管部门报告进口固体废物经营情况和环境监测情况。省、自治区、直辖市环境保护行政主管部门汇总后报国务院环境保护行政主管部门。

固体废物的进口者、代理商、承运人等具他经营单位，应当记录所代理的进口固体废物的来源、种类、重量或者数量、去向等情况，并接受有关部门的监督检查。记录资料及相关单据、影像资料等原始凭证应当至少保存3年。

**第三十六条** 省、自治区、直辖市环境保护行政主管部门应当组织对进口固体废物利用企业进行实地检查和监督性监测，发现有下列情形之一的，应当在5个工作日内报知国务院环境保护行政主管部门：

（1）隐瞒有关情况或者提供虚假材料申请固体废物进口相关许可证或者转让固体废物进口相关许可证；

（2）超过国家或者地方规定的污染物排放标准，或者超过总量控制指标排放污染物；

（3）对进口固体废物加工利用后的残余物未进行无害化利用或者处置；

（4）未按规定报告进口固体废物经营情况和环境监测情况，或者在报告时弄虚作假。

国务院环境保护行政主管部门和省、自治区、直辖市环境保护行政主管部门应当将有关情况记录存档，作为审批固体废物进口相关许可证的依据。

各级环境保护行政主管部门、商务主管部门、经济综合宏观调控部门、海关、出入境检验检疫部门，有权依据各自的职责对与进口固体废物有关的单位进行监督检查。

被检查的单位应当如实反映情况，提供必要的材料。检察机关应当为被检查的单位保守技术秘密和业务秘密检察机关进行现场检查时，可以采取现场监测、采集样品、查阅或者复制相关资料等措施。

检查人员进行现场检查，应当出示证件。

## 第六章 海关特殊监管区域和场所的特别规定

**第三十七条** 固体废物从境外进入海关特殊监管区域和场所时，有关单位应当申领固体废物进口相关许可证，并申请检验检疫。固体废物从海关特殊监管区域和场所进口到境内区外或者在海关特殊监管区域和场所之间进出的，无需办理固体废物进口相关许可证。

**第三十八条** 海关特殊监管区域和场所内单位不得以转口货物为名存放进口固体废物。

**第三十九条** 海关特殊监管区域和场所内单位产生的未复运出境的残次品、废品、边角料、受灾货物等，如属于限制进口或者自动许可进口的固体废物，其在境内与海关特殊监管区域和场所之间进出，或者在海关特殊监管区域和场所之间进出，免于提交固体废物进口相关许可证。出入境检验检疫机构不实施检验。

**第四十条** 海关特殊监管区域和场所内单位产生的未复运出境的残次品、废品、边角料、受灾货物等，如属于禁止进口的固体废物，需出区进行利用或者处置的，应当由产生单位或者收集单位向海关特殊监管区域和场所行政管理部门和所在地设区的市级环境保护行政主管部门提出申请，并提交如下申请材料：

(1)转移固体废物出区申请书；

(2)申请单位和接收单位签订的合同；

(3)接收单位的经年检合格的营业执照；

(4)拟转移的区内固体废物的产生过程及工艺、成分分析报告、物理化学性质登记表；

(5)接收单位利用或者处置废物方式的说明，包括废物利用或者处置设施的地点、类型、处理能力及利用或者处置过程中产生的废气、废水、废渣的处理方法等的介绍资料；

(6)证明接收单位能对区内固体废物以环境无害化方式进行利用或者处置的材料；出区废物是危险废物的，须提供接收单位所持的《危险废物经营许可证》复印件，并加盖接收单位章。

**第四十一条** 海关特殊监管区域和场所行政管理部门和所在地设区的市级环境保护行政主管部门受理出区申请后，作出准予或者不准予出区的决定，批准文件有效期 1 年。

出入境检验检疫机构凭海关特殊监管区域和场所行政管理部门和所在地设区的市级环境保护行政主管部门批准文件办理通关单，并对固体废物免于实施检验。海关凭海关特殊监管区域和场所行政管理部门和所在地设区的市级环境保护行政主管部门批准文件按规定办理有关手续。

**第四十二条** 海关特殊监管区域和场所内单位产生的固体废物，出区跨省转移、贮存、处置的，须按照《中华人民共和国固体废物污染环境防治法》第二十三条的规定向有关省、自治区、直辖市环境保护行政主管部门提出申请。

海关特殊监管区域和场所内单位产生的固体废物属于危险废物或者废弃电器电子产品的，出区时须依法执行危险废物管理或者废弃电器电子产品管理的有关制度。

## 第七章 罚 则

**第四十三条** 违反本办法规定，将中华人民共和国境外的固体废物进境倾倒、堆放、处置，进口属于禁止进口的固体废物或者未经许可擅自进口限制进口的固体废物，或者以原料利用为名进口不能用作原料的固体废物的，由海关依据《中华人民共和国固体废物污染环境防治法》第七十八条的规定追究法律责任，并可以由发证机关撤销其固体废物进口相关许可证。

违反本办法规定，以进口固体废物名义经中华人民共和国过境转移危险废物的，由海关依据《中华人民共和国固体废物污染环境防治法》第七十九条的规定追究法律责任，并可以由发证机关撤销其固体废物进口相关许可证。

违反本办法规定，走私进口固体废物的，由海关按照有关法律、行政法规的规定进行处罚；构成犯罪的，依法追究刑事责任。

**第四十四条** 对已经非法入境的固体废物，按照《中华人民共和国固体废物污染环境防治法》第八十条的规定进行处理。

**第四十五条** 违反本办法规定，转让固体废物进口相关许可证的，由发证机关撤销其固体废物进口相关许可证；构成犯罪的，依法追究刑事责任。

**第四十六条** 以欺骗、贿赂等不正当手段取得固体废物进口相关许可证的，依据《中华人民共和国行政许可法》的规定，由发证机关撤销其固体废物进口相关许可证；构成犯罪的，依法追究刑事责任。

**第四十七条** 违反本办法规定，对进口固体废物加工利用后的残余物未进行无害化利用或者处置的，由所在地县级以上环境保护行政主管部门根据《中华人民共和国固体废物污染环境防治法》第六十八条第(二)项的规定责令停止违法行为，限期改正，并处 1 万元以上 10 万元以下的罚款；逾期拒不改正的，可以由发证机关撤销其固体废物进口相关许可证。造成污染环境事故的，按照《固体废物污染环境防治法》第八十二条的规定办理。

**第四十八条** 违反本办法规定，未执行经营情况记录簿制度、未履行日常环境监测或者未按规定报告进口固体废物经营情况和环境环境监测情况的，由所在地县级以上环境保护行政主管部门责令限期改正，可以并处3万元以下罚款；逾期拒不改正的，可以由发证机关撤销其固体废物进口相关许可证。

**第四十九条** 违反检验检疫有关规定进口固体废物的，按照《中华人民共和国进出口商品检验法》、《中华人民共和国进出口商品检验法实施条例》等规定进行处罚。

违反海关有关规定进口固体废物的，按照《中华人民共和国海关法》和《中华人民共和国海关行政处罚实施条例》等规定进行处罚。

擅自进口禁止进口、不符合国家环境保护控制标准或者相关技术规范强制性要求的固体废物，经海关责令退运，超过3个月怠于履行退运义务的，由海关依照《中华人民共和国海关行政处罚实施条例》的规定进行处罚。

**第五十条** 进口固体废物监督管理人员贪污受贿、玩忽职守、徇私舞弊或者滥用职权，依法给予行政处分；构成犯罪的，依法追究刑事责任。

## 第八章 附 则

**第五十一条** 本办法中由设区的市级环境保护行政主管部门行使的监管职责，在直辖市行政区域以及省、自治区直辖的县级行政区域内，由省、自治区、直辖市环境保护行政主管部门行使。

**第五十二条** 固体废物运抵关境即视为进口行为发生。

**第五十三条** 进口固体废物利用企业是指实际从事进口固体废物拆解、加工利用活动的企业。

**第五十四条** 来自中国香港、澳门特别行政区和中国台湾地区固体废物的进口管理依照本办法执行。

**第五十五条** 本办法自2011年8月1日起施行。

国务院环境保护行政主管部门、国务院商务主管部门、国务院经济综合宏观调控部门、海关总署、国务院质量监督检验检疫部门在本办法实施前根据各自职责发布的进口固体废物管理有关规定、通知与本办法不一致的，以本办法为准。

# 医疗器械召回管理办法（试行）

（2011年5月20日中华人民共和国卫生部令第82号公布　自2011年7月1日起施行）

## 第一章 总 则

**第一条** 为加强对医疗器械的监督管理，保障人体健康和生命安全，根据《医疗器械监督管理条例》、《国务院关于加强食品等产品安全监督管理的特别规定》，制定本办法。

**第二条** 在中华人民共和国境内销售的医疗器械的召回及其监督管理，适用本办法。

**第三条** 本办法所称医疗器械召回，是指医疗器械生产企业按照规定的程序对其已上市销售的存在缺陷的某一类别、型号或者批次的产品，采取警示、检查、修理、重新标签、修改并完善说明书、软件升级、替换、收回、销毁等方式消除缺陷的行为。

**第四条** 本办法所称缺陷，是指医疗器械在正常使用情况下存在可能危及人体健康和生命安全的不合理的风险。

**第五条** 医疗器械生产企业是控制与消除产品缺陷的主体，应当对其生产的产品安全负责。

**第六条** 医疗器械生产企业应当按照本办法的规定建立和完善医疗器械召回制度，收集医疗器械安全的相关信息，对可能存在缺陷的医疗器械进行调查、评估，及时召回存在缺陷的医疗器械。

医疗器械经营企业、使用单位应当协助医疗器械生产企业履行召回义务，按照召回计划的要求及时传达、反馈医疗器械召回信息，控制和收回存在缺陷的医疗器械。

**第七条** 医疗器械经营企业、使用单位发现其经营、使用的医疗器械存在缺陷的，应当立即暂停销售或者使用该医疗器械，及时通知医疗器械生产企业或者供货商，并向所在地省、自治区、直辖市药品监督管理部门报告；使用单位为医疗机构的，还应当同时向所在地省、自治区、直辖市卫生行政部门报告。

医疗器械经营企业、使用单位所在地省、自治区、直辖市药品监督管理部门收到报告后，应当及时通报医疗器械生产企业所在地省、自治区、直辖市药品监督管理部门。

**第八条** 召回医疗器械的生产企业、进口医疗器械的境外制造厂商在中国境内指定的代理人所在地省、自治区、直辖市药品监督管理部门负责医疗器械召回的监督管理工作，其他省、自治区、直辖市药品监督管理部门应当配合、协助做好本辖区内医疗器械召回的有关工作。

国家食品药品监督管理局监督全国医疗器械召回的管理工作。

**第九条** 国家食品药品监督管理局和省、自治区、直辖市药品监督管理部门应当建立医疗器械召回信息通报和公开制度，及时向同级卫生行政部门通报相关信息，采取有效途径向社会公布存在缺陷的医疗器械信息和医疗器械召回的情况。

## 第二章　医疗器械缺陷的调查与评估

**第十条** 医疗器械生产企业应当建立健全医疗器械质量管理体系和医疗器械不良事件监测系统，收集、记录医疗器械的质量问题与医疗器械不良事件信息，对收集的信息进行分析，对医疗器械可能存在的缺陷进行调查和评估。

医疗器械经营企业、使用单位应当配合医疗器械生产企业开展有关医疗器械缺陷的调查，并提供有关资料。

**第十一条** 医疗器械生产企业应当按照规定及时将收集的医疗器械不良事件信息向药品监督管理部门报告，药品监督管理部门可以对医疗器械不良事件信息或者可能存在的缺陷进行分析和调查，医疗器械生产企业、经营企业、使用单位应当予以协助。

**第十二条** 对医疗器械缺陷进行评估的主要内容包括：

（1）在使用医疗器械过程中是否发生过故障或者伤害；

（2）在现有使用环境下是否会造成伤害，是否有科学文献、研究、相关试验或者验证能够解释伤害发生的原因；

（3）伤害所涉及的地区范围和人群特点；

（4）对人体健康造成的伤害程度；

（5）伤害发生的概率；

（6）发生伤害的短期和长期后果；

（7）其他可能对人体造成伤害的因素。

**第十三条** 根据医疗器械缺陷的严重程度，医疗器械召回分为：

（1）一级召回：使用该医疗器械可能或者已经引起严重健康危害的；

（2）二级召回：使用该医疗器械可能或者已经引起暂时的或者可逆的健康危害的；

（3）三级召回：使用该医疗器械引起危害的可能性较小但仍需要召回的。

医疗器械生产企业应当根据召回分级与医疗器械销售和使用情况，科学设计召回计划并组织实施。

## 第三章　主动召回

**第十四条** 医疗器械生产企业按照本办法第十条、第十二条的要求进行调查评估后，发现医疗器械存在缺陷的，应当立即决定召回。

进口医疗器械的境外制造厂商在境外实施医疗器械召回的，应当通知其在中国境内指定的代理人及时报告国家食品药品监督管理局；在境内进行召回的，由其在中国境内指定的代理人按照本办法的规定负责具体实施。

**第十五条** 医疗器械生产企业做出医疗器械召回决定的，一级召回在1日内，二级召回在3日内，三级召回在7日内，通知到有关医疗器械经营企业、使用单位或者告知使用者。

召回通知至少应当包括以下内容：

（1）召回医疗器械名称、批次等基本信息；

（2）召回的原因；

（3）召回的要求：如立即暂停销售和使用该产品、将召回通知转发到相关经营企业或者使用单位等；

（4）召回医疗器械的处理方式。

**第十六条** 医疗器械生产企业做出医疗器械召回决定的，应当立即书面告知所在地省、自治区、直辖市药品监督管理部门，并且在5日内填写《医疗器械召回事件报告表》，将调查评估报告和召回计划同时提交给所在地省、自治区、直辖市药品监督管理部门备案。

省、自治区、直辖市药品监督管理部门应当将一级召回的有关情况及时报告国家食品药品监督管理局。

**第十七条** 调查评估报告应当包括以下内容：

（1）召回医疗器械的具体情况，包括名称、批次等基本信息；

（2）实施召回的原因；

（3）调查评估结果；

（4）召回分级。

召回计划应当包括以下内容：

（1）医疗器械生产销售情况及拟召回的数量；

（2）召回措施的具体内容，包括实施的组织、范围和时限等；

（3）召回信息的公布途径与范围；

（4）召回的预期效果；

（5）医疗器械召回后的处理措施。

**第十八条** 药品监督管理部门可以根据实际情况组织专家对医疗器械生产企业提交的召回计划进行评估，认为医疗器械生产企业所采取的措施不能有效消除缺陷的，应当要求医疗器械生产企业采取提高召回等级、扩大召回范围、缩短召回时间或者改变召回产品的处理方式等更为有效的措施。

**第十九条** 医疗器械生产企业对上报的召回计划进行变更的，应当及时报药品监督管理部门备案。

**第二十条** 医疗器械生产企业在实施召回的过程中，应当根据召回计划定期向药品监督管理部门提交《召回计划实施情况报告》，报告召回计划实施情况。

**第二十一条** 医疗器械生产企业对召回医疗器械的处理应当有详细的记录，并向医疗器械生产企业所在地省、自治区、直辖市药品监督管理部门报告。对通过警示、检查、修理、重新标签、修改并完善说明书、软件升级、替换、销毁等方式能够消除产品缺陷的，可以在产品所在地完成上述行为。需要销毁的，应当在销毁地药品监督管理部门监督下销毁。

**第二十二条** 医疗器械生产企业在召回完成后，应当对召回效果进行评价，并在召回完成后10日内向药品监督管理部门提交医疗器械召回总结报告。

**第二十三条** 药品监督管理部门应当自收到总结报告之日起10日内对报告进行审查，并对召回效果进行评价。审查和评价结论应当以书面形式通知医疗器械生产企业并抄送同级卫生行政部门。

经过审查和评价，认为召回不彻底，尚未有效消除缺陷的，药品监督管理部门应当要求医疗器械生产企业重新召回。

## 第四章　责令召回

**第二十四条** 药品监督管理部门经过调查评估，认为存在本办法第四条所称的缺陷，医疗器械生产企业应当召回医疗器械而未主动召回的，应当责令医疗器械生产企业召回医疗器械。

必要时，药品监督管理部门应当要求医疗器械生产企业、经营企业和使用单位立即暂停销售或者使用、告知使用者立即暂停使用该医疗器械。

**第二十五条** 药品监督管理部门做出责令召回决定，应当将责令召回通知书送达医疗器械生产企业或者进口医疗器械生产企业的国内代理商，通知书包括以下内容：

（1）召回医疗器械的具体情况，包括名称、批次等基本信息；

（2）实施召回的原因；

（3）调查评估结果；

（4）召回要求，包括范围和时限等。

**第二十六条** 医疗器械生产企业收到责令召回通知书后，应当按照本办法第十五条、第十六条的规定通知医疗器械经营企业和使用单位或者告知使用者，制定、提交召回计划，并组织实施。

**第二十七条** 医疗器械生产企业应当按照本办法第十九条、第二十条、第二十一条、第二十二条的规定向药品监督管理部门报告医疗器械召回的相关情况，进行召回医疗器械的后续处理。

药品监督管理部门应当按照本办法第二十三条的规定对医疗器械生产企业提交的医疗器械召回总结报告进行审查，并对召回效果进行评价，及时通报同级卫生行政部门。经过审查和评价，认为召回不彻底，尚未有效消除缺陷的，药品监督管理部门应当要求医疗器械生产企业重新召回。

## 第五章 法律责任

**第二十八条** 药品监督管理部门确认医疗器械生产企业因违反法律、法规、规章规定造成上市医疗器械存在缺陷，依法应当给予行政处罚，但该企业已经采取召回措施主动消除或者减轻危害后果的，依照《行政处罚法》的规定从轻或者减轻处罚；违法行为轻微并及时纠正，没有造成危害后果的，不予处罚。

医疗器械生产企业召回医疗器械的，不免除其依法应当承担的其他法律责任。

**第二十九条** 医疗器械生产企业违反本办法规定，发现医疗器械存在缺陷而没有主动召回医疗器械的，责令召回医疗器械，并处应召回医疗器械货值金额3倍的罚款；造成严重后果的，由原发证部门吊销医疗器械产品注册证书，直至吊销《医疗器械生产企业许可证》。

**第三十条** 医疗器械生产企业违反本办法第二十四条规定，拒绝召回医疗器械的，处应召回医疗器械货值金额3倍的罚款；造成严重后果的，由原发证部门吊销医疗器械产品注册证书，直至吊销《医疗器械生产企业许可证》。

**第三十一条** 医疗器械生产企业有下列情形之一的，予以警告，责令限期改正，并处30 000元以下罚款：

(1)违反本办法第十五条规定，未在规定时间内将召回医疗器械的决定通知到医疗器械经营企业、使用单位或者告知使用者的；

(2)违反本办法第十八条、第二十三条第二款、第二十七条第二款规定，未按照药品监督管理部门要求采取改正措施或者重新召回医疗器械的；

(3)违反本办法第二十一条规定，未对召回医疗器械的处理做详细记录或者未向药品监督管理部门报告的。

**第三十二条** 医疗器械生产企业有下列情形之一的，予以警告，责令限期改正；逾期未改正的，处3万元以下罚款：

(1)未按本办法规定建立医疗器械召回制度的；

(2)拒绝协助药品监督管理部门开展调查的；

(3)未按照本办法规定提交《医疗器械召回事件报告表》、调查评估报告和召回计划、医疗器械召回计划实施情况和总结报告的；

(4)变更召回计划，未报药品监督管理部门备案的。

**第三十三条** 医疗器械经营企业、使用单位违反本办法第七条第一款规定的，责令停止销售、使用存在缺陷的医疗器械，并处1 000元以上30 000元以下罚款；造成严重后果的，由原发证部门吊销《医疗器械经营企业许可证》。

**第三十四条** 医疗器械经营企业、使用单位拒绝配合有关医疗器械缺陷调查、拒绝协助医疗器械生产企业召回医疗器械的，予以警告，责令改正；拒不改正的，处30 000元以下罚款。

**第三十五条** 药品监督管理部门及其工作人员不履行职责或者滥用职权的，按照有关法律、法规规定予以处理。

## 第六章 附 则

**第三十六条** 召回的医疗器械已经植入人体的，医疗器械生产企业应当与医疗机构和患者共同协商，根据召回的不同原因，提出对患者的处理意见和应采取的预案措施。

**第三十七条** 召回的医疗器械给患者造成损害的，患者可以向生产企业请求赔偿，也可以向医疗器械经营企业、使用单位请求赔偿。患者向医疗器械经营企业、使用单位请求赔偿的，医疗器械经营企业、使用单位赔偿后，有权向负有责任的生产企业追偿。

**第三十八条** 本办法自2011年7月1日起施行。

**附表**：1. 医疗器械召回事件报告表（略）

2. 召回计划实施情况报告（略）

# 中央企业境外国有资产监督管理暂行办法

（2011年6月14日国务院国有资产监督管理委员会令第26号公布　自2011年7月1日起施行）

## 第一章　总　则

**第一条**　为加强国务院国有资产监督管理委员会（简称“国务院国资委”）履行出资人职责的企业（简称“中央企业”）境外国有资产监督管理，规范境外企业经营行为，维护境外国有资产权益，防止国有资产流失，根据《中华人民共和国企业国有资产法》和《企业国有资产监督管理暂行条例》及相关法律、行政法规，制定本办法。

**第二条**　本办法适用于中央企业及其各级独资、控股子企业（简称“各级子企业”）在境外以各种形式出资所形成的国有权益的监督管理。

本办法所称境外企业，是指中央企业及其各级子企业在我国境外以及香港特别行政区、澳门特别行政区和台湾地区依据当地法律出资设立的独资及控股企业。

**第三条**　国务院国资委依法对中央企业境外国有资产履行下列监督管理职责：

（1）制定中央企业境外国有资产监督管理制度，并负责组织实施和监督检查；

（2）组织开展中央企业境外国有资产产权登记、资产统计、清产核资、资产评估和绩效评价等基础管理工作；

（3）督促、指导中央企业建立健全境外国有资产经营责任体系，落实国有资产保值增值责任；

（4）依法监督管理中央企业境外投资、境外国有资产经营管理重大事项，组织协调处理境外企业重大突发事件；

（5）按照《中央企业资产损失责任追究暂行办法》组织开展境外企业重大资产损失责任追究工作；

（6）法律、行政法规以及国有资产监督管理有关规定赋予的其他职责。

**第四条**　中央企业依法对所属境外企业国有资产履行下列监督管理职责：

（1）依法审核决定境外企业重大事项，组织开展境外企业国有资产基础管理工作；

（2）建立健全境外企业监管的规章制度及内部控制和风险防范机制；

（3）建立健全境外国有资产经营责任体系，对境外企业经营行为进行评价和监督，落实国有资产保值增值责任；

（4）按照《中央企业资产损失责任追究暂行办法》规定，负责或者配合国务院国资委开展所属境外企业重大资产损失责任追究工作；

（5）协调处理所属境外企业突发事件；

（6）法律、行政法规以及国有资产监督管理有关规定赋予的其他职责。

**第五条**　中央企业及其各级子企业依法对境外企业享有资产收益、参与重大决策和选择管理者等出资人权利，依法制定或者参与制定其出资的境外企业章程。

中央企业及其各级子企业应当依法参与其出资的境外参股、联营、合作企业重大事项管理。

## 第二章　境外出资管理

**第六条**　中央企业应当建立健全境外出资管理制度，对境外出资实行集中管理，统一规划。

**第七条**　境外出资应当遵守法律、行政法规、国有资产监督管理有关规定和所在国（地区）法律，符合国民经济和社会发展规划及产业政策，符合国有经济布局和结构调整方向，符合中央企业发展战略和规划。

中央企业及其重要子企业收购、兼并境外上市公司以及重大境外出资行为应当依照法定程序报国资委备案或者核准。

**第八条**　境外出资应当进行可行性研究和尽职

调查，评估企业财务承受能力和经营管理能力，防范经营、管理、资金、法律等风险。境外出资原则上不得设立承担无限责任的经营实体。

**第九条** 以非货币资产向境外出资的，应当依法进行资产评估并按照有关规定备案或者核准。

**第十条** 境外出资形成的产权应当由中央企业或者其各级子企业持有。根据境外相关法律规定须以个人名义持有的，应当统一由中央企业依据有关规定决定或者批准，依法办理委托出资、代持等保全国有资产的法律手续，并以书面形式报告国务院国资委。

**第十一条** 中央企业应当建立健全离岸公司管理制度，规范离岸公司设立程序，加强离岸公司资金管理。新设离岸公司的，应当由中央企业决定或者批准并以书面形式报告国务院国资委。已无存续必要的离岸公司，应当依法予以注销。

**第十二条** 中央企业应当将境外企业纳入本企业全面预算管理体系，明确境外企业年度预算目标，加强对境外企业重大经营事项的预算控制，及时掌握境外企业预算执行情况。

**第十三条** 中央企业应当将境外资金纳入本企业统一的资金管理体系，明确界定境外资金调度与使用的权限与责任，加强日常监控。具备条件的中央企业应当对境外资金实施集中管理和调度。

中央企业应当建立境外大额资金调度管控制度，对境外临时资金集中账户的资金运作实施严格审批和监督检查，定期向国务院国资委报告境外大额资金的管理和运作情况。

**第十四条** 中央企业应当加强境外金融衍生业务的统一管理，明确决策程序、授权权限和操作流程，规定年度交易量、交易权限和交易流程等重要事项，并按照相关规定报国务院国资委备案或者核准。从事境外期货、期权、远期、掉期等金融衍生业务应当严守套期保值原则，完善风险管理规定，禁止投机行为。

**第十五条** 中央企业应当建立外派人员管理制度，明确岗位职责、工作纪律、工资薪酬等规定，建立外派境外企业经营管理人员的定期述职和履职评估制度。

中央企业应当按照属地化管理原则，统筹境内外薪酬管理制度。不具备属地化管理条件的，中央企业应当按照法律法规有关规定，结合属地的实际情况，制定统一的外派人员薪酬管理办法，报国务院国资委备案。

## 第三章 境外企业管理

**第十六条** 中央企业是所属境外企业监督管理的责任主体。境外企业应当定期向中央企业报告境外国有资产总量、结构、变动、收益等汇总分析情况。

**第十七条** 境外企业应当建立完善法人治理结构，健全资产分类管理制度和内部控制机制，定期开展资产清查，加强风险管理，对其运营管理的国有资产承担保值增值责任。

**第十八条** 境外企业应当依据有关规定建立健全境外国有产权管理制度，明确负责机构和工作责任，切实加强境外国有产权管理。

**第十九条** 境外企业应当加强投资管理，严格按照中央企业内部管理制度办理相关手续。

**第二十条** 境外企业应当加强预算管理，严格执行经股东（大）会、董事会或章程规定的相关权力机构审议通过的年度预算方案，加强成本费用管理，严格控制预算外支出。

**第二十一条** 境外企业应当建立健全法律风险防范机制，严格执行重大决策、合同的审核与管理程序。

**第二十二条** 境外企业应当遵循中央企业确定的融资权限。非金融类境外企业不得为其所属中央企业系统之外的企业或个人进行任何形式的融资、拆借资金或者提供担保。

**第二十三条** 境外企业应当加强资金管理，明确资金使用管理权限，严格执行企业主要负责人与财务负责人联签制度，大额资金支出和调度应当符合中央企业规定的审批程序和权限。

境外企业应当选择信誉良好并具有相应资质的银行作为开户行，不得以个人名义开设账户，但所在国（地区）法律另有规定的除外。境外企业账户不得转借个人或者其他机构使用。

**第二十四条** 境外企业应当按照法律、行政法规以及国有资产监督管理有关规定和企业章程，在符合所在国（地区）法律规定的条件下，及时、足额向出资人分配利润。

**第二十五条** 境外企业应当建立和完善会计核算制度，会计账簿及财务报告应当真实、完整、及时地反映企业经营成果、财务状况和资金收支情况。

**第二十六条** 境外企业应当通过法定程序聘请具有资质的外部审计机构对年度财务报告进行审计。暂不具备条件的，由中央企业内部审计机构进行审计。

## 第四章 境外企业重大事项管理

**第二十七条** 中央企业应当依法建立健全境外企业重大事项管理制度和报告制度，加强对境外企业重大事项的管理。

**第二十八条** 中央企业应当明确境外出资企业股东代表的选任条件、职责权限、报告程序和考核奖惩办法，委派股东代表参加境外企业的股东(大)会会议。股东代表应当按照委派企业的指示提出议案、发表意见、行使表决权，并将其履行职责的情况和结果及时报告委派企业。

**第二十九条** 境外企业有下列重大事项之一的，应当按照法定程序报中央企业核准：

(1)增加或者减少注册资本，合并、分立、解散、清算、申请破产或者变更企业组织形式；

(2)年度财务预算方案、决算方案、利润分配方案和弥补亏损方案；

(3)发行公司债券或者股票等融资活动；

(4)收购、股权投资、理财业务以及开展金融衍生业务；

(5)对外担保、对外捐赠事项；

(6)重要资产处置、产权转让；

(7)开立、变更、撤并银行账户；

(8)企业章程规定的其他事项。

**第三十条** 境外企业转让国有资产，导致中央企业重要子企业由国有独资转为绝对控股、绝对控股转为相对控股或者失去控股地位的，应当按照有关规定报国务院国资委审核同意。

**第三十一条** 境外企业发生以下有重大影响的突发事件，应当立即报告中央企业；影响特别重大的，应当通过中央企业在24小时内向国务院国资委报告。

(1)银行账户或者境外款项被冻结；

(2)开户银行或者存款所在的金融机构破产；

(3)重大资产损失；

(4)发生战争、重大自然灾害，重大群体性事件，以及危及人身或者财产安全的重大突发事件；

(5)受到所在国(地区)监管部门处罚产生重大不良影响；

(6)其他有重大影响的事件。

## 第五章 境外国有资产监督

**第三十二条** 国务院国资委应当将境外企业纳入中央企业业绩考核和绩效评价范围，定期组织开展境外企业抽查审计，综合评判中央企业经营成果。

**第三十三条** 中央企业应当定期对境外企业经营管理、内部控制、会计信息以及国有资产运营等情况进行监督检查，建立境外企业生产经营和财务状况信息报告制度，按照规定向国务院国资委报告有关境外企业财产状况、生产经营状况和境外国有资产总量、结构、变动、收益等情况。

**第三十四条** 中央企业应当加强对境外企业中方负责人的考核评价，开展任期及离任经济责任审计，并出具审计报告。重要境外企业中方负责人的经济责任审计报告应当报国务院国资委备案。

**第三十五条** 国家出资企业监事会依照法律、行政法规以及国有资产监督管理有关规定，对中央企业境外国有资产进行监督检查，根据需要组织开展专项检查。

## 第六章 法律责任

**第三十六条** 境外企业有下列情形之一的，中央企业应当按照法律、行政法规以及国有资产监督管理有关规定，追究有关责任人的责任。

(1)违规为其所属中央企业系统之外的企业或者个人进行融资或者提供担保，出借银行账户；

(2)越权或者未按规定程序进行投资、调度和使用资金、处置资产；

(3)内部控制和风险防范存在严重缺陷；

(4)会计信息不真实，存有账外业务和账外资产；

(5)通过不正当交易转移利润；

(6)挪用或者截留应缴收益;

(7)未按本规定及时报告重大事项。

**第三十七条** 中央企业有下列情形之一,国务院国资委应当按照法律、行政法规以及国有资产监督管理有关规定,追究相关责任人的责任。

(1)未建立境外企业国有资产监管制度;

(2)未按本办法规定履行有关核准备案程序;

(3)未按本办法规定及时报告重大事项;

(4)对境外企业管理失控,造成国有资产损失。

## 第七章 附 则

**第三十八条** 中央企业及其各级子企业在境外设立的各类分支机构的国有资产的监督和管理参照本办法执行。

**第三十九条** 地方国有资产监督管理机构可以参照本办法制定所出资企业境外国有资产管理制度。

**第四十条** 本办法自2011年7月1日起施行。

# 中央企业境外国有产权管理暂行办法

(2011年6月14日国务院国有资产监督管理委员会令第27号公布 自2011年7月1日起施行)

**第一条** 为加强和规范中央企业境外国有产权管理,根据《中华人民共和国企业国有资产法》、《企业国有资产监督管理暂行条例》(国务院令第378号)和国家有关法律、行政法规的规定,制定本办法。

**第二条** 国务院国有资产监督管理委员会(简称"国务院国资委")履行出资人职责的企业(简称"中央企业")及其各级独资、控股子企业(简称"各级子企业")持有的境外国有产权管理适用本办法。国家法律、行政法规另有规定的,从其规定。

本办法所称境外国有产权是指中央企业及其各级子企业以各种形式对境外企业出资所形成的权益。

前款所称境外企业,是指中央企业及其各级子企业在我国境外以及香港特别行政区、澳门特别行政区和台湾地区依据当地法律出资设立的企业。

**第三条** 中央企业是其境外国有产权管理的责任主体,应当依照我国法律、行政法规建立健全境外国有产权管理制度,同时遵守境外注册地和上市地的相关法律规定,规范境外国有产权管理行为。

**第四条** 中央企业应当完善境外企业治理结构,强化境外企业章程管理,优化境外国有产权配置,保障境外国有产权安全。

**第五条** 中央企业及其各级子企业独资或者控股的境外企业所持有的境内国有产权的管理,比照国资委境内国有产权管理的相关规定执行。

**第六条** 境外国有产权应当由中央企业或者其各级子企业持有。境外企业注册地相关法律规定须以个人名义持有的,应当统一由中央企业依据有关规定决定或者批准,依法办理委托出资等保全国有产权的法律手续,并以书面形式报告国务院国资委。

**第七条** 中央企业应当加强对离岸公司等特殊目的公司的管理。因重组、上市、转让或者经营管理需要设立特殊目的公司的,应当由中央企业决定或者批准并以书面形式报告国务院国资委。已无存续必要的特殊目的公司,应当及时依法予以注销。

**第八条** 中央企业及其各级子企业发生以下事项时,应当由中央企业统一向国务院国资委申办产权登记:

(1)以投资、分立、合并等方式新设境外企业,或者以收购、投资入股等方式首次取得境外企业产权的。

(2)境外企业名称、注册地、注册资本、主营业务范围等企业基本信息发生改变,或者因企业出资人、出资额、出资比例等变化导致境外企业产权状况发生改变的。

(3)境外企业解散、破产,或者因产权转让、减资等原因不再保留国有产权的。

(4)其他需要办理产权登记的情形。

**第九条** 中央企业及其各级子企业以其拥有的境内国有产权向境外企业注资或者转让，或者以其拥有的境外国有产权向境内企业注资或者转让，应当依照《企业国有资产评估管理暂行办法》（国资委令第12号）等相关规定，聘请具有相应资质的境内评估机构对标的物进行评估，并办理评估备案或者核准。

**第十条** 中央企业及其各级子企业独资或者控股的境外企业在境外发生转让或者受让产权、以非货币资产出资、非上市公司国有股东股权比例变动、合并分立、解散清算等经济行为时，应当聘请具有相应资质、专业经验和良好信誉的专业机构对标的物进行评估或者估值，评估项目或者估值情况应当由中央企业备案；涉及中央企业重要子企业由国有独资转为绝对控股、绝对控股转为相对控股或者失去控股地位等经济行为的，评估项目或者估值情况应当报国务院国资委备案或者核准。

中央企业及其各级子企业独资或者控股的境外企业在进行与评估或者估值相应的经济行为时，其交易对价应当以经备案的评估或者估值结果为基准。

**第十一条** 境外国有产权转让等涉及国有产权变动的事项，由中央企业决定或者批准，并按国家有关法律和法规办理相关手续。其中，中央企业重要子企业由国有独资转为绝对控股、绝对控股转为相对控股或者失去控股地位的，应当报国务院国资委审核同意。

**第十二条** 中央企业及其各级子企业转让境外国有产权，要多方比选意向受让方。具备条件的，应当公开征集意向受让方并竞价转让，或者进入中央企业国有产权转让交易试点机构挂牌交易。

**第十三条** 中央企业在本企业内部实施资产重组，转让方为中央企业及其直接或者间接全资拥有的境外企业，受让方为中央企业及其直接或者间接全资拥有的境内外企业的，转让价格可以以评估或者审计确认的净资产值为底价确定。

**第十四条** 境外国有产权转让价款应当按照产权转让合同约定支付，原则上应当一次付清。确需采取分期付款的，受让方须提供合法的担保。

**第十五条** 中央企业及其各级子企业独资或者控股的境外企业在境外首次公开发行股票，或者中央企业及其各级子企业所持有的境外注册并上市公司的股份发生变动的，由中央企业按照证券监管法律、法规决定或者批准，并将有关情况以书面形式报告国务院国资委。境外注册并上市公司属于中央企业重要子企业的，上述事项应当由中央企业按照《国有股东转让所持上市公司股份管理暂行办法》（国资委令第19号）等相关规定报国务院国资委审核同意或者备案。

**第十六条** 中央企业应当按照本办法落实境外国有产权管理工作责任，完善档案管理，并及时将本企业境外国有产权管理制度、负责机构等相关情况以书面形式报告国务院国资委。

**第十七条** 中央企业应当每年对各级子企业执行本办法的情况进行监督检查，并及时将检查情况以书面形式报告国务院国资委。

国务院国资委对中央企业境外国有产权管理情况进行不定期抽查。

**第十八条** 中央企业及其各级子企业有关责任人员违反国家法律、法规和本办法规定，未履行对境外国有产权的监管责任，导致国有资产损失的，由有关部门按照干部管理权限和有关法律法规给予处分；涉嫌犯罪的，依法移交司法机关处理。

**第十九条** 地方国有资产监督管理机构可以参照本办法制定所出资企业境外国有产权管理制度。

**第二十条** 本办法自2011年7月1日起施行。

# 清洁发展机制项目运行管理办法(修订)

(2011年8月3日国家发展和改革委员会　中华人民共和国科学技术部　中华人民共和国外交部　中华人民共和国财政部令第11号公布　自发布之日起施行)

## 第一章　总　则

**第一条**　为促进和规范清洁发展机制项目的有效有序运行,履行《联合国气候变化框架公约》(简称《公约》)、《京都议定书》(简称《议定书》)以及缔约方会议的有关决定,根据《中华人民共和国行政许可法》等有关规定,制定本办法。

**第二条**　清洁发展机制是发达国家缔约方为实现其温室气体减排义务与发展中国家缔约方进行项目合作的机制,通过项目合作,促进《公约》最终目标的实现,并协助发展中国家缔约方实现可持续发展,协助发达国家缔约方实现其量化限制和减少温室气体排放的承诺。

**第三条**　在中国开展清洁发展机制项目应符合中国的法律法规,符合《公约》、《议定书》及缔约方会议的有关决定,符合中国可持续发展战略、政策,以及国民经济和社会发展的总体要求。

**第四条**　清洁发展机制项目合作应促进环境友好技术转让,在中国开展合作的重点领域为节约能源和提高能源效率、开发利用新能源和可再生能源、回收利用甲烷。

**第五条**　清洁发展机制项目的实施应保证透明、高效,明确各项目参与方的责任与义务。

**第六条**　在开展清洁发展机制项目合作过程中,中国政府和企业不承担《公约》和《议定书》规定之外的任何义务。

**第七条**　清洁发展机制项目国外合作方用于购买清洁发展机制项目减排量的资金,应额外于现有的官方发展援助资金和其在《公约》下承担的资金义务。

## 第二章　管理体制

**第八条**　国家设立清洁发展机制项目审核理事会(简称"项目审核理事会")。项目审核理事会组长单位为国家发改委和科学技术部,副组长单位为外交部,成员单位为财政部、环境保护部、农业部和中国气象局。

**第九条**　国家发改委是中国清洁发展机制项目合作的主管机构,在中国开展清洁发展机制合作项目须经国家发改委批准。

**第十条**　中国境内的中资、中资控股企业作为项目实施机构,可以依法对外开展清洁发展机制项目合作。

**第十一条**　项目审核理事会主要履行以下职责:

(1)对申报的清洁发展机制项目进行审核,提出审核意见;

(2)向国家应对气候变化领导小组报告清洁发展机制项目执行情况和实施过程中的问题及建议,提出涉及国家清洁发展机制项目运行规则的建议。

**第十二条**　国家发改委主要履行以下职责:

(1)组织受理清洁发展机制项目的申请;

(2)依据项目审核理事会的审核意见,会同科学技术部和外交部批准清洁发展机制项目;

(3)出具清洁发展机制项目批准函;

(4)组织对清洁发展机制项目实施监督管理;

(5)处理其他相关事务。

**第十三条**　项目实施机构主要履行以下义务:

(1)承担清洁发展机制项目减排量交易的对外谈判,并签订购买协议;

(2)负责清洁发展机制项目的工程建设;

(3)按照《公约》《议定书》和有关缔约方会议的决定,以及与国外合作方签订购买协议的要求,实施清洁发展机制项目,履行相关义务,并接受国家发改委及项目所在地发改委的监督;

(4)按照国际规则接受对项目合格性和项目减排量的核实,提供必要的资料和监测记录。在接受核实和提供信息过程中依法保护国家秘密和商业秘密;

(5)向国家发改委报告清洁发展机制项目温室气体减排量的转让情况;

(6)协助国家发改委及项目所在地发改委就有关问题开展调查,并接受质询;

(7)企业资质发生变更后主动申报;

(8)根据本办法第三十六条规定的比例,按时足额缴纳减排量转让交易额;

(9)承担依法应由其履行的其他义务。

## 第三章 申请和实施程序

**第十四条** 附件所列中央企业直接向国家发改委提出清洁发展机制合作项目的申请,其余项目实施机构向项目所在地省级发改委提出清洁发展机制项目申请。有关部门和地方政府可以组织企业提出清洁发展机制项目申请。国家发改委可根据实际需要适时对附件所列中央企业名单进行调整。

**第十五条** 项目实施机构向国家发改委或项目所在地省级发改委提出清洁发展机制项目申请时必须提交以下材料:

(1)清洁发展机制项目申请表;

(2)企业资质状况证明文件复印件;

(3)工程项目可行性研究报告批复(或核准文件,或备案证明)复印件;

(4)环境影响评价报告(或登记表)批复复印件;

(5)项目设计文件;

(6)工程项目概况和筹资情况说明;

(7)国家发改委认为有必要提供的其他材料。

**第十六条** 如果项目在申报时尚未确定国外买方,项目实施机构在填报项目申请表时必须注明该清洁发展机制合作项目为单边项目。获国家批准后,项目产生的减排量将转入中国国家账户,经国家发改委批准后方可将这些减排量从中国国家账户中转出。

**第十七条** 国家发改委在接到附件所列中央企业申请后,对申请材料不齐全或不符合法定形式的申请,应当场或在5日内一次告知申请人需要补正的全部内容。

**第十八条** 项目所在地省级发改委在受理除附件所列中央企业外的项目实施机构申请后20个工作日内,将全部项目申请材料及初审意见报送国家发改委,且不得以任何理由对项目实施机构的申请作出否定决定。对申请材料不齐全或不符合法定形式的申请,项目所在地省级发改委应当场或在5日内一次告知申请人需要补正的全部内容。

**第十九条** 国家发改委在受理本办法附件所列中央企业提交的项目申请,或项目所在地省级发改委转报的项目申请后,组织专家对申请项目进行评审,评审时间不超过30日。项目经专家评审后,由国家发展改革委提交项目审核理事会审核。

**第二十条** 项目审核理事会召开会议对国家发改委提交的项目进行审核,提出审核意见。项目审核理事会审核的内容主要包括:

(1)项目参与方的参与资格;

(2)本办法第十五条规定提交的相关批复;

(3)方法学应用;

(4)温室气体减排量计算;

(5)可转让温室气体减排量的价格;

(6)减排量购买资金的额外性;

(7)技术转让情况;

(8)预计减排量的转让期限;

(9)监测计划;

(10)预计促进可持续发展的效果。

**第二十一条** 国家发改委根据项目审核理事会的意见,会同科学技术部和外交部作出是否出具批准函的决定。对项目审核理事会审核同意批准的项目,从项目受理之日起20个工作日内(不含专家评审的时间)办理批准手续;对项目审核理事会审核同意批准,但需要修改完善的项目,在接到项目实施机构提交的修改完善材料后会同科学技术部和外交部办理批准手续;对项目审核理事会审核不同意批准的项目,不予办理批准手续。

**第二十二条** 项目经国家发改委批准后,由经营实体提交清洁发展机制执行理事会申请注册。

**第二十三条** 国家发改委负责对清洁发展机制项目的实施进行监督。项目实施机构在清洁发展机制项目成功注册后10个工作日内向国家发改委报告注册状况，在项目每次减排量签发和转让后10个工作日内向国家发改委报告签发和转让有关情况。

**第二十四条** 工程建设项目的审批程序和审批权限，按国家有关规定办理。

## 第四章 法律责任

**第二十五条** 本办法涉及的行政机关及其工作人员，在清洁发展机制项目申请过程中，对符合法定条件的项目申请不予受理，或当项目实施机构提交的申请材料不齐全、不符合法定形式时，不一次告知项目实施机构必须补正的全部内容的，由其上级行政机关或者监察机关责令改正；情节严重的，对直接负责的主管人员和其他直接责任人员依法给予行政处分。

**第二十六条** 本办法涉及的行政机关及其工作人员，在接收、受理、审批项目申请，以及对项目实施监督检查过程中，索取或者收受他人财物或者谋取其他利益，构成犯罪的，依法追究刑事责任；尚不构成犯罪的，依法给予行政处分。

**第二十七条** 本办法涉及的行政机关及其工作人员，对不符合法定条件的项目申请予以批准，或者超越法定职权作出批准决定的，由其上级行政机关或者监察机关责令改正，对直接负责的主管人员和其他直接责任人员依法给予行政处分；构成犯罪的，依法追究刑事责任。

**第二十八条** 项目实施机构在清洁发展机制项目申请及实施过程中，如隐瞒有关情况或者提供虚假材料的，国家发改委可不予受理或者不予行政许可，并给予警告。

**第二十九条** 项目实施机构以欺骗、贿赂等不正当手段取得批准函的，国家发改委依法处以与项目减排量转让收入相当的罚款，罚款收入按照《行政处罚法》等有关规定，就地上缴中央国库。构成犯罪的，依法追究刑事责任。

**第三十条** 项目实施机构在取得国家发改委出具的批准函后，企业股权变更为外资或外资控股的，自动丧失清洁发展机制项目实施资格，股权变更后取得的项目减排量转让收入归国家所有。

**第三十一条** 项目实施机构在减排量交易完成后，未按照相关规定向国家按时足额缴纳减排量交易额分成的，国家发改委依法对项目实施机构给予行政处罚。

**第三十二条** 项目实施机构伪造、涂改批准函，或在接受监督检查时隐瞒有关情况、提供虚假材料或拒绝提供相关材料的，国家发改委依法给予行政处罚；构成犯罪的，依法追究刑事责任。

## 第五章 附 则

**第三十三条** 本办法中的发达国家缔约方是指《公约》附件一中所列的国家。

**第三十四条** 本办法中的清洁发展机制执行理事会是指《议定书》下为实施清洁发展机制项目而专门设置的管理机构。

**第三十五条** 本办法中的经营实体是指由清洁发展机制执行理事会指定的审定和核证机构。

**第三十六条** 清洁发展机制项目因转让温室气体减排量所获得的收益归国家和项目实施机构所有，其他机构和个人不得参与减排量转让交易额的分成。国家与项目实施机构减排量转让交易额分配比例如下：

（1）氢氟碳化物（HFC）类项目，国家收取温室气体减排量转让交易额的65.0%；

（2）己二酸生产中的氧化亚氮（$N_2O$）项目，国家收取温室气体减排量转让交易额的30.0%；

（3）硝酸等生产中的氧化亚氮（$N_2O$）项目，国家收取温室气体减排量转让交易额的10.0%；

（4）全氟碳化物（PFC）类项目，国家收取温室气体减排量转让交易额的5.0%；

（5）其他类型项目，国家收取温室气体减排量转让交易额的2.0%。

国家从清洁发展机制项目减排量转让交易额收取的资金，用于支持与应对气候变化相关的活动，由中国清洁发展机制基金管理中心根据《中国清洁发展机制基金管理办法》收取。

**第三十七条** 国家发改委已批准项目2012年后产生的减排量，须经国家发改委同意后才可转让，项目实施按照本办法管理。

**第三十八条** 本办法由国家发改委商科学技术部、外交部、财政部解释。

**第三十九条** 本办法自发布之日起施行。2005

年10月12日起实施的《清洁发展机制项目运行管理办法》即行废止。

可直接向国家发改委提交清洁发展机制项目申请的中央企业名单

附表：

| 排 序 | 企业名称 | 排 序 | 企业名称 |
|---|---|---|---|
| 1 | 中国核工业集团公司 | 22 | 神华集团有限责任公司 |
| 2 | 中国核工业建设集团公司 | 23 | 中国交通建设集团有限公司 |
| 3 | 中国化工集团公司 | 24 | 中国农业发展集团总公司 |
| 4 | 中国化学工程集团公司 | 25 | 中国林业集团公司 |
| 5 | 中国轻工集团公司 | 26 | 中国铝业公司 |
| 6 | 中国盐业总公司 | 27 | 中国航空集团公司 |
| 7 | 中国中材集团公司 | 28 | 中国中化集团公司 |
| 8 | 中国建筑材料集团公司 | 29 | 中粮集团有限公司 |
| 9 | 中国电子科技集团公司 | 30 | 中国五矿集团公司 |
| 10 | 中国有色矿业集团有限公司 | 31 | 中国建筑工程总公司 |
| 11 | 中国石油天然气集团公司 | 32 | 中国水利水电建设集团公司 |
| 12 | 中国石油化工集团公司 | 33 | 国家核电技术有限公司 |
| 13 | 中国海洋石油总公司 | 34 | 中国节能投资公司 |
| 14 | 国家电网公司 | 35 | 中国中煤能源集团公司 |
| 15 | 中国华能集团公司 | 36 | 中国煤炭科工集团有限公司 |
| 16 | 中国大唐集团公司 | 37 | 中国机械工业集团有限公司 |
| 17 | 中国华电集团公司 | 38 | 中国中钢集团公司 |
| 18 | 中国国电集团公司 | 39 | 中国冶金科工集团有限公司 |
| 19 | 中国电力投资集团公司 | 40 | 中国钢研科技集团公司 |
| 20 | 中国铁路工程总公司 | 41 | 中国广东核电集团 |
| 21 | 中国铁道建筑总公司 | | |

# 企业劳动争议协商调解规定

（2011年11月30日中华人民共和国人力资源和社会保障部令第17号公布　自2012年1月1日起施行）

## 第一章　总　则

**第一条**　为规范企业劳动争议协商、调解行为，促进劳动关系和谐稳定，根据《中华人民共和国劳动争议调解仲裁法》，制定本规定。

**第二条**　企业劳动争议协商、调解，适用本规定。

**第三条**　企业应当依法执行职工大会、职工代表大会、厂务公开等民主管理制度，建立集体协商、集体合同制度，维护劳动关系和谐稳定。

**第四条**　企业应当建立劳资双方沟通对话机制，畅通劳动者利益诉求表达渠道。

劳动者认为企业在履行劳动合同、集体合同，执行劳动保障法律、法规和企业劳动规章制度等方面存在问题的，可以向企业劳动争议调解委员会（简称“调解委员会”）提出。调解委员会应当及时核实情况，协调企业进行整改或者向劳动者作出说明。

劳动者也可以通过调解委员会向企业提出其他合理诉求。调解委员会应当及时向企业转达，并向劳动者反馈情况。

**第五条** 企业应当加强对劳动者的人文关怀，关心劳动者的诉求，关注劳动者的心理健康，引导劳动者理性维权，预防劳动争议发生。

**第六条** 协商、调解劳动争议，应当根据事实和有关法律法规的规定，遵循平等、自愿、合法、公正、及时的原则。

**第七条** 人力资源和社会保障行政部门应当指导企业开展劳动争议预防调解工作，具体履行下列职责：

(1)指导企业遵守劳动保障法律、法规和政策；

(2)督促企业建立劳动争议预防预警机制；

(3)协调工会、企业代表组织建立企业重大集体性劳动争议应急调解协调机制，共同推动企业劳动争议预防调解工作；

(4)检查辖区内调解委员会的组织建设、制度建设和队伍建设情况。

## 第二章 协 商

**第八条** 发生劳动争议，一方当事人可以通过与另一方当事人约见、面谈等方式协商解决。

**第九条** 劳动者可以要求所在企业工会参与或者协助其与企业进行协商。工会也可以主动参与劳动争议的协商处理，维护劳动者合法权益。

劳动者可以委托其他组织或者个人作为其代表进行协商。

**第十条** 一方当事人提出协商要求后，另一方当事人应当积极作出口头或者书面回应。5日内不作出回应的，视为不愿协商。

协商的期限由当事人书面约定，在约定的期限内没有达成一致的，视为协商不成。当事人可以书面约定延长期限。

**第十一条** 协商达成一致，应当签订书面和解协议。和解协议对双方当事人具有约束力，当事人应当履行。

经仲裁庭审查，和解协议程序和内容合法有效的，仲裁庭可以将其作为证据使用。但是，当事人为达成和解的目的作出妥协所涉及的对争议事实的认可，不得在其后的仲裁中作为对其不利的证据。

**第十二条** 发生劳动争议，当事人不愿协商、协商不成或者达成和解协议后，一方当事人在约定的期限内不履行和解协议的，可以依法向调解委员会或者乡镇、街道劳动就业社会保障服务所(中心)等其他依法设立的调解组织申请调解，也可以依法向劳动人事争议仲裁委员会(以下简称仲裁委员会)申请仲裁。

## 第三章 调 解

**第十三条** 大中型企业应当依法设立调解委员会，并配备专职或者兼职工作人员。

有分公司、分店、分厂的企业，可以根据需要在分支机构设立调解委员会。总部调解委员会指导分支机构调解委员会开展劳动争议预防调解工作。

调解委员会可以根据需要在车间、工段、班组设立调解小组。

**第十四条** 小微型企业可以设立调解委员会，也可以由劳动者和企业共同推举人员，开展调解工作。

**第十五条** 调解委员会由劳动者代表和企业代表组成，人数由双方协商确定，双方人数应当对等。劳动者代表由工会委员会成员担任或者由全体劳动者推举产生，企业代表由企业负责人指定。调解委员会主任由工会委员会成员或者双方推举的人员担任。

**第十六条** 调解委员会履行下列职责：

(1)宣传劳动保障法律、法规和政策；

(2)对本企业发生的劳动争议进行调解；

(3)监督和解协议、调解协议的履行；

(4)聘任、解聘和管理调解员；

(5)参与协调履行劳动合同、集体合同、执行企业劳动规章制度等方面出现的问题；

(6)参与研究涉及劳动者切身利益的重大方案；

(7)协助企业建立劳动争议预防预警机制。

**第十七条** 调解员履行下列职责：

(1)关注本企业劳动关系状况，及时向调解委员会报告；

(2)接受调解委员会指派，调解劳动争议案件；

(3)监督和解协议、调解协议的履行；

(4)完成调解委员会交办的其他工作。

**第十八条** 调解员应当公道正派、联系群众、热心调解工作,具有一定劳动保障法律政策知识和沟通协调能力。调解员由调解委员会聘任的本企业工作人员担任,调解委员会成员均为调解员。

**第十九条** 调解员的聘期至少为1年,可以续聘。调解员不能履行调解职责时,调解委员会应当及时调整。

**第二十条** 调解员依法履行调解职责,需要占用生产或者工作时间的,企业应当予以支持,并按照正常出勤对待。

**第二十一条** 发生劳动争议,当事人可以口头或者书面形式向调解委员会提出调解申请。

申请内容应当包括申请人基本情况、调解请求、事实与理由。

口头申请的,调解委员会应当当场记录。

**第二十二条** 调解委员会接到调解申请后,对属于劳动争议受理范围且双方当事人同意调解的,应当在3个工作日内受理。对不属于劳动争议受理范围或者一方当事人不同意调解的,应当作好记录,并书面通知申请人。

**第二十三条** 发生劳动争议,当事人没有提出调解申请,调解委员会可以在征得双方当事人同意后主动调解。

**第二十四条** 调解委员会调解劳动争议一般不公开进行。但是,双方当事人要求公开调解的除外。

**第二十五条** 调解委员会根据案件情况指定调解员或者调解小组进行调解,在征得当事人同意后,也可以邀请有关单位和个人协助调解。

调解员应当全面听取双方当事人的陈述,采取灵活多样的方式方法,开展耐心、细致的说服疏导工作,帮助当事人自愿达成调解协议。

**第二十六条** 经调解达成调解协议的,由调解委员会制作调解协议书。调解协议书应当写明双方当事人基本情况、调解请求事项、调解的结果和协议履行期限、履行方式等。

调解协议书由双方当事人签名或者盖章,经调解员签名并加盖调解委员会印章后生效。

调解协议书一式三份,双方当事人和调解委员会各执一份。

**第二十七条** 生效的调解协议对双方当事人具有约束力,当事人应当履行。

双方当事人可以自调解协议生效之日起15日内共同向仲裁委员会提出仲裁审查申请。仲裁委员会受理后,应当对调解协议进行审查,并根据《劳动人事争议仲裁办案规则》第五十四条规定,对程序和内容合法有效的调解协议,出具调解书。

**第二十八条** 双方当事人未按前条规定提出仲裁审查申请,一方当事人在约定的期限内不履行调解协议的,另一方当事人可以依法申请仲裁。

仲裁委员会受理仲裁申请后,应当对调解协议进行审查,调解协议合法有效且不损害公共利益或者第三人合法利益的,在没有新证据出现的情况下,仲裁委员会可以依据调解协议作出仲裁裁决。

**第二十九条** 调解委员会调解劳动争议,应当自受理调解申请之日起15日内结束。但是,双方当事人同意延期的可以延长。

在前款规定期限内未达成调解协议的,视为调解不成。

**第三十条** 当事人不愿调解、调解不成或者达成调解协议后,一方当事人在约定的期限内不履行调解协议的,调解委员会应当作好记录,由双方当事人签名或者盖章,并书面告知当事人可以向仲裁委员会申请仲裁。

**第三十一条** 有下列情形之一的,按照《劳动人事争议仲裁办案规则》第十条的规定属于仲裁时效中断,从中断时起,仲裁时效期间重新计算:

(1)一方当事人提出协商要求后,另一方当事人不同意协商或者在5日内不作出回应的;

(2)在约定的协商期限内,一方或者双方当事人不同意继续协商的;

(3)在约定的协商期限内未达成一致的;

(4)达成和解协议后,一方或者双方当事人在约定的期限内不履行和解协议的;

(5)一方当事人提出调解申请后,另一方当事人不同意调解的;

(6)调解委员会受理调解申请后,在第二十九条规定的期限内一方或者双方当事人不同意调解的;

(7)在第二十九条规定的期限内未达成调解协议的;

(8)达成调解协议后,一方当事人在约定期限内不履行调解协议的。

**第三十二条** 调解委员会应当建立健全调解登记、调解记录、督促履行、档案管理、业务培训、统计报告、工作考评等制度。

**第三十三条** 企业应当支持调解委员会开展调解工作,提供办公场所,保障工作经费。

**第三十四条** 企业未按照本规定成立调解委员会,劳动争议或者群体性事件频发,影响劳动关系和谐,造成重大社会影响的,由县级以上人力资源和社会保障行政部门予以通报;违反法律法规规定的,依法予以处理。

**第三十五条** 调解员在调解过程中存在严重失职或者违法违纪行为,侵害当事人合法权益的,调解委员会应当予以解聘。

## 第四章 附 则

**第三十六条** 民办非企业单位、社会团体开展劳动争议协商、调解工作参照本规定执行。

**第三十七条** 本规定自 2012 年 1 月 1 日起施行。

# 企业发展概况

# 2011年发展和改革工作综述

国家发展和改革委员会政策研究室

2011年是“十二五”的开局之年。面对严峻复杂的国内外经济形势，面对各种矛盾和困难，全国上下在党中央、国务院的坚强领导下，以科学发展为主题，以加快转变经济发展方式为主线，认真实施积极的财政政策和稳健的货币政策，正确处理保持经济平稳较快发展、调整经济结构和管理通胀预期三者的关系，有针对性地解决突出矛盾和问题，巩固和扩大应对国际金融危机冲击成果，国民经济继续朝着宏观调控预期方向发展，呈现增长较快、物价趋稳、结构优化、效益较好、民生改善的良好态势。一是增长较快。全年国内生产总值达到472 000亿元，比上年增长9.2%，其中，一季度增长9.7%，二季度增长9.5%，三季度增长9.1%，四季度增长8.9%。虽然出现了适度回落，但仍处在较快区间，属于稳中趋缓。最终消费支出、资本形成总额分别拉动经济增长4.7个和4.9个百分点；最终消费支出的贡献率为50.8%，提高7.7个百分点，资本形成总额的贡献率为53.3%，提高0.4个百分点。二是物价趋稳。一度过快上涨势头得到有效遏制，居民消费价格指数、工业生产者出厂价格指数从8月份起逐月回落，涨幅分别由7月份的6.5%、7.5%降至12月份的4.1%、1.7%，全年上涨5.4%和6.0%。三是结构优化。农业基础进一步巩固，粮食产量达到57 121万吨，再创历史新高，实现了“八连增”。高技术产业和战略性新兴产业发展加快，高技术制造业增加值增长16.5%，比规模以上工业增加值增速高2.6个百分点，高耗能行业增速有所回落。综合交通运输体系建设稳步推进。区域发展协调性进一步增强。四是效益较好。全年规模以上工业企业实现利润54 500亿元，同比增长25.4%；全国公共财政收入104 000亿元，同比增长24.8%，财政赤字比预算减少500亿元。全年二氧化硫排放量、化学需氧量排放量分别下降2.2%和2.0%，超额完成计划目标0.7个和0.5个百分点。五是民生改善。全年城镇新增就业1 221万人，超过预期目标321万人，年末城镇登记失业率4.1%。城乡居民收入较快增长，农民人均纯收入6 977元，同比实际增长11.4%，是1985年以来实际增速最高的一年，城镇居民人均可支配收入21 810元，同比实际增长8.4%。房地产市场调控取得初步成效，保障性安居工程建设进展顺利。与此同时，重点领域改革继续深化，开放型经济水平进一步提升。

在严峻复杂的国内外环境下，我国经济社会发展能够保持良好发展态势，这是党中央国务院科学决策、正确领导的结果，是各地方各部门认真贯彻落实中央决策部署、扎实工作的结果。实践充分证明，中央关于经济工作的方针政策和决策部署是正确的、有力的、有效的，充分体现了中国特色社会主义制度的优越性。一年来，全国发展改革系统包括物价、粮食、能源、经济运行、物资储备等部门，在党中央、国务院的正确领导下，在有关部门和地方、行业协会以及企业的大力支持与密切配合下，兢兢业业，恪尽职守，加强和改善宏观调控，为促进经济平稳较快发展和社会和谐稳定作出了积极贡献，取得了新的成绩，集中体现在以下六个方面。

## 一、巩固和扩大应对国际金融危机冲击成果，促进经济平稳较快发展

发展改革系统认真贯彻落实中央关于加强和改善宏观调控的决策部署，把保持经济平稳较快发展放在突出位置，密切跟踪形势，抓好工作落实，努力当好党中央、国务院和地方党委、政府在经济工作方面的参谋助手。

注重在扩大国内需求上下功夫。会同或配合有关部门，认真落实并完善扩大消费的各项政策措施，

积极培育旅游、文化、信息等消费热点,加强公益性社会化服务机构建设,加大对农村商品流通网络、农产品批发市场及现代物流等流通基础设施的支持力度。调整和优化投资结构,发挥政府投资的引导作用,重点向保障性安居工程等民生领域、"三农"、基础设施和经济社会发展薄弱环节倾斜,支持民族地区和欠发达地区加快发展。推动落实鼓励引导民间投资健康发展的具体措施。加强对重大项目的稽查监管,确保中央扩大内需投资项目顺利完成并发挥效益。

注重在缓解经济运行突出矛盾上下功夫。及时协调重要时段和重点区域煤炭特别是电煤的供给,全力抓好电力生产供应,加强成品油的资源衔接和供应保障,搞好跨省移库粮、新疆棉花、西北钾肥和华北氮肥等重点物资的运输协调,全年煤电油气运供需衔接总体较好。进一步加强国民经济动员体系建设。

注重在推动"十二五"规划的实施上下功夫。全国人大审议通过"十二五"规划《纲要》后,起草并报请国务院印发了落实规划《纲要》主要目标任务的分工意见,研究制定了规划《纲要》实施考核评价办法。同时,加强专项规划编制的组织协调。

## 二、强化价格调控监管,千方百计抑制物价过快上涨

按照中央关于把稳定物价总水平作为宏观调控首要任务的要求,发展改革系统特别是物价部门多管齐下,综合施策,为抑制价格过快上涨发挥了重要作用。

着力保障市场供应。落实促进农业稳产增产的各项政策措施,加大对重点蔬菜生产基地建设的支持力度,建立北方大城市冬春蔬菜储备制度,认真落实生猪生产扶持政策。进一步提高小麦、稻谷最低收购价,平均每50千克分别提高5.4元和14元,启动实施棉花、油菜籽、大豆临时收储,搞好重要农产品收购。做好储备吞吐和进出口调节工作,适时组织玉米、大豆、食用油、棉花、食糖、猪肉等紧缺商品进口和投放,全年累计投放国家储备粮3 986万吨、食糖127万吨,从严控制化肥出口,有力地保障了市场供应。

着力降低流通成本。取消、降低和减免了一批涉农涉企收费。发挥大宗农产品交易、收储、运销场所的作用,继续落实鲜活农产品"绿色通道"政策,开展收费公路专项整治,有序推进取消政府还贷二级公路收费工作。在全国推广建设平价商店经验,规范农贸市场摊位费和超市进场费,降低了动物及动物产品检疫收费标准,对蔬菜等农副产品生产用水、用电实行了价格优惠政策。

着力加强价格监管。组织开展了涉农、教育、医疗、银行、商品房明码标价等专项检查,取消了商业银行部分收费项目,严厉打击个别商贸企业的价格违法行为,开展了中药材市场价格秩序的专项整治,大力推进反价格垄断执法工作,依法严肃查处各种价格违法案件。全年共查处各类价格违法案件45 100件,实施经济制裁20.9亿元。同时,积极组织媒体准确报道价格形势和价格政策,合理引导社会预期。

着力保障群众生活。全国31个省(市、区)全面建立了社会救助和保障标准与物价上涨挂钩联动机制,各地都提高了失业保险金标准,有22个省市提高了城乡低保标准;同时,协调地方依法设立和完善价格调节基金制度。各地全年累计发放价格临时补贴近百亿元,有效缓解了物价上涨对群众生活的影响。

## 三、坚持区别对待、有扶有控,推进经济结构调整迈出新的步伐

切实把经济结构调整作为加快转变经济发展方式的主攻方向,正确处理速度与质量、效益的关系,着力提高经济发展的协调性和竞争力。

继续加强农业基础设施建设。全年用于农业和农村建设的中央预算内投资达1 930亿元,占中央预算内投资的一半以上,总量和比重均高于上年。增加江河治理、骨干水源、大型灌区和灌排泵站改造、水土保持等重点工程的资金投入,加强农田水利建设和中小河流治理。全面实施全国新增千亿斤粮食生产能力建设规划,重点支持田间工程和农技服务体系建设。农村水电路气房建设取得新的进展,

2011 年,解决了6 398万农村居民和农村学校师生的饮水安全问题,农村安全饮水普及率达到 75.0%,新建和改造农村电网线路 34 万千米,新改建农村公路 19 万千米,新增沼气用户 280 万户,改造农村危房 265 万户,比上年增加 145 万户。出台了促进牧区发展的政策性文件。

大力增强自主创新能力。①编制完成国家战略性新兴产业发展"十二五"规划,修订了当前优先发展的高技术产业化重点领域指南,制定了进一步鼓励软件产业和集成电路产业发展的政策,颁布实施中关村国家自主创新示范区发展规划纲要。②平板显示、集成电路、智能制造装备、生物制药和育种、国家基因库等重大工程实现阶段性突破,启动建设 21 个电子商务示范城市、5 个云计算示范城市。③设立战略性新兴产业专项资金,新增 41 只新兴产业创业投资基金。④新建国家(重点)实验室 54 家、国家工程实验室 28 家,认定国家科技基础条件平台 23 家、国家级企业技术中心 88 家,中央和地方联合共建实验室(工程中心)173 家,支持子午工程、陆态网络和海洋科学综合考察船等重大科技基础设施建设,中科院知识创新三期工程基本完成。

加快推进产业转型升级。①修订并发布了新的产业结构调整指导目录,支持钢铁、石化、装备、船舶、汽车、轻工、纺织等产业的技术升级和结构调整。②中央预算内投资安排重点产业振兴和技术改造专项资金 150 亿元,支持了4 000多个企业技术改造项目。③积极推进淘汰落后产能工作,全年共淘汰落后的水泥产能 1.5 亿吨、炼铁产能3 122万吨、焦炭产能1 925万吨、煤矿产能2 463万吨,关闭小火电机组超过 700 万千瓦。

不断改善服务业发展环境。研究起草服务业发展"十二五"规划,颁布实施了支持现代物流业、高技术服务业、家庭服务业发展的政策措施,深入推进服务业综合改革试点和现代服务业创新发展示范城市建设,发挥国家服务业发展引导资金的作用,支持服务业集聚区和生产性服务平台建设,加强现代服务业新型业态培育,推动服务业规模化、品牌化、网络化经营,信息、咨询、文化创意、电子商务等现代服务业发展加快。

进一步完善基础设施和基础产业。①组织编制促进综合交通运输体系发展等专项规划,提出优先发展城市公共交通、促进交通运输协调发展的政策措施。会同有关部门积极协调解决铁路在建项目资金短缺问题,加快推进交通基础设施重大项目建设。全年新建铁路投产里程2 167千米,京沪高铁投入运营;新增公路通车里程71 400千米,改扩建国省道完成 2 万千米;改善内河航道里程1 091千米;新增运输机场 5 个。②能源特别是可再生能源和清洁能源加快发展,新增非化石能源电力装机超过3 400万千瓦,占全部新增装机的 1/3 以上。全年原煤产量 35.2 亿吨,增长 8.7%;原油产量 2.04 亿吨,增长 0.3%;发电量47 001亿千瓦小时,增长 11.7%。

着力推动区域经济协调发展。深入推进区域发展总体战略,全面实施主体功能区战略。①认真落实西部大开发新 10 年政策措施,研究制订西部地区鼓励类产业目录。2011 年又新开工攀钢钒钛资源综合利用、青海柴达木盆地百万千瓦太阳能示范基地、甘肃徽县至天水高速公路等 22 项西部大开发重点工程,投资总规模2 079亿元。大力支持西藏、新疆及青海等 4 省藏区发展,编制了"十二五"项目建设规划。②组织实施东北地区老工业基地调整改造专项,编制了"十二五"东北振兴规划,东北地区等老工业基地振兴成果得到巩固和扩大。③全面实施促进中部地区崛起规划,巩固和提升"三基地、一枢纽"地位,支持中西部地区有序承接产业转移。④积极支持东部地区加快转型升级步伐,稳步开展全国海洋经济发展试点工作。⑤落实全国主体功能区规划,推动开展省级主体功能区规划的编制工作。⑥组织编制了成渝经济区、海峡西岸经济区、河北沿海等区域规划和云南桥头堡、中原经济区等区域性政策文件,积极推进深圳前海、珠海横琴、福建平潭、浙江舟山等试验功能区建设,为更好地体现地区特点、突出区位优势发挥了重要的支持和引导作用。⑦启动集中连片特殊困难地区扶贫开发规划编制工作,积极开展以工代赈和易地扶贫搬迁。⑧汶川地震灾后恢复重建胜利完成,灾区基本生产生活条件和经济社会发展水平明显超过震前,玉树、舟曲、盈江灾后恢复重建顺利推进。

## 四、下大力气开展节能减排，积极促进绿色低碳发展

把节能减排作为转变经济发展方式的重要抓手，强化目标责任，加大资金支持，推进重点工程，促进节能减排和生态环境保护工作取得新进展。

扎实推进节能工作。研究起草了“十二五”节能减排综合性工作方案，分解下达了“十二五”节能目标，按季度发布各地区完成情况晴雨表。支持重点节能项目建设，建成后可形成2 200多万吨标准煤的年节能能力。深入实施节能产品惠民工程，推广高效节能空调1 600多万台、电机500多万千瓦、节能灯1.6亿只。积极推进节能与新能源汽车示范推广试点工作。在37个城市开展了半导体照明应用工程试点。进一步落实合同能源管理政策。

大力发展循环经济。制定了“十二五”资源综合利用指导意见，发布了60个循环经济典型模式案例，完成部分省市循环经济统计试点。支持循环经济和资源节约重大项目415个，建成后可形成年节水9.2亿吨、废物循环利用量7 240万吨的能力。积极推进国家“城市矿产”示范基地、餐厨废弃物资源化利用和无害化处理试点单位建设、产业园区循环化改造。启动循环经济教育示范基地建设。

加强生态环境保护。继续推进长江黄河上中游水土保持、天然林资源保护二期、京津风沙源治理、岩溶地区石漠化综合治理、防护林体系建设等重点工程，进一步巩固退耕还林成果，进一步完善退牧还草政策，加强草原生态保护和建设。基本完成塔里木河、石羊河近期治理任务，切实加强太湖等重点流域水环境综合治理。积极推进生态补偿机制立法和生态文明试点示范。安排中央投资，支持城镇污水垃圾处理设施建设，分别新增城镇污水、垃圾日处理能力1 100万吨和11万吨。加快解决历史遗留铬渣、尾矿库安全环保隐患、湘江流域重金属、重点流域点源污染等突出环境问题。

务实推进应对气候变化工作。制定并落实“十二五”控制温室气体排放工作方案。在七省市开展了碳排放权交易试点，研究提出了建立我国碳排放权交易市场工作方案。积极参加联合国气候大会德班会议等国际谈判，加强应对气候变化国际合作和人才培训。

## 五、深化重点领域和关键环节改革，进一步提升开放型经济水平

国家发改委认真履行经济体制改革的总体指导和综合协调职能，研究编制了重点领域改革“十二五”规划，提出了2011年深化经济体制改革重点工作，会同或配合有关部门，切实推进重点领域和关键环节改革并力争取得新突破。同时，着力抓好自身牵头的医药卫生体制、资源性产品价格、投资体制、综合配套等方面的改革，迈出了新的步伐。①继续深化医药卫生体制改革，全民基本医保制度框架初步形成，人口覆盖率达到95.0%，公立医院改革试点稳步推进，基本药物制度在城乡政府办基层医疗卫生机构基本实现全覆盖，基本药物售价明显降低，基本公共卫生服务均等化取得新进展。②稳步推进资源性产品价格改革，出台了煤炭电力价格综合调控方案和试行居民阶梯电价指导意见，完善了太阳能光伏发电价格形成机制，提出了汽油、柴油价格市场化改革方案，有序推进天然气价格改革试点、排污权有偿使用和交易试点以及水价改革。③进一步改进中央预算内投资管理，推行中央投资项目公示试点，扩大中央投资项目的后评价范围；对现有行政审批事项进行了全面清理，研究提出了取消、合并、下放行政审批项目部分审批权限的意见。④继续开展综合配套改革试验，报请国务院批准义乌市开展国际贸易综合改革试点、厦门市开展深化两岸交流合作综合配套改革试验，国家综合配套改革试验区已初步形成东、中、西部和东北地区齐头并进的格局。⑤积极推进电网企业主辅分离改革，启动实施上网电价和非居民用电价格调整方案。⑥深化集体林权制度改革，启动国有林场和国有林区改革试点。⑦大力加强发展改革法制建设，制定了行政执法基本规范及法律风险防范指引，建立了行政执法法律风险点动态提醒平台，妥善化解行政争议，全面启动“六五”普法工作。

在对外开放方面，会同或配合有关部门，落实和完善拓展外需支持外贸发展的政策措施。优化外贸

结构,严格控制"两高一资"产品出口,完善稀土等产品的出口管理,推动先进技术、关键零部件、国内短缺资源和节能环保产品进口。深化内地与港澳台经济合作,推动境内企业赴港发行人民币债券。启动实施外资并购安全审查制度,修订完善《外商投资产业指导目录》,抓紧制订《中西部地区外商投资优势产业目录》,积极引导外资投向。加强境外资源合作,尤其是推进油气勘探开发和油气战略通道建设,务实推进电力、煤炭、新能源等领域的国际合作,支持有条件的企业开展境外投资,全年非金融类境外直接投资601亿美元,与上年基本持平。

## 六、加大改善民生工作力度,完善基本公共服务体系

坚持把保障和改善民生作为各项工作的出发点和落脚点,认真解决人民群众最关心、最直接、最现实的利益问题。

配合各部门大规模推进保障性安居工程建设。落实并完善相关优惠政策,运用多种融资渠道,支持廉租住房建设,国有工矿、林区林场、垦区和中央下放煤矿棚户区改造,以及农村危房改造、游牧民定居工程。截至2011年末,基本建成城镇保障性安居工程住房432万套,新开工1 043万套。

加快建立覆盖城乡居民的社会保障制度。加快建立社会养老服务体系,开展了城镇居民社会养老保险和新型农村社会养老保险试点,覆盖面达到60.0%以上。进一步健全基层医疗卫生服务体系,支持全科医生临床培养基地、基层医疗卫生信息化工程建设。启动实施残疾人康复和托养工程。

加大对社会事业基础设施的支持力度。①会同有关部门,在24个省(区、市)及新疆生产建设兵团开展了基层就业和社会保障服务设施建设,进一步改善了中西部地区基层就业和社会保障公共服务设施条件。②积极推进中小学校舍安全工程、中西部农村初中校舍改造和职业教育基础能力建设,扩大了中西部农村学前教育推进工程、边远艰苦地区农村教师周转宿舍建设试点范围,配合有关部门在集中连片特殊困难地区启动实施了农村义务教育学生营养改善计划,惠及2 600万农村在校学生。③积极推动广播电视村村通工程和少数民族新闻出版东风工程,加强国家文化和自然遗产地保护性基础设施建设。国家博物馆改扩建工程、国家话剧院剧场工程正式竣工,国家美术馆、中国工艺美术馆、国学中心前期工作进展顺利。继续完善全国重点景区和旅游线路的配套设施,编制了红色旅游"十二五"发展规划,并提出了经典景区第二批名录。

(撰稿:张路鹏)

# 2011年国民经济运行态势综述

国家发展和改革委员会经济运行局

2011年是中国实施"十二五"规划开局之年,在国际经济环境复杂多变、国内经济发展任务艰巨繁重的严重形势下,党中央、国务院深入贯彻落实科学发展观,坚持稳中求进工作方略,带领全国各族人民开拓进取、扎实工作,国民经济平稳较快发展,物价涨幅逐步回落,产业结构得到优化,人民生活继续改善,社会主义现代化建设取得新的重大成就。

## 一、加强宏观调控和完善运行调节,国民经济实现平稳较快发展

2011年,国家执行积极的财政政策和稳健的货币政策,注重把握政策实施的重点、力度和节奏,做到宏观调控审慎可行、运行调节适时适度,提高政策的仿真性、灵活性和前瞻性。同时,正确处理保持经

济稳定增长、经济结构调整优化和控制通货膨胀预期的关系，使经济发展逐渐由政策刺激增长过渡到内生自主增长方向转变，促进国民经济持续平稳较快发展。据国家统计局初步统计，2011 年实现国内生产总值472 000亿元，按可比价格计算比上年增长9.2%，其中，一季度增长9.7%，二季度增长9.5%，三季度增长9.1%，四季度增长8.9%，增速平稳回落，全年比上年回落2个百分点，但在全球主要经济体中仍处于领先地位，对世界经济的贡献度有所提高，呈现了“十二五”时期的良好开局。

## 二、加快转变经济增长方式，促进经济可持续发展

2011 年，国家加大经济增长方式转变力度，实施区域发展总体战略和全国主体功能区规划，坚持把实施西部大开发、中部崛起、东北振兴、东部率先发展等发展战略落到实处，出台促进边疆地区跨越式发展、农村扶贫开发、灾后恢复重建等兴边富民一系列优惠政策，扶持区域经济协调发展。中西部地区主要经济指标增速高于全国，东部地区产业转型升级步伐加快，区域发展协调性进一步增强，国民经济可持续发展得到加强。据有关部门统计，全年中西部地区的工业、投资和进出口增速均快于东部地区。其中，规模以上工业增速，中西部地区分别为18.2%和16.8%，快于东部地区11.7%的6.5个和5.1个百分点；固定资产投资增速，中西部地区分别为28.8%和29.2%，快于东部地区21.3%的7.5个和7.9个百分点；进出口总额增速，中西部地区分别为40.3%和43.3%，快于东部地区20.4%的19.9个和22.9个百分点。另据各省（市、区）统计数据分析，全年中西部地区经济增速均高于全国，其中中部地区湖北、吉林和安徽分别达到13.8%、13.7%、13.5%，西部地区重庆、四川、贵州、内蒙古、陕西都在13.0%以上，分别为16.4%、15.0%、15.0%、14.3%和13.9%，而东部地区有3个省、直辖市低于全国，分别为北京8.1%、上海8.2%和浙江9.0%。

## 三、推动经济结构战略性调整，促进各层次产业协调发展

2011 年，国家坚持实施有扶有控的政策措施，进一步推进经济结构战略性调整。把农业基础地位摆在首位，全面落实强农惠农富农“三农”政策，增强农业发展后劲，提高粮食综合生产能力，全年粮食总产量达到57 121万吨，比上年增产4.5%，创历史最高水平，实现前所未有的连续8年增产。同时，大力培育战略性新兴产业，支持重点行业振兴和科技进步，结构优化升级取得显著进展；加快发展信息咨询、电子商务、物流配送和交通运输等现代服务业，拓展新兴服务领域，进一步夯实经济社会发展基础。据国家统计局统计，全年第一产业实现增加值47 712亿元，比上年增长4.5%，占国内生产总值10.1%，对经济增长的贡献率为5.2%，拉动经济增长0.5个百分点；第二产业实现增加值220 592亿元，比上年增长10.6%，占国内生产总值的46.8%，对经济增长的贡献率为53.1%，拉动经济增长4.9个百分点；第三产业实现增加值203 260亿元，比上年增长8.9%，占国内生产总值的43.1%，对经济增长的贡献率为41.7%，拉动经济增长3.8个百分点。第二产业对经济拉动作用虽有所减弱，但仍占主导地位，特别是工业，全年工业增加值188 572亿元，比上年增长10.7%（其中规模以上工业增长13.9%），占经济总量的40.0%，对经济增长的贡献率为42.8%，拉动经济增长3.9个百分点。与此同时，工业结构调整取得积极进展，以制造业为例，全年高技术制造业增加值比上年增长16.5%，高于规模以上工业增速2.6个百分点，而六大高耗能行业增长12.3%，低于规模以上工业增速1.6个百分点。

## 四、扩大内需特别是居民消费，促进经济均衡发展

2011 年，针对世界经济复苏缓慢，外需持续低迷的状况，国家继续把扩大内需作为国民经济的长期战略方针和基本立足点，依赖外需推动经济增长的局面，依靠投资、消费、进出口“三驾马车”促进经济均衡发展。在扩大内需方面，增加各级政府用于改善和扩大消费的支出，特别增加城镇居民和农民的各种补贴，配以大力规范市场环境和整顿市场秩序，切实推动消费者权益，社会消费大幅度增加。同时，大力优化投资结构，优先保证重点在建和续建项目

资金需求，防止盲目投资和重复建设，严格执行投资项目用地、节能、环保、安全等准入标准，提高投资质量和效益。据国家统计局统计，全年社会消费的零售总额183 919亿元，比上年增长17.1%，扣除价格因素，实际增长11.6%，最终消费对经济增长的贡献率为51.6%，拉动经济增长4.7个百分点；全社会固定资产投资总额311 022亿元，比上年增长23.6%，扣除价格因素，实际增长15.9%，资本形成总额对经济增长的贡献率为54.2%，拉动经济增长5.0个百分点。内需对经济增长的贡献率为105.8%，拉动经济增长9.7个百分点，弥补了外需贡献率下降对经济拉动作用减弱的不利影响。经济增长内生动力的强化和对外依赖度的减弱，有效促进了内外需增长拉动经济的平衡发展。

## 五、坚持节能减排和环境保护，增强国民经济发展后劲

2011年，国家坚持推进节约能源、保护环境和生态建设，突出抓住工业建筑、交通运输、公共机构和社会领域的节能工作，实施重点节能工程，推广节能技术，运用节能设备，发展循环经济，加强统计监测，切实提高能源利用率，大力减少污染排放。同时，加大对高耗能、高排放和产能过剩行业的调控力度，坚持淘汰落后产能。据有关部门统计，全年淘汰落后水泥产能1.5亿吨、炼铁产能3 122万吨、焦炭产能1 925万吨，到年末，清洁能源发电机组达到2.9亿千瓦，新增城镇污水日处理能力1 100万吨，生态环境得到明显改善。据国家统计局统计，全年能源消耗总量34.8亿吨标准煤，全国万元国内生产总值能耗下降2.0%。七大水系的398个水质监测断面中，Ⅰ~Ⅲ类水质断面比例占56.3%，比上年提高0.3个百分点；劣质Ⅴ类水质断面比例占15.3%，比上年下降2个百分点；七大水系水质总体上保持基本稳定。在监测的330个城市中，有293个城市空气质量达到二级及二级以上标准，占监测城市的88.8%。适应气候变化建设得到加强，为经济社会发展增强了后劲。

## 六、抑制物价过快上涨，价格总水平保持基本稳定

2011年，国家把稳定物价总水平放在宏观调控的首位，采取发展生产、保障供给、搞活流通、加强监管等综合调控措施，充分发挥中国主要工业品总体供大于求、粮食供应充裕、外汇储备较多等有利条件，努力消除输入性、结构性通胀不利因素的影响，消化要素成本和劳动力成本上涨的压力，以经济和法律手段为主，辅以必要的行政手段，灵活调节货币流通量，正确引导市场预期，有效抑制价格上涨势头，特别是房地产调控继续取得积极进展，房地产价格快速上涨趋势得到缓解，重点城市房地产价格涨幅明显回落，部分城市房地产价格开始出现下降。其中12月份70个大中城市中，有52个城市环比价格下降，比年初增长49个。据国家统计局统计，全年居民消费价格比上年上涨5.4%，其中农产品生产价格上涨16.5%，粮食价格上涨11.8%，固定资产投资价格上涨6.6%，工业品出厂价格上涨6.0%，能源、原材料、燃料动力购进价格上涨9.1%，各类价格指数呈现逐步回落态势。

## 七、着力改善人民生活，增加城乡居民就业和收入

2011年，国家继续实施更加积极的就业政策，大力发展劳动密集型产业、服务业、小微型企业和中小科技创新型企业，增加财政投入扶助和促进就业，满足不同层次人员的就业需求，促进就业稳定增加。据国家统计局统计，全年全国城镇新增就业1 221万人，年末城镇登记失业率4.1%，维持在较低水平。到年末，全国农民工总量达到25 278万人，比上年增长4.4%，就业稳定增加。

在千方百计增加就业的同时，国家合理调整收入分配关系，提高城乡低收入群体的基本收入，加大收入分配调节力度，大力整顿和规范收入分配秩序，城镇职工工资和离退休人员养老金有不同程度的提高，农村居民收入有明显增加，使广大群众更多地分享到改革发展成果。据国家统计局统计，全年城镇居民人均可支配收入21 810元，比上年增长14.1%，扣除价格因素实际增长11.4%。农村居民收入比城

镇居民收入增快 3 个百分点，收入差距进一步缩小。

2011 年，中国经济社会发展取得了积极进展，同时还面临不少困难和挑战，国内外环境都存在诸多不确定因素，解决经济运行中不平衡、不协调、不可持续的问题更加复杂艰巨。但正如温家宝总理在政府工作报告中指出的："坚定信心，善于运用有利条件和积极因素，继续抓住和用好重要战略机遇期，推动经济平稳较快发展，不断增强中国的综合国力和国际影响力"，一定能开创社会主义现代化建设新局面。

（撰稿：谢又乔）

# 2011 年产业布局与结构调整综述

国家工业和信息化部产业政策司

2011 年是"十二五"规划的开局之年。各地区、各部门按照转变经济发展方式的要求，积极调整产业结构，改善经济布局，在完善战略性新兴产业发展环境、推动地区间产业转移、改善产业组织结构、淘汰落后生产能力等方面都取得了新的进展。

## 一、战略性新兴产业发展的政策环境不断完善

2011 年，各有关方面围绕贯彻落实党中央、国务院关于发展战略性新兴产业的决策部署，制定发展规划，出台相关措施，设立重大专项，为战略性新兴产业发展创造了良好的政策环境。《国民经济和社会发展第十二个五年规划纲要》专门设"培育发展战略性新兴产业"的章节，要求推动重点领域跨越发展，实施产业创新发展工程，加强政策支持和引导。《工业转型升级规划（2011—2015 年）》进一步明确了战略性新兴产业发展的重点、目标和相关政策措施。《集成电路产业"十二五"发展规划》、《软件与信息技术服务业"十二五"规划》和《物联网"十二五"规划》等规划，对物联网和新一代信息技术发展做了部署，《电子政务"十二五"规划》和《电子商务"十二五"规划》等规划对新一代信息技术特别是下一代互联网的应用进行了部署。中央财政于 2011 年设立了战略性新兴产业发展专项资金，支持产业发展，并通过"973"计划、"863"计划、国家重大科技专项、国家自然科学基金等科技计划在新能源、新材料、生物、资源环境等领域进行了重点部署，为战略性新兴产业发展提供有力的科技支撑。

各地区将培育和发展战略性新兴产业作为一项重要的战略任务，纷纷将培育和发展战略性新兴产业作为"十二五"转方式、调结构的战略重点，并在规划、政策、资金等方面加大了引导和扶持的力度。四川等省出台了《战略性新兴产业"十二五"发展规划》，一些省市结合本地实际出台了战略性新兴产业重点产业发展规划。初步统计，截至 2011 年底全国共有 24 个省市设立了战略性新兴产业专项资金；已有 31 个省市将新材料、新能源作为发展重点，30 个省市将生物产业作为重点，29 个省市将高端装备制造和节能环保作为重点，28 个省市将新一代信息技术产业作为重点，18 个省市将新能源汽车作为发展重点。这些情况说明，各地高度重视发展战略性新兴产业，将为战略性新兴产业发展创造良好的环境。同时，也提示我们，发展战略性新兴产业需要加强规划，合理布局。要积极引导各地将发展的热情与自身的产业基础和发展条件紧密结合，合理选择战略性新兴产业的发展方向和布局重点，避免一哄而上，造成资源浪费。

## 二、积极优化产业布局

2011 年，各地按照国家区域发展总体战略和全国主体功能区规划的要求，充分发挥区域比较优势，加快调整优化生产力布局，推动产业有序转移，促进产业集聚发展和区域产业协调发展。河南、新疆、安

徽、湖南、内蒙古等中西部地区大力加强产业转移示范区建设，积极承接东部地区产业转移。2011年1月7日，新疆自治区党委和自治区人民政府出台了《关于加速推进新型工业化进程的若干意见》(新党发〔2011〕1号)，《意见》规定按照“产城结合、突出重点、政策引导、统筹兼顾”的方针，加快推进喀什、霍尔果斯特殊经济开发区建设，力争早日把喀什、霍尔果斯两个特殊经济开发区打造成为我国西部边陲的两颗“明珠”，要求以园区为载体，借助对口援助机制，加快对口援疆园区建设，主动承接产业转移，工业项目原则上都要进园区。2011年6月27日，为推进和规范我国首个国家级承接产业转移示范区建设发展，安徽省第十一届人大常委会第二十六次会议通过了《安徽省促进皖江城市带承接产业转移示范区发展条例》，《条例》规定了一系列土地、金融、出口、税费等方面扶持和优惠制度。如，安徽省年度新增建设用地计划指标要预留一定比例，专项用于示范区重大项目建设，示范区外新增耕地指标可调剂给示范区；省、市、县应设立示范区建设专项资金，统筹相关资金向示范区倾斜；设立示范区产业发展基金，拓宽融资渠道；支持示范区设立股权投资基金、担保风险基金、未上市股权交易所；加快合肥、芜湖出口加工区建设，支持示范区申报海关特殊监管区域；除国家规定的收费项目外，示范区内的涉企行政事业性收费予以免收等。

在各方面相关政策的引导下，以及受资源、能源、劳动力供给压力与环境约束压力持续加大的影响，东部沿海地区部分产业特别是劳动密集型产业和资源性产业不断向中西部地区转移，中西部地区承接产业转移取得新进展。据统计，2011年1—7月，上海市、江苏省、浙江省在安徽省投资1亿元以上项目达3 405个，实际到位资金1 887.9亿元，同比增长71.9%，占安徽省亿元以上项目实际到位资金的55.6%。皖江示范区已成为长三角地区产业合作的重要平台，也是沪苏浙地区产业和资本向中西部地区转移的首选之地。2011年6月与11月，工业和信息化部和新疆自治区人民政府与新疆生产建设兵团、河南省人民政府分别举办了两次大型产业转移对接活动。其中，中国新疆2011产业转移系列对接活动现场签约重点项目200个，协议投资额5 812亿元；第二届中国郑州产业转移系列对接活动签约项目813个，项目总投资额达到3 608亿元。两项产业转移对接活动增强了产业转移的针对性和有效性，促进区域间经济技术合作。

## 三、促进企业兼并重组的目标和政策措施进一步完善

为更好地贯彻落实《国务院关于促进企业兼并重组的意见》(国发〔2007〕27号)确定的各项任务，2011年7月7—8日，工业和信息化部在北京召开了全国企业兼并重组工作经验交流会，中央财经领导小组办公室、国务院办公厅、国务院研究室、企业兼并重组工作部际协调小组12个成员单位的有关负责同志出席会议。全国31个省(区、市)工业和信息化主管部门、山西省煤炭厅、重点行业协会和典型企业的代表参加了会议。会议加强了工作交流，总结推广了企业兼并重组的好经验好做法，研究部署了下一步推动企业兼并重组工作。

国务院各部门按照《国务院关于促进企业兼并重组的意见》(国发〔2010〕27号)的要求和部际协调小组的部署，不断完善促进企业兼并重组的政策措施。在财税政策方面，2011年3月30日，国家税务总局出台了《关于纳税人资产重组有关增值税问题的公告》(2011年第13号)；2011年9月26日，出台了《关于纳税人资产重组有关营业税问题的公告》(2011年第51号)。两个公告规定，纳税人在资产重组过程中，通过合并、分立、出售、置换等方式，将全部或者部分实物资产以及与其相关联的债权、负债和劳动力一并转让给其他单位和个人，不属于增值税的征税范围和营业税征收范围，其中涉及的货物转让，不征收增值税；其中涉及的不动产、土地使用权转让，不征收营业税。在融资政策方面，2011年8月1日，证监会出台了《关于修改上市公司重大资产重组与配套融资相关规定的决定》(证监会令第73号)，支持企业利用资本市场开展兼并重组。在促进央企重组方面，国资委出台了《关于中央企业国有产权置换有关事项的通知》(国资发产权〔2011〕121号)，重点对中央企业内部包括国有单位之间、国有单位与实际控制企业之间的产权置换事项进行

了规范，同时对央企之间、央企与地方之间以及涉及上市公司的国有产权置换事项作出了原则规定。财政部、国务院国资委在中央国有资本经营预算中设立了专项资金，支持中央企业兼并重组。在工商登记方面，2011 年 11 月 28 日，国家工商行政管理总局发布了《关于做好公司合并分立登记支持企业兼并重组的意见》，针对企业重组登记中遇到的一些实际困难，在具体登记程序和操作规范上出台了一系列新规定，有利于企业进一步降低成本。

在稳步推进重点行业企业兼并重组的同时，明确了"十二五"期间重点行业产业集中度目标。2011 年 12 月，国务院印发了《工业转型升级规划（2011—2015 年）》，在《规划》提出的主要目标中，钢铁行业前 10 名的集中度由 2010 年的 48.6% 提高到 2015 年的 60.0%，汽车行业前 10 名的集中度由 2010 年的 82.2% 提高到 2015 年的 90.0% 以上，船舶行业前 10 名由 2010 年的 48.9% 提高到 2015 年的 70.0% 以上。《规划》提出要积极推进相关行业上下游企业的联合重组，并明确了一些重要原材料行业企业兼并重组的目标。到 2015 年，铜、铝、铅、锌前 10 家企业产业集中度分别达到 90.0%、90.0%、60.0%、60.0%；前 10 家水泥企业、平板玻璃企业产能占全国总产能比重分别达到 35.0%、75.0% 以上；力争使稀有金属高技术产品销售比率达到 40.0% 以上，稀土、钨、锡、锑、钼等稀有金属工业前 5 家企业产业集中度达到 80.0% 以上等。

## 四、淘汰落后产能取得新进展

按照《国务院关于进一步加强淘汰落后产能工作的通知》（国发〔2010〕7 号）的要求，2011 年淘汰落后产能部际协调小组成员单位相继研究出台了一系列政策措施，制（修）订了一批环保、质量、能耗、安全等标准，淘汰落后产能政策和标准体系进一步完善。2011 年 1 月 26 日，经国务院同意，部际协调小组成员单位联合印发了《淘汰落后产能工作考核实施方案》（工信部联产业〔2011〕46 号），对淘汰落后产能工作的考核对象与内容、工作程序和奖惩措施等作了明确规定，落实了地方各级人民政府和企业责任，确保顺利完成淘汰落后产能目标任务。2011 年 4 月 18 日，人力资源和社会保障部、国家发展和改革委员会、财政部、工业和信息化部等单位联合出台了《关于做好淘汰落后产能和企业兼并重组企业职工安置工作的意见》（人社部发〔2011〕50 号），指导地方妥善做好淘汰落后产能企业职工安置工作，确保社会和谐稳定。为了更好地发挥中央财政奖励资金对淘汰落后产能工作的支持和引导作用，2011 年 4 月 20 日，财政部、工业和信息化部、国家能源局联合印发了《淘汰落后产能中央财政奖励资金管理办法》，在资金奖励条件和标准、资金安排和使用和监督管理等方面作了明确规定。2011 年 3 月 27 日，发展改革委公布了《产业结构调整指导目录（2011 年本）》，引导企业淘汰落后产能。有关部门制定了相关行业准入条件和差别电价政策，规范和引导企业投资行为，加大能耗限额监察和差别电价政策执行力度，促进企业淘汰落后产能。

2011 年 4 月，工业和信息化部向各省、自治区、直辖市人民政府下达了 2011 年 18 个工业行业淘汰落后产能目标任务（工信部产业〔2011〕161 号）。6 月，在各地公告的基础上，工业和信息化部对全国工业行业淘汰落后产能企业名单、落后生产线（设备）及产能进行了公告（2011 年第 17 号），接受社会监督。2011 年淘汰落后产能共涉及2 255家企业，淘汰炼铁落后产能3 122万吨、炼钢2 794万吨、焦炭1 975万吨、铁合金 211 万吨、电石 152.9 万吨、电解铝 61.9 万吨、铜冶炼 42.5 万吨、铅冶炼 66.1 万吨、锌冶炼 33.8 万吨、水泥15 327万吨、平板玻璃2 940.7万重量箱、造纸 819.6 万吨、酒精 48.7 万吨、味精 83 800吨、柠檬酸35 500吨、制革 487.9 万张、印染 19.9 亿米、化纤349 800吨。从各地的工作情况看，全国 2011 年淘汰落后产能任务已顺利完成，在一些领域已超额完成任务。

2011 年 12 月，经部际协调小组第三次会议审定，工业和信息化部向各省、自治区、直辖市人民政府下达了"十二五"期间工业领域 19 个重点行业淘汰落后产能目标任务（工信部产业〔2011〕612 号），具体为：淘汰炼铁落后产能4 800万吨，炼钢4 800万吨，焦炭4 200万吨，电石 380 万吨，铁合金 740 万吨，电解铝 90 万吨，铜冶炼 80 万吨，铅（含再生铅）冶炼 130 万吨，锌（含再生锌）冶炼 65 万吨，水泥（含熟料及磨机）3.7 亿吨，平板玻璃9 000万重量箱，造纸1 500万吨，酒精 100 万吨，味精 18.2 万吨，柠檬酸47 500吨，制革1 100万标张，印染 55.8 亿米，化纤 59万吨，铅蓄电池 746 万千伏安时。与“十一五”节能减排综合性工作方案确定的 12 个重点工业行业目标任务相比，“十二五”淘汰落后产能目标任务增加了铜冶炼、铅冶炼、锌冶炼、制革、印染、化纤、铅蓄电池 7 个行业；其中，电解铝、铁合金、电石、水泥、平板玻璃、造纸 6 个行业淘汰落后产能任务有较大幅度增加，增幅分别为 39.0%、85.0%、90.0%、48.0%、200%、130%。因此，实现“十二五”期间我国工业领域重点行业淘汰落后产能目标，任务相当艰巨，必须采取有效的政策措施。

（撰稿：辛仁周）

# 2011 年大企业发展综述

中国企业联合会　中国企业家协会　课题组

2011 年 9 月，中国企业联合会、中国企业家协会连续第 10 年发布了中国企业 500 强，连续第 7 年发布了中国制造业企业 500 强和中国服务业企业 500 强。以上 3 个企业 500 强榜单包括了中国不同产业、不同地区共计1 078家大公司和企业集团；其中，制造业企业 500 强和服务业企业 500 强分别有 279 家和 143 家入围中国企业 500 强（与以往不同的是，2011 年去掉了一些政企合一的单位如地方铁路局的申报资格）。这些企业产出规模巨大，在资源的占有与利用上居于支配地位，而且处于中国产业链与产业网络的核心，是中国国民经济的中坚力量，其发展状况是中国经济的重要晴雨表和风向标。通过对 2011 中国企业 500 强、制造业企业 500 强和服务业企业 500 强的深度分析，课题组总结了 2011 中国大企业发展的趋势与主要特征，剖析了 2011 中国大企业发展中存在的主要问题；同时，结合当前世界经济与中国经济发展的宏观环境，就进一步促进中国企业做大做强提出对策和建议。

## 一、2011 中国大企业发展的趋势与特征

国际货币基金组织 2011 年 4 月 11 日发布的《世界经济展望》显示，2010 年世界经济增长 5.0%，其中发达国家增长 3.0%，美国、日本与欧元区分别增长了 2.8%、3.9% 和 1.7%；新兴经济体和发展中国家是世界经济增长的主要推动力，经济增长达到 7.3%，中国和印度的经济增长分别高达 10.3% 和 10.4%。随着全球经济的复苏，各国企业的营业收入与净利润都明显增长。2010 年，中国继续巩固扩大应对金融危机的成果，经济发展的内生动力持续增强，2011 中国企业 500 强的营业收入、净利润保持快速增长，中国企业 500 强与美国企业 500 强的差距大幅缩小，中国企业在世界 500 强中的地位更加突出。与上年相比，中国大企业发展呈现出一些新的特点。

### （一）规模和经营业绩快速提升

1. 总体规模大幅增长。2011 中国企业 500 强实现营业收入363 000亿元，比上年增长 31.6%，增长水平创历史新高；总资产为1 081 000亿元，比上年增长 18.4%。2011 中国制造业企业 500 强营业收入为178 000亿元，比上年增长 34.6%；总资产达到167 000亿元，比上年增长 22.4%。2011 中国服务业企业 500 强实现营业收入147 000亿元，比上年增长 26.6%；资产总额为873 000亿元，比上年增长 18.8%。

2011 中国企业 500 强入围门槛约为 142 亿元，比上年提高 31.2 亿元，增幅明显加大。2011 中国制造业企业 500 强入围门槛为 55.4 亿元，比上年提高 13.8 亿元，比上年增长 33.3%。2011 中国服务业企业 500 强入围门槛为 19.7 亿元，较上年增长近 10 亿

元,增长率达98.4%。

2. 经济效益继续得到显著改善。在上年迅速反弹的基础上,大企业的经济效益今年进一步改善。2011 中国企业 500 强实现净利润20 800亿元,较上年增长了 38.7%;中国企业 500 强净利润连续两年实现快速增长,盈利状况持续向好。2011 中国制造业企业 500 强实现净利润7 300亿元,比上年增长 40.4%。2011 中国服务业企业 500 强实现净利润12 170亿元,比上年增长 41.5%。2011 中国制造业企业500 强、服务业企业 500 强净利润增速分别比 2011 中国企业 500 强净利润增速快 1.7 个百分点、2.8 个百分点。

从收入利润率看,2011 中国企业 500 强的收入利润率为 5.7%,比上年的 5.4% 提高了 0.3 个百分点;从资产利润率来看,2011 中国企业 500 强的资产利润率为 1.9%,比上年的 1.7% 提高了 0.3 个百分点。

3. 规模超千亿元企业大幅增加。2011 中国企业 500 强中规模最大的企业中国石油化工集团公司的营业收入达到了19 700亿元,已经接近20 000亿元大关;中国石油天然气集团公司和国家电网公司的营业收入也都超过了15 000亿元。同时,营业收入在 1 000 ~ 10 000亿元之间的企业有 77 家,比上年增加了 17 家;其中包括 9 家民营企业。

4. 人均指标全面提高。在大企业总量规模持续增长的同时,各人均指标水平也获得了全面提高。2011 中国企业 500 强人均营业收入为 102.2 万元,比上年增长 32.3%;人均资产 396.9 万元,比上年增长 18.1%;人均利润为 7.7 万元,比上年增长 38.6%。2011 中国制造业企业 500 强人均营业收入为 155.4 万元/人,比上年增加 25.0%;人均资产 145.2 万元,比上年增长 12.4%;人均净利润 6.4 万元,比上年增长 25.5%。2011 中国服务业企业 500 强人均营业收入实现 134.8 万元,增长 34.8%;人均资产 799.1 万元,比上年增长 26.6%;人均净利润为 11.1 万元,比上年增长 50.8%。

### (二)在国民经济中的地位和作用持续增强

1. 财税贡献更趋突出。2011 中国企业 500 强的财税贡献进一步提升。2011 中国企业 500 强纳税总额达到27 300亿元,较上年的21 200亿元,增长了 28.8%,比 2010 年全国税收总额增长速度快 5.8 个百分点(2010 年全国税收总额增长 23.0%);占 2010 年中国税收总额(73 000亿元)的 37.4%,较上年的 35.7% 又提高 1.7 个百分点。在 2011 中国企业 500 强中,有 49 家企业的纳税额超过 100 亿元,比上年增加了 5 家;其中,纳税额超过1 000亿元的有 2 家。2011 中国制造业企业 500 强实现税收12 600亿元,增长 33.4%;2011 中国服务业企业 500 强实现税收 8 862.7亿元,比上年增长 38.7%。

2. 兼并重组更加活跃。2011 中国企业 500 强加大了结构调整力度,共有 182 家企业进行了兼并重组活动,参与兼并重组的企业主体数量比上年增加 28 家。2010 年,182 家企业共并购重组了1 112家企业,比上年的 909 家增长了 22.6%,说明 2010 年的并购重组活动十分活跃,其中,134 家国有企业共兼并重组了 903 家企业,占全部并购数量的 81.2%;48 家民营企业共兼并重组了 209 家企业,占 18.8%;国有企业平均兼并重组了 6.7 家,民营企业平均兼并重组了 4.3 家。2010 年,民营企业并购重组活动比 2009 年趋于活跃,但国有企业的兼并重组仍是一浪高过一浪。

### (三)自主创新能力有所增强

1. 研发投入总量大幅增加,研发强度略有提升。随着营业收入的快速增长,500 强企业的研发经费投入总量大幅增加。2011 中国企业 500 强有 422 家企业填报了研发数据,共投入研发资金4 391亿元,增长了 27.8%。2011 中国制造业企业 500 强平均的研发投入为 7.2 亿元,增长了近 30.0%。企业平均研发经费占营业收入的比例略有提升,2011 中国企业 500 强的研发费用占营业收入的 1.4%,比上年提高 0.01 个百分点。2011 中国制造业企业 500 强研发投入占营业收入的 2.01%,比上年增加 0.11 个百分点。

2. 拥有专利数量持续增加,但发明专利占比不高。拥有专利数量尤其发明专利数量,是企业技术创新活动的重要指标。从提供数据的 390 家企业看,2011 中国企业 500 强共拥有专利 22.1 万项,比上年增长了 30.2%;其中发明专利 5.9 万项,比上年略有增加,占全部拥有专利数量的 26.6%。从平均数据看,390 家企业平均每家拥有专利数量 566.3 项,比上年增长了 21.9%;平均拥有发明专利 150.9 项,比上年减少 5.4%。

### (四)所有制、地区和产业分布特征明显

1. 国有及控股企业占据主导地位。无论是 2011 中国企业 500 强,还是制造业和服务业 500 强,其中国有及国有控股企业的数量均有所减少,收入、利润占比略有下降但仍居主导地位,在多数领域有着强大的控制力和影响力,而且税收贡献突出。民营企业占比有所上升,其经济效益和效率却高于国有企业。

2011 中国企业 500 强中,国有企业共有 316 家,占总数的 63.2%,比上年减少了 13 家;实现营业收入300 800亿元,占 500 强的 82.8%;资产总额为 977 400亿元,占 500 强的 90.4%;实现利润总额为 17 100亿元,占 500 强的 81.9%;纳税总额24 900亿元,占 500 强的 91.6%。2011 中国制造业企业 500 强中,国有企业共有 219 家,不足半数,比上年减少 6 家;营业收入的占比为 68.1%,资产总额的占比为 74.7%,利润的占比为 60.9%,纳税的占比为 85.5%。2011 中国服务业企业 500 强中国有企业共有 278 家,占全部企业的 55.6%,比上年减少 11 家;营业收入的占比为 86.2%,资产总额的占比为 91.3%,利润的占比为 86.9%,纳税的占比为 89.9%。

2. 东部地区 500 强和制造业企业发展更快。中国大企业主要集中在东部沿海的经济发达地区,中西部、东北地区的大企业发展缓慢,数量少。2010 年,在国民经济快速复苏的推动下,中国东部地区大企业阵营进一步扩张;2011 中国企业 500 强中东部地区有 365 家企业上榜,占 73.0%,比上年增加了 11 家。北京依托其政治经济核心地位优势,总部经济效应进一步增强,有 100 家企业进入 2011 中国企业 500 强,比去年增加 2 家。

中国制造业与服务业的大企业同样集中分布在东部地区。东部地区共有 368 家企业入围 2011 中国制造业企业 500 强,占 73.6%,比去年增加 23 家。东部地区共有 345 家企业入围中国服务业企业 500 强,占 69.0%,比去年减少 9 家。

3. 行业分布具有典型的重化工特征。进入 21 世纪以来中国逐渐进入重化工业化发展阶段,其主要特征就是钢铁、建材、煤炭、石油、机械、电子等重化工业市场的高速扩张和重化工企业的高速发展。2011 中国企业 500 强中,共有 55 家黑色冶金及压延加工企业上榜,虽然比上年减少了 3 家,但仍然是中国企业 500 强中上榜企业数量最多的行业;黑色冶金及压延加工企业已经连续10 年在中国企业 500 强排行榜上占据最多的位置。建筑业企业的上榜数量为 42 家,连续 10 年居第 2 位,并且 10 年来总体呈上升趋势。煤炭采掘及采选业、一般有色冶金及压延加工业均有 24 家企业入围 2011 中国企业 500 强,并列 500 强企业数量分布第 3 位。黑色冶金及压延加工业、建筑业、煤炭采掘及采选业、一般有色冶金及压延加工业都具有典型的重化工特征,共有 145 家企业入围 2011 中国企业 500 强,占 500 强的 29.0%。

### (五)国际地位更加突出

1. 内地入围世界 500 强企业数量取得历史性突破,排名大幅上升。2011 世界企业 500 强中共有 69 家中国公司入围,其中内地公司 58 家,中国台湾地区 8 家,中国香港特别行政区 3 家。中国内地入围企业比上年净增加 15 家,创下年度入围企业增量历史纪录。中国内地入围世界企业 500 强公司的地位进一步提升,其中,中国石油化工集团公司、中国石油天然气集团公司、国家电网公司连续两年跻身世界企业 500 强前 10 名;中国工商银行、中国移动通信集团公司、中国中铁股份有限公司进入了 2011 世界企业 500 强前 100 名;入围 100 强企业比上年增加了 1 家。上年入围的 43 家公司全部继续入围,除 5 家公司外,其他 38 家公司的排名均有不同程度上升,排名平均上升了 42.6 位。

2. 相对于世界企业 500 强的规模加快提升。各指标相对比值的变化,体现了 2011 中国企业 500 强与世界企业 500 强差距进一步缩小的趋势。2011 中国企业 500 强的营业收入、资产总额分别相当于 2011 世界企业 500 强的 20.7% 和 14.3%,分别比上年提升 3.2 和 1.2 个百分点。中国企业 500 强的市场渗透能力与资本扩张能力进一步增强,通过不断兼并重组,国内生产资源得到有效整合。2011 中国企业 500 强的入围门槛为 142 亿元人民币,折合

21.1 亿美元，比上年增长了 28.1%；2011 世界企业 500 强入围门槛为 195.4 亿美元，比上年增长了 14.6%。中国企业 500 强入围门槛增长速度显著高于世界企业 500 强入围门槛的增长速度，这说明中国企业 500 强的差距与世界企业 500 强的差距正在进一步缩小。

3. 多项指标增速超越美国企业 500 强，营业收入规模达到后者的 49.8%。2011 年中国企业 500 强实现营业收入363 100亿元人民币，折合美元53 900亿美元，以美元计比上年增长 33.1%；资产总额为1 081 000亿元人民币，折合美元160 400亿美元，比上年增长 18.4%。2011 美国企业 500 强共实现营业收入107 800亿美元，比上年增长 10.5%；资产总额为337 200亿美元，比上年增长 17.1%。

2011 中国企业 500 强的营业收入、资产总额增长速度均明显高于 2011 美国企业 500 强，进一步缩小了与美国企业 500 强之间的差距。2011 中国企业 500 强营业收入为美国企业 500 强的 49.8%，比上年进一步提高 8.4 个百分点；2011 中国企业 500 强资产总额为美国企业 500 强的 47.56%，比上年提高了 1.2 个百分点。此外，2011 中国企业 500 强与 2011 美国企业 500 强入围门槛的变化，也反映了二者之间差距进一步缩小的趋势。2011 中国企业 500 强入围门槛折合美元 21.07 亿元，2011 美国企业 500 强的入围门槛为 43.9 亿美元，前者是后者的 48.0%，比上年大幅提高 9.9 个百分点。

4. 世界和美国企业 500 强净利润继续反弹，中国企业 500 强净资产利润率连续第三年领先。2011 世界企业 500 强的净利润总额为15 230亿美元，比上年增长 58.6%。2011 美国企业 500 强实现净利润7 085亿美元，比上年增长 81.4%。2011 中国企业 500 强实现净利润折合美元3 091亿元，以美元计比上年增长 40.37%。从增长率看，2011 中国企业 500 强净利润增长率低于世界企业 500 强和美国企业 500 强。但与国际金融危机爆发前相比，2011 中国企业 500 强的净利润比 2008 中国企业 500 强净利润增长了 50.4%，而同期美国企业 500 强净利润的增幅仅为 9.8%，世界企业 500 强净利润的增长率为 -3.9%。世界企业 500 强与美国企业 500 强的盈利状况仍处于金融危机后的恢复性增长阶段。

2011 中国企业 500 强的收入利润率为 5.7%，低于世界企业 500 强 5.8% 以及美国企业 500 强的 6.6%。2011 中国企业 500 强的资产利润率为 1.9%，高于世界企业 500 强的 1.4%，但低于美国企业 500 强的 2.1%。2011 中国企业 500 强的净资产利润率为 12.2%，高于世界企业 500 强的 11.6%，也高于美国企业 500 强的 11.8%。这是国际金融危机以来，中国企业 500 强的净资产利润率连续三年保持领先水平。

## 二、2011 中国大企业发展中存在的主要问题

进入 21 世纪以来，中国大企业持续保持了快速发展的势头，规模持续增长，市场竞争力持续增强，对中国经济社会发展的控制力、影响力、带动力不断提升，已经名副其实的成为中国国民经济的中坚力量。大企业在实现自身发展的同时，既为国家社会创造了巨额财富，也为维护社会稳定、促进社会进步和提升国家竞争力作出了积极贡献。但是，中国大企业成长历史短，与世界领先企业相比，在许多方面的差距还是很大的。例如，2011 中国企业 500 强有 80.0% 左右成长于改革开放之后，平均寿命仅为 23 年。规模实力方面，同业界中国企业与世界最大企业规模实力相比，只有建筑施工行业领先于世界同行，商贸、石油、邮电通信分别在 90.0%、80.0% 和 60.0% 以上，银行和冶金在 50.0% 以上，其余行业都远远落后于世界同行业企业。劳动生产率方面，2011 中国企业 500 强的人均营业收入只相当于世界企业 500 强同类指标的 45.6%、只相当于美国企业 500 强同类指标的 45.7%。产业结构方面，2011 世界企业 500 强中服务业企业数量和营业收入均超过 50.0%，而中国企业 500 强中服务业企业不足 30.0%，营业收入所占比重不足 40.0%。对此，我们必须冷静客观地看待中国大企业在发展中所存在的差距和问题，积极应对国际国内环境变化带来的挑战。

### (一)跨国经营业务尚有待拓展

进入 21 世纪以后，中国企业全球化进程进入快速发展时期，尤其在 2008 年国际金融危机以后实现了突飞猛进的增长。但与其他国家的大企业相比，

中国大企业的跨国经营业务尚有待进一步拓展，跨国经营能力也有待进一步提高。2011 中国企业 500 强中前 100 家跨国公司的跨国化指数为 14.1%，而联合国公布的全球跨国公司 100 强的平均跨国化指数为 64.7%，发展中国家与地区跨国公司 100 强的平均跨国化指数为 52.1%，都远高于中国大企业的跨国化指数。

中国大企业的跨国经营业务尚处于起步阶段。从海外收入看，272 家填报海外营业收入指标数据的企业在 2010 年共实现海外营业收入34 600亿元，比上年的25 000亿元增长了 38.4%；占 272 家企业营业收入总额的 14.1%，比上年的 12.4% 提高了 1.7 个百分点。海外营业收入超过500 亿元的有 11 家企业，海外营业收入占营业收入比例超过 50.0% 的企业有 11 家；介于 30.0% ~50.0% 之间的有 14 家企业；低于 30.0% 的有 247 家企业。一般认为海外收入超过 30.0% 是企业国际化经营能力的一个标志，2011 中国 500 强企业中海外收入比例高于 30.0% 的企业只有 25 家，而且多数以贸易或中间产品为主的企业，这说明中国大企业的国际经营能力明显不足，最终实体产品的国际竞争力还有待进一步提高。2011 中国企业 500 强中，有 193 家企业申报了海外资产数据；海外资产总额为42 700亿元，较上年增长了 38.9%；但海外资产仍然仅占 193 家企业资产总额的 7.6%。2011 中国企业 500 强共有 196 家企业填报了海外职工人数；海外员工总数为 34.7 万人，较上年增长了 38.6%，但海外员工仅占职工总数的 2.6%。

### （二）仍然缺乏核心竞争力

大企业往往决定着技术标准和行业发展的方向，全世界研发投入的 80.0%、技术创新的 70.0%、技术转移的 60.0% 都是由世界 500 强企业主导完成的。但从 2011 世界企业 500 强排行榜看，中国入围的 58 家企业分布在 23 个行业，这些行业的竞争力更多体现为资源垄断、规模经济和低劳动力成本；另有 23 个行业中国没有企业入围，这些行业的竞争力更多的体现为对消费者的深入研究、全球品牌、核心技术、全球供应链、长周期高强度的研发投入等。在竞争性行业方面的不足，体现了中国大企业核心竞争力的缺失，是中国大企业迈向世界一流企业行列的最大挑战。

中国许多重要产业对外技术依存度依然很高，许多核心技术仍然受制于人。中国的技术对外依赖度达 50.0%，科技对发展的贡献率仅占 30.0%，发明专利只占世界总量的 1.8%。虽然很多产品标注为中国制造，但研发设计、关键部件和市场营销都在国外，只有加工、封装等劳动力密集型环节在国内完成。目前的一些大企业，基本上是依靠“国外技术”加上“中国的市场和廉价劳动力”来做大的，但却并没有做强。2011 中国企业 500 强的研发费用占营业收入的百分比平均只有 1.4%；研发强度在 5.0% 以上的仅占全部 422 家企业的 0.3%，研发强度在 3.0% 以上的也仅占 17.8%。绝大多数中国 500 强企业的增长，并不是靠技术进步推动的。中国大企业仍然需要继续在核心技术研发和核心产品研制方面加大投入，尽快通过技术进步来做大做强。

### （三）资源与环境约束进一步加强

“十一五”期间，中国将节能减排作为应对资源紧缺和环境承载压力的治本之策和调整经济结构、实现经济增长方式转变的重要突破口，实现了单位国内生产总值能源消耗降低 19.0%，主要污染物排放总量减少 10.0% 等硬性考核目标。根据“十二五”节能减排规划，单位国内生产总值能耗和二氧化碳排放分别降低 16.0% 和 17.0%，主要污染物排放总量减少 8.0% ~10.0%。大企业是耗能与排放大户，也是各级政府完成节能减排硬指标的重点关注对象；“十二五”期间国家节能减排任务的完成，大企业的压力有增无减。中国大企业必须转型升级，改进资源利用方式、提高资源利用效率、减少污染排放，寻求实现可持续发展。

### （四）经营成本持续上升

随着中国劳动力工资与原材料价格的持续走高，企业经营成本上升压力不断增大。由于受全球经济复苏带来的强劲需求刺激，加上美国实施量化宽松货币政策的影响，全球大宗商品价格高位震荡，这进一步加大了中国企业经营成本上升压力。中国企业联合会对中国东部地区部分规模以上制造企业问卷调查结果显示，“劳动力成本上升”、“原材料、能源成本上升”是当前企业经营发展中面临的主要问题。物价上涨和国民收入分配改革推动中国劳动力工资不断上涨，廉价劳动力时代正渐近尾声。“十二五”期间，中国劳动力工资增长幅度将超过GDP增速。随着中国劳动力成本的不断上升，中国制造业的低成本优势正逐步削弱，部分外商投资企业开始往东南亚迁移。虽然中国在基础设施、产业链上具有明显优势，产业外移短期内不会动摇中国“世界工厂”的地位，但成本上升已经对中国制造业竞争优势的维持构成了严峻挑战。

**（五）国际经济复苏存在有不确定性**

当前，全球经济持续复苏的基础并不稳固。主要发达经济体在相当长时期内仍将面临公共债务攀升、房地产市场低迷等问题，失业率仍将处于高位，经济增长相对迟缓。新兴及发展中经济体将继续保持较快增长，但受刺激政策退出的影响，经济增速可能放缓。国际货币基金组织在最新的《世界经济展望更新》报告中预测新兴和发展中经济体2011—2012年的产出增长为6.5%。但受大宗商品价格全球性上涨、发达国家量化宽松货币政策以及内部需求复苏、结构调整等多重因素的影响，2012年主要新兴经济体巴西、俄罗斯、印度、中国、南非这金砖五国都面临程度不等的通胀压力，经济增长面临较大不确定性。

# 2011年国有经济及中央企业经济运行情况综述

国务院国有资产监督管理委员会综合局

2011年，广大国有企业认真贯彻落实党中央、国务院的决策部署，积极应对复杂多变的国内外形势，深入学习实践科学发展观，坚定不移地深化改革，毫不动摇地发展壮大国有经济，努力加快转变发展方式，自觉模范地履行社会责任，充分发挥了中流砥柱的作用，为保持我国国民经济平稳较快发展作出了新的积极贡献。

## 一、国有经济稳步健康发展

2011年，全国国有企业积极面对错综复杂的国内外环境变化，加快推进发展方式转变，深化企业改革，调整布局结构，强化管理创新，各项工作取得了新的突破，生产经营总体保持了平稳运行态势。截至2011年底，中央79个部门（单位）所属企业、117家中央企业和36个省级单位（自治区、直辖市、新疆生产建设兵团及计划单列市）所属的非金融国有及国有控股企业（统称“全国国有企业”）共计144 715户，其中，中央部门管理企业11 195户，中央企业（含二、三级子企业）33 037户，地方国有企业100 483户。

**（一）经济规模持续稳步增长，影响力进一步增强**

全国国有企业不断完善产业链结构，逐步加强集团管控，国有经济布局结构进一步优化，国有企业市场竞争力、经营运行活力、抵御风险能力、科技研发能力不断提高，企业规模不断扩大。截至2011年底，全国国有企业资产总额854 000亿元，同比增长24.4%；所有者权益（净资产）总额292 000亿元，同比增长19.6%，其中，归属于母公司所有者权益为234 000亿元，同比增长19.6%，少数股东权益为58 000亿元，同比增长16.2%；合并国有资产总量为220 000亿元，同比增长17.3%。年末从业人员为3 906.2万人，占城镇就业人员的10.9%，同比增长3.9%；年末职工人数为3 672.4万人，同比增长2.0%。全国国有企业控股的上市公司资产规模不断扩大。截至2011年底，全国国有控股上市公司资产总额256 000亿元，同比增长37.8%，占全国国有企业的30.0%，比上年提高2.9个百分点；所有者权益（净资产）总额93 000亿元，同比增长18.8%，占全国国有企业的31.8%。

**(二)经济效益实现稳定较快增长,对国民经济贡献进一步增强**

2011年,全国国有企业加大市场开拓力度,加强内部管理,调整产业结构,努力降本增效,优化资源配置,加强风险管控,经济效益保持平稳较快增长。实现工业总产值231 000亿元,同比增长21.6%。实现工业增加值93 000亿元,占全国全部工业增加值的49.3%,同比增长29.5%。固定资产投资总额为58 000亿元,占全社会固定资产投资的18.6%,同比增长15.6%。实现营业收入392 000亿元,同比增长22.8%;实现净利润19 000亿元,同比增长15.2%;归属于母公司所有者的净利润14 000亿元,同比增长18.6%;上交税金总额34 000亿元,占全国税收收入的37.9%,同比增长19.4%;国有资本保值增值率为106.5%,较好地完成了国有资产保值增值的任务。

**(三)科技创新、安全生产和节能环保等领域投入力度不断加大,带动力进一步增强**

全国国有企业加大科技创新、安全生产、环境保护及生态建设和节能减排的投入力度,自主创新能力日益增强,社会影响力进一步扩大,实现了企业与社会、环境全面协调可持续发展。2011年,全国国有企业科技资金来源4 728.1亿元,同比增长14.0%,其中,政府拨款768.6亿元,同比增长2.5%,企业自筹资金3 619.1亿元,同比增长22.1%。科技支出合计4 949.3亿元,同比增长15.5%。其中,研究开发费用支出3 855.3亿元,占全国研究与实验发展经费的44.7%,同比增长17.4%,购买新技术、科研设备等支出450.5亿元,同比增长23.5%,其他科技支出643.4亿元,同比增长1.1%。拥有的自主知识产权专利213 741项,其中,当年新增专利62 775项。安全生产费用投入不断加大,当年提取安全生产费用1 185.9亿元,同比增长12.7%;支出安全生产费用1 124.4亿元,同比增长20.3%。节能减排、环境保护及生态建设取得积极进展,当年支出节能减排费用291.9亿元;支出环境保护及生态恢复481.3亿元,同比增长30.8%。

## 二、中央企业经济运行实现平稳较快增长

2011年,中央企业认真贯彻落实党中央、国务院的各项决策部署,深入推动国资委关于"十二五"时期中央企业改革发展"一五三"总体思路①的落实,积极应对国际金融危机的影响,加快转变经济发展方式,推进科技创新和传统产业转型升级,加大降本增效、增收节支力度,生产经营总体实现了平稳较快增长。

**(一)中央企业基本情况**

1. 户数进一步减少,从业人员和人均工资稳定增长。截至2011年底,国资委监管的中央企业共计117家,比上年减少7家,拥有各级子企业35 846户,比上年增加2 341户。中央企业年末职工人数1 239.6万人,比上年增加39.7万人,增长2.3%;职工人均工资6.9万元,增长13.9%。

2. 资产规模和质量不断提高。截至2011年底,中央企业资产总额为280 000亿元,比上年增加36 000亿元,增长14.8%;所有者权益(净资产)总额为106 000亿元,比上年增加10 000亿元,增长11.2%,其中,归属于母公司所有者权益为78 000亿元,同比增长10.6%;少数股东权益为28 000亿元,同比增长12.8%;合并国有资产总量78 000亿元,比上年增加7 000亿元,增长10.1%;平均资产负债率为62.1%,比上年上升了1.3个百分点。2011年,中央企业国有资产保值增值率为108.4%,高于全国国有企业1.9个百分点。

3. 经济效益显著提升。2011年,中央企业实现营业收入205 000亿元,比上年增加37 000亿元,增长22.1%;实现净利润9 136.1亿元,比上年增加613.4

① 国资委关于"十二五"时期中央企业改革发展总体思路的简称。在这个总体思路中,国资委提出实现"一大目标":做强做优中央企业、培育具有国际竞争力的世界一流企业;实施"五大战略":转型升级战略、科技创新战略、国际化经营战略、人才强企战略、和谐发展战略;构建"三大保障":继续深化国有企业改革,增强企业活力,提供动力保障,不断完善国资监管体制,增强监管有效性,提供体制保障;加强和改进企业党建工作,充分发挥党组织的政治核心作用,提供组织保障。

亿元，增长7.2%；归属于母公司所有者净利润6 072.9亿元，比上年增加538.7亿元，增长9.7%；平均净资产收益率为9.0%，比上年下降0.5个百分点；平均成本费用利润率为6.4%，比上年下降0.8个百分点。中央企业应交税金大幅增长，超过百亿元的企业不断增加。截至2011年底，中央企业应交税金总额为17 283.4亿元，应交税金超过百亿元的企业有30户。有3家中央企业应交税金超过1 000亿元，其中，中国石油应交税金4 014.5亿元；中国石化应交税金3 018.5亿元；中国海油应交税金1 156.5亿元。

4. 上市公司总体呈增长态势。截至2011年底，92家中央企业上市公司共计368户，比上年增长9.2%，其中，境内上市公司280户，比上年增长4.1%，境外上市公司74户，比上年增长8.8%；上市公司资产总额148 000亿元，比上年增长17.8%，占中央企业的比重为52.9%；实现营业收入125 000亿元，比上年增长23.9%，占中央企业的比重为60.9%；实现净利润7 626亿元，比上年增长2.1%，占中央企业的比重为83.5%；归属于母公司所有者的净利润6 934.5亿元，比上年增长1.2%。

5. 境外单位资产和效益稳步增长。截至2011年底，100家中央企业在境外和中国港澳地区设立了单位5 894户，其中，境外子企业3 973户，境外机构1 921户。2011年末，中央企业境外经营单位资产总额31 000亿元，比上年增长16.2%；负债总额2.2亿元，比上年增长18.3%；所有者权益9 008.2亿元，比上年增长11.4%，其中，归属于母公司所有者权益7 954.4亿元，少数股东权益1 053.6亿元；实现营业收入35 000亿元，比上年增长36.0%；实现净利润1 034.5亿元，比上年增长32.3%。

### （二）中央企业经济运行总体保持稳健增长

1. 中央企业主要产品产量保持较快增长。中央企业加大市场开拓力度，加强内部管理，优化资源配置，大部分重点监测指标稳步增长。2011年，中央企业重点监测的26项生产经营指标中，有21项实现增长，增速高于15.0%的有7项。其中，房地产施工面积比上年增长34.7%；进口额、出口额同比增幅超过20.0%，分别为23.5%和21.4%；商品煤销售量、移动电话用户数、机车订单额、电力装机容量同比增幅超过15.0%，分别为19.0%、15.2%、15.1%和15.0%。主要产品产量保持较快增长态势。一是能源产销保持旺盛增长。原油产量26 278.1万吨（含海外权益产量），比上年增长3.8%；成品油产量23 725.7万吨，比上年增长5.7%；成品油销售量28 119.4万吨，比上年增长9.9%；天然气产量1 211.0亿立方米，比上年增长8.6%；天然气销量1 053.8亿立方米，比上年增长15.0%；原煤产量75 341万吨，比上年增长16.0%；商品煤销量79 592.6万吨，比上年增长19.0%；发电量30 757亿千瓦时，比上年增长12.7%；售电量39 907.8亿千瓦时，比上年增长13.3%。二是原材料产销保持稳定增长。钢材产量12 511.1万吨，比上年增长0.9%；钢材销售量12 356.5万吨，比上年增长0.3%；乙烯产量1 448.2万吨，比上年增长6.1%；水泥产量23 996.2万吨，比上年增长21.0%；石膏板产量90 800.3万平方米，比上年增长34.5%；氧化铝产量1 179.5万吨，比上年增长8.2%。三是交通物流实现快速增长。航空运输总周转量457.1亿吨公里，比上年增长9.9%，其中，客运总周转量328.9亿吨公里，比上年增长12.3%，货物运输总周转量128.2亿吨公里，比上年增长4.2%；水运企业运输总周转量31 127.3亿吨海里，比上年增长2.9%，其中，集装箱运输量2 362.3万标准集装箱（TEU），比上年增长8.9%。

2. 中央企业转变发展方式成效显著。中央企业结构调整和产业升级取得扎实成效，战略性新型产业发展取得初步进展，发展质量和效益显著提升，在转变方式、调整结构方面取得了初步成效。一是结构调整取得扎实成效。2011年，中央企业推进产业升级和优化资源配置，积极淘汰落后产能，大力发展新型能源和新兴产业，整体上市步伐不断加快。截至2011年底，中央企业户数减少至117家，较上年减少7家，控股境内外上市公司368户，上市公司资产总额、净资产、营业收入占中央企业的52.9%、56.7%和60.9%。二是战略新型产业发展取得初步进展。在新一代信息技术产业方面，由中央企业主导、全球企业广泛参与的分时长期演进（TD - LTE）完整产业链已经形成；在高端装备制造产业方面，中央企业承担了大型客机、高速列车等我国绝大多数重大装备的研发生产任务；在新能源产业方面，中央企业主导着新一代核能技术的研发，并完全拥有自主知识产权的风机核心技术；在新能源汽车方面，中央企业组建了电动车产业联盟，自主研发的新能源汽车整车产品已经相继问世。三是兼并重组力度不断加大。中央企业按照战略有机协同、资源有效配置的原则，大力推进中央企业兼并重组和资源整合力度，主业投资制度进一步完善，国有资本进一步向国民经济命脉的行业和关键领域集中，管理链条进一步压缩，企业兼并重组取得积极成效。四是企业规模迈上新的台阶。2011 年，中央企业资产总额达到280 000亿元，营业收入达到205 000亿元，在 2011 年美国《财富》杂志公布的世界 500 强企业中，中央企业占 42 家，比 2010 年新增 12 家。

3. 中央企业科技创新能力进一步增强。中央企业不断完善科研体制，科技投入逐年增加，人才队伍不断充实，研发能力显著增强，自主知识产权数量大幅增加。一是中央企业科技投入逐年增加，初步建立了科技投入稳步增长的长效机制。2011 年，中央企业科技投入支出合计3 640.7亿元，比上年增长 21.6%，其中，研究开发费用支出合计2 921.2亿元，比上年增长 23.7%；购买新技术、科研设备等支出 312.4 亿元，比上年增长 52.6%。二是人才队伍不断充实。中央企业培养和凝聚了一支高素质的科技人才队伍，目前拥有两院院士 219 人，引进海外高科技人才1 300余人，科技人员和研究开发人员分别占职工总数的 12.1% 和 2.7%。三是研发能力显著增强。中央企业建成并拥有了一大批国家级科研机构。一批企业充分发挥自身优势，积极帮扶中小企业，起到了良好的示范带动作用，发挥了科技创新的骨干作用。四是自主知识产权数量大幅增加。截至 2011 年底，中央企业拥有的自主知识产权专利数量达到137 030项，其中，本年度新增专利数量43 480项，中央企业成为推动行业技术进步和技术创新的主力军，在国家技术创新体系中承担着重要任务，以天宫一号目标飞行器和神舟八号飞船实现空中交会对接、载人深潜器蛟龙号成功完成5 000米海试为标志，中央企业在建设创新型国家的作用进一步凸显。

4. 中央企业“走出去”成效显著。中央企业积极贯彻党中央提出的“走出去”战略，不断提升企业的国际化经营水平，“走出去”的步伐不断加快，境外经营规模、效益大幅提升。一是境外经营规模迅速扩大。截至 2011 年底，中央企业境外资产总额达到 31 000亿元，实现营业收入35 000亿元。二是境外业务经济效益更加明显。2011 年，境外业务利润总额达到1 503.5亿元，比上年增长 36.0%，境外业务经营成为中央企业新的利润增长点。三是对外投资和工程承包快速发展。2011 年，海外权益原油产量 7 272.4万吨，比上年增长 16.2%；天然气海外权益产量 194.6 亿立方米，比上年增长 20.9%；建筑企业新签海外工程额3 617.8亿元，比上年增长 17.3%；海外工程数量3 071个，比上年增长 18.1%。四是境外工程项目技术含量不断提高。中央企业在世界各地建设了一批技术居国际领先的大型工程项目，影响力不断扩大。

5. 中央企业积极履行社会责任。中央企业在自身经营发展过程中，积极履行社会责任，加强安全生产和节能减排管理，加大对外捐赠和环境保护支出，积极维护企业社会形象。一是安全生产工作取得积极成效。中央企业牢固树立科学发展理念，认真落实企业主体责任，建立健全安全管理体系，不断夯实企业发展基础，安全生产形势总体平稳，为和谐发展作出了积极贡献。2011 年，中央企业安全生产形势总体保持稳定，事故起数和死亡人数趋于下降，一些企业事故多发势头得到遏制。二是节能减排工作持续推进。中央企业节能减排保障机制初步建立，产业及能源结构趋于优化，科技创新的支撑作用得到加强，循环经济模式逐步推进，管理水平扎实提高，带动全社会节能减排作用显著增强。截至 2011 年底，二氧化硫排放量比上年减少 4.0%；化学需氧量排放量比上年减少 0.7%，为完成国家节能减排目标作出了积极贡献。三是加大对外捐赠支出力度。中央企业积极履行社会责任，加大对外捐赠支出力度，树立了良好的共和国长子形象。2011 年，中央企业对外捐赠支出总额为 37.7 亿元，其中，公益性捐赠 20.1 亿元，救济性捐赠 12.5 亿元。

### （三）存在的矛盾和问题

2011 年，中央企业经济运行总体平稳健康，但还存在着一些值得关注的矛盾和问题。

1. 中央企业经济运行质量下滑，部分企业经营风险不断加大。一是盈利能力下降。中央企业净资产收益率（含少数股东权益）为9.0%，比上年下降0.5个百分点；净资产收益率（不含少数股东权益）为8.1%，比上年下降0.2个百分点；总资产报酬率为6%，比上年下降0.1个百分点；营业利润率为5.6%，比上年下降0.8个百分点；成本费用总额占营业收入比率为94.9%，比上年提高1.0个百分点。二是债务风险加大。中央企业资产负债率为62.1%，比上年提高1.3个百分点；已获利息倍数为4.7，比上年下降0.9；现金流动负债比率为15.6%，比上年下降3.7个百分点；短期借款占全部借款的比率为39.6%，比上年提高1.9个百分点；带息负债比率为51.8%，比上年提高2.1个百分点。三是经营增长指标放缓。中央企业营业收入增长率22.1%，比上年下降11.0个百分点；主营业务收入增长率为22.1%，比上年下降11.0个百分点；营业利润增长率为5.7%，比上年下降35.7个百分点；利润增长率9.0%，比上年下降30.0个百分点。

2. 部分重点监测指标增速回落的广度和深度有所增加，有16项指标增速回落。其中，原油产量增速连续10个月回落，发电量和售电量增速连续6个月回落，汽车产销量增速连续4个月回落，发电设备签订合同额和房地产施工面积增速连续4个月回落，钢材产量增速连续3个月回落。固定电话用户数量连续12个月负增长，造船承接新船订单连续7个月负增长。

3. 成本费用支出快速增长。2011年，中央企业成本费用总额支出192 000亿元，比上年增长22.1%，高于同期营业收入增幅1.3个百分点；全年平均主业毛利率为16.8%，同比下降1.1个百分点。2011年，中央企业销售费用5 692.7亿元，比上年增长11.6%；管理费用8 270.6亿元，比上年增长16.9%；财务费用2 650.1亿元，比上年增长27.0%，其中，利息支出3 341.5亿元，比上年增长34.0%。

4. 部分行业安全生产形势依然严峻。2011年，中央企业较大及以上生产安全事故起数、死亡人数同比均有所下降，煤炭行业和建筑行业占事故起数和死亡人数的大部分，安全生产形势仍然较为严峻。2011年，中央企业发生特别重大安全事故1起，死亡40人；发生重大安全生产事故4起，死亡57人；发生较大生产安全事故21起，死亡90人。较大及以上安全生产事故共26起，死亡人数共187人。

（撰稿：陈国栋）

# 2011年国有大型企业改革重组情况综述

国务院国有资产监督管理委员会企业改革局

2011年是“十二五”的开局之年，是我国经济继续朝着宏观调控预期方向发展，呈现价格趋稳、效益未降、增长较快、民生改善的一年。以国务院国资委代表国务院履行出资人职责的中央企业为骨干（不含金融企业，简称“中央企业”）的中国国有大型企业，面对通胀压力加大，成本刚性上升，全球经济增速放缓、国内外市场需求下跌，国内信贷政策继续紧缩、国际金融市场持续震荡等国内外经济环境的新情况新变化，认真落实国资委制定的国有企业改革发展“一五三”总体思路，坚定不移地推进改革重组。

## 一、中央企业布局结构调整工作进展平稳

2011年国务院国资委秉承“十一五”期间确立的优化国有经济布局和结构的战略方针，继续积极稳妥地推进中央企业重组，一些重要行业重组取得进展。

一是电网主辅分离改革重组取得突破。2011年9月29日，经国务院批准，中国水利水电建设集团公司、中国水电工程顾问集团公司与国家电网公司、中

国南方电网有限责任公司所属14个省（自治区、直辖市）的辅业企业重组，组建中国电力建设集团有限公司；中国葛洲坝集团公司、中国电力工程顾问集团公司与国家电网公司、中国南方电网有限责任公司所属15个省（自治区、直辖市）辅业企业重组，组建中国能源建设集团有限公司。这项工作是电力体制改革的重要组成部分，情况复杂，协调难度大，涉及职工35万人，资产总额超过3 000亿元。

二是继续推进中央企业战略性重组。根据中央企业布局结构调整的总体要求，2011年国务院国资委将中国乐凯胶片集团公司整体并入中国航天科技集团公司、中商企业集团公司并入中国诚通控股集团有限公司。按照更加注重重组质量与效果的原则，国务院国资委加强了对鞍钢集团公司、中国医药集团总公司以及中国外运长航集团有限公司等企业与其他企业重组以后资源整合工作的指导与协调。2011年，国务院国资委还推进了中国华粮物流集团公司移交国资委管理、中国国电集团公司与中国华电集团公司等企业在对外并购中恶性竞争、中央企业内部资源整合以及企业之间业务合作与资源整合等事项。

三是顺利推进中央企业房地产、非主业宾馆酒店等辅业剥离工作。其中，非主业宾馆酒店分离重组工作进展明显。中国移动通讯集团公司所属重庆丽苑大酒店平稳划转移交中国港中旅集团公司，为深入推动这项工作探索了路子，积累了经验，作出了示范。

四是切实转变重组工作的思路和重点。把注意力从推动规模较小竞争力较弱企业的重组转向推动规模较大竞争力较强企业进一步“做强做优”；从重视数量的减少转向注重重组的行业互补性与资源融合性，成熟一户推进一户，务求实效；从关注并购重组的操作程序转向更加关注企业并购后的内部资源整合与优化。自2011年开始，国务院国资委积极指导中央企业开展业务合作与资源合作，在同类业务和产业链上下游企业积极开展资源整合与合作、联合起来发展新产业、整合科研力量联合攻关、联手“走出去”等方面取得积极进展。

通过重组整合，截至2011年底，中央企业户数已调整到118户；中央企业超过80.0%的资产集中在石油石化、电力、军工、通信、交通运输、矿业等重要行业和关键领域；中央企业进入世界500强的户数，由2003年国务院国资委成立时的6家，2011年跃升为37家。

## 二、继续推进中央企业公司制股份制改革

2011年中央企业公司制股份制改革持续推进，为民间资本通过资本市场参与中央企业改制、分享中央企业改革发展成果提供了平台、扩展了空间。中国水利水电建设集团公司（2011年9月被重组成为中国电力建设集团有限公司全资子公司）实现了主营业务整体上市，中国第一汽车集团公司、中国五矿集团公司、中国中化集团公司、中国铁路物资总公司等4家企业完成整体改制工作。6家中央企业控股公司在境内外资本市场首次公开发行股票并上市。中央企业及其下属子企业的公司制股份制改制面提高到70.0%以上，实现主营业务整体上市的中央企业44家。除2家电网企业、10家军工集团之外，包括石油石化、通信、交通运输、冶金等行业在内，涉及国家安全和国民经济命脉的重要行业和关键领域的中央企业基本实现了主业资产整体上市，中央企业控股的上市公司已成为我国资本市场的重要组成部分。

## 三、中央企业建设规范董事会工作取得重要进展

2011年，3家石油石化、2家通信、2家水运和1家军工企业开始建设规范董事会，截至2011年底，建设规范董事会的中央企业扩大到42家。与过去相比，董事会规范运作的制度更加完善，外部董事队伍建设进一步加强，外部董事认真履行职责，积极参与决策。各专门委员会已经正常运行，规范建设董事会企业的决策权和执行权实现了基本分开。企业决策层的风险意识普遍增强，决策更加科学；管理层的责任感和使命感进一步提高。

针对近年来一批中央企业因双层董事会所导致的重复决策、降低效率以及易形成或强化内部人控制的问题，国务院国资委总结提出了解决中央企业“双层董事会”问题的三种模式（即宝钢集团有限公

司、神华集团有限责任公司、中国铁路工程总公司模式),并印发了有关文件,为中央企业解决类似问题提供了有效借鉴与参考。

## 四、深入推进中央企业内部制度改革

企业内部三项制度改革深入推进。在人事制度方面,继续开展中央企业高级经营管理者公开招聘工作,中国第一汽车集团公司、中国电信集团公司和中国商用飞机有限责任公司的总经理实行竞争性选拔。中国核工业集团公司总部拿出48个职位面向全社会公开招聘,中国华能集团公司在系统内公开招聘25名中层管理人员,中国联合网络通讯集团有限公司运用竞争上岗方式选拔30名中层管理岗位后备人选,竞争性选人用人机制进一步完善。在劳动用工制度方面,合同制、岗位责任制普遍推开。在分配制度方面,中国航天科技集团公司、北京有色金属研究总院、中国航天科工集团公司、中国航空工业集团公司和中国机械工业集团有限公司积极探索和推进分红权激励试点,取得实质性进展。

## 五、进一步推动中央企业加强内部管理

继续推进企业管理创新工作。2011年初,国务院国资委召开中央企业管理创新暨全面风险管理经验交流会议,会议总结了国务院国资委成立以来国有企业管理工作取得的进展,并对"十二五"期间中央企业的管理工作作出了全面部署。

引导中央企业建立健全全面风险管理体系。2011年共有70户中央企业向国务院国资委报送全面风险管理年度报告。国务院国资委对报告进行了分析研究,汇总形成《分析报告》,为下一步建立中央企业重大风险报告制度和动态监控制度奠定了基础。

组织中央企业"走出去"交流经营管理经验,推进企业提升经营管理水平。2011年国务院国资委组织鞍钢集团公司、中粮集团有限公司、国家开发投资公司等15户企业的负责人员与美国思科公司进行交流;组织中国石油天然气集团公司、中国兵器工业集团公司、中国北方机车车辆工业集团公司与台湾塑料公司进行交流。这两个"走出去"交流活动取得良好效果,

## 六、继续规范、有效地履行国有资产股东职责

一是理顺中国广东核电集团有限公司股权。国务院国资委会同中国核工业集团公司、中国电力投资集团公司、中国广东核电集团有限公司与广东省开展了多次沟通协调。截至2011年底,中国核工业集团公司、中国电力投资集团公司所持中国广东核电集团有限公司股权的调整工作已经基本完成,国务院国资委与广东省也就股权调整方案达成了一致意见。

二是积极履行国有资产股东职责。在履行多元投资主体公司股东职责方面,根据有关规定和国务院国资委主任的授权,国务院国资委分别派出代表出席了国家核电技术有限公司、中国商用飞机有限责任公司、南光(集团)有限公司股东会年度会议,办理了股东会决议的签署事项,推进了3家企业重大决策的实施和正常运行;在履行国有独资企业股东方面,国务院国资委审核修改了25家中央企业的章程,并积极研究中央企业章程修改的程序化、制度化、规范化。

## 七、中国国新控股有限责任公司资产经营工作取得实质进展

报经国务院批准,中国国新控股有限责任公司于2010年底成立后,国务院国资委印发了《国资委管理中国国新控股有限责任公司暂行办法》等3个文件,为中国国新控股有限责任公司规范运作奠定了基础。中国华星集团公司划入中国国新控股有限责任公司管理,标志着中国国新控股有限责任公司资产经营工作正式起步。同时,国务院国资委积极协调中国人民银行等部门,推动外汇储备注资中国国新控股有限责任公司以支持中央企业"走出去"工作。为采取多种方式推进中央企业改制重组,国务院国资委正在研究由中国国新控股有限责任公司代持中央企业股权以及参与有关企业重组整合工作。

### 八、中央企业切实履行社会责任，节能减排、自主创新

中央企业在全力保持生产经营持续稳定发展的同时，积极履行社会责任，为经济社会发展作出了积极贡献。2011 年 1—12 月中央企业上交税费15 748. 1亿元，同比增长 20. 2%；高于实现净利润增速 13. 8 个百分点、高于利润总额增速 11. 9 个百分点；石油石化、电力、电网以及涉及粮、棉、油、肉、糖、盐等产品生产的中央企业落实国家宏观调控政策，全力保障市场供应，维护重要民生产品价格稳定；电网、通信、农资、房地产企业全力支持民生工程建设；44 户中央企业在新疆、40 户中央企业在西藏开展了各类援助帮扶工作；中央企业承担的玉树灾后重建任务取得积极进展；在承担利比亚撤离、保障广州亚运会等急难险重任务中，中央企业发挥了骨干作用。特别需要提及的是，中央企业为服务国家区域发展重大战略，正在大力加强与地方经济对接合作，推动区域经济发展。

作为履行社会责任的重要内涵，2011 年中央企业继续在节能减排和自主创新方面取得新进展。在节能减排方面，中央企业坚持资源节约型和环境友好型发展，加大节能环保投入，积极探索低投入、低消耗、低排放和高产出的发展道路。在科技创新方面，天宫一号和神州八号实现空间交会对接，航母平台成功海试，蛟龙号载人深潜器下潜实现5 000米突破，中央军工企业在推动国防现代化建设中作出了突出贡献等等，涌现出一批自主创新的典型。

### 九、以改革促发展、以发展推改革，2011 年中央企业平稳发展

2011 年面对错综复杂的国内外经济形势，国务院国资委引导中央企业全力调整布局结构，深化企业改革，强化管理创新，加强风险管控，推进发展方式转变，中央企业总体运行稳中有升，主要经济指标创历史新高。据快报数字，2011 年中央企业累计实现营业收入202 000亿元，同比增长 20. 8%；其中实现营业收入同比增长的企业有 109 家，占 92. 4%；累计实现净利润9 173. 2亿元，同比增长 6. 4%，其中实现净利润同比增长的企业有 89 家，占 75. 4%；净利润超过 100 亿元的有 18 家。截至 2011 年底，中央企业资产总额已达280 000亿元，同比增长 14. 9%；净资产首次超过100 000亿元，为107 000亿元，同比增长 11. 4%。

（撰稿：毛元斌）

# 2011 年中小企业发展综述

国家工业和信息化部中小企业司

2011 年，党中央、国务院围绕转变经济发展方式主线，作出一系列决策部署，推动中小企业平稳健康发展。各地区、各部门坚决贯彻落实，先后出台了一系列政策措施，加快公共服务体系建设，营造良好发展环境，引导中小企业加快技术创新、结构调整和转型升级，推动中小企业走内生增长、创新驱动的道路，中小企业各项工作出现新的进展。

### 一、2011 年中小企业实现平稳较快发展

2011 年，面对复杂多变的国际形势和国内经济运行出现的新情况新问题，全国中小企业运行总体保持平稳发展态势。截至 2011 年底，全国工商登记实有企业1 253. 1万户，个体工商户3 756. 5万户，其中大都是中小微型企业。根据新的中小企业划型标准和第二次经济普查数据测算，目前中小微型企业

占到全国企业总数的99.7%。总体看,中小企业及非公经济主要指标都保持高速增长。

### (一)中小工业企业生产保持较快增长

2011年,全国规模以上中小工业企业①实现工业总产值591 900亿元,比上年增长31.6%,增速较上年回落0.8个百分点,占全国规模以上工业企业总产值比重69.2%。全年规模以上中小工业企业产销率97.8%,同比提高0.2个百分点。

### (二)非国有投资增速有所加快

2011年,全国非国有投资实现194 400亿元,比上年增长32.2%,增速较上年同期提高2.7个百分点,较全国固定资产投资增速高8.4个百分点。

### (三)非国有企业外贸进出口增速高位有所回落

2011年,非国有企业(不含外商投资企业)进出口总值10 213亿美元,同比增长36.1%,增速较上年同期回落11个百分点,高于全国进出口增速13.6个百分点。其中,出口6 361亿美元,同比增长32.2%;进口3 852亿美元,同比增长42.9%。

### (四)中小企业效益总体较好

2011年,规模以上中小工业企业实现利润36 740亿元,比上年增长32.1%;全年上缴税金总额20 329亿元,比上年增长30.1%。

### (五)中小企业从业人员保持合理增长

截至12月底,全国规模以上中小工业企业从业人员6 755万人,比上年增长10.6%;全国规模以上非公有制工业企业从业人员6 840万人,比上年增长10.7%。

总体看,2011年中小企业总体上实现了平稳健康发展,对保持宏观经济平稳运行、稳定扩大就业和提高居民收入发挥了重要作用。与此同时,二季度以来我国经济增速逐渐放缓,但通胀压力加大,中小企业特别是小型微型企业发展面临着一些突出的困难和问题。一是生产成本上升过快。2011年,国际大宗商品市场价格高位震荡,全年铁矿砂和原油进口均价比上年上涨了27.0%和35.0%。2002—2011年,我国平均工资年度涨幅均超过了15.0%。国内电价上调、油价上涨、人工成本刚性上涨,又推动企业成本连锁上升。对中小企业的直接影响是,原材料成本、用工成本、场地租金、管理成本、融资成本、物流成本等各种成本不断上升。以工业为例,2011年中小企业主营业务成本同比增长31.2%,其中小型企业主营业务成本增长了37.6%。中小企业消化成本能力弱,利润空间不断受到挤压。二是内外需拉动作用趋弱。全球经济复苏呈现长期性、艰巨性、复杂性,贸易保护主义抬头,同时我国要素成本低的传统优势正在减弱,使我国外需下行压力加大,2011年出口同比增长20.3%,增速下降11个百分点。国内投资增速有所减缓,全年全社会固定资产投资增速23.6%,同比下降0.2个百分点;消费需求提升受到很多制约,全年消费品零售总额同比增长17.1%,增速下降1.2个百分点。总体看,内外需都在减缓,市场需求总体不旺,中小企业生存空间受到一定限制。三是中小企业特别是小微企业融资难问题依然突出。2009—2011连续3年实现了小企业信贷投放增速不低于全部贷款增速、信贷投放增量不低于上年的目标,但中小企业特别是小型微型企业贷款难、融资贵依然突出。多层次资本市场和债券市场尚未健全,中小金融机构发展相对薄弱,金融产品和服务尚不能满足中小企业的需求。四是服务体系建设亟须加快。中小企业服务体系建设相对滞后,公共服务平台网络不健全,服务重点不突出,服务内容不全面,服务方式比较简单,服务质量还有待提升,没有真正发挥应有的作用。此外,资源环境约束强化,中小企业由于自身基础薄弱、技术相对落后、管理粗放、人才缺乏等,转型调整压力加大。小微企业税费负担相对偏重,税收优惠面偏窄,优惠幅度小,涉企收费多,违规收费屡禁不止。影响中小企业发展的

① 经国务院批准,国家统计局从2011年1月起提高工业、固定资产投资统计起点标准,其中纳入规模以上工业统计范围的工业企业起点标准从年主营业务收入500万元提高到2 000万元;固定资产投资项目统计的起点标准,从计划总投资额50万元提高到500万元。经测算,规模以上工业和投资统计起点标准提高后,依据新起点标准统计的规模以上工业和固定资产投资总量、结构和速度数据,与依据原起点统计的相应数据相比,数据及其变化趋势基本一致。

一些体制机制问题还有待解决，"玻璃门"、"弹簧门"现象还存在，有些领域和行业还比较突出。

## 二、2011年中小企业工作取得新的进展

党中央、国务院高度重视中小企业工作，针对中小企业发展的新形势新情况，作出一系列决策部署。各地区、各部门坚决贯彻落实，加大工作力度，全力推进中小企业和非公经济改革发展，各项工作取得了新的进展。

### （一）推动健全国发〔2009〕36号文件的配套政策

2011年，国务院及各有关部门根据国发〔2009〕36号文件的政策重点，积极推动工作开展，出台了29个配套文件。6月份，经国务院同意，工业和信息化部、国家统计局、发展改革委和财政部向社会公布了新修订的中小企业划型标准，新标准增加了微型企业标准，突出了国家扶持小型微型企业发展的政策取向。根据新的中小企业划型标准，国家统计局研究提出了规模以下小型微型企业的统计制度。

### （二）加强对中小企业发展的组织领导和规划引导

2011年7月，经国务院同意，国务院促进中小企业发展工作领导小组成员单位增加至17个，以进一步加强对中小企业工作的组织领导和政策协调。9月，工业和信息化部向社会公布了《"十二五"中小企业成长规划》，提出了"十二五"时期促进中小企业成长的总体思路、发展目标、主要任务和重要措施。其中，主要任务有五项，即进一步增强创业创新活力和吸纳就业能力，进一步优化产业结构，进一步提高"专精特新"和产业集群发展水平，进一步提升企业管理水平，进一步完善中小企业服务体系。重要措施包括"两个关键工程"和"四个行动计划"，即中小企业信息化推进工程、中小企业公共服务平台网络建设工程、中小企业创新能力建设计划、创办小企业计划、中小企业管理提升计划、中小企业市场拓展计划。

### （三）加大财税支持中小企业发展的力度

财政部、国家税务总局等部门加大了对中小企业特别是小型微型企业的政策支持力度。2011年，中央财政安排资金继续增加，全年扶持中小企业发展专项、科技创新基金、服务体系发展专项、国际市场开拓资金等达到128.7亿元，比2010年增长8.6%。税收扶持力度进一步加大，经国务院批准，密集出台了小型微利企业所得税优惠、提高增值税营业税起征点、营业税改增值税试点、延长农村金融机构营业税以及金融企业有关贷款损失准备金税前扣除政策执行期限、免征金融机构与小型微型企业借款合同印花税等一系列税收政策。为减轻企业负担，财政部、国家发改委等部门加大了对涉企行政事业性收费的清理，2011年取消了31项涉企行政事业性收费和20项社团收费，每年可减轻企业负担65亿元；2012年起三年内对小型微型企业免征22项行政事业性收费；2012年2月1日起取消253项各省设立的涉企行政事业性收费，每年可减轻企业负担约100亿元。此外，财政部、工业和信息化部于2011年12月份印发了《政府采购促进中小企业发展暂行办法》，首次明确规定了中小企业占政府采购份额的30.0%以上，对中小企业以及大中型企业与中小企业组成的联合体给予评审价格扣除优惠等，为中小企业提供了更多的市场机会。

### （四）进一步缓解中小企业融资难

银监会一年内两次下发文件，要求商业银行通过深化六项机制、推动设立小企业专营机构、实行小企业贷款差异化考核等一系列措施，进一步改进对小企业的金融服务。截至2011年末，银行业金融机构小企业贷款余额达到108 000亿元，同比增长25.8%，占全部贷款的19.6%。大力发展中小金融机构，截至2011年底，全国小额贷款公司4 282家，贷款余额达到3 914亿元。推进中小企业信用担保机构发展，采取了营业税减免、各项准备金税前提取、资本金注入、担保费用补贴等扶持政策。2011年，中央财政安排资金14亿元，支持540家中小企业信用担保、再担保机构，为8.5万户中小企业提供了3 600亿元的贷款担保服务；对141家中小企业信用担保机构实施了免征三年营业税的政策；14个省还建立了省级中小企业信用再担保机构。积极推动中小企业通过资本市场融资，截至2011年底，276家中小企业通过创业板上市，中小企业板上市企业达到631家。

工业和信息化部会同人民银行编制"十二五"社会信用体系建设规划，共同推进中小企业信用信息数据库建设。

**（五）支持中小企业创新发展和结构调整**

国家发改委、工业和信息化部2011年安排工业中小企业技术改造资金30亿元，支持中小企业产业技术升级。科技部印发了关于进一步促进科技型中小企业创新发展的若干意见。国家发展和改革委员会印发了鼓励和引导民营企业发展战略性新兴产业、加快推进民营企业研发机构建设等文件。人力资源和社会保障部印发了关于做好淘汰落后产能和兼并重组企业职工安置工作的意见。

**（六）加快中小企业公共服务体系建设**

工业和信息化部、科技部、财政部、人力资源和社会保障部、国家税务总局等五部门联合印发了关于加快推进中小企业服务体系建设的指导意见。2011年，工业和信息化部组织认定了首批99个国家中小企业公共服务示范平台，各省市认定了1 131个省级公共服务平台。实施中小企业公共服务平台网络建设工程，2011年工业和信息化部会同财政部支持了10个省市中小企业服务平台网络和中国中小企业信息网建设。支持各类人员创办小企业，2011年全国小企业创业基地约1 600家，入驻企业达12万家。财政部、国家税务总局印发了延长国家大学科技园和科技企业孵化器税收政策执行期限的通知。财政部、国家税务总局、国家海关总署、工业和信息化部联合印发了关于国家中小企业公共技术服务示范平台适用科技开发用品进口税收政策的通知。工业和信息化部继续组织实施国家中小企业银河培训工程，面向广大中小企业广泛开展政策法规、产业政策、战略管理、财务管理、人力资源、市场营销、品牌管理、安全生产等方面的培训，大力开展职业培训，全年共完成50万人次的培训。国资委、工业和信息化部印发了《企业经营管理人才素质提升工程实施方案》，提出到2020年，培养500名具有世界眼光、战略思维、创新精神和经营能力的企业家；培养1万名精通战略规划、资本运作、人力资源管理、财会、法律等专业知识的企业经营管理人才。

**（七）加强中小企业国际交流合作**

先后与美国、欧盟等签署合作协议12个，举办亚太经合组织中小企业部长会议和首届亚欧会议中小企业部长级会议等大型国际会议。批准成立了中国－东盟中小企业投资基金、中国－比利时直接股权投资基金和中意曼达林基金。成功举办第八届中国（国际）中小企业博览会和第六届亚太经合组织中小企业技术交流暨展览会，为各国中小企业提供相互借鉴和交流合作的宝贵商机。其中，第八届中博会展览面积超过10万平方米，包括中国在内的34个国家和地区3 040家企业参展，参观和洽谈的专业客商超过8万人。

进入2012年，国内外形势更加复杂多变，中小企业面临一些新的突出问题，促进中小企业健康发展的任务非常艰巨，需要进一步加大力度，采取更加有效的政策措施，扎实推进中小企业创新发展和转型升级，促进中小企业工作再上新水平、新台阶。

（撰稿：吴义国）

# 2011年民营企业发展概况

中国民（私）营经济研究会

2011年，国内外经济形势复杂多变，党中央、国务院审视度势、积极应对，国民经济总体呈现出增长较快、价格趋稳、效益较好、民生改善的良好态势。这一年，虽然民营经济发展遇到较大困难和挑战，但依然展示出强劲生机与活力，为"十二五"良好开局作出了贡献。

## 一、"十二五"开局，民营经济战略地位更加凸显

一年来，民营经济数量较快增长、规模日益扩大、结构不断优化、贡献更加突出，在稳增长、调结构、保民生三个方面发挥了重要作用。

### （一）民营经济"稳增长"作用明显

经济增长的动力源自投资、出口和消费的协调拉动，源自市场主体数量的不断增多和活力的不断增强。

过去一年，民营企业数量规模持续增大。截至2011年第三季度，全国登记注册的私营企业已经超过900万家，同比增长14.9%；个体工商户超过3 600万户，同比增长8.5%。私营企业注册资金总额近250 000亿元，同比增长38.6%；个体工商户注册资金总额超过15 000亿元，同比增长21.9%（见表1、表2）。私营企业和个体工商户的数量近三年呈稳定增长态势；注册资金规模呈快速增长态势；户均注册资金逐年较大幅度增长，显示了民营经济综合实力的不断增强。

**2005—2011 年私营企业基本情况**

表 1

| 年　份 | 指　标 | 户数（万户） | 注册资金（亿元） | 投资者数（万人） | 从业人数（万人） |
|---|---|---|---|---|---|
| 2005 | 绝对值 | 430. 1 | 6 133. 1 | 1 109. 9 | 5 824. 0 |
| | 增长率（%） | 17. 8 | 27. 9 | 17. 0 | 16. 1 |
| 2006 | 绝对值 | 498. 1 | 76 028. 5 | 1 271. 7 | 6 586. 0 |
| | 增长率（%） | 15. 8 | 24. 0 | 14. 6 | 13. 1 |
| 2007 | 绝对值 | 551. 3 | 93 873. 1 | 1 396. 5 | 7 253. 0 |
| | 增长率（%） | 10. 7 | 23. 5 | 9. 8 | 10. 1 |
| 2008 | 绝对值 | 657. 4 | 117 356. 7 | 1 507. 4 | 7 904. 0 |
| | 增长率（%） | 19. 2 | 25. 0 | 7. 9 | 9. 0 |
| 2009 | 绝对值 | 740. 2 | 146 446. 6 | 1 650. 6 | 8 607. 0 |
| | 增长率（%） | 12. 6 | 24. 8 | 9. 5 | 8. 9 |
| 2010 | 绝对值 | 845. 5 | 192 054. 6 | 1 794. 0 | 9 407. 6 |
| | 增长率（%） | 14. 2 | 31. 1 | 8. 7 | 9. 3 |
| 2011. 9 | 增长率（%） | 14. 9 | 38. 6 | 10. 9 | 9. 8 |

资料来源：国家工商总局
说明：2008 年以后，户数均包含分支机构数量；
2011 年 9 月增长率为同比数据。

**2005—2011 个体工商业基本情况**

表 2

| 年　份 | 指　标 | 注册户数（万户） | 资金数额（亿元） | 从业人员（万人） |
|---|---|---|---|---|
| 2005 | 绝对值 | 2 463. 9 | 5 809. 5 | 4 901. 0 |
| | 增长率（%） | 4. 8 | 14. 9 | 6. 8 |
| 2006 | 绝对值 | 2 595. 6 | 6 468. 8 | 5 159. 0 |
| | 增长率（%） | 5. 3 | 11. 3 | 5. 3 |
| 2007 | 绝对值 | 2 741. 5 | 7 350. 8 | 5 497. 0 |
| | 增长率（%） | 5. 6 | 13. 6 | 6. 5 |

续表

| 年份 | 指标 | 注册户数(万户) | 资金数额(亿元) | 从业人员(万人) |
|---|---|---|---|---|
| 2008 | 绝对值 | 2 917.3 | 9 006.0 | 5 776.0 |
| | 增长率(%) | 6.4 | 22.5 | 5.1 |
| 2009 | 绝对值 | 3 197.4 | 10 856.6 | 6 585.4 |
| | 增长率(%) | 9.6 | 20.6 | 14.0 |
| 2010 | 绝对值 | 3 452.9 | 13 387.6 | 7 007.6 |
| | 增长率(%) | 8.0 | 23.3 | 6.4 |
| 2011.9 | 增长率(%) | 8.5 | 21.9 | 9.7 |

资料来源:国家工商总局

说明:2011年9月增长率同比数据。

过去一年,民间投资依然强劲。截至2011年10月,内资民营经济城镇固定资产投资共完成142 000亿元,同比增长46.5%,占比达到58.9%,较2010年底大幅度提升7.8个百分点。其中私营企业完成58 000亿元,同比增长45.5%,占比24.0%(见表3)。尤其从工业企业增加值看,2011年前10个月,民营规模以上工业企业增加值累计增速达到19.6%,显著高于国有工业企业的10.1%和全部工业企业14.1%的平均水平,充分表明民营经济在以工业为主的实体经济领域保持着较好发展势头。

按经济类型分城镇固定资产投资变化情况

表3

| 年份 | 指标 | 全国总计 | 国有及国有控股 | 外商及港澳台商投资 | 民营经济 |
|---|---|---|---|---|---|
| 2005 | 绝对值(亿元) | 75 095.1 | 38 676.7 | 8 424.4 | 27 994.4 |
| | 增长率(%) | 27.2 | 13.4 | 20.9 | 55.8 |
| | 比重(%) | 100.0 | 51.5 | 11.2 | 37.3 |
| 2006 | 绝对值(亿元) | 93 368.7 | 44 823.9 | 9 925.3 | 38 619.5 |
| | 增长率(%) | 24.3 | 15.9 | 17.8 | 38.0 |
| | 比重(%) | 100.0 | 48.0 | 10.6 | 41.4 |
| 2007 | 绝对值(亿元) | 117 464.5 | 52 229.4 | 12 192.7 | 53 042.4 |
| | 增长率(%) | 25.8 | 16.5 | 22.8 | 37.3 |
| | 比重(%) | 100.0 | 44.5 | 10.4 | 45.1 |
| 2008 | 绝对值(亿元) | 148 738.3 | 63 997.8 | 14 179.2 | 70 561.3 |
| | 增长率(%) | 26.6 | 22.5 | 16.3 | 33.0 |
| | 比重(%) | 100.0 | 43.0 | 9.5 | 47.5 |
| 2009 | 绝对值(亿元) | 194 139.0 | 86 536.0 | 14 111.0 | 93 492.0 |
| | 增长率(%) | 30.5 | 35.2 | -0.5 | 32.5 |
| | 比重(%) | 100.0 | 44.6 | 7.3 | 48.2 |
| 2010 | 绝对值(亿元) | 241 414.9 | 102 129.7 | 15 832.9 | 123 452.3 |
| | 增长率(%) | 24.5 | 18.0 | 12.2 | 32.0 |
| | 比重(%) | 100.0 | 42.3 | 6.6 | 51.1 |
| 2011.1—7 | 绝对值(亿元) | 152 419.9 | 52 752.1 | 10 000.0 | 89 667.8 |
| | 增长率(%) | 25.4 | 13.6 | 25.1 | 43.7 |
| | 比重(%) | 100.0 | 34.6 | 6.6 | 58.8 |

续表

| 年　份 | 指　标 | 全国总计 | 国有及国有控股 | 外商及港澳台商投资 | 民营经济 |
|---|---|---|---|---|---|
| 2011.1—8 | 绝对值(亿元) | 180 607.6 | 62 422.2 | 11 698.8 | 106 486.6 |
| | 增长率(%) | 25.0 | 12.1 | 25.3 | 45.5 |
| | 比　重(%) | 100.0 | 41.5 | 6.6 | 51.9 |
| 2011.1—9 | 绝对值(亿元) | 241 365.1 | 83 937.6 | — | — |
| | 增长率(%) | 24.9 | 12.4 | — | — |
| | 比　重(%) | 100.0 | 34.8 | — | — |
| 2011.1—10 | 绝对值(亿元) | 241 365.1 | 83 937.6 | 15 241.5 | 142 186.0 |
| | 增长率(%) | 24.9 | 12.4 | 21.7 | 46.5 |
| | 比　重(%) | 100.0 | 34.8 | 6.3 | 58.9 |

说明:1. 根据2005—2010年《中国统计年鉴》、2010年11月《中国经济景气月报》计算整理;
2. 民营经济为全国总计减去国有及国有控股和外商及港澳台商投资;
3. 2005、2009、2010、2011年私人控股项下数据为私营企业数据;
4. 2011年各月增长率为同比数据;
5. 2011年9月部分数据暂缺。

过去一年,民营企业出口占比显著增加。2011年1—11月,全国民营企业出口总额超过5 700亿美元,同比增加33.3%,占全国出口总额的1/3(见表4)。自2005年以来,虽然出口增速时有上下波动,但民营出口的比重始终保持不断攀升的势头。从出口产品结构上看,民营企业不仅在传统劳动密集型商品出口上占优势,在机电、家电产品和高新技术产品领域也愈发活跃;从地区分布来看,中部地区增速加快,西部地区和东北地区民营企业已成为当地出口的主力军。民营企业出口始终保持较高增速。抑制了总体出口增速的较快下滑。

各类企业出口情况表

表4

| 年　份 | 国有企业 | | | 外资企业 | | | 民营企业 | | |
|---|---|---|---|---|---|---|---|---|---|
| | 金额 | 比重 | 同比增长 | 金额 | 比重 | 同比增长 | 金额 | 比重 | 同比增长 |
| 2000 | 1 164.5 | 46.7 | — | 1 194.4 | 47.9 | — | 133.2 | 5.3 | — |
| 2005 | 1 688.1 | 22.2 | — | 4 442.1 | 58.3 | — | 1 489.8 | 19.6 | — |
| 2006 | 1 913.5 | 19.7 | 13.3 | 5 638.3 | 58.2 | 26.9 | 2 139.0 | 22.1 | 43.6 |
| 2007 | 2 248.1 | 18.5 | 17.5 | 6 955.2 | 57.1 | 23.4 | 2 976.8 | 24.4 | 39.2 |
| 2008 | 2 572.3 | 18.0 | 14.4 | 7 906.2 | 55.3 | 13.7 | 3 807.0 | 26.6 | 27.9 |
| 2009 | 1 909.9 | 15.9 | -25.7 | 6 722.3 | 55.9 | -15.0 | 3 384.4 | 28.2 | -11.1 |
| 2010 | 2 343.6 | 14.9 | 22.7 | 8 623.1 | 54.6 | 28.3 | 4 812.7 | 30.5 | 42.2 |
| 2011.1—11 | — | 14.1 | 14.6 | — | 52.5 | 16.1 | — | 33.4 | 33.3 |

资料来源:商务部

### (二)民营经济"调结构"趋势明显

加快经济发展方式转变和经济结构的战略性调整,企业是主体。没有占全国企业总数90.0%以上的民营企业的转方式、调结构,就没有整个国家经济发展方式的转变。

民营经济产业分布更趋合理。近3年来,从事第三产业的私营企业在户数和注册资金的增速上均显著高于整体增速，至 2011 年第三季度，第三产业的私营企业超过 650 万户，占比近 70.0%；注册资金超过160 000亿元，占比达 2/3。从具体行业来看，从事信息传输、计算机服务和软件业的私营企业数量增速略有下降，但注册资金仍保持较高增速，充分表明该行业私营企业已经进入稳定发展期，原有的小企业在做精、做强方面迈出了可喜步伐；从事金融业、租赁和商务服务业、科学研究、技术服务和地质勘查业等现代服务业的私营企业发展迅速，已经成为民营第三产业企业的重要群体；从事文化、体育和娱乐业的私营企业也呈现出喜人的发展势头。总体上，民营企业正在积极进行结构调整和转型升级，逐步脱离高能耗、高污染、低效益、低产出的产业，不断向科技含量高、核心竞争力强、有利于节能环保的产业迈进。

民营经济地区分布更趋合理。近 3 年来，东部地区私营企业在户数和注册资金的比重上依然占优势地位，在东部、中部、西部、东北地区的户数占比分别为 60.1%、15.8%、17.3%、6.8%，注册资金占比分别为 63.5%、15.3%、16.0%、5.2%（见图 1、图 2）。但中、西部地区的企业在两者的增速上已经逐步超过了东部地区。2011 年前三个季度，中部地区私营企业户数较 2010 年底增长 13.1%，注册资金增长 27.6%，西部地区户数增长 13.8%，注册资金增长 35.4%，均快于东部地区。从省份分布来看，中部地区的安徽、湖北、河南和西部地区的内蒙古、广西、重庆、青海等地区，近 3 年来私营企业发展速度显著高于全国平均水平，发展势头喜人。特别是不少民营经济在积极参与西部大开发、中部地区崛起、振兴东北老工业基地等国家区域经济发展战略中，不仅找到了新的利润增长点，成功实现了区域转移，而且有力促进了中国经济结构布局的优化和区域经济的协调发展。

民营经济组织形式日趋优化、创新能力不断增强。随着社会主义市场经济的进一步发展完善、市场主体的日益多样化，企业组织形式和出资方式也更加灵活。截至 2011 年三季度，私营有限责任公司超过 780 万家，增长 12.0%；股份有限公司 2.6 万多家，增长 27.7%。2011 年 4 月，中国的民营上市公司数量首次突破1 000家，达到1 003家，继续延续了近两年来民营公司上市的强劲势头。在组织形式日趋优化的同时，广大民营企业也加强了对技术创新的重视，越来越多的民营企业表现出勇于开拓、不断超越的创新意识，把科技创新作为企业发展的重要支撑，努力建立以市场为导向、产学研相结合的技术创新体系，使企业真正成为研究开发投入、技术创新活动、创新成果应用的主体。他们中的一部分企业已经成为拥有行业内关键核心技术的“排头兵”。

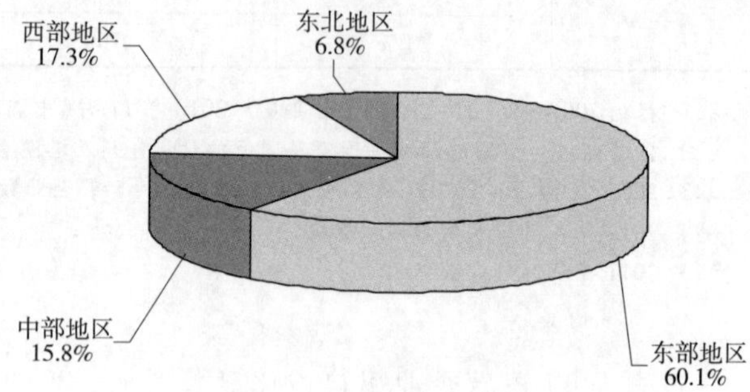


**图 1　2011 年三季度私营企业地区户数分布图**

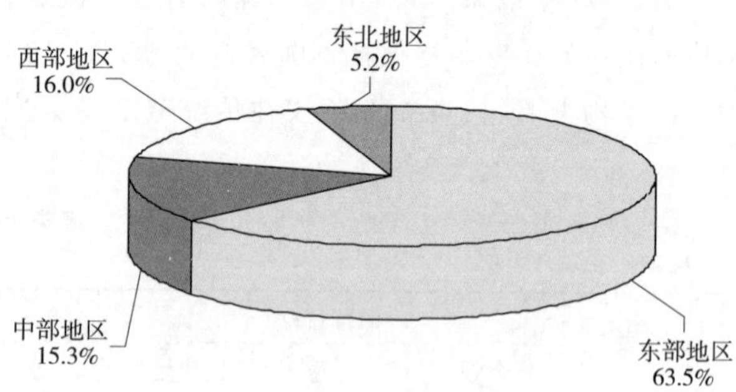


**图 2　2011 年三季度私营企业地区注册资金分布图**

### （三）民营经济“保民生”贡献突出

就业是民生之本，集中力量发展壮大县域经济、村镇经济是改善民生的重要途径，中国民营企业主动参与创新社会管理、积极履行社会责任，为改善民生和促进社会和谐稳定作出重要贡献。

民营经济持续创造就业岗位，大量吸纳新增劳动力就业。截至 2011 年 10 月，中国共完成城镇新增就业1 082万人，超过全年目标任务。而民营经济中仅私营企业前 9 个月就提供新增就业岗位 800 多万个；按个体户新增户数计算，以创业带动就业的人数达 200 多万人，为大量城镇无业人员、农村剩余劳动力、高校毕业生、国企分流人员等群体创造了众多就业岗位。中国民营经济特别是中小企业的快速发展,已经成为吸纳社会就业、增加城乡居民工资收入、不断改善人民生活的主要来源。

民营企业自觉履行社会责任,积极参与创新社会管理。据统计,在光彩事业新疆行活动中,万达等多家大型民营企业与新疆相关企业和地区、州、县签订了7个投资项目,总投资额达1 200多亿元;在感恩行动中,共有13.2万家企业共计资助30.6万人,资助金额总计72.5亿元,惠民项目到位资金共90亿元。在发展企业的同时,许多民营企业坚持以人为本,关爱员工,把严格管理与人文关怀结合起来,建立工资正常增长机制,加强劳动安全保护,维护员工的合理诉求和合法权益,努力构建和谐劳动关系,以企业内部的和谐稳定促进社会的和谐稳定,在加强社会管理创新中发挥了积极作用。许多企业通过创先争优活动建立企业党组织,积极宣传党的方针政策,充分发挥党组织和党员作用,主动化解工作中出现的矛盾和问题,促进企业和谐;不少企业始终注意加强素质教育,将人才成长作为企业成长的基础;还有些企业建立除正常社会保险外的企业内部保障机制,帮助遇到困难的员工渡过难关。

## 二、未来发展,民营经济机遇大于挑战

### (一)当前民营经济发展面临诸多挑战

作为市场主体的民营企业,尤其是小型微型企业,在当前形势下生产经营遇到了较大困难,主要面临"两高两难"问题,即成本高、税费过高、融资难、招工难。

1. 生产经营成本剧增为民营经济发展带来较大困难。虽然成本上升对于全国企业来讲是普遍问题,但对于本小利薄的中小企业特别是小型微型企业来讲,生产要素成本剧增直接影响到企业的利润空间和生存空间。一是能源、原材料价格大幅度上涨。2011年以来,国际大宗商品价格持续上涨、高位震荡,能源、原材料等生产要素的购进价格持续攀升。据统计,2011年1—11月份,工业生产出厂价格和购进价格同比上涨6.4%和9.7%,价差在3个百分点以上。二是劳动力成本急剧上升。2010年有30个省区市上调最低工资标准,平均上调幅度为22.8%。2011年,有24个省(自治区、直辖市)再次上调,平均增幅为22.0%,此外,土地征用、商铺租赁等价格上涨进一步加重了企业负担。

2. 税费过高的状况没有明显改善。近年来,尽管国家十分重视企业税费负担问题,也陆续出台了一些政策用以缓解,但总体改善状况不明显。一是税负高。企业涉税种类多,部分小型微型企业缴税总额高于净利润;个别税种设置不合理,存在重复征收现象。二是缴费项目多。据粗略统计,目前向中小企业征收行政性收费的部门就有18个,收费项目达69个大类。三是社会保险负担较重。有的省市"五险"占工资比例超过40.0%,其中单位缴费部分就超过30.0%。

3. 融资问题还未有效缓解。目前,对于小型微型企业,一是融资难。据银监会测算,中国银行贷款主要投放给大中型企业,大企业贷款覆盖率为100%,中型企业为90.0%,小企业仅为20.0%,几乎没有微型企业。各大国有银行设立的中小企业专营机构,只能满足极少数小型微型企业的需求,面向小型微型企业的村镇银行,小额贷款公司等新型金融机构,无论在发展数量还是资金实力方面都远远无法承担小型微型企业融资重任。二是融资贵。小型微型企业在贷款时基本无法享受基准利率,而且要支付更多的浮动利息,年实际利率远远高于基准利率。有的商业银行实行存贷款挂钩、提前扣除利息、搭购相关理财产品等,小型微型企业的实际贷款成本接近或超过银行基准利率的两倍,处于"融不到、用不起"的两难之中。而村镇银行、小额贷款公司等金融机构的贷款利率一般是银行基准利率的3~4倍,民间融资成本则更高。

4. 用工结构性矛盾导致企业招工难。近年来,一些地方产业结构不断优化升级,用工需求和用工结构也发生了较大的变化,部分行业、企业出现了"进不来、留不住"的现象。一是招收普通工人,东南沿海比西部地区难。由于中国劳动力供给增量的减速和新生代务工人员在就业取向、劳动态度等方面日益呈现出多元化发展态势,加上东南沿海地区和西部地区的工资差距不断缩小,西部产业发展加快,当地用工需求扩大,导致东南沿海地区普遍出现了

"用工荒"现象,这种用工的结构性矛盾会较长时间内存在。二是聘用技能人才,小城镇比大城市难。从供需结构上看,地处小城镇和不发达地区的民营企业的求人倍率(需求人数与求职人数之比)均大于1,其中对技师及专业技术职务求人倍率更是高达5~10。三是企业职工的流失率高。不少择业人员认为民营企业稳定性较差、管理不规范、个人发展空间小、各种福利得不到保障,而不愿进入民营企业就业。加之大量民营企业在治理结构、经营管理、企业文化和内部激励机制等方面存在不足,致使企业凝聚力相对较差,难以留住员工。

5. 企业自身素质和整体水平有待提高。经过改革开放30多年的发展,广大中小企业的素质不断提升。但总体上,一是缺乏核心竞争力。目前,中国低能源资源成本、低人工成本、低环境成本的"三低"时代已经过去,而民营企业中加工贸易型、资源依赖性、能源消耗型企业所占比例依然较大,处于产业链低端、缺乏关键核心技术和自主品牌的企业数量依然较多。据统计,中国中小企业的产品增值率只有发达国家的一半左右,相当一部分小型微型企业技术装备落后,只能赚取微薄的加工费用。二是经营管理不规范。不少企业缺乏必要的经营管理知识,科学决策和市场应变能力不足,缺乏可持续发展能力。如有的企业没有独立的财务核算制度,存在潜在的决策和管理风险;有的企业尚未建立现代企业管理制度,公司治理家族化现象比较严重,内部激励约束机制不完善。三是质量诚信意识较为淡薄。个别中小企业在生产经营过程中以次充好、假冒伪劣、违约毁约等现象时有发生,加剧了社会对整个民营经济的偏见与误解。

### (二)未来民营经济发展面临的重大机遇

虽然民营经济发展面临着诸多挑战,但总体上是正常的、健康的,民营企业正处于加快培育发展和加速转型升级的重要战略机遇期。

1. 良好的政策环境为民营企业发展提供了保障。中央经济工作会议强调,要牢牢把握发展实体经济这一坚实基础,努力营造鼓励脚踏实地、勤劳创业、实业致富的社会氛围。民营企业多集中在制造业、服务业等行业和领域,是实体经济的重要基础,"非公经济36条"、"中小企业29条"、"民间投资36条"等一系列扶持民营企业发展的各项政策措施的贯彻落实,就是为了推动实体经济发展。特别是针对当前民营企业发展遇到的突出困难和问题,国务院专门部署并出台了支持民营企业特别是小型微型企业发展的金融、财税等九项政策措施,工信部编制了《"十二五"中小企业成长规划》。这一系列政策举措,充分表明了党中央、国务院坚定扶持中小企业发展、重点抓好实体经济的决心和信心,为民营企业发展营造了良好的政策环境。

2. "十二五"规划纲要的实施为民营企业创造了广阔发展空间。"十二五"期间。中国将加快推进产业结构的优化调整,大力发展先进制造业,加快发展现代农业和现代服务业,进一步加大知识产权保护力度,推进自主创新机制的形成,稳步推进城镇化建设,大力实施区域经济发展战略,这都为民营企业高效配置各种生产要素资源、有效增强核心竞争力提供了重要战略机遇期,创造了有利发展条件。从世界范围来看,新技术革命的兴起,各种新兴主导产业的孕育出现,也将创造大量发展机会,有条件的小企业通过技术创新和商业模式创新,坚持走"专、精、特、新"的发展路子,有可能发展成为行业领导的"小巨人"企业或跨国企业集团公司。

3. 有利的国际市场环境为民营企业"走出去"提供了重要契机。当前,中国正在积极推进自由贸易区谈判进程,抓紧研究制定促进境外投资的法律法规,进一步支持能源资源和先进制造业等领域的海外并购;欧洲、东盟、东北亚、西亚等国家和地区更加关注中国优质企业,拟提供更多优惠政策吸引中国企业投资,这都为民营企业"走出去"利用两个市场两种资源发展自己提供了重要机遇。特别是欧洲企业资产价格的下降,为民营企业"走出去"以兼并收购、产业投资、合作共赢,获取西方企业的先进技术、管理模式和产销渠道、推动国内自主品牌的国际化提供了重要机遇。值得一提的是,以联想、吉利为代表的一批民营企业,成功实现海外并购,不仅扩大了中国民营企业在国际上的影响,而且极大地提振了民营企业"走出去"的信心。

4. 积极推动文化产业为中小企业提供了新的发展空间。文化产业被称为21世纪的朝阳产业,是最有发展潜力的优势产业、绿色产业。从国际看,文化产业已成为当今世界经济的支柱产业、新的经济增长点,美国的文化产业占 GDP 的 25.0% ,日本则达到 20.0% 。据统计,从事文化、体育和娱乐业的民营企业达 30.2 万家,占全部文化企业的 95.7% 。2011 年中国文化产业增加值突破18 000亿元,仅占 GDP 的 5.0% ,产业发展潜力巨大。党的十七届六中全会明确提出,要推动文化产业成为国民经济支柱性产业,积极引导文化领域的非公有制经济发展。这一明确要求必将使中小企业进入出版发行、影视制作、演艺娱乐等传统文化产业的渠道更加畅通,发展文化创意、数字出版、动漫游戏等新兴文化产业的意愿更加迫切。华策影视、华谊兄弟、奥飞动漫、光线传媒等一批民营企业已开始做强做大,并陆续登陆资本市场。可以预见,随着文化产业发展蓝图的逐步实施,会有更多的民间资本进入这一产业,并涌现出一批具有"中国文化"竞争力的民营企业。

## 三、把保生存、谋发展作为扶持小型微型企业发展的工作着力点

面对当前形势,中国要把握好经济社会发展"稳中求进"的工作总基调,完成好稳增长、控物价、调结构、转方式、惠民生的目标任务,就必须把"保生存、谋发展"作为扶持民营企业特别是小型微型企业发展的工作着力点,切实摆在经济工作更加突出的位置,以更大的决心、更有力的措施努力为小型微型企业营造良好的政策环境和市场环境。

一是对小型微型企业实施普惠的税收政策。当前和今后一段时间,要统筹考虑中小企业特别是小型微型企业生产经营困难现状、转型发展难度,以及不同区域、不同领域企业的实际情况,实施力度更大、惠及面更广、更切合中小企业特点的税收优惠政策。要把直接帮助小型微型企业渡过难关作为紧要任务,将小微企业的所得税减半征收政策作为一项长期政策,按经济形势设定纳税所得额门槛,以覆盖更多的小型微型企业;将小型微型企业的增值税、营业税起征点进一步提高,使更多的企业得到扶持。实行大、中、小、微型企业社会保险费率差异化政策,适度降低小微企业社会保险费率,并对生产经营出现严重困难的小微企业实行阶段性的缓缴社会保险政策。严格按照财政部、国家发改委关于取消 253 项各省(自治区、直辖市)涉企行政事业性收费的要求,全面清理不合理收费项目。要把引导企业转型升级作为一项长期任务,鼓励小微企业主要依靠技术创新提高核心竞争力。允许科技型企业提取研发风险准备金并在所得税前扣除,将购进无形资产纳入增值税进项税额抵扣范围,并对取得的收入免征营业税,对企业技术转让所得税免征所得税;引导企业加大技术改造项目资金投入,对技术改造设备购置允许缩短折旧年限后加速折旧,并提高所得税前扣除比例。

二是对缓解小型微型企业融资难给予有力的政策倾斜。应以改革创新的精神加快深化金融体制改革步伐,出台更为灵活且符合企业实际需要的金融政策,鼓励并支持金融创新。首先要让小型微型企业从正规渠道得到资金,生存下来。一方面,要继续鼓励商业银行积极开发适合小型微型企业需求的多种金融产品,拓宽抵押品范围,探索制定以专利、品牌、技术等无形资产进行抵押或质押的具体措施,加大对符合产业政策的创新型、高科技型中小企业的扶持力度。改革银行对中小企业贷款的考核方式,不仅要将贷款发放数量作为重要考核指标,更要将企业受益户数纳入考核范围。另一方面,要大力发展村镇银行,允许符合条件的民间资本作为主要发起人设立村镇银行,放宽小额贷款公司转制条件;创新发展社区银行、科技银行、融资租赁公司等专门面向小型微型企业的金融机构,逐步做到以"草根金融"服务"草根企业"。还要小型微型企业让以合理的价格"用得起"资金。不断创造条件,推动小型金融机构降低贷款利率;创建小型微型企业征信机制,整合分散在工商、税务、银行、海关等部门的企业信用记录,加强信用管理,规避信用风险;加快建立银行与担保公司风险共担机制,进一步提高担保公司资金放大倍数。

三是不断扩大民间投资,发展实体经济。努力实现"稳增长、调结构"宏观经济目标,必须科学引导民间资本合理投向实体经济。首先要加大对"民间投资 36 条"的贯彻落实力度,对已经明确到职能部门的民间投资配套政策,督促相关部门加快制定,提

出时限要求。及时开展"民进投资36条"贯彻落实情况的监督检查,清理过时的、与"民间投资36条"相冲突的部门规章。关键要降低部分垄断行业以及战略性新兴产业的市场入门门槛,进一步深化石油、铁路、电力、电信、军工、市政公用设施等垄断领域改革,明确国有资本和民间资本在整个国民经济战略布局中主要活跃的领域范围和功能定位。切实改革审批制度,破除不合理的进入壁垒。各相关部门制定有关行业的准入标准时,要更多地听取行业协会商会、相关民营企业的意见建议,提高决策的科学性。

四是为民营企业积极稳妥"走出去"创造有利环境。积极走出去参与经济全球化竞争,吸引先进技术、突破资源瓶颈、盘活过剩产能,已经成为优化产业结构、促进民营经济持续、稳定、健康发展的有效途径和必然选择。为此,要切实加大法律保障力度,加快制定中国企业海外投资总体规划,做好企业海外投资产业引导和国别指导,特别是重点引导民营企业投资周边国家或发展中国家。尽快启动中国企业海外投资促进法的立法程序,为企业"走出去"提供法律保障。建立健全中国企业海外投资信息服务体系,组建涵盖世界各国政治经济状况、法律宗教概况、相关行业统计、商品贸易状况、报关与商务报告、专业机构与行业组织名录等方面信息的"走出去"公共和社会信息网。进一步完善财税政策,设立扶持企业"走出去"财政专项资金,扩大支持经济技术合作和国际市场开拓的财政资金规模。建立境外投资损失准备金制度和海外投资收入税收减免制度,加快与相关国家或地区签订避免双重征税协议的进程。建立企业海外投资金融支持体系,支持社会资金设立专门的境外投资私募基金和风险投资基金。

(撰稿:朱小群)

# 2011年吸收外商直接投资综述

国家商务部研究院

受欧美债务困扰,2011年全球经济艰难复苏,但中国吸收外商直接投资仍然保持了增长态势,国家商务部数据显示,全年实际使用外资1 160.1亿美元,同比增长9.7%,再创历史新高;新批设立外商投资企业27 712家,同比增长1.1%。

## 一、2011年中国吸收外商直接投资的特点

2011年中国政府根据国内外产业发展趋势,为优化外商投资产业结构,不断加强政策引导;以开发区和边境经济合作区为平台,优化吸收外资区域结构;推进制度建设,完善吸收外资环境。中国吸收外商投资产业结构、区域结构明显优化。

### (一)强化了对外资产业的政策引导

国家发改委和商务部于2011年12月24日公布了《外商投资产业指导目录(2011年修订)》(简称"新《目录》"),自2012年1月30日起施行。新《目录》进一步扩大了对外开放的领域,强化了对外资产业的政策引导,进一步优化外资结构、提高利用外资质量,主要体现在以下几个方面:

鼓励外商投资高端制造业。新《目录》中鼓励类中增加了纺织、化工、机械制造等领域新产品、新技术条目,如将通用设备制造和专用设备制造这两个机械设备子行业被列入了鼓励外商投资目录;同时鼓励外商投资节能环保、新一代信息技术、生物、高端装备制造、新能源、新材料、新能源汽车等战略性新兴产业。

鼓励外商投资现代服务行业。在新的《目录》中,服务业增加了9项鼓励类条目,包括机动车充电站、创业投资企业、知识产权服务、海上石油污染清理技术服务、职业技能培训等。此外将外商投资

医疗机构、金融租赁公司等从限制类调整为允许类。

鼓励外商在华设立研发中心。鼓励跨国公司增加在华研发投入,设立研发中心,与内资企业开展研发合作,促进利用外资与增强我国自主创新能力相结合。

下放外资项目管理权限。新《目录》中规定,总投资3亿美元以下的鼓励类、允许类项目,除《政府核准的投资项目目录》规定需由国务院有关部门核准以外,将由地方政府有关部门核准。

**(二)服务业超过制造业首次成为中国吸收外商投资的第一大产业**

商务部的数据显示,2011年,服务业实际使用外资552.4亿美元,同比增长20.5%,比全国平均增幅高近11个百分点,在三大产业中增速最快,占同期全国总量的47.6%,首次超过制造业的比重,成为中国吸收外商投资的第一大产业;制造业实际使用外资521亿美元,同比增长5.1%,相比上年,增幅回落8个百分点,占同期全国总量的44.9%,比上年同期下降2个百分点;农、林、牧、渔业实际使用外资20.1亿美元,同比增长5.1%,增幅比上年有很大回落,占同期全国总量的1.7%。

具体来看,制造业中实际吸收外资列前5位的行业技术含量高,分为:通信设备、计算机及其他电子设备制造业,占制造业吸收外资总额的14.0%;电气机械及器材制造业,占制造业吸收外资总额的10.5%;交通运输设备制造业,占比7.3%;专用设备制造业,占比为7.3%;化学原料及化学制品制造业,占比7.2%。

从服务业看,租赁服务、广播电影电视、专用机械设备修理、食品饮料烟草、家庭日用品批发、零售、旅游、娱乐服务等行业实际利用外资增幅同比均超过60.0%。全球金融危机对发达国家的金融业造成较大影响,而中国由于经济保持高速增长,对外资金融业的吸收力不断加大。尽管相比上年的增幅有较大回落,但金融业依旧是中国服务业吸收外资增幅最大的行业,2011年实际吸收外资额为19.1亿美元,增长70.0%,高出全国服务业平均增幅近50个百分点;文化体育娱乐和交通运输仓储业吸收外资也有较大增幅,增长45.5%和42.2%。但是应该看到,相比上年,2011年中国服务业中很多行业吸收外资出现了下降,如教育业和建筑业吸收外资降幅达到51.7%和37.2%。

房地产业一直是中国吸收外资的第一大行业,2011实际吸收外资金额为268.8亿美元,占服务业比重为48.7%,比上年下降0.6个百分点。受中国房地产业宏观调控政策的影响,其实际使用外资同比仅增长12.1%,低于服务业总体增幅8.5个百分点。见表1。

**2011年中国外商直接投资行业分布**

**表1**

| 行　业 | 项目数 | | | 金　额 | | |
|---|---|---|---|---|---|---|
| | 本年累计(个) | 上年同期(个) | 同比(%) | 本年累计(万美元) | 上年同期(万美元) | 同比(%) |
| 合　计 | 27 712 | 27 406 | 1.1 | 11 601 100 | 10 573 524 | 9.7 |
| 农、林、牧、渔业 | 865 | 929 | -6.9 | 200 888 | 191 195 | 5.1 |
| 采矿业 | 87 | 92 | -5.4 | 61 279 | 68 440 | -10.5 |
| 制造业 | 11 114 | 11 047 | 0.6 | 5 210 054 | 4 959 058 | 5.1 |
| 电力、燃气及水的生产和供应业 | 214 | 210 | 1.9 | 211 843 | 212 477 | -0.3 |
| 建筑业 | 215 | 276 | -22.1 | 91 694 | 146 062 | -37.2 |
| 交通运输、仓储和邮政业 | 413 | 396 | 4.3 | 319 079 | 224 373 | 42.2 |
| 信息传输、计算机服务和软件业 | 993 | 1 046 | -5.1 | 269 918 | 248 667 | 8.6 |
| 批发和零售业 | 7 259 | 6 786 | 7.0 | 842 455 | 659 566 | 27.7 |
| 住宿和餐饮业 | 513 | 579 | -11.4 | 84 289 | 93 494 | -9.9 |

续表

| 行业 | 项目数 | | | 金额 | | |
|---|---|---|---|---|---|---|
| | 本年累计（个） | 上年同期（个） | 同比（%） | 本年累计（万美元） | 上年同期（万美元） | 同比（%） |
| 金融业 | 156 | 85 | 83.5 | 190 970 | 112 347 | 70.0 |
| 房地产业 | 466 | 689 | -32.4 | 2 688 152 | 2 398 556 | 12.1 |
| 租赁和商务服务业 | 3 518 | 3 418 | 2.9 | 838 247 | 713 023 | 17.6 |
| 科学研究、技术服务和地质勘查业 | 1 357 | 1 299 | 4.5 | 245 781 | 196 692 | 25.0 |
| 水利、环境和公共设施管理业 | 151 | 143 | 5.6 | 86 427 | 90 859 | -4.8 |
| 居民服务和其他服务业 | 212 | 217 | -2.3 | 188 357 | 205 268 | -8.2 |
| 教育 | 15 | 12 | 25.0 | 395 | 818 | -51.7 |
| 卫生、社会保障和社会福利业 | 11 | 12 | -8.3 | 7 751 | 9 017 | -14.0 |
| 文化、体育和娱乐业 | 152 | 168 | -8.5 | 63 455 | 43 612 | 45.5 |
| 公共管理和社会组织 | 1 | 2 | -50.0 | 66 | — | — |

资料来源：商务部外资统计

注：此表数据未包括银行、保险、证券领域吸收外商投资数据。

**（三）亚洲对华投资呈现较大增幅，尤其是日本，欧美下降**

2011年，亚洲10国或地区（中国香港、中国澳门、中国台湾地区，日本、菲律宾、泰国、马来西亚、新加坡、印尼、韩国）对华投资新设立企业22 302家，同比增长1.1%；实际投入外资金额1 005.2亿美元，同比增长14.0%，高于全国吸收外资平均增幅4.2个百分点，占中国实际吸收外资比重的86.6%，比上年高6.1个百分点。美国对华投资新设立企业1 497家，同比下降5.0%；实际投入外资金额30亿美元，同比下降26.1%，占中国实际吸收外资份额的2.6%，比上年低1.2个百分点。欧盟27国对华新设立企业1 743家，同比增长3.3%；实际投入外资金额63.5亿美元，同比下降3.7%，占中国实际吸收外资比重的5.5%，低于上年0.8个百分点。

具体来看，中国香港地区是第一大资金来源地，金融危机后，由于中国内地与中国香港地区加快了建立更紧密经贸关系的安排补充协议以及各项政策的实施，促进了中国香港地区对内地的投资，来源于中国香港地区的投资进一步集中。2011年中国香港地区对内地的实际投资额度达770.1亿美元，同比增长14.1%。紧随其后的分别是中国台湾地区（67.3亿美元）、日本（63.5亿美元）、新加坡（63.3亿美元）、美国（30亿美元）、韩国（25.5亿美元）、英国（16.1亿美元）、德国（11.4亿美元）、法国（8.0亿美元）和荷兰（7.7亿美元），前10位国家或地区实际投入外资金额占全国实际使用外资金额的91.6%。前几位国家中日本对华投资表现最为突出，这是因为2011年3月日本发生大地震，地震引发核泄漏导致的电力短缺和电子、汽车等产业链的断裂，促使日本加快产业转型升级，中高端制造业加快了海外投资，而中国高速的经济增长速度以及巨大有潜力的市场对日本企业有较大吸引力，日本企业加快了对华投资的步伐。同时，也应该看到，欧美国家由于深陷债务危机，导致其对华投资普遍出现了下降，而德国由于经济实力雄厚，受欧盟债务危机的影响较小，其在2011年依旧保持了对华投资的高速增长，实际对华投资增速达22.2%。

**（四）中西部吸收外商投资加速，区域结构不断优化**

近年来，中国一直在积极促进中西部地区承接国内外产业转移，2011年为进一步带动中西部更多的吸收外资，商务部会同有关部委修订了中西部外商投资优势产业指导目录，鼓励中国中西部发挥优势。因此，2011年中西部实际吸收外资增速远高于东部，外资区域继续优化。1—12月，中部地区实际使用外资78.4亿美元,同比增长14.3%,高于全国实际吸收外资平均增幅4.5个百分点,占全国总额的6.8%,比上年增加0.2个百分点;西部地区实际使用外资115.7亿美元,同比增长28.2%,高于全国平均增幅近20个百分点,占全国总额的10.0%,比上年增加1.5个百分点;2011年东部地区实际使用外资966亿美元,同比增长7.5%,低于全国平均增幅,占全国总额的83.3%,比上年下降近2个百分点。

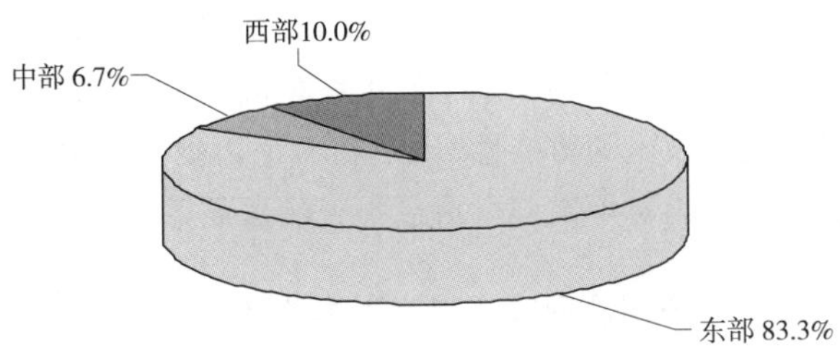


**图1 2010年中国东中西实际吸收外资占比**

资料来源:商务部外资统计

具体来看,中部地区实际使用外资最多的是湖南省,占中部地区吸收外资总量的24.5%。西部地区实际使用外资最多的是重庆市,占西部地区吸收外资总量的42.5%。东部吸收外商投资前五的省市分别为江苏省、广东省、上海市、辽宁省和浙江省,这5省市实际使用外资金额合计723.3亿美元,占全国的62.3%。从行业结构上看,中部地区吸收外商投资主要集中在制造业,而西部地区房地产业是其吸收外商投资的最主要行业,东部地区制造业和服务业吸收外商投资比重基本持平。

### (五)外商独资化趋势进一步强化,外资并购增幅加快

外商独资化的趋势进一步加强。2011年外资企业设立项目数为22 388个,同比增长13.7%,占中国吸收外商投资总项目数的80.8%;实际使用外资额为912亿美元,同比增长12.6%,高于全国吸收外资平均近3个百分点,占全国实际外商投资总额的78.6%,高于上年2个百分点。与此同时,中外合资企业实际吸收外资为214.2亿美元,同比下降4.8%,占全国吸收外资的18.5%,比上年下降了近3个百分点;中外合作企业实际吸收外资17.6亿美元,同比增长8.5%,占全国外资的比重基本与上年持平。见表2。

**2011年中国吸收外商直接投资分方式统计**

**表2**

| 方　式 | 项目数 | | 实际外资金额 | |
|---|---|---|---|---|
| | 个数 | 比重(%) | 金额(亿美元) | 比重(%) |
| 总　计 | 27 712 | 100.0 | 1 160.1 | 100.0 |
| 中外合资企业 | 5 005 | 18.1 | 214.2 | 18.5 |
| 中外合作企业 | 284 | 1.0 | 17.6 | 1.5 |
| 外资企业 | 22 388 | 80.8 | 912.0 | 78.6 |
| 外商投资股份有限公司 | 35 | 0.1 | 16.3 | 1.4 |
| 合作开发 | 0 | 0 | 0 | 0 |
| 其　他 | 0 | 0 | 0 | 0 |

资料来源:商务部外资统计

外资并购增幅加快。2011年全国共批准外资并购项目1 340个,同比增长18.2%,占全国新设外商投资企业数的4.8%;实际使用外资49亿美元,同比增长50.5%,占全国实际使用外资的4.2%,比重较2010年提高1.1个百分点。具体看,东部地区并购项目个数占全国的78.1%,实际使用外资金额占全国的68.7%;西部地区并购实际使用外资金额占全国的24.3%,比重较2010年提高7.3个百分点。

### (六)外商投资企业外贸增速进一步放缓

据中国海关统计,2011年1—12月,外商投资企业进出口总值18 601.6亿美元,同比增长16.2%,增幅低于全国平均水平6.2个百分点,占全国进出口总值的51.1%,低于上年2.8个百分点。其中出口9 953.3亿美元,同比增长15.4%,增幅低于全国平均水平4.9个百分点,占全国出口总值的52.4%,所占比重与上年同期相比下降2.2个百分点;进口8 648.3亿美元,同比增长17.2%,增幅低于全国平均水平7.7个百分点,占全国进口总值的49.6%,所占比重比上年同期下降3.3个百分点。

一般贸易进出口增长较快。2011年,外商投资企业一般贸易进出口总值5 919.8亿美元,同比增长24.3%,占外商投资企业进出口总值的31.8%。其

中,一般贸易出口2 537.5亿美元,同比增长21.3%,增幅低于全国平均水平(27.3%)6个百分点;一般贸易进口3 382.3亿美元,同比增长26.7%,增幅低于全国平均水平(31.0%)4.3个百分点。

加工贸易增速有所下降。2011年,外商投资企业加工贸易进出口总值10 842.8亿美元,同比增长11.7%,增幅与上年同期相比下降15.3个百分点,占外商投资企业进出口总值的58.3%,所占比重与上年同期相比下降2.4个百分点。其中,加工贸易出口6 993.3亿美元,同比增长12.7%,增幅与上年同期相比下降13.0个百分点,占外商投资企业出口总值的70.3%,所占比重与上年同期相比下降了1.7个百分点;加工贸易进口3 849.5亿美元,同比增长9.9%,增幅与上年同期相比下降19.5个百分点,占外商投资企业进口总值的44.5%,所占比重与上年同期相比下降3.0个百分点。外商投资企业加工贸易进口中,进料加工进口3 264.4亿美元,同比增长13.3%;来料加工进口585.1亿美元,同比下降5.9%。2011年外商投资企业加工贸易进出口值占全国加工贸易进出口总值的83.1%,其中加工贸易出口值占全国加工贸易出口总值的83.7%,加工贸易进口值占全国加工贸易进口总值的81.9%。见表3。

外商投资企业进出口表

表3

| 类　别 | 金额(亿美元) | 增速(%) | 占全国比重(%) | 比重增减(%) |
|---|---|---|---|---|
| 进出口总额 | 18 601.6 | 16.2 | 51.1 | -2.7 |
| 出口总额 | 9 953.3 | 15.4 | 52.4 | -2.2 |
| 进口总额 | 8 648.3 | 17.2 | 49.6 | -3.3 |

资料来源:商务部外资统计

## 二、中国吸收外商投资存在的问题

尽管2011年中国吸收外商投资产业、区域结构不断完善,但现阶段中国吸收外资还存在一些突出的问题,如服务吸收外资过于集中房地产、中西部吸收外商投资过少以及来自发达国家的资本还有待提高。

### (一)金融危机后中国出现不利于外商投资的舆论

危机后欧美经济增长乏力,中国超过日本成为了世界第二大经济体,中国逐渐成为了拉动世界经济增长的重要引擎。随着中国经济实力的不断壮大以及中国成为世界外汇储备第一大国,国内"不差钱"的论调、轻视跨国公司的论调不断抬头,导致部分外国投资者产生了"中国不再欢迎外商投资"的误解,对中国吸收外商投资的基本政策产生了一定的质疑。如果不能在新形势下充分意识到外商投资对国内经济增长的重要性,尤其是对市场经济完善和引进先进技术的重要性,让不利舆论占据了上风,那将在长期内对中国经济造成很大的负面影响。

### (二)中国外商投资出现下降趋势

2008年全球金融危机发生后,尽管中国吸收外商投资出现了下降趋势,但从2009年8月开始增长,直到2011年10月,连续保持了27个月的同比增长。但2011年11月和12月的实际使用外资金额分别同比下降9.8%和12.7%。此外,2011年新签协议外资金额同比增长6.0%,但月度同比增幅总体呈现下降趋势,下半年有4个月出现同比负增长。欧债危机、全球经济增长的乏力以及中国吸收外商投资缺乏新的大规模的增长点都导致了中国吸收外商投资的下降趋势。

### (三)服务业吸收外资过于集中房地产业

虽然中国通过政策引导外商投资的产业,目前服务业也成外商进入的主要行业,但是由于一直以来外商进入中国服务业限制较多,尤其是金融、电信、铁路、民航和交通等行业行政垄断现象依然非常突出,导致中国服务业吸收外资主要集中在房地产等高利润行业,直接推动了国内房地产价格的居高不下,引发了民众怨言。因此,中国服务业吸收外资结构还存在很大问题,直接导致了中国外商投资质量不高。

### (四)中西部承接国内外产业转移的力度还有待进一步加强

由于特殊的政策倾斜,外商对中国的投资主要集中在东部沿海地区。随着中部崛起和西部大开发战略的深入实施，外商加大了在中西部投资的速度，尽管如此，目前外商投资中西部的份额仍然偏少，影响了区域经济的平衡发展。中西部有劳动力、土地成本低的优势，但其相对东部来说，市场经济环境和产业配套能力都相对较弱，中西部承接国内外产业转移的力度还需不断加强。

### （五）来自欧美等发达国家投资还需不断提高

由于法律和政策的滞后，中国外资并购并未能成为主要的外资投资方式，导致欧美等发达国家资本进入较难，在一定程度上阻碍了欧美等发达国家对中国的投资，导致中国高质量外资进入量太少。在新形势下，应结合中国产业转型升级和欧美发达国家对外投资的新特点，积极完善外商投资法律政策，引导欧美发达国家资本进入，进一步深化与欧美国家的经济利益纽带，维护中国经济持续发展的良好外部环境。

## 三、对策思路

金融危机后，中国吸收外商投资面临新问题以及内外部环境的变化需要国家对吸收外商投资的政策思路进行调整，以提升中国外商投资质量和水平。

### （一）进一步统一思想，坚持吸收外商投资

外商投资是当今世界最为重要的国际资源，不管是像美国一样的发达国家还是像东盟、印度发展中国家，危机后都在不断完善国内投资环境，竞相吸引外国投资来促进本国经济的复苏和发展。而中国处于转变经济增长方式的关键时期，更需要外商投资发挥积极作用。因此，政府应充分意识到新形势下外商投资的重要性，积极引导社会各界进一步统一思想，正确认识外商投资对中国的重要作用，形成有效吸收外商投资的整体氛围。

### （二）深化服务业开放，培育外商投资新的增长点

由于中国制造业开放程度比较高，外商进入中国的市场主体多样，制造业产能已形成相当规模，竞争充分。在中高端制造业还未成为支撑中国经济发展的主导产业时，外商进入制造业的规模不会有大幅提升。因此，危机后，中国要想保持较高规模的外商投资进入，必须培育外商投资新的增长点，而服务业是外商进入中国最有潜力的产业，也是下一阶段中国吸收外商投资的重点。中国必须在清晰定位服务业产业竞争力的基础上，扩大和深化服务业开放水平，逐渐开放电信、银行、保险等垄断性行业，不断提升外资的产业结构。

### （三）制定有针对性政策措施，提高中西部吸收外资水平

区域经济平衡发展离不开中西部经济的腾飞，而中西部市场空间的广阔也为中国经济高速增长提供了很大的潜力。目前中西部外资规模和水平都处于较低的层次，大规模吸收外商投资的难点还很多。因此，中国还得积极研究中西部吸收外商投资中面临的重点难点问题，制定有针对性的政策措施，切实解决中西部地区吸引外资的瓶颈问题。同时地方政府要充分发挥市场经济的力量，完善政策法律环境和产业配套能力，积极为外商在当地落户提供便捷完善的管理和后续服务。

### （四）创新利用外资方式，引导发达国家资本进入

中国经济发展的新阶段，资源和生产要素不断稀缺，很多行业趋于饱和，同时中国又有产业结构升级的迫切要求。而兼并收购是整合行业资源、优化产业结构、推动产业升级的必由之路。国际直接投资中，外资并购是外商投资最重要的方式，而中国由于观念、体制和政策的限制，一直以来外资并购的规模很小，限制了发达国家资本的进入。因此，新形势下，中国需要引导民众对外资并购有正确积极的认识，创新机制体制，完善政策法律环境，促进外资并购，吸引更多的发达国家资本进入。

（撰稿：聂平香）

# 2011 年企业境外投资与境外企业发展综述

国家商务部研究院

## 境外直接投资

境外直接投资起步虽晚但发展迅速，目前已经成为中国最为重要的对外经济合作方式，为促进中国经济对外开放、中国企业国际竞争力提升，以及中国与东道国互利共赢发挥着愈发明显的推动作用。但值得注意的是，按照联合国《世界投资报告》统计，2011 年中国 FDI 出现了自 2003 年以来的首次下降，全球排名也从上年的第 6 位降至第 9 位。

### 一、2011 年中国企业境外直接投资

2011 年，受全球经济再度探底等因素影响，中国企业对外投资规模出现萎缩。据商务部统计，2011 年中国境内投资者共对全球 132 个国家和地区的 3 391家境外企业进行了非金融类对外直接投资，累计实现直接投资 600.7 亿美元，同比减少了 0.2%。其中股本投资和其他投资 456.7 亿美元，占 76.0%；利润再投资 144 亿美元，占 24.0%。

#### （一）对外投资流量总体规模触顶回调

2011 年，中国企业对外直接投资在上年较快增长的情况下，呈现触顶回调态势。如图 1 所示，从投资额看，由于基数较低和统计口径有所调整，中国非金融类对外直接规模呈现高速增长态势。2003—2011 年的 8 年间，投资流量增长了 20.0 倍，年均增长率达 46.3%。

随着基数的不断增大，年度同比增速有所下降。受金融危机影响，2009 年中国企业对外直接投资的增速陡降，从前一年的 57.9% 降至 14.2%，降幅达 43 个百分点。2010 年，企业的对外直接规模出现负增长，同比减少了 0.2%，增速逐年波动下滑趋势较为明显（值得注意的是，2011 年的对外直接投资数据为快报统计数据，2011 年的实际流量仍需以 2012 年对外直接投资统计公报数据为准。一般而言，由于统计完成时间相对靠后，公报数据都要大于快报数据）。

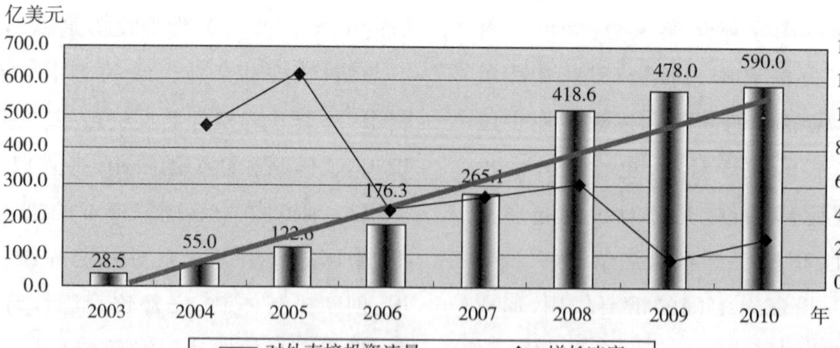


图 1　2003—2011 年中国非金融类对外直接投资流量

#### （二）经济发达地区仍是对外投资主力

经济发展水平较高地区的企业，在产业链上有向上下游发展的动力，需要开拓更为广阔的国际市场。与中央企业相比，地方企业的规模仍相对较小，但同比增长较快。600.7 亿美元的对外直接投资中，

地方企业的投资额为203亿美元，占比为33.8%，比上年增加了11.7个百分点。从地域分布上，各省份分布也不均匀。如图2和表1所示，浙江、山东、江苏、广东、上海、海南和辽宁分列对外投资省、自治区和直辖市的前7位，7省市企业在2011年的对外直接投资流量均超过10亿美元，分别达到21.1亿美元、20.8亿美元、20亿美元、19亿美元、15.1亿美元、12亿美元和11.5亿美元，合计占当年地方企业对外直接投资总量的近3/5，达到58.9%。其中，海南逐渐发展成为对外投资的大省，企业的对外投资额首次超过了10亿美元。

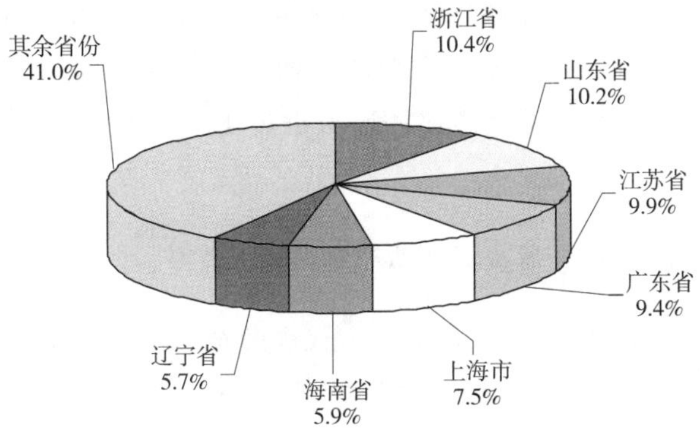


**图2　2011年中国非金融类对外直接投资省市占比排序**

2011年，5个计划单列市非金融类对外直接投资规模呈现下降，但均衡程度有所提高。其中，宁波的非金融对外直接投资流量最高，约为8.6亿美元，比上年的大连的对外直接投资额减少了4亿美元。大连、深圳、青岛和厦门在2011年投资流量分别约为6.7亿美元、6.2亿美元、1.9亿美元和1.3亿美元。

**表1　2011年中国非金融类对外直接投资按省市区排名**

| 序　号 | 省(市、区) | 当年直接投资流量(万美元) |
|---|---|---|
| 1 | 浙　江 | 211 397 |
| 2 | 山　东 | 207 704 |
| 3 | 江　苏 | 200 129 |
| 4 | 广　东 | 190 269 |
| 5 | 上　海 | 151 316 |
| 6 | 海　南 | 120 144 |
| 7 | 辽　宁 | 114 950 |
| 8 | 湖　南 | 80 483 |
| 9 | 北　京 | 74 534 |
| 10 | 湖　北 | 69 009 |
| 11 | 甘　肃 | 63 497 |
| 12 | 天　津 | 57 247 |
| 13 | 云　南 | 57 080 |
| 14 | 四　川 | 53 343 |
| 15 | 安　徽 | 50 875 |
| 16 | 陕　西 | 44 154 |
| 17 | 重　庆 | 41 857 |
| 18 | 河　北 | 35 437 |
| 19 | 福　建 | 34 342 |
| 20 | 新　疆 | 32 557 |
| 21 | 河　南 | 30 171 |
| 22 | 江　西 | 28 090 |
| 23 | 吉　林 | 19 716 |
| 25 | 山　西 | 14 973 |
| 26 | 广　西 | 12 237 |
| 27 | 内蒙古 | 10 403 |
| 28 | 新　疆(生产建设兵团) | 4 971 |
| 29 | 贵　州 | 1 950 |
| 30 | 宁　夏 | 1 249 |
| 31 | 西　藏 | 216 |

### (三)资源产业仍然是对外投资重要领域

2011年以并购方式实现的直接投资222亿美元，占中国同期对外投资总额的37.0%。并购领域主要涉及采矿业、制造业、电力生产和供应业、交通运输业、批发零售业等。据中国矿业联合会的数据，2011年中国企业的海外矿业投资项目为284项，而2010年只有175项。2011年中方协议投资额226亿美元，涉及的投资主体有215个。来自汤森路透的数据显示，2011年中国金属和矿产业对外投资额达到154亿美元，仅次于2008年，位居历史第2高位。中化集团通过香港子公司以30.7亿美元收购挪威国家石油公司巴西Peregrino油田40.0%股权是2011年中国企业最大的境外收购项目。

## 二、金融危机对中国企业对外投资的影响

### （一）危机扩大化增加市场投资机遇

金融危机的第一轮冲击主要影响美国，危机从虚拟经济向实体经济的转移使得美国产业陷入发展滞缓、失业率高涨的境地。然而，在美国两轮量化宽松货币政策的推动下，经济迅速止跌。欧洲相比就没有那么幸运了，欧债危机的愈演愈烈使得多国主权信用评级被下调，经济增长乏力，除德国仍能保持较好增长外，包括希腊、葡萄牙、西班牙等重债国均出现市场资金筹措成本上升、失业率增加等诸多问题。日本经济在危机下略有复苏，但受地震、海啸等自然灾害及次生灾害影响，企业经营也面临困难。在西方国家市场需求增长乏力、企业业务不景气的情况下，现金流吃紧，为中国对外投资的企业创造了更多的市场机会。金融危机期间，中国企业面向行业标杆企业的投资为其实现弯道超越提供了有效支撑，吉利汽车收购沃尔沃就是中国企业完成此类收购的典范之一。

### （二）危机深入化有利提高投资效率

金融危机的持续发展使得不少企业的市场价值严重缩水，上市公司盈利能力的下降使得企业无法获得足够的价值支撑。但对于收购企业则是较明确的利好消息，企业可以以较低价格购买。对于非上市公司而言，由于其股份并未在股票市场上公开挂牌交易，价值难以直接有所体现。但经营业绩的下滑也给这些企业的潜在买家敲了警钟。根据价格决定机制，当需求减少时，标的物的价格会相应下跌。资产泡沫的破裂也使得企业投资相对更为容易。危机的深入有利于企业以低价格收购恰当的标的物，有利于投资效率的提高。危机爆发后，发达国家企业受可用现金减少影响，纷纷通过缩减全球商业网络和裁员保持公司正常运营。相比而言，中国企业所受危机影响较小，现金较为充裕，竞争力更强，有利于在国际并购中获得所需企业。

### （三）资源类产业保护主义有所抬头

危机爆发使得自新世纪以来不断攀升的资源价格大幅下降。危机爆发后各国救市行动和消费需求复苏为资源价格提供了支撑。各类资源的价格虽然形成机制有所不同，但除石油价格受局部地区战乱和石油输出国组织产量决策影响较大外，矿产资源拥有国的政策作用较为关键。在国际资源价格呈现触底反弹后，资源拥有国对其资源的认识有所改变，不少国家陆续提高关税或者限制矿产资源出口。虽然每个国家提税的出发点可能存在差异，但保护主义的趋势较为明显。印度、越南、印尼先后提高铁矿石出口关税，表明这些国家在加大对本国矿产资源的保护力度，也意味着中国企业在这些国家拿到铁矿石资源的难度在不断增加。一旦南非、加拿大、俄罗斯、泰国、菲律宾等国都加入到提升铁矿石出口关税的行列，中国钢企海外找矿将变得越发困难。随着印度、越南、印度尼西亚等国提升铁矿石出口关税，巴西、加拿大、南非等国也传出出台矿产税的消息。

### （四）外需减弱推动产业国际化转移

危机后，以西方国家为代表的全球消费需求大幅减弱，去杠杆化使得居民不敢再寅吃卯粮，失业率上升更近一步压缩其消费需求。面对西方国家的消费需求不振，出口导向型经济所受影响尤其大，出口企业面临外部需求锐减的困境。产量的过剩使得产品价格大幅下降，企业盈利水平相应降低。经历了快速工业化的中国，面临着土地、劳动力、资金等各种相关生产要素价格的轮番上涨，东部沿海地区涨幅尤其大，外部价格打压的压力和内部成本上升的压力严重压缩了企业的利润空间。为减少成本上升的压力，部分劳动力密集型的企业已经大量向国外转移，转移到劳动力、土地资源价格更低的东南亚或非洲国家。事实上，尽管中国在承接国外产业转移后，向其他国家转移出去符合客观规律，但危机的爆发加快了这一转移进程。

### （五）人民币升值增强对外投资能力

自2005年人民币汇率形成机制改革以来，人民币已经累计对美元升值20.0%以上，对中国与其他国家的经贸关系造成了巨大的影响。金融危机使得全球贸易外部环境恶化，美元对其他主要货币出现大幅贬值，人民币对美元的升值步伐暂时停顿。金

融危机首轮冲击波过去后,2010 年人民币汇率形成机制开始二次汇改,人民币兑美元又保持了整体比值上升的态势,预期此轮升值尚难以见到峰顶。在升值压力的作用下,人民币的币值还可能进一步增加。人民币的货币升值,不仅有利于企业以更低成本实现对外投资,而且有利于人民币国际地位的提升。在扩大对外投资的主体资格范围后,人民币的国际接受度有所提高,有助于增强企业或个人的对外投资能力。

#### (六)全球经济再平衡带来较大风险

金融危机所产生不确定性使得其负面影响显著。经济仍未触底,部分国家还处在恶化的过程中。为追求经济的平衡发展,无论宏观政府经济政策,还是微观企业实际行为,都需要更有效调整。经济再平衡过程中,原有的国家间实际分工有可能发生调整,相应的要素分配模式和市场结构也会发生变化。企业赖以决策的危机前国家间分工模式可能需要再次调整,否则就会导致企业投资活动的风险过高。为了提高自身在国际竞争中的位置,一些国家的政府部门可能采取更趋保守的政策准则。对外来投资的限制可能增加,不利于企业业务的拓展。要素跨国配置的难度有所增加,包括人员流动等在内的限制措施有所增加。消费者在新的经济秩序下,也会形成具有自身特点的消费习惯,缺乏对消费者习惯的了解,可能进一步增加企业的经营风险。

## 对外承包工程

### 一、2011 年中国企业对外承包工程

2011 年中国对外承包工程业务保持增长,但增速有所放缓。据商务部统计,2011 年中国对外承包工程业务完成营业额1 034.2亿美元,同比增长 12.2%,新签合同额1 423.3亿美元,同比增长 5.9%。截至 2011 年底,中国对外承包工程累计完成营业额5 390亿美元,签订合同额8 416亿美元。中国寰球工程公司承揽的古巴西恩富戈斯炼油厂扩建项目(合同额 45 亿美元),是 2011 年合同额最大的承包工程项目。

#### (一)对外承包工程业务增速继续放缓

入世以来,中国对外承包工程业务增长较为明显。如图 3 所示,2001—2011 年间,对外承包工程的新签合同额和完成营业额的年均增速较为接近,分别为 27.0% 和 27.8%。新签合同额在 2006 年前与完成营业额的差距不大,比值约为 1.4 左右;但在 2006 年后随着完成营业额的快速增长,新签合同额的增加更为明显,比值一度达到 2 以上;随后,该项比值逐渐下降,2011 年二者的比值重新回到约 1.4。新签合同额的增速低于完成营业额,对未来中国对外承包工程业务的持续发展带来一定负面影响。

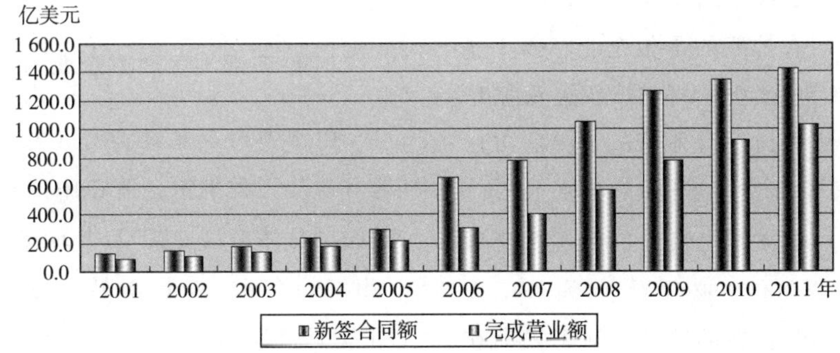


图 3　2001—2011 年中国对外承包工程新签合同额和完成营业额

#### (二)对外承包工程业务额集中程度较高

对外承包工程经过多年发展,已经初步形成了规模庞大、业务能力突出的企业队伍。大型企业在行业中的市场开拓和占有水平、业务承接和完成能力都较为突出。2011 年,中国对外承包工程企业 50

强的新签合同额和完成营业额分别占当年全行业业务额的74.4%和61.7%。与2010年相比,新签合同额的占比略有下降,完成营业额下降了3.3个百分点。如图4所示,50强企业的业务集中程度也比较高,前10位企业的新签合同额和完成营业额分别为50强的55.3%和50.0%。华为技术有限公司业务表现较为突出,2011年新签合同额达到116.3亿美元,同比增长了40.0%,首次实现单年新签合同额超越百亿美元大关。见表2。

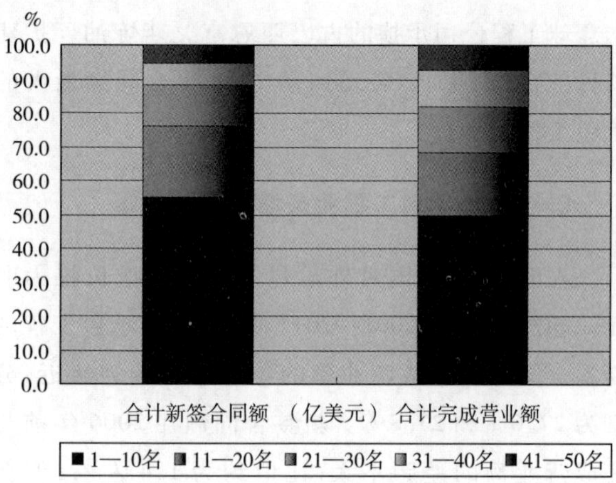


图4 中国对外承包工程企业前50名业务额分布

**(三)国有对外承包商总体优势仍较明显**

中国的对外承包工程受发展历程决定,国有承包商较早接触国际市场,与中国政府对外经济合作业务联系较为紧密,在市场中占有较大比重。表2显示,对外新签合同额的10强中,除了华为技术有限公司外均为国有或国有控股的承包企业。表3显示,按照完成营业额的50强中,中信建设、上海振华重工等民营企业也历然在目。对外承包工程的市场门槛相对不高,企业数量众多,但品牌的叠加效应以及海外经验和工程布局的支撑力目前仍然是企业做大做强海外业务的重要条件。必须看到,海外工程存在外生性和内生性同时存在的特性。除了被动获得其他订单外,企业自身创造的订单也是保持发展的关键因素之一。作为民营企业的华为海外市场拓展迅速,为其带来了大量海外建设订单,使其保持了新签合同额和完成营业额两项第一。

**2011年中国对外承包工程业务新签合同额前10家企业**

表2

| 序 号 | 企业名称 | 新签合同额（万美元） |
|---|---|---|
| 1 | 华为技术有限公司 | 1 162 694 |
| 2 | 中国水利水电建设股份有限公司 | 772 754 |
| 3 | 中国建筑工程总公司 | 728 014 |
| 4 | 上海电气集团股份有限公司 | 684 216 |
| 5 | 中国港湾工程有限责任公司 | 510 185 |
| 6 | 中国寰球工程公司 | 452 790 |
| 7 | 中国交通建设股份有限公司 | 446 270 |
| 8 | 中国葛洲坝集团股份有限公司 | 426 012 |
| 9 | 东方电气股份有限公司 | 361 007 |
| 10 | 中信建设有限责任公司 | 319 489 |

**2011年中国对外承包工程业务完成营业额前10家企业**

表3

| 序 号 | 企业名称 | 完成营业额（万美元） |
|---|---|---|
| 1 | 华为技术有限公司 | 878 961 |
| 2 | 中国建筑工程总公司 | 447 612 |
| 3 | 中国水利水电建设股份有限公司 | 439 863 |
| 4 | 中国港湾工程有限责任公司 | 272 573 |
| 5 | 中信建设有限责任公司 | 227 352 |
| 6 | 中国石油工程建设公司 | 214 116 |
| 7 | 山东电力建设第三工程公司 | 201 962 |
| 8 | 中国机械设备工程股份有限公司 | 171 791 |
| 9 | 上海电气集团股份有限公司 | 154 689 |
| 10 | 山东电力基本建设总公司 | 153 552 |

**(四)东部地区地方企业的业务量占比较大**

由于中央企业在业务市场中仍占据主要位置,地方对外工程承包企业在中国对外承包工程业务中的比例总体不高。2011年,除台湾地区外的30个省(市、区)企业在中国对外承包工程业务中的比重分别为62.4%和54.4%。从企业所属的地区分布来看,东部经济发展水平较高地区企业的对外承包工程业务额所占比重较高。如表4所示,2011年企业新签合同额排名前10位的省(市、区)分别为广东、上海、山东、四川、湖北、江苏、河北、北京、浙江和河南,合计占到地方企业新签合同额的83.2%;而完成营业额排名前10位的省(市、区)则分别是广东、山东、江苏、上海、四川、湖北、天津、河南、浙江和北京,来自前10位省(市、区)的企业合计占到地方企业完成营业额的比重更高,达到74.8%。

2011年,计划单列市中,受华为技术有限公司业绩拉动,深圳企业的对外承包工程完成营业额最高,达到97亿美元。青岛、宁波和大连的新签合同额分别为12.9亿美元、11.1亿美元和5.8亿美元。深圳企业的对外承包工程新签合同额也最高,达130.2亿美元。青岛、宁波和大连企业的新签合同额分别为5.9亿美元、5亿美元和3.8亿美元。

**2011年中国对外承包工程完成营业额按省市区排名**

表4

| 序号 | 省(市、区) | 完成营业额(万美元) | 新签合同额(万美元) | 序号 | 省(市、区) | 完成营业额(万美元) | 新签合同额(万美元) |
|---|---|---|---|---|---|---|---|
| 1 | 广东 | 1 134 158 | 1 343 526 | 16 | 陕西 | 136 256 | 83 517 |
| 2 | 山东 | 747 265 | 864 453 | 17 | 云南 | 114 468 | 112 125 |
| 3 | 江苏 | 600 106 | 588 537 | 18 | 黑龙江 | 109 161 | 41 254 |
| 4 | 上海 | 594 113 | 1 234 673 | 19 | 山西 | 69 676 | 41 821 |
| 5 | 四川 | 498 692 | 745 344 | 20 | 广西 | 65 296 | 55 061 |
| 6 | 湖北 | 406 741 | 631 308 | 21 | 新疆 | 63 209 | 39 840 |
| 7 | 天津 | 299 081 | 194 390 | 22 | 福建 | 50 373 | 49 016 |
| 8 | 河南 | 291 264 | 230 318 | 23 | 重庆 | 41 770 | 16 748 |
| 9 | 浙江 | 289 942 | 257 437 | 24 | 新疆(生产建设兵团) | 33 988 | 7 147 |
| 10 | 北京 | 248 098 | 261 088 | 25 | 贵州 | 30 015 | 29 649 |
| 11 | 河北 | 243 603 | 328 230 | 26 | 甘肃 | 29 664 | 54 691 |
| 12 | 安徽 | 236 706 | 193 661 | 27 | 吉林 | 29 510 | 7 605 |
| 13 | 江西 | 158 503 | 144 191 | 28 | 青海 | 4 633 | 1 225 |
| 14 | 辽宁 | 150 798 | 197 637 | 29 | 宁夏 | 1 841 | 3 262 |
| 15 | 湖南 | 145 987 | 39 747 | 30 | 海南 | 1 382 | 493 |

注:表中未列省区暂无此项业务。

## 二、金融危机对中国对外承包工程的影响

### (一)扩张性财政政策增加市场规模

金融危机爆发后,各国政府采取的救市措施是经济迅速从谷底反弹的关键因素之一。美国在其经济复苏计划中把加强基础设施建设放到了十分重要的位置,下一代互联网建设、高速铁路律设等都是政府投资的重点。为了刺激经济发展,一些国家对包括环境卫生、公共设施等老旧基础设施进行改造,事实上为工程承包企业创造了更大的发展空间。从数据上看,危机爆发初期,尽管各国经济增长速度明显下降,但财政资金支持的全球承包工程市场规模出现较快增长,为行业业务的发展提供了支撑,也刺激相关行业的发展,创造了不少就业机会。

### (二)债务可持续不足减弱市场预期

随着金融危机的不断发展,各国政府的财力逐渐捉襟见肘。基础设施建设对资金规模的要求相对较高,且需要连续的投入。发达经济体受危机影响较大,为了避免对经济造成负面冲击又难以通过提高税赋水平增加财政收入,政府借债成本也随着信用评级的下降而成本上升。在社会资金难以进入形成补充的情况下,基础设施建设难以为继。金融危机爆发一年后,政府财政支持的基础设施建设大幅

减少。面对短期内危机难以结束的现状，市场对发达经济体承包工程业务的发展前景并不乐观，市场业务发展预期下降。发展中国家相对受危机影响较小，工业化进程对工程需求相对较强，但也受危机影响有所下滑。

### （三）人民币汇率坚挺减少企业收入

汇率问题是承包工程企业面临的一大难题。由于企业业务多以美元结算，而大多收入需要汇回国内使用，对汇率波动较为敏感。实践中，工程项目多为分期完工、分期结款，对于人民币与美元汇率波动更为关注。承包工程合同以美元结算，人民币的坚挺将减少企业未来实际获得的业务利润。按照现有的人民币汇率形成机制，人民币与美元的汇率弹性进一步增加，波动幅度增加。同时，对人民币与美元的汇率波动风险，目前企业可用于对冲的金融工具种类有限且市场交易机制不完善，存在风险敞口使得不少企业不愿意花大力气获得海外订单。

### （四）劳动力成本上升反映要素替代

中国对外承包工程经过几十年的发展，取得了长足的进步，在国际市场上占有较为重要的地位。但是，目前中国企业的优势仍然主要集中于劳动力密集型的传统行业领域，在普通住宅建造、道路、桥梁、涵洞等方面竞争力较强。然而，近年来，中国国内劳动力成本上升速度较快，东部沿海地区的劳动力收入水平较高。相比而言，西方国家的劳动收入水平变化较小，工程人员在国外与国内工作所能够获得的报酬并未有实质性的差异，而在国外参加工程项目却给工程人员带来诸多风险和不便，对承包工程人员的吸引力降低。为解决本国的就业问题，越来越多的国家对国外公司承担本国项目提出了本地化比例要求，实际上造成了中国对外承包工程人员进入国外市场难度的增加。

### （五）危机增强企业转型与升级动力

金融危机影响下，中国承包工程企业受到更大的转型升级压力。在竞争日趋激烈的大局势下，企业需要重新调整原有的发展战略，不能局限于原有的传统优势业务领域。面对部分国家中国承包工程企业数量过多、导致过度竞争的情况，无论市场中的企业，还是有意进入这些市场的企业，都需要考虑具体策略的问题。依靠比拼价格的竞争只能导致恶性压价和一损俱损。危机下，国外大型承包商依靠其资金实力、科技水平在开拓包括低碳等新领域上获益匪浅，利润率相对较高。中国的承包工程企业要做强，转型升级的压力更大。总的来讲，中国的对外承包工程企业需要解决业务零散、资源掌控能力不强、资金积累和研发投入不足以及属地化管理等多个瓶颈，以危机为契机实现发展。

# 对外劳务合作

## 一、2011 年中国对外劳务合作

2011 年，中国对外劳务合作发展基本平稳。尽管与上年相比，年末在外人数有所下降，但派出人数保持增长。劳务外派大省的派出劳务规模进一步加大，地方企业劳务派出规模明显高于央企。

### （一）对外合作业务进入平稳发展期

对外劳务合作业务受入世国际市场发展机遇推动，如图 5 所示，自 2001 年以来中国对外劳务合作的新签合同额和完成营业额均保持持续增长。但这一增势到 2009 年受经济危机影响出现停滞和萎缩。2010 年，中国对外劳务合作完成营业额 89 亿美元，与上年基本持平；新签合同额 87.2 亿美元，同比增长 16.8%。

作为人口和劳动力大国，对外劳务合作是中国具有一定比较优势的领域。2001—2011 年间，除 2008 年暂时下滑外，年末派出人数基本保持稳中有升的发展态势。劳务短期化现象更为明显，与上年相比，2011 年派出的劳务合作人员数量有所增长，但年末在外人数有所下降。据商务部统计，2011 年中国对外劳务合作派出各类劳务人员 45.2 万人，较上年同期增加 4.1 万人，其中承包工程项下派出劳务 24.3 万人，劳务合作项下派出 20.9 万人。年末在外各类劳务人员 81.2 万人，同比减少 3.5 万人。

入世 10 年是中国对外劳务合作发展最快的时期。截至 2010 年底，中国对外劳务合作累计完成营业额736亿美元,签订合同额760亿美元。截至2011年底,中国累计派出各类劳务人员588万人。而2001—2010年对外劳务合作的新签合同额和完成营业额分别占到了69.2%和76.2%。

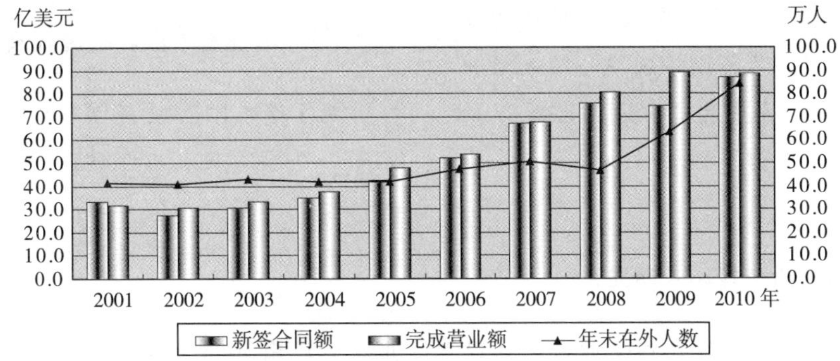


**图5　2001—2010年中国企业对外劳务合作新签合同额和完成营业额**

### (二)各省企业派出劳务受影响不同

与对外承包工程业务相比,对外劳务合作的集中度相对较低,央企的外派劳务业务量不多,各省企业从事的业务比重较高。2010年,各省、自治区、直辖市的对外劳务合作新签合同额和完成营业额分占全国的84.3%和83.2%。经济危机对劳务派出造成不利影响,但各省(市、区)因派出劳务目的地存在差异,对外劳务合作业务所受影响不同。如表5所示,2011年,派出人数占前6位的省份为山东、江苏、河南、广东、福建和辽宁,派出人数均超过2万人,超过2万人的省份比2010年增加一个;排名前14位的省份的派出人数均超过1万人。按照年末在外人数统计,排名前6位的分别是山东、江苏、河南、吉林、辽宁和广东,年末在外人数均超过4万人。

**2011年中国派出各类劳务人员按省市区排名**

**表5**

| 序　号 | 省(市、区) | 派出人数(人) | 年末在外人数(人) | 序　号 | 省(市、区) | 派出人数(人) | 年末在外人数(人) |
|---|---|---|---|---|---|---|---|
| 1 | 山　东 | 48 840 | 108 666 | 17 | 四　川 | 7 496 | 21 781 |
| 2 | 江　苏 | 39 167 | 89 254 | 18 | 河　北 | 7 228 | 8 873 |
| 3 | 河　南 | 38 664 | 64 193 | 19 | 陕　西 | 6 651 | 10 777 |
| 4 | 广　东 | 35 679 | 42 638 | 20 | 新　疆 | 3 729 | 3 134 |
| 5 | 福　建 | 27 920 | 27 601 | 21 | 江　西 | 3 517 | 13 535 |
| 6 | 辽　宁 | 20 798 | 43 262 | 22 | 广　西 | 3 337 | 4 394 |
| 7 | 湖　北 | 17 386 | 23 473 | 23 | 新　疆(生产建设兵团) | 2 579 | 2 701 |
| 8 | 吉　林 | 14 878 | 63 352 | 24 | 山　西 | 2 447 | 5 934 |
| 9 | 上　海 | 14 308 | 23 491 | 25 | 甘　肃 | 2 385 | 2 023 |
| 10 | 安　徽 | 13 574 | 20 901 | 26 | 重　庆 | 2 149 | 4 361 |
| 11 | 北　京 | 11 804 | 17 842 | 27 | 贵　州 | 2 019 | 1 938 |
| 12 | 云　南 | 11 506 | 26 306 | 28 | 青　海 | 1 697 | 411 |
| 13 | 黑龙江 | 11 200 | 11 315 | 29 | 内蒙古 | 1 539 | 5 773 |
| 14 | 天　津 | 11 081 | 16 084 | 30 | 宁　夏 | 291 | 522 |
| 15 | 湖　南 | 9 624 | 22 578 | 31 | 海　南 | 6 | 6 |
| 16 | 浙　江 | 8 933 | 15 736 | | | | |

注:表中未列省区暂无此项业务。

## 二、金融危机对中国对外劳务合作的影响

金融危机改变了全球经贸格局，也给对外劳务合作业务带来严峻挑战。劳务供给规模的增大增加了市场竞争强度，不少国家出台的限制性政策以及区域经济不稳定等因素也都不利于对外劳务合作业务的顺利发展。

### （一）劳动力市场供给总量增长明显

金融危机导致的经济不景气使得企业破产数量大增，就业岗位严重不足。西方各国的失业率在危机影响下均呈现较快增长。失业人数的增长不仅引发各种社会问题，而且对未失业雇员也形成了竞争压力。在供需双方的共同作用下，全球劳动力市场呈现较为明显的供过于求的状态。除了劳动力市场原有的就业人口转为失业人口外，每年由高校和各种技能培训机构毕业的劳动者也加入寻找工作的队伍，跨越国境寻找工作的劳动者数量有所增长，增长速度在欧盟、北美自由贸易区等区域性组织中表现尤为明显。

### （二）劳动力供需结构性不平衡依然

尽管劳动力供给总量增长明显，但劳动力供需的结构性矛盾依然存在。经济发展水平较高的国家中，“3D（脏、难、险）”的工作的招工并不容易，农业生产中对人力要求较高的剪羊毛、摘棉花等行业领域仍然出现较为明显的季节性用工缺口。在老龄化社会，劳动力密集型的行业的从业人员供给不足问题依然突出。尽管多国政府采取措施避免结构性劳动力供给问题影响经济发展，但仅仅依靠其本国的劳动力资源，还难以解决这种矛盾。

### （三）不少国家出台政策限制外劳进入

为了给本国劳动者创造更多就业机会，金融危机下一些国家政府出台政策，加强对外来劳务进入本国市场的限制力度。印度就修改签证政策，要求所有外来劳务离境并重新申请工作许可，造成许多在建项目被迫停工。一些国家尽管并未公开宣布采取更为严格的外劳政策，但实际上通过签证官在签证过程中的从严处理，限制了外来劳务的入境。对本国雇主在雇用国外雇员时需要完成的劳动力市场需求测试的要求的执行也更为严格，增加了雇主雇用外国雇员的难度。

### （四）区域安全形势不稳定影响发展

金融危机爆发后，自突尼斯爆发的“茉莉花革命”波及多国，引起了国家经济的动荡和区域经济形势的不稳定。以利比亚为例，由于战争爆发，外国企业被迫撤离，在利比亚务工的大量劳务人员也因而被迫撤离。日本地震、海啸及引起的核泄漏也使得大量外国务工人员批量撤离。区域局势不稳，东道国国内经济恶化给外来务工人员带来了巨大风险，不仅面临工资收入无法按期取得，更可能引发人身安全的危险。

（撰稿：周　密）

# 行业发展概况

# 2011 年电力行业发展综述

中国电力企业联合会

2011 年，受水电出力下降、电煤供应紧张、电源电网结构失调、电力需求增长较快等因素影响，全国电力供需总体平衡偏紧，部分地区、部分时段供需矛盾比较突出，全国共有 24 个省级电网相继出现缺电情况，最大电力缺口超过3 000万千瓦。通过组织跨区跨省电力支援、积极协调保障电煤供应、加强需求侧管理和实施有序用电等措施，有效缓解了电力供需矛盾，保障了经济社会发展对电力的需求。

## 一、2011 年全国电力供需情况

2011 年，全国电力供需形势总体呈现前紧后缓，呈现区域性、时段性、季节性电力短缺，部分地区出现持续性缺电现象。1 月份，全国最大电力缺口超过3 000万千瓦，江苏、河南、山西等省份缺口较大；2、3 月份全国电力供需总体平衡，仅浙江、江苏等个别省份有少量缺口。4—6 月份，缺电表现由点到面，受来水不足等因素影响，缺电地区向水电比重大的省份集中，缺电比例不断扩大，江苏、浙江、贵州及华中部分省份缺口较大，全国最大电力缺口2 000万千瓦左右，其中江苏、浙江、湖南、江西、重庆、贵州等省份缺电严重。迎峰度夏期间，由于全国未出现长时间、大范围的高温闷热天气，空调负荷没有完全释放，加上各项准备措施比较充分，电力缺口略低于3 000万千瓦，但是，浙江、江苏、重庆、山西、湖南、江西、广东、贵州、广西等省份供需形势比较紧张。四季度，随着电力消费需求明显放缓、部分省份秋汛来水情况好转，全国电力供需形势明显改善，12 月份全国电力供需缺口缩小到600 万千瓦左右。全年全国累计限电量约 352 亿千瓦时，占全社会用电量的 0.8%。

### （一）电力供应能力进一步增强，装机结构出现新特点

电力供应能力进一步增强。2011 年，全国电源基建新增生产能力9 436万千瓦，比上年增加 312 万千瓦，已连续 6 年超过9 000万千瓦。其中，水电1 283万千瓦，比上年少投产 360 万千瓦，占全部新投产容量的 13.6%，比上年下降 4.4 个百分点；火电6 241万千瓦，比上年多投产 411 万千瓦，占全部新投产机组容量的 66.2%，比上年提高 2.2 个百分点；核电 175 万千瓦，投产容量与上年持平；并网风电1 528万千瓦，比上年多投产 70 万千瓦，占全部新投产容量的 16.2%，比上年提高 0.2 个百分点；其他类型发电新增 209 万千瓦，其中并网太阳能光伏发电新增 196 万千瓦，比上年多投产 176 万千瓦。

截至 2011 年底，全国全口径发电装机容量106 253万千瓦，比上年增长 9.9%。其中，水电23 298万千瓦，比上年增长 7.8%；火电76 834万千瓦，比上年增长 8.3%；核电1 257万千瓦，比上年年增长 16.1%；并网风电容量4 623万千瓦，比上年增长 56.3%；其他类型发电设备容量为 241 万千瓦，其中并网太阳能发电 212 万千瓦，比 2010 年底增长 7.3 倍。核电、并网风电、其他类型发电占全国全口径发电装机容量的比重分别比上年提高 0.06、1.3 和 0.2 个百分点，而水电、火电所占比重分别降低 0.4 和 1.1 个百分点。2011 年底全国全口径发电装机结构情况见图 1。

发电装机向西部地区转移趋势较为明显。2011 年，华北、东北、华东、华中、西北、南方区域新增装机分别为2 051、1 064、1 405、1 647、1 817、1 451万千瓦。各区域中，华北区域基建新增装机容量最多，占全国新增装机容量的比重比上年提高 5.2 个百分点，主要以火电和并网风电为主，分别占全国新增火电、并网风电装机容量的 23.5% 和 32.7%。西北区域新增装机容量占全国新增装机容量的 19.3%，比上年提高 3.8 个百分点，其中新增并网风电装机容量占全国新增并网风电装机容量的 29.9%。在湖北、四川等一批大中型水电机组集中投产的带动下，

华中区域新增水电装机容量占全国新增水电装机容量的52.22%，新增装机容量占全国新增装机容量的17.5%，比上年提高3.2个百分点。此外，南方区域新增装机容量占全国新增装机容量的比重比上年提高0.3个百分点，而东北、华东区域新增装机容量比重分别比上年降低6.7和5.8个百分点。

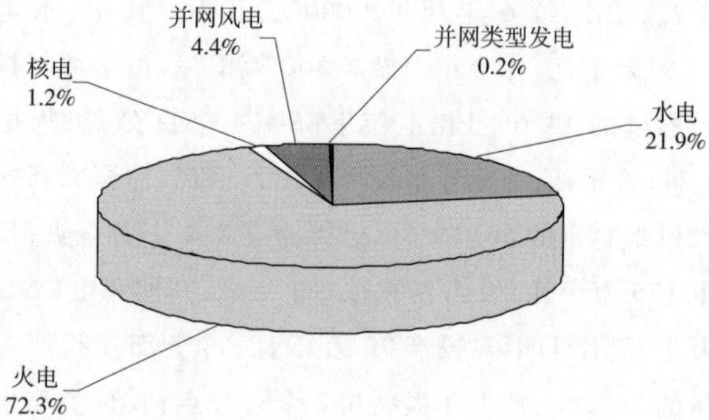


**图1 2011年底全国全口径发电装机结构情况**

水电新增装机保持一定规模。2011年，有三峡地下电站4台70万千瓦机组、云南汉能金安桥水电站3台60万千瓦机组、四川泸定水电站2台23万千瓦机组、云南功果桥水电站2台22.5万千瓦机组、四川大渡河深溪沟水电站2台16.5万千瓦机组、重庆银盘水电站工程4台15万千瓦机组等一批大中型水电机组相继投产；抽水蓄能机组投产175万千瓦，比上年少投产65万千瓦。

火电继续以大容量燃煤机组为主，但新增火电装机容量中燃煤机组所占比重比上年有所下降。2011年，全国新增燃煤机组（含煤矸石）5 837万千瓦，占火电新增容量的93.5%，比上年下降1.9个百分点；全年新投产单机容量30万千瓦及以上燃煤机组（含煤矸石）108台、共5 461万千瓦，分别占新投产燃煤机组和火电机组容量的93.6%和87.5%，其中，60万千瓦及以上燃煤机组53台、3 673万千瓦，占新投产燃煤机组容量的58.8%，包括宁夏灵武电厂二期工程1台和嘉兴发电厂三期工程2台等共9台百万千瓦超超临界火电机组。年底全国在运百万千瓦超超临界火电机组40台。新增燃气机组237万千瓦，占火电新增容量3.8%，主要分布在上海、北京、江苏；新增余热余压发电77万千瓦、并网生物质发电65万千瓦、并网垃圾发电26万千瓦。

核电又添新机组。2011年，岭澳核电站二期2号机组109万千瓦、秦山核电二期4号机组66万千瓦相继投运，年底全国在运核电装机容量1 252万千瓦。

风电新增规模大于上年，增速明显回落。2011年，全国新增并网风电容量1 528万千瓦，比上年增长4.9%，但增速比上年下降44.9个百分点。分省份看，内蒙古、甘肃新增并网风电容量超过200万千瓦，山东、辽宁、山西新增并网风电容量超过100万千瓦。

并网太阳能发电大规模投产。2011年，国家出台的太阳能并网发电电价政策极大地促进了太阳能发电产业发展，全年新增并网太阳能发电装机容量196万千瓦，比上年大幅增长了9.1倍。其中青海、宁夏、江苏并网太阳能发电装机投产容量分别达到94万千瓦、40万千瓦和30万千瓦，包括中电投青海格尔木并网光伏电站项目（20万千瓦）、中广核青海锡铁山光伏发电项目三期（6万千瓦）等一批大中型并网太阳能光伏发电项目。

**（二）水电发电量同比减少，火电发电量增加较多**

发电量保持较快增长。2011年，全国全口径发电量47 306亿千瓦时，比上年增长11.9%。其中，水电6 681亿千瓦时，比上年下降2.7%；火电39 003亿千瓦时，比上年增长14.2%；核电872亿千瓦时，比上年增长16.7%；并网风电发电量741亿千瓦时，比上年增长49.9%。

水电发电量同比减少。2011年，全国全口径水电发电量6 681亿千瓦时，比上年减少2.7%，增速比上年降低22.8个百分点；占全部发电量的14.1%，比上年降低2.1个百分点。

火电发电量增加较多。2011年，全国全口径火电发电量39 003亿千瓦时，比上年增长14.2%，增速比上年提高0.7个百分点；占全部发电量的比重为82.5%，比上年提高1.6个百分点。

最高发电负荷保持稳步增长。根据国家电力调度通信中心统计，2011年，全国统调最高发电负荷（最高发电电力）比上年增长12.5%，增速比上年提高4.9个百分点；统调发电量比上年增长11.3%，增速比上年降低 6.1 个百分点。

**(三)水电设备利用小时数下降,火电设备利用小时数快速攀升**

2011 年,全国6 000千瓦及以上电厂发电设备利用小时4 730小时,比上年提高 80 小时(上年为提高 104 小时),已连续两年回升。其中,水电3 019小时,比上年大幅降低 385 小时(上年为提高 76 小时);火电5 305小时,比上年提高 274 小时(上年为提高 166 小时);核电7 759小时;风电1 875小时。

**(四)电网资源配置能力有所增强,跨区送电稳步增长**

电网资源优化配置能力不断增强。2011 年全国新增 110 千伏及以上输电线路66 903千米,其中,220 千伏24 129千米,110 千伏30 698千米,两者合计新增占到全国新增 110 千伏及以上线路长度的 82.0%。晋东南—南阳—荆门1 000千伏特高压交流试验示范工程扩建项目正式投产,该示范工程单回线路输送能力达到 500 万千瓦,成为世界上运行电压最高、输电能力最强、技术水平最先进的交流输电工程。青藏联网工程建成投入试运行,标志着中国内地电网全面互联,结束了西藏电网长期孤网运行的历史,从根本上解决了制约西藏发展的缺电问题,为青海柴达木循环经济试验区发展和国家新能源基地建设提供了电力保障。宁夏—山东 ±660 千伏直流输电工程双级建成投运。亚洲首条柔性直流输电示范工程——上海南汇风电场柔性直流输电工程投入正式运行。云南普洱—广东江门 ±800 千伏直流输电工程、溪洛渡右岸电站—广东双回 ±500 千伏直流输电工程正式开工,工程建成后,西电东送能力将新增1 140万千瓦。锦屏—苏南 ±800 千伏特高压输电工程进展顺利。中俄能源电力合作项目——中俄直流背靠背联网工程进入调试阶段。这是目前规划建设的中国从境外购电电压等级最高、容量最大的输变电工程。淮南—上海1 000千伏特高压交流输电线路获得核准建设。

电网跨区域输电和资源优化配置能力继续提高。截至 2011 年底,国家电网公司跨区输电工程跨区输电能力超过4 250万千瓦。其中,交直流联网工程跨区输电能力超过3 400万千瓦,跨区点对网送电能力超过 850 万千瓦。南方电网内部形成"八交五直"的"西电东送"主网架,输电能力超过2 300万千瓦;鲤鱼江—广东跨区点对网送电工程送电能力 180 万千瓦。黑河直流背靠背等跨国联网工程建成投运,中国与俄罗斯、越南、缅甸等周边国家跨国电力交换能力超过 200 万千瓦,电网跨国优化配置资源的功能逐步显现。

**(五)电力建设成绩显著**

电网完成投资所占比重有所上升。2011 年,全国电力工程建设完成投资7 614亿元,比上年增长 2.7%。其中,电源工程建设完成投资3 927亿元,比上年减少 1.1%,占全国电力工程建设完成投资总额的 51.6%,比上年降低 1.9 个百分点;电网工程建设完成投资3 687亿元,比上年增长 6.9%,占全国电力工程建设完成投资总额的 48.4%。

清洁能源投资比重明显上升。在电源投资中,全国水电工程建设完成投资 971 亿元;风电完成投资 902 亿元;火电投资1 133亿元。2011 年,火电投资占电源投资的比重下降至 28.9%,清洁能源投资比重明显提高。

南方区域电源投资明显增加。受水电、火电、核电、风电投资均明显增加的拉动作用,南方区域电源工程建设完成投资 927 亿元,比上年增长 66.4%,是各区域中完成投资唯一实现正增长的区域,占全国电源投资比重比上年提高 9.6 个百分点。

**(六)科技创新取得新突破**

2011 年,电力行业国家科学技术进步奖项 8 项。特高压和智能电网实现新的突破。柔性直流输电(上海南汇)、中新天津生态城、750 千伏延安智能变电站等一批智能电网示范工程投运,建成了一批电动汽车充换电示范工程。世界第一个集风力发电、光伏发电、储能系统、智能输电于一体的国家风光储输示范工程在河北省张北县建成投产。天津 25 万千瓦等级的整体煤气化燃气蒸汽联合动力循环(IGCC)发电示范工程进入系统调试阶段。大型核电站示范工程正式开工建设,实验快堆(CEFR)实现临界和并网发电。解决了海上风电机组安装、电力传输、机组防腐蚀等技术难题，海上 3 兆瓦双馈式风电机组已小批量应用，6 兆瓦机组已经下线。世界首个百万千瓦级光伏电站群—柴达木盆地泥多佛大电站群成功接入电网。

### （七）节能减排工作成效显著

据中电联统计，2011 年全国电力二氧化硫排放 913 万吨，比上年下降 1.4%；单位火电发电量二氧化硫排放量为每千瓦时 2.3 克（美国 2010 年为 2.9 克）；截至 2011 年底，全国已投运燃煤机组烟气脱硫装置容量 6.3 亿千瓦，占煤电机组容量的 89.0%，比 2010 年的美国高 34 个百分点。电力氮氧化物排放量增长明显放缓，全国已投运烟气脱硝机组容量约 1.4 亿千瓦，占火电机组容量的 18.0%，规划和在建的烟气脱硝机组已超过 1 亿千瓦。此外，2011 年水电、核电、风电、太阳能发电共计完成发电量8 294亿千瓦时，相当于少用标准煤 2.5 亿吨，减排二氧化碳 7 亿吨。

### （八）电力企业经营困难

2011 年，受煤价上涨、水电减发及贷款利率上调等因素影响，电力企业利润总额仅为1 433亿元，比上年减少 10.9%；销售利润率为 3.3，比上年降低 1.0 个百分点。在电力企业中，电力供应企业实现利润总额 722 亿元，比上年增长 2.6%，销售利润率为 2.6%，比上年降低 0.3 个百分点，利润主要集中在东部地区的部分省份；发电企业实现利润总额 711 亿元，比上年增长 21.4%，销售利润率为 4.8%，比上年降低 2.3 个百分点。在发电企业中，水电企业实现利润总额 283 亿元，比上年减少 22.3%；火电企业实现利润总额 206 亿元，比上年下降 32.9%；核电企业实现利润总额 110 亿元，比上年下降 26.7%；其他能源发电企业实现利润总额 112 亿元，比上年增长 34.6%。

## 二、电力消费

2011 年，全国全社会用电量47 026亿千瓦时，比上年增长 12.0%，电力消费需求依然旺盛，但增速较 2010 年降低 2.8 个百分点。全国电力需求总体旺盛，第二产业用电量平稳增长，第三产业用电量较快增长，城乡居民生活用电量下半年增速趋缓；轻工业用电量增速（除 3、4 月份外）总体低于重工业增速，制造业和四大重点行业月度用电量规模总体高位稳定，10 月份和 11 月份开始有所回落；西部省份用电量持续高速增长，广东、江苏、山东、浙江、河北及河南六大用电大省带动全国用电量增长的作用继续减弱。

### （一）第二产业、第三产业用电保持较快增长，所占比重有所上升

2011 年，第一产业用电量1 013亿千瓦时，比上年增长 3.7%；第二产业用电量35 288亿千瓦时，比上年增长 12.2%，略高于全社会用电量增速；第三产业用电量5 105亿千瓦时，比上年增长 14.0%，高于全社会用电量增速 2.1 个百分点；全国城乡居民生活用电量5 620亿千瓦时，比上年增长 10.3%，低于全社会用电量增速。2011 年，全国电力消费弹性系数为 1.3，比上年降低 0.1 个百分点，但仍大于 1。

### （二）重点行业用电继续保持较快增长

2011 年，全国工业用电量34 717亿千瓦时，比上年增长 12.1%，略高于全社会用电量增速。全国轻、重工业用电量分别为5 831亿千瓦时和28 885亿千瓦时，分别比上年增长 9.3% 和 12.7%；轻、重工业用电量增速差距较大，轻工业占工业用电量的比重比上年降低 0.4 个百分点。

化学原料及化学制品制造业、非金属矿物制品业、黑色金属冶炼及压延加工业、有色金属冶炼及压延加工业四大重点行业用电量合计15 275亿千瓦时，比上年增长 13.5%；占全社会用电量的 32.5%，比上年提高 0.5 个百分点。化学原料及化学制品制造业用电量3 463亿千瓦时，比上年增长 12.5%；非金属矿物制品业用电量2 938亿千瓦时，比上年增长 17.6%，远高于全社会用电量增速；黑色金属冶炼及压延加工业用电量5 312亿千瓦时，比上年增长 12.8%；有色金属冶炼及压延加工业用电量3 562亿千瓦时，比上年增长 12.4%。除上述四大重点行业外，2011 年，纺织业用电量1 379亿千瓦时，比上年增长 8.0%；交通运输、电气、电子设备制造业用电量

1 937亿千瓦时，比上年增长10.8%；金属制品业用电量1 289亿千瓦时，比上年增长24.4%；通用及专用设备制造业用电量1 098亿千瓦时，比上年增长14.3%。

## 三、几点建议

### （一）增加煤炭产量，控制电煤价格，保障电煤运输

2012年水电生产形势可能仍不乐观，保障电力供应最关键的是要确保火电生产的电煤供应，因此：一是尽快释放煤炭产能、增加国内煤炭产量，控制国内煤炭出口、增加煤炭进口规模，确保电煤充足供应；二是做好电煤价格监督检查工作，贯彻落实好中央经济工作会议精神和国家有关要求，整肃流通环节，严格控制电煤到场（厂）价格；三是及时启动煤电联动，尽快理顺电价形成机制，改善火电企业生产经营环境；四是建立健全电煤供销预警、调节、应急机制，支持火电企业多存煤，保持电厂合理存煤水平；五是统筹安排好现有铁路运力，组织好重点地区电煤运输，加快核准建设"北煤南运"铁路输煤通道。

### （二）运用电价等经济调节手段，深化需求侧管理和有序用电措施，促进经济结构调整

全面总结中国在解决电力短缺矛盾方面的经验教训，加快推进电价等市场化手段调节电力供需平衡。一是深化电力需求侧管理，出台并实施如差别电价、惩罚性电价以及峰谷电价等措施，形成产业结构调整和节能的倒逼机制，促使用户通过广泛应用节电技术或产业技术升级来节能节电，促进产业结构调整和发展方式转变；二是做好有序用电工作，细化相应措施，充分发挥政府的主导作用，根据各地用电负荷特性，滚动调整有序用电方案，确保"有保有限"落到实处；三是要及时发布电力供需信息，引导社会正确面对缺电矛盾，共同应对和实施有序用电，营造良好供电、保电环境；四是适当限制高耗能产品出口。

### （三）高度关注新能源大规模无序发展对电力供需平衡的影响

近年来，中国的风电、太阳能等新能源发电迅速发展，特别是风电装机连年翻番，截至2011年底已达到4 505万千瓦，全年风电新增装机占全部新增装机的比重接近20.0%。新能源发电大规模发展，在为电力结构调整、节能减排作出贡献的同时，也对电力供需平衡造成较大影响。风电、太阳能等新能源能量密度低、发电利用小时数少，难以与稳定的用电需求相匹配，同时风电有较强的随机性、间歇性和不可控性，太阳能发电也具有类似特征，为保证系统安全和电力稳定供应，风电、太阳能等新能源发电一般不纳入月度及年度电力平衡，不能替代常规电源。因此，在电力规划、电源项目安排等工作中，必须高度关注新能源发电对电源建设规模及电力供需平衡的影响，在积极发展新能源发电的同时，认真研究制定并积极实施满足电力可靠供应要求的电源电网规划方案和建设安排。

### （四）坚持输煤输电并举，促进电力适度超前发展

长期以来，中国煤电运紧张局面反复出现，给经济发展和人民群众生活造成一定影响。电力是清洁、便利、高效的二次能源，也是重要的国民经济基础产业，保持电力的稳定供应，对提高能源使用效率、促进节能减排以及合理控制能源消费总量等都具有重要保障作用，必须坚持输煤输电并举，加大输电比重，促进电力适度超前发展。一是加快西部、北部大型煤电基地规模化、集约化开发，应用特高压、大容量直流等先进输电技术将电力输送到中东部负荷中心，缓解铁路、公路煤炭运力不足的矛盾，实现更大范围内能源资源优化配置，近期主要是加快核准锡盟、蒙西、新疆等一批煤电基地电源项目和外送输电工程；二是按照优先发展水电、安全高效发展核电的原则，加快水电流域和电站的环评审批，具备条件后尽快核准开工一批后续水电项目，同时加快核电安全规划的编制和审批，在保障安全的前提下，恢复和适度加快核电新建项目的审批。

（撰稿：王永干）

# 2011 年煤炭工业发展综述

中国煤炭工业协会

2001 年是煤炭工业继续保持高位运行发展的一年,全年煤炭产量、经济效益、科技创新、安全生产等诸多方面,都取得了较好的发展水平并创造多项新的行业纪录。煤炭市场虽出现一定转折、企业经营出现一定困难,但行业发展的基本面没有发生太大变化,总体上保持稳定发展、局部呈现调整态势。

## 一、2011 年主要指标完成情况

### (一)原煤产量

2011 年全国原煤产量完成 35.2 亿吨,同比增产 2.8 亿吨,增长 8.7%。原煤产量靠前的 10 家企业分别是:神华集团(4.07 亿吨)、中煤集团(1.64 亿吨)、大同煤矿集团(1.15 亿吨)、山西焦煤集团(1.10 亿吨)、山东能源集团(1.08 亿吨)、集中能源集团(1.03 亿吨)、陕西煤化集团(1.02 亿吨)、河南煤化集团(0.85 亿吨)、潞安矿业集团(0.77 亿吨)、开滦集团(0.71 亿吨)。

### (二)经济效益

2010 年 90 家大型煤炭企业(指同时具备从业人数2 000人及以上、销售额 3 亿元及以上、资产总额 4 亿元及以上的企业)实现利润2 029.6亿元,同比增加 354.4 亿元,增长 21.2%。

### (三)科技创新

2011 年共有 9 项科技成果分别获得国家科技进步奖和技术发明奖。其中:《煤矿井下运输系统安全保障关键技术与装备》、《矿用悬浮液压支柱技术及应用》等 2 项科技成果获国家技术发明二等奖;《煤矿区煤层气立体抽采关键技术与产业示范》、《我国东部煤矿深井巷道松软围岩失稳安全控制关键技术与应用》、《中国煤矿瓦斯地质规律与应用研究》、《煤矿井下地质力学原位快速测试及围岩控制技术》、《华北型煤田隐伏含水陷落柱预探评价与快速治理理论及关键技术》、《鄂尔多斯盆地生态脆弱区煤炭开采与生态环境保护关键技术》、《综采放顶煤放出理论与厚煤层开采围岩控制技术及应用》等 7 项科技成果获国家科技进步二等奖。基本代表了煤炭工业科研发展方向和最高水平。与此同时,年产 600 万吨特厚煤层大采高综放开采和 1 米以下含坚硬夹矸薄煤层安全高效成套技术与装备通过国家验收;煤矿瓦斯治理与水害防治关键技术装备攻关取得突破;煤制油、煤制烯烃等重大示范工程取得成功。

### (四)安全生产

2011 年全国煤炭生产事故死亡1 973人,百万吨死亡率首次降至 0.564,实现历史性最低突破。有 421 处煤矿达到二级以上安全高产高效水平。

与此同时,行业信用体系建设取得新进展,截至 2011 年底,全行业共有 72 家煤炭企业通过 AA 级以上信用等级评价。

## 二、2011 年发展特点

### (一)煤炭需求减弱,市场出现下行

综观全年煤炭行业运行情况不难看出,上半年继续延续 10 年来的产销两旺、高速增长态势,1—7 月全国原煤生产、运输、消费分别完成 20.8 亿吨、13 亿吨、21.6 亿吨,同比分别增加 7.0%、13.0%、10.1%。煤炭进口大幅攀升,净进口达到7 821万吨的历史新高。但进入 8 月份以后,由于受全球金融危机和欧债危机加剧等多重影响,煤炭需求增幅趋缓,当月煤炭市生产、运输、消费环比皆出现下降,煤炭市场开始发生小幅逆转,导致社会和港口库存上

升、商品煤价格下滑、煤款回收出现困难，此状况一直延续到年底。1—12 月全国煤炭生产、运输、同比增幅分别保持 7.6%、13.4% 的增幅，但消费增幅已经回落至 9.1%，全国大型煤炭企业应收账款高达 1 650亿元，经济下行的压力明显加大。

### （二）结构调整力度加大，产业集中度大幅提高

自 2006 年国务院下发《关于同意在山西省开展煤炭工业可持续发展政策措施试点意见的批复》（国函〔2006〕52 号）以后，山西全省煤矿已经减少到 1 053处，办矿主体减少到 130 个，产业结构趋于合理。在不断总结山西试点经验的基础上，2010 年 10 月国务院办公厅《转发发展改革委关于加快推进煤矿企业兼并重组若干意见的通知》（国办发〔2010〕46 号）提出"通过兼并重组，全国煤矿企业数量特别是小煤矿数量明显减少，形成一批年产5 000万吨以上的特大型煤矿企业集团，煤矿企业年均产能提高到 80 万吨以上，特大型煤矿企业集团煤炭产量占全国总产量的比例达到 50.0% 以上"的总体要求。全国各煤炭资源大省，如内蒙古、陕西、贵州、河南、河北、山东、云南、新疆等省区人民政府分别发文，提出了具体的企业重组政策和意见，企业兼并重组取得成效，大型煤炭企业集团快速发展。到 2011 年底，全国已经形成 7 个亿吨级煤炭企业，特别是神华集团的煤炭产销量居世界第一位，产销量超过 4 亿吨。与此同时，淘汰落后产能、关闭布局不合理、技术装备落后小煤矿也得到稳步推进，煤炭产业集中度大幅度提高。

### （三）转变发展方式，构建生态文明

节约集约利用煤炭资源，以最小的生态扰动获取最大的资源回收的绿色开采技术，在行业已经形成共识。充填开采、以矸换煤技术在山东、河北等多个矿区得到普遍推广，生态环境恢复与治理成效明显；一些煤矿充分利用地热资源，实现了夏季制冷、冬季供暖；新建大型煤矿基本实现煤矸石的综合利用，消灭了固体废弃物占压土地和对生态环境的破坏。以同煤塔山循环经济园区为代表的煤炭循环经济示范区取得成效，初步探索出了以煤为主、多元发展、节能减排的发展道路。

### （四）坚持以人为本，建设和谐矿区

在国家政策支持和地方政府与企业的共同推动下，采煤沉陷区治理与棚户区改造取得较大进展，一些大型矿区棚户区改造工程稳步推进，一大批煤矿工人喜迁新居，职工居住条件改善。如，淮南矿业集团规划新建住房 900 万平方米，大同煤矿集团已经完成改造面积 700 多万平方米，阜新矿区已完成 600 多万平方米，徐州矿物集团已经完成 300 万平方米。与此同时，全体职工与企业共享发展成果，职工收入又有新的增加。2011 年，全行业职工年平均收入 5.4 万元，比 2010 年的 4.6 万元又有增长。神华神东集团公司开展"幸福矿工工程建设"，提出经过努力，让本企业员工成为行业内最幸福的人。

## 三、问题与建议

尽管 2011 年煤炭工业基本实现连续 10 年高速增长，有力地支撑了国民经济快速发展对煤炭的需求，但是从科学发展的角度仍然存在盲目扩张、结构失调、人才匮乏以及行业管理薄弱的问题。

### （一）盲目扩张进一步加剧、产能过剩风险不断逼近

2011 年全国煤炭采选业固定资产投资完成 4 897亿元，同比增长 25.9%，在工业行业里高居榜首，也高出全社会平均的 23.8%。这已经是 2001 年以来连续十余年的高增长。据有关部门统计，目前煤炭项目基本建设在建规模高达十几亿吨，远远高出规划的到 2015 年生产能力 41 亿吨/年、煤炭产量控制在 39 亿吨的总体要求，产能过剩风险正一步步逼近，2012 年很可能成为转折。建议政府投资主管部门，加强对行业产能过剩风险的预测预警，及时调整项目核准政策，在西部地区特别是新疆的煤炭项目，除了煤炭及转化一体化项目以外，再也不能单独核准煤矿项目了。国土资源部门应严格矿业权政策，坚决纠正地方各级政府部门违法、违章设置矿业权行为，进一步规范煤炭矿业权秩序，从源头上遏制产能过快及盲目扩张。

**（二）产业、产品结构不合理、发展粗放的问题依然存在**

据调查，2011 年，世界先进产煤国家美国共有煤矿1 285处，商品煤生产总量约 11 亿吨，平均单处矿（井）规模约 85 万吨。而我国目前共有煤矿约15 000处，平均单矿（井）规模仅 24 万吨，且 30 万吨以下小型煤矿仍约有12 000处，约占全国煤矿总数的 80.0%，而产量只占不到全国总量的 20.0%，这些小煤矿普遍管理水平低下、技术装备落后、安全保障程度低，成为困扰行业健康发展的痼疾，长期得不到解决，尤其在西南部分省、市更加集中和突出。煤炭工业长期粗放经营模式根深蒂固，目前原煤入洗率平均约 50.0%，大大增加了交通部门的无效运输。把增收的目标仍然盯在扩大原煤生产上，经济增长方式的转变较为缓慢。建议政府部门尽快出台煤炭生产的技术装备标准，提高煤炭生产门槛。同时，从煤炭消费上，限制对高硫、高灰煤炭的使用，从而推动煤炭的洗选加工和国家环保事业。大型煤炭企业要引进先进管理理念，积极调整品种结构、提高产品附加值、增加适销对路产品，提高销售收入。

**（三）从业人员素质普遍较低，专业技术人才十分匮乏**

我国目前煤炭行业从业人员约 250 万人，由于井下作业环境苦、脏、累、险，且收入待遇普遍较低，凡是具备初中以上文化素质的年轻人基本上都能在城市就业，只有初中以下文化程度的年轻人才选择到煤矿就业，使得从事生产一线的作业人员素质不断下降，培养一名熟练工人很难，严重影响煤矿生产力水平的整体提高。再就是专业技术人员青黄不接，由于 2001 年之前，全行业长期亏损，职工待遇普遍较低，造成专业技术人员流失严重，加之很多企业十几年不进大学生、连续 10 年煤矿大规模扩张，进一步加剧了目前专业技术力量匮乏的情况。很多重要领域如防治水工作，连一个兼职的水文地质专业的技术人员也没有。甚至一座千万吨级煤矿，连一名高级工程师都没有。建议国家在财力允许的情况下，像鼓励免费师范生那样，鼓励更多优秀生源进入矿业领域建功立业。

**（四）行业管理职能分散，政出多门、效率低下造成大量社会资源浪费**

目前直接管理煤炭的部门有，发展改革、国土资源、能源、安监、煤监、环境、水利等政府部门，间接管理的部门就更多了，形成“九龙治水”局面，这些部门之间存在管理范围交叉重叠、行政审批权限不对等等问题，相互之间有效衔接十分困难，往往一个项目重复审查、多次审批、互相掣肘。安全生产的责任追究、行业技术标准的制定往往互相推诿。建议政府有关部门按照国务院的要求，进一步减政放权、逐步减少行政审批或多头管理，加强部门之间的沟通与协调，为企业创造良好的外部环境。

（撰稿：汤家轩）

# 2011 年机械工业发展综述

中国机械工业联合会

经历了“十五”、“十一五”连续 10 年的超高速增长之后，2011 年中国机械工业的主要经济指标出现了明显的回落，面对复杂多变的国际国内形势，全行业坚持以科学发展为主题、以加快转变经济发展方式为主线，总体实现了较快增长，为实现“十二五”规划目标奠定了扎实的基础。

## 一、2011 年机械工业运行情况

2011 年机械工业统计的规模以上企业70 699

家，从业人员1 744万人，资产总额122 300亿元。全年行业运行主要呈现以下特点：

### （一）产销增速平稳回落，产业规模持续扩大

工业总产值又创历史新高。据国家统计局统计数据显示（下同），2011 年机械工业规模以上企业累计完成工业总产值168 900亿元，同比增长 25.1%。纵观全年发展，年初机械工业产值月度增速回落较快，3 月份同比增长 28.9%，5 月份增速回落至 22.9%，下滑势头过猛，一度引发各方对行业发展的担忧；但进入下半年，增速回落逐渐趋缓，全年实现平稳增长。见表 1。

**2011 年机械工业基本情况表**

**表 1**

| 分　类 | 计量单位 | 指标值 | 同比增减(%) | 工业中比重(%) |
|---|---|---|---|---|
| 企业数 | 个 | 70 699.0 | — | 22.6 |
| 工业增加值 | 亿　元 | — | 15.1 | 18.6 |
| 工业总产值 | 亿　元 | 168 870.7 | 25.1 | 19.8 |
| 主营业务收入 | 亿　元 | 164 835.3 | 24.5 | 19.6 |
| 利润总额 | 亿　元 | 12 013.1 | 21.1 | 22.0 |
| 税金总额 | 亿　元 | 5 672.8 | 22.3 | 15.4 |
| 资产总额 | 亿　元 | 122 311.2 | 21.2 | 18.6 |
| 全部从业人员平均人数 | 万　人 | 1 744.4 | 10.4 | 19.4 |

行业增加值增速回落，但占比仍居全国各主要工业行业首位。2011 年机械工业完成增加值同比增长 15.1%，比上年回落 6 个百分点，高于全国工业平均增速（13.9%）1.2 个百分点；增速在 12 个工业行业中位居第 5 位，比上年下滑（2010 年位居第 1 位）4 位。增加值总额在全国工业中所占比重为 18.6%，虽比上年有所下降，但仍居各主要工业行业首位。见图 1。

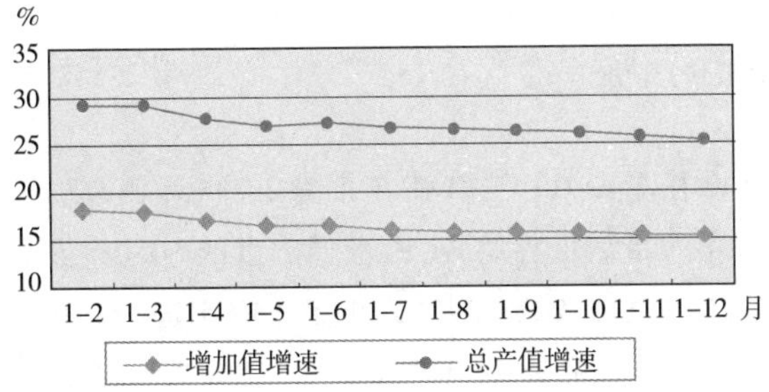


**图 1　2011 年机械工业增加值、总产值同比增长情况**

多数主要产品产量保持增长，一批产品产量继续位居世界前列。2011 年列入快报统计的 120 种主要机械产品中，有 102 种产品的产量实现增长，占统计产品数的 85.0%；其中以两位数以上速度增长的产品有 67 种，占统计产品数的 55.8%。其中：

拖拉机：2011 年拖拉机和联合收割机生产的数量居世界前列。2011 年拖拉机产量继续保持增长，累计生产大型拖拉机约 3.8 万台，同比增长 24.2%，中型拖拉机 36.4 万台，同比增长 19.4%。小型拖拉机 237.6 万台，同比增长 5.2%。从大中小型拖拉机增长速度看，大型拖拉机增长始终高于中小型拖拉机增长速度。见图 2。

机床：2011 年中国机床产品的价值量继续保持世界第一的位置，比第二位的日本高出 99 亿美元之多。2011 年累计生产机床实物量 86 万台，同比增长 15.1%，高于"十一五"机床平均增长速度（6.4%）8.7 个百分点。其中数控金属切削机床 25.7 万台，同比增长 20.6%（见图 3）。发电设备：2011 年发电设备产量再次刷新历史记录，达 1.4 亿千瓦，已连续 6 年超过亿千瓦，生产量世界第一。在发电设备产量中，火电9 388万千瓦，同比增长 10.8%，占发电设备的比重 67.1%，比上年 69.1% 下降 2 个百分点；水电完成产量2 600万千瓦，同比增长 35.6%，占发电设备的比重 18.6%，同比提高 3 个百分点。风电完成产量1 472万千瓦，同比下降 10.6%，占发电设备的比重同比下降 2.9 个百分点；核电完成产量 540 万千瓦，同比增长 134.8%，占发电设备的比重 3.9%，

同比上升 2 个百分点。见图 4。

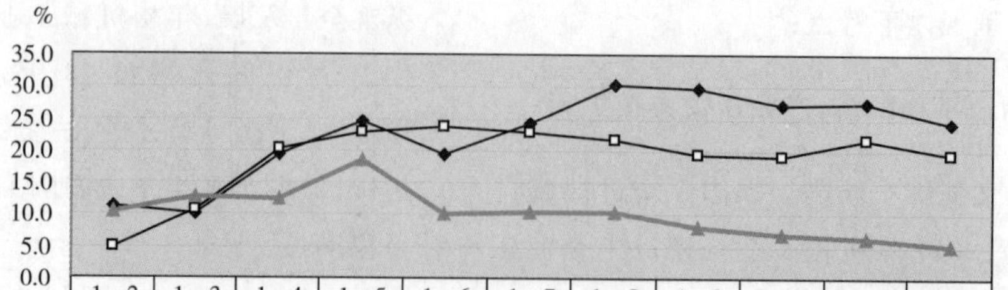


| | 1—2 | 1—3 | 1—4 | 1—5 | 1—6 | 1—7 | 1—8 | 1—9 | 1—10 | 1—11 | 1—12 |
|---|---|---|---|---|---|---|---|---|---|---|---|
| 大型拖拉机 | 11.2 | 10.1 | 19.5 | 24.7 | 19.4 | 24.3 | 30.5 | 29.7 | 27.3 | 27.6 | 24.2 |
| 中型拖拉机 | 4.9 | 10.8 | 20.2 | 22.9 | 23.8 | 22.8 | 21.8 | 19.3 | 19.2 | 21.7 | 19.4 |
| 小型拖拉机 | 10.5 | 12.6 | 12.5 | 18.6 | 10.2 | 10.5 | 10.4 | 8.2 | 6.8 | 6.3 | 5.2 |

**图 2　2011 年大中小型拖拉机产量同比增长情况**

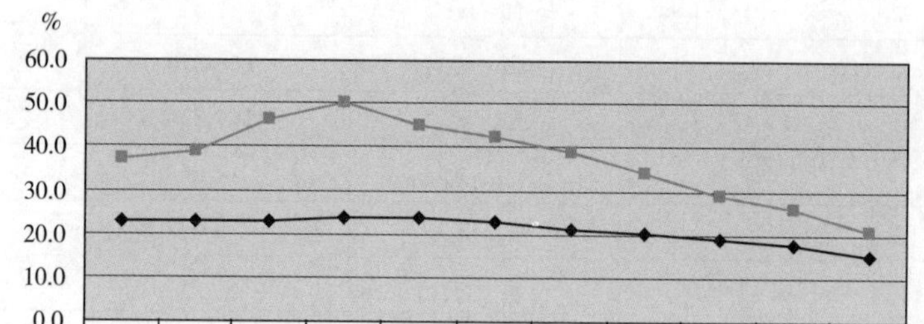


| | 1—2 | 1—3 | 1—4 | 1—5 | 1—6 | 1—7 | 1—8 | 1—9 | 1—10 | 1—11 | 1—12 |
|---|---|---|---|---|---|---|---|---|---|---|---|
| 金属切削机床 | 22.7 | 22.9 | 22.9 | 23.8 | 23.7 | 22.9 | 21.1 | 20.5 | 19.1 | 17.7 | 15.1 |
| 其中：数控金属切削机床 | 37.2 | 39.0 | 46.2 | 50.2 | 45.0 | 42.5 | 38.9 | 34.2 | 28.9 | 25.7 | 20.6 |

**图 3　2011 年金属切削机床与数控金属切削机床产量同比增长情况**

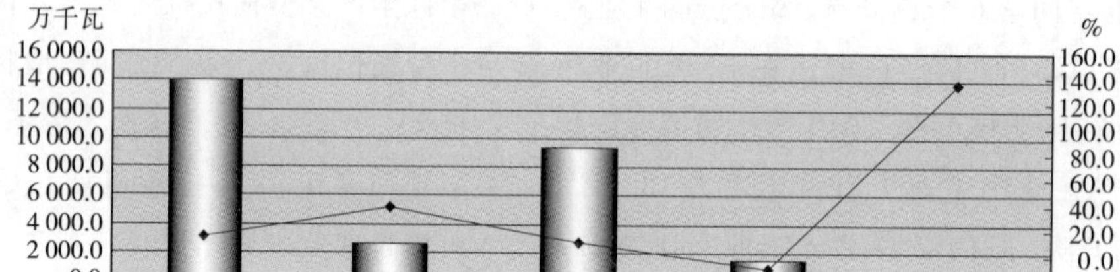


| | 发电设备 | 其中水轮发电机组 | 汽轮发电机组 | 风力发电机组 | 核 电 |
|---|---|---|---|---|---|
| 累计产量 | 13 998.7 | 2 598.6 | 9 388.2 | 1 471.9 | 540.0 |
| 同比增长 | 14.1 | 38.6 | 10.8 | −10.6 | 134.8 |

**图 4　2011 年发电设备产量及增长情况**

汽车：2011 年汽车产销在上年高基数的基础上实现了低速增长。当年，由于部分城市实施的限购限行以及各类优惠购车政策的退出等多种因素的影响，全年累计增速呈现缓慢平稳下行态势，产销量增速由年初的 10.0% 左右回落到年末的 3.0% 以下。2011 年汽车产销分别为1 841万辆和1 850万辆，比上年分别增长 0.8% 和 2.5%，稳居全球第一。

其中轿车：2011 年轿车产销双双超过1 000万辆，分别为1 013万辆和1 012万辆，产销分别增长 5.9% 和 6.6%，从全年各月增速看，轿车增长均高于汽车总量的增长幅度。见图 5。

摩托车：2011 年摩托车产量2 733万辆，已连续十多年产量居世界第一，占世界产量的 50.0% 左右。

工程机械：2011 年国内市场占有率进一步提高。装载机、挖掘机等一批产品产量已进入世界前列。近年来伴随城市建设和铁路、公路建设所需的大型工程盾构机、旋挖钻机，挖掘机等成为新的增长点。2011 年销售挖掘机 17.4 万台，同比增长 4.8%，其中本土品牌液压挖掘机的市场占有率达到了 38.5%。

仪器仪表：电度表、水表、煤气表、数字万用表、望远镜等产品产量均位居世界前列。

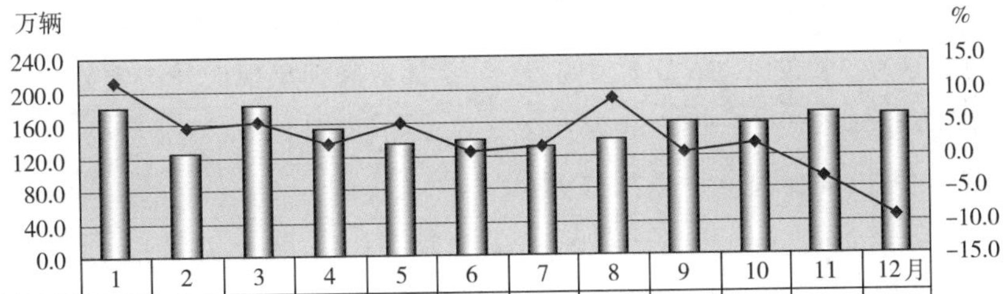


| | 1 | 2 | 3 | 4 | 5 | 6 | 7 | 8 | 9 | 10 | 11 | 12月 |
|---|---|---|---|---|---|---|---|---|---|---|---|---|
| 月产量 | 179.8 | 126.0 | 182.7 | 153.5 | 134.9 | 140.4 | 130.6 | 139.3 | 160.2 | 157.0 | 169.5 | 169.2 |
| 同比增长 | 11.3 | 4.5 | 5.3 | 1.9 | 4.9 | 0.7 | 1.3 | 8.7 | 0.4 | 1.7 | -3.4 | -9.3 |

**图5　2011年汽车月度产量及增长情况**

### (二)效益增速明显放缓

2011年机械工业经济效益增长的主要特点是：前11个月实现利润增幅快速回落，增速比上年大幅回落34个百分点，但年底全行业效益增长出现反弹，12月当月实现利润高出全年月平均值的69.0%，全年累计实现利润总额12 013亿元，同比增长21.1%，高于先前的预期。从全年总体变化趋势看，机械工业经济效益运行仍处于增速放缓的趋势之中。据可比口径统计的月报数据，行业主营业务收入利润率虽达到7.3%的较高水平，但同比仍下降0.2个百分点，而与上年年报数据8.4%比较，则回落1.1个百分点。全年机械工业实现主营业务收入164 800亿元，同比增长24.5%；实现税金总额5 673亿元，同比增长22.3%；企业亏损面8.4%，比上年同期上升1.8个百分点；亏损企业亏损额同比大幅增长73.8%。见图6。

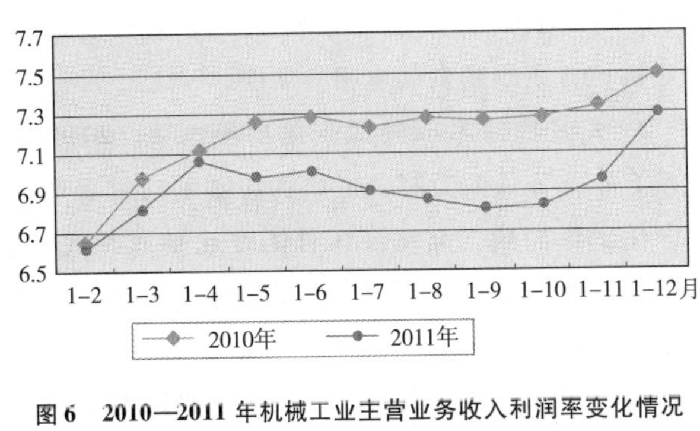


**图6　2010—2011年机械工业主营业务收入利润率变化情况**

### (三)进出口贸易额增幅回落，结果好于预期

2011年机械工业累计实现进出口总额6 312亿美元，同比增长22.8%，增速较上年同期回落13.6个百分点。其中进口3 094亿美元，同比增长21.2%；出口3 218亿美元，同比增长24.5%。年初，机械工业进口延续了上年的较高增速，月度进口金额超过250亿美元，由于同期出口相对低迷，全行业对外贸易差额至6月份仍为逆差。但进入下半年后，机械工业出口形势逐步向好，对外贸易差额由逆转顺，全年累计实现贸易顺差123.5亿美元，比上年增加92.1亿美元。机械工业月度出口额已稳定在260亿美元以上水平。见图7。

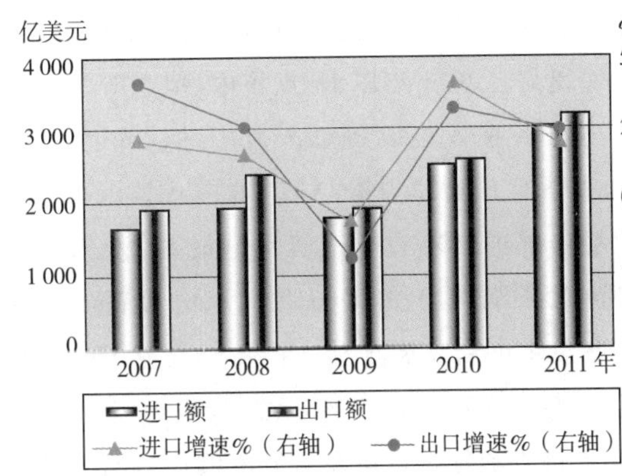


**图7　2007—2011年机械工业对外贸易情况**

### (四)固定资产投资增长强劲

2011年机械工业累计完成固定资产投资27 846亿元，比上年增长37.5%，增幅比上年上升7.1个百分点。在全国固定资产投资增速回落的背景下，机械工业投资仍显现强劲的增长之势。

全年机械工业固定资产投资施工项目计划总投资60 645亿元，同比增长35.6%。其中本年新开工项目29 667亿元，同比增长37.5%；全年固定资产投资施工项目53 313个，比上年增加3 968个，其中本年新开工项目36 653个，比上年增加1 849个。

分地区看，东部地区在30.0%～36.0%区间，增速相对平稳；中、西部地区全年增速基本保持在40.0%～60.0%之间，但中部地区全年呈现高开低走的趋势，总体回落幅度在10个百分点左右，而西部地区则呈现低开高走趋势，全年上升了13个百分点。见图8。

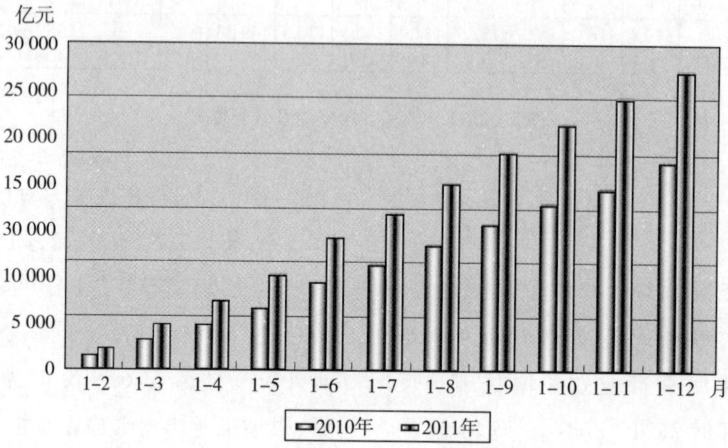


**图8　2010—2011年机械工业固定资产投资对比**

**（五）结构调整的新进展**

1. 产品向高端升级的步伐加快。高端电力装备发展势头良好。2011年以水电、核电、风电等非化石能源发电设备在发电设备总产量中的比重由2010年的30.9%上升至32.9%；AP1000三代核电技术消化吸收稳步推进；100万千瓦级水电设备、60万千瓦级循环流化床锅炉、5兆瓦、6兆瓦风电设备等高端电力装备自主创新发展顺利。特高压交流100万伏输变电试验示范线路扩容所需装备顺利交货；±1 100千伏直流输电设备及智能电网设备研究开始启动。

重型矿山设备大型化有新进展。1.85万吨自由锻造油压机、3万吨单缸模锻液压机、300吨和400吨级自动轮自卸车、Φ14.93米超大型水泥气压平衡式隧道掘进机等高端装备研制成功，大型球磨设备向世界矿业巨头出口，大型船用曲轴进入批量生产。

天然气长输管线加压站设备国产化取得突破。输气管线用2万千瓦级压缩机、拖动电机、变频装置及全锻焊管线阀门等成套加压设备研制成功并通过使用方验收。

高档机床竞争力有所提高。数控机床、数控装置产量增速明显快于普通机床，数控化率继续提升。2011年数控机床产量同比增长20.6%，高于全部金切机床增速5个百分点，数控机床产量在金切机床中的比重由2010年的28.0%增至30.0%。

高端仪表发展势头良好。2011年自动化仪表产值增速达到35.0%，大大高于仪表行业25.0%的平均增速，主营业务收入利润率达到10.0%，远高于机械工业7.0%左右的平均水平；代表高端控制系统水平的DOS系统，国产化已取得长足进展。

农机产品功率大型化，经济作物作业机械快速兴起。拖拉机向大功率升级的势头日益明显；继小麦、水稻收割机热销之后，玉米、棉花及甘蔗等新型农业机械自主创新发展也明显加快。

2. 关键基础零部件国产化步伐加快。2011年机械工业部分长期受制于进口的关键基础配套产品国产化步伐加快。高端液压件国产化初露曙光，挖掘机主机企业进军液压件领域，为突破基础件领域的瓶颈带来希望。高性能压力传感器、核电站用石墨密封件、超高压绝缘套管、大型发电机用无取向矽钢片和抗撕裂钢板等自主创新已经取得一系列可喜的进展。电站锻件国产化取得重大进展，进口大幅下降，30万千瓦及以上火电高中压转子仅18.4%依靠进口，低压转子、发电机轴的进口比例也在减少。

**（六）不同所有制企业中，民营企业对行业贡献率居首位**

2011 年机械工业民营企业在机械工业产值和利润总额中占比已达 50.0% 左右，其发展速度快于全行业平均水平约 10 个百分点。内生的应变能力明显增强。

2011 年机械工业国有、民营、三资企业分别完成工业总产值386 819.1亿元、92 584.7亿元、34 593.4亿元，同比增长 11.7%、33.1%、20.4%，占全国机械工业的比重 21.8%、54.8%、20.5%，对机械工业的贡献率 11.4%、68.1%、17.3%，民营企业对全行业的贡献率最高，达 68.1%。见表2。

**2011 年机械工业不同所有制企业完成工业总产值情况**

表 2

| 分类 | 现价工业总产值（亿元） | | | | | | | | | |
|---|---|---|---|---|---|---|---|---|---|---|
| | 2011 年 | | | | | 2010 年 | | | | |
| | 指标值 | 比重（%） | 同比增减额 | 同比增减（%） | 贡献率（%） | 指标值 | 比重（%） | 同比增减额 | 同比增减（%） | 贡献率（%） |
| 全国汇总 | 168 870.7 | 100.0 | 33 840.6 | 25.1 | 100.0 | 143 846.8 | 100.0 | 36 442.1 | 33.9 | 100.0 |
| 国有及国有控股企业 | 36 819.2 | 21.8 | 3 859.1 | 11.7 | 11.4 | 33 061.7 | 23.0 | 8 035.3 | 32.1 | 22.1 |
| 民营企业 | 92 584.7 | 54.8 | 23 042.4 | 33.1 | 68.1 | 77 042.4 | 53.6 | 20 250.4 | 35.7 | 55.6 |
| 三资企业 | 34 593.4 | 20.5 | 5 850.4 | 20.4 | 17.3 | 30 040.4 | 20.9 | 7 276.3 | 32.0 | 20.0 |
| 其他企业 | 4 873.4 | 2.9 | 1 088.8 | 28.8 | 3.2 | 3 702.3 | 2.6 | 880.2 | 31.2 | 2.4 |

2011 年国有、民营、三资企业分别实现利润总额3 083 亿元、5 854.3 亿元、2 728 亿元，同比增长15.7、33.9%、4.5%，占全国机械工业的比重25.7%、48.7%、22.7%，对机械工业利润的贡献率19.9%、70.7%、5.6%，民营企业对全行业利润的贡献率最高，达 70.7%。见表 3。

**2011 年三种不同所有制企业实现利润增长情况**

表 3

| 分类 | 2011 年 | | | | | 2010 年 |
|---|---|---|---|---|---|---|
| | 指标值 | 比重（%） | 同比增减额 | 同比增减（%） | 贡献率（%） | 同比增长（%） |
| 全国汇总 | 12 013.1 | 100.0 | 2 096.2 | 21.1 | 100.0 | 55.6 |
| 国有及国有控股企业 | 3 083.0 | 25.7 | 417.3 | 15.7 | 19.9 | 61.6 |
| 民营企业 | 5 854.3 | 48.7 | 1 480.9 | 33.9 | 70.7 | 54.2 |
| 三资企业 | 2 728.0 | 22.7 | 117.9 | 4.5 | 5.6 | 53.5 |
| 其他企业 | 347.7 | 2.9 | 80.0 | 29.9 | 3.8 | 51.3 |

三种不同所有制企业上交税金分别为1 948.3亿元、2 746.6亿元、840 亿元，同比分别增长 13.4%、28.8%、22.6%，同比增加税金分别为 230.2 亿元、614.2 亿元、154.6 亿元。民营企业对行业税金总额的贡献率达 59.3%。

**（七）机械工业对全国工业的贡献率继续提高**

1. 机械工业对全国工业发展的贡献率居工业各行业前列。2011 年，全国工业和机械工业总产值比上年同期分别增加185 900亿元和33 800亿元，机械工业对全国工业新增总产值的贡献率达 18.2%，拉动全国工业产值增长 5 个百分点。

2011 年，全国工业和机械工业出口交货值比上年同期分别增加14 500亿元和3 000亿元，机械工业对全国工业新增出口交货值的贡献率达 21.4%，拉动出口交货值增长 3.6 个百分点。

2011年全国工业和机械工业主营业务收入比上年同期分别增加了180 000亿元和32 500亿元，机械工业对全国工业新增收入的贡献率达18.0%，拉动全国工业主营业务收入增长4.9个百分点。

2011年全国工业和机械工业利润分别比上年同期增加了11 000亿元和2 000亿元，机械工业对全国工业新增利润的贡献率为19.0%，在全国工业利润增长25.4%中，由机械工业拉动4.8个百分点。

2011年全国工业和机械工业税金分别比上年新增7 300亿元和1 000亿元，机械工业对全国工业新增税金的贡献率14.0%，在全国工业税金增长24.8%中，由机械工业拉动3.5个百分点。见表4。

**2011年机械工业对全国工业发展的贡献**

表4

| 分类 | 全国工业 | | | 机械工业 | | | | | |
|---|---|---|---|---|---|---|---|---|---|
| | 指标值（亿元） | 同比增长 | | 指标值（亿元） | 在工业中比重（%） | 同比增长 | | 对同期工业发展的贡献率（%） | 拉动工业增长（百分点） |
| | | 金额（亿元） | 速度（%） | | | 金额（亿元） | 速度（%） | | |
| 工业总产值 | 855 136.5 | 185 910.9 | 27.8 | 168 870.7 | 19.8 | 33 840.6 | 25.1 | 18.2 | 5.1 |
| 出口交货值 | 101 946.0 | 14 498.8 | 16.6 | 16 987.2 | 16.7 | 3 107.5 | 22.4 | 21.4 | 3.6 |
| 主营业务收入 | 843 315.4 | 180 487.9 | 27.2 | 164 835.3 | 19.6 | 32 457.0 | 24.5 | 18.0 | 4.9 |
| 利润总额 | 54 544.4 | 11 030.7 | 25.4 | 12 013.1 | 22.0 | 2 096.2 | 21.1 | 19.0 | 4.8 |
| 税金总额 | 36 817.1 | 7 318.6 | 24.8 | 5 672.8 | 15.4 | 1 035.2 | 22.3 | 14.2 | 3.5 |

2. 国民经济建设所需机械设备满足程度有了明显提升。近年来，机械工业在生产规模连续增长的同时，结构调整和技术水平也有了长足的进步，重大技术装备研制取得重大进展，国民经济建设和国防建设所需机械装备，国内能更多的供应。譬如：高档数控机床在某些核心领域已经取得重要突破，济南二机床为汽车工业研发的大型快速高效数控全自动冲压生产线已被多家国内外知名企业采用；武汉重型机床有限公司研制的大型舰船螺旋桨精密加工设备获2011年中国机械工业科技进步一等奖，该公司研制的重型卧式镗床用于加工百万千瓦核电转子；液压气动密封件行业为了尽快扭转我国重要基础配套件过度依赖进口的局面，坚持科学发展，增长方式转变初见曙光，国产高性能产品在高端市场已有突破，为工程机械行业提供的液气密产品占该行业总量的70.0%；经过多年努力，重型行业的一批大企业全面掌握了“二代加”和“三代”核电大型铸锻件制造技术；等等，更多符合优质可靠、绿色环保、节能减排的产品得到用户和市场的认可和尊重。近几年机械产品的国内市场自给率基本保持在84.0%左右。

## 二、行业运行态势发生变化，问题与挑战增多

2011年机械工业主要产销指标实现较快发展，为实现国民经济发展目标做出了贡献。但值得关注的是，与同期产销指标相比，机械工业经济效益指标回落速度较快，行业运行面临的问题与挑战不断积聚，在“十二五”时期机械工业转型升级的任务艰巨。

### （一）市场需求疲软，凸显产能过剩

受用户行业投资减速、出口市场动荡加剧的影响，2011年以来，机械产品的市场需求呈现疲软态势，产成品库存同比增速基本处于20.0%左右的高位，远远高于前两年10.0%左右的水平。同时，企业订单增速明显下降，机械工业重点调查企业统计显示，累计订货同比增幅年底已降至6.0%左右，明显低于上年同期30.0%以上的水平。订货不足，进一步加剧了产能过剩的矛盾。

由于供大于求，全年机械产品价格指数表现出下滑趋势，总体徘徊在101.0%左右，且下半年月度环比价格指数始终低于100%，部分产品价格指数低于上年同期水平。特别是前期产能迅速扩张的产

品，如风力发电机组等，价格指数回落幅度更明显。

**（二）资金使用成本上升，经营难度增大**

2011 年随着货币政策的调整和资本市场流动性的收紧，企业对流动资金的需求超过了市场的供给，从而产生企业回收资金困难和融资成本攀升的现象。自 5 月份起，机械行业应收账款总额超过20 000亿元，全年累计达22 300亿元，同比增长 22.0%。由于资金回收难，企业流动性压力增大，对短期融资的需求猛增。据中国机械工业联合会重点调查企业数据显示，6—11 月，企业短期借款的同比增速始终保持在 40.0% 之上，年底增速虽有所放缓，但全年同比仍增长 38.7%。

市场资金供给不足，导致了资金使用成本的大幅上涨。全年机械工业财务费用增速持续处于高位，7、8 月份增速虽有小幅回落，但年底同比增速又重返 36.0% 之上。其中利息支出持续攀升，同比增幅由年初的 29.6%，上涨至年底的 47.1%，是推升企业财务费用增长的主要因素。

**（三）利润回落快于产销，利润率下滑**

2011 年机械工业产销增速和利润增速均表现出持续下滑的态势。工业总产值增速由上年的 33.9% 下滑至 2011 年的 25.1%，同期利润增速则由 55.6% 下滑至 21.1%，近年来首次出现利润增速低于产销的现象。主营业务收入利润率虽然较高，但仍较上年同期下降 0.2 个百分点。见图 9。

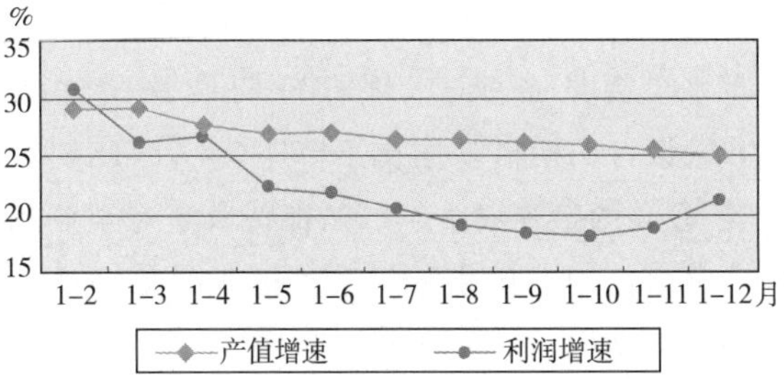


**图 9　2011 年机械工业产值增速与利润增速对比**

（撰稿：赵新敏）

# 2011 年钢铁行业运行情况综述

中国钢铁工业协会

## 一、2011 年中国钢铁行业运行特点

**（一）粗钢生产增速减缓，钢材出口呈持续下降态势**

2011 年上半年粗钢生产处于较高水平，但进入下半年，受市场需求环比下降影响，粗钢产量连续 6 个月持续减少。粗钢日产水平从最高的 6 月份近 200 万吨，下降到 12 月份的 168 万吨。全年粗钢产量 6.8 亿吨，同比增加5 500多万吨，增长 8.9%。

2011 年上半年钢材出口增长较快，但 3 月份达到 488 万吨之后，从 4 月份开始一直呈下降趋势，最低的 10 月份钢材出口 382 万吨，比 3 月份减少 100 多万吨。全年累计出口钢材4 888万吨，同比增长 14.9%。

**（二）钢材价格出现较大波动，产品结构性矛盾进一步突出**

由于国际国内经济环境变化，钢铁市场供大于求矛盾日益突出，2011 年 8 月下旬至 10 月，钢材市场价格逐周回落。10 月末与 8 月中旬最高价格相比，价格下跌幅度接近 10.0%，与上年同期相比，价格只微升 1.2%。但 10 月份当月进口铁矿石平均到岸价却高达 175.6 美元/吨，环比下降 0.2%，而钢材市场价格（CSPI）环比却大幅下跌 7.4%。

受需求环比下降、产能释放的双重挤压，钢铁行业产品结构性矛盾进一步突出。根据钢铁协会统计，2011 年中厚宽钢带表观消费只增长 0.2%，而线材和钢筋则分别增长 17.22% 和 18.0%。12 月 23

日国内市场八大品种平均价格，高线、螺纹钢每吨分别为4 517元、4 338元，而中厚板、热轧板卷每吨分别为4 285元、4 397元。在原燃料价格大幅上涨的情况下，中厚板、热轧板卷价格仅与螺纹钢价格相当。

**（三）企业融资困难，资金成本大幅增加**

由于信贷政策持续收紧，企业融资难度加大，资金使用成本大幅度上升，许多企业生产经营陷入严重困难。表现为，一是企业长期借款有较大幅度下降，短期贷款大幅度上升。2011 年钢铁协会会员企业（简称“会员企业”），银行短期借款同比上升25.0%，银行长期借款同比下降4.3%，因此使企业承担了较高的融资成本。二是银行取消对企业利率优惠，严格控制新增贷款。三是企业的银行承兑汇票贴现量大幅上升、贴现率不断上调，导致企业票据贴现费用大幅上涨。特别是 9 月份以后，银行承兑汇票的签发也受到较大影响，企业资金更加紧张。据统计，2011 年会员企业财务费用同比上升 38.0%。

由于资金紧张，致使企业应收、应付账款额大幅度上升。2011 年会员企业应收账款净额同比上升25.0%，应付账款净额同比上升 20.0%。部分企业为保证生产经营正常运行，不得不放缓或是暂停部分项目的投资建设。

**（四）生产成本提高，企业效益明显下降**

据国家统计局数据显示，2011 年，全国工业生产者购进价格同比上涨 9.1%，其中燃料动力类价格上涨 10.8%，涨幅较上年提高了 1.3 个百分点。2011 年全国进口铁矿石平均到岸价为 163.8 美元/吨，比上年同期 129 美元/吨上涨了 34.9 美元/吨，同比上升 27.0%；以全年累计进口铁矿石 6.9 亿吨计算，钢铁行业累计增加支出 239 亿美元；国产铁精矿平均价格上涨 15.1%，冶金焦上涨 11.4%，炼焦煤上涨17.2%，废钢上涨 22.7%。而据钢铁协会“钢铁企业财务结算价格监测系统”统计，国内 85 家钢铁企业全年平均钢材价格仅同比上涨 11.8%，低于铁矿石、废钢和炼焦煤的价格涨幅。由于铁矿石等原燃材料价格同比大幅上涨，使钢铁企业生产成本不断上升。

据钢铁协会统计，2011 年，会员企业累计实现工业总产值（现价）32 632亿元，同比增长 18.2%；实现销售收入36 186亿元，同比增长 18.7%；实现利税1 611亿元，同比下降 2.1%；实现利润 875.3 亿元，同比下降 4.5%；平均销售利润率仅为 2.4%，同比下降0.6 个百分点，远低于同期全国规模以上工业企业平均利润率水平。特别是 10 月份、11 月份和 12 月份，会员企业当月盈亏相抵后实现利润分别只有 14 亿元、12 亿元和 30 亿元，平均销售收入利润率分别仅为 0.5%、0.4% 和 1.0%。若扣除部分企业投资收益、非钢产业利润增加影响，四季度钢铁主业基本上处于全行业亏损状况。

四季度出现利润大幅度下滑的主要原因：一是产能大量释放，前三季度累计生产粗钢 5.3 亿吨，平均日产粗钢 193 万吨，相当于年产粗钢 7 亿吨的水平。二是主要下游用钢行业，特别是制造业对钢材需求增速下降，导致钢材价格下跌。2011 年 11 月中国制造业采购经理指数（PMI）为 49.0%，这是该指数自 2009 年 3 月以来首次降至临界点 50.0% 以下，表明制造业国内外市场需求趋缓，企业生产动力不足。三是由于进口铁矿石价格相对于钢材价格的滞后效应使企业陷入了“以高价格矿石生产，以低价格销售钢材”的困境。

## 二、2011 年中国钢铁行业取得的主要成绩

**（一）坚持科学发展，产业布局调整取得新进展**

历时数年的首钢搬迁顺利完成，标志着首钢进入结构调整和转型发展的新阶段；经国务院批准，山东在全国率先进行钢铁产业结构调整，提出的钢铁产业减量调整设想，将成为全国钢铁工业“十二五”结构调整的重要原则；重钢老厂区完成“环保搬离”主城区；东北特钢集团大连基地环保搬迁项目竣工投产；攀钢钒钛资源综合利用及产业结构调整的一系列重大战略项目获得国家批准并开始实施；经国家发改委批准的河北省产业升级和结构调整的标志性工程——邯钢新区精品板材基地全面建成投产。

**（二）积极采取有效措施，努力克服生产经营困难**

面对原燃料价格大幅上涨，生产成本上升，市场需求环比下降，钢材价格下跌，融资困难的严峻形

势，钢铁企业不等不靠，积极应对。鞍钢通过优化原燃料结构，减少支出，增加综合经济效益；河北钢铁深化整合，完善“大营销、大财务”管控体系，通过大宗原燃料的集中采购、大宗产品的统一销售和物流的统一优化，实现整合效益25亿元；新兴际华集团（原新兴铸管集团）全面推行“模拟法人运行机制”和“产供销运用快速联动机制”，降低成本2.3个百分点；马钢按照“销售围着市场转、生产围着销售转、采购围着生产转、全部围着效益转”的经营思想，从原燃料采购开始的各个环节采取有效措施；包钢在产品销售方面以效益最大化为原则，动态优化销售结构，实现以效定销、以销定产，全力提高产品销售的效益；酒钢积极调整产品结构和销售流向，坚持“积极销售、稳健采购、经济配料”的经营方针，发挥资源、能源优势，抵御市场波动风险；中天钢铁生产系统围绕“稳产就是高产，安全就是效益”的方针，努力保持稳定发展势头。正是由于广大企业的积极努力，在生产经营环境十分严峻的形势下，得以使钢铁工业实现平稳发展。

### （三）坚持技术创新，不断提高产品竞争力

宝钢股份参与完成的“西气东输工程技术及应用”项目获国家科学技术进步奖一等奖；武钢研发的产品应用于全球最大核电机组——广东台山1 750兆瓦2号核电机组建设，武钢由此实现了特大型水电、风电和核电机组所需高端硅钢产品的全覆盖；舞阳钢厂试制的大厚度自升式钻井平台齿条用调质高强钢板，在特厚海洋平台齿条用钢板国产化方面迈出了坚实的一步；太钢不锈成功研发出全球第一支使用挤压机生产的应用于核电裂变反应堆的W型钢；攀钢试制的8种在线热处理道岔轨新产品通过铁道部组织的上道认证，从而使攀钢具备为客户提供全套铁道线路用钢的能力；鞍钢与用户签订了运输液化乙烯气船用5.0%镍钢板的生产合同，标志着鞍钢该产品进入实际应用阶段；首钢、宝钢、华菱、南钢等企业开发的大变形高钢级管线钢通过专家评审，可批量生产应用于中缅管线建设。与此同时，还有一批企业也开发出满足用户需要的高质量产品。

### （四）推进节能减排，促进绿色生产

宝钢发布《绿色宣言》、《产品环境声明》，表达中国钢铁企业践行绿色理念、做绿色产业链驱动者的决心；山钢集团济钢积极配合济南市提出建设城市集中供热、污水处理、废旧塑料消纳“三大节能减排中心”；太钢投资兴建的国内首套可同时处理不锈钢除尘灰和碳钢除尘灰的全功能冶金除尘灰资源化装置正式投产；首钢京唐公司高效化、低成本“全三脱”生产洁净钢水的工艺技术成果通过验收，标志着炼钢“全三脱”与全干法除尘两项世界顶尖技术的并用；唐钢在城市钢铁厂环境搬迁的巨大压力面前，迎难而上，全力推动绿色转型，在努力打造世界级清洁钢铁企业与城市和谐发展之路上，探索出了一条新路；国丰钢铁投资15亿元实施环保治理、节能减排等七大系统的改造。

### （五）积极发展非钢产业，推进实施多元战略

2011年企业在努力做好、做强钢铁主业基础上，按照相关多元原则，结合自身优势，积极发展非钢产业，取得突出成绩。成为提高投资收益、分散经营风险、提高竞争力的重要措施。武钢把相关产业作为集团发展战略的重要组成部分，围绕钢铁供应链、资源链、技术链，明确提出今后要重点发展的七大业务板块；鞍钢采取多角化经营战略，与国际知名公司合作，重点发展重型机械制造、耐火材料，和矿渣、煤化工、线材制品深加工等产业，取得了突出成绩；太钢以新材料开发和工程技术输出为重点，着力打造多元产业新优势。杭钢按照“依托钢铁发展非钢，发展非钢反哺钢铁”的战略思路，不断加大非钢产业培育力度，取得良好的经济效益；本钢、酒钢、唐钢、广钢、重钢、昆钢、邯钢等一批企业结合自身优势，使非钢产业规模不断壮大。经过多年探索和实践，许多钢铁企业非钢产业已经摆脱过去“安置富余人员”的被动式发展，大大减少对钢铁主业的依赖，积极开拓市场，成为企业未来发展的重要组成部分。

（撰稿：王德春）

# 2011年石油和化学工业发展综述

中国石油和化学工业联合会

2011年，在世界经济复苏放缓，国际贸易环境趋紧等各种不利因素影响下，中国石油和化学工业在大力推进发展方式转变和产业、产品结构调整的进程中，实现了"十二五"良好开局。中国石油和化工行业经济平稳快速增长、整体效益显著提高、投资稳中趋快，进出口再攀高峰；市场需求旺盛，重点产品保障能力增强；经济规模再上新台阶。

## 一、中国石油和化学工业实现"十二五"良好开局

2011年，中国石油和化学工业牢牢把握科学发展这个主题和加快转变经济发展方式这条主线，大力推进科技创新和产业结构调整，努力强化企业管理和开拓国内外市场，成效显著。见表1。

主要经济指标占全国的比重

表1

| 项　目 | 全　国 | | 石油和化工行业 | | 占全国比重(%) |
|---|---|---|---|---|---|
| | 2011年 | 同比增长(%) | 2011年 | 同比增长(%) | |
| 规模以上工业总产值(亿元) | 855 000.0 | 27.8 | 113 000.0 | 31.5 | 13.2 |
| 工业固定资产投资(亿元) | 129 000.0 | 26.9 | 14 000.0 | 23.4 | 11.1 |
| 进出口贸易（亿美元) | 36 420.0 | 22.5 | 6 071.4 | 32.3 | 16.7 |
| 其中：出　口 | 18 986.0 | 20.3 | 1 723.4 | 28.3 | 9.1 |
| 进　口 | 17 434.0 | 24.9 | 4 348.0 | 34.0 | 24.9 |
| 贸易逆差 | — | — | -2 624.6 | 38.0 | — |
| 工业产品产销率（%) | 98.0 | — | 98.5 | — | — |
| 规模以上工业企业利润（亿元) | 54 529.0 | 25.4 | 8 234.0 | 19.0 | 15.1 |
| 规模以上工业企业税金(亿元) | 32 600.0 | 25.2 | 8 378.0 | 21.0 | 21.0 |
| 从业人员（万人) | 8 869.0 | 9.1 | 695.0 | 8.7 | 7.8 |

石油和化工行业包括石油和天然气开采、炼油(石油加工)、化学工业和专用设备制造四大行业，能生产6万多种产品，门类齐全、品种配套，在国民经济发展和人民生活中具有举足轻重的作用。2011年，全行业规模以上企业26 832家(主营收入2 000万元以上企业，下同)，累计总产值113 000亿元(现行价格，下同)，同比增长31.5%，占全国规模以上工业总产值的13.2%。全年固定资产投资14 000亿元，同比增长23.4%；进出口总额6 071.4亿美元，同比增长32.3%，占全国进出口贸易总额的16.7%；

2011年，全行业利润总额8 234.3亿元，同比增长19.0%，占同期全国规模工业利润总额的15.1%。2011年，全行业上缴税金8 378.7亿元，同比增长21.0%；主营业务收入111 000亿元，增长30.5%；资产总计79 000亿元，增长18.9%；从业人员695.7万人，增长8.7%。行业主要经济指标均保持较快增长。见表2。

**2011 年 1—12 月石油和化学工业主要经济指标累计增长情况**

表 2

| 项　目 | 1—2（月） | 1—3（月） | 1—4（月） | 1—5（月） | 1—6（月） | 1—7（月） | 1—8（月） | 1—9（月） | 1—10（月） | 1—11（月） | 1—12（月） |
|---|---|---|---|---|---|---|---|---|---|---|---|
| 产值（亿元） | 14 960 | 24 218 | 33 375 | 43 105 | 53 210 | 62 635 | 72 297 | 82 479 | 92 229 | 102 427 | 112 841 |
| 同比增长（%） | 33 | 34 | 34 | 34 | 34 | 35 | 35 | 35 | 34 | 33 | 32 |
| 投资（亿元） | 753 | 1 795 | 2 893 | 4 173 | 617 | 6 898 | 8 223 | 9 512 | 10 908 | 12 289 | 14 301 |
| 同比增长（%） | 19 | 18 | 20 | 21 | 20 | 19 | 19 | 19 | 20 | 21 | 23 |
| 利润（亿元） | 1 259 | 2 029 | 2 791 | 3 560 | 4 248 | 4 866 | 5 508 | 6 185 | 6 813 | 7 357 | 8 234 |
| 同比增长（%） | 38 | 38 | 34 | 32 | 32 | 31 | 29 | 30 | 25 | 18 | 19 |
| 主营收入（亿元） | 14 537 | 23 744 | 32 812 | 42 366 | 52 242 | 61 471 | 70 942 | 80 728 | 90 195 | 100 175 | 110 510 |
| 同比增长（%） | 35 | 35 | 34 | 34 | 35 | 35 | 35 | 34 | 33 | 32 | 31 |
| 进口总额（亿美元） | 621 | 998 | 1 372 | 1 751 | 2 106 | 2 455 | 2 836 | 3 209 | 3 560 | 3 950 | 4 348 |
| 同比增长（%） | 34 | 33 | 32 | 34 | 33 | 34 | 35 | 34 | 36 | 35 | 34 |
| 出口总额（亿美元） | 222 | 372 | 514 | 662 | 813 | 978 | 1 138 | 1 292 | 1 424 | 1 569 | 1 723 |
| 同比增长（%） | 25 | 31 | 32 | 32 | 32 | 32 | 32 | 32 | 31 | 29 | 28 |

### （一）石油天然气开采

2011 年，石油和天然气开采业规模以上企业 276 家，累计总产值13 000亿元，同比增长 32.2%，占全行业总产值的 11.8%。固定资产投资2 720.3亿元，同比增长 12.2%，占全行业投资总额的 19.0%。进出口总额2 085.5亿美元，增长 47.2%，占行业进出口总额的 34.4%；其中，进口2 056.5亿美元，增长 47.9%，占行业进口总额的 47.3%；出口 29 亿美元，增长 9.6%，占行业出口总额的 1.7%。

2011 年，石油和天然气开采业利润总额4 044.3亿元，同比增长 44.8%，占全行业利润总额的 49.1%；全年上缴税金2 568.9亿元，同比增长 50.9%，占全行业税金总额的 30.6%；主营业务收入13 000亿元，同比增长 29.2%；年末资产总计18 000亿元，增长 13.1%；从业人数 103.7 万人，增长 2.6%。见表 3。

**2011 年 1—12 月石油和天然气开采主要经济指标累计增长情况**

表 3

| 项　目 | 1—2（月） | 1—3（月） | 1—4（月） | 1—5（月） | 1—6（月） | 1—7（月） | 1—8（月） | 1—9（月） | 1—10（月） | 1—11（月） | 1—12（月） |
|---|---|---|---|---|---|---|---|---|---|---|---|
| 产值（亿元） | 1 763.0 | 2 804.0 | 3 859.0 | 5 104.0 | 6 160.0 | 7 308.0 | 8 407.0 | 9 745.0 | 10 849.0 | 12 004.0 | 13 287.0 |
| 同比增长（%） | 25.7 | 31.6 | 33.2 | 34.1 | 34.8 | 36.0 | 35.8 | 34.9 | 33.6 | 32.6 | 32.2 |
| 投资（亿元） | 106.2 | 279.3 | 461.9 | 650.0 | 812.0 | 1 005.0 | 1 267.0 | 1 412.0 | 1 665.5 | 1 918.3 | 2 720.3 |
| 同比增长（%） | 12.0 | 5.5 | 8.9 | −0.7 | −2.3 | −3.3 | −3.0 | −1.4 | 0.0 | 3.1 | 12.2 |
| 利润（亿元） | 588.3 | 988.3 | 1 384.0 | 1 822.0 | 2 190.0 | 2 556.0 | 2 899.0 | 3 216.0 | 3 549.2 | 3 768.9 | 4 044.3 |
| 同比增长（%） | 18.7 | 33.1 | 35.4 | 37.0 | 37.7 | 37.2 | 36.3 | 40.4 | 38.5 | 35.4 | 44.8 |
| 主营收入（亿元） | 1 733.0 | 2 770.0 | 3 829.0 | 5 038.0 | 6 043.0 | 7 091.0 | 8 128.0 | 9 172.0 | 10 210.0 | 11 240.0 | 12 466.5 |
| 同比增长（%） | 30.3 | 33.2 | 34.2 | 35.2 | 34 | 34.3 | 34.0 | 33.7 | 31.7 | 30.1 | 29.2 |
| 进口总额（亿美元） | 287.0 | 452.2 | 631.6 | 821.5 | 989.1 | 1 154.0 | 1 333.0 | 1 505.0 | 1 677.0 | 1 865.7 | 2 056.5 |
| 同比增长（%） | 42.2 | 40.9 | 41.9 | 47.9 | 44.5 | 46.1 | 47.0 | 44.8 | 47.8 | 48.3 | 47.9 |
| 出口总额（亿美元） | 221.5 | 371.9 | 513.8 | 661.5 | 813.1 | 977.9 | 1 138.0 | 1 292.0 | 1 423.6 | 25.2 | 29.0 |
| 同比增长（%） | −2.7 | 18.6 | 17.0 | 7.1 | 19.1 | 24.8 | 20.9 | 19.8 | 14.7 | 5.3 | 9.6 |

### (二)石油加工

2011 年,石油加工业规模以上企业1 228家,累计总产值31 000亿元,同比增长 26.3%,占全行业总产值的 27.1%。石油加工业固定资产投资1 472亿元,同比增长 14.7%,占全行业投资总额的 10.3%。进出口总额 623.5 亿美元,增长 32.0%,占全行业进出口总额的 10.3%;其中,进口 386 亿美元,增长 37.4%,占行业进口总额的 8.8%;出口 237.5 亿美元,增长 24.1%,占行业出口总额的 13.7%。

2011 年,石油加工业累计亏损 108.2 亿元,上年同期为盈利 881 亿元;全年上缴税金3 684.5亿元,同比增长 2.8%,占全行业税金总额的 44.0%;主营业务收入31 000亿元,同比增长 25.2%;资产总计12 000亿元,增长 19.6%;从业人数 48.8 万人,增长 7.1%。见表 4。

**2011 年 1—12 月炼油业主要经济指标累计增长情况**

表 4

| 项　目 | 1—2(月) | 1—3(月) | 1—4(月) | 1—5(月) | 1—6(月) | 1—7(月) | 1—8(月) | 1—9(月) | 1—10(月) | 1—11(月) | 1—12(月) |
|---|---|---|---|---|---|---|---|---|---|---|---|
| 产值(亿元) | 4 410.0 | 7 092.0 | 9 733.0 | 12 450.0 | 15 108.0 | 17 663.0 | 20 217.0 | 22 777.0 | 25 308.0 | 27 948.0 | 30 638.0 |
| 同比增长(%) | 30.7 | 31.8 | 31.7 | 31.8 | 31.0 | 31.1 | 30.6 | 30.4 | 28.8 | 27.3 | 26.3 |
| 投资(亿元) | 75.4 | 187.8 | 297.6 | 434.6 | 598.6 | 720.4 | 854.9 | 1 007.0 | 1 134.9 | 1 300.4 | 1 472.1 |
| 同比增长(%) | 20.1 | 29.3 | 25.5 | 25.5 | 17.3 | 18.0 | 16.6 | 15.6 | 13.5 | 17.5 | 14.7 |
| 利润(亿元) | 142.8 | 149.6 | 165.2 | 134.3 | 72.3 | 24.0 | -15.6 | -11.7 | -49.8 | -117.3 | -108.2 |
| 同比增长(%) | 27.3 | -15.9 | -39.3 | -58.7 | -79.0 | -93.5 | — | — | — | — | — |
| 主营收入(亿元) | 4 510.0 | 7 123.0 | 9 789.0 | 12 530.0 | 15 165.0 | 17 718.0 | 20 273.0 | 22 882.0 | 25 466.0 | 28 140.0 | 30 795.3 |
| 同比增长(%) | 31.9 | 31.9 | 31 | 31.6 | 31.0 | 30.7 | 30.2 | 29.6 | 28.5 | 26.5 | 25.2 |
| 进口总额(亿美元) | 56.8 | 91.6 | 124.7 | 159.3 | 192.6 | 222.7 | 256.5 | 285.4 | 314.3 | 347.4 | 386.0 |
| 同比增长(%) | 47.2 | 47.9 | 44.4 | 41.8 | 40.4 | 40.1 | 43.1 | 41.6 | 42.1 | 39.5 | 37.4 |
| 出口总额(亿美元) | 30.8 | 53.2 | 71.9 | 95.5 | 116.1 | 138.3 | 159.5 | 180.8 | 196.5 | 216.2 | 237.5 |
| 同比增长(%) | 4.4 | 10.6 | 8.9 | 11.6 | 14.1 | 15.9 | 18.6 | 21.3 | 21.0 | 22.1 | 24.1 |

### (三)化学工业

2011 年,化学工业规模以上企业24 129家,累计总产值66 000亿元,同比增长 33.9%,占全行业总产值的 58.6%。化学工业固定资产投资9 601.3亿元,同比增长 28.1%,高于全行业平均增幅 4.7 个百分点,占全行业比例 67.1%。进出口总额3 239.9亿美元,同比增长 24.6%,占全行业进出口总额的 53.4%;其中,进口1 838.2亿美元,增长 21.2%,占行业进口总额的 42.2%;出口1 401.6亿美元,增长 29.4%,占行业出口总额的 81.3%。

2011 年,化工行业利润总额4 134.1亿元,同比增长 32.6%,占全行业利润总额的 50.2%,历史上占比首次突破 50.0%。全年上缴税金2 047.9亿元,同比增长 30.2%,占全行业税金总额的 24.4%;主营业务收入65 000亿元,增长 33.3%;资产总计47 000亿元,增长 20.8%;从业人数 517 万人,增长 10.0%。

专用化学品、基础化学原料和合成材料制造三大板块总产值保持较快增长。2011 年,专用化学品总产值17 000亿元,同比增长 36.0%,占化学工业总产值比重 25.2%;基础化学原料总产值17 000亿元,增长 34.9%,占比 25.5%;合成材料总产值11 000亿元,历史上首次登上万亿大关,增长 35.3%,占比 16.6%。三大板块增速均超过化工行业平均水平,产值比重合计为 67.3%,较上年同期提高约 1 个百分点。

2011 年,专用化学品、基础化学原料和合成材料制造三大板块利润总额保持较快增长。专用化学品利润总额1 260.9亿元,同比增长 32.3%,占化工利润总额的 30.5%;基础化学原料利润总额为 956.9 亿元,增长 37.6%,占比 23.2%;合成材料利润总额

582.2 亿元,增长 23.2%,占比 14.1%。三大板块合计占化工利润总额的 67.7%。见表 5。

**2011 年 1—12 月化学工业主要经济指标累计增长情况**

表 5

| 项　目 | 1—2(月) | 1—3(月) | 1—4(月) | 1—5(月) | 1—6(月) | 1—7(月) | 1—8(月) | 1—9(月) | 1—10(月) | 1—11(月) | 1—12(月) |
|---|---|---|---|---|---|---|---|---|---|---|---|
| 产　值(亿元) | 8 479.0 | 13 799.0 | 19 052.0 | 24 583.0 | 30 685.0 | 36 203.0 | 41 987.0 | 48 011.0 | 53 884.0 | 60 031.0 | 66 172.0 |
| 同比增长(%) | 35.5 | 36.2 | 35.3 | 35.3 | 36.0 | 36.6 | 37.1 | 37.0 | 36.3 | 35.2 | 33.9 |
| 投　资(亿元) | 548.5 | 1 268.4 | 2 035.3 | 2 931.7 | 3 991.3 | 4 912.2 | 5 796.8 | 6 735.7 | 7 700.6 | 8 617.2 | 9 601.3 |
| 同比增长(%) | 20.8 | 19.6 | 22.9 | 25.6 | 25.3 | 24.0 | 25.1 | 24.8 | 26.2 | 26.9 | 28.1 |
| 利　润(亿元) | 519.3 | 874.8 | 1 209.5 | 1 562.3 | 1 926.3 | 2 218.4 | 2 572.8 | 2 889.4 | 3 209.0 | 3 576.7 | 4 134.1 |
| 同比增长(%) | 71.6 | 61.7 | 57.5 | 55.8 | 55.5 | 54.9 | 53.6 | 50.7 | 44.4 | 35.7 | 32.6 |
| 主营收入(亿元) | 8 131.0 | 13 553.0 | 18 575.0 | 23 984.0 | 29 958.0 | 35 401.0 | 41 561.0 | 46 972.0 | 52 581.0 | 58 601.0 | 64 749.7 |
| 同比增长(%) | 37.9 | 37.3 | 35.9 | 35.8 | 36.4 | 36.9 | 37.2 | 36.9 | 35.9 | 34.7 | 33.3 |
| 进口总额(亿美元) | 267.2 | 437.5 | 593.8 | 742.9 | 891.2 | 1 039.2 | 1 201.6 | 1 368.2 | 1 513.8 | 1 675.8 | 1 838.3 |
| 同比增长(%) | 24.2 | 22.3 | 20.9 | 21.0 | 20.9 | 21.4 | 22.9 | 23.5 | 23.9 | 23.2 | 21.2 |
| 出口总额(亿美元) | 180.0 | 300.2 | 416.3 | 534.4 | 657.8 | 793.1 | 925.8 | 1 049.3 | 1 159.6 | 1 277.7 | 1 401.7 |
| 同比增长(%) | 29.5 | 35.5 | 37.9 | 37.0 | 36.3 | 35.1 | 35.0 | 33.7 | 33.4 | 31.3 | 29.4 |

### (四)专用设备制造

2011 年,专用设备制造业规模以上企业1 199家,累计总产值2 744.2亿元,同比增长 32.8%,占全行业总产值的 2.4%。专用设备固定资产投 507.1 亿元,同比增长 33.3%,高于石油和化工行业平均增幅近 10 个百分点,持续保持较快增速。进出总额 122.6 亿美元,同比增长 24.4%,占行业进出口总额的 2.0%;其中,进口 67.3 亿美元,增长 31.0%;出口 55.3 亿美元,增长 60.8%,专用设备出口增长较快;逆差 12.1 亿美元,同比缩小 14.9%。

2011 年,专用设备制造利润总额 164.2 亿元,同比增长 25.8%;其中石油钻采设备利润总额 111.7 亿元,占专用设备制造业的 68.0%,比重较上年提高 1.3 个百分点。全年累计上缴税金 77.5 亿元,增长 21.8%;主营业务收入2 498.9亿元,增长 31.9%;资产总计2 184.9亿元,增长 24.8%;从业人数 26.3 万人,增长 12.5%。

### (五)主要产品产量

2011 年,全国主要化学品总量达 4.2 亿吨,同比增长 12.9%,增幅较上年提高 1.6 个百分点。主要石油和化工产品产量总体保持较快增长。其中,烧碱、电石、甲醇、纯苯、农用化学品、石油钻井设备、化学试剂、涂料等产品产量增幅较大。

石油天然气　原油增速减缓,天然气保持平稳。2011 年,全国原油产量 2 亿吨,同比增长 0.3%,增幅较上年明显回落。增速减缓主要原因是中海油因海上漏油事故导致原油产量大幅下降 6.6%。全年天然气产量1 025.3亿立方米,同比增长 6.9%,较上年提高 1.7 个百分点;原油加工量 4.5 亿吨,增长 4.9%;成品油产量(汽、煤、柴油合计,下同)2.7 亿吨,增长 5.9%。其中,柴油产量 1.7 亿吨,增长 5.4%;汽油产量8 141.1万吨,增长 6.1%。

农用化学品　化肥、农药增长较快。2011 年,全国化肥总产量(折纯,下同)6 027.2万吨,同比增长 12.1%。其中,尿素产量2 656.7万吨,增长 5.7%;磷肥产量1 462.4万吨,增长 24.3%;钾肥产量 385.6 万吨,增长 10.8%;磷酸二铵产量(实物量)1 161.4 万吨,增长 25.1%。全年合成氨产量5 068.7万吨,同比增长 6.0%;农药原药产量(折 100%)264.8 万吨,增长 21.4%。

其他重点产品　2011 年,全国乙烯产量1 527.5 万吨,同比增长 7.4%;甲醇产量2 226.9万吨,增幅达36.3%；硫酸产量7 416.8万吨，增长12.2%；烧碱产量2 466.2万吨，增长15.2%；纯碱产量2 303.2万吨，增长13.4%；化学试剂870.9万吨，增长25.0%；合成树脂4 798.3万吨，增长9.3%，其中聚氯乙烯增长12.5%；轮胎外胎产量8.3亿条，增长8.5%，其中子午胎产量3.9亿条，增长5.6%。见表6。

2011年全国能源及主要化工产品产量表

表6

| 重点产品 | 单　位 | 本年累计 | 同比(±%) |
|---|---|---|---|
| 天然原油 | 万　吨 | 20 364.6 | 0.3 |
| 天然气 | 亿立方米 | 1 025.3 | 6.9 |
| 原油加工量 | 万　吨 | 44 773.5 | 4.9 |
| 成品油 | 万　吨 | 26 697.0 | 5.9 |
| 汽　油 | 万　吨 | 8 141.1 | 6.1 |
| 煤　油 | 万　吨 | 1 879.8 | 10.1 |
| 柴　油 | 万　吨 | 16 676.1 | 5.4 |
| 润滑油 | 万　吨 | 826.5 | 7.0 |
| 燃料油 | 万　吨 | 1 868.8 | -2.1 |
| 石脑油 | 万　吨 | 2 450.2 | -0.4 |
| 溶剂油 | 万　吨 | 230.5 | 97.3 |
| 润滑脂 | 万　吨 | 25.5 | 10.9 |
| 液化石油气 | 万　吨 | 2 181.1 | 6.3 |
| 石油焦 | 万　吨 | 1 756.4 | 14.7 |
| 石油沥青 | 万　吨 | 2 440.2 | -1.6 |
| 硫铁矿(折含硫35.0%) | 万　吨 | 1 583.8 | 8.7 |
| 磷矿石(折含五氧化二磷30%) | 万　吨 | 8 122.3 | 33.2 |
| 合成氨(无水氨) | 万　吨 | 5 068.7 | 6.0 |
| 化肥总计(折纯) | 万　吨 | 6 027.2 | 12.1 |
| 氮肥(折含氮100%) | 万　吨 | 4 179.0 | 8.6 |
| 尿素(折含氮100%) | 万　吨 | 2 656.7 | 5.7 |
| 磷肥(折含五氧化二磷100%) | 万　吨 | 1 462.4 | 24.3 |
| 钾肥(折含氧化钾100%) | 万　吨 | 385.6 | 10.8 |
| 磷酸一铵(实物量) | 万　吨 | 1 139.6 | 27.4 |
| 磷酸二铵(实物量) | 万　吨 | 1 161.4 | 25.1 |
| 化学农药原药(折有效成分100%) | 万　吨 | 264.8 | 21.4 |
| 杀虫剂原药(折100%) | 万　吨 | 71.1 | 16.7 |
| 杀菌剂原药(折100%) | 万　吨 | 15.2 | 1.3 |
| 除草剂原药(折100%) | 万　吨 | 117.3 | 12.5 |
| 橡胶轮胎外胎 | 万　条 | 83 209.1 | 8.5 |
| 子午线轮胎外胎 | 万　条 | 39 316.4 | 5.6 |

续表

| 重点产品 | 单　位 | 本年累计 | 同比(±%) |
|---|---|---|---|
| 石油钻井设备 | 台　套 | 1 073 798.1 | 121.9 |
| 炼油、化工专用设备 | 万　吨 | 172.5 | 28.6 |
| 硫酸(折100%) | 万　吨 | 7 416.8 | 12.2 |
| 浓硝酸(折100%) | 万　吨 | 251.8 | 5.2 |
| 盐酸(含HCl 31%以上) | 万　吨 | 841.0 | 2.1 |
| 氢氧化钠(烧碱)(折100%) | 万　吨 | 2 466.2 | 15.2 |
| 离子膜法烧碱(折100%) | 万　吨 | 1 497.2 | 14.5 |
| 纯碱(碳酸钠) | 万　吨 | 2 303.2 | 13.4 |
| 碳化钙(电石)(折300升/千克) | 万　吨 | 1 737.6 | 22.3 |
| 乙　烯 | 万　吨 | 1 527.5 | 7.4 |
| 纯　苯 | 万　吨 | 665.9 | 22.1 |
| 精甲醇 | 万　吨 | 2 226.9 | 36.3 |
| 冰乙酸(冰醋酸) | 万　吨 | 424.8 | 10.7 |
| 涂　料 | 万　吨 | 1 079.3 | 16.4 |
| 化学试剂 | 万　吨 | 870.9 | 25.0 |
| 食品添加剂 | 万　吨 | 171.1 | 7.9 |
| 合成树脂及共聚物 | 万　吨 | 4 798.3 | 9.3 |
| 聚乙烯树脂 | 万　吨 | 1 015.2 | 2.8 |
| 聚丙烯树脂 | 万　吨 | 980.4 | 8.8 |
| 聚氯乙烯树脂 | 万　吨 | 1 295.2 | 12.5 |
| 聚苯乙烯树脂 | 万　吨 | 202.9 | 4.7 |
| ABS树脂 | 万　吨 | 148.9 | 10.7 |
| 合成橡胶 | 万　吨 | 348.8 | 13.1 |
| 合成纤维单体 | 万　吨 | 1 771.6 | 9.5 |
| 合成纤维聚合物 | 万　吨 | 1 501.4 | 17.8 |
| 聚　酯 | 万　吨 | 1 182.0 | 14.5 |
| 化学纤维 | 万　吨 | 3 362.5 | 13.9 |
| 合成纤维 | 万　吨 | 3 096.4 | 13.9 |
| 涤纶纤维 | 万　吨 | 2 777.6 | 14.9 |

## 二、2011年中国石油和化学工业的主要特点

### (一)经济运行快速平稳，国内市场需求强劲

创造了快速、平稳增长的新纪录。2011年中国石油和化学工业总产值将突破110 000亿元，达到112 000亿元，比上年同期增长31.0%。按季度计算，一季度工业总产值增长34.3%，二季度增长34.5%，三季度增长35.5%。四季度增长33.0%。

而同期中国GDP的增长则是一条下行曲线：一季度GDP增长9.7%，二季度增长9.5%，三季度增长9.1%，四季度增长8.9%。石油和化学工业总产值2011年呈现出一条平稳增长的曲线，在宏观经济下行压力加大的环境下，这确实是一件十分不容易的事情。2011年，石油和化工行业总产值历史性突破110 000亿元，经济总量再上新台阶，增长总体快速平稳，波动相对较小。全年行业产值增幅达31.5%，月度最高累计增幅为35.0%，最低为31.5%，最大累计波幅在3.5%之内；经济运行走势较为平稳。

国内市场需求强劲。2011年，中国主要化学品表观消费总量同比增长10.1%，增幅高于上年同期约4个百分点。全年国内石油（原油及油品合计）表观消费量达4.3亿吨，同比增长4.6%；原油表观消费量4.2亿吨，增长3.3%，进口依存度达55.1%，同比提高1.3个百分点；天然气表观消费量1 307.1亿立方米，同比增长20.5%，为2008年来最大增幅，对外依存度达21.6%，较上年提高10个百分点。全年成品油（汽、煤、柴油合计）表观消费量2.6亿吨，同比增长7.5%；其中，柴油表观消费量1.7亿吨，增长7.6%；汽油表观消费量7 738万吨，增长8.0%。2011年，化肥表观消费量增长14.4%，创2004年以来同期最大增幅；烧碱表观消费量增长13.3%。面对庞大的国内市场需求，有机化学品和合成材料总体缺口较大。2011年，中国净进口有机化学品2 361.9万吨、合成树脂2 663.7万吨、合成纤维单体1 495.8万吨。见图1、图2。

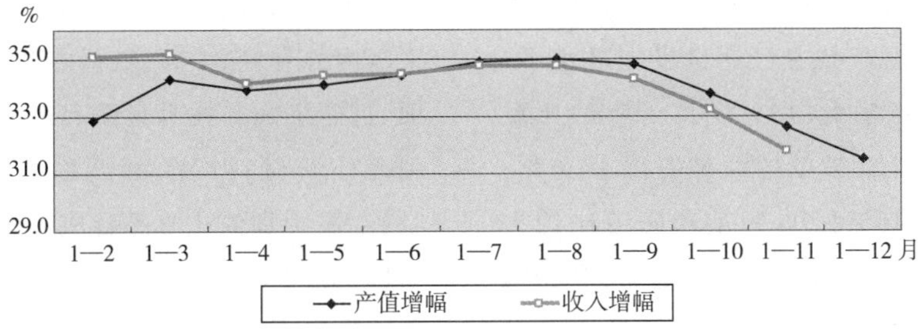


**图1　2011年石油和化工行业产值、主营收入累计增幅走势**

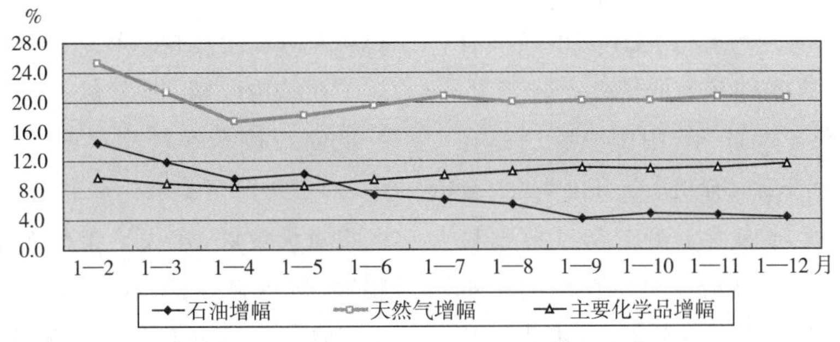


**图2　2011年主要化工产品表观消费总量累计增幅走势**

**（二）产业结构升级步伐加快，产品技术向高端领域延伸**

产业结构调整取得了积极成效。2011来，中国石油和化学工业重点推进传统产业的转型升级和战略性新兴产业的培育发展，“调结构、转方式”成效逐步显现，合成材料、专用化学品、有机化学原料等高技术、高附加值产品在化学工业利润增长中的比重不断攀升，成为提高行业经济增长质量的主要动力。2011年，专用化学品利润占化学工业利润总额的比重约达31.5%，较上年上升1.5个百分点；合成材料占比16.0%，较上年上升约1个百分点；有机化学原料占比13.5%，较上年上升约0.7个百分点。化肥、橡胶制品等传统化学品在利润增长中的比重则不断下降。与上年相比，化肥占比下降约0.7个百分点，橡胶制品占比下降约1.8个百分点。有机化学品、合成材料等产品在国内市场占有率稳步扩大。

能源结构调整加快。2011年，中国天然气产量在油气当量中的比重达到31.2%，较上年提高1.7个百分点，比2005年提高11个百分点。在消费结构中，2011年天然气在油气消费当量中的比重达到20.5%，较上年提升2.5个百分点，比2005年上升8.1个百分点。天然气在能源结构中的地位日益凸显。中国能源结构"气化"进程将进一步加快。见图3。

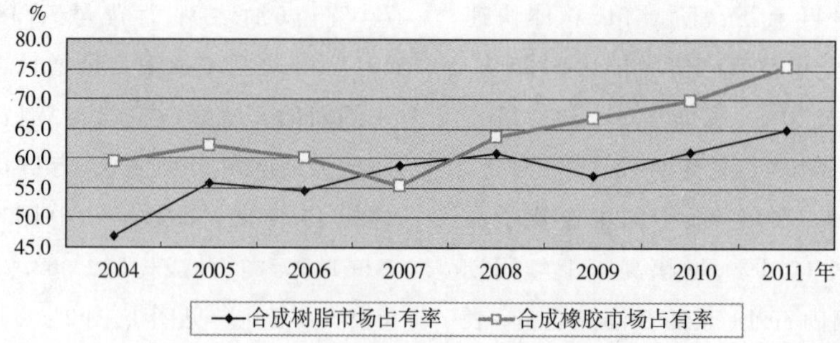


图3　2004—2011年合成树脂国内市场占有率变化情况

化工产品技术加快向高端领域延伸。目前，中国"两碱"产品质量和生产技术已达世界先进水平，在国际市场具有较强竞争力；烧碱中离子膜法比重已达86.5%；纯碱中，能耗较低的联碱占比47.6%；化肥中，磷、钾肥比重稳步上升，目前磷肥占比约为25.0%，钾肥占比约6.5%，钾肥自给率过半，产品结构进一步优化。有机化学品、合成材料等技术含量较高产品在国内市场占有率稳步扩大。数据显示，2011年，中国合成树脂国内市场占有率达到约65.0%，较上年提高4个百分点；合成橡胶市场占有率达到76.0%，较上年提高约6个百分点。

出口结构继续优化。2011年，中国橡胶制品在出口总额中的比重继续下降，有机、专用化学品、合成材料等产品出口占比则保持上升趋势。数据显示，2011年橡胶制品出口额在行业出口总额的比重约为23.5%，较上年下降1.1个百分点；有机化学品占比19.0%，较上年上升0.5个百分点。橡胶制品、有机化学原料和专用化学品是目前行业出口三大支柱，2011年占行业出口总额的53.1%。

### （三）技术创新正孕育着"多点突破"的曙光

2011年石化联合会组织的一批科技支撑项目已全面完成攻关任务，顺利通过国家科技部的验收。其中"专用高性能高分子材料聚合关键技术研究及应用"，突破了一系列单体和材料合成的关键技术，突破关键共性技术8项，创新研制新产品12个，申报国内外专利21项，获得专利7项，其中发明专利6项，打破了国外技术封锁和产品垄断，促进了中国专用高分子材料产品的升级换代和产业结构调整。"精细高附加值化学品合成关键技术开发及产业化"项目，突破了一批对精细化工产业有着重大影响的关键技术，开发新工艺、新技术8项，创新研制新产品4个，申报国内外专利31项，获得专利13项，为中国精细化工产业向技术密集型、能源资源节约型和环境友好型生产模式转变提供了技术支撑。

在结构调整，提高企业核心竞争力方面形成了一批创新技术和产品。重庆紫光与天津化工厂合作，对引进的蛋氨酸生产装置通过消化吸收再创新，取得重大突破，建成了年产1万吨蛋氨酸工业示范装置，运行良好，顺利通过了石化联合会组织的72小时现场考核和科技成果鉴定，结束了蛋氨酸生产技术长期被国外垄断的局面。中国科学院长春应用化学研究所等单位开发的"聚乳酸新材料关键技术研发与产业化应用"，以植物淀粉或蔗糖为原料生产绿色环保塑料，解决了单体制备，连续聚合，高温高真空化工设备密封，产品耐热稳定性等关键技术难题，申请发明专利10项，获发明专利8项，该项目完成了5 000吨/年生产线建设，开创了一个不依赖石油的发展新领域。在现代煤化工领域，利用中国自主知识产权技术在神华集团建成了煤直接液化和煤制烯烃示范工程，并成功实现了商业化运行；在安徽淮化集团建设的千吨级煤制乙二醇试验项目已打通全流程，通过了联合会组织的72小时现场考核，探索出乙二醇产品的新技术路线。中国自主开发建设的日处理煤520吨级“水冷壁水煤浆加压气化技术”，在山西丰喜集团成功运行，开辟了又一条煤气化技术的新路线。

### （四）中西部地区增长加快，区域发展进一步协调

中西部地区投资增长较快。2011年，中、西部地区投资增速同比分别达34.0%和24.1%，快于东部地区增速17.2和7.3个百分点；中西部地区投资占行业比重达51.8%，较上年同期提高2.5个百分点。

中西部地区主要化工和石化产品比重稳步提高。2011年，中西部地区硫酸产量占全国比重达76.6%，较2005年上升8.7个百分点；纯碱和烧碱产量比重分别达49.8%和47.2%，较2005年上升11.9和9.8个百分点；化肥产量占比达78.5%，较2005年上升8.2个百分点。见图4。

2011年，东部、中部和西部地区行业总产值分别为73 000亿元、20 900亿元和19 000亿元，同比增长28.7%、36.0%和38.5%，中、西部地区明显快于东部。从产值比重上看，东部地区占64.8%，比上年同期下降1.5个百分点；中、西部地区分别占18.5%和16.7%，合计占比较上年同期提高1.5个百分点。东部与中西部区域经济发展进一步协调。

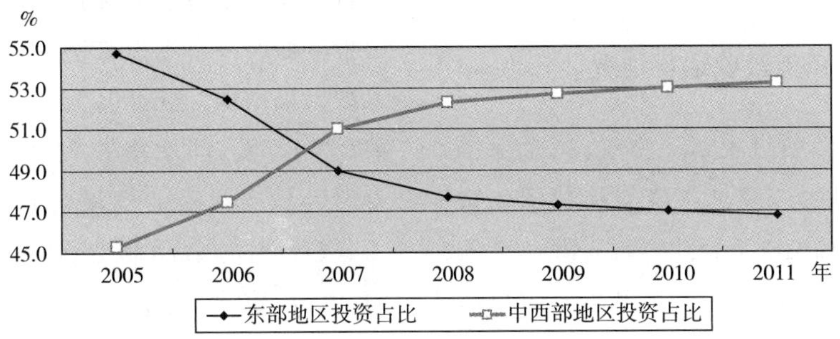


**图4　2005—2011年东部和中西部地区投资占行业比重变化**

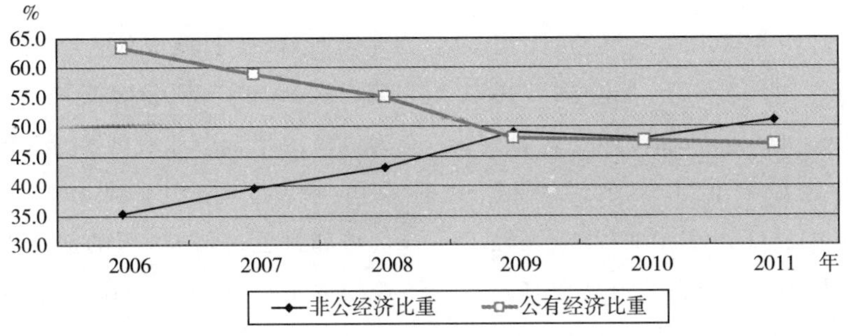


**图5　2006—2011年非公经济和公有经济比重变化**

### （五）首次实现了非公经济比重过半的新局面

基本经济制度进一步完善，非公经济比重首次过半。这是行业发展历史上的一大突破，“国进”、“民进”，共同发展，这是全行业发展的历史期待，也是基本经济制度具体落实的又一成果。一批优秀民营企业正在茁壮成长。非公经济比重快速上升。2011年，行业非公经济总产值57 000亿元，同比增长34.9%，占比50.1%，历史上首次过半；公有控股经济产值54 000亿元，增长27.9%，占比47.4%；其他经济占比2.5%。与2006年相比，2011年非公经济在行业经济总量中的比重上升了15.8个百分点，公有经济占比则下降了16.4个百分点；非公经济比重每年平均提高3.2个百分点。见图5。

（审稿：李寿生　撰稿：赵志平）

# 2011 年轻工业发展综述

中国轻工业联合会

2011 年,面对复杂多变的国际国内形势和艰巨繁重的发展任务,轻工行业继续落实《轻工业调整和振兴规划》和中央一系列扶持轻工业发展的政策措施,经过全行业的共同努力,克服了外部环境复杂、人民币升值、经营成本上升等多重困难,实现了"十二五"良好开局。

## 一、2011 年轻工行业运行情况

2011 年轻工行业发展呈现以下特点:一是保持了轻工业平稳较快发展,工业总产值与利润同步快速增长。2011 年轻工规模以上企业实现工业总产值164 700亿元,同比增长 29.3%;实现利润10 000亿元,同比增长 32.0%。二是结构调整步伐加快。内需市场份额不断提高,外需市场销售稳步扩大,轻工内外销比重进一步改善,内销占 85.7%,比上年提高 1.2 个百分点,全年出口4 431.1亿美元,同比增长 23.0%,轻工累计顺差3 275亿美元,是全国贸易顺差的 2.2 倍。优势集聚和产业有序转移稳步推进,轻工产业集群、特色区域产值占轻工总产值的 28.0%,比上年提高 1.4 个百分点,中西部地区轻工业总产值占全国比重比上年上升 3.2 个百分点。一批在行业有影响的企业由原来主要依靠数量、规模、价格的竞争转为依靠技术进步、结构调整提升竞争力。三是随着"十二五"规划的实施,国务院有关部委出台了《轻工业"十二五"发展规划》和造纸、食品、食糖等行业的"十二五"规划。国家支持轻工的科技项目增多,企业自主创新能力有所提高,全行业国家级企业技术中心达到 110 个,比上年增加 15 个。节能减排取得积极成效,造纸、发酵、酿酒、皮革等行业完成了节能减排指标,节能家电、节能照明等一批节能产品市场占有率明显提高。四是劳动就业人数大幅增加。规模以上工业企业从业人员平均人数2 240万人,同比增长 9.4%。五是主要行业和主要地区是支撑行业发展的重要力量。农副食品加工、塑料制品、食品制造、造纸、家电、皮革、五金、酿酒、电池、软饮料、家具等行业行业产值占全国轻工产值的 83.4%,利润占全国的 83.1。广东、山东、江苏、浙江、河南产值占全国轻工产值的 52.6%,利润总额占全国的 52.8%。六是实施《轻工业调整和振兴规划》取得明显成效,实施该规划三年来,年均产值增长 19.8%、利润增长 15.3%、出口增长 12.9%,为应对国际金融危机的蔓延和实现"十二五"规划良好开局奠定了坚实基础。轻工业保持和发展了自身优势和特色,抵御风险的能力增强。2011 年轻工业规模以上企业以占全国工业 14.0% 的资产创造了 19.1% 的产值、17.3% 的利润、23.8% 的出口、24.8% 的就业。

**2011 年中国轻工行业主要经济指标**

表 1

| 明　细 | 单　位 | 2011 年 | 同比增长(%) |
|---|---|---|---|
| 一、全国轻工业规模以上工业企业产销总值 | | | |
| 汇总企业单位数 | 万　个 | 8.9 | — |
| 工业总产值(当年价格) | 亿　元 | 164 688.0 | 29.3 |
| 工业销售产值(当年价格) | 亿　元 | 160 621.0 | 29.1 |
| 其中:出口交货值 | 亿　元 | 22 886.0 | 16.0 |

续表

| 明　细 | 单　位 | 2011 年 | 同比增长(%) |
| --- | --- | --- | --- |
| 工业产品销售率 | % | 97.5 | -0.2 |
| 出口交货值占工业销售产值比重 | % | 14.2 | -10.5 |
| 二、全国轻工行业主要商品海关进出口总值 | | | |
| 轻工行业主要商品进出口总值 | 亿美元 | 5 587.0 | 22.6 |
| 其中:出口总值 | 亿美元 | 4 431.0 | 22.9 |
| 进口总值 | 亿美元 | 1 156.0 | 21.5 |
| 进出口差额(+出超、-入超) | 亿美元 | 3 275.0 | 23.5 |
| 出口占进出口总值比重 | % | 79.3 | 0.2 |
| 进口占进出口总值比重 | % | 20.7 | -0.9 |

**2011 年中国轻工行业主要产品产量**

表 2

| 产品名称 | 单　位 | 全年产量累计 | 同比增长(%) |
| --- | --- | --- | --- |
| 原　盐 | 吨 | 64 293 947 | 11.4 |
| 成品糖 | 吨 | 11 837 700 | 5.9 |
| 糖　果 | 吨 | 2 227 947 | 24.2 |
| 速冻米面食品 | 吨 | 3 464 534 | 27.1 |
| 方便面 | 吨 | 8 275 884 | 22.8 |
| 乳制品 | 吨 | 23 874 867 | 14.0 |
| 其中:液体乳 | 吨 | 20 607 882 | 13.5 |
| 罐　头 | 吨 | 9 725 297 | 18.8 |
| 酱　油 | 吨 | 6 624 855 | 16.4 |
| 食品添加剂 | 吨 | 1 712 460 | 8.0 |
| 发酵酒精(折 96 度,商品量) | 千　升 | 8 337 336 | 11.5 |
| 饮料酒 | 千　升 | 62 697 283 | 13.7 |
| 其中:白　酒(折 65 度,商品量) | 千　升 | 10 255 508 | 30.7 |
| 啤　酒 | 千　升 | 48 988 168 | 10.7 |
| 葡萄酒 | 千　升 | 1 156 865 | 13.0 |
| 软饮料 | 吨 | 117 623 307 | 22.0 |
| 其中:碳酸饮料 | 吨 | 16 066 054 | 26.5 |
| 包装饮用水类 | 吨 | 47 889 966 | 25.7 |
| 果汁和蔬菜汁饮料 | 吨 | 19 202 366 | 8.7 |
| 精制茶 | 吨 | 1 766 987 | 37.8 |
| 羽绒服 | 万　件 | 26 407 | 12.0 |
| 轻　革 | 平方米 | 685 584 327 | 11.6 |
| 皮革鞋靴 | 万　双 | 427 103 | 16.1 |
| 皮革服装 | 件 | 63 554 607 | 1.5 |
| 天然毛皮服装 | 件 | 3 038 254 | 11.3 |
| 家　具 | 件 | 698 956 198 | 8.3 |
| 其中:木质家具 | 件 | 247 746 396 | 15.8 |
| 金属家具 | 件 | 364 843 338 | 5.9 |
| 软体家具 | 件 | 4 286 424 | 4.4 |
| 纸　浆(原生浆及废纸浆) | 吨 | 22 763 102 | 12.1 |
| 机制纸及纸板 | 吨 | 110 343 629 | 13.2 |

续表

| 产品名称 | 单位 | 全年产量累计 | 同比增长(%) |
|---|---|---|---|
| 其中:未涂布印刷书写用纸 | 吨 | 8 618 844 | 2.3 |
| 其中:新闻纸 | 吨 | 3 687 894 | -8.3 |
| 涂布类印刷书写用纸 | 吨 | 7 410 516 | 21.7 |
| 卫生用纸原纸 | 吨 | 3 152 704 | 22.3 |
| 箱纸板 | 吨 | 16 684 457 | 12.2 |
| 纸制品 | 吨 | 45 135 504 | 17.1 |
| 其中:瓦楞纸箱 | 吨 | 28 560 986 | 15.6 |
| 合成洗涤剂 | 吨 | 8 511 332 | 19.0 |
| 其中:合成洗衣粉 | 吨 | 3 735 847 | 4.1 |
| 塑料制品 | 吨 | 54 743 069 | 22.4 |
| 其中:塑料薄膜 | 吨 | 8 436 353 | 11.2 |
| 其中:农用薄膜 | 吨 | 1 467 785 | 14.5 |
| 泡沫塑料 | 吨 | 1 411 610 | 25.4 |
| 塑料人造革、合成革 | 吨 | 2 402 595 | 9.6 |
| 日用塑料制品 | 吨 | 4 583 729 | 5.3 |
| 日用玻璃制品 | 吨 | 13 736 776 | 11.9 |
| 玻璃包装容器 | 吨 | 6 884 270 | 13.3 |
| 玻璃保温容器 | 万个 | 72 050 | 33.7 |
| 卫生陶瓷制品 | 件 | 200 653 865 | 18.6 |
| 不锈钢日用制品 | 吨 | 2 604 450 | 27.7 |
| 衡器(秤) | 台 | 22 081 547 | 16.5 |
| 两轮脚踏自行车 | 辆 | 60 014 763 | 3.2 |
| 电动自行车 | 辆 | 14 641 810 | 35.6 |
| 铅酸蓄电池 | 千伏安时 | 142 297 329 | 3.3 |
| 碱性蓄电池 | 只(自然只) | 1 018 903 763 | -15.0 |
| 锂离子电池 | 只(自然只) | 2 966 331 440 | 18.2 |
| 原电池及原电池组(折R20标只) | 万只 | 3 426 394 | 3.3 |
| 太阳能电池* | 千瓦 | 12 983 878 | 68.4 |
| 家用电冰箱 | 台 | 86 992 530 | 19.2 |
| 家用冷柜(家用冷冻箱) | 台 | 18 726 510 | 12.4 |
| 房间空气调节器 | 台 | 139 125 006 | 27.8 |
| 家用电风扇 | 台 | 174 295 414 | 10.8 |
| 家用吸排油烟机 | 台 | 18 950 606 | 16.7 |
| 电饭锅 | 个 | 183 294 317 | 8.0 |
| 家用电热烘烤器具 | 个 | 157 298 464 | -1.1 |
| 电冷热饮水机 | 台 | 14 952 519 | -6.1 |
| 微波炉 | 台 | 66 919 974 | 1.6 |
| 家用洗衣机 | 台 | 66 709 765 | 11.5 |
| 家用电热水器 | 台 | 24 419 565 | 30.4 |
| 家用吸尘器 | 台 | 83 169 193 | 3.8 |

续表

| 产品名称 | 单　位 | 全年产量累计 | 同比增长(%) |
|---|---|---|---|
| 家用燃气灶具 | 只 | 26 179 003 | 1.2 |
| 家用燃气热水器 | 台 | 15 687 988 | 17.7 |
| 电光源 | 万　只 | 1 961 484 | 4.0 |
| 其中:白炽灯泡 | 万　只 | 417 274 | 3.8 |
| 荧光灯 | 万　只 | 332 104 | -1.4 |
| 灯具及照明装置 | 套(台、个) | 2 523 507 649 | 6.4 |
| 钟 | 只 | 159 403 150 | -2.9 |
| 表 | 只 | 131 625 962 | 3.8 |
| 眼镜成镜(眼镜) | 副 | 492 083 119 | -1.0 |

注:加*的产品为公报数据。

**2011 年中国轻工行业主要商品海关出口进口值**

表 3

| 商品分类名称 | 累计出口值 | | 累计进口值 | |
|---|---|---|---|---|
| | 金额(万美元) | 同比增长(%) | 金额(万美元) | 同比增长(%) |
| 全国轻工行业出口、进口总计 | 44 311 388 | 22.95 | 11 560 682 | 21.49 |
| 纸浆、纸及纸制品 | 1 154 872 | 37.03 | 1 743 950 | 25.53 |
| 日用机械 | 1 137 028 | 17.14 | 414 659 | 41.03 |
| 日用硅酸盐 | 1 331 779 | 24.41 | 83 816 | 32.13 |
| 日用化学产品 | 1 517 000 | 16.08 | 1 040 874 | 5.26 |
| 制　盐 | 11 464 | 40.05 | 19 798 | 53.57 |
| 食品、饮料 | 4 229 162 | 25.99 | 3 546 210 | 32.35 |
| 皮革、毛皮及其制品 | 4 812 134 | 22.17 | 720 949 | 20.16 |
| 木制品及其他天然植物制品 | 182 853 | 12.69 | 3 612 | 16.28 |
| 家　具 | 3 888 188 | 15.31 | 225 792 | 29.68 |
| 文教体育用品 | 4 176 474 | 14.90 | 222 332 | 29.67 |
| 工艺美术品 | 2 632 511 | 48.22 | 239 800 | 80.34 |
| 塑料制品 | 5 650 276 | 26.47 | 1 871 377 | 11.76 |
| 金属制轻工行业相关产品 | 3 672 853 | 31.09 | 246 085 | 18.96 |
| 家用电器 | 4 634 541 | 16.75 | 304 397 | 8.28 |
| 照明器具 | 2 252 637 | 19.47 | 220 281 | -20.46 |
| 衡器及其零配件 | 101 530 | 18.98 | 10 567 | 10.08 |
| 日用杂品 | 1 493 576 | 18.55 | 148 900 | 17.23 |
| 轻工机械 | 354 620 | 25.99 | 478 748 | 14.08 |
| 其他轻工行业相关产品 | 1 077 890 | 26.80 | 18 537 | 82.37 |

## 二、反映行业和企业诉求,推动轻工业发展政策的制定和实施

针对 2011 年上半年轻工中小企业经营成本不断上升、资金链条趋于断裂、生产经营状况低迷的状况,中轻联、眼镜、家具等协会参与全国总工会关于轻工行业中小企业生产经营状况的调研,提出扶持中小企业发展的政策建议,得到领导批示。温总理、张德江副总理还就中小企业发展问题分别在浙江、温州和广东的轻工企业进行了考察和调研。10 月温家宝总理主持召开国务院常务会议,研究确定支持小型和微型企业发展的金融、财税政策措施。国务院促进中小企业发展工作领导小组办公室在工信部

召开联席会议，中国轻工业联合会（简称“中轻联”）介绍了轻工中小企业发展情况，提出了政策建议。

对轻工业运行中的突出问题，以专题报告、信息报送等形式及时向有关领导、国家发改委、工信部、商务部、财政部、国务院国资委等部门进行反映。其中制糖协会报送5份专题报告，中央领导同志先后4次做了重要批示，国家发改委发布了《关于完善糖料收购价格政策的通知》，中央财政拨付3 000万元专项资金用于云南糖业救灾。家电、照明电器协会针对稀土等原材料价格上涨，企业生产困难，积极向有关部门进行反映。自行车协会与中国电池工业协会针对九部委专项整治铅酸电池行动中电动自行车企业面临的实际困难提出了政策建议。家电协会推动“家电下乡”政策的进一步落实，对“家电下乡”实施过程出现的各类新问题和新现象进行跟踪、总结、分析并向有关部门汇报。全国累计销售家电下乡产品2.18亿台，实现销售额5 059亿元。食品添加剂协会针对《食品安全法》实施过程中因体制、职能等原因造成监管措施衔接不到位，使数万家企业面临不能合法生产的问题，及时向有关部门进行反映。卫生部、国家质检总局发布《关于做好食品添加剂生产许可和监管衔接工作的通知》，使问题得到解决。行业提出的《关于调整进口关税维护葡萄酒产业安全的政策建议》被中办、国办采纳；《关于促进太阳能电池产业健康发展的政策建议》、《预计本制糖期食糖供求基本平衡》由工信部上报中办、国办。城镇集体企业资产和财务监管问题的解决取得了新的突破，中编办提出了关于城镇集体企业资产和财务监管部门职责分工的意见。

参与国家、部委级重要规划的制定。相继参加了发改委、工信部多项规划的制定工作，并将有关行业科技、技改、节能减排、产业转移、集群公共服务平台建设等项目争取尽可能多的纳入国家规划之中。其中，《工业转型升级规划》、《工业转型升级投资指南》、《轻工业“十二五”发展规划》、《食品工业“十二五”发展规划》、《造纸工业发展“十二五”规划》、《制糖行业“十二五”发展规划》已由有关部委正式颁布。中轻联研究制定《轻工业技术进步“十二五”发展指导意见》。

围绕国家“十二五”规划的实施，参与完成有关产业结构调整指导目录、发展指南、工业转型升级重点技术改造投资指南、轻工行业环境经济政策配套综合名录等起草、修订和编制工作。组织相关行业对对《环境保护法》、《清洁生产促进法修正案（草案）》、《西部地区新增鼓励类产业目录》、《鼓励进口技术和产品目录（2009年版）》、《国家鼓励的循环经济技术、工艺和设备名录（2011年）（征求意见稿）》、《“十二五”节能减排规划（征求意见稿）》、《“十二五”节能环保产业发展规划（征求意见稿）》，工信部《2011年世贸组织对加拿大贸易政策审议问题与评论》，科技部《关于进一步加强酒类质量安全工作的通知》，国务院关税税则委办公室《2012年关税税率、税目》，商务部中美关税减让谈判中涉及的轻工产品提供行业意见。

受国家有关部委委托，完成《轻工重点行业布局研究》、《轻工业重点淘汰落后产能研究》、《促进轻工业重点行业结构调整和优化升级的政策措施研究》、《财税政策对轻工业加快发展方式转变的影响》、《提升我国五金制品行业核心竞争力的对策》、《我国国际乳业竞争力研究》等课题研究。受有关省市委托，完成和参与了大连、河北等省市轻工业“十二五”规划的制定和论证。

积极向有关部门报送轻工行业经济运行情况和信息。报送发改委、工信部、财政部信息464篇。按月编制轻工运行简报，坚持季度经济运行分析制度，发布轻工行业年度发展报告、进出口报告、竞争力报告和产业安全报告，推出中轻景气指数。中轻联先后被发改委、工信部的有关部门评为信息报送先进单位。

## 三、以科研项目为抓手，推进企业自主创新

完成落实有关项目。完成“十一五”国家科技支撑计划项目中“特殊功能表面活性剂绿色化工程技术开发”、“林纸一体化运行模式研究与示范”、“我国优势传统食品制造业关键技术研究与应用”等3个项目验收工作。“制笔行业关键材料及制备技术研发与产业化”等6个“十二五”国家科技支撑计划项目已得到落实，涉及制笔、造纸、发酵、制糖、缝制机械、轻工机械、日用陶瓷等行业，共计获国家财政

支持13 023万元；完成工信部“十一五”科技支撑计划项目中的“重点行业节能减排技术评估与应用研究”中3个子项目和“制浆造纸企业能源管理中心建设试点实施方案指南”的编制。

积极争取“十二五”新的项目。向发改委推荐5个“轻工业产业结构调整和战略新兴产业”备选项目，获批3项，获得国家财政支持4 026万元。向科技部推荐2个项目为国家重点新产品计划项目候选项目已被列入2011年度国家重点新产品计划。组织轻机、塑料、造纸、家电等行业向科技部推荐2012年度“十二五”国家科技预备项目12项，通过专家论证8项，涉及家电、造纸、发酵、酿酒、饮料、日化、皮革等行业。向财政部、工信部推荐2项2011年国家重大科技成果转化候选项目。

进行科技奖表彰。组织开展2011年度中国轻工业联合会科学技术奖励活动，推荐珠海格力电器有限公司“变频空调关键技术的研究及应用”项目获2011年度国家科学技术进步二等奖。推荐3名轻工行业优秀科技人员参加2011年度何梁何利基金科学与技术奖候选人评选。根据《根据科学技术成果鉴定办法》，完成30项科技成果的鉴定工作。

推动行业技术进步。企业自主创新能力增强，国家级企业技术中心数比上年增加15个，总数达到110个。家电协会以未来10年由“家电大国”向“家电强国”转变为总体目标，组织有关专家、学者制定中国家用电器产业技术路线图，将家电发展重点放在解决和突破的产业共性技术、核心技术、基础性技术的研发上，确立节能、低碳环保、性能可靠性、智能化和先进制造的产业目标及技术方向。工业设计协会“中国创新设计红星奖”已成功举办了六届，从2011年开始首次开展年度五项“中国工业设计十佳”评选活动。

## 四、突出重点行业，推进环保和节能减排

分行业组织专家对各地报送的轻工类清洁生产技术进行了评审，重点推荐技术共计11项，推荐技术17项；并对各省市上报的58个2011年轻工业清洁生产示范项目组织行业专家评审，推荐22个重点示范项目，其中18个项目得到落实，清洁生产示范项目获国家财政补贴13 730万元，涉及造纸、皮革、发酵、酿酒、制糖、电池、制盐等行业。向发改委推荐14项重点节能技术，在从申报的500多个节能技术评审中，最终确定22个重点节能技术中，轻工占了3席。

组织编制完成饮料和发酵2个行业清洁生产技术推行方案。向工信部推荐16项“十二五”工业节水重大工艺、技术及装备相关技术和10项两化融合促进节能减排重点推进项目。组织相关协会配合工信部对节能灯汞污染问题进行调研，参与撰写调研报告。完成了环保部2010年“轻工行业环境经济政策配套综合名录编制”工作。

与生物发酵产业协会在内蒙古通辽梅花生物科技有限公司召开发酵行业清洁生产典型企业现场经验交流会，大力推动发酵行业清洁生产先进技术、工艺和装备的推广。与中国自行车协会等联合举办“低碳行动骑行中国”2011大学生红色之旅骑行活动，推广低碳生活理念。活动历时32天，行程1 288公里，途径22个县市，直接和间接影响数百万群众，产生了良好的社会效果。照明协会为促进行业结构优化升级、推动实现“十二五”节能减排目标任务，完成《中国逐步淘汰白炽灯的建议方案》，配合有关部委制定中国逐步淘汰白炽灯路线图。饮料协会准连续几年开展节水、节能优秀企业评价考核工作，2011年优秀节水企业达46家，优秀节能企业32家。

## 五、培育和共建轻工业产业集群和特色区域，推动产业转移

全年中轻联与各行业协会共建产业集群18个，对10多个产业集群进行了复评。中国轻工业联合会与各行业协会共建的产业集群已达到160个，分布在30个轻工行业、20个省市自治区中。

为了更好地规范轻工行业特色区域和产业集群考核、评审、命名等工作的管理，成立了中国轻工业联合会轻工行业特色区域和产业集群审核委员会，制定了《关于共建中国轻工业特色区域和产业集群行业规范》，进一步保证工作的科学、客观、公正性。配合发改委“轻工业提高现代产业集群水平的路径与政策研究”工作，进行轻工重点产业集群书面调

查,有为关政策的制定做好基础工作。家具协会召开了家具产业集群工作会议,交流发展经验,探讨行业发展趋势和转型升级的必要性与可行性,针对各自区域的特点提出了新的发展规划。

积极与有地方政府共同推动产业升级工作。中轻联参加工信部和新疆自治区政府、新疆生产建设兵团共同举办的中国新疆2011产业转移系列对接活动,与新疆自治区政府签署了战略合作框架协议。塑料、饮料、乳制品、生物发酵产业、酿酒、食品添加剂等协会积极组织企业参加对接活动,有27个轻工项目签约,总投资75.1亿元。

## 六、拓展展会功能,帮助企业开拓国内外市场

通过拓展展会功能、发展展会经济帮助企业开拓国内外市场。中轻联和行业协(学)会自办展会38个,比上年增长15.0%;与地方合作办展21个,与其他部门合作办展34个,展出总面积约350万平方米。展会已成为帮助企业拓展市场、培育品牌、提高凝聚力、推广先进技术和国际交流的重要平台。8月中轻联与22家行业协会共同主办中国国际妇幼婴童产业展览会暨轻工精品展览会,340家企业参展,展会面积2.5万平方米。

与地方政府合作分别在大连、哈尔滨、昆山成功举办了国际啤酒节,其中在大连举办的中国国际啤酒节规模和影响力最大,共有30余家中外啤酒企业、400多个啤酒品牌参节,接待游客120多万人,产生了很好的社会和经济效益,受到行业、企业和游客的广泛认同。在山东省临沂召开中轻联四次轻工专业市场建设座谈会,研究培育轻工专业市场、加强区域联动机制建设等问题。

为应对日益频繁贸易摩擦,帮助行业、企业稳固国际市场,全面推进经济运行预警监测工作,轻工业经济运行及预测预警平台正式投入运行。起草《中国轻工业联合会应对贸易摩擦和产业安全工作联系机制工作规范》。开展了轻工行业产业安全专题研究,编写了《2011年上半年轻工行业产业安全预警报告》,编辑了《轻工业WTO事务》12期。召开产业安全工作会议,交流工作情况。2011年中轻联获商务部"产业损害预警机制建设优秀奖"。造纸、陶瓷、皮革、家具、日用玻璃协会在进出口公平贸易工作中表现突出,受到了商务部的表彰。

支持、组织行业和企业开展国际交流活动。参加国际会议团组41个,参加国际展会团组15个。参加国际合作联盟2011年代表大会,向世界介绍了中国手工业发展状况、改革开放以来的发展成就和未来发展思路。

## 七、加强质量管理,做好标准工作

加强对轻工产品质量监督检验机构的管理和服务。目前,轻工行业质检中心157个,其中国家级质检中心22个。中轻联召开了"国家轻工业产品质量监督检测机构工作座谈会",探讨在新形势下轻工检测机构更好地贴近市场,服务行业。参与工信部核定工业产品质量控制和技术评价实验室工作,照明电器、自行车、轻工机械行业的4个实验室通过了工信部第一批核定,向工信部推荐7家实验室进入第二批核定。组织轻工实验室资质认定内审员培训。

开展轻工企业品牌培育试点企业推荐工作,向工信部推荐16个行业的122家企业。组织召开"2011年全国轻工业优秀质量管理小组成果发布暨交流会"。选出179个全国轻工业优秀质量管理小组,推荐23个小组在全国优秀质量管理小组代表大会上进行表彰。组织开展2010—2011年度全国轻工业卓越绩效先进企业推荐表彰工作。

标准体系进一步完善。经国家标准委批准全年新发布轻工国家标准209项,其中强制性标准17项、推荐性标准192项;新下达轻工国家标准制修订项目95项,其中制定56项、修订39项。经工信部批准全年新发布轻工行业标准218项,全部为推荐性标准;新下达行业标准制修订项目398项,其中制定283项、修订115项。截至2011年底,轻工国家标准、行业标准总数达到4 358项,其中国家标准1 784项,行业标准2 574项,较好地满足了产业、科技、贸易和社会事业发展需求。

积极参与国际标准化活动。全国制鞋标准化技术委员会承担了国际标准化组织(ISO)"鞋号标识和标记体系"技术委员会秘书处工作;全国照明电器标准化技术委员会积极参与12项国际电工委员会

(IEC)半导体照明 LED 灯具相关标准制定工作，目前已完成 7 项；全国家用电器标准化技术委员会承担了 7 项国际标准制定工作；全国玩具标准化技术委员会制定的中国玩具标准被美国消费品安全委员会直接采用。

## 八、人才建设步伐加快，为行业发展奠定基础

中轻联全年完成职业技能鉴定人数11 606人，完成高级考评员培训 30 人、考评员 178 人。与皮革、食品中心、衡器协会共同为行业高端人才的培养寻求支持，争取到人社部的资金支持，组织了“制革、毛皮加工环保技术”、“食品企业内部食品安全控制技术”、“自动衡器称重技术”高级研讨班、研修班。与焙烤、酿酒、缝制协会共同举办焙烤技能大赛、啤酒品酒师技能大赛、缝制机械装配维修工技能大赛，6 700人参赛，13 人被推荐为全国技术能手人选，1 人被推荐为五一劳动奖章人选。推动了技能人才培养和行业技术水平的提高。组织开展国家职业分类大典的修订工作，涉及职业 228 个，参与专家 175 名。成立了大典修订工作委员会，制定工作方案和实施步骤，基本完成了行业的信息采集工作。

中轻联参加第六届中国工艺美术大师评审工作领导小组和办公室的工作，按照领导小组和《第六届中国工艺美术大师评审工作管理办法》的要求，做好有关评审组织管理工作。中轻联和陶瓷、玻璃、酿酒等协会开展行业大师评定工作，评定 93 位“陶瓷艺术大师”、13 位“玻璃艺术大师”、43 位“酿酒大师”。中轻联和轻工珠宝首饰中心、工艺美术学会举办“2011 年中国玉器百花奖”，108 件作品获金奖。

## 九、加强和规范内部管理，推动社团文化建设

结合行业组织特点，在原有基础上，制定了《中国轻工业联合会、中华全国手工业合作总社工作规则》，进一步明确了学习制度，重大问题集体决策、民主科学决策的各类会议制度，处置应急事件制度，财务管理、人事制度和薪酬制度。根据形势变化调整内设机构，完成了换届之后机关各部室的三定工作，明确领导班子成员分工。制修订《行业内部争议处理规则》、《行业职业道德规范》等 27 项规定。制订了中轻联、总社今后 5 年的领导班子、员工队伍和人事管理制度的发展规划。修订完善了中轻联、总社机关的人员招聘、退休返聘多项人事管理制度，进一步修改完善了《中轻联、总社人事工作指导意见》。完成了 12 个协会、学会的换届工作，并同步进行了党支部换届。

对 12 家代管单位进行了财务检查，根据检查出的问题，下达《财务检查建议书》。经过 5 年的持续工作，财务检查已实现代管单位全覆盖。针对在财务检查中发现的财务基础工作薄弱环节，举办了财务基础规范化建设培训。

进一步推进协会评估工作，全年有 4 个协会参加评估。制定中轻联《品牌协会建设实施意见》，明确中轻联品牌协会建设的主要任务和措施。

加强行业诚信体系建设。家电协会正式发布《中国家电行业公平竞争行业自律公约》。食品行业积极配合工信部开展企业诚信体系建设。罐头协会完成了《罐头食品生产企业实施指南》的编写工作。酿酒协会举办了全国酒类行业诚信自律活动研讨会。家具协会在“达芬奇事件”的发生后，及时发表了《关于依法诚信经营的倡议》等。

推进企业文化建设。轻工职工思想政治工作研究会和轻工企业文化管理协会找准企业思想政治工作理论与企业管理创新的结合点，联合召开轻工行业企业文化建设会议，共同推动行业文化、企业文化建设。皮革协会组织编写《中国皮革史》，填补皮革行业正史资料的空白。钟表协会组织编著《中国计时仪器通史》(上下卷)正式发行。

积极应对突发事件。2011 年 3 月国内一些地区受日本地震影响出现食盐抢购风波，中轻联、盐业协会、盐业总公司及时配合有关部门组织调运，加强信息发布，迅速平息了事态，被国务院应急办作为工作案例。家电、香化、家具、洗涤、饮料、塑料等协会针对有关媒体报道的轻工产品热点问题，协助企业向有关部门客观真实地反映情况，及时与媒体沟通，保障消费者知情权，维护企业合法权益，促进行业健康发展。

(撰稿：李培松)

# 2011 年纺织工业经济运行综述

中国纺织工业联合会

2011 年是"十二五"开局之年，整体上看，中国纺织工业结构调整和产业升级继续推进，运行质量稳步提高，加之内需市场增长基本稳定，对行业发挥积极带动作用，全年纺织行业各项指标增长基本正常，运行态势总体平稳。而且，国家统计局自 2011 年起将规模以上企业划分标准由年主营业务收入 500 万元及以上调整为年主营业务收入2 000万元及以上，受划分标准提高影响，中国纺织行业规模以上企业户数由 2010 年 5.6 万户减少至 2011 年 3.6 万户。由于纳入统计范畴的全部是大中型企业，经营情况较小型企业更好，因此 2011 年规模以上纺织企业生产、投资、效益等数据的表观增速均呈现较快增长态势。

## 一、2011 年纺织工业经济运行情况

### (一)生产保持增长，增速持续放缓

根据国家统计局快报数据，2011 年，全国 3.6 万户规模以上纺织企业累计实现工业总产值54 786.5 亿元，同比增长 26.8%；实现工业销售产值53 601.7 亿元，同比增长 26.9%。全年规模以上企业化学纤维产量达3 362.4万吨，同比增长 13.9%；纱产量达2 894.5万吨，同比增长 12.4%；布产量达 619.8 万米，同比增长 11.6%；服装产量达 254.2 亿件，同比增长 8.1%，行业生产情况基本正常。见图 1、表 1。

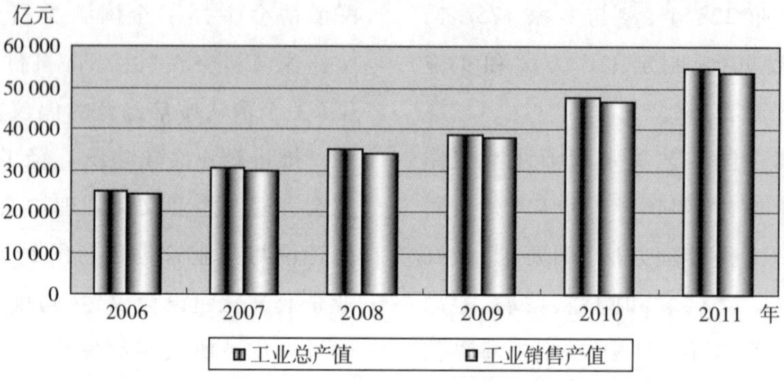


**图 1　2006—2011 年纺织工业规模以上企业总产值、工业销售产值情况**

注：2006—2010 年规模以上企业指年主营业务收入 500 万元及以上的企业，2011 年指年主营业务收入2 000万元及以上的企业。

资料来源：国家统计局

**2011 年纺织行业规模以上企业主要大类产品产量**

**表 1**

| 产品名称 | 单　位 | 产　量 | 同比(%) | 产品名称 | 单　位 | 产　量 | 同比(%) |
|---|---|---|---|---|---|---|---|
| 化学纤维 | 万　吨 | 3 362.36 | 13.87 | 苎麻布 | 亿　米 | 4.42 | 37.22 |
| 纱 | 万　吨 | 2 894.47 | 12.43 | 亚麻布 | 亿　米 | 2.55 | 4.62 |
| 布 | 亿　米 | 619.82 | 11.61 | 蚕　丝 | 万　吨 | 10.80 | 8.71 |
| 印染布 | 亿　米 | 593.03 | 6.67 | 无纺布 | 万　吨 | 185.04 | 14.70 |
| 毛机织物 | 亿　米 | 5.18 | 1.35 | 服　装 | 亿　件 | 254.20 | 8.14 |

资料来源：国家统计局

但是,受到原料价格大幅波动、夏季用电紧张、外需不足等因素影响,2011 年,纺织行业生产增速整体呈现持续下行走势,其中中下游产品产量增长减速更加明显(见图 2、图 3)。与 2011 年一季度末相比较,全年规模以上纺织企业工业总产值增速下降 4.8 个百分点,工业销售产值下降 4.6 个百分点,化纤产量增速下降 4.1 个百分点,纱产量增速下降 0.1 个百分点,布产量增速下降 7.8 个百分点,服装产量增速下降 6.5 个百分点。

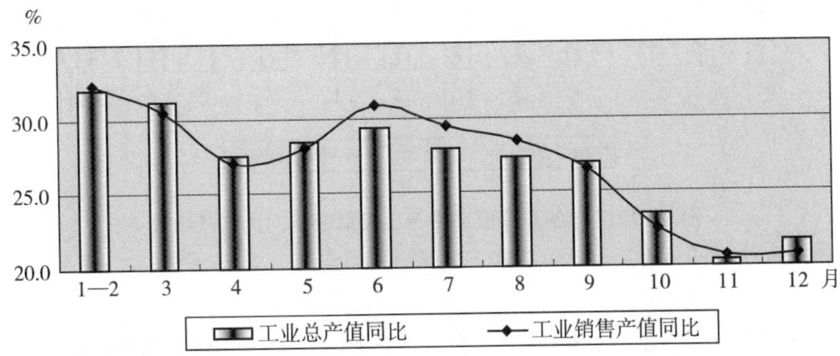


**图 2　2011 年纺织工业规模以上企业总产值、工业销售产值按月同比增长情况**

资料来源:国家统计局

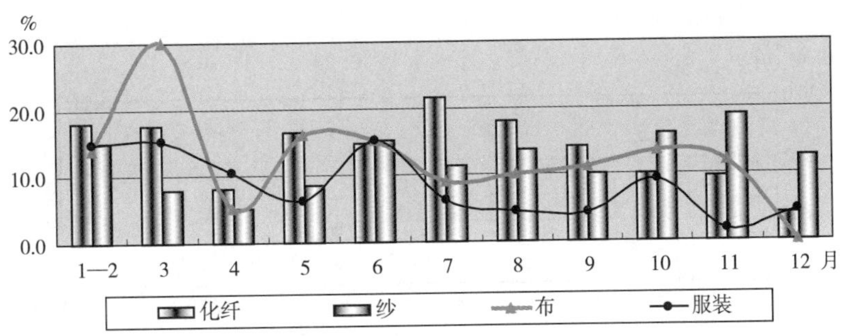


**图 3　2011 年纺织工业规模以上企业化纤、纱、布、服装产量按月同比增长情况**

资料来源:国家统计局

### (二)价格提升支撑出口增长,数量增速明显下降

根据海关统计数据,2011 年,中国共出口纺织品服装2 541.2亿美元,同比增长 19.9%,其中纺织品出口额达1 009亿美元,同比增长 22.3%;服装出口额达1 532.2亿美元,同比增长 18.3%(见图 4),

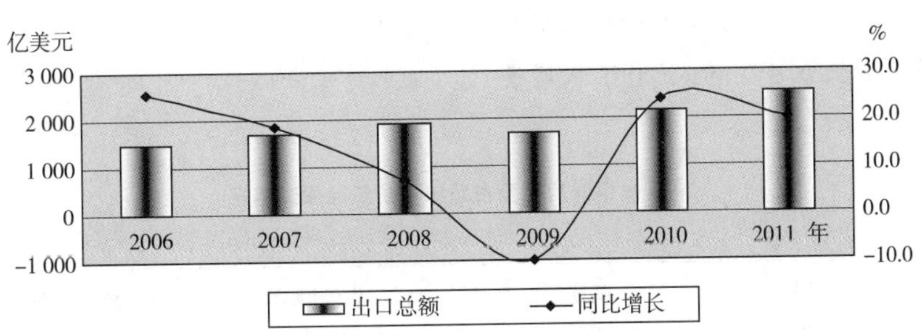


**图 4　2006—2011 年纺织品服装出口总额及同比增长情况**

资料来源:中国海关

行业出口总体实现较快增长。但是受欧债危机蔓延引发外需不振、要素价格上涨造成低档订单外流等因素影响，5 月以来，行业出口增速持续下降（见图 5），全年累计增速较 4 月底降低 7.2 个百分点。

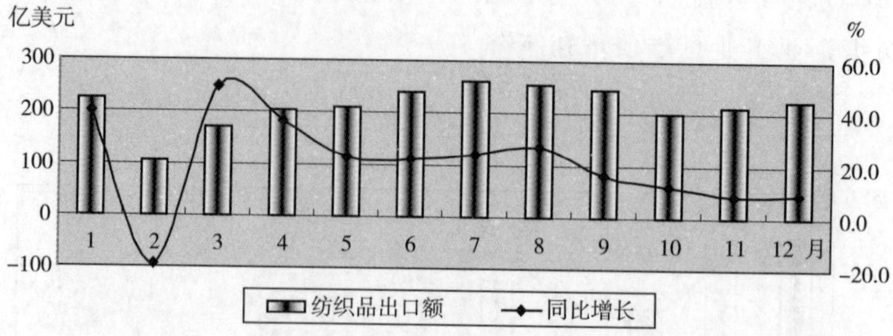


**图 5　2011 年纺织品服装按月出口总额及同比增长情况**

资料来源：中国海关

出口产品价格提升是支撑行业出口总额实现较快增长的主要因素，据测算，受产品出口结构优化及生产成本上涨等因素影响，2011 年中国纺织品服装出口价格同比提高 19.3%，对出口总额增长的拉动作用达到 98.0%。剔除价格因素后，2011 年中国纺织品服装出口数量同比仅增长 0.5%，其中服装出口数量同比下降 0.2%，表明国际市场终端需求情况并不乐观。见图 6。

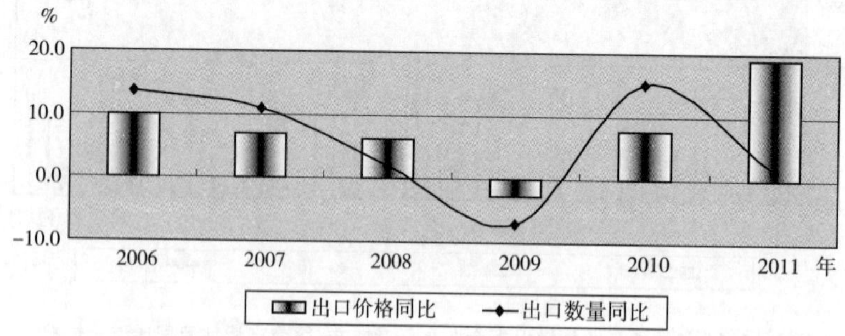


**图 6　2006—2011 年纺织品服装出口价格、出口数量同比增长情况**

资料来源：根据中国海关、中国纺织工业联合会统计中心数据整理

主要出口市场中，美国需求明显不振，2011 年中国对美国出口纺织品服装的金额同比增长 11.2%，出口数量同比下降 5.5%；对欧盟出口上半年受欧元升值影响增长相对稳定，1—7 月出口金额同比增长 29.2%，出口数量同比增长 6.4%，但下半年来增速持续下降，1—12 月出口金额同比增长 19.5%，出口数量仅增长 0.8%；对东盟出口则受其产业链配套需求带动增长较快，全年出口额同比增速达 33.9%。见表 2。

**2011 年中国对主要市场出口纺织品服装情况**

表 2

| 国家或地区 | 出口额（亿美元） | 同比（%） | 比 2010 年增减（百分点） | 占出口总额比重（%） | 比 2010 年增减（百分点） |
|---|---|---|---|---|---|
| 欧　盟 | 547.39 | 19.48 | -4.11 | 21.54 | -0.07 |
| 美　国 | 395.80 | 11.20 | -16.70 | 15.58 | -1.21 |
| 日　本 | 281.38 | 21.04 | 15.75 | 11.07 | 0.11 |

续表

| 国家或地区 | 出口额（亿美元） | 同比（%） | 比2010年增减（百分点） | 占出口总额比重（%） | 比2010年增减（百分点） |
|---|---|---|---|---|---|
| 东　盟 | 200.27 | 33.93 | -1.95 | 7.88 | 0.83 |
| 中国香港地区 | 154.61 | 3.12 | -4.01 | 6.08 | -0.99 |
| 非　洲 | 138.28 | 24.61 | 0.28 | 5.44 | 0.21 |
| 韩　国 | 66.00 | 20.95 | -9.67 | 2.60 | 0.02 |
| 澳大利亚 | 46.69 | 18.59 | -5.50 | 1.84 | -0.02 |
| 加拿大 | 42.63 | 10.12 | -7.09 | 1.68 | -0.15 |
| 土耳其 | 24.18 | 29.78 | -44.09 | 0.95 | 0.07 |
| 墨西哥 | 20.00 | 46.21 | -4.34 | 0.79 | 0.14 |
| 中国台湾地区 | 14.40 | 25.35 | -30.71 | 0.57 | 0.02 |
| 中国澳门地区 | 4.32 | -6.24 | -26.92 | 0.17 | -0.05 |

资料来源：中国海关

### （三）内需保持稳定增长，内销规模继续扩大

2011年以来，中国纺织品服装内需增长基本稳定，国家统计局数据显示，全年全国服装鞋帽针纺织品限额以上商品零售额同比增长24.2%。在内需市场拉动下，纺织行业内销实现稳定较快增长，1—12月规模以上纺织企业内销产值达44 441.7亿元，同比增长29.5%，高于同期同口径出口交货值增速14.2个百分点；内销产值占销售产值的比重达到82.9%，比2010年提高1.7个百分点见图7。

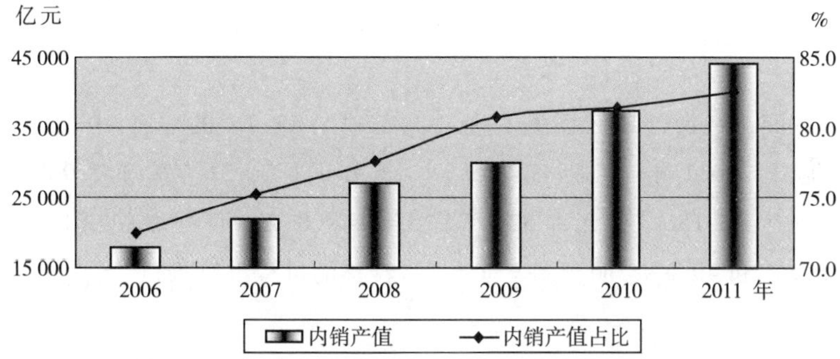


**图7　2006—2011年纺织行业规模以上企业内销产值及内销产值比重情况**

资料来源：国家统计局

注：2006—2010年规模以上企业指年主营业务收入500万元及以上的企业，2011年指年主营业务收入2 000万元及以上的企业。

但是，受物价上涨因素影响，2011年纺织品服装内需消费实际增速整体也呈逐步下降走势，且较2010年明显减速（见图8）。扣除物价上涨因素（2011年中国衣着类CPI同比提高2.1%），全年衣着类商品零售额实际增速较2010年下降4.3个百分点，较2011年一季度下降0.2个百分点；规模以上企业内销产值增速较一季度下降4.05个百分点。

### （四）投资较快增长，但增速逐步下降，区域布局继续优化

2011年，纺织行业投资基本实现稳定较快增长，全年500万元以上项目固定资产投资总额达6 799.1亿元，同比增长36.3%，但增速较一季度下降2.2百分点；新开工项目数为13 715个，同比增长仅2.3%。投资及新开工项目增长减速反映出企业市场信心及

投资意愿下降，同时融资环境紧张、企业资金不足也是影响投资增长的重要因素。见图9。

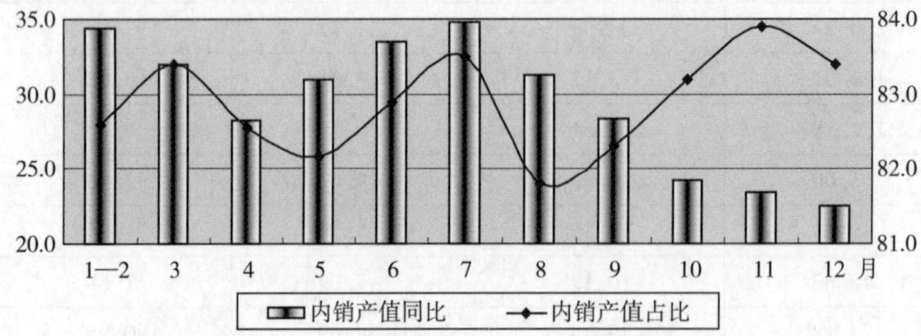


**图8　2011年纺织工业规模以上企业内销产值按月同比、占比情况**

资料来源：国家统计局

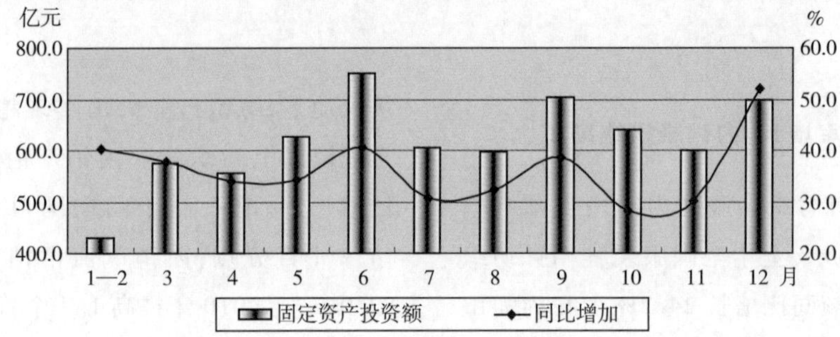


**图9　2011年纺织工业500万元以上项目按月固定资产投资额及同比增长情况**

资料来源：国家统计局

新增投资区域分布方面，中、西部地区投资实现较快增长，占比进一步提高。2011年，中、西部纺织企业固定资产投资额分别达到2 155.7亿元和538.7亿元，同比分别增长56.7%和49.3%，明显高于东部地区25.3%的增速；中、西部新增投资占全国的比重分别达到31.7%和7.9%，较2010年分别提高4.1和0.7个百分点（见图10），纺织产业向中西部转移的进程继续推进。

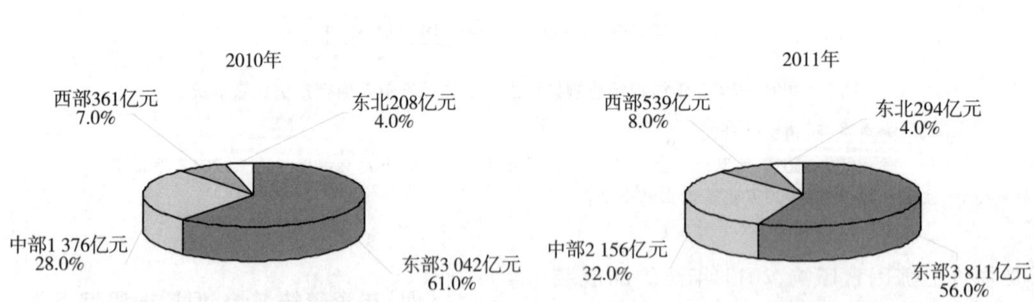


**图10　纺织行业500万元以上项目按地区固定资产投资额及占全国比重情况**

资料来源：国家统计局

### （五）运行质量稳步提高

尽管2011年以来纺织行业运行面临诸多压力，但结构调整和产业升级仍继续推进，运行质量稳步提高。全年规模以上企业产销率为97.8%，较2010年略提高0.02个百分点，产销衔接基本顺畅（见表3）；人均产值为53.4万元/人，同比提高20.2%，行业生产效率稳步提升；营业、管理、财务三费占主营业务收入的比例为5.8%，较2010年下降0.2个百分点，其中尽管银根紧缩造成企业利息支出大幅增加，但财务费用比例与2010年基本持平，表明管理水平继续改善；总资产周转率达到1.6次/年，同比提高7.9%，企业资产经营质量和利用效率基本良好。

2011年纺织行业规模以上企业运行质量情况

表3

| 指标<br>行业 | 产销率 | | 人均产值 | | 三费比例 | | 总资产周转率 | |
|---|---|---|---|---|---|---|---|---|
| | 本年累计（%） | 同比（百分点） | 本年累计（万元/人） | 同比（%） | 本年累计（%） | 同比（百分点） | 本年累计（次/年） | 同比（%） |
| 全行业 | 97.84 | 0.02 | 53.38 | 20.17 | 5.82 | -0.19 | 1.62 | 7.89 |
| 棉　纺 | 98.64 | 0.01 | 61.41 | 21.70 | 4.40 | -0.13 | 1.76 | 10.48 |
| 印　染 | 97.99 | 0.26 | 62.93 | 14.92 | 5.25 | -0.04 | 1.47 | 9.92 |
| 毛　纺 | 97.20 | -0.34 | 69.89 | 16.13 | 4.41 | 0.13 | 1.50 | 4.66 |
| 麻　纺 | 97.23 | 0.28 | 39.20 | 20.96 | 6.43 | 0.58 | 1.65 | 18.52 |
| 丝　绸 | 97.66 | -0.80 | 54.68 | 18.44 | 5.41 | 0.25 | 1.31 | 0.69 |
| 制成品 | 97.73 | 0.26 | 61.94 | 15.11 | 6.35 | -0.10 | 1.69 | 7.83 |
| 针　织 | 97.58 | 0.72 | 40.82 | 17.95 | 6.37 | -0.37 | 1.60 | 7.18 |
| 服　装 | 97.29 | 0.07 | 37.60 | 21.13 | 8.01 | -0.40 | 1.76 | 3.30 |
| 化　纤 | 97.53 | -0.86 | 143.71 | 22.55 | 4.43 | -0.09 | 1.30 | 10.56 |
| 纺　机 | 97.36 | -0.47 | 79.98 | 21.18 | 8.74 | 0.22 | 1.28 | 10.64 |

资料来源：国家统计局

### （六）行业总体实现盈利，但利润增速回落较快

运行质量提高、内需扩大带动纺织行业盈利实现增长，2011年，规模以上纺织企业累计实现主营业务收入53 397.4亿元，同比增长26.6%；实现利润总额2 954.4亿元，同比增长25.9%。但由于原料价格大幅波动、生产及融资成本增加等因素影响突出，行业利润增长持续减速，全年累计利润增速较一季度下降27.6个百分点，四季度当月利润增速仅为15.6%，较一季度下降38个百分点；全年平均销售利润率为5.5%，较2010年略下降了0.03个百分点。见表4。

2011年纺织行业规模以上企业效益情况

表4

| 指标<br>行业 | 主营业务收入 | | 利总额 | | 利润率 | |
|---|---|---|---|---|---|---|
| | 本年累计（次/年） | 同比（%） | 本年累计（万元/人） | 同比（%） | 本年累计（%） | 同比（百分点） |
| 全行业 | 53 397.39 | 26.61 | 2 956.42 | 25.94 | 5.54 | -0.03 |
| 棉　纺 | 15 467.96 | 29.47 | 859.09 | 30.62 | 5.55 | 0.05 |
| 印　染 | 3 280.99 | 18.15 | 152.28 | 13.33 | 4.64 | -0.20 |
| 毛　纺 | 1 914.57 | 19.32 | 107.34 | 36.43 | 5.61 | 0.70 |
| 麻　纺 | 340.02 | 37.30 | 18.07 | 58.23 | 5.31 | 0.70 |
| 丝　绸 | 1 517.45 | 22.22 | 71.36 | 30.39 | 4.70 | 0.29 |
| 制成品 | 4 486.67 | 26.69 | 257.35 | 38.02 | 5.74 | 0.47 |

续表

| 指标<br>行业 | 主营业务收入 | | 利总额 | | 利润率 | |
|---|---|---|---|---|---|---|
| | 本年累计（次/年） | 同比（%） | 本年累计（万元/人） | 同比（%） | 本年累计（%） | 同比（百分点） |
| 针　织 | 5 764.99 | 22.22 | 288.15 | 17.17 | 5.00 | -0.22 |
| 服　装 | 12 476.50 | 27.33 | 769.29 | 32.92 | 6.17 | 0.26 |
| 化　纤 | 6 330.88 | 29.39 | 320.62 | 1.49 | 5.06 | -1.39 |
| 纺　机 | 1 050.13 | 27.07 | 71.43 | 33.39 | 6.80 | 0.32 |

资料来源：国家统计局

## 二、纺织行业运行面临的主要问题

### （一）原料价格大幅波动

2011 年，国内棉花价格呈现大起大落的走势，3 月上旬价格突破 3.1 万元高点，比年初上涨约 15.0%，此后棉价一路下行，8 月价格低点与 3 月价格高点相比较下跌幅度超过 60.0%。棉价大幅波动扰乱了纺织企业的正常生产经营，损害市场信心，严重影响了纺织全行业的运行。年初，棉价带动上游产品价格快速上涨，使下游针织、家纺等终端企业面临订单亏损风险，企业接单也以短周期、小批量订单为主，造成了订单流失，影响了企业的正常运营盈利。3 月以来，棉花及上游产品价格持续快速下行，则使得下游采购更加谨慎，上游棉纺、化纤企业产销不畅，产成品库存上升，库存潜亏扩大，企业开工下降，盈利明显下滑。

2011 年国内棉花价格的大幅波动与产量增减、需求变化、信贷收缩及市场炒作等诸多因素的影响有关，但与此同时，中国棉花价格的市场化形成机制不完善，也是造成国内棉价大起大落的重要原因。2011 年 8 月以来，在棉花临时收储政策的托底作用下，国内棉花价格基本保持稳定，但国际棉价持续走低，内外棉价差拉大，必然将影响中国棉纺织产业链的市场竞争力。

### （二）生产成本持续增加

2011 年，纺织行业各项要素价格继续上涨，其中以用工成本的增加最为突出，根据调研情况，八成以上纺织企业存在不同程度的用工短缺现象，促使工人工资继续提高，预计 2011 年同比涨幅将超过 15.0%。国内煤、电、汽等资源性要素价格也有所上涨，2011 年工业企业燃料动力购进价格同比提高 10.8%。在各种生产要素成本持续上升的同时，升值、加息等政策成本因素与之叠加作用，虽然行业生产效率、管理水平不断提升，但对于多数企业而言仍难以完全覆盖多重成本上涨因素，而在当前激烈竞争的市场环境下，多数企业和产品的提价空间有限，企业面临的成本上涨压力不断加大。

### （三）企业融资难问题突出

纺织行业以中小企业居多，企业融资难问题长期存在。2011 年，国内货币政策明显紧缩，对纺织中小企业影响突出，贷款难、贷款利率上浮及使用高风险民间借贷等一系列问题凸显，流动资金紧张成为纺织企业面临的重要风险。根据中国纺织工业联合会问卷调查结果，近四成被调查纺织企业在 2011 年面临了资金紧张问题，且融资成本高于银行基准利率 10.0% 以上。2011 年 10 月，国务院出台了一系列关于拓宽小微型企业融资渠道的政策措施，但落实效果在纺织行业中尚不明显。而且，纺织中小企业资产规模小、盈利有限的行业特点并不能发生根本改变，一系列服务于中小企业融资的体制、机制建设则是长期的渐进过程，因此纺织企业融资难的问题短期内难以有效缓解，企业资金链风险在 2012 年仍需高度关注。

### （四）国际市场竞争更趋激烈

受主权债务危机持续蔓延等因素影响，2011 年纺织品服装国际市场需求低迷，根据相关统计数据，2011 年美国纺织品服装进口数量较 2010 年减少 3.2%。需求疲软使得国际市场竞争更加激烈，越南、孟加拉等发展中国家依托更低的原料、劳动力成本和更优惠的政策环境，出口竞争力提升迅速，其出口的棉纱及低档服装、家纺产品确实比中国出口产品更具价格竞争优势，在一定程度上造成了中国出口加工型小企业的订单流失。根据统计数据，2011年中国纺织品服装出口数量在美国进口市场中所占份额虽然仍高达46.9%，但多年来首次出现下降趋势，其中，服装份额较2010年降低了1.2个百分点，而越南、印度、孟加拉占份额均有所提高。国际纺织产业分工和布局调整，特别是由中国纺织企业和产业资本主导的国际布局调整是中国纺织产业转型升级的必经过程，但现阶段订单加速转移的现象与一系列的外部环境变化关系密切，例如外需低迷压低市场价格、中国要素成本快速上升及政策成本叠加等，如果订单过快转移，会影响产业的平稳健康发展，也会透过就业环节影响社会的和谐稳定。

（撰稿：孙淮滨　赵明霞）

# 2011年建材工业发展综述

中国建筑材料联合会

2011年中国建材工业继续朝着宏观调控预期方向发展，生产增长速度从高速转向平稳，产业结构继续优化，经济效益上升。

2011年中国建材工业也出现了一些新特征和新问题，建材企业原料燃料购进价格继续大幅度上涨，出口增速下降，部分产品、部分地区生产能力过剩。建材新兴产业发展遭遇技术瓶颈和市场制约，部分行业增速下降。

## 一、建材工业经济运行概况

### （一）增长速度从偏快向平稳回落

2011年建材工业规模以上企业22 279户，完成工业总产值35 000亿元，工业增加值按可比价格计算比上年增长28.0%。

私人控股企业占73.8%，增长速度最快。在规模以上建材工业增加值中：18 768户私人控股企业占73.8%，增长速度40.7%；国有控股企业占11.5%，增长速度20.4%；港澳台和外商控股企业占10.0%，增长速度17.5%。

中西部建材工业增速高于东部，东部建材工业增加值比重首次降到50.0%以下。2011年东部地区增长速度16.4%，中部地区增长37.6%，西部建材工业增长速度最快，增长38.9%。在全国建材工业28.0%的增长速度中，中部建材工业贡献11.2个百分点，超过东部地区。

建材工业已经渡过金融危机以后的高速恢复增长期。2011年，特别是第四季度，建材工业增长速度从偏快向平稳回落。2011年3—7月，建材工业月同比增长速度在30.0%左右，8月以后开始回落，月同比增长速度在29.0%左右，前10个月建材工业同比增长率达到29.5%。由于上年年末同期基数较高的因素，11、12两月建材工业月同比增长速度已经下降到25.0%左右。

混凝土与水泥制品业工业增加值在建材各行业中增长速度最快。2011年规模以上混凝土与水泥制品业工业增加值增长速度按可比价格计算达到48.2%，对建材增长贡献超过水泥制造业。2011年前10个月混凝土与水泥制品业工业增长速度在50.0%以上，后两个月有所回落。

在新型墙体材料发展的带动下，规模以上砖瓦及建筑砌块制造、轻质建材制造业历经了多年的高速增长后，2011年分别达到39.1%和28.2%，增速比上年也有所回落。

主要建材产品产量继续增长，增速都呈现回落态势。见表1。

2011 年中国建材主要产品产量表

表 1

| 指标名称 | 单　位 | 本年累计 | 比上年增长(%) | 产品销售率(%) | |
|---|---|---|---|---|---|
| | | | | 本年累计 | 上年同期 |
| 水泥熟料 | 万　吨 | 130 694.0 | 10.97 | 97.12 | 97.97 |
| 其中:预分解窑熟料 | 万　吨 | 112 816.0 | 19.02 | 97.32 | 97.81 |
| 水　泥 | 万　吨 | 208 508.0 | 11.74 | 96.91 | 97.64 |
| 水泥排水管 | 千　米 | 34 987.0 | 21.93 | 95.96 | 98.15 |
| 水泥压力管 | 千　米 | 4 007.0 | 18.15 | 93.35 | 92.93 |
| 水泥电杆 | 万　根 | 755.7 | 10.56 | 97.77 | 99.87 |
| 商品混凝土 | 万立方米 | 74 271.0 | 27.20 | 98.20 | 98.89 |
| 水泥混凝土桩 | 万　米 | 28 071.0 | 10.43 | 95.57 | 98.35 |
| 砖 | 亿　块 | 3 131.0 | 44.71 | 96.81 | 98.22 |
| 瓦 | 亿　片 | 109.8 | 56.87 | 99.33 | 98.87 |
| 大理石板材 | 万平方米 | 6 568.0 | 29.22 | 97.55 | 97.91 |
| 花岗石板材 | 万平方米 | 28 425.0 | 16.80 | 98.14 | 96.77 |
| 石膏板 | 万平方米 | 242 127.0 | 24.17 | 97.95 | 98.58 |
| 沥青和改性沥青防水卷材 | 万平方米 | 44 622.0 | 17.92 | 98.26 | 98.48 |
| 平板玻璃 | 万重量箱 | 78 510.0 | 13.96 | 95.41 | 97.88 |
| 钢化、夹层、中空玻璃 | 万平方米 | 38 811.0 | 20.98 | 96.87 | 97.14 |
| 陶瓷砖 | 万平方米 | 920 141.0 | 14.54 | 96.92 | 96.20 |
| 卫生陶瓷 | 万　件 | 17 296.0 | 10.44 | 98.15 | 98.63 |
| 玻璃纤维纱 | 万　吨 | 279.5 | 15.49 | 98.30 | 100.17 |
| 玻璃纤维增强塑料制品 | 万　吨 | 254.6 | 56.16 | 99.19 | 98.61 |
| 建筑涂料 | 万　吨 | 345.0 | 8.30 | 98.56 | 98.95 |
| 塑料型材 | 万　吨 | 359.0 | 7.16 | 98.92 | 98.77 |
| 塑料管及附件 | 万　吨 | 775.0 | 22.30 | 96.05 | 96.83 |
| 水泥专用设备 | 万　吨 | 85.4 | -23.63 | 94.61 | 96.69 |

2011 年水泥增速比上年回落 3 个百分点;平板玻璃增速回落 2.2 个百分点;陶瓷砖增速回落 5.2 个百分点;卫生陶瓷增速回落 1.9 个百分点;玻璃纤维纱增速回落 21.4 个百分点;钢化、夹层、中空三种技术玻璃增速回落 12.3 个百分点。

### (二)产业结构优化促使经济效益稳步上升

2011 年规模以上建材工业完成销售收入34 000亿元,比上年增长 38.5%;实现利润2 798亿元,增长 45.3%。

建材产品出厂价格前高后低,年末回落。2011 年建材及非矿产品出厂价格全年平均比上年上涨 4.8%。年初由于水泥等产品出厂价格的上涨,建材产品出厂价格指数比 2010 年 8 月上升 5.7 个点。一季度受节日因素的影响,指标平滑;二季度比一季度上升 1.2 个点。下半年建材产品出厂价格上涨趋势受到抑制,第三季度平滑,第四季度各月环比则持续下降。

原料、燃料成本上升,平板玻璃等部分行业盈利水平下降。

2011 年规模以上主营业务成本比上年上升 37.5%,接近主营业务收入增幅。成本增幅接近收入增幅是建材工业多年来所罕见的。

2011 年建材企业能源购进价格平均比上年上涨 6.5%。建材企业的原煤、重油、柴油、天然气购进价格都处于历史最高价位。因煤电油气价格的上涨,

2011 年建材企业能源成本上升 260 亿元。

2010 年 9 月以后，全国建材企业原煤平均购进价格持续 14 个月上涨，上涨幅度每吨 111 元。2011 年末建材企业原煤购进价格平均每吨 730 元，全年平均比上年上涨 78 元。浙江、江苏、北京、山东、海南、广西、安徽建材企业煤炭购进价格每吨高于 900 元，其中浙江、江苏高于1 000元。

由于油、气及原料成本的大幅度上升，2011 年平板玻璃、卫生陶瓷、建筑用石等 8 个用油、气较多行业毛利率比上年下降，平板玻璃制造业利润总额下降 73.4%，平板玻璃、技术玻璃、卫生陶瓷等 6 个行业销售利润率下降。

人工成本上升。进入 21 世纪以来，中国建材企业工资水平有了很大提高，2008 年国际金融危机前建材企业人均年工资福利费不足 2 万元，2010 年已经提高到 3.2 万元，预计 2011 年建材企业人均年工资福利费将比金融危机前翻一番。金融危机以后建材企业人均年工资福利费超过了建材劳动生产率的提高幅度，增加了建材生产人工成本。吨水泥人工成本从 2007 年的 15.7 元上升到目前的 20.5 元，每重量箱平板玻璃人工成本从 2007 年的 4.5 元上升到 5.5 元。

财务费用、税费大幅度上升。由于利率提高，2010 年第四季度以来建材企业财务费用大幅度上升。2011 年规模以上建材工业财务费用 410 亿元，比上年增加 128 亿元，增长 45.2%；其中利息支出 333 亿元，比上年增加 107 亿元，增长 47.2%。2011 年规模以上建材工业利息保障倍数 9.4 倍，比上年下降 0.1。

2011 年规模以上建材工业主营业务税金及附加 276 亿元，比上年增长 43.1%，增幅远远超过成本和收入增长幅度；应交增值税1 151亿元，增长 38.5%；利税总额4 225亿元，增长 43.2%。

产业结构优化是建材工业经济效益回升的主要原因。水泥生产集中度的提高稳定了水泥市场秩序和价格，先进生产工艺比重的提高保证了经济效益的上升。水泥制造业实现利润1 020亿元，比上年增长 67.1%，实现利润占建材工业 36.5%。在建材主要行业中，除建筑技术玻璃制造业以外，建材主要行业实现利润同比都有不同幅度的增长。2011 年规模以上建材工业产品毛利率 16.4%，比上年上升 0.6 个百分点；销售利润率 8.3%，上升 0.4 个百分点。2011 年规模以上建材工业总资产贡献率 20.5%，比上年上升 2.8 个百分点，是 2000 年以来历年最好水平。

资金周转速度加快，净资产增长，负债率下降。2011 年规模以上建材工业存货周转率 13.3 次，比上年增加 4.03 次；应收账款周转率 14.7 次，增加 0.97 次。存货和应收账款周转均为 2000 年以来历年最好水平。流动资产周转率 3.1 次，增加 0.2 次。

2011 年规模以上建材工业年末资产总额24 700亿元，比上年增加4 881亿元，增长 24.6%；负债总额13 400亿元，增加2 440亿元，增长 22.2%；年末净资产11 300亿元，增加2 441亿元，增长 27.7%。

2011 年规模以上建材工业年末资产负债率 54.4%，比上年下降 1.1 个百分点，是 2000 年以来历年最低水平。

### （三）建材出口增速回落，出口方式从数量增长向效益增长转变

建材出口增速回落。2011 年建材及非矿商品出口 241.9 亿美元，增长 25.1%，增速比上年回落 2.5 个百分点。2011 年建材及非矿商品出口离岸价格全年平均比上年上涨 15.8%，剔除价格因素，建材出口数量实际增长 8.0%，比上年回落 11.7 个百分点。见表 2。

水泥制品、水泥和水泥熟料、建筑用石、玻璃纤维及制品及部分建筑和技术玻璃出口金额增长远远超过数量增长。2011 年末人民币对美元汇率 630.1 元，全年平均比上年升值 4.6%，建材出口汇兑损失 75.8 亿元人民币。在人民币升值和世界经济复苏乏力的形势下，2011 年，特别是下半年以来，建材主要出口商品调整出口商品结构，大幅度提升了出口离岸价格。

水泥制品出口金额超过水泥，量、价齐升，全年出口 217 万吨，增长 7.3%；离岸价格上涨 52.5%，出口金额 8.7 亿美元，增长 67.0%。水泥和水泥熟料出口1 061万吨，下降 34.4%；水泥年平均出口离岸价格从上年的每吨 50 美元提高到 60 美元，水泥熟料从每吨 36 美元提高到 50 美元，水泥和水泥熟料

出口金额仍达到6.2亿美元，仅下降14.2%。

**2011年建材及非矿商品出口情况**

表2

| 分类和商品名称 | 出口数量 | | | | | 出口金额(万美元) | | | |
|---|---|---|---|---|---|---|---|---|---|
| | 数量单位 | 当月数量 | 增长率(%) | 累计数量 | 增长率(%) | 当月金额 | 增长率(%) | 累计金额 | 增长率(%) |
| 出口总计 | | — | — | — | — | 237 637 | 25.46 | 2 419 261 | 25.10 |
| 采选品 | | — | — | — | — | 57 652 | 65.39 | 482 688 | 45.08 |
| 制　品 | | — | — | — | — | 179 985 | 16.46 | 1 936 573 | 20.95 |
| 建筑用石 | 万　吨 | 122.80 | 12.24 | 1 370.10 | 8.75 | 44 891 | 16.96 | 504 197 | 22.30 |
| 其中:荒料 | 万　吨 | 12.49 | 88.40 | 127.69 | 127.15 | 272 | -3.53 | 3 100 | 12.97 |
| 花岗石类制品 | 万　吨 | 68.87 | 3.55 | 810.92 | 0.84 | 26 228 | 23.01 | 307 815 | 20.09 |
| 大理石类制品 | 万　吨 | 18.76 | -2.67 | 197.43 | 8.74 | 13 665 | -0.09 | 147 527 | 27.46 |
| 建筑卫生陶瓷 | 万　吨 | 182.30 | 22.62 | 1 816.47 | 16.60 | 59 572 | 22.23 | 580 005 | 20.09 |
| 卫生陶瓷 | 万　吨 | 9.22 | 5.93 | 95.86 | 6.28 | 8 495 | 12.08 | 84 581 | 8.58 |
| 陶瓷砖 | 万　吨 | 169.73 | 24.07 | 1 677.75 | 17.54 | 49 350 | 24.42 | 476 437 | 23.71 |
| 建筑技术玻璃 | 万　吨 | 33.98 | 3.04 | 415.33 | 11.95 | 33 077 | 7.23 | 401 515 | 27.03 |
| 其中:平板玻璃 | 万　吨 | 16.15 | 8.30 | 200.44 | 11.64 | 5 427 | -9.14 | 75 084 | 15.10 |
| 其他建筑玻璃 | 万　吨 | 6.77 | 0.25 | 80.35 | 8.94 | 10 498 | 35.27 | 109 745 | 40.85 |
| 钢化玻璃 | 万　吨 | 7.14 | -3.26 | 83.21 | 13.61 | 8 176 | -6.61 | 100 755 | 30.50 |
| 夹层玻璃 | 万　吨 | 2.95 | 2.03 | 38.56 | 17.29 | 5 121 | 14.92 | 65 209 | 21.15 |
| 导电玻璃 | 吨 | 815.00 | -1.50 | 11 494.00 | 11.94 | 785 | -13.71 | 12 202 | 30.73 |
| 玻璃纤维及制品 | 万　吨 | 10.18 | 6.29 | 123.07 | 0.69 | 16 750 | 13.64 | 196 974 | 11.14 |
| 其中:玻璃纤维纱 | 万　吨 | 5.27 | 13.29 | 61.82 | 7.00 | 5 656 | 22.98 | 65 334 | 17.18 |
| 玻璃纤维织物 | 万　吨 | 1.00 | 47.01 | 12.00 | 56.65 | 3 236 | 57.08 | 32 010 | 57.87 |
| 水泥和水泥熟料 | 万　吨 | 75.61 | -19.02 | 1 060.98 | -34.36 | 4 762 | 0.52 | 62 035 | -14.21 |
| 水　泥 | 万　吨 | 65.87 | 4.61 | 879.81 | -10.47 | 4 214 | 19.65 | 52 963 | 6.76 |
| 水泥熟料 | 万　吨 | 9.74 | -67.97 | 181.17 | -71.40 | 548 | -54.93 | 9 073 | -60.03 |
| 水泥制品 | 万　吨 | 21.46 | 8.27 | 217.48 | 7.29 | 11 248 | 33.79 | 86 950 | 67.01 |
| 其中:水泥构件 | 万　吨 | 9.03 | -5.48 | 89.14 | -8.04 | 1 696 | 52.10 | 16 057 | 33.41 |
| 石膏制品和保温材料 | 万　吨 | 10.76 | 27.63 | 122.36 | 8.18 | 4 598 | 16.49 | 50 723 | 14.51 |
| 石棉制品 | 万　吨 | 1.00 | 30.25 | 12.00 | 15.27 | 4 393 | 28.56 | 44 925 | 28.09 |

建筑用石出口1 370万吨，增长8.8%，增速比上年下降3.3个百分点；离岸价格上涨16.0%，出口金额50.4亿美元，增长22.3%，增速下降7.3个百分点。建筑和技术玻璃出口415万吨，离岸价格上涨16.0%（主要是技术玻璃离岸价格上涨），出口金额40.2亿美元，增长27.0%，增速比上年下降10.6个百分点；玻璃纤维及制品出口123万吨，增速从上年的24.5%下降到0.7%；年平均离岸价格从上年的每吨1 450美元提高到1 601美元，上涨13.0%，出口金额19.7亿美元，增长11.1%，增速比上年下降25.1个百分点。建材主要出口商品离岸价格的上升，促进了所在行业产值和经济效益的上升。另一方面，实际出口数量的减少或增速下降，对国内生产数量的拉动作用在减弱。

建筑卫生陶瓷、平板玻璃出口价格上涨无法全部抵消汇兑损失。2011年建筑卫生陶瓷出口1 816

万吨,价值58亿美元,持续三年保持建材出口第一商品的地位。建筑卫生陶瓷出口主要还是靠数量支撑,2011年出口数量增长16.6%,价值量增长20.1%,离岸价格上涨4.5%,略低于人民币升值幅度,价格上涨无法全部抵消汇兑损失。

2011年平板玻璃出口200万吨,增长16.6%;出口金额7.5亿美元,增长15.1%;年平均离岸价格每吨374.6美元(每重量箱约121元人民币),仅上涨2.5%,低于人民币升值幅度。

向金砖国家出口增长较快。2011年中国对亚太地区建材出口132亿美元,占中国建材出口54.4%,年增长率26.4%,比上年下降3.6个百分点;对欧盟出口40亿美元,增长16.5%,比上年下降6个百分点;对金砖国家出口仍较快增长,出口额17亿美元,增长36.4%。

**(四)新兴产业转型升级拉动投资快速增长,东部建材投资重新超越中西部**

2011年建材工业完成固定资产投资9 578亿元,比上年增长31.9%。前5个月建材固定资产投资由于水泥投资的大幅度下降,增速同比回落。6月以后建材固定资产投资增速重新超越上年水平,其中水泥投资继续下降,建筑卫生陶瓷和玻璃纤维投资增速大幅度回落,混凝土与水泥制品等行业固定资产投资则高速增长。由于建材低能耗和深加工制品投资快速增长推动,东部地区建材工业固定资产投资比重在2011年重新超越中西部地区。

水泥等建材传统产业投资完成额下降或增速大幅度回落。2011年水泥制造业完成固定资产投资1 439亿元,比上年下降8.3%。2010年是水泥固定资产投资发展历程“空前绝后”的高峰,全年投产水泥新型干法生产线230条,形成水泥熟料生产能力2.6亿吨,新增水泥生产能力3.5亿吨。2011年新增新型干法生产线下降到114条,新增熟料生产能力下降到1.4亿吨,新增水泥生产能力下降到1亿吨。水泥投资高峰已经过去,水泥工业即将基本完成先进生产工艺对落后工艺的替代,今后水泥投资将主要是新型干法工艺的技术改造和余热发电技改投资,新增生产能力将主要集中在中西部地区。

与水泥制造业固定资产投资一样,建筑陶瓷和玻璃纤维的投资高峰也已经过去。2008年金融危机前后,广东珠三角地区的产业升级,将建筑陶瓷工业转移至本省西北部和江西、沈阳、四川等地。中国陶瓷砖生产在广东佛山、福建泉州和福州闽清、山东淄博和临沂之外,又形成了若干个产业集群。新产业集群在2010年前后已经形成强大生产能力,2011年建筑陶瓷制造业完成固定资产投资增长率从上年的72.4%下降到12.7%。玻璃纤维及制品业在经历了多年高速增长后,2011年玻璃纤维纱生产池窑工艺比例达到87.4%。由于出口受阻,金融危机以后玻璃纤维及制品业生产和投资增长速度都呈现回落态势。2011年玻璃纤维及制品业固定资产投资完成额只增长6.5%。

低能耗、新兴产业转型升级拉动投资快速增长。2011年混凝土与水泥制品业投资规模超过水泥制造业成为建材最大投资行业。2011年投资完成额超过1 500亿元,增长49.3%。“十一五”时期,新农村建设、城镇化、水利等基础性建设促进了混凝土与水泥制品业固定资产投资持续高速增长。

近年来建材工业产业结构调整升级,促进了新兴产业固定资产投资的高速增长。2006年以后全国许多大中城市陆续禁止黏土实心砖生产,促进了空心砖、页岩砖、粉煤灰砖、煤矸石砖以及加气混凝土砌块等节能环保新型墙体材料的发展,推动砖瓦及建筑砌块制造业固定资产投资持续高速增长。2011年砖瓦及建筑砌块制造业投资完成额超过1 000亿元,增长速度59.8%。新产品的出现和新技术的应用,赋予了古老行业新兴产业含义。建筑用石、石灰石石膏开采与制造业2011年投资增长速度都在40.0%以上。

随着天然沙资源的枯竭,机制砂的兴起推进了黏土与土砂石开采业投资的增长。2011年完成投资317亿元,增长24.9%。央视大火和上海高层住宅大火以后,易燃外墙保温材料禁止被使用,促进了B类合格保温材料生产高速增长,2011年生产增长35.0%以上,投资增长速度达到39.3%。汽车工业和太阳能光伏玻璃、具有节能保温功能的特种玻璃、电子玻璃等新产品的发展,促进了技术玻璃投资项目的增长。2011年技术玻璃制造业投资增长63.2%。新型防水材料促进了防水材料投资的增长,2011年防水建筑材料制造业投资增长82.6%。风力发电叶片等复合材料的需求,则推动玻璃纤维增强塑料制造业发展,2011年投资增长速度达到57.7%。

东部建材投资重新超越中西部。2004年以前,由于水泥工业在沿海地区的发展,东部地区建材工业固定资产投资一度占全国建材工业投资50.0%以上。随着东部地区水泥市场的饱和,中西部开发水泥需求的激增,2008年以后中部地区建材投资比重超过东部地区,西部地区建材投资也呈现高速增长。而在"十二五"开局之年,东部地区建材工业转型升级,从传统高耗能产业转向低能耗低排放、高附加值深加工行业。2011年东部地区建材工业固定资产投资完成额中混凝土和水泥制品业占17.7%,建筑用石占10.4%,砖瓦及建筑砌块占8.0%。水泥投资则主要集中在东部的革命老区或贫困地区。由于低能耗和深加工的新兴产业投资快速增长推动,2011年东部地区建材投资占建材工业投资完成总量31.6%,重新超越中西部地区。

## 二、建材联合会发挥引领、协调、服务功能,推动行业健康发展

### (一)加强调查研究,制定产业发展规划,引导行业科学发展

2011年7月,联合会组织6个调查组深入全国六个大区进行调研,调查组将企业和行业的情况归并成了100多个问题或工作建议,逐一提出了解决方案和改进措施,安排专人跟踪落实或反馈,并积极向政府反映企业遇到的问题和建议,为政府提供决策参考和预警信息。同时,联合会进一步加强统计数据分析研究,建立了各专业协会、各分会的月工作通报制度,定期分析行业经济运行形势,多渠道信息发布。2011年向国家发改委和工信部报送建材行业经济运行情况分析20多次,撰写了行业综合运行分析、专题性分析50篇。

联合会积极参与了工信部组织的《建筑材料工业"十二五"发展规划》和水泥、平板玻璃、陶瓷、新型建材、非金属矿5个专项规划的编制工作,并以国家"十二五"纲要和《建材工业"十二五"发展规划》精神为指导,提出了《建筑材料工业"十二五"发展指导意见》,丰富、延伸和扩展了规划的内涵。为充分发挥科技进步和创新发展对建材行业转变经济发展方式的引领作用,制定了《建筑材料行业"十二五"科技发展规划》,这两个文件的发布为行业发展提供了更为具体的可操作性和更多层面的指导作用。同时还编制完成了石材、砖瓦、防水、加气混凝土、石灰、建材机械等建材相关产业的"十二五"规划,指导和配合各地方协会做好省、市建材"十二五"规划的编制工作,充分地发挥规划引领行业发展的作用。

### (二)协助政府制修订产业政策,完成委托政策研究课题

联合会协助政府有关部门拟定了《水泥企业兼并重组实施意见》、《水泥行业准入公告管理暂行办法》、《关于促进建材企业实施兼并重组的若干意见》、《建材工业"十二五"重点技术改造投资指南》、《建材行业低碳技术创新和示范化工程专项指南》等产业政策。对2012年建材行业关税税则税目及年度暂定税率的调整方案提出行业意见。对《水泥产品生产许可证实施细则》完成了修改稿。

完成了工信部、财政部、国资委、环保部等委托的《中国建材行业实施低碳排放的途径和政策研究》、《提升建材行业自主创新能力对策研究》、《建材行业循环经济发展规划研究》、《建材业适应战略性新兴产业发展要求的研究》、《水泥行业两化融合发展水平评估报告》等课题研究工作,科技部支撑计划项目《建材行业节能减排技术筛选与评估》和973项目《中国行业减排技术方案及其机制研究》,受到有关部门的好评。

### (三)加强过剩产能调控,推动产业结构调整

2011年末全国平板玻璃生产能力9.9亿重量箱,其中浮法玻璃能力8.7亿重量箱,全年运营浮法玻璃生产线244条,平板玻璃能力利用率83.3%。年初,针对平板玻璃行业重复建设、产能过剩、效益下滑等情况,联合会会同玻璃协会召开了全国重点平板玻璃生产企业座谈会,在听取企业意见,汇总行业情况的基础上,乔龙德会长致信温家宝总理,专题报告了有关情况。温家宝总理作出了重要批示。国

家发改委办公厅发出了《关于开展平板玻璃建设项目专项清理的通知》。为落实温总理的批示和发改委的文件，联合会会同玻璃协会制定了平板玻璃行业标本兼治工作方案，提出了近期及中期工作重点和目标，形成多部门协调共促的工作局面，初步抑制了平板玻璃行业的重复建设现象。

2011年水泥行业产业结构调整也取得积极进展，新型干法和大型生产线比重继续提升。2011年全国水泥熟料产量13.1亿吨，比上年增长10.0%；其中新型干法工艺生产比例86.3%，比上年上升4.9个百分点，比2002年提高70个百分点。由于新型干法工艺的迅速发展，全国立窑及其他工艺熟料产量已经持续5年下降。2011年水泥生产企业数量减少近600家，关停水泥生产能力1.7亿吨，其中水泥粉磨企业关停284家，关停水泥生产能力6 859万吨。大型企业集团跨所有制、跨地区的兼并重组十分活跃，全国60家年生产规模在500万吨以上企业和企业集团水泥熟料产量已占水泥熟料总产量65.0%以上，前23家生产规模在千万吨以上集团占55.0%。

### （四）加强行业科技自主创新能力建设，提升行业技术水平

为了使新兴产业的发展得到技术支撑，联合会制定了建材主要产业"十二五"技术研发与创新的目标、技术途径、支撑条件与保障措施的工作方案，加快了产学研相结合的技术创新体系建设，成立行业首批科技创新平台。启动了建材行业科技创新平台申报评审工作。举办了2011年度建材科技奖评选，共有34个项目获奖。举办了"华新杯"2011年度建材行业技术革新奖，共有136项目获奖。对《水泥窑协同处置污泥的技术研究及应用》等20多个科技成果和新产品进行了鉴定。

积极争取重大科技项目立项，促进科技创新发展。受科技部的委托，联合会对《节能绿色建材开发与集成应用示范》、《水泥窑炉粉尘及氮氧化物减排关键材料及应用技术开发》等两个"十二五"国家科技支撑计划项目进行管理，监督项目的完成进度和经费使用情况。同时，向国家科技部推荐了"十二五"国家科技计划社会发展科技领域项目2个，技术发展及产业化领域科技计划预备项目10个，推荐国家科技进步奖8项。

### （五）积极组织技术经济交流活动，拓展工作内容和服务空间

为贯彻落实《国务院关于中西部地区承接产业转移的指导意见》，联合会领导与新疆自治区政府、河南省政府领导共同签署了中国建筑材料联合会和新疆自治区政府、河南省政府的战略合作框架协议。组织相关专业协会，以及中国建材、中国中材、北京金隅、上海建材等大企业集团参加了产业转移对接活动，进行了广泛的交流，签署了一批投资项目合作协议。与住建部领导交换了意见。制定了与住建部合作的工作方案。

联合会系统各单位充分发挥在行业资源、信息资源和专家资源等方面的优势，筹备组织技术研讨会、展览会、出国考察等各种形式的技术经贸交流活动，有效地促进了建材行业的信息交流与合作。一年来，先后与法国圣戈班、瑞士豪瑞、爱尔兰CRH老城堡等国际企业集团，以及世界可持续工商企业发展理事会、德国水泥协会等组织机构开展了考察调研、合作洽谈等交流活动，并在节能减排、市场拓展、培训合作等方面达成了合作意向，有效提升了行业影响力和作用。

虽然全球经济形势不好，但联合会举办的"中国国际玻璃工业展"规模再创新高。水泥展和水泥峰会经过多年的培育和发展，已成为国际知名品牌。摩擦材料展、墙体材料展、建筑展等一批展会也在不断做大、做强，提升了行业的影响力。

### （六）实施标准提升与创新战略，积极开展行业性培训工作

为了提升建材行业标准化工作水平，更好地发挥标准在转变发展方式、调整产业结构、促进产业升级、增加国际影响力和竞争力等方面的引领作用，联合会召开了全国建筑材料行业标准化工作会议，提出在"十二五"时期中国建材行业标准化工作，要以建材工业产业结构调整、产业转型升级和发展方式转变为主线，满足绿色建筑和建筑节能发展需求为重点，实施标准提升战略，加快相关产业标准的提升

和加快制、修订新兴产业、新材料等空缺标准，密切协同建材产品标准与建筑设计应用标准。联合会组织完成了国标委建材标准化体系工程建设，新制定了功能陶瓷、特种玻璃及碳纤维专业领域等新材料标准体系。修订了建材行业标准化工作管理办法及标委会管理制度。完成了建筑材料能源管理分技术委员会的筹建的前期准备工作。积极参加国际标准化工作。

按照国家和行业的有关要求，不断拓宽职业技能鉴定工作领域和范围，加快职业标准的制定实施、配套教材编印和题库建设。全年对14 553人次进行了职业资格鉴定，14 049人取得了职业资格证书。启动了《中华人民共和国职业分类大典》建材部分的修订工作。

（撰稿：谷东玉）

# 2011 年有色金属工业发展综述

中国有色金属工业协会

2011 年面对复杂的国内外经济环境，在中央宏观调控政策指引下，经过有色金属行业 300 多万干部、职工的共同努力，中国有色金属工业总体保持平稳的发展态势。根据初步统计数字分析，2011 年中国有色金属工业发展呈现出产业开始向协调发展转变，利润进一步向拥有资源、能源的企业集中，固定资产投资向西部转移，进出口额创历史新高、出口额增幅快于进口额增幅，国内外市场有色金属价格前高后低，稀有稀土行业管理不断加强、产业优势开始显现，关键技术取得突破、节能减排成效显著，矿产资源保障程度有所提高及市场机制进一步完善等特点。

## 一、有色金属产业开始向协调发展转变

2011 年，规模以上（主营业务收入2 000万元以上的工业企业，下同）有色金属企业工业增加值按可比价格计算比上年增长 14.0%，增幅比“十一五”期间有色金属产业工业增加值平均增幅低 2.2 个百分点。其中，有色金属采选企业工业增加值增长 15.5%，有色金属冶炼及压延加工企业工业增加值增长 13.6%。10 种有色金属产量为3 438.3万吨，比上年增长 9.8%，增幅比“十一五”期间的平均增幅低 4 个百分点；生产 6 种精矿金属含量 824.5 万吨，比上年增长 18.0%，增幅比“十一五”期间的平均增幅高 9.3 个百分点；氧化铝产量3 407.8万吨，比上年增长 17.7%，增幅比“十一五”期间的平均增幅低 10.1 个百分点；铜材产量为1 028.1万吨，比上年增长 17.8%，增幅比“十一五”期间的平均增幅高 3.4 个百分点；铝材产量为2 345.6万吨，比上年增长 20.6%，比“十一五”期间的平均增幅低 4.6 个百分点。2011 年有色金属冶炼产品增幅放缓，矿产品和深加工产品的增幅明显大于冶炼产品的增幅。这表明，我国有色金属产业从依靠冶炼产量扩张的粗放发展，开始向产业链协调发展转变。见图 1。

### （一）有色金属冶炼产品增幅放缓

2011 年，精炼铜 519.7 万吨，增长 14.6%；原铝 1 806.2万吨，增长 11.5%；铅 464.8 万吨，增长 10.7%；锌 522.2 万吨，增长 1.1%；镍产量 18.5 万吨，增长 8.1%；锡产量 15.6 万吨，增长 4.5%；锑品产量 19 万吨，增长 1.4%；汞产量1 493 吨，下降 5.8%；镁产量 60.1 万吨，增长 1.0%；海绵钛产量 6.1 万吨，增长 11.9%。

### （二）六种有色金属精矿金属含量增幅大于冶炼产品增幅

2011 年，铜精矿金属含量 126.7 万吨，增长 9.6%；铅精矿金属含量 235.8 万吨，增长 27.4%；锌精矿金属含量 430.8 万吨，增长 16.5%；镍精矿金属含量 9 万吨，增长 12.8%；锡精矿金属含量 9.3 万吨，增长

11.7%；锑精矿金属含量12.8万吨，增长11.5%。

2011年，规模以上企业钨精矿折合量12.2万吨，比上年增长6.0%；规模以上企业钼精矿折合量23.4万吨，比上年增长12.7%。

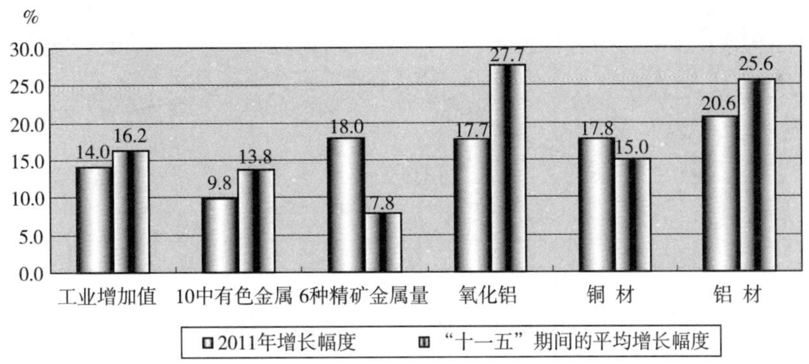


**图1　2011年主要指标增幅与"十一五"期间的平均增幅对比**

### （三）氧化铝产量持续增长，铜、铝材产量明显增加

2011年，氧化铝产量3 407.8万吨，比上年增长17.7%。铜材产量为1 026.1万吨，比上年增长17.8%；铝材产量为2 345.6万吨，比上年增长20.6%。

### （四）黄金、白银产量平稳增长

2011年，有色冶炼厂产黄金84.7吨（全国黄金产量361吨），比上年增长6.5%，占全国黄金产量的比重为23.5%；全国白银产量为12 348.0吨，比上年增长6.3%。

## 二、利润进一步向拥有资源、能源的企业集中

### （一）实现主营业务收入持续增长

2011年，国家统计局工业司统计的8 078家规模以上有色金属工业企业（不包括独立黄金企业，下同）实现主营业务收入38 969.6亿元，比上年增长35.0%。其中，国有控股企业实现主营业务收入10 996.9亿元，增长28.8%，占28.2%；私人控股企业实现主营业务收入21 432亿元，增长40.4%，占55.0%。其中，1 612家有色金属独立矿山企业实现主营业务收入3 098.1亿元，增长42.9%，占8.0%；2 289家有色金属冶炼企业（含联合企业中的矿山）实现主营业务收入17 514.8亿元，增长36.4%，占44.9%；4 177家有色金属加工企业实现主营业务收入18 356.7亿元，增长32.5%，占47.1%。

### （二）实现利润持续大幅度增加，但9月份起增幅逐月回落

2011年，规模以上有色金属工业企业实现利润1 989.7亿元，比上年增长53.1%，但9月增幅比1—8月回落了17.3个百分点。其中，国有控股企业实现利润512.6亿元，增长57.8%，占25.8%；私人控股企业实现利润1 115.8亿元，增长58.1%，占56.1%。其中，有色金属独立矿山企业实现利润469亿元，增长60.9%，占23.6%；有色金属冶炼企业（含联合企业中的矿山）实现利润773.7亿元，增长60.7%，占38.9%；有色金属加工企业实现利润747亿元，增长41.8%，占37.5%。见图2、图3。

2011年，有色金属主要行业小类盈利情况为：常用有色金属（铜、铝）加工企业实现利润600.2亿元，比上年增长38.9%；有色金属合金制造企业实现利润82.6亿元，比上年增长43.9%；铜采选企业实现利润102.1亿元，比上年增长37.5%；铜冶炼企业实现利润225亿元，比上年增长46.6%；铝冶炼企业（包括氧化铝企业）实现利润121.2亿元，比上年增长13.9%；铅锌采选企业实现利润199亿元，比上年增长60.4%；铅锌冶炼企业实现利润72.4亿元，比上年增长55.2%；镍钴冶炼企业实现利润55.1亿元，比上年增长35.6%；钨钼采选企业实现利润

61.3 亿元，比上年增长 63.6%；钨钼冶炼企业实现利润 57.5 亿元，比上年增长 39.7%；稀土金属冶炼实现利润 153 亿元，比上年增长 3.4 倍。见图 4。

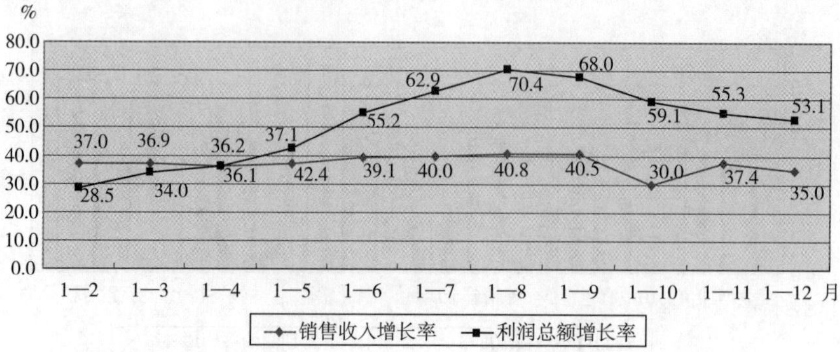


**图 2　2011 年规模以上企业分月主营业务收入与利润增长率**

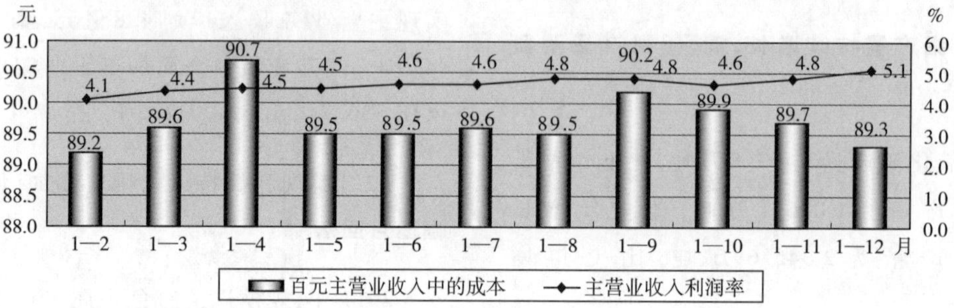


**图 3　2011 年规模以上企业分月主营业收入中的成本与主营业收入利润率**

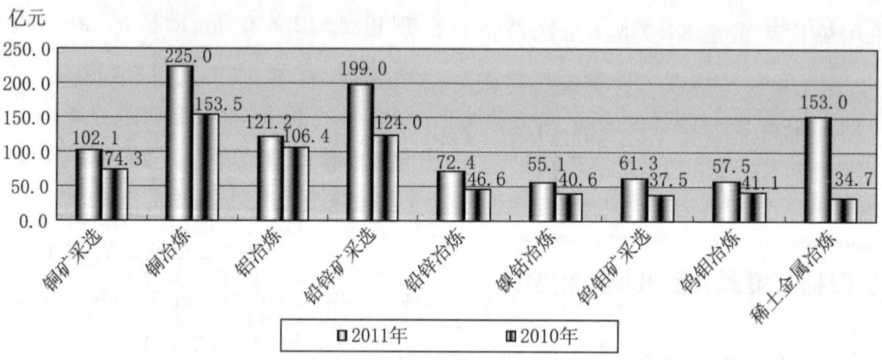


**图 4　2011 年与 2010 年主要行业小类实现利润对比**

**（三）利润向拥有资源、能源的企业集中的态势进一步显现**

2011 年，规模以上有色金属企业销售利润率为 5.1%，比上年上升了 0.6 个百分点。其中，有色金属独立矿山企业销售利润率为 15.1%，上升了 1.7 个百分点；有色金属冶炼企业（含联合企业中的矿山）销售利润率为 4.4%，上升了 0.7 个百分点；有色金属加工企业销售利润率为 4.1%，上升了 0.3 个百分点。

2011 年，规模以上有色金属企业资产利润率为 8.0%，比上年上升了 1.7 个百分点。其中，有色金属独立矿山企业资产利润率为 18.6%，上升了 3.8 个百分点；有色金属冶炼企业（含联合企业中的矿山）资产利润率为 5.7%，上升了 1.4 个百分点；有色金属加工企业资产利润率为 8.7%，上升了 1.2 个百分点。见图 5。

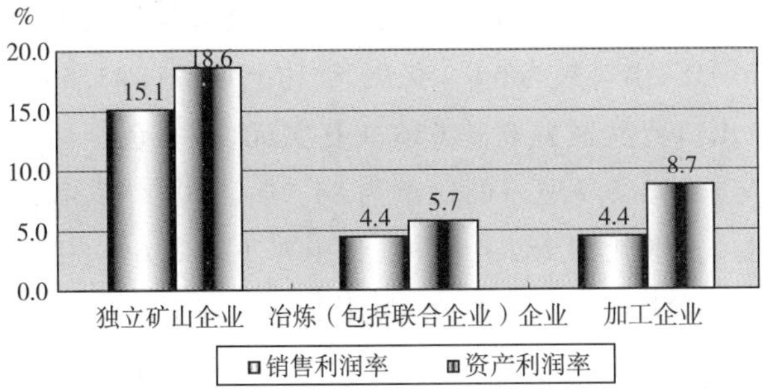


**图5 2011年矿山、冶炼、加工企业销售利润及资产利润率对比**

**（四）实现利润的增幅高于全国工业企业的平均增幅**

有色金属工业运营的另一个特点是实现利润的增幅比全国规模以上工业企业的平均增幅25.4%高27.7个百分点，尤其是中小型有色金属工业企业运行态势良好；但从9月份规模以上有色金属企业实现利润的增幅逐月回落，1—12月份增幅比1—8月份增幅回落了17.3个百分点。能源、劳动力、财务费用等要素成本刚性增加趋势突出，规模以上有色金属工业企业主营业务成本占主营业务收入的比重高于全国规模以上工业企业平均水平4.6个百分点。

## 三、固定资产投资向西部转移

**（一）完成固定资产投资增幅高于全国增幅**

2011年，有色金属工业（不包括独立黄金企业，下同）累计完成固定资产投资额4 773.5亿元，比上年增长34.6%（扣除固定资产投资价格上涨因素，实际增长26.3%）。有色金属工业完成固定资产投资占全国固定资产投资（不含农户）总额的比重为1.6%，增幅比全国固定资产投资的增幅高10.8个百分点。有色金属工业新开工项目投资总额为5 676.2亿元，比上年增长51.3%。

**（二）西部12个省区完成固定资产投增幅加快**

2011年，西部12个省区有色金属工业完成固定资产投资额为2 059.3亿元，比上年增长42.9%，增幅比全国有色金属工业完成固定资产投资的增幅快8.3个百分点；占全国有色金属工业完成固定资产投资的比重为43.1%。见图6。

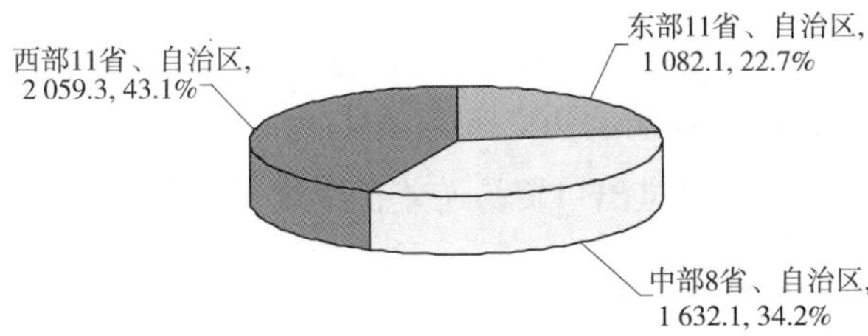


**图6 2011年有色金属工业完成固定资产投资额东、中、西部所占比重**

**（三）西部12个省区新开工项目投资所占比重超过一半**

2011年，西部12个省、自治区有色金属新开工项目投资总额为2 870.1亿元，比上年增长89.8%，增幅比全国有色金属工业新开工项目投资的增幅快38.5个百分点；占全国有色新开工项目投资的比重为50.6%。其中，新疆、内蒙古、青海三个省、自治区的有色金属新开工项目投资占全国有色金属新开工项目投资总额的比重分别达到15.1%、9.6%和6.8%。见图7。

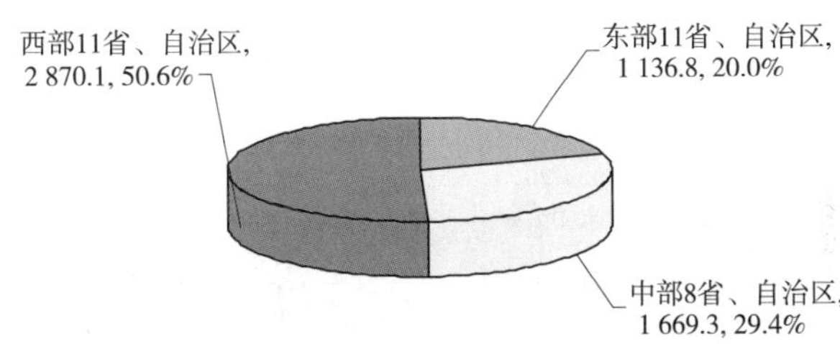


**图7 2011年有色金属工业新开工项目投资额东、中、西部所占比重**

**（四）引导高电价地区电解铝产能有序向西部转移**

有色金属工业固定资产投资向拥有能源、资源的西部地区转移，符合国家的产业政策，有利于优化有色金属产业结构。但当前新建电解铝产能向西部能源价格相对较低地区转移的态势强劲、规模大，在现有高电价地区电解铝产能退出机制尚未形成情况下，有可能进一步加剧电解铝产能过剩局面；其规模也超出了现阶段西部地区运输等基础设施的承载能力。需引起国家有关部门的高度关注，进一步完善高电价地区电解铝产能退出机制，引导电解铝产能有序向西部转移。

## 四、进出口额创历史新高，出口增幅快于进口，但进出口贸易逆差仍继续扩大

2011 年，我国有色金属进出口贸易总额1 606.8亿美元，比上年增长 28.1%，创历史新高。其中：进口额1 175.2亿美元，增长 20.9%；出口额 431.6 亿美元，增长 52.7%。进出口贸易逆差额为 743.5 亿美元，比上年增长 7.9%。见图 8、图 9。

### （一）铜产品贸易逆差的比重高达 84.0%

2011 年，我国铜产品进口额为 686.6 亿美元，比上年增长 18.0%，占有色金属产品进口额的比重为 58.4%；出口额为 60.2 亿美元，比上年增长 43.6%，进出口贸易逆差高达 626.4 亿美元，占有色金属产品进出口贸易逆差的比重为 84.2%。2011 年，我国进口未锻轧铜 287.4 万吨，比上年下降 3.6%；进口铜精矿实物量 637.6 万吨，比上年下降 1.4%；进口粗铜 41.6 万吨，比上年增长 4.3%；进口铜材 78.2 万吨，比上年下降 14.1%；进口铜废碎料实物量 468.7 万吨，比上年增长 7.4%。出口未锻轧铜 15.6 万吨，比上年增长 3.0 倍；出口铜材 50.0 万吨，比上年下降 1.6%。净进口未锻轧铜 271.8 万吨，比上年下降 8.0%；净进口铜材 28.1 万吨，比上年下降 30.0%。

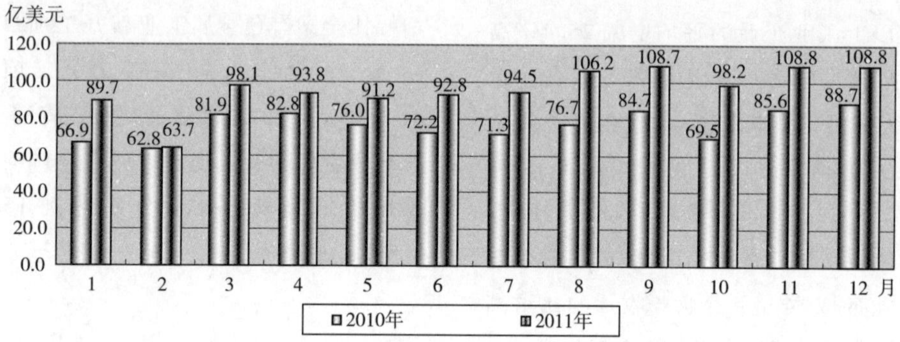


图 8　2010 年与 2011 年有色金属进口额变化趋势图

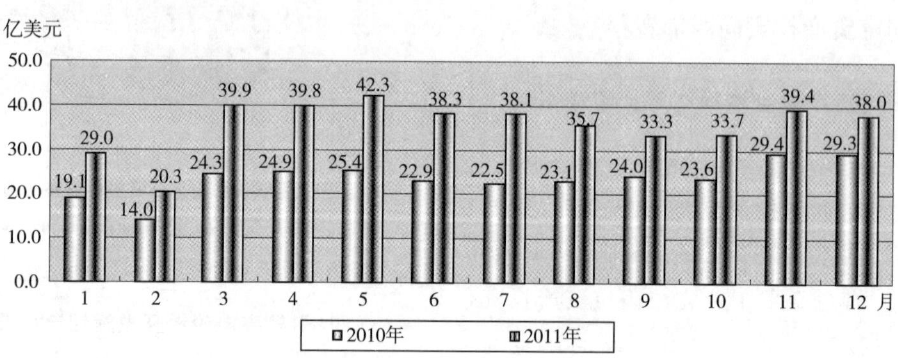


图 9　2010 年与 2011 年有色金属出口额变化趋势图

### （二）铝产品出口贸易额略大于进口额

2011 年，我国铝产品进口额为 119.2 亿美元，比上年增长 7.7%；出口额为 122.9 亿美元，比上年增长 33.9%，实现进出口贸易顺差为 3.8 亿美元。2011 年，我国进口未锻轧铝 33.3 万吨，比上年下降 8.7%；进口铝材 57.7 万吨，比上年下降 2.3%；进口铝土矿4 484.5万吨，比上年增长 49.7%；进口铝废碎料实物量 268.6 万吨，比上年下降 5.9%；进口氧化铝 188.1 万吨，比上年下降 56.4%。出口未锻轧铝 76.6 万吨，比上年增长 1.6%；出口铝材 299.7 万吨，比上年增长 37.7%。净出口未锻轧铝 43.3 万吨，比上年增长 11.2%；净出口铝材 241.9 万吨，比上年增长 52.5%。我国铝产业已初步形成以进口矿山原料铝土矿为主，出口深加工产品铝材为主的进出口格局。

**（三）铅及铅精矿进口量下降**

2011 年，我国铅产品进口额为 31.8 亿美元，比上年增长 20.3%；出口额为 2.1 亿美元，比上年增长 24.8%，进出口贸易逆差为 29.7 亿美元。2011 年，我国进口未锻轧铅 5.2 万吨，比上年下降 15.9%；进口铅精矿实物量 144.4 万吨，比上年下降 10.0%；出口未锻轧铅 1.2 万吨，比上年下降 52.3%。净进口未锻轧铅 4 万吨，比上年增长 8.9%。

**（四）锌精矿进口量下降**

2011 年，我国锌产品进口额为 33.5 亿美元，比上年下降 1.6%；出口额为 2.2 亿美元，比上年增长 21.2%，进出口贸易逆差为 31.3 亿美元。2011 年，我国进口未锻轧锌 49.8 万吨，比上年增长 4.2%；进口锌精矿实物量 293.6 万吨，比上年下降 9.3%；出口未锻轧锌 4.8 万吨，比上年增长 19.3%；出口立德粉 3.1 万吨，比上年增长 1.2%；出口氧化锌 1.6 万吨，比上年增长 8.4%。净进口未锻轧锌 45 万吨，比上年增长 3.5%。

**（五）稀土成为有色金属进出口贸易顺差最大的金属品种**

2011 年，我国稀土产品进口额为 6.5 亿美元，比上年增长 1.3 倍；出口额为 42.6 亿美元，比上年增长 2.1 倍，进出口贸易顺差为 36.1 亿美元，成为有色金属产品进出口贸易顺差最大的金属品种。2011 年，出口稀土金属1 858吨，比上年下降 66.6%；出口稀土合金 917 吨，比上年下降 62.8%；出口稀土氧化物7 077吨，比上年下降 56.1%；出口稀土永磁体 1.3 万吨，比上年增长 25.9%。

## 五、国内外市场有色金属价格呈前高后低的态势

2011 年国内外市场有色金属价格变化的特点是上半年在高位运行，下半年震荡回落；国内市场价格总体弱于国际市场价格。LME 三月期铜价格在 2011 年 2 月 15 日的最高记录达到10 190美元/吨，9 月末回落到7 018美元/吨，降幅达 30.0% 以上。

**（一）主要有色金属品种年末价格低于上年末价格**

2011 年末，LME 三月期铜价格为7 600美元/吨，比上年末回落了 20.8%；三月期铝价格为2 019美元/吨，比上年末回落了 18.3%；三月期铅价格2 035美元/吨，比上年末回落了 22.8%；三月期锌价格1 845美元/吨，比上年末回落了 24.8%；三月期镍价格18 710美元/吨，比上年末回落了 24.4%；三月期锡价格19 200美元/吨，比上年末回落了 28.6%。

上海有色金属交易所，2011 年末三月期铜价格55 360元/吨，比上年末回落了 23.0%；三月期铝价格15 845元/吨，比上年末回落了 5.9%；三月期铅价格15 290元/吨；三月期锌价格14 795元/吨，比上年末回落了 24.0%。

**（二）多数有色金属产品年均价格高于上年平均价格**

2011 年，LME 三月期铜平均价为8 879美元/吨，比上年上升了 17.6%；三月期铝平均价为2 422美元/吨，比上年上升了 10.2%；三月期铅平均价为2 393美元/吨，比上年上升了 11.3%；三月期锌平均价为2 212美元/吨，比上年上升了 1.2%。

2011 年国内市场，铜现货平均价为66 333元/吨，比上年上涨了 12.3%；铝现货平均价为16 873元/吨，比上年上涨了 7.0%；铅现货平均价为16 443元/吨，比上年上涨了 2.1%；锌现货平均价为16 922元/吨，比上年下降了 2.7%。

**（三）价格震荡下行，影响企业效益**

2011 年前 8 个月，国内外价格总体在高位震荡运行，9 月份起价格大幅震荡下滑，铜、铝、铅、锌 10 月份国内均价分别比前 8 个月均价下降 26.0%、3.0%、18.0%、20.0%。受此影响，10 月份规模以上有色金属工业企业实现利润比 8 月份下降 34.0%，可见价格仍然是影响企业效益的关键因素。

## 六、稀有稀土行业管理不断加强，产业优势开始显现

**（一）稀有稀土行业管理不断加强**

钨、钼、锡、锑、铟、锗、镓以及离子型稀土等金属

品种是我国的优势资源，近年来国家出台了一系列合理利用优势资源的政策措施。稀有稀土开采秩序有所改善，环保治理加强，价格理性回归，资源优势正在转变为产业优势。2011 年 5 月，国务院发布了《关于促进稀土行业持续健康发展的若干意见》。中国有色金属工业协会配合国家有关部门，按照《意见》要求，开展了大量工作。中国有色金属工业协会配合国家环境保护部重点开展了稀土企业环保核查，取得了明显成效，为稀土行业的健康、可持续发展做了一些基础工作。

### （二）稀有稀土产业优势开始显现

随着现代高新技术产业的发展，稀有稀土金属在经济和社会发展中的战略地位明显上升，成为我国有色金属工业发展中的一个“亮点”。2011 年，在主要稀有稀土产品产量、出口量没有明显提高的情况下，行业的利润、出口额均出现大幅度增长。2011 年，我国钨精矿产量仅比上年增长 6.0%，锑精矿产量比上年增长 11.5%，初步预计稀土精矿产量与上年基本持平，但钨钼采选企业实现利润和钨钼冶炼企业实现利润分别比上年增长 63.6% 和 39.7%，锑采选企业实现利润和锑冶炼企业实现利润分别比上年增长 41.6% 和 37.2%，稀土采选企业实现利润和稀土冶炼企业实现利润比上年增长 620.4% 和 341.5%。钨、锑、稀土产品出口额。分别比上年同期增长 78.5%、33.4% 和 208.8%。

2011 年我国稀有稀土行业运行态势良好，是多年来国家加强宏观调控，行业加强自律所取得的成效，产业优势日益显现。

## 七、在关键技术、资源保障和市场机制等方面均取得积极进展

### （一）关键技术取得突破，节能减排成效显著

我国自主研发的铝电解节能新技术，吨铝节电 1 000千瓦时以上，技术达国际领先水平；成功开发出的悬浮铜冶炼和液态高铅渣直接还原新工艺，其关键技术指标超过国外先进水平。高性能铜合金管材和高精度铜、铝合金板带装备水平达国际先进水平；铜合金管材和铝合金板带性能指标达到国际领先水平。有色金属材料和新材料产业发展受到高度重视，半导体用 8 英寸硅抛光片实现了规模化生产，结束了全部依赖进口的局面。数控加工设备用硬质合金刀具产品质量显著提高，具备了与国外先进企业竞争的实力。有色金属行业推行能效对标管理等措施，铜、铝等主要产品单位能耗达到世界先进水平。2011 年，我国铝锭综合交流电耗下降到13 913千瓦时/吨，比 2010 年下降了 66 千瓦时/吨，节电约 11.9 亿千瓦时，比世界（不包括中国）2010 年的平均水平15 496千瓦时/吨低1 583千瓦时/吨。

### （二）资源保障程度有所提高

国家不断加强对有色金属资源的公益性投入和良好投资回报带动了社会投资参与有色金属资源开发，国内外两种资源开发工作成效显著。国内矿山产品产量增速有加快趋势，并显现出持续增长的潜力，2011 年六种精矿金属含量 824.5 万吨，比上年增长 18.0%；国产氧化铝可基本满足供应，但生产氧化铝所需铝土矿进口显著增加。再生资源利用取得长足进展，2011 年铜、铝、铅、锌四种再生金属利用量超过 850 万吨，占国内供应量的 22.5%。截至 2011 年底，我国已经在赞比亚、巴基斯坦、蒙古等十几个国家和地区获得了可观的铜、铝、铅锌、镍、钴、钽铌等短缺资源权益产能。

### （三）市场机制进一步完善

2011 年 3 月 24 日铅期货正式在上海期货交易所成功上市后，我国铜、铝、铅、锌四个主要基本有色金属均在上海期货交易所上市，这使我国有色金属市场机制得到进一步完善，期货上市一方面为企业经营提供了更加丰富的规避风险工具，同时也有利于提高我国有色金属产品的定价权。但目前我国期货市场交易品种与国际市场还存在差距，国际市场上有色金属期货品种还有镍、锡、钴、钼、白银等，这些期货合约有待于我们逐步推出。2012 年上海期货交易所正在积极推进白银上市，随着我国有色金属期货品种增加和市场机制不断完善，将为我国有色金属企业增加市场话语权、加快产品结构调整、推动科技进步等方面起到积极作用。

## 八、有色金属行业发展中存在的突出问题

2011 年,我国有色金属工业虽然保持平稳发展态势,但依然是主要依赖消耗资源、能源的粗放型发展方式,依靠创新驱动、内生发展的技术引导型发展模式尚未形成。2011 年我国有色金属行业运行存在的突出问题:一是产业的结构性矛盾依然突出,总体处于产业链国际分工的中低端环节,资源保障能力不足,高端产品开发能力弱,投入产出效率不高。二是国际金融市场动荡,造成有色金属等大宗商品价格起伏跌宕,不仅影响世界经济复苏进程,而且给有色金属工业企业的生产经营带来很大风险。三是企业资金链绷紧,现金流出现紧张,企业融资成本上升,财务费用增加,严重影响企业的生产经营。四是随着我国有色金属产品进出口贸易规模的扩大,国际贸易保护主义抬头,贸易摩擦呈上升趋势。五是重金属污染治理任务艰巨。2011 年,国家和地方环保部门对有色金属生产过程中的重金属污染进行了专项整治。但是,随着产业生产规模的持续扩张,当前我国有色金属工业的环境保护形势依然严峻。六是受电价上涨和人员工资等要素成本大幅上涨的多重制约,我国电解铝产业国际竞争力下降。2011 年,国家有关部门于 6 月和 12 月两次上调销售电价,国内电解铝企业外购电价平均是主要跨国公司电解铝用电价格的 2 ~ 5 倍。我国电力成本占电解铝成本比重高达 45.0% ~ 50.0%,明显高于国外电力成本占电解铝成本的 25.0% ~ 30.0%。目前,我国电解铝产业已步入了边际效益时代,高电价地区电解铝企业生产经营日趋困难。

(撰稿:王华俊)

# 2011 年电信业发展综述

国家工业和信息化部信息中心

2011 年,在党中央、国务院的正确领导下,我国电信业以科学发展观为主导,以“加快推动行业转型升级”为主线,按照“引领发展、融合创新、普惠民生、绿色安全”的指导原则,积极推动 3G 和宽带网络基础设施建设,大力发展移动互联网和增值电信业务,持续优化市场竞争格局,不断推动经济社会信息化应用水平提升,全行业继续保持健康平稳运行。

## 一、总体情况

2011 年,全国电信业务总量累计完成11 725.8亿元,同比增长 15.2%,电信业务收入累计完成9 880.4亿元,同比增长 10.1%。完成固定资产投资3 382.2亿元,同比增长 11.9%。

全年累计净增电话用户11 800.7万户,总数达到12.7 亿户,其中固定电话用户累计减少 924.4 万户,总数降至约2.9 亿户,普及率为21.3 部/百人。移动电话用户累计净增12 725.1万户,总数达到 9.9 亿户,普及率为73.6 部/百人。互联网网民规模达 5.1 亿人,在总人口中的比重达 38.3%①。基础电信运营企业互联网宽带接入用户全年净增2 560.9万户,总数达 1.5 亿户。

全国光缆线路长度增加 215.7 万公里,达到1 211.9万公里。局用交换机容量减少3 108.9万门,达到43 428.4 万门。移动电话交换机容量增加21 351.1万户,达到171 636万户。互联网宽带接入端口增加4 458.3万个,达到23 239.4万个。国际互联网出口带宽增至到 1 389 529Mbps②。

2011 年,全国增值电信企业达到21 291家,实现

① 互联网网民数据来源:中国互联网络发展状况统计报告(2012.1),CNNIC。
② 数据来源:中国互联网络发展状况统计报告(2012.1),CNNIC。

收入1 813.9亿元，同比增长48.2%。其中：跨地区增值电信企业2 109家，实现收入312.9亿元，同比增长33.2%；省内增值电信企业达到19 182家，实现收入1 501亿元，同比增长51.8%。2007—2011年电信业主要指标发展情况见表1。

**2007—2011年电信业主要指标发展情况**

**表1**

| 指标名称 | 单 位 | 2007年 | 2008年 | 2009年 | 2010年 | 2011年 | 平均增长率(%) |
|---|---|---|---|---|---|---|---|
| 一、综合指标 | | | | | | | |
| 电信业务总量 | 亿 元 | 6 311.1 | 7 552.4 | 8 674.6 | 10 181.7 | 11 725.8 | 18.8 |
| 电信业务收入 | 亿 元 | 7 398.6 | 8 148.0 | 8 544.1 | 9 079.1 | 9 880.4 | 8.8 |
| 电信固定资产投资 | 亿 元 | 2 370.1 | 3 068.0 | 3 773.1 | 3 021.6 | 3 382.2 | — |
| 二、电信用户 | | | | | | | |
| 固定电话用户 | 万 户 | 36 563.7 | 34 035.9 | 31 373.2 | 29 434.2 | 28 509.8 | -5.0 |
| 移动电话用户 | 万 户 | 54 730.6 | 64 124.5 | 74 721.4 | 85 900.3 | 98 625.3 | 16.4 |
| 互联网宽带接入用户 | 万 户 | 6 641.4 | 8 287.9 | 10 397.8 | 12 629.1 | 15 000.1 | 24.2 |
| 互联网网民人数 | 万 人 | 21 000.0 | 29 800.0 | 38 400.0 | 45 700.0 | 51 300.0 | 30.2 |
| 三、电信业务使用情况 | | | | | | | |
| 固定本地电话通话量 | 亿 次 | 6 771.4 | 6 185.9 | 5 401.8 | 4 369.1 | 3 581.7 | -12.6 |
| 固定长途电话通话时长 | 亿分钟 | 1 756.7 | 1 655.8 | 1 314.6 | 1 068.9 | 856.9 | -13.2 |
| 移动电话通话时长 | 亿分钟 | 23 061.3 | 29 355.6 | 35 351.0 | 43 261.2 | 50 472.6 | 24.5 |
| 移动短信业务量 | 亿 条 | 5 945.8 | 6 996.9 | 7 726.5 | 8 277.5 | 8 790.0 | 15.4 |
| 四、通信能力 | | | | | | | |
| 光缆线路长度 | 万公里 | 577.7 | 677.8 | 829.5 | 996.2 | 1 211.9 | 23.1 |
| 局用交换机容量 | 万 门 | 51 034.6 | 50 863.2 | 49 265.6 | 46 537.3 | 43 428.4 | -2.9 |
| 移动电话交换机容量 | 万 户 | 85 496.1 | 114 531.4 | 144 084.7 | 150 284.9 | 171 636.0 | 23.0 |
| 移动电话基站数 | 万 个 | 54.6 | 69.0 | 111.1 | 139.8 | 175.2 | 31.7 |
| 互联网宽带接入端口 | 万 个 | 8 539.3 | 10 890.4 | 13 835.7 | 18 781.1 | 23 239.4 | 29.1 |
| 互联网国际出口带宽 | Mbps | 368 927.0 | 640 287.0 | 866 367.2 | 1 098 956.8 | 1 389 529.0 | 40.2 |
| 五、通信服务水平 | | | | | | | |
| 固定电话普及率 | 部/百人 | 27.8 | 25.8 | 23.6 | 22.1 | 21.3 | — |
| 移动电话普及率 | 部/百人 | 41.6 | 48.5 | 56.3 | 64.4 | 73.6 | — |
| 互联网普及率 | % | 16.0 | 22.6 | 28.9 | 34.3 | 38.3 | — |
| 已通电话的行政村比重 | % | 99.5 | 99.7 | 99.9 | 100.0 | 100.0 | — |
| 六、增值电信企业 | | | | | | | |
| 增值电信企业个数 | 个 | 19 857.0 | 20 195.0 | 19 558.0 | 20 071.0 | 21 291.0 | 3.2 |
| 增值电信企业收入 | 亿 元 | 432.8 | 640.5 | 864.2 | 1 223.6 | 1 813.9 | 26.5 |

## 二、运行特点

**(一)行业收入实现两位数增长,6 年来首次超过同期 GDP 增速**

2011 年,在社会通信需求量持续增加、需求结构升级等外部因素的推动下,以及行业自身转型加速、新兴业务快速发展、运营支出和资本支出的高投入刺激下,行业收入实现较快增长。实现电信主营业务收入9 880亿元,同比增长 10.0%。不仅大大超过年初预测的行业增速 5.3% ~5.7% 的水平,与 2010 年相比,增速提高 3.6 个百分点,基本达到危机前水平。同时,电信业年收入增速在经历连续 6 年低于 GDP 增速后,再次实现超越,呈现相对更快的发展态势。见图 1。

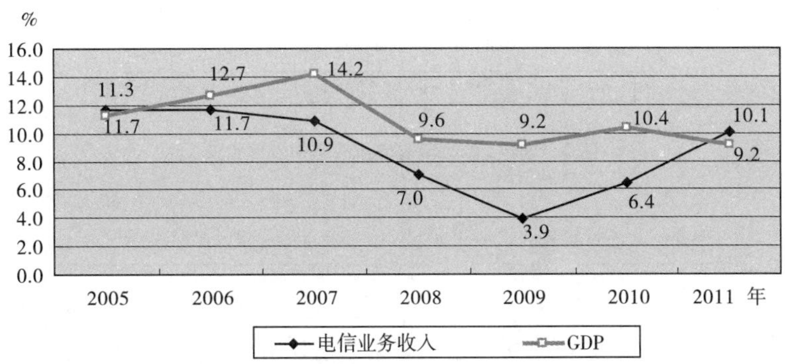


**图 1　电信业务收入及 GDP 增速比较**

从推动收入增长的动力看,主要来自移动通信和固定宽带两大业务领域。其中,以移动话音、移动数据及互联网、移动增值为主的移动通信业务对收入增长的贡献起到了主导作用,各业务拉动力皆超过 2010 年,2011 年合计贡献了收入增长的 91.3%(即 9.1 个百分点);固定宽带接入业务对收入增长的贡献与上年基本持平,对新增收入的贡献为 15.1%(即 1.5 个百分点)。此外,固网收入下滑趋缓,对收入的增长的负向拉动减弱,也为行业收入的快速增长提供了基础性支撑。

**(二)移动和宽带用户增长再创新高,规模拉动效应继续显现**

2011 年,随着移动对固定通信替代的加强特别是 3G 的全面推进,以及应用环境的改善(包括资费、终端价格持续走低、业务应用日趋普及),移动电话用户增长再创新高,新增规模约达到 1.3 亿户,比上年同期增长 14.8%;固定宽带用户发展随着光进铜退的推进和宽带竞争的加剧而取得新的突破,全年新增用户规模创记录的达到了2 560.9万户左右,带动用户总规模攀升至 1.5 亿户。如此庞大的新增用户规模,在推动移动通信和宽带快速普及的同时,也为行业收入的快速增长奠定了坚实基础。

此外,随着小灵通用户流失速度明显下降,固话用户流失规模创下过去 4 年最低值,全年用户累计减少 924.4 万户左右。其中,无线市话用户减少量在1 078万户,减少量同比下降 37.7%。同期,传统电话用户则伴随着城市化进程加快、房地产市场的不断扩张等再次实现正向增长,全年新增用户规模 154 万户,对稳定固话市场收入起到积极作用,间接地对行业整体收入的快速增长也发挥了正向推动作用。见图 2。

**(三)新兴业务发展提速,推动行业转型走向深入**

一是 3G 业务进入规模化快速发展轨道。2011 年,随着 3G 网络覆盖范围不断延伸、网络质量持续优化,以及 3G 终端价格下调、业务应用日趋丰富和运营商终端补贴政策的广泛实施,3G 发展进一步提速。用户发展呈现逐月加速发展趋势,全年新增 3G 用户达到8 137.2万户,比上年增长 1.3 倍。在全部新增移动用户中的比重从 2010 年的 31.1% 上升到

63.9%,在移动用户中的渗透率也相应从2010年的5.5%提高到13.0%,在不到一年的时间内超越10.0%的发展拐点,进入快速成长通道。见图3。

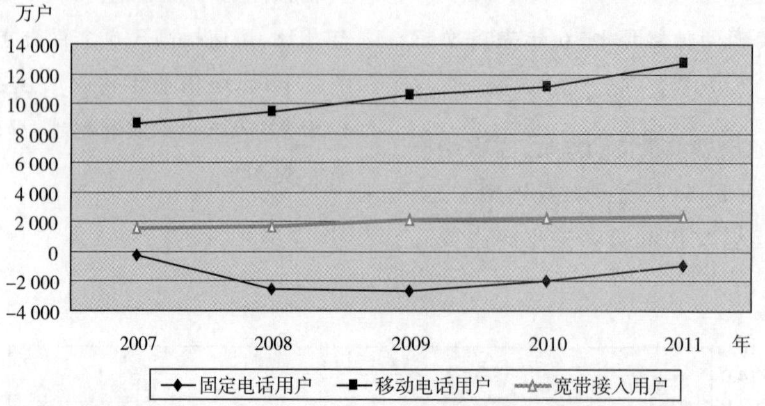


图2 固定、移动和宽带新增用户发展情况

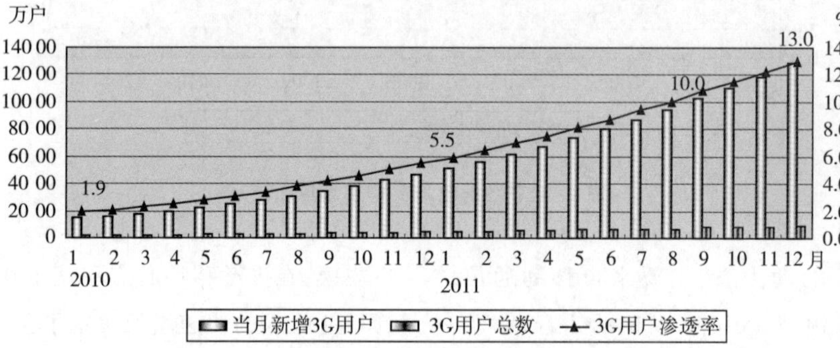


图3 3G用户发展及渗透率变化情况

二是移动无线上网业务发展迅猛。随着无线上网业务资费的下降以及智能终端的普及,特别是3G用户的快速增长,引发移动数据流量逐月加速增长,全年总流量超过5.4亿G,同比增长35.0%。拉动无线上网业务收入超过800亿元,同比增长62.2%。带动无线上网业务收入在移动通信业务收入的比重提高至11.4%,在整体电信业务收入中的比重上升到8.3%;对移动通信和行业整体新增收入的贡献更是分别高达35.1%和34.6%,成为行业收入增长的重要推动力。见图4。

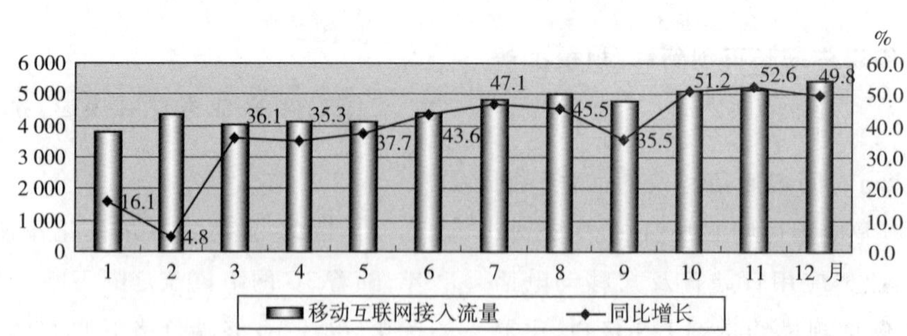


图4 移动互联网接入流量及增长情况

三是互联网业务应用加速渗透。物联网、云计算等成为新的行业热点,运营商M2M用户达到1 700万户,成为全球最大市场;IPTV和手机电视用户快速增长,全年新增用户分别达到630万户和4 767万户,成为增长最快的业务领域之一；移动支付业务、手机阅读、手机游戏付费使用、移动应用程序商城等取得长足进展，社交网络、搜索引擎、即时通讯、电子商务、网络游戏、手机视频等互联网应用渗透率进一步加大。在上述新业务的推动下，行业收入结构进一步优化。全年非话业务收入规模提升至4 518.6亿元，同比增长19.1%，高出主营业务增速9.0个百分点；占主营业务收入的比例达到45.7%，比上年同期提高3.5个百分点，显示行业面向综合信息服务的转型又取得新的进展。

**（四）资费下降幅度趋缓，带动量收差距缩小**

2011年，电信业综合价格水平呈持续下降态势，同比降低4.4%。不仅远低于上年9.3%的降幅，也是过去7年中资费水平下降最小的一年。这一方面反映出行业资费下降空间（特别是移动话音资费）在逐步减小，另一方面，也说明运营商随着企业转型的深入推进，竞争手段已从单纯的价格竞争向多元化竞争转移，电信竞争正在逐渐回归理性。受此影响，行业量收差距趋于缩小。2011年，电信业务总量和电信业务收入增速差距下降到5.1个百分点，是自2005年以来首次低于两位数。见图5。

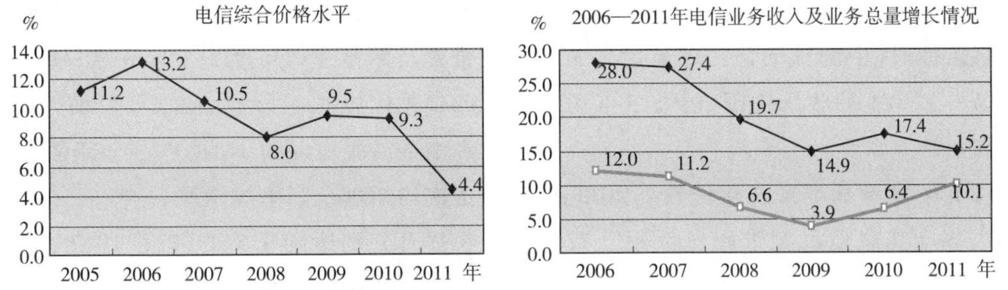


**图5　电信综合业务资费水平变动情况**

**（五）行业投资规模小幅增长，延续投资驱动型发展路径**

2011年，为满足用户扩张和网络升级的需要，电信业继续维持较高的投资水平。全年累计完成固定资产投资3 382亿元，同比增长11.9%。增速较上年大幅提升，绝对规模持续巨大，占同期收入的比重仍维持在34.2%的高位水平。从投资布局看，投资重点仍集中在移动通信和固定宽带投资上，分别占总投资的40.2%和29.7%[①]。在移动通信内部，随着3G网络规模建设的基本结束，3G投资规模有所下降（全年完成投资861亿元），2G投资呈逐年上升趋势。见图6。

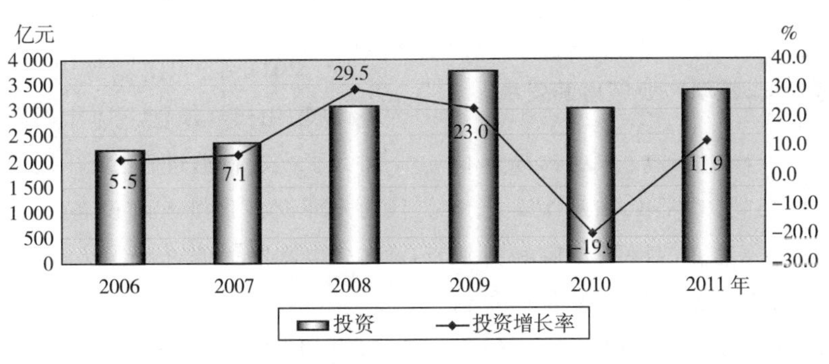


**图6　电信业固定资产投资规模及增长情况**

① 宽带投资包括接入、互联网骨干及相关的传输等投资。

**（六）市场格局呈现缓慢优化态势，但各业务领域仍处在高度集中状态**

整体收入市场出现改善趋势。截至2011年底，电信、移动和联通的收入份额为24.2%、56.5%和19.3%，延续了自重组以来小幅优化的基本趋势。但总体看，电信业务收入份额分布仍较为集中，中国移动一家独大的市场格局没有实质性改变，且仍占据市场主导地位。

移动市场格局改善明显。截至2011年底，电信、移动和联通的移动用户份额分布为12.4%、67.3%和20.2%，移动通信收入份额分布为9.7%、76.1%和14.2%。与重组时相比，中国移动的份额分别下降了4和5.4个百分点，用户和收入均呈现优化态势。但总体看，中国移动仍占据超过2/3的移动用户市场份额3/4的收入份额，仍处于市场绝对主导地位。

宽带接入市场格局基本未变化。截至2011年底，中国电信、移动和联通的宽带用户份额分布为56.8%、6.1%和37.1%，宽带接入收入份额分布为65.3%、4.5%和30.2%，中国移动作为宽带市场的弱势运营商，与重组时相比，用户份额略有提升、收入份额基本保持稳定。总体上，电信和联通仍分别在国内南方21省和北方10省处于绝对主导地位。

**（七）经济较不发达地区以更快速度增长，沿海地区3G及固定宽带呈现更强劲增长势头**

西北、西南以及黄河和长江中游地区，由于用户发展空间相对较大以及运营商发展重点向内陆地区迁移等诸多因素的影响，收入增速明显快于其他地区，2011年电信业务收入同比分别增长达14.9%、11.7%、11.4%和10.9%。但从推动行业增长的两个主要业务领域（固定宽带和3G）的发展看，沿海地区受经济发展水平、教育发展水平、消费习惯以及电信业自身发展基础等诸多因素影响，呈现出更快的发展势头。2011年，北部、东部和南部沿海地区的宽带普及率提升均超过2个百分点，较全国其他地区的领先优势进一步增大；在3G发展方面，北部、东部和南部沿海地区的3G用户在全部移动用户中的渗透率均超过全国平均水平，一年间三大地区的渗透率提升分别达到9.5、11.2和10.7个百分点，显示沿海地区在新兴的3G业务的推广和普及方面先发优势显著。见表2。

表2

八大区域3G用户渗透率比较

| 分析项目 | 东北地区 | 北部沿海地区 | 东部沿海地区 | 南部沿海地区 | 黄河中游地区 | 长江中游地区 | 西南地区 | 西北地区 |
|---|---|---|---|---|---|---|---|---|
| 3G电话用户占移动用户的比例（%）-2011年 | 12.9 | 13 | 15.1 | 14.7 | 11.7 | 12.5 | 11.4 | 10.1 |
| 3G电话用户占移动用户的比例（%）-2010年 | 5.4 | 6 | 6.5 | 6.1 | 5.3 | 4.5 | 4.4 | 4.0 |
| 占比变化 | 7.5 | 7 | 8.6 | 8.6 | 6.4 | 8.0 | 7.0 | 6.1 |

**（八）运营业快速增长，带动产业链协同发展**

一是新增移动用户规模创新高，带动移动通信基站设备和终端快速增长。2011年，在约1.3亿户新增移动用户的推动下，移动通信网络扩容和升级稳步推进，并因此拉动网络设备和终端设备产量持续攀升。其中，移动通信基站设备实现产量6 963万信道，同比增长5.2%；移动通信手持机实现产量113 258万台，同比增长13.5%。

二是宽带普及和提速，带动GPON产业链快速发展。2011年，固定宽带用户发展继续快速增长态势，新增用户规模创下历年新高。同时，各运营企业加大了光进铜退进程，光纤提速全面推进，并因此拉动光纤设备和接入网设备产量大幅增长。其中，尤其是以太网无源光纤接入设备（E－PON）设备增长最为显著，2011年销售量达959.6万部，是2007年初的115倍，近5年平均增速达227.5%。

三是3G发展加速，带动3G相关设备快速增长。2011年3G用户呈现加速发展趋势，受此影响，运营商加快了3G网络覆盖和网络容量提升，使得3G基站设备销售量增大，尤其是 WCDMA 基站设备。同时，还带动 3G 手机开始走上普及之路。目前，国内市场 3G 手机终端数量达到1 600余款，2011 年出货量达到 1.7 亿部（国内市场入网检测量），占移动手机总量的近 30.0% 份额。同时，由于运营商加大对 3G 手机的定制，直接拉动了国内手机厂商在 3G 终端市场份额的提升。2011 年，国内企业提供的智能手机达1 000余款，出货量达 1.2 亿部，约占全部 3G 手机的 2/3。

## 三、主要问题

### （一）规模扩张式发展模式亟待调整

目前，我国通信业的发展依然以规模扩张为主，移动通信和宽带接入之所以能够成为拉动行业增长的主要动力，与移动用户和宽带接入用户规模的创记录增长密切相关。但用户规模增长空间正在日渐缩小，全国移动通信的普及率已达到 73.6%，北京、上海、浙江、广东等地的普及率已超过 100%，还有 6 个省的普及率超过 80.0%；宽带方面尽管普及率较低，但受经济发展水平、文化水平等的制约，实际的增长空间释放将是一个长期的过程。因此，依赖用户规模获得高增长将越来越困难。此外，目前的高增长还较多地受益于高投入，运营支出占收入的比重逐年攀升（2011 年已高达 20.7%），资本支出占收入的比重维持高位水平（比国外高出近 20 个百分点），这种高投入下的增长将导致行业盈利水平下降，制约后续发展能力。

### （二）产业结构性矛盾仍然突出

当前，尽管面向综合信息服务业的转型正在全面推进，但总体进展相对较慢，行业结构仍亟须改善。一方面，行业过半收入仍然来自话音业务（话音业务收入占比为 54.3%），在行业 9.6% 的收入增长中，有 4.1 个百分点来自移动话音的贡献（固定话音下拉 1.7 个百分点）。另一方面，在现有的非话业务中，仍以面向大众的消费性服务为主，面向企业与行业生产经营管理的生产性服务发展不足且处在较低层次。这种结构性矛盾不及时调整，将难以支撑经济社会发展方式转型的需要，也将阻碍行业自身的持续发展。

### （三）技术和业务创新能力有待提升

除在新一代移动通信领域逐渐提升国际话语权之外，我国通信领域企业创新能力和产业竞争力仍显薄弱。在业务提供方面，新兴业态的创新引导能力不足，同质业务竞争现象严重；在 IPv6、云计算、移动互联网、物联网等新兴领域的核心关键技术仍有待突破。此外，互联网核心技术自主化程度不高，业务创意、产品开发、商业模式还主要以跟随为主，原始创新较少。

### （四）网络与信息安全面临新挑战

随着新技术、新业务的快速发展，网络日常维护和安全运营的压力越来越大。移动互联网网络、系统、终端、应用的安全问题相互交织，应用和终端对基础网络安全的影响越来越突出；云计算等新业态的开放、跨地域、虚拟化服务模式，使大规模数据跨境流动的安全问题成为焦点；随着物联网应用，网络攻击向生产系统、基础设施等延伸。上述已经存在或潜在的问题，使行业发展和管理都面临巨大挑战。

（审稿：黄澄清　撰稿：张明钟）

# 2011 年房地产业发展综述

中国房地产协会

## 一、宏观经济环境对我国房地产业的影响

2011 年，面对复杂多变的国际形势和国内经济运行出现的新情况新问题，我国坚持实施积极的财政政策和稳健的货币政策，积极稳妥地处理保持经济平稳较快发展、调整经济结构、管理通胀预期三者关系，把稳定物价总水平作为宏观调控的首要任务，不断加强和改善宏观调控，促进经济增长由政策刺激向自主增长有序转变，国民经济继续朝着宏观调控预期方向发展，呈现增长较快、价格趋稳，国民经济运行总体良好。2011 年房地产数据见表 1。

## 二、宏观调控政策对房地产市场的影响

2011 年房地产调控继续深化，“限购、限贷、限价”成为主题词。1 月份出台的“新国八条”明确了全年房地产调控基调。伴随“新国八条”、房地产税试点改革等政策先后落地，限购、限贷、限价等政策全面升级。1 月 7 日，国务院出台《关于进一步做好房地产市场调控工作有关问题的通知》，明确了全年的调控总基调。9 月 28 日，国务院发布《关于保障性安居工程建设和管理的指导意见》，从总体要求和基本原则、以公共租赁住房为重点、落实土地和资金的政策支持、住房质量、分配和运营机制、问责制等六个方面部署了“十二五”期间的保障房工作。这是继 2007 年国务院出台《关于解决城市低收入家庭住房困难的若干意见》（简称“24 号文”）后，第一份专门针对住房保障具体操作的正式文件，凸显出住房保障问题的重要性和严峻性。

在强有力的调控措施持续实施下，大多数重点城市成交量显著下滑，价格同比涨幅进一步趋缓，环比出现回落。企业资金回笼不畅，加上信贷环境的趋紧，使得企业开发热情下降。少购地、缓开发、延竣工的防守型发展战略成为多数开发企业的选择，拉长开发周期，缩短开发战线，选择恰当时机向市场推盘。种种迹象表明楼市调控正在向预期方向发展，一些房价过高的城市，房价继续调整下行已成必然趋势。此外，中央还加大了对公租房等保障房领域的制度建设和政策支持，加大保障房的建设力度，满足中低收入群体的住房困难。

由于我国房地产市场调控政策频出，对抑制投机投资性购房和遏制房价过快上涨发挥了重要的作用，但同时也抑制了市场上部分自住型与改善型需求。而严格的信贷措施也与政府提出的支持自住型需求政策的要求不一致。同时，当前正在大力推进的保障性住房建设，顶层设计也需要明确保障对象、保障模式、准入退出机制等基本制度，彻底解决当前保障房建设、监管中存在的各类问题。

2011 年全年新开工保障性住房超过1 000万套，这是对以往保障房建设缺失的弥补，也为未来住房保障工作打下了好的开始。房地产宏观调控政策的相继出台，给房地产业长期稳定健康的发展带来一定影响。当前应该加快落实“双体系”，在大力发展保障性安居工程建设的同时，也需为商品房市场的发展指明方向。

另外，房地产业作为先导性、基础性的行业，也是为各行各业提供工作，作业场所的行业。工业等相关产业的转型升级，商业、旅游等服务业和文化产业的发展等也给房地产业的发展提供了机遇。

## 三、土地市场

1. 土地供给规模及结构。根据国土资源部公告，2011 年全国住房用地计划供应 21. 8 万公顷，与 2010 年全国住房用地供应计划（18. 5 万公顷）和实

**2011 年房地产各指标数据**

表 1

| | 指 标 | 1—2（月） | 3（月） | 4（月） | 5（月） | 6（月） | 7（月） | 8（月） | 9（月） | 10（月） | 11（月） | 12（月） |
|---|---|---|---|---|---|---|---|---|---|---|---|---|
| 投资 | 固定资产投资额（亿元） | 17 444.0 | 22 021.0 | 23 251.0 | 27 539.0 | 34 312.0 | 27 853.0 | 28 188.0 | 31 594.0 | 29 163.0 | 28 087.0 | 32 481.0 |
| | 固定资产投资同比增幅（%） | 24.9 | 31.2 | 37.2 | 33.6 | 11.8 | 27.7 | 33.4 | 27.0 | 34.5 | 21.2 | 23.8 |
| | 房地产开发投资额（亿元） | 4 250.0 | 4 596.0 | 4 494.0 | 5 397.0 | 7 513.0 | 5 623.0 | 5 908.0 | 6 444.0 | 5 698.0 | 5 560.0 | 6 257.0 |
| | 商品住宅开发投资额（亿元） | 3 014.0 | 3 239.0 | 3 244.0 | 3 793.0 | 5 351.0 | 4 148.0 | 3 158.0 | 4 670.0 | 4 044.0 | 4 025.0 | 4 451.0 |
| 建设 | 房屋新开工面积（亿平方米） | — | — | — | 1.9 | 2.3 | 1.6 | 1.7 | 1.6 | 1.3 | 1.2 | 1.5 |
| | 房屋施工面积（亿平方米） | — | — | — | 2.5 | 2.8 | 1.9 | 1.8 | 1.8 | 1.4 | 1.7 | 1.7 |
| | 房屋竣工面积（亿平方米） | 1.9 | 2.1 | 1.7 | 0.5 | 0.6 | 0.5 | 0.5 | 0.6 | 0.6 | 1.0 | 3.0 |
| | 住宅竣工面积（亿平方米） | 29.2 | 3.6 | 2.5 | 0.4 | 0.5 | 0.4 | 0.4 | 0.5 | 0.5 | 0.8 | 2.4 |
| 销售 | 全国商品房销售面积（万平方米） | 0.7 | 0.6 | 0.4 | 8 034.0 | 11 487.0 | 7 618.0 | 7 817.0 | 11 435.0 | 8 364.0 | 9 941.0 | 20 352.0 |
| | 住宅销售面积（万平方米） | 0.5 | 0.5 | 0.4 | 7 197.0 | 10 263.0 | 6 754.0 | 6 985.0 | 10 064.0 | 7 367.0 | 8 668.0 | 17 391.0 |
| | 全国商品房销售额（亿元） | 8 143.0 | 9 500.0 | 7 255.0 | 4 542.0 | 5 969.0 | 4 263.0 | 4 412.0 | 6 048.0 | 4 514.0 | 5 221.0 | 10 072.0 |
| | 住宅销售额（亿元） | 5 242.0 | 4 910.0 | 3 926.0 | 3 809.0 | 4 992.0 | 3 487.0 | 3 611.0 | 4 939.0 | 3 642.0 | 4 245.0 | 8 038.0 |
| 指数 | 国房景气指数（当月） | 102.9 | 103.0 | 103.2 | 103.2 | 101.8 | 101.5 | 101.1 | 100.4 | 100.3 | 99.9 | 98.9 |

资料来源：国家统计局

际供地量（12.6 万公顷）相比，分别增加 18.0% 和 72.6%，超过前两年年均实际供地量（10.2 万公顷）。

2011 年，全国计划供应保障性安居工程用地和中小套型商品房用地 17.1 万公顷，占住房用地供应计划的 78.6%，比上年提高 2 个百分点。计划供应保障性安居工程用地 7.7 万公顷，占住房用地供应计划的 35.5%，与 2010 年计划（6.6 万公顷）和实际供地（3.2 万公顷）相比，分别增加 17.6% 和 138.9%。在 2011 年土地供应计划中商品住房用地共计140 549.6万公顷，其中含中小套型商品住房用地约93 940公顷，较 2010 年供应计划增加 16.8%。

截至 2011 年 12 月 31 日，全国 31 个省（市、区）和新疆生产建设兵团落实住房用地计划 13.6 万公顷，同比增加 7.6%，计划落实率 62.3%，其中全国商品住房用地计划落实 10.5 万公顷，超过前两年年均实际供应量 28.5%。全国保障性住房、棚户区改造住房和中小套型普通商品房“三类”住房用地实际落实 10.9 万公顷，占全年住房用地实际落实总量的 80.0%。

2. 土地购置规模及结构。2011 年全国土地购置面积40 973万平方米，同比仅增长 2.6%，增长速度出现下降，土地需求规模基本维持在 2010 年水平。2011 年全国土地购置费金额同比增长 14.1%。从土地市场表现来看，土地市场活跃程度较 2010 年显著降低，尤其是 2011 年下半年随着调控效果的逐步显现，房地产开发企业在土地购置方面日趋谨慎，拿地节奏放缓，土地底价成交和流拍现象成为常态，土地市场需求量出现大幅降低。见图 1。

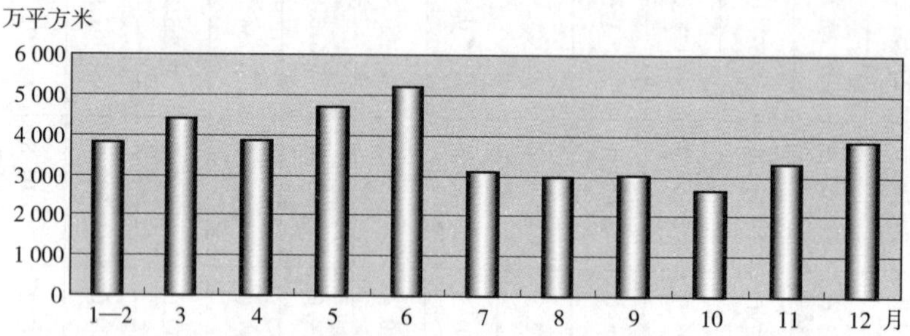


**图 1　2011 年各月土地购置面积情况**

数据来源：根据国家统计局数据整理

2011 年东部地区仍是全国土地购置面积的重点区域，全年土地购置面积19 728.5万平方米，同比上涨 5.2%，占全国土地购置面积的 48.2%；其次为中部地区全年土地购置面积11 257.1万平方米，同比下降 2.3%，占全国土地购置面积的 27.5%，中部地区受市场调控的影响下半年土地购置面积增速下降较快，市场需求出现一定程度衰退；西部地区购置面积9 987.3万平方米，同比增长 3.2%，占全国土地购置面积的 24.4%。

3. 土地市场价格。2011 年全国土地购置均价为2 785.5元/平方米，同比上涨 10.4%，虽然全国土地购置价格仍在上涨，但上涨幅度已经开始明显衰退。见图 2。

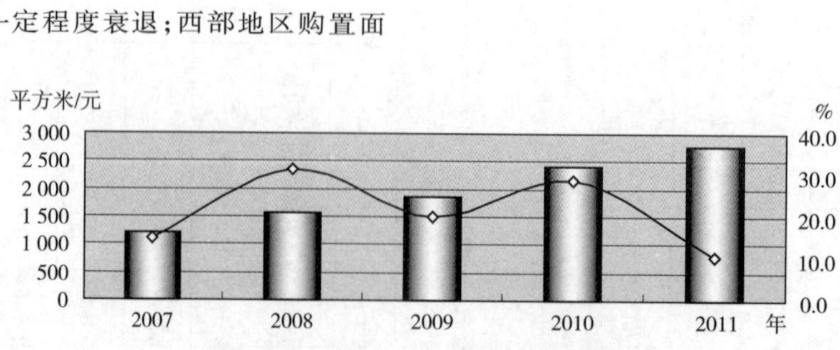


**图 2　2007—2011 年全国土地购置均价变化情况**

数据来源：根据国家统计局数据整理

随着2011年下半年房地产市场的逐渐转冷，开发企业对于市场的态度转向谨慎，土地需求量大幅减少，土地价格增长已经基本停滞。

根据国土资源部公布的地价数据显示，2011年第四季度全国主要监测城市地价总体水平为3 049元/平方米，商服、住宅、工业地价分别为5 654元/平方米、4 518元/平方米和652元/平方米；环比增长率分别为0.3%、0.7%、0%、0.4%；同比增长率分别为5.9%、9.0%、6.6%、3.9%。全国综合地价环比增速已经连续四个季度回调，同比增速连续两个季度回调。另外，珠三角、长三角地区地价开始由升转降，仅环渤海地区仍有微涨。

## 四、房地产开发投资情况

2011年全国房地产开发投资61 740亿元，同比增长27.9%。其中住宅开发投资总额为44 308.4亿元，同比增长30.2%。从增长幅度看，住宅投资大于房地产投资。房地产开发投资全年表现平稳。在2011年增加的房地产开发投资中，保障性安居工程是一个重要因素。说明房地产投资仍然是我国全社会固定资产投资的重要组成部分。

从开发资金来源看，2011年开发企业资金来源总量为83 246亿元，同比增加14.1%，增幅较为上半年和前三季度出现了明显回落。资金来源中，国内贷款（12 564亿元），同比增长持平，利用外资（814亿元）同比增长2.9%，增幅最小，自筹资金（340 932亿元）同比增长28.0%和其他资金（35 775亿元）同比增长8.6%，两者均有明显增长。

## 五、房地产市场供给情况

1. 供给规模。2011年全国房屋竣工面积89 244.3万平方米，同比上涨13.3%，创下竣工面积新高。导致竣工面积继续快速上涨的原因主要有两个方面。一是受房地产市场调控影响，不少房地产开发企业采取了高周转经营策略，在一定程度上带动了房屋竣工量的快速上升；其次是2010年开发规模扩大也是导致2011年竣工面积大幅上升的重要因素。

综观2011年房地产市场，供给规模明显高于前期水平，再加上市场成交量不断走低，整个市场供给较为充足。

2. 供给结构。2011年全国市场供应主要是以东部地区为主，房屋竣工总面积45 578万平方米，同比增长11.3%，占全国房屋竣工总面积的51.0%。中部地区房屋竣工总面积23 898.9万平方米，同比增长13.6%，占全国房屋竣工总面积的27.0%；西部地区房屋竣工总面积19 767.3万平方米，同比增长17.9%，占全国房屋竣工总面积的22.0%。见图3。

各区域房屋竣工比例依然维持在2010年的水平上，没有出现较大变动。但东部地区受房地产市场调控影响较大，市场供给增长速度明显低于中部和西部地区。

2011年全国各物业供给比例基本上维持在前期水平，变动幅度有限。住宅类物业竣工总面积71 692.3万平方米，同比增长13.0%，占全国房屋竣工面积的86.5%，仅较2010年下降0.1个百分点，继续维持在较高水平。办公楼竣工面积2 179.4万平方米，同比增长20.0%，占全国房屋竣工面积的2.6%，较2010年提升0.2个百分点。商业营业用房竣工面积9 045.3万平方米，同比增长9.2%，占全国房屋竣工面积的10.9%。见图3。

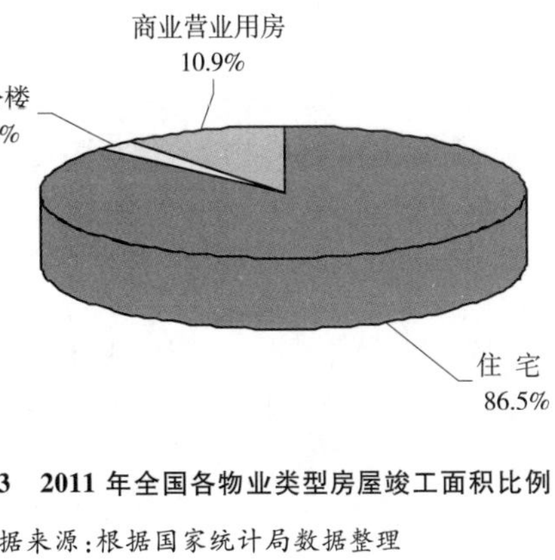


**图3 2011年全国各物业类型房屋竣工面积比例**

数据来源：根据国家统计局数据整理

3. 供给分析。由于2011年房地产市场销售不畅加上前期开发规模扩大，导致不少开发企业库存过多，企业面临着较大去库存压力，根据国家统计局的数据，2011年末全国商品房待售面积27 194万平方米，同比上涨26.1%，其中住宅待售面积16 904万平方米，同比增加35.8%。另外，2011年全年住宅新开工面积146 034.6万平方米，同比上涨12.9%。目前一些企业采用高周转的策略，部分企业由于对市场把握不准而延长了开发周期。总的来说，住宅市场的可售数量将迎来新高。

从2010年开始商业地产开发便开始逐步升温，2011年在住宅市场受到国家限购、限贷、限价政策的严厉调控后，房地产开发企业对商业地产开发力度进一步加大，之前不少以住宅开发为主的企业纷纷介入商业地产市场或者加大商业地产开发比重，商业地产开发规模急剧扩张。2011年办公楼新开工面积5 360.9万平方米，同比增长46.2%；商业营业用房新开工面积20 670.7万平方米，同比增长18.3%。

4. 影响供给因素。由于2011年房地产市场受调控政策影响，市场成交量在2011年下半年呈现逐步萎缩态势，开发企业对未来房地产市场多数抱着看空态度，开发步伐也随之放缓。这将对未来一段时间内的市场供应产生较大影响。

## 六、房地产市场需求情况

1. 需求规模。2011年全国商品房销售面积109 945.6万平方米，较2010年增加4.9%，打破了2010年所创下的成交记录。除一些重点限购城市成交量同比下降外，全国市场总体运行平稳。

2. 需求结构。住宅类型物业成交比重下降，商业营业用房成交扩大。虽然住宅类物业仍是市场成交的主要类型，但从2011年的销售情况来看，由于受到国家调控政策影响，住宅类物业比重有所下滑。2011年住宅类物业成交总面积97 030.3万平方米，同比上涨3.9%，占全国商品房成交总量的90.7%，略低于2010年水平；商业营业用房占比为7.4%，比2010年略有上升。

由于住宅市场受国家限购政策影响，部分购房资金开始进入商业营业用房市场。2011年全国商业营业用房成交总面积7 878.2万平方米，同比增长12.6%，占全国商品房成交比重的7.4%，所占比例较2010年有所提升。见图4。

2011年办公楼物业成交面积5 360.9万平方米，同比增长6.2%，占全国商品房成交比重的1.9%，所占比例基本保持在前期水平。

中部、西部市场进一步扩大，东部地区比重出现下降。见图5。

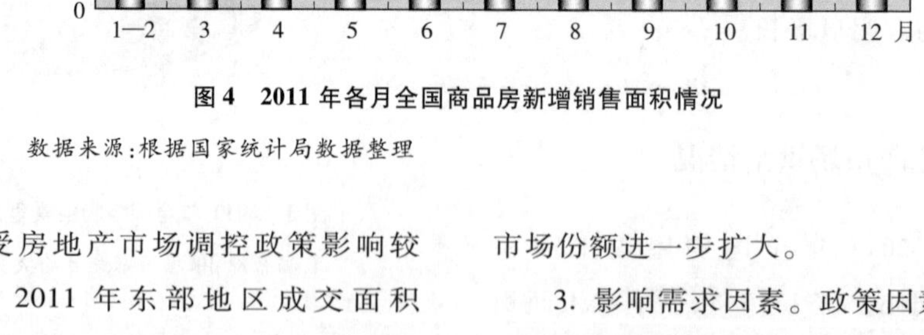


**图4 2011年各月全国商品房新增销售面积情况**

数据来源：根据国家统计局数据整理

东部地区由于受房地产市场调控政策影响较大，销售增长缓慢。2011年东部地区成交面积51 052.3万平方米，同比仅上涨0.1%，占全国商品房销售面积的46.4%，所占比重较2010年下降2.3个百分点。中部地区和西部地区虽然增长速度较2010年有所回落，但两区域销售面积同比仍分别上涨11.3%和8.0%，占全国商品房销售面积26.7%和26.9%，所占比例均有所提升。中部和西部地区市场份额进一步扩大。

3. 影响需求因素。政策因素。国家房地产调控政策是目前影响市场需求的重要因素。2011年国家限购政策的收紧导致符合购房资格的人群进一步减少，对市场需求产生了严重制约。同时国家严厉的调控政策还让不少购房者产生了较为浓厚的观望情绪，短期购房意愿大幅降低。

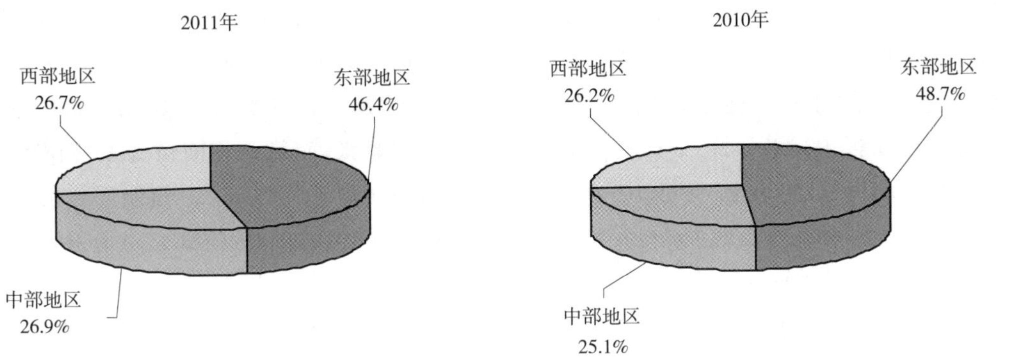


**图 5　2011 年与 2010 年各区域成交比重**

数据来源:根据国家统计局数据整理

信贷政策。2011 年国家对前期信贷政策进行了调整,存款准备金率不断上调,银行信贷额度也受到制约,全年个人购房按揭贷款同比下降 12.2%。

市场因素。2011 年下半年房地产企业为加快资金回笼速度,不少房地产企业开始对在售项目价格进行调整,市场价格下降趋势较为明显。价格的下降让加重了部分购房人群的观望情绪。

值得注意的是,由于商业地产开发规模的扩大,商业地产的市场风险也在加大,特别是在中西部经济欠发达地区。可以预见随着商业地产风险的逐渐暴露,投资需求将会逐步衰退。

## 七、房地产市场供求关系及价格情况

1. 市场供求关系。由于受全国商品房市场销售增长放缓和房屋竣工面积加快的双重影响,2011 年销竣比较前期出现了一定幅度回落达到 1.2∶1 的水平,整体市场供求关系有所缓和。

2. 商品房销售均价。2011 年全国商品房销售金额为59 119亿元,同比增长 12.1%。虽然全国商品房销售面积(109 946万平方米,同比增长 4.9%)在市场调控的影响下增长缓慢,但全国商品房销售均价继续保持上涨态势。2011 年全国商品房销售均价5 377元/平方米,较 2010 年上涨 6.9%。见图 6。

3. 住宅销售均价。2011 年全国住宅销售均价为5 011元/平方米,较 2010 年上涨 6.1%。虽然全国住宅价格依旧保持上涨趋势,但在房地产市场调控的影响下,2011 年年末,住宅销售价格增长开始停滞。根据国家统计局数据,12 月份 70 个大中城市新建商品住宅,环比价格下降的城市有 52 个,持平的城市有 16 个。与 11 月份相比,12 月份环比价格下降的城市增加了 3 个。环比价格上涨的 2 个城市中,涨幅均为 0.1%。新建商品住宅同比价格下降的城市有 9 个,比 11 月份增加了 5 个。涨幅回落的城市有 55 个。12 月份,同比涨幅在 5.0% 以内的城市有 60 个。

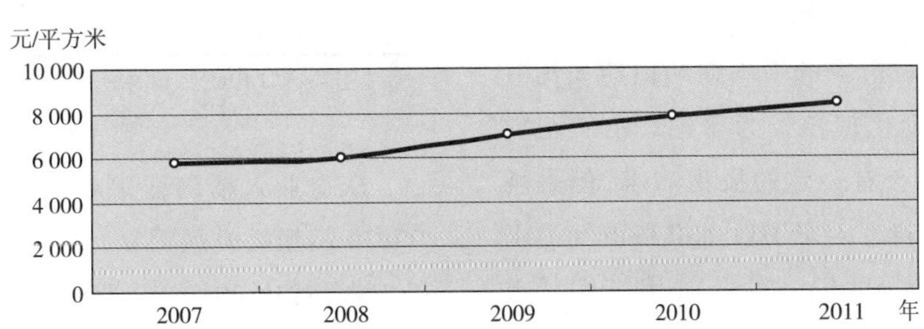


**图 6　2007—2011 年全国商品房销售价格变化情况**

数据来源:国家统计局数据整理

4. 办公楼销售均价。2011 年全国办公楼销售均价12 459元/平方米,较 2010 年上涨 9.1%。办公楼销售价格继续保持快速上扬的良好态势。

5. 商业营业用房销售均价。2011 年全国商业营业用房销售均价8 508元/平方米,较 2010 年上涨 10.0%,上涨幅度在三类物业中最高,这和商业地产市场需求持续旺盛有着密不可分的关系。但从上涨的幅度来看,涨幅较 2010 年有所下降。

## 八、房地产租赁市场

1. 房地产租赁市场特点。一是市场需求较为旺盛。2011 年北京、上海等租赁市场较为发达的大中城市,市场需求较前期有不同幅度的增长,租赁需求增长和房地产市场限购政策有着较为密切的关系。因为在限购条件下原有租赁人群退出不顺,再加上这些城市新增外来人口数量继续快速上涨,租赁市场需求在短期内出现了叠加。虽然整个租赁总量增加有限,但由于租赁市场房源增长幅度小于租赁需求增长,市场供求关系有所紧张,部分热点区域供求比例甚至严重失衡。二是租赁价格继续上涨。从北京、上海等大中城市租赁价格走势来看,2011 年租赁价格上涨较为明显。以北京市场为例,根据链家地产发布的《2011 年北京租赁市场年度报告》,2011 年北京租赁市场成交平均每套租金3 280元,年度涨幅为 13.0%,涨幅较 2010 年有所减少。

2011 年 CPI 不断上涨,对住宅租赁市场价格产生了传导作用;另一方面由于利率调整后房屋出租者的还贷压力开始增加,部分出租者选择提高房屋租金以减轻自身负担。

2. 房地产租赁市场存在的主要问题。一是租赁短期化。目前住宅租赁市场的平均签约租期大约只有一年左右,租赁短期化现象较为普遍。由于租赁合同到期后承租者将会有一定的换租需求,但是规模庞大的换租群体重新进入市场后将推高市场需求总量,从而加剧租赁市场的供需态势,不利于租赁市场的稳定。另外,租赁短期化也为出租者提高租金创造了便利条件,从而造成租金价格的快速上涨。二是租赁房源难以盘活。要解决租赁市场供求紧张的局面,最直接的方法就是加大市场供应,但目前市场存量房源的盘活,仍然具有相当的难度。由于空置房屋定义无法明确,对空置房屋也没有税收征收手段,房屋空置成本不高,这就形成了一方面租赁市场房源紧张,而另一方面市场上存在大量空置房屋无人居住的矛盾局面。三是制度建设仍需加强。我国住房租赁法规和政策缺乏对承租方利益的有力保护,导致出租方对住房租约的执行力不足,毁约的随意性较大,尤其在房价存在很强上升预期的情况下,一些出租方为了获得增值收益,宁愿毁约支付违约金。

## 九、房地产行业竞争力

1. 企业业绩及市场规模双扩容,集中度逐步提高。在三轮政策及行政表态重压之下,2011 年的全国市场销售却仍然保持了增长态势,而上榜的龙头企业上涨速度更超出了平均水平,表现为企业集中度继续提升;但上升幅度已经明显减缓,呈现趋稳态势。

中国房产信息集团联合中国房地产测评中心联合发布的《2011 年中国房地产企业年度销售 TOP50》排行榜显示,2011 年度全国前 10 强企业市场份额达到 10.4%,较 2010 年上升了 0.3 个百分点,与 2010 年约 2 个百分点的增长相比明显萎缩,前 20 强、前 30 强企业情况也基本类似。见表 2。

上榜企业销售金额集中度

表 2

| 上榜企业 | 2011 年(%) | 2010 年(%) | 2009 年(%) |
|---|---|---|---|
| 前 10 强企业 | 10.4 | 10.1 | 8.2 |
| 前 20 强企业 | 14.5 | 14.2 | 11.9 |
| 前 30 强企业 | 16.7 | 16.6 | 13.8 |

资料来源:CRIC,中国房地产测评中心

从企业入榜门槛来看,2011 年中国房地产企业 TOP20 门槛提升最明显,分别达到 180 亿元和 166 万平方米;对比 2010 年,TOP20 企业销售金额入榜门槛增幅更达 45 亿元。除此之外,虽然销售金额 TOP10 有所下调,但是从销售面积 TOP10 的门槛来看也提升了 45 万平方米,达到 300 万平方米。事实上,面对紧缩性调控,舍弃部分利润快速销售的企业在大势中更占据主动性。

从2011年最新公布的TOP50门槛来看，销售金额和销售面积门槛分别达到78亿元和63万平方米，均较上年分别上升了50.0%和37.0%。在行业调整的艰难时期，中型企业亦保持了强劲的战斗力。

2011年销售金额500亿元以上的超大型房地产企业个数十分稳定，依然保持在6家，其中万科以1 210亿元继续领先。从单个企业来看，凭借积极应对的高周转战略，万达集团进入第一梯队，而恒大则从上年的第5位一举成为2011年销售金额榜的亚军。从其他梯队变化来看，虽然政策环境严峻，但是在业绩提升方面各梯队均表现十分积极，这直接导致第四梯队企业个数减少5家，而第二梯队企业个数增加至6家，第三梯队企业个数则增加至10家。

在销售面积方面，与销售金额梯队保持一致，作为第一梯队的超大型房企与销售金额一样保持稳定的位置，而第二梯队和第三梯队的企业个数相比2010年均出现上涨，而第四梯队的企业则减少了10家之多。

2. 调控形势下周转速度型企业优于品质利润型。这些年来，房企一直在"周转速度型"和"品质利润型"两种模式间寻找着力点和平衡点。在信贷紧张，资金成本很高的特定环境下，高周转显然已成为众多开发企业的追求目标。

当然，高周转必然会以牺牲利润率作为代价，但是从整体效率上来看，周转率的提升弥补了利润率的降低，非但没有降低企业净资产回报率，反而因加快了资本使用效率，降低了财务风险。与之相反，品质利润型企业更多地追求项目品质带来的高毛利率和土地升值溢价带来的超额利润，在目前的市场环境下发展空间受到了一定程度限制。

2011年金额榜排名前八的企业中，万科、恒大等都是典型的高周转企业。以商业地产为主的万达集团，目前第三代产品目标均为50万平方米以上的体量，且基本布局于三四线城市，其中仅30.0%左右为商业部分，剩余的都是住宅。2011年金额榜前8位均为高周转企业，从第9到第18位的基本都是一些较多为追求周转较慢、追求产品品质的企业。从今年的表现来看，效率高周转模式更胜一筹。

3. 房地产投资市场进入门槛提高。一是资金门槛。房地产企业属于资本密集型行业，资金流动性大，企业对资金的需求量远高于其他大部分行业。目前一个一级资质的房地产开发企业其注册资本能够低于5 000万元，而在《房地产开发企业资质管理规定(修订征求意见稿)》中一级资质企业的注册资本则被提升到了2亿元。另外，在土地购置时房地产企业需要缴纳50.0%首付款，3个月内再缴纳成交价款30.0%，交地时缴清所有成交价款，这在无形中提升了企业的资金需求规模。二是商业地产壁垒。近两年来由于住宅地产受到政策调控，不少以住宅开发为主业的房企开始纷纷尝试进入商业地产领域，意图从商业地产方面扩大企业经营方向，分散企业经营风险并弥补住宅限购、限售后的损失。但由住宅地产进入商业地产不可能一蹴而就，要受资金，人才和管理运营三个条件的制约。

首先，商业地产不仅资金占用规模大而且开发周期长，从资金投入到回收需要一段非常长的时期，尤其是开发后自身持有的企业。对于一些资金不是十分充足的企业来说，贸然进入商业地产的后果是难以承受的。另外，商业地产的开发难度远大于住宅地产，开发时不仅要求有较高的建筑设计水平，同时还需要市场管理和商业运营等多方面的人才。如果人才储备不充分，商业项目的开发将难以展开。

再有就是商业地产不同于住宅地产的方面主要是后期的运营。虽然目前国内大部分的商业地产仍然采取分割销售后期运营统一管理的模式，但对于由住宅转型过来的企业来说，商业地产开发和经营的经验和人才储备都会有所欠缺。而商业项目最为重要的就是后期运营，运营的好坏直接决定着项目的成败。

4. 行业兼并重组现状。2011年房地产行业兼并重组势头上升迅猛。根据清科研究中心的数据显示，2011年房地产行业完成的并购交易数量为113起，占并购总量的9.8%；并购交易金额达到54.5亿美元，占并购总额的8.1%。不论是并购数量还是并购金额都较2010年出现了较大幅度的上升。

导致房地产行业并购案例不断上升的原因主要有两个方面：一是从2010年开始国家对房地产市场开始收紧，限购、限贷、限价等一系列调整政策的出台让房地产行业热潮开始消退，企业经营难度加大，再加上国家信贷政策的调整，房地产企业资金日趋困难。在此背景下，不少非主营业务的房地产企业开始剥离旗下房地产业务，而部分中小房地产企业在资金紧张的情况下主动接受大型房地产企业并购。其次是2010年国家明确要求78家主业非房地产业务的央企退出房地产市场，这也是导致2011年房地产并购数量上升的重要原因。

## 十、行业运营绩效状况

1. 风险管理：风险管理无疑是2011年最受房地产开发企业关注的问题。根据房地产研究会、房地产协会和中国房地产测评中心发布的房地产500强测评报告，不少500强企业现金压力增强，短期偿债能力有所下降。

2011年，500强企业预收账款均值为5.8亿元，较上年大幅下降48.3%；流动比率均值为1.9，较上年小幅降低0.5；现金流动负债比率均值为-0.1，基本与上年持平，现金流动负债比率为负表明年经营现金净流量为负值，企业现金压力倍增，短期偿债能力有所下降，500强开发企业需要时刻关注企业财务稳健性。

2011年500强企业资产负债率均值为68.2%，较2010年的66.4%上升1.8%；净负债率由2010年的50.1%上升到66.6%，500强企业偿债压力明显上升。

总体来看，2011年基本延续了2010年以来现金压力不断上升，企业偿债能力逐渐下降的趋势，在市场调控长期化、常规化的背景下，企业财务风险正在逐渐累积，来自资金链的压力将继续成为企业寻求发展不得不面临的重要课题。

2. 盈利能力：创利源泉收窄，利润空间日益缩小，根据房地产研究会、房地产协会和中国房地产测评中心发布的房地产500强测评报告，2011年500强企业现金及现金等价物余额均值为20.9亿元，小幅增长24.6%。同时，500强企业净利润均值出现负增长，同比下降17.9%，为3.5亿元，虽然净利润均值小幅下降，但盈利水平基本保持在较好水平。表明2011年房地产开发企业500强盈利水平趋稳，利润空间有所收窄。这主要是因为尽管2010年不少企业创造了良好的销售业绩，但在建筑材料、人力等成本持续上升以及企业内部管理费用的上升等因素的带动下，房地产开发企业的利润空间正在逐渐被压缩。

盈利效率方面，2011年500强企业总资产收益率、净资产收益率和成本费用利润率均值分别为3.2%、7.8%和19.2%，相比2011年分别下降了2.1、6.2和1.1个百分点，企业总资产收益率和净资产收益率下降再次说明房地产业利润空间正在逐渐收窄，而成本费用利润率的下降说明营业成本及企业销售管理财务三项费用增长速度高于利润增长速度。总体而言，2011年500强开发企业盈利水平保持在相对稳定的水平，但受到利润空间压缩，经营成本上升等压力，盈利能力整体有所下降。企业需提高成本管控能力，提高经营效率，以保证企业有效成长。

3. 运营绩效：2011年，随着房地产市场调控政策影响的逐步深入，房地产企业存货消化速度继续降低，现金的回流受阻，企业资金链面临较大压力。根据房地产研究会、房地产协会和中国房地产测评中心发布的房地产500强测评报告显示，500强开发企业的存货周转率均值为0.3，较2010年下降25.1%；流动资产周转率均值为0.4，下降2.4%；总资产周转率为0.2，下降32.4%。

2011年500强房地产开发企业存货均值同比增加50.3%，增幅较上年进一步攀升6.5个百分点，存货均值99.9亿元亦位于历史高点。

房地产开发企业的存货包括未开工、在建开发工程、库存现房，在销项目、未开盘销售的项目以及尚未结算的项目等。存货均值加速上升的同时，500强房地产开发企业存货周转率逐年放缓，存货的消化速度下降加上上年地产公司经营性现金流的大幅下降，使资金压力随之而来。在房地产市场调控政策总体基调保持不变的背景下，库存的去化压力将是今后较长时期内所有开发企业必须面对的问题。

（撰稿：李战军）

# 2011 年物流业发展综述

中国物流与采购联合会

## 一、物流业运行情况

### （一）社会物流需求总额增幅回落

2011 年，全国社会物流总额达1 584 000亿元，按可比价格计算，同比增长 12.3%，增幅比上年回落 2.7 个百分点。分季度看，呈逐季回落态势。一季度增长 14.2%，上半年增长 13.7%，前三季度增长 13.4%。GDP 总量与物流总额相比的物流需求系数为 3.4，比上年增加 0.2 个单位。从构成情况看，工业品物流总额1 436 000亿元，按可比价格计算，同比增长 13.1%，增幅比上年回落 1.5 个百分点，占社会物流总额的比重为 90.2%，是带动社会物流总额增长的主要因素；进口货物物流总额112 000亿元，按可比价格计算，同比增长 4.3%，增幅比上年回落 17.8 个百分点；农产品物流总额、再生资源物流总额和单位与居民物流总额同比分别增长 4.5%、20.4% 和 18.3%。

### （二）社会物流总费用依然较高

2011 年，全国社会物流总费用84 000亿元，同比增长 18.5%，增幅比上年提高 1.8 个百分点，仍然保持较快增长。其中，运输费用44 000亿元，同比增长 15.9%，增幅比上年提高 1.9 个百分点，占社会物流总费用的比重为 52.8%，同比下降 1.2 个百分点；管理费用10 000亿元，同比增长 18.7%，占社会物流总费用的比重为 12.2%，同比提高 0.1 个百分点；保管费用29 000亿元，同比增长 22.6%，增幅比上年提高 2.1 个百分点，占社会物流总费用的比重为 35.0%，同比提高 1.1 个百分点。在保管费用中，利息费用 12 000亿元，同比增长 26.3%，占保管费用的 41.2%，同比提高 1.2 个百分点，经济运行中资金占用成本增长较快。

### （三）社会物流总费用与 GDP 的比率与上年持平

2011 年，社会物流总费用与 GDP 的比率为 17.8%，与上年同比持平。近年来，这一指标下降速度趋缓。

### （四）物流业增加值快速增长

2011 年，全国物流业增加值为32 000亿元，按可比价格计算，同比增长 13.9%，增幅比上年提高 0.8 个百分点。物流业增加值占 GDP 的比重为 6.8%，占服务业增加值的比重为 15.7%，分别下降 0.1 和 0.3 个百分点。

### （五）基础设施投资增速放缓

受交通运输业投资明显放缓影响，物流业固定资产投资增速持续回落。全年物流业固定资产投资完成32 000亿元，同比增长 7.8%，比上年回落 11.6 个百分点。其中，交通运输业完成投资额22 000亿元，同比由上年的增长 19.2% 转为下降 2.2%。

### （六）货物运输量保持平稳增长

2011 年，全年货物运输总量 369 亿吨，比上年增长 13.7%，增幅比上年增加提高 0.3 个百分点。货物运输周转量159 000亿吨公里，增长 12.1%，增幅比上年回落 0.3 个百分点。全年规模以上港口完成货物吞吐量 90.7 亿吨，比上年增长 11.9%。规模以上港口集装箱吞吐量16 231亿标准箱，增长 11.4%。

## 二、物流政策环境

2011 年 6 月，温家宝总理主持召开国务院常务会议，专题研究支持物流业发展的政策措施。8 月，《国务院办公厅关于促进物流业健康发展政策措施的意见》(国办发〔2011〕38 号)印发,被业内称为"物流国九条"。12 月,国务院办公厅发出国办函〔2011〕162 号《关于印发贯彻落实促进物流业健康发展政策措施意见部门分工方案的通知》,把"物流国九条"细化为 47 项具体工作,落实到 31 个部门和单位。有关部门和地方政府积极落实"物流国九条",物流业发展的政策环境有所改善。

2011 年 3 月,十一届全国人大四次会议通过的《国民经济和社会发展十二五规划纲要》单列一节,"大力发展现代物流业",物流业第二次进入国家五年规划纲要,再次提升了物流业的产业地位。此外,《规划纲要》全文共有 20 多处提及有关发展物流的内容。全国已有十多个省市区出台了"十二五"物流业发展规划。

## 三、物流市场

### (一)公路货运市场加快整合

除传统的挂靠模式外,一些新的整合途径开始出现。大型运输和物流企业通过收购、兼并、控股等方式,整合个体司机和小型物流企业;各类货运型物流园区通过搭建公路物流运营平台,实现对第三方物流企业、社会车辆与服务资源的组织化管理;还有以信息为纽带的整合,利用货运信息平台整合车货信息。公路货运加快向快运转型,填补了快递与零担之间的产品空白。

### (二)铁路货运市场稳定增长

2011 年,全国铁路日均装车完成168 700车,同比增长 7.2%。受运力不足制约,铁路货运重点保证煤炭、粮食、救灾物资等重点运输任务。铁路多元化经营效益显著。2011 年全路完成多元化经营总收入8 348亿元。其中,国铁及控股企业运输总收入完成5 018亿元,同比增长 11.7%。铁水联运加快发展。全国铁路开行集装箱铁水联运班列线 40 条,基本构建了覆盖全国主要港口和内陆主要城市的集装箱铁水联运网络通道。

### (三)航空货运市场大幅下滑

2011 年,国际航线市场下滑严重,国内航线市场小幅下滑。运力投放规模继续扩张。截至 2011 年12 月,国内航空公司拥有的货机机队规模达到了 91架,比上年增加了 14 架,增幅达 18.2%。航空货运市场加快集中。通过引进战略合作伙伴,加强内部重组整合,新的中货航和国货航陆续成立。区域市场格局加快调整。成都、重庆等西部机场呈现高速增长趋势。

### (四)水运市场持续低迷

国际航运市场复苏乏力。波罗的海干散货指数(BDI)始终在1 200～1 500点附近徘徊。全年国际干散货海运量预计达到 36.3 亿吨,同比上涨 4.5%。国际集装箱海运量预计达到15 100亿 TEU,同比增幅仅为 8.1%。内河水运平稳发展。全年长江水系内河港口共完成货物吞吐量 33.9 亿吨,其中,长江干线完成货物通过量 16.6 亿吨,三峡船闸葛洲坝船闸货运量实现了"双双过亿吨"。

### (五)仓储市场持续较快增长

据中国物资储运协会统计,2011 年样本仓储企业预计主营业务收入 280 亿元,比上年增长 16.0%;利润 5.8 亿元,增长 35.0%;货物吞吐量8 281万吨,比上年减少 60 万吨;货物周转次数为 8.96 次,比上年下降 0.64 次;库房空置率 1.5%,比上半年增加1.2 个百分点。仓储价格持续攀升。据统计,2011年末,北京、上海、广州、深圳高等级仓库租金分别达到 1.1 元、1.2 元、1.3 元、1.4 元/平方米天。全国仓储平均租金达接近每天每平方米 1 元,同比增长 12.5%。

### (六)快递市场高速增长

据国家邮政局的统计,2011 年,邮政企业和全国规模以上快递服务企业业务收入累计完成1 561.5亿元,同比增长 22.3%;业务总量累计完成1 607.7亿元,同比增长 25.0%。其中,全国规模以上快递服务企业的业务量累计完成 36.7 亿件,同比增长 57.0%。日快递业务量近1 200万件,成为世界第三大快件处理国。国内快递市场上日均业务量超百万件的企业已有 6 家,市场集中度稳步提高。

## 四、物流企业

### （一）市场集中度进一步提高

据中国物流与采购联合会发布的“2011年度中国物流企业50强排名”显示，50强物流企业主营业务收入共达合计5 927亿元，同比增长31.5%。主营业务收入超过100亿元有12家，超过50亿元的有21家。50强物流企业主营业务收入占物流业收入的比重基本在12.0%左右，2010年为11.8%。其中，排名第一位的中国远洋运输（集团）总公司超过千亿元，排名第50位的达到15.4亿元，同比增长26.2%。

### （二）企业经营面临成本压力

据中国物流与采购联合会统计，1—11月全国重点物流企业主营业务收入同比增长26.3%，继续保持快速增长。主营业务成本同比增长28.4%，增速快于主营业务收入2.1个百分点。受成本大幅上涨和价格低位波动的影响，物流企业收入利润率为5.5%，同比回落1个百分点。

### （三）专业化能力显著增强

在快递、公路货运、汽车物流、医药物流、烟草物流、能源物流等专业细分领域涌现出一批实力比较雄厚、市场占有率较高、综合竞争力较强的物流企业。到2011年年底，A级物流企业已达1 506家，涉及的行业既有交通运输、仓储、货代、快递等综合服务企业，也延伸到制造业、商贸业和农业等专业物流服务领域，还有新兴的供应链公司、物流园区等。

### （四）经营模式创新加快

企业加快向产业链上下游延伸服务。顺丰推出了“零售+快递服务”的新经营模式，进入便利店市场。九州通推动“北大人民医院模式”，打造医院供应链管理平台。汽车物流企业加快向全产业链延伸业务。仓单质押融资监管业务增强了企业对产业链的掌控能力。公路零担货运出现了“公路货运班车总站”新模式。越来越多的物流企业介入生产企业代理采购、供应商管理库存、分销执行等环节，供应链一体化服务能力不断增强。

### （五）整合提升步伐加快

航空、航运、快递等物流企业加快资源资产重组和内部调整。资本市场看好中国物流业发展前景，国内外投资机构加大对物流业的投入，具有一定网络基础、仓储设施或提供冷链、医药、货代、快递等专业服务的中型物流企业成为并购焦点。部分物流企业借助资本市场实现快速扩张，已有10多家重点物流企业在国内外股票市场上市。

## 五、企业物流

### （一）物流成本快速增长

随着企业物流需求的快速增长，物流成本呈现较快增长态势。据全国重点企业物流统计调查数据显示，2010年工业、批发和零售业企业物流成本比上年增长18.2%，增幅同比提高10个百分点。其中，运输成本增长13.7%，增幅提高11.9个百分点；保管成本增长22.4%，增幅提高10.5个百分点；管理成本增长17.2%，增幅提高6.5个百分点。

### （二）物流费用率有所下降

调查企业汇总数据显示，2010年工业、批发和零售业企业物流费用率为8.8%，比上年下降0.2百分点。其中，工业企业物流费用率为9.7%，比上年下降0.1个百分点；批发和零售业企业物流费用率为7.8%，比上年下降0.3个百分点。与国际先进水平相比，中国企业物流费用率水平仍然较高。

### （三）工业物流加快整合提升

一是从生产企业分离、分立的物流公司，在搞好母体公司物流服务的基础上，积极开发社会物流业务。二是提高物流外包的比例和层次。物流外包涉及行业从家电、电子、快速消费品等下游产业和产品向钢铁、建材、煤炭等上游延伸；外包领域从运输、仓储、货代等基础性服务向全方位一体化供应链服务扩展。三是制造业与物流业联动发展深入推进。国家发改委召开“第三届制造业与物流业联动发展大会”，公布了130家“联动发展示范企业”。

### （四）商贸企业强化物流功能

传统批发市场、农贸市场提升、改造、扩展物流功能，连锁零售企业加紧完善物流系统，电子商务物流供不应求状况加剧。快递服务发展速度赶不上爆发式增长的电子商务物流需求，国内主要快递公司多次小幅上调价格。电子商务企业开始进入物流快递领域；物流快递企业也积极试水电子商务。

### （五）企业物流外包深入发展

全国重点企业物流统计调查数据显示，2010 年工业、批发和零售业企业对外支付的物流成本同比增长 28.0%，增幅比企业物流成本高出 9.8 个百分点。对外支付的物流成本占企业物流成本为 52.5%，同比提高 3.3 个百分点。

## 六、行业物流

### （一）农产品物流

农产品物流网络逐步完善，万村千乡农家店网点覆盖率明显提高，农业生产资料配送中心得到快速发展。截至 2011 年底，全国连锁化农家店已突破 60 万家。各地各级政府继续加大农产品物流支持力度，各类农产品物流设施加快向专业化集聚区转移。2011 年，国家有关部门安排中央补助投资 24.8 亿元，用于粮油仓储设施、粮食现代物流项目、农户科学储粮专项以及实施最低收购价政策地区仓房的维修改造。

### （二）钢铁物流

2011 年发布的《钢铁工业“十二五”规划》首次将“钢铁服务商”作为产业引导。生产企业向物流领域延伸服务，积极新建钢铁物流基地，提高钢铁直供比例，加快向物流延伸服务。流通企业强化自身物流功能，新建和改造集现货交易、剪切加工、仓储配送、物流融资、网上交易等为一体的现代化钢铁物流交易中心，打造钢铁产业链交易平台。钢铁物流园区建设步伐加快，朝着大型化、专业化、网络化的方向发展。

### （三）汽车物流

受商用汽车产销增速下滑影响，商用车物流市场较往年有所下滑。汽车进出口物流业务和售后服务备件物流业务增长幅度较大，二手车、报废汽车物流市场平稳增长。整车物流加强运输结构调整，铁路和水路运输加快发展。零部件物流专业化推进，呈现运营外包化、模式精益化、体系标准化、规模整合化的特点。国际物流企业看好中国汽车出口业务，加快进入中国市场。物流企业加快向全产业链延伸业务，推动汽车产品产供销的供应链一体化。

### （四）医药物流

2011 年，《全国药品流通行业发展规划纲要（2011—2015）》、《国家药品安全规划（2011—2015）》、《中国药品经营质量管理规范（征求意见稿）》以及新医改规划等政策和行业文件相继出台，为“十二五”期间的医药物流的发展提供了政策指引。医药物流电子监管加快推进，药品监管信息网络和管理制度逐步形成。医药物流投资热度不减，大型医药流通和生产企业继续加大物流网络投资力度。医药物流服务加快向医院延伸，效益改善明显。

### （五）冷链物流

中国果蔬、肉类、水产品及速冻米面食品等生鲜农产品和食品冷链物流水平有所提升，但仍维持在较低水平。冷链物流企业逐渐走向成熟，通过强化与上下游企业的战略合作与资源整合，积极拓展冷链增值业务。冷冻、生鲜食品生产企业，加快物流业务与资产重组，组建独立核算的冷链物流公司，逐步向第三方冷链物流企业转型。看好未来食品冷链市场，各地政府、各类企业加大冷链物流投资力度。

### （六）电子商务物流

受电子商务爆发式增长的影响，电子商务物流需求持续高速增长，带动电子商务物流服务业保持较高增速。物流企业加快服务转型，提供符合电子商务特点的专业化物流服务。电商企业加大物流仓储设施投入力度，加快全国物流网络布局。电商物流服务成为竞争焦点，电子商务企业比拼差异化服务能力。电商企业纷纷进入物流市场，整合物流资源，搭建公共平台，提供社会化物流服务。

## 七、区域物流

### （一）区域物流布局调整转移

近年来，中西部地区承接东部地区产业转移趋势明显，带动物流需求持续旺盛，区域物流布局加快向中西部倾斜。中西部地区和东北地区凭借承接产业转移带来的巨大物流增量，无论是物流需求还是基础设施都保持了较高的增长速度。

### （二）区域物流一体化不断深入

长三角区域物流合作加快推进。江苏、上海、浙江在物流领域合作不断深入，在口岸合作机制建立、基础设施建设、物流信息共享等方面统筹力度加大，形成了区域物流联动发展格局。2011 年 12 月，长三角区域大通关建设协作第四次联席会议在上海举行，共同签署了《推进长三角口岸城市群大通关合作协议》。

珠三角区域物流加强联合发展。2011 年 9 月 21 日，第七届泛珠三角区域合作与发展高层论坛暨经贸洽谈会在南昌召开，力促泛珠区域内交通和物流体系的构建与合作。大会力推建立和完善“属地报关、口岸验放”的通关机制，建立健全检验检疫直通放行制度。

### （三）区域物流中心集聚效应显现

上海国际航运中心加快创新。上海率先试点建立口岸通关服务协调新机制。海关和检验检疫的报检报关“一单两报”试点首先在上海启动。“上海航运产业基金”正式成立，航运金融加快推进。航运运价指数交易正式推出，为航运企业锁定收益规避风险，提供了一种新的机制。

深圳打造全球性物流枢纽。深圳市提出，未来五年计划投资2 847亿元，把高端物流业打造成为现代物流业主导业态，基本建成具有产业支撑功能和民生服务功能的全国优秀物流服务都市、具有国际资源配置功能和国际商务营运功能的全球性物流枢纽城市、亚太地区重要的多式联运中心和供应链管理中心，以及与香港共同建设国际航运中心。

成都建设西部区域物流中心。成都市提出，将建成西部最大的物流中心，并带动省内其他城市的物流业发展。近几年来，成都已在建设全国第四大航空枢纽、全国第五大铁路枢纽、西部高速公路枢纽上取得良好成绩，贯通南北、连接东西、通江达海的对外综合运输大通道正在打通，一个全新的西部综合交通枢纽主枢纽正在形成。

## 八、基础设施建设

### （一）综合运输体系建设进一步完善

截至 2011 年，全国公路网总里程达到4 055 400公里，比上年增长71 400公里。高速公路由 2010 年末的74 000公里发展到 8.5 万公里，新增11 000公里；全国铁路营业里程达到99 000公里，较 2010 年新增8 000公里；全年新扩建泊位 642 个，其中万吨级泊位 99 个，改善内河航道里程1 091公里；全年新增机场 5 个；中国铁水联运超过 194 万 TEU，同比增长 19.0%。其中，6 条铁水联运示范线完成 80 万 TEU，同比增长 37.0%。

### （二）物流园区建设有所放缓

普洛斯、嘉民集团、丰树物流等工业地产商加大在中国物流市场的投资力度。物流园区用地持续紧缺，物流园区建设开发和建设遭遇诸多困难。由于物流仓储设施紧张，预租和定制化趋势明显，其中电子商务、连锁零售企业表现尤为突出。在广东等土地资源稀缺地区，已出现了租地建库的趋势。

### （三）保税物流稳步推进

目前，中国海关特殊监管区域呈现稳步发展态势。其中，保税港区 14 个，综合保税区 18 个，其中 2011 年增加了 5 个综合保税区。出口加工区 54 个，保税物流园区 5 个，保税区 13 个，珠澳跨境工业区 1 个，中哈霍尔果斯边境经济合作中心中方配套区 1 个，珠海横琴岛自由贸易区 1 个。

## 九、物流装备制造业

### (一)叉车行业再创历史新高

2011 年一季度中国叉车制造业继续保持上年以来的高速增长,叉车产销量达到 7.5 万台,同比增长 58.0%;1—11 月份叉车产销量累计达到 29.2 万台,同比增长 36.7%,预计全年叉车产销量将超过 31.2 万台,同比增长 34.0%。

### (二)托盘行业小幅上升

2011 年,中国托盘行业仍处于小幅上升期。预计全年产销量增长增长速度有望达到 20.0%以上。目前,中国现有托盘保有量超过 8 亿个,托盘制造企业2 000多家,已经形成了一个快速发展的行业。

### (三)货架需求快速增长

2011 年,仓储业投资大幅增加,货架市场需求快速增长。全年预计货架出货量额将超过 40 亿元,同比增长 25.0%。其中仓库改造及立体库建设所需大型货架系统项目所占比重继续增加。

### (四)自动化立体仓库需求旺盛

2011 年,全年开工建设的具有一定规模的立体仓库约 250 多座,其中自动化立体仓库的总产值预计超过了 19 亿元,增长 25.0%左右。目前,中国自动化立体仓库的保有量超过约为1 700多座。

### (五)输送分拣设备高速增长

2011 年,中国输送分拣行业市场需求呈现高速增长态势,预计全年增长在 30.0%以上。

## 十、物流信息化

### (一)物流企业信息化逐步普及

根据工业和信息化部信息化推进司发布的物流信息化动态监测分析报告显示,大部分物流企业进行了信息化投资,但投资率不高。条形码、电子标签以及电子单证等技术得到基本应用,在很大程度上提升了企业的信息化水平。但是,物流业软件应用依然停留在基本应用阶段,深度应用不足,ERP、SCM、车辆调度、装载优化等深度软件使用率不高。

### (二)产业物流信息化快速发展

产业物流已经成为物流市场的主要热点。制造和商贸企业加紧开发物流信息系统,加快物流信息的规范化、标准化,推动物流流程的优化改造,物流资源的整合利用。企业针对具体管理和操作问题,不断利用创新技术和先进模式,加强物流系统的开发和实践,促进问题的解决和管理的提升。

### (三)物流公共信息平台建设取得突破

2011 年,交通运输部已经明确提出在试点示范基础上,把浙江省物流信息公共平台建设成国家交通物流信息共享平台。黑龙江、内蒙古、福建、安徽、湖北等省区也已启动区域平台的实质性对接工作。

### (四)物联网技术应用取得效果

2011 年,中国物流技术装备市场不断涌现传统物流装备与现代物联网感知相结合的新型产品。一是带 RFID 芯片的周转箱集装单元、射频识别技术应用于仓储输送设备等;二是物流信息系统的网络化,即车联网。主要应用于车辆信息通信、车队管理、商品货物监测、车辆追踪定位等;三是智能追溯系统。

## 十一、行业基础性工作

### (一)物流标准化工作稳步推进

《物流标准目录手册》正式出版,收录物流国家标准、行业标准和地方标准共计 601 项。第一个由中国专家发起和主导的物流领域国际标准《ISO 18186:2011 货物集装箱 - RFID 货运标签系统》正式发布。一批重点领域物流标准的研究、制订、修订工作稳步推进。

### (二)物流统计进一步细化

采购经理指数(PMI)在国家宏观经济监测中发挥了重要作用。社会物流统计制度日趋完善,分行业、分产品的统计调查分析逐步开展。物流运行景气指数体系试发布制度初步建立，初步实现了对中国物流发展与运行情况进行动态监测、预测和预警。

### （三）物流企业评估认证、诚信、示范评审工作成效显著

按照《物流企业分类和评估指标》，2011年中国物流与采购联合会完成了第十二、第十三两批A级物流企业评估工作，截至2011年底，A级物流企业已经达到了1 506家，代表中国物流业发展最高水平的5A级物流企业已达98家。2011年中国物流与采购联合会共评出3批48家A级信用企业，截至2011年底，累计共有173家物流企业获得A级信用企业称号。2011年有18家物流企业获得中国物流示范基地和中国物流实验基地称号，截至2011年底，全国共有88家企业获此称号。

### （四）物流教育和培训质量提升

"物流管理与工程"从2011年起正式进入教育部全国学科目录"管理学"门类下的一级学科。目前，中国开办物流专业的本科院校达417所，高职高专约824所，中职中专超过2 000所，在校学生总数突破100万人。物流师职业资格培训与认证工作自2003年11月开展以来，已有30多万人参加了认证培训，16万多人取得高级物流师、物流师和助理物流师资格证书。

### （五）物流科技、管理创新和学术理论研究取得新进展

经科技部批准，从2002年开始，中国物流与采购联合会设立了科学技术奖。10年来，共有267个项目获奖。中国物流学会开展物流优秀论文和研究课题的评审和表彰工作，2011年共征集各类研究成果1 200多件。

（审稿：贺登才　撰稿：周志成）

# 2011年交通运输业发展综述

中国交通运输协会

经过30多年的大发展、大变革，综合交通网络初具规模，技术装备实现跨越，服务水平整体提升，中国交通运输紧张的状况总体缓解，服务经济、社会发展的水平显著提高。2011年中国交通运输业取得长足发展，呈现全新态势。

## 一、铁路运输

### （一）基本概况

2011年中国铁路转变发展方式，创新体制机制，确保运输安全、实施多元化经营、提高服务质量、科学有序推进铁路建设，实现铁路协调发展、和谐发展和可持续发展。

1. 实现体制机制创新。铁道部制定加快转变铁路发展方式、确立运输企业市场主体地位的改革推进方案，出台多元化经营、运输管理、建设管理、财务管理、劳资管理、铁路局领导班子决策事项等规章制度，以及企业经营业绩考核等配套措施及实施办法，科学界定铁道部职能，落实企业经营权责，理顺铁道部与运输企业的管理关系，基本形成新体制新机制的制度框架。

2. 多元化经营成果丰硕。全路全方位拓展市场，推进运输业和非运输业协调发展，形成多元化经营格局。强化客货运输核心业务，统筹运用新增和既有运力资源，加强市场营销和运输组织，完成重点运输任务，客货运量实现较大幅度增长。发展非运输业，增加多元化经营收入。截至2011年底，从业人员288 500人，比上年减少92 200人。企业法人减

少至1 328个。全年非运输业务完成营业收入3 441.2亿元,比上年增长29.6%。实现利润总额63亿元,比上年增长64.9%。

3. 服务质量提升。全路以人民群众满意为标尺,"服务旅客创先争优",推出便民利民措施。优化旅客列车开行模式,创新售票方式,改善站车环境;加强客户服务中心和12306网站建设,及时受理投诉。在客运服务方面:开通互联网售票业务,扩大电话订票服务范围,推出银行卡购票刷卡支付业务,在全路开办发售学生往返票业务,在务工人员集中的75个车站提前办理节后农民工返程票。在全路动车组列车停靠站实行购票实名制。4条客运专线实现旅客刷身份证直接进出站。推出下调退票费新举措。春暑运和小长假期间,集中整修4 100多辆临客车底的服务设施,在客流较大、购票和候车能力不足的车站搭建临时候车和购票场所32.5万平方米。开通18个铁路客服中心,统一12306客服号码,采取电话语音查询、人工在线服务和12306网站信息查询、客户信箱等方式,为客户提供信息查询,受理旅客投诉、建议和咨询。通过12306网站和运营商手机报发布春运动态和旅客出行提示信息。狠抓旅客列车卧具更新、餐饮服务规范、站车服务标准完善、客服中心建设等工作。在货运服务方面:深化星级优质货场创建,改进保价理赔工作,提高了服务水平。

4. 把抓好运输安全作为重中之重。深刻吸取7·23事故教训,开展安全大检查,排查和整改安全问题。狠抓安全措施落实,确保运输安全稳定。全年发生特别重大铁路交通事故1起,未发生重大铁路交通事故和旅客列车较大铁路交通事故,铁路交通事故路外死亡人数比上年下降5.4%。

5. 铁路建设持续推进。举世瞩目的京沪高铁于2011年6月30日开通运营,广深港高铁广深段于12月底开通运营,哈大、京石、石武客专等重点项目进展顺利。

### (二)运输经营

1. 客运。全国铁路旅客发送量完成186 226万人,比上年增加18 617万人、增长11.1%。其中,国家铁路179 199万人,增长8.8%;非控股合资铁路991万人,下降18.2%;地方铁路528万人,增长10.8%。全国铁路旅客周转量完成9 612.3亿人公里,比上年增加850.1亿人公里、增长9.7%。其中,国家铁路9 582.7亿人公里,增长9.8%;非控股合资铁路约23亿人公里,下降23.8%;地方铁路6.6亿人公里,增长5.0%。

2. 货运。全国铁路货运总发送量(含行包运量)完成393 263万吨,比上年增加28 992万吨,增长8.0%。其中,国家铁路329 535万吨,增长6.5%;非控股合资铁路41 549万吨,增长16.6%;地方铁路22 179万吨,增长16.2%。全国铁路货运总周转量(含行包周转量)完成29 465.8亿吨公里,比上年增加1 821.7亿吨公里、增长6.6%。其中,国家铁路27 631.7亿吨公里,增长6.5%;非控股合资铁路1 695.4亿吨公里,增长6.6%;地方铁路138.7亿吨公里,增长19.5%。全国铁路行包发送量完成1 411万吨,比上年增加69万吨、增长5.1%。其中,国家铁路1 399万吨,增长5.0%;非控股合资铁路约12万吨,增长16.6%;地方铁路0.3万吨,下降18.1%。全国铁路行包周转量完成335.5亿吨公里,比上年增加24亿吨公里、增长7.7%。其中,国家铁路335.2亿吨公里,增长7.7%;非控股合资铁路0.3亿吨公里,增长13.7%;地方铁路100万吨公里,下降57.9%。

3. 重点物资运输。全国铁路煤炭运量完成227 026万吨,比上年增运26 983万吨、增长13.5%。冶炼物资运量完成87 022万吨,比上年增运1 522万吨、增长1.8%。粮食运量完成9 946万吨,比上年减少163万吨、下降1.6%。石油运量完成13 552万吨,比上年减少281万吨、下降2.0%。化肥及农药运量完成8 666万吨,比上年增运48万吨、增长0.6%。集装箱运量完成9 351万吨,比上年增运739万吨、增长8.6%。全国铁路口岸完成进出口货物运量4 989.5万吨,比上年减少196.6万吨,下降3.8%。其中,满洲里、绥芬河、二连、阿拉山口四大口岸站共完成进出口货物运量4 872.7万吨,比上年减少188万吨,下降3.7%。

4. 运输收入与效率。国家铁路完成运输总收入5 035.8亿元,比上年增加545亿元、增长12.1%。其中,货物运费收入2 211.1亿元,比上年增加213.4亿元、增长10.7%;旅客票价收入1 607亿元,比上年增加262.1亿元、增长19.5%；其他收入533.8亿元，比上年增加39.1亿元、增长7.9%；建设基金683.9亿元，比上年增加30.4亿元、增长4.7%。国家铁路（不含控股合资铁路）日均运用机车14 859.6台，比上年增加591台、增长4.1%；机车总走行公里29.9亿公里，增加0.8亿公里、增长2.7%；货运机车日车公里494公里，延长5公里、增长1.0%；货运列车平均总重3 508吨，提高41吨、增长1.2%；货运机车日产量138.5万吨公里，提高3.5万吨公里、增长2.6%。全国铁路日均装车完成168 663车，比上年增加11 386车、增长7.2%；国家铁路货车平均静载重完成63.6吨，提高0.5吨；货车周转时间完成4.45天，缩短0.03天。劳动效率提高。国家铁路从业人员214.4万人，比上年增加近3万人，其中运输业从业人员156.3万人，比上年增加5.8万人。国家铁路运输业劳动生产率分别完成33.3万元/人、246.2万换算吨公里/人，比上年分别增长12.1%、7.3%。

### （三）固定资产投资

2011年，全国铁路固定资产投资（含基本建设、更新改造和机车车辆购置）完成5 906.1亿元。

1. 基本建设。全国铁路完成投资4 610.8亿元。国家铁路和合资铁路完成投资4 597.3亿元。路网大中型项目310个，完成投资4 594.1亿元。其中，新建铁路完成投资3 899.1亿元，既有线扩能改造完成投资695.1亿元，分别占84.9%和15.1%；地方铁路完成投资13.5亿元。基本建设全年投产新线2 167公里，其中高速铁路1 421公里、复线1 889公里、电气化铁路3 398公里。完成新线铺轨3 387公里、复线铺轨2 616公里。

2. 新线建设。新建铁路完成投资3 899.1亿元。建成京沪、广深等高速铁路（共1 421公里）；张家口—集宁、黄桶—织金铁路建设完成。开工拉萨—日喀则、成都—兰州、古林—珲春等铁路，建设规模1 079公里。

3. 既有线改造。增建复线和电气化改造完成投资392.6亿元。西格、嘉红、京九等电气化改造项目部分投产。

4. 枢纽建设。枢纽及客站建设完成投资302.5亿元。成都新客站、贵阳改貌货运中心建成投产。新开工11个项目。

5. 更新改造。国家铁路完成投资245.8亿元，其中运输设备更新改造完成投资199.9亿元。部管项目完成39.4亿元、局管项目完成160.5亿元。

6. 路网规模。全国铁路营业里程9.3万公里，比上年增加2 071.1公里、增长2.3%，里程长度居世界第2位。路网密度97.1公里/万平方公里，比上年增加2.1公里/万平方公里。其中，复线里程3.9万公里，比上年增加2 012.5公里、增长5.4%，复线率42.4%，比上年提高1.3个百分点；电气化里程4.6万公里，比上年增加3 599.7公里、增长8.5%，电化率49.4%，比上年提高2.8个百分点。西部地区营业里程3.6万公里，比上年增加342.2公里、增长1.0%。

7. 移动设备。机车车辆购置完成投资1 049.5亿元。“和谐号”动车组累计投用652组6 792辆，比上年增加205组2 384辆。国家铁路机车拥有量近2万台，比上年增加1 241台，其中和谐型大功率机车5 052台，比上年增加1 680台。内燃机车占53.6%，电力机车占46.4%，电力机车比重比上年增加3.3个百分点。国家铁路客车拥有量5.3万辆，比上年增加2 447辆，其中空调车3.9万辆，占73.8%，比上年提高3.6个百分点。国家铁路货车保有量649 495辆，比上年增加27 211辆。

### （四）铁路科技

1. 高速铁路技术。依托京沪高铁等重大工程开展技术创新和综合试验工作，掌握了复杂地质路基、长大桥梁、大断面隧道、新型客站建设技术，在高速铁路无砟轨道、通信信号、牵引供电等技术创新方面取得重要进展，系统验证了主要行车设备的功能性、匹配性和适用性。

2. 机车车辆装备技术。开展铁道部与科技部两部联合行动计划，推进新一代高速列车、综合检测列车科研攻关及综合试验工作。组织时速160公里/小时交流传动客运电力机车和高原电力机车研制。推进大功率机车、新型货车关键技术及运用维护技术创新。开展多种大型养路机械关键技术攻关，成功研制道床吸污车。

3. 重载运输技术。深化大秦线重载机车互联互通技术，推进延长钢轨和道岔修理周期、桥隧整治技术深化研究等。开展新建煤运通道关键技术攻关。完成重载货车制动机技术、车钩疲劳寿命及可靠性、车轮制动热负荷试验深化研究。

4. 安全科研。开展高铁及重载主要设施设备技术调查，研究高铁技术风险，启动铁路产品第三方认证，强化技术管理，研究规范科研程序。启动防灾系统总体技术方案研究，实验牵引供电接触网防融冰装置，开展动车组追踪接近预警系统、安全服役及疲劳可靠性、碰撞被动防护、高铁地震监控预警、雷电防护等技术研究。启动机车车载安全防护系统（6A系统）研制，推进装车试验，同时加强运营科研。开展新一代客票系统总体技术方案研究和评审工作，开展铁水联运和铁路货运电子商务平台相关研究工作。

5. 科技基础建设和合作交流。推进立项的实验平台建设，参与国家自主创新能力规划编制，高铁勘察设计、轨道交通通信信号、重载机车车辆试验、高铁基础设施耐久性评价、高铁产品质量检测检验等研究实验平台获准纳入国家规划。

6. 科学技术专利及获奖成果。获高铁技术专利授权604项。至2011年底，在国外申请的PCT专利21项，其中8项通过国际初步审查。多项成果获科技奖励，“烟大铁路轮渡系统集成技术与应用”项目获2011年度国家科技进步二等奖。220项科技成果获中国铁道学会科技奖。

### （五）合资合作

至2011年底，成立合资铁路公司180家，铁路建设规模5万多公里，投资总额近40 000亿元，资本金近20 000亿元，吸引社会资本协议出资6 500亿元。

### （六）绿色交通

2011，国家铁路能源消耗折算标准煤1 772.5万吨，比上年增加35.2万吨、增长2.0%。单位运输工作量综合能耗4.76吨标准煤/百万换算吨公里，比上年减少0.25吨标准煤/百万换算吨公里、降低5.0%。单位运输工作量主营综合能耗3.9吨标准煤/百万换算吨公里，比上年减少0.22吨标准煤/百万换算吨公里、降低5.3%。国家铁路化学需氧量排放量2 195.9吨，比上年减少排放83.8吨、降低3.7%。二氧化硫排放量4.01万吨，比上年减少排放0.02万吨、降低0.5%。国家铁路绿化里程4.3万公里，比上年增加2 500公里、增长6.1%。

## 二、公路、水路运输

### （一）基本概况

2011，公路、水路固定资产投资完成14 200亿元，比上年增长7.1%，其中公路、内河、沿海港口建设投资分别完成12 380亿元、380亿元、1 012亿元，比上年分别增长7.8%、13.5%、20.9%。全社会公路、水路完成客运量330.3亿人、旅客周转量16 806.8亿人公里、货运量323.7亿吨、货物周转量126 529.4亿吨公里，比上年分别增长7.4%、11.4%、14.5%和13.2%。规模以上港口（年吞吐量在1 000万吨以上的沿海港口和200万吨以上的内河港口）完成货物吞吐量90.7亿吨，完成集装箱吞吐量1.6亿标准箱，比上年分别增长11.9%和11.4%。民航完成客运量2.9亿人，货邮运量552万吨，运输总周转量574亿吨公里，比上年分别增长8.2%、-2%、6.6%。

### （二）公路、水路交通基础建设

1. 公路。由于部分省份省道网调整，2011年全国省道和县道里程变化较大。至2011年底，全国公路总里程4 106 400公里，比上年增加98 200公里。全国公路密度42.8公里/百平方公里，比上年提高1.02公里/百平方公里。其中全国等级公路里程3 453 600公里，比上年增加148 900公里。等级公路占公路总里程84.1%，比上年提高1.7个百分点，其中二级及以上公路里程473 600公里，比上年增加26 300公里，占公路总里程的11.5%，比上年提高0.4个百分点。各行政等级公路里程分别为：国道169 400公里、省道304 000公里、县道533 600公里、乡道1 066 000公里、专用公路69 000公里、村道1 964 400公里，比上年末分别增加5 300公里、34 200公里、-20 500公里、11 200公里、1 200公里和66 700公里。全国高速公路84 900公里，比上年增加10 800公里，其中国家高速公路63 600公里，比上年增加

5 900公里。全国高速公路车道里程375 900公里，比上年增加47 200公里。高速公路里程超过3 000公里的省份增加至14个。全国农村公路(含县道、乡道、村道)里程3 564 000公里，比上年增加57 400公里。全国通公路的乡(镇)占全国乡(镇)总数的99.97%，通公路的建制村占全国建制村总数的99.38%。全国公路桥梁689 400座3 349.4万米，比上年增加31 300座301.1万米。其中，特大桥梁2 341座404.3万米，大桥55 229座1 330.1万米。全国公路隧道为8 522处625.3万米，比上年增加1 138处113.1万米。其中，特长隧道326处143.3万米，长隧道1 504处251.8万米。全国公路养护里程3 980 400公里，占公路总里程的96.9%，比上年提高0.2个百分点。全国公路绿化里程2 044 500公里，占公路总里程的49.8%，比上年提高1.3个百分点。

2. 水路。至2011年底，全国内河航道通航里程124 600公里，比上年增加370公里。等级航道62 600公里，占总里程的50.3%，比上年提高0.2个百分点。各水系内河航道通航里程分别为：长江水系64 052公里、珠江水系15 995公里、黄河水系3 488公里、黑龙江水系8 211公里、京杭运河1 439公里、闽江水系1 973公里、淮河水系17 264公里。全国内河航道4 186处枢纽，其中具有通航功能的枢纽2 359处。通航建筑物中，有船闸865座、升船机44座。至2011年底，全国港口拥有生产用码头泊位31 968个，比上年增加334个。其中，沿海港口生产用码头泊位5 532个，比上年增加79个；内河港口生产用码头泊位26 436个，比上年增加255个。全国港口拥有万吨级及以上泊位1 762个，比上年增加101个。其中，沿海港口万吨级及以上泊位1 422个，比上年增加79个；内河港口万吨级及以上泊位340个，比上年增加22个。全国万吨级及以上泊位中，专业化泊位942个、通用散货泊位338个、通用件杂货泊位322个，比上年分别增加39个、39个和12个。

**(三)公路、水路运输装备**

1. 公路营运汽车。至2011年底，全国拥有公路营运汽车1 263.8万辆，比上年增长11.5%。拥有载货汽车1 179.4万辆7 261.2万吨位，比上年末分别增长12.3%和21.0%，平均吨位6.2吨/辆，比上年末提高0.5吨/辆。拥有载客汽车843 400辆20 866 600客位，比上年分别增长1.5%和3.4%，平均客位24.7客位/辆，比上年提高0.5客位/辆。

2. 水路运输船舶。至2011年底，全国拥有水上运输船舶17.9万艘，比上年增长0.5%；净载重量21 264.3万吨，增长17.9%；平均净载重量1 186.4吨/艘，增长17.3%；载客量1 008 400客位，增长0.5%；集装箱箱位147.5万标准箱，增长11.4%；船舶功率5 949.7万千瓦，增长11.6%。

**(四)运输生产**

全国营业性客车完成公路客运量328.6亿人、旅客周转量16 760.3亿人公里，比上年分别增长7.6%和11.6%。全国完成水路客运量2.5亿人、旅客周转量74.5亿人公里，比上年分别增长9.7%和3.1%。

1. 公路。全国营业性货运车辆完成货运量282.01亿吨、货物周转量51 374.7亿吨公里，比上年分别增长15.2%和18.4%，平均运距182.2公里，比上年提高2.8%。全国国道网年平均日交通量为12 330辆/日，比上年增长3.5%。北京、天津、上海、江苏、浙江、广东和山东的国道网年平均日交通量均超过2万辆。全国国道网年平均行驶量为208 852万车·公里/日，比上年增长6.8%。河北、江苏、山东、广东的国道网年平均行驶量均超过10 000万车·公里/日。全国国道网年平均交通拥挤度为0.42，比上年增加0.01。北京、天津、河北、上海、浙江、广东的国道年平均拥挤度均超过0.6。全国高速公路年平均日交通量为18 941辆/日，年平均行驶量为160 897万车·公里/日，比上年分别增长4.3%和19.5%，年平均交通拥挤度为0.31，比上年增加0.02。至2011年底，全国拥有公交专用车道4 425.6公里，比上年增加699.6公里。公共汽电车停车场面积4 375万平方米，比上年增长18.6%；保养场面积856.3万平方米，比上年增长6.3%。拥有轨道交通车站1 147个，比上年增加170个，其中换乘站109个，比上年增加31个。城市客运轮渡在用码头393个。全国拥有公共汽电车运营车辆45.3万辆50万标台，比上年分别增长7.8%和9.1%。按燃料类型分，其中柴油车、天然汽车、汽油车分别占67.1%、15.2%和6.2%。拥有轨道交通运营车辆9 945辆24 330标台,比上年末分别增长20.0%和15.0%。其中,地铁车辆8 947辆,轻轨车辆647辆,比上年分别增长20.3%和7.7%。出租汽车运营车辆126.4万辆,增长3.1%。城市客运轮渡1 061艘。全国拥有公共汽电车运营线路35 884条,运营线路总长度672 900公里。轨道交通运营线路58条,运营线路总长度1 699公里,其中地铁、轻轨线路分别为46条1 403公里和5条172公里。城市客运轮渡运营航线417条,运营航线总长度4 434公里。

2011年,城市客运系统运送旅客1 165.6亿人。其中,公共汽电车完成715.8亿人,占61.4%,运营里程331.7亿公里;轨道交通完成71.3亿人,占6.1%,所占比重提高0.9个百分点,运营里程2.4亿列公里;出租汽车完成376.7亿人,占32.3%,运营里程1 519.7亿公里,平均每车次载客人数近2人/车次,空驶率30.8%;客运轮渡完成1.7亿人,占0.1%。

2. 水路。全国完成水路货运量42.6亿吨、货物周转量75 423.8亿吨公里,比上年分别增长12.4%和10.2%,平均运距1 770.7公里,比上年减少35.1公里。其中,内河运输完成货运量21.03亿吨、货物周转量6 564.9亿吨公里,比上年分别增长11.5%和18.6%;沿海运输完成货运量15.2亿吨、货物周转量19 503.6亿吨公里,比上年分别增长15.0%和15.5%;远洋运输完成货运量6.4亿吨、货物周转量49 355.4亿吨公里,比上年分别增长9.5%和7.3%。长江干线货物承载量17亿吨,比上年增长12.5%。西江航运干线(思贤滘以上航段)货物承载量1.8亿吨,比上年增长15.6%。两岸间海上运输完成客运量160万人,货运量6 000万吨,集装箱运量174万标箱,比上年分别增长6.7%、-2.1%和6.7%。

全国港口完成货物吞吐量100.4亿吨,比上年增长12.4%。其中,沿海港口完成63.6亿吨,内河港口完成36.8亿吨,比上年分别增长12.7%和12.0%。全国港口完成旅客吞吐量1.9亿人,比上年增长9.8%。其中,沿海港口完成0.8亿人,内河港口完成1.1亿人,比上年分别增长9.1%和10.3%。全国港口完成外贸货物吞吐量27.9亿吨,比上年增长11.4%。其中,沿海港口完成25.4亿吨、内河港口完成2.4亿吨,比上年分别增长11.2%和13.8%。货物吞吐量超过亿吨的港口由上年的22个增加到26个。其中,沿海亿吨港口17个、内河亿吨港口9个。全国港口完成集装箱吞吐量1.6亿标箱,比上年增长12.0%。其中,沿海港口完成1.5亿标准箱、内河港口完成1 736万标准箱,比上年分别增长11.3%和18.3%。集装箱吞吐量超过100万标准箱的港口由上年的18个增加到19个。其中,沿海港口15个、内河港口4个。全国规模以上港口完成货物吞吐量91.2亿吨,比上年增长12.5%。其中,完成煤炭及制品吞吐量19.4亿吨,石油、天然气及制品吞吐量7.5亿吨,金属矿石吞吐量13.9亿吨,比上年分别增长18.1%、5.0%、10.0%。

### (五)交通安全与应急保障

1. 加强安全生产基础建设。制定企业安全生产标准、考评管理办法,以及统计、约谈、绩效考核办法,推进企业安全生产标准化建设。开展以道路客运、桥梁隧道、"四客一危"(客渡船、客滚船、高速客船、旅游船和危险品运输船)船舶和城市轨道交通等为重点的安全隐患排查治理。加强长途卧铺客运、车辆超限超载运输等专项整治,有效遏制了重特大事故多发势头。深入开展平安工地建设活动,建立公路桥梁、隧道施工安全风险评估制度。加强航道安全管理,制定航道应急预案,建立桥梁通航论证审批、航道应急事项报告、内河航道应急抢通补助资金等制度。推进营运车辆联网联控系统建设,制定道路运输车辆卫星定位系统系列标准,建立道路客运安全告知和货运受理环节检视制度。

2. 加强应急救援体系建设。道路抢通保通和应急保障能力增强,强化海上立体搜救体系建设,成功应对和处置低温冰冻天气、地震、水灾、台风等自然灾害。参与湄公河10·5事件应急处置,推动中老缅泰四国湄公河联合巡逻执法。建立国家重大海上溢油应急处置部际联席会议,编制《国家重大海上溢油应急能力建设规划》,参与蓬莱19-3油田溢油事故应急处置和事故调查。高速公路和重要运输枢纽空中应急救援的亮点是举办公路交通警地联合应急演练。建立全国路网运行监测与预警机制。实施部省路网管理与应急处置平台建设和联网工程，实现部路网中心与京津冀辽四省市路网中心互联互通。

3. 强化水上安全监管和搜救打捞能力。加强重点时段和重点领域安全保障，防抗台风工作实现连续8年中国籍运输船舶人员“零死亡”。强化沿海港口和长江等内河水上治安防控体系。建立防治船舶超载的长效管理机制。组织南海部际联合海上搜救演习、中俄联合搜救演习。加强以环渤海经济带、海西经济区、海南旅游岛为重点的监管救助基地和设施建设。完成亚丁湾船舶护航综合补给和“神舟八号”发射等海上应急保障任务。

4. 事故下降。全国发生运输船舶水上交通事故298件，死亡失踪291人，沉没（全损）船175艘，比上年分别下降10.0%、11.6%和10.3%，直接经济损失3.9亿元，比上年上升20.4%。全国各级海上搜救中心全年组织、协调搜救行动2 177次。在中国搜救责任区遇险船舶2 150艘，获救船舶1 721艘，遇险人员19 352名，成功搜救18 711名，搜救成功率96.7%，比上年增长0.6个百分点。公路、水路交通运输建设领域全年发生生产安全事故70起死亡120人，比上年分别增加34.6%和23.7%。其中，死亡3～9人的较大事故15起死亡58人，比上年分别增加4起和16人。未发生死亡10人以上重特大事故。

### （六）绿色交通

公布“十二五”第一批全国重点推广公路、水路交通运输节能产品（技术）目录，发布17批营运车辆燃料消耗量达标车型。开展交通运输行业应对气候变化行动，推出第4批节能减排示范项目，组织天津等10个城市建立低碳交通运输体系试点，正式执行交通运输能耗统计监测报表制度（监测企业86家）。完善节能减排评估体系，建立项目管理工作机制，实施122个节能减排项目。推广新能源营运车辆、路面材料再生利用、散货码头节能装卸工艺系统化等项目。开展绿色安全高速公路科技示范工程，加快节能减排等标准规范制修订工作。

### （七）交通科技与信息化建设

推进港珠澳大桥跨海集群工程、多塔连跨悬索结构等关键技术研究，国家道路交通安全行动计划（一期）基本完成，启动长江黄金水道通过能力提升、新一代公路养护技术及装备研发等部重大科技专项。开展国家工程研究中心和实验室建设，启动公路、水路交通创新能力建设专项。交通运输科研基础条件建设投入完成投资近22亿元。至2011年底，新签科技项目近1 600项，投入研发资金总规模接近21亿元，与上年基本持平。5项科技成果获国家科技进步二等奖，360余项科技成果获专利授权，20余项科技成果成功转让。推进信息化建设。推动公路水路安全畅通和应急处置系统、交通运输统计分析监测、投资计划管理信息系统等重点工程建设。加快公路、水路运输管理服务信息系统、出租汽车服务管理信息系统试点工程、高速公路联网不停车ETC系统和交通电子口岸工程建设。启动智能交通国家物联网和北斗导航系统在道路运输领域应用等示范工程。

## 三、民航运输

### （一）旅客运输较快增长

受国内经济增长减缓和发达国家经济复苏乏力的影响，中国航空运输增速明显下降，航空货运出现负增长，但旅客运输仍保持快速增长。全年全行业完成运输总周转量、旅客运输量和货邮运输量577.4亿吨公里、2.9亿人和557.5万吨，分别比上年增长7.2%、9.5%和下降1.0%。国内航线上述三项指标为380.6亿吨公里、2.72亿人和379.4万吨，分别比上年增长10.2%、9.5%和2.4%。其中，港澳台地区航线为12.6亿吨公里、760万人和21万吨，分别比上年增长9.1%、13.1%和下降3.0%。国际航线为196.8亿吨公里、0.2亿人和178万吨，分别比上年增长2.0%、9.7%和下降7.6%。

2011年，180个运输机场中有178个通航（不含港澳台地区机场，陕西安康机场、甘肃庆阳机场全年停航），通航城市175个，共完成旅客吞吐量6.2亿人次，比上年增长10.0%；完成货邮吞吐量1 157.8万吨，比上年增长2.5%。其中，国内航线完成750.2万吨，比上年增长3.9%（其中内地至香港、澳门和台湾地区航线69.3万吨，比上年增长0.3%）；国际航线完成407.6万吨，比上年增长0.1%。乌鲁木齐、三亚、沈阳、海口、郑州机场旅客吞吐量首次超过1 000万人次,全国年旅客吞吐量超过1 000万人次机场增至21个。北京首都国际机场年旅客吞吐量7 867.5万人次,在全球机场排名中继续名列第2位;上海浦东机场货邮吞吐量308.5万吨,在全球机场排名中继续名列第3位。

至2011年底,全行业运输飞机在册架数1 764架,比上年底增加167架。在册运输飞机平均日利用率9.26小时,比上年降低0.09小时。平均正班客座率81.8%,比上年提高1.6个百分点;平均正班载运率72.0%,比上年提高0.4个百分点。

2011年,北京、上海和广州机场货邮吞吐量占全部机场货的54.9%。

围绕实施国家区域发展战略,大力促进中西部和东北地区航空运输发展。西部地区机场发展速度明显高于行业平均水平,河北、新疆、青海、重庆、内蒙古等省区市机场旅客吞吐量增速超过20.0%,乌鲁木齐、拉萨机场新开航线航班大幅度增加。有15个省区与中国民用航空局签订战略合作协议,多数是中西部省区。

定期航班新增通航城市有:西藏日喀则、内蒙古阿尔山及巴彦淖尔、甘肃金昌及张掖。

至2010年底,全行业共有定期航班航线2 290条,按不重复距离计算的航线里程为349.1万公里。其中,国内航线1 847条,按不重复距离计算的航线里程为1 996 200公里(内地至港澳台航线91条,按不重复距离计算的航线里程为135 100公里);国际航线443条,按不重复距离计算的航线里程为1 494 400公里。定期航班国内通航175个城市(不含港澳台),内地45个城市通航香港,14个城市通航澳门,37个城市通航台湾;国外通航58个国家的126个城市。

### (二)航空安全形势稳定

全行业持续安全理念牢固,落实安全主体责任和监管责任。狠抓关键岗位人员资质建设,对10 092名机长、教员等进行资质排查,排查率100%,通过率98.2%;制定《民用航空运输机长职责》,并进行培训;开展飞行签派员、维修人员和空管专业人员资质情况排查摸底。推进安全管理体系(SMS)、航空安保管理体系(SeMS)建设和安全审计工作,完善安全信息管理系统。建设和改造23个支线机场盲降系统和助航灯光系统建。全民航业使用坐标系由"北京54"向"WGS-84"过度。加快新技术应用,完成23个机场基于性能导航(PBN)飞行程序设计和试飞;国航、东航、南航、海航在国外运行广播式自动相关监视(ADS-B);加强飞行标准监管系统(FSOP)建设。开展日常安全监察和集中检查,消除安全隐患。增加安全投入,提升保障能力。提高适航管理能力,加快适航审定中心建设。推进美国联邦航空局(FAA)以国产ARJ21飞机为平台开展影子审查。全年全行业未发生航空运输飞行事故和空防安全事故,成功处置1起预谋恐怖袭击事件;运输航空事故征候万时率0.37,比上年下降0.01;通用航空事故征候万架次率0.12,比上年下降45.5%。34家航空公司没有发生公司责任事故征候。

### (三)通用航空发展速度加快

全行业完成通用航空飞行50.3万小时,比上年增长28.5%。其中:工农业航空作业完成9万小时,比上年下降5.7%;教学培训飞行完成37.2万小时,比上年增长40.8%;其他飞行完成4.1万小时,比上年增长29.0%。至2011年底,全行业持有通用航空经营许可证的企业123家,比上年增加12家,开展非经营性通用航空活动的单位12家;通用航空机场及临时起降点286个,其中通用航空机场70个、临时起降点216个;通用航空机队在册总数1 154架,比上年增长14.3%,其中固定翼飞机893架、旋翼航空器238架、气球17架、飞艇6架。

### (四)行业经济效益稳中有升

在燃油价格大幅增长和国际航空业不景气的情况下,通过加强宏观调控、经营管理、实施积极的财经政策、节能减排等措施,中国民航业保持经济效益良好的发展态势。全行业累计实现营业收入6 596亿元,利润总额381亿元,分别比上年增长26.8%和减少15.3%。其中:航空公司实现营业收入3 669亿元,利润总额278亿元,分别比上年增长20.0%和减少19.7%;机场实现营业收入662亿元,利润总额56亿元,分别比上年增长14.9%和减少11.1%;保障企业实现营业收入2 265亿元，利润总额47亿元，分别比上年增长44.3%和17.5%。至2011年底，航空公司平均资产负债率为76.7%，比上年下降1.4个百分点。全年全行业客公里收入水平为0.7元/客公里，比上年增加0.06元/客公里；货邮收入水平为2.02元/吨公里，比上年减少0.11/吨公里。

**（五）运行和服务质量提高**

1. 运行协调强化。通过建立中国民用航空局、地区管理局、监管局三级航班运行协调指挥中心，加强航空公司、机场、空管部门之间的运行协调。对北京首都国际机场、南京禄口国际机场、重庆江北机场、乌鲁木齐地窝铺国际机场等4个繁忙机场的运行容量进行调整，每周共增加2 700个可用时刻。统一调整北京、上海高空管制区域管制下限。北京区域管制中心接管济南高空空域，首次实现全国民航跨地区高空管制移交指挥。大幅调整优化华北地区主要机场及部分干线航路空域结构。在郑州、青岛、重庆、杭州等飞行繁忙机场实现进离场分流，在重点航路开展排堵保畅工作，航班延误治理取得明显成效，航空公司航班正常率76.5%，比上年提高1.9%。

2. 航班延误专项治理成效明显。明确航空公司航班放行主体责任和空管、机场、油料等部门保障航班正常责任及监管部门协调督察航班运行责任。空管系统“排堵保畅”，加大对京沪、京广两大航路的流量管理力度。建立航班运行常设协调机构。建立完善大面积航班延误处置联动机制和信息沟通机制。努力解决旅客机上等待时间过长问题。全国航班正常率平均为77.2%，比上年提高2.2个百分点；京沪、京广航路航班正常率分别提高30个和11个百分点。

3. 重大紧急运输提纲。2011年1月底埃及局势动荡，在不到48小时之内，共组织派出8架飞机接回中国公民1 796人；在利比亚政局恶化后，共组织包机182架次，接回中国公民26 240人；3月11日，日本东北部强烈地震引起核泄漏后，不到10天共运回中国公民66 500多人。此外，较好地保障了西安世界园艺博览会、第26届世界大学生夏季运动会、庆祝西藏和平解放60周年、中国—亚欧博览会、（在大连召开的）夏季达沃斯论坛等航空运输。

4. 向绿色交通迈进。通过航路截弯取直、使用临时航路，全年累计缩短飞行距离1 300万公里，减少二氧化碳排放22万吨，节省燃油成本5.3亿元。

**（六）结构调整和深化改革并重**

国航、东航、南航等大型航空公司和北京、上海、广州、成都等大型机场实施战略转型，构建航空枢纽和完善航线网络。推进联合重组，东航将原中货航、上货航、长城航重组为新的中货航，国航与国泰合资成立新的国货航。改善机队结构，减少机型种类。推进烟台新机场管理模式改革。深化市场管理改革，实行国内航权和航班网上管理和信息公开。推进价格和收费改革，制定国内运价、空管收费改革方案和机场收费并轨方案。国家对进口航空煤油免征关税。中航油完成公司制改革。

**（七）基础建设和科教并重**

全行业完成基础设施建设固定资产投资690亿元，其中机场建设投资460亿元。广东揭阳潮汕（迁建）、甘肃张掖和金昌、内蒙古阿尔山和巴彦淖尔、西藏日喀则、新疆库车（迁建）等7个机场运营。至2011年底，全国运输机场180个。昆明新机场建设基本完成，南昌、长沙机场扩建竣工。中国民用航空局、北京市和空军达成北京新机场建设协议。空管建设投资18亿元，东部地区和西部主要航路雷达管制工程进展顺利。

实施科教兴业和人才强业战略。《民航业人才队伍建设中长期规划（2010—2020年）》颁布。中国航空飞行学院招生人数大幅增加，在世界同类院校中名列前茅。加强专业技术人员和管理人员在职培训，提升职工队伍综合素质。推动民航科研平台建设，强化民航强国战略和持续安全战略相关项目研究。完成11个民航科研基地建设验收。鉴定科技成果68项，评选出民航科技进步一等奖3项。见表1、表2。

表 1

## 2011 年民航运输生产完成情况

| 单位 | 飞行班次（班次） | 飞行里程（万公里） | 飞行小时（小时） | 运输量 | | | | 总周转量（万吨公里） | | | | | 正班载运率（%） | 正班客座率（%） |
|---|---|---|---|---|---|---|---|---|---|---|---|---|---|---|
| | | | | 旅客（人） | 货邮（吨） | | | 合计 | 旅客 | | 货邮 | | | |
| | | | | | 合计 | 邮件 | 货物 | | 万吨公里 | 万人公里 | 邮件周转量 | 货物周转量 | | |
| 总　计 | 2 549 204 | 347 943.6 | 5 594 901 | 293 166 582 | 5 574 778.9 | 299 670.1 | 5 275 108.8 | 5 774 427.4 | 4 035 296.7 | 45 369 629.4 | 52 248.3 | 1 686 882.5 | 72.0 | 81.8 |
| 国内航线 | 2 368 710 | 283 928.7 | 4 740 457 | 271 986 055 | 3 794 352.2 | 267 457.0 | 3 526 895.2 | 3 806 075.0 | 3 254 471.1 | 36 589 117.8 | 33 304.8 | 518 299.1 | 74.0 | 83.2 |
| 其中：港澳地区航线 | 64 084 | 9 113.0 | 146 710 | 7 601 877 | 210 027.6 | 1 695.4 | 208 332.2 | 126 425.1 | 98 818.2 | 1 116 166.9 | 184.3 | 27 422.6 | 63.5 | 76.7 |
| 国际航线 | 180 494 | 64 014.9 | 854 444 | 21 180 527 | 1 780 426.7 | 32 213.1 | 1 748 213.6 | 1 968 352.4 | 780 825.6 | 8 780 511.6 | 18 943.4 | 1 168 583.4 | 68.5 | 76.3 |
| 中国南方航空股份有限公司 | 506 274 | 72 583.1 | 1 153 442 | 58 504 693 | 907 753.2 | 48 714.2 | 859 039.0 | 1 174 703.3 | 847 035.6 | 9 530 370.0 | 8 984.6 | 318 683.2 | 69.4 | 81.4 |
| 中国国际航空股份有限公司 | 353 395 | 60 535.5 | 965 449 | 48 672 216 | 757 547.0 | 59 580.6 | 697 966.4 | 1 058 918.5 | 831 068.1 | 9 329 816.4 | 15 803.2 | 212 047.1 | 70.1 | 82.1 |
| 中国东方航空股份有限公司 | 379 863 | 50 740.5 | 822 158 | 45 704 878 | 549 726.1 | 32 432.7 | 517 293.4 | 742 789.9 | 630 919.7 | 7 087 335.5 | 6 607.0 | 105 263.2 | 68.7 | 78.9 |
| 海南航空股份有限公司 | 99 905 | 16 125.3 | 249 857 | 13 780 307 | 216 351.6 | 6 553.9 | 209 797.7 | 275 934.7 | 218 349.8 | 2 456 785.3 | 1 145.7 | 56 439.2 | 70.4 | 83.2 |
| 深圳航空有限责任公司 | 154 751 | 20 510.9 | 328 730 | 18 280 805 | 249 465.9 | 12 969.4 | 236 496.5 | 274 068.7 | 234 862.9 | 2 641 804.0 | 1 865.8 | 37 340.0 | 80.5 | 82.2 |
| 四川航空股份有限公司 | 108 081 | 13 990.1 | 223 567 | 12 948 760 | 170 349.1 | 9 180.7 | 161 168.4 | 198 696.1 | 172 053.2 | 1 934 618.8 | 1 294.3 | 25 348.6 | 73.8 | 86.0 |
| 上海航空股份有限公司 | 97 749 | 12 674.3 | 205 360 | 11 656 207 | 124 336.7 | 6 048.2 | 118 288.5 | 160 119.9 | 142 539.8 | 1 600 735.1 | 761.8 | 16 818.3 | 73.1 | 76.7 |
| 翡翠国际货运航空有限公司 | 3 691 | 1 809.8 | 24 602 | — | 241 088.2 | 65.9 | 241 022.3 | 134 035.2 | — | — | 52.4 | 133 982.8 | 65.4 | — |
| 山东航空股份有限公司 | 97 780 | 10 010.5 | 172 775 | 9 887 030 | 97 484.6 | 11 681.1 | 85 803.5 | 120 721.8 | 106 661.0 | 1 199 517.0 | 1 466.2 | 12 594.7 | 75.4 | 81.6 |
| 春秋航空有限公司 | 43 909 | 6 042.0 | 96 557 | 7 150 814 | 38 653.1 | 1 433.1 | 37 220.0 | 96 617.8 | 91 003.4 | 1 026 072.3 | 210.9 | 5 403.5 | 91.1 | 94.5 |
| 中国新华航空有限责任公司 | 36 158 | 5 395.7 | 84 584 | 4 809 375 | 55 394.5 | 2 351.5 | 53 043.0 | 82 508.4 | 72 045.1 | 811 274.9 | 354.4 | 10 108.9 | 76.0 | 86.7 |
| 扬子江快运航空有限公司 | 10 541 | 2 100.9 | 32 094 | — | 172 095.2 | 141.3 | 171 953.9 | 70 551.8 | — | — | 15.9 | 70 535.9 | 55.1 | — |
| 首都航空有限公司 | 39 468 | 5 269.9 | 79 917 | 4 825 476 | 23 362.1 | 789.7 | 22 572.4 | 66 022.1 | 62 508.4 | 707 050.9 | 65.8 | 3 447.9 | 75.6 | 87.8 |
| 上海吉祥航空有限公司 | 32 951 | 4 909.1 | 73 078 | 4 346 469 | 41 636.6 | 1 263.7 | 40 372.9 | 65 024.8 | 58 514.7 | 659 173.7 | 200.0 | 6 310.2 | 70.6 | 86.9 |
| 云南祥鹏航空有限责任公司 | 30 964 | 3 297.7 | 52 323 | 3 144 568 | 27 690.6 | 647.1 | 27 043.5 | 40 446.8 | 35 717.1 | 401 847.1 | 108.1 | 4 621.6 | 80.9 | 86.2 |
| 天津航空有限公司 | 81 739 | 6 582.9 | 115 075 | 4 520 996 | 12 694.8 | 1 496.7 | 11 198.1 | 39 925.7 | 38 317.9 | 429 743.9 | 170.9 | 1 436.9 | 75.2 | 78.5 |
| 长城航空有限公司 | 682 | 341.9 | 4 156 | — | 60 615.6 | — | 60 615.6 | 32 892.9 | — | — | — | 32 892.9 | 80.2 | — |
| 中国联合航空有限公司 | 22 304 | 2 529.4 | 41 177 | 2 645 180 | 23 845.2 | 2.3 | 23 842.9 | 31 946.4 | 28 481.3 | 321 085.5 | — | 3 465.1 | 75.8 | 79.9 |
| 长安航空有限责任公司 | 15 098 | 2 162.3 | 34 170 | 1 937 443 | 21 384.6 | 859.1 | 20 525.5 | 30 867.9 | 27 141.3 | 305 507.4 | 114.7 | 3 611.9 | 80.9 | 86.6 |
| 银河国际货运航空有限公司 | 530 | 286.2 | 3 639 | — | 48 060.6 | — | 48 060.6 | 30 654.6 | — | — | — | 30 654.6 | 90.6 | — |

续表

| 单位 | 飞行班次（班次） | 飞行里程（万公里） | 飞行小时（小时） | 运输量 | | | | 总周转量（万吨公里） | | | | | 正班 | 正班 |
|---|---|---|---|---|---|---|---|---|---|---|---|---|---|---|
| | | | | 旅客（人） | 货邮（吨） | | | 合计 | 旅客 | | 货邮 | | 载运率（%） | 客座率（%） |
| | | | | | 合计 | 邮件 | 货物 | | 万吨公里 | 万人公里 | 邮件周转量 | 货物周转量 | | |
| 奥凯航空有限公司 | 19 605 | 2 071.5 | 35 754 | 2 008 773 | 20 589.4 | 408.8 | 20 180.6 | 28 992.5 | 25 758.8 | 289 660.9 | 67.4 | 3 166.3 | 81.6 | 86.6 |
| 成都航空有限公司 | 18 801 | 2 004.8 | 34 309 | 1 995 616 | 15 369.4 | 673.9 | 14 695.5 | 24 584.8 | 22 320.6 | 251 636.7 | 93.9 | 2 170.3 | 82.1 | 84.7 |
| 西部航空有限责任公司 | 14 991 | 1 541.6 | 26 136 | 1 973 130 | 15 264.8 | 973.6 | 14 291.2 | 21 136.1 | 19 273.3 | 217 290.8 | 107.2 | 1 755.6 | 82.4 | 91.8 |
| 重庆航空有限公司 | 14 697 | 1 589.6 | 26 864 | 1 632 826 | 13 470.0 | 648.9 | 12 821.1 | 17 992.3 | 16 351.7 | 184 417.8 | 55.1 | 1 585.5 | 71.8 | 84.2 |
| 昆明航空公司 | 13 087 | 1 323.7 | 23 635 | 1 356 731 | 9 860.2 | 629.6 | 9 230.6 | 15 560.0 | 14 125.9 | 158 761.6 | 96.9 | 1 337.2 | 83.6 | 85.8 |
| 中国货运邮政航空有限责任公司 | 14 627 | 1 403.0 | 25 372 | — | 155 818.8 | 75 161.6 | 80 657.2 | 15 431.4 | — | — | 7 602.6 | 7 828.8 | 77.4 | — |
| 东海航空有限公司 | 6 132 | 828.9 | 14 878 | — | 76 165.2 | — | 76 165.2 | 10 391.0 | — | — | — | 10 391.0 | 75.5 | — |
| 河北航空有限责任公司 | 9 615 | 1 026.7 | 17 392 | 714 102 | 6 885.3 | 101.6 | 6 783.7 | 10 024.3 | 9 056.0 | 101 901.0 | 13.0 | 955.3 | 77.2 | 82.0 |
| 新华航空控股有限公司 | 4 881 | 634.7 | 10 853 | 729 642 | 8 645.0 | 1 153.4 | 7 491.6 | 9 681.6 | 8 502.2 | 95 444.5 | 112.7 | 1 066.7 | 83.9 | 88.9 |
| 顺丰航空有限公司 | 3 018 | 389.4 | 6 590 | — | 64 012.7 | — | 64 012.7 | 8 484.0 | — | — | — | 8 484.0 | 84.7 | — |
| 华夏航空有限公司 | 12 710 | 944.1 | 17 378 | 377 395 | 730.6 | 33.6 | 697.0 | 3 073.2 | 2 986.8 | 33 553.3 | 4.7 | 81.7 | 69.3 | 71.0 |
| 西藏航空公司 | 1 484 | 217.5 | 3 490 | 134 912 | 602.1 | 30.8 | 571.3 | 1 872.7 | 1 778.8 | 19 909.9 | 4.8 | 89.1 | 65.9 | 76.0 |
| 友和道通航空有限公司 | 188 | 63.7 | 828 | — | 5 044.2 | — | 5 044.2 | 1 426.0 | — | — | — | 1 426.0 | 21.5 | — |
| 幸福航空公司 | 7 806 | 325.6 | 9 831 | 238 570 | — | — | — | 1 008.5 | 1 008.5 | 11 278.2 | — | — | 65.8 | 66.7 |
| 中国货运航空有限公司 | 9 641 | 3 637.1 | 48 286 | — | 602 395.1 | 283.5 | 602 111.6 | 288 764.8 | — | — | 255.5 | 288 509.3 | 81.8 | — |
| 中国国际货运航空有限公司 | 6 095 | 2 557.2 | 33 325 | — | 391 307.5 | 2 551.4 | 388 756.1 | 214 822.1 | — | — | 2 020.0 | 212 802.2 | 79.6 | — |
| 厦门航空有限公司 | 135 026 | 14 593.9 | 241 055 | 15 316 509 | 166 520.6 | 11 542.8 | 154 977.8 | 191 199.5 | 167 914.9 | 1 889 182.6 | 1 500.3 | 21 784.3 | 70.0 | 78.6 |
| 中国东方航空江苏有限公司 | 57 520 | 6 125.4 | 105 431 | 5 553 157 | 60 752.4 | 5 079.9 | 55 672.5 | 71 552.0 | 63 130.3 | 709 033.7 | 651.4 | 7 770.4 | 72.4 | 80.0 |
| 中国东方航空武汉有限责任公司 | 35 647 | 3 264.6 | 59 476 | 3 103 091 | 26 755.6 | 1 253.5 | 25 502.1 | 31 955.7 | 29 081.9 | 326 380.7 | 123.5 | 2 750.3 | 76.6 | 79.5 |
| 贵州航空有限公司 | 15 652 | 2 022.5 | 31 925 | 1 846 473 | 20 178.1 | 1 595.6 | 18 582.5 | 25 914.3 | 22 950.0 | 257 838.3 | 197.4 | 2 766.9 | 74.0 | 84.6 |
| 南航（集团）汕头航空有限公司 | 21 767 | 1 963.8 | 35 132 | 2 317 413 | 14 523.2 | 928.0 | 13 595.2 | 22 423.8 | 20 747.2 | 233 375.8 | 62.8 | 1 613.8 | 75.1 | 82.0 |
| 上海国际货运航空有限公司 | 1 532 | 346.2 | 5 327 | — | 48 108.7 | 19.8 | 48 088.9 | 15 731.1 | — | — | 22.1 | 15 709.0 | 64.8 | — |
| 珠海航空有限公司 | 8 849 | 1 170.5 | 18 924 | 1 053 025 | 12 244.7 | 388.6 | 11 856.1 | 14 958.2 | 13 090.9 | 147 225.9 | 34.9 | 1 832.3 | 75.5 | 83.6 |

## 2011年民航企业通用航空生产完成情况

表2

| 单　位 | 通用航空作业小时 | | 工业航空作业小时 | | 农业航空作业小时 | | 其他通用航空作业小时 | |
|---|---|---|---|---|---|---|---|---|
| | 合计（小时） | 增减（%） | 合计（小时） | 增减（%） | 合计（小时） | 增减（%） | 合计（小时） | 增减（%） |
| 总　计 | 502 731 | 28.5 | 56 682 | -13.4 | 33 158 | 11.9 | 412 892 | 39.4 |
| 安阳通用航空有限责任公司 | 3 448 | 99.8 | 18 | -92.1 | 91 | 31.2 | 3 340 | 133.9 |
| 白城通用航空有限责任公司 | 306 | -53.1 | | -100.0 | | -100.0 | 306 | -9.0 |
| 北大荒通用航空有限公司 | 8 957 | 15.5 | 135 | -57.2 | 6 323 | 4.9 | 2 500 | 77.0 |
| 北京泛亚通用航空有限公司 | | | | | | | | |
| 北京飞人动力体育器材有限公司昌平技术培训中心 | 361 | -20.5 | | -100.0 | | | 361 | -16.2 |
| 北京航空有限责任公司 | 1 558 | | | | | | 1 558 | |
| 北京市航空运动学校 | 40 | | | | | | 40 | |
| 北京首都航空有限公司 | 12 505 | | | | | | 12 505 | |
| 北京首航直升机通用航空服务有限公司 | 411 | | 282 | | | | 129 | |
| 北京泰格尔航空飞行俱乐部有限公司 | 1 031 | -8.8 | | -100.0 | 945 | 105.4 | 86 | -86.1 |
| 北京天行创美航空俱乐部有限公司 | 177 | 9.7 | | -100.0 | | -100.0 | 177 | 118.0 |
| 北京天行航空运动发展有限公司 | 43 | 42.3 | | | | | 43 | 42.3 |
| 北京天鑫爱航空俱乐部有限公司 | | | | | | | | |
| 北京中恒飞行俱乐部有限公司 | 80 | 0.0 | | | | | 80 | 0.0 |
| 常州江南通用航空有限公司 | 1 666 | -17.5 | 1 390 | -29.1 | 259 | | 17 | -70.6 |
| 大庆通用航空有限公司 | 999 | -13.6 | | | 999 | 19.4 | | -100.0 |
| 东北通用航空有限公司 | 2 712 | 28.5 | | | 2 712 | 28.5 | | |
| 东方公务航空服务有限公司 | 756 | | | | | | 756 | |
| 东方通用航空有限责任公司 | 4 340 | -4.4 | 3 740 | -15.9 | | -100.0 | 600 | |
| 东海公务机有限公司 | 1 047 | 2 226.1 | | | | | 1 047 | 2 226.1 |
| 甘肃敦煌飞天通用航空有限责任公司 | 139 | -89.0 | | -100.0 | | | 139 | -89.0 |
| 甘肃敦煌福来德航空俱乐部 | 1 759 | 59.0 | | | | | 1 759 | 59.9 |
| 广东省通用航空有限公司 | 147 | | 146 | | | | 1 | |
| 广州穗联直升机通用航空有限公司 | 2 402 | 91.1 | 910 | 109.7 | 382 | 260.6 | 1 110 | 54.8 |
| 国网通用航空有限公司 | 2 440 | 42.1 | | | | | 2 440 | 42.1 |
| 海南航空学校有限责任公司 | 13 101 | 342.6 | | | | | 13 101 | 342.6 |
| 海南亚太通用航空有限责任公司 | 787 | -13.5 | 445 | 14.8 | | -100.0 | 342 | -23.5 |
| 和静汗戈尔迪草原航空俱乐部有限公司 | 138 | | | | | | 138 | |
| 河北金鹏航空俱乐部有限公司 | 1 094 | -8.8 | | | | | 1 094 | -8.8 |
| 河南蓝翔通用航空公司 | 761 | 100.2 | 278 | 35.0 | 343 | 547.9 | 139 | 15.1 |
| 黑龙江凯达通用航空有限公司 | 732 | -16.6 | | | 726 | 65.6 | 5 | -98.8 |
| 呼伦贝尔通用航空有限责任公司 | 772 | 59.4 | | -100.0 | 765 | 71.8 | 7 | 0.0 |
| 湖北楚天通用航空有限公司 | 1 803 | 33.0 | 649 | 5.3 | 767 | 51.7 | 386 | 66.2 |
| 湖北蔚蓝国际航空学校有限公司 | 71 593 | 198.4 | | | | | 71 593 | 198.4 |
| 湖北银燕通用航空有限公司 | 171 | | 108 | | 27 | | 36 | |

续表

| 单位 | 通用航空作业小时 | | 工业航空作业小时 | | 农业航空作业小时 | | 其他通用航空作业小时 | |
|---|---|---|---|---|---|---|---|---|
| | 合计（小时） | 增减（%） | 合计（小时） | 增减（%） | 合计（小时） | 增减（%） | 合计（小时） | 增减（%） |
| 湖南衡阳通用航空有限公司 | 946 | 33.6 | 635 | 21.0 | 164 | 58.0 | 146 | 84.8 |
| 吉林省通用航空有限公司 | 249 | -34.4 | 215 | -43.5 | | | 35 | |
| 江苏华宇通用航空有限公司 | 609 | -27.5 | | -100.0 | 24 | -96.0 | 145 | 39.2 |
| 江苏省徐州农用航空站 | 366 | | | | 339 | | 27 | |
| 荆门通用航空公司 | 1 540 | 23.7 | 724 | 49.2 | 701 | -7.8 | 115 | |
| 荆州同诚通用航空公司 | 5 182 | 77.5 | 3 117 | 647.6 | 1 534 | -25.4 | 531 | 18.8 |
| 精功（北京）通用航空有限责任公司 | 375 | -7.9 | 45 | -82.9 | 203 | 1 352.4 | 127 | -2.5 |
| 南山公务机有限公司 | 104 | | | | | | 104 | |
| 内蒙古鄂尔多斯市通用航空有限责任公司 | 2 166 | -41.7 | 878 | | 1 289 | | | |
| 齐齐哈尔鹤翔通用航空有限责任公司 | 1 790 | 207.5 | | -100.0 | 1 576 | 220.4 | 214 | |
| 青岛九天－斯巴腾国际飞行学院有限公司 | 8 864 | 25.5 | | | | | 8 864 | 25.5 |
| 青岛直升机航空有限公司 | 1 112 | 7.9 | | | 1 112 | 18.7 | | -100.0 |
| 山东黄河口通用航空有限公司 | 542 | 103.1 | | -100.0 | 542 | 111.9 | | |
| 山东通用航空有限公司 | | -100.0 | | -100.0 | | -100.0 | 101 | |
| 山西三晋通用航空有限责任公司 | 810 | -54.1 | 600 | 5.9 | 4 | -98.4 | 205 | -77.7 |
| 陕西凤凰国际飞行学院有限责任公司 | 24 | | | | | | 24 | |
| 陕西精功通用航空有限公司 | 125 | | | | | | 125 | |
| 陕西腾飞通用航空有限责任公司 | | -100.0 | | | | -100.0 | | -100.0 |
| 上海东方通用航空有限公司 | 11 | 183.5 | | | | | 11 | 183.5 |
| 上海豪海通用航空有限责公司 | 12 | | | | | | 12 | |
| 上海金汇通用航空有限责任公司 | 2 406 | 213.7 | | -100.0 | | | 2 406 | 274.8 |
| 上海金鹿公务航空有限公司 | 783 | 77.9 | | | | | 783 | 77.9 |
| 上海中瑞通用航空有限责任公司 | 748 | 2 892.0 | 683 | | | | 65 | 160.0 |
| 上海中意通用航空有限公司 | 106 | 5 200.0 | 106 | | | | | -100.0 |
| 深圳鲲鹏国际飞行学校 | 1 925 | -65.1 | | | | | 1 925 | -65.1 |
| 沈阳通用航空有限公司 | 1 624 | 19.3 | | -100.0 | 1 597 | 18.9 | 27 | |
| 石家庄冀华通用航空有限责任公司 | 888 | -17.7 | 363 | -63.5 | 324 | 281.6 | 201 | |
| 四川奥林通用航空有限责任公司 | 782 | 50.1 | | -100.0 | 85 | 77.7 | 697 | 1 143.9 |
| 四川三星通用航空有限责任公司 | 609 | 8.5 | 386 | 96.9 | 22 | -94.0 | 201 | |
| 四川西华通用航空有限公司 | 378 | 6.6 | 365 | 576.2 | | -100.0 | 13 | -39.5 |
| 天津杰普逊国际飞行学院有限公司 | 6 502 | 402.9 | | | | | 6 502 | 402.9 |
| 通辽市神鹰通用航空有限公司 | 1 370 | 95.4 | | | 1 370 | 95.4 | | |
| 武汉直升机通用航空有限公司 | 635 | -25.5 | 30 | 29.1 | 358 | -52.3 | 248 | 209.6 |
| 西安阎良航空产业基地金胜通用航空有限公司 | 110 | | | | | | 110 | |
| 西安直升机有限公司 | 157 | | 93 | | 63 | | | |
| 西安中飞航空俱乐部有限公司 | 625 | 24.7 | | | | | 625 | 24.7 |

续表

| 单 位 | 通用航空作业小时 | | 工业航空作业小时 | | 农业航空作业小时 | | 其他通用航空作业小时 | |
|---|---|---|---|---|---|---|---|---|
| | 合计（小时） | 增减（%） | 合计（小时） | 增减（%） | 合计（小时） | 增减（%） | 合计（小时） | 增减（%） |
| 新疆开元通用航空有限公司 | 379 | -15.9 | | | 362 | -17.7 | 16 | 62.0 |
| 新疆水电设计院疆海测绘院航测飞行中心 | 131 | | | | | | 131 | |
| 新疆天山通用航空有限公司 | 175 | 187.2 | | -100.0 | 175 | | | -100.0 |
| 新疆天翔航空学院有限公司 | 2 832 | 1 756.4 | | | | | 2 832 | 1 756.4 |
| 新疆天翼直升机航空有限公司 | 70 | | | | | | 70 | |
| 新疆通用航空有限责任公司 | 4 461 | -18.6 | 757 | -58.3 | 2952 | -19.5 | 752 | |
| 亚联公务机有限公司 | 3 963 | 138.6 | | | | | 3 963 | 138.6 |
| 亚盛医疗救护(北京)有限公司 | 256 | 54.3 | | | | | 256 | 54.3 |
| 云南和谐通用航空有限公司 | 28 | -65.6 | | | | | 28 | -65.6 |
| 云南腾冲火山航空俱乐部有限公司 | 156 | 246.7 | | | | | 156 | 246.7 |
| 云南通用航空有限公司 | 925 | 112.6 | | -100.0 | | | 925 | 1 184.4 |
| 云南英安通用航空有限公司 | 1 205 | -2.6 | 1 043 | -9.6 | 57 | -31.8 | 105 | |
| 浙江东华通用航空有限公司 | 1 111 | -4.0 | 928 | -8.1 | 43 | | 140 | -5.3 |
| 浙江新洲通用航空有限公司 | 4 | | | | | | 4 | |
| 中飞通用航空公司 | 1 524 | -31.1 | 1 274 | -42.4 | | | 250 | |
| 中国飞龙通用航空公司 | 13 041 | 6.5 | 2 136 | -67.8 | 3 275 | 21.5 | 7 731 | 165.5 |
| 中国民用航空飞行校验中心 | 6 905 | 5.9 | 5 188 | -20.5 | | | 1 717 | |
| 中国民用航空飞行学院 | 246 311 | 7.7 | | | | | 246 311 | 7.7 |
| 中国南方航空股份有限公司珠海直升机分公司 | 8 304 | 7.5 | 7406 | -4.2 | | | 899 | |
| 中山雄鹰通用航空有限公司 | 722 | -26.4 | 268 | 85.8 | | -100.0 | 454 | -20.9 |
| 中信海洋直升机股份有限公司 | 20 647 | 0.2 | 19 712 | -1.7 | | | 935 | 68.8 |
| 中信通用航空有限责任公司 | 3 602 | -18.5 | | -100.0 | 465 | 20.8 | 3 137 | 87.4 |
| 中一太客商务航空有限公司 | 1 221 | 79.8 | | | | | 1 221 | 79.8 |
| 重庆神州航空体育运动俱乐部有限公司 | | -100.0 | | | | | | -100.0 |
| 珠海中航通用航空有限公司 | 2 249 | 202.7 | 1 627 | 313.0 | 182 | 0.9 | 441 | 160.7 |

## 四、管道运输

2011 年中国油气管道设施建设保持快速增长势头。至 2011 年底，长输原油管道约 1.6 万公里，设计输油能力 2.9 亿吨/年；成品油管道 1.9 万公里，设计输油能力 1.5 亿吨/年，成品油一次运输的管道运输比例为 30.0%，骨干管网基本形成；建成天然气管道 4.4 万公里，干线设计输气能力1 000亿立方米/年。

### （一）原油成品油管网初具规模

1. 原油骨干管网基本形成。中国原油管道布局以油田和大型原油码头为中心，以东北、西北、华北、华东、西南、沿海及沿江地区原油储运设施为纽带，覆盖全国主要炼化企业和储备基地。原油管道集中分布在沿边口岸和沿海港口，以及东北、西北油区和西南、华北和华东地区，其中东北与华北、华东与华中地区原油管道相互连通，西北地区形成油田区域管网，东北、华北、华东和华南地区初步形成东部输油管网，海上进口原油登陆输送基本实现管道化。原油供应的总体流向为“西油东运、北油南下、就近供应及海油登陆”。至2011年，原油管道集中在华东地区和西部地区，扩建和新建管道用于满足炼厂布局和生产需要，并与进口资源相匹配。日照—东明、兰州—成都、日照—仪征、阿拉山口—独山子（扩能）原油管道竣工。

2. 成品油管道网络逐步完善。随着国家产业结构调整的持续深入和西部大开发的推进，成品油管道网络化趋势加强。全国基本形成以炼油企业及成品油中转库、储备库为中心，面向消费市场的区域成品油管网。2011年2月，庆阳石化成品油外输管道获批。独山子—乌鲁木齐（扩能）、吉林—长春、北海—南宁（扩能）、南宁—柳州、鲁皖二期东线、兰成渝扩能、福建炼化一体化南线（一期）等成品油管道竣工。

3. 管道技术装备国产化水平提升。石油管道逐步向大口径、大流量、高度自动化发展，并形成适应不同地区特征的输送技术。高等级输油管材实现国产化，输油泵、阀门等主要设备部分实现国产化。

### （二）天然气骨干管网基本形成

以西气东输、陕京线、榆济线、忠武线、川气东送、涩宁兰、长宁线、兰银线、淮武线和冀宁线等为骨架的横跨东西、纵贯南北、连接周边战略通道的全国性输气管网，基本形成“西气东输、北气南下、海气登陆”供气格局；形成较为完善的西南、环渤海、长三角、中南及西北区域性管网。

1. 天然气管道建设取得重大进展。新疆吉木乃广汇天然气外输管道、甪直—宝钢（江苏段）天然气管道、宁波—台州—温州天然气管道获准。为确保长期稳定向香港供应天然气，国家核准西气东输二线香港支线（2012年可望向香港供气）。西气东输二线黄陂—广州干线建成，干线全线竣工。秦沈线建成投产，该线为当前东北地区管径最大、压力最高和距离最长的天然气管道，同时也是连接东北和华北地区天然气管网的重要通道。中缅油气管道工程缅甸段进入实质性施工阶段。

2. 装备自主化水平提高。以西气东输、广东LNG试点和西气东输二线等一批重大工程为依托，实现X70、X80钢级管材国产化；大型LNG运输船国产化工作顺利推进，实现批量生产；20兆瓦级电驱、30兆瓦级燃气轮机驱动离心式压缩机组总成满负荷试验成功。

### （三）运输生产

2011年，中国石油天然气股份有限公司（简称“中国石油”）、中国石油化工股份有限公司（简称“中国石化”）、中国海洋石油总公司（简称“中国海油”）三大石油公司基础管理为抓手、市场为导向、效益为中心、安全环保为基础，业务规模继续快速发展，管道调控能力显著增长，安全保障水平不断提高，管道安全不断提升，管理基础能力持续改进。

至2011年底，中国石油管道业务从业人数19 838人，国内运营管道总长度60 257公里，主营业务总收入1 706.4亿元，全年管输原油7 556.2万吨、管输成品油1 421.6万吨、管输天然气711.2亿立方米、节能9.3万吨标煤。

至2011年底，中国石化国内运营管道总长度23 507公里（原油管道7 100公里、成品油管道9 697公里、天然气管道6 710公里），全年管输原油20 600万吨、管输成品油4 464万吨、管输天然气82.5亿立方米。中国海油国内运营管道总长度3 203.3公里，全年管输原油3 894万吨、管输成品油77万吨、管输天然气334.5亿立方米。

1. 油气管道输送。三大石油公司管输原油32 050.2万吨。

2. 重点项目建设。中国石油建管分离，提高项目建设管理水平，西气东输二线东段、山东管网、秦沈线、大沈线等项目按计划投产。中国石化“控制总量、突出重点、效益优先”，建好储运设施。日照—仪征原油管道工程、湛江港—北海原油管道工程、北海—南宁—百色成品油管道工程、福建管道南线等项目的投产。中国海油着力中国海洋石油工业的“二次跨越”，建设国际一流能源公司，推进海域管道建设。渤海油田天然气管道区域化联网、南海北部湾油田群区域开发管网、南海东部深水管道、东海油气田管线等管道建设项目取得进展。在天然气管道建设方面，广东省鳌广干线、中江线、中广线建成投产及海南省澄迈城市燃气管网提前完工，标志着中国海油不断深化在沿海市场的战略布局，扩大沿海，尤其是东南沿海天然气输配范围，逐步形成了“以点带线、以线建网”的天然气主干管网格局。

## （四）油气储运

原油调运方面：开展阿独、中银、惠银及马惠线等管道运行专项研究，与交通运输部、铁道部及油田、炼厂等单位沟通协调。在成品油调运方面：中国石油以提高管输量为重点，提高整体输送能力。中海油协调做好油源的供应，坚持把成品油管道增输、提升公司的经济效益作为工作重点，科学安排安全生产任务，优化管道调运的方案，使输油量逐步加大。在天然气管输方面：中国石油确保中亚气进口计划完成；做好分月天然气运销平衡及国内外资源优化平衡工作，发挥管道输送能力和管存调节能力，确保特殊时期供气。中国海油优化供气方案，保证天然气安全平稳供应。中国海油启动福建、广东和海南应急抢维修中心建设工作。中国石化油气储运业务以整体效益最大化为原则，优化资源配置，发挥新建管线、码头和油库作用，提高管道输送量，确保了油田生产后路畅通、进口原油安全接卸、炼化企业原油资源稳定供应和成品油平稳出厂。

1. 储运能力。中国石油天然气与管道分公司管理运营的油气长输管道42 766公里，比上年增加3 760公里，其中管理运营的原油储罐160座。中国石化在用原油、成品油、天然气管道23 507公里。中国海油运营LNG接收站规模1 480万吨/年，比上年增加240万吨；在建接收站规模1 140万吨/年；建成天然气管道2 998公里，比上年增加505公里；在建管道长度801公里；成品油管道162.3公里；管理运营的成品油库1座，总库容为32万立方米；经营1座5万吨级的成品油码。

2. 原油配置。中国石油原油销售商品量完成13 101.7万吨，中国石化油田企业完成原油销售量4 100万吨，中国石化共采购原油资源21 996万吨。

3. 原油储运。中国石油自产原油国内总运量11 424.4万吨，其中管道运输完成9 787万吨。中国石化采购的原油资源总运量完成21 996万吨。中国海油国内海上油气田管网累计外输原油3 894万吨。

4. 成品油储运。兰成渝管道输送成品油537.1万吨，港枣线输送成品油110.5万吨，西部成品油管道输送成品油496.8万吨，兰郑长输送成品油277.2万吨。中国石化成品油管道输送量完成4 464万吨，比上年增加316万吨。中国海油成品油管道管输成品油总量为77万吨。

5. 天然气储运。西气东输一线和二线、陕京一线及二线和三线、忠武线、涩宁兰双线、鄯乌线等主要输气管线全年共输气量592亿立方米。中国石油所属储气库注气22.2亿立方米、采气19.1亿立方米。中国石化输销天然气82.5亿立方米。中国海油陆地管输天然气223亿立方米/年，比上年增加31.0%。

## （五）储运设施建设与管理

中国石油、中国石化和中国海油油气管道建设以保障管道全生命周期本质安全为目标，严密组织，建设安全工程、环保工程、精品工程和效益工程。中国石油、中国石化和中国海油推进管道完整性体系建设和应用实施，加强管道维抢修体系建设，提高了油气储运设施本质安全和管道应急处置能力。

1. 完整性管理体系建设。制定《油气管道安全防护规范》等。提高风险识别和控制水平。完成管道高后果区识别或复核33 027公里，高后果区识别率91.5%，高后果区风险评估覆盖率100%；至2011年底，累计开展管道内检测13 144公里、ECDA 23 866公里，完整性评价覆盖率76.2%。对管道内外缺陷制定科学的修复策略，控制了管道本体风险。2011年4月1日，管道完整性管理系统（PIS）试点上线，至2011年底，31 281公里管道纳入PIS系统中管理，实现管道管理业务日常化、标准化、程序化、信息化。中国石化建立管理完整性管理和技术体系。实施重点河流、铁路等穿跨越、海底管道和山区段地质灾害的风险评价。中国海油采用高标准（如增加管道壁厚、采用加强级的3PE防腐等级等），确保管道本质安全，确保管道在应急情况下能够得到及时的控制和处理。同时，建立专业的抢修队伍和巡线管理队伍，加强管道的日常巡护管理。并与当地的第三方联防单位签订了联防协议，确保管道日常巡线到位，及时发现安全隐患。加强应急预案的学习和演练，提高员工应急能力。更换黄骅港—中海石油中捷石化输油管道全线标志桩，并对沿线部分管道区域进行护工保护工作；对 3 条管道进行全线防腐层检测并对防腐层漏点进行修复。

2. 维抢修体系建设。①中国石油天然气与管道分公司完善维修机构布局和资源配置标准，形成 2011 年版维抢修体系规划，基本形成覆盖全国油气管网的管道维抢修体系。提出以目标明确、责任清晰、资源共享、处置迅速为指导思想，完善燃气维抢修机构配置标准，初步建立确保燃气业务安全运行的维抢修体系。②中国石化补充完善应急预案附件内容。开展管道抢维修能力评估，明确“系统建设、立足自救”的应急抢险体系建设原则和“专业指导、区域布置、分属管理、统一调配”的应急抢险体系管理要求，规范管道应急抢险体系建设，全面提升管道应急指挥、现场组织、抢险救援能力，促进了与各应急抢险依托单位的协调合作，确保了突发情况下的快速响应、正确应对、准确处置。③中国海油建成 3 个区域性管道应急抢维修中心，并开展应急培训和演练。成立华南应急抢维修俱乐部和潮州能源、海南管道、中山天然气等企业应急抢修队。着手建设福建、广东、海南等三个管道应急分中心。建成 11 个项目公司（地区）视频会议中心。

3. 管道保护管理。全面梳理管道保护相关制度、国家强制性标准。开展“全面提升管道安全防范工作水平”专项活动，完善管道安全防范管理制度、工作方式、技术标准和防护手段，形成《油气管道安全防护规范》等技术标准，编制《施工阶段管道安全防护规定》，制定管道光纤预警、管道线路泄漏监测、自然与地质灾害风险评价与监测等安防手段的技术规格书和应用标准，建立一套管道安全防范管理标准和支持技术，努力实现第三方施工损坏风险全面受控。

中国石化从常规的管道保护措施向常规措施与专业技术措施并重转变，从落实管道风险治理向管道风险预防转变，做好管道巡护、第三方施工、违章占压和隐患治理、防汛抗洪和地质灾害防治、防腐和阴极保护、管道设施完善、管道保护宣传和长效机制建设。建立灾害预警、预报和预防机制，成立抢险突击队，加强穿跨越、险工险段等重点部位巡护力度。全面开展管道及附属设施维护维修和隐患治理工作，为管道安全运行奠定基础。在安全隐患治理方面，中国石化对运行时间超过 20 年以上的老龄原油管道进行检测和安全隐患治理。

4. 设备管理。至 2011 年底，中国石油长输天然气管道在用压缩机组 148 套，比上年增加 18 套，总装机功率2 700 348千瓦，比上年上升 16.0%。压缩机机组实际利用率 36.6%、可用率 95.2%、可靠性 99.6%。“以养代修”。中国海油强化基础设施的管理，改变管理方法，将设备隐患消灭与萌芽之中，未发生等级设备事故。输油管道采用施加阴极电流的阴极保护措施，定期对恒电位仪进行调节。站场内设备组织人员定期进行设备保养与维护。

### （六）节能减排

低碳化是“十二五”能源发展的重要趋势。三大公司致力形成天然气骨干管网的同时，推动资源节约型企业建设。

1. 中国石油科学分解节能量、设定单耗基准值；实施以气代油、压缩机余热利用等节能改造；西气东输一线进一步优化站场工艺流程，减少了天然气的放空损耗；发挥集中调控特点，优化管道运行方案，使管道始终处于高效经济运行状态。全年实现节能量 9.3 万吨标煤，输油气综合单耗得到有效控制。开展能效水平对标分析研究工作和 2012—2016 年节能滚动规划编制工作，修改完善节能规划。

2. 中国石化开展“节能我行动，低碳新生活”活动，抓好输油用能的宏观控制和成熟节能技术的实施，加强对主要耗能设备的维护和运行管理，挖潜增效，提高能源利用水平。

3. 中国海油吨油耗电量由投产初期的 2.0 千瓦小时/吨以上，下降到约 1.3 千瓦小时/吨。中海石油中捷石化有限公司原油输油管道投用后，年节省运输费用可达几千万元。

### （七）管道安全

三大石油公司推进应急管理，把风险和应急管理融入安全生产和环保管理全过程。完善 HSE 管理体系，落实 HSE 责任，强化全员 HSE 意识和能力，重点做好隐患排查治理、承包商 HSE 管理、直接作业环节监管、管道保护和应急管理。

1. 精细化管理。一是落实精益求精的理念，向精细化、标准化、自动化方向发展，提高安全生产经营管理水平。二是建立应急信息管理系统，完善应急预案，加强应急演练和演练评估，提高整体应急能力；完成长输管线的完整性管理工作，逐步摸索设备完整性管理经验；推进安全生产标准化工作。三是加强生产作业的现场检查，杜绝违章作业和违章操作；加强日常巡检工作，贯彻隐患跟踪制度，加强对关键工艺过程控制点的控制和检查，优化工艺操作及工艺参数，提高生产管理水平。

2. 强化风险和应急管理。一是加大风险排查力度，健全安全环保风险目录。二是开展危害辨识和风险评价工作，确保作业过程安全有序进行。三是修订应急预案，定期组织演练。四是强化安全环保隐患治理，提高管道本质安全。

### （八）科技与信息化

1. 重点科技项目成果。完成30台国产化高压大口径全焊接球阀工业性试验报告。国产20兆瓦级电驱压缩机组完成连续72小时联机带负荷综合测试，并按工程需要在西气东输二线投入使用。结合江苏、大连、唐山LNG接收站工程建设，开展LNG接收站关键技术集成，形成LNG接收站工程设计、施工成套技术，开发出激光测距大罐气顶升检测系统，在工艺流程技术、LNG预应力混凝土外罐、9.0%镍钢制LNG内罐等方面具备了工程化应用能力。建立三轴高清漏磁内检测螺旋焊缝缺陷信号判定和尺寸评定模型，实现螺旋焊缝严重程度的等级划分与排序，突破了检测信号的解读，解决管道螺旋焊缝缺陷尺寸定性和定量工业检测、工程实用型评价的国内外技术难题。此技术的应用，有效降低了管道风险。建立冻土区管道融沉、边坡热融滑移等应变力学模型和计算方法，分析影响管道应变的因素和规律，提出冻胀融沉消除治理措施，形成穿越冻土区输油管道基于应变的安全评价与预警技术等，保证了漠大线管道如期投产和国家能源安全。形成无需提前清罐条件下的罐外超声导波在线缺陷检测与分析技术，开创性地将导波技术应用于储罐底板和罐壁的缺陷检测上，实现储罐底板和罐壁的定量在线检测。研究工作气量与动态库容量的变化关系，评价气区与水区压力传导速度与压力分布变化的关系。制订逐井、逐层的治理方案，为储气库群注采科学生产、高效生产指明了方向。

2. 管道信息化。中国石油完成管道完整性管理系统进入运行维护阶段。至2011年底，系统覆盖4家地区公司、40余家地区分公司/管理处、300多家基层站队用户的管道管理业务工作。完成天然气销售系统试点实施项目立项工作。推进ERP系统深化应用，开展昆仑燃气公司、昆仑天然气利用公司系统扩展实施项目准备工作。完成管道生产管理系统的扩容改造，系统性能和稳定性显著提高。开展PCM系统新建工程项目的推广应用。规范LNG工程数据采集范围和质量要求，为LNG项目统一系统模板提供必要的数据标准。中国石化分别在原油、成品油和天然气管道开展数字化建设试点工作，形成数字管道管理体系，建成完整的工程建设数据库。中国海油完成三维应急管理体系的建设工作。建立GIS数字化管道地理信息系统。加强调度中心SCADA系统对管道运行参数的监控。

### （九）标准化工作

天然气与管道分公司全面推进“标准化、模块化、信息化”设计管理工作思路。完成中国石油集团公司企标制修订任务。开展40项集团公司企标制修订工作。开展天然气与管道专业标准化“十二五”滚动规划研究。完成天然气与管道标准信息管理系统和标准内容揭示系统的开发工作，实现标准化工作的网络化集成管理，计划2012年上线运行。梳理天然气与管道工程建设和运行管理的标准，编制天然气与管道业务集设计、施工、运营管理于一体的工作方案，方案涵盖管理和技术两方面内容。天然气与管道专业标准化技术委员会开展6项企业标准的复审工作。

### （十）合作与交流

中国石油合作项目主要集中在低渗透油气藏、稠油、滩海、高含硫气藏、高温高压气藏、煤层气等领域。准噶尔盆地大井区块天然气合作项目获商务部批准，鄂尔多斯盆地大宁区块煤层气联合评价协议、富顺—永川页岩气联合评价协议执行进展顺利。至2011年底,执行对外合作勘探开发项目36个。全年生产原油404万吨、天然气37.5亿立方米,油气当量产量702.5万吨,比上年增长5.0%。中国海油海外资产比重26.4%,海外收入比重26.2%,跨国指数向国际一流公司逐步趋近。在“2011年中国100大跨国公司”排名中,中国海油位列第四。海外原油产量766万吨、天然气产量56亿立方米。进出口公司完成石油和化工原料贸易2 528万吨,比上年增长35.0%。

全文缩写注释:

RTU(远程控制单元)、GE(通用电气)、GIS(地理信息系统)、PE(聚乙烯)、PCM(工程建设管理子系统)、SSAW(螺旋埋弧焊管)、PIS(完整性管理系统)、ISRS(国际安全评级系统)、HSE(健康、安全与环境)、QHSE(质量、健康、安全与环境)、HAZOP(危险与可操作性)、QRA(量化风险评价)、COD(化学需氧量)、CNG(压缩天然气)、LNG(液化天然气)、SCADA(数据采集与监视控制系统)、ERP(企业资源管理)。

(撰稿:肖春华)

F

# 企业管理综述

# 2011 年企业管理创新综述

中国企业联合会管理现代化办公室

2011 年审定发布的第十八届全国企业管理现代化创新成果共有 185 项，占申报总数的 41.0%，其中一等 32 项，二等 153 项。本届成果申报企业涵盖了全国 28 个省、自治区、直辖市，包含了各种所有制类型。

本届成果内容符合科学发展观要求，紧扣当前经济发展中的重点、热点、难点问题，全面反映了企业各项管理工作的新进展，代表了我国企业管理的先进水平和发展趋势，体现了 2011 年初全国审委会提出的申报重点。本届成果涉及了当前企业管理的各主要领域，突出反映了企业经营管理的系统性、综合性和融合性特征，其主要特点可以概括为以下 10 个方面：

## 一、用当代先进管理理念和信息技术重塑企业经营机制，形成互联网时代的管理模式

企业经营机制需要根据外部环境变化适时作出调整。随着新管理思潮的出现和信息技术的发展，如何重塑企业经营机制，探索形成互联网时代的管理模式，成为众多企业面临的新课题。本届成果创造企业海尔集团公司用自己的经验给出了很好的答案。海尔集团公司秉承快速准确发现需求、创造价值理念，抓住互联网时代的最新特点和变化，通过现代科学技术和三张表等管理方法将大型企业集团改造为数千家反应灵敏的“小企业”——自主经营体，使得市场压力迅速传递到每位员工，员工成为逻辑上的企业经营者，从而实现员工与企业利益高度统一、共同发展。中建材集团进出口公司围绕主要业务领域和经营管理环节，实施以工作节点、成本节点和风险节点为重点的节点管理，从而建立了适应企业发展需要的精细化、集约化管控方式，促进了企业持续、健康、快速发展。四川省电力公司运用现代管理方法和信息技术，建立覆盖技术、管理、业务等各个方面的标准化体系，并依托标准改造企业经营机制。此外，西子联合控股有限公司创造的《制造企业以“五力”为核心的卓越运营管理》、中国化学工程第四建设有限公司创造的《大型施工企业基于三人工作小组的高效运营管理》等也在这些方面作了探索。

## 二、在现代企业制度下推行职工民主管理，构建多方共赢的和谐劳动关系

在现代企业制度框架下探索加强职工民主管理的有效途径、发挥职工民主管理积极作用，构建和谐劳动关系，是建设社会主义民主政治、构建和谐社会的重要内容，是实现社会进步、企业发展、员工幸福和多方共赢的重要保障。

宝钢集团有限公司准确把握现代企业制度和职工民主管理的内在关系，探索、完善并形成了适应现代企业制度要求的，以职工参与管理、参与协商为形式，以“职工自主管理”、“职工代表大会”、“职工董事职工监事”三项制度为核心，以组织领导和制度体系为基本保障的职工民主管理基本模式。传化集团有限公司树立以社会责任为核心的理念体系，尊重员工主体地位，建立员工工资与企业效益同步增长机制、多层次福利保障和学习培训制度，并把和谐劳动关系建设作为企业的一项重要战略任务常抓不懈，实现了社会、企业与员工等多方共赢。国家电网公司创造的《大型电网企业“双路径、三保障”的职工民主管理体系建设》、中建五局第三建设有限公司创造的《国有建筑施工企业和谐劳动关系管理》、中国机械工业集团有限公司创造的《以“和”文化为引领的和谐企业建设》等成果也在这方面作了很好的探索。

## 三、通过兼并、重组、整合推动企业转型升级

推动企业转型升级是转变经济发展方式、提高企业科学发展能力的重要内容。本届一些成果证明，通过兼并、重组、整合推动企业转型升级是一种行之有效的成功途径。

中国中化集团公司原是单纯的外贸企业，为应对国内政策环境和国际市场变化带来的挑战，迅速作出战略调整，拓展并整合实业领域，成功实现向产业服务型跨国企业集团转型。天津港（集团）有限公司率先制定第四代港口的指标体系及划分标准，将第四代港口建设作为战略目标，拓展港口功能，实现从传统港口向第四代港口转型。中粮集团有限公司提出"全产业链粮油食品企业"新战略后，主动向产业链上下游延伸，并通过产业链上下游贯通，彻底改变产业链各环节小而散面貌，实现中粮集团业务的一体化整合，同时有效控制从"田间到餐桌"各个环节可能出现的食品安全风险。中智上海经济技术合作公司突破专业外包服务的局限，全面整合整体外包服务、信息技术支持、知识分享、人力资源服务产品和专项咨询服务等要素，实现从单一从事外包服务业务的专业机构向人力资源整体解决方案供应商的转型。万合集团股份有限公司通过实施公司制改造、发展大交通、现代物流、汽车贸易等，成功实现由传统运输企业向多元化经营的现代化综合型服务企业转型。

大连重工·起重集团有限公司创造的《装备制造企业合并后的整合与升级》、陕西煤业化工集团有限责任公司创造的《大型煤炭企业实现多元协同发展的重组整合》、首钢长治钢铁有限公司创造的《钢铁企业以联合重组为契机的管理整合》、富润控股集团有限公司创造的《纺织企业兼并重组后的转型升级》、五矿钢铁有限责任公司创造的《以打造钢铁流通综合服务商为目标的转型升级》、淄博矿业集团有限责任公司创造的《资源型企业提高全要素生产率的转型升级》等成果在重组整合和转型升级方面作出了很有成效的探索。

## 四、探索全球化趋势与国际金融危机双重背景下企业"走出去"的有效途径

全球化趋势与国际金融危机是当前世界经济的两大特征。全球化趋势下世界经济呈现一体化特征，企业也将在世界范围内配置资源、开拓市场；国际金融危机给企业带来经营困难的同时，也迫使企业必须突破国内经营思维局限，放眼全球寻找机会。本届一些成果正是在全球化趋势和国际金融危机这双重背景下，努力探索"走出去"的现实途径。

南车株洲电力机车研究所有限公司立足于自身和丹尼克斯公司在技术和市场上的互补性，坚持互利互惠、共同提高原则，抓住机会稳步推进对丹尼克斯公司的跨国并购，并有效进行管理、研发、市场和文化整合，推动整体协调快速发展。通过并购整合，南车株洲所掌握了新型电力电子器件的关键技术，形成跨国产业链竞争优势，丹尼克斯公司摆脱了经营危机，成功开拓了中国市场。中国石油集团公司东方地球物理勘探有限责任公司通过科学细分客户群体、提供量身定做服务、融入客户勘探开发业务链等，将这些客户发展成为公司战略客户，并采取"风雨共济、共同成长"的人性化策略，促进公司与战略客户从工作关系转向朋友关系，并最终从朋友关系转向利益共享的合伙人关系。中国化学工程第三建设有限公司创造的《石化施工企业基于战略合作的国际化经营》、中国石化集团江汉石油管理局勘察设计研究院创造的《石油勘察设计企业国际化经营能力建设》、中国航天科工集团第九研究院创造的《军工企业国际化经营战略的实施》等成果，都是在这双重背景下探索"走出去"之路的成功典型。

## 五、改进研发管理，实现关键技术、核心技术的突破

科学技术是经济发展中最活跃、最具革命性的因素，是推动社会发展进步的决定性力量。自主科技创新能力是企业核心竞争力的重要组成部分，集中力量、重点突破关键技术和核心技术是形成自主科技创新能力的关键。

中国人民解放军第五七二〇工厂在引进国外先

进航空装备而无法获得国外维修技术情况下，立足自我，逐步掌握专检、特检、大修等核心技术，确保了部队航空装备的完好率。中国航天科工集团公司确立工艺在生产制造中的核心地位，并通过开展工艺技术体系、工艺研发平台建设、工艺人才队伍建设等一系列措施全面提升工艺管理水平，圆满完成了国家下达的各项武器装备研制批产任务。中航工业第一飞机设计研究院作为飞机整机设计单位，以先进的技术引领市场需求，并通过整合产业链将先进的设计变成被市场认可的产品。山东金正大生态工程股份有限公司集成缓控释肥从“小试－中试－产业化技术平台－工业化大规模生产”研究的创新成果，形成具有自主知识产权的缓控释肥生产技术体系与产业化发展模式，使这种在国外仅用于高端经济作物的“贵族肥料”走进了中国的农田。

## 六、信息技术与科研、运营、基础管理深度融合，将“企业的信息化”建设提升为“信息化企业”建设

信息技术的应用已渗透到企业价值链的各个部分、各个环节，成为企业活动中必不可少的元素和管理思想、管理模式的载体。信息技术通过与科研、运营、基础管理的深度融合，正将“企业的信息化”建设提升为“信息化企业”建设。

中航工业西安飞行自动控制研究所将信息化建设与流程再造、组织变革、管理方法变革、供应链管理协同推进，使得信息化管理渗透到产品生命周期全过程和管理运营各环节，实现了由企业信息化向信息化企业的转变。中国石油天然气股份有限公司搭建资金管理信息平台，将所有与资金有关的人和事连接起来，实现由管理资金向资金管理转变。西南证券股份有限公司通过建设包括系统部署、运维管理、灾备切换等在内的“同城双中心”证券交易系统，确保了交易系统近年来100%安全运行。广东省公路建设有限公司通过信息技术实现多产权下高速公路联网收费管理，形成业主、客户多方共赢模式。北京住总集团有限责任公司创造的《以实现大型建筑企业集约管理为目标的信息化建设》、河北钢铁股份有限公司唐山分公司创造的《基于信息化的钢铁企业计量全过程管理》、湖北三江航天江河化工科技有限公司创造的《涉密信息系统安全保密体系建设与管理》、中国移动通信集团公司创造的《通信企业信息安全合规管理》等成果都从不同角度阐述了通过信息技术提升企业管理现代化水平的经验。

## 七、创新财务管理，强化财务对企业发展的服务功能

财务管理是一项与企业各方面有着广泛联系的综合性职能管理。能否根据业务需要创新财务管理，发挥财务服务于企业发展的功能是企业成败的关键。

中国航天科技集团公司根据国家航天工程全寿命周期不同阶段要求，加强设计、研发、生产各环节的成本控制，实施全面成本管理，在确保质量的同时，提高投入经费的使用效益，保证了国家航天工程的圆满完成和企业的可持续发展。四川长虹电器股份有限公司紧密围绕集团战略转型和业务发展需求，重新界定财务管理职能，为长虹电器向集团化、多元化、国际化方向发展提供保障。中国核工业集团公司以提升资源保障能力和配置效率为目标，全面构建高效的集团化财务运作与管理体系，并在融资、保险、债务管理、汇率风险管理等财务领域开展集团化运作，发挥了大型企业集团的集团效应、协同效应和规模效应。武汉钢铁(集团)公司创造的《钢铁集团竞争成本管理体系的构建与实施》、国家开发投资公司创造的《大型投资控股公司提升管控能力的合并财务报表系统建设》、重庆市电力公司创造的《提升集约化管理水平的电网企业财务评价体系建设》、冀中能源峰峰集团有限公司创造的《大型煤炭企业基于定额对标选优的预算管控》等成果也在如何更好发挥财务管理服务功能方面作了探索。

## 八、延伸服务功能，提升企业价值创造能力

传统观念认为服务是价值链后端的一个环节。现代产业经济和管理理念已彻底颠覆这种传统观念，将服务看成是覆盖全价值链、并能将其嵌入价值链其他环节，实现一加一大于二的效果，进而提升企业价值创造能力。武汉铁四院工程咨询有限公司将

服务嵌入工程价值链上设计环节,制定并实施工程设计咨询业务专业化发展战略,走出了一条中小型高技术服务企业快速发展的成功之路。马钢(集团)控股有限公司淡化产品和服务的界限,推进服务向制造渗透和制造向服务拓展,最终为客户提供"产品服务系统",实现四个转变:价值实现上由以传统的产品制造为核心向提供具有服务内涵的产品和依托产品的服务转变;作业方式上由以生产为中心向以服务为中心转变;组织模式上由制造方单一提供产品和服务向产业链相关方相互促进价值增值转变;服务模式上由被动服务向主动服务转变、由售后服务向全过程服务转变,主动将客户引进制造系统,主动创造客户需求。河南省邮政公司创造的《邮政"三农"嵌入式服务体系的构建》成果,体现出该公司将服务触角覆盖至服务主体需求的全过程,为各个环节提供专业化、个性化、"一站式"服务,实现服务效果的最优化。

## 九、改善药品流通管理,探索医院体制改革的有效途径

探索医药体制改革新路径,解决看病贵、看病难问题,切实维护广大患者权益既是当前社会关注的焦点、政府工作的重点,也是众多医疗、医药机构必须承担的责任。

南京鼓楼医院集团宿迁市人民医院突破传统医院改革做法,从产权层面推进股份制改造,引入社会资本、先进医疗技术资源和现代企业管理经验,全面解决医院体制机制问题,探索形成了医院企业化运作的新模式。重庆医药股份有限公司树立诚信理念并将之转化为可操作的制度体系,在加强自身诚信建设的同时强化对供应商、医院客户、供应商客户和零售商客户的诚信管理,保证药品质量安全。北京医药股份有限公司将现代医药物流信息化系统、自动化技术和管理方法延伸到医院药库、药房和病区,为医院药库提供专业化、个性化的信息管理解决方案,实现药品批号效期的全程跟踪,保障患者用药安全。

## 十、高起点、高标准推进重大工程建设,实现工程设计、建设与运营有机结合、无缝衔接

高起点、高标准推进工程建设特别是重大工程建设是我国由工业化走向现代化的必然选择。工程建设是一项系统工程,必须从整个工程全生命周期考虑建设问题,实现工程设计、建设与运营维护无缝衔接,才能最大程度发挥工程价值。中国石化集团公司树立尊重科学、坚持程序、统筹协同推进理念,通过实施特大型工程建设项目群管理高标准的建设了我国"十一五"国家重大工程"川气东送",实现了世界级高危气田的安全、优质、高效开发。中国石油天然气股份有限公司管道分公司将梳理原有管理体系和引进国际先进标准相结合,建立包括设计施工数据、运行维护数据、风险数据等管道完整性数据库和管理平台,实现管道建设与运营无缝衔接,确保了管道安全运营。华能国际电力股份有限公司海门电厂以打造集质量、效益、节能、环保于一体的现代一流绿色发电企业为己任,全面优化项目设计、工程建设、试运行、发电生产各阶段的经营管理,创造了《大型电厂全面创优示范工程建设与运行管理》成果。中国中化股份有限公司创造的《企业大型复杂工程项目管理能力评估体系的构建与实施》等成果也阐述了这方面的经验。

(撰稿:刘　刚)

# 2011 年企业社会责任与诚信建设综述

中国企业联合会雇主工作部

随着全球经济一体化的深入发展，诚实信用和社会责任已日益成为国际范围内企业必须遵守的经营规范和法律要求。2011 年，中国积极应对各种挑战，经济实现了平稳增长，中国企业也在挑战中不断发展，企业对社会责任认识和实践在不断探索中稳步前行，中国在企业社会责任领域的国际影响力也不断加强，企业诚信体系建设迈出坚实步伐，各项工作都取得了积极进展，但仍然面临各种挑战。

## 一、中国企业诚信和社会责任的新进展

### （一）政府部门不断加强推动企业社会责任和诚信建设工作

2011 年，各级政府部门不断充分发挥引导、规范作用，不断完善相关政策，鼓励企业开展企业社会责任和加强企业诚信建设，不断激发企业履行社会责任的内在动力。

2011 年，党的十七届六中全会提出，把诚信建设摆在突出位置，大力推进政务诚信、商务诚信、社会诚信和司法公信建设，抓紧建立健全覆盖全社会的征信系统，加大对失信行为惩戒力度，在全社会广泛形成守信光荣、失信可耻的氛围。

工业和信息化部高度重视企业社会责任建设，明确指导企业社会责任工作机构和职责，组织开展相关基础性研究，探索推进企业社会责任建设措施。重点做好“五抓五促进”，即抓职责落实，促进体系建设；抓环境营造，促进中小企业发展；抓质量提升，促进消费者权益保护；抓安全生产，促进社会稳定；抓节能减排，促进“两型”社会建设。2011 年初，工业和信息化部印发了《2011 年食品工业企业诚信体系建设工作实施方案》，要求各地工业和信息化主管部门、有关行业协会和食品企业，要高度重视食品质量安全，把食品工业企业诚信体系建设作为食品安全长效机制建设的重要内容。

2011 年，国务院国资委制定发布了《中央企业“十二五”和谐发展战略实施纲要》，提出要以可持续发展为核心，以推进企业履行社会责任为载体，立足战略高度认识、部署和推进中央企业与社会、环境的和谐发展，为实现“做强做优、世界一流”目标提供支撑。实施和谐发展战略，对中央企业社会责任工作提出了更高的要求，国务院国资委要求中央企业以此为契机，不断提高企业履行社会责任的能力和水平。2012 年，为进一步加强对中央企业社会责任工作的指导，推动中央企业更好地履行社会责任，国务院国资委还专门成立了中央企业社会责任指导委员会，加大研究制定国务院国资委推进中央企业社会责任工作的战略、规划和年度计划；加强指导中央企业建立完善社会责任工作体制和制度。

2011 年，质检总局加强诚信体系建设，建立企业质量信用信息档案和产品质量信用信息平台，完善进出口食品企业“黑名单”制度，全年清查出口种植养殖备案场4 470家，55 家严重违规出口企业被列入“黑名单”。

2011 年 9 月，商务部、中宣部、国家发改委、工业和信息化部、卫生部、海关总署、税务总局、国家工商总局、质检总局、广电总局、国家旅游局、食品药品监管局、国家外汇局、中国贸促会、中国企业联合会、中消协等 16 个部门在京联合开展 2011 年“诚信兴商宣传月”活动。宣传月活动自 9 月 1 日开始，为期一个月。活动的主题是“诚信兴商，放心消费”。宣传月期间，将举办“2011 中国信用企业大会”，对全国性商会协会评定的部分 A 级以上信用企业进行宣传推广。各有关部门还将根据自己的工作职能特点，有计划地开展诚信方面的宣传活动。

证监会长期致力于提高资本市场的诚信水平，采取了多种措施加强市场诚信建设。2011 年，证监

会共处理违法违规线索 290 件，调查各类案件 209 起，作出行政处罚和市场禁入决定 68 项，罚没款约 3.5 亿元，移送公安机关涉嫌犯罪案件 25 起。

**（二）企业社会责任已经成为中国企业发展与管理实践的重要内容**

有关统计显示，2011 年全国共有 898 家企业公开发布了社会责任报告，比 2007 年净增加了 800 份。企业社会责任与企业转变发展方式、提升竞争力和企业品质、全面加强风险管理、塑造品牌形象、实施“走出去”战略的密切关系，受到了企业界的高度关注。企业界对解决重大社会问题负有重要责任，也已渐成共识。部分领先企业已经从管理变革和优化乃至管理模式的高度探索社会责任管理。2011 年，中国社会责任认识和实践在不断探索中稳步前行，表现在：认识逐步深化，管理水平持续提升；诚信体系建设迈出实质性步伐，合规经营状况有所改善；结构调整取得积极进展，技术创新能力明显增强；节能减排继续推进，绿色发展初见成效；产品质量有效提升，安全生产状况总体持续向好；企业和谐劳动关系构建取得积极进展；参与慈善公益程度和水平不断提升等。

各个行业大力推动企业社会责任实践。中国证券业协会发布了《2011 年度证券公司履行社会责任情况报告》，首次向社会披露证券公司在履行社会责任方面的年度工作情况。报告显示，多数证券公司初步形成了自身的社会责任理念和管理体系，能够自觉承担对国家和社会的责任。该报告显示，大多数证券公司初步形成了自身的社会责任理念和管理体系，有 79 家公司通过承诺或计划的方式保障用于社会责任工作的经费落实到位，部分公司开始定期向社会公开发布专门的社会责任报告并尝试向社会作出社会责任承诺。2011 年度各证券公司通过坚持依法合规经营、努力促进就业、大力宣传国家经济政策等方式积极承担起对国家和社会的责任。截至 2011 年末，中国证券公司员工总数达到271 400人，新增就业岗位47 996个；行业全年实现净利润 390 亿元，交纳营业税及附加、所得税合计 180.8 亿元；全年累计承销股票、债券等28 326亿元，282 家企业在 A 股市场首发上市，220 家企业实施股权再融资，全年证券融资总额5 073亿元。

民营企业和外资企业社会责任报告发布数量持续增长。不同性质企业发布的报告均有增长，民营企业发布了 187 份报告，同比增长 41.7%。外资企业中文社会责任报告数量持续增长，国别报告成为外资企业报告的主要形式。外资企业为适应中国区发展的需要发布中文社会责任报告，全面展示中国区履行社会责任的理念、措施和绩效。

与此同时，报告可信度提升，采用多种标准编制的报告大幅度增加。报告的可信度普遍提升，大部分报告力争客观表述企业履责实践，多数报告引用来自政府、员工、媒体及行业机构等利益相关方评价。依据国务院国资委《关于中央企业履行社会责任的指导意见》、《GRI G3.1 可持续发展指南》、《中国企业社会责任报告编写指南》等多种标准进行编制的报告达到 152 份，同比增加了 73.0%。部分报告创新明显，显现“四新”特征。报告的创新性较上年有明显提升，企业更加注重在报告中提出新理念，采用新的编制模式，应用新的编制标准，使用新的报告结构。

**（三）社会责任已日益融入央企发展战略和日常经营管理**

中央企业社会责任工作取得了很大进展，得到了党中央、国务院的充分肯定，也得到了社会各界的广泛认可。2011 年，中央企业社会责任报告发布工作取得了积极进展，报告数量和质量有了很大提升，继续走在全社会企业的前列，截至 2011 年底，发布社会责任报告的中央企业已经达到 76 家，比 2010 年增加 21 家。发布社会责任报告的中央企业共有 76 家，占全部 117 家中央企业的 65.0%；其中有 71 家发布了 2010 年度企业社会责任报告，其中，航天科技、中电科技集团、兵器装备集团、中国电子、中国电信、港中旅集团等 21 家企业首次发布了社会责任报告，62 份报告命名为“社会责任报告”（占 87.0%），9 份命名为“可持续发展报告”（占 13.0%）。从报告企业分布特征看，规模特征比较明显，企业规模越大，发布的比例越高。从行业特征看，则是基本涉及了中央企业所在重要行业。

与此同时，中央企业普遍建立了社会责任组织管理体系，明确了归口管理部门，多数企业在公司治理层面建立了有关社会责任工作的领导决策机构。兵器工业、中国电科、国家电网、南方电网、鞍钢集团、上海贝尔等企业设立了专门社会责任工作部门。中央企业坚持资源节约型和环境友好型发展，加大环保投入，推进节能减排，积极探索低投入、低消耗、低排放和高产出的发展道路。到2010年底，中央企业万元产值综合能耗（按可比价计算）比2005年下降20.3%；二氧化硫排放量比2005年减少36.3%，降幅超过全国平均水平22个百分点；化学需氧量排放量减少36.1%，降幅超过全国平均水平23.7个百分点，超额完成国家下达的节能减排指标。

经过近年的大胆创新和积极探索，中央企业社会责任工作收到了显著成效，在逐步实现从注重追求经济发展向追求经济、环境和社会综合价值创造转变、从相对封闭向积极与社会沟通转变、从单纯注重生产经营向提升品牌美誉度转变的进程中，中央企业与经济、社会、环境的和谐度也得以明显提升，不少企业已经将社会责任理念和要求全面融入到公司发展战略和日常经营管理中。中央企业作为全社会责任履行社会责任的先锋和表率，得到国内外广泛认可。

### （四）全球契约中国网络成立，国内企业国际参与明显增强

2011年11月28日，联合国全球契约组织正式授权中国企业联合会和中国石化牵头成立全球契约中国网络，动员更多中国企业加入联合国全球契约，推动企业遵守并实施在人权、劳工标准、环境、反贪污方面的十项基本原则，加强中国企业和国际社会的交流合作，提升中国企业的国际地位和形象。中国已有240多家企业和机构加入。全球契约中国网络的成立，将动员更多中国企业加入联合国全球契约，推动企业遵守并实施在人权、劳工标准、环境、反贪污方面的十项基本原则，加强中国企业和国际社会的交流合作，进而提升中国企业的国际地位和形象。

中国一些"走出去"的企业，如五矿等，还发布了国别报告，获得了国内外的良好评价。联合国全球契约组织对中国取得成绩表示赞赏，并称将继续加强与中国政府、行业协会和中国企业的紧密合作，更好的协助中国企业负责任地走出去，塑造良好国际企业公民形象，助力包容性增长和可持续发展的实现，为中国人民和世界人民造福。

## 二、当前中国企业社会责任面临的新情况和问题

### （一）外部环境对企业履行社会责任提出更高要求

综观全球，企业社会责任发展日趋深入，企业履行社会责任的外部环境呈现出一些新特点。一是利益相关方对企业履行社会责任提出了新的更高要求。当前，经济全球化日益深入发展，环境保护、气候变暖、能源保障、粮食安全、消除贫困、重大灾害救援等全球性社会问题日趋严重，对经济社会可持续发展的压力越来越大。随着经济全球化、市场化的深入，企业作为配置全球资源的主体，地位越来越高、影响越来越大，利益相关方对企业参与解决全球问题、履行全球社会责任寄予厚望。二是企业社会责任呈现标准化新趋势。一些国际组织和机构颁布企业责任标准，国际标准化组织2010年11月发布了社会责任指南ISO 26000，这是迄今为止最具系统性、最为完整的社会责任体系，不仅对社会责任进行了权威的解释和定义，还对社会责任融入组织提供了框架指南。虽然国际标准化组织强调ISO 26000是一个不适用于认证的标准，供组织自愿选择使用，但考虑到国际标准化组织的影响力，必须充分估计ISO 26000可能给全球各类组织社会责任工作带来的深远影响。三是企业履行社会责任呈现出刚性约束新趋势。近年来，社会各利益相关方越来越踊跃参与、影响和推动企业履行社会责任，资本市场出现了评价企业社会责任的指标体系，投资者出现了责任投资新潮，行业巨头要求商业伙伴或者产业链企业履行社会责任，社会责任对企业商业活动的影响和约束日趋严格。在各个利益相关方推动下，世界银行等组织要求将社会责任标准融入投资活动中，西方一些国家已经或正在准备征收碳关税，有的甚至可能成为新的投资和贸易壁垒。企业社会责任的自愿门槛不断上升，必尽责任的范围越来越大，愿尽责任范围在缩小，越来越多的软约束变为硬约束。

**（二）企业履行社会责任能力仍需全面提高**

从企业实践方面来看，这些年企业虽然取得了不少成绩，有了很大进步，但还存在一些不可忽视的问题，突出表现在：可持续发展和企业社会责任理念意识还不够强，社会责任管理体制机制和制度还不够健全；完善法人治理结构任务还很重，维护各利益相关方权益的机制还有待进一步完善；集约式发展、绿色发展还需要大力强化，加快转变发展方式的任务还很艰巨；企业内部还存在一些不和谐、不稳定因素，活力还需要进一步增强；透明运营和与利益相关方沟通的能力需要进一步提高，塑造央企品牌的意识和能力需要进一步提升。要通过进一步加强企业社会责任工作，不断提高企业的软实力，使企业的竞争力不但体现在规模和实力，更要体现在形象和品牌的影响力。但仍有不少企业对社会责任的认识不系统、不到位；工业行业产品质量、安全生产、劳资关系、节能减排等仍存在不少问题与企业诚信有关；一些企业责任缺失现象严重，违规经营行为时有发生等。

从作为与外界沟通和交流的重要渠道来看，企业社会责任报告的重要性重视程度还不够。主要表现在企业社会责任报告工作还未由文字加工、编辑向真正的社会责任管理转变，对利益相关方的期望与关注还没有充分回应，各方对企业社会责任战略和规划的了解和认同还远远不够。有关调研发现，相当比例的企业没有编制社会责任报告，没有成立专门部门或组织，没有对社会责任进行专门研究和部署。在社会责任管理、执行和落实等方面思想重视不够，行动不积极，缺少必要的资金和人力等基础性的资源投入。同时，很多企业的社会责任报告撰写不规范、不系统，存在人为的偏差和选择性阐述，有意绕开负面新闻和重大事件的反馈等，扭曲了社会责任的本质，不利于本企业社会责任管理能力提升和获得利益相关者认可与信赖。外资企业发布报告的总数相对较少，发布社会责任报告的潜力巨大。外资企业报告对社会责任和环境责任信息披露相对较多，经济责任信息披露相对较少。

**（三）一些领域诚信缺失问题仍然比较严重**

目前，社会诚信失范问题在各个领域或多或少存在着，成为影响社会良性运行的重要隐患。当前，社会诚信缺失问题依然相当突出，商业欺诈、制假售假、虚报冒领、学术不端等现象屡禁不止，人民群众十分不满。诚信缺失、不讲信用，不仅危害经济社会发展，破坏市场和社会秩序，而且损害社会公正，损害群众利益，妨碍民族和社会文明进步。

2011 年，以食品和药品等行业的诚信问题依然比较严重。地沟油流向餐桌、双汇被曝含瘦肉精、多地抢购碘盐、来自台湾地区的塑化剂风波等重大失信事件，严重影响到大众的日常饮食安全，造成恶劣的社会影响。以“瘦肉精事件”为例，据央视《每周质量报告》报道，河南孟州等地养猪场采用违禁动物药品“瘦肉精”饲养生猪，有毒猪肉部分流向河南双汇集团下属济源双汇食品有限公司，震惊全国。4 月 12 日，公安部召开新闻发布会透露，已将河南“瘦肉精”生产窝点、销售渠道乃至非法添加使用环节捣毁，共抓获犯罪嫌疑人 96 名。双汇“瘦肉精事件”震惊海内外之后，又有“达芬奇家居事件”浮出水面，出问题的企业涉及的范围越来越广、规模越来越大，这不能不让人深为愈演愈烈的社会诚信危机而担忧。

2011 年，社科院发布的《社会心态蓝皮书：2011 年中国社会心态研究报告》的有关调查显示，当前，虚假广告欺骗现象的严重程度得分为 78.3 分，属于“非常严重”范围；房地产开发和中介、食品行业、药品行业的严重程度得分分别为 71 分、65.4 分、64 分，均属“严重”范围。

## 三、企业社会责任和诚信建设的对策建议

从全球来看，企业社会责任已被看做可持续发展的重要基础和有效渠道。从国内看，中央多次强调建立社会诚信体系，“十二五”期间，企业面临着挑战和机遇，对企业履行社会责任提出了新的要求，经济形势和社会格局变化促使企业履责倒逼机制加快形成，工业转型升级全面推进也将有力促使企业社会责任加速发展。因此，建议采取以下措施，切实推动企业履行社会责任，诚信经营，实现可持续发展，促进社会经济发展。

**（一）动员社会力量，共同营造社会责任和诚信经营的良好氛围**

应当把实现行业和企业持续健康发展、促进社

会和谐稳定作为根本出发点，紧紧抓住当前中国企业发展中的突出矛盾和问题，进一步完善政府、行业、企业、社会“四位一体、多元共促”的协同推进机制，充分发挥各方合力的作用，构建企业社会责任建设的长效机制。政府部门应从自身职能出发，从规制、推进、监督三方面推进企业社会责任建设。行业协会应充分发挥服务、协调、中介、自律职能，采取措施引导和督促行业企业履行社会责任。企业应牢记责任，强化意识，提升责任管理水平和实践能力，将履行社会责任纳入制度化、规范化的轨道上来。同时，还应充分发挥社会公众和舆论监督的作用，营造有利于企业履行社会责任的外部环境。

**(二)企业将社会责任实践全面纳入长远发展和经营管理**

随着外部环境不断变化，企业应充分考虑国家“十二五”规划、2020 年远景目标的要求，从更加全面、更加长远的视角来看待社会责任实践，寻找企业发展新机遇，创造企业发展新模式，为进一步提升企业社会责任实践水准积蓄力量，共同促进中国企业社会责任的健康持续发展和水平提升。特别是广大中小企业、中西部企业更需要加强对社会责任的理解和认识，以更加积极的态度投身于社会责任实践。

企业应深化对社会责任的认识，在深刻认识自身业务对经济、社会、环境的影响和了解利益相关方需求的基础上，形成具有企业特色的社会责任观，将社会责任理念融入企业的发展战略，融入企业核心价值观与企业文化。首先，建立或指定社会责任组织管理机构，明确各层级、各部门、各岗位的社会责任职责，为企业履行社会责任提供组织保障。其次，将社会责任作为其运营的重要组成部分，逐步将履行社会责任的要求融入企业日常管理和运营全过程，结合自身发展状况和管理能力制定明确的社会责任规划，有计划、有步骤地开展社会责任实践。第三，建立履行社会责任的监督机制，检查和评估企业履行社会责任的制度、措施及成效，明确改进方向，持续改进社会责任绩效。

**(三)更加充分认识和发挥社会责任报告的价值**

企业社会责任报告可以系统检验和报告一个企业创造经济、社会和环境价值的意愿、行为和绩效。企业应深化对企业社会责任报告的理解，深刻认识到社会责任报告在传播理念、提升管理、与利益相关方沟通等方面的重要价值。企业可通过参与社会责任报告编制培训、报告编制经验交流会、社会责任报告集中发布等活动深化对社会责任报告的认识，学习和借鉴编制报告的先进经验，理解企业为社会创造价值的逻辑，努力编制和发布高质量的社会责任报告，以更好地实现与利益相关方的沟通。

与此同时，企业应在注重披露社会绩效的同时，加大对经济和环境绩效披露的广度和深度，以增强报告内容实质性，使各利益相关方能够全面深入了解企业的社会责任实践和绩效，全面提高社会责任报告编制质量，实现管理提升、与利益相关方沟通的重要价值，促进企业可持续发展。

总之，企业应结合自身发展战略和运营实际，整合和优化配置各种资源，加强企业诚信建设，不断提升社会责任实践的能力和水平。特别是在持续开展社会责任实践的过程中，将自身的专业优势与环境、社会问题的解决结合起来，在解决问题的同时取得良好的社会效益和经济效益，不断提升企业可持续发展能力，实现企业经济价值与社会价值、环境价值的完美结合。

(撰稿：马　超)

# 2011年企业家评价体系研究

中国企业家成长与发展研究课题组

## 一、研究的意义及目的

当前，面临我国经济社会发展新的阶段，应对国际经济形势不断变化，给企业家提出了新的任务和要求，建立企业家评价体系，对弘扬企业家精神，充分发挥企业家在推动经济社会发展中的作用具有重要的现实意义；可以进一步完善全国优秀企业家评选工作，更好地发挥优秀企业家对企业家队伍发展的引领作用。

## 二、评价体系构建的思路及原则

### （一）评价体系构建的思路

1. 体现时代特征。当前，加快经济发展方式转变，推动科学发展是我国经济社会领域面临的一场综合性、系统性、战略性的转变，企业家是企业的灵魂，在推动企业改革发展中起着十分重要的作用。这种时代的变化对企业家提出了新的要求。为反映这种时代的要求，评价体系把企业家担负的时代责任纳入对企业家的评价中，进行对企业家在推动企业技术创新、环境保护以及企业家社会责任意识和企业履行社会责任水平等方面的评价。

2. 以企业家能力为重点，结合企业综合绩效评价。该评价体系致力于对企业家进行综合评价，主要是对企业家个人的评价，以企业家素质和能力评价为主。同时，企业经营绩效客观、具体地反映了企业家素质与能力，对企业家的评价离不开对企业经营管理绩效的评价。

3. 量化评价与定性分析相结合。为了能够使评价全面、公正、合理，评价体系采用多样化的评价方式，把量化评价与定性分析有机结合起来。对企业经营绩效的评价，以定量评价为主；对企业家素质与能力以及管理等不易量化的内容以定性描述为主，辅之以定量指标，主要通过调查、判断以及专家评议等方式进行评价。

4. 评价内容以企业家所需的知识、技术、能力为主。从企业家的表现特征看，实现对企业家的评价关键是对企业家素质和能力的认知与衡量。本评价体系对企业家的评价由四个方面的要素构成：即企业家个人素质要素；管理与创新能力要素；经营绩效能力要素；社会责任要素。同时，在本评价体系要素构建中，考虑了建立限制性评价方面的内容，对企业在质量、安全、环境、劳动关系、诚信经营等方面存在严重问题的，实行“一票否决”。

### （二）评价体系构建的原则

1. 系统性原则。该评价体系从企业家本身的性质和属性出发，对能够反映企业家素质、能力、水平的各方面因素进行系统的整理和综合，力图使评价体系涵盖体现企业家能力的各个主要方面的内容，对企业家进行较为系统的评价。同时，该评价体系把对企业家个人素质与能力的评价和对企业综合绩效的评价、经济指标评价与社会指标评价结合起来，多角度进行评价。

2. 可行性原则。该评价体系涉及到的企业家素质能力及管理等一些不易量化的评价内容，通过调研、专家评议等方式易于得出比较客观的结论。量化评价需要的指标，主要是与现有的会计统计制度相衔接，其计算依据资料在企业现有核算资料中比较容易取得。评价体系中的量化评价指标主要是由现有企业财务报表体系中的指标构成，以及部分通过简单统计可以获得的数据。

3. 可比性原则。评价体系中涉及的指标在企业间具有共同的定义和内涵，数据统计口径一致，来源相同，使指标在行业间和企业家间具有可比性。而具有明显行业特征以及地区特征，不具有可比性的尽量不纳入评价体系。同时，为使不同企业家之间的对比更加客观、科学，评价体系也适当考虑不同行业和地区企业家成长的市场环境和经济社会环境的影响。

4. 可操作性原则。该评价体系与全国优秀企业家评选条件、内容和标准相一致，研究成果易于转化为评选的内容和标准。评价体系与原评选办法和程序相衔接，既增强评选的客观性，也发挥专家评审的作用，多层次、多方式对企业家进行综合评判。

## 三、评价体系的构成要素及评价指标

### （一）个人基本素质

1. 职业素质。职业素质在这里主要指企业家对所从事职业的适应能力。纳入评价体系的以最能够体现企业家职业要求的基本素质为主，包括教育背景、职业经历、职业道德和素养三个方面。

教育背景。教育背景是反映企业家人力资本状况的一个重要方面，也是增强企业家岗位适应能力的重要内容。在评价体系中，对企业家教育背景的评价主要包括企业家主要学习和培训经历，文化程度，具备的经济、管理、财务及相关专业知识等。

职业经历。职业经历是反映企业家素质与能力的一项重要内容，一定程度上说明企业家以往工作的业绩和今后发展的潜力。主要指企业家从事管理工作的经历，包括企业家在企业及其他机构从事管理工作和在跨国公司及国外从事经营管理工作的经历。

职业道德和素养。职业道德和素养主要指企业家在职业生涯中应当遵循的道德要求和行为准则。主要包括企业家在生产经营活动中坚持依法经营，诚实守信的原则；具有较强的敬业精神和责任感；为人公道正派。

2. 社会评价及影响力。社会评价及影响力体现了社会各方面对企业家素质、经营管理能力及其他各方面的认可，是第三方对企业家较为客观的评价，一定程度上也反映了企业家的价值。本评价体系主要侧重从企业家获得社会荣誉和企业家担任社会职务情况两个方面来衡量。

获得社会荣誉。即社会各类机构，包括政府部门、社会团体、专业机构等对企业家综合素质、业绩、社会贡献和影响力等方面的表彰嘉奖。

政治及社会组织任职情况。主要包括企业家在各级党代会、人大、政协担任代表或委员及任职情况；在社会团体、教育科研机构等担任职务情况；在各类国际组织担任职务情况等。

### （二）管理及创新

1. 战略决策。评价企业家战略决策能力和水平，这里主要从战略发展规划制定和实施，企业项目投资收益率和企业决策管理的科学性三个方面衡量。

战略发展规划。制定并实施具有整体性、长期性、基本性的企业发展战略是衡量企业家战略决策能力和水平的一个重要方面。企业具有制定并正在执行的中长期发展规划，规划的实施能够促进企业的创新发展。

项目投资收益率。企业新项目投资收益率反映企业家投资决策能力和水平的高低。项目投资收益率 = 项目投资收益额/项目投资额 × 100%，该比率越高，投资决策能力和水平越高。

决策管理。在现代企业经营中，科学的决策除依靠企业家的经验和敏锐的判断及预见外，还要求把决策过程中企业家个人的作用与企业管理团队作用的发挥结合起来，克服决策的个人化现象。决策管理主要反映企业在决策程序、决策方法、决策执行及责任追究等方面是否建立相应的内控制度和工作流程。

2. 管理水平。企业家是一个管理者，企业总体管理水平和管理效率反映了企业家作为企业经营活动组织者的能力。评价内容和指标主要包括：用管理费用占销售收入比例来衡量的管理效率，全员劳动生产率，风险管控状况，现代管理手段和方法的运用。

管理费用占销售收入的比例。管理费用指企业的管理部门为管理和组织经营而发生的各项费用。该比例反映了企业综合管理水平和效率。该比例越低，说明企业管理成本越低，管理效率越高。

全员劳动生产率。全员劳动生产率一定程度上是企业经营管理能力和水平的综合反映,它从生产效率的高低及劳动力节约的角度衡量了企业的管理水平。全员劳动生产率 =(工业增加值/全部从业人员平均人数)×100%。

风险管控。风险管控主要反映企业在投资、并购及财务风险、市场风险等方面的管理与控制措施和效果,包括风险控制标准、风险评估程序、风险预警、防范与化解措施等。

现代管理手段和管理方法的运用。企业管理信息化建设,主要是指企业是否在主要领域开展信息化建设,并借助信息化平台,建立起有效的辅助决策及运营、管控能力和精细化管理。企业在管理中采用现代管理方法和技术,如企业资源计划(ERP)、经济增加值(EVA)、平衡计分卡、六西格玛、5S 管理等。

3. 管理创新。管理创新是企业家创新精神的一个重要方面,企业家在经营管理活动中,坚持基本的经营管理理论和原则,并结合企业实际,开展管理创新活动,提升企业经营管理水平和效率。评价主要包括管理思想、管理制度和管理方法三个方面创新的内容。

管理思想创新。企业家的经营管理思想和理念对企业的经营行为以及经营管理绩效具有重要的影响。管理思想创新在这里指企业家能否适应全球化、知识经济时代的要求,提出适应企业改革发展的经营管理思想、观点和经营理念以及经营模式创新等。

管理制度创新。从我国企业发展的实际情况看,推进管理制度创新是促进企业发展的一个重要方面。管理制度创新主要指企业家推动企业管理制度体系建设,在企业产权制度、管理制度、激励制度、约束制度等方面的创新。

管理方法创新。管理方法创新是企业在管理具体技术方法上的创新,主要指适应信息化、知识化、市场化的要求,引进、消化新的管理理论和方法,并结合企业实际革新、创造,把新的管理方法、新的管理手段、新的管理模式等引入企业管理系统,提高管理效率,促进企业的改革发展。

4. 技术创新。技术创新是企业创新的最重要内容,企业家推动技术创新主要体现在对企业创新环境的培育,促进企业技术创新活动开展。评价指标包括:研究开发费用率,新产品贡献率、企业获得技术专利数量和建立有效的研发模式。

研究开发费用率。研究开发费用率即企业研究开发费用占销售总额的比重,反映企业在新产品开发、技术革新上所投入的费用情况。研究开发经费所占比重越大说明企业越重视技术进步与创新。研究开发费用率 =(企业研究开发费用/企业销售总额)×100%。

新产品贡献率。新产品贡献率即新产品销售利润占企业全部产品销售利润的百分比,反映企业技术创新成果的应用。新产品贡献率 =(新产品的销售利润/全部产品的销售利润)×100%。

技术专利数量。技术专利是企业技术创新成果的体现,技术专利的数量一定程度上反映了企业技术创新的能力和水平。在这里,技术专利数量指一段时期(5 年)企业获得的专利数量。

形成有效的研发模式。制定促进技术创新的相关政策,建立合适的组织结构,有足够的预算投入到创新活动中,推动企业技术创新的持续进行。结合企业实际,通过自主研发、委托研发和合作研发等研发模式实现研发目的。

5. 企业文化和团队建设。与企业管理紧密结合的企业文化建设能够提升企业的凝聚力、创造力、影响力和核心竞争力,可以为企业管理提供最有力、最长效的支撑。本评价体系主要关注企业价值观塑造、核心团队建设和人才队伍建设等方面的情况。

企业价值观塑造。企业核心价值观的形成,反映了企业对自身发展道路和发展方式的本质认识,体现了企业在价值创造中追求的最高境界。为此,衡量企业文化建设首先需要考察企业是否形成为企业广泛接受和认可的企业价值观。

核心团队建设。在现代企业管理中,管理团队建设对企业的发展具有重要的意义。团队建设,特别是核心团队建设也反映了企业家的人格魅力以及领导能力。核心团队建设主要看企业核心管理团队的结构及企业家重视团队成员的职业发展,为团队成员提供创造业绩的机会,鼓励和促进团队成员的成长和发展,选拔合格且有发展潜力的团队成员。

人才队伍建设。企业人才队伍状况既是企业文化建设的重要内容,也反映了企业文化建设的状况。人才队伍建设可用员工人均培训费用及员工流动率来衡量。人均培训费用反映企业对人力投资的重视程度及对员工发展的重视程度。员工人均培训费用=(员工培训的费用总额/员工平均人数)×100%。员工流动率反映了一定时期内(一般为一年),企业总的流动人数与员工总数的对比关系,员工流动率=(总流动人数/平均员工总数)×100%,说明了企业人才流失情况。

6. 国际化经营能力。衡量企业家的国际化视野和能力,主要通过企业跨国经营水平来体现,主要指标包括:企业产品出口比例,海外资产比例,海外营业收入比例。

企业产品出口比例。该比例是企业产品在国际范围内实现销售的程度,反映企业生产产品的国际化水平。产品出口比例=(出口产品总额/企业年度产品销售收入)×100%。

海外资产比例。该比例指企业海外投资规模,反映了企业在全球市场上产业布局、资源配置情况,一定程度上也反映了企业家的全球视野和全球范围的组织管理能力和快文化管理能力。海外资产比例=(企业海外资产额/企业资产总额)×100%。

海外营业收入比例。海外营业收入是企业本国之外的营业收入,反映企业海外投资生产的规模。海外营业收入比例=(企业本国之外的营业收入/企业全部营业收入)×100%。该比例的高低,反映了企业国际化经营水平。

### (三)经营管理绩效

1. 规模实力。企业规模反映了企业生产要素的集中程度与积累水平,是企业状况和企业综合生产能力的反映。在本评价体系中,主要从企业资产规模、营业收入和利润三个方面来衡量。

总资产。总资产指企业拥有或控制的、能够带来经济利益的全部资产。企业总资产规模及其变动情况是反映企业发展的一个基本指标,考察企业资产规模,特别是总资产规模变动情况是衡量企业家经营管理能力和绩效的一个基本内容。

营业收入。营业收入是企业在生产经营活动中,销售产品或提供劳务而取得的各项收入。包括主营业务收入和其他业务收入。营业收入反映了市场对企业产品的认可程度。在市场经济条件下,反映了企业的经营业绩。

利润总额。利润总额是一定时期内经营活动的总成果。利润总额是衡量企业经营业绩十分重要的经济指标。利润总额及其变化反映了企业发展情况,一定程度上也体现了企业家经营管理水平。

2. 盈利能力。获得经营利润是企业经营最终目标,也是企业能否生存与发展的前提,对企业出资人来说,出资的主要目的也是资本增值,在评价企业家绩效时,也往往着眼于企业的盈利水平。

净资产收益率。净资产收益率是指企业一定时期内的净利润与平均净资产的比率。净资产收益率充分体现了投资者投入企业的自有资本获取净收益的人力资本,突出反映了投资与报酬的关系,是评价企业盈利人力资本的核心指标。净资产收益率=(净利润/平均净资产)×100%。

总资产报酬率。总资产报酬率又称资产所得率,是指企业一定时期内获得的报酬总额与资产平均总额的比率。它表示企业包括净资产和负债在内的全部资产的总体获利能力。总资产报酬率=[(利润总额+利息支出)/平均资产总额]×100%。

销售利润率。销售利润率是企业利润总额与净销售收入的比率,衡量企业销售收入的收益水平,是被广泛采用评估企业营运效益的指标。销售利润率=(利润总额/营业收入)×100%。

3. 资产经营能力。资产经营能力是反映企业资产管理水平和使用效率的一个重要内容。企业资产经营主要目的就是提高资产利用效率,谋求等量资产创造更多的收益。衡量资产经营能力,本评价体系主要采用以下五个指标。

总资产周转率。总资产周转率是指企业一定时期的销售收入净额同平均资产总额的比值。总资产周转率体现了企业经营期间全部资产从投入到产出的流转速度,是综合评价企业全部资产经营质量和利用效率的指标。总资产周转率=销售收入净额/平均资产总额。

营业利润增长率。营业利润增长率是企业本年营业利润增长额与上年营业利润总额的比率,反映企业营业利润的增减变动情况。营业利润增长率=

(本年营业利润增长额/上年营业利润总额)×100%。

应收账款周转率。应收账款周转率是指企业一定时期的销售收入净额同平均应收账款净额的比值。应收账款周转率可用以估计应收账款的变现速度和管理效率。周转率越高,说明应收账款的收回越快,可以减少坏账损失,增强资产的流动性和资金营运人力资本。应收账款周转率=销售收入净额/平均应收账款净额。

资产负债率。资产负债率是反映企业一定时期的负债总额与资产总额之间的比例关系。资产负债率表明在企业总资产中,债权人提供资金所占比重以及公司资产对债权人权益的持续保障程度。资产负债率=(负债总额/资产总额)×100%。

流动比率。流动比率是流动资产对流动负债的比率,用来衡量企业流动资产在短期债务到期以前,可以变为现金用于偿还负债的能力。流动比率=(流动资产合计/流动负债合计)×100%。

**(四)社会责任**

1. 社会贡献。社会贡献率。社会贡献率指企业使用一定数量的资产,相应为社会提供了多少贡献。社会贡献率=社会贡献总额/平均资产总额。其中,企业社会贡献总额包括:工资(含奖金、津贴等工资性收入)、劳保退休统筹及其他社会福利支出、利息支出净额、应交增值税、应交产品销售税金及附加、应交所得税及其他税收、净利润等。该比例越高,说明企业为社会提供的贡献越多,说明其经济效益和社会效益越好。

上缴税金总额。依法纳税是企业的重要责任,企业上缴税金总额直接反映了企业对国家和社会的贡献。上缴税金是指企业所缴纳的各类税收。在本评价体系中,主要考察企业三年内上缴税金总额及变化情况。

就业规模及增长。该项指标主要反映企业为社会提供就业机会的程度,包括企业就业规模和就业增长水平。就业规模指企业年末就业总人数。就业增长水平指企业年度就业增长率,就业增长率=(本年度增加平均就业人数/年初平均就业人数)×100%。

社会公益活动。主要反映企业对社会公益活动的参与和支持程度。包括社会公益支出和参加社会公益活动情况。社会公益支出包括企业用于在公益捐赠、扶贫助学、社区建设等社会公益事业方面的支出,用社会公益支出比率衡量。社会公益支出比率=(企业社会公益支出/企业税前利润)×100%。社会公益活动主要包括企业组织开展和参加各类社会公益活动情况。

2. 员工责任。员工责任指企业在雇佣和使用员工的过程中,保障员工合法权益,创造良好的工作环境,推进员工民主管理,帮助员工成长,最终实现企业和员工的共同发展。

劳动合同签订率。依法规范用工是企业保障劳动者权益最基本的要求。按照我国有关劳动法律法规规定,企业用工要依法与职工签订劳动合同。劳动合同签订率=(签订劳动合同员工人数/企业员工总数)×100%。

人均收入增长率。该指标表明企业职工收入变化情况,同时反映企业经营绩效对企业职工的贡献。人均收入增长率=(职工年平均收入增加额/基年职工平均收入)×100%。

劳动保护。遵守国家有关劳动保护法律法规,根据企业情况制定职业病防治计划和实施方案,按照规定开展职业健康培训,足额支付因工作需要为员工配备或提供工作服、安全保护用品等所发生劳动保护费。

3. 环境责任。企业在运营中要重视节约资源/能源、保护环境、建立健全环境管理制度,这是企业环境责任的三方面重要内容。

单位产值能耗。该指标既反映企业能源消耗情况,也体现企业能源利用效率,用于评价企业能源消耗情况。单位产值能耗=(能源消耗支出额/本年销售收入)×100%。比率越低,企业能源节约程度越高,能源利用效率越高。用于评价时,可考察企业最近连续三年单位产值能耗变动情况,及与行业平均水平进行相比。

污染物排放。该指标主要指企业"三废"排放量,用于评价企业的环保效益。主要包括"三废"排放达标率、企业污染物排放降低比率、污染物排放量与年度生产总值比率等指标。

保护环境措施。包括企业在发展循环经济、污染物治理及达标排放、能源资源综合利用等方面采取的主要措施和取得的效果。

4. 限制性评价。为重点体现企业在安全生产、环境保护、劳动用工、诚信经营等方面的责任，企业在生产经营过程中，存在和发生①发生重大安全生产事故；②发生严重环境污染事故；③发生严重侵犯劳动者合法权益及重大劳动关系群体性事件，在社会造成不良影响；④违反诚信经营，发生严重失信问题；⑤发生严重产品质量问题等方面的问题，实行“一票否决”。

# 2011年中国企业家成长调查报告

中国企业家调查系统

在市场经济体制下，企业家始终处在风口浪尖，受到高度关注。企业家的思想特质，在很大程度上决定了企业的特征和发展方向，故其所起的作用不可小觑，是必须深入研究的问题。为此，中国企业家调查系统组织实施了“2011中国企业经营者问卷跟踪调查”，以备相关部门和研究者参考。本次调查共回收有效问卷4 225份，样本覆盖31个省、自治区和直辖市的各个行业，其中国有企业和非国有企业分别占6.3%和93.7%；大、中、小型企业分别占7.3%、37.4%和55.3%。接受调查的企业家职务系企业董事长或总经理、厂长、党委书记的占95.1%，平均年龄51.4岁，具有本科以上学历的占41.1%。

## 一、企业家的价值取向

### （一）对人性的认识

1. 认同人类向善。本次调查采用打分的方式，了解了企业家对人性的看法，分数的取值范围为1～10分，分数越高表示越认同人性向善。调查显示，认为“人性向善”（打分在6～10分之间）的企业家占77.4%，认为“人性向恶”（打分在1～5分之间）的占22.6%，总体打分为7.02，这表明，大多数企业家认同“人性向善”。

分组来看，中西部地区企业、大中型企业、国有企业、处于成长期的企业、研究生及以上学历的企业家更加认同“人性向善”；从不同行业看，第一和第三产业的企业家更加认同“人性向善”。见表1。

对人性善恶认同度的比较

表1

| 分类 | | 对人性的打分值 |
|---|---|---|
| 总体 | | 7.02 |
| 经济类型 | 国有企业 | 7.30 |
| | 民营企业 | 6.99 |
| | 外资企业 | 6.90 |
| | P值 | 0.021 |
| 发展阶段 | 创业期 | 7.11 |
| | 成长期 | 7.19 |
| | 成熟期 | 6.88 |
| | 衰退期 | 6.37 |
| | P值 | 0.00 |
| 地区 | 东部地区 | 6.82 |
| | 中部地区 | 7.43 |
| | 西部地区 | 7.38 |
| | P值 | 0.00 |
| 规模 | 大型企业 | 7.13 |
| | 中型企业 | 7.15 |
| | 小型企业 | 6.91 |
| | P值 | 0.003 |
| 产业 | 第一产业 | 7.19 |
| | 第二产业 | 6.97 |
| | 第三产业 | 7.22 |
| | P值 | 0.002 |

在“人性本善”和“人性本恶”的问题上，同意“人是可以被信任的”这一说法的企业家占85.6%，同意“人天生善良”的占80.1%，同意“人不愿意做

违背道德的事情”的占71.8%。总体来看,企业家对“人性本善”这三个说法的认同程度都较高。同意“没有法律的约束,人的犯罪行为会大大增加”这一说法的企业家占86.6%,同意“人是自私、利己的”的占72.5%,同意“为了实现自己的目标,人会不择手段”的占44.8%。西部地区企业家更认同“人性本善”,而规模越小、处在衰退期以及第二产业的企业家,则更加认同“人性本恶”。

知人善任,扬善抑恶,是优秀企业家必须具备的能力。调查表明,企业家在高度认同“人性向善”的同时,也清楚地认识到人性中存在“恶”的一面。因此,要进一步完善企业家成长和企业发展的法律环境,为扬善抑恶提供制度保障。

2. 认同员工的创造性和责任感。企业家对人性的看法在很大程度上影响了他们对员工本性的假定,本次调查在“XY理论”的基础上,了解了企业家对员工本性的看法。

调查显示,中国企业家对Y理论的认同程度相对较高,总体评价值为3.75,高于中值3.5,这与企业家对“人性向善”的高认同度是相吻合的。见表2。

对员工本性的假定及分组比较(基于企业间差异)

表2

| 分类 | | 对X理论的认同程度 | 对Y理论的认同程度 |
|---|---|---|---|
| 总体 | | 2.64 | 3.75 |
| 经济类型 | 国有企业 | 2.39 | 3.85 |
| | 民营企业 | 2.69 | 3.73 |
| | 外资企业 | 2.68 | 3.73 |
| | P值 | 0.00 | 0.00 |
| 发展阶段 | 创业期 | 2.66 | 3.75 |
| | 成长期 | 2.56 | 3.80 |
| | 成熟期 | 2.68 | 3.71 |
| | 衰退期 | 2.99 | 3.53 |
| | P值 | 0.00 | 0.00 |
| 地区 | 东部地区 | 2.68 | 3.74 |
| | 中部地区 | 2.60 | 3.74 |
| | 西部地区 | 2.54 | 3.84 |
| | P值 | 0.012 | 0.122 |
| 规模 | 大型企业 | 2.22 | 4.05 |
| | 中型企业 | 2.58 | 3.76 |
| | 小型企业 | 2.74 | 3.70 |
| | P值 | 0.00 | 0.00 |
| 产业 | 第一产业 | 2.59 | 3.89 |
| | 第二产业 | 2.68 | 3.70 |
| | 第三产业 | 2.45 | 3.97 |
| | P值 | 0.00 | 0.00 |

在各年龄组中,“80后”(31岁以下)企业家对人性向善的认同程度最低,但是对Y理论的认同程度最高。这在一定程度上说明,“80后”企业家对社会整体的信任程度相对不太高,但在工作场所中,他们相信员工的主动性和创造性,愿意更多地激励员工而不是监控员工。

### (二)企业家的精神境界及其影响

1. 企业家对个人精神境界的认知(见表3)。对精神境界的自我评价,调查显示,企业家评价最高的是“感恩”,评价值为5.32,且绝大多数企业家认同生命中有许多值得感激的人和事。在感恩的对象上,企业家选择排在前3位的是“公司员工”(78.4%)、“家人”(64.1%)和“朋友(包括过去的领导、老师、同事、同学等)”(60.6%),而选择“投资者”和“供应商”的比重则相对较低,仅分别为12.9%和5.9%,这与西方的企业家关注客户、供应商、投资者等有所不同。

中国社会当中人际关系还有重要作用,传统的“亲友”意识和现代社会的“爱心”观念交织,使越来越多的人愿意尽其所能向他人,特别是有某种关系者提供及时以至无私的援助,这些帮助有时对受助者是决定性的,这与“投资者”、“供应商”等价交换式帮助,自然更令人心怀感激。

接受调查的企业家中,第三产业的企业家对个人精神境界的评价要高于第一和第二产业,衰退期企业的企业家对个人精神境界的评价最低,女性企业家对个人精神境界的评价明显高于男性,大学本科及以上学历的企业家对个人精神境界的评价较高。

企业家对个人精神境界的自我评价

表 3 单位:%

| 评价内容 | 非常不同意 | 比较不同意 | 有点不同意 | 有点同意 | 比较同意 | 非常同意 | 评价值 |
|---|---|---|---|---|---|---|---|
| 生命中有很多值得我感激的事情 | 0.6 | 0.6 | 1.5 | 11.9 | 33.5 | 51.9 | 5.33 |
| 我对人生旅途中的很多人都充满感激 | 0.6 | 0.9 | 2.1 | 12.8 | 30.0 | 53.6 | 5.31 |
| 所有的生命都值得尊重 | 0.8 | 0.9 | 1.9 | 7.6 | 20.0 | 68.8 | 5.52 |
| 我尊重人与人之间的不同 | 0.5 | 1.1 | 1.8 | 12.0 | 33.6 | 51.0 | 5.30 |
| 我可以从他人那里获得真情 | 1.3 | 1.4 | 4.9 | 21.6 | 35.7 | 35.1 | 4.94 |
| 我追求自己的内心精神世界 | 0.6 | 1.1 | 2.6 | 12.8 | 35.7 | 47.2 | 5.24 |
| 精神世界赋予我内在的力量 | 0.7 | 1.3 | 3.2 | 13.2 | 36.2 | 45.4 | 5.19 |
| 我有一种使命感 | 0.5 | 0.6 | 2.1 | 12.5 | 32.5 | 51.8 | 5.31 |
| 我所经历的人生是有意义的 | 0.6 | 0.6 | 2.3 | 13.3 | 30.9 | 52.3 | 5.30 |
| 我很高兴我成为现在的自己 | 1.5 | 2.4 | 6.1 | 19.2 | 32.0 | 38.8 | 4.94 |

企业家的个人追求方面,调查中超过六成的企业家选择了"企业的持续发展"(85.9%)和"员工收入提高与成长"(64.5%),排在所有 12 个选项的前两位,而选择"较高的社会地位"、"个人/家族财富的积累"和"参政议政"的比重相对较低,比重均在 10.0%以内。

2. 积极精神状态的影响。调查还表明,企业家对人性的看法和对个人精神境界的评价,与企业家信心、动力和幸福感均呈显著的正相关关系,越认同人性向善、对个人精神境界评价越高的企业家,信心和动力越强,幸福感越高,其企业的综合绩效也越好。优秀的企业家不仅要潜心经营企业,还要深入思考人生的意义、责任等精神归宿和文化认同、商业伦理、社会进步等问题,培养积极心态和乐观精神,探索企业存在和发展的意义以及个人价值实现的不断超越,从哲学思想中寻找到引领企业发展的内在精神动力和优秀企业文化。

## 二、企业家的管理实践

### (一)领导风格

1. 人力资源管理。"授权"和"监控"是企业人力资源管理中最主要的两种方法,在实践中,企业家常常结合使用,从而形成了四种不同的领导风格,即:"高授权高监控"、"高授权低监控"、"低授权高监控"和"低授权低监控"。见图 1。

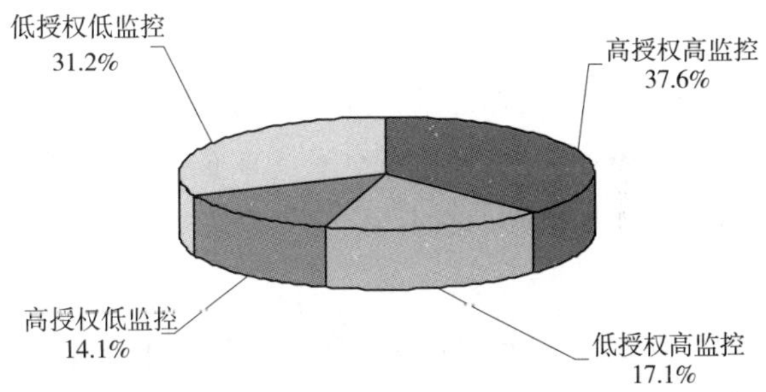


图 1 企业家的领导风格

调查表明,多数企业家在管理过程中同时采用了授权和监控两种方法,相对而言,企业家更愿意采用监控的方法,并且更加重视对结果的监控,这一问题值得深入研究。目前中国企业家的领导风格以"高授权高监控"和"低授权低监控"为主,前者比例相对占优,但也有相当一部分企业家既不重视授权也不重视监控,这一现象值得关注。

分组来看,国有企业采用"高授权高监控"、民营企业采用"低授权低监控"比重较高;中部地区企业、第三产业企业采用"高授权高监控"比重较高;女性和高龄企业家采用"高授权高监控"比重较高。

2. 注重对员工的激励和期望的平衡，更强调期望。本次调查从"激励"（即企业向员工提供的激励）和"期望"（即企业对员工贡献的期望）两个方面了解了目前中国企业的员工－企业雇用关系，将员工－企业雇用关系分为四种类型：高激励高期望、高激励低期望、低激励高期望和低激励低期望①。

调查结果显示，关于企业对员工激励的有关措施的实施情况，企业家的总体评价值为4.6，明显高于中值3；关于企业对员工的工作期望，企业家的总体评价值为4.94，明显高于中值3，也高于对激励的评价。总体来看，中国企业家鼓励员工参与决策，愿意听取员工的建议，也为员工提供了较好的物质激励、晋升渠道和培训机会；另外，相对于激励，企业家更强调对员工的期望，希望员工积极主动地改进工作，在工作中能任劳任怨、为企业的发展无私奉献。

目前中国企业的员工－企业雇佣关系以"高激励高期望"和"低激励低期望"为主，所占比重分别为37.6%和30.2%，而"高激励低期望"和"低激励高期望"所占比重相对较低，分别为13.3%和18.9%（见表4）。调查表明，总体来看，目前中国企业更加倾向于和员工建立一种平衡的雇用关系，即"高激励高期望"或者"低激励低期望"；而采用"高激励低期望"或"低激励高期望"等非平衡雇用关系的企业相对较少。

我国员工－企业雇用关系现状

表4

| 指　标 | 高激励高期望 | 高激励低期望 | 低激励高期望 | 低激励低期望 |
|---|---|---|---|---|
| 企业比重(%) | 37.60 | 13.30 | 18.90 | 30.20 |
| 对员工贡献的期望 | 5.54 | 4.39 | 5.38 | 4.15 |
| 向员工提供的激励 | 5.34 | 5.14 | 4.05 | 3.79 |

注：表中第3行和第4行数据分别表示员工－企业关系类型下企业对员工贡献的期望程度和向员工提供激励的程度，分值越高程度越深，最低分为0、最高分为6。

分组来看，西部地区企业、大型企业、国有企业、第三产业企业和成长期企业中，女性企业家、受教育程度高和年龄较在的企业家"高激励高期望"的比重相对较高。

3. 对利益相关者的重视程度。关于对各方利益相关者的调查结果显示，企业家对政府的重视程度最高，评价值为5.41，明显高于中值3.5；其次是顾客，评价值为5.23；再次是社会和员工，评价值分别为4.98和4.86；而对供应商的重视程度相对较低，评价值为4.67。这表明加快政府职能转变、推进服务型政府建设、深化行政管理体制改革、减少政府对微观经济活动的干预、努力为各类市场主体创造公平的发展环境，十分迫切和重要。见表5。

分组来看，外资企业对顾客的重视程度更高，民营企业对社会的重视程度更高；第三产业的企业对顾客的重视程度要高于第一和第二产业；创业期企业对各利益相关者的总体重视程度相对较高。此外，女性企业家对各利益相关者的重视程度均高于男性；80后企业家对政府的重视程度要高于其他年龄段。

### （二）精神价值取向对管理效果的影响

调查显示，越认同人性向善、对自我精神境界评价越高的企业家，越倾向"高授权高监控"和"高激励高期望"，越重视各方的利益相关者，而这样的企业综合绩效就越好。这样的结果表明，在现代社会各方面的联系日益密切，利益不可能为个人独享。企业家只有关注各方面利益，做到互利共赢，才能实现企业的发展。

① 本调查采用中位数分割法来区分企业对员工贡献期望的高低以及对员工的激励的高低。例如某企业对员工贡献的期望水平高于50%的被调查企业水平，则定义该企业对员工的贡献具有高期望。

对利益相关者的管理实践及分组比较（基于企业间差异）

表 5

| 分类 | | 对政府 | 对顾客 | 对社会 | 对员工 | 对供应商 |
|---|---|---|---|---|---|---|
| 总体 | | 5.41 | 5.23 | 4.98 | 4.86 | 4.67 |
| 经济类型 | 国有企业 | 5.41 | 5.12 | 4.88 | 4.86 | 4.61 |
| | 民营企业 | 5.39 | 5.24 | 5.00 | 4.85 | 4.66 |
| | 外资企业 | 5.46 | 5.27 | 4.90 | 4.84 | 4.66 |
| | P值 | 0.319 | 0.005 | 0.008 | 0.912 | 0.571 |
| 发展阶段 | 创业期 | 5.53 | 5.33 | 4.98 | 4.95 | 4.75 |
| | 成长期 | 5.44 | 5.27 | 5.03 | 4.92 | 4.72 |
| | 成熟期 | 5.39 | 5.21 | 4.97 | 4.81 | 4.64 |
| | 衰退期 | 5.18 | 5.01 | 4.68 | 4.58 | 4.53 |
| | P值 | 0.000 | 0.000 | 0.000 | 0.000 | 0.000 |
| 地区 | 东部地区 | 5.40 | 5.23 | 4.97 | 4.84 | 4.66 |
| | 中部地区 | 5.43 | 5.24 | 5.01 | 4.89 | 4.73 |
| | 西部地区 | 5.41 | 5.23 | 4.98 | 4.92 | 4.60 |
| | P值 | 0.691 | 0.924 | 0.512 | 0.065 | 0.037 |
| 产业 | 第一产业 | 4.99 | 4.80 | 5.21 | 5.36 | 4.66 |
| | 第二产业 | 4.96 | 4.84 | 5.24 | 5.41 | 4.66 |
| | 第三产业 | 5.04 | 4.96 | 5.22 | 5.44 | 4.70 |
| | P值 | 0.091 | 0.003 | 0.875 | 0.389 | 0.706 |
| 规模 | 大型企业 | 5.41 | 5.18 | 5.03 | 4.88 | 4.68 |
| | 中型企业 | 5.40 | 5.23 | 4.99 | 4.86 | 4.70 |
| | 小型企业 | 5.42 | 5.24 | 4.96 | 4.85 | 4.65 |
| | P值 | 0.758 | 0.440 | 0.399 | 0.860 | 0.344 |

## 三、企业家与外部环境的关系

本次调查显示，企业家对成长环境和经营环境的评价均明显下降。在成长环境的六个方面——经济体制、法律环境、政策环境、社会舆论、文化环境和市场环境——当中，企业家对经济体制的评价相对较高，其次是文化环境，排在第三位的是法律环境和市场环境，排在第四位的是政策环境，而对社会舆论的评价最低。值得注意的是，与2007年的同一调查相比，企业家对成长环境六个方面的评价下降明显，其中对经济体制、政策环境、社会舆论、文化环境和市场环境的评价甚至要低于10年前（2002年）的调查结果。

对企业经营环境的综合评价，29.4%的企业家认为“很好”或“较好”，50.8%认为“一般”，19.8%认为“较差”或“很差”，总体评价明显低于2010年。其中，民营企业、中小企业和西部地区企业对经营环境的评价相对更低。超过八成（80.6%）的企业家认为目前企业的税收负担“很重”或“较重”；近六成（59.0%）的企业家同意“不少企业家对进一步深化市场化改革信心不足”这一说法，超过七成（73.1%）的同意“目前愿意做实业的企业家越来越少”这一说法。调查反映出的这些问题，应当引起高度重视。

调查显示，企业家对人性的看法与企业家成长的外部环境呈显著的正相关关系，这表明，对外部环境评价越好的企业家，越认同人性向善，对外部环境评价越差的企业家，越认同人性向恶。而企业家对个人精神境界的评价与企业家成长的外部环境也呈显著的正相关关系，对外部环境评价越好的企业家，对个人精神境界的评价越高，对外部环境评价越差的企业家，对个人精神境界的评价越低。

鉴于上述情况，政府和社会要大力为企业家个人成长和企业持续发展创造更加安全、良好的支持体系和外部环境，在深化市场化改革的同时大力推进法制建设，加快政府职能转变、提升政府服务水平，营造诚信、和谐的社会文化氛围、弘扬企业家精神，推动中国商业文明进程，共同为创造和谐的员工与企业的关系、和谐的经济与自然资源的关系、和谐的人与生态环境的关系而努力。

# 2011 年企业思想政治工作和企业文化建设综述

中国思想政治工作研究会

2011 年是"十二五"规划的开局之年，是建党 90 周年。各企业认真贯彻落实党中央、国务院各项决策部署，继续保持了平稳较快发展，运行质量和效益明显提升。企业思想政治工作和企业文化建设借着十七届六中全会的东风，呈现出企业发展、文化繁荣的良好景象，继续围绕中心、服务大局，团结动员企业干部员工立足岗位、奋力拼搏，为促进企业改革发展稳定作出了积极贡献。

## 一、深入学习贯彻《意见》，切实加强和改进新形势下国有企业思想政治工作

2010 年 11 月，中央办公厅、国务院办公厅转发了《中央宣传部、国务院国资委关于加强和改进新形势下国有及国有控股企业思想政治工作的意见》（简称《意见》），这是全国国有及国有控股企业（简称"国有企业"）思想政治工作领域的一件大事，充分体现了党中央、国务院对国有企业思想政治工作的高度重视。《意见》在认真总结近年来国有企业思想政治工作实践经验的基础上，对加强和改进新形势下国有企业思想政治工作的重要意义、总体要求、主要任务、责任体系、保障机制和组织领导等作了明确规定，是一份适应形势发展要求、符合国有企业实际、具有较强针对性和指导性的重要文件。《意见》的出台，对于发挥国有企业思想政治工作的政治优势，将政治优势转化为科学发展优势、转化为实现"十二五"目标的强劲动力，对于提升国有企业核心竞争力、实现又好又快发展，对于推动社会主义核心价值体系建设、构建社会主义和谐社会，都具有十分重要的意义。

2011 年，各国有及国有控股企业把认真贯彻落实《意见》当作思想政治工作的头等大事，结合企业实际与"十二五"规划，研究制定具有针对性和可操作性的学习贯彻落实《意见》的措施。对照《意见》要求，认真总结经验，分析查找不足，明确工作重点与方向。研究解决贯彻落实《意见》过程中遇到的困难和问题，加强对《意见》贯彻落实情况的调查研究与督促检查，促使各项工作任务与措施落实到位。《意见》下发后，中粮集团党组高度重视，党组中心组组织了专题学习，总结了近年来在社会环境和经营环境发生较大变化、公司战略转型步伐不断加快、重组并购力度不断加大以及员工队伍结构和思想观念出现新的变化的情况下，集团以各级党工团组织为主体加强思想政治工作的一些做法和成果，出台了《中粮集团党组关于全面加强和改进基层党组织建设，提高党建科学化水平，助推"全产业链"建设的决定》，全面部署了下一步中粮集团贯彻落实《意见》精神、切实加强"全产业链"进程中思想政治工作的措施。南方电网公司党委高度重视，迅速组织党组中心组认真学习领会文件精神，并结合公司实际，制定出台了《中国南方电网公司关于加强和改进新形势下思想政治工作的意见》，对公司新形势下思想政治工作进行了统一部署，并通过建设"幸福南网"等创新性的工作，为促进南方电网安全稳定，保障员工队伍稳定，提高公司软实力，实现公司成功转型和科学发展奠定了基础。葛洲坝集团积极以《意见》的学习

贯彻落实为契机，结合企业发展的现实状况及企业员工不同群体的特点来进一步培育塑造企业价值观。结合集团公司农民工（协议工）数量与日俱增，已成为生产经营中的重要力量和密不可分的利益共同体的实际，进一步加强了对这个特殊群体的思想政治工作力度。在800多个各类劳务组织、8万多农民工队伍中开展广泛深入的文化宣传，创造文明规范的施工环境，探索劳务组织的党组织管理方式，将他们纳入员工队伍统一管理，“思想上一样教育、工作上一样要求、生活上一样关心、报酬上一样合理”。结合集团国际化战略的稳步实施，对外籍员工开展文化输出。积极发挥葛洲坝文化的包容度和吸引力，将不同文化背景的员工集中在一起进行专门的文化培训，打破他们心中的文化障碍和角色束缚，提高对企业核心价值观的认同度。

## 二、扎实推进社会主义核心价值体系建设，员工团结奋斗的思想道德基础更加巩固

2011年，各企业尤其是国有及国有控股企业，坚持把社会主义核心价值体系建设作为事关改革发展大局的基础工程和灵魂工程，贯穿到企业思想政治工作的各个领域，融入企业文化培育、员工教育、精神文明建设和企业党的建设全过程，贯穿企业改革发展的各领域，坚持用社会主义核心价值体系育人固本、凝魂聚气，以创建文明单位、文明班组、文明社区、文明家庭等为抓手，广泛开展群众性精神文明创建活动，不断加强员工的思想道德建设，为实现企业的科学发展提供了强大精神力量和道德支撑。

1. 不断深化中国特色社会主义理论体系的学习。企业认真开展学习实践科学发展观活动和创先争优活动，深入推进学习型党组织建设，用科学理论武装党员干部，教育员工，广大党员干部贯彻落实科学发展观的自觉性和坚定性不断增强。许多企业切实加强党委（党组）中心组学习，不断提高领导班子理论水平和引领企业科学发展的能力。

2. 着力培育企业精神。坚持以社会主义核心价值体系建设为根本任务，积极开展中国特色社会主义理论体系、中国特色社会主义共同理想、民族精神和时代精神、社会主义荣辱观的学习教育，发动员工广泛参与，大力培育优秀的企业文化，努力构建企业精神家园，不断推进思想道德建设。企业积极创新形式，广泛开展企业先进精神教育，用先进精神育人铸魂。中国石油组织了200多场“石油魂”巡回宣讲，使百万员工受到了大庆精神铁人精神的洗礼。航天科技联合拍摄电影《钱学森》、宣传片《我国航天事业开拓者—孙家栋》，中航工业拍摄电影《吴大观》，兵器工业拍摄电影《吴运铎》，中国海油录制《踏海寻油赤子心》等专题宣传片，弘扬了中央企业优秀科技工作者和共产党员胸怀祖国、拼搏奉献、开拓创新、勇攀高峰的崇高品质，极大地教育激励了广大员工，增强了与企业共奋进的向心力。

3. 用先进的企业文化引领员工价值追求。企业把企业文化建设作为新形势下加强精神文明建设的重要内容和载体，总结提炼企业核心价值观，努力建设符合社会主义核心价值体系、体现时代特征和企业特色的企业文化，进一步夯实了社会主义核心价值体系在中央企业的实践基础。中国华能的“三色文化”、中国大唐的“同心文化”、中粮集团的“忠良文化”、国家核电的“三和文化”等都很有特色，进一步丰富了企业精神文明的内涵，成为凝聚广大员工的精神纽带。

4. 注重典型引领，不断提升企业道德水平。各企业注重发挥先进典型的示范引领作用，用榜样的力量教育人、鼓舞人、激励人，构筑道德丰碑。鞍钢集团郭明义立足本职，奉献社会，是雷锋精神的传人，影响和激发了全社会弘扬雷锋精神的巨大热情。中国航天科工集团员工史永乐，常年用自家车接送老人、儿童和需要帮助的人，被誉为“雷锋车司机”。中航工业集团大力弘扬“星文化”，使先进典型成为“无声的道德力量”。国家电网北京公司建立18支“国家电网首都电力共产党员服务队”，已累计开展活动472次，受到了社会各界广泛赞誉。实践表明，先进典型的培育、挖掘和推广，搭建了加强改进企业思想政治工作和企业文化建设的有效平台，有力促进了广大员工思想道德素质的提高和企业文明程度的提升。

## 三、大力弘扬工人阶级伟大品格和劳模精神，进一步做好新形势下职工思想政治工作

当前，我国经济体制深刻变革、社会结构深刻变动、利益格局深刻调整、思想观念深刻变化。职工队伍的思想观念总体上积极向上，并呈现出多元化的特点。主要表现在：

1. 职工思想观念更加趋于多样化。受各种观念和思潮的影响，职工群众的思想意识表现出很强的复杂性和多变性，积极与消极并存，主流与支流激荡。不同职工群体、不同年龄段职工思想观念的差异性日益扩大，同一群体职工思想观念逐步接近和交融。

2. 职工普遍拥护党和政府改善民生的政策。大多数职工对中国特色社会主义事业充满信心，对党和国家提出的以人为本、改善民生的政策高度评价，积极投身建设社会主义现代化国家的伟大实践，创新进取意识强烈，具有强烈工作积极性和劳动热情。

3. 具有较强的社会责任感。广大职工高度关心国家和企业的发展，希望国家强盛、社会和谐、企业兴旺，自觉支持和投身各项改革。调查显示，66.8%的企业职工能够正确认识劳动模范的作用，近半数职工希望能成为劳动模范。

4. 价值取向更加积极务实。职工的市场意识、竞争意识、效率意识、公平公正意识和开放意识增强，广大职工价值取向更加现实，更加看重个人价值的实现，希望通过诚实劳动创造美好生活，拥有稳定的工作、较多的收入和幸福的家庭。多数职工保持着积极乐观的人生态度，对我国发展前景和个人未来充满信心。

5. 职工的道德观念基本适应当代社会的要求。在广大职工中，中华民族的传统道德观念仍然具有较大影响，普遍认同职业道德，崇尚家庭美德。大多数职工认同爱国、敬业、诚信、友善等道德规范。

总体上看，当前职工思想的主流是积极稳定的。当然，也存在一些值得重视的现象。比如，部分职工对当前收入分配状况不满；一些职工的心理压力加大，失望和不满情绪逐渐累积等。

## 四、学习型党组织建设工作扎实推进、态势良好，取得明显成效

2011 年，各企业党委、党组以高度的政治自觉、扎实有效的措施，积极推进学习型党组织建设工作。紧紧围绕庆祝建党 90 周年，紧密结合创先争优活动，紧扣企业改革发展中心任务和“十二五”规划的实施，不断推进学习型党组织建设向纵深发展，取得了明显成效。主要表现在以下几个方面：

1. 联系实际，在促进企业科学发展上有了新进展。各企业紧密联系实际，注重学以致用，紧紧围绕企业中心工作、围绕做强做优企业及“十二五”规划的实施，把加快发展方式转变、破解改革发展难题、推动科学发展上水平，作为推进学习型党组织建设的着力点和落脚点，努力把学习成果转化为推进企业科学发展的思路、措施和能力。中航工业把提升创新能力作为学习型党组织建设的着力点，通过打造创新型领导班子、培养创新型人才、激发全员创新活力等措施，为企业加快转变发展方式，实现跨越式发展注入了不竭动力。中铝公司把加强学习型党组织建设作为应对和战胜危机的重要举措，以学习型党组织建设带动企业发展观念转变，在推动企业控亏增盈、结构调整和战略转型上取得了积极成效。航天科技探索建立学习型党组织保障型号科研生产任务完成的有效途径，使党建工作对型号任务进行“跟踪式”服务，实现了与中心工作的有机融合。

2. 抓住根本，在增强党员干部思想政治素质上有了新提高。各企业把深化理论武装作为学习型党组织建设的第一位任务，用党的理论创新成果，武装头脑、指导实践、推动工作。将学习理论与学习党的十七届四中、五中、六中全会、中央经济工作会议、中央企业负责人会议等重要会议精神结合起来，使广大党员干部职工思想政治素质有了新提高。东方电气集团把党员教育与干部培训结合起来，在党员干部中开展以中国特色社会主义理论体系为核心的“四个方面的系统教育”。通用技术集团注重把学习中国特色社会主义理论体系与企业转型升级重点难点问题的解决及重大主题实践活动有机结合，以工作牵引学习、以学习推动工作。中国国电、中国三峡

总公司等企业积极开展“赠书促学”活动。通过学习教育，企业广大党员干部深化了对党的理论创新成果的理解与认识，坚定了走中国特色社会主义道路的自觉性，增强了搞好企业、发展壮大国有经济的信心和决心。

3. 突出特色，在改进创新方法途径上有了新探索。各企业在坚持运用以往成功经验基础上，积极创新学习理念，丰富学习内容，完善学习形式，努力构建多层次、多样化的学习平台，使学习更有时代感、更具吸引力。神华集团重视发挥党组中心组的示范引领作用，突出“三个引领”，注重“四项创新”，努力提升“五种能力”，有效地促进了企业科学发展。中粮集团把“行动学习”、“团队学习”导入学习型党组织建设，强化了学习意识、创新了学习平台、完善了学习层次。新兴际华集团构建了“基层支部先探索、三级企业作推广、二级公司订标准、集团公司出指引”的四级联建格局，形成了“集团、二级、三级、支部、小组”五层共创体系。兵器装备集团坚持领导带头学、专家辅导学、支部集中学、党课系统学、交流研讨学、专题调研学的“六学法”，拓展了学习的广度和深度。

4. 精心组织，在保障措施、营造氛围上有了新加强。各企业认真贯彻落实要求，成立了建设学习型党组织工作领导机构，健全了组织体系，明确了职责。结合企业实际，制定了实施方案，明确了学习型党组织建设的目标要求、主要内容、方式方法、保障措施等。中国铁建成立了建设学习型党组织工作督查协调小组，所属29家单位也成立了督查组。各企业还加大了宣传力度，在所办报刊、网站上开设了学习型党组织建设专栏，编发了简报，及时交流经验和做法，宣传涌现出的先进典型。中央企业建设学习型党组织工作协调小组办公室在国资委网站开设了“中央企业建设学习型党组织”专栏，编发了《中央企业建设学习型党组织工作简报》，及时反映动态。在《中国企业报》、《企业文明》、《党建》、《企业党建参考报》等媒体开辟了中央企业建设学习型党组织工作专栏，营造了浓厚的氛围。

## 五、深入推进企业社会责任工作，不断增强企业可持续发展能力

党中央、国务院高度重视企业社会责任工作。胡锦涛总书记、温家宝总理都对企业履行社会责任提出了明确要求。张德江副总理明确指出，企业要抓紧建立健全企业社会责任管理体系，主动发布社会责任报告，在履行社会责任方面做出表率，树立负责任的良好社会形象。多年来，企业社会责任工作取得了新的进展和成效，为经济社会发展作出了积极贡献。

1. 升华理念、探索模式，社会责任管理水平显著提高。一是企业社会责任理念得到升华。大部分企业都深刻认识到开展社会责任工作的重要意义，企业社会责任意识不断增强。一些企业探索将社会责任理念融入使命、价值观和愿景，形成具有企业特色的社会责任观。南方电网提出的“万家灯火、南网情深”，中国石化提出的“每一滴油都是承诺”，中国五矿提出的“珍惜有限、创造无限”，这些社会责任理念生动感人，紧密结合企业自身业务特点，反映了企业的高尚追求。二是企业社会责任管理体系逐步建立。企业普遍建立了社会责任组织管理体系，明确了归口管理部门，多数企业在公司治理层面建立了有关社会责任工作的领导决策机构。许多企业制定了社会责任工作制度，并根据社会责任工作要求对相关制度进行了修改完善，企业社会责任工作逐步实现规范化、制度化、体系化。三是企业社会责任报告数量和质量不断提升。2006年仅有5家中央企业发布社会责任报告。2011，已有75家中央企业发布了社会责任报告或可持续发展报告。许多企业通过设立“社会责任日”、建立社会责任示范基地、聘请社会监督员等形式，创新社会责任沟通机制。

2. 珍惜资源、保护环境，节能减排取得显著成效。一是全面完成节能减排任务。企业坚持资源节约型和环境友好型发展，加大环保投入，推进节能减排，积极探索低投入、低消耗、低排放和高产出的发展道路。二是积极探索循环经济绿色发展新模式。许多企业结合自身优势业务，创新生产流程，实现绿色发展。宝钢坚持环境经营理念，努力建设绿色产

业链，覆盖绿色研发、绿色采购、绿色生产、绿色营销、资源回收利用等各个环节。三是带动全社会节能减排。企业积极发挥技术优势和管理优势，为社会提供更多优质、高效的节能环保装备、技术和服务。南方电网2008年开始大力推进节能发电调度工作，截至2011年底，节能发电调度工作累计折合节约标准煤700万吨。

3. 以人为本、尊重劳动，职工合法权益得到有效维护。一是切实维护职工合法权益。依法与职工签订并履行劳动合同，保证合理的薪酬待遇，基本实现了职工养老、失业、医疗、工伤、生育五大类基本保险的全员覆盖。通过建立工资保证金制度、办理农民工工资卡、设立农民工工资发放监督举报电话等措施，确保按时足额发放农民工工资，积极为农民工办理工伤、医疗、养老等保险，认真落实社会保障措施，切实维护农民工合法权益。二是积极开展职工素质工程。企业不断加大员工培训力度，广泛开展职工技能竞赛、岗位练兵等活动。2003年以来，中央企业职工已有1682.7万人次参加了各类技能竞赛和岗位练兵活动，315.1万人次参加了职业资格等级培训，127.7万人取得职业资格。积极实施高技能人才培养计划，加强高技能人才队伍建设。中央企业高级工以上技能人才占技能人才比例达到40.1%；技师、高级技师占技能人才比例由2003年的3.1%提升到2011年的8.0%，高出全国平均水平2.9个百分点。三是加强安全生产保障职业健康。企业加大安全投入，全面加强安全管理，严格落实安全生产责任制，切实提升安全生产水平。2011年中央企业百亿元销售收入较大以上安全生产事故死亡率，比2005年下降53.0%。建立完善职业安全与健康管理体系，为职工提供安全、健康、卫生的工作条件和生活环境，有效预防各种可能的伤害，切实保护职工群众职业健康安全。

## 六、积极谋划工作，大力推动企业思想政治工作和企业文化建设改革创新

1. 浙江省召开企业文化建设大会。为深入贯彻落实党的十七届六中全会精神，助推文化强省建设，2011年11月30日，浙江省召开企业文化建设大会。大会由浙江省委宣传部主办、浙江省政研会和浙江省企业文化建设协会承办。浙江省有关部门领导，各市及部分县（市、区）委宣传部领导及近200位企业家参加大会。大会提出，企业文化是浙江精神的重要体现，是文化大发展大繁荣的重要财富，是文化强省建设的重要内容。当前，浙江省的企业尤其是中小型企业，面临着节能降耗、原材料价格上涨、劳动力成本上升、资金紧张和融资难等困难，面临着加快转变发展方式的压力。广大企业要以学习贯彻党的十七届六中全会精神为契机，深入推进企业文化建设，转变发展观念，创新发展模式，提高发展质量，实现企业文化与企业发展战略的和谐统一、企业发展与员工发展的和谐统一、企业文化优势与竞争优势的和谐统一，使企业文化成为推动企业科学发展的重要力量。大会表彰了省企业文化建设示范单位、品牌文化建设优秀企业、企业文化建设突出贡献人物，发布了《企业文化建设浙江宣言》。

2. 全国国有企业推进社会主义核心价值体系建设座谈会举行。为深入贯彻落实党的十七届六中全会精神，推进社会主义核心价值体系建设，2011年底，中宣部与国务院国资委在沈阳联合召开全国国有企业推进社会主义核心价值体系建设座谈会。座谈会上传达了中共中央政治局常委李长春，中共中央政治局委员、中央书记处书记、中宣部部长刘云山的重要批示。中宣部副部长、中国政研会常务副会长申维辰同志出席会议并作重要讲话。航天科技、中航工业、中国石油、国家电网、中粮集团等40家中央企业党委（党组）负责人，徐州矿务局、吉林森工集团等15家地方国有企业党委负责人，及北京、天津、辽宁、山东、上海、广东等15个省市区党委宣传部和国资委负责同志120人出席会议。

（撰稿：任　慧）

# 2011年企业文化优秀成果综述

中国企业联合会企业文化建设委员会

2011全国企业文化年会在北京召开，会议围绕“实现从文化建设到文化管理的跨越”、“加强文化建设，避免道德缺失”、“包容性增长与‘社会企业’探索”等议题，就新形势下如何深入推进企业文化建设等问题进行了探讨。

2011年全国企业文化优秀成果企业来自于交通运输、煤炭、石油、制造、电力、通信、医药、汽车、港口、钢铁、物流等各个行业，涵盖央企、国有、民营、股份制及合资、外资等不同所有制企业，2010年中国500强企业占48.0%。

获得2011年全国企业文化优秀成果的企业，牢牢把握社会主义先进文化方向，紧紧围绕建设社会主义核心价值体系这一根本，围绕科学发展观这一主题，围绕加快转变经济发展方式这一主线，围绕企业改革发展的中心工作，坚持以人为本，坚持贴近实际、贴近生活、贴近员工，坚持主题内容创新、思想观念创新、方法手段创新、体制机制创新，着力建设与社会主义市场经济相适应、与现代企业制度相符合、与企业发展能力相匹配、与企业和企业利益相关方共同发展需求相一致的企业文化体系，为企业改革发展、健康成长提供了强大精神动力和重要保障，在实践中形成了许多富有成效的新经验、新方法、新思路。

## 一、以社会主义核心价值体系为统领，构建中国特色企业文化

社会主义核心价值体系是兴国之魂，是社会主义先进文化的精髓，是中国特色企业文化的根本，决定着中国特色企业文化的发展方向。青岛港集团有限公司把社会主义核心价值体系有机融入企业文化理念中，始终坚持以马克思主义为指导，坚持社会主义先进文化的前进方向，坚持以人为本，坚持把社会效益放在首位，坚持改革开放统领企业文化建设，牢记并肩负好“精忠报国、服务社会、造福职工”三大企业使命；大力弘扬“一代人要有一代人的作为，一代人要有一代人的贡献，一代人要有一代人的牺牲”的青岛港精神，时刻坚持好“对国家的贡献要越来越大，港口发展后劲要越来越强，职工生活质量要越来越高，精神文明建设要越搞越好”的核心价值观；着力培育以不同内容为核心的革命文化、发展文化、乡土文化、时代文化等特色文化；培育了以当代产业工人许振超为代表的知识分子、技术工人、农民工“三支队伍”；这些形成了推动青岛港战略实施的文化力量，是社会主义核心价值体系成为青岛港企业文化灵魂的具体体现，为青岛港的改革发展创新提供了强有力的思想信念和文化保障。远东控股集团有限公司大力营造践行社会主义核心价值体系的浓厚氛围，坚持“以人为本”的经营哲学，注重人的全面发展，注重塑造员工高尚的灵魂，持续加强学习性组织建设，坚持开展“三义教育”：爱国主义、集体主义、社会主义，引导员工把弘扬“三义”精神与产业报国的企业理念融为一体；“三德教育”：社会公德、职业道德、家庭道德，引导员工正确进行“企业人”、“社会人”、“家庭人”的角色转换；“三观教育”世界观、人生观、价值观，引导员工正确对待荣辱与成败，在企业发展同时升华人格境界，进一步增强了企业的凝聚力和向心力。

## 二、创新企业文化，为企业转型升级助力护航

企业内外部发展环境的变化和企业面临的转型升级要求，必然对企业文化建设提出更新、更高的要求。中信集团为了在更大范围和更深层次上参与国内外市场竞争，在继承了集团创建伊始形成的“32字中信风格”的基础上，大力倡导“诚信、创新、凝聚、

融合、奉献、卓越”的核心价值观，赋予了“中信文化”新的使命与责任，使中信集团始终保持着与时俱进的良好状态，为实现成为具有核心竞争力的国际一流大型企业集团奠定了坚实基础。攀枝花钢城集团有限公司在经历了由劳动就业服务型企业向以制造业为主的市场型企业、由中央企业厂办大集体向股权多元化的公司制企业的根本性转变的全过程中，注重文化引领，不断变革企业文化，在客观评价变革前的企业文化基础上，确立了“坚持继承创新，融入改革发展，提升核心价值，凝聚员工客户，构建和谐企业，为打造大企业大集团提供有力的文化保障”的新企业文化战略，以统一的核心价值理念引领员工适应集团的转型，顺利实现了在体制变革、机制创新、产业和组织结构调整等过程中的平稳过渡，推动了集团持续健康发展。上海市糖业烟酒(集团)有限公司传承中华民族传统文化，融入上海都市海派文化，肩负国有企业历史使命，承载食品企业社会责任，确立了以“和搏奋进、志在超越”的企业精神为核心的“和·搏”文化体系，并不断加以创新，赋予新的时代内涵。坚持用“和·搏”文化吸引、团结、凝聚合作伙伴，形成了企业间战略联合、携手共进、共同发展的长效机制；坚持用“和·搏”文化促进商业模式转型升级，构建了糖业、酒业、品牌代理和零售连锁等四大核心主业的新商业模式，赋予了传统产业新的内涵，逐步实现了传统产业新兴化，加快了集团发展转型升级的步伐。

## 三、加强集团文化建设，探索文化融合模式，增强企业综合竞争力

在经济全球化深入发展和我国经济发展模式加速转型的新形势下，越来越多的企业积极实施“走出去”战略，通过并购重组等措施实现优势互补，形成有综合竞争力的大企业大集团，以期达到优化结构、转变发展方式、提高发展质量，做优做强的目的。集团文化建设体现了我国企业文化建设的主流水平，是实施集团化管理、提高管控能力、有效防范风险、增强核心竞争力的需要，是构筑企业“合力”的重要途径。企业并购重组不仅是一种经济现象和经济行为，也是一种文化现象和文化行为，因自身传统、文化思维、地域影响等不同导致文化差异性，必然会带来文化冲突和碰撞的问题，解决好文化融合问题是企业并购重组能否取得成功的关键因素之一。

河北钢铁集团以企业文化融合推动集团的实质性整合，秉承继承中创新，融合中统一的原则，建立了“一主多元”的集团文化，倡导“同心同力、共创共享”的核心价值观，发挥文化管控的力量，保证了集团文化的宏观统一，又保证了子公司文化各具特色，使集团文化理念不变形，不走样，实现了集团文化全覆盖，让“和而不同”的母子文化转化为强大的企业核心竞争力，避免了“集而不团”的现象发生，实现了“1+1 > 2”的效应，整体提升了集团文化软实力和综合竞争实力。潍柴动力股份有限公司作为一个并购而成的集团化企业，面对并购中企业文化不平衡状态，采用“平衡式整合模式”融合各方文化，通过双向渗透和有机融合，完成企业文化重塑工程。吸收重组前各公司优秀文化的精华，构建了以“包容、沟通、责任”为主要内涵的集团新文化理念，使集团内不同企业形成统一的思想意识和行为准则，使不同企业的目标最大限度地结合起来，充分发挥协同效应，增强了集团凝聚力，产生了显著经济效益，提升了集团知名度。柳州五菱汽车集团在组建上汽通用五菱公司时，面对“中、中、外”三方合作的模式，在文化建设上求同存异，强化共同的优势，弱化差异，优势互补，在融合中创新，最终按“继承、发扬、融合、创新”的原则，形成了融合三方文化优势的子文化，有效化解文化带来的冲突与碰撞，形成了多方合作求多赢的局面。上汽通用五菱的“互补式”文化融合模式，为五菱集团后来与香港、日本等公司的合资合作、文化融合提供了充分的准备，也为将来整合广西区内汽车产业资源，组建广西五菱汽车集团打下了良好的文化基础，

## 四、企业文化建设体系更加完善，特色更加突出，效果更加显著

企业发展靠管理，管理成功靠文化。越来越多企业认识到世界经济深层次的竞争是文化的竞争，谁拥有文化优势，谁就拥有竞争优势、效益优势和发展优势。企业文化建设在企业发展中的战略地位逐

步确立，企业文化建设体制机制更加健全、体系更加完善、特色更加突出、作用更加明显。自觉倡导和主动践行企业文化建设成为企业管理的主流思想，成为决定企业可持续发展的重要内生变量，成为企业软实力转化为发展硬实力的重要途径。

广东省粤电集团公司传承百年历史文化积淀，在电力体制改革后，面对市场和形势的变化，从战略高度系统开展企业文化建设工作，积极探索新形势下企业文化建设工作方法，提出了《卓越之道——粤电集团文化大纲》，以“合和共生，守正出新”为哲学指导，分为“志、德、艺、行”四个篇章，系统阐释了粤电集团的哲学、使命、愿景、核心价值观、经营管理理念、文化象征、粤电人行为素养等，明确了企业文化建设指导思想、实施原则、组织保障、考核评估等，制定了13大类46项具体措施，各单位设立了专业文化委员会和文化联络员，构建了粤电人的思想体系、语言体系、行为体系，形成主要领导亲自抓、主管部门负责组织、相关部门分工落实、员工广泛参与的企业文化建设长效机制，有效促进了粤电文化落地生根，保障了企业高质量的发展。山东高速公路股份有限公司继承了齐鲁传统文化的优秀基因，以“泰山石”为文化象征，构建了具有行业特色的“惠风和畅大道行远”的“和畅”文化体系，从统筹规划、加强保障、培训传播、构建载体、典型引路、完善考核等方面开展企业文化建设工作，积极开展服务、品牌、质量、人本、绩效、安全、责任等职能文化建设，有效打通了企业文化建设的执行通道，拓宽了企业文化建设的落地路径，推动了文化与管理的有机结合，有效地发挥了企业文化应有的功能和作用。中国石油西南油气田公司输气管理处作为中国石油集团公司的末梢单位，根据自身特点，精心打造自成一体的以安全文化为主线，区站文化为基础的输气“末梢文化”，彰显个性。在“末稍文化”引领下，通过开展区站“五小文化”和构建“快乐工作、愉快生活”的七大文化平台等方法，塑造了一批精品区站，有效提升了基础管理水平，体现了文化力与生产力相融共进。

## 五、融入社会责任的企业文化，彰显企业和谐发展

履行社会责任是企业可持续发展的必然选择，是提升企业品牌形象的重要手段，是提升企业管理水平和竞争力的重要途径，是中国企业国际化的必经之路。把社会责任融入企业核心价值理念中，已成为企业发展的战略选择，已成为建设幸福企业的突破口和发展方向，已成为企业文化建设的重要内容。

中国中化集团将企业社会责任视为企业基因的一部分，聘请外部专家学者、媒体人士和内部相关管理部门人员，组成社会责任委员会，形成了涵盖集团和成员单位的社会责任工作体系，在组织上保证了企业社会责任工作的持续有效开展。把履行社会责任的要求全面融入日常经营管理，在价值观、使命与愿景中贯穿社会责任，在各业务板块中贯穿社会责任，在与各利益相关方合作中贯穿社会责任，实现了企业履行社会责任与经营管理的有机融合。大连万达集团在创业之初就把履行社会责任当成已任，提出了“共创财富，公益社会”的企业使命，树立了“企业成果首先惠及员工”等责任理念，确立了履行社会责任体系。大连万达把履行社会责任体现到企业发展中的各个层面，建立员工关爱机制，努力提高员工幸福指数；慈善捐助制度化，至今慈善捐助累计达10多亿人民币；采用节能设计和技术，致力于建造绿色建筑等塑造和展现了有益于员工、有益于环境、有益于社会发展的良好形象，赢得了员工和社会的信任，是民营企业履行社会责任的典范。四川九洲电器集团有限责任公司高举社会责任大旗，将中国传统的“忠孝文化”、“恩情文化”、“和谐文化”精髓与现代管理思想和国有大型军工骨干企业的特点有机融合，创造了以“拼搏奉献　富国强军”为核心的企业感恩文化，将“滴水之恩，当涌泉相报”的理念化作知恩、感恩、报恩、施恩的具体行动。从多角度、多渠道培养企业公民意识，并不断升华社会责任理念，将关爱员工、诚信守德、保护环境、节约资源、热心公益，建立信息披露机制，定期发布社会责任报告，加强对外宣传、加强国际交流等体现在履行社会责任具体行动中，形成员工乐于奉献，企业勇于担当，社会不断进步的良性循环。感恩文化让员工和企业找到了共谋发展的最佳契合点，使企业凝聚力和向心力进一步增强，实现了经济效益和社会效益的双赢。

2011年全国企业文化优秀成果展示了我国企业

文化建设理论和实践的新探索和发展趋势，反映了我国企业文化建设现状，代表了我国企业文化建设方向和水平，在增强企业发展动力和创新活力、培育优秀品牌、自觉履行社会责任、促进“走出去”战略的有效实施等方面发挥了重要作用，企业文化软实力和企业发展质量得到显著提高。我国企业文化建设在实践探索中正不断向着中国特色社会主义先进企业文化前进方向积极迈进。

（撰稿：迟惠玲　王吉伟）

# 2011 年企业信息化建设综述

中国电子信息产业发展研究院

## 一、中国企业信息化发展环境

### （一）政策制度环境更趋完善

2011 年以来，工信部、国务院国资委、科技部、商务部等部门出台了一系列鼓励工业化与信息化深度融合、促进企业信息化的政策文件。2011 年 4 月，工信部等 5 部委联合发布了《关于加快推进信息化与工业化融合的若干意见》，提出“推进企业管理信息系统的综合集成，加快建立现代经营管理体系”，“完善中小企业信息化发展环境，帮助中小企业降本增效创新发展”。

2011 年 9 月，工信部发布的《“十二五”中小企业成长规划》在“重点工程”部分提出要“提高中小企业信息技术应用水平、建立健全中小企业信息化服务平台、完善中国中小企业信息网”。

2012 年 7 月，国务院国资委发布《关于加强“十二五”时期中央企业信息化工作的指导意见》，明确提出加强信息化顶层设计、加强信息系统的建设和应用、加强信息化建设基础、提高信息安全保障能力和提高信息系统运维水平等重点任务。

### （二）财税支持手段不断增加

中央财政为支持中小企业发展专门设立中小企业科目，目前已有中小企业发展专项资金、中小企业公共服务体系专项资金、科技型中小企业技术创新基金等，其中都安排有支持中小企业信息化应用、中小企业信息化公共服务平台建设等内容。2012 年开始，将分 5 年划拨 150 亿元国家中小企业发展基金，有望重点支持中小企业转型升级，对企业的信息化改造提升应起到促进作用。在税收优惠政策方面，一些地方设立了专项扶持资金，体现出鼓励和支持中小企业技术创新、深化信息化应用等内容，并根据实际情况采取特殊优惠政策，不同程度上加大了当地的中小企业信息化投入。

### （三）信息化公共服务平台成效明显

国家通过鼓励社会化公共服务体系建设为中小企业营造良好发展环境。2011 年 2 月，工业和信息化部中小企业司公布了首批 99 个“国家中小企业公共服务示范平台”（见表 1），其中信息化类平台有 20 个。

2011 年 9 月发布的《“十二五”中小企业成长规划》提出要“支持建立和完善4 000个中小企业公共服务平台，重点培育 500 个国家中小企业公共服务示范平台，带动各类社会服务机构开展中小企业服务。”

信息化类国家中小企业公共服务示范平台

表 1

| 服务机构名称 | 机构性质 | 成立时间 |
|---|---|---|
| 北京市中小企业服务中心 | 事　业 | 2000 年 |
| 山西省中小企业信息网络中心 | 事　业 | 2004 年 |
| 内蒙古中小企业协会 | 社　团 | 2003 年 |
| 辽宁省中小企业联合会 | 社　团 | 2005 年 |
| 鞍山市中小企业服务中心 | 事　业 | 2004 年 |
| 吉林省长春市中小企业服务中心 | 事　业 | 2006 年 |
| 黑龙江省中小企业技术创新服务中心 | 事　业 | 2004 年 |

续表

| 服务机构名称 | 机构性质 | 成立时间 |
|---|---|---|
| 上海市中小企业发展服务中心 | 事　业 | 1999 年 |
| 上海钢联电子商务股份有限公司 | 企　业 | 2000 年 |
| 江西省中小企业服务中心 | 事　业 | 2005 年 |
| 江西卓友企业服务有限公司 | 企　业 | 2004 年 |
| 孝感市翔业中小企业服务中心 | 企　业 | 2006 年 |
| 海南信息岛技术服务中心有限公司 | 企　业 | 2002 年 |
| 重庆市中小企业发展服务中心 | 事　业 | 2003 年 |
| 昆明东讯科技有限公司 | 企　业 | 2003 年 |
| 青岛市中小企业发展服务中心 | 事　业 | 1994 年 |
| 厦门中小在线信息服务有限公司 | 企　业 | 2004 年 |
| 北京雅商智通信息技术有限公司 | 企　业 | 2006 年 |
| 中商流通生产力促进中心有限公司 | 企　业 | 2000 年 |
| 北京中小在线信息服务有限公司 | 企　业 | 2004 年 |

数据来源：工信部网站

## 二、大型央企信息化建设进展

### (一)总体水平

大型企业的信息化水平普遍较高，在计算机辅助设计(CAD)、计算机辅助工程分析(CAE)、计算机辅助工艺过程设计(CAPP)、计算机辅助制造(CAM)，及企业资源管理(ERP)和供应链管理等方面都是行业领袖。2011 年，中央企业信息化工作明显加速，总体水平明显提高，信息化在集团化运作、集约化发展、精益化管理方面发挥了日益重要的支撑作用。大型企业信息化已基本实现向集成、共享和协同转变。

1. 信息化应用广度和深度领先。多数大企业集团已基本完成信息化大规模建设阶段，企业的信息化逐步向“IT 能力建设”阶段转变。据人民邮电报的有关数据，51.5% 的集团企业信息化覆盖企业运营过程超过 80.0%，其中 25.0% 的企业已实现信息化对企业运营全过程的覆盖，覆盖率达 60.0% 以上的企业达 68.3%。只有 14.7% 的企业信息化覆盖运营过程在 30.0% 以下。

伴随云计算、物联网、3G 等新技术的应用逐渐深入，信息化支持企业业务不断扩展，通过网络连接下属企业。据调研，大企业集团的业务系统中，跨互联网的 OA 应用比例达到 39.7%；企业的核心业务系统 ERP、财务管理比例分别达到 26.5% 和 30.9%。异地登陆办公系统和邮件系统的比例分别为 72.1% 和 79.4%。在线审批和网上公告板的应用达到 60.0% 左右。

2. 信息化投资额度与占比可观。工业和信息化部的数据显示，2011 年大型工业制造企业信息化平均投资额同比增长 9.8%，信息化投资额占销售总额的比重为 0.2%，占固定资产投资总额比重为 2.2%。大型工业企业网上采购额和网上销售额增长 29.8% 和 42.5%，网上采购额占采购总额的比重和网上销售额占销售总额的比重分别达到 25.0% 及 30.0%。

3. 信息化工作体系日臻完善。大型央企不断加强信息化工作体系建设，已将信息化绩效逐步纳入企业负责人经营业绩考核，实行全员信息化绩效考核。超过 60.0% 的企业已将信息化工作绩效纳入年度企业负责人经营业绩考核。约 90.0% 的中央企业开展了信息安全等级保护工作。

2012 年国务院国资委发布的《关于加强“十二五”时期中央企业信息化工作的指导意见》中明确提出：到 2015 年底中央企业信息化的总体目标是，信息系统要实现所有层级和主要业务的全覆盖；系统集成、信息共享和业务协同能力进一步提高；信息化与战略决策、经营管理、生产过程、风险管控深度融合；组织体系、基础设施、安全保障、运维能力进一步增强；信息化应用水平全面提高；大多数中央企业信息化水平达到 A 级，达到或接近国际同行业先进水平。见图 1。

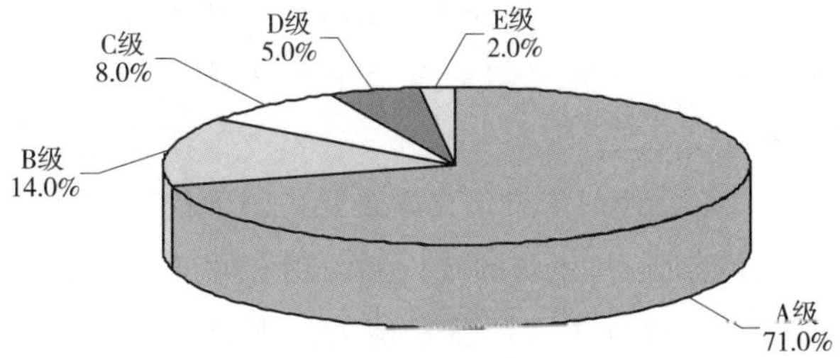


**图 1　2011 年央企网站绩效评级分布**

数据来源：国务院国资委网站

4. 企业门户网站建设卓有成效。截至 2011 年 12 月，117 户中央企业有 116 户建立了互联网站。

经评估，达到A级的企业网站有82个，达到B、C、D、E级的企业网站分别有16、9、6、3个。中国石油等24户中央企业的网站评估总得分超过100分(总分为110分)，这些企业网站基础构架完整、特色鲜明。

评比中，总分超过100分的企业有24户，总分在90～100分的企业有58户。中国航天科技集团公司、中国航天科工集团公司和中国兵器装备集团公司分别排在前三位。

2011年，央企高度重视网站建设，央企网站建设水平得到显著提升。中国铁建、南方电网、中航集团等28户中央企业对网站进行了全面改版，神华集团、国家电网、南航集团等46户中央企业对网站进行了全面优化。中央企业网站正逐渐由宣传型向业务型转变，中央企业网站在支撑中央企业转型升级和提升竞争力方面发挥着越来越重要的作用。

以神华集团为例，2011年对企业门户网站进行了4次改版升级，现有9个频道、104个栏目、199个子栏目，累计发布信息4 160余条、46万多字。网站特色更加突出，服务功能更加完善，公众浏览更加便捷。截至3月底，网站累计访问量超过40万人次，浏览量超过200万人次。

### (二)取得成效

1. 关键环节信息化支撑企业做强主业。一些大型企业通过对主营业务信息系统进行集成共享，进一步提高了主营业务的自动化、智能化和网络化水平。例如，中国化工集团引入全球化工行业最佳业务实践流程，全面推广国外成熟的ERP套装软件，基于新的骨干网络实施ERP解决方案，促进规模和收益持续增长。通过提高中国化工的核心竞争力，提高在国内外市场上的美誉度和知名度，进入世界500强。

2. 综合管理信息化支撑企业集团管控。大型企业综合管理信息系统的建设和应用有效降低了企业运营成本，提升了集团管控能力。例如中国长江三峡集团公司的门户网站特色鲜明，同时有机融合业务系统，与集团公司招投标管理系统、员工招聘系统、办公系统有机结合，既方便集团公司员工使用相关系统，又实现了信息的流转和共享。2010年，集团公司通过网上采购商品和服务1 468次，总额占总采购额的比例64.6%；通过员工招聘系统招聘新员工342人。

3. 电子商务应用明显增强企业市场竞争力。电子商务日趋广泛深入的应用，供应链管理带动上下游产业，明显提高大型央企对市场的快速反应能力，降低成本，增强市场竞争力。例如中国联通将商务平台网站有机嵌入企业门户，通过互联网、手机、短信、自助终端等多种手段进行互联网营销，目前企业门户使用用户数突破7 400万户，日均PV访问量突破1 000万次，相当于大型网站；月最高营业额突破20亿元，日最高营业额突破9 855万元，在中央企业电子商务网站名列第一。

## 三、中小企业信息化发展现状

### (一)应用水平

1. 信息化投入增长潜力巨大。总体而言，目前中小企业信息化建设的最大困难还是资金缺乏，据统计，中小企业的信息化投入在企业营业额中所占的比例为0.3%～0.5%，与大型企业相比明显偏低。

工业和信息化部的一项调查显示，2011年中小型工业制造企业的信息化平均投资额同比下降5.6%，信息化投资额占销售总额的比重为0.9%，同比上升0.1%；信息化投资额占固定资产投资总额的比重为4.1%，同比上升0.1%。见图2。

2. 中小企业信息化初级应用较为普遍。从发展阶段来看，我国中小企业信息化水平普遍较低，特别是小微企业信息化投资规模小，信息化系统应用级别低，专门人员配备不足。从中国电信广东公司的调研数据看，广东省中小企业在信息化产品应用普及中，企业建站、企业办公自动化系统应用和电子商务列前三，分别占50.0%、39.4%和38.8%，而应用最低的为客户关系管理系统仅为16.3%。见图3。

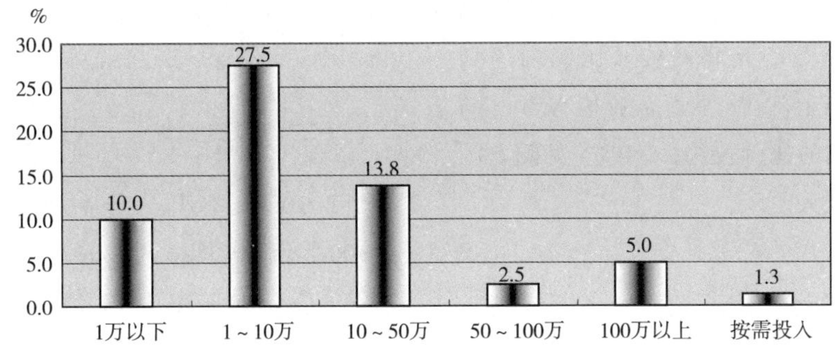


**图2　中小企业信息化投入分布情况**

数据来源:《通信业推进中小企业信息化调查和发展报告》,中国电信广东公司,2011年8月

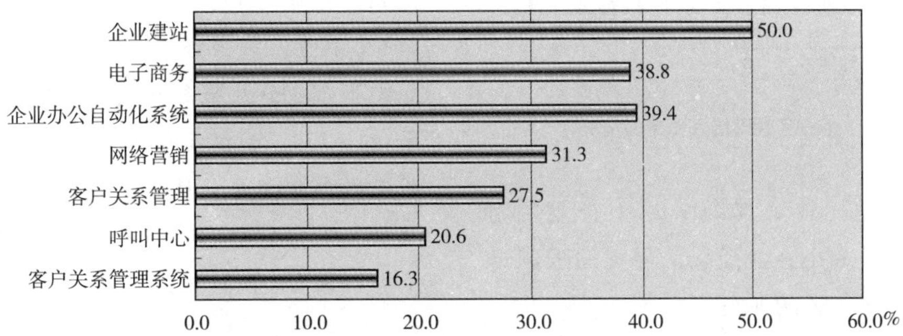


**图3　中小企业信息化普及情况**

数据来源:《通信业推进中小企业信息化调查和发展报告》,中国电信广东公司,2011年8月

3. 中小微型企业信息化出现差异化特征。根据工信部的有关调查,小微型企业的信息化建设普遍落后于中型企业。从已经建设的信息化系统来看,小微企业使用比例最高的依次是办公管理、销售管理、生产管理和客户管理系统。在办公管理、销售管理和客户管理方面,小微型企业和中型企业差距并不大;微型企业在生产管理和财务管理方面相对较弱。

从已建信息化系统看,中型企业财务系统使用比例最高,达到56.8%;45.7%的小型企业和36.4%的微型企业应用了办公管理系统,38.5%的小型企业和31.2%的微型企业应用了销售管理系统。见图4。

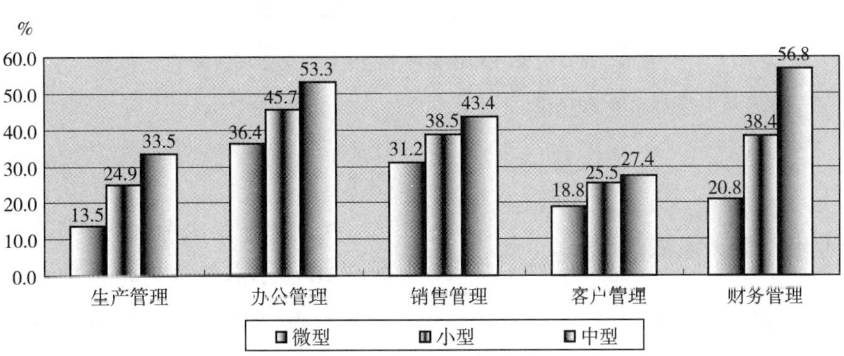


**图4　中小企业信息化建设情况**

数据来源:《通信业推进中小企业信息化调研报告》,工业和信息化部中小企业司,2011年12月

4. 互联网接入已全面普及。从互联网接入情况来看，我国中、小、微企业的互联网接入比例均达到90.0%以上，80.0%以上的中、小型企业拥有自己的网站，但微型企业建站的比例仅为48.0%（见图5），与中、小型企业尚有较大差距。

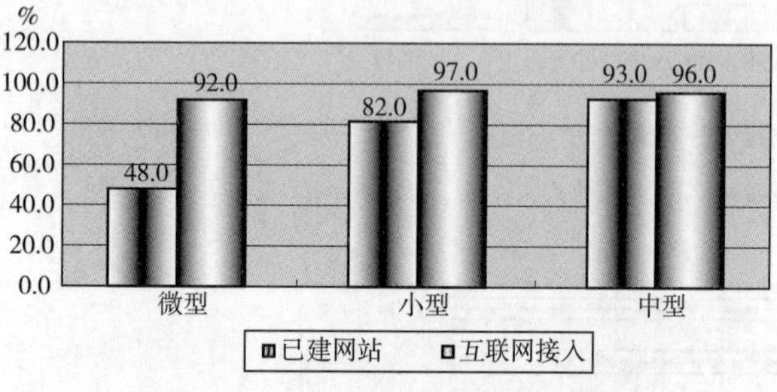


**图5 各类型中小企业互联网接入和建站情况**

互联网带宽普遍比较低，75.0%以上企业使用的是两兆以下宽带。中小企业受接入带宽的限制难以承受视频业务和基于云的业务。

据工信部统计，中小工业制造企业网上采购额同比增长33.3%，网上采购额占采购总额的比重为34.5%，同比增长7.9%；网上销售额同比增长20.9%，网上销售额占销售总额的比重为36.7%，同比上升8.4%。

**（二）市场现状**

2010年，中国中小企业信息化投资规模超过2 300亿元（见图6）。2009—2012年中小企业软件投资的复合增长率为12.2%。

**（三）平台建设**

中小企业信息化公共服务平台是中小企业信息化服务体系建设的一项重要内容。根据国研中心《中小企业公共服务平台政策研究报告》，国内已建立中小企业公共服务平台4 940个，已认定公共服务平台1 577个，已认定示范平台456个，重点扶持公共服务平台808个。从各省情况看，浙江中小企业公共服务平台数最多，为1 492家，其次是山东928家。从类别来看，中小企业信息化服务平台分为综合平台和专业平台，综合平台为企业提供全面、多元、系统的，涵盖培训、技术、检测、咨询、信息等服务，专业平台为企业提供某一专业领域的系统服务。

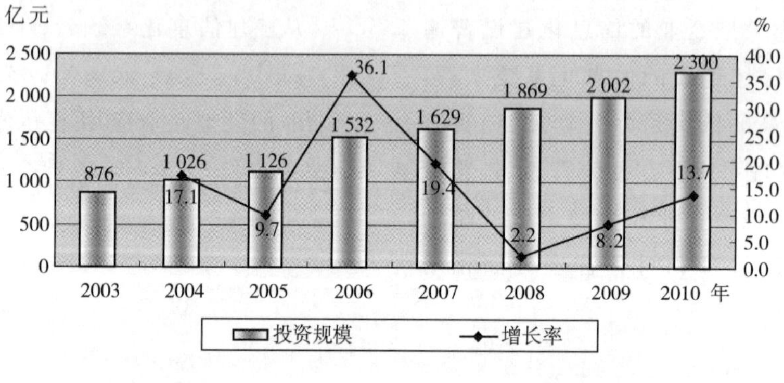


**图6 2003—2010年中国中小企业信息化市场规模**

*数据来源：赛迪顾问，2011，02*

## 四、企业电子商务发展情况

**（一）中国电子商务发展总体情况**

近年来，中国电子商务市场一直保持稳定发展的势头，电子商务交易额持续高速增长。截至2011年底，B2B电子商务交易额达到49 000亿元。见图7。

受到国际需求放缓、外贸市场的不确定性等影响，B2B电子商务市场将呈现出以下发展趋势：B2B与B2C融合发展、信息服务向在线交易延伸、B2B线下支付向线上转移、网络融资有望成为B2B新增长点。

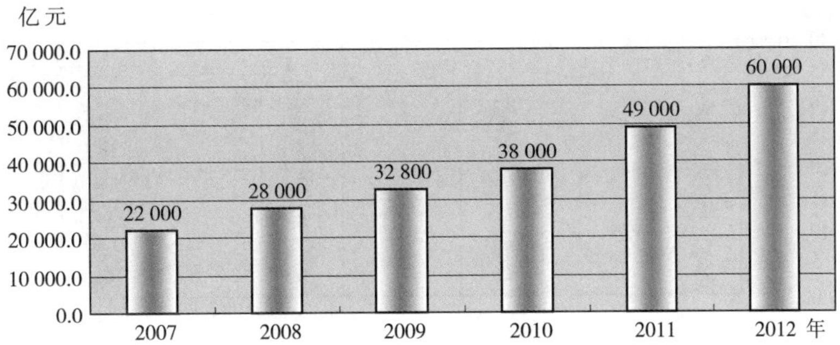


**图 7　2008－2012 年中国 B2B 电子商务市场交易规模**

数据来源：中国电子商务研究中心

### （二）大型企业电子商务应用水平

大型央企纷纷自建或利用电子商务平台，实现采购管理、销售管理、供应商与客户管理、报表管理、业务监控、信息查询与分析等功能。电子商务为组织机构复杂、分公司林立的大型企业提供了集中与统一的管理模式，包括营销政策、市场开拓、销售业务、物流优化及品牌战略的统一，改变了央企下属企业各自为战的局面，实现了在统一的电子商务平台上的购销合作和整体对外，从而大幅降低生产、销售以及沟通成本，大大提升了效率。

例如，中粮集团的“中粮我买网”是国内首家大型专业食品 B2C 网站，已经积累了近 40 万会员用户，活跃用户占其中的 50.0%。“我买网”商品可以按品牌分为两大类：“中粮制造”和“中粮优选”。“中粮制造”的商品全部来自中粮集团旗下各个公司，此类所有商品都可实现食品追溯；“中粮优选”商品则是其所在品类中排名前三的品牌产品。

### （三）中小企业电子商务应用水平

目前，中小企业电子商务应用环节主要集中在采购和销售环节，并保持高速增长态势。从企业规模来看，中、小型企业电子商务应用水平高于微型企业，熟练使用电子商务的中、小、微企业占各自的比重分别为 31.6%、21.7% 和 16.3%。见图 8。

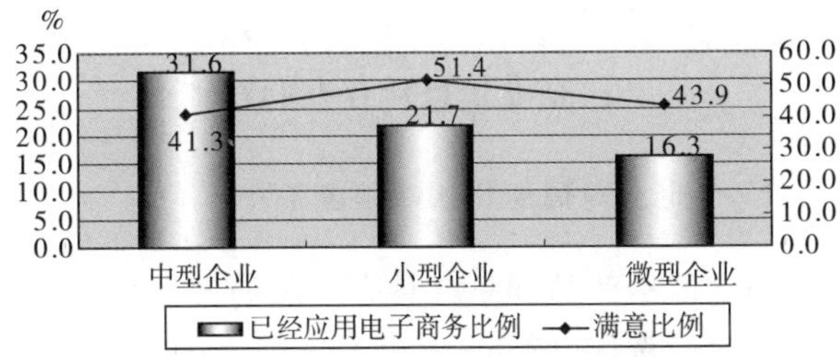


**图 8　中小企业电子商务应用情况**

数据来源：《通信业推进中小企业信息化调研报告》，工业和信息化部中小企业司，2011 年 12 月

据统计，目前中国使用第三方电子商务平台的中小企业用户规模（包括同一企业在不同平台上注册但不包括在同一平台上重复注册）已经突破 1 650万。

### （四）企业电子商务服务商不断壮大

中国电子商务研究中心的调查数据显示，2010 年，我国 B2B 电子商务服务企业达9 200家，同比增长 21.3%。2012 年一季度中国 B2B 电子商务服务商的营收规模为 38.5 亿元，同比增长 30.0%。见图 9。

在中小企业 B2B 的发展历程中，电子商务服务商发挥了普及、培育、提供应用平台和商务服务等一系列作用，有力地助推了我国电子商务的快速发展。

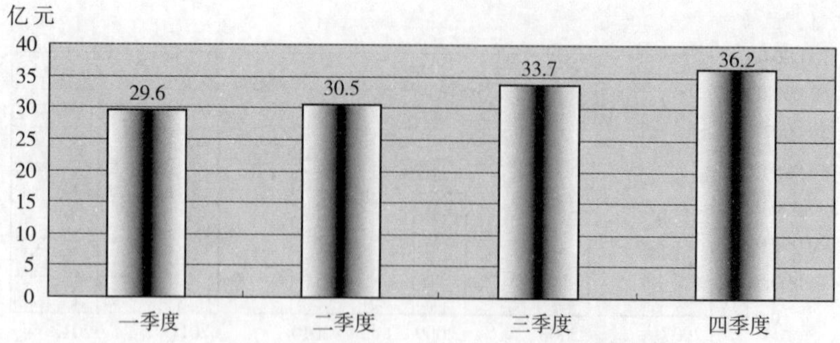


**图 9　2011 年度中国 B2B 电子商务服务商营收规模**

数据来源:中国电子商务研究中心

## 五、企业信息化存在问题

### (一)企业对信息化认知程度不一

由于信息产品和系统具有一定的专业性,部分企业的经营者认识不足、意识不强,不知如何将信息产品与企业发展战略相结合、跟具体经营管理工作相结合,缺乏信息化投入的动力。企业级的信息消费投入往往投入大,建设周期长,信息化对企业销售额、成本、利润到底有多大贡献,都较难量化。

### (二)网速短板影响企业信息化效率

上网已成为企业信息化应用的基本需求。对于具有较多上网需求的企业来说,互联网接入带宽直接关系到信息化应用的时间成本,也影响企业信息化的成效。由于当前宽带主干网的普及速度滞后于需求增速,限制了企业基于网络的信息产品应用,例如带宽问题对电子商务的影响。

### (三)公共信息服务平台应用效果不理想

公共信息服务平台是为企业提供免费或有偿服务的基本载体。由于部分公共服务平台服务资源有限、服务模式落后、应用效果不理想,仅有约 11.0% 的中小企业使用过政府搭建的企业信息化公共技术或服务平台,对公共平台使用效果比较满意以及很满意的比例也仅为 45.0%,一般和不太满意的比例之和超过了 50.0%。

### (四)信息化成效难以量化评估

目前企业信息产品和系统应用的最大困扰是难以对系统的效果进行量化评估。不少企业的信息系统对提升企业的核心竞争力收效甚微,或难以产生明显成效,削弱了企业信息化建设的积极性。而且多数中小企业是成本敏感型企业,信息产品和系统的性价比是企业做出信息化投入决策的重要依据。

### (五)符合需求的产品和方案不够丰富

一是信息系统难以符合中小企业的个性需求。信息系统产品往往根据整个行业特点或企业规模设计,与中小企业的特定需求难以相符。二是信息系统软件市场价格偏高,且对企业管理基础环境要求严格,超出大多数中小企业的经济承受能力。三是缺乏为企业量身定制的专业服务,信息系统配套服务水平亟待提高。四是传统的销售渠道很难支撑中小企业对综合解决方案和定制化服务的需求。

### (六)产品缺乏连通性阻碍企业广泛应用

目前很多中小企业上了很多系统,但是系统相互之间的衔接并不理想。由于不同的系统服务于不同的部门和岗位,系统之间相互割裂,没有充分考虑数据共享,相同的数据重复录入,这样就造成相同的数据在不同的系统中反映不一致。这不但浪费了人力和物力,还给管理决策带来了困难。比如,OA 数据和财务数据不对接,必须做一些集成的产品来解决中小企业管理当中的信息孤岛问题。

### (七)管理薄弱制约中小企业信息化发展

企业信息化在企业应用的前提是管理的制度规范和程序化。然而,中小企业,特别是小微企业在财务管理、人力资源管理、流程管理等方面均欠缺规范。信息化基础管理工作薄弱，管理制度、组织结构、管理理念与信息化的要求不相适应，信息系统建设与企业制度改革、管理创新协调推进不够，这些都严重影响了中小企业信息化的顺利进行。

（撰稿：黄　蕾）

# 2011年企业劳动关系状况综述

中国企业联合会雇主工作部

2011年是“十二五”开局之年，中国经济仍面临复杂的形势。国际金融危机的影响依然存在，全球性挑战的压力加大，世界经济复苏的势头依然脆弱。国内经济回升的内在动力不足，结构性矛盾突出。中国虽然已成为世界第二大经济体，但人均国民收入仍处于世界低位，转变发展方式、改善和保障民生、全面建设小康社会，仍是中国的发展主题。2011年8月，经中央决定，人力资源和社会保障部、全国总工会部、中国企业联合会、全国工商联会同有关部门召开了全国构建和谐劳动关系先进表彰暨经验交流会，习近平同志发表了重要讲话，张德江同志作了总结讲话。说明劳动关系问题受到党和国家的高度重视，势必对企业劳动关系的发展产生深远广泛的影响。

## 一、劳动法律体系不断完善，相关立法有序推进

2011年度，国家劳动立法的重点领域是职业安全卫生。2011年12月31日，新的《职业病防治法》颁布实施，主要特点在于法律规定可操作性增强了，用人单位、地方政府及有关部门的职责更加清晰明确，对违法行为的处罚力度和责任追究力度也大大加强了。新《职业病防治法》完善了职业病诊断与鉴定制度，明确了对职业病病人的医疗和生活等方面的救助制度。将职业病救治范围从原来的企、事业单位和个体经济组织的劳动从业人员扩展到了所有用人单位。明确用人单位主要负责人对本单位职业病防治全面负责，并进一步强化了监管部门的责任。新法简化了职业病诊断程序，重点解决职业病诊断难的问题，规定没有证据否定职业病危害因素与病人临床表现之间的必然联系的，应当诊断为职业病。新法加大了对职业病患者的救治救助力度，明确了与职业病诊断鉴定有关的劳动争议仲裁问题。

2011年度国家还在劳动合同、社会保险、就业促进、劳动标准、劳动争议处理和职业技能鉴定等领域展开了多项立法和政策制定工作。

针对《劳动合同法》实施四年来，劳务派遣发展迅速，亟待进一步规范的问题，全国人大常委会在2008年和2011年两次《劳动合同法》执法检查的基础上，提出修改《劳动合同法》中对劳务派遣有关条款的规定。随着《社会保险法》的进一步深入贯彻，人力资源和社会保障部门在社会保险立法方面重点抓好《社会保险基金先行支付暂行办法》、《社会保险个人权益记录管理办法》、《在中国境内就业的外国人参加社会保险暂行办法》等施行。加快起草和修订《社会保险登记管理办法》、《社会保险费申报缴纳管理规定》、《社会保险稽核办法》，修改完善《社会保险基金监管规定》，加强依法监督。在劳动标准领域，人力资源和社会保障部在全国总工会和中国企联积极配合下着手进行《企业实行特殊工时制度管理规定》的立法。《规定》坚持维护劳动者权益和促进企业健康发展相统一；坚持标准工时制度为主体、特殊工时为补充；坚持严格限制与适度放宽相结合的原则，目前该《规定》正在向社会公开征求意见。在劳动争议处理方面，2012年1月1日，由人力资源和社会保障部主导、全国总工会、中国企联共同参与制定的《企业劳动争议协商调解规定》正式开始实施。该《规定》在加强协商、分类设立劳动争议调解委员会、明确和解和调解协议书效力、加大劳动关系三方对企业劳动争议协商、调解的指导和支持力度

等方面提出了明确要求。

## 二、劳动力市场保持稳定，就业形式依然严峻

2011年中国劳动力市场供需都有所增长，但受治理通货膨胀宏观政策和国际经济增长乏力的影响，增速趋缓。劳动力市场结构性矛盾依然突出，珠三角地区的缺工现象仍然存在，而且中西部二线城市也出现明显的缺工现象。劳动者对于就业条件提出更高的要求，最集中的表现在新生代外出务工人员的诉求增加，对于工资标准、工作环境、职业发展的预期增加。

2011年全年城镇新增就业人员1 221万人，比上年增加53万人，完成全年900万人目标的136%。全国外出务工人员总量比上年增加1 055万人。城镇失业人员再就业553万人，完成全年500万人目标的111%。就业困难人员实现就业180万人，完成全年100万人目标的180%。2011年底，城镇登记失业率为4.1%。从2007年到2011年，劳动力在第一产业的就业持续以年均1.5%的比例下降。第三产业增加的就业人口比例比上年增加了1.1个百分点。每年从第一产业转向第二、三产业的就业人口都接近1 000万人。

2011年劳动力市场政策与措施仍然体现了促进就业、规范劳动力市场运行的主导思想，各项政策措施致力于以市场需求为导向提升劳动就业服务的能力，拓展人力资源服务领域，提升服务水平。

国务院坚持把高校毕业生就业放在就业工作首位，出台了关于促进高校毕业生就业的政策措施，从14个方面加大对高校毕业生就业的扶持力度。精心组织开展高校毕业生就业服务专项活动，启动新一轮“三支一扶”计划，实施三年百万就业见习计划，并进一步加强了少数民族地区高校毕业生就业工作。高校毕业生创业取得积极进展。人社部印发了《关于支持留学人员回国创业的意见》和《关于加强留学人员回国服务体系建设的意见》，为留学回国人员加强就业服务和指导，帮助他们就业创业。

人力资源市场建设加快推进。加大人才市场和劳动力市场整合工作力度，研究提出人才市场、劳动力市场整合的方式和重点，明确了统一规范灵活的人力资源市场的目标和任务。人社部下发了《关于加强统一管理切实维护人力资源市场良好秩序的通知》，指导各地进一步做好人力资源市场统一管理工作。2011年全国范围内继续组织开展了清理整顿人力资源市场秩序、用人单位遵守劳动用工和社会保险法律法规情况与外出务工人员工资支付情况等三项专项整治活动。

农村劳动力转移就业工作示范县建设继续推进，面向农民工的职业培训、就业服务等工作不断加强，全年农村劳动力转移就业800万人。通过积极开发公益岗位，深入开展创建充分就业社区活动，帮助一大批就业困难人员和零就业家庭实现就业。

职业技能培训得到加强。国务院首次召开全国职业培训工作电视电话会议，面向全体劳动者的职业培训力度进一步加大，完善培训补贴政策，全年共有1 700多万人次接受各类政府补贴性职业培训，并得到职业技能鉴定服务。

公共就业服务不断加强。实名制就业援助和就业失业管理进展顺利，就业信息监测制度初步建立，全国招聘信息公共服务网开始试运行。失业动态监测在全国105个城市的3 568家企业试行。

劳动力市场与就业主要存在的问题包括：一是缺工现象依然存在，结构性矛盾仍然突出。一些劳动密集型产业开始逐渐向中西部地区转移，人力资源市场用人需求和求职集中在东部地区劳动力市场表现为供求增长趋缓，外来务工人员特别是外埠人员趋于减少。招工难问题还不同程度地存在，2011年东、中、西部的城市劳动力市场需求仍大于供给，其中中部地区的需求供给比出现了持续的上升。劳动力市场对技术等级无要求的用人需求下降了10.1%，而对高级工程师、工程师、技术员、高级技能人员的需求分别增长了8.8%、6.2%、4.5%、7.5%，市场需求缺口较大。二是非正规就业规模呈扩大趋势。2008年金融危机以来，非正规就业继续呈现扩大的趋势，到2008年中国非正规就业人数达到1.8亿人，比重上升到60.4%。2011年辽宁省的一项劳动关系调研显示，非正规就业人口比例已经占到全部就业人口的70.0%。在非正规就业领域就业的劳动者收入低、劳动时间长、劳动条件差、劳动保护缺乏、没有劳动保障的问题比较普遍，存在着比较严重

的侵害劳动者权益的现象。三是就业质量仍然需要提高。劳动用工仍以减低劳动力价格和用工成本为主导思想，沿袭了廉价劳动力的用工思路，表现在劳动力市场上就是大多数劳动者的就业质量仍然较低。就业质量不高是制约就业促进一个很重要的因素。困扰中国中小企业特别是小型且和微型企业多年的“招工难”，里面很重要的问题就是就业环境和就业质量的问题。四是大学生推迟就业现象增多。2011年大学毕业生的整体就业率为69.1%，低于2010年的76.1%。半年后以全职或者半职受雇的比例为82.1%，比2010年89.6%有明显下降。应届毕业生有20%主动延迟就业，其中一部分选择不就业，或者非充分就业。大学生延迟就业一方面反映了大学生找到理想工作的难度在加大，同时另外一个主要原因在于他们的预期收入和实际收入的差距较大。

## 三、企业用工改革继续推进，用工管理仍须规范

国家继续积极引导企业不断规范劳动用工，深入推进企业用工体制改革。2011年3月，第十一届全国人民代表大会批准了《中华人民共和国国民经济和社会发展第十二个五年规划纲要》。要求加强劳动执法，完善劳动争议处理机制，改善劳动条件，保障劳动者权益。发挥政府、工会和企业作用，努力形成企业和职工利益共享机制，建立和谐劳动关系。《纲要》还提出要坚持党管人才原则，坚持服务发展、人才优先、以用为本、创新机制、高端引领、整体开发的指导方针，加强现代化建设需要的各类人才队伍建设，充分发挥国内人才作用，积极引进和用好海外高层次人才。2012年7月，国务院批准实施《国家公共基本服务体系“十二五”规划》，规划明确提出，要全面推行劳动合同制度，着力提高小企业和农民工劳动合同签订率，扩大集体合同覆盖面。规范劳务派遣用工和企业裁员行为。全面推进实施劳动用工备案制度，加强对劳动用工的动态监管。健全企业薪酬调查和信息发布制度。完善企业工资决定机制和正常增长机制，积极稳妥推进工资集体协商工作。健全工资支付保障机制，完善最低工资和工资指导线制度，逐步提高最低工资标准。《中华人民共和国国民经济和社会发展第十二个五年规划纲要》、《国家公共基本服务体系“十二五”规划》以及《促进就业规划》提出的完善企业用制度的各项要求，以及深化收入分配制度改革和人才发展战略目标势必对企业劳动用工产生积极的引导作用，从而进一步推动国有企业用工制度的深化改革，促进非公有制企业用工环境的不断改善以及劳动用工的不断规范。

由于招聘难度加大，企业在劳动力市场上的竞争激烈，员工流动率居高不下。受此影响，企业纷纷提高了工人的工资待遇和福利待遇，但相应地，针对一线工人的培训也开始减少。由于普工的流动率最高，几乎很少有企业对这类人群进行培训。面对内外部挑战，企业纷纷采取应对措施。大多数企业第一反应，就是通过完善人力资源制度，提高员工的工作积极性、降低流动率，但很少有企业把用工管理规范化与企业发展战略相结合，通过产业结构调整、升级，提高产品的附加值，转换比较优势，说明企业对用工管理规范化还很难做到真正的重视。一些处于创业阶段的小企业，面对外部竞争及法规约束，人力资源契约化规范管理往往面临难以承受的压力。在这样的企业里，由于企业规模小，员工数量有限，人人都被要求是多面手，专业化分工、规范化管理难以提到议事日程。而在大型企业、尤其是国有企业，人力资源专业化、契约化规范管理面临的最大问题，是如何真正地将有关专业技术、各项措施落地。不少大型企业都在采用诸多的先进的管理方法，但是这些方法难以在基层真正得到执行，管理的实际有效性就大打折扣。

因此，要加强对企业规范劳动用工的指导。要对不同规模、不同类型的企业实施分类指导。对生产经营正常和效益较好的企业，指导其就工资水平、奖金分配、社会保险、生活福利等问题与工会或职工代表进行协商，建立正常的工资增长调整机制。重点要在强化对企业的指导和服务的同时，畅通职工维权渠道，对职工投诉举报的情况及时调查和处理，对企业存在的违法行为及时纠正和查处。要推进建立企业内部劳资矛盾协调处理机制。

## 四、劳动合同管理逐步规范，集体合同制度深入推进

2011年，国家三方继续全面推进小企业劳动合同制度实施专项行动，继续开展农民工劳动合同签订"春暖行动"，促进用人单位与劳动者依法签订并履行劳动合同。年末，全国企业劳动合同签订率达到86.4%。小企业和农民工劳动合同签订率不断上升。许多地区劳动用工备案制度建设取得新进展。截至2012年3月底，全国共有安徽、四川等12个省份开通了人力资源和社会保障部劳动用工备案系统。

2011年7月，全国人大常委会对劳动合同法实施情况开展了第二次执法检查。吴邦国同志专门就此作出重要批示，华建敏、路甬祥、陈至立三位副委员长分别带队赴6省开展实地检查，委托10个省、自治区、直辖市的人大常委会对当地进行检查，检查报告指出，劳动合同法实施中存在的主要问题：一是部分劳动密集型中小企业及非公企业劳动合同签订率仍然偏低，部分已签的劳动合同内容不规范、履行不到位。二是劳务派遣在部分单位被滥用，损害派遣工合法权益问题比较突出。

各地继续推进集体合同制度实施"彩虹计划"，以工资集体协商为重点内容，以非公有制企业为重点对象，指导已建工会的企业积极稳妥开展集体协商，在非公有制小企业集中的地区或行业大力推进行业性、区域性集体协商，集体协商的实效性逐步增强。截至2011年底，全国签订集体合同179.3万份，比2010年提高27.3%；覆盖企业360.9万家，比2010年提高了48.0%；覆盖职工2.2亿人，比2010年提高了20.5%。全国签订工资专项集体合同92万份，比2010年提高了51.0%；覆盖企业195.1万家，比2010年提高了74.8%；覆盖职工1.2亿人，比2010年提高了54.0%。区域性、行业性集体协商也得到稳步发展，出现了浙江温岭、武汉餐饮业等众多典型案例。

目前企业集体协商在认识和实践上仍存在一些普遍性的障碍和问题。一是"要我签"而非"我要签"。中国企业集体协商制度是自上而下推行的，从上级指示要求，到层层传达布置，从落实试点到全面推开，再配上一个自上而下的指标系统和奖惩系统，这样很容易使协商主体忽视签订集体合同的内部需求和外部条件，形成单纯的任务观念，走入片面追求数量的误区。二是集体合同文本、条款具有较普遍的雷同化倾向。三是集体合同内容疲软化，缺乏必要的刚性度。集体合同条款中关于劳动报酬的规定定性的多、定量的少，即使发生劳动争议，也难以从法律上进行界定。四是集体协商过程虚拟化，协商机制还没有真正形成。五是企业双方主体利益差异不大，集体协商内在动力不足。

## 五、企业职工工资稳步增加，国企薪酬改革初见成效

2011中国企业以"市场机制调节，企业自主分配，政府监控指导"为主要内容的企业工资分配和调控体系已经初步形成。企业工资分配各项制度深入开展，企业职工工资收入总体上有了较大幅度的增长。与此同时，由于体制、机制和配套制度的不完善，以工资收入分配为核心的一些矛盾和问题日渐突出。

职工工资水平稳步增加，行业间工资差距呈缩小趋势。2011年全国城镇非私营单位在岗职工年平均工资为42 452元，与2010年的37 147元相比，增加了5 305元。扣除物价因素，2011年全国城镇非私营单位在岗职工年平均工资实际增长8.5%。城镇私营单位就业人员年平均工资24 556元，实际增长12.3%。中国国民经济平稳较快发展为职工工资增长提供了坚实基础。统计显示，2011年，中国全年国内生产总值(GDP)比上年增长9.2%，公共财政收入增长24.8%，规模以上工业利润增长25.4%，具有资质等级的总承包和专业承包建筑业利润增长24.4%。这些都为促进工资增长、使全体劳动者共享经济发展成果，提供了坚实的基础。行业工资差距呈现出明显的逐步缩小动向，延续多年的"高水平高增长、低水平低增长"行业工资增长态势发生了改变。2011年这种收缩的趋势更加明显，行业间工资差距最高是4.5倍。

各地大幅度提高最低工资标准。2011年全国月

最低工资标准最高的是深圳的1 320元/月,小时最低工资标准最高的是北京的13元/小时。与此同时,27个省份发布了工资指导线,基准线提高幅度多在14.0%以上。与此同时,全国已有北京等23个省市区公布了2011年城镇单位在岗职工平均工资。

国有企业负责人薪酬制度改革取得进展。中国已初步建立了国企负责人薪酬管理的制度框架,激励不足及薪酬与业绩不匹配的问题得到明显改善,国有企业负责人薪酬水平及增长趋于合理。比照市场经济的规范做法制定了国企负责人的薪酬决定办法,确立了出资人决定出资企业负责人薪酬的机制。初步建立起薪酬与企业效益挂钩、效益升薪酬升、效益降薪酬降的激励机制,央企负责人薪酬水平与企业经济规模和效益增长是基本相适应的。薪酬决定与考核办法和结果密切挂钩,薪酬的激励作用得到加强。激励方式逐步与市场经济接轨,长期激励试点稳步推进。

农民工工资支付保障工作扎实推进。人力资源和社会保障部进一步健全了预防和解决工资拖欠的长效机制,会同有关部门认真加强建设工程项目管理,推动解决拖欠农民工工资问题。2011年"两节"前,人力资源和社会保障部会同住房城乡建设等8个部门和单位密切配合,采取有效措施,联合开展农民工工资支付情况专项检查,积极解决重大在建工程项目的工资拖欠问题,严厉打击恶意欠薪违法行为,快速处理劳动报酬争议案件,加强舆论引导和监督,实现了元旦、春节前农民工工资基本无拖欠,涉及拖欠工资的劳动争议案件基本结案,因拖欠工资引发的群体性事件得到基本控制,维护了农民工合法权益和社会稳定。

近年来,随着经济的发展和改革的不断深化,企业职工工资收入总体上有了较大幅度的增长,职工生活水平也有了显著提高。但由于体制、机制和配套制度的不完善,以工资收入分配为核心的一些矛盾和问题日渐突出,集中表现在垄断所带来的行业收入差距、国有企业无偿或低价占用资源、中小企业税负负担偏重、工资集体协商机制未健全、企业拖欠克扣工资等问题。

## 六、劳动争议调解制度框架初步形成,仲裁审判效能显著提高

《劳动争议调解仲裁法》实施4年多来,对有效化解劳动争议,促进劳动关系和谐稳定,推动经济社会健康发展,发挥着重要作用。随着法律的深入实施,调解仲裁审判工作加强,劳动争议从连续三年大幅增长到2011年首现整体平稳回落,成效明显。

新时期劳动人事争议调解仲裁出现了呈现出一些新特点:

劳动争议调解方面,一是劳动争议调解组织建设不断加强。截至2011年底,全国建立各类劳动争议调解组织679 831个,其中大中型企业建立劳动争议调解委员会44 983个,组建率50.8%;劳动关系三方等参加的区域性行业性劳动争议调解组织19 512个。二是劳动争议调解成效明显提高。2011年,全国各类劳动争议调解组织受理劳动争议359 674件,调解成功230 570件,调解成功率64.1%。劳动合同等三类争议比重略有下降。2011年,全国企业劳动争议调解委员会受理劳动合同、辞退离职和劳动报酬争议154 647件,占全国企业调委会受理争议总量80.3%,同比下降4.9%。

劳动人事争议仲裁方面:一是受案总量逐季上升。与往年1—3季度调解仲裁机构受案总量逐季上升、4季度下降的"倒V型"不同,2011年出现逐季上升的新特点,增幅为2.1%。二是调解作用进一步发挥。2011年,调解机构受案数上升6.0%,比重达52.6%。三是社会保险争议增加。2011年,社会保险法和修订后的工伤保险条例相继实施,社会保险类争议随之上升。部分地区社会保险争议激增,事业单位转企改制中社会保险争议增多,调解仲裁机构受理的事业单位争议中,社会保险争议位居首位,占事业单位争议总量的24.0%。四是解除劳动合同争议突出。2011年上半年,解除劳动合同引发的争议占到争议总量的20.1%。五是部分地方劳务派遣争议大幅上升。2011年上半年,涉及劳务派遣关系的争议案件0.7万件,占仲裁机构立案数的2.6%。部分地方劳务派遣争议大幅上升。2011年上半年,北京市受理劳务派遣类案件1 229件,同比增长

63.6%。六是一些地方集体争议持续增加。集体争议多发生在制造行业的私营企业和外资企业，主要为企业动迁、拆迁、转型、重组、业主逃匿等引发的劳动报酬及经济补偿争议，劳动者请求事项较多，双方冲突较强，化解难度较大，社会关注度较高。

2011年，劳动人事争议调解仲裁审判工作成效显著，主要体现在：一是国有企业劳动争议预防调解示范工作取得阶段性成果。2011年，示范企业调解组织进一步健全，工作网络更加完善。示范企业建立了调解委员会、调解中心、调解小组等多种形式的调解组织，形成多层次调解工作网络。示范企业高度重视劳动合同、集体合同，健全完善规章制度，落实职工知情权、参与权、监督权，注重引导劳动者合法、理性维权，建立预防为主的利益协调机制。二是劳动人事争议调解制度框架初步形成，基层调解有效加强。《企业劳动争议协商调解规定》颁布实施，使企业内部预防调解争议有章可循。2011年5月，中央16个部门共同下发《关于深入推进矛盾纠纷大调解工作的指导意见》，明确各部门调解职责。2011年，全国乡镇街道劳动争议调解组织增加近5 000个，增幅31.0%。三是仲裁委员会和仲裁院建设实现突破，效能不断提升。截至2011年底，全国共调整、组建省级劳动人事争议仲裁委员会27家，市级仲裁委员会326家，省市两级仲裁委员会整合基本完成。四是仲裁机构与法院裁审衔接加强，案件处理效果明显。一些省仲裁机构与法院建立联席会议、联合培训、专人联络等制度，搭建信息共享平台，统一裁判尺度。部分省份中级法院、基层法院在仲裁委员会设立巡回法庭，实现了诉讼与仲裁全方位衔接。

## 七、三方机制建设取得新进展，构建和谐劳动关系工作实现历史性飞跃

2011年是中国劳动关系史上极不平凡的一年。随着经济体制改革的继续深化和经济发展方式的加快转变，劳动关系利益主体多元化、利益诉求多样化的态势更加凸显，构建和谐劳动关系工作进一步得到了党中央的高度重视。2011年8月，全国构建和谐劳动关系先进表彰暨经验交流会在京召开，这是改革开放以来第一次全国性研究部署构建和谐劳动关系的工作会议，为今后协调劳动关系工作指明了方向，提出了具体任务。2011年，国家协调劳动关系三方全面贯彻落实党的十七大、十七届五中、六中全会精神，按照加快转变经济发展方式、保障和改善民生、促进经济长期平稳较快发展和社会和谐稳定的要求，围绕构建和谐劳动关系的总体目标，充分发挥三方合力，共同研究解决劳动关系的重大问题，积极推进各项重点工作，保持了劳动关系和谐稳定。

构建和谐劳动关系工作力度进一步得到党和国家的高度重视。2011年3—8月，在党中央、国务院的统一安排和部署下，由人力资源和社会保障部、全国总工会、中国企业联合会、全国工商联与中央有关部门组成中央调研组，调研组分6各小组，以浙江为重点，以北京、辽宁、福建、广东、湖南、四川等省（市）为实地考察点，对全国构建和谐劳动关系情况开展集中调研，形成大量有价值的专题报告和经验材料。在调研基础上，经中央决定，国家三方于2011年8月，会同有关部门联合召开全国构建和谐劳动关系先进表彰暨经验交流会，这是改革开放以来首次全国性、高规格专题研究部署劳动关系工作的会议。习近平、王兆国、刘云山、张德江、黄孟复、王忠禹等中央领导同志出席并作重要讲话，会上交流了构建和谐劳动关系的工作经验，对当前和今后一个时期构建和谐劳动关系工作进行了全面部署，隆重表彰了400家全国模范劳动关系和谐企业与工业园区。

协调劳动关系三方机制建设取得新进展。国家三方认真贯彻落实中央文件精神，正式将全国工商联纳入国家三方会议，修改完善了会议制度。各级三方不断加强基层组织建设，全国共建立各级三方组织1.2万多家。国家三方进一步加强了三方机制建设理论研究和调研。国家三方会议办公室组织编写了《中国协调劳动关系三方机制发展历程》。同时，国家三方不断扩大国际交流与合作。组织了中加三方机制和劳资关系研讨会，并与国际劳工组织北京局联合组团赴澳大利亚就协调劳动关系的制度机制进行考察交流。2011年，国家三方在稳步推进劳动合同法贯彻实施、推动集体协商和集体合同制度、加强劳动争议调解仲裁工作、研究应对劳动关系重大问题等方面加强合作与配合，共同研究推动各项重点工作，协调劳动关系工作取得积极成效。

# 2011年资源节约和环境保护工作综述

国家发展和改革委员会资源节约和环境保护司

2011年是"十二五"开局之年。一年来,国家发改委资源节约和环境保护司认真贯彻党的十七届五中全会和"十二五"规划《纲要》精神,以科学发展观为指导,围绕发展改革中心工作,在总结"十一五"节能减排经验的基础上,统筹谋划"十二五"节能减排工作;采取切实有效措施,强力推进节能降耗,大力发展循环经济,加强环境保护,积极促进绿色低碳发展。

## 一、强力推进节能减排

1. 加强节能减排综合协调。研究提出并由国务院发布《"十二五"节能减排综合性工作方案》,提出了12个方面50条政策措施。归纳出152项重点工作任务,由国务院办公厅印发贯彻落实"十二五"节能减排综合性工作方案部门分工的通知。配合国务院办公厅组织召开国务院节能减排工作领导小组会议、全国节能减排工作电视电话会议,对节能减排工作进行全面部署。组织召开全国节能主管部门系统节能工作会议、国务院节能减排工作领导小组联络员会议。做好节能减排形势分析,及时发现苗头性、倾向性问题,研究提出针对性措施。按季度发布各地区节能目标完成情况晴雨表,督促各地加强节能预警调控。

2. 强化节能目标考核。发布"十一五"各地区节能目标完成情况和千家企业"十一五"节能目标考核评价结果。充分考虑各地区经济发展水平、产业结构和节能潜力,科学合理分解各地区"十二五"节能目标并下达到各省(区、市)。研究提出并由国务院印发《关于对"十一五"节能减排工作成绩突出的省级人民政府给予表扬的通报》,在全国节能减排工作电视电话会议上对8个省级人民政府给予通报表扬。修改完善"十二五"节能考核办法。会同有关部门组成联合调查组,对12个地区的节能减排工作进行督察。起草节能绩效管理试点工作方案,报送政府绩效管理工作部际联席会议办公室。

3. 实施重点节能工程。安排中央预算内投资27亿元和中央财政奖励资金27亿元,支持重点节能工程项目925个,可形成2 210万吨标准煤的节能能力。会同财政部修订了《节能技术改造财政奖励资金管理办法》,提高奖励标准,降低奖励门槛。推进公共机构节能改造,安排中央预算内资金9 865万元,支持全国人大常委会办公厅、国管局、中直管理局开展中央国家机关节能节水改造,完成人民大会堂主席台照明改造,发挥政府机构带头作用。

4. 推广节能技术和产品。继续实施节能产品惠民工程,发布4批节能汽车目录和2批高效电机目录,推广节能空调1 600多万台、节能汽车350多万辆、高效节能电机500多万千瓦、高效照明产品1.5亿只,直接拉动绿色消费5 000亿元,实现年节电400亿千瓦时,节油20万吨。会同财政部开展节能空调、高效照明产品现场核查。组织召开高效节能电机和冰蓄冷技术推广现场会。编制并发布《国家重点节能技术推广目录(第四批)》,以及第九批、第十批《节能产品政府采购清单》。会同有关部门印发《关于禁止普通照明用白炽灯销售和进口的公告》。

5. 推进重点领域节能。印发了《"十二五"万家企业节能低碳行动方案》,分解各地区万家企业"十二五"节能目标。启动重点用能单位能源利用在线监测系统试点建设。扩大能源管理师试点,将北京、河北、山西纳入试点省份。根据中央领导批示精神,会同有关部门研究提出绿色节能建筑行动方案,协调相关部门抓好"暖房子"工程,加快北方地区既有建筑节能改造。推动交通运输领域节能,支持甩挂运输示范试点。会同财政部选择8个不同类型城市,开展节能减排财政政策综合示范。

6. 积极扶持节能服务产业发展。公布了第二、第三、第四批节能服务公司名单，组织开展节能服务公司培训，前四批备案节能服务公司已达到2 300多家。组织开展了2010年各地区合同能源管理项目清算工作，对已支持项目进行了专家审查和现场抽查审核，取消了15家有造假行为的节能服务公司备案资格。开发合同能源管理项目管理软件。

7. 严格落实能评制度。起草了固定资产投资项目节能评估工作指南、固定资产投资项目节能评审工作指南；研究提出能评工作和能源消费总量控制初步方案。组织召开了全国节能主管部门节能评估和审查交流培训会议。公布了第一批26家节能量审核机构备案名单。协调财政部落实节能评估和审查工作经费。截至2011年底，共完成130个项目的节能审查，其中出具节能评估审查意见60个，完成节能登记备案70个。节能评估审查核减能源消费量240多万吨标准煤。

8. 强化节能标准标识认证制度。发布了制冷展示柜、家用太阳能热水系统等2项终端用能产品能效标准，制定铝及铝合金热挤棒材的高耗能产品能耗限额强制性国家标准，两类标准分别达到46项和28项。发布了第八批实行能源效率标识的产品目录，将打印机、传真机、数字电视接收器纳入能效标识范围，能效标识已覆盖25种终端用能产品。扩大节能产品认证产品范围，目前节能产品有效证书约22 000张，其中2011年发证约7 000张。

## 二、推动循环经济发展

1. 加强循环经济宏观指导。印发《循环经济发展规划编制指南》，指导地方编制"十二五"循环经济发展规划。研究起草并上报了《国务院办公厅关于开展反食品浪费的通知（代拟稿）》。研究制定《国家鼓励的循环经济技术、工艺和设备名录（第一批）》（征求意见稿）。筹备召开全国循环经济大会。

2. 深化循环经济示范试点。总结凝练并印发60个循环经济典型模式案例（简本）。继续开展循环经济专家行活动。启动并确定首批9家国家循环经济教育示范基地建设。对第一批14家汽车零部件再制造试点企业评估验收，印发《关于深化再制造试点的通知》，扩大再制造品种和试点范围。

3. 设立循环经济专项资金。会同财政部制定《循环经济发展专项资金管理办法》，印发循环经济发展专项资金支持餐厨废弃物资源化利用和无害化处理试点城市建设实施方案，明确循环经济专项资金支持的内容、方式、测算标准和相关程序。

4. 建设国家"城市矿产"示范基地。将上海燕龙基再生资源循环利用示范基地等15个园区确定为第二批国家"城市矿产"示范基地并批复其实施，安排循环经济发展专项资金9亿多元支持15个国家"城市矿产"示范基地建设。加强宣传，完成制作城市矿产相关的公益广告。

5. 强化园区循环化改造。率先在甘肃省、青海省柴达木循环经济试验区选择8家园区开展循环化改造示范试点并批复8家园区的循环化改造实施方案，先期拨付5亿元资金补助资金。

6. 推进餐厨废弃物资源化利用和无害化处理。确定北京朝阳区等33个城市（区）作为第一批试点单位并批复其实施方案，安排循环经济专项资金3亿多元，支持33个试点城市（区）建设餐厨废弃物回收利用体系，从源头上解决餐厨废弃物引发的"地沟油"、垃圾猪等食品安全问题。

7. 研究建立循环经济统计评价制度。会同国家统计局，深化资源产出率统计试点工作，向国务院报送《关于开展资源产出率统计评价有关情况的报告》。会同国家统计局等研究国家层面资源产出率发布方法，做好资源产出率统计的相关基础工作。

8. 探索循环经济新领域。会同工信部、环保部、住建部、能源局印发了《关于促进生产过程协同资源化处理城市及产业废弃物的意见》，探索城市和工业废弃物资源化处理的新途径，拓展循环经济领域，推广循环经济关键技术。

9. 大力推进秸秆综合利用。向国务院呈报《关于我国农作物秸秆综合利用有关情况的报告》。召开了秸秆综合利用统筹协调机制第二次会议，印发了《"十二五"农作物秸秆综合利用重点工作安排及部门分工》。召开秸秆综合利用试点工作启动会和棉秆综合利用工作座谈会。

10. 推动墙体材料革新。向国务院呈报了《"十一五""禁实"和墙体材料革新有关情况及下一步工作安排》。印发了《"十二五"墙体材料革新指导意见》,提出开展县城"禁实"、城市"限粘"。支持云南省盈江县地震灾后重建,组织捐赠新型墙体材料全自动生产线。支持有关单位举办"第五届中国国际新型墙材展览会"。

11. 加强资源综合利用认定管理。组织召开全国资源综合利用认定管理和有关政策培训班。组织电厂综合利用认定,印制了《资源综合利用电厂认定申报样本》,印发《2011 年资源综合利用发电机组认定名单的通知》共 118 家企业。

12. 巩固"限塑令"成果。联合 11 个部门起草并向国务院呈报了《关于我国"限塑令"实施情况的报告》。开展了主题为"开展限塑行动　倡导低碳生活"的"限塑令"三周年大型专题宣传活动。在自查基础上,联合六个部门对 20 个省市进行了"限塑"专项检查。

13. 推动治理商品过度包装工作。向国务院呈报了《国家发展改革委关于治理商品过度包装工作有关情况的报告》,会同有关部门印发了《"十二五"治理商品过度包装重点工作及部门分工》。根据国务院领导指示精神,会同有关部门部署国庆节期间月饼市场监管工作,向国务院呈报了《关于今年月饼市场食品质量、包装、价格有关情况的报告》。

14. 完善政策法规。制定循环经济促进法配套法规。研究起草《强制回收的产品和包装物名录及管理办法》,印发第一批名录(征求意见稿)。组织修订《粉煤灰综合利用管理办法》。会同财政部、税务总局开展实地调研,为修订完善《资源综合利用企业所得税优惠目录(2008 年版)》和增值税优惠政策做好基础性工作。研究提出支持秸秆综合利用的财税政策建议。

15. 加强节水工作。起草并向国务院上报了《国务院办公厅关于加快发展海水淡化产业的意见(代拟稿)》。组织召开海水淡化及综合利用工作座谈会,会同住建部召开全国节水型城市创建工作会议。实施海水淡化重大示范,召开曹妃甸海水淡化产业化重点示范项目竣工仪式。

16. 组织实施循环经济和资源节约重大示范项目。安排中央预算内投资 28.6 亿元,支持大宗固体废物综合利用、机电产品再制造产、再生资源利用、"城市矿产"、矿井水利用、海水淡化和综合利用等循环经济和资源节约重大示范项目 415 个,可形成年节水能力 9.2 亿吨,废物循环利用量7 240万吨。

## 三、加强环境保护

1. 加快城镇环境基础设施建设。安排中央预算内投资 145 亿元,支持城镇污水垃圾处理设施项目 1 343个。项目建成后,可新增污水管网 2.1 万公里,污水处理能力约980 万吨/日,垃圾处理能力约 11 万吨/日,削减化学需氧量排放 81 万吨/年;全国城镇污水集中处理率、垃圾无害化处理率将分别提高 3 和 4 个百分点。分别召开了全国城镇污水、垃圾处理设施建设及运营经验交流会。研究制定《城镇环境基础设施建设项目中央预算内资金申请及使用暂行办法》。与住建部、环保部共同起草并由国务院批转了《关于进一步加强城市生活垃圾处理工作的意见》。与住建部联合印发了《城镇污水处理厂污泥处理处置技术指南》,确定并发布了第一批污泥处理处置示范项目。

2. 推进突出环境问题的综合治理。会同环保部报送了《湘江流域重金属污染治理实施方案》,已由国务院批准实施。加大环保投入,安排中央预算内投资 18 亿元,支持重点污染治理项目 153 个,重点解决历史遗留铬渣、尾矿库安全环保隐患、湘江流域重金属、重点流域点源污染等突出环境问题,可削减化学需氧量排放5 000多吨,氨氮 100 多吨。

3. 全面推行清洁生产。建立清洁生产部际协调工作机制。配合全国人大环资委、法工委开展《清洁生产促进法》修订并参与相关调研工作,逐步理顺管理体制。实施清洁生产示范项目,启动了农业、服务业清洁生产推行工作。梳理、修订清洁生产评价指标体系、清洁生产标准,规范清洁生产评价指标体系的制定和管理工作。研究部署规范清洁生产审核机构等工作措施。

4. 推进环保产业发展。积极推动出台脱硝电价,完善垃圾发电政策,提出调整 2012 年有关环保产品进出口关税税率及税目。在污泥处置、脱硝催化剂、膜材料等领域,实施重大环保技术装备(产品)产业化项目,突破关键技术瓶颈,填补国内相关领域空白。联合环保部、统计局启动第四次环保产业调查。向国家标准化管理委员会报送了《垃圾填埋压实机》等23项环保产品国家标准报批稿，积极开展环保产品分类分级、环保装备运行评估等有关标准的研究制(修)订与实施工作。

## 四、组织编制专项规划

1. 加快编制国家级重点规划。按照国务院同意的"十二五"专项规划编制方案，研究编制了《"十二五"节能环保产业发展规划》、《全国城镇污水处理及再生利用设施建设规划》、《全国城镇生活垃圾无害化处理设施建设规划》，已上报国务院审批。《"十二五"节能减排规划》、《全国循环经济发展规划》正在抓紧完善。

2. 组织编制专项规划。编制印发了《"十二五"资源综合利用指导意见》、《大宗固体废物综合利用实施方案》、《"十二五"农作物秸秆综合利用实施方案》。正在组织编制《"十二五"海水淡化产业发展规划》、《"十二五"矿井水利用发展规划》、《清洁生产推行规划》、《"十二五"半导体照明节能产业发展规划》等。

3. 配合相关部门做好规划编制工作。配合环保部编制并向国务院报送了《国家环境保护规划(2011—2015年)》；正在配合环保部组织编制《重点流域水污染防治规划(2011—2015年)》、《土壤环境保护规划(2011—2015年)》等。

## 五、加大宣传力度，扩大国际交流与合作

1. 加大节能减排宣传。组织开展第21个全国节能宣传周活动。围绕重点工作、重点政策和重点活动组织开展专题宣传。研究起草"十二五"节能减排全民行动实施方案，协调17个部门共同组织十个专项行动。研究起草"'十一五'节能减排"回顾之一至之八，组织媒体集中报道宣传"十一五"节能减排成效、政策措施和主要经验。编写制作《"十一五"节能工作成就展》，在2011年全国节能宣传周启动仪式上展出。编写制作《节能减排、科学发展——回顾"十一五"、展望"十二五"》，在2011中国国际绿色创新技术产品展中心展区展出。

2. 举办第六届中日节能环保综合论坛。经国务院批准，国家发改委、商务部与日本经济产业省、日中经协联合举办第六届论坛。李克强副总理出席论坛开幕式并致辞。中日双方约1 000人参加，签署了51个合作项目。共组织了7场分论坛并组织日方代表分六条线路在我国部分地区进行了技术和商务考察。论坛的成功举办，进一步促进了中日在节能环保领域合作。

3. 加强国际交流。组织派遣三期赴日节能人才研修班。与日本NEDO签署了北京智能交通系统项目谅解备忘录，办理了山西阳光焦化集团焦炉燃烧自动控制系统等项目的资产转让。实施中日城市典型废弃物循环利用体系建设项目，在青岛、嘉兴、贵阳、西宁等四个城市开展餐厨废弃物、包装物、废旧轮胎等循环利用体系建设试点。落实中日韩领导人达成的共识，推进中日韩循环经济示范基地建设。举办第二届中美能效论坛、首届中法节能研讨会和国际能效合作伙伴关系第四届政策委员会会议。与德国环保部签署《关于开展电动汽车动力电池回收领域合作的备忘录》，与德国ALBA集团公司签署《关于开展资源循环利用领域合作的备忘录》。与奥地利联邦经济、家庭和青年部在北京共同主办了中奥节能环保技术研讨会。

(撰稿：姚明宽)

# 2011年人力资源和社会保障工作综述

国家人力资源和社会保障部政策研究司

2011年，各级人力资源和社会保障部门认真贯彻落实党中央、国务院的决策部署，紧紧围绕中心、服务大局，牢牢抓住人力资源和社会保障“民生为本、人才优先”工作主线，开拓进取，狠抓落实，各项工作取得显著成绩，实现了“十二五”人力资源社会保障工作的良好开局。

## 一、就业目标任务全面完成，就业局势保持稳定

一是就业局势保持基本稳定。2011年，全国城镇新增就业1 221万人，完成全年900万人目标的136.0%。城镇失业人员再就业553万人，完成全年500万人目标的111.0%。就业困难人员实现就业180万人，完成全年100万人目标的180.0%。2011年底，城镇登记失业率为4.1%。二是就业政策进一步完善。国务院出台了关于促进高校毕业生就业的政策措施，从14个方面加大对高校毕业生就业的扶持力度。促进就业税收优惠政策、小额担保贷款政策得到进一步落实，就业专项资金管理办法进 步完善。“十二五”促进就业专项规划已经国务院常务会议审议通过，为未来五年实施就业优先战略，推动就业事业发展奠定了基础。三是重点群体就业保持稳定。坚持把高校毕业生就业放在就业工作首位，精心组织开展高校毕业生就业服务专项活动，启动新一轮“三支一扶”计划，实施三年百万就业见习计划，并进一步加强了少数民族地区高校毕业生就业工作。农村劳动力转移就业工作示范县建设继续推进，面向农民工的职业培训、就业服务等工作不断加强，全年农村劳动力转移就业800万人。通过积极开发公益岗位，深入开展创建充分就业社区活动，帮助一大批就业困难人员和零就业家庭实现就业。四是创业带动就业工作积极推进。对85个国家级创业型城市进行绩效评估，积极落实创业扶持政策。高校毕业生创业和农民工返乡创业取得新进展。五是职业技能培训得到加强。国务院首次召开全国职业培训工作电视电话会议，面向全体劳动者的职业培训力度进一步加大，完善培训补贴政策，全年共有1 700多万人次接受各类政府补贴性职业培训，并得到职业技能鉴定服务。六是公共就业服务不断加强。实名制就业援助和就业失业管理进展顺利，就业信息监测制度初步建立，全国招聘信息公共服务网开始试运行。失业动态监测在全国105个城市的3 568家企业试行。七是人力资源市场建设加快推进。加大人才市场和劳动力市场整合工作力度，研究提出人才市场、劳动力市场整合的方式和重点，明确了统一规范灵活的人力资源市场的目标和任务。

## 二、社会保险工作深入开展，社会保障体系建设取得明显成效

一是社会保险制度建设加快推进。全面贯彻落实社会保险法，不断加大培训宣传力度，制定出台13个配套法规文件。社会保障“十二五”规划纲要已上报国务院。城镇居民社会养老保险试点和新农保第三批试点启动，全国27个省份的1 900多个县和4个直辖市及新疆生产建设兵团纳入试点。15个省区市实现新农保制度全覆盖。2011年底，全国国家试点地区参加新农保和城镇居民养老保险人数达到3.3亿人，8 759万人按月领取养老金。加上各地自行开展试点的，两项保险总参保人数达3.6亿多人。其中达到领取待遇年龄人数10 325万人。职工养老保险省级统筹成果进一步巩固，基本实现了职工医保、工伤保险市级统筹。事业单位职业年金试行办法出台。普遍开展居民医保门诊统筹，推进医疗保险付费制度改革。东部7省(市)扩大失业保险基金支出范围试点工作和工伤预防、工伤康复试点工作继续

推进。二是社会保险扩面征缴任务全面完成。2011年底，全国城镇职工基本养老、城镇基本医疗、失业、工伤、生育保险参保人数分别达2.8亿人、4.7亿人、1.4亿人、1.8亿人、1.4亿人。全年五项社会保险基金总收入24 000亿元，比上年增长27.7%；总支出18 100亿元，增长21.8%。500多万未参保集体企业退休人员纳入职工养老保险制度，596万关闭破产国有企业退休人员纳入职工医疗保险，312万“老工伤”人员纳入了工伤保险统筹范围。在中国境内就业的外国人参保工作开始启动。三是社会保险待遇水平稳步提高。连续7年调整企业退休人员基本养老金水平，全国月人均养老金达到1 511元。城镇居民基本医疗保险财政补贴标准从每人每年120元增加到200元，政策范围内住院费用支付比例进一步提高。建立失业保险金标准与物价上涨挂钩联动制度，20个省份上调了失业保险金标准。工伤保险待遇大幅度提高。四是基金监督管理进一步加强。社会保险稽核和基金监督检查力度加大，联合有关部门开展社会保险反欺诈工作，研究基本养老保险基金保值增值办法，加强基金监管能力建设，确保了基金安全有效运行。五是经办管理服务水平逐步提高。2011年，全国办理基本养老保险关系跨省转续78万人次，办理跨统筹地区转续医保关系44万人次。95.0%以上的参保人员就医实现了直接结算，27个省启动省内异地就医直接结算，25个省份开展跨省直接结算。28个省实施定点医疗机构分级管理。金保工程一期建设全面完成，2011年底，全国社会保障卡持卡人数达到近2亿人，比上年底增加9 600万人，并通过加载金融功能实现用途扩展和便民服务。

## 三、人才队伍建设不断加强，引智工作取得新进展

一是专业技术人才队伍建设进一步推进。出台专业技术人才队伍建设中长期规划和专业技术人才知识更新工程实施方案。中央印发通知对2011—2020年政府特殊津贴工作作出整体部署。经国务院批准，在全国范围开展深化中小学教师职称制度改革扩大试点工作，启动分类推进职称制度改革。会同有关部门研究制定新一轮百千万人才工程实施方案。制定万名专家服务基层行动计划，资助地方44项专家服务基层项目。编制印发留学回国工作“十二五”规划，出台支持留学人员回国创业意见和留学人员回国服务体系建设意见，成立中国留学人员回国服务联盟、创业专家指导委员会。继续实施留学人员回国创业启动支持计划、海外赤子为国服务行动计划、科技活动项目择优资助计划。编制印发博士后事业发展“十二五”规划，启动实施“香江学者计划”，与香港地区著名高校共同培养博士后研究人员。启动第四批新疆少数民族科技骨干特培工作，举办269期专业技术人员高级研修班，培训近14 000人。确定20个国家级专业技术人才继续教育基地。完成49项1 810万人次专业技术人员资格考试，近120万人取得相应资格。提前完成国际职员中期规划(2008—2012)目标任务。二是技能人才队伍建设进一步加强。出台高技能人才队伍建设中长期规划和国家高技能人才振兴计划实施方案，设立首批20个国家级高技能人才培训基地和50个技能大师工作室，成立亚太经合组织技能开发促进中心。技工院校改革有序推进，校企合作向纵深发展，5个专业一体化课程改革试点取得重要成果，新培训800多名一体化课程师资。职业分类大典编制工作顺利进行。组织开展29项国家一、二类职业技能竞赛，全国近1 000万一线职工参与竞赛活动，首次参加第41届世界技能大赛并取得良好成绩。三是引进国外智力工作取得新进展。扎实做好“外专千人计划”和高端外国专家项目组织实施工作，评审出首批“外专千人计划”候选人。“创新团队国际合作伙伴计划”、“高等学校学科创新引智计划”、“经济领域专门人才赴牛津培训项目”等重点引智项目积极推进。全年批复经济技术类项目2 685项，资助聘请外国专家11 320人次；批复文教专家类项目5 881项，资助聘请外国专家19 000人次；批复出国(境)培训项目2 838项，批准出国(境)培训人员50 358人，资助出国(境)培训人员10 741人。为50名外国专家颁发中国政府“友谊奖”。四是加强区域人才开发合作。区域人才开发合作不断深化，促进人才互通互用、合作共赢。完成了第七批援疆干部和人才选派工作，形成西藏干部职工内调基本政策。

## 四、公务员管理工作不断加强，人事制度改革逐步深化

一是公务员制度日趋完善。制定实施公务员回避规定（试行）、聘任制公务员管理试点办法、新录用公务员试用期管理办法（试行）。开展纪念公务员法实施五周年系列活动，组织全国行政机关开展公务员法执行情况检查。深入推进公务员分类管理和聘任制试点，参照管理工作进一步规范。二是公务员队伍建设不断加强。以对人民负责、为人民服务、受人民监督、让人民满意为基本要求，在全国广大公务员中组织开展带头创先争优争做人民满意公务员活动。积极开展公务员四类培训，全年共培训500余万人次；深入实施公务员对口培训，为中西部和东北地区培训公务员骨干近2 000人。制定实施行政机关公务员培训纲要，着力推进公务员职业道德建设。圆满完成2011年度公务员考录工作，全国有500万人参加考试，共录用19万余人。公开遴选试点工作进展顺利。落实中央关于规范评比达标表彰活动的指示精神，认真做好规范管理工作。圆满完成了广州亚运会、天宫一号交会对接等评选表彰工作。三是事业单位人事制度改革迈出新步伐。贯彻落实中央关于分类推进事业单位改革的指导意见，印发进一步深化事业单位人事制度改革的意见，对深化改革工作做出部署。事业单位人事管理条例（征求意见稿）面向社会征求意见。制定事业单位工作人员处分规定。事业单位聘用制度在全国基本实现全覆盖。岗位设置管理制度推行工作进展顺利，中央和国家机关岗位设置工作基本完成，各省区市事业单位岗位设置管理实施工作全面启动，20个省份核准备案率超过90.0%。进一步扩大事业单位公开招聘范围，严肃查处违规事件，进一步规范进人行为。四是军转安置任务顺利完成。改进军转干部安置办法，4.3万名军转干部得到妥善安置。推行考试考核相结合的做法，提高了安置工作的透明度和公信力。积极稳妥做好自主择业干部地区津贴调整工作。进一步提高自主择业军转干部管理服务工作水平，自主择业干部就业创业率达到78.0%以上。全面开展自主择业军转干部网络培训，4万多名军转干部参加培训，参培率达95.0%。扎实做好企业军转干部解困维稳工作，积极探索启动区域协调机制，确保了企业军转干部的总体稳定。

## 五、机关事业单位工资收入分配制度改革稳步推进，企业工资管理工作进一步加强

一是公务员工资工作取得新进展。研究和推进公务员工资水平正常调整机制的建立，开展公务员和企业相当人员工资水平调查比较试点。公务员职务与职级并行制度研究取得阶段性成果。稳步推进规范公务员津贴补贴工作，积极研究地区附加津贴制度问题，调整艰苦边远地区津贴一至三类区标准，调整部分特殊岗位津贴。二是事业单位实施绩效工资工作全面推进。出台深化事业单位工作人员收入分配制度改革的意见。全国95.0%的区县公共卫生与基层医疗卫生事业单位绩效工资基本兑现到位，20个省份已部署其他事业单位实施绩效工资工作。规范了中央事业单位退休人员津贴补贴。三是企业工资管理工作进一步加强。指导各地适时调整最低工资标准，全国共有25个省份年内调整了最低工资标准，平均增幅22.0%。在全国31个省份开展了企业薪酬试调查。27个省份发布了2011年度工资指导线，基准线多在14.0%以上。中央企业负责人薪酬管理工作逐步规范。非公有制企业和行业推行工资集体协商比例逐步提高。

## 六、劳动者权益保障不断加强，劳动关系总体保持和谐稳定

一是农民工工作稳步推进。会同有关部门进一步推进农民工参加社会保险、子女教育、职业安全卫生等权益保护工作，制定出台推进农民工城镇落户和加强农民工文化工作的政策规定。启动全国千户百强家庭服务企业创建活动，出台员工制家庭服务企业免征营业税办法。深入开展中国农民工发展问题顶层设计研究。二是劳动关系工作取得重大进展。会同有关部门召开全国构建和谐劳动关系先进表彰暨经验交流会，这是改革开放以来中央批准召开的第一次全国劳动关系工作会议，明确了今后一

个时期劳动关系工作的指导思想和目标任务。配合全国人大常委会开展劳动合同法执法检查。开展小企业劳动合同制度实施专项行动和农民工劳动合同签订“春暖行动”。劳动标准管理和三方协商机制建设进一步推进。三是劳动人事争议调解仲裁工作不断加强。基层调解组织建设扎实开展,部分国有企业劳动争议预防调解示范工作进展顺利,通过调解方式解决的争议案件达到54.0%。以市县为重点的劳动人事争议仲裁院建设取得积极进展,仲裁结案率达到93.9%。四是劳动保障监察执法工作得到加强。开展农民工工资支付情况专项检查,为129.2万名农民工补发被拖欠工资及赔偿金29.4亿元。清理整顿人力资源市场秩序,取缔非法职业介绍活动。及时督查督办“黑劳工”等重大劳动保障违法案件。初步建立了监察执法和刑事司法衔接制度,严厉打击恶意欠薪等违法犯罪行为。一些地方通过建立工资支付保障金等措施,积极打造农民工工资基本无拖欠省份。劳动保障监察“两网化”管理工作全面推进。

（审稿:李月田　撰稿:郑佳节）

# 企业论坛

# 重点企业风采

（排序不分先后）

- 中国石油天然气股份有限公司
- 中国海洋石油总公司
- 国家电网公司
- 中国建筑材料集团有限公司
- 新兴际华集团有限公司
- 中国华融资产管理公司

中国石油

奉献能源　创造和谐

奉献清洁能源 创造美好生活

cnooc

# 中国海洋石油总公司
# CHINA NATIONAL OFFSHORE OIL CORP.

中国海洋石油总公司（简称“中国海油”）是中央特大型国有企业，也是中国列首位的海上油气生产商。公司成立于1982年，注册资本949亿元人民币，总部设在北京，现有98 750名员工。

自成立以来，中国海油保持了良好的发展态势，由一家单纯从事油气开采的上游公司，发展成为主业突出、产业链完整的综合型能源集团，形成了油气勘探开发、专业技术服务、炼化销售及化肥、天然气及发电、金融服务、新能源等六大业务板块。

近年来，通过成功实施改革重组、资本运营、海外并购、上下游一体化等重大举措，企业实现了跨越式发展，综合竞争实力不断增强。

2011年，是“十二五”规划的开局之年，是中国海油发展进程中很不寻常的一年。一年来，我们按照公司党组做出的战略部署，着眼国际一流能源公司发展目标，加强生产组织，强化经营管理，全年共生产原油4 661万吨，天然气167亿立方米，累计加工原油2 610万吨，生产成品油679万吨，进口液化天然气1 081万吨，公司综合实力、国际竞争力、社会影响力和可持续发展能力持续提升，基础管理不断优化，深水战略迈出实质步伐，节能减排取得显著成效，为保障国家能源安全和促进国家经济社会发展做出了应有贡献。

2012年，中国海油迎来了自己的“而立之年”，并满怀豪情踏上了“二次跨越”的新航程，我们将狠抓安全环保，强化降本增效，严格合规运营，全面完成年度生产经营任务，全力推进中国海油的“二次跨越”，奋力开创国际一流能源公司建设新局面。

### ▶1 000千伏晋东南—南阳—荆门特高压交流试验示范工程扩建工程竣工

2011年12月16日，扩建工程正式投运。扩建后，晋东南、南阳、荆门三站均装设两组容量300万千伏安的特高压变压器，线路装设40.0%的特高压串联补偿装置，是世界上首个具有500万千瓦稳定输电能力的交流输电工程。

### ▶青藏联网工程建成投运

2011年12月9日，由西宁—格尔木750千伏交流输变电工程、格尔木—拉萨±400千伏直流输电工程及藏中220千伏电网等配套工程组成的青藏联网工程投入试运行。工程的建设投运，从根本上解决了西藏缺电问题，提升我国西部地区能源优化配置水平。工程全长1 038公里，是世界上海拔最高、施工难度最大的直流工程之一，被誉为“电力天路”。

# 电网建设

## ▶ 国家风光储输联合示范工程建成投产

2011年12月25日，集风电、光伏发电、储能、智能输电于一体的新能源综合利用平台——国家风光储输示范工程在河北省张家口地区建成投产。这是由国家电网公司自主设计、建造，通过风光互补、储能调节、智能调度，实现了新能源发电的稳定、可控，有效破解了新能源并网的技术难题，一期建成风电10万千瓦、光伏发电4万千瓦、储能电池2万千瓦。

## ▶ 青岛薛家岛电动汽车智能充换储放一体化示范电站试运行

2011年7月11日，山东青岛薛家岛电动汽车充换电站投入试运行，标志着国内首次实现了电动汽车自动伺服换电、动力电池集中充电、电池集中储能，以及紧急情况下向电网放电（供电）的交换储放一体化服务功能，每天可为280辆电动公交车提供充换电服务。

## 负责任地运营巴西控股公司

2010年12月15日，国家电网公司成功完成巴西输电特许权项目交割和整合，顺利接管了巴西7家输电特许权公司100%股权及资产，成为巴西第五大输电运营公司，特许经营权年限为30年。接管以来，公司负责任地开展企业整合，提升电网运营效率，发挥电网规划、设计、研发、运行等方面的优势，推动技术交流与合作，寻求在输电、配电、水电及可再生能源等方面的市场机遇。

## 成功举办2011智能电网国际论坛

2011年9月28日，2011智能电网国际论坛在北京隆重开幕。来自国际电工委员会（IEC）、国际电信联盟等国际组织和亚洲、欧洲、南北美洲的16个国家的政府部门、行业组织、电力企业、研究机构、设计单位、制造厂商、高等院校的500余位代表参加了论坛，围绕“坚强智能电网——21世纪能源发展驱动力”进行了广泛交流。

# 企业建设

## 深入开展“为民服务创先争优”活动

2011年国家电网公司深入开展“为民服务创先争优”活动，坚持以为民服务为重点，以群众满意为标准，致力于规范服务行为、增强服务能力、提升服务品质、塑造服务品牌。公司全面履行社会责任，服务保障民生，大力转变公司发展方式，加快建设坚强智能电网，保障电网安全稳定运行，深化无电地区电力建设，持续开展电力扶贫，公司系统全年累计捐赠约1.1亿元。

## 发布我国首个企业价值白皮书

2012年1月12日，国家电网公司发布《公司的价值—国家电网时刻在你身边》，积极倡导企业从经济、社会、环境综合价值的视角关注企业的成长与发展，推动企业努力建设追求综合价值最大化的卓越组织。

# 善用资源 服务建设

Efficient Use of Resources Serving the Construction

# 联合创造价值 协同产生增量

## 打造世界一流建材制造商，
## 为股东创造优异回报

世界500强
新兴际华集团
XINXING CATHAY INTERNATIONAL GROUP
因新而兴
新兴铸管

无际自华
通四海 装点五洲

# 新兴际华集团

# XINXING CATHAY INTERNATIONAL GROUP

董事长、党委书记 刘明忠

新兴际华集团有限公司作为国务院国资委监管的中央企业，现有员工约8万人，营业收入、利润总额、国有资产等位居中央企业前30~50位，是世界500强企业。

集团拥有冶金铸造、轻工纺织、装备制造和商贸物流等四大主营业务。目前是全球列首位的球墨铸管研发制造商和全国列首位的后勤军需供应服务商。“新兴”和“际华”两大主品牌分别在国际、国内具有较高美誉度；拥有中国驰名商标7个，其中双金属管、钢格板、太空靴系列、高端职业装、高端纺织等产品处于国内领先水平。

按照“专业化管理、集团化管控”划分为四大板块五大公司。其中新兴铸管股份（000778.sz）、际华集团股份（601718.sh）分别在A股上市，覆盖集团80.0%以上资产和人员。所属90多户成员企业，最早可追溯于1911年，遍布于全国30个省（自治区、直辖市）和印度、赞比亚、加拿大等国家。

“在学习中成长，在创新中发展”，新兴际华集团将以“世界500强”为零起点，以“1257831”战略为引领，自强不息，自我超越，“强二进三”，打造国际一流企业集团！

为神五、神六、神七、神九宇航员遨游太空装备精品鞋靴

国内首个应急救援

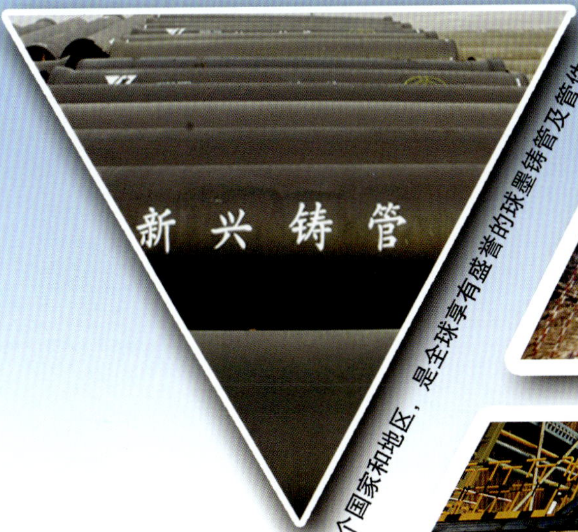

离心球墨铸铁管国内市场占有率40.0%以上，超过30.0%的产品销往106个国家和地区，是全球享有盛誉的球墨铸管及管件、制造用钢、双金属管研发、生产基地

全球知名的后勤军需、职业服装、职业鞋靴研发生产基地，承制了国庆60周年85.0%的阅兵服装

在各大城市开拓的商贸物流业务呈现多元化、集群化、规模化

正在建设

投 资 · 基 金 · 期 货 · 置 业
专业的资产管理者
优秀的金融服务商

总裁　赖小民

华融湘江银行开业启动

中国华融资产管理公司是经国务院批准设立的国有独资非银行金融机构，于1999年10月19日正式挂牌成立，注册资本金100亿元人民币，总部设在北京，全国设有32家办事处和营业部，拥有10家平台公司，服务网络遍及30个省（自治区、直辖市）。截至2011年底，公司总资产达2 185亿元，较上年增加621亿元，净资本收益率达12.58%。

经过十几年的成功运作和发展，中国华融坚持“听党的话，跟政府走，按市场规律办事”的理念，坚守风险底线，践行科学发展，全面完成了政策性资产处置目标任务，为促进国有商业银行改革发展、国有企业减债脱困、最大限度减少国家损失、维护金融体系稳定运行、促进社会经济健康稳定发展发挥了“安全网”和“稳定器”的作用。

顺应新的经济金融形势，在国家有关部门的支持和指导下，中国华融积极稳健推进商业化转型，旗下已拥有华融湘江银行股份有限公司、华融证券股份有限公司、华融金融租赁股份有限公司、华融国际信托有限责任公司、融德资产管理有限公司、华融渝富股权投资基金管理有限责任公司、华融期货有限责任公司、华融置业有限责任公司、华融致远投资管理有限责任公司、华融汇通资产管理有限公司10家平台公司，形成了以资产经营管理为主业，银行、证券、金融租赁、信托、投资、基金、期货等业务为依托的综合性金融服务体系，可以依托辐射全国的32家办事处和营业部以及多元化的业务平台，发挥品牌、牌照、网络、专业、资源等“五大优势”的综合优势和协同效应，打业务组合拳，为客户提供一揽子综合金融服务，满足客户多样化的服务需求。

2009年以来，中国华融实施“五年三步走”发展战略，采取了一系列创新举措，从2009年至2011年连续3年净利润翻番，共计创造利润78.51亿元，特别是2011年利润突破50亿元大关，实现了超常规、跨越式发展，创造了中国华融创新发展新业绩。

目前，中国华融的股份制改革方案已经国家批准，力争2012年尽早实现股份制公司挂牌，中国华融将开始真正迈入市场化转型发展的历史新阶段，开启第二次创业的新局面。

CHAMC 中国华融

2011年《中国企业管理年鉴》更名为
《中国企业年鉴》
1990
中国企业年鉴 2011
CHINA ENTERPRISE YEARBOOK
中国企业年鉴 2012
CHINA ENTERPRISE YEARBOOK
2012
2010
中国企业管理年鉴
China Enterprise Management Annual
2009
中国企业管理年鉴
China Enterprise Management Annual
2004
2005
2006
2007
2008
2009

# 科学发展　转变方式　抢抓机遇　狠抓落实 全面开创强大京煤建设新局面

北京京煤集团有限责任公司党委书记　董事长　付合年

## 一、突出科学发展主题，加快提升集团科学建设新水平

1. 以科学发展为主题，认清当前形势。当前，世界经济复苏缓慢，贸易保护主义抬头；全球科技创新势头强劲，特别是新能源科技孕育着重大突破。我们要牢牢把握世界经济形势的“四个特点”，即：世界经济结构进入调整期、世界经济治理机制进入变革期、创新和产业转型进入孕育期、新兴市场国家力量进入上升期。同时要密切关注我国宏观经济复杂形势，经济结构调整、资源环境约束、改善民生、维护稳定任务，以及通胀对生产经营成本的新影响。还要看到国内煤炭企业竞争激烈，发展势头迅猛。

2. 以科学发展为主题，坚持绿色发展。现在，绿色发展正在成为世界经济的主流。我们坚持绿色发展，要紧紧抓住京西大开发、新城镇建设、棚户区改造、服务业加快发展的大好机遇，超前谋划，加快推进。坚持绿色发展，就要把煤炭绿色开采、集约开采和相关产业协同发展紧密结合起来。大力推进煤电、煤运、煤化、煤气的“一体化”进程。加强研发投入的机制建设，积极发展绿色能源、绿色城市服务业和绿色地产。各专业板块都要坚持节能减排、节约降耗，实施循环经济。

3. 以科学发展为主题，相关多元发展。实现相关多元发展，就要把握企业集团的本质。为避免组织失灵和市场失灵，在单个企业和市场之间建立的中间型组织，是有市场的组织和有组织的市场，具有多层次、多法人的特点，内部市场化是企业集团的本质要求。集团总部要发挥总协调的作用，做到板块的专业化和集团的相关多元化。各单位都要大力增强关联协同的意识，建立关联协同的机制，落实关联协同的责任，实施关联协同的激励。通过企业内部的纵向一体化和横向一体化，降低交易成本，做到优势互补，提高集团整体竞争力。

4. 以科学发展为主题，坚持创新发展。增强企业的自主创新能力，加大投入，提高科技水平。集团三大支柱和各个专业板块，都要在科技兴企方面有新突破。要大力推进集团体制机制创新、经营管理创新、组织结构创新、商业模式创新。深入贯彻落实“集团化运作、专业化经营、关联式发展、资本化扩张”的商业模式，创新驱动，加快发展。

5. 以科学发展为主题，坚持开放发展。开放是先进企业的重要标志，是科学发展的强大动力。要继续加大开放步伐，寻求战略合作，走向全国，走向世界，实施跨区域、跨国经营战略。煤炭能源要科学提升，加速扩张；城市服务业要创新服务，超越发展；房地产业要实施复合地产、区域经营，推进金泰中国战略；化工板块要加快提高并购能力，把生产基地向外埠转移；机械板块要坚持开放合作，提高产品的市场竞争力。集团各经营单位都要以开放促发展，我们正在香港地区筹建公司，要站在开放的前沿，发挥走向世界的窗口和桥梁作用。

6. 以科学发展为主题，坚持安全发展。安全发展是集团突出特点，科学发展必须以安全发展为基础。要充分认识安全工作的长期性、艰巨性和复杂性，强化安全教育，建设安全生产示范矿，打造京煤开采品牌。始终坚持“安全第一、预防为主、综合治理”的方针，牢固树立“安全可控、事在人为”的安全理念，严格落实“安全第一、生产第二”的原则规定。加强基础工作，继续加大投入，提升技术水平，强化监管责任，创新管理模式，构建安全文化，提高安全保障能力。

企业科学发展，要坚持发展的全面性、协调性，

高度重视合作发展、借势发展、整合发展、跨区域和跨国发展,不断提升发展的质量和规模。

## 二、突出加快转变发展方式主线,在转变中加快建设强大京煤

1. 加快转变发展方式,就要加快实施战略转移。集团升级发展,需要战略转移,不仅要向内蒙古转,还要向全国转,向国外转。鉴于首都的功能定位和京西煤炭限量开采,煤炭主业必须大踏步地走出去,到矿产资源富集的地区和国家寻找商机。城市服务业要发挥整体优势,努力向全国服务和国际服务拓展。房地产业要在服务首都的同时,充分发挥外埠资源优势,实施全国布局,开辟更广阔的发展空间。集团各个板块,要盯住国内市场,要开辟国际发展道路。

2. 加快转变发展方式,就要加快企业转型。强力实施集团产业战略性结构调整,使核心业务更加突出,专业版块功能定位更加清晰。在打造理念先进、质量效益、本质安全、技术创新、和谐发展型企业方面有新突破;战略转型要加大区域整合、同业整合、产业链整合、资源整合力度,推进组织变革和流程再造,实现传统经营向现代经营的转变。

大企业集团转型,有一定难度,大象很难跳舞。京煤集团作为大型企业集团,要走企业转型之路,努力创造大象也能跳舞的神话,实现企业的漂亮转身。要通过京西大开发,形成新的产业;通过物流园区建设,提升城市服务业;通过机械厂搬迁,实现产业升级。

3. 加快转变发展方式,就要强化公司治理,深化体制机制改革。要继续加强和完善公司治理,强化董事会在公司治理中的核心地位。按照"董事会科学决策、经理层执行有力、监事会监督到位,党组织引领保证"的原则要求,进一步明确职责范围,落实责任体系,各司其职,相互制衡,密切协作。加快骨干企业上市步伐,凡是准备上市的公司,都要做出规划,有明确的路线图。制定出阶段目标,严加考核,努力推进。

把集团战略和政府的区域战略紧密融合起来,实现企业和地方政府的良好互动。加强战略信息系统建设,为科学决策提供依据。完善激励约束机制,按照资产规模、营业收入、利润水平、经营难易程度,行业特点,贡献大小确定战略薪酬,做到公平和效率的统一。

## 三、突出建设强大京煤理念,全面提升企业文化建设水平

强大京煤理念,是企业灵魂,是企业文化核心,是我们重要的价值观念。要用强大京煤理念促进集团文化发展方式的转变,加快文化改革发展的步伐,作好京煤崛起的文化准备。认真研究和制定集团的文化战略,形成集团的文化体系,强力支撑集团经济发展战略和规划的实现。

坚持强大京煤理念,要把理念体现在"五种精神"上:

1. 融会贯通的精神。要把强大京煤理念融会贯通到集团管理的各个方面,做到上下贯通、横向贯通和网络贯通,使企业每一个环节、每一个部位都强大起来。同时做到信息流、资金流、人才流、产品流的顺畅流转和有效贯通。只有把强大京煤理念贯通到集团的方方面面,不断解决存在的短板和问题,才能增强市场竞争力。

2. 追求理想的精神。建设强大京煤是我们的理想追求和奋斗目标。具有理想精神的企业,才是最有希望的企业。理想有多大,事业才会有多大;心有多大,舞台才可能会有多大。大家都希望京煤集团强大起来,员工过上体面、富裕、有尊严的生活。面对激烈的市场竞争,我们要变压力为动力,坚定信心,凝聚力量,迎接挑战,再造一个新京煤。

3. 勇于创新的精神。建设强大京煤,要坚持科技兴企、自主创新,努力赢得创新优势。集团要坚持综合创新、系统强大;能源主业要科学提升、加速扩张;城市服务业要创新发展、超越发展;地产开发要创造新品质,引领新生活;各专业板块都要以创新精神,赢得发展先机。

4. 求真务实的精神。贯彻强大京煤理念,必须求真务实,把理念落实到发展战略上、经营管理上、年度指标完成上、发展后劲上。求真务实,就要遵循规律,讲实际、办实事、重实效、增实力。要通过实实

在在的劳动,确保战略目标实现。求真务实,必须坚持在提高效益的基础上,着力保障和改善民生。各级组织,都要把改善民生列入发展战略、列入工作计划、列入重要议程。职工收入、住房条件、医疗保健,都要提高和改善。努力畅通职工诉求渠道,热情帮助员工解决生活困难。

5. 抢抓机遇的精神。综观国内外和集团面临的形势,我们正处在大有作为的战略机遇期,既面临难得的历史机遇,也面临诸多可以预见和难以预见的风险挑战。要科学把握发展规律,主动适应环境变化,增强机遇意识,珍惜机遇,抢抓机遇,创造机遇,不失时机地推进企业建设。

## 四、突出狠抓落实的工作作风,按照战略规划稳健扎实推进

1. 抓好全面预算。集团总部和各专业板块,都要按照全面预算的要求,进行目标分解,明确责任。预算要保证重点,综合协调。发挥全面预算工作的指导功能、平衡功能、协调功能和控制功能,抓好预算的执行和考核,保证预算有效落实。

2. 抓好重大项目。项目战略是企业战略的重要组成部分,是战略落实的可靠保证。集团和各个板块都有若干重大项目,事关企业战略。各级领导人员要高度重视,严密组织,强化项目管理能力,化解项目风险,确保项目收益。

3. 抓好资金落实。要增强融资能力,拓宽融资渠道,获得资金支持。实施科学决策,严格项目论证程序,防控投资扩张风险。上市公司要提高资本运作水平;集团总部要试行资金集中管理模式,节约信贷资金,降低筹资成本,支持重点项目。加强赊销管理,减少应收账款;减少库存积压,加快资金周转;充分估计通胀因素对生产经营的影响,加强成本管理,降低可控费用;奋力开拓市场,强化市场营销;加强资本积累,增强发展后劲。

4. 抓好改革调整。适应环境变化,深化体制机制改革;强化公司治理,完善集团治理。对上市企业、重点企业、京外企业、不同性质企业,分门别类,依法依规,有效管控。继续深化劳动、人事、分配制度改革;建立完善与现代企业集团相适应、相配套的产权结构、组织结构、产业结构和产品结构。

5. 抓好人才工作。人才资源是第一资源。要大力实施人才兴企战略,制定和落实人才规划,坚持人才优先,以用为本,创新机制,高端引领,整体开发。重点抓好经营管理、专业技术和高技能人才队伍建设,全面提升人才队伍的规模、结构和素质。要在人才教育培训上有新突破,在引进、招聘方面有新突破,在选拔、任用方面有新突破。确保重点板块用人需求和人才储备,加大优秀年轻人才培养使用力度。

6. 抓好管理创新。坚持系统管理和重点管理、全面管理和精细化管理的统一。遵循管理规范,夯实管理基础;强化战略执行,严格界定职责,切实履行责任;加强信息化建设,以信息化促进规范化、精细化、专业化管理;加强内控体系建设,提升集团管控水平;以重大投资项目为重点,强化风险管理能力;集团核心业务,要率先打造百亿板块,坚持向管理要效益。

## 五、加强党的建设,为企业科学发展、建设强大京煤提供可靠保证

要以党的先进性建设引领企业的先进性建设,全面加强党的思想、组织、作风、制度和能力建设,充分发挥党组织的政治核心作用、党支部的战斗堡垒作用和党员的先锋模范作用,保证中心任务和各项工作的完成。

1. 党的宣传思想工作,要把科学发展观的宣传教育放在首位。坚持强大京煤理念,提升宣传思想工作水平。注重集团战略和"十二五"规划的宣传教育。利用各种宣传工具,坚持正确舆论导向,唱响以强大京煤理念为重要内容的企业文化主旋律。

2. 加强党组织的科学性、先进性和能力建设,强化党组织"引领发展、融入中心、跟进服务"的作用。增强领导班子领导企业科学发展、转变发展方式的能力。建设学习型领导班子,提高思想和业务素质。坚持党管人才,实施人才战略。以"四好"班子、"四强、四优"活动为载体,加强基层党组织建设,加强党员的管理教育,把创先争优活动引向深入。

3. 积极推进党建创新。适应集团化、多元化、跨地区经营的特点,认真探索党组织新的管理模式和

活动方式。创建基于产业联盟的党组织，建立行之有效的沟通协调机制，达到统一思想认识、党组织总揽全局、党员干部正确领导，党员发挥作用，优势互补，资源共享，共同发展的目的。

4. 加强党风廉政建设。坚持标本兼治、综合治理、惩防并举、注重预防的方针，建立和完善惩治和预防腐败体系。加强廉政风险防范管理，深入开展党性党风党纪教育，增强主动受控、自觉接受监督的意识。健全权力运行和监督机制，推进反腐倡廉制度创新。围绕战略规划落实、重大项目、重点工作，开展效能监察。坚决查处违纪违法案件，做好信访和维稳工作，为企业发展创造良好环境。

5. 加强对工会、共青团组织的领导，提高做好新形势下群众工作的能力和水平。建设"学习型、服务型、创新型"工会，落实维权、帮扶、教育机制，实现工会的组织、引导、服务、维权功能，建好员工之家。加强共青团组织的思想政治建设，坚持党建带团建，适应青年特点，发挥青年优势，组织青年为企业建功立业。

# 创建"五型六化"矿井　推进企业科学发展

山东能源新矿集团翟镇煤矿

近年来，翟镇煤矿按照科学发展观的总体要求，科学把握煤炭工业发展的趋势，在建设"两型三化"矿井的基础上，紧密结合矿井发展实际，提出了创建"五型六化"矿井的发展思路，并积极实施，取得了显著成效。

## 一、强化"五型矿井"建设，夯实企业发展基础

1. 创新安全管理，打造本质安全型矿井。一是提升安全管理。深化"以人为本、安全发展"的理念，创新安全管理模式，着力完善四项机制。①"三三"安全监察机制，即：三薄排查（薄弱人物排查、薄弱时间排查、薄弱地点排查）；三项监察（顶板监察、通防监察、机电运输监察）；三项确认（规程措施确认、重点零工确认、小生产准备确认）。明确安全督察员、专业安全监理、安监员"三位一体"责任界定，强化监察职责，严格文明执法。②全生产激励约束机制，优化安全工资结构，发挥制度约束和资金激励的双重推动作用。③全诚信建设机制，重点抓好安全生产承诺制度、诚信考核管理制度、诚信档案制度、诚信监督制度的建立和完善工作，实现"诚信建设提升企业安全水平，安全发展助推诚信建设层次提升"。④全宣传教育机制，以强化职工安全责任意识、安全自主互助意识、职业健康意识和安全规律规则意识为重点，综合运用案例警示、虚拟事故、薄弱人物排查帮教、"反刍式"教育法、班后安全点评、"低老坏"查摆、写违章心理说明等形式，不断提升教育效果。二是强化安全预控。实施安全风险预控管理，建立健全岗位、班组、区队、专业、矿井"五级"安全预控管理体系，实现全面防控。坚持"三位一体"隐患排查，严格执行风险管理标准与措施，严格落实隐患销号制度。坚持隐患排查治理市场化运行机制，突出抓好"五级"隐患排查和薄弱人物、薄弱时间、薄弱地点"三薄"管理。加强地测预报，通过加强研究、科学研判，对工作面过断层等地质构造提前预测、预报、预处理。三是规范安全行为。坚持正规循环、正规作业，严禁突击生产，违章作业；坚持正常的作业时间，杜绝加班延点。规范干部的管理行为、规范员工的操作行为，全面推行安全确认和手指口述制度，促进工作规范化、制度化、标准化。四是深化安全评价。从设计源头、开拓布局及生产接续抓起，排查生产系统深层次的安全隐患，对重大事项、重大灾害和重点工程进行专项评价，优化理顺生产系统，强化灾害治理措施，改善生产施工环境，实现安全评价方式由静态向动态、由综合向专业的转变。

2. 优化生产系统，打造安全高效型矿井。一是

依靠科技进步，提升装备水平。持续推进采掘机械化，优化系统，减人提效，降低劳动强度，提高工作效率。抓好装备优化升级，根据矿井岩石硬度系数，调研适用的综掘机；推广应用装煤机、大功率锚杆钻机、帮锚杆机，研究无尘化喷浆工艺，抓好掘进临时支护改进，提高掘进效能和单进水平。抓好液压支架、煤机、刮板输送机“三机”配套选型，加强薄煤层综合机械化开采技术研究，提高单产水平。加快完善单轨吊运输网络化，推广皮带运输，确保单轨吊、皮带运输到迎头，采区内消灭地轨，提高工效和安全系数。二是优化采场布局，合理集中生产。对采场布局设计进一步优化，通过合理集中生产进一步提高工效，最大限度地减头减面减系统，减少设备占用。三是优化劳动组织，实现减人提效。

3. 做实绿色开采，打造绿色生态型矿井。一是做实矸石充填。立足提高充实率和保证充填效果，进一步优化充填设备，完善充填工艺，发挥地面下矸和重介浅槽作用，实施沿空留巷开采；对工作面充填前后的采动影响数据进行观测统计，对充填过程中加设捣实装置前后的充填效果进行对比分析，联合科研机构、高等院校提出论证报告，为绿色开采提供科学依据。二是推进清洁生产。积极开展无尘化管理，优化井下通风系统，推广使用粉尘传感器，推进采掘工作面防尘设备升级；实施地面防尘综合治理工程，加快降尘系统、冲车系统建设，消灭尘源。抓好生活污水处理厂的升级改造，增加氨氮处理工艺和在线监测仪，确保达标排放。三是抓好节能减排。以创建煤炭行业节能标杆企业为目标，积极推广应用节能技术，对生产系统进行节能改造，抓好高耗能设备的升级换代，完善能源管理体系和能源在线监控系统，丰富节能减排管理手段，推进管理、设备、系统节能。

4. 创新工作思路，打造持续创新型矿井。一是营造创新氛围。大力实施“科技兴矿”战略，以科技创新和管理创新为突破口，加大新技术、新装备、新工艺“三新”投入，重视职工小改小革、合理化建议，尊重和保护职工的首创精神，大力营造创新环境和创新氛围。二是完善创新机制。着力构建创新激励机制、运行机制、考核评价机制和成果转化机制，加强知识产权保护，形成持续推进创新的长效机制，坚定不移的走创新发展之路。三是抓好科技创新。重点围绕安全高效、以矸换煤、灾害治理，加强对综掘机械化装备、以矸换煤成套装备和综合机械化固体充填采煤工作法的研究与应用。四是做实管理创新。不断完善现代企业管理制度，通过创新人力资源管理、班组管理、信息化管理，提高劳动者素质，增强企业核心竞争力和抗风险能力，实现企业管理的制度化、规范化和信息化。五是人力资源管理创新。加快人力资源信息管理系统开发，进一步提升人力资源管理手段。深化全员业绩考核，突出岗位价值，理顺分配关系，健全员工收入与企业效益、岗位职责和劳动成果挂钩的分配机制，建立正常的薪酬管理秩序。

5. 统筹协调发展，打造文明和谐型矿井。一是关心职工生活。坚持“发展为了职工、发展依靠职工、发展成果惠及职工”，建立完善职工工资收入与企业经济效益的协调增长机制，实现收入分配向生产一线、重点岗位、高技能人才倾斜。扎实做好特困帮扶、大病救助、节日送温暖、金秋助学等活动，探索完善矿区扶贫解困工作长效机制。健全完善省外创业职工家庭档案，解决好创业者家庭的实际困难。不断完善社区基础设施，着力改善职工生活环境。二是开展文明创建。突出“爱心、诚心、孝心、责任心”道德教育，积极策划组织富有特色的道德教育和实践活动，重点抓好道德典型的选树、宣传和推广，切实倡树矿区文明新风。三是强化企业文化。着眼于推动观念转变、管理提升、形象塑造，对现有企业文化体系进行系统梳理提升，继续抓好文化延伸，以文化带动管理不断升级。深入开展企业文化建设活动，丰富文体活动，打造精神家园。注重人文关怀和心理疏导，强化柔性管理与和谐管理，彰显人性尊严。四是维护职工权益。坚持依法行政、依法维权，健全完善劳动关系矛盾预警机制、劳动争议案件调处机制。进一步强化基层民主管理监督，规范完善厂务公开民主管理制度，维护职工合法权益。

## 二、推进“六化”管理，实现管理提档升级

1. 安全生产精益化。坚持“安全生产经营一体化”的理念，树立“设计不合理就是最大的浪费”的观

念，健全设计责任追究考核机制，提高设计人员责任意识和设计质量，保障设计科学合理。抓好采区、巷道、工作面的设计，杜绝无效劳动和不必要投入。突出抓源治本，围绕矸石“不产生、不转移、不升井”，从设计、生产、运输、提升等环节入手，实行全过程控制。根据地质条件、岩性系数，合理确定留巷形式和支护参数，严控材料投入，杜绝浪费。加强设备管控，完善设备点检制和设备包机制，保障设备完好率，提高设备开机率，发挥设备最大效能。

2. 调度系统智慧化。以调度监控系统为平台，进一步完善井下人员定位系统、3G无线通讯系统、信集闭控制系统、洗选加工和煤炭发运监控系统，加快各子系统的整合与集成，构建集信息采集、处理和服务于一体的信息共享系统，以信息化建设推动企业管理升级。通过加强生产过程中的经营管控与调度，促进调度管理由安全生产型向安全生产经营型转变。

3. 工程质量精品化。牢固树立“开工高标准、步步是精品”的理念，坚持高境界、高标准，分步骤、分专业大力开展安全生产标准化建设。以采区精品化整治为抓手，积极开展精品采区、精品工作面和精品迎头创建活动，确保月月有活动、季季有考核。推行安全质量档案化管理、工程项目安全风险系统管控、工程质量动态分析预警、工序流程验收、工程质量终身负责制等制度，将各采区系统和各头面系统按照层级分别制定精品化标准，实现全系统精品化目标，促进安全质量标准化的动态保持和整体升级。

4. 经营管理市场化。按照“生产经营一体化”的要求，以市场调节为主，重点抓好煤炭生产过程中的市场运作严格控制成本、煤炭加工过程中的市场运作实现提质增效、配煤销煤过程中的市场运作提升盈利空间“三个关键环节”。一是根据生产工序和生产环节，构建市场主体，完善市场价格，优化煤炭生产市场体系；进一步完善经营风险预警机制，坚持经济运行评价和预算管理制度，严格“矿、公司、专业、区队、班组”五级预算管理，严格控制预算外支出和非生产性支出。完善考核体系，有效控制成本，实现每一个环节、每一道工序的市场化运营。二是坚持以市场为导向，以效益最大化为核心，生产适销对路产品，合理配洗配采，通过实施“精煤增收”战略，千方百计提高精煤回收率。三是创新经营思路，利用好省外煤矿资源，寻找合适的场地，搞好买煤、配煤、卖煤工作，千方百计提升盈利空间。

5. 安全培训制度化。按照“分层次、重需求”的原则，明确培训重点，着力加强各级安全生产管理人员和各类职工安全培训、技术培训，全面提高各级领导管理水平和职工队伍技术业务素质。根据技术开发、技术改造、技术攻关和外部开发、非煤产业发展的需要，对专业技术人员重点进行以新理论、新规程、新技术、新工艺、新材料、新装备为主要内容的继续教育和培训。创新培训方式和内容，突出安全资格准入、岗位案例教育、培训履职考核、技能人才培养、班组建设“五大”培训重点，采取集中培训、内部自培、外部委培“三方”相协调，实行课堂讲评、日常考评、定期测评“三评”相结合，全员轮考、月度抽考、现场考试“三考”不断线，成绩核定、成效测定、成果评定“三定”严奖惩，由课堂向现场实训延伸、向精细流程操作拓展、向本质安全人塑造“三向”求实效。积极探索建立首席技师工作室，切实增强安全培训的针对性和实效性。

6. 员工行为军事化。以军事化管理为切入点，在开展全员军训和复训的基础上，重点开展入井安全确认、员工行为禁忌、文明礼仪行为、统一着装规范、岗位操作标准、定置化管理的纠察活动，培养员工雷厉风行、令行禁止的作风，使员工队伍的组织纪律性和整体执行力得到普遍增强，实现内部管理军事化、工作安排命令化、集体活动统一化、员工着装整齐化、言行举止文明化，最终达到提升人气、提升正气、提升素质、提升形象的目的。

## 三、创建“五型六化”矿井取得的主要成效

1. 安全生产水平位居行业前列。截至2012年8月，翟镇煤矿实现连续安全生产3 500多天，安全产煤2 000多万吨，连续8年荣获行业级安全高效矿井。独具特色的立信、重信、守信，学习力、执行力、发展力“3 + 3”安全诚信品牌文化，得到了广泛认可，2012年5月被国家安监总局命名全国安全文化建设示范企业。

2. 绿色充填开采行业领先。先后研制应用了国

内首套六柱式充填支架，完善了充填捣实装置，应用了国内同类钻孔中最深的下矸系统，率先在行业内应用了井下重介浅槽煤矸分离技术和井下水全向流处理系统，形成了系列化、规模化的综采充填工艺，初步实现了“矸石不升井、井下不排水、污水不外排、现场不积尘、采动不影响、资源不浪费、煤炭不落地”的目标，荣获首批国家级绿色矿山试点单位、煤炭行业节能示范企业试点单位等荣誉称号。

3. 资源整合扩容提质。依托先进的管理、技术和人力资源优势，加快外部资源整合，先后向外部输出管理技术骨干200多人，熟练工人3 000多人，支撑外部发展，采用托管、合作、收购等形式运作了7个矿井，建设了“山西、内蒙、新疆”三大基地，资源总量、整体实力、产能规模、经济效益等均快速增长，企业实现了超常规、跨越式发展。

4. 矿区文明和谐蔚然成风。积极开展社会公德、家庭美德、职业道德、个人品德的“四德”教育，选树典型，弘扬新风，矿区呈现出邻里和谐、家庭和睦、环境优美、其乐融融的景象，并涌现了一大批先进典型和先进集体，职工巩蔚荣获第十一届全国见义勇为模范称号成为煤炭行业唯一入选者，矿治安保障部被山东省政府授予见义勇为先进集体，社区率先成为省级安全文明社区，矿井多次被评为省级文明单位。

（撰稿：何希霖　张新国　时圣岩）

# 煤矿安全风险预控管理体系的构建与实施

山东济宁运河煤矿矿长　高立群

## 一、构建背景

安全生产是企业永恒的主题，事关人民群众的生命财产安全、企业的持续健康发展，同时也是所有企业管理人员长期探索追求解决的核心问题。因此，必须有一套与之相适应的安全风险预控管理体系，并不断加以改进和完善。

### （一）确保安全生产的客观需要

煤炭生产是高危行业，安全是煤炭企业管理的首要和核心命题。为有效遏制煤矿安全事故多发的态势，运河煤矿积极研究和探索实现企业安全生产预控管理体系，确保长治久安的方略，以实现全过程、无缝隙的预控管理，保证安全生产底线不被突破，从源头杜绝各类事故的发生，确保安全生产。

### （二）提高生产效率的必然要求

运河煤矿地质条件复杂，断层较多，为加强管理，提高生产效率，就必须制定先进的、指导企业实际的、高效率的安全预控管理体系，规范安全操作标准，重点抓安全预控管理体系落实，形成事事按标准、处处严流程，加强安全管理力度，减少人的不安全行为、物的不安全状态、环境的不安全因素，实现企业效益最大化。

### （三）企业又好又快发展的基础和保证

安全生产在煤矿企业中高于一切、先于一切、重于一切。运河煤矿在研究安全管理理论的基础上，以科学理论为指导，以打造“本质安全型矿井”为主线，将人的标准化预控管理、安全生产标准化预控管理和标准化理论系统，用于煤矿工作实际，融合煤矿技术标准、管理标准、工作标准，形成了一整套操作性强的安全预控标准执行评价体系，为企业又好又快发展提供了基础和保证。

## 二、内涵与实施内容

煤矿安全风险预控管理的内涵是：在煤矿安全生命周期中对系统危险源进行预先辩识和风险评

估，进而对其进行消除或控制，实现煤矿“人、机、环境、管理”的最佳匹配，使风险降低到可允许程度的管理过程。主要实施内容有：

### (一)打造刚柔并济的安全风险预控管理体系

借鉴COSO风险管理和现代事故致因理论的研究成果，构建符合运河煤矿操作实际的安全风险预控框架。编制《安全预控管理》与《安全文化》手册，形成安全风险预控管理体系，明确提出：“人员无事故，机器无故障，系统无缺陷，管理无漏洞”的安全风险理念和目标，制定煤矿安全生产预控制度流程。

1. 构建安全风险预控管理流程。按照质量循环原则四个阶段：计划、实施、检查、处理，并通过八个步骤实施：①分析现状找出存在的问题；②分析原因；③找出主要的影响因素；④制定改善质量的措施，提出行动计划，并预计效果；⑤执行计划或措施；⑥检查计划的执行效果；⑦总结经验；⑧结合PDCA提出尚未解决的问题，进行解决。

安全风险预控管理流程包括：管理方针、预控管理、保障管理、职工不安全行为管理、生产系统安全要素管理、综合管理、检查与评审。

(1)管理方针：明确安全风险预控管理目标；遵守安全法规和对持续改进安全绩效的承诺；体现对职工持续培训的要求；明确煤矿安全的性质和规模；形成文件，实施并保持；组织学习并传达到全体职工，使其认识到安全风险预控管理的义务、责任。

(2)预控管理：建立并保持安全风险预控管理程序，以全面辨识煤矿生产系统和作业活动中的各种危险源，明确危险源可能产生的风险及其后果，并对其进行分级、分类、监测、预警、控制，预防事故发生。

(3)保障管理：建立健全安全风险预控管理组织机构，以组织、协调、指导、监督风险预控管理工作。明确职责、合理分工，负责风险管理的全过程。

(4)生产系统安全预控管理：包括采掘管理、地测管理、防治水管理、监测监控管理、瓦斯管理、防灭火管理、供电管理、提升运输管理、通风管理、顶板管理等，全部编写到预控体系中，按照流程严格执行。

(5)建立监督评估体系：由安全监察科负责组织调度指挥中心、企业管理办公室、机电技术部等部门，定期每月五次对安全生产进行验收评估，以确保预控体系的适宜性、充分性和有效性。

(6)建立安全精细管理体系：强化现场控制调节，把指标分解到每个岗位、任务分解到每个职工、标准贯穿到每个环节、考核落实到每个行为、失误追究到每个责任人，对现场进行严密闭合的控制和调节。强化现场风险监督，建立安全风险辨识评估、安全风险监控和预警、安全风险干预和控制、应急管理“四个机制”，确保风险防控到位。

2. 构建柔性安全文化。企业安全文化的作用主要表现在以下方面：导向作用、凝聚作用、激励作用、融合作用。良好的人文环境，是企业管理目标顺利实现的重要依托。

煤矿企业安全文化是以风险预控为核心，体现“安全第一、预防为主”的精神，并为广大职工所接受的安全生产价值观、安全生产信念、安全生产行为准则以及安全生产行为方式与安全生产物资表现的总称，是煤炭企业安全生产的灵魂所在。运河煤矿编写的《安全文化手册》中，企业十大安全理念包括安全核心理念、安全哲学理念、安全价值理念、安全责任理念、安全道德理念、安全制度理念、安全标准理念、安全科技理念、安全作业理念、安全教育理念。其中，“三层五环”式安全愿景是安全文化的核心，涵盖了企业安全愿景、区队(科室)安全愿景、班组安全愿景、岗位安全愿景和个人安全愿景。

“三层”即组织、团队、个体三层安全愿景。组织安全愿景即企业安全愿景，由职工个人安全愿景汇集而成；团队安全愿景包括：区队(科室)安全愿景、班组安全愿景、岗位安全愿景；个体层安全愿景是运河煤矿安全愿景体系的基础部分，也是重要部分。

“五环”即个人、岗位、班组、区队(科室)、企业五环安全愿景。“五环”反映了运河煤矿安全愿景体系“由内到外，环环相套，步步为营，共创平安”的特点，彰显了企业搞好安全生产工作的强大向心力、凝聚力和整体合力。

3. 构建安全“六六”模式。安全风险预控与安全文化融为一体的“六六”制，充分体现了制度的刚性和文化的柔性的完美结合。

(1)安全制度到位。在煤矿安全生产过程中，建立健全各种安全生产标准化体制，形成检查、纠正、改进、完善的“制度约束”发展模式。①建立健全管理制度27项，包括《管理人员下井带班制度》、《值班制度》、《关于加强安全生产班前会学习的意见》、《事故管理规定》、《安全生产奖惩条例》等。②建立三级安全网络：企业—区队、区队—班组、班组—个人。③安全会议三三二：即安全例会、安全办公会、隐患排查会，每月召开三次；工程质量验收会，每月召开三次；调度会、协调会，每天早、晚各召开一次。④安全检查三二三：即安全大检查，每月进行三次；机电隐患检查，每月进行两次；区队隐患自查每月进行三次。⑤信息反馈四合一：党员信息卡、青年安全监督岗信息卡、群众安全监督员信息卡、安全管理人员隐患汇报卡，四类汇报卡上的信息经信息站筛选后报安全监察科处理。⑥隐患排查三闭合：区队自查自纠、矿隐患排查治理、上级现场督察。

（2）安全管理到位。管理到位是煤矿安全生产管理绩效的重要体现。它是管理者通过自己的权力、知识、能力、品德及情感将各项管理制度落实到现场的过程。①规程措施全到位：严格一规程一措施，经职能科室汇审后报矿领导审批，现场严格落实。②安全监察全天候：严格执行领导24小时值班带班制度，确保各个工作地点有专职安监员现场监督安全工作。③管理人员下井三个一：一张卡、一支笔、一把尺子。④管理人员下井三三制：管理人员三八制下井带班，对中班、夜班下井数量进行严格考核，确保薄弱时间段安全监控无盲区。⑤安全监查三三三：以三铁、三公、三勤抓安全。⑥安全监察十保证：保证政令畅通、保证责任制的落实、保证安监队伍长效发展、保证身边无隐患、保证包保区域无事故、保证安全生产正常化、保证不吃拿卡要、说实话、办真事、不伤害别人，不被别人伤害。

（3）安全措施落实到位。①规程措施落实：煤矿安全生产，规程措施具有极端重要性，具有超前性、可操作性、权威性等特点，是现场施工的章程和“法律”。②隐患排查治理：充分认识隐患排查治理工作的必要性、长期性、艰巨性和复杂性，要把隐患排查治理工作作为预控事故的根本保障，持之以恒，深入扎实地开展。③工程质量验收：通过工程质量的验收工作能够最大限度的消除隐患，确保现场的安全程度。④“手指口述”安全确认法：此法是通过脑想、眼看、手指、口述一系列集中联动，将工作过程中的每一道具体工序都按照操作流程进行安全确认，对每一个动作都进行规范，提高人的认识度和注意力，杜绝在操作细节上出现失误和错误，避免事故发生。⑤现场“6S”管理：“6S”管理是现代企业行之有效的现场管理理念和方法，其作用是提高效率，保证质量，使工作环境整洁有序，预防为主，保证安全。⑥“三位一体”验收：每班开工前必须由跟班副区长、验收员、班长对掘进迎头或采煤工作面进行隐患排查，确认现场安全后，方可允许职工进入作业场所进行施工作业。

（4）安全考核到位。考核是预控管理的工具，是将管理精细的过程，包括约定目标、制定计划、收集信息、进行检查、进行评价、实施改善。运河煤矿执行的考核分为：责任追究到位、安全管理人员聘用考核、中层管理人员评议、绩效考核末位淘汰、违章积分淘汰、技能考核三三制（前三名奖励，后三名帮教）。

（5）安全生产奖惩到位。安全一票否决、安全与绩效挂钩、三违（违章指挥、违章作业、违反劳动纪律）人员过关教育、安全奖励基金、先进模范表彰、安全罚款管理一二三六八工作体系（一是安全罚款个人现金缴纳这一项惩罚措施；二是建立《安全处罚仲裁制度》和《安全生产举报奖励制度》两项管理制度；三是强化作业现场、区队、安全监察科三级教育；六是安全罚款资金以六个月为周期进行返还；八是建立“三违”人员个人反思、班组帮教、区队诫勉、领导说教、家属谈心、“三违”走访、待岗学习、考试上岗八级帮教体系）。

（6）安全培训到位。运河煤矿每年年初均制定符合矿井安全生产实际的年度安全培训计划，并严格考核，确保培训取得实效。①安全培训四个全：全员、全面、全方法、全过程。②区队教育四个一：每日一题、每周一课、每月一考、每季一评。③班组教育两结合：班组业余教育与集中培训相结合，理论学习与实践培训相结合。④安全帮教一对一：师带徒、一对一结对子等。⑤技能培训二三四：两个到位：领导重视、资金到位；三个结合：短期培训与脱产培训相结合、专业培训与全面发展相结合、学习教育与函授教育相结合；四种方式：依托煤炭院校进行教育培训、围绕现场需要进行专业培训、聘请专家进行专题培训、外出参观学习交流培训。⑥安全理念三二一：即一抓思想引导，二抓理念渗透，三抓现场落实这“三抓”；入脑、入心这“二入”；强化“没有生命就没有一切”的安全核心理念这“一强”。

**（二）建立规范流程，制定岗位标准，严格落实责任**

1. 建立规范流程制定岗位标准。从生产现场做起，采用工作任务分析法，事故机理分析法，全面辨识各项工作流程存在的与人、机、环、管理相关的风险因素，作进一步分析评估，确定危险等级并进行排序，明确各生产环节安全预控重点。

同时根据国家法规、行业标准，结合企业实际，有针对性地制定控制环境，控制活动等流程；规定预控范围、预控目标、预控风险、预控流程，并由此编制了煤矿《安全预控手册》，让每名职工明白工作中存在的风险，掌握操作标准和预控风险的方法，并配有操作流程图，有很强的针对性和实用性，真正达到风险预控的目的。同时通过现场执行，定期检查，修改补充等方式，为职工的标准化操作提供了可靠依据。

2. 严格落实岗位责任制。按照“分级负责，归口管理”的要求，矿建立健全了以行政、技术为主线，以安全风险预控管理为重点的包保责任制，从矿到工区，工区到班组，班组到个人安全生产与风险预控由上而下分解承包，一级保一级的安全。建立了《安全生产技术管理规定》和《安全生产岗位责任制》，做到规范化、系统化、制度化，使安全生产达到了职责清晰、管理规范、各司其职、各负其责、各尽其力，有力地把住了安全生产风险预控关口。严格落实干部责任制，做到重心下移，关口前移，实行矿级领导带班，工区干部值班、跟班制度，做到了“六到现场”、“四个重点”、“两个百分之百”，即规程措施落实到现场，干部带班到现场，按章指挥落实到现场，通讯信息网络覆盖井下现场，安全监控覆盖井下现场，安全生产标准化检查到现场；狠抓矿井防治水、一通三防、顶板管理、机电运输四个重点；切实把百分之百的时间、百分之百的精力放在安全生产上。做到“四抓”，就是抓安全、抓质量、抓分配、抓交接班；“四不走”，即安全质量达不到标准不走，有事故隐患处理不好不走，现场面貌整改不好不走，全员交接班不好不走。

为保障规程顺利实施，运河煤矿成立了安全预控管理领导小组，矿长任组长，分管安全的副矿长任副组长。并层层签订安全生产责任状，坚持职工生命大于天的安全至高无上的原则，管控力量“只能加强，不能削弱”。

**（三）激励全员创新，提高干群素质，全员合格上岗**

1. 安全预控与科技创新结合。运河煤矿把安全风险预控与安全质量标准化管理、“双基”建设和安全评估等竞赛活动紧密结合起来，规定每季度组织一次竞赛检查验收，按照考核结果实行物资与精神双激励，同时持续开展创“精品工程”活动，对涌现出来的“亮点”工程树立典型进行推广。在此基础上每年进行一次科技创新项目的申报评定，并给予表彰奖励，促进企业稳定、健康、可持续发展。

2. 加大职工培训力度，保证人人合格上岗。①运河煤矿设立教育培训阵地，建立教育培训中心，配备了专职教师，并与山东科技大学、北京大学联合办学，开办相关工种研究生班、本科班、专科班、高级管理人员培训班，共培养 271 人，提高了干部职工业务素质。②完善对口培训教育，明确规定所有工种人员必须培训合格后才能上岗，真正做到特殊工种持证上岗率 100%、井下现场证件管理规范化。矿级领导每年参加省安监局举办的矿长安全培训，并获得矿安全上岗证书。矿培训分为区队干部、班组长、安监员、职工的业务知识培训。新工人上岗前培训，严格执行“五个不准”，即：不经培训不准下井，认识不提高不准下井，考试不及格不准下井，不签订师徒合同不准下井，师徒不在同一地点施工不准下井。③组织编写了《安全风险预控手册》，内容包括五个基本要素：以控制环境为前提；以风险评估为基础；以控制活动为主题；以监督控制为手段；以信息沟通为保障。涵盖了生产安全预控管理、机电安全预控管理、应急预控管理等。此外，还制定了各工种、岗位标准操作实施细则。④实行学习记录的方式，每人一支笔、一个笔记本，并由技术人员授课，解疑释惑，对笔记本进行评比，给优秀学员发放奖金。每年开展一次安全知识竞赛和全员参与的安全知识考试。

（四）党政工团齐抓共管，促进安全质量教育工作

运河煤矿成立由党委书记为组长，矿助以上领导、党群部门主要负责人为成员的安全质量教育领导小组。建立党委安全宣传教育制度，明确党委书记、支部书记是本级安全质量教育第一责任者，制定了安全质量教育目标责任制度；工会把搞好安全生产作为维护职工的最大权益，建立了群众安全工作体系，层层有群监会，在井口设立了安全信息站，在各工区、各主要岗位都配有群监员。团组织以青安岗队伍为主载体，发挥安全生产主力军的作用，狠抓青安岗队伍的选拔、培训和管理。

（五）建立全方位、多层次、立体化管理网络，提升科技装备水平

运河煤矿构建了全方位、多层次、多形式的安全监督检查网络，强势推进安全质量标准化落实。一是安排专职人员监督检查；二是依靠专业技术监督检查。

（六）推行安全生产精细化管理，实现预控管理全覆盖

按照“突出重点，以点带面，循序渐进，逐步推行”的原则，建立“横向到边、纵向到底”的精细化管理体系，实现预控覆盖率100%，做到时时处处事事有标准，做到“管理精细化、操作规范化、结果标准化”。

## 三、实施效果

（一）安全装备水平不断提高

大力实施科技兴安战略，科学制定企业安全发展规划，尤其是加大监测监控等“六大系统”的资金投入和建设，矿井的安全技术装备水平持续提高。2008—2011年共投入安全技术措施专项资金2 849万元，其中安全设备投入1 738万元，在安全质量管理中得到普遍应用，预防与抗拒自然灾害的能力不断增强。

（二）安全预控管理成绩显著

安全工作是做好一切工作的基础、前提和保证。运河煤矿把事故预防作为促进安全生产的主攻方向，大力提高职工标准化作业水平。依靠科技投入，改善现场物的不安全因素。创新安全管理方式，实施安全监察走动式管理。提高了现场标准化程度和职工整体素质，截至2011年11月12日顺利实现安全生产8周年。

（三）企业经济效益稳步提升

安全预控管理的强势推进，为矿井发展提供了良好的发展环境。近年来，矿井经济效益和产量连年攀升。“十一五”期间，安全产煤729万吨，销售收入35.9亿元，利税21.9亿元，利润16亿元。为济宁经济和社会发展作出了应有的贡献。

（四）综合管理水平得到有效加强

通过大力推进安全预控管理和安全生产精细化管理转变观念、完善制度、强化责任、严格考核，牢牢把握安全工作的主动权，消除每个薄弱环节、每个细节的事故苗头，彻底消除不安全死角，形成一个持续推进、循环往复过程。实现了职工安全素质显著提升、安全基础工作全面加强、安全管理水平明显提高、安全周期不断延长，矿井长治久安。

# 大型石油企业实现精细管控的资金管理信息平台建设与运行

中国石油天然气股份有限公司

中国石油天然气股份有限公司(简称“中国石油”)是中国油气行业最大的油气生产商和销售商,也是全球最大的一体化油气公司之一。按照国际财务报告准则,中国石油2011年销售收入突破人民币20 000亿元,年末资产总额达人民币19 000亿元。

中国石油规模大、综合性一体化优势明显,在国际石油行业中具有比较重要的影响。根据最新排名,中国石油位列《福布斯》2012年全球2000强第7名,《财富》2011年全球500强第6名,美国《石油情报周刊》第5名。

## 一、建设背景

### (一)建设国际一流的综合性国际能源公司的迫切需要

“十一五”期间,在全面审视世界能源发展格局、深入分析企业内外部形势的基础上,中国石油提出了建设国际一流的综合性国际能源公司的战略目标。这一战略目标的确立与实施,要求企业必须加快转变发展方式、努力提高发展质量,通过大力推进技术创新和管理创新,实现全面、协调、可持续发展。

重组上市以来,伴随着公司各项业务的快速发展,一些问题和矛盾也逐渐显现出来:一是企业提高盈利能力和投资回报的压力不断加大。上市以来,中国石油实施了一系列重点工程和战略项目,这些业务投资强度大、见效周期长。与此同时,上游业务油气勘探开发对象日趋复杂,操作成本不断上升;下游炼化和销售业务结构布局尚待优化。二是业务链与价值链管理存在一定程度的脱节,管理的整体协同性有待加强。三是企业各层面及生产运行各环节价值取向不统一。“现金为王”的经营理念没有真正落实到企业的日常生产运营活动当中,“重利润、轻现金”的现象较为普遍,资金成本意识、效率意识有待加强。

资金是企业的重要资源,企业的一切生产经营活动最终都必然体现为资金的循环流动。为此,中国石油将资金管理创新作为提升企业综合管理水平的重要基础和关键环节,提出了资金“精细管控”的新目标,要求资金管理必须具备与综合性国际能源公司相适应的能力:一是资金整体掌控能力。能够建立和保持与公司战略发展目标及风险价值取向相适应的最佳流动性水平和负债结构,对资金进行实时归集和灵活调度,并能够从宏观和微观两个层面动态掌握资金的流动情况,具备切实有效的调控干预手段。二是资金风险管理能力。能够建立有效的风险识别和预警系统,提高应对风险的能力。三是资金决策支持能力。能够根据不同的管理决策需要,对原始信息加以进行加工、整理和分析,为各级管理者管理决策提供有效的服务和支持。

### (二)资金由“集中管理”向“精细管控”迈进的有效途径

在推进资金集中管理的实践过程中,中国石油逐渐意识到,对于集团化经营的企业而言,仅仅从资源归集和统筹的角度对资金存量进行集中管理,还不能完全满足集团运行管控的需要。必须通过科学合理的组织分工、规范高效的管理流程从宏观和微观层面对资金的流动过程进行系统管控,保证其在流向、流量、效率等方面能够与企业的整体目标、战略相互匹配、统一起来,并使风险在过程当中得到有效的防范和控制。即实现资金从“集中管理”向“全过程、全要素的精细管控”更高阶段迈进。

### (三)中国石油信息化整体发展为平台建设奠定了良好基础

中国石油上市后,将信息化作为企业管理创新的重要突破口,“十五”、“十一五”期间,共搭建和应用了51个全公司集中统一、覆盖各个专业领域的信息系统平台,实现了信息化建设从独立分散向集中统一的历史性跨越。以ERP为核心的信息系统建设及应用,促进了企业生产优化、管理创新,大幅度提升了企业的核心竞争力。在财务管理信息系统(简称“FMIS”)建设方面,2007年成功实施了会计一级集中核算,拓展了会计的服务与管理职能,使信息化管理、集成化管理、标准化管理、流程化管理等先进的企业管理理念在公司范围内广泛应用,并促进财务与业务有机融合,生产运行管理与价值管理相互衔接,取得了显著效果。在此基础上,中国石油管理层明确提出建设统一、集成的资金管理信息平台,并将其作为建设综合性国际能源公司的基础性战略工程之一,列入了中国石油2009年度、2010年度公司层面的百项重点工作。

## 二、内涵和主要做法

项目的内涵是:在已实现资金集中管理的基础之上,从强化资金管理对企业战略管控的支持保障作用的角度出发,建设高度集中集成的资金管理信息平台,建立健全与资源高度集中相匹配的资金分级责任管理体系和财务业务资金协同管控机制,以流程再造和信息化为主要支撑,采取逐笔、动态、要素化的资金计划管理、结算管理、资金核算及过程监控的资金管理信息平台,实现资金的全过程、全要素精细管控(内涵逻辑见图1)。

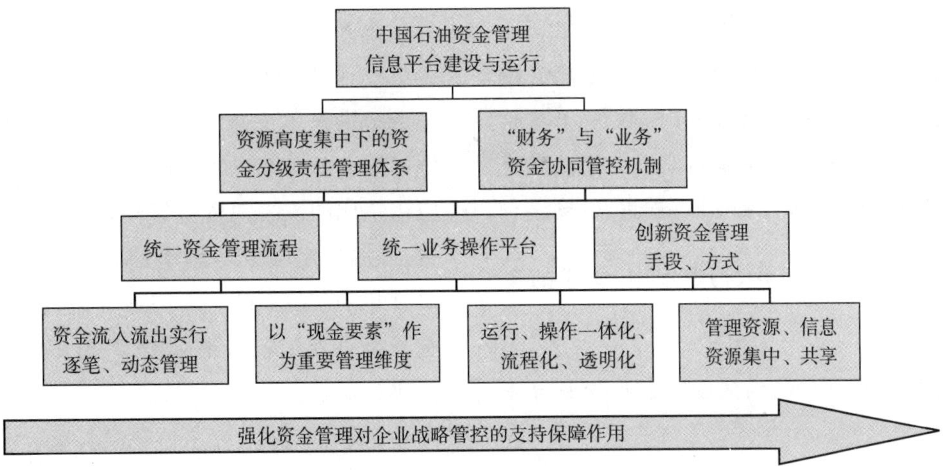


**图1　实现精细管控的资金管理信息平台建设与运行项目内涵逻辑**

主要做法包括:

### (一)科学论证、精心设计,确立平台建设的目标和原则

1. 多层次、多角度开展现状及需求分析。项目正式实施之前,中国石油财务部组成课题组对公司的现实情况进行了全面调研、分析和评估,完成了《中国石油资金精细化管控变革描述》和《中国石油资金管理信息平台需求描述》,按照总部、地区公司、基层单位三个管理级次,分别从制度、流程、方法、手段、信息等角度,对未来资金管理需求进行了全面分析,在此基础上确定了信息平台的建设目标、建设原则以及管理变革要求。

2. 建设目标。以现金流精细管控为目标,搭建集中集成的资金管理信息平台,将所有资金业务全部纳入平台运行和操作,总部、地区公司、基层单位分级对资金的流量、流向进行动态管控,实现业务流、资金流、信息流的有效匹配和统一,控制资金运行风险,提高决策支持和战略执行的服务保障能力。概括为:一个平台、权责分级、全程控制、直观反映。

“一个平台”就是境内外各级单位的所有资金业务全部集中、集成到一个系统平台上运行、记录和反映。“权责分级”就是在统一、规范的流程体系和透明的运行操作环境下,按照权责对等的原则明确各业务级次和业务单元的权责,实现上下级管理协同。“全程控制”就是资金管理要贯穿于业务运行的全过程，通过实现资金管理流程与业务运作流程的相互融合、统一，使资金管理各控制结点成为业务运行的必经环节。“直观反映”就是以标准化的业务流程为线索，全程采集业务信息，从中提炼出全面反映资金现实状态的信息，满足各级管理人员管理、决策需要。

3. 建设原则。①全面集成原则。资金管理信息平台与财务的其他系统、与公司其他业务系统、与外部金融机构的系统全部集成，要实现银企直连。②流程统一原则。一是不同企业间流程的规范、统一；二是上下级流程的统一；三是业务管理流程与财务管理流程的统一。③协同处理原则。将业务信息和财务信息集成在一起，实现地区公司和总部协同处理，业务部门与财务部门协同处理，实现信息流和资金流之间的匹配结合。④满足内控原则。在系统设计时，必须从业务流程、软件系统、应用管理多个层次充分考虑内控要求。⑤安全高效原则。在设计资金管理平台时，有专门安全机构设计系统安全体系，确定系统安全等级目标；在开发时，软件开发商必需严格按照安全体系要求，遵循行业安全标准进行开发。系统在各项流程处理做到实时、连贯、通畅。

**（二）建立标准、统一流程，构建集中、集成的资金业务操作平台**

1. 建立标准、统一流程，为建设资金业务平台奠定基础。①建立标准的公共数据编码。将资金管理所涉及的各项基础信息纳入标准平台管理，统一设置编码规则、统一进行创建维护。②统一资金业务报告标准。根据多层次的管理需求，确定资金管理各环节需要填报和审核的必要信息。按照全面集中、统一规范的要求，统一资金业务报告的类型、内容和格式等，高效率地反映相关业务进展、结果，提供准确、及时的管理和决策支持信息。③统一资金管理流程。对中国石油对所属各分、子公司原有资金管理流程进行了一次全面系统梳理，并在逐一测试评价的基础上，按照“权责对等、分级落实、规范高效、注重协同”的原则，设计形成了317项标准业务流程、67项标准业务表单。新的资金管理流程重点体现三个层次的统一：一是不同企业间流程的规范统一；二是上下级流程的衔接统一；三是财务管理流程与业务管理流程的融合统一。

2. 采用“总部集中”系统架构，为建设资金业务平台提供技术支撑。应用最新的信息网络技术，以中国石油的FMIS为基础平台，设计研发信息集中、应用集成的统一的资金管理信息系统。数据库服务器、应用程序服务器集中部署，实现信息一级集中、实时共享（见图2）。中国石油境内外各级单位的所有资金业务，全部纳入该平台集中运行、记录和反映。

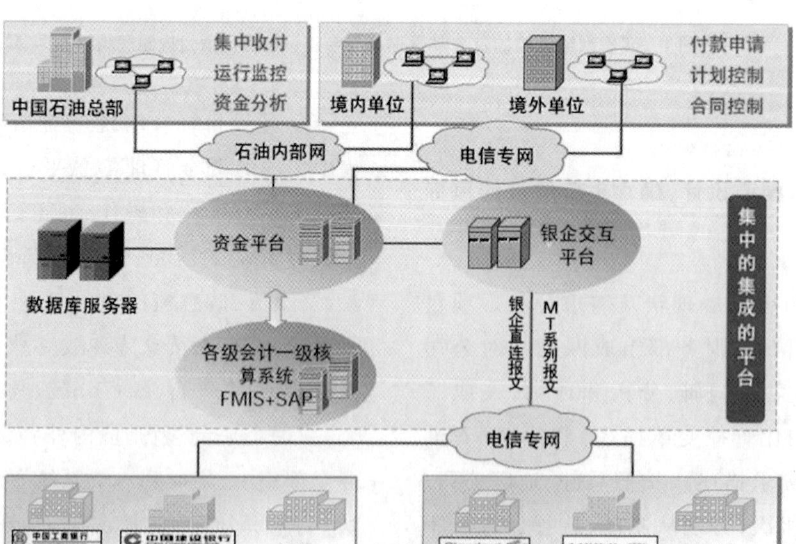


**图2　中国石油资金管理平台的系统架构**

3. 确定资金与相关关键业务系统融合方案，为资金业务平台提供集成环境。①与财务核算系统的集成。资金管理平台采用同FMIS相同的技术架构，建立统一的集成环境，采用统一的用户登录平台，统一管理标准主数据。在FMIS集成环境下，通过资金业务表单自动生成FMIS系统的会计凭证，实现同核算系统的有机集成。②与ERP系统的集成。通过"Fmis&ERP融合方案"实现同ERP系统的集成，实现数据一次录入，多方共享，保证地区公司ERP系统、资金管理平台、FMIS系统数据的完整性。③与合同系统的集成。合同系统为资金管理平台提供收款方的详细信息以及合同电子文本等，资金管理平台为合同系统提供合同执行情况信息。④与加油站管理系统（简称加管系统）的集成。自动读取加管系统的销售数据和日报表，同时自动从银企互联子系统读取银行到账信息，通过交易勾对功能完成对加油站资金的全程监控。⑤与银行系统的集成。建立银企互联子系统，实现资金指令在公司总部、地区公司、财务公司、互联商业银行之间的数据交换。建立统一的报文标准，创新42个报文指令将全部银行相关业务纳入资金平台操作。采用中国石油总部对银行总部的"总对总"银企互联模式完成各项业务。

**（三）构建与运行精细化资金管理功能体系，创新资金管理方式**

在资金管理信息平台项目实施过程中，中国石油始终把创新管理方式、提升管理手段作为系统建设的重要目标，按照精细化管理的要求，设计开发了多个标准化功能模块，主要从以下几方面对资金管理工作进行了改进和提升：

1. 构建安全高效资金通道。在巩固和完善原有资金收支两条线管理运行模式的基础上，借助信息平台强化对账户的统一管理。账户审批与会计一级集中核算系统银行存款明细科目维护实现联动处理，从根本上杜绝了私设账户、体系外滞留资金等情况的发生。在系统内为每一个账户设定唯一的上级资金对接账户，建立完整、清晰的账户结构，自动控制资金的归集下拨路径。同时，建立以中油财务有限责任公司为媒介，与境内外合作银行"总对总"的银企互联通道，统一资金的出口和入口，保证整个公司范围内资金收支途径的唯一性。

2. 实行逐笔逐项资金计划管理。改变过去资金计划由财务部门单独管理的状况，计划申请从业务单元发起，根据具体业务事项，基于财务预算和投资计划，以计划表单为载体，按责任单元、账户、现金要素等逐笔逐项编制。单笔的资金计划经业务归口部门审核后由财务部门逐级平衡汇总，最终由总部按现金要素大类统一审定计划额度。资金计划的执行与资金结算有机衔接，各笔资金流入流出均以单笔的资金计划为起点，由申请计划的责任单元进行结算发起总部和分、子公司按照各自职责权限协同控制计划执行。

3. 开展流程化、自动化的网上资金结算。在系统内实行严格的岗位身份认证和权限控制，分级落实结算审批、监督责任，在规范结算审批操作流程的基础上，全程记录结算信息和业务处理痕迹，业务操作、过程控制和信息采集实时同步。通过系统功能集成，按照计划、合同、客户、账户等不同维度进行严格的结算控制，切实保证资金的来源、用途、流向、流量等符合既定的目标和政策。

4. 对加油站营业资金进行逐笔动态监控。创新性地采取了现场管理与远程在线监控相结合的管理方式。建立了加油站资金的标准化流程，现场资金操作信息实时进入资金平台，保证了现场管理过程的规范透明。同时，以"缴存单"为基础，对加油站资金进行逐笔、动态管理，通过系统实现缴存单与营业日报、缴存单与银行到账信息的严格配比、勾对，为后续管理工作提供了有效的手段。

5. 实行一体化、自动化的资金核算。依托信息平台，对现金类会计科目实行统驭，资金收付记账凭证在执行标准业务流程的基础上，依据业务表单自动生成，保证所有资金收支业务全部纳入平台规范运行。对于资金上收下拨所涉及的内部资金往来业务，实行总部和地区公司一方发起、另一方确认的处理方式，上下级信息严格一致。银行对账按编码自动匹配核对，自动生成未达统计清单和银行存款余额调节表。

6. 加强客户价值管理。对所有客户和供应商实行统一管理，建立了包括50多万个客户的共享信息库。实行业务准入、信用管理，对赊销风险进行事先防范及过程控制。对客户进行现金贡献评价，实施客户价值管理，发掘重要客户。

7. 编制直接法现金流量表。依托资金管理平台，以系统内业务表单为数据源，按照“逐笔确认、直接归集、直观表达”的方式，自动编制公司整体及分子公司等不同层面的现金流量表。逐步将现金贡献水平、资金占用规模、资金运营效率等作为衡量企业经营业绩的重要方面。

8. 建立多维动态数据仓库。基于资金管理平台和会计一级集中核算系统的集成，充分发挥数据集中共享的优势，对财务管理数据进行更深层次的加工和利用，提供多层次、多维度并具有穿透性的统计分析结果，出具标准化的分析报告。

### （四）采用科学的项目组织和管理方法，实现功能性与效益型的统一

1. 组建项目实施团队，规范项目组织和管理。为保证项目的顺利实施，中国石油成立了以相当部门主要领导为成员的项目指导委员会，并组建了由财务部分管资金的领导任组长，由总部、地区公司、财务公司相关领域的业务骨干人员组成的项目经理部（以下简称“项目组”），具体负责资金管理信息平台项目的推进实施。项目组下设若干专门小组，制定整体与分项工作运行计划和时间表，落实到人。此外，中国石油还聘请相关专家组成顾问组。在健全组织机构的同时，围绕项目的组织与管理，在项目组内部建立并实施了一系列工作制度，保证了各项工作的顺利、有序推进。

2. 明确分阶段目标和任务，有计划地稳步推进项目建设。中国石油将资金管理平台项目实施从纵向划分为项目计划与管理、项目风险管理、知识转移、业务流程优化、变革管理和业务效益实现等六个领域，各个领域各有侧重，相互服务、相互支持。从横向角度，将项目实施划分为项目评估、项目准备、业务蓝图、系统实现、最后准备、上线支持和后续支持七个阶段。

3. 采用分步上线推广策略。选择中石油规模最大、业务类型最全的地区公司——大庆油田公司进行试点，进行优化调整、充实系统功能，并重点解决资金平台与 ERP、合同系统等接口问题。严格按照信息系统总体控制的要求，完善内控相关文档的编制，积极配合内控部按照资金管理平台设计的业务流程和管理需要梳理和调整现有内控文档，由内控部及普华审计师开展信息系统及相关业务流程的内控符合性测试，完成了可上线运行的无保留意见审计报告。试点成功后在中国石油所属地区公司全面推广应用，项目组组成四个推广实施督导小组，组织资金管理平台的上线工作，对资金管理平台的后续优化、完善工作提出建设性意见。

4. 实行严格的项目质量控制和投资控制。中国石油从项目的规划设计、软硬件采购及开发、日常工作组织等多方面入手，在保证项目质量的同时，降低项目的开发和运维成本。在规划设计阶段，从多个角度进行细致的评估论证，确定了自主研发的系统建设思路。在方案设计过程中，严格遵循资源继承原则，在充分满足未来业务需求的前提下，最大程度地利用已有的软硬件资源。在项目实施运行过程中，针对不同阶段的各项具体研发任务，指定专门的负责人，对系统研发过程进行质量跟踪，发现问题及时反馈整改。

5. 加强全员资金精细化管理培训。资金管理信息平台建设是中国石油资金管理理念、目标、方式、手段发生重大改变的过程，因此从项目实施伊始，中国石油就加大对资金精细化管理的培训宣贯力度，使资金精细化管理逐步成为公司上下的共识。在项目建设过程中，配合系统研发、试点、推广实施工作进度，针对不同层次、不同领域的系统用户群，分别开展专项培训，不仅使各级用户在短时间内掌握了新系统的操作，而且使资金精细化管理彻底融入到中国石油企业管理文化当中。

### （五）落实技术保障、完善工作机制，构建全方位的安全和运维体系

1. 建立安全防护体系。为确保系统的信息安全和业务连续集成，资金管理信息平台依据美国政府提出的 IATF（安全保障技术框架）、中国公安部《信息系统安全等级保护》制度和 ISO 27001 国际标准化组织的安全管理国际标准，严格按国家三级安全防护标准进行等保设计。资金管理信息平台从全方位入手，形成安全管理事事有规定、网络访问层层有保

护、用户操作时时有审计、运行数据随时可追溯的完整安全防护体系。

2. 建立运维工作机制。资金管理信息平台上线运行后，中国石油信息管理部和项目组配备专职技术人员组成运维团队，重点做好硬件维护、系统配置、资源评估、数据备份、系统升级等工作，建立了24小时值班的支持热线，对各级用户提出的问题限时解决。各地区公司也抽调部分精通业务、技术过硬的关键用户，加入到运维队伍当中，协助处理系统应用过程中的业务操作问题。通过公司上下的共同努力，确保资金管理信息平台的7×24小时连续、稳定、可靠运行。

## 三、运行效果

### （一）保证资金安全、高效运行

项目的实施过程，是对资金业务进行全面重组、优化的过程，也是对管理流程进行全面梳理、再造的过程。通过统一平台、统一制度、统一流程、统一标准、统一操作，使总部和地区公司的所有资金业务在统一的规则体系下规范管理和运作，实现资金管理工作的一体化、流程化、透明化，进一步完善内控体系、堵塞管理漏洞、提高工作效率，为资金的安全、高效运行奠定基础。

### （二）提高资金的整体掌控能力和管理运作水平

通过实施资金管理平台，不仅实现了资金的全面集中，而且实现了管理资源、信息资源的全面集中，同时，在信息技术的有效支撑下，管理的方式和手段更加先进，加速管理升级，达到对资金运行前景的准确预测与筹划，对资金运行过程的动态把握与监控，对资金运行结果的科学分析与评价，促使资金管理工作从“集中”走向“集约”，适应和满足综合性国际能源公司的建设和发展要求。

### （三）提升财务管理协同

资金精细管控的根本性变革在于实现了财务管理流程与业务管理流程的有效融合，业务流、资金流、信息流的相互匹配、相互统一。通过实行资金计划、结算从业务端发起，财务与业务协同控制，使各生产经营单元自觉合理安排资金收支，提高资金的使用效率，各级财务人员也从被动接受转变为主动参与控制，发挥财务在管理和控制企业经济运行方面的纽带作用。同时，通过资金业务的一体化、集成化运作，财务人员可及时获取相关的动态信息，并进行科学分析，为决策者进行决策提供依据。资金管理信息平台建成后，成为整个公司财务的运行平台、反映平台和监控平台。通过与预算的有机衔接，支持全面预算管理，实现对投资、成本、费用的有效控制。通过信息的全程采集、全程共享，进一步提高会计核算的质量和效率。通过资金的合理配置和使用，进一步优化了资产结构，提高了资产的运营效率和效益。

### （四）创造了显著的经济效益和社会效益

资金管理信息平台的建设及应用，促使全公司上下真正树立起“现金为王”的理念，公司的资产运营效率和质量不断提高，流动资产周转天数从2008年的773天缩短到了2010年的71.3天，同时存货和应收账款的结构得到了明显改善。资金集中化程度进一步提高，日均存量资金无效沉淀减少20亿元，每年增加效益11 620万元；进一步优化资金的配置与使用，降低商业汇票、应收账款、存货等对营运资金占用约50亿元，每年增加效益29 050万元。从项目本身来看，在满足总部和地区公司管理需求的同时，有效避免了软硬件系统的重复开发建设，节约投资9 000万元，还有效避免了多头开发带来的系统质量和运行风险问题，并减少了系统运维和系统整合的成本投入。项目实施期间已累计实现效益90 340万元。

# 系统控制下的国家重大工程项目群集成管理的实践

中国石化集团公司党组成员　副总经理　曹耀峰

中国石油化工集团公司(简称“中国石化”,英文缩写 Sinopec Group)是中国最大的一体化能源化工公司之一,是中国最大的石油产品和主要石化产品生产商和供应商,也是中国第二大原油生产商,在《财富》2011 年全球500 强企业中排名第5 位。

“川气东送”工程是由中国石化负责建设并运营的以酸性天然气开发为核心,集天然气勘探开发、集输净化、管道输送以及天然气利用、市场销售于一体的特大型系统工程,2007 年 8 月 31 日正式开工建设,总投资约 626.8 亿元,设计年输净化天然气 120 亿立方米,相当于 2009 年中国天然气消费量的 1/7。该工程属于国家“十一五”重大工程,与三峡工程、南水北调、西气东输、青藏铁路具有同等重要的地位。

## 一、实施背景

### (一)促进区域协调发展、优化能源结构和增强企业竞争力的需要

当前我国对油气的需求与日俱增,能源紧缺特别是油气资源供需矛盾十分突出,我国石油对外依存度不断升高,建设川气东送工程有利于缓解天然气供需矛盾。同时该工程作为连接西部、中部和东部的能源桥梁和纽带,将西部地区的资源优势与中东部地区的市场优势有机结合起来,对于促进区域优势互补和协调发展具有重大现实意义。

天然气作为优质清洁能源,引发温室效应的作用只有石油和煤炭的一半左右。川气东送工程建成后,天然气在沿线地区能源消费结构中的比重将提高 1 ~ 2 个百分点,在提高产地及管道沿线居民生活质量的同时,也会明显改善能源消费结构和大气环境。

按照国家规划,“十一五”期间,基本形成覆盖全国的天然气基干管网,川气东送工程建设将使全国天然气骨干管网进一步完善。

川气东送工程是中国石化重要的效益增长点。油气资源勘探开发业务是中国石化的短板,普光气田的开发建设,对中国石化上游业务发展具有重要的战略意义。同时,对中国石化沿线的炼化和销售企业利用天然气替代和优化原料、燃料,发展压缩天然气加气业务,降低炼油化工生产成本、提高综合效益,具有重要现实意义。

### (二)破解川气东送工程诸多世界级难题的需要

川气东送工程是我国第一个以特大型高酸性气田开发为核心的全产业链系统建设工程,其中普光气田具有“超深三高”特征(超深:平均井深5 974米;高压:地层压力达55 兆帕;高产:单井平均无阻流量480.4 万立方米、平均产量80 万立方米;高含硫化氢和二氧化碳:分别为 15.0% 和 8.0%),工程建设需要克服诸多世界级难题。

一是安全保障难度大。普光气田“超深三高”特征导致工程建设中存在井控高风险和剧毒强腐蚀性硫化氢泄漏的高风险,加上施工条件恶劣,应急救援困难等特点,安全风险大。二是开发技术难度大。钻井须攻克“喷、漏、卡、塌、斜、硬、毒”等技术难题。开发井投产完井须攻克长井段射孔、超大规模酸压、高产长效耐蚀管柱等难题。三是质量控制难度大。工程建设中的涉酸施工在国内多属首次,材料特殊,工艺独特,施工标准要求高。四是大规模酸气净化难度大,处理标准要求高,总硫回收率达 99.8% 以上。五是施工难度大。工程建设中钻井、投产作业面临着在“超深三高”井控与硫化氢高风险复杂条件下施工难题;涉酸集输管道面临着特殊管材焊接、特殊工艺施工难题;净化厂面临着多达上百台上百吨的大件设备运输与安装难题;长输管道面临着穿山越岭、穿江过河、跨越沟壑、穿越水网的施工难题。

**（三）解决特大型超复杂工程建设管理难题的需要**

一是需要统筹解决安全、质量与效益三统一的管理难题。安全是川气东送建设工程的前提和基础，质量是安全的根本保障。因此，如何在控制投资规模的约束条件下，实现工程安全、优质和高效，无疑是工程建设中首要的管理难题。

二是需要统筹解决特大型、超复杂系统工程协同推进与高效实施的管理难题。工程建设跨越石油、石化行业，包括4个子项目、16个分子项目、175个单体工程，相互间为统一整体，既具有很强关联性，又存在很大差异性；工程点多长线域广，系统内外共有447支施工队伍、9万多人联合作战，组织协调难度大。需要创新管理模式，充分发挥集团整体优势，高效协同推进工程建设。

三是需要统筹解决加快世界级技术难题攻关突破与集成应用的管理难题。工程建设面临诸多世界级技术难题，项目群实施过程中新技术难题不断出现，需要用高科技战胜工程建设高难度。

四是需要统筹解决工程建设与生态环境、公共关系三和谐的管理难题。川气东送工程跨越8省市和环境敏感区域，如何协调处理公共关系与环境保护，正确处理国家、企业、地方关系，建立和谐公共关系是工程建设的重要目标和任务，是建立环境友好型社会的必然要求。

五是需要统筹解决工程优质与人才优秀的管理难题。工程投资巨大，经济关系复杂，利益目标各异，打造“阳光工程”，实现工程优质与人才优秀，给工程管理提出严峻考验。

**（四）创新项目管理模式成为实现工程建设目标的选择**

川气东送工程是一个特大型超复杂的巨系统，子项目群（单体工程）之间联系紧密、关系复杂，具有相对的独立性和差异性，又有很强的整体性、协同性、关联性，因此，需要探索实施现代项目群集成管理，需要充分发挥中国石化的整体优势。

## 二、内涵和主要做法

根据川气东送工程建设特点和要求，中国石化提出建设“安全工程、效益工程、优质工程、生态工程、阳光工程”的目标，确立“工程建设要尊重科学、坚持程序、积极稳妥、审慎推进，统筹安全、质量、速度和效益，统筹协同推进项目群建设，确保川气东送工程安全、优质、高效建成投运”的指导思想。结合工程高风险、高难度、超复杂特点，围绕工程建设目标，以系统论为指导，充分发挥中国石化业主优势，创新现代项目群管理模式，确保川气东送工程建设目标全面实现。主要做法为：

**（一）充分发挥业主优势，建立以指挥部为统领的项目群协同组织和运行模式**

1. 构建以指挥部为统领的强势监管体系。中国石化成立川气东送建设工程指挥部，驻守一线，由一名集团公司副总经理担任总指挥，代表业主（中国石化）履行组织、协调、服务、监督职能，实行项目群组织、资源、全过程集成管理，统筹项目群协同管理，形成决策部署、统筹协调、系统推进为一体的强势监管和协同推进的管理模式，实现了业主职能前移，提高了决策与管理效率。见图1。

一是履行组织职能。全面负责工程的组织集成，充分利用行政管理手段统一调配集团资源，实现项目间资源优化配置。对工程资金、工程建设计划、工程进度、工程建设资源进行统筹。二是履行协调职能。在纵向上，加强与总部、业主、参建单位的协调沟通，作好落实，检查工作进度，协调解决矛盾问题。在横向上，加强与地方政府、参建单位本部、利益相关单位的沟通协调，及时处理各种企地关系。三是履行监督职能。强势监管安全、环保、质量、投资、进度。突出井控和硫化氢防护监管重点，确保工程本质安全；严格施工设计、标准及规范执行，确保工程质量受控；对招投标进行全程监督，做到公开、公平、公正、透明；严格内控、审计和效能监察，有效控制投资。四是履行服务职能。强化生产保障服务，确保施工力量满足工程建设需要。强化技术支撑服务，及时解决工程建设难题。强化物资保供服务，保障工程建设需要。强化法律保障服务，及时化解法律纠纷，规避工程法律风险。

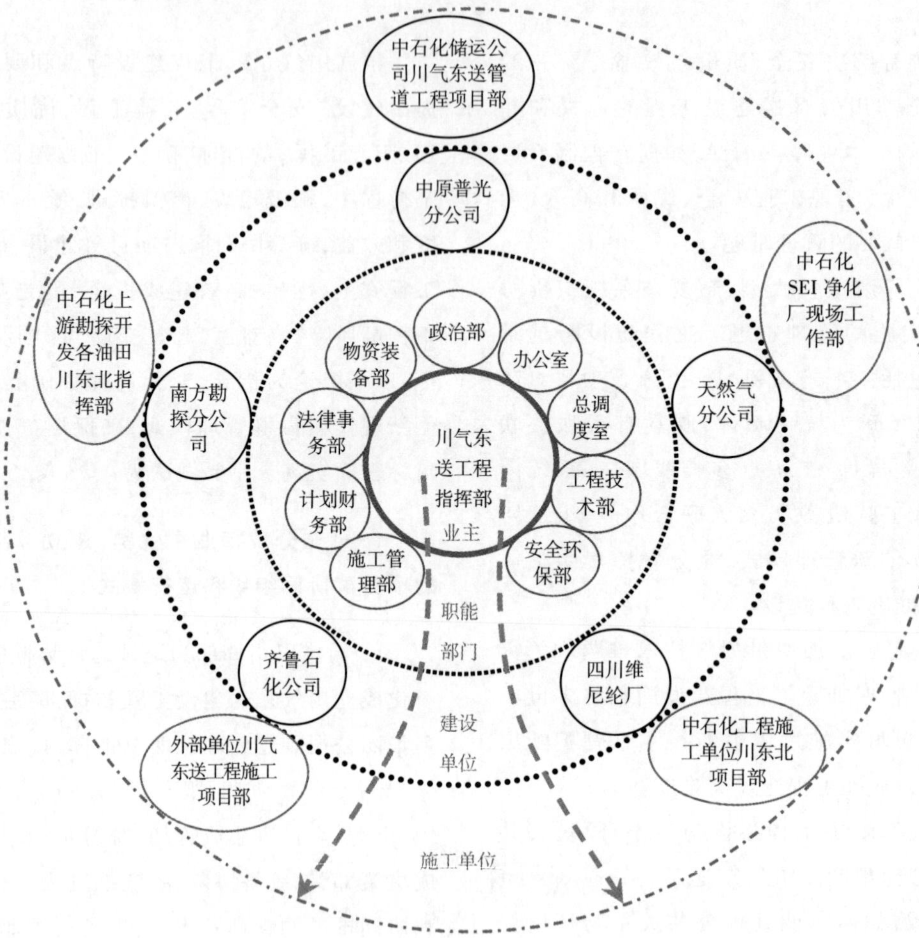


**图1　川气东送工程组织结构**

同时，指挥部创建业主管理团队，形成由总部相关部门、指挥部、项目部、专家、监理单位人员共同参加的业主管理团队，充分发挥业主职能，提高项目群组织运行效率，有效解决关键瓶颈问题。

2. 实行差异化项目群管理模式。川气东送工程各项目跨行业、跨专业、跨区域，各项目间在建设目标、范围、行业与专业特点、工程复杂性上差异性大，指挥部为协同推进工程建设，提高项目群运行管理效率，针对项目群各项目特点、目标与要求，实行差异化项目群管理。见图2。

一是勘探开发工程实行“设计－招标－施工”管理模式。钻井、试气、投产作业等勘探开发建设项目，安全、质量、环保要求高，井控与硫化氢风险隐患大，技术难题多，施工难度大，是业主熟悉的骨干业务，具有很强的方案设计、技术支持、物资装备保障、施工管理和风险控制能力。因此，勘探开发工程项目通过招投标方式优选最好的施工队伍，在确保安全、质量、环保与进度的前提下有效降低成本。

二是净化厂等特殊工程实行“设计、采购、施工”总承包管理模式。净化厂、硫磺铁路专线等项目非常复杂、专业性很强，建设单位没有专业优势，尤其净化厂属国内首次建设，关键技术与装备需从国外引进，技术含量高，施工难度大，没有经验可供借鉴。因此，通过竞标，由国际上施工经验丰富的专业化公司SEI承建，业主建立管理团队进行目标控制，做到优势互补、强强联合。

三是管道工程实行“设计＋采购＋施工”模式。长输管道、气田集输工程项目质量标准高、环境保护严、施工难度大、项目跨区域、企地协调难，业主对项目管理具有丰富经验。因此，在突出业主管理优势和监管能力的基础上，采取"设计＋采购＋施工"模式，组织集团公司勘查设计、规模化采购、专业化施工单位，对设计、采购、施工按照建设目标与要求分别进行招投标，从而保障工程建设项目按照目标要求顺利实现。

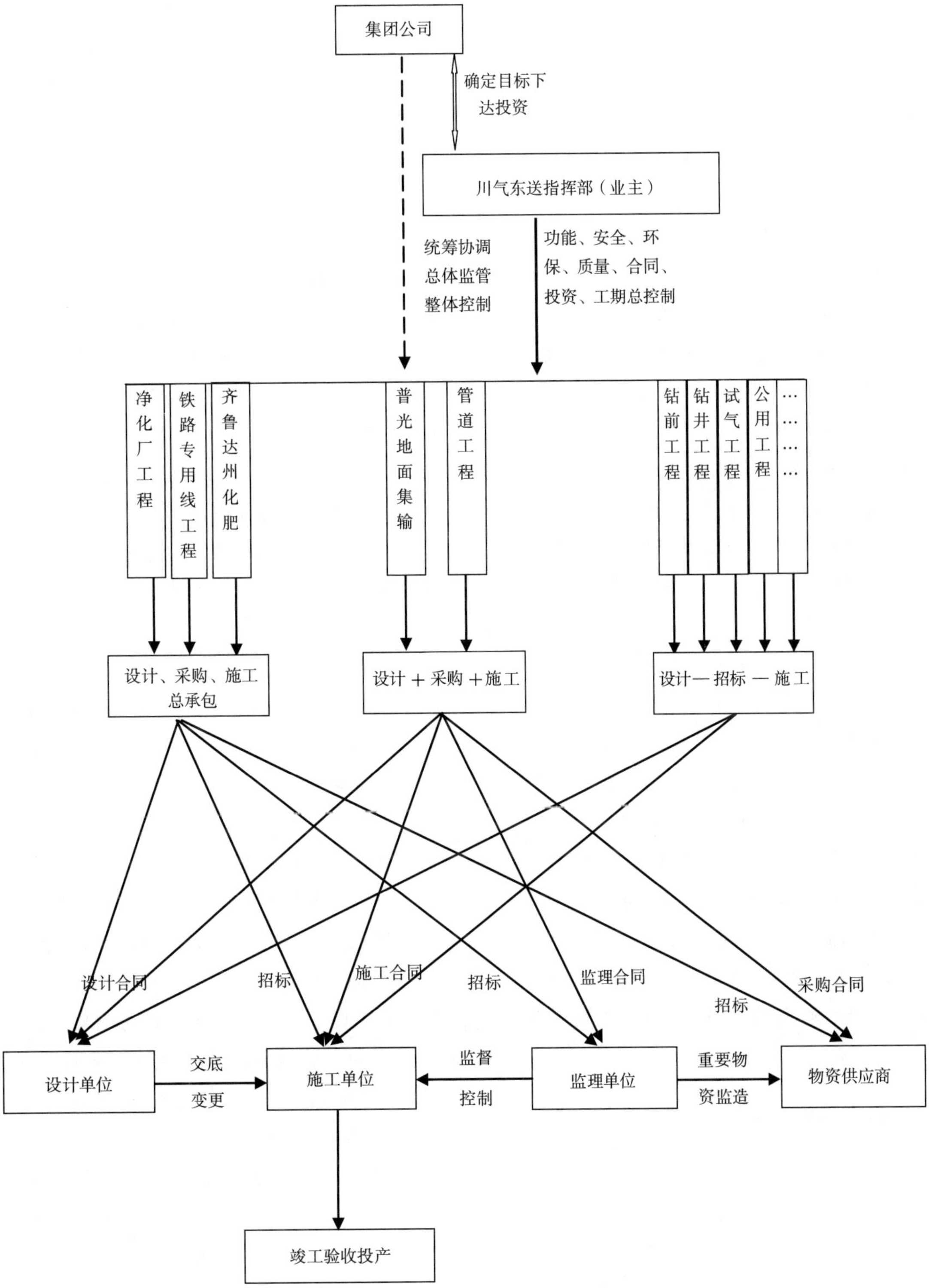


**图3　川气东送工程差异化项目群管理**

在实行项目群差异化管理中，业主作为工程建设市场化运作的主体，充分履行项目建设中的启动、计划、执行、控制和结束五个阶段的职能，严格招投标确定设计、施工、监理队伍，组织抓好工程报批、设计、施工运行和竣工验收等关键环节，突出在工程建设目标控制等方面的严格管理；施工单位按照工程合同，严格标准，精心施工；监理单位强化工程建设全过程监理。

3. 创建高效的监管与协同推进机制。按照项目群管理的目标性、协同性和效率性原则，建立了覆盖全部工程项目、全部参建队伍、施工全过程的指挥部——项目部——施工队三级组织运行网络，创建了适应特大型系统工程强势监管和协同推进的组织运行机制，提高了项目群组织运行与实施效率。总结形成了“三结合”、“四统筹”、“五超前”等行之有效的工程建设项目群组织工作方法，牢牢把握工程建设主动权。“三结合”：项目群系统运行与各专业板块运行相结合、业主运行与施工单位运行相结合、阶段运行与整体运行相结合。“四统筹”：统筹组织管理、统筹网络计划、统筹协同推进、统筹资源调配。“五超前”：工作超前思考、方案超前准备、物资超前组织、队伍超前落实、企地关系超前协调。

4. 创建一体化信息管理平台。按照“系统集成、全面掌控、快捷高效、信息共享”的原则，打造基于计算机网络的川气东送工程建设一体化信息管理平台。将项目范围、质量、进度、投资、物资采购、合同、队伍和健康、安全、环境等信息管理控制融为一体，横向上实现项目群全覆盖信息管理，纵向上实现工程建设全过程信息监管控制，形成了全项目、全方位、全过程高效快捷的信息管理体系，为科学决策、全面监管、风险控制、资源配置、高效实施提供强有力信息保障。

### （二）坚持零风险安全强势管理，全力打造安全工程

1. 实行重大风险隐患强势监管。高标准构建健康、安全、环境管理体系，建立起总部、指挥部、项目部和基层施工队四级安全监管网络，对井控和硫化氢泄漏等事关工程建设成败的重大安全风险实行强势监管。开展高层次安全评估和全方位风险识别，从安全技术措施上降低井控和硫化氢风险；制定并强化12项井控管理制度的执行落实；组建并强化专业安全监督队伍，组织严格的井控检查，做到安全检查督查无缝隙覆盖；组织高层级的钻井钻开海相气层开工验收，做到业主、项目部和施工单位三方签字确认方可钻开海相地层；对打开气层的钻井与试气投产作业施工实行领导挂牌督导、专家驻井监管、基层施工队“三岗联坐”等措施。开展严格投产安全条件确认，组织由数十位专家组成的高层次检查确认专家组，进行系统工程全流程投产安全条件确认检查，确保高标准达到安全投运。严格责任追究，建立安全约谈制度，坚持把隐患当事故来对待、把违章当事故来处理，把隐患消灭在萌芽状态。

2. 创建并严格执行酸性气田开发工程建设标准体系。组织制订国内首套适应超深高酸性气田规模开发并涵盖气藏开发、石油工程等7大业务领域的51项标准。其中，气体钻井技术等6项标准属国际首创；《垂直钻井推荐作法》等12项技术标准属国内首创。指挥部把严格执行标准作为工区铁的纪律，制订实施了设计方案三级审查机制，通过严格设计单位资质、严密论证优化、严把方案审查、严细优化技术措施、严控方案变更，保证新标准全面体现在设计方案之中。开展设计“回头看”活动，努力减少缺陷，从源头确保质量。严把施工质量关，严格施工程序、操作标准和施工工艺纪律，确保每道工序合格。落实现场监理责任，全过程全流程实行监理旁站，严格控制每个质量环节，实现优质工程目标。

3. 突出做好涉酸强腐蚀工程本质安全。以本质安全为目的，全面提升装备材料的抗腐蚀等级。普光气田开发井使用35～70兆帕高抗硫防喷器，外围重点探井使用105兆帕高抗硫防喷器，井下采用镍基套管、永久封隔器、双抗油管、安全阀等，地面采用分级抗硫级别配备，提高了井控与硫化氢防护本质安全。同时为满足气田长期生产对涉酸设备材料的要求，从设计源头强化硫化氢防护，制定了“抗硫管材＋缓蚀剂＋腐蚀监测＋阴极保护＋智能清管”联合防腐工艺路线和技术措施，材料上优选抗硫碳钢和镍基合金管材，确保高含硫化氢气田开发本质安全的需要。

4. 建设覆盖全工区全流程全岗位的安全保障体

系。建设覆盖全工区的自动报警系统。在气田生产区域，全面运用全自动化的远程控制、数据采集与传输技术，全面监控气田生产运行情况；在集输站场、阀室、管线、隧道等部位，安装硫化氢、可燃气体、腐蚀、视频等监控报警装置；建立紧急疏散广播系统，确保附近居民及时获知相关信息。

建设覆盖全流程的四级自动关断系统。在国内首次组织设计安装了从单井、站场、管线到整个气田的四级自控连锁关断系统，既可实现一个生产环节的独立关断，又可实现气田的一次性整体关断。

确定安全防护距离。根据硫化氢扩散模拟结果，对普光气田酸气管道、集输站场、天然气净化厂分别按100米、300米、800米设防，对设防距离以内的2 603户居民实施了整体搬迁。

建设企地联合应急救援体系。建立多方高效联动的应急协调机制，编制宽领域广覆盖的应急预案和三级应急联动管理模式，定期组织开展大型企地应急演练，实现了指挥部与项目群之间、甲乙方之间、企地之间应急联动。

**（三）推行集成、协同管理，依靠高科技战胜高难度**

1. 建立强有力工程技术集成、协同支撑体系。建立指挥部组织协调、项目部控制落实、参建企业施工服务四个层面的分级技术组织管理体系。指挥部组织协调工程技术创新论证、科学决策与实施指导，勘探南方、中原普光、管道分公司等建设单位组建技术服务支撑队伍，组织方案设计论证、现场技术监控、技术引进与推广应用等工作，各参建项目部严格执行方案设计与标准、应用新技术新工艺。

2. 强化科技攻关及新技术集成应用。采用“学习借鉴、攻关创新、集成应用”科技创新模式，组建产学研一体化的技术攻关团队，组织实施“高含硫气藏安全高效开发技术”、“大型高含硫气田开发示范工程”两项国家科技重大专项，开展12项课题、47项子课题的研究，攻克气体钻井技术、高酸性气井完井技术、超长井段（600米）射孔技术、一体化酸压投产技术、湿气集输技术和120亿立方米酸气净化厂配套技术等工程建设中需要解决的诸多技术难题；建立面向工程建设一线的创新机制，组织开展空气雾化钻井、多级暂堵酸化压裂、大排量酸气焚烧测试等63项先导性技术试验，加快了科技攻关、技术集成和技术成果的规模化应用，配套形成我国超深高酸性气田规模开发建设技术体系，为建成我国首个超百亿立方米超深高酸大气田提供了技术支撑。

3. 加快推进关键装备国产化研发。按照“先易后难，逐步推进，不断完善，持续改进”的应用策略，与相关企业联合攻关，重点推进关键装备国产化研发，申请技术专利51项，形成一系列自主知识产权新产品，整体提升了我国油井管产品的制造能力和技术水平，极大地降低了产品价格，为后续大规格825套管的生产积累了经验。

4. 强化现场专家技术支持保障。组建指挥部和项目部“钻井试气、地面工程、安全环保”等两级专家组，加强技术支持与指导。选派业务骨干进驻现场，充实现场技术支撑，为技术薄弱的一线施工队伍提供现场服务，切实保障技术措施落实到位。针对工程施工技术难点，建立了以技术专家为主导的钻井液检测中心、固井技术服务中心、井控检测中心和井下打捞技术服务中心等专业化服务队伍，为工程建设提供专业化技术保障。

**（四）创新投资、物资与合同管理，控制投资规模**

1. 创立“三四三”投资控制管理模式。控制投资规模是打造效益工程的基础和前提，需要从严从紧控制投资规模，优化投资使用，强化投资过程管理。指挥部牢固树立“功能、安全、质量、环保、造价、工期六位一体、综合平衡、优化方案”的投资控制理念和“静态投资、动态管理”的工作思路，创建“三四三”投资控制管理模式。

一是在投资管理上建立了总部决策、指挥部监管、项目部运行的三级投资管理模式，明晰投资管理职责，强化项目部作为投资控制主体责任的落实。

二是在投资控制上强化“制度、源头、过程、结算”四个环节。优化工程方案设计，强化投资的源头控制；开展经济活动分析，强化投资的过程控制；严格工程结算，强化投资结算控制。

三是在投资控制监管上，建立内控、外审和效能监察三位一体的监管体系，形成了集团公司派驻督察组、指挥部效能监察领导小组和项目部效能监察组织机构三个层次的监督体系，重点在工程项目招投标、合同管理、物资采购、工程结算等重点环节上进行全过程效能监察。

2. 建立物资协同保供与采购管理新机制。以“安全供应、资源共享、动态监管”为主线，积极推行“归口管理、集中采购、集中储备、统一配送”的物资供应管理模式，建立落实“计划直线运作、区域协同采购、全面质量监控、统一调度调剂、现场服务协调、采购供应监管”六大协同保供机制。建立工区必检物资报检、非必检物资验收、在库物资抽查和入场物资飞行检查的物资质量控制体系。坚持科学化、规模化、国产化采购，以性价比最优、综合成本最低为原则，加强市场行情分析，完善价格控制机制，建立业绩引导订货机制，对大宗物资推行网上采购、寄售采购，有效控制采购供应成本；充分发挥集中采购的规模优势，实施“一体化”采购和专业化集中采购。

3. 创新全生命周期合同法律管理。由于工程参建单位众多，各方经济关系复杂，潜在法律风险大，指挥部通过创新合同管理，强化法律保障。一是根据工程特点把安全、质量、环保、进度、投资等作为项目群合同管理重要控制目标，指挥部对所有工程项目的设计、施工、监理和物资采购等按照市场机制严格实行招投标管理，以合同形式全面落实到设计单位、施工单位和监理单位，明晰工程建设各方经济关系，形成注重效益、强化管理的自我约束机制。二是以项目群系统管理统筹、计划、控制、协调为基础，根据工程建设启动、实施、完工三个阶段，开展合同签订、履行、关闭三阶段模式管理，创造性地实现了工程项目群管理与合同生命周期一体化管理。三是严格执行没有合同不能开工，合同签约率达到100%；创新实施常态化、现场化合同管理，强化合同履行过程控制；严格合同关闭标准和程序，确保工程项目按合同完成。

**（五）坚持项目群管理与公共关系目标有机统一，带动地方经济发展**

1. 高标准创建生态工程。工程经过国家级饮用水源地、鄂西原始森林等多处国家级自然保护区和基本农田保护区，少占耕地、保护环境，是工程建设与自然环境和谐共生的必然要求。

一是统筹做好环保规划。按照“预防为主”、“源头控制”、“清洁生产”的原则，重点抓好环保规划编制、审批，制定环保工作计划明确施工期、运营期、退役期等各阶段应采取的污染防治、生态保护和风险控制技术措施。

二是严格规范环保管理。第一，强化全过程环保管理。坚持工作程序和标准，从项目可研、设计、施工、项目变更、竣工验收、投运管理等全过程高标准抓好环保管理，避免出现环保污染事故。施工中，做到尽可能不破坏地形地貌、不随意砍伐植物，严格控制施工作业带宽度，注重水土保持和耕地保护。

三是高标准做好生态恢复工作。将生态恢复目标和措施纳入到工程项目施工方案，突出抓好水土保持、生态恢复、耕地复垦，努力建设绿色能源工程。

2. 建设和谐企地公共关系。通过加强企地协调沟通协调、创建和谐工区、积极实施援建项目、合理规划布局拉动地方经济社会发展等措施，构建和谐企地公共关系。

一是强化企地沟通协调。建立企地沟通协调机制，定期召开企地联席会议，共同研究企地联动、企地共安、企地共兴等问题，做到尊重地方、尊重群众，善待农民、善待员工、善待环境“两尊重三善待”。充分考虑地方发展需要，合理规划工程项目布局，兼顾地方经济社会需求，优化主要目标市场，为地方及相关企业发展提供契机。坚持工程建设用地与保护耕地相结合。强化工程建设用地管理，少占耕地，减少永久性用地，落实复垦。

二是创建和谐工区。开展和谐共建，企地共同确定和谐建设目标，开展创建模范油区活动，和谐处理企地关系问题。开展文化共建，加强企业文化与地方文化融合，积极开展文化进村，签订《文明共建公约》。开展法制共建，建立企地法制宣教体系，落实联防联治，营造良好的法制环境。开展帮扶共建，通过捐资助学、捐款抗灾、捐物扶贫，企业与县乡、队站与村组、党员与困难户结对帮扶等措施，得到了地方政府与人民群众的大力支持。

三是积极实施援建项目。援建项目与工程建设同步规划、同步实施，做到工区道路、桥梁、应急消防设施等公用配套工程建设与地方规划相结合，援建编织袋厂、砖窑厂、石料厂、医院、学校等，安置2 000

多名农民就业；做到拆迁群众安置与新农村建设有机结合，规划布局与长远发展有机结合，配套建设与利民富民有机结合，拆迁建筑物20多万平方米、3 000多户、安置10 000多人，普光安置区成为四川社会主义新农村建设示范区。

**（六）培育特色文化，打造阳光工程**

1. 塑造特色工程建设文化。一是把继承优良传统与锤炼队伍作风结合起来。工区自然条件恶劣，任务重、责任大，广大参建干部职工继承和发扬石油石化人艰苦创业、特别能吃苦、特别能战斗、特别能奉献的优良传统和作风，把川气东送工程打造成中国石化新时期、新阶段的新品牌。

二是培育"川气东送"精神。即"艰苦奋斗、锐意进取的创业精神；敢为人先、追求一流的创新精神；尊重科学、勇于探索的求实精神；胸怀全局、为国分忧的奉献精神"。

三是培育工程文化理念。以"创业、创新、求实、奉献"精神为统领，树立"敢为人先，追求一流"的建设理念，树立"精查细找、精雕细刻、精打细算"的精细管理理念，树立"艰苦为荣，创业为乐"的有为理念，培养了一批装备精良、技术精湛、作风过硬、能打硬仗的工程建设队伍。

2. 多措并举打造阳光工程。一是建立反腐倡廉体系与体系。建立了集团公司派驻督察组、指挥部和参建单位三位一体、多层面的纪检效能监察网络体系。聘任112名廉政建设和效能监察监督员，建立完善26项监督管理制度，签订"十严格十杜绝"责任书，严格监督权力运行，规范工程管理行为。

二是开展全过程效能监察。坚持提前介入、源头防范，共参与招投标940多场次，发现和纠正各类问题105个；坚持事中监督、堵塞漏洞，把监察工作的着力点放在工程项目合同管理、物资采购、施工管理等关键环节上，先后对54个立项项目进行过程监督检查，发现并督促整改问题548个，避免经济损失8 335万元。坚持事后追查、整改问责，强化竣工验收和工程结算的专项监察。

三是开展"抓源头、促清廉"、"创清廉工区，做忠诚卫士"、"廉洁文化四进"、自查、自纠、自警、自律"四自"等主题实践活动，形成学廉、倡廉、崇廉、树廉的良好风气。

## 三、实施效果

**（一）实现了工程目标，取得了显著的经济效益和社会效益**

建成三大标志性工程：一是安全顺利建成了我国第一个超百亿立方米酸性大气田，累计动用储量1 811亿立方米，建成105亿立方米/年酸性气产能；二是建成亚洲规模最大、世界第二的酸性天然气净化厂，净化能力120亿立方米/年，年产硫磺240万吨，总硫回收率99.8%以上；三是建成了我国又一条横贯东西的长距离、大管径、高压力绿色能源大动脉，干线全长1 635千米、管径1 016毫米、设计压力10兆帕、输气能力120亿立方米/年。

实现"五大工程"目标。一是安全工程，未发生井喷失控、硫化氢（二氧化硫）中毒死亡、火灾爆炸和交通运输等重大安全责任事故；二是生态工程，未发生环境污染和生态破坏等重大环保责任事故；三是优质工程，工程质量完全受控，酸气管道焊接质量一次合格率95.5%，长输管道焊接质量一次合格率98.9%，净化厂焊接质量一次合格率97.7%，普光气田开发井固井质量合格率100%，投产作业一次成功率100%，优于国家优质工程标准；四是阳光工程，实现了工程建设"三无一零"的目标，即无监督死角、无重大违法违纪、无重大经济损失、零案件发生；五是效益工程，工程投资整体受控，与核定投资额基本一致。经过一年多的安全稳定运行，截至2011年8月31日，累计生产混合气107.9亿方，销售商品气76.1亿方，生产液硫209.3万吨，销售硫磺202.6万吨。按净化气80亿立方米/年、气价1.5元/立方米、硫磺价格800元/吨时，初步测算川气东送工程投资内部收益率为14.3%，投资回收期7.3年，年均净利润35.7亿元，经济效益明显。

经济社会效益显著。管道沿线省市天然气供应量增加29.1%，70多个城市、数千家企业、近2亿人口从中受益；所产天然气相当于每年提供超过1 457万吨标煤的清洁能源，可减少二氧化碳排放量1 696万吨，减少二氧化硫、氮氧化物及粉尘等有害物80万吨；预计拉动城市输气基础管网和天然气利用项目投资约460亿元。

**(二)实现了世界级高危气田的安全、优质、高效开发目标**

通过川气东送工程建设,配套形成了国内首套适应超深高酸性气田规模开发的气藏工程优化、钻井综合配套、测试及生产完井、集输工程、大型高酸气净化处理等五大工程技术系列,为我国超深高酸性气田规模开发建设创新形成了安全实用的技术体系,整体达到国际先进水平。

中国石化在国内首次形成一套较为完善的指导"三高"(高压、高产、高含硫)气田开发建设的工程技术标准体系,整体处于国际先进水平,为大型高含硫气田的建设提供了依据,开创了国内外建设大型高酸性气田的技术先例。

川气东送工程建设为中国石化培养了一批装备精良、技术精湛、作风过硬、能打硬仗的工程建设队伍,培养了一批特大型工程建设组织管理人才、一批高酸性气田开发建设专业技术人才和一批高危行业特种技能操作人才,具备了国家特大型重大工程建设组织管理能力,开发建设超深高酸大型气田的能力、规模运营大型脱硫净化厂的能力、穿越复杂地形的大口径管道建设能力、石油石化上中下游项目整体设计、协调推进、同步建设的能力,企业核心竞争力显著提升。

**(三)为国家重大工程建设提供了项目群管理成功经验**

川气东送工程项目群管理,充分发挥了中国石化集团优势,有效解决了市场化运作难以解决的工程建设高难度、高风险、超复杂难题,又充分利用了项目群管理市场化有效配置资源的管理优势,为我国高难度、高风险、超复杂、特大型工程建设提供了一个成功范例,对于正在四川盆地乃至中国整个海相领域进行的油气开发建设,都将产生重要的指导与示范作用,产生重大而深远的影响,并将为中国石化积极开拓海外油气资源发挥积极的推动与促进作用。

# 油田企业改善经营管理建议长效机制的构建与运行

中国石化集团中原油田

近年来,在复杂多变的国内外形势和日益激烈的市场竞争环境下,石油企业越来越清醒的认识到企业管理的重要性,不断寻求着更加有效地管理方式、方法。同时,企业也逐渐把管理的关注点从管理层逐步延伸到了基层,延伸到与企业发展相关的每位员工,依靠和发动企业的每位员工,共同改进完善生产经营管理的每个环节,提高企业效率效益。中原油田作为中国石化的下属企业,在中国石化建设世界一流能源化工公司的目标下,积极探索建立油田企业全员改善经营管理建议的长效机制,全面提升企业管理的核心竞争力。

## 一、改善经营管理建议长效机制的构建与运行内涵

中原油田在以人为本的科学发展观指导下,以提升企业经济效益和管理水平为根本目标,以"企业发展我成长"、"员工的每一条建议都有价值"的理念为引导,以网上操作系统为技术平台,通过制定完善的管理办法、健全组织机构、设计规范高效的运作流程,探索建立"短平快"建议项目绿色通道、建议项目"帮扶"等机制,并采取有效的激励措施和全过程监督体系,充分激发全体员工的积极性,对生产经营管理各方面、全过程持续提出改进完善建议,最终形成员工关心企业、企业发展成果回馈员工的改善经营管理建议长效机制,有力促进油田持续有效和谐

发展。

## 二、改善经营管理建议长效机制建立的指导思想和原则

1. 指导思想。树立“企业发展我成长”和“员工的每一条建议都有价值”的理念，充分调动全体员工的积极性、主动性和创造性，不断优化和改进油田改革发展、生产经营、企业管理，降本减费，挖潜增效，提升油田管理水平，提高经济效益。

2. 实施原则。一是坚持操作下沉的原则。改善经营管理建议“面向生产一线，面向基层，面向全体员工”，深入到生产经营管理活动的各个环节，充分发挥每位员工的作用。二是把握重点的原则。改善经营管理建议重点解决生产经营管理中的关键问题、重点问题，以提高经济效益和生产效率为目的，合理高效利用油田资源。三是坚持闭环管理的原则。建立建议提出、初审、评审立项、组织实施、效益评价认定、奖励公示、推广应用完整的全周期工作流程。

## 三、改善经营管理建议长效机制的构建与运行主要做法

### （一）加强宣传发动，健全组织机构，制定制度标准和工作流程

为充分调动员工参与建议的积极性，中原油田通过组织召开各种形式的专题动员会和推进会，宣传讲解改善经营管理建议的具体内容和实质，充分利用网络、板报、横幅、宣传栏等媒体，让每位员工明白“建议什么”、“怎么建议”。油田结合油气生产作业区分散、市场分布广泛的特点，建立油田、二级单位、基层单位“三个层级”工作组织机构，分别成立由主要领导挂帅的领导小组，并下设办公室，将组织机构延伸到采油区、钻井队及社区服务站，做到改善经营管理建议工作的全覆盖，畅通全体员工的建议渠道。同时，制定印发了《中原油田改善经营管理建议工作管理办法》和建议评审立项、效益认定和专项审计等细则，保证建议工作规范有序运行。见图1。

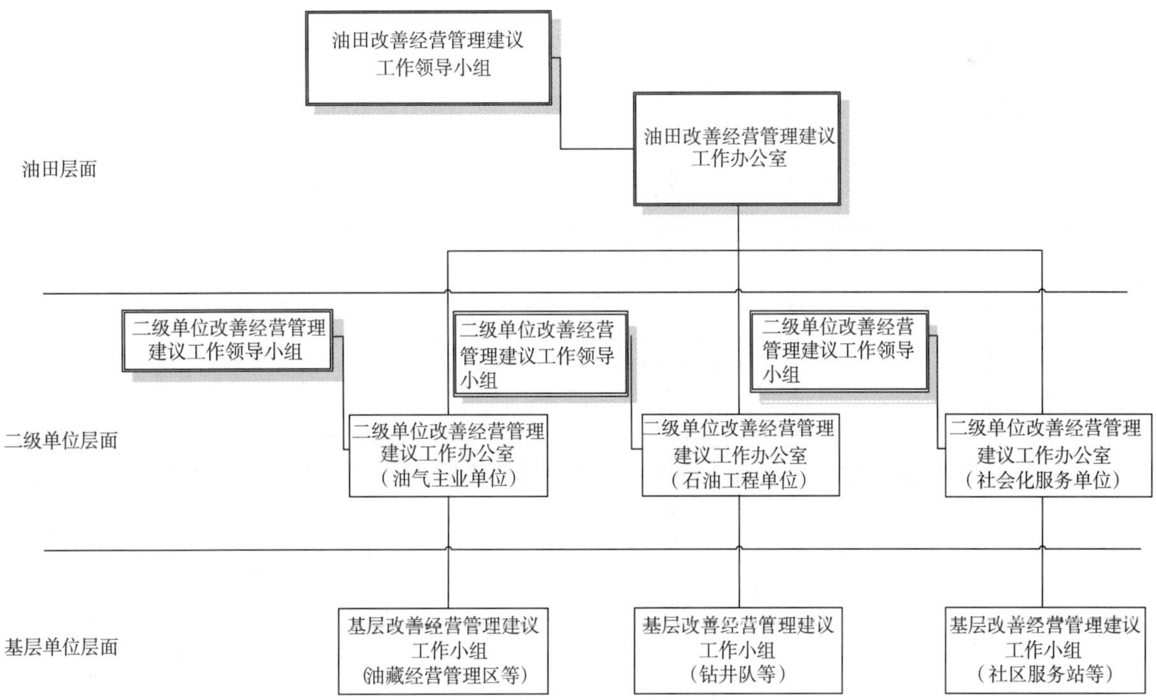


图1　改善经营管理建议工作组织机构

### (二)建立日常运行机制,确保建议工作规范运行

1. 建立合理分流处理机制。按照“统筹协调,合理高效配置企业资源”的原则,油田成立由企业管理处牵头,局工会、局团委、科技部、规划计划处(部)、财务资产处(部)、审计处、人力资源处等相关部门参加的沟通协调工作组。将改善经营管理建议、合理化建议活动、职工技术创新成果评审活动、青工创新创效成果评审活动、经营管理项目、科研项目、投资项目等进行统筹对接,理顺各部门之间协调配合关系,保证改善经营管理建议工作顺畅运转。油田在管理办法中明确11种鼓励并受理的建议范围和6种不予受理的建议范围,对于员工提出的要求提高福利待遇、诉苦抱怨等不属于改善经营管理建议范围的意见和问题,分类分流,妥善处理。

2. 建立逐级评审立项机制。油田、二级单位和基层单位分别组建评审专家组和技师评审团队,并根据建议预期效益的大小,把建议分为基层单位级、二级单位级和油田级三个级别,采取“分级评审,逐级上报”日常评审机制。其中,“短平快”类建议项目由基层单位自主评审立项,确保快速实施见效;重大建议项目则经过基层单位、二级单位和油田层面的三级专家评审论证,确保建议质量。

3. 建立效益认定机制。为保证建议项目效益认定的科学准确,建议项目在立项后,各单位的财务部门就参与到建议项目的实施过程中,对项目的费用、资金往来进行单独核算。建议项目实施完成后,实施部门与本单位的财务部门结合,填写建议项目效益分析报告书,按照“谁认定、谁签字、谁负责”的原则,由本单位主要领导签字确认,做好备案工作。见图2。

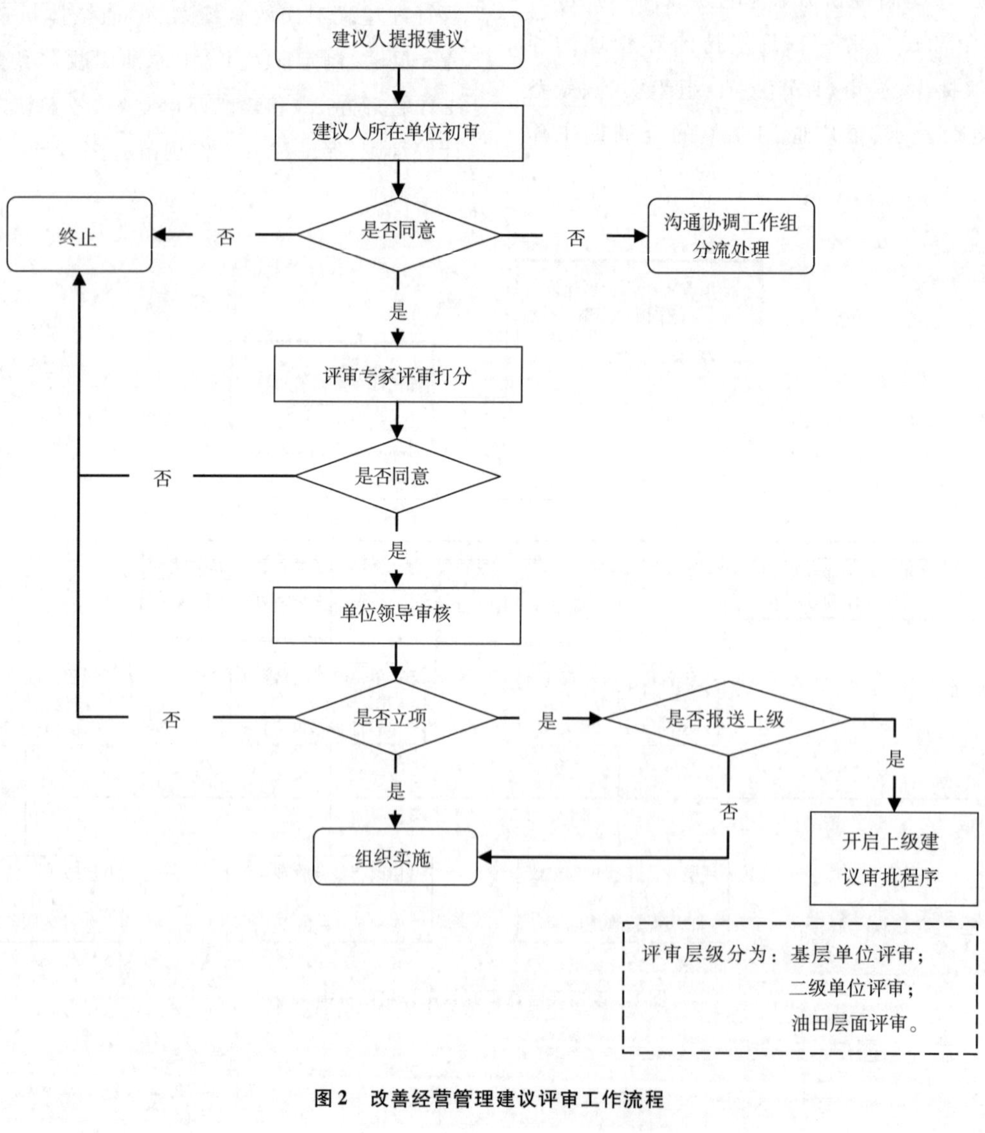


图2 改善经营管理建议评审工作流程

4. 建立总结推广机制。油田各级部门定期筛选出有推广价值的建议项目，按照建议类别、推广范围进行分类汇总，明确推广责任部门，制定推广实施方案。根据建议项目推广实施效果，年底进行综合评价，编制优秀建议案例汇编。同时，油田以搭建日常交流平台为切入点，定期举办“集思广益大讨论”活动，交流探讨在开展建议工作中的流程优化、制度完善、标准制定等方面经验和做法，并将经验做法加以总结提炼转化成规章制度，进行固化传承。

**（三）采取多种措施，保证建议项目有效落实**

1. 明确重大项目优先实施的政策。油田在管理办法中明确重大项目“程序不逾越，节奏要加快”的实施原则。专家同意立项实施的建议项目，对于投资或费用较小的短周期类建议项目，各单位在年度计划内优先予以安排；对于投资规模较大的长周期建议项目，根据油田投资管理程序，由规划计划管理部门论证审批后实施；对于生产经营一线急需解决问题所涉及的建议项目，实施完成能够产生明显经济效益的，规划计划部门按照特事特办原则，保证建议项目尽快实施。

2. 建立建议项目“帮扶”机制。为解决员工受专业知识和操作技能的限制，建议实施率不高的问题，油田建立各种“帮扶”措施。一是成立基层单位技师工作站。根据员工所提建议类别，抽取经验丰富的管理、技术专家，帮助建议人补充完善建议内容和方案，共同完成建议项目。如采油四厂成立的改善经营管理建议技师工作站，自建站半年内，共帮助员工完善建议73项，实施完成68项，13名员工得到厂级奖励。二是对重大建议项目进行项目管理。成立由实施部门主要领导担任组长，管理专家、技术专家等人员参加的项目团队，明确各成员工作职责，统筹协调各部门资源。

3. 建立“短平快”建议项目运行“绿色通道”。对于基层一线的“短平快”建议项目实行简化审批流程，建立“绿色通道”，实现建议的“即时提出、即时评审、即时实施、即时奖励”。一是畅通“现场提出现场实施”渠道。针对生产经营过程中出现急需解决的问题，打破常规程序，现场与管理、技术人员讨论完善后，立即组织实施。二是畅通“快速评审快速实施”渠道。对现场提出需要评审的建议，以电话或书面形式向基层工作组汇报，讨论评审后立即组织实施。三是畅通“快速验收快速奖励”渠道。对现场提出现场实施的建议项目实施完成后，由现场管理、技术人员或班组长等进行现场验收，经评审小组讨论通过后即可按规定进行建议奖励和效益奖励。

**（四）建立效益认定标准，保证建议项目效益计算的科学合理**

油田制定建议项目效益认定细则，明确创收增效、降本减费、复合因素等三类效益计算公式，形成一套科学实用的效益认定方法。在计算建议项目经济效益时综合考虑各种因素。一是考虑成本因素。遵循统一口径、全成本核算的原则，建议项目的效益要扣除实施过程中发生的所有成本费用。对于一次性投入、持续产生效益的建议项目，对投入按年限进行折旧，综合考虑成本因素。二是考虑价格因素。建议项目实施后的增效因素，要考虑产品价格、油田内部关联交易结算价格和原材料价格等因素，统一测算标准。三是考虑价值量因素。针对管理或其他类型不易直接测算经济效益的建议项目，通过节省人工成本、劳动时间等方面，测算实物工作量、工作效率或收入等，最终折算量化出经济效益。四是考虑周期因素。建议项目实施效益以实施周期为参照，对建议项目实施前后的效果变化进行同周期对比，根据对比结果测算效益。

**（五）强化各种奖励措施，建立长效激励机制**

1. 制定分阶段即时奖励政策。油田将改善经营管理建议奖励划分为建议初审通过待评审、评审通过并立项、实施完成有效益三个阶段进行奖励，建议通过初审，符合受理范围的发放建议奖；经过专家评审及领导审核同意立项的发放优秀建议奖；建议实施完成后根据效益大小发放实施成果奖。同时，规定对同一建议项目，只能获得最高奖项奖励金额，再次发放奖励时只补发差额部分，不重复奖励。

2. 强化精神激励作用。领导重视是保持员工持续参与建议的关键。如采油四厂自开展建议工作以来，主要领导亲自批示员工提的每一条建议，不论建议采纳与否，都回复一封由厂长、书记亲笔签名的感谢信，对于采纳的建议由基层领导亲自将获奖证书送到职工手中，并通过大会、班前会进行表扬。使改善经营管理建议成为员工爱提、领导爱看的日常工作。另外，油田除对获奖的员工采取通报表扬、颁发荣誉证书外，还将员工所获得的荣誉作为职称评定、技能考核、评先树优、年终业绩考核、职务晋升等方面的参考因素之一，使之成为员工持续参与建议的有效动力。

3. 建立奖金月度下发制度。为切实发挥奖金的激励作用，油田统一管理改善经营管理建议专项奖金。各单位每月上报《奖励申请表》、《奖励项目明细表》和相关备案资料。油田组织有关部门对资料进行审核后，根据各单位建议征集的数量、立项数量、实施完成数量，随当月考核公报兑现奖金，并由各单位负责将奖金下发到建议人或实施人。

**（六）强化过程控制，建立考核监督机制**

1. 加强过程管理。为保证建议工作开展效果，油田建立例会制度。每季度召开由油田领导，采油厂、钻井公司及社区领导参加的会议，全面汇报各单位建议工作整体情况、重点建议项目进展情况等，讨论研究工作中存在的问题并提出解决方案。同时，油田建立跟踪检查制度，成立由相关部门组成的工作督导组，对重大建议项目实施进行现场指导、跟踪评价。

2. 建立后评估制度。油田成立由审计部门牵头，相关专业技术部门及经营管理部门参加的专项审计组，对建议项目实施效果和实施后净效益开展审计工作。一是对建议项目的基础资料、台账、项目成本支出的完整性、真实性、合理性、合规性进行审计检查。二是对效益认定资料进行检查，查看项目立项与成果评定采用的效益评价参照资料是否一致，是否与生产实际相符、是否存在人为调整指标，提高成果效益的现象。三是对成果效益计算方法进行检查，是否符合规定的计算方法，效益评价计算参数取值是否得当，是否与生产实际相符。四是检查奖金是否按规定进行测算，是否按规定比例进行分配，分配方案是否进行公示，是否存在挪用建议人及实施人员奖金、未全额兑现奖金等现象。

3. 加强各单位工作考核。油田对各单位的建议工作情况进行月度考核，不断细化各项考核指标。主要分为基础指标和工作指标两类。基础指标包括各单位组织机构建设、专家评审机构建设、实施方案及配套标准制定等方面因素；工作指标包括各单位所提建议数量、符合受理范围建议数量、立项建议数量、实施完成建议数量等方面因素。油田每月对各单位的指标进行量化统计，根据年度累计积分评选出优秀组织单位和先进个人。

**（七）搭建操作平台，用信息化助推建议工作持续开展**

为方便基层职工提报建议，油田信息部门运用信息化手段，搭建改善经营管理建议信息化操作平台，开发完成建议提报、专家评审、过程监督、奖励公示、推广应用和网上留言等六大模块，实现建议异地提报、专家线上评审、实施过程即时监控、生成数据表、信息交流等功能。根据不同层级的管理用户，合理配置权限，实现工作信息存储数字化、传输网络化、管理程序化、流程公开化，确保每条建议操作有规程、过程有监控、结果有反馈，强化改善经营管理建议工作的过程控制，提高工作效率。见图3。

## 四、改善经营管理建议长效机制的构建与运行效果

**（一）充分发挥了全体员工的积极性，提升了企业管理水平**

员工参与企业管理的积极性持续高涨，员工变以往被动执行为主动思考，培养了员工结合实际发现问题、分析问题、解决问题的能力，解决了一大批基层疑难问题，生产成本不断降低，企业效益和管理水平不断提升。一年来，油田实施完成改善经营管理建议1 135项，产生经济效益22 315.9万元，奖励员工300余万元。

**（二）增强了企业的凝聚力和向心力，实现了企业与员工的共同成长**

改善经营管理建议工作已经成为日常管理的一部分，成为基层员工与各级领导直接对话的沟通渠道。各级领导能够更多地听取、采纳来自基层一线的建议，既体现企业民主管理，又帮助员工实现自身

价值，员工对油田的忠诚感和归属感不断增强，参与企业管理的热情持续高涨，进一步增强了企业的凝聚力和向心力，实现企业与员工共同成长。

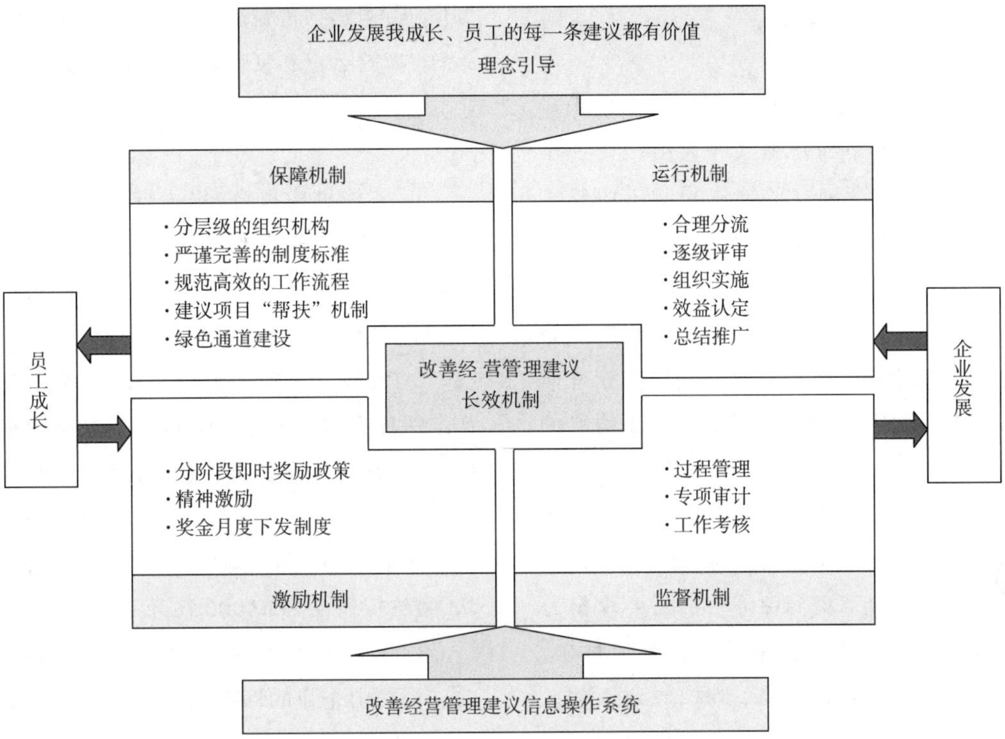


**图3　改善经营管理建议长效机制的构建**

### (三)促进了企业经济效益的提高

2010年油田实现新增探明油气地质储量1 341万吨，生产原油272.5万吨、天然气58.3亿立方米、硫磺102.6万吨，加工原油、轻烃87.5万吨，油气当量达743.3万吨。油田实现收入363.1亿元，上缴税费49.7亿元，较2009年分别增长32.2%和35.5%。

（供稿：孙尚敏　石　岩　刘　超
温程远　刘宗儒）

# 大型铁矿山企业集中统一的物资精细化管理

鞍钢集团矿业公司

鞍钢集团矿业公司（简称"鞍钢矿业"）是鞍钢集团的全资子公司和主要矿石原料生产基地，是集探矿，采矿、选矿、烧结、球团生产，采选工艺研发设计，工程技术输出为一体的国内最大的冶金矿山企业。目前采掘总量居世界第2位，铁矿石产量居世界第5位。

鞍钢矿业始终致力于管理创新，不断提升企业的核心竞争力。为应对进口矿价格不断飙升、金融危机、上游产品涨价等的严重冲击，从2006年开始大力实施集中统一的物资精细化管理，实现了物资采购、矿产品成本的不断降低，为加快鞍钢发展作出了贡献。

## 一、实施背景

鞍钢集团公司各大铁矿山原分属于鞍钢鞍山矿业公司、弓长岭矿业公司和新钢铁齐大山铁矿三个独立企业，它们均有一套独立的物资采购供应管理系统，这种管理模式割裂了企业物资管理的整体性，束缚了物资、信息、资金的整体流动。2006 年底，鞍钢对铁矿山企业实施了重组改革，将三个铁矿山企业合并，成立了鞍钢矿业公司，对原有的物资管理体系加以重新整合，实现集中统一管理和系统功能的最大化。

21 世纪初以来，我国钢铁工业迅猛发展，国际矿业巨头利用垄断地位大幅提升铁矿石价格，鞍钢面对这种形势，明确提出了“资源保障”战略，要求努力降低铁精矿成本。鞍山及周边地区大部分为贫矿，且以共(伴)生矿为主，难采、难磨、难选，导致铁精矿生产工艺多、流程长、物耗大，单位成本曾高达 630 元/吨。要降低铁精矿成本，提高企业经济效益，必须通过对企业物资管理各环节实施精细化管理，努力降低物资采购和消耗成本来实现。鞍钢矿业每年的物耗成本约占企业总成本的 30.0%，改革物资管理成为当务之急，而鞍钢矿业的物资管理与先进水平相比存在较大差距，必须建立现代化物资管理模式，实现物资管理的规范化、精细化和长效化。这是公司实施集中统一的物资精细化管理的一个主要动因。

## 二、内涵及主要做法

鞍钢矿业大型铁矿山企业集中统一的物资精细化管理的内涵是：按照供应链理论合作共赢、系统管理、信息化支持的管理要求和精细化管理思想，针对矿产品全部内供鞍钢股份公司的特殊供、产、销特点，通过物资管理职能整合、业务流程再造、信息化平台搭建，建立“集优、整体、规范、高效”的物资集中统一管理体系；对外部供应链，精细设计、构建与节点企业合作关系，实现合作共赢；对内部供应链，精细设计重点管理环节并实施精细控制，深入挖掘内部各环节管理效益，通过对物资管理内、外部全领域、全过程实施精细化管理，实现物资管理总成本不断降低；构建物资管理保障体系，实现物资管理规范运作、高效运行和良性循环。主要做法如下：

### (一)建立集中统一管理体系

1. 实施机构整合，集中统一管理。确定供销公司为物资管理部门，履行物资统一管理职能，负责制度制定、招(议)标定价、业务指导和管理监督，将原物资管理部门改为物资管理执行机构。

2. 实施库存管理整合，统一库房管理。取消厂矿二级库存管理，上划全部厂矿二级库房为公司一级库房，统一库存资金占用和库房管理。

3. 实施物资品种整合，统一物资编码。对整合前三个矿山企业全部65 000个物资品种进行核对确认，最终保留品种50 000个。

4. 实施供应商整合，统一供应商体系。对整合前三个矿山企业的1 492个供应商重新进行评审和登记，保留合格供应商1 191个。

5. 整合统计、分析业务，统一统计分析报表。重新设计了统计数据和分析内容，由供销公司负责统计、分析，统一对口上报上级业务主管部门。

### (二)对全供应链实行流程化管理

1. 建立外部供应链管理业务流程。对外部供应商管理建立从供应商准入评估—信息变更审核—年度评价—供应商退出审核的业务流程。实施供应商战略、重点、一般、临时四级管理。

2. 建立内部供应链管理业务流程。对物资内部管理建立从计划(预算)申报—计划审核—招(议)标—合同签订—验收检验—入库管理—异议处理—领用管理—财务结算的全过程业务流程，实施内部全链条闭环业务管理。

3. 建立监督制约管理流程。邀请招标的供应商必须由物资使用单位、采购部门和计划管理部门共同推荐；招标、比价、议价采购方案及定标方案，分别按采购额设定审批权限，严格审批、执行。

4. 建立库存占用控制流程。在审核计划时须先利用库存，方可确定采购计划；对入库物资标签打码,标明入库时间,发料时必须按物资入库时间先后顺序办理出库。

5. 建立合同三审流程。采购员草拟合同后,由采购主管一审,合同管理员二审,合同主管三审,方能加盖合同专用章对外签订。

6. 建立直付现场物资确认流程。对规定范围内确需直付使用现场的物资,必须凭采购员开具的直付单据,由供应商将直付物资送达使用现场,并由供应商、现场领料员、库房管理员签字确认。

**(三)建立供应链管理与财务一体化信息系统**

1. 建立对外信息平台。实现与重点供应商和产品用户供需信息、动态信息的共享,为供需双方密切合作和快速反应提供支持,促进共同发展。

2. 建立内部物资采购供应全流程操作系统。建立从计划申报—招(议)标—合同签订—验收检验—入库管理—财务结算—出库管理全采购供应业务流程的操作系统,提高了计划准确性和工作效率。

3. 建立物料编码独立审核功能。在物资管理系统中建立物料编码独立审核功能,授予价格管理部门物料编码独立审核确认职能,即:对新增物料,由厂矿提出编码申请,由采购部门编码,录入信息系统,再由价格管理部门审核并激活,杜绝了“一物多码”现象。

4. 建立两级审价功能。对招(议)标确定的采购价格实行两级审核,即由合同管理员一级审核确认,由财务价管人员二级审核确认。确认后导入操作系统,锁定采购渠道、采购价格。临时(一次)招(议)标项目,由两级审核人员对电子中标通知书的价格审核确认后方能操作执行。

5. 实现挂账后系统自动付款功能。对供应商的付款评定A、B、C三个类别,A类挂账后次月付款,B类挂账后第二个月付款,C类挂账后第三个月付款,并在操作系统中锁定。财务人员完成票据审核、挂账后,操作系统自动付款。

6. 实现对采购部门采购差异和库存占用的自动考核。物资管理部门对厂矿实行内部计划价格发料、结算,物资与财务管理系统可按内部计划价格和采购价格,自动测算采购差异和统计库存资金占用,实现对物资管理部门准确考核。

7. 建立起业务数据库。在物资与财务管理系统中建立数据库,为各层管理人员提供及时、全面和多角度的分析数据,为改进管理和决策提供科学依据。

**(四)建立计划(预算)专业管理机制**

1. 预算的编制与审核。按“上下结合、分级编制、归口管理、逐级汇总”的原则,基层生产厂矿编制,由物资管理部门审核,审定后按当期采购价格编制物资采购计划和消耗预算。

2. 预算的审批与下达。物资管理部门负责向全面预算管理办公室(鞍钢矿业总预算最高管理机构)进行说明和报批,批准后下达至基层生产厂矿和物资管理部门执行。

3. 预算的执行与控制。物资管理部门按批准下达的物资采购(消耗)预算实施执行控制,结合各基层月份物料消耗计划,将全年预算资金按月录入物资管理信息化系统,实施系统控制。需要追加预算资金时必须重新申请、核定,报全面预算管理办公室批准后,给予追加执行。

4. 预算的评价与考核。采取平衡计分卡方式对生产厂矿实行百分制考核。由公司全面预算管理办公室下达预算考核指标,公司物资管理部门按月考核厂矿的实际完成情况并上报,超出扣分,节约加分,并将节约部分收回。公司总部按厂矿每月得分兑现工资及奖金。

**(五)建立市场联动机制监控采购价格**

1. 建立招(议)标采购询价机制。为及时把握各类物资制造成本及市场价格,鞍钢矿业在物资招(议)标采购环节建立了采购询价机制。询价方式有市场调查、网上查询及供应商调查,询价依据是同类物资市场报价、网上价格、第三方合同价格及供应商制造成本构成等。未采购过的物料必须经过询价,否则招标部门不得组织定价。实行“双重询价”及主管领导审批。采购部门计划员和财务审价人员均参与询价,填制《询价审批表》报采购领导审批,招标部门按照采购领导审批的询价审批表组织实施采购。

2. 建立市场价格跟踪预测与采购价格监控调整机制。基本原理和做法是(以钢球为例):首先,以国内比较权威的网站公布的价格作为采购价格参照,按周填写《主要原、燃材料周市场价格变化及对照表》。其次,设定基准价格计算方法。物资的基准价格,按该物资的生产原材料的加权价格确定。如,生产钢球的主要原料是炼钢生铁和中型废钢,炼钢生铁价格影响占75.0%,中型废钢价格影响占25.0%。加权价格=0.75×炼钢生铁价格+0.25×中型废钢价格。最后,建立物资采购价格监控调整模型。设定大宗物资基准价格,当“加权价格”较基准价格连续上涨或下降若干周时,可对采购价格进行调整。如,当钢球基础原料“加权价格”比基准价格上涨20.0%并且持续8周涨幅在20.0%以上时,可以启动钢球采购价格上调程序;当“加权价格”比基准价格下降15.0%并且持续6周降幅超过15.0%时,可启动下调程序。

**(六)灵活选择采购方式降低成本**

市场变化多端,物资各有特性,我们应充分加以利用,采取有针对性的方式,以降低采购成本。对基础原材料市场价格波动不大的物资,可实施年度集中招标采购,反之,则根据市场变化情况,组织实施季度或月份招标采购。对通用性物资、备件可实行公开招标采购,同时压缩邀请招标范围,严格审批对邀请招标采购方案,努力减少比价采购和单一来源采购。有些物资的价格还有时差,如以工业煤、镁石粉为代表的矿山生产所需的大宗原燃料,冬季产量低、价格高,春夏季产量高、价格低,故应在春夏季集中进货,以降低采购成本。

通过对生产备件全寿命周期的跟踪和分析,如使用“物资全寿命周期管理系统”,依据结果实施性价比采购,可以促进综合采购成本的降低。

再有就是对进口备件、材料进行国产化替代,鞍钢矿业在这方面作出了积极努力,有效实现了采购成本的降低。

**(七)建立库存管控机制,降低资金占用**

重组整改初期,鞍钢矿业的库存占用高达21 000万元,重复储备近50.0%。公司将库房全部上划为公司一级库房,对库存物资逐件清点,按ABC分类法重新分类。公司对A、B、C三类物资的库存储备重新核定,确定安全库存储备量为11 000万元。对A类物资按全公司主体设备的数量和分布,确定6 000万元储备量。在全公司范围内建立联合储备制度,由物资管理部门统一储备、调用和补充。

确定物资计划管理岗位人员为库存占用管理责任人,各专业计划管理人员负责对所分管专业物资的库存结构和库存占用进行管理。将每年核定的安全库存额,按专业分类,确定库存最低储备额,下达给分管专业计划管理人员,由计划员进行管理和控制。对实际库存占用额与最低库存占用额差值赋予量化分值,超最低库存扣分、低于最低库存加分,并纳入《计划管理人员百分制业务考核细则》,与其工资、奖金挂钩。

**(八)精细管理物资消耗**

1. 严格管理物资消耗。一是定额物资消耗管理。重新分类、细化,品种由93项细化到860项。按照指标先进性原则,逐道工序标定,建立“定额物资消耗定额指标台账”,每年进行修(标)定一次。二是非定额物资消耗管理。按照国内同行业先进水平、历史最好水平和立足节约原则,结合生产量、作业量对非定额物资进行消耗预算标定,建立“工序非定额物资消耗预算指标台账”,每年修(标)定一次。三是建立物资消耗管控系统。改变“以领代耗”现象,对厂矿物资领出后、消耗前时时查询监控,并进行厂矿间调剂,降低了物资采购和消耗总成本。

2. 回收利用废旧物资。将废旧物资回收利用纳入内部供应链管理环节,实施科学化管理,促进了消耗成本的降低。

(1)建立回收利用管理机制。明确废旧物资种类、品种,每年由物资管理部门编制废旧物资回收利用计划,按计划回收利用。在物资管理部门和各生产厂矿都设有专门管理岗位和回收工岗位,明确回收管理责任,对完成回收计划和实施有效利用的单位,按一定比例奖励。

(2)对废旧物资实施科学利用。通过对再利用措施进行深入挖掘,扩大了废旧物资的利用品种,提高了利用量。

(3)采取新的利用方式。一是对实施定额承包项目的合金类废旧备件,按市场价格由承包方有偿回收。二是对可周转使用的包装物,明确由供应商周转使用，降低采购价格。

3. 推广节能环保设备的使用。2008 年以来实施节能减排措施，推广使用节能环保设备，取得了明显的社会效益，促进了企业消耗成本的降低。

### （九）精细化管理外部供应链

不断强化供应商管理，完成了对供应商的分类管理，形成了 A 类供应商——战略供应商、B 类供应商——重点供应商、C 类供应商——一般供应商、D 类供应商——临时供应商四类供应商队伍。

1. 对关键物资与供应商建立战略合作伙伴关系。鞍钢矿业所需关键物资按生产工艺可归纳为大型采、选设备和大宗原燃材料，特点是采购品种少、采购额比重大，供需矛盾突出，与生产关系密切。为缓和化解生产用关键物资供需矛盾，近年来分别与 25 个战略、重点供应商建立了长期合作关系，年采购额约 13.8 亿元，占年总采购额约 38.0%。①生产所需的动力煤、无烟煤、喷吹煤，年采购量约 40 万吨，采购额 4.7 亿元左右。从 2009 年底，与国有煤矿建立了长期战略合作关系。②磨矿钢球，年采购量约 10 万吨，采购额近 4 亿元。从 2010 年开始，与内部企业鞍钢矿机公司、鞍钢运输设备公司建立了长期战略合作关系。③汽柴油，年采购量约 5 万吨，采购额 3.5 亿元，与中国石油辽宁分公司建立长期战略合作关系。④采矿设备钻机、电铲、大型矿用汽车，选矿大型球磨机等大型设备，分别与国内领先企业建立长期战略合作关系。

2. 与优秀供应商建立包保合同关系。鞍钢矿业有相当比例的物资是消耗量大，且与工序产品产量或作业量形成线性关系。近年来推行了按物资消耗定额承包的采购方式，促进采购成本的不断降低。一是确定承包单消耗基数。利用承包期前三年的物资消耗总费用除以产量，得出单位产量的平均消耗，在此基础上降 15.0%，作为承包初期单耗基数。二是由承包商按承包项目提供消耗物料，对承包物资的使用进行维护指导，特殊项目可直接进行维护。三是承包期按月产量进行结算付款。四是承包协议每年签订一次，承包基数由供需双方重新议定。对因设备事故等造成的影响，由双方共同分析责任，按公平原则协调处理。2010 年共与 23 个重点供应商建立了 63 个品种物料的定额承包，消耗物料总额 1.9 亿元，占年采购总额约 5.0%。

3. 发挥供应商优势，建立零库存供应关系。对资金占用大的物资实施零库存采购方式，与供应商建立零库存供应关系。一是对大型进口设备备件实施零库存采购管理，近年来与 7 家进口设备的国内一级销售商建立了零库存采购供应关系。二是对国产电气二类备件、通用轴承实施零库存采购管理。近年来，在招标比价的基础上，分别与国内 4 个大型电气二类制造商、3 个大型轴承制造商建立了零库存采购供应关系。三是对国产大型矿用汽车备件实施零库存采购管理。为降低采购成本，鞍钢矿业与此大型矿用汽车制造商同步建立了零库存采购供应关系。

### （十）建立运行保障体系

1. 完善制度体系。对原三个矿山企业物资管理规章制度进行清理、整合，清理废止制度 105 个，重新修订、建立物资管理及财务结算管理制度 65 个，建立了企业统一的物资管理规章制度体系。

2. 建立监督制约机制。一是成立招（评）标管理委员会，指定纪检监察、综合管理、财务、审计等部门作为委员单位，参加全部招（议）标活动，全程监督；二是在物资管理部门内部实行计划、招标、采购相分离，部门内部实行制约；三是所有业务全部按资金额度设置逐级审批权限，任何业务不能由一个人全部经办；四是在物资验收环节，成立由纪检监察部门领导的质量检验监督队伍。

3. 加强业务人员培养与队伍建设。在物资管理人员培养和队伍建设方面建立相应机制。区分层次，定期培训。每年组织高级管理人员到国内高校及专业机构进行学习培训；每半年外聘专家进行全体培训。二是岗位交流，培养实用型人才。对重点人员通过定期跨岗位交流，培养实用复合型人才。三是有针对性地组织制作“特殊物资”生产、制作过程幻灯片，提高采购人员能力。

4. 加强业务人员的管理与考核。按管理职能的不同制定了不同岗位人员业务考核细则。考核细则实行百分制考核，并与绩效挂钩。对出现较大管理责任事故的，分别给予停职、调离本岗位及下岗处理。

### 三、实施效果

1. 建立了物资集中管理体系，提高了物资管理水平。建立了以管理制度为支撑、以管理流程为手段、以信息系统为支持的物资集中管理体系，实现了物资采购供应的集中统一管理，形成了按制度办事、按流程操作的物资管理格局。整合后，物资管理人员从900人减至490人，年物资采购额从20亿元上升到近36亿元。

2. 铁精矿成本大幅度降低，落实了鞍钢资源保障战略。鞍钢矿业通过实施大型铁矿山企业集中统一的物资精细化管理，物资采购成本逐年降低，有力促进了铁精矿成本的大幅下降。2009年物资（包括燃油、工业煤等价格不可控物资）平均采购价格较2008年降低20.0%，2010年物资（不包括燃油、工业煤等价格不可控物资）采购平均价格较2009年又降低4.0%。铁精矿完全成本由2008年的630元/吨，降低并控制在500元/吨水平，降幅高达22.0%。与2010年进口矿到岸价格比，利润空间达到350元/吨。

3. 促进了物资的高效利用。在立足降低物资采购、消耗成本的同时，公司还始终把资源、资金的节约使用和节能环保贯穿整个过程。从2009年到2010年，综合能耗同比下降5.2%，水单耗同比下降6.1%，每年节约标准煤3.6万多吨；每年废旧物资回收利用价值近4 000万元。

4. 受到同行企业的认可。鞍钢矿业大型铁矿山企业集中统一的物资精细化管理的实施，在集中统一管理和信息化系统建设方面，走在国内同行业企业前面，产生了较大影响。曾有国内多家矿山企业前来学习交流物资管理工作经验；以物资管理信息系统建设为蓝本的《鞍钢矿业公司数字化矿山建设》获辽宁省管理创新成果二等奖。

## 加快创新驱动转型发展　促进产业结构优化升级

首钢总公司

首钢始建于1919年。新中国成立后特别是改革开放以来，发展成为以钢铁业为主，兼营采矿、机械、电子、建筑、房地产、服务业、海外贸易的跨行业、跨地区、跨所有制、跨国经营的大型企业集团。近年来实施战略性搬迁调整，进一步发展壮大，首次进入世界500强第326位。

首钢产业结构优化升级集中体现在两个方面：一是率先进行钢铁业搬迁调整，为我国钢铁工业布局调整、提高自主创新能力和发展循环经济提供示范；二是钢铁业搬迁后推进首钢在北京的转型发展，为我国大城市老工业区改造探索新经验，为北京建设中国特色世界城市作出新贡献。

### 一、推进钢铁业搬迁调整，促进行业和区域经济优化升级

进入21世纪，北京市提出“国家首都、世界城市、文化名城、宜居城市”的发展定位，要举办2008年奥运会，对环境保护提出更高的要求。首钢的环境治理在全国钢铁企业中长期处于先进水平，但北京环境容量非常有限，不适合继续发展钢铁冶炼。首钢从2003年开始搬迁部分钢厂，2005年国务院批复了《首钢实施搬迁、结构调整和环境治理的方案》：一是逐步停止北京800万吨钢铁冶炼，2008年压缩400万吨，2010年底全部停产；二是按照循环经济要求，在河北曹妃甸建设国际先进水平的首钢京唐钢铁公司；三是在北京顺义建设冷轧项目，发展总部经济、优势非钢产业。

首钢搬迁调整的意义不仅是环境保护，而且关系到我国由钢铁大国向钢铁强国迈进的历史进程，关系到钢铁工业的区域布局和结构调整，关系到北京城市的发展定位，关系到首钢的可持续发展、十几万职工的根本利益，关系到社会的和谐稳定。这一方案是党中央、国务院的重大决策，有利于落实北京

城市总体规划，解决环境保护问题；有利于促进华北和环渤海地区钢铁布局调整，为中心城市钢铁企业搬迁探索经验；有利于提高我国钢铁业国际竞争力，为提高自主创新能力、发展循环经济提供示范；有利于首钢通过新的载体实现可持续发展。

首钢搬迁调整得到了党中央、国务院的高度重视，十几位党和国家领导人先后到首钢总部和曹妃甸新钢厂视察，国务院成立了首钢搬迁协调小组，国家有关部门、北京市、河北省给予大量指导和帮助。首钢搬迁调整是国内外钢铁业没有先例的复杂系统工程，既要建设新钢厂，又要停止北京钢铁冶炼、安置好停产人员，还要做好停产后北京地区的产业转型，在此期间又遇到了国际金融危机。首钢把前所未有的压力和挑战转变为前所未有的机遇和动力，把搬迁调整的过程作为转变发展方式的过程，到2010年底基本完成了钢铁产业搬迁调整，北京钢铁主流程全部停产，从2005年到2010年累计有6万多停产人员，通过多种渠道妥善分流安置。搬迁建设的新钢厂，包括京唐钢铁公司、迁安钢铁公司、首秦钢铁公司、北京顺义冷轧公司全部建成投产，技术装备达到国际一流水平；并先后联合重组了贵州水城钢铁公司、贵阳特钢公司、山西长治钢铁公司、新疆伊犁钢铁公司、吉林通化钢铁公司，产业布局发展到沿海和资源富集地区，促进了我国钢铁工业产业集中度的提高。首钢非钢产业经营状况明显改善，集团综合实力明显增强。

首钢把提高自主创新能力作为搬迁调整的中心环节。不断加强产学研、产销研紧密结合的技术创新体系建设，与国内外众多企业和科研机构建立战略合作关系。“十一五”期间取得科技成果277项，比“十五”期间增长88.4%，申请国家专利754项，增长3.7倍，获国家专利授权366项，增长2.4倍。首钢技术中心2011年在全国家729家企业技术中心评价中列第8位，在钢铁企业中列第3位。首钢京唐钢铁厂按照“先进可靠、节省高效、系统优化、集成创新”的原则，采用世界上为数不多的一系列大型装备，主体工艺装备采用国内外先进技术220项，自主创新和集成创新占2/3以上，设备国产化率约占价值的80.0%、占重量的90.0%以上。首次在5 500立方米大型高炉使用了自主研发的无料钟炉顶、全干法煤气除尘、顶燃式热风炉技术；高炉—转炉界面采用“一罐到底”技术；采用脱磷转炉与脱碳转炉联合炼钢工艺，具有高效率低成本的洁净钢生产平台，是国内第一家按“全三脱”冶炼模式设计的炼钢厂。整个企业构成了高效率、低成本的生产运行系统。

## 二、在搬迁调整中提高环保水平、大力发展循环经济

首钢长期以来坚持“人、技术、环境和谐一致”的理念，把节能减排和环境保护作为履行社会责任、落实科学发展观的重大战略举措。1995年以来直到停产之前，累计投入环保资金几十亿元，完成环境治理项目几百项，各项污染物排放大幅度降低，环保水平一直处于全国钢铁企业前列。为促进“绿色北京”建设，成功举办奥运会，早在2001年开始就相继停止了一系列工厂和设备的生产，又通过2008年压缩400万吨钢产量，其中三季度采取非常措施，月产量压缩到仅相当于原有产能的27.0%，各项污染物排放比2007年下降50.0%以上，三季度下降了70.0%以上；到2010年底北京钢铁冶炼全部实现了“安全经济稳定”停产，原来每年产生的1.8万吨可吸入颗粒物全部消除。首钢从大局出发，为成功举办北京奥运会，为改善北京环境质量作出了重大贡献。

同时，首钢高度重视发展循环经济。例如，利用北京鲁家山石灰石矿停产后的场地，建设城市垃圾焚烧发电项目，建设循环经济产业园，包括综合处理生活垃圾、餐厨垃圾、废玻璃及制品、市政污泥、危险废物、废旧电子产品、建筑垃圾等7类废弃物，计划2015年全部建成，可解决北京市30.0%的生活垃圾、20.0%的餐厨垃圾、30.0%的地沟油、25.0%的废玻璃及制品、30.0%的市政污泥、20.0%的建筑垃圾、50.0%的废旧电子产品的处理问题，一期工程于2012年底完成餐厨垃圾处理项目建设。还利用焦化工艺处理废塑料，获得国家发改委重大专项资助，已在迁安建成了国内第一条焦炉处理废塑料生产线。在迁安市建设了国内冶金行业第一家循环经济产业园，包括钢渣综合利用、初选渣钢提纯、钢渣磨细粉、钢渣干混砂浆、尘泥集中资源化利用、钢渣制砖、废塑料直接还原海绵铁、废铁屑加工氧化铁系颜料、废

耐火材料综合利用、废油综合利用、工业固废生产节能建材、高炉水渣细磨等十几个项目,形成了钢厂与园区、园区内部、园区与社会三个循环经济体系。2012年又与新西兰企业合作,引进世界前沿技术,在首钢京唐公司利用工业废煤气发酵制造乙醇,可作为航空燃料,试验成功后可实现年产10万吨规模化生产,既不是利用粮食,也不是利用一次能源煤气作原料,而是利用二次能源废煤气作原料,与废煤气直接燃烧发电相比,可提高利用价值近2倍,减少二氧化碳排放约1/3,在全国所有产生工业废煤气的企业都具有推广价值。

在新钢厂建设方面,按照国家要求,把首钢京唐钢铁公司建设成为"节能减排和发展循环经济的标志性工厂"。环保投资74.7亿元,占总投资的11.2%;承担了国家"十一五"科技支撑计划"新一代可循环钢铁流程工艺技术研究"已投入企业运行;对余热、余压、余气、废水、含铁物质和固体废弃物充分循环利用,基本实现废水、固体废弃物零排放;实施海水淡化,每年节约淡水2 000万吨,为社会提供浓盐水1 800万吨;电站采用海水直流冷却,年节水1 070万吨;利用富余煤气、高炉煤气余压、干熄焦余热发电,年节约社会供电55亿度,自发电率95.0%以上;高炉水渣、转炉钢渣和电厂粉煤灰用于生产水泥和其他建筑材料。京唐公司被国家列入第一批"两型"企业创建试点。首钢其他新钢厂也都按照"节能环保型、循环经济型、清洁高效型"冶金示范工厂的要求进行建设和管理。首钢各新钢厂节能减排指标均达到国际同类钢厂先进水平。

不断加强能源管理。一是建立规范的能源管理体系,在机构设置、职能划分、考核评价等方面进行完善,提高能源管理水平和操作水平。二是将管理节能、结构节能和技术节能作为重点,对于投资少、见效快、回收周期短的节能项目,尽快取得效益;对于投资大、风险大的节能项目,借助首钢节能服务平台,通过合同能源模式开展工作,降低生产成本,利用国家产业政策,发展节能服务产业。三是建立能源指标考核办法,完善能源价格体系,按照"指标到岗,责任到人"的原则,建立奖励考核措施。四是建立和完善能源计量统计和审计制度,定期对各钢铁基地的能源利用状况、存在的问题进行分析、提出改进措施,提高管理水平。

## 三、在搬迁调整中促进首钢北京地区产业转型

北京钢铁主流程停产后,主厂区的土地是得天独厚的优势资源,按照北京市委市政府确定的发展定位,要建设"新首钢高端产业综合服务区"。经反复研究论证,北京市规划院与首钢编制完成了《新首钢高端产业综合服务区控制性详细规划》,已获市政府批准。总规划面积8.6平方公里(其中首钢厂区约7.1平方公里),总建筑面积1 060万平方米,将建设"五区两带",即工业主题园、文化创意产业园、综合服务中心区、总部经济区、综合配套区、滨河综合休闲带、城市公共活动休闲带。功能定位是:"重点发展文化创意产业、高新技术产业、高端服务业等,以高端产业企业总部和研发中心为主要内容,建设成为产业与环境综合转型升级的示范区"。发展目标是:"建设成为世界瞩目的工业场地复兴发展区域,可持续发展的城市综合功能区,再现活力的人才聚集高地,后工业文化创意基地,和谐生态示范区"。目前,已开始启动基础设施建设,长安街西延、北辛安路、丰沙线选址规划已下达,厂中村拆迁完成了80.0%,涉及长安街西延的厂中村和工业设施拆迁全部完成,对土地一级开发成本进行了调整。正在按照"自身建设一块、联合开发一块、招商引资一块"的要求,充分利用与政府部门的招商合作平台,选择一批能够支撑产业发展的大项目。要完成先期上市地块的土地交易,收回资金用于新产业开发建设。

利用首钢第二通用机器厂的土地和厂房建设"中国动漫游戏城",占地83公顷,包括产学研孵化、公共商务服务、数字化办公、流通贸易、主题公园和生活配套服务等6个功能区,总建筑面积120万平方米,将成为集创意、研发、生产、展览展示、交易于一体、产业链完整的国家级、高水平的重点文化产业园区。2011年已完成了实验区西区环境景观建设,10月份举办了首届中国动漫游戏嘉年华、第12届世界动漫大会暨北京国际动漫周活动,产生了良好的社会影响。2012年要加快推进总体建设取得新进展。

利用首钢特钢公司停产后的土地建设"中国绿

能港”。园区占地约87公顷，总建筑规模约160万平方米，已列入中关村石景山园南区规划，发展新能源、新材料产业，打造集研发、运营、管理为一体的总部经济形态的高科技园区。目前已开展了控规调整、土地一级开发准备工作，2012年要落实详细规划，争取北京绿色展示推广中心和北京绿能港科技大厦建设开工。深度开展招商引资，对已确定合作模式的项目抓紧办理前期手续，力争具备开工条件。

首钢要在北京发展替代产业，已具有非钢产业的基础。早在20世纪80年代首钢就开始多元化经营，目前占集团销售收入的比重在40.0%以上，已有几十家企业，除分布于外地的矿产资源业、海外产业、部分机械制造业以外，多数地处北京。特别是近年来在钢铁业经营困难的情况下，非钢产业销售收入和实现利润大幅度增长，对首钢综合实力形成重要支撑。要抓住机遇，利用优势，在新产业园区建设的同时，在北京大力发展高端材料业、装备及汽车零部件制造业、生产性服务业、文化创意产业，近年来已取得了新的进展。

在高端材料方面，要围绕国家高科技项目和北京市重点产业发展需求，继续开发高温合金材料、集成电路引线框架材料、超纯净高温合金丝带、微晶非晶材料、发动机尾气净化器载体材料、高品质汽车冷轧板、大功率机车轮对、锂电池隔膜等产品，开展冷轧板加工配送、汽车板开卷落料线等增值业务。装备及汽车零部件制造业方面，要提高系统集成水平，加强冶金装备、工程机械、海水淡化设备、特大型热能交换设备、焦炉除尘环保设备等成套装备的研发和产业化。首钢于2009年收购了美国德尔福公司的汽车制动和悬架业务，又在房山建成了生产基地，要实现关键零部件技术自主化，加大市场开发力度，尽快达到设计水平。生产性服务业方面，通过现有产业的整合，发展工程技术、原燃料物流、钢铁产品交易、节能环保等项目，建设和培育综合性、行业性的大型电子商务交易平台；引进制造业与服务业相结合的企业或企业总部，实现现代制造业与服务业的互动发展。文化创意产业方面，统筹推进中国动漫游戏城核心区改造、基础设施建设、招商引资等工作取得新进展；在北京主厂区，加强工业遗产保护和开发利用，在工业设计、展示展览方面体现首钢特色。

通过以上工作，落实北京市委市政府要求，将使首钢的转型发展成为大城市工业区改造的成功范例，成为首都经济发展方式转变的标志性工程。

# 加快实施六个转变　推进天钢转型升级

天津钢铁集团有限公司董事长　党委书记　韩贵义

2008年下半年爆发国际金融危机以来，中国钢铁业结束了连续多年的利好时期，进入了有史以来市场空间和效益空间最狭小的艰难阶段。面对国内钢铁产能严重过剩、原燃料价格高位运行、下游需求增速放缓、钢材价格大幅下滑、节能减排压力增大等严峻挑战，加快转变发展方式，尽快提高盈利能力，实现可持续发展，是各钢铁企业面临的最为紧迫的艰巨任务。

天津钢铁集团有限公司（简称“天钢”）牢牢把握科学发展主题，围绕推进企业转型升级，以实施成本对标、产品价值对标和市场操作水平对标为重要抓手，在加快“六个转变”上下工夫、见实效。2011年，在钢铁行业整体低迷的严峻形势下，天钢全面建成超千万吨钢生产能力的现代化钢铁联合企业，实现工业总产值536.1亿元，同比增长30.1%；销售收入1 030亿元，同比增长24.1%，首次突破千亿元大关；利税总额13.5亿元，同比增长10.2%；利润3.3亿元，同比增长3.1%。

## 一、坚持集约发展，加快向价值创造型转变

企业的使命就是创造价值。天钢秉持这一办企

业方针，近年来，紧紧抓住天津滨海新区开发开放的有利契机，坚持以科学发展观为指导，实施了主业增长“三步”发展战略。第一步：以“竞争力一步到位”为宗旨，实施天钢东移工程，形成了年产铁、钢、钢材各400万吨的产能规模。第二步：以节能减排和优化结构为主导，实施十大循环经济项目，使资源能源得到高效利用的同时，钢和钢材生产能力分别提高到了650万吨和600万吨。第三步：以兼并重组提升改造为主线，使集团控股的天钢联合特钢公司形成了450万吨综合钢的生产能力。经过九年艰苦卓绝的努力，把一个工艺装备落后、产品单一、严重资不抵债的老钢铁企业，打造成了集烧结、炼铁、炼钢、连铸、轧钢、金属制品生产工艺为一体的现代化钢铁集团，筑起了年产钢1 100万吨、铁1 000万吨、钢材和金属制品1 000万吨生产能力的“绿色钢铁”基地。构建起了六个方面的优势：一是产品定位高档化；二是技术装备现代化；三是资源利用节约化；四是环境保护清洁化；五是劳动生产率高效化；六是生产经营集约化。

面对钢铁行业同质化竞争日趋激烈的形势，天钢围绕企业效益中心，以“市场空间理论”为指导，发动全体职工深入实施“全员投入产出管理”，以推进“三个对标”，达到“三个领先”为工作主线，瞄准全国同行业先进企业和领先指标，强力推进产品成本对标、产品价值对标和市场操作水平对标，并在这三个方面限期达到同行业领先水平。并构建起成本挖潜、高新产品开发、产品质量保障、优化产品生产销售结构、市场波段操作等一系列对标工作的指标体系、组织体系和评价考核体系，全面推进各项经济技术指标的不断进步。2011 年高炉综合焦比等 43 项（次）关键指标创历史最好水平，实现挖潜增效 6.1 亿元。

## 二、坚持创新驱动，加快向品种效益型转变

科学技术是第一生产力。天钢加快推进科技创新战略，瞄准钢铁技术发展前沿，在实施天钢东移搬迁改造工程中，引进了“国内领先、世界一流”的技术和装备，通过消化吸收再创新，自主解决了多项重大技术难题。加强产品集群建设，优化品种结构，形成板材、棒材、高速线材、角钢、带钢、圆管坯金属制品等七大产品系列，涵盖了石油管线用钢、压力容器用钢、高强结构用钢、轴承钢、帘线钢、大规格预应力钢绞线等300多个牌号的钢种，产品应用领域涉及石油、汽车、桥梁、造船、机械、海洋钻井平台、高层建筑等行业。板材产品通过欧盟 CE 认证，获得中国、法国、美国、英国、德国、意大利、日本、韩国等八国船级社高强船板认可，钢绞线产品取得美国（PTI）认证。加强品牌建设和专利管理，29 项产品获全国冶金行业“金杯奖”和“卓越产品奖”，中板、盘条、连铸圆坯、热轧带肋钢筋等为天津市名牌产品。“天钢”商标为天津市著名商标，参与制定国家标准 21 项，申请专利 132 项，获得授权专利 84 项。加强技术攻关，先后完成《大型高炉低品位矿冶炼工艺开发》等150 多项重大技术研发项目，其中《转炉高效生产集成技术开发》、《风塔用钢板的研制与开发》等 19 项分别获全国冶金科学技术奖、天津市科技进步奖和技术创新奖。加强产学研合作，与东北大学、钢铁研究总院等 6 家科研院所建立了联合研发基地，完成《320 立方米高炉合理操作炉型研究》等 92 项科研课题。完善公司技术委员会和 10 个专业委员会，发挥了项目组织、论证评审、协调管理的作用。2008 年天钢技术中心被认定为国家级企业技术中心，2011年在全国 729 家国家级企业技术中心评价中列第 53名，跻身钢铁行业前 10 名。公司建有博士后科研工作站，配备雄厚的科研团队，为技术创新提供了有力支撑，连续 4 年获得天津市技术创新先进企业。

## 三、坚持绿色发展，加快向节能环保型转变

节能环保是企业的立足之本。天钢坚持以建设资源节约型、环境友好型企业为目标，加快推进绿色钢铁战略。依托建成的循环经济钢铁流程，实施高炉煤气余压 TRT 发电、转炉蒸汽发电、白灰窑煤改气等一大批节能减排项目，实现生产过程中产生的煤气、蒸汽、工业用水、固体废弃物的“四闭路、四循环”，做到了能源减量化、再利用、再循环。炼钢全工序实现“负能炼钢”，进入全国同行业先进行列。率先采用合同能源管理模式，对 224 台套高低压电机进行变频节电技术改造，在全国冶金行业得到推广。

被国家工信部列入第一批示范工程的能源管理中心建成运行，实现了对能源介质的集中管控、平衡调度和高效利用。完善能源管理体系，形成了责任层层落实、职工积极参与的能源管理机制。投资16亿元对所有污染源配置了专用环保设施261台(套)，实现对废水、废气、废渣、噪声、烟尘的有效治理和监控，保持了清洁生产。平均每年生产余热、余能回收折合标煤92万吨，超额完成了“十一五”节能减排目标。2011年，启动以实现废水、煤气、固体废弃物“三个零排放”为重点的新一轮10大节能减排项目，项目全部建成后，年可再节约标煤13万吨。其中投资1.9亿元的生产废水深度处理、利用城市中水替代自来水作为生产新的水源项目正在加紧建设，年节约自来水1 500万吨，并实现工业废水“零”排放。在2011年全国115家钢铁企业指标排序中，天钢转炉炼钢工序能耗、污染物综合排放合格率等4项指标列全国第一。天钢获“榜样天津”生态文明贡献奖。

## 四、坚持面向市场，加快向经营开放型转变

市场是企业生产经营的导向。天钢贴紧市场完善快速反应机制，把握供应和销售两个端口，合理控制采购节奏和周期，及时调整销售结构，提高市场波段操作效益。多年来，有效降低铁矿石、焦炭、合金等原燃材料采购成本的同时，产品实现“销得出、收得回、卖得好、结构优”，保持了产销率和回款率两个100%，产品广泛应用到长江三峡工程、京沪高铁、香港金融大厦、珠港澳大桥、天津中新生态城等100多个重点工程，并销往欧洲、北美、中东、东南亚等40多个国家和地区。2011年销售高附加值产品比例达到69.8%，有87.9万吨产品应用到南水北调、京沪高铁等81项重点工程。出口产品39万吨，创汇2.8亿美元，同比分别提高96.1%和133.1%。

天钢着力构建有利于经营开放的体制机制。按照扁平化和精干高效的原则，精简管理层次，科学定编定岗定员，改革用工和分配制度，全员劳动生产率位居全国同行业前列。推行“全员投入产出管理”模式，围绕实施产品成本对标、产品价值对标、市场操作水平对标，建立对标挖潜机制，促进了全员参与管理、全员分析核算、全员对标挖潜。建立供产销研和高新产品市场推广整体联动机制，提高了运营效率。改革设备检修体制，建立起设备资产管理横向贯通、纵向承接的全方位、全过程、全费用的精细化管理机制。健全“全员、全过程、全方位、全天候”的全面安全管理机制，扎实推进安全生产标准化建设，通过国家一级安全生产标准化考评。完善财务管控机制，创新融资理财方式，降低了融资成本，提高了资金使用效率。建立企银共建机制，实现了企业与银行互利共赢。创新资本运作模式，以国有资本和民营资本的优化整合，提高了集团整体实力。完善法律风险防控机制，提高了依法治企水平。完善创新成果管理机制，近五年共评选出技术创新和管理创新成果514项。公司共有8项管理创新项目分别获得全国和天津市企业管理现代化创新成果一、二等奖。采用国际先进管理体系，通过ISO 9001质量管理体系、ISO 14001环境管理体系和GB/T 28001－2001职业健康安全管理体系认证，促进了产品实物质量持续提高、厂区和生产作业环境持续改善、职业健康工作持续加强。创建“天钢模式”的生产性服务业运行机制，充分发挥内部资源的协同效应，在全市得到推广。

## 五、坚持人才强企，加快向学习创新型转变

天钢加快实施人才优先发展的职工素质工程。按照科学发展观要求选人用人，高标准建设“四好”领导班子和领导干部队伍，领导公司发展能力不断增强，保持了领导干部在职工群众中的良好形象。积极开展“五好”党支部创建和党员“三高一创”活动，促进学习型党组织建设和“创先争优”活动深入发展，保持了党组织和党员队伍的先进性和纯洁性。创建具有天钢特点的“一三五十”反腐倡廉内控机制，形成适应新形势的教育、制度、监督并举的反腐倡廉防控体系，促进了各级人员廉洁从业，并在全市给予了推广和宣传，被评为全市“廉政文化进企业示范单位”。抓住培养、吸引、使用三个环节，以“二一三”人才培养为目标，近年与东北大学、北京科技大学联合培养了81名在职硕士研究生，引进博士、硕士、本科高学历人才807人，人才队伍结构不断优

化，一大批青年专业技术人才成为公司发展的骨干力量。完善技术津贴评审机制，共有 490 人分别获得特级、一级、二级、三级技术津贴，调动了专业技术人才创新创造的积极性。以建设一支"忠诚企业、恪尽职守、树高标准、有高技能、终身学习、创造价值、团结协作、纪律严明"的职工队伍为目标，制定实施职工教育培训建设规划，2011 实施各类培训 243 项，举办各类培训班 569 个，培训职工39 206人次，新增技师、高级技师 102 人。持续开展爱岗敬业教育，职工技能竞赛和"创新实践者"等活动，职工立足岗位对标挖潜、降本增效、革新改造能力不断增强。

## 六、坚持以人为本，加快向文明和谐型转变

实现好维护好发展好职工的根本利益是企业发展的出发点和落脚点。天钢坚持开展文明创建活动，深化以"价值思维"为核心理念的企业文化建设，培育了职工共同价值观。落实职工收入正常增长机制，连续五年以年平均 12. 4% 增长速度持续提高职工收入。每年拨款 200 万元专项基金用于帮扶救助困难职工，坚持开展"金秋助学"活动，做到了不让一户困难职工生活过不去，不让一户职工子女因生活困难而辍学。每年投入4 000多万元用于改善职工生活、设施建设和环境绿化美化，为职工生产生活创造了良好条件，公司被评为全国冶金行业绿化先进单位。加强厂务公开民主管理，坚持职工代表大会制度，建立健全生产经营、规章制度、职工生活、评议领导干部、提案审查、劳动争议调解 6 个专门委员会，深化公司、生产厂、作业区、班组四级民主管理网络，在各作业区和班组普遍建立"民主管理园地"，积极组织职工参与决策，参与管理，参与监督。实行董事长、总经理信箱、领导干部热线电话、信访接待等制度，畅通职工诉求渠道，维护了职工合法权益。高度重视和加强职业健康工作，定期进行劳动保护监察和职工体检，保障了职工生产安全和职业健康。坚持开展法制宣传教育、综合治理和平安企业创建等活动，保持了企业和谐稳定的内部环境。

天钢认真履行企业的社会责任。通过大力提高企业发展水平，近五年工业总产值平均每年增长 30. 0%，销售收入平均每年增长 47. 5%，累计实现利税 68 亿元。以招聘大专院校生、安置复员军人、解决占地农民就业、招收社会待业人员等形式，先后为社会提供就业岗位12 703个。向南方雪灾、汶川和玉树地震、中国台湾地区洪灾、支援西藏、贫困地区助学、社会助残助困、拥军优属和文体事业捐资达5 300多万元人民币，为构建和谐社会贡献了力量。

2011 年天钢列中国企业 500 强第 101 位、制造业企业 500 强第 39 位、黑色金属及压延加工业第 11 位。荣获全国文明单位、全国五一劳动奖状、全国模范劳动关系和谐企业、全国厂务公开民主管理先进单位、全国精神文明建设先进单位等荣誉。获得天津市文明单位、首批 AAA 级劳动关系和谐企业、先进基层党组织、学习型先进单位、慈善之星单位等称号。

加快转变发展方式，推进企业转型升级。当前，天钢正在围绕深化"六个转变"，以推进"三个对标"，达到"三个领先"为工作主题：即与全国同行业领先企业进行产品成本对标、产品价值对标、市场操作水平对标，使产品成本、产品价值、市场操作水平达到行业领先水平，全面强化各项工作措施的落实，不断提高经济运行质量和企业发展水平，努力把天钢建成全面体现科学发展观要求的价值创造型企业，使天钢成为最具竞争力的钢铁集团。

# 增强全产业链竞争优势　实现传统资源型钢铁企业转型升级

河北钢铁集团有限公司

河北钢铁集团有限公司组建于2008年6月30日，由原唐钢集团和邯钢集团联合组建而成，现拥有直属子分公司16家，以钢铁为主业，横跨钢铁、装备制造、金融服务、现代物流四大板块，在册员工14万人。集团总部坐落在河北省会石家庄。

集团具备了5 000万吨完全符合国家产业政策的优质产能，粗钢产量连续4年位居国内第一、世界第二，营业收入从1 248亿元增长到2 503亿元，总资产由1 480亿元增长到3 162亿元，实现双翻番。连续4年位居世界500强，位次由第375位前进到269位；2011年居中国企业500强第28位、中国制造业500强第9位。先后入选世界著名品牌500强、全球最受尊敬的公司、中国企业信息化500强，荣获全国五一劳动奖状、全国机械冶金建材系统劳动关系和谐企业，连续3年入选中国企业效益200佳。

## 一、开国内钢铁企业实质性整合先河

在没有先例可循、没有任何成熟经验借鉴的背景下，按照“产业重组、布局调整、淘汰落后、提高效率”的原则和“总体谋划、先易后难、分步实施”的整合方针，开拓创新，卓有成效地实行了国有钢铁企业的实质性重组。

1.“七统一管理”实现高效一体化运作。按照“坚定不移、理顺完善、减少纠缠、顾全大局”，“管控到位、协调得力、指导有方、工作高效”的深化整合和运营管控双16字方针，加强发展规划、资产资源、资本运作、市场营销、人力资源、技术研发、审计监督“七统一管理”。2008年7月组建河北钢铁集团国际贸易公司，对钢铁子公司进出口业务实现整合和统一管理；9月组建河北钢铁集团矿业公司，对各子公司所属矿产资源进行全面整合；11月组建河北钢铁集团销售总公司和采购总公司，分别负责全集团主要钢铁产品的国内销售和国内大宗原燃料的采购工作。2010年1月，河北钢铁股份公司正式运行，成为国内第一家跨交易所换股吸收合并的上市公司，通过上市公司整合稳步推进钢铁主业整体上市。同年，先后组建成立钢铁技术研究总院、国际物流公司。2011年11月，集团财务有限公司获中国银监会批准筹建，实现了集团钢铁主业的高效一体化运作。

2. 跨行业、跨所有制兼并重组获重大突破。2010年，收购控股石钢，增添特钢板块；正式接管宣工，进军装备制造业；首创国内“渐进式股权融合”重组模式，联合重组省内13家民营钢铁企业。实现资源跨地区、跨矿种、跨所有制整合，铁矿石资源掌控量由8.9亿吨增长到50亿吨，位居行业前列。充分利用国际国内两种资源、两个市场，实施“走出去”战略，合作开发澳大利亚、巴西、蒙古、加拿大、印度尼西亚、南非等国外优质铁矿和焦煤资源取得新进展，资源保障能力得到进一步提升。

3. 充分发挥整合优势和协同效应，综合实力得到显著提升。以“充分发挥集团和子公司两个积极性，实现集团效益最大化”为根本原则，统筹国际国内两种资源、两个市场，建立与集团化经营相适应的“大营销、大财务”体系，整合优势和协同效应进一步显现。

4. 强化“大营销”战略，实现效益最大化。坚持以效定销、以销定产，从市场调研、合同订单、产品研发、资源配置、生产组织、产品交货、物流优化到售后服务，构建快捷高效、协调联动的供、产、销、研一体化供应链，加快由以生产为导向的钢铁制造商向以用户为导向的综合服务商转变。创新营销机制，与中国中铁等41家国内重点用户签订战略合作协议，与西门子等世界知名设备制造商，与神华集团等国内原燃料巨头建立深度战略合作关系，充分发挥集团规模优势和协同效应，提高了市场话语权和市场占有率，稳定和扩大优质、低成本的原燃材料主渠道供应。

5. 构建“大财务”体制，提高抗风险能力。集团信用等级由 AA + 调升 AAA，与中国银行等一批金融企业建立起战略合作关系，依托旗下财达证券公司及（香港）国际贸易、国际控股公司等投融资平台，优化融资结构，拓宽境内外融资渠道，加强资金的集中管控和资本的统一运作。

6. 实质性整合经验得到社会各界充分肯定。集团整合经验被学术理论界和业界誉为“河北钢铁模式”，引起中央和国家部委重视。国务院国资委副主任邵宁指出：“河北钢铁集团是一个成功整合的案例，对我们找出整合成功的因素和条件，非常有意义，可以让我们对国有企业的重组加深认识，从而更好地指导和推动国有企业的重组。”国务院发展研究中心副主任侯云春指出：“河北钢铁集团实质性整合的经验带给我们一个重要的启示，那就是我国应充分发挥大公司在资源配置、产业重组、提升行业技术和管理水平等方面积极作用，不断提高产业竞争力。”集团《大型钢铁企业联合重组后的战略性整合》荣获国家级管理现代化创新成果一等奖。

## 二、依靠科技创新和产品升级换代实现跨越式发展

主体装备实现大型化、现代化。严格控制单纯的规模扩张和低水平重复建设项目，累计压缩新增产能、重复建设较大项目 115 个，压缩总投资 995.5 亿元。

1. 在炼铁系统，拥有3 200立方米高炉 5 座，2 000立方米级高炉 10 座，高炉普遍采用先进的烧结矿分级上料技术和并罐炉顶技术、高炉余热余压发电、软水密闭循环、重力除尘、环缝洗涤等环保设施，实现生产过程的清洁化、节能化。高炉钒钛磁铁矿冶炼技术世界领先。

2. 在炼钢系统，拥有 120 吨以上炼钢转炉 20 座、100 吨超高功率电炉 4 座，实现“一键式”全封闭自动化炼钢和洁净化炼钢，可冶炼无取向硅钢、X100 管线钢等 12 大系列“精品钢”。

3. 在轧钢系统，配备装备精良的 46 条热轧生产线、9 条冷轧生产线，6 条中厚板生产线。2 250毫米热轧生产线配置先进、工艺合理、控制手段齐全，主体装备精轧机采用最新的板形控制技术，钢板表面质量度高，尺寸精度公差小，可生产“高精度、高强度、宽板面、多品种”的高档热轧系列产品；2 180毫米冷轧生产线采用当今国际领先的 5 机架 6 辊 CVC + 轧机板型控制技术，可生产高精度的家电面板、轿车面板；拥有国内宽厚板行业最为完善配套的钢板热处理炉群和最大的 9 条钢锭模铸线。

4. 自主创新能力显著提升。投入技术开发费用 72 亿元，与清华大学、北京科技大学、中国钢研集团等国内知名研究机构、高等院校开展重点产学研合作项目 52 项，目前已经实施 41 项，建设河北省首个钢铁中试基地；与河北省科技厅联合设立“河北省钢铁行业技术升级专项资金”和“河北省钢铁联合研究基金”，与河北省冶金学会共同设立“河北冶金（钢铁）科学技术奖”，引领全省钢铁产业提升自主创新能力。

5. “四大精品基地”建设获重大进展。以“精品板材、精品建材、精品特钢和特色钒钛”四大系列为主导，集团产品覆盖航空航天、军工、汽车、石油、铁路、桥梁、建筑、电力、交通、机械、造船、轻工、家电等 20 多个重要应用领域。

## 三、加强精细化管理，应对市场挑战

以挖潜增效为主线，以精细化管理为切入点，集团成本控制能力和整体运行效益显著提高。

1. 夯实基础工作。以“精、准、细、严”为基本原则，突出“流程优化、操作规范、管理精准、持续改进”四个关键环节，加强制度化建设和标准化、规范化管理，在生产经营各领域扎实推进精细化管理，取得优化人工成本、能源成本、库存成本，提升全流程成本控制水平；推行 6S 精益管理、六西格玛质量管理，构建管理创新体系等显著效果。累计获得省级、行业及国家级管理现代化创新成果奖 804 项。集团及时转化精细化管理成果为先进管理经验，先后总结推广唐钢、矿业等单位库存优化、能源管理、降低人工成本、矿山综合治理等方面的管理经验，促进了企业

管理水平的全面提升。

2. 主要技经指标得到持续改善。深入开展对标行动，构建覆盖各子（分）公司、生产经营整体流程的分类对标体系，成立14个专业对标组和铁前专家组，采取定期对标、专题对标、经验交流、全员劳动竞赛等多种形式，瞄准国际国内一流企业，力促“指标上台阶、效益争前列”。在行业25项主要指标对比中，16项指标进入行业前三名，其中工序能耗、成材率等10项指标位居行业第1名；集团荣获河北省首届品牌建设对标示范企业，4家子公司分别荣获节能减排、经营管理对标示范企业。

3. 挖潜增效盘活企业资产资源。坚持眼睛向内，深挖潜力，系统优化生产经营组织；以压缩各种库存、减少资金占用、降低人本成本、优化品种结构作为重要突破口，建立健全“纵向到底、横向到边、覆盖全员”的指标责任体系，以成本、效益指标为主要内容的经营业绩考核体系；通过创先争优、劳动竞赛、技术比武、青年突击队等活动，营造出挖潜增效的浓厚氛围，形成了攻坚克难、挖潜增效的强大合力。累计同口径成本降低额达到282亿元。

## 四、以发展循环经济为理念，走绿色发展、低碳制造的可持续发展之路

以打造“最具竞争力的科学发展示范企业”作为企业社会责任宣言，坚持淘汰落后与污染治理相结合，管理与治理并重，积极推广节能减排先进技术，共创绿色钢铁、共享碧水蓝天，实现了人、钢铁、环境的和谐共生。

1. 提前淘汰不符合产业政策、资源能源利用水平低的落后产能。在全国率先淘汰450立方米及以下高炉14座，30吨及以下转炉6座，淘汰小烧结、小竖炉14座，电炉炼钢厂1个、轧钢生产线3条，共淘汰炼铁产能560多万吨、炼钢产能300万吨，相当于一座大型钢铁企业的产能，按国家产业政策标准提前一年全部淘汰落后产能。

2. 加大节能减排投入，推广节能减排先进技术，二次能源综合利用上水平。“十一五”期间，集团坚持节能减排投入不减、进度不缓，投资50亿元完成142个重点节能减排项目，2011年再投10.3亿元实施节能改造、60兆瓦煤气发电机组、烧结余热发电、烧结机烟气脱硫等重点节能减排项目。

3. 圆满完成省“双三十”节能减排责任状，向全省人民交出精彩答卷。集团被列入河北省“双三十”节能减排重点考核的4家钢铁子公司，全面完成节能减排三年承诺总目标，践行了对社会、对人民的庄严承诺。

4. 加强厂区环境综合治理和精细化管理，彻底改变钢铁、矿山企业的传统形象。以建设“绿色花园式工厂”为目标，拆建拆迁161万平方米，厂区绿化面积达到664万平方米（其中，新增绿化面积229万平方米），钢铁主业核心企业绿化覆盖率达到50.0%以上，跻身行业领先水平，厂区环境空气质量高于国家二级标准。职工在文章《美丽钢城我的家》中这样写道：“我们厂区变成了一个美丽的大花园，穿行在树成荫、路似镜、楼靓丽的厂区里，出入于宽敞的停车场、整洁的更衣室、贴心的洗衣房、明亮的餐厅，我们的心境犹如荡漾在春风里。”道出了职工的幸福心声。

## 五、从钢铁主业产业链向相关产业链扩展延伸

围绕“做强钢铁主业，服务全产业链”，充分利用现有的资源和区域优势，加强统筹规划、顶层设计、优化整合，重点发展金融服务、现代物流、装备制造等相关产业，积极培育多元产业优势，基本形成了一业为主、多元协同的产业格局。

1. 依托财达证券、财务公司和海外投融资平台，积极拓展金融服务业。财达证券公司跻身国内A类券商行列，涉足期货领域，成为功能完善、具有明显区域优势的综合类券商，营业网点已扩充至102家，7家营业部实施证券经纪人制度获得辖区证券局批准，将建设成为省内最大的金融企业和国内一流的证券公司；推进产融结合，组建集团财务公司，力争建成综合实力居钢铁行业前二名的非银行金融机构；在我国香港地区和新加坡、澳大利亚设立公司，加强投融资和贸易平台建设，到2012年5月末，累计实现贸易额560亿元人民币。

2. 以国际物流公司为重点，培育壮大现代物流业。借助《河北沿海地区发展规划》上升为国家战略

的重要机遇，利用华北的区位、交通和资源优势，规划投资 86 亿元实施现代物流产业大发展。2012 年元月，与河北港口集团、沧州港务集团三方签约，共同开发建设黄骅港综合物流园区；4 月，集团曹妃甸综合物流园区正式开工；5 月，由省政府主导、集团承建的河北钢铁交易中心正式获批，将建设成为国内最大钢铁现货交易中心。到 2015 年末预期年营业收入达到1 000亿元。

3. 以宣工机械为重点，调整优化装备制造业。投资启动宣工南区改造和西山工业园建设，推动产业升级和结构调整，支持宣工二次创业。宣工发展成为国内唯一掌握高驱动系列推土机核心技术并实现量产的企业，成为目前国内批量销售最大马力推土机的唯一企业，2011 年“宣工牌”推土机销量居全国第二。通过整体引进与自主研发相结合，强化宣工在工程机械、冶金矿山机械、环保机械三大领域的竞争力，发展成为国内一流重型机械制造企业。下属唐钢公司收购国丰轧辊厂建设大型冶金轧辊生产基地取得重大进展。

“十二五”期间，集团以科学发展观为指导，按照国家《钢铁工业“十二五”发展规划》和省委、省政府关于钢铁产业发展的总体要求，以当好全省调结构转方式的引领者、示范者为己任，突出由大到强主题，坚持提质增效主线，在严格控制总量不增的前提下，实施全面转型升级主体战略和“三高一新带动、全产业链优化、绿色引领、有限多元、管理创新和人本强企”六大战略，到“十二五”末，实现钢铁总量不增，收入、效益双倍增，发展成为钢铁报国、奉献社会的“科学发展”示范者，人、钢铁、环境和谐共生的“绿色钢铁”引领者，促进员工全面发展的“幸福钢铁”实践者，建设国内领先、国际一流的现代化钢铁企业。

# 加快转型升级　打造竞争优势<br>建设国际先进水平现代化邯钢

河北钢铁集团邯郸钢铁集团有限责任公司董事长　党委书记　李贵阳

在新中国钢铁工业发展进程中，邯钢是一面旗帜，代表了一种先进管理模式，是改革开放成就的缩影。回顾创造并持续推行“邯钢经验”20 多年来的发展历程，锐意创新、与时俱进的邯钢人不断赋予“邯钢经验”新内涵，助推企业不断取得新的辉煌。

20 世纪 90 年代，邯钢通过推行并不断深化“模拟市场核算、实行成本否决”经营机制，创造了闻名全国的“邯钢经验”，被誉为“全国工业战线上的一面红旗”。这种经营机制，被认为是牵住了当时国有企业脱困的“牛鼻子”，是经济体制转轨过程中决定企业改革与发展的关键。《人民日报》曾刊发文章认为，邯钢经验“为国有企业实行从传统的计划经济体制向社会主义市场经济体制、从粗放经营向集约经营两个具有全局意义的根本性转变提供了借鉴”。

2008 年以来，面对全球金融危机的冲击，邯钢坚持全心全意依靠职工办企业的方针，通过全员全方位自主管理、自主创新，持续深化“邯钢经验”，打造竞争新优势，推动企业进入转型升级的快车道。一是创新推行 6S① 精益管理工程，将管理科学最新理论成果与基础管理实践相融合，提升管理科学化水平。二是深入实施“铁前系统挖潜，钢后品质增效”经营战略，降低全过程成本，提升产品售价。三是延伸产业链条，构建以钢铁主业为核心的现代产业体系，推动企业由钢铁材料制造商到服务商的转变。

通过持续深化“邯钢经验”，极大地降低了企业运行成本。2008—2011 年，邯钢累计可比产品生产成本降低 65 亿元。其中，2011 年实现挖潜 31.5 亿元，可比产品生产成本降低 22.5 亿元，降低率达到

---

① 6S：整理（SEIRI）、整顿（SEITON）、清扫（SEISO）、清洁（SEIKETSU）、素养（SHITSUKE）、安全（SECURITY）。

5.2%,创10年来最好水平。

通过转变发展方式,极大地提升了企业经济效益。2008—2011年,邯钢总资产由430亿元增长到858亿元,增长99.5%;年钢产量由608万吨增长到1 118万吨,增长83.9%;年销售收入由309亿元增加到660亿元,增长113.6%。4年累计产钢3 862万吨,实现销售收入2 003亿元、利税65.6亿元、利润32.3亿元。

## 一、将管理科学最新理论成果与基础管理实践相融合

管理创新是转变发展方式的重要途径,是提高企业竞争力的关键要素。2009年以来,以"邯钢经验"为基础,以卓越绩效模式为引导,按照系统论和方法论的要求,借鉴吸收世界先进企业的管理经验,导入管理研究的最新科学成果,创新推行6S精益管理工程,采用系列化、模块化形式,构建以23个管理模块为中心、覆盖生产经营各专业的开放式集成创新管理体系,推动了管理水平和运行效益的持续提升。

邯钢6S精益管理工程的基本内涵是:以6S为基础,以精益为方向,通过单元和系统的持续改善,追求卓越绩效,建设覆盖全员全过程全系统的具有邯钢特色的精益管理模式。主要内容是:以6S基础管理、安全管理、标准化管理、班组管理、可视化管理、信息化管理等6个模块为基础;以产品研发SBU①、设备TPM②、精益生产、供应链管理、人力资源、全面预算管理、环保能源管理、六西格玛管理、项目管理、后勤综治管理、全员营销等11个模块为支撑,通过实施标杆管理、绩效管理(精益KPI③)、企业文化建设、组织结构、知识管理、战略管理等6个综合管理模块,实现卓越绩效,推动"邯钢经验"向"邯钢管理模式"提升。

模块化管理成效显著,如基础管理模块,推行精益可视化四级责任系统和领导干部"走动式"管理,压缩管理层级,企业执行力、管理效率不断提升,厂区面貌发生明显改观,获得"全国现场管理星级评价五星级现场"荣誉,成为河北省首批"工业旅游示范点"。信息化管理模块,健全完善基础自动化系统、过程控制系统、制造执行系统(MES)、ERP④系统等四级企业信息化管理系统,实施原料采购、进厂物流、生产控制、库存管理、产品外销、财务结算等全面配套和系统集成,实现"管控衔接、产销一体、三流同步"。精益生产模块,运用价值流分析、现场布局与改善、标准化作业、自动化和防错、拉动式生产组织等手段,推进准时化生产(JIT)管理模式,追求生产效率最大化,提高合同兑现率。目前,邯钢合同兑现率已稳定在99.0%以上。设备TPM模块,以设备综合效率最大化为目标,健全完善自主保全、专业保全和品质保全体系,实现从被动维护到主动改善的转变。2011年设备故障时间同比降低47.2%。标杆管理模块,细化完善全员对标管理体系,在物料采购、品种结构、工序成本、销售价格、资源能源综合利用等方面,加强与先进企业对标,促进技术经济指标持续改善。2011年71项对标指标中有23项进入行业前三名,13项居行业第一。

## 二、实施"铁前系统挖潜,钢后品质增效"经营战略

"铁前系统挖潜、钢后品质增效"经营战略是钢铁企业降低生产成本,实现效益最大化,打造新竞争优势的重要保证。面对2008年全球金融危机带来的前所未有的困难和挑战,进一步深化完善"邯钢经验",以"两推一提"为手段,以技术改造为基础,以科技创新为支撑,以节能减排为抓手,深入实施"铁前系统挖潜,钢后品质增效"经营战略,促进了生产稳定顺行、成本不断降低和效益持续增长,走出了一条低成本转变发展方式之路,实现逆势发展。

### (一)建立"两推一提"机制,开拓"创造利润"新境界

传承创新"邯钢经验",由"一倒推"机制,即:

① SBU(Strategic Business Unit):即战略业务单元。
② TPM(Total Productive Maintenance):即全员生产维修。
③ KPI(Key Performance Indicator):关键绩效指标法。
④ ERP(Enterprise Resource Planning):企业资源计划。

"模拟市场核算、实行成本否决"经营机制,深化为实时动态的"两推一提"经营机制,不断提升企业的应对市场能力,提高企业竞争力。

一推:继续发挥成本倒推机制的作用,以确保获得目标利润,根据产品市场最低售价和原燃料最高采购价格确定制造主辅线成本控制基线,在主线对原料、焦化、烧结、炼铁、炼钢、轧钢进行全工序优化,在辅线对备件供应、设备维护、能源利用等进行系统优化,全面挖掘成本潜力。如2011年9月份以来在钢材价格急转直下的严峻形势下,邯钢按照市场倒推原则,制定了"保底目标、实现目标、争取目标"三个台阶的成本目标,动态优化保证措施,全年挖潜31.5亿元,可比产品生产成本降低率达到5.2%。

二推:以获得理想的利润为目标,以最低制造成本为核算基础,倒推采购价格。通过与上游供应商建立战略合联盟,优化采购区域和渠道、物流方式、原燃料品种结构等措施,努力降低采购价格。如今年一季度针对炼焦煤区域价格差异,7次优化炼焦配煤结构,在保证焦炭质量的基础上,压减柳林焦煤比例,加大低价的阳泉曲焦煤、官庄高硫肥等煤种,降低采购成本3 788万元。

一提:以获得理想的利润为目标,以最高制造成本为核算基础,通过调整品种结构,多开发、生产高附加值、高技术含量的产品,提高产品实物质量,优化销售渠道等措施,提升产品售价,力争多盈利。如2011年品种钢比例达到60.0%,同比提高9个百分点,增创效益近1亿元;新产品产量达到245万吨,同比增长33.9%,增创效益1.4亿元;开辟钢材现货市场,全年实现现货销售44.5万吨,与协议销售相比,增创效益3 115万元。

**(二)依托大型化现代化装备集群,占领钢铁装备制高点**

把握钢铁工业发展机遇,着眼企业长远发展,大力推进技术改造,加快结构调整步伐,实现了科学发展的新跨越。

一是实施新区建设。本着"装备档次高、运行费用低、总体投资省"的原则,瞄准高端市场,投资约193.7亿元建设邯钢新区,汇集当今国际一流水平的技术装备。2010年底,邯钢新区精品板材生产基地建成投产,迅速达产达效,邯钢具备了高级别管线钢、高档次汽车板、家电板等生产能力。

二是加快老区改造。面对国际金融危机带来的严重冲击,邯钢化危机为机遇,变市场压力为发展动力,累计投入约100亿元,谋划实施了老区综合配套改造,整体工艺装备实现了大型化、现代化,与新区装备达到相当水平,进一步丰富了邯钢产品结构,具备了重轨钢、帘线钢、冷镦钢等高附加值产品生产能力。

通过持续技术改造,邯钢整体工艺装备实现了大型化、现代化,与"十五"末相比,邯钢平均每台烧结机面积由90平方米提高到290平方米;平均每座高炉容积由610立方米提高到2 500立方米;平均每座转炉吨位由67吨提高到145吨;10条轧钢生产线具备国际一流水平,平均每套轧机生产能力由65万吨提高到160万吨。

**(三)加强自主创新,开发高精产品,塑造中国骄傲**

依托国家级技术中心、博士后工作站、职工创新基地平台平台,构建起以企业为主体、市场为导向、"产、学、研、销"相结合的技术创新体系,尽快将装备优势转化为产品优势和效益优势。

一是推行SBU运行机制。深入推行新产品研发SBU机制,进一步提升了研发效率,缩短了新产品的市场化时间。2008年以来,邯钢累计开发新产品227个,其中11个产品填补国家空白,117个产品填补河北省空白。与2008年相比,邯钢品种钢产量由280万吨增长到625万吨,品种钢比例由35.0%提高到60.0%。汽车板、管线钢、家电板、优质棒线产品实现系列化,顺利通过了汽车供应商质量管理体系认证,邯钢获得"国家创新型企业"荣誉。

二是实行技术课题攻关机制。以实施重点课题技术攻关为载体,建立专业技术专家和操作技能专家体系。截至目前,共聘任16名技术专家和21名操作技能专家,分三批启动重点攻关技术课题45项,有效破解了生产工艺的瓶颈和难题,突破了一批钢铁生产的核心技术,掌握了高级别管线钢、高档次汽车面板、高炉低硅低硫冶炼、"一键式"全封闭自动炼钢等核心技术。强化质量全过程管理,2009年以来,有25个牌号产品荣获国家冶金产品实物质量金杯奖。邯钢获得“全国质量工作先进单位”荣誉。

三是深化专群结合创新机制。整合15职工创新工作室，创立了职工创新基地。开展了分站式技能比赛，建立全天候职工“网上练兵”平台，参与职工达到1.9万人。2011年完成职工“讲、比”项目128个，提出合理化建议7 000余条，创效2亿元以上。“十一五”获得省部级以上科技成果19项，行业先进；取得专利265件，是前20年总和的2倍多。2011年科研投入超过20亿元，70项成果获国家专利授权。邯钢技术中心在全国729家国家级技术中心评价中排名41位，进入冶金行业前十名。

四是创新人才育成机制。全面加强人才队伍建设，架设了经营管理、专业技术、操作技能三支人才队伍成长通道，为各类人才脱颖创造了良好的环境。加大职工培训力度，仅2011年就举办培训班624个，在国内外培训职工33 852人(次)。创新人才评价激励机制，每年召开科技大会表彰优秀科技成果和优秀人才，2011年奖励金额达540万元。与2005年相比，在同口径钢铁主业员工总量保持基本不变的情况下，邯钢经营管理和专业技术人才总数增长47.0%，技术工人数量增长46.0%，人才总量增长近50.0%。

### (四)践行低碳绿色发展，实现“钢铁、人、自然”和谐共生

以打造绿色邯钢为目标，大力淘汰落后产能，发展循环经济，推进节能减排，努力打造资源节约型、环境友好型、集约效益型的现代化钢铁工业园区，实现“钢铁、人、自然”和谐共生。

一是淘汰落后产能。严格落实国家钢铁产业发展政策，2007年以来，先后淘汰了5台烧结机、7座白灰窑、2条轧钢线、4座中型高炉、3座中型转炉等高耗能装备，累计淘汰炼铁产能170万吨，炼钢产能215万吨，全面完成了国家钢铁产业政策规定的淘汰落后任务，主体工艺装备达到“国内领先、国际一流”水平。

二是加强节能减排。“十一五”以来，邯钢平均每年总投资的15.0%以上用于节能环保设施建设，累计投资48.5亿元，先后完成了CCPP发电、60兆瓦煤气发电、新区饱和余热蒸汽发电、节水技术改造、烧结机烟气脱硫等45个节能减排项目，累计节能58.5万吨标煤。2011年，吨钢综合能耗完成584.3千克标准煤，吨钢耗新水降至3.1立方米，全面完成了省“双三十”企业节能减排承诺。

三是发展循环经济。以低碳、绿色为发展目标，大力推行清洁生产，实现了能源高效转化、资源高效利用。能源管理体系通过认证，清洁生产的109个指标达到一级，85个达到二级，达到国内先进水平。目前，邯钢利用二次能源发电装机容量79万千瓦，2011年自发电30.1亿千瓦小时，折合吨钢263千瓦小时。工业污水实现闭路循环再利用，水资源重复利用率97.1%；高炉渣、钢渣、工业污水等全部回收利用，高炉煤气、焦炉煤气实现零放散，转炉煤气吨钢回收量141立方米；吨铁含铁、含碳资源回收量达到94.3千克。

## 三、构建以钢铁主业为核心的现代产业体系

依托钢铁主业，延伸产业链条，持续优化和打造战略产业链体系，围绕完善关联产业配套，重点发展钢材深加工、仓储配送、设备制造、副产资源开发等产业，实现非钢产值和效益大幅提升。

在钢材加工配送方面。为满足用户不断发展的多样化需求，实现由提供产品向提供服务转变，邯钢着眼于产品结构调整，与五矿集团战略结盟，合资成立五矿邯钢(苏州)钢材加工配送中心；与华丰公司合资在郑州建设的钢铁物流园区；在临漳县建立了钢材加工配送中心，钢材年加工能力达到200多万吨。改变传统销售模式，在邯郸市周边建立了四个钢材现货市场，实现钢材销售一站式服务。通过建设加工配送中心，扩大了企业经营规模，改进物流与信息流通系统，解决了钢铁工业的集约化、大规模生产与市场日益增长的广大客户差异化的个性需求的矛盾。

在装备制造方面。2008年以来，邯钢投资1.4亿元，建设装备制造工业园，添置了树脂砂生产线、3 150吨油压机、大型轧辊堆焊机床等先进设备，为提升公司装备制造实力奠定了硬件基础。目前，邯钢具备钢结构制作10 000吨/年的生产能力；以高韧

性球铁冷却壁为代表的铸铁产品,已跻身国内冷却壁制造第一梯队,年产能6 000吨以上;具有大型高炉炉壳、转炉托圈及炉壳、混铁炉成套设备、钢水包、铁水包、铁水运输罐、大包回转台、翻包机等大型冶金设备制造、安装能力和经验。装备制造产品已打入唐钢、承钢、中冶南方、中冶赛迪、中冶京诚等国内大型企业,并成功占领国际高端市场,电炉炉壳、阀体、钢包、钢包回转台等设备已出口日本、法国、马来西亚等国家。

在副产资源方面。加大焦化化产品、气体副产品、钢轧水渣攻关力度,进一步提高副产资源创效水平。2011 年,焦化化产品、气体副产品实现营业收入 7.8 亿元;实现水渣销售收入 1.5 亿元,钢渣等销售收入8 000万元。目前,邯钢已成为中原地区氧氮氩液体副产品最大生产基地,产品打入华南、华东、华北等液体副产品生产企业,液体副产品年销售利润突破8 500万元。加强焦化化产品开发,焦油、轻苯、硫铵年产量分别达到 15.6 万吨、4.1 万吨和 5.3 万吨,化产品年利润已经达到 2 亿元。

在战略合作方面。先后与长城汽车展开汽车面板研发领域合作,与中国重汽签订战略合作协议,在战略采购、市场拓展等方面建立长期稳定的战略合作伙伴关系。同时,加强战略用户管理,本着“互惠互利、共同发展”的经营理念,积极调整了对战略用户的系列优惠政策,包括享受最大批量优惠、资源分配发货上优于一般协议户、免交订货保证金的政策等。对战略用户运行过程实行档案化管理,逐月作好分析、总结报营销管理处汇总,确保战略用户发货比例高于一般协议户,提高了用户服务水平。2012 年上半年,邯钢新增直供用户 23 家,直供比例达到 48.0%。

“十二五”,邯钢将深入贯彻落实《钢铁工业“十二五”发展规划》,加快转型升级,打造国家级钢铁工业循环经济示范区。基本思路是:以邯钢现有产业和规模为基础,以“邯钢经验”的持续提升为内生动力,以创新发展、绿色转型为主线,拓展钢厂的钢铁产品制造功能、能源转换功能、大宗废弃物消纳处理功能,谋划实施主业功能群、钢铁产品延伸加工功能群、资源能源高效利用功能群、城市服务友好功能群、创新产业群“4 + 1”功能群,建设“精品钢材、冶金化工、清洁能源、绿色建材、服务城市、创新产业”六大基地,实现由产量规模为主向品种质量为主的转变,由单一钢铁产品向流程综合价值的转变,由一业为主向适度多元的转变。

# 创新经营理念　推进钢铁企业转型发展

唐山钢铁集团有限责任公司

唐山钢铁集团有限责任公司(简称“唐钢”)始建于 1943 年,是河北钢铁集团的骨干企业。钢铁主业具有1 800万吨的年生产能力。在全球金融危机的挑战面前,唐钢以科学发展观为指导,结合企业生产建设实际,积极转变思路、提高标准,加快转变发展方式。坚持走“低碳经济、绿色转型”的新型工业化道路,在逆境中实现了历史性进步和跨越式发展,在科学转型之路上迈出了坚实步伐。

## 一、推进钢铁企业转型发展的意义

### (一)钢铁企业转变经济发展方式的需要

随着企业规模的迅速扩大,唐钢新老装备并存、工艺流程不顺、能源消耗激增等内部矛盾也逐渐显现,导致产品成本上升、竞争力减弱;废弃物排放增多、环保压力加大,与唐山市建设国家级科学发展示范区的战略定位不符,直接影响到唐钢的生存问题。因此,由外延式增长向内涵式发展转变是唐钢实现科学可持续发展的重大抉择。

### (二)促进企业与区域经济可持续发展的需要

2010年,唐钢在职职工占唐山市第二产业从业人员的1.6%、工业增加值占唐山市的3.2%、上缴税收占5.2%。可见,唐钢在唐山市经济社会发展中占有重要地位,其可持续发展关系到地方经济社会的可持续发展。因此,推进转型发展是唐钢实现可持续发展的重要举措,也是履行好企业社会责任的战略选择。

### (三)在逆境中求发展的需要

近年来,国内外原燃料价格呈上涨趋势,使企业采购成本明显增加,资源消耗与末端治理的费用也在逐年增加。单纯依靠降低制造成本提高竞争力的潜力已尽。唯有转变发展理念和发展方式,推进企业转型发展,才能提高企业的综合竞争力,提升企业品牌形象,在逆境中实现跨越式发展。

### (四)建设"幸福型企业"的需要

唐钢大力倡导"企业爱职工,职工爱企业",以此实现良性互动发展。公司认为对职工切身利益的关注,远不止体现在改善生产、生活条件上,还应从职工个人发展的角度出发,使职工在快乐工作的同时实现自己的理想和价值。通过为职工营造出良好的工作环境和人才培养环境,将职工的幸福和企业发展有机结合,构建出充满牛机的"幸福型企业"。

## 二、推进钢铁企业转型发展,理念创新方面的主要思路

### (一)理念创新的内涵

近几年来,面对严峻的市场形势和企业发展困境,唐钢领导班子紧密结合企业实际,深刻剖析制约企业发展方式转变的突出问题,推行了四个方面的转变:一是转变过分重视速度和规模、忽视发展质量和环境代价的思想,牢固树立内涵发展、好字优先的观念;二是转变片面发展的思想,牢固树立全面协调的观念;三是转变故步自封的思想,牢固树立超越自我、持续改善的观念;四是转变封闭保守的思想,牢固树立向蒂森、巴登、浦项、宝钢、鞍钢、太钢等国际国内领先企业对标学习,提升交流合作的观念。

### (二)理念创新的主要思路

在应对金融危机的困难挑战中,唐钢树立了"我们左右不了市场,但可以左右自身工作"的理念,为不断提高工作水平、战胜市场困难提供了强大动力;在艰巨繁重的生产经营任务面前,唐钢树立了"责任大于能力"的理念,使广大职工的工作标准、行为习惯得到明显提升和转变;面对钢铁行业激烈的市场竞争形势,唐钢树立了"要做没做过的事、没做成的事、没做精的事,各项工作争创行业一流"的理念,使各项工作在不断学习赶超中取得历史性突破;在行业实施结构调整、推进产业升级的发展趋势下,唐钢提出了"以精细化管理为手段,实现生产经济运行"的理念,使企业管理水平不断提高,循环经济发展迈出坚实步伐;面对企业与社会、企业与自然和谐发展的要求,唐钢提出了"打造精品唐钢"理念,推动了企业清洁生产工作的全面开展。

## 三、以理念创新为导向,实现转型发展的主要做法

### (一)全面转型提升到企业战略高度推进实施

2009年以来,唐钢面对企业发展环境,连续两年召开了"创新管理模式"专题工作会议,明确提出了"十二五"时期"建设最具竞争力钢铁企业"的战略目标,提出了"做精主业,做大非钢,适度多元,持续创新"的发展方针,发展模式从提升硬件水平转向增强竞争软实力,从"追随战略"转向"领先战略"。

1. 推行经济运行方式。经济运行方式的核心就是倡导"占用最少资源,实现最佳业绩"为核心的经济运行理念,使唐钢的管理重点逐步转入减少资源占用,提高资源利用效率上来。通过搭建资源共享、运转高效的四大钢铁板块集中管控平台,从根本上消除内部资源效率体制制约,充分整合公司内部资源,大幅度提高人均吨钢劳效,实现企业效益最大化。

2. 构建全成本管理体系。树立全成本概念,进一步强化财务成本管理,全面关注从原燃物料进厂到产成品出厂全过程的成本和费用,加强管理,严格控制,将重点环节较高的费用降下来,将蕴藏在企业

内部各个经营环节的潜力挖掘出来。

3. 全面转变生产组织模式。以市场变化为生产组织变化与控制的出发点，瞄准行业一流对标赶超，持续深化对标挖潜，持续完善提升各项技术经济指标，力争更多指标进入行业领先或先进水平。2011年度唐钢17项主要技术经济指标全部达到行业平均水平以上，其中4项指标进入行业前三名。

4. 全面实施精品战略。唐钢按照"在现有产品基础上抓质量，在现有装备基础上抓功能，在现有制度基础上抓落实"的工作方针，大力抓好技术进步、技术创新，不断提升产品的创效能力，各项指标得到了优化。2011年，唐钢充分依托与瑞士德高公司建立的出口平台，全年出口冷轧产品突破100万吨，占全国同类产品出口总量的1/6，大大提升了唐钢产品的国际市场形象。

5. 以发展非钢产业为标志实现发展模式战略转型。唐钢的非钢产业在"十二五"时期大体将经历三个发展阶段：第一个阶段是公司内部资源整合与高效利用；第二个阶段是把非钢产业与钢材产品增值服务紧密结合；第三个阶段是整合社会资源，培育新的竞争优势，全面参与外部市场竞争。2010年以来，唐钢各非钢单位消化近万名主业转岗职工，全年完成销售收入97亿元，实现利润1亿元。

### （二）发展循环经济实现企业与城市共兴共融

1. 从根本上解决高耗能、高排放问题。2008年以来，唐钢主动超前做好淘汰落后产能工作，从源头上解决了企业能耗高、污染大的问题，厂区及周边的生态环境得到明显改善。与此同时，唐钢率先淘汰落后产能的行动在全市产生了积极影响，为推动唐山市钢铁产业结构调整和优化升级，加快唐山由钢铁大市向钢铁强市转变作出了重要贡献。

2. 推行清洁生产，消纳利用城市可再生资源。唐钢积极采用能源环保新技术，大力发展循环经济，将唐钢打造成为消纳城市废水、废油等废弃物的基地，同时也成为城市所需热源的供应地，成功走出一条城市型钢铁企业绿色、生态发展之路。

消纳城市污水工作。唐钢建设了华北地区最大的城市中水与工业废水处理工程，废水全部处理，外排水全部达标排放，水资源利用水平跨入国内领先行列，成为第一个以城市中水作为唯一生产水源的特大型钢铁企业。下一步唐钢将建设北区水处理中心，与南区水处理中心成为互补，同时消纳城市中水，实现工业用新水"零"购入目标。

工业烟气脱硫工作。唐钢投资8 000万元对炼铁烧结脱硫系统进行全面改造，采用当今先进技术建设了唐钢炼铁南区320平米烧结机烟气脱硫项目，年减少二氧化硫排放量3 000吨，在改善唐钢周边环境上产生了巨大的社会效益。

工艺环境除尘工作。唐钢投资4亿多元完成了炼焦1—4号焦炉干熄焦和装煤出焦烟尘治理工程和生化废水治理工程、炼铁厂转运系统除尘改造和料场挡风抑尘网工程等8项污染源治理项目，使唐钢铁前系统清洁生产上了一个新台阶。通过实施除尘系统改造，彻底解决了唐钢炼钢系统所有转炉烟尘外溢问题。

为市民供热工作。唐钢建设了低温工业水综合利用项目，为唐山市区东部800万平米住宅供热，实现由效益型企业向责任型企业的转型，与城市和谐共荣。

工业废油回收工作。唐钢总投资2 636.6万元筹建废油处理项目，回收本公司和社会上产生的废油资源，减少废油对环境的影响。

3. 创建绿色生态钢城。唐钢自觉将自身发展置身于唐山城市发展转型的总体布局当中，以打造精品唐钢为目标，定位于行业一流标准，制定了厂区环境整体规划，实施了全面系统的厂区环境治理。

完善实施了以建设"三园一带"即钢铁花园、水系生态园、文化广场及防护林带为核心的绿化美化总体工程。合理布局厂区园林绿地，建设唐钢主体文化公园，开放厂区为市民提供工业旅游项目，不仅改善了厂区环境，方便了职工休闲，还增强了社会对钢铁行业绿色制造的认同感。

对厂区内主干道进行拓宽改造，使公司主厂区形成了"三纵三横"的交通网络。对厂区主要动力介质管网、生产建筑、办公楼进行了统一改造和装饰。厂区环境的优化促进了物流状况的改善，厂内生产用车锐减，铁路运输能增强，年增创效益近亿元。

生产现场全面推行5S管理，推行工作经历了样板示范、水平展开、内涵拓展三个阶段，有效地规范了生产现场的管理，实现了定置化、清洁化、可视化，营造了持续改善、追求卓越的企业文化。

### (三)以人为本大力推进“幸福型”企业建设

在近年来发展中，唐钢坚持“以人为本、共建共享”的工作思路，始终将职工看做是企业的宝贵财富和不可复制的核心竞争力，积极出台各种举措，不断改善职工生活，努力提高职工幸福指数，全面致力于职工全面发展。

1. 维护职工根本利益。2008 年金融危机爆发时，唐钢坚定地维护职工利益，郑重承诺：不减薪，不裁员；企业再困难，也不增加职工的负担。当年，唐钢筹资 3 亿元为在岗职工增资 25.0%。此举极大地鼓舞了全体职工同心协力战胜危机的信心和斗志。

2. 改善职工工作生活条件。唐钢在厂区综合治理过程中高标准建设了四个大型生活服务区和五个停车场。洗衣房对免费职工工作服进行清洗，职工食堂按时供应每日三餐；厂区巴士按四个线路在厂区循环行驶；装饰一新的职工宿舍实行了宾馆式管理。高水平的后勤服务，大大提升了唐钢职工的幸福感。

3. 改善职工就医和学习培训条件。唐钢在资金十分紧张的情况下，投入5 000多万元用于公司医院医疗设备更新和医疗用房改造，并出台了职工就医补助和体检、保健、巡诊、送医送药等服务制度。投资2 500多万元用于改善唐钢教育中心办学条件，努力为职工搭建良好的学习技能、提高素质的平台。

4. 为职工的成长和发展铺路。唐钢近年来在新入厂大学生中推行见习作业长制度，畅通了大学生职业生涯发展的渠道。每年对2 000余名班组长进行管理知识培训，建立班组长协会、开通班组长热线，不定期组织班组长进行经验交流和外出考察。

5. 倾听职工呼声。为与基层职工进行面对面的交流，唐钢面向全体职工公布了总经理电子信箱，董事长、总经理亲自对其中具有重要价值或反映典型问题的邮件进行回复。大力推行厂处级领导班组活动日制度，中层干部每月第一周深入车间班组向一线职工宣讲形势任务和公司决策部署，进一步畅通了干部职工沟通的渠道。

## 四、实施效果

2011 年是唐钢转型发展，打造行业内最具竞争力企业的重要一年。唐钢进一步提高标准，不断深化、细化各项管理工作，虚心向同行业优秀企业学习，以扎实有效的工作，全力抓好转型发展，为探索传统钢铁企业向科学发展道路转型提供了经验。主要成效有：

1. 生产经营成绩显著。全年产铁1 650.6万吨，钢1 601.7万吨，钢材1 532.7万吨；实现营业收入 725 亿元，实现利税 26 亿元，其中利润 10 亿元。挖潜增效工作。全年实现挖潜增效总额 36.2 亿元，吨材增效 230 元，超额完成目标任务。

2. 技术质量管理全面加强。构建了科学、高效的技术质量管控体系，实现了产品质量的稳定和提高，月非计划品数量由近50 000吨锐减至4 500吨。能源利用水平进一步提高，能源利用项目建设圆满完成，公司本部日发电能力达800 万千瓦时，自发电比例达 66.0% 以上，实现吨钢能源成本降低目标。

3. 管理模式创新取得新突破。建立完善钢铁四大板块集中管控平台，实现了资源优化配置和共享。完成对整个生产工序和管理架构的流程再造和系统优化，在三大钢铁子公司建立工厂化管理模式，显著提高了管控运行效率。

4. 非钢产业发展创出新局面。各非钢单位全面落实公司部署，优化机制、强化管理，内挖潜力、外拓市场，呈现出稳步、健康发展的良好态势。全年实现营业收入 97 亿元，绝大多数非钢单位取得良好经济效益。

5. 职工幸福指数得到新提升。在严峻的市场条件下，职工收入实现稳中有升。生产生活、医疗卫生、教育培训等条件进一步改善，职工根本利益得到保障，幸福感、自豪感不断增强。

2011 年，面对各种困难和挑战，唐钢秉承“我们不能左右市场，但可以左右自身工作”的理念，坚持以提升理念引领发展，以更高标准指导工作，不断对标先进、查找差距，学习赶超、争创一流，实现了各项工作的整体提升和局部突破，取得了令行业内外瞩目的新业绩，实现了“十二五”发展良好开局，最具竞争力钢铁企业建设迈出坚实步伐。年内,荣获全国五一劳动奖状、全国首批资源节约型环境友好型企业试点单位、十二五首批最具社会责任感企业、河北省明星企业、河北省先进基层党组织等多项荣誉称号。

# 钢铁企业以联合重组为契机的管理整合

首钢长治钢铁有限公司

首钢长治钢铁有限公司(简称"首钢长钢")前身为故县铁厂,创建于1947年,是我党亲手建立的第一个钢铁企业,曾为解放战争和新中国建设作出过重大贡献。1956年周总理视察太钢时曾说:故县铁厂是我党在根据地第一个正式建设的厂,是自力更生,勤俭办企业建成的。2009年8月8日,长钢与首钢联合重组,签约仪式在太原隆重举行,长治钢铁(集团)有限公司改名为首钢长治钢铁有限公司,成为首钢总公司控股90.0%的旗下子公司(长治市国资委占股10.0%),企业步入了崭新的历史发展时期。

公司现已形成集采矿、采煤、炼焦、炼铁、炼钢、轧材、水泥制造、工程建设、锻压机械制造、房地产开发于一体、年粗钢生产能力360万吨的大型国有钢铁联合企业,冶金行业排名第49位。2010年末职工人数14 992人,总资产96亿元,生产粗钢282万吨,工业总产值114.2亿元,实现销售收入112亿元。主要产品包括钢铁产品、锻压机械、矿渣水泥三大系列。钢铁产品主要有H型钢、棒材、线材、热轧带肋钢筋、热轧左旋带肋钢筋、抗震钢筋、热轧无缝钢管。主导产品"上党"牌热轧带肋钢筋荣获国家冶金产品实物质量"金杯奖"、国家免检产品、山西省标志性名牌产品等荣誉称号。

## 一、管理整合的背景

### (一)尽快摆脱企业经营困境的需要

重组前,长钢没有很好地抓住发展机遇。到了2008年,长钢生产经营形势异常严峻,几乎陷入停产的状态,长钢90 000名职工家属将失去衣食之源;这不仅给社会的稳定造成沉重的压力,而且必将付出巨大的经济成本和政治成本。不寻求与强势企业重组,长钢将濒临被淘汰境地。

2008年9月,山西省委省政府、市委市政府调整了长钢领导班子。长钢新领导班子一方面千方百计解决企业资金瓶颈,保稳定、保生产,严管理、堵漏洞,降成本、提效益;另一方面,按照国家产业政策的要求和市场的导向,选择了与首钢联合重组。而首钢结合搬迁调整,抓住产业调整振兴机遇,提出了通过新项目建设与跨区域钢铁企业联合重组的发展方式,早有意向与山西进行战略合作。首钢与长钢重组,必将形成"双赢"的局面。

### (二)通过联合重组实现企业再生的需要

长钢通过与首钢的重组后,仍然面临着许多困难和问题,严重制约着企业的发展。具体如下:①企业规模小,产品结构单一,产品附加值不高,人均劳动生产率低下。②企业没有自有矿山资源,市场资源掌控能力较弱,原燃料采购成本远高于行业平均水平。③基础管理差距较大,亟待夯实。④在管理体制、激励机制方面未有突破。⑤企业刚从濒临破产的阴影中走出来,职工队伍缺乏使命感、归属感,凝聚力不强,企业文化急需重塑。管理整合是重组实现企业再生的需要。

## 二、钢铁企业以联合重组为契机的管理整合内涵和主要做法

长钢与首钢管理整合的内涵是:在"战略先行、文化引导、制度对接"的总体整合再造思想的指导下,通过科学的确立发展战略目标、完善法人治理结构、合理确定产品定位、加快技术改造步伐、推行全面预算管理、统一考评制度、加强资源和市场的掌控

力度、统一企业文化等工作的开展，实现提高企业基础管理水平的目标，使首钢长钢走上科技含量高、经济效益好、资源消耗低、环境污染少、人力资源优势能够得以充分发挥的新型工业化道路，真正实现可持续发展。主要做法有：

**（一）树立正确的指导思想，确立科学的发展战略目标**

1. 明确指导思想。坚持科学发展观，走新型工业化道路，落实《钢铁产业发展政策》、《钢铁产业调整和振兴规划细则》及《山西省冶金产业调整和振兴规划》和总公司“十二五”规划，以市场需求为导向，以强化管理为基础，以技术创新为依托，全力将首钢长钢建设成对总公司有重要影响和较大贡献的世界一流长材生产研发基地。

2. 制定发展战略目标。2009 年末，首钢长钢确立了在转型跨越发展中“三步走”发展战略目标。第一步，2010—2011 年，通过实施八项技改工程，主要经济技术指标达到行业平均水平，奠定跨越式发展的坚实基础；第二步，2015 年，通过“十二五”头两年投资 220 亿元对旧区实施淘汰改造，主要经济技术指标达到行业前 10 名；第三步，通过“十二五”后三年再投资 300 亿元完成规划新区建设，使长钢步入装备一流的世界级水平，到 2020 年与总公司一起跨入国内国际一流企业行列。

**（二）建立和完善法人治理结构，优化企业组织机构**

1. 首钢长钢成立后，依据《公司法》的要求组建了董事会、监事会和经理班子。董事会由 5 人组成，其中首钢总公司推荐 3 名，长治市国资委推荐 1 名，公司职工代表 1 名；监事会由 3 人组成，其中首钢总公司推荐 1 名，长治市国资委推荐 1 名，公司职工代表 1 名；经理层由 8 人组成，其中首钢总公司推荐 3 名，原长钢班子成员 5 名。制定了《董事会议事规程》、《监事会议事规程》、《董事会工作细则》等规章制度，明确了相关人员的责权利，规范董事会、监事会和经理层的关系及工作程序，建立了符合现代企业管理制度的有效制衡机制，为规范公司经营管理提供组织保障。

2. 首钢长钢首先从企业的组织框架和职能分工入手，按照总公司组织架构和管控模式，结合公司实际制定了《首钢长冶钢铁有限公司机构调整理顺职能实施方案》，将组织架构设计为“四大板块”，即钢铁主业板块、辅助生产板块、非钢产业板块、投资、控（参）股产业板块，并分期分批实施了机构调整，强化、理顺管理职能，为实现顺利对接搭建了基础平台。

3. 按照总公司党委《首钢外埠重组控股企业党组织和干部管理意见（暂行）》精神，积极深化干部人事制度改革，严格干部选拔程序、加大干部管理力度、强化干部监督机制，借鉴、汲取总公司干部管理经验，制定并出台了适合首钢长钢实际的《首钢长钢公司领导干部选拔任用工作条例》等“8 + 2”整套干部管理制度。2010 年分三批对 31 个部门进行了机构调整，其中新成立机构 11 个，加强建设机构 6 个，整合机构 2 个，撤销机构 12 个。通过调整，使中层干部队伍呈现出较为明显的知识化、年轻化、专业化等特点。

**（三）重新确定产品市场定位，加快技术改造步伐**

首钢与长钢联合重组后，首钢长钢要承接首钢的产能转移，在“十二五”期间的产品定位要在具备适度规模长材优势的基础上，实现以建筑用材、机械圆钢为主，中厚板和无缝管为补充的较为合理的产品结构，并加快由初级产品向专用性及深加工产品的转变。借产能转移的机会对首钢长钢的装备、产品进行一次换代升级，使首钢的长材优势得到全面的承接与发展。

一是产品市场定位：长材产品、中厚板产品和无缝钢管产品。其中长材产品：棒材，主导产品为各级别钢筋产品，标志性产品为 400MP 及以上钢筋、矿用钢等。线材，主导产品为合金焊线、普通硬线、低碳软线。

二是加快技术改造步伐。根据首钢长钢的产品定位，首钢长钢首先实施八项技改工程，开始企业“三步走”发展战略的第一步。

### （四）加强生产组织管理，攻克生产中的技术难题

1. 建设调度系统制度，严肃调度纪律，规范调度行为。在总公司技术服务团指导和帮助下，着力进行调度系统制度建设，从严肃调度纪律，规范调度行为出发，完善、制订了《生产专项管理制度》《生产事故管理办法》《突发事件应急预案》等55个管理制度及满足生产组织需要的《进口矿管理办法》等5个专项管理制度，形成从生产计划—过程控制—分析总结的“既有分工、又有合作”的内部运行机制。将原来的“月度计划控制”改为“周、日计划控制”，并严格执行《首钢长治钢铁有限公司产销一体化生产联系协作管理制度》，在日常经营生产组织中，坚持以市场需求为导向，坚持以销定产原则，通过制定详细的周计划来组织生产，以日保周，以周保月，进一步理顺了产销关系，品种兑现率达93.3%，同比提高4.6%。

2. 借助总公司技术研发整体优势，攻克重点技术难题。第一，优化铁前系统配煤、配矿、炉料结构。借鉴“一业六地”成功使用经验等方法和途径，在各种铁矿粉如何配用、配用量、配用比例以及关键工序控制点等方面取得了较大进展，消化了新矿种引入对生产稳定的干扰，而且保证了烧结矿质量在原有水平上有所提高，为降低铁前系统成本提供了强有力的技术支撑；

第二，提高块矿比，优化高炉原料成本，使首钢长钢高炉块矿比由长期以来5.0%～8.0%提高到15.0%～20.0%的水平；

第三，改进铁前系统工艺控制，烧结矿、焦炭水分控制、粒度组成、筛焦效果，高炉燃料燃烧效果等过程和工艺控制参数得到有效提高；

第四，高线、型材生产、H型钢正常生产的关键质量缺陷难题得到解决。比如：针对H型钢长期存在的腹板裂缝缺陷，依托总公司实验平台，确定了钢液氧活度控制、控制C含量，避开包晶区、选择合适的保护渣、减弱连铸二冷、合理控制开轧温度、金属流向研究与控制等有效的工艺控制措施与方法，使首钢长钢2010年生产的H型钢产品质量缺陷较往年有了大幅度的降低。

### （五）强化原燃料采购管理，加强资源掌控力度

1. 强化原燃料采购管理。首钢长钢从管理制度入手，对采购机制建立、采购流程设置、采购环节约束、采购的计划、组织、价格、合同、统计、结算等管理环节进行陆续的完善，废止管理制度12项，修改完善14项，新制定制度7项。

调整采购策略：一是供应商管理办法的对接，使首钢长钢对供应商的准入、预选、考核、管理工作更加规范，培养了一批能与首钢长钢共进共退、相互支持、互惠互利的供应队伍；二是经营例会管理办法的对接，使首钢长钢对原料市场资源、价格及后期走势的预测能力不断增强，实施锁量锁价采购，逐步探索波段采购、点价采购及量价采购的新模式，使经营型采购模式的框架初步建立；三是外矿资源全部纳入总公司统一采购序列，实现外矿资源共享。

2. 掌控资源，快速提升企业综合竞争力。首钢长钢围绕年产钢1 000万吨的发展目标，利用与首钢总公司重组后提供的平台，借助省委、省政府和市委、市政府提供的良好的政策环境，在煤炭、铁矿石、熔剂石灰石、水、电等资源获取工作上取得了很大成效，不仅扩大了能源产地，加强了原料产业链，也带动了地方经济发展，为首钢长钢今后又好又快发展奠定了坚实的资源基础。

### （六）推行全面预算管理，提升财务管控水平

财务管理是企业经营管理的重点，全面预算管理则是财务管理的重中之重。首钢长钢以推行全面预算管理为重点，借鉴首钢总公司全面预算管理经验，结合首钢长钢自身经营特点，形成了适合首钢长钢特点的全面预算管理体系。通过一年来的运行，初步实现了八个转变。一是实现了由简单生产计划向全面预算管理的转变，增强了全面性；二是实现了由年、阶段性计划向月度经营生产计划的转变，增强了操作性；三是实现了由“一维”厂矿管理向“二维”既有厂矿，又有职能管理部门的转变，增加了专业指标考核，增强了可控性；四是实现了由无基础数据只关注定性分析，向既有定性又有定量分析转变，增强了对比性；五是实现了由只关注产品加工成本向全部产品成本要效益的转变，增强了效益性；六是实现

了由只关注单工序降成本向上、下道工序及管理部门联合降成本的转变，增强了系统性；七是实现了由单纯追求技术经济指标向追求产品低成本、企业效益最大化的转变，增强了经济性；八是实现了由无序库存管理向标准化库存管理的转变，增强了资金的流动性。

### （七）引入 KPI 考核机制，强化薪酬激励力度

首钢重组长钢之初，首钢领导承诺："在重组过程中，不让一名长钢职工下岗，不降低长钢职工工资"。为了调动职工的工作积极性，转变激励机制和管理体制，首钢长钢在总结原有经济责任制考核经验的基础上，积极引入总公司 KPI 考核体系，制定了《2010 年绩效指标考评（试行）办法》，建立了既考核生产单位又考核职能部门的横向到边、纵向到底的二维管理模式，将所有部门、单位和中层干部的考核与首钢长钢公司效益紧密挂钩，坚持正负激励并举，专业部门考核加大了成本、利润等涉及效益和效率关键指标的权重，突出了考核重点。

KPI 考核体系运行以来，取得了显著效果，呈现出十大变化：一是考核体系的变化，确立了职工与单位、企业目标一致的"双赢"理念；二是利润挂钩考核的变化，形成了人人身上有指标、千斤重担人人挑的局面；三是中层一把手工资分配和考核办法的变化，加大了工资收入对中层干部的激励力度，实现了其工资收入与经营业绩和职工收入紧密挂钩；四是中层班子考核力度的变化，加大了中层班子的考核力度，中层领导班子工资收入不得参与本单位二次分配；五是单项奖提取方式变化，加大了单项奖的额度和覆盖面，强化目标正激励作用；六是绩效指标权重的变化，加大了成本、利润等效益、效率关键指标的权重，突出了考核重点；七是考核工资的变化，加大了考核力度，增强了职工的危机感和紧迫感；八是法定休假日加班工资变化，维护了职工的权益；九是剔除考核指标的变化，体现了一切以经济效益为中心；十是留存工资的变化，保证了职工应得收入当年兑现。

### （八）加强企业文化融合，培育共同的价值观

首钢长钢把与总公司的文化融合放在突出的位置。首钢 90 年的历史，积淀了深厚的先进的文化内涵，首钢长钢要适应总公司"一业多地"产业布局的发展形势，必须首先融入首钢总公司的企业文化体系。首钢长钢公司成立后，坚持吸收融合与尊重传统相结合，积极培育新型企业文化。

一是通过以理念创新为先导，不断丰富核心价值观，并以提升企业核心竞争力为目标，大力开展"艰苦奋斗"和"三创"精神教育，全员的认同感、归属感、使命感得以空前凝聚。二是制定共同的行为准则，加强养成教育，规范职工行为，从转变文风、会风、话风、规范日常行为做起，进行了一系列的行为融合和文化对接。三是重视人在融合中的主动作用，通过人的沟通交流传播优秀企业文化，促进融合发展。同时在视觉文化上也做了积极对接，包括将首钢的企业标志、企业标牌、企业旗帜、企业名片、产品商标、产品挂牌等纳入企业文化视觉识别系统。

## 三、钢铁企业以联合重组为契机的管理整合效果

### （一）企业摆脱了困境，为下一步发展奠定了基础

长钢与首钢联合重组近两年来，借助首钢总公司的大平台，首钢长钢发生了质的飞跃，从国家淘汰序列进入国家产业政策支持的序列，从银行信贷限制企业成为获得大额授信的企业，得到了上游资源配置，经营生产走上了正轨，企业基本摆脱了困境。

### （二）提高了企业的管理水平

首钢长钢承接首钢总公司先进的管理理念，健全了首钢长钢的管理体制和组织机构，转变了激励机制，干部职工的思想观念和工作积极性得到了很大的提高，极大提升了企业的基础管理水平和管理能力。经过一年多的实践，2010 年，全年实现销售收入 112 亿元，同比增长 84.6%，全年可比产品成本降低率平均达 6.6%，降低额 5.8 亿元，均创历史最好水平。

### （三）实现了互利共赢

长钢与首钢的联合重组，实现了多赢的良好局面。最近，北京市国资委、首钢总公司重组办对首钢长钢重组整合后近两年的经营情况进行了考察，首

钢长钢的各项经济技术指标比重组前都有较大幅度的提高，考察团对首钢与长钢的联合重组做了充分的肯定，给予了高度评价，并指出，首钢与长钢的联合重组值得其他国有企业借鉴，为大型国有企业跨区域重组整合探索出了一条新路。

（审稿：段钟贤　撰稿：李战红）

# 推行科学管理　实现企业平稳持续发展

东北特钢集团董事长　党委书记　赵明远

东北特钢由大连特钢、抚顺特钢、北满特钢于2004年重组而成。组建之后，按照企业中长期发展规划，深入推行科学管理，经营指标持续增长，运行质量稳步提升，重点项目平稳推进，产品结构不断优化，综合实力显著增强。经过连续8年平稳持续发展，已经成为世界级特殊钢专业生产企业。

## 一、卓越的企业理念，是实现企业平稳持续发展的战略向导

企业发展目的在于践行企业理念，达成企业价值观。东北特钢企业理念是为民族特钢事业进步不懈奋斗，在这个高立意、高标准理念下，确立建设国际化科技型一流特钢企业目标。这个目标承载着国家进步所需，民族精神所寄，民生发展所托，自我成长所求。这既是东北特钢发展之路，也是东北特钢发展之“道”。走在这样的道路上，企业事业与国家、社会、人民的事业血脉相容，如同参天大树植根千里沃野，企业的步伐自然铿锵有力，企业的目标自然顺利达成。

通过兼并重组做大，肩负起振兴民族特钢事业的历史使命。跨越两省三市成功挽救两个濒临破产的民族功勋特钢企业，建成中国最大特钢企业集团，成为国家东北振兴战略杰出成果。通过改革创新做强，承担起提升民族特钢实力的时代责任。精简8万冗员，打造技术化、年轻化、专业化员工队伍；投入超过200亿元，建成现代化、高端化、国际化工艺装备；淘汰近百万落后产能，构建高性能、高质量、高效益产品体系。把自身发展与民族特钢事业紧密联系在一起，使东北特钢组建八年创造出无数奇迹。大连特钢成为当今世界单体最大的特殊钢精品生产基地。抚顺特钢成为中国最大的国防军工、航空航天及民用高科技领域高端特殊钢研发生产基地。全球产量最大的不锈钢长型材生产基地，全球产量最大的轴承钢生产基地，全球产量最大、规格最全的工模具钢生产基地，都在东北特钢。中国产量最大的汽车用钢生产基地，中国产量最大、规格最全的锻件产品生产基地，中国最大的电渣钢生产基地都在东北特钢。中国国防军工和航空航天所用高端特殊钢80%在东北特钢。东北特钢与国家战略产业、新兴高技术产业紧密结合，协同发展，在载人航天、航空母舰、超级武器、大飞机、深海钻探、核电、汽车等领域作用举足轻重。

理念决定选择，选择决定价值。东北特钢把自身的发展放置在民族特钢进步的伟大事业之中，放置在中华民族复兴的广阔背景之下，因为客观需要而存在，也就决定了稳定发展的必然。

## 二、完善的目标体系，是企业平稳持续发展的运行载体

发展的具体表现形式就是实现既定目标。目标实现过程的复杂性，决定了目标体系的形成。东北特钢能够高效整合快速发展，主要依赖于对目标体系的有效管理。

以价值链为依据建立目标体系。目标体系首先是价值管理体系，其次才是目标执行体系。目标体

系的运行是企业发展理念、价值观、决策意志和发展目标在内部系统化、全员化、具体化的落实和执行。东北特钢的发展理念是为民族特钢事业进步不懈奋斗。在此理念之下,是建设国际化科技型一流特钢企业的发展目标。在此目标之下,是东北特钢中长期发展规划。在此规划之下,是大连特钢、抚顺特钢、北满特钢三家公司各自的子规划和分目标。在这个完整的目标体系之下实行目标管理,将企业理念、规划目标、发展指标逐级分解落实到各层级,落实到员工具体岗位,形成具有明确发展思路、发展目标、发展步骤、发展要求,覆盖全集团各系统、各职能、各层面的目标管理和执行网络。

以系统化为核心运作目标体系。在东北特钢目标体系中,所有目标都是关联目标。所有层级目标都从上级目标分解而来,需要其他目标支持,同时也影响其他目标达成。为实现系统整体目标,设置扶助指标,即有的指标是用来为其他指标创造条件而不是用来解决终极问题的,其价值不在于自我实现,而在于成全其他目标实现。对于无法融入体系的目标,则坚决剔除。运行过程中,在网络联动之下员工实现自身目标任务同时,也为其他员工和执行系统提供帮助。通过价值传递,将自身任务、自我追求和企业理念、企业价值、企业整体发展联系在一起,基层员工岗位贡献在公司价值层面得以体现。

以自主化为形式执行目标体系。目标体现实现了个人目标与企业目标的有效结合,将个人工作与企业价值组合在一起。具体目标在节点上反映的是员工个体指标,在体系上反映的是企业整体价值。在这个个人目标与整体价值完整统一的系统内,没有目标就没有创效载体,没有创效载体就没有贡献,没有贡献就被视为企业冗员。进入目标体系承担节点目标,员工不仅是为企业发展履行责任、承担义务,也是为自身发展争取机会、施展权利。在这种激励机制下,员工主动承担任务,行为自动自发。目标体系内的工作体现为依靠自觉,讲究配合,比拼贡献。没有人再认为基层岗位只有微小价值,基层工作只具粗浅意义。

以实效化为基准推进目标体系。为保证目标体系真正发挥作用取得实效,东北特钢着重把握三点:一是严格落实目标执行方案,包括目标是什么(高度准确清晰的任务),达到什么效果(具体的质、量状态),谁来具体完成(落实所有的责任人),何时完成目标(期限、计划表、日程表),具体怎么办(实施措施、手段、方法),如何保证(相关的资源配备和授权),如何界定成果(对成果的检查、评价),怎样兑现激励(与奖惩制度挂钩)。形成一套可达到、可落实、可衡量的可行的实施方案。二是建立过程中的动态调整机制。执行方案实施过程中,以实现总目标为根本目的,将节点目标作为手段和工具,应对环境和条件变化,不断修正调整节点目标,保证全局工作和整体系统稳定推进。过程的调整和优化,适度变通,是保证总体目标实现的重要环节。三是重视发展目标不局限于经济指标。目标体系运行的目的是实现发展目标,而不是暂时的、局部的经济指标。因此东北特钢始终以促进宏观发展为宗旨,立足长远,把握全局,综合考虑财务指标、市场指标、流程指标和成长指标,从而建立起更为科学、可行的目标体系,并通过在运行中留足平衡空间使企业在稳控中健康发展。

## 三、开放的绩效考核,是企业平稳持续发展的管理核心

员工是实现企业发展的核心要素,是生产力的决定因素。绩效考核是企业与员工之间达成目标共识并合作实现共识目标的行为。绩效考核的过程是企业实现发展目标和员工实现自我价值的双向互动过程。绩效考核的关键作用在于解放生产力,发挥创造力。正因为如此,东北特钢将绩效考核作为实现企业平稳持续发展的战略手段,确立为管理核心。

员工认同考核目标是绩效考核有效执行的前提。在发展规划总体框架下,东北特钢制定年度计划目标,坚持各级考核目标协商制。在年度总目标制定初步完成后,与各系统、各公司充分协商沟通,综合平衡各类资源、各种条件,达成充分共识后才确定为年度计划目标,经职工代表大会通过实施。各层级参与考核的所有目标全部经过企业与被考核人协商,并得到认同。只有员工认可的目标才是有效的目标、可行的目标。考核目标协商,是员工参与企业管理的重要内容,是员工完成年度目标的重要基

础。东北特钢组建八年来,每年的目标都在提升,指标都在增长,进入良性增长发展轨道,首先得益于员工对考核目标的认同。

协助员工完成目标是绩效考核的中心职能。施行绩效考核在于是帮助员工完成考核目标而非限制员工创造力。绩效实施过程就是企业为员工服务的过程。在绩效考核实施中,东北特钢企业层面对员工工作进行监督指导,对发现的问题及时帮助解决,如遇特殊情况对考核目标灵活调整。

重视绩效评估结果应用是发挥绩效考核作用的关键。通过对绩效过程检验和绩效成果评估,为企业管理提供诸多决策依据,包括通过兑现薪酬奖金激励员工,通过成果鉴定调整职务,通过行为表现开展培训,通过业务质量完善人力资源开发机制等。

东北特钢通过实施绩效考核,把企业发展建立在员工的自觉奋斗之上,有效实施了人本战略,绩效考核的价值充分体现在员工的贡献之中。

## 四、不断的变革创新,是企业平稳持续发展的动力机制

企业不断发展,环境条件不断变化,创新变革既是企业发展的内在要求,也是推动企业发展的强大动力。东北特钢的发展过程,始终伴随着创新变革。

机制创新提升运行功能。2004—2008 年东北特钢组建初期,为实现资源整合管理高度集中化,所有职能统一管理,生产、资金、销售、采购、技术等全部集中在集团层面,经营权高度集中,有力推进产品优化、文化统一。2009—2011 年中期,内部资源整合完成,专业化分工生产成型,新的产品体系建立,下放部分经营权,物供、技术、资金等职能下放,大连特钢、抚顺特钢和北满特钢经历装备更新、工艺调整、市场分工之后,以行业最先进水平为标杆,独立进入市场参与竞争,接受磨砺,形成稳定品牌信誉和市场影响。2011 年至今,大连特钢、抚顺特钢和北满特钢产品体系彻底成熟,形成各自格局特色,各有自身竞争优势,彻底下放经营权,销售等经营职能全部下放,供产销、人财物全部落实在各层级公司,彻底实现集团控股模式下的公司化运营,各公司责权利高度统一,以自身产品优势完全独立参与市场竞争。东北特钢组建初期和中期为集团制模式下的市场化,当前为公司制模式下的市场化。

产品创新提升竞争实力。东北特钢组建八年来,坚持产品由低档次向高档次转变,由低附加值向高附加值转变,高效品种比例迅速增加,低档次大路货产品全部淘汰,重构的产品体系呈现高质量、高效益、高技术特征。与组建初期比,吨钢售价增长 43.0%,销售利润率增长近 6 倍,吨钢产品平均盈利增长近 9 倍,钢材出口创汇增长 4.5 倍,钢材出口量增长 3 倍。工模具钢、不锈钢、轴承钢等品种,已经成为国际市场知名品牌产品,产品质量和技术性能达到国际最领先水平,拥有包括数十家世界 500 前在内的四大洲、35 个国家广泛的国际用户。

技术创新提升发展动力。坚决淘汰落后,加强技术改造,以新装备生产新产品。东北特钢集团组建以来,总计淘汰落后产能(钢、钢材)近 100 万吨,淘汰装备及附属配套设施总价值超过 15 亿元。实施了力度空前的重大技术改造。大连特钢总体建成了当今世界最先进的十条高端特殊钢专业化生产线,引入当今世界最先进的工艺技术 80 余项,众多钢种性能、产品组距填补国内空白;抚顺特钢形成以航空航天和国防军工用钢以及民用高科技用钢为主的两高生产线;北满特钢形成以系列化、标准化、专业化为特征的中端特殊钢生产线。累计实施大小规模技术进步项目 520 项,取得省部级以上技术进步成果 16 项。累计实施科研攻关项目 900 余项,取得科研成果 440 项,取得专项技术 40 项。技术研发每年都大幅度增长,2011 年研发费用超过 6 亿元。集团组建以来新产品开发超过 400 项,累计 140 万吨。新产品创效 20 多亿元。新产品转为常规产品生产率达到 65.0%。与集团组建之初相比,产品更新率超过 50.0%。取得国际大公司及行业认证 50 余项。与各科研院所合作累计投入超过 1.2 亿元,取得合作成果 61 项,创造价值超过 20 亿元。

市场创新提升发展空间。一是技术创造市场。深化技术合作,加强技术服务,与用户联合研发,引导用户创造新市场。先后与中国一汽集团、中国大飞机项目、航天工程、重大武器装备项目共同研发新产品、新材料,推进了国家关键领域战略性发展,开辟了未来产品的新领域。二是战略稳定市场。与用

户的关系主动由业务合作向发展合作转变，综合平衡产品价格、市场波动、资金流转、技术合作在内各种情况，共同建立战略发展体系，建立稳定的战略用户同盟，保有长期稳定用户群，形成稳定的用户网络和合同保障，有效规避产品长期发展的风险，较好解决产品发展受阶段性条件制约问题。目前，战略用户占年度总订货量60.0%以上。三是局域突击市场。特钢产品由于批量小、市场广、升级快，随着新兴市场不断涌现，局域突击在产品营销中越来越重要。东北特钢实施集团化战略营销，统筹内部资源，集中发挥规模化、差异化、个性化优势，通过抓国家产业政策、抓市场空白、抓新市场供应不足等，先后在汽车、核电、海洋工程、国防、民用航空等多领域实现新市场布局。四是拓展国际市场。加快国际化进程，打造内外互补的市场结构，推行内外驱动的市场策略。2011年东北特钢已经成为国内出口创汇、出口额最大的特钢企业。规划到2015年，东北特钢产品在国际市场布局将达到年产量的40.0%～50.0%。

## 五、和谐的企业文化，是企业平稳持续发展的思想保障

企业发展靠员工行为实现，员工行为靠员工思想支配，员工思想动力来源于和谐的企业制度文化。围绕员工思想建设，东北特钢持续开展特殊文化建设。

依据价值统一的自我管理文化。东北特钢倡导员工自我管理，工作成果首先来自于自我管理的成功。在工作中，通过目标分解、指标承包、制度辅助，释放员工自我管理热情，提高员工自我约束、自我开发、自我激励的积极性。自我管理的关键在于把员工的个人追求和企业理念融合在一起。东北特钢通过目标体系的目标分解，将企业理念、价值与员工个体追求、个人理想结合起来，把企业建成员工事业的舞台，而非简单的工作岗位。正是基于这一点，东北特钢引进员工不仅以技能水准衡量，更加强调员工价值观与公司是否相符。

依据夯实基础的骨干培养文化。东北特钢特别重视中层以下班组长、作业长、科长和业务骨干这个层面的骨干队伍建设。造就骨干员工的重要方式就是让优秀员工在基层实践中不断磨炼。东北特钢不给任何没有经过基层磨砺的人设立晋级阶梯。东北特钢在一些青年员工中灌输“知识不等于能力，实干才能证明自己，业绩才是晋升阶梯”的思想。在基层员工队伍中形成讲实话，干实事，求实绩的踏实作风。

依据学有所用的员工培训文化。很多企业员工不愿参与培训，主要原因不在于员工，而在于培训不能满足员工需求。东北特钢认为：能够被接受的培训，不会产生于培训部门的主观意愿，而是来自员工内心需求。东北特钢从员工内心需求出发，以岗位出实效为标准，创新培训机制，建立立足于员工个人意愿、满足员工个性化要求的新式培训，员工产生主动参与培训的热情。通过培训，员工得到的回报十分具体和及时：技能缺陷得到有效填补、个人兴趣特长得到长足发展。

依据互动发展的团队协作文化。东北特钢通过创新班组建设，组建项目团队，推动跨系统、跨领域虚拟合作，解决企业难题，帮助员工进步。团队工作和团队生活，成为东北特钢员工重要的工作形式。在东北特钢员工意识中，任何的失败都不是客观条件上的山穷水尽，而是主观意识上的江郎才尽，在团队中工作，个人可以汲取巨大能量；在团队中解决问题，是个人成长的重要途径。

依据人性需求的企业亲情文化。“东北特钢是我家，人人都要爱护她”在员工中深入人心。关心员工情感，培育亲情文化，是东北特钢企业文化建设的重要内容。在目标分解、指标落实的管理体系之外，东北特钢十分重视员工在有关成就感、参与感、人际关系等方面的情感诉求。用真心、真情对待每一名员工，是东北特钢干部的基本准则。用自己生命中最宝贵、最有效的时间与同事相处，工作就是最重要的生活，同事就是生命中的亲人，是东北特钢员工的普遍感受。在家一样温暖的氛围中，每个人都善待他人，感恩他人，员工队伍中凝聚了推动企业向前发展的无尽能量。

# 基于合并重组的集团战略与管控体系构建

本钢集团有限公司

本钢集团有限公司(简称“本钢集团”)是由具有百年历史的本溪钢铁(集团)有限责任公司和在市场经济浪潮中迅速成长的北台钢铁(集团)有限责任公司等国有企业合并重组而成。于2010年6月8日经辽宁省委、省政府决定正式成立,为辽宁省最大国有企业集团。本钢集团现拥有在职员工10万人,总资产1 258亿元,已形成年产2 000万吨优质钢材的生产能力,年销售收入近1 000亿元。

目前,本钢集团拥有亚洲最大的露天铁矿——南芬露天铁矿并参股开发已探明的世界最大铁矿——本溪大台沟铁矿等丰富矿产资源;东北最大容积4 747立方米高炉、世界最宽幅2 300热轧机组、同韩国POSCO公司合资兴建的世界最先进冷轧生产线等世界顶级工艺装备已经建成并达到设计生产能力;依靠汽车板研发所、高强钢研发所、不锈钢研发所等国家级科研机构,在汽车板、家电板、石油管线钢、集装箱用钢和不锈钢等产品的开发研制中已经处于国内领先水平,形成了普碳钢、特钢、不锈钢和球墨铸管等产品系列,高附加值和高技术含量产品占产品总产量的80.0%,连续两年位居全国钢铁行业出口总量首位。

## 一、合并重组后构建集团战略与管控体系的背景

近年来,随着国际、国内经济增速日渐放缓,原燃材料价格居高不下,粗钢产量持续增长的影响,钢铁行业已进入到“微利”时代,钢铁企业间的竞争变得越来越激烈。而国家出台的一系列钢铁产业政策也不断释放出加快产业结构调整,提高产业集中度;加大环境保护力度,发展低碳经济;加速技术创新步伐,提升产品质量和加强资源保障能力,优化资源布局的信号。在这种大背景下,那种依靠灵活经营方式各自为战的单体公司已不能抵抗如此巨大的经营风险,更无法有效抵御敌意收购,而通过合并重组的集团化企业,则以其雄厚的经济实力,多元化的经营模式,呈现出显著的竞争优势,成为抵御当前经营危机的有效方式和手段。因此,如何提高企业的集团化管理水平,如何增强母子公司管控能力已经成为国内业界亟待解决的重要课题。特别是对整合初期的集团化企业而言,由于业务单元多,发展方向不明晰或存在同业竞争,经营能力参差不齐,运用单一的管理模式将无法驾驭整个集团的多领域业务,建立统一的集团发展战略、形成有效的集团管控体系是最为有效的方法。

### (一)实施合并重组是本钢集团实现可持续发展的客观需要

辽宁省作为中国重要的支撑国民经济建设的基础工业基地之一,一方面具有得天独厚的矿产资源和技术人才优势,另一方面也存在着一批发展水平相近或偏低的国有钢铁企业。在国家出台《钢铁产业调整和振兴规划》、大力推进淘汰落后产能,实现节能减排,发展循环经济的大背景下,一些生产技术落后,仅仅依靠产量获得利润的中小钢铁企业发展空间将越来越被挤压,甚至面临最终关停的命运。而以本钢为代表的部分大型国有企业,在多年来的市场竞争中不断提高自身经营水平,已经形成了特有的关键技术能力和产品研发、营销能力,但由于企业周边存在一定数量的中小企业,它们凭借自身较为灵活的经营方式和简单设备,同大企业进行低价竞争,这对于要担负巨大社会责任的大型国有企业来说,无疑会产生一定的成本压力,也会损失部分市场占有率。因此,切实整合大型国有钢铁企业周边的中小钢铁企业,形成集团优势和规模效益,是抵御无序的市场竞争风险,实现节能减排目标的重要方式和手段。

本溪钢铁(集团)有限责任公司和北台钢铁(集团)有限责任公司同处于本溪市境内,分别为省属国有大型钢铁联合企业和市属国有企业,二者之间生产规模不同,管理状况不同,存在同城竞争。因此,实现两钢合并重组是有效解决企业同城竞争,形成规模效益的最好方式,也是做强做大辽宁钢铁产业规模,实现振兴东北老工业基地发展目标的关键环节和重要步骤。

合并重组后的本钢集团在“十一五”的最后一年实现了1 600万吨钢铁规划目标,正在向2 000万吨规模迈进。随着国务院发布《钢铁行业振兴规划》等一系列促进钢铁行业发展的政策;辽宁省委、省政府实施支持省内钢铁企业联合重组、做大做强等政策方针,本钢面临诸多政策发展机遇。同时,国家一系列促进内需政策,拉动下游行业对钢铁的需求;国内工业化和城市化进程刺激钢材消费持续增长;国际钢铁市场的深入广泛开发和需求,也为企业的发展营造了较好的经济环境,创造了学习成长机会。

**(二)创新管理理念是本钢集团深化合并重组过程的必然选择**

随着本钢集团合并重组逐步深化,原有的各自独立的管理模式已经不适应大型现代化钢铁联合企业发展的需要,制定统一的集团战略是促进企业科学发展的首要前提,并且建立一整套规范、完善、运行有效和指挥有力、执行到位的管理模式支撑集团战略实现尤为重要。

合并重组成为新的大型钢铁集团联合体,仅仅依靠管理移植和资源叠加是不行的,由于管理层级较多,法人治理结构复杂,如果没有统一规划和统一的战略指引,势必会出现一系列战略管理问题。

首先,从集团发展的战略角度看,一是整体战略缺乏集团化运作的思考和定位,缺乏从传统的产品经营型企业转变为集团化运作型企业的进取和突破;二是钢铁主业与非钢产业协同发展的思路和方向不清,缺乏横向战略协同、资源的共享和优化配置,不能发挥主辅配合、优势互补的协同效应;三是资本运作缺乏清晰的方向,缺乏与集团发展相结合的融资战略和有以产业整合为导向的投资战略,也缺乏优化资产的资本运作,资本平台不能有效发挥作用;四是钢铁产业链缺乏纵向和横向的延伸、扩展,无法成为上下游联动的一体化供应商,以及缺乏战略性的资源整合;五是集团能力建设缺乏集团化运作所需要的资源整合和运用能力。

其次,从集团管理的结构角度看,一是母子公司定位不明确,法人治理结构不完善;二是集团现有的管控边界与分权界面界定不清晰,造成管控缺位、越位和错位的现象发生,影响集团合力的形成;三是总部部分职能条线对下属管控深度和广度缺乏影响力;四是制度化建设层次性和体系性不足,缺乏全面系统的管控体系;五是财务管理机制不完善,集团范围内对各子公司财务管控水平不一;六是人才队伍的储备及人力资源管理相对落后,人才规划和培养体系有待健全。

因此,本钢集团经过认真比较,细致考量,确定了“创新管理理念,促进合并重组深度融合”的工作思路,并大胆引进了企业管理思想——集团战略和集团管控理论,并使之与本钢特有的实际水平相结合,建立起一整套完善的集团战略和集团管控体系。

## 二、合并重组后构建集团战略与管控体系的内涵及主要做法

合并重组后集团战略与集团管控体系的构建即集团在建立明确统一的发展战略的基础上,扎实构建起能有效支撑集团战略实施的集团管控体系,通过完善总部职能,健全管控部门设置、优化管控制度和流程,以及贯彻集团文化等一系列方法来实现对下属经营单位的有效管理,达到集权与分权适度、资源优化配置、协调效应显著、管控精准高效的目的。主要做法是:

**(一)结合合并重组后的本钢集团实际,找准企业定位,重塑战略布局**

1. 选定正确的战略理论,明确战略规划制订路径。企业发展战略是企业根据市场状况,结合自身资源,通过分析、判断、预测,设立远景目标,并对实现目标的发展轨迹进行的总体性、指导性谋划,它界定了企业诞生的使命、经营范围、远景目标、发展方向、经营方式等坐标,明确了企业的经营方针和行动

指南。我们把透过信息和数据分析，揭示企业发展必然性逻辑的手法叫做分析型战略。而把与之相对的，透过规律和本质把握，全新设计和颠覆该企业原有路径的手法叫构建型战略。

本钢在前期的调查研究中发现，当前，国内大多数钢铁企业所采用的战略规划都是来源于西方，即分析型战略。本钢过去一直制定和实施的也是这种战略体系，这也从某种程度上造成了一些战略体系问题。而构建型战略是在理解集团发展规律的基础上，用规律来构建企业，按照未来远景，塑造现有能力和资源，构筑内部计划，来分布形成和有预谋地叠加局部优势，形成一个人造的巨大优势，从而推动塑造未来的战略规划手法。

构建型战略使得母公司构成各子公司的经营平台、基础设施和交易框架，而子公司为完成母公司整体任务各自承担独特角色，共同努力协作，追求最大化价值。本钢集团在分析自身战略及战略制定方法存在问题基础上，引入构建型战略的制定方法，以合并重组为契机，构建起科学、严谨，具有远见卓识和易于操作的战略体系，指引本钢集团在产业整合和产业转型升级中获得发展先机。

2. 制定清晰的构建方案，统一规划分步实施。本钢集团的战略体系构建本着高起点、大格局、促发展、可持续的原则，坚持以科学发展观为指导，以战略创新、体制创新、技术创新、管理创新为手段，以集团管控、组织建设和共同发展为保证，以实现可持续发展为最终目的。集团战略体系的构建是在东北老工业基地振兴的背景下，把握钢铁行业全产业链的整合机遇，设计战略十大落地工程，切实保障战略实施落地，挺进世界500强，实现企业的跨越式发展。同时，强调以钢铁为核心主业，链接各大产业，围绕钢铁供应链、技术链、资源利用链发展相关产业，通过资本运作与产业组合的方式，在做强做大钢铁主业的同时促进多元化协同发展，提高企业综合竞争力和整体盈利水平。

3. 找准企业定位，深入开展专项研究。通过对本钢和北钢的现有情况进行摸底、梳理，从集团公司整体运作的系统高度对本钢集团的发展现状进行系统性诊断，分析存在的各种问题和挑战，并深入剖析其背后原因，形成《本钢集团发展回顾、战略审计诊断报告》。在此基础上，厘清未来发展所需要重点解决的战略问题，形成了《本钢集团重大战略课题（若干）专项研究报告》、《本钢集团战略规划常规课题研究报告》、《本钢集团重大战略课题研讨成果汇编》等研究成果，进一步理清了现实集团战略的途径。

4. 细致制定集团整体战略规划和总部战略规划。通过战略认识论调整、战略实施、规律与本质、战略敏感度管理、战略偏好管理等战略思考，将集团战略制定引入实质性战略体系构建阶段，最终形成《本钢集团集团战略规划方案》、《本钢集团总部战略规划方案》等成果。

集团战略中确定的指导思想是：把保持和提高综合竞争力视为实现可持续发展的核心；把保持创新能力和技术领先视为实现可持续发展的动力；把构筑上下游产业链视为钢铁主业实现可持续发展的支撑条件；把提高效率视为优化企业内部治理结构的宗旨；把集团管控视为企业防范风险的保障；把履行好企业的社会责任视为实现可持续发展的准则；把引领中国钢铁行业的发展和保持全球强势钢铁企业地位视为发展的落脚点。

同时，在坚持科学发展观，坚持培育核心竞争力，坚持体制、机制和管理创新，坚持“有所为，有所不为”的基本原则的指导下，明确了“以钢铁为核心主业，链接全球钢铁网络。通过钢铁产业链的上下游延伸和规模扩张构建钢铁产业的综合竞争优势，围绕钢铁供应链、技术链、资源利用链拓展业务领域，建立以钢铁产业为基础的多元化产业发展体系；沿着集团化运作、集约化发展、精细化管理三个维度实现可持续发展，成为全球最具竞争力的现代化企业集团，进入世界500强”的总体战略目标。

5. 精心编制集团“十二五”规划。按照“一业为主、多元协同”方针，编制本钢集团“十二五”发展规划，确定了“十二五”期间要实施“钢铁为主、多元协同、全球经营、做强做大”的发展战略，以钢铁产业为基础的多元化产业发展体系和“1+5”的产业组合发展方向，形成钢铁制造及资源主业、贸易、金融、房地产开发、工程技术、事业发展等六大产业集群，依托精品钢材基地的产业链延伸和规模扩张，实现相关多元产业的协同发展，全力把本钢打造成为中国极具影响力的特大型钢铁联合企业，努力进军世界企业500强。

6. 构建战略管理体系，制定战略落地十大工程。通过战略管理平台的搭建，聚焦战略实施，特别是战略规划的最终落地，并设计战略管理体系，打造战略—计划—预算—绩效—薪酬一体化联动管理流程。至此，本钢集团的构建型战略及战略管理体系最终形成。

**（二）精确划分集团母子公司管理权限，扎实构建有效支撑集团战略的管控模式**

集团管控是为了实现企业集团战略规划所采取的组织模式、责权体系、管理流程、业绩评价等核心内容的控制系统。伴随本钢集团进入了一个全新的发展阶段，构建一套系统规范、科学高效的企业管控体系，是企业面对新形势、新任务、新挑战，实现自身发展战略，全面提升企业管理水平的客观要求。对于焕发企业生机与活力，促进企业生产经营，实现企业科学发展具有重要意义。

在综合分析本钢原有管控体系存在的问题基础上，根据本钢未来发展战略的需要，构建企业管控体系的基本理论与思路是：通过治理 + 控制 + 宏观管理的管控体系框架设计，基于管控流程的集团组织整合以及多个管控子体系的深化设计来构建管控体系。具体来说，就是以集团战略为导向，以战略型和操作型管控相结合，集中管控与差异化管控相结合为主要模式，以优化组织结构为管控平台，以管控制度流程设计为基础，建立完备的管理条线、业务条线和辅助条线。通过母子公司管控界面的划分，形成集团母子公司之间权责清晰、职责明确、运作规范的管控框架。

1. 本钢集团构建管控体系的基本方法。以本钢集团整体利益最大化为核心准则，确保集团乃至分子公司的执行行为与集团战略保持高度一致，确保集团战略目标的实现，将集团战略置于管控的核心。从集团组织模式选择、总部及下属业务单元功能定位和组织结构设计、责权体系和关键管理流程设计、业绩评价体系四大关键方面进行科学、系统的管控体系建设，形成一个多种类、多层次管理协调配合相互促进的有机整体，从而在整个集团内部形成一种具有体系化的管理能力。将集团总部建立成为战略规划中心、资本运营中心、财务管理中心、风险管理中心、经营协调中心、资源共享中心、企业文化中心。子公司职能定位为生产经营中心、成本控制中心和安全管理中心。生产经营管理职能下放至子公司，有利于提高集团公司决策执行力和管理效率。通过母子公司管控界面的划分，形成集团母子公司之间权责清晰、职责明确、运作规范的管控框架。

2. 集团管控体系模式、定位及整体结构。借鉴国内外其他知名集团型企业管控的经验教训，设计管控模式备选方案，形成了《本钢集团管控体系整体架构设计报告》和《基于管控导向的本钢集团产权架构调整建议》，最终完成了本钢的管控体系整体架构设计。整体架构设计涵盖了组织机构的变迁等内容，针对上市公司和非上市公司、全资公司、控股公司、参股公司等不同业态明确管控重点和路径，兼顾外部监管合规性要求和国有资产管理要求，明确集团公司与下属企业之间的管控关系和合法合规的管控路径，推进成员企业按照集团管控要求规范运作。同时基于理顺管控链条的需要，调整本钢集团所属企业的股权隶属关系和托管关系，就未来战略和管控导向的产权架构形成建议方案。

3. 明确母子公司管控界面划分及核决权限。此项工作是集团管控体系的核心和主体部分，既通过对集团总部各部门职能模块的确定，在不同的管控导向下对总部和下属各子公司责权的界限进行划分，理清母子公司在核心职能和关键业务中的定位，使总部通过适度的集放权来对分子公司进行有效控制和提高集团整体的运作效率及抗风险能力。同时，确定总部与子公司的部门和岗位在诸多业务活动和管理活动中的责权划分，强化总部的管控增值性在条线管控深度和广度中的体现。

本钢集团依据管控定位，在明确母子公司管控界面的基础上，确定了包括战略、投资、财务、人力资源、企业文化、采购、营销、科技、审计、信息化、资本运营、制造、设备、安全、质量、能源环保、运营、法律共计18条集团管控条线。每条管控条线都包括多个管控要素，根据业务流程关系，每个管控要素又可能包含1个或多个具体的管控事项，核决权限表最终是依据管控事项来确定流程和权责。

4. 突出打造强势集团总部，完成集团管控基本架构。打造价值创造型强势总部是建立有效支撑集团战略的集团管控体系的基础，通过总部组织结构优化和能力强化，形成组织架构方案，同时从管理类管控和业务类管控两大维度，进行集团管控体系运作方案设计。形成了《本钢集团管控体系运作之总部建设和组织优化方案》、《本钢集团管控体系运作之管理类管控运作方案》和《本钢集团管控体系运作之业务类管控运作方案》。

本钢集团最终确定的集团总部职能部门包括：办公室（董事会办公室、党委办公室、经理办公室）、战略规划部、运营改善部、财务部、资本运营部、审计部、安全管理监督部、经营管理部、科技管理部、能源环保部、法律事务部、信息化部、国贸公司、采购中心、人力资源部（组织部）、纪委（监察部）、宣传部（统战部、企业文化部）、工会、团委。同时在财务部、战略规划部、人力资源部、办公室和宣传部下设财务中心、经济信息研究中心、人才开发研究中心、档案馆、宣传中心等业务机构，辅助上述部门行使管理职能。

5. 全面梳理完善管控制度，实施流程再造。根据集团管控模式的定位要求，从原有500多个规章制度中分析、筛选出199项属于集团管控类的制度进行了完善和修编，同时针对业务归口和职能转换需要，新增了35项管控制度，使集团跨层次管控活动每一步有章可循，责权清晰，并实现流程创造优异业务绩效的目标，以全面提升企业管控效率。最终形成了《本钢集团管控体系核心流程汇编》、《本钢集团管控制度汇编》以及控股和参股子公司的管控规则。

6. 建立管控体系自我评估调整机制，推动管控方案宣贯实施。建立完善的集团管控体系不仅需要详细地设计，更需要在体系运行过程中进行有针对性的后评估和调整。为此，通过形成《管控体系实施方案》和《本钢集团管控成熟度模型》建立起管控自我评估调整机制，并使之在管控体系推进过程中发挥有效作用。

## 三、构建集团战略与管控体系实施效果

伴随着集团战略与管控体系全面构建稳步高效的推进，本钢集团迅速完成了销售管理、采购管理、生产管理、信息化建设、技术研发、工程建设、设备管理、档案管理、法律事务管理、厂区综合治理、招投标管理等所有专业和业务的整合，并实现了主营业务资产及产权的实质性重组。这种合并重组模式得到了业界广泛认可和省、市领导的高度肯定，并在合并重组后的时间内，显现出其发展潜力和可观的经济效益。

1. 资产规模进一步提高。本钢集团积极落实国家钢铁产业政策，充分发挥重组优势，实现两企业钢铁主业的一体化运作，集团整体资产规模大幅提升，截至2011年末，总资产达到1 258亿元，净资产达到305亿元。同时，引进世界先进工艺技术装备，加速淘汰北钢原有落后装备，实现了设备的优化升级和节能减排，拥有了采选和炼铁、炼钢、轧钢等配套齐全、世界先进的主体装备和丰厚储备的后备矿山资源，具备了年产2 000万吨优质钢材的生产能力，企业整体装备水平迈上新台阶，集团钢铁产能达到全省规模总量的1/3（由重组前的19.0%提高到34.0%），居全省地方钢铁企业之首，有效促进了辽宁省钢铁产业的结构调整、优化升级和战略布局。

2. 集团综合竞争力显著增强。本钢集团经济效益大幅提升，2011年在钢铁行业经济效益普遍不好、大部分亏损的情况下实现销售收入近千亿元、利润近8.3亿元，出口产品总量连续2年位居全国同行业首位，2012年一季度在全行业亏损严重的严峻形势下实现1亿多元的盈利目标，整体经济效益跻身全国各大钢铁企业前列。本钢集团科技实力显著增强，在汽车板、家电板、石油管线钢、集装箱用钢等高档产品的开发研制中处于国内领先水平，形成了汽车用钢、管线钢、结构钢、硅钢、轴承钢、特钢、铸管等12大系列1 500多个牌号，高附加值和高技术含量产品已占总产量的80.0%以上，同时，通过技术共享与移植，北营公司的技术水平迅速提高，集装箱用钢、车轮钢等高档次品种钢比例比重组前增加50.0%以上，拉丝硬线、焊丝、钢绞线等原有优势产品产量均大幅提高。另外，伴随经济总量与规模的提升，本钢集团在采购、销售、合作方面的话语权进一步扩大，带来了可观的经济效益。截至2011年末，因统一采购给北营公司带来直接效益达4.5亿元，预计今后每年将降低成本3亿元以上；因统一财务使得北营

公司的财务费用比重组前降低了 2.4 亿元。

3. 推动管控体系落地效果日趋明显。以推进信息化建设、打造统一的信息化平台为手段，加速推进各项要素对接融合。统一采购业务，打造集团采购平台，建立统一的采购制度、采购流程及监管机制，提升企业采购话语权，降低采购成本。统一销售业务，构建商品贸易、服务贸易、加工贸易大贸易体系，完成了业务的集中归口管理，统一资源、政策、渠道，实现两钢产品归口统一销售。推进技术融合，通过对两钢对口单位互派技术骨干，开展业务帮扶，解决了两钢特别是北钢技术人才相对不足等问题，打破了各自的技术瓶颈，形成了技术优势互补，有效的实现了技术共享。在加速推进以上要素融合的基础上，加速推进了质量、财务、工程管理、办公自动化等各项要素资源共享。

积极推进两钢财务系统的整合和深度融合，从机构、制度建设、业务对接、人文交流等方面开展具体工作。通过整合机构和制度建设，提升了财务系统人员的业务素质和综合能力，完善了财务制度体系；通过业务对接，统一了会计政策和财务 ERP 系统；通过整合资金管理，实现了资金统一调配和使用，同时，扩宽了融资视野，降低了融资成本；通过建立成本对标机制，提升了企业盈利能力和综合竞争力。同时，加速国有资产和土地资产的资产重组，有计划、有步骤地推进资产盘活和优质国有资产的保值增值，为本钢集团的健康、高效发展注入新的生机与活力。

4. 文化软实力调整升级。本钢集团着力推进两钢企业文化的交流与融合，减少文化差异，将原有的优势文化发扬光大，加快新企业文化的催生再造，形成了以“人本、人和、至精、至强”为核心、“理念体系、视觉形象体系、行为体系、文化与管理”等为主要内容的高品质企业文化，使原属不同企业的员工通过文化重组有效聚合在一起，实现企业形象、制度、行为与价值观的和谐统一，进一步巩固重组成果，达到企业重组 1 + 1 > 2 的良好效果。

5. 社会影响力持续提升。本钢集团卓有成效地合并重组引起了政府部门、冶金行业及产品用户的广泛关注和一致好评。国家发改委、工业和信息化部、中国钢铁工业协会等部门和单位表示，从目前来看，本钢集团合并重组所达到的效果应位列全国首位，重组的效率、整合的程度以及整合完成后的生产经营情况在全国重组案例中处于领先地位，与宝钢、鞍钢、武钢、首钢、沙钢一道成为“十一五”期间我国钢铁企业兼并重组的成功典范。一汽、上汽、中国五矿、中远、大连港、沈阳铁路局、各大银行以及国内外合作伙伴等，均对本钢与北钢合并重组表示了极大的认可和支持，并对于合并重组所带来的产品质量提高与售后服务增强表示满意，本钢集团的社会形象获得了极大提升。

# 科技领航　突破创新　实现跨越式发展

江苏沙钢集团有限公司

改革开放以来，江苏沙集团有限公司（简称“沙钢”）钢规模实力不断壮大，装备水平不断超越，产品结构不断优化，技经指标快速刷新，社会贡献逐年提升，连续 4 年挺进了世界企业 500 强。沙钢之所以能取得比较好的成绩，完全得益于改革开放的历史机遇，得益于科学发展观的正确指引，得益于上级党委和政府的领导帮助，得益于社会各界人士的关心与支持，也是一代又一代沙钢人自强不息、勇于进取、团结拼搏、循序渐进、长期积累、不断攀登、一步一个脚印努力奋斗的结果。

回顾 30 多年来的发展历程，沙钢之所以能获得如此飞速的发展，最重要的法宝之一就是沙钢在沈文荣的带领下始终坚持科技创新这一鲜明主线，不断提高技术装备条件，不断提高国际合作水平，不断提高集约式发展能力，实现产品的多样化和高端化，实现生产方式的不断进步，实现企业可持续发展。

## 一、促进技术装备升级，注重质量提升赢得企业发展优势

沙钢创办在一个有钢什么都好办的年代。创业的动力很简单，就是使当地人能够通过就业解决温饱，使当地有了钢材就能实现发展的梦。沙钢初期只是一个生产规模很小的轧钢车间。即便后来成为专门的钢铁企业，产量的规模也不过几千吨、上万吨。没有任何竞争优势。因此，企业当时的发展方式只能采取数量扩张，先努力达到小型钢铁企业的产量规模，采取比较优势迅速上位。沈文荣分析中国建筑市场发育情况，认为以钢代木、以钢代铝势在必行，于是决定选大厂不愿干、小厂干不了，而且有着广阔发展前途的窗框钢作为主导产品，进行专业化、批量化生产。同时提出：冲出本省参与全国市场竞争，三五年内实现产销量全国第一、产品质量全国第一的目标。经努力，沙钢先后改建、新建了 9 条钢窗料专业化生产线，生产 9 个系列、35 个规格，成为国内系列最全、规格最多、产品最新的窗框钢重要生产基地，产量高达 35 万吨，全国市场占有率 65.0%。

解决了温饱和发展基础后，目标就是做得更好。当产量达到一定规模，并且在市场上占有一席之地以后，沙钢人并不满足，而是加快发展，采用“拿来主义”的策略，大力引进外国的先进设备，以加快企业的工艺装备升级换代。

20 世纪 80 年代末，沈文荣决定以3 000万美元从英国比兹顿钢厂引进 75 吨超高功率电炉炼钢、连铸、连轧短流程生产线生产螺纹钢。在当时，可谓有把家底都砸进去的决心。一位老职工曾深夜到沈文荣家里担心地问，“我们厂的日子红红火火，不是蛮好过的吗？这样做会不会把老厂拖垮？”几位技术人员也找沈文荣探讨：“引进这么复杂的洋设备，技术上怕掌握不了吧？”此时，厂长助理也从北京带回来主管部门领导的建议：鉴于国内引进二手设备运行多有不顺利，沙钢技术力量又比较薄弱，应慎重考虑对国外设备的引进！沈文荣热情地接待大家，和他们恳谈、交流。

这条生产线到底该不该上？沈文荣在这个问题上毫不动摇。为了统一全厂职工思想，取得大家的理解和支持，沈文荣利用多次会议进行宣传解释。1988 年农历正月初六，春节后职工上班的前一天晚上，沈文荣又一次召集会议。夜已很深，厂部五楼会议室里坐满了 140 多名中层以上干部。人们注视着沈文荣。“关于上 75 吨超高功率电炉厂这个项目，我们班子的决心是不变的。广大职工的爱厂精神，也迫使我们必须要上好这个项目！”沈文荣用他炯炯有神的目光扫视了一遍会场，右手有力地在空中一挥，“如果项目引进失败，就把它当作展览馆，我去收门票。”他接着扳着指头向大家说起自己的想法：“第一，不上这条生产线，沙钢就形不成适度规模，就永远摘不掉技术装备落后的帽子，就没有市场竞争能力；第二，上就要上高起点、高档次的，填补国内空白才有竞争能力。绝不能上那种建完就要改造的生产线。沙钢向来有一种不服输的精神，不会可以学会，中国人并不比别人笨，把世界上流行成熟的技术移植过来，是完全有把握的；第三，香港地区有意合资，我们有一个好的合作伙伴；第四，从我国钢铁工业发展状况来看，收回投资有把握；第五，对待技术改造和新建，目光要看得长远。国内钢铁行业真正的竞争可能三五年内就会出现，当处于各种竞争冲击的时候，肯定会有些企业关门。”沈文荣又一次挥动着他那粗壮有力的右手。会议室顿时掌声热烈。沈文荣也激动地站了起来：“要创业，就要有抢、拼的劲头。机会稍纵即逝，不能等等看看。现在我们要研究的问题是如何建好，而不是要不要建。”会议一散，与会者又都议论开了：“沈厂长说得有道理，不进则退，不进则垮。我们确实不能只想到今天有饭吃，还要想到明天，要有战略眼光。办企业就要像沈厂长那样，要有魄力。如果怕风险就一事无成。只怕想不到不怕办不到。这条生产线上去以后，也能长长我们中国人的志气！”

果然，在国内外同类项目建设周期需要 30 ~ 36 个月的情况下，沙钢没请一个外国专家，仅用 23 个月就实现了炼钢、连铸、连轧三个一次投产成功。1991 年全线调试贯通，1992 年就达产达标。沙钢通过高起点、高档次改造，一步迈上了许多企业几年才能登上的新台阶，为今后瞄准和追赶国际最先进水平创造了条件。由于这种短流程生产线属于国际流行、国内首创，为企业带来了巨大的社会影响和经济

效益，不到两年就收回了全部投资，并且被国内冶金专家誉为“中国钢铁工业第三次革命的样板”。

1993年，沈文荣决定投资13亿元引进最新的短流程设备，从德国引进90吨超高功率竖式电炉、从瑞士引进六机六流小方坯连铸机、从美国引进全连续高速线材轧机，最后让德国西门子公司提供所有电器设备和自动控制设备，建成了号称“亚洲第一炉”的90吨电炉。集世界先进技术于一体，投产后使得沙钢集团的工艺装备和生产技术得以与国际钢铁行业接轨，电炉钢吨钢电耗、全员劳动生产率、人均产钢量等指标都达到了国际先进水平，顺利实现了从数量扩张向质量提升的转变。

## 二、提高合资合作水平，积聚能量实现国际化经营

通过引进国外先进工艺装备提升生产技术水平，使企业的规模和质量上了一个新台阶。沈文荣和沙钢企业的领导决策层又开始萌生向国际化发展转型的想法，并决意逐步实施。他说，“对于一个有成就的企业家来说，国内争第一不是最终目的，敢于参与国际市场竞争才显能耐。沙钢既要面向国内，敢与强手竞争，更要面向世界，参与国际同行竞争，具备抵挡复关之后发达国家产品冲击的能力，具备冲出国境参与重新划分国际钢铁市场格局的实力。”沈文荣逢人便阐述自己的主张。实现这种奇想，只有一条路：实现企业的国际化，用最优良的技术装备和最优秀的企业管理，实现最高档的产品质量和最低廉的产品成本。

1996年10月，沙钢集团与韩国浦项制铁合资成立张家港浦项不锈钢有限公司，生产不锈钢高端产品，实现了开放型经济的新突破，开启了从本土化向国际化转变的步伐。为了实现这一转变，沙钢瞄准国际先进水平进行企业的结构调整，投资150亿元，在全国民营钢铁企业中第一个兴建5米宽厚板和1 700毫米热卷板两条现代化板材生产线为主体的650万吨钢板工程，使生产结构从长流程到长、短流程结合，产品结构从长材到扁平材转变，钢种从普钢到优特钢的转变，并且进入了千万吨级钢铁联合企业的行列。

21世纪初，沙钢将位于德国莱茵河畔的蒂森克虏伯“凤凰”钢厂整体搬迁到扬子江畔，并与世界著名的奥钢联开展技术合作，对引进的工艺装备实施全面提升和创新，使之达到当时国际最先进水平。当时英国《金融时报》在报道中如此描述当时的场景：安装在60米高厂房内的顶吹氧转炉，加工卷板长度超过一公里的热轧钢机，一部烧结机，一座鼓风炉，还有许多其他部件，所有设备都用木条箱包装，塞进集装箱，装船启运，然后在长江口附近被拆箱。在长江的平坦冲积平原上，又严格按照高标准要求进行更新改造组装。运走的设备总重达25万吨，外加40吨详尽解释重新组装过程的文件。整项工程十分繁复，这在当时被称为欧洲战后历史上最大的工业搬迁。多特蒙德市的中国面孔一时间多了至少三倍，大部分是沙钢吸引来的参与招标的中国施工单位，沈文荣给每个参与竞标的单位30万元人民币，不管中标与否，希望都能提供搬迁工程建议。沙钢分别招标选择施工设计单位，烧结、炼铁、炼钢、热轧卷板等施工单位和设备拆件的船运单位。

沙钢的成本控制理念在这次拆迁中发挥得淋漓尽致。蒂森克虏伯方面最初拒绝由中方拆卸，沈文荣发了狠：不让中方施工设备我就不要了。2001年11月，1 000名中国工人住进了“凤凰”，其中有200人来自沙钢。2002年2月28日清晨，钢厂拆下了第一根螺丝。在当天的庆祝仪式上，中国人用踩气球的方式庆祝开工。在拆卸过程中，有德方的30名技术人员全程陪同，而那些德文的牌子如“请勿吸烟”，“火警报警器，请在失火时使用”都注上了中文。中国的工人和工程师们住在“凤凰”工厂原来的办公楼里，每个办公室里放着五六张床。中国团队以极大的工作热情积极投入搬迁工程。他们每天要工作12小时，即使周末也不休息。想尽办法提高搬迁速度。

这是一个艰苦的博弈过程。为了节约运输成本，沙钢希望集装箱能够在许可的重量体积下，尽可能利用缝隙空间，多装一些零件。但最初负责这一项目的外方经理异常强硬，并不通融。他坚持一件东西只能一个包装。几番激烈争吵之后，沙钢负责人直接找对方的老板，说给他三天时间思考。三天以后，外方老板最终作出让步，决定按照沙钢的方案装箱。沙钢本来计划用两年时间拆完这座工厂，而蒂森克虏伯方面则认为至少需要三年，但最终中国

工人只用一年就带着25万吨设备离开了。

购买蒂森克虏伯钢厂，这个决定对沙钢意义非同寻常，既迅速改变了以棒材、线材等钢铁产品为主，高附加值板材却一直空白的产业结构，又使沙钢的产能因此跃升到1 000万吨级，从而进入了中国钢铁工业的第一方阵。

## 三、转变企业发展方式，力推循环经济打造绿色钢城

钢铁工业属于流程制造业，是集物质状态转变、物质性质控制和物流有序有效管制于一体的生产制造体系，因此，钢铁企业往往被认为是资源消耗和能源消耗的大户，属于典型的高能源消耗高污染的高碳企业。

20世纪90年代中期，当时国家工业主管部门的一位专家向沈文荣建议：要结合自己的家底，针对我国金属制品业落后的现状，上马低碳绿色的硬质高线。沈文荣如获至宝。艰难的商务谈判开始了。沈文荣带着由10余人组成的代表团，与来自德国、瑞士、美国等3个国家的对手展开了紧张的较量。离春节还差10天，外国人想借中国人的传统节日，多谈一些拜年的话题，沙钢人却接二连三地提出了大量的技术难题和技术指标，对低碳绿色的严格要求，令这些电炉、连铸机、连轧机和工业电气的老牌专家们吃惊。虽然他们都能达到，但是几乎没有几家厂商能向他们提出这么高的要求，更令外国公司吃惊的是，沈文荣掏他们家底的手段和能力。艰苦的谈判一天过去了，又一天过去了。沈文荣右脚痛风病情急剧发作，脚肿得像个馒头，不能行走，被强行按倒在病床上挂盐水。但谈判没有结果，他一刻也躺不住。他要人把所有谈判资料摆在病床上一项一项地抠，一个一个地算，分分毫毫扣紧合同底价。对方被沈文荣的韧性打动了，也看出了沙钢早晚会成为中国许多冶金企业发展的样板。七天七夜之后，沙钢终于与合作伙伴签署了全部三个合同。绿色硬质高线的上马，标志着沙钢走上了一条低耗能、低排放的发展之路。

随着可持续发展理念的提出和推广，特别是低碳经济的发展方兴未艾。沙钢集团在长期的转型升级过程中，坚持依靠科技创新深化节能减排，着力构建了钢铁企业的循环经济模式。

沙钢率先将钢铁制造流程由“资源—产品—废物”的单向直线型转变为“资源—产品—再生资源”的圆周循环型，使钢铁企业既是钢铁产品的制造者，又是清洁能源的转换者和社会废弃物的耗用者，探索、总结出了一整套深化资源综合利用、发展循环经济的新机制。“十一五”以来，沙钢在节能减排、发展低碳经济方面的投入超过50亿元。依靠科技创新，形成了煤气、蒸汽、炉渣、工业污水和焦化副产品回收利用等五大循环经济圈，实现了经济效益与环境效益的有机统一。

与此同时，沙钢充分发挥人才优势和广大职工的创新精神，自主研发了高炉铁水直接加入电炉炼钢的节能型短流程工艺路线，使电炉钢吨钢电耗大幅度下降，效率大幅度提高，钢水质量更加优良。这一具有自主知识产权的新工艺流程获得了国家发明专利授权。

沙钢坚定不移地实施信息化与工业化相融合的发展战略，将信息化技术充分运用于企业的生产、组织、经营、管理等各个环节，与之融为一体，产生了显著的节能减排、降本增效综合效益。其中，采用干熄焦（CDQ）全过程自动化控制技术，实现了蒸汽有效回收和发电利用；180吨转炉配备“专家系统”，转炉炼钢工序实现“负能”炼钢，2010年转炉炼钢全工序能耗达到-15标准煤/吨。

沙钢还围绕节能减排加快二次创新和自主创新步伐，完成了数十项工艺流程的创新和优化，实施高炉炉顶煤气差压发电（TRT）、干熄焦蒸汽回收发电等资源综合利用重点工程，每年发电量达30亿千瓦时。2011年，沙钢还在江苏省率先实施烧结机烟气脱硫和铁水脱硫技改工程。目前，沙钢96.0%的资源都得到回收利用，循环经济的贡献率达到了20.0%以上，低碳经济已成为沙钢“绿色”增长点。

站在新的历史起点，沙钢将继续高扬创新发展的主旋律，坚持科技领航，持续创新，进一步解放思想，锐意进取，将转型升级作为沙钢的立足之本，动力之源，不断培育新的经济增长点，为顺利实现“十二五”发展规划目标奠定更加坚实的基础。

# 做好钒钛磁铁矿利用这篇大“文章”

攀钢集团有限公司

转眼间，攀西钒钛磁铁矿开发已走过40余年春秋。外国专家眼中的“呆矿”，化为造福世人的宝藏。当初的不毛之地，已变身为“中国钒钛之都”。

金沙江畔，攀钢——一个现代化的钢铁钒钛企业集团悄然崛起。发展成为我国最大的铁路用钢生产基地，规模最大且品种结构最齐全的无缝钢管生产基地，最大的钛原料生产基地和唯一的氯化法钛白生产基地，最大的钒制品生产基地和世界第二大产钒企业。

作为攀西钒钛磁铁矿开发利用龙头的攀钢，在走过40多年的时光后，毅然承担起进一步高效利用这“得天独厚”的资源的历史重任，攀钢西昌钒钛资源综合利用项目应运而生，迈上了高效利用攀西钒钛磁铁矿的新新征程。

## 一、自主创新成就“呆矿”传奇

1965年3月4日，毛泽东同志在冶金部关于加快建设攀钢的报告上批示：“此件很好”，由此拉开了建设攀钢的序幕。他高屋建瓴地说：“我们的工业建设，要有纵深配置，建不建攀枝花，不是钢铁厂的问题，是战略问题……”

当各路建设大军在金沙江安营扎寨之时，攀西钒钛磁铁矿到底能不能出铁，人们心里还全然没有底。因为，攀西钒钛磁铁矿铁品位低，岩相结构特殊，难磨难选难冶炼，资源禀赋并不理想，曾被外国专家判为“呆矿”。

于是，一方面攀枝花建设如火如荼。一方面，冶金部副部长周传典带队，组织全国各地的精英108将，在河北承德集体攻关，初步攻克了钒钛磁铁矿冶炼这一世界难题。

1970年7月1日，攀钢第一炉铁水娩出。攀钢的第一炉铁水，辉映的是中华民族的骄傲。由于高钛型钒钛磁铁矿高炉冶炼渣中钛白粉（TiO2）在炉内还原气氛下，过还原生成了高熔点的低价钛化合物，使得炉渣变稠，渣铁分离困难，导致高炉生产难以顺利进行，因此，国外至今未能直接在高炉形成工业规模生产。

攀钢投产之初，高炉利用系数长期低位徘徊，企业连年亏损。方毅副总理亲自挂帅，每年主持召开攀西钒钛磁铁矿攻关会，终于解决了“泡沫渣”、粘罐等重大世界性技术难题，创造出了一套用普通高炉冶炼高钛型钒钛磁铁矿的技术。

毫不夸张地说，攀钢是依靠科技起家的，更要依靠科技发展，加快发展方式转变，科技进步依然是关键。科技兴企、科技强企的基因在攀钢诞生之日就已扎根，成为攀钢根深蒂固的企业文化。

从矿石中“拿”出铁后，攀钢持续科技攻关，不断攀登攀西地区钒钛磁铁矿资源深度开发利用的新高。为此，攀钢建立了完善的企业自主创新体系。

攀钢自主创新体系分为国家级技术中心、公司级科技攻关队、厂矿技术工作队三个各司其职的“梯队”，汇集了各类专业技术人才2万余人。清华大学、北京科技大学等20余所高校和科研院所也成为攀钢的技术“同盟军”。

攀钢作为老牌国有企业，历史长、包袱重，但每年技术开发费投入均不低于上年度销售收入的1.0%。企业还设立了科技奖励基金，对在关键、核心工艺技术方面做出重大贡献的优秀科技人才给予重奖。

就是在2008—2009年企业极端困难的时候，攀钢也坚持在科技投入上不放松，那时攀钢巨额亏损，但仍拿出近5亿元用于转底炉直接还原、高炉渣提钛、富钛料提取等中试线建设。

目前，攀钢开创中国百米长尺钢轨热处理的先河；三氧化二钒、高钒铁、微细粒级钛精矿回收等生产技术国内首创、世界领先。每年新产品产量占钢材总量10.0%以上,新产品产值率达到30.0%以上;科技贡献率达到50.0%左右。

## 二、钒钛磁铁矿利用"新长征"任重道远

2011年7月,在国家科技部、中国科学院、中国工程院、四川省等领导和嘉宾的共同见证下,攀钢牵头的钒钛磁铁矿综合利用产业技术创新战略联盟在北京正式宣告成立。从此,我国拥有了钒钛技术攻关的"国家队"。

目前,我国钒钛磁铁矿综合利用存在资源总体利用水平仍然偏低,制约我国高端钒钛产业发展的瓶颈技术待突破,钒钛产业伴随的环保问题日益凸显,钒新产品开发及其应用领域亟待拓展等不足。在市场经济时代,再像以前那样国家出钱、出力,主导钒钛磁铁矿技术研究已经不太现实。必须用利益的同向性、利用好资源的责任感来凝聚各方力量,共同攻关钒钛磁铁矿领域的重大技术难关。该联盟的成立,既符合国家产、学、研结合的政策导向,又涵盖了全国几乎全部的钒钛技术力量,必将有力推动我国钒钛磁铁矿的高效利用。

作为联盟的发起单位和首届理事长单位,攀钢将与联盟全体成员单位加强沟通协调,强化联盟的组织体系和工作机制创新,努力把联盟打造成为一流的行业共性技术创新平台,最大限度地发挥好联盟在推动产业关键核心技术创新方面的协同效应和巨大作用。在联盟框架内建设公共创新平台和中试基地,建立以市场为导向的技术开发体系,研究开发对国民经济发展有重要作用及具有市场潜力的、拥有自主知识产权的新产品、新工艺、新装备。通过整合联盟内优势资源,全方位多角度推进钒钛资源综合利用领域的产学研合作,形成持续和稳定的产学研合作关系,培育产业集群、创新集群,共同推进钒钛资源综合开发,加强钒钛资源综合利用的关键、共性、瓶颈技术攻关,推进科技成果转化,积极打造钒钛战略产品,积极推进钒钛产业的快速、健康发展、优化升级。

钒钛领域的任何一项重大技术的突破,都将产生革命性的影响,犹如当年汽车的发明带动石油产业的兴起,攀钢人对联盟和钒钛产业的明天冀望甚高。

## 三、"十二五"中后期基本完成二次创业

攀钢将力争一年一小变、三年一大变,到"十二五"中后期基本完成二次创业。我国的钢铁总量已达7亿吨,在中国工业化基本完成后,钢铁的刚性需求下降是不争的事实,而攀钢具有的钒钛仍将拥有广阔的发展空间。而国家已经批复同意鞍钢与攀钢联合重组,在新的鞍钢集团的正确领导下,作为攀西钒钛磁铁矿综合利用龙头企业的攀钢一定会迎来新的美好的明天。

目前,以攀钢为代表的中国钒产业已经成为具有国际竞争的产业,但中国目前的钒用量仅30克/吨钢,不足世界平均水平的一半。作为衡量生活水平的重要标志,中国人均钛白粉消费量为1千克/人,发达国家平均水平为3千克/人。而在钛金属领域,由于价格昂贵,全国年消费量仅3万吨,随着我国航空航天、医疗、国防、大飞机、海水淡化等领域的不断发展,钛金属应用有巨大的市场空间。

更优质的钢铁精品是钢铁行业未来的发展方向,而钒是生产优质钢材不可或缺的"味精"。仅全国数量庞大的二级钢筋升级为强度更佳的三级抗震钢筋,就可为钒产业提供广阔的"舞台"。而国家大力支持的风能、太阳能等新能源产业,其储能技术是一道难关。钒电池储能可望在该领域开辟一条新道路。在这一领域,攀钢已"伏兵"十年。

而在钛领域,攀钢近年来投资尤重,已形成从钛精矿到钛材的完整产业链,随着高炉渣中取钛等技术的突破,攀钢将有望改变世界钛产业的格局。攀钢人有将钛金属从贵金属"神龛"请下来的信心,让她进入工程金属的序列。

西昌钒钛资源综合利用项目做为攀钢二次创业的核心项目,可谓应运而生。该项目符合国家相关的产业政策和四川工业强省的相关精神,对加快攀西钒钛资源综合开发利用具有十分重要的战略意义,也是攀钢生存和可持续发展的需要。同时,攀钢在西昌建设钒钛钢铁新基地,将对在凉山所有的钒钛资源就地进行深加工,真正实现开发一方资源,带

动一方经济，富裕一方百姓，有力促进西部少数民族地区经济、社会和谐发展。目前，该工程建设进展顺利。

面对加快发展方式转变这一崭新的领域，未知的挑战，时代发展呼唤着攀钢人努力超越自我，主动转型。攀钢将坚持“做大钒钛、做精钢铁、做好资源、做强企业”的发展思路不动摇，坚定发展信心，抢抓发展机遇，凝聚力量、攻坚克难，奋力打造攀钢竞争新优势，使攀西钒钛磁铁矿的利用实现新突破，成为鞍钢集团的重要支撑极。

未来3—5年，攀钢将实现二次创业，重出江湖，再现昔日辉煌，在攀钢人眼里，攀钢的新蓝图已清晰可见。

（撰稿：周 军）

# 试论创先争优常态化及长效机制的建立

广西中烟工业有限责任公司

创先争优活动是新形势下加强党的建设的伟大实践，是加强党的先进性建设和执政能力建设的重大举措，是党的十七大在关于党的建设的部署中明确提出开展的两项活动之一，即学习实践科学发展观和创先争优活动。创先争优活动的主题是贯彻落实科学发展观，与学习实践活动相互衔接、相互促进、目标一致。学习实践科学发展观活动一结束，中央就立即启动创先争优活动，把创先争优活动作为学习实践科学发展观活动的延展和深入。我区国有企业创先争优活动自2011年4月开展以来，围绕推动科学发展、促进社会和谐、服务人民群众、加强基层组织等方面取得了实实在在的效果。企业各级党组织通过开展创先争优活动，找准了服务大局、推动企业上水平的切入点；广大党员通过参加创先争优活动，立足本职创一流，找到了展示党员先进性的平台，广大职工群众也从创先争优活动中感受到了党的先进性，从创先争优活动中得到了许多实实在在的实惠，进一步凝聚了人心，激发了参与创先争优的热情。因此，创先争优作为一项活动，虽然其阶段性工作已经推进到了中后期，但创先争优的要求远不会结束，也不能结束。李源潮同志指出，创先争优是社会主义建设时期保持党的先进性的经常化、普遍化、基础化的行动机制。如何使创先争优常态化，达到“经常化、普遍化、基础化”的要求，积极探索创先争优经常性的工作机制，对于我区国有企业全面完成今明两年工作任务，以优异的成绩迎接党的十八大胜利召开，实现“十二五”规划乃至更长远的奋斗目标，都具有十分重要的意义。

## 一、创先争优常态化的必要性

### （一）创先争优常态化是党的先进性建设的客观要求

先进和优秀是我们党的内在品格。创先争优与党的先进性，有一种天然的、密不可分的联系，是党90年实践的必然道路和选择，贯穿于党的全部历史中。建党以来，党的先进性始终体现在党的思想、理论、目标及行动（包括各级组织和广大党员的具体行动）诸方面，在坚定的理想信念指引下，我党不屈不挠追求思想理论和行动的先进，创推动历史发展之先，争为人民谋利益之优，推动了党的事业不断发展壮大，取得举世瞩目的成就，永葆了党的蓬勃旺盛生机和活力。正如习近平同志最近所指出，先进性是马克思主义政党的本质属性，是马克思主义政党的生命所系，力量所在。先进则兴，先进则强。但是，党的先进性不是一劳永逸的，是一个不断运动和发展变化的过程，如何保持和发展先进性，关键是要不断“创先”和“争优”，不断进行先进性的教育与实践。创先争优活动与党的先进性教育的根本任务是相同的，都是在全面推进党的建设新的伟大工程实践中，通过坚定党员理想信念，加强党性修养，保持良好作风，发挥模范作用的阶段性和经常性教育活动。创先争优活动的实践已经证明，深入开展创先争优活动，是创建先进基层党组织的有效形式，是党员加强党性锻炼，发挥模范作用的有效载体。创先争优在推动党的先进性建设中，通过结合党性教育各种主题，结合运用创先争优活动的成果，联系党组织和党员的实际，有针对性地深化和促进党性教育，着力构建使基层党组织得到加强、党员经常受教育，党的先进性得到保持的长效机制，为党性教育不断夯实基础。

**（二）创先争优常态化是贯彻落实胡锦涛总书记“七一”讲话精神的需要**

胡锦涛总书记在庆祝中国共产党成立90周年大会上的重要讲话，是一篇伟大的马克思主义纲领性文献，通遍体现出一种昂扬向上、锐意进取、永不停滞、永不懈怠、不断创先争优的基调和精神。总书记在讲话中指出的“实践发展永无止境，认识真理永无止境，理论创新永无止境。”“要始终做到理论上与时俱进，行动上锐意进取。”这是对创先争优做出的新概括和英明论断，是创先争优认识上的深化、内容上的拓展、行动上的指南。按照胡锦涛总书记“七一”讲话精神，创先争优必然要由原来主要强调基层创先争优，拓展到全党全社会都要不断追求先进和优秀，使创先争优成为社会的一种价值取向，成为时代的一种特征和追求，并随着形势任务的发展变化，不断深化认识、深化行动，形成党内带党外，党员带群众，全社会努力干事创业的浓厚氛围。当前及今后一段时间，“行动上锐意进取”要求围绕主题主线创先争优、围绕社会管理创先争优、围绕保障和改善民生创先争优、围绕抓基层打基础创先争优。

**（三）创先争优常态化是国有企业履行责任使命的要求**

中国共产党始终代表中国先进生产力的发展要求，我们党领导下的国有企业所代表的正是我们国家生产力最先进的部分，在履行政治责任、经济责任、社会责任中担负着艰巨的历史使命。这就要求国有企业不仅要自觉成为创先争优的实践者、推动者，而且要先行一步、走在前列，争做表率和示范，切实把党的政治优势转化为企业的核心竞争力。李源潮同志在央企调研时明确指出：“聪明的企业负责人特别是一把手抓企业发展，肯定要抓创先争优，因为单位争先进、个人创优秀，大家都想出优质产品、创优秀业绩，企业的发展就有了动力和保证。”企业基层党组织和党员处在改革发展的第一线，是贯彻党的路线政策、推动国有企业发展的骨干力量，创先争优的重点在基层，这就为基层开辟了广阔的空间。企业通过以创先争优活动为抓手，围绕科学发展中心任务，结合自身的实际情况，不断完善活动方案，切实加强领导，积极营造氛围，扎实推进活动开展，可以把党的组织资源转化为推动科学发展的资源，把党的组织优势转化为推动科学发展的优势，把党的建设成果转化为科学发展成果，不断增强企业核心竞争力和可持续发展能力。

**（四）创先争优常态化有利于更加充分发挥党员先锋模范作用**

在企业生产经营中，群众看党员，党员的先进模范作用至关重要。但是，党员的先进性教育也不能一劳永逸地解决，只能在创先争优活动中，在不同历史阶段下，从新的起点、新的高度，解决党员在党性方面的突出问题，不断增强党员的先进意识。创先争优常态化，对于强化党员主体意识，突出党员主体地位，发挥党员主体作用，进而充分调动基层组织和广大党员的积极性、主动性、创造性，搞好党的先进性建设和执政能力建设，具有重大的理论和实践意义。

1. 创先争优为党员先进性提供了展示的平台。保持先进性，是党的建设的永恒主题，也是每个共产党员面临的终生课题。如何让每个共产党员长期的、经常性的保持共产党员先进性，创先争优为此提供了一个良好的平台。企业开展创先争优突出围绕本职工作，强调以推动科学发展、促进社会和谐、服务人民群众为主体，与实践活动紧密联系，为党员发挥先锋模范作用指明了方向。

2. 创先争优可以激发党员强烈的先锋队意识。党章规定，中国共产党是中国工人阶级的先锋队，同时是中华民族的先锋队。党的先进性必须通过广大党员先锋模范作用的发挥体现出来。如何使基层党组织和广大党员在建设和发展中国特色社会主义的伟大事业中能够紧跟时代前进步伐,始终保持先进性和战斗力,就是要通过开展创先争优,强化党员的先锋队意识,提高党员的使命感和责任感,不断创先争优,永葆党的先进性。

## 二、如何达到创先争优常态化的几点认识

### (一)要形成创先争优的制度机制

制度问题带有根本性、全局性、稳定性和长期性。在创先争优活动中形成的带有规律性经验和行之有效的成功做法要积极推广应用,力求常态化、制度化,把创先争优的要求转化为党组织和党员自觉遵守的行为准则和制度规范。

1. 要建立健全党员主体地位的机制。尊重党员的主体地位,探索建立党组织和党员创先争优动力机制,可以拓宽创先争优活动载体,充分激发基层党组织和广大党员创先争优的生机和动力。如在我区创先争优活动中普遍开展的党员承诺联评大行动,坚持围绕中心、服务大局确定承诺内容,坚持根据不同支部不同岗位特点分别提出践诺要求,坚持有诺必践、以实际行动创先争优,坚持民主公开、群众参与,是在党性修养的基础上对主体作用发挥的一种认识提高,体现出党员保持先进性的自觉意识,对于充分调动党员的主观能动性,发挥党员的聪明才智具有重要作用。

2. 要建立健全党员发挥作用的机制。国有企业在创先争优中提出的以"打造推进科学发展战斗堡垒、建设推进科学发展时代先锋"为主线、以"正在做的事情、立足本职"为原则开展的各种活动,有效克服了党建工作"两张皮"现象,把党的先进性要求和广大党员的岗位职责结合起来,明确了党员先进性的具体要求和行为准则,必然成为保持党员先进性的制度保障。

3. 要建立健全创先争优评选表彰机制。通过建立健全创先争优评选表彰机制,使表彰激励作用经常发挥,进而形成全体党员积极进取、奋勇争先的良好格局和精神风貌。评选表彰要明确目的、原则、程序、条件、种类、层次及比例,做到程序合法、党员信服、群众满意,结果公开。评选表彰既要注重在危难险重中表现突出的党员,也要注重在平凡岗位上默默奉献的党员;既要关注热门岗位、关键岗位的党员,也要关注各个层面的普通党员。

4. 要形成崇尚先进、学习先进、争当先进的机制。党在各个历史时期,涌现出无数的先进模范人物,这些先进模范人物的感人事迹和崇高精神生动诠释了中国共产党人的先进和优秀,是我们党的宝贵财富,在人民群众中有着巨大的影响力和感召力,必须大力宣传,发挥示范激励作用。创先争优的过程,必定是先进人物不断涌现的过程。企业在创先争优活动中,对各条战线、各种岗位的先进人物要不断挖掘、培育,特别是要抓住群众公认的身边事、身边人的鲜活事例,挖掘其精神实质和闪关点,突出时代特征、反映时代精神、展示时代风貌、引领时代价值取向,使他们鲜活生动、可信可学,富有感染力和吸引力。要选择多种平台,让先进人物言传身教、带头示范,使不同战线、不同岗位的党员学有标杆、赶有目标,实现先进帮后进、先进带后进,互帮互助,共同提高的目的。

### (二)要让学习党史成为创先争优常态化的不竭精神动力

如何让基层党组织和广大党员充满激情去创先争优,一个重要方面就是搞好党史的学习。邓小平同志强调,要懂得些中国历史,这是中国发展的一个精神动力。按照创先争优的总体要求和基本要求,必须通过有效的形式使创先争优常态化,开展党史教育,正是一种特殊而有效的形式。现在企业的大多数在职党员都是生于新中国,长在红旗下,没有经历过新民主主义革命时期艰苦卓绝的斗争,也没有直接参与新中国成立后进行的社会主义革命和建设,70 后、80 后的年轻党员也不在少数,对于新中国成立以来党取得的成就以及经历的曲折缺乏亲身感受和和直接体验。因此,在创先争优活动中,很需要让广大党员系统地学习党的历史,接受具体生动的党性教育和革命传统教育,把党的"不懈奋斗史"、"理论创新史"、"自身建设史"作为党组织开展党员干部学习教育的基本内容,用党的伟大成就激励人,用党的优良传统教育人,用党的成功经验启迪人,用

党的历史教训警示人，从而获得精神鼓舞，升华思想境界，陶冶道德情操，完善道德品格，培养浩然正气，做到自重、自省、自警、自励，认真践行全心全意为人民服务的根本宗旨，经受住“四个考验”，防止“四个危险”，为党和人民事业不断作出自己的贡献，不断增强高举中国特色社会主义旗帜、坚持和拓展中国特色社会主义道路、坚持和丰富中国特色社会主义理论体系、坚持和完善中国特色社会主义制度的自觉性和坚定性，使创先争优活动更好地服务于党和国家的大局和企业的中心工作。

**（三）要让学习型党组织建设为创先争优常态化奠定坚实的基础**

创先争优和学习型党组织建设，都是新的历史条件下基层党组织和党员坚持和发展党的先进性、坚持和创新党的学习传统的生动体现。学习是激发创新活力的基础和源泉，是增强党组织和党员能力素质的基本途径。学习型党组织建设始终贯穿着先进性的基本要求，为创先争优常态化提供了思想指导和工作支持。

1. 学习型党组织建设夯实了创先争优的思想基础。学习型党组织是基层组织和党员修炼能力素质的熔炉，是坚持和发展党的先进性的学校。学习型党组织的理想信念建设，增强了党员干部为党的目标任务努力奋斗的信心和斗志；学习型党组织内部的学习热情和学习氛围，对于创先争优有着很强的激励和促进作用。从学习内容来看，学习型党组织建设的首要任务是抓好党员干部的理论武装工作。胡锦涛总书记在“七一”讲话中指出：“90年来党的发展历程告诉我们，理论上的成熟是政治上坚定的基础，理论上的与时俱进是行动上锐意进取的前提，思想上的统一是全党步调一致的重要保证。”因此，通过加强学习型党组织建设，抓好党员干部的理论武装工作，将为创先争优常态化奠定更加坚实的思想基础。

2. 学习型党组织建设拓展了创先争优的工作基础。学习型党组织建设注重联系实际，学以致用、学用结合，把组织化学习渗透进党建及思想政治建设中，渗透进业务工作的方方面面，达到开阔视野、提高素质、增长才干、推动工作的目的，拓宽了创先争优的领域，调动了广大党员爱岗敬业、创先争优的积极性，使他们在学习追求中体现出优秀品质和工作业绩，更加有利于基层党组织和党员适应时代发展，努力做到“五个好”、“五带头”，为推动科学发展、促进社会和谐、服务人民群众、加强基层组织拓展工作基础。

（撰稿：倪　敏）

# 聚焦目标　奋勇攻坚　全力实现新跨越

红云红河烟草（集团）有限责任公司

红云红河烟草（集团）有限责任公司（简称“红云红河集团”）挂牌成立于2008年11月8日，由原红云集团和原红河集团合并组建。重组之后的红云红河集团不仅实现了企业规模的稳步扩大、实力的不断增强，而且还肩负着中国烟草行业“大企业、大集团”的改革试点使命，肩负着做大做强品牌、增强中国烟草总体竞争实力的历史使命。

2011年是红云红河集团“十二五”规划开局之年，是“卷烟上水平”扎实推进并取得重大突破的一年。在国家局和云南中烟的正确领导下，集团认真落实全国、全省烟草工作会议精神，围绕行业“532、461”品牌战略和云南中烟“5422”品牌规划，以集团“2584”年度目标为工作重点，抓管理，练内功，打基础，树形象，强品牌，增效益，经过全体员工的共同努力和拼搏奋斗，全面完成了云南中烟下达和集团一届三次职代会确定的主要工作目标和任务。集团经济效益再创历史新高，整体运行继续保持着产销协调均衡、产品结构上移、品牌价值提升、实力持续增强的良好发展态势。集团品牌规模仍保持行业第一、效益仍居行业第3位，实现了集团“十二五”的稳健起步。具体工作中注重提升“九个力”：

一是定目标，提升引领力。面对行业快速发展的新形势，推进集团由大变强，必须全力加快发展。按照姜局长“高端强势、中端引领、国际领先”的要求和“重在高端突破、重在持续创新、重在加强宣传、重在夯实基础”的指示精神，集团结合自身实际，坚持规划统领，顺时应势，把“331”发展目标丰富提升为“42158”：即到2015年，力争云烟品牌规模达到400万箱、红河品牌规模调控在200万箱左右、云烟商业批发销售额1 500亿元、集团实现税利800亿元。以更加清晰的思路、更加准确的定位、更加明确的目标，引领集团更好更快发展。

二是强品牌，提升竞争力。围绕“规模、价值、低焦低害并举”的品牌发展思路，把资源要素更加向云烟和红河品牌聚集。努力做强做大品牌，聚焦云烟，着力突破高端市场，提高产品结构，进一步增强集团品牌实力。

三是拓市场，提升营销力。深化协同营销，协同工商战略目标，加强市场调控，快速响应需求，推进工商发展深度契合；强化全员营销，集团领导分工挂片市场，加强高层沟通，积极寻求商业公司对集团发展的理解支持，协调市场规划布局、品牌发展目标、产品培育举措等重点工作，努力实现工商发展同向。加大工厂领导和中心部室负责人市场走访力度，传导市场压力，提高全员参与市场竞争的意识；加强内部管理，以专业化分工、项目制管理创新性开展营销工作，提高服务效率和水平；着力精准营销，实现品牌规模、结构双增长；做实终端建设，以旗舰店、专卖店、标准店等形式参与终端项目建设，搭建网络营销互动平台，进一步延伸品牌营销触角，提高品牌覆盖面、影响力和忠诚度；拓展海外市场，立足缅甸、印度尼西亚、南部非洲、马其顿以及中国香港地区等合作项目，推进境外实体化运作，调整外销产品线，扩大一般贸易出口。

四是稳根基，提升保障力。加强基地建设，密切工商合作，完善共建方案；加强烟庄建设，系统推进集烟叶种植、产品体验、互动交流、文化传播、品牌宣传为一体的云烟印象烟庄建设；加强仓储建设，推进昆烟老厂房改建原料仓库、曲靖南海子烟叶仓库及红河烟叶仓储基地建设，原昆烟分厂旧厂房改建原料仓库项目顺利完工；抓紧烟叶采购，分品种单收单调单储，着重提高烟叶纯度和工商交接合格率；优化资源配置，整合压缩库存等级，适度对外调剂部分库存烟叶，进一步优化原料结构。制定集团烤烟工艺分级标准，完成昆明、红河、曲靖三大烟区复烤模块化配方打叶设计，统一调配烟叶，集中打烤，稳定产品质量，集团原料保障更为稳固。

五是重创新，提升科技力。着力成果转换，加强产品研发。以增强品牌核心竞争力为目标，云烟强高端，红河提结构，转换应用最新科研成果，提高产品技术含金量，完成新品的研发储备，尤其是系统设计、倾力打造、代表云烟最高水平的云烟（大重九），以专属原料、专用配方、专门工艺、专线加工充分彰显“清、甜、津、润”的风格特征，树立了云烟（大重九）高端中的尖端形象，为集团品牌强高端、提价值发挥了重要作用；着力工艺提升，强化提质维护。以凸显风格、提升品质为导向，依托“云烟专线”优化流程、精控参数，工艺转换后生产的产品品质普遍提升，“清甜香”特征进一步彰显，发挥出专线对产品突出风格、提升品质不可替代的作用；着力技术集成，推进减害降焦。进一步加强减害降焦综合技术的集成应用，“降焦不降香”的品质特征得到广泛认可。同时着力自主创新，突破关键技术、突破传统调香模式，为突出云烟高端产品特有风格提供了支撑。牵头完成的“中式卷烟风格感官评价方法”达国际领先水平，奠定了集团在卷烟感官评价领域的领先地位。着力科研攻关，突出创新质量。全年共承担各级科研项目88项。申报专利79项，其中发明专利52项，获授权专利62项、软件著作权3项，获上级奖励科研项目15个，其中云南省科技进步一等奖1项、三等奖4项，云南中烟公司特等奖1项、一等奖2项、二等奖5项，有价值、有亮点的科技成果快速增长，实现了面的拓展和质的提升。高层次科研人才不断涌现，被认定为行业卷烟调香领域高级调香师1人、被认定为调香师1人，被认定为行业卷烟调香方向学科带头人1人，被认定为云南中烟科技领军人才1人，被认定为云南中烟学科带头人2人，集团创新实力不断增强。

六是齐攻坚，提升制造力。优化产能布局，均衡生产安排，切实保障了市场供应；推进“五化”建设，深入落实“体系目标化、管理流程化、流程信息化、基础规范化、改进持续化”要求，修订完善体系文件，协调推动“多标一体”整合，完成文件发布平台整体转换，开展管理目标检查和体系文件交叉审核，持续改进提升业务流程效率；推进创优、对标，以专题为抓手，完善创优指标数据，各生产厂深入推进6S到8S管理，形成了全员参与、各具特色、卓有成效的现场管理体系。强化生产厂经济目标考核，加强成本控制，推广设备优秀操作法，对照行业10项主要经济技术指标，集团“创优”达标率83.0%，昆明卷烟厂被评为云南中烟优秀卷烟工厂。加强质量考核，成立集团产品质量安全委员会，统筹指导产品安全性工作，构建起涵盖原料、添加剂、烟用材料等169项企业标准的质量安全控制体系，集团在农残控制、添加剂安全指标、接装纸质量指标等方面处于行业领先水平。强化标准指导，落实“八项考核”，以工作质量保证产品质量。全年产品质量行检、抽检、商检合格率均为100%，集团制造保障能力进一步提升；加快技改进度，昆明卷烟厂克服重重困难，生产、技改、搬迁三线作战、齐头并进，易地技改2011年5月竣工投产，打造出行业标志性工程，极大增强了集团实力，迎接国家局、省市各级领导、全国烟草同仁和社会各界人士343批次1万多人参观考察，并被选定为2011年全国烟草行业企业现场管理会工业分会场，极大提升了集团形象。曲靖卷烟厂技改项目卷包中庭改造主体工程完工，会泽卷烟厂技改项目组织施工招标，新疆卷烟厂技改项目联合工房主体结构基本完工，乌兰卷烟厂技改收尾工作进展顺利，红河卷烟厂技改项目组织地质勘探招标，昆明卷烟厂、曲靖卷烟厂打叶复烤线技改加快规划，集团发展后劲持续提升。

七是强素质，提升管理力。加强队伍建设，开展中级管理人员年度考核和竞聘上岗，制定实施“集团挂职人员管理规定”，加强了集团和工厂的人员交流。实施专业技术人员职务申报评审、考核聘任和职业技能人员的考核鉴定，开展多层次全方位教育培训，并通过专题讲座、专项培训、专业学习重点提高管理人员的管理水平和综合素养，集团培训的深度、广度和针对性、实效性切实提高，评审认定初级职称64人、中级职称33人，申报高职10人。组织烟叶分级、财务ERP应用及云南烟草工业系统烟机设备维修等技能竞赛，获全国技术能手3人、获云南中烟技术能手称号6人。开展评优树模，获云南省和云南中烟劳模表彰员工7名，招聘录用应届大学毕业生163名、研究生27名，集团人才基础进一步夯实。深化用工分配制度改革，实施集团总部及各厂工改，精简岗位岗级，严格定岗定员定编，强化工资总额管理，完成岗位工资调整，不断健全以绩效考核为核心的薪酬分配机制，员工收入稳定增长，共享发展成果；完善组织架构，按照“扁平、快速、高效”的原则，调整机关党工团、技术中心、调研室机构及职能设置，集团物流中心正式运行。拟定多元化投资管理公司组建方案，加强投资管理，推进项目建设，理顺投资股权。成立三项工作管理委员会、离退休管理工作领导小组、劳动争议调解委员会等跨部门机构，进一步理顺工作关系和流程，集团运行效能进一步提升。

八是抓基础，提升规范力。加强预算管理，理顺预算管理运行机制，进一步搭建适合集团发展需求的全面预算管理体系，认真执行预算分级负责、归口管理、统一审批的制度，严格编审各单位部门年度预算，强化预算执行跟踪监控，集团预算管理能力不断增强；加强两项工作，推进办事公开民主管理，细化公开目录与内容，做好职代会提案回复，保障职工的知情权、参与权、表达权和监督权。强化工程投资、物资采购、宣传促销管理，工程建设项目、十二类卷烟材料采购、宣传促销项目及促销品等严格招标、竞标、评标，公开透明操作，着力打造阳光烟草；加强信息化建设，经过8个月的努力，集团ERP项目2011年底已上线运行，实施MES、协同办公、主数据管理等信息系统建设，协同办公系统顺利运行，预算编制系统投入使用；加强内部监管，加大重点领域和关键环节监管力度，深入开展工程建设领域突出问题和“小金库”专项治理、“六五”普法及烟叶收购廉政教育等活动。加强审计工作，集团“三重一大”监管体系持续健全。

九是建和谐，提升凝聚力。加强党建工作，认真学习贯彻胡锦涛总书记“七一”重要讲话、党的十七届六中全会精神，深入学习杨善洲和李林森公仆本质、纪念建党 90 周年、开展“讲责任、讲奉献、讲纪律”系列活动，着力推进党建创新和创先争优，持续健全惩治和预防腐败体系，严格权力运行和干部选拔任用监管，健全深化“两个至上”长效机制；加强文化建设，注重传承性、系统性、实效性，修订文化理念，深化文化宣贯，开展文化评价体系建设，推进集团品牌、质量、责任、安全、学习、忠诚、激情等子文化建设。落实职工各项福利待遇，爱心帮扶困难职工，组织劳模专家等各层次员工代表的慰问座谈，开展丰富多彩的文体活动，进一步增强员工认同感、责任感和使命感；加强安全维稳，层层落实安全责任，加大安全设施建设投入，以烟叶仓库、特种设备为重点，开展好安全检查和专项整治，顺利实现集团安全“六无”目标。密切关注员工思想动态，切实做好信访工作，及时疏导排解不稳定因素，维护好集团安全稳定；加强宣传工作，内外结合有效互动，扩大媒体传播面，提高宣传报道深度、媒体合作力度和品牌策划强度，集团网站访问量突破3 000万，继续保持中国烟草企业网站第 1 位；支持公益事业，积极参与兴边富民、对口帮扶、挂钩扶贫、救灾助困等公益活动，加大对高校红云园丁奖、红河助学金帮扶力度，集团获“全国扶贫先进单位”等荣誉称号，内外环境更加和谐。

在行业“大市场、大品牌、大企业”的变革发展中，我们的目标要更加高远，我们的信心要更加坚定，我们的行动要更加坚决。攻坚 2012，提速集团发展，需要我们以“满腔热情、富有激情、充满智慧、奋力创新”的精神状态，在改革中解放思想，在发展中创新思维，在拼搏中努力跨越，在奋进中决胜中盘，全力推进集团由大变强，为烟草事业和地方经济社会更好更快发展作出我们新的更大贡献。

（供稿：宣传策划部）

# 管理创新是企业发展的不竭动力

南京医药产业（集团）有限责任公司

南京医药产业（集团）有限责任公司（简称“南药集团”）是南京市委、市政府直属的特大型国有独资企业，连续 7 年荣登中国企业 500 强榜，2011 年位列第 310 位。南药集团拥有 8 个研发主体、20 个工业企业（含种植业）、60 多家商业企业、2 000多家连锁药店，营销网络覆盖苏、浙、皖、闽、京、沪、豫、滇、辽、川、鄂、新等十余省（市、区）。具备化学原料药、化学制剂药、中成药、保健药品的科研开发和工业制造能力；中药材种植、中药饮片加工能力；拥有药品调拨、分销、纯销、现销快配、零售连锁等多种商业流通业态；控股并成功地经营宿迁市人民医院（简称“宿迁医院”）。南药集团年销售收入超过 260 亿元，年利税总额超过 8 亿元。工业产品出口 20 多个国家，具有自主知识产权的独家产品“脉络宁注射液”单品种销售收入超过 7 亿元。南药集团控股 2 家上市公司，其中南京医药股份有限公司（简称“南京医药”）是全国第五大医药流通企业、金陵药业股份有限公司（简称“金陵药业”）位列中国制药工业百强企业。

## 一、南药集团管理创新的背景

### （一）医药体制机制改革的现实需要

医疗资源两极分化、严重失衡。进入改革开放年代，医药卫生资源、医药卫生人才迅速向沿海发达地区、大城市集聚。欠发达地区缺乏医药卫生资源、医药卫生人才的窘况凸显，大量的病患者被迫涌入大城市医院，造成大城市医院人满为患；而到大城市医院看病路程远、候时长、花费多，陪护难等客观现实加剧了人民群众“看病难、看病贵”问题。

“以药补医”的机制难以撼动。由于国家财政拨款严重不足，各级医院长期依赖“以药补医”的机制生存和发展，药品收入成为医院收入的主要来源。许多医院为了增加收入，往往激励医生开“大处方”。一些药厂和医药公司给回扣、送红包，实行开单提成，刺激医生多开药，开高价药。医药费用的持续上涨加剧了病患者的家庭负担，“看病难、看病贵”问题已经成为影响社会和谐、百姓幸福指数提高的一大顽疾。

国家医药体制、机制改革艰难前行。自2009年起，历时3年的医改扩大了基本医疗保险覆盖面，建立了基本药物制度，实施招标采购，限定药品最高零售价。然而“以药补医”机制并未改变，公立医院经济利益驱动服务模式也未改变。医疗卫生资源利用和病人就医流向不合理状况也无明显改善，仍主要流向城市大医院，卫生总费用增速回升。另一方面，药品价格呈持续走低趋势，企业原辅材料价格呈持续上涨趋势，企业用工、生产、营销等成本大幅上升，盈利空间日趋狭小。媒体不断曝光暴利药问题，但与此同时，很多药物价格多年不变，厂家无利可图而不得不退市。

### （二）南药集团自身发展的客观需要

南药集团作为一个经济组织，追求经济效益是其必然。然而南药集团又是国有独资企业，股东利益最大化也是南药集团的必然追求。南药集团的股东是国家是民众，因此替政府分忧、为民众解忧是其责无旁贷的企业责任。医药行业是一个关系到民众生命健康的特殊行业，生产销售的药品是关系到民众生命健康的特殊商品，这一特殊性使得医药事业既具有经济性，又具有社会福利性，这一双重性决定着南药集团在追求经济效益的同时，必须注重社会效益，努力做到两者兼顾。

任何一个经济组织都不是与世隔绝、孤立存在的，而是处在一定的客观环境之中，并受到所处的客观环境的影响和约束。南药集团正是处在公立医院改革困难、“以药补医”机制难以撼动、“看病难、看病贵”问题难以解决、政府不断降低药价、药企成本不断上升的这样一个关系复杂、矛盾重重的现实环境之中，怨天尤人无助于环境改善、产业进步、企业发展，唯有进一步解放思想、以敢为天下先的勇气，突破阻碍企业发展的体制机制束缚，革除影响企业发展的一切陈规陋习，闯出一条改革创新之路，促进南药集团脱困发展，为国家医改积累经验教训，推进国家医药事业发展。

## 二、南药集团管理创新的内涵

以科学发展观为指导，立足于中国医改、国企运营的实际情况，与时俱进地探索医药体制机制改革创新的新思路、新方法，运用国家政策、抓住改革机遇引导企业开展管理创新实践，借助国家、省、市政府及协会平台培育、总结、推广企业管理创新成果，促进南药集团实现包容性增长、可持续发展；探索出医药体制机制改革创新的有效途径；努力担负起替政府分忧、为民众解忧这一责无旁贷的国企责任。

## 三、南药集团管理创新的做法

### （一）巧用政策引导管理创新

2006年4月南京市委、市政府下发了《南京市医疗机构推行“药房托管”的工作意见》。药房托管指的是医疗机构将医院药房的经营权分离给医药商业公司，委托其进行管理，医药商业公司将药房营业额的一定比例上缴给医院的一种新型商业模式。南京市委、市政府拟通过药房托管，切断医生和药商之间的利益关系，达到“降本、增效、防腐，惠民”目的。药房托管政策出台，引起医院、医药商业公司、医生、患者等各个利益群体的不同反应。民众叫好，认为可以降低费用；医院不满，害怕降低收入；药企观望，托管赢利空间狭小。

南药集团意识到政府主导的药房托管虽非市场行为，但是对医药分开的一种探索性的尝试。药房托管目前虽然无利可图，但作为一种新型商业模式，其中必然蕴含新的商机，必须抓住机遇开拓创新。南药集团控股上市公司南京医药的销售规模、经营实力，特别是强大的药品分销及配送能力，能够满足药房托管对药品的品规齐全、配送及时等诸多要求，是最有能力承担药房托管工作的商业公司。

在南药集团的大力支持下，南京医药快速反应，抢占先机。不仅托管了南京市130多家医院，占南京市药房托管份额的80.0%～90.0%，而且通过快速复制、迅速放大到其他省市，2007 年 6 月，南京医药又顺利托管了河南地区 8 家部队三级甲等医院药房。据统计截至 2006 年底，南京市托管医院直接从处方上让利群众1 176.2万元。托管后的医疗机构“药占比”比上年同期平均下降 15.0%，平均单处方值、平均门(急)诊人次药费、平均出院病人药费、平均住院日药费等比去年同期下降 25.0%。南京市推行药房托管的二级以下医疗机构门急诊量达2 324 167人次，比 2005 年同期增长 10.0%。2007年 1 月 7 日，中央电视台《对话》栏目播出了一档题为《没有药房的医院》的节目，南京医药作为药房托管事件的主角之一，走进公众视线，引起了社会广泛关注和强烈反响。药房托管成为南京医药在全国流通行业中最为响亮的品牌。

2008 年，在研究国外药事服务经历以及吸收国际成功企业应用经验基础上，南京医药提出药房托管向药事服务转变的创新理念，借助信息化平台技术，通过集成医院药房需求信息，采取统一采购、订制生产、统一配送方式，为医院药房提供药事管理集成服务，为客户提供标准化、专业化、个性化与增值化的药品解决方案。2011 年，南京医药与江苏省人民医院、南京第一医院等三甲医院签订合作协议，联合开发实施面向公立医院的集成化供应链药事服务项目。通过这一创新努力建立高效、安全、网络化、智能化的药品供应链，集约化、规范化的药品供应保障体系，努力营造病人收益、医院发展、企业得利，社会和谐这一多赢局面。

2010 年，南京医药《医药流通企业基于利益协同的药事服务管理》荣获第十七届全国企业管理现代化创新成果一等奖。

**(二)巧抓机遇实施管理创新**

2002 年，宿迁市委、市政府针对宿迁是经济欠发达地区，医院经营困难的现状，率先在全国开展医院产权制度改革。南药集团认真考察宿迁市委、市政府推荐的宿迁医院，该医院虽为地级市医院，医疗技术水平却与县级医院相差无几，负债总额为9 360万元，负债率高达 89.8%。宿迁市委、市政府力图通过出让宿迁医院部分产权，引入优质医疗资源和资金，以及先进的管理方式改变现状，促进宿迁医院可持续发展。

南药集团经过细致调研，得出基本结论：宿迁医院改革为全国首创，南药集团参与医药卫生改革可以开辟新的事业领域，拓展经营范围。南药集团控股企业金陵药业管理先进、效益良好，是参与此次改革的最佳单位；但是，金陵药业没有医院管理经验、缺乏卫技人才，无法独立运作宿迁医院。而南京鼓楼医院(简称“鼓楼医院”)是全国著名的三级甲等医院，医院专业化管理经验丰富，如果金陵药业联合鼓楼医院以及宿迁市委市政府，共同参与宿迁医院改革与管理创新，三方精诚合作，一定能够获得成功。

在宿迁市委、市政府的支持推动下，2003 年 7 月金陵药业出资7 012.6万元，收购宿迁医院 70.0% 的股权，宿迁市政府保留 30.0% 的股权。鼓楼医院以技术和管理入股，金陵药业和宿迁市政府拿出各自股权的 10.0% 给鼓楼医院。即金陵药业持股63.0%、宿迁市政府持股 27.0%、鼓楼医院持股10.0%。宿迁医院由单一所有制公立医院变为由国有单位和国有控股公司共同持股的新型医疗机构。

改制后的宿迁医院按现代企业制度设立了股东会、董事会、监事会，形成了决策、监督、经营三权分离的内部治理结构。医院院长、财务总监由股东单位推荐，董事会任命。宿迁医院新的运作模式改变了医院与政府的行政隶属关系，真正实现了管办分开、政事分开。改制后的宿迁医院打破事业单位管理体系，实施全员聘用合同制、专业技能考核聘任制、绩效工资制等制度，调动全员积极性；建立成本核算、预算管理等企业化财务管理体系，提升管理效率及效益。加大资金投入，改善患者就诊环境，更新医疗设备，提升诊断质量和效率。鼓楼医院派遣各科专家、技术骨干定期和不定期地到宿迁医院开设门诊、进行会诊，解决各种疑难病症。针对宿迁医院科室技术力量薄弱现状，鼓楼医院抽调年富力强的专家到宿迁医院工作，强化专科建设。宿迁医院每年选派 300 余人次到鼓楼医院，以及北京、上海、南京等三级甲等医院进修。经过 9 年的深化改革与管理创新，宿迁医院由二级乙等升为三级乙等医院，目前正在创立三级甲等医院，宿迁医院以其技术高、收费低、服务好的美誉不仅吸引当地民众上门就诊，而且引来周边安徽、山东地区的百姓前来就医。

2011 年,宿迁医院《坚持公益、效率、效益相统一的公立医院股份制改造与管理》荣获第十八届全国企业管理现代化创新成果一等奖。

### (三)巧借平台推动管理创新

国家高度重视企业管理创新工作,在"十二五"规划纲要的指导思想和重要章节中,两次提到管理创新,这在我国历史上是第一次。2011 年,从南京市到江苏省再至国家,各级政府都相继出台了《关于推进企业管理创新的指导意见》,各级企业联合会每年都认真组织企业管理现代化创新成果的申报、评选工作。

南药集团从企业运作经验中深刻体会到,加强企业管理创新是企业实现包容性增长和可持续发展的必由之路,因此将管理创新视为企业重要工作,确立分管领导、成立专门处室、完善组织构架;将管理创新列入《年度考核目标责任书》之中,将企业管理现代化创新成果列入《年度经济管理目标特殊贡献奖励办法》,设置管理创新奖,对获得企业管理现代化创新成果市级一等奖奖励 2 万元、二等奖奖励 1 万元,省级一等奖奖励 4 万元、二等奖奖励 2 万元,国家级一等奖奖励 10 万元、二等奖奖励 8 万元。仅 2010 年度,南药集团就颁发管理创新奖 16 万元。

南药集团在推动管理创新工作上不仅加强政策引导、制度保障,而且在具体操作上强化指导服务。南药集团每年年初确立调研课题,深入基层企业开展调研,撰写调研分析报告提交董事会;及时总结推广管理创新先进经验,发挥典型示范作用;邀请专家对企业管理创新成果进行评估,遴选优秀成果,推荐参加南京市、江苏省和国家企业管理现代化创新成果奖项评选。南药集团对获奖企业、获奖成果不仅在物质上给予奖励,而且召开大会,在省、市、企业各级报刊、杂志上大张旗鼓地进行宣传,以此推动南药集团管理创新工作的深入开展,努力实现包容性增长和可持续发展。

2010 年南京市企业管理现代化创新成果评审委员会授予南药集团优秀组织奖。

## 四、南药集团管理创新的成果

### (一)在一定程度上缓解了"看病难、看病贵"问题

南京医药在"以药补医"机制难以撼动的现实环境中,以药房托管为基础,拓展药事服务管理,借助信息化平台技术,通过集成医院药房需求信息,采取统一采购、订制生产、统一配送方式,为医院药房提供药事管理集成服务,为客户提供标准化、专业化、个性化与增值化的药品解决方案,兼顾政府、民众、企业、医院四方利益,实现公益共赢。实施药事服务管理后,医院医师用药更趋于理性。以往的高价药、促销药被常规药所取代,处方的药品组成发生显著的变化;常规药品的使用比例不断提高,部分医院使用比例达 50.0% 以上;单处方值逐步降低,患者得到切身的实惠,同时增加了医院的门诊量。据有关统计表明,在南京实施药事服务管理的医院平均单处方值、平均门(急)诊人次药费、平均住院日药费分别比上年同期下降 12.5%、17.0%、18.9%。

过去,宿迁地区的很多病患者小病不就诊,大病到南京,甚至到上海、北京去治疗。现在,宿迁市的城镇医保、新农合政策引导,加之宿迁医院收费低、服务好,路程近、候时短、花费少、陪护易等优势吸引众多病人前来就诊治疗。2010 年宿迁医院的门诊量 667 000人次,比 2003 年增加了473 000人次,增加了 243%;急诊105 700人次,比 2003 年增加了71 400人次,增加了 208%;出院人次由 11 300 人次增至 33 000人次,增加率为 165%;床位使用率由 72.3% 上升到 129.7%,增加了 57.4 个百分点;年手术例数由4 810人次增至12 200人次;实际开放床位数由原来的 520 张增至 804 张,病区由原来的 18 个增至 24 个。

南药集团的管理创新成果,在一定程度、一定范围内上降低了民众的医药费用,解决了医疗资源区域性失衡问题,缓解了"看病难、看病贵"问题,提高了民众的幸福指数,维护了社会和谐。

### (二)探索出了医药体制机制改革创新的有效途径

南药集团的管理创新实践,探索出了我国医药

体制机制改革创新的有效途径。

南京医药开展的医药流通企业基于利益协同的药事服务管理模式的研究和实践，在优化、改进医药供应链整体利益协同驱动方式上作了有益的尝试。目前的药事服务管理是在当前宏观医药体制改革不完善、微观路径不成熟的形势下，实践医药分离、多方共赢的初步探索，为下一步国家实施医药分开，提供了重要的借鉴经验。

宿迁医院开展的坚持公益、效率、效益相统一的公立医院股份制改造与管理的研究和实践，为国家医药卫生体制改革、解决政府医疗投入与补偿不足探索出了一条新路。为欠发达地区吸纳发达地区优质社会资本，引入优质医疗资源，进行股份制改造，学习先进的管理经验，发展壮大地市、县级医院，解决“看病难、看病贵”的问题走出了一条现实可行的路径。

**（三）全面促进了南药集团的健康持续发展**

自2009年以来，南药集团先后获得12项管理创新成果奖，其中2项全国企业管理现代化创新成果一等奖；4项江苏省企业管理现代化创新成果一等奖、1项二等奖；6项南京市企业管理现代化创新成果一等奖。这些奖项是各级政府及协会组织对南药集团管理创新工作的充分肯定。

管理创新成果《基于企业战略发展的内部审计管理》提升了企业全面风险管理水平，促进了企业可持续发展；《医药流通企业基于供应链的会员制营销模式》以客户需求为工作出发点，以会员制营销模式融洽供需关系，有效提高了客户的忠诚度，扩大了企业销售；《以国际制药标准为导向的管理创新》总结了企业走出口制剂药道路的战略确立、实施过程及成果；《基于利益协同的和谐医院创建》通过医院制度完善、管理标准、服务规范，融洽医患关系，构建和谐医院。这些管理创新成果是南药集团开展差异化经营，实现生存发展的制胜之道，是南药集团保持强劲的竞争力和旺盛的生命力的重要武器。

（撰稿：殷小娟）

# 以社会责任为导向的诚信经营管理

重庆医药（集团）股份有限公司

## 一、转变观念，树立诚信经营管理理念

重庆医药将诚信经营管理理念融入企业发展战略，贯穿经营管理的整个过程，既为社会带来价值，又给企业带来竞争优势。重庆医药认真梳理发展历程，对自身的文化资源进行整理、继承和创新，使重庆医药诚信经营管理形成体系（见下图）。以诚信经营管理理念为指导，重庆医药对股东做到信息透明公开，合理回报股东，让股东放心；提升企业形象，建立分享机制，确保和谐稳定局面，让员工自豪；增强企业资信，为客户提供有竞争力和吸引力的商品及服务，让客户满意；供应质量过硬、价格合理的药品，让百姓信赖；依法合规经营，勇担社会责任，让政府省心。

重庆医药建立并执行各项信用管理制度，如客户资信管理、内部授信、债权保障、应收账款管理、合同管理、法律顾问、知识产权顾问等制度，规范内部商业行为，在企业内部坚持推进反商业贿赂。与供货商签订廉洁协议，通过比价采购的方式进行集团管控，防止采购环节可能出现的腐败现象。在医院客户中推行《廉洁协议》签订工作，以杜绝药品回扣等贿赂行为发生。

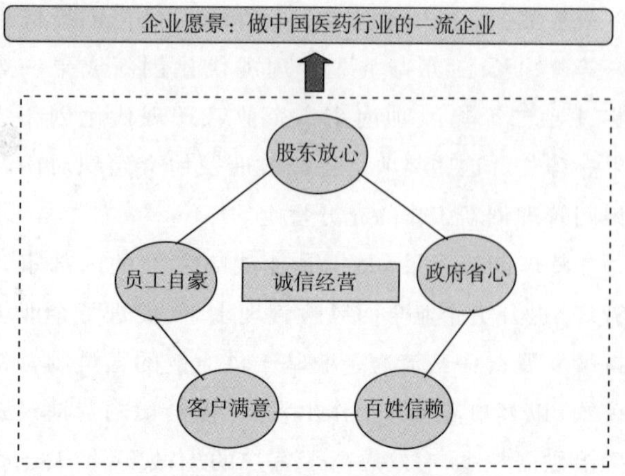


图　重庆医药诚信经营管理理念

## 二、建立责任体系，完善诚信经营管理制度

为发挥医药流通企业诚信经营管理的效能，重庆医药从组织管理角度解决人力、资金、技术等资源的优化配置，明确界定各级组织的职责。成立诚信经营管理领导小组，董事长兼总经理任诚信经营管理总负责人，负责主持相关重大决策，统一协调资源配置以及重要事项审批；分管副总经理负责诚信经营管理工作。设立诚信经营管理办公室，负责协调、推进诚信经营管理工作。质量管理部、业务运行部、财务部、人力资源部、企业管理部、和平物流中心、信息中心等具体落实工作部署。重庆医药每季度组织检查、评审，确保企业诚信经营管理体系有效运行。

重庆医药将诚信经营管理的理念转化为可指导、可操作的管理制度。一是在市场营销、法律风险防范等各个管理领域建章立制，形成覆盖企业运营全方位、全过程的制度体系。比如在供方管理办法中，实行分类管理，对优秀供方、诚信供方给予优惠政策，建立战略合作伙伴关系，树立崇尚诚信经营、追求和谐共赢的导向。二是按照 GB/T 19001: 2008 标准编制质量手册，建立《采购过程控制程序》、《营销过程控制程序》、《与顾客有关的过程控制程序》等 22 个程序文件，并对药品/商品经营管理文件及其他支持性管理文件进行梳理，完善了质量管理体系文件。

## 三、加强经营环节的诚信管理，为客户提供优质服务

重庆医药秉承“诚信、互惠、共赢”的经营理念，每年评选优秀供应商、医院、分销商，与优质客户建立长期稳定合作关系，将诚信文化渗透到企业经营各个环节。

1. 加强对供应商的诚信管理。从 2006 年开始，本着“诚信与实力相结合，以诚信为先”的原则择优选择供应商，建立起与供应商的合作联盟。

一是严格按照相关程序选择合格供方，建立起一套甄别合格供方的机制，做好与上游客户的衔接和互动，提高供应链运转速度和效率。重庆医药对采购过程及供方进行有效控制，审查供货商的营业执照、税务登记证、生产批文或经销许可证明、质量检验报告书等。凡首次与重庆医药发生业务关系的药品生产、经营企业，重庆医药经营部门须报经公司质量管理部及分管质量的副总经理审核批准以后方可从该企业进货。凡经营药品，供货企业应提供来货批次药品的厂方检验报告书，重庆医药若对来货质量有疑，可抽样送法定检验所检验。二是对供方实行评级分级制度。重庆医药出台供方管理办法，规范对供方的招标选择、考核评价等各环节工作，建立奖优汰劣的动态管理体系。重庆医药每年对药品、器械购进情况进行一次综合性的质量评审，凡经审核确定为合格的供货企业，列入下一年度《合格供方名录》，不合格企业予以除名。三是优化采购付款流程。重庆医药严格按照合同约定进行药械采购及货款支付，先后修订《采购管理规定》、《授权审批权限暂行规定》等相关制度，梳理各类采购业务流程，明确各级人员管理权限及管理规范等，提高重庆医药向供应商支付货款的效率。四是保持供货渠道的稳定性。重庆医药与世界 500 强医药企业有长期稳定的战略合作关系，是众多国内外知名企业在重庆乃至西部的唯一经销商。经过长期合作检验，众多大型医药企业扩大重庆医药一级代理区域范围，重庆医药通过不断提高服务质量，保持供货渠道稳定。五是积极配合供应商开发市场。重庆医药配合供应商的《开发进度表》，通过覆盖 31 个省市的网络，拓

宽销售渠道，为供应商提供优质服务。

2.加强对医院客户的诚信管理。医院需要大量的药品、器械，是医药流通企业首要的客户群。重庆医药本着"优质服务、加强沟通、互利共赢"的原则，建立起与医院客户群的合作联盟。

重庆医药利用销售网络、配送、服务等优势，为服务区域的各级医院提供优质服务。一是将现代医药物流向医院延伸，建立医院的物流信息管理系统。重庆医药在三甲医院试点建立医院协同平台，通过物流信息化延伸服务体系建设，实现了药品供应商与医院信息流、物流的信息共享，加快订单响应速度，提高工作效率及准确性，利用条码技术、RF 设备等，实现医院药库的精细化管理，降低药库管理成本。二是保持配送及时、准确、高效。重庆医药对于医院急需的急救、紧缺药品，利用覆盖广泛的全国网络进行调剂；实行 24 小时值班制度，接到急救药品调度指令之后及时送达，满足病人用药需求。三是为医院提供资金支持。重庆医药在医院回款周期较长的情况下，垫资保障药品器械供应，保证医院正常运营。四是提供药学专业服务。重庆医药注重提升营销人员的药学知识水平，为医院客户提供满意服务。重庆医药通过长期诚信经营、优质服务，与医院客户形成良好合作关系。

3.加强对分销商客户的诚信管理。医药分销商具有数目众多且高度分散的特点，重庆医药本着诚信原则择优选择分销商，通过专业化服务，建立起与分销商的合作联盟。

一是严格按照相关程序选择合格分销商。在分销过程中，重庆医药严格审查经销企业经营资质，如经销许可证明、营业执照、税务登记证等。二是有效控制应收账款。重庆医药及时收集客户经营相关变动信息，防范经营风险。对分销商进行整体评价，授予分销商 30 日回款期，超期不再发货。分销商如要超期发货，则须提供资产抵押，从而有效控制应收账款。三是通过先进技术手段保证分销商客户合理库存。重庆医药给销售员配备笔记本电脑，通过上下游客户服务系统，及时通知供应商补货，保障下游客户合理库存，提高信息传递的及时性、准确性和记载性。四是提高分销服务物流信息化水平。重庆医药凭借自身规模及现代医药物流信息化系统，向分销商提供广泛的增值供应链服务和信息支撑，分销商进入重庆医药客户服务系统，可以查询到所有分销品种，其下单后，由重庆医药物流中心及时安排配送，保证供货质量和效率。五是不定期走访分销商，加强与分销商的协调沟通，不断改善双方的合作关系。

4.加强对零售客户的诚信管理。零售药房直接面对广大消费者，是重庆医药服务百姓、培育品牌的基点。重庆医药旗下和平药房是全国连锁品牌，近 2 400家零售连锁药房覆盖重庆所有区县，并跨省布点，以"强化诚信经营管理和不断提高服务水平"为基本原则，致力于为客户提供质量过硬，价格透明合理的医药商品，以及配套优质服务。

一是加强处方药销售管理。和平药房配备的执业药师、药师要核对所有处方订单的有效期、准确性和完备性，并将消费者提供的既往病史、药物过敏反应等信息与每份处方进行核对，进行药物使用情况检查，通过药学服务降低顾客的购药风险。二是加强零售环节的采购、储存管理。和平药房各连锁门店的药品都由总部从厂家统一采购、配送，减少中间环节。和平药房门店员工对经营商品定期进行检查，确保无过期失效商品出现。三是积极配合国家对医药零售行业的规范和整顿，增强和平药房从业人员依法、守法经营意识，自觉做到依法销售处方药。同时，广泛向群众普及安全用药、慎用处方药等知识，引导处方药消费群体树立安全、合理用药的意识。四是创建"价格放心"、"服务优良"、"咨询到位"的全优型示范药店。和平药房建立销售处方药的静态信息、动态监管记录档案，并对和平药房的经营信用进行评定分级，公开接受社会的监督。五是为顾客提供增值服务。和平药房连锁门店常年免费为市民提供测血压、血黏度和中药煎熬等服务。定期派发专业知识期刊，向顾客宣传健康知识、医药动态。和平药房在重庆市的上千家门店均配备《重庆就医指南》，方便市民在药房内进行查阅。

## 四、强化内控和质量管理，确保流通环节的药品安全

强化内控管理。一是加强合同审核。重庆医药

先后修订《合同管理规定》、《合同审查管理办法》、《法人授权管理办法》等制度，详细规定合同授权、审查、签订、履行、统计等具体程序和要求，做到依法诚信经营。二是严格资信管理。及时收集客户经营相关信息，防范经营风险。合理安排库存周转，加强比价采购管理和入库订单管理，在不影响配送时效的基础上尽可能保证最低库存。三是实行内部审计制度。对内审机构人员配备实行专职化，并注重保持其稳定性。

强化质量管理。一是在坚持GSP、GMP管理体系取得阶段性成效的基础上，不断引进先进管理标准。2007年重庆医药在和平物流、和平制药实施6S和TNPM规范体系管理，2008年初对质量管理流程进行了再造，完善了质量管理信息系统，实现了质量控制过程数据化，形成了PDCA闭环管理控制。2009年，重庆医药通过ISO 9001：2008质量管理体系认证，秉承"重质量、让百姓吃上放心药，讲诚信、为客户持续提供满意服务，遵法规、做医药流通责任企业"的质量方针，坚持采购药品、商品合格率100%，客户满意度不低于90.0%。二是确保所售药品质量。在销售环节如发现不合格品，立即停止销售同一批号药品；追溯、送检验同一批次药品的质量，对发现的不合格药品予以标识隔离；如发生药物不良反应，立即联系生产厂家进行解决。三是开发冷链管理系统。重庆医药建立了上千平米的冷库，配置专用冷藏运输车以确保冷链药品的运输温度。存放冷藏药品的保温箱内，安置专用温度计，实时监控温度。四是建立不合格药品召回制度。重庆医药在入库、储存、出库、交货等环节严格执行《药品经营质量管理规范》(GSP)，凡经发现并已确认的不合格药品，立即采取隔离措施。重庆医药确保终端客户(使用者)健康安全，对不符合国家《药品经营质量管理规范》、《质量保证协议书》等规定的药品给予退换、并予记录。五是严格按照程序销毁过期失效药品。

## 五、努力控制流通环节成本，有效降低药品价格

搭建信息化管理体系，节约物流成本。重庆医药通过物流信息化管理系统的搭建，提高内部运作效率，保持客户服务质量，提高了市场反应速度，有效节约了物流成本。一是搭建起医药现代化物流平台。2007年，重庆医药投资近2亿元，建成国内一流的现代医药物流中心。该中心采用全进口先进的自动化物流设备、充分运用现代化物流技术、实现全系统的信息化管理、配备专业化人员。物流中心自有配送车辆260余台(其中冷链车40余台)，配备GPS卫星导航系统，有效保障了药品仓储、配送的质量和及时性。重庆医药坚持每天2次配送药品到医院，在全国医药物流界当属首家。二是开发商务、物流、供应链等多个信息管理系统。在信息化建设中，重庆医药管理人员与系统开发人员共同调研、分析、设计业务流程，全面应用数据库和网络技术，为诚信经营管理提供技术手段，降低物流成本。

加强资金营运，有效降低药品成本。重庆医药通过拓宽融资渠道，加强财务管理和资金营运，有效降低了药品成本。一是降低融资成本。重庆医药基于企业经营需要，以及对国际金融危机形势的判断，2007年3月通过融资渠道获取10年期贷款约1.6亿元；筛选增资扩股方案，在股东的支持下，2007年、2010年2次增资扩股，增加资金约7.5亿元，大股东持股比例从55.4%提高至62.3%，为持续健康发展创造了条件。二是加强财务管理。2007年制定财务集中管理方案，实施"四统一"财务集中管理(统一财务管理政策、统一资金管理、统一预算管理和统一人员管理)。

## 六、提高服务效率，完善社会责任实现机制

一是建立严格的上游客户关系管理体系。通过客户沟通会、政策研讨会、向政府相关部门反映企业诉求等多种方式为客户提供专业的增值服务，近几年多次召开基本药物、药品集中招标采购政策专题解读会，协助客户解决好在招标采购中的实际问题，树立了客户信心。二是与上下游客户建立战略合作关系，2009年和第三军医大学西南医院、新桥医院等签订了10年长期战略合作协议。三是积极参加社区和谐建设，关注民生，多次组织社区健康公益活动。2010年，重庆医药联合市内51家医院，编撰出版《重庆就医指南》，汇集重庆医疗相关信息，方便百

姓就医，填补了重庆就医信息空白。将2 000册《重庆就医指南》，通过重庆新闻出版局捐赠给重庆农村书屋、社区书屋。

重庆医药积极践行社会责任，促进企业长远发展。一是保障重大灾害、突发事件药品器械的供应。重庆医药制定《突发事件药品/医疗器械供应应急预案》，明确各部门职责，细化重大紧急突发事件的控制程序，严格按照中央和地方药品器械储备计划落实储备库存，保证国家对储备药械的紧急调用。二是积极支持公益事业。积极开展募捐、对口支援等活动。三是依法诚信纳税。2010 年、2011 年，重庆医药两次向社会发布《社会责任报告书》，自觉接受社会和公众的监督。四是建立员工分享机制。实行全面的工效挂钩管理，5 年来，重庆医药员工人均收入增长 197.3%。

（撰稿：龚　伟　李良斌　申　晓）

# 坚持自主创新战略　促进企业转型升级

浙江大东南股份有限公司总经理　黄飞刚

这是一家被誉为“一张薄膜打天下”的传奇企业：它的前身是 1975 年创办的一家村办企业，自诞生以来一直注重做实业，心无旁骛地搞主业，那就是薄膜。伴随着改革开放的不断深入而发展壮大，企业通过不断创新，加速产品向高精尖、多元化领域拓展，在这张膜上实现了“三级跳”，研制的新产品成功打入欧美发达国家市场，为中国薄膜在国际产业界赢得了话语权。

这，就是大东南集团。

“十一五”时期，是国内塑料包装企业发展极不平凡的 5 年。这 5 年里，先是银根紧缩，资金短缺，生产难以为继。再是油价猛涨，带动塑料原料价格暴涨且供货奇缺。还有“六一限塑令”实施，PE 超薄膜（袋）产量瞬间大幅削减，美国次贷危机引发的金融海啸，西方经济衰退导致我国出口贸易回落。国内塑料包装行业厂家有破产的，有停产的，有开工不足的，有辞工减薪的……用“寒意紧逼”来形容部分企业所面临的窘境实不为过。

但是严寒来袭，腊梅飘香。浙江大东南集团有限公司与时俱进，始终坚持走科学发展的强企之路。尽力打造强机体、添内功、抗风险、避危难的塑料包装行业中的“航母”，为地方经济、社会发展和行业进步作出了突出贡献，是中国工业“艰苦奋斗，自力更生”的一面旗帜。

## 一、坚持主业扩张，不搞多种经营

大东南数十年来的经营业务始终围绕“塑料包装”这一主轴，在行业内进行多品种扩张，基本不搞跨行业的多元化。如制膜方向：吹塑料乙烯丙烯—未拉伸丙烯—双向拉伸丙烯聚酯。制袋方向：电烙铁烫袋，圆盘机印刷—机械制袋，柔版套色印刷—全套软包装复合制袋，十二色凹版彩印。可见发展的思路与发展的轨迹相当的清晰、正确，一步一个脚印，脚踏实地地前进。既锻炼培养了一支技术管理队伍，又不断拓宽了包装领域，扩展了产品品种并逐渐积累了财富，增添了实力。

## 二、坚持技改投入，少搞“蜻蜓点水”

大东南始终把技术改造作为实现产业升级和产品升级的主改方向。基本不搞“蜻蜓点水”式的短期、个别的“花架子”。做到年年有项目，时时有创意。使企业的主打产品常盛不衰。2011 年公司从德国布鲁克纳引进募投项目之一生态型食品用（BOPP/PP）复合膜项目，现已调试成功投入运行，既扩大了产品品种，又提高了产品档次。生态型食品用（BOPP/PP）复合膜是按美国 FDA 食品卫生安全标准要求创新开发的新产品，经结构、配方、工艺等多项技术创新，具有绝对可靠的食品安全性和优良的技术性能，经美国食品和药物管理局（FDA）检测，符合美国食品卫生安全要求，该产品已出口到欧美发达国家，可作为欧美等国的食品专用接触包装膜。

此外，计划总投资12.6亿元的三个募投项目预期2013年可陆续产生效益。三个项目都符合国家产业政策，属于国家鼓励投资方向，也符合塑料薄膜行业的发展趋势，可以在一定程度上实现新能源、新材料领域一些关键材料的进口替代。届时，公司将成为全国新能源、新材料产品的生产基地之一。

## 三、坚持产品差异化、个性化

近年来，国内由于双拉生产线盲目引进，导致生产能力严重过剩。产品供大于求，市场竞争非常激烈，产销矛盾十分突出。面对如此劣境，大东南以市场为导向，广泛全面地了解客户需求的动向，生产出与众不同的特色产品来适应市场，保证了公司的生产经营平稳地增长。如BOPP消光膜，珠光膜，超薄高透明BOPET镀铝膜，超薄超低温热封CPP镀铝膜，高透明高刚性易印刷CPP纸色膜，抗静电膜等新品，其生产工艺技术难度较大但产品附加值较高，是深受客户欢迎的畅销产品。

## 四、坚持内销外贸业务一起抓，实现双赢

改革开放以来，外向型经济从小到大，从少到多，从弱到强已成为国民经济发展的强劲动力。企业的产品出口量或多或少占有了一定的比例。有的已超过内销部分，甚至有百分之百外销的。由此带来的经营风险是可想而知的。大东南虽然一向以外向型企业，以产品出口创汇而著称，但公司领导在不断递增产值，不断延伸产品品种时，牢牢把握住内销外贸一起抓的方向（大致内外销比例控制在倒三七左右）。既加大外贸业务的人才投入，提高外贸业务水平，充分发挥自营进出口经营权的优势，有选择地参加国际性的产品展销会，努力开拓产品外销渠道。又加强内销团队的建设，提高市场调研水平，采用点、线、面结合的营销策略，通过销售网点和直销人员的密集渗透形式从中心城市向周边中小城市辐射的格局，增大了市场占有份额。两套销售班子一个人负责，做到每年有计划，每季有评价，每月有检查，以内促外，以外补内，内外结合，产销平衡。

## 五、坚持自培外聘一起抓，聚才生财

“科技是第一生产力”，改革开放的实践证明是及其正确的。在高新技术企业中的人才资源配置中，具有中高级职称以上的专业人才（包括管理型、技术型）的比例正在逐步上升。这对于推动企业实现又好、又快地可持续发展是迫切需要的。企业没有管理人才，生产经营就会乱套，没有营销能手，产品就会在仓库睡觉；没有技术人员，先进设备就会操控不好；没有科研人员，新产品、新品种、新工艺等创新成果就会出不来。所以说，现代企业“聚才才能生财，无才会消财”。一个没有高级人才的企业肯定是一个贫穷的企业，或者是一个没有前途的企业。不管是土生土长的自己培养的能人，抑或从社会上招聘到的专门人才，只要他们有专长，能够在各自不同岗位上做出成绩发挥作用，企业就要委以重任，给予待遇，让他们后顾无忧地全心全意地利用自己的智慧、学识、技术为企业贡献力量，创造财富。

## 六、坚持品牌效应，以名取胜

企业本身的名称及其产品的商标的“名气”是一种极其宝贵的无形资产。而“品牌”是需要长年累月的社会声誉积累起来的，是市场公认的产物，不是一朝一夕可以获得的。“大东南”作为中国驰名商家。“西施”牌产品被评为“中国名牌产品”，“绿海”商标被认定为“中国驰名商标”，这些都是通过企业十几年来不懈的努力而追求而造就的光环。名牌代表美誉，代表诚信，代表价值，代表前途……。企业管理者朝思暮想要在社会上拥有地位，市场上占有份额，那么创立名牌的意识必须是坚定不移，意志必须坚韧不拔，行动必须坚决果断，只有坚持创牌，才会成功创牌。

## 七、开展清洁生产实践，做到节能、降耗、减污、增效工作

要实现经济方式从粗放型向集约型的转变这就使实行清洁生产成为企业的必由之路。“清洁生产”强调要在生产过程中降低原材料消耗，合理利用能源，减少废物产生量并将废物最大限度的资源化，提高企业的生产管理水平和经济效益，增强企业在市场经济中的竞争能力，实现清洁生产是企业实现经济效益和环境效益统一的最佳途径。大东南自2007年开始实行清洁生产的示范，建立了清洁生产领导小组和工作小组，制订了节能降耗减废及废料回收再生利用的措施和目标，已取得了初步成效。目前公司的所有薄膜生产线全都有在线切割边料回用装置，后续工序产生的边废料有90.0%以上使用世界上最先进的奥地利EREMA公司设备再生造料，循环使用。

在节能方面由于采用多机大批量规模化生产，水、电、油单耗均居同行业平均水平以下。今后当需继续在挖潜节能上下工夫，加强能源管理，防止跑冒滴漏，采用先进的节能技术、装备等，争取早日达到清理生产企业的标准。

## 八、充分利用资本市场，发挥产业经营与资本经营的联动优势

2008年7月28日大东南A股股票在深圳成功上市。这是企业发展史上新的重大里程碑，标志着公司将进入一个崭新的发展时期。作为民营企业，大东南不但要把企业做大做强，还要把企业做长做久。按上市公司规范要求建立完善现代企业制度，提高公司经营管理水平，建立健全公司职工及高管人员的激励制度，充分调动全体员工的工作积极性，培养出一批遵纪守法，团结互助，富有理想，勇于创新的职工队伍。在发展中求规范化，在规范中求发展。

2009—2011年，成功完成两次非公开发行股票工作，共募集资金近20亿元，募投项目的成功实施将由传统的包装领域进入锂电池隔膜、电容膜等高科技、新材料薄膜领域，优化公司战略布局，提升公司在高端产品领域的竞争力，且标志着公司向高科技、新材料薄膜领域的成功转型。

大东南始终坚持以科技进步为动力，以技术创新为手段，以市场需求为导向，以经济效益为目标，以强化管理为纽带的指导思想努力拼搏。大东南人有信心有决心全力争取在3～5年内创建成具有国际先进水平的塑料包装薄膜生产基地。

# 强化联合重组　推进行业良性发展

中国建筑材料集团有限公司董事长　党委书记　宋志平

近年来，中国建材集团抓住国家产业结构调整的重大机遇，创新发展模式，转变发展方式，推进联合重组，实现了企业规模快速扩大和业绩快速增长。从2006—2010年，营业收入从136亿元增至1 354亿元；利润从5亿元增至75.6亿元；资产总额从202亿元增至1 535亿元；连续进入国务院国资委经营业绩考核A级企业行列，荣获第二任期“业绩优秀企业”称号，2011年中国建材集团首次跨入财富世界500强行列。

## 联合重组发展方式的缘起

我国建材行业健康发展亟须创新发展方式。

改革开放以来，我国建材行业发展迅速，有力地支持了经济建设。但伴随着产业的快速发展，产能过剩、企业数量多、集中度低、竞争无序、企业经济效益低下、节能减排形势严峻等问题日益突出。以水泥产业为例，突出问题有：

行业集中度低。企业数量众多而且过度分散，引发市场恶性竞争。2006 年全国约有5 000多家水泥企业，其中前 10 名的企业产量仅占全国总产量的15.0%左右，而发达国家前 10 名水泥公司占据了60.0%左右的市场份额。

产能过剩。我国水泥销量逐年增加，但供应量的增加远大于销量的增加。2010 年我国水泥销量为18.5 亿吨，而产能高达 27 亿吨。水泥、平板玻璃与钢铁、煤化工、多晶硅、风电设备等一起被列入国家重点调控的产能过剩名单。

高度依赖资源和能源，节能减排压力大。水泥高度依赖石灰石、石膏等资源和电、煤炭等能源，节能减排、低碳发展的压力很大。特别是落后水泥产能在吨水泥综合电耗、煤耗、二氧化碳排放方面均较先进水泥产能高出 20.0% 以上，资源利用效率低。2010 年，我国水泥工业二氧化碳排放量超过 10 亿吨，325 等较低标号的水泥仍占据相当的市场份额。

经济效益低下。在发达国家，水泥行业是一个重资产投入、技术门槛高、价格和效益好的高盈利行业。全球建材的 5 名 500 强企业中就有 4 家以水泥为主业。发达国家水泥价格与同期钢材价格比约为1:3，而中国不足 1:10，不少企业处于亏损状态。2006 年我国水泥行业的总利润不到瑞士 HOCIM 一家水泥公司的利润。

针对这种局面，中国建材集团提出要促进建材行业实现4 个转变，一是引领水泥等建材产业实现从过度竞争到适度竞争，实现产品价格合理化、行业价值合理化；二是从与行业自身发展对比到在整个国民经济价值体系中比较；三是从技术结构调整到组织结构调整，即加快推进联合重组，增加行业集中度，提高大企业对市场的带动力、影响力，引领行业健康发展；四是从增量发展到减量发展，使水泥等行业的发展从过去追求大规模建设新线和大规模企业进入的方式，转变为走一条减量化、集约化发展的道路，从而推动行业整体价值提升。

中国建材顺应行业需求，走了一条资本运营、联合重组和集成创新的发展道路。

中国建材集团顺应行业和自身发展的需求，充分发挥央企优势，提出并坚持走一条资本运营、联合重组和集成创新的发展道路，不仅解决了企业发展过程中资金从哪来、规模如何扩大、核心技术如何形成的问题，实现了集团跨越式发展，而且带动了整个行业的结构调整与产业升级。

资金从哪儿来？中国建材集团通过资本运营，从资本市场上获得发展资金。2006 年 3 月，中国建材集团组建的中国建材股份有限公司在香港 H 股上市，随后的 2008 年、2009 年和 2010 年圆满完成 3 次增发，连同上市共从资本市场募集资金 109 亿港元。目前，由中国建材集团控股的上市公司有 6 家，其中海外上市公司有 2 家。

扩大规模靠什么方式？中国建材集团以市场化方式推进联合重组，并在重组的基础上增加投入开展技术改造、加快产业升级，迅速形成了水泥、玻璃等产业的市场竞争优势，迅速发展为世界最大的建材综合服务商之一。“十一五”期间，中国建材集团跨所有制、跨区域、跨行业重组与主业相关的优势企业，水泥、玻纤产能均跃居世界第一，石膏板、碳纤维等主要业务形成了在全国、亚洲领先的规模优势。

核心竞争力从哪里来？中国建材集团积极搭建技术创新平台，与同为央企的中国建筑材料科学研究院联合，并于 2006 年 6 月又以其为基础整合集团所属 12 家科研院所组建中国建筑材料科学研究总院，为中国建材集团更好更快发展、成为具有国际竞争力的创新型企业提供了创新基础和技术支持。同时，在建立和完善集团自主创新体系与机制的基础上，积极引进先进的人才与技术，建立海外研发中心，加大集成创新的力度，加快科技成果产业化的速度，做到在相关领域领先一步。

## 联合重组的思路和做法

### 一、中国建材集团发展战略与管控模式

按照国务院国资委对中央建材企业提出的要求，中国建材集团抓住国家转变经济发展方式、行业开展结构调整的难得的历史机遇，以“善用资源、服务建设”为企业使命，强化资本运营和联合重组两个轮子作用，实施“科技创新”、“大建材”和“人才强企”三大战略，大力推进水泥和玻璃产业的结构调整、联合重组和节能减排，大力发展新型建材、新型

房屋和新能源材料，努力建设创新绩效型、资源节约型、环境友好型、社会责任型的“四型”企业，开展治理规范化、职能层级化、业务平台化、管理数字化、文化一体化的“五化”管理。

中国建材集团提出，作为建材央企有四大任务：一是央企的保值增值，为国家创造财富；二是在结构调整、技术创新和节能减排等方面执行国家政策，发挥影响力和带动力；三是积极参与国际竞争，进入国际市场参与资源配置；四是承担社会责任，成为国家和人民信赖的企业。

在明确的战略指引下，中国建材集团通过建立和推行一套适合自身特点的“五化”管理模式，使各企业在快速发展的同时步调一致、管理有序。

治理规范化。中国建材集团积极建设战略绩效型董事会，强化外董作用，董事会在战略规划、重组整合、风险控制等重大事项上发挥了重要作用，真正成为公司在竞争中成功取胜的战略性力量。以董事会试点为基础，集团建立起包括业绩考核、风险管理在内的一整套规范的管理体系。通过规范治理，公司战略方向的研究和选择更清晰，决策质量进一步提高，公司发展更加稳健。

职能层级化。作为产业集团，中国建材总部只有80多名员工，如何管理？通过明晰的层级管理方式：集团公司是第一个层级，作为决策中心负责投资决策；所属的集团企业作为第二个层级，是利润中心；工厂作为第三个层级，是成本中心，任务是控制消耗，保证质量。决策项下、资本项下的重大决策都由集团公司总部作决定，下属公司没有投资决策权，各自履行好自己的职责。

业务平台化。中国建材集团走的是专业化道路，专心做建材。集团公司作为投资管理机构，具体业务通过专业化的水泥、玻璃、新型建材等业务平台和实力雄厚的科技研发、装备制造、物流贸易平台分别开展管理，这样不仅可以提高干部员工的专业化素质，而且能快速提升各平台的专业运作水平。

管理数字化。集团积极推行“三五”管理模式，开展企业对标，推行辅导员制，其核心，就是管理的数字化。这在后面的管理整合内容中将具体说。

文化一体化。中国建材集团进一步明确了“创新、和谐、绩效、责任”的文化理念。创新，指坚持创新与学习，推进企业转型升级；和谐，指与自然和谐、与社会和谐、与竞争者和谐、与员工和谐；绩效，指要追求持续一流的绩效，争取国内领先和顶尖；责任，指集团要自觉地履行央企应负的责任。

在文化建设上，确立了“善用资源、服务建设”的核心理念，崇尚“诚信务实、团结向上”的企业精神，倡导“三宽三力”（待人宽厚、处事宽容、环境宽松及向心力、亲和力、凝聚力）的思想原则，形成了“中建材一家”的和谐氛围。中国建材集团文化理念的核心，就是尊重人、理解人、关心人；中国建材集团的文化，就是融合的文化。

## 二、中国建材联合重组的主要做法

### （一）主要业务联合重组情况

中国建材集团在科技领域重组了中国建材院，在水泥领域重组了徐州海螺、浙江三狮等200余家企业，建设并发展起中国联合水泥、南方水泥、北方水泥3家颇具实力的水泥公司，在玻璃领域重组了洛玻集团、中联玻璃、安徽华光集团等，在轻质建材领域重组了苏州天丰、泰山石膏，在玻璃纤维领域100%控股了中国玻纤，在风电叶片领域重组了德国NOI公司，在碳纤维领域重组了中复神鹰，在成套装备领域重组了中国轻机总公司等，并发展成为在相关领域具备主导地位的领军企业。

以水泥的联合重组为例，中国建材集团从淮海地区的两个水泥厂起家，1999年，在淮海经济区成立中国联合水泥公司，随后通过重组控股多家山东、河南和江苏的水泥企业，至2006年，在淮海经济区拥有水泥年生产能力1 385万吨。

在继续发展中联水泥的同时，中国建材集团把目光投向了东南经济区，利用当地水泥产业低迷的时机，一举重组了当时浙江最大的4家水泥企业——浙江水泥、三狮水泥、虎山水泥、尖峰水泥，进而以这4家企业为基础，在东南经济区内联合其他水泥龙头企业，于2007年9月组建了南方水泥有限公司，并以市场化的方式快速推进联合重组，业务迅速覆盖浙江、上海、江苏、安徽、湖南、江西、广西等省市。南方水泥产能从零起步，3年时间产能达到1.2亿吨，成为我国东南经济区最具影响力的水泥集团，创造了世界水泥发展史上联合重组的奇迹。南方水泥联合重组与管理整合的成功经验，获国家创新型管理成果一等奖，并被列入哈佛管理案例。

在水泥领域，中国建材集团还积极开辟新的战略区域，于 2009 年 3 月重组设立北方水泥公司，2011 年中旬开始筹备建设西南水泥公司。中国建材集团的目标是“十二五”期间完成西南水泥的重组后，集团的水泥产能达到 3 亿吨，达到全国总产能的 25.0% ~30.0%。

**（二）联合重组的原则和方式**

几年来，中国建材集团成功推进大规模联合重组，很大程度上得益于始终坚持的重组原则和方式。

1. 联合重组的原则。坚持重组区域选择原则。水泥受运输距离限制，是典型的“短腿”产品，针对水泥市场这一特点，中国建材集团在联合重组中，明确了区域战略，锁定了浙江、江西、福建、湖南、广西及上海等省市所在的东南经济区，以山东、江苏为主的淮海区域和以东北三省为主的北方区域。

坚持重组企业选择原则。中国建材集团在进行重组企业选择时，遵循如下原则：重组企业要具有一定的规模、效益和潜在价值；重组企业能与现有企业产生协同效应；重组风险可控和可承受。

坚持竞业禁止原则。被重组企业的股东在重组后，在中国建材集团的市场区域内不能从事与现有企业相竞争的业务，在非竞争区域内从事相同业务，要优先考虑把中国建材集团作为合作伙伴。

坚持专业化操作原则。在联合重组中，要求被重组企业资产边界清晰、人员边界清晰、价格公允；选择专业能力强、有高度责任心、勇于负责的人员进入联合重组工作小组；充分发挥中介机构专长，逐个对重组项目进行详尽的市场分析、专业的法律与财务尽职调查，实施规范的审计评估及严格的审批程序。在具体执行层面，建立一整套详尽的联合重组工作指引。

坚持以人为本原则。联合重组后，尽量保留原企业管理团队，并对原企业人员给予足够的尊重，充分发挥他们各自的特长，调动各方积极性，优势互补实现多赢。

2. 以市场化方式推进联合重组。中国建材集团是高度市场化的建材央企，联合重组中坚持走市场化道路，创造性地提出并坚持“央企市营”的动力机制，结合了央企的实力与民营企业的活力，提升了企业的竞争力，实现了央企与不同所有制企业的包容性成长。

“央企市营”即在坚持国有企业属性的同时，建立适应市场经济要求的管理体制与经营机制。其核心：一是央企控股的多元化股份制，就是产权多元化，这解决了产权制度的问题；二是规范的公司制和法人治理结构，即按照公司法规范央企的相关制度，使公司真正成为市场竞争中的法人主体，国资委推行的外部董事占多数的董事会运行机制，明晰了董事会、经理层的责权利，实现行权顺畅；三是职业经理人制度，即董事与经理人要通过社会化、市场化方式选拔，用市场化方式解决好企业经营的委托代理；四是公司内部机制市场化，即用人用工及分配机制等方面与市场接轨，使企业真正做到干部能上能下、人员能进能出，收入能升能降；五是依照市场规律开展企业运营，不仅产品与服务的经营与创新遵循市场规则进行，而且和民营、外资企业合作共生，追求包容性成长模式。

中国建材集团对重组企业采取“三七原则”：作为“央企市营”核心之一的多元化股份制，采取的是“正三七”和“倒三七”的股本结构。“正三七”就是在上市公司里，中国建材集团要持有 30.0% 的股份，作为第一大股东相对控股；股份公司所属子公司通过权益融资施行股份制，采取“倒三七”，即股份公司至少持有 70.0% 股份，其他由社会所有人所有。这样就把市场机制引入央企内部，用少量国有资本带动大量社会资本，共同推动企业发展。以重组浙江虎山集团为例，2007 年中国建材集团以 2.49 亿元收购了虎山集团的 90.0% 股权，将 10.0% 的股权留给了原业主。一般企业收购后往往要换掉经营班子，以保证控制权。但中国建材集团把收购重组的资金付给被重组方的同时，充分信任、保留和善待原经营团队。

在联合重组中，中国建材集团坚持包容和公平的原则，赢得了被重组企业的一致认同和欢迎，对于联合重组的成功起到了重要作用。

### （三）管理整合是联合重组的重要组成部分

联合重组最终是要实现规模与效益，如何保证联合重组的成功，使重组进入的企业管理有序、步调一致，形成协同效应，管理整合作为联合重组工作的重要部分，起着至关重要的作用。中国建材集团在实践中，提出了“通过联合重组做大，通过管理整合做强”的要求，摸索总结出了一整套行之有效的管理整合方法，保证了联合重组的成功。其中，主要的方法包括“三五模式”、辅导员制和对标管理等。

“三五”管理整合模式，即五N、五C和五I。五N（五化运行模式），即一体化、模式化、制度化、流程化、数字化；五C（五集中管理模式），即市场营销集中、采购集中、财务集中、技术集中、投资决策集中；五I（五类关键经营指标），即净利润、售价、成本费用、现金流、资产负债率。“三五”管理整合模式的核心是一体化和数字化，就是各个被重组企业要认同中国建材集团的战略和文化，充分发挥资源聚集效应，通过整合优势、统一市场、集中采购、开展对标等，实现企业效益最大化。

辅导员制，即在新进入的企业派驻辅导员，帮助其规范管理体系，开展管理整合。辅导员制是中国建材集团在联合重组过程中摸索总结出来的一种新的管理方式，目的是将中国建材集团先进的管理理念和企业文化通过最直接有效的渠道灌输到重组企业中去，促使重组企业在最短的时间内有效吸收中国建材集团的管理和文化精髓，及早发挥潜力，摆脱困境，产出效益，为股东、社会、员工带来回报。

对标管理即“对外对标、对内优化”。“对外对标”，就是被重组企业选择海内外一流的相关企业进行主要技术经济指标的对比和管理学习，如南方水泥选择了法国的拉法基和国内的海螺水泥来对标。“对内优化”，就是在集团众多企业中优中选优，将优化的管理模式在被重组企业内推广。

## 联合重组的体会

### 一、通过市场协同，遏制恶性竞争

中国建材一方面在重组企业中推进市场整合，打造核心利润区；另一方面与区域内的兄弟企业协同，建立协同利润区，实现区域内企业的共同发展，避免恶性竞争。联合重组后，中国建材集团给予浙江水泥资金和政策支持，停建、缓建项目全面复工，15个月的时间就完成了2条5000吨熟料线、3个100万吨水泥粉磨站、5条余热发电线的建设，这对原来的浙江民营企业来说是不可想象的。在后来金融危机的冲击下，浙江水泥企业不仅没有倒闭，而且整体走出低谷，价格逐步回归，为地方经济发展作出了贡献。2008年、2009年和2010年，浙江水泥行业在产量变化不大的情况下，利润分别达到12.6亿元、14亿元、40亿元；税收分别达到了30亿元、29亿元、60亿元。

### 二、通过“央企市营”，追求包容性成长

中国建材集团提出，央企的实力+民企的活力=企业的竞争力。中国建材集团提出并坚持“央企市营”的动力机制，用少量资本金吸引大量社会资本推动企业发展，既保证了央企的控股地位，又引入了市场机制，大大提升了集团的市场竞争力，获得了重组企业和利益相关者欢迎，实现了包容性成长。如南方水泥先后重组了150家企业，其中有65.0%是民营企业，15.0%是地方国企，20.0%左右是混合股份企业。

中国建材集团坚持的包容性成长主要是通过“4个和谐”来实现，即“与自然和谐、与社会和谐、与竞争者和谐、与员工和谐”。在成长过程中，充分考虑到环境保护和社会责任，做成“四型企业”，即“创新绩效型、资源节约型、环境友好型、社会责任型”，把企业的盈利和自然环境保护、社会责任和与竞争者互利多赢结合起来。到2010年底，中国建材集团安排了10万个员工就业岗位，上缴税金103.17亿元，归属国家的所有者权益回报率高达20.0%，集团创造利润的60.0%归属广大社会投资者和股民。

### 三、通过资源整合，推进行业良性发展

中国建材集团主导的行业联合重组，在推动企业效益和持续发展能力快速提升、优化资源配置和

维护区域竞争秩序的同时，对加快转变建材行业经济发展方式和促进地方经济发展起到了积极作用。这点在水泥的产业结构调整中表现尤为突出。2006年到2010年，中国建材集团作为水泥行业的领军企业迅速崛起，同一时期我国水泥前10强的产业集中度从15.0%增加到约25.0%，新型干法水泥比例从46.0%增加到81.0%。区域市场的水泥价格逐渐回归价值，市场竞争趋向理性，行业发展走向健康。

同时，中国建材集团在联合重组后，加大重组企业的技术改造和投入，强化科技创新，积极淘汰落后产能，对节能减排和环境保护起到了重要推动作用。5年来，中国建材集团投资58亿元，为旗下所有水泥企业配套余热发电装置，使水泥余热年发电量达到42亿千瓦时，年节约标煤达140万吨，年减排二氧化碳350万吨，综合利用粉煤灰等固体废弃物达2 100万吨。淮海地区落后工艺比重高，中国建材集团采取等量或增量置换的方式，在联合重组后，淘汰18条总产能260万吨的立窑工艺生产线、16台总产能340万吨的小水泥磨，改建新型干法水泥。

### 四、通过文化融合，最大限度调动人的积极性

对于众多被重组企业，中国建材集团建立了以“融合”为特征的联合重组企业文化，明确“创新、绩效、和谐、责任”的理念，倡导“待人宽厚、处事宽容、环境宽松”，及“向心力、亲和力、凝聚力”的“三宽三力”思想原则，形成了“中建材一家”的和谐氛围。中国建材集团文化理念的核心，就是尊重人、理解人、关心人。秉承和谐的企业文化精神，中国建材集团在联合重组后，坚持保持被重组企业管理团队的稳定性，充分信赖原有企业的管理团队，极大地调动了广大职工和管理人员的积极性。

## 践行黄金为民理念

中国黄金集团公司总经理　党委书记　孙兆学

黄金作为贵金属本身具有良好的稳定性和稀有性，因此被人们作为财富储备，并赋予其社会属性，使之拥有了货币功能。然而，在中国千百年的历史上，黄金只能是皇权的象征，只能是富人的“专利”。新中国成立后，人民掌握了国家政权，黄金才真正属于人民。但由于历史等原因，新中国成立初期国家的黄金储备只有40吨。那个时期，对于国家来说黄金是“稀缺之物”，而对普通百姓来说更是可望而不可及。

改革开放30多年来，随着国家经济实力的不断增强，人民群众生活的不断富裕，中国国际地位的不断提高，黄金的重要地位和作用日益凸显。特别是几年前发生的国际金融危机，让人们对黄金的独特作用又有了新的认识。如今，不但国家的黄金产量和储备不断增加，而且普通百姓也开始“家中藏金”了。在这种形势下，很有必要大力倡导并践行“黄金为民”的理念。

“黄金为民”理念是中国共产党以人为本、执政为民理念在黄金领域的体现和延伸，是中国黄金事业发展的根本宗旨，是深入贯彻落实科学发展观的本质要求。积极倡导和践行黄金为民理念，是确保国家经济金融安全的现实需要，是推动包括黄金企业在内的整个黄金行业科学发展的必然选择，是繁荣发展黄金市场的指导原则，也反映了人民群众财富保值增值的迫切愿望。

倡导和践行“黄金为民”理念，就要建立国家黄金战略，确保国家经济安全；就要大力倡导藏金于民，引导行业健康发展；就要加强黄金市场研究，引导人们理性投资。对于中国黄金集团公司来说，倡导和践行黄金为民理念，就要切实转变发展方式，坚持绿色发展之路；倡导和践行黄金为民理念，就要履行央企社会责任，努力致富一方百姓。

下面结合中国黄金行业特别是中国黄金集团公司(简称“中国黄金”)的实践，谈一点对黄金为民理

念的具体认识和体会。

## 一、建立国家黄金战略，确保国家经济安全

倡导和践行黄金为民理念，首先要充分认识黄金在国家战略中的特殊地位，将黄金战略纳入国家核心战略，制定国家黄金发展规划，完善国家层面的黄金发展法规和政策，以推动中国黄金行业健康发展，确保国家经济金融安全。

黄金作为一种实体资产，其价值是客观存在的，并不是人为认定的。用黄金做货币，货币价值是十分稳定的。然而在20世纪后期，黄金的作用曾一度受到贬低。20世纪70年代，在美元霸权的约束下实行了上百年的金本位制开始失去作用，黄金对金融的稳定作用受到贬低，在全球出现了一种“黄金无用论”的舆论氛围。受此影响，民众开始疏远黄金，一些国家央行开始抛售黄金储备，金价持续低迷。

进入21世纪后，随着国际政治格局和经济格局的变化，黄金作为金融稳定之“锚”的作用开始显现，尤其是2008年爆发的全球性金融危机，使黄金的避险功能和重大战略意义逐渐凸显出来。越来越多的人认识到，“黄金无用论”包含了太多的谎言。它其实是拥有全球74.0%官方黄金储备的美国，为打压其他货币、维持美元霸权而设计的一个阴谋。实际上，英镑、美元之所以能够由国家货币成为世界货币，背后都有巨额的黄金储备作支撑。

黄金和石油一样，是全球性战略资源，又是良好的财富储备手段，应当在保障国家经济、金融安全，抵御金融危机、战争灾变风险和推进人民币区域化国际化进程中扮演重要角色。中国应该把及早建立黄金战略防御体系当成一项国家战略。

中国黄金在一系列调研的基础上，提出了“黄金是关乎国家经济、金融安全的特殊产品，黄金战略应当成为国家核心战略”的建议，并利用各种平台，呼吁相关部门从国家战略的高度来定位黄金产业，在产业政策、行业规划等多方面支持黄金发展，增加黄金储备，以提高国家的资信度，增加国家金融的稳定性和安全性。

这一系列建议，让公众重新认识了黄金对金融稳定的价值，也得到了有关部门和社会舆论的重视和支持，并融入了国家黄金发展政策的制定之中。2010年，中国人民银行、发展改革委、工业和信息化部、财政部、税务总局和证监会等六部委联合发布了《关于促进黄金市场发展的若干意见》，明确了黄金市场作为金融市场的重要组成部分在国家经济、金融安全中的地位和作用。加快黄金生产、调整产业布局、完善产业链和增加黄金储备等重大问题，也得到了国家前所未有的重视和支持，促进了黄金行业的迅速发展。

## 二、增加国家黄金储备　做强做优黄金企业

诺贝尔奖获得者蒙代尔曾说过，“货币不过是一定量黄金的名称”。从本质上讲，美元欧元等信用纸币是“黄金”这个树根上衍生出来的树叶。因此，尽管金融危机中债台高筑，但黄金储备高达8 133吨的美国并没有出售黄金获取救市的资金，可见其对黄金储备战略意义的高度重视。

如何合理确定国家储备中黄金的比例要考虑多种因素。英国华威大学商学院金融教授 Gordon Gemmill 研究称，对一个普通国家来说，黄金持有量为10.0%最合适。但若出现货币崩溃的可能时，这一比例应该更高。目前，美国、法国、意大利等国的黄金储量占外汇储量均在70.0%左右，而中国仅为1.6%，差距之大显而易见。

中国现有外汇储备中约70.0%是美元资产。如果美元继续贬值，将造成中国外汇储备的大幅缩水。因此，应当适度将美元资产转为黄金储备。5年之内，黄金储备占整个外汇储备的比例应达到3.0%，这样才有利于中国金融体系的强大，也有利于人民币在区域货币里发挥更大的作用。今后人民币要在国际区域货币体系中占有更多的话语权，就必须有黄金的支持。

据中国黄金协会统计，2011年中国黄金产量达到近361吨，比上年增加20.1吨，增幅5.9%，再创历史新高，连续5年居世界第一。中国虽然是产金大国，但不是产金强国。应该进一步完善黄金行业管理的有关政策措施，继续支持具备条件的大型黄金企业发展，上大压小、淘汰落后、提高集中度，做优做强一批黄金企业。同时，积极实施“走出去”战略，

培育和打造具有国际竞争力的大型矿业集团，促进中国黄金工业健康、和谐、可持续发展。

作为中国唯一的中央企业，中国黄金义不容辞地承担起发现黄金资源的国家重任。自2007年以来，中国黄金通过地质探扩、资源整合获取了大量的黄金资源，拥有黄金资源1 350吨，占全国已探明黄金资源量的近30.0%。

## 三、大力倡导“藏金于民”　引导行业健康发展

在1997年开始的亚洲金融危机中，韩国是“亚洲四小龙”中受创最重的国家。但韩国人响应政府的号召，踊跃捐出自己家里的黄金首饰，有些人几乎倾其所有，200多万韩国人捐出黄金总额高达10亿美元，大家同心协力，共同渡过了金融危机。这个生动的事例也从一个侧面说明了“藏金于民”的重要性。

中国制定的国家黄金战略，还应该把增加黄金储备和推行“藏金于民”，即开放民间黄金市场、增加民间黄金持有量联系起来，尽快扭转黄金官方储备和民间储备“双低”的局面。民间黄金储备是官方黄金储备的有效补充，在维护国家金融安全方面同样起着重要作用。

中国黄金市场的发展，为黄金金融属性发挥功能创造了条件，也为人们提供了良好的黄金交易平台。近几年来，国内黄金消费与投资的人群均有大幅增长。但目前，中国人均消费黄金量远远低于世界平均水平，国内的市场还存在巨大发展空间。百姓持有黄金对个人和国家都是有利的，平时是投资工具，危机时是“护身符”。当然，“藏金于民”需要多层次、个性化的投资产品。

作为积极践行黄金为民理念的大型黄金企业，中国黄金在努力生产更多黄金的同时，积极延伸产业链、开发新产品，增加黄金投资品、饰品品种，鼓励民众参与黄金市场，实现“藏金于民”。目前，近1 700家“中国黄金”品牌店采取“回购”、“代管”、“实时金价”等创新性措施，受到了广大群众的欢迎。“十一五”期间，中国黄金的黄金投资产品市场占有率达到34.0%，黄金产量、销量均居国内第一，有力地推动了国内黄金生产和消费，加快了黄金产业市场化的进程。

当然，目前中国黄金行业尽管发展迅速，但还存在着诸多不足。如黄金市场起步较晚，市场法规修订滞后，投资品种单调，交易时间短，交易费用高等。建议国家大力推动市场创新，积极开发人民币报价的黄金衍生产品，丰富交易品种，完善黄金市场体系，引导更多的投资者参与黄金市场，扩大黄金市场的广度和深度。

## 四、加强黄金市场研究　引导人们理性投资

新中国成立后，中国对黄金实行了“统购统配”的严格管制制度。一直到20世纪80年代，这种管制才开始松动，1982年开放黄金饰品市场，1993年改革了黄金固定定价制度，2002年上海黄金交易所成立运营，2008年黄金期货在上海期货交易所挂牌上市，标志着中国黄金产业的发展进入了完全市场化时代。

经过10多年的发展，中国黄金市场规模不断扩大，功能不断完善，市场主体不断丰富，初步建立起多元化、多层次的黄金交易市场。目前已形成了由上海黄金交易所黄金现货市场、上海期货交易所黄金期货市场、商业银行柜台交易业务和黄金制品批发零售商店构成的多层次的市场体系。

中国黄金市场的发展，为黄金金融属性发挥功能创造了条件，也为人们对黄金的商品需求和投资需求提供了良好的交易平台，有力地推动了国内黄金生产和消费，促进了黄金产业上下游产业链的融合和完善，加快了黄金产业市场化的进程，有效地提升了中国黄金产业的国际影响力。

作为一种传统的避险产品，黄金正在成为热门的投资对象。但黄金市场不同于一般商品市场，也不同于一般的金融市场，是一个“两元结构”的市场，即黄金实物交易市场与黄金衍生物市场平行发展结构的市场。前者买卖的是黄金实物，后者买卖的是市场不确定性产生的风险，前者是以资产保值为目的的投资者参与的市场，而后者是以盈利为目的的投资者参与的市场。

应该引导民众理性投资，区别两种不同的市场，明确自己进入市场的目的，量力而行，根据自己的风

险承受能力谨慎操作,减少和避免造成投资损失。

## 五、切实转变发展方式　坚持绿色发展之路

切实转变发展方式,坚持低碳环保的绿色发展之路,是科学发展观的题中应有之义,也是践行黄金为民理念的必然要求。

长期以来,中国黄金行业“小、散、远、偏”的特点突出,这一特点直接导致中国黄金行业开采成本高,资源能源消耗大。为推动黄金行业可持续发展,转变矿山企业增长方式,中国黄金在国内规划了20个黄金生产基地,并通过兼并重组等方式积极整合基地周边污染严重、选冶技术落后、资源利用率低的小矿,建成了一批细选精炼、节能环保、年产金可达3吨至8吨的标杆企业,这些企业目前已经成为集团公司利润来源的主体。

近年来,中国黄金始终坚持“不在任何地方以牺牲生态环境为代价从事黄金生产”的庄严承诺,坚持走安全发展、清洁发展、节约发展、和谐发展之路,旗下所有矿山企业都开展了“安全环保绿化美化”重点工程。

截至2010年底,中国黄金在日处理矿量由2万吨增长到15万吨的同时,新建矿山环保投入占总投资比重达5.0%,超过3.0%的国家标准,在西藏甲玛、内蒙古乌山两个生态特别脆弱的矿区,环保、绿化投入分别达到了总投资的11.0%和13.0%。2010年万元增加能耗比2005年降低34.4%,化学需氧量和二氧化硫排放量比2005年分别减少14.0%和11.5%,均超额完成国家要求的“十一五”节能减排目标。

转变发展方式,坚持绿色发展,需要科技创新来推动。在中国,被称之为“呆矿”的难处理金矿资源约占已探明黄金储量的1/3以上,开发利用难度非常大。提高资源利用率,是黄金乃至矿业生产普遍面临的难题。按国务院国资委的创新部署,中国黄金始终瞄准黄金行业前沿技术,先后承担了国家“十一五”科技支撑计划项目中有关黄金行业的全部6项课题,还承担了两项国家“973”课题。

通过自主创新和集成创新,中国黄金拥有了以生物氧化提金工艺、原矿焙烧提金工艺、两段焙烧脱砷工艺等为代表的一系列高新技术成果,在难处理黄金资源选冶技术方面取得重大突破。2011年,中国黄金“大型金矿绿色采选冶技术研究及示范可行性研究”、“西藏特大型多金属矿高效开发利用关键技术研究”和“数字化冶金矿山关键技术研究及产业化示范应用”三个项目成功入选“十二五”国家科技支撑计划。

## 六、履行央企社会责任　努力致富一方百姓

近年来,中国黄金积极履行中央企业的社会责任,践行黄金为民理念,维护矿山周边环境的稳定,带动周边区域的发展。尤其是在新疆、西藏、内蒙古、云南、贵州等少数民族地区和边远地区,最大限度地加大投资、吸收当地居民进入企业工作,加大对当地职工乃至民众的培训,带动地方经济、维护一方稳定,与企业所在地的广大百姓分享发展成果。

2011年上半年,集团公司西藏华泰龙矿业公司实现产值3.1亿元,占西藏自治区规模以上工业增加值的22.8%,占墨竹工卡县的98.4%;上缴税费1亿元,占墨竹工卡县的50.0%,为西藏自治区的经济发展作出了突出贡献。同时,华泰龙公司坚持“用工本地化”,用项目运输、绿化等配套业务同当地全体村民建立起股份合作经济体,提高了矿区周边农牧民群众的收入,使农牧民共同致富,受到了地方政府和广大群众的交口称赞。

另外,内蒙古乌山铜钼矿为了解决当地牧民实际困难,多次派人对周边牧民的养老、医疗、子女就业情况进行调研,形成了牧民档案,为周边牧民缴纳养老保险,让他们老有所养,没有后顾之忧,并帮助他们解决牧民子女就业问题。该矿山开发后,企业先后安置呼伦贝尔市各旗县各类人才139人,占定员总数21.0%,缓解了驻地的就业压力。

与此同时,中国黄金还大力开展当地青年职业技能培训,选送少数民族优秀青年职工到高校深造,与地方组织部门开展干部交流活动,定向培养交流少数民族经济建设人才。2007年以来,中国黄金集团公司共录用少数民族员工和大学生1 300余人,其中西藏甲玛项目和内蒙古乌山项目少数民族员工人数分别占全体员工总数的30.0%和21.0%,在当地

培养了一大批青年技术骨干和管理人才。

经过近10年的快速发展，中国黄金行业在世界黄金版图上，已经从追随者成长为领军者，并进入了创新驱动、转型发展的重要战略机遇期。面对时代赋予的机遇和市场竞争的挑战，中国黄金将继续践行黄金为民理念，积极推进国家黄金战略，带动黄金产业优化升级，为国家的经济社会发展作出更大的贡献。

# 创新发展自主品牌　振兴民族汽车工业　持续创造卓越绩效

安徽江淮汽车股份有限公司

安徽江淮汽车股份有限公司（简称“江淮汽车”，英文缩写JAC）是安徽江淮汽车集团有限公司的控股子公司，始建于1964年，2001年在上海证交所挂牌上市，是国内唯一一家没有产业外资背景的、产品线最齐全的综合型自主品牌汽车主力厂商。自1990年以来，江淮汽车依靠自我积累滚动发展，硬是从一个净资产为负、年产销汽车不足千辆的地方国有汽车企业不断发展成为年产销汽车50万辆、年销售收入过360亿元，产品覆盖全系列商用车和乘用车、关键零部件的综合型企业，走出了一条有鲜明特色的民族汽车企业的成长之路！

江淮汽车主要经济指标连续20年保持35.0%以上的复合增长率，创造了令业内外高度赞誉的“江汽现象”。2011年，江汽股份公司销售各类汽车约46.7万辆，同比增长5.4%，高于行业2.5%的增幅；实现销售收入305亿元，同比增长4.0%。

## 一、远见卓识的领导，高瞻远瞩的战略

### （一）底蕴深厚的企业文化

生存的危机、创业的艰辛，铸就了公司员工必胜的信念、强烈的自主发展意识和抗争意识，孕育了江淮汽车底蕴深厚的企业文化。逐步形成了“系统思考，团队学习，协调平衡，追求卓越”的核心理念和“质量是生存发展之本”的核心价值观。公司以创建学习型组织为引领，连续16年坚持“40＋4”的全员学习工程，全面营造员工学习的良好环境，激发员工创新活力。

为确保企业文化的落地，公司高层领导矢志践行、全面推动企业文化传导，出版《系统思维》、《媒体角度》、《员工讲述》等文化典藏系列丛书，编制《员工手册》、《JAC职业化素养》等资料进行全面宣贯，并跟踪调查落实。

公司精心打造学习型营销体系和学习型供应链，多维度、全方位地向客户、主要供方、合作伙伴进行文化传播，使价值链各方对公司的企业文化有深度了解，增强了企业的向心力和凝聚力，形成了内部上下统一、外部合作共赢的文化氛围。

### （二）承载使命的发展战略

40多年的造车历史，使江淮汽车在商用车领域拥有的深厚品牌积淀和强大的研发、制造、营销服务体系，是未来战略选择的基础。随着乘用车作为消费品进入家庭的时代来临，公司在商用车领域的成功和近年来在多用途汽车市场的优异表现，充分证明江淮汽车具备制造高品质乘用车的能力。公司战略委员会经过多轮评审和论证，最终确定“坚持以商用车为基础，巩固和发展在商用车细分市场的领先地位，成功拓展乘用车业务”作为公司“十一五”发展战略，成功实现由单一商用车制造厂商向集商用车、乘用车于一体的综合性汽车制造企业的战略转型。

到2015年，力争把公司打造成具有较强国际竞争力的中国汽车业主力厂商。坚持质量效益型道路，质量优先规模，以品质塑造品牌，在汽车行业率先实现由中国制造向中国品牌的跨越。

## 二、着力培育“组织学习和系统创新力”的核心竞争力

公司长期坚持把组织学习与系统创新力作为核心竞争力来培育，并转化为各业务在产品、营销和品牌三方面的竞争力，以巩固和提升公司产品的市场竞争优势。

### （一）组织学习

公司按照“一个定义、两个特征、三个系统”的创建思路，十余年来坚持探索与实践，形成了具有自我批判、自我否定、自我超越的“组织学习和系统创新”的核心竞争力。公司获得学习型组织理论创始人彼得·圣吉的高度肯定，称江淮汽车是其见过的“最接近学习型组织的企业”。2004 年公司“以学习型组织建设为核心的组织能力优化管理”成果被评为“国家级企业管理现代化创新成果一等奖”。

1. 系统培训，把企业变成一所学校。在江淮汽车有两条生产线，一条是造车的产品生产线，一条是育人的教育生产线。公司投资亿元建设企业大学，建立覆盖各单位的培训网络，拥有一支 826 人的专兼职培训师和培训员队伍，构建“纵向分层次、横向分专业”的教育培训体系。2004 年公司通过瑞士联邦标准化组织的 ISO 10015 培训体系认证，成为国内首家通过该项认证的汽车企业。

2. 广泛深入地组织学习。公司通过建立反思、反馈、共享三大系统，将个人学习有效地转化为组织学习，形成浓厚的组织学习氛围。建立公司、事业部等不同级别及研发、制造、营销、战略管理等不同领域的标杆，长期开展标杆学习；组织全员的质量案例大讨论，在案例中学习反思经验教训；整理出版最佳实践案例、失败案例，形成长期的组织记忆；针对生产经营面临的问题，建立跨部门、跨系统的学习实验室，如“降噪提效、关爱员工”、“小型休闲车质量提升”等实验室，切实地在学习中解决问题。

### （二）系统创新

公司坚持以“组织学习与系统创新力”为核心竞争力，协调平衡文化建设、技术创新、管理创新、机制创新、营销创新、人力资源开发六大要素以及各要素在理念、体系标准和方法工具三个层面的关系。见下图。

1. 技术创新。公司长期致力于树立自主品牌新标杆，通过构建国内领先的 5 层次研发体系、独具特色的产品开发 NAM（Now And Me）①流程、世界一流的研发设备，为提升自主研发能力提供了保障。

遵循一个指导思想（以我为主，兼收并蓄，自成一体，实现超越）、三个原则（支持战略、客户导向、简洁高效），整合全球优势资源，公司构建了具有江淮汽车特色、国内领先的 5 层次研发体系，实现全球 24 小时的高效协同研发。

为建立科学、规范、严谨的研发流程，提高研发效率，公司汲取丰田精益研发体系精华，创造性地建立了行业独有的产品开发 NAM 流程，识别出产品开发的 7 大阶段，13 个节点门，通过节点门审核、同步工程等过程标准化活动，减少过程波动和消除非增值活动。为公司技术创新提供了管理机制和方法论的保障。2011 年公司“从概念到产品的研发 NAM 流

① “NAM”流程：以设计流程再造为核心的新产品研发管理。

程管理技术"成果被评为"国家级企业管理现代化创新成果二等奖"。

公司是国家高新技术企业和国家创新型企业，拥有商用车验证中心、乘用车验证中心、动力总成验证中心、整车基本性能试验跑道、造型中心和填补国内空白的 K&C（Kinematics&Compliance）[①]悬架性能测试、AT 试验台架等一大批先进试验设备，拥有世界一流产品研发和工艺设计系统。

通过引进消化吸收再创新，公司积累创新技术，拥有发明专利近千项、国家重点研发项目 70 多项，新能源技术与国际水平同步。

2. 管理创新。公司坚持以客户为导向，以提高流程效率、运作绩效为目的，实施全面质量管理，积极推进基于 IT 的现代化管理，持续提升管理水平。

（1）打造最具竞争力的供应链体系。公司长期致力于与各相关方构建"和谐共赢的大协同体系"，有力支撑着公司的高速发展。科学规划建设供应巢，打造"江淮车谷"。2011 安徽省内供应商总数近 300 家，工业生产总值 100 多亿元。

（2）持续改进的精益生产。公司深入推行 TPS（Toyota Production System）[②]并建立长效机制，配备国际水平的柔性发动机生产线、德国杜尔涂装线等自动化生产线近百条；主要生产设备5 000余台（套），包括亚洲最大的6 000吨压力机、瑞典 ABB 焊接机器人、德国数控加工中心等国际一流的大精稀设备。

（3）三层次的全面质量管理。公司从理念意识、体系标准和工具方法三个层面进行系统策划，实施全面质量管理。

理念意识层面。坚持走质量效益型道路，确立"质量是生存发展之本"的核心价值观，提出以崇尚质量为荣，以漠视质量为耻。以系统预防为荣，以消极应付为耻。以标准作业为荣，以随心所欲为耻。以数据说话为荣，以弄虚作假为耻。以主动服务为荣，以推诿扯皮为耻。以顾客满意为荣，以顾客抱怨为耻的"六荣六耻"质量荣辱观，强化全员"质量第一"的意识。

体系标准层面。以 GB/T 19001、GJB 9001A、TS 16949 和 3C 等标准为核心，建立健全公司质量管理体系并有效运行。并通过中国人民解放军装备承制资格的严格审查。

工具方法层面。在质量策划、质量控制、质量改进阶段应用适宜的工具方法。广泛推行控制图、大力推行六西格玛管理与标杆对比等方法，为持续提高产品质量提供了保障。

（4）成本管理领域的创新实践——MCU（Mini Cost Unit）[③]管理。在外部市场压力和内部管理需求的相互作用下，公司结合企业实践，借鉴稻盛和夫的阿米巴经营理论，创建"MCU"经营模式。从开源节流、传导市场压力两方面入手，达成品质、成本和效益三者之间的协调平衡。

（5）打造数字化江淮。公司高度重视信息化建设，建立以万兆级光纤、管网为主干，覆盖全公司的企业局域网，信息化系统覆盖了各项业务，并延伸到供应商和经销商，全面支持了产品研发、生产经营、营销服务和供应链等相关业务和过程。

3. 机制创新。公司坚持以绩效为导向，强化优胜劣汰的用人制度，积极推进组合式分配方式、员工成长路径、宽带薪酬和全向绩效管理制度，保持公平与效率、发展与稳定的协调互动。公司积极营造"重绩效、重质量、重执行"的文化氛围，依据战略目标和各业务领域顾客的价值主张，系统设计 KPI（Key Performance Indicator）[④]指标体系，构建了完善的绩效管理体系和价值激励体系。

4. 营销创新。公司以"信息准确，反应敏捷，处理有效，顾客满意"为目标，系统构建营销服务体系，科学规划营销渠道，推进"三网联动"，先后在海外建立多个办事处、服务中心，在近百个国家和地区建立了营销网络。在国内经销商千余家，为快速响应顾客需求提供了有力支持。

公司建立区域学习营销协会，与经销商共同学习和成长，并全力打造"一家亲"服务品牌，针对不同种类顾客采取对应的沟通反馈方式，提供贴心的

① K&C：汽车悬架运动学与弹性运动学。
② TPS：丰田生产方式。目的是消除浪费、降低成本。
③ MCU：微型经营（成本）单元。
④ KPI：关键绩效指标法。

服务。

## 三、为员工谋幸福，为社会作贡献，积极践行公司愿景

通过每一个公司员工具体细微的工作，共同“制造更好的产品”，以直接或者间接的方式改善人们的生活与工作方式，创造富裕与高品质的生活，造福于社会。

### （一）为员工谋幸福

公司长期致力于激发每一位员工的工作热情与潜能，让员工过上好的生活，活出生命的意义和尊严。

1. 营造安全良好的工作环境。公司努力营造安全良好的工作环境，设定高于国家标准的企业执行指标，持续推进体系达标。通过国家机械工业局特级安全级企业认证，国家安监总局安全质量标准化一级企业认证。

2. 以人为本的福利保障体系。公司除了提供区位领先的宽带薪酬外，还为员工提供五险一金（住房公积金缴纳比例达最高上限）、购/租房补贴、内部购车优惠、集体婚礼、免费班车等组成的大福利；建立互助帮困基金会、大病救助基金和年终慰问机制，为员工提供了全面的福利保障。

3. 让每位员工都有机会成全自我。公司将企业发展与员工个人的素质提升、精神满足、物质生活改善紧密结合，帮助员工实现有序成长；通过丰富多彩的企业文化活动塑造了员工健康积极的职业人格。

### （二）为社会作贡献

1. 高额投入，实现绿色制造。公司持续推进循环经济和清洁生产，投入5 100多万元在各生产区建立污水处理站，建立工业复用水网络净化系统；投资3 260万元对轿车涂装实施水性漆改造，减少 VOC 排放；推行“少无铁屑加工”等，公司通过安徽省清洁生产中心的正式审核认证，获得极高评价。

2. 系统思维，制造安全节能环保产品。坚持以人为本，把提升产品安全性能放在首要地位，加强开发应用新能源和替代能源，率先实现新能源轿车产业化。公司借鉴欧美法规，制订了高要求的企业标准，并参与制定《轻型商用车辆燃油消耗量限值》、《商用车驾驶室乘员保护》等10 项行业和国家标准，公司和悦产品通过了中国新车评价规程（C－NCAP）五星碰撞认证。

3. 带动产业链的良性发展。在长期的快速发展过程中，江淮汽车不仅创造了令人瞩目的“江汽现象”，还带动了产业链上下游企业的良性发展，为地方财政收入作出了巨大的税收贡献。同时，还肩负盘活地方国企的责任。通过基于组织能力的扩展，先后兼并重组了六安汽车齿轮厂、皖东机械厂等八家长期亏损甚至破产的企业，使得这些企业在进入整合期的第二年即扭亏为盈，并获得长足的发展。

4. 以感恩之心回馈社会。公司以“心系社会，兼济天下”的高度责任感和强烈的感恩之心回馈社会，明确了教育、环境保护、慈善作为公益事业的重点支持对象，长期以来引领全体员工及合作伙伴热心参与公益事业。截至 2010 年底，公司累计捐助金额8 317.4万元。

面对激烈的市场竞争，江淮汽车将以“创新发展自主品牌，振兴民族汽车工业”为己任，坚持走质量效益型道路不动摇，通过持续创造卓越绩效，率先实现民族汽车工业由“中国制造”向“中国品牌”的跨越，为实现“创造更美好的社会”的伟大理想而奋斗！

（撰稿：安　进　项兴初　李卫华　陈　梅）

# 科技铸造民族品牌　创新江铃驭胜天下

江铃汽车股份有限公司

用"科技铸造民族品牌　创新江铃驭胜天下"来诠释江铃稳健而快速的成长，最为贴切。连续8年位列中国上市公司百强，江铃汽车股份有限公司(简称"江铃"，英文缩写JMC)紧紧把握中国乃至世界汽车科技发展的方向，大力推进科技自主创新、发展自主品牌，加大研发资金的投入力度，把持续的技术创新作为打造品牌核心竞争力的有力支撑，终于使"成为卓越的汽车制造企业，以高质量、盈利好的产品行销国内外"这一愿景成为现实。

## 一、立足品牌，扬帆江铃前景广阔

作为中国汽车行业的骨干企业，江铃近年来产能持续扩张、效益稳健增长、品牌影响年年上扬，竞争能力和规模快速增强，成为助推江西从中部地区崛起的龙头。江铃2009年销量突破11万辆，销售收入突破百亿元；2010年销量17.8万辆，销售收入近157.7亿元；2011年在国内商务汽车市场普遍不景气的情况下，江铃逆势上扬，销量逼近20万辆，销售收入近174.6亿元。

江铃的逆势破局得益于江铃一直专注的产品质量和品牌，它们就如江铃的两翼，让江铃在汽车市场展翅高飞。

JMC商用车自主品牌、自主品牌乘用车驭胜和福特品牌三大产品体系，江铃的自主品牌与合资品牌齐驾并驱，目前已拥有福特全顺商务车、驭胜SUV①、JMC轻卡、宝典皮卡等产品线系列。目前，江铃品牌的全线产品均已配备业界知名的高效节能动力，全面达到欧Ⅲ、欧Ⅳ排放标准。尤其是安装了高压共轨系统的发动机，在大大改善燃烧噪声的同时，将机械噪声进一步降低，发动机在排放、振动、噪声方面达到一个完美程度，极大提高了顾客的满意程度。与国内的引进的发动机相比，江铃有极大的成本优势，所匹配江铃轻卡、轻客整车，百公里油耗仅6升左右，在动力性、噪声、排放等方面技术性能在国内处于全面领先地位。目前，江铃正积极研发满足国5排放的发动机。

秉承精益求精的质量精神，江铃汽车不断追求产品的至善品质。公司拥有完整的质量管理体系，建立了卓越绩效管理模式，多次荣获国家质量大奖。江铃"JMC"品牌被江西省商务厅评为江西省重点培育产品和发展的出口名牌，2011年，江铃"JMC"成功认定为中国驰名商标，为江西首例认定的全英文驰名商标，也是继"江铃"商标之后公司拥有的第二个驰名商标。江铃品牌的用户满意度连续五年位列同类产品前三名，实现了行业领先地位。

作为"国家整车出口基地"和中国轻型柴油商用车最大的出口商之一，江铃生产的汽车畅销全球80多个国家，公司建立了11个海外运营中心，4S店遍布五大洲。江铃"JMC"国际品牌的产品质量和性能在国内外消费者中拥有良好口碑，在海外市场的份额总体逐年增大，2011年公司海外销量达13 322辆，创历史新高。

此外，江铃还携手福特等众多合作伙伴，创新管理和加速开发新车型，以商用车为核心竞争力，拓展至乘用车。为实现公司提出的成为中国乃至亚太地区一流汽车企业的发展愿景，江铃正不断加速，不断突破。

## 二、重视科研，创新江铃一路领先

据中国汽车工业协会公布的数据显示，2011年

① SUV(Sport Utility Vehicle)：运动型多用途汽车。

国内商用车市场销量同比下降超过6.0%。在商用车市场普遍疲软的环境下，江铃汽车却始终保持平稳的增长势头，之所以取得良好的成绩，与江铃强大的创新能力是分不开的。江铃把持续的技术创新作为打造品牌核心竞争力的有力支撑。数据显示，江铃每年用于科技开发经费占销售收入的比例稳步提升，而新品销售收入比重逐年提高。经过对国内外优势资源的创新整合，江铃得以利用全球最强大的整车车身、内燃机技术等设计资源，开发出技术水平、性能上更为优越的新产品。

汽车产品的核心在于研发。作为江铃核心的"江铃产品开发技术中心"早在2006年就被国家发改委、科技部等单位联合认定为"国家认定企业技术中心"。它承担汽车产品、发动机产品的设计开发以及新技术、新材料的应用研究，拥有众多的汽车工程专家、专业技术人员、项目管理人员。

江铃产品开发技术中心开发设计运用先进的工业造型设计软件(ALIAS)进行计算机造型(CAS)，广泛采用各种专业软件(UG \ IDEAL、ANSYS等)开展计算机设计(CAD)和计算机工程分析(CAE)，三维数字化设计平台已实现参与福特全球同步工程开发和产品发布，测试试验拥有德国SCHENCK、日本HORIBA的发动机动态实时检测系统以及LMS公司先进的SCADAS和CADAX系统。

在建设自己的研发机构的同时，江铃大力拓展国内顶级技术的开发，并吸引了很多知名研究机构加盟。2012年5月，首批获得省级财政和中央财政支持的"江西省首批五个技能大师工作室"之一、国家级首批50个技能大师工作室之一(江西省仅两家)的国家级袁政海技能大师工作室竣工揭牌。

推广运用江铃产品开发系统(JPDS)，采用先进的项目矩阵管理模式推进V348、N350、N900等公司重大开发项目，并积极推进S5/P5开发能力提升建设。江铃还逐步建立了融数字化平台、发动机设计、整车设计、造型设计、试验开发五位一体的核心能力。目前，江铃4J系列发动机已经成为国内最好的轻型柴油发动机之一，并成为江铃决胜中国轻型商用车市场的核心竞争力之一。

随着"十一五"中期《国家知识产权战略纲要》的颁布，江铃在加大对技术革新和产品自主研发的投入的同时，尤其重视科技创新过程中知识产权的创造、运用、保护和管理。通过近几年的发展，江铃专利申请量和授权数量逐年大幅增长，截至目前，公司已累计申请专利超过300件，授权专利数量达到219件。

持续创新的理念，造就了江铃不断超越、追求完美的品性，并成为江铃拓展对外市场的基石。而由创新带来的产品品质的提高，正成为江铃赢得市场的又一大秘诀。2012年2月，江铃成为江西省首家获国家质检总局授予的被誉为"出口金牌通行证"的企业，江铃即将在国际舞台上大展拳脚。

对于未来几年汽车市场的发展前景，江铃有着非常清晰的把握：今后几年，中国的汽车市场仍将以高于GDP增长的速度发展，产品会越来越细分，这些都为江铃的持续发展提供了机遇。面对"十二五"汽车规划，江铃董事长王锡高将把创新与转型作为战略重点。随着一个着眼于全球汽车市场的宏伟规划帷幕的拉开，江铃以"成为卓越的汽车制造企业，以高质量、盈利好的产品行销国内外"为发展愿景，正寻求更宽广的发展视野，力争成为中国乃至亚太地区重要的汽车生产基地，继续以低碳、环保科技理念，引领汽车市场科学发展新主流，必将成为国际化征程中的先行者和成功者。

## 三、基地辐射，精益江铃迈向一流

投资超过30亿元的江铃小蓝基地融入了江铃人的远大理想和宏观战略。新基地定位于高起点、高效投入，以打造高效、精益生产工厂为目标，建设一座标志性的现代化工厂，生产工艺、产品质量全部满足福特标准，达到世界级乘用车质量标准，生产线及装备的自动化、柔性化程度瞄准国际先进水平。通过包括福特专家在内的世界一流工程规划人员的努力，规划厂区，功能分区合理、物流短捷，实现精益生产管理。设备选型中外结合，控制建设成本，采用先进的节能、环保技术，实现绿色制造布局，矢志成为低碳经营的典范。

江铃股份小蓝基地总规划用地2 000亩，分期实施建设。根据公司董事会公告，小蓝基地已实施和经批准的投资超过30亿元。工程为全厂性新建项目，包括冲压、焊接、涂装、总装生产部门和物流及辅助部门、公用动力站房、生活服务设施等，预计于2013年开始陆续投产，本次投资项目达生产纲领后江铃预期整车年营业收入将会大幅度提高。

江西打造国家级"环鄱阳湖经济生态区"，让江铃迎来了新的发展机遇。这一经济区的十大产业之一即为汽车产业，江铃小蓝基地在此背景下应运而生，是江铃布局南昌建设先进制造业基地的支柱产业，规划国际化、高水平的汽车整车、零部件研发和制造基地的重要篇章。

目前，该生产基地包括已建成的冲压A4全自动生产线、整车物流库、已批准开建的冲压A6/C4全自动生产线、焊装生产线、涂装生产线、总装生产线、物流仓库、反海外腐败法（FCPA）及产品试验跑道等，预计于2012年开始陆续投产。这一项目建成后，年产整车达30万辆以上，包括现有产能，江铃集团年产整车将达到70万辆，使江西省中高档商用车产销量走在全国同行业前列。

"新的基地相当于在更高水平上再造一个江铃，将诞生一个在中国乃至亚太地区都堪称规模一流、水平一流的以商用车为核心竞争力的整车基地。"相信在江铃大力发展"知识型企业"的指引下，江铃小蓝基地将成为一个在中国乃至亚太地区都堪称规模一流、水平一流的整车基地。

## 四、低碳节能，绿色江铃效益显著

2011年11月28日，由联合国环境规划基金会、中国环境保护协会、中国香港地区环境保护协会、中国澳门地区环境保护协会、中国台湾地区环境保护协会等会同国际环境保护协会、中国香港地区环境顾问协会等多家环保权威机构、社团组织评定的绿色中国环保成就奖在香港颁发，江铃作为环境保护获奖企业中的唯一一家汽车企业，荣获此项代表最高环保荣誉的奖项——杰出环境保护企业，江铃总裁陈远清亦获得"杰出环保领军人物"大奖。这是江铃继2009年荣获中国环保成就奖之后再获环保殊荣，是对江铃长期以来致力于建设低碳型企业的肯定。

作为国内商用汽车领头羊之一的江铃，将重视低碳、环保的绿色经济理念作为支撑未来的着力点，在追求产销量保持快速增长、经济效益稳定提高的同时，环保节能领域更是走在行业的前列。江铃建立起生产技术与资源节约技术相融合、生产技术与环境保护技术相融合的机制，力争达到以节约使用资源、减少生产过程中污染排放及其实现物质资源的循环使用的多重目的。

其实，早在1999年江铃就通过环境管理体系认证（ISO 14001），公司引入精益生产理念建立了江铃生产管理体系（JPS），环保成为公司十大要素之一。江铃2003年通过绿色环境标志第三方认证，从2005年开始率先将环境管理体系（ISO 14000）、职业健康与安全管理体系（OHS 1800）与汽车行业质量管理体系（ISO 16949）有机地融合在一起。每年都通过了环境管理标志产品认证的审核。

江铃通过科学的工具和经营理念来提升产品质量、降低水电消耗、提升设备效率、缩减企业成本，进而增强产品竞争力。为了有效实践发展循环经济的要求，从2002年起江铃每年举办一届节油大赛，用各种比赛形式测试出百公里最省的油耗；在公司开展的全员大型节水活动中，通过利用先进的六西格玛管理方法，在水资源使用控制上确定出关键的影响因素，找出改善的最优方案。经过几年的努力，仅此一项，就使公司的生产过程耗水量下降幅度高达77.0%，从单台近7吨降至单台不到1.6吨。

江铃不仅坚持生产工艺环保，更把做节能环保车作为江铃人追求的不变目标。江铃投入巨资从产品研发源头确保节能环保。为了保证发动机的技术先进性和可持续发展，江铃在提升管理的同时，不断加大技术投入，进行技术改进，一方面产品质量和产能得以不断提高，另一方面在战略合作伙伴美国福特汽车公司的帮助下，江铃利用全球最强大的内燃机开发技术资源，在美国、欧洲和江铃本部分别建立了联合实验室，公司下设专门的发动机设计开发部，汇集国内外顶尖的发动机技术专家，在江铃发动机上应用最新的技术不断进行开发改进，提升产品性能，满足市场需求。

## 五、践行公益，彰显江铃社会价值

在做好产品品质，实现企业盈利的前提下，江铃积极投身公益活动,自觉履行企业的社会责任,为社会公益添上了浓墨重彩的一笔。

自2007年起,江铃与中国扶贫基金会合作,发起了名为"江铃·溪桥工程"的社会公益项目,专为我国最需要的地方建造便民桥,同时还配套开展每年两次的慈善行活动,将公益活动的内容延伸到关注教育、健康、环保等领域。江铃股份连续5年捐款100万元以上,从而使"江铃·溪桥工程"成为可持续发展的公益项目。截至2011年底,"江铃·溪桥工程"汇聚社会各方资源,共投入慈善资金1 400余万元,已在我国18省44个县市74个乡镇援助修建便民桥120座,受益村民30多万人。在援建便民桥的同时,在全国200多个城市开展广场募捐、公益宣传等公益主题活动300场,参与群众100多万人;进行10次江铃汽车慈善行活动,爱心车队累计行程7万多公里,遍及26省200多个城市,运送爱心物资70多车,2 500多名各地江铃车主参与其中,为50多所贫困小学送去关爱和温暖……

多年来,江铃注重创新发展与社会责任、环境和谐、资源有效使用的有机统一,秉承"诚信经营,追求品位、持续发展、回报社会"的经营理念展示企业公民的责任感;抗震救灾、爱心捐助等活动,让江铃凭借在公益事业方面的卓越贡献获得了社会各界的认可。2010年度最佳社会责任幸福企业的称号再一次认可了江铃,连同全国企业环保成就奖、中国最具公益性汽车品牌、中国慈善榜上榜慈善企业、中国扶贫公益大使单位、新中国六十华诞60个爱心榜样诠释江铃最受尊敬上市公司的荣耀。

(撰稿:喻　平　彭　琴)

# 2011年中航工业发展综述

中国航空工业集团公司

## 一、集团基本情况

中国航空工业集团公司(简称"中航工业")是由中央管理的国有特大型企业,2008年11月在原中国航空工业第一、第二集团公司基础上重组整合而成立。中航工业实行母子公司管理体制,设有装备、飞机、发动机、直升机、航电系统、机电系统、通用飞机、航空研究、飞行试验、贸易物流、资产管理等19个产业板块,下辖130多家企事业单位,拥有25家上市公司,其中A股19家,香港H股4家,德国和新加坡上市公司各1家。员工近50万人,其中两院院士17人,享受政府津贴专家约3 000人。

截至2011年末,中航工业资产总额近5 200亿元。2011年实现营业收入约408.4亿美元,同比增长31.7%,利润9.3亿美元,同比增长32.1%,跻身2012年度《财富》世界500强企业,排名第250位,较2011年跃升61位,连续4年上榜并保持了持续增长的势头。

## 二、经营范围和发展状况

中航工业是我国航空武器装备的主承制商,系列发展了歼击机、歼击轰炸机、轰炸机、运输机、教练机、侦察机、直升机、强击机、通用飞机、无人机等飞行器,全面研发涡桨、涡轴、涡喷、涡扇等系列发动机和空空、空面、地空导弹,强力塑造歼十、飞豹、枭龙、猎鹰、山鹰等飞机品牌和太行、秦岭、昆仑等航空发动机品牌,使我国跻身于能够同时自主研制生产具有国际水平的战斗机、直升机、轰炸机、空中加油机、预警机、无人机、新型空间飞行器和发动机、空空导弹等多种航空装备的国家之列。

秉承"寓军于民、军民融合"发展原则,中航工业以新理念、新思路、新举措大力发展民用航空产业,研制生产新舟60、新舟600、新舟700系列涡桨支线飞机,运-8飞机、运-12飞机,直-9直升机等多种机型,是ARJ21新支线客机的主要研制者和供应商和中国商用大型飞机的主要合作者。

作为中国科技发展的领军者之一，中航工业拥有由中国航空研究院和33个科研院所组成的高水平科研体系；拥有一批达到亚洲一流或国际领先水平的国家重点实验室和重大科研试验设施；拥有中航网联通国内所属成员单位，具备异地协同设计制造和现代化信息传输能力。

顺应世界经济发展的大趋势，中航工业加快融入世界航空产业链，广泛参与世界航空工业分工合作，“枭龙”、K8、强五、MA60、MA600、运12、EC120等飞机飞出国门，使我国成为少数几个能出口飞机整机和生产线的国家。同时积极参与国际重大航空项目的开发，与波音、空客等国际航空企业巨头广泛开展航空转包生产业务。

把握国内经济发展机遇，中航工业加快融入区域经济发展圈，先后与北京、天津、上海、广东、湖南、四川、贵州、陕西、辽宁等省市签订了战略合作协议，设立了北京航空科技产业基地、天津直升机产业基地、珠海通用飞机产业基地、沈阳航高基地、上海商用发动机产业基地、南京金城航空科技园、成都空天高技术产业基地、长沙航空产业园和南昌航空城等产业园，加快航空工业发展，服务地方经济建设。

围绕航空主业大力发展非航空民品和现代服务业，中航工业积极将航空高技术运用到汽车、摩托车及其发动机、零配件等领域，积极发展燃气轮机、制冷设备、电子产品、环保设备、新能源设备等机电产品，并提供飞机租赁、通用航空、交通运输、医疗服务、工程勘察设计、工程承包建设等第三产业服务项目。

## 三、集团管理与文化

中航工业以科学发展观为指引，明确了“航空报国、强军富民”的使命和“敬业诚信、创新超越”的理念，并以此为指引，提出了“两融、三新、五化、万亿”发展战略。两融：融入世界航空产业链，融入区域发展经济圈。三新：打造新的三位一体的核心竞争力，即品牌价值的塑造、商业模式的创新、集成网络的构建。五化：市场化改革、专业化整合、资本化运作、国际化开拓、产业化发展。万亿：到2020年挑战经济规模10 000亿元。

中航工业构建了基于战略管控的母子公司组织模式作为落实发展战略的有力举措。实行三层管理构架，第一层为承担战略管控加财务管控中心职能的集团公司总部，第二层为承担利润中心加产业化中心职能的子公司（事业部），第三层为承担成本中心加专业化中心职能的成员单位。通过三年多的努力，中航工业形成了战略管理体系的初步框架。集团公司层面负责总体战略和相应的职能战略。总体战略主要致力于把握大局和方向，关注集团公司的定位和长远发展，对内协调业务选择，合理配置资源，形成协同效应，对外做好外部利益相关者的沟通和整体价值创造。在战略的执行上以五年规划为主要抓手落实集团战略。每年通过年度计划的形式，将规划转化为下属单位可执行的经营计划和考核指标。在规划执行中期进行评估和调整，在规划期结束时进行评估并成为下一期规划制定的依据。同时，全面应用综合平衡计分卡战略管理工具推进战略落地。

大力加强预算管理，逐步构建以EVA为导向的全价值链战略预算管理体系。突出重点，管出实效，客观分析当前与未来经济形势，合理确定年度预算目标；将成本费用预算控制作为重中之重，认真分析本单位成本费用开支结构，合理确定成本费用压缩的项目、目标和措施。加强现金流管控，防范企业风险；加快预算进度，提高预算质量，进一步推进全面预算管理工作，落实加快发展、增收节支、降本增效等方面的预算安排，强化预算执行情况的监控和分析，充分发挥预算管理在应对金融危机中的作用，不断提升预算管理水平，促进企业发展。

加强集团公司投融资管理。积极推进投融资与重组改制，通过资产划转、投资和长期股权变动、投资企业的清理和相关资产处置等工作。开展产权转让和结构调整工作，对一系列项目实施主辅分离副业改制。

积极开拓航空产品外贸市场，民机销售迎难而上，国际合作与转包生产进展顺利。在“只有合作伙伴，没有竞争对手”的战略思想指引下，紧紧抓住重点项目和重点合作伙伴，梳理集团公司的对外合作关系，大力推进集团公司与波音、空客、庞巴迪、巴西航空工业公司、GE等国际大公司的高层联系，通过一系列活动，使得中航工业与世界航空业界的合作伙伴关系更加紧密，同时也向合作伙伴们传达了新集团的组织架构、发展战略等信息，开创了集团公司在民用航空业务的多个领域对外合作的全新局面。集团公司成立以来，与世界上主要的航空企业在多个领域开展了重大合作项目，通过这些项目的成功实施，可以实现集团公司国际合作战略的价值，逐步实现融入世界航空产业链的目标。

狠抓重大科研项目进度和航空产品生产交付、改善和加强经济运行质量管理等，实现经济规模和效益双增长。通过航空产业园区建设、战略投资者引进和航空产品市场开拓，积极落实“两融”战略。积极争取和落实国家财经政策支持，狠抓技改、科研项目管理和经费的落实，加强税收政策的协调。与各大商业银行和保险公司建立全面战略合作关系，同时充分利用债券市场，并大力推进资金集中管理工作，创新性拓宽融资渠道，推动产融结合进入新时期。综合协同创新管理，优化经济运行内部环境和机制。

坚持改革创新，把人才强国战略作为一项重大而紧迫的任务，以高层次人才为重点，统筹抓好各类人才队伍建设。大力加强经营管理人才队伍建设，并以此为中心着重开展领导班子集中考核、干部交流、干部年轻化等工作。有效推进专业技术和技能人才队伍建设。以高层次人才为重点，全力培养科技工作带头人，积极推进“长、家、匠”分离，加强科技人才职业生涯管理，疏通科技人员成长渠道。通过开展技能大赛和技能鉴定工作，推动了技能人才培养，激励广大航空工人努力学习，岗位成才。探索创新人才工作体制机制。人才资源是第一资源的观念已深入人心，人才发展战略更加统筹协调，一支规模大、素质高、结构合理的人才队伍基本形成。

业绩考核管理方面，为了有效提升价值创造能力，集团公司成立了EVA管理推进工作领导小组，制定实施计划，在全集团开展EVA管理。根据国家宏观经济形势和所属单位具体情况，在考核办法中针对短板设置指标，通过考核引导各单位将业绩考核与解决“短板”结合起来，促进各单位稳健、持续经营，持续改善薄弱环节。同时强化集团内部“对标”考核，将各单位的考核目标值与集团内同行业企业平均水平进行比较，引导下属企业逐步赶超集团内先进单位，收到较好成效。此外，加强考核的过程评价监督，促进经营计划的完成。

着力提升创新能力。一是在原有科技创新体系基础上，形成并发展“一个核心、两类主体、三大平台、四种伙伴”新型科技创新体系，集中管理、分层实施，全面提升集团科技创新能力。二是完善科技创新组织机构。三是开展技术创新项目研发。通过持续推进管理创新，初步建立了与市场和国际接轨的管理体系，实现了管理的规范化、科学化，有力促进了改革发展。四是大力开展管理创新。六西格玛、精益制造、项目管理、平衡计分卡、EVA等先进管理工具和方法得到广泛应用，全面提升了企业竞争力。

企业文化建设成效显著。以品德高尚、报国有成的党员专家吴大观同志为代表的50万航空人，长期以来自力更生、艰苦奋斗、爱党爱国、无私奉献、开拓创新、锐意变革、不畏艰难、勇于攻关、低调做人、埋头做事，形成了个性鲜明、魅力突出的中航工业文化。近年来，中航工业在抗震救灾、奥运安保、亚丁湾护航、国庆阅兵等国家重大任务中发挥了不可替代的作用。

中航工业将秉承“航空报国、强军富民”宗旨，弘扬“敬业诚信、创新超越”理念，积极推进“两融、三新、五化、万亿”的发展战略，励志成为国家综合国力、部队作战能力、国家运输能力、国家科技实力及大众时尚消费品的提供商，以豪迈的步伐向具有国际影响力的跨国大集团迈进。

# 以创新的经营理念　打造中国企业500强

中国金属再生资源(控股)有限公司

中国金属再生资源(控股)有限公司是以废钢铁回收、加工、处理、配送为主业,兼营废有色金属、冶金炉料、港口物流、电子商务、信息研究等业务,集科、工、贸为一体的大型金属再生资源公司。2009年在香港上市后,致力于内地的发展。树立"以振兴民族再生资源为己任,引领金属再生产业链发展"的理念;采用规模化经营、系统化管理、机械化加工、网络化销售的经营模式;建立现货交易、加工处理、货物金融、信息研究一体的交易平台;加强下属各地区废钢基地和经营网络体系的建设,促进了企业科学持续发展。

2009年销售收入90.6亿港元,同比增长38.9%,利润4.78亿港元,同比增长62.6%;2010年销售收入225.1亿港元,同比增长148.0%,利润8.9亿港元,同比增长85.6%;2011年销售收入521.4亿港元,同比增长131.7%,利润18.6亿港元,同比增长110.0%。

国内企业生产经营持续健康发展,跻身2011中国企业500强,排名第390位,彰显了我国再生资源产业的成就和希望。

集团公司在以董事会主席、总裁秦志威先生为核心的董事会的领导下,以新的经营哲学理念和管理机制,突破传统家族企业管理束缚的瓶颈,迅速把企业做大做强。

## 一、现代化的经营理念

中国是全球最大的金属生产国和消费国,每年消耗全球1/3的金属资源。随着工业化、城镇化的进程加快,对再生金属的需求依赖将会更加突出。中国再生金属行业处于起步阶段,产业集中度低、规模小、设备落后、管理松散。多以小的手工作坊为主,属劳动密集型产业。加之金属再生资源行业利润较薄,对技术装备的投入不足,水平远远落后于发达国家,不能满足金属再生资源发展的需要。

为此,集团总裁秦志威先生以全球化的视野、战略发展的思维和现代化管理的理念提出了规模化经营、系统化管理、机械化加工、网络化销售的经营模式和发展战略并付诸实践。

### (一)扩大经营规模,构建跨区域经营网络体系

按照统一部署、分步推进的原则,在全国建立区域回收网络和加工基地,实行规模化经营。废钢加工配送是微利行业,利润率比较低,如果不形成规模就没有利润,严重制约了废钢铁加工配送主业的发展。根据钢厂和资源分布状况,先后在广东广州市和中山市,上海市、天津市、江苏江阴市、浙江宁波市、湖北武汉市、内蒙古包头市等以及港澳地区建立废钢加工配送基地和废钢专用码头,总投资7亿美元;占地面积125万平方米,总设计产能为500万吨。

同时与全国多家钢铁企业和废钢供应客户建立了长期的战略合作关系,经营范围占据全国半壁江山,初步形成了公司内部庞大的购销网络体系,南北统一调度,东西协同销售,扩大产能,扩大销售,盘活了物流市场,初步呈现规模化经营的效应。

### (二)建立现代化管理体系,实施系统管理

企业迅速扩展后,点多面广,战线越拉越长,增加了管理的难度。若沿袭传统家族式的管理模式,远远不能适应现代化企业发展的需求,必须实施现代化的管理。

集团总裁秦志威先生以前瞻的经营理念、睿智的思维、自我突破的胆略,亲自主持制订了公司管理体系建设大纲,规范了系统管理职能和经营运作程序,并组织集团高管学习讨论,统一思想认识。

在管理体系总体架构上,参照国际先进企业的

系统管理，将集团公司分为运营、财务、融资、企管、行政、合规与风控六大管理系统，落实到12个管理部门，建立了纵向到底横向到边的管理体系。并按华东、华南、华北、华中以及港澳地区划分五大区域，实施区域管理。在办事流程和制度体系建设上，严格按照管理权限和业务流程，合规管理与风险控制原则制定。构成公司管理进系统，办事走流程，合规按制度，鉴别看标准的管理规范。以达到最大限度地规避风险，取得最大效益的目的。

**（三）采用现代化加工设备，提高机械化加工水平**

我国废钢产业及再生金属产业起步较晚，废钢供应商大多采用“回收＋简单分选加工”即销售给钢企、由钢厂重新分拣加工。大多数钢厂也是以人工火焰切割、剪切、打包、落锤破碎为主。相对来讲工艺普遍粗放，设备落后，劳动强度大，工作环境恶劣。我们在加工基地的建设中，按照总裁“起点要高，设备要先进、装备要一流”的企业定位，引进最先进的废钢破碎生产线和环保检测设施，进行无害化加工处理。回收和采购的废钢百分之百进行放射性检测，以确保无放射性污染源的侵入；回收和采购的废钢必须经过落地分选，将炮弹、危险化学物品、密封容器、塑料、油污废钢分选出来，以确保钢厂的冶炼安全和人身安全；废钢原料必须检查分选合格后，才能进入废钢破碎生产线进行破碎加工，以确保加工的废钢为合格精品炉料。

目前，公司已在广州亚钢和宁波亚钢基地安装了进口废钢破碎生产线，并准备在其他加工基地扩装。该废钢破碎生产线具有自动分选废钢、有色金属、塑料、垃圾以及除尘功能。提高了加工废钢的纯净度，减少了二次污染，改善了员工劳动条件。废钢金属收得率可达到95.0%～98.0%，深受钢铁企业的青睐。对提高全行业的装备水平加工能力和废钢质量，促进产业的科学发展发挥了很好的引领和示范作用。

**（四）构建完善的采购、销售、物流网络体系，实行网络销售**

网络化销售快速、便捷、成本低，是当今的潮流。但需要有诚信的服务，雄厚的资金，足量的库存，安全的交易系统作支撑。中金再生的加工配送基地大都设立在交通便利、资源丰富、离钢厂销售半径50～100公里的地区，构成珠三角、长三角和环渤海湾的“铁三角”专用码头、物流、储运网络优势，占据着天时与地利。

为了实现电子交易网络销售，总裁亲自组织专业班子和相关管理人员，认真研究了我国再生资源的现状和未来，国家的相关政策；研究了中金再生自身的规模优势、地域优势、仓储和码头优势、资源储量优势、信息研究优势以及上市公司的融资平台和资金优势，决定建立中金交易中心网站、设立中金废钢超市，开通电子商务平台。开展网络销售、竞拍销售、团体销售；提供仓储、融资、信息、物流、售后服务。

在为集团内部服务的同时，创造条件吸纳国内外废钢客户积极参与，为全行业服务。促进我国现代化再生资源电子商务市场体系的建设，增加市场活力。

利用集团的整体优势，形成集团的整体效应，即利用各区域的销售网络优势，资源信息优势，打造市场共同开拓，资源共同拥有，利益共享，风险共担，优势互补的利益共同体。

## 二、以一流的管理取得一流的效益

一流的企业，必须用一流的人才去管理，才能取得一流的经济效益。这是总裁的隽语。如果说规模化经营、系统化管理、机械化加工、网络化销售是中金再生公司克难制胜的经营策略和法宝，那么重视人才的引进和培养，建立一流的优秀管理团队，则是中金公司持续发展的人才战略之魂。

现代化的生产经营企业，必须实行一流的现代化管理。引进和培养高素质、高水平、高潜能的专业人才，组成高水平的专业团队，是实现一流管理的根基。总裁高瞻远瞩，运筹于帷幄之中，决胜千里之外。不但重视企业布局、远期的战略发展、当下的经营策略、对外投资、管理体系等重大经营决策，而且对人才的引进、人才的培养、人才的使用上更是亲力亲为，可谓是伯乐相马，慧眼识才，广纳贤良。

1. 聘请高端专家、组建一流团队。凡涉及行业高端专家和优秀专业人才，他都要亲自去请，亲自沟通，有时甚至"三顾茅庐"，以诚感人，以诚待人。以个人的修养和人格魅力招揽人才，以企业家的眼光使用人才，以战略家的胆识培养人才。先后从相关行业协会、钢铁企业、金融机构聘请了一大批懂管理、懂业务、懂市场、懂经营的行业专家和高学历的国内外学子，充实到总部和各基层的管理岗位。

2. 把员工的职业发展规划和企业发展相结合。加强员工的培训教育，提高员工的专业水平。先后编印了企业管理大纲、系统管理规范、基地管理规范；举办各种形式的专业知识讲座，组织员工学习培训；每季度依托公司经营活动分析会，进行管理、法规和行业知识讲座，强化对高管的综合素质培训，提高员工的执行能力和敬业精神。

3. 建立了经济责任考核体系和职工激励机制。善待员工，自觉维护员工的经济、政治、文化、社会权益。引导员工把个人价值观与公司的发展相结合，提高员工的归属感，最大限度地发挥员工的创新能力，促进公司的创新、突破与持续发展。

## 三、科学规划、稳重求进、提高发展质量

按照科学发展的思路，规划经营网络部署和基地建设，是促进企业持续发展的重要措施，也是中金再生金属加工基地建设的战略思想。

1. 规划基地发展要充分发挥当地上下游市场的优势。既要考虑钢厂的发展状况，也要考虑钢厂的产能，同时还要考虑物流运输环境。所以中金再生废钢加工配送基地的选址大都是钢企集中、废钢需求高、交通发达、物流运输便捷的地区。如在长江三角洲建立了江苏中金资源、江苏中金利用、江阴集装箱码头、宁波亚钢；在珠江三角洲建立了广州亚钢、中山亚铜、珠江码头；在环渤海湾建立了天津中金、天津能源、天津亚铜；在钢企集中的区域建立了武汉亚钢、包头中金等。

2. 因地制宜，充分利用当地的优良资源。开拓市场既要重视资源调查，还要了解当地的人文环境、社会环境、资源分布、资源类型、行业情况、市场前景和市场占有率。实行强强联合，与当地信誉好、实力强、有资质的企业联合重组，借力地方资源优势，快速开展业务，确保当年重组，当年注入资金，当年创造效益。

3. 坚持科学规划、科学发展。按照"十二五"规划和战略性新兴产业以及"城市矿产"基地建设的要求，在组织各分公司制订发展规划的基础上，制定了中金再生集团公司的中长期发展规划。规划主要目标：每年保持 20.0% ~25.0% 的增长幅度；力争用5~10年的时间在全国主要城市都建有中金再生的加工配送基地；争取进入世界企业500强；成为具有国际化的大型再生金属资源跨国公司。

4. 承担大企业的社会责任，注重人与自然的和谐发展。坚持"发展再生资源，促进循环经济，保护绿色地球"的宗旨，做到开发和保护并举。在加工配送基地的建设中，先考虑安排环保设施，引进先进加工设备和环保监测设备，以确保加工处理过程实现无害化处理，确保废钢产品质量和二次污染防治能力。提高服务质量，注重社会效益，实行销售产品向销售服务的转变。树立为消费者创造价值，为社会创造价值，对产品质量全生命周期负责的价值观，勇于向社会承诺，担当社会责任。

中金的快速发展举世瞩目，如何保持持续高增长是每一个新兴企业的重要课题，针对市场的形势和中金战略发展规划，总裁提出了"放缓扩展，强化管理，稳重求进，提高发展质量"的经营策略。中金的发展需要国家的政策支持；需要各级政府的关心和爱护；需要同行沟通与协作。在新的经济形势下，中金将以新的核心价值观，新的经济理念，新的经营策略，保证新的发展，为促进我国再生资源产业的振兴和发展，保护绿色地球，实现人与自然的和谐作出更大的贡献，再铸辉煌。

（供稿：企业管理部）

# 推进“两个转变” 促进企业全面发展

国家电网公司

2011年是“十二五”开局之年，也是国家电网公司改革发展很不平凡的一年。面对复杂的国际国内形势，面对艰巨的改革发展任务，面对严峻的安全稳定考验，国家电网公司党组团结带领广大干部员工，坚定不移推进“两个转变”，全面落实二届一次职代会暨2011年工作会议部署，破解发展难题，创新体制机制，强化经营管理，提升队伍素质，开创了“十二五”发展新局面。

2011年，国家电网公司完成固定资产投资3 303亿元，同比增长13.5%，其中电网投资3 019亿元；110(66)千伏及以上交流线路开工54 900公里，投产54 800公里；变电容量开工2.6亿千伏安，投产2.6亿千伏安。完成售电量30 925亿千瓦时，增长13.7%；国家电力市场交易电量3 999亿千瓦时，增长11.5%；营业收入16 760亿元，增长11.6%；利润总额533亿元，增加83亿元。资产总额22 093亿元，资产负债率60.0%，下降1.8个百分点。全员劳动生产率49.3万元/人·年。公司连续7年被国资委评为业绩考核A级企业，在2011年世界500强企业中排名第7位。

## (一)电网安全供电创佳绩　优质服务获好评

2011年，国家电网公司坚持安全第一的方针，始终把确保大电网安全放在首位，强化安全基础管理和隐患排查治理，统筹加强科学调度、网厂协调和需求侧管理，充分发挥特高压、跨区电网作用，优化资源配置，增加电力供给，缓解了华东、华中地区供电紧张局面，保障了电力有序供应，圆满完成纪念建党90周年、西藏和平解放60周年、神八发射等重大保电任务，均实现了“零失误、零事故”，总体满足了经济社会发展的需求。

认真落实国务院《电力安全事故应急处置和调查处理条例》，汲取国外大面积停电事故教训，深入研究大电网运行规律，完善电网运行控制策略，加强电网安全性评价和重点设备运行监控，强化应急队伍建设和培训演练，驾驭大电网的能力显著提高。一般电网和设备事故由上年的22起减少到14起，下降36.0%。

应对重大自然灾害，保障安全供电。积极应对和处置南方雨雪冰冻灾害，出动1.2万人次、近2 000台次车辆、5套大型交直流融冰装备、189套特种抢修机具，迅速恢复电网供电。有效应对浙江、安徽、湖北、湖南、江西、四川、北京等地暴雨洪涝灾害，累计出动44 507人次、6 998台次车辆昼夜抢修，及时恢复受损设施。

落实以人为本、执政为民的要求，坚持“你用电、我用心”，不断深化“四个服务”。扎实开展“塑文化、强队伍、铸品质”供电服务提升工程，供电可靠性和电能质量不断提高。主动修订和发布“三个十条”，深化服务内容，创新服务方式，提高服务标准，提升客户满意度。

2011年夏季用电高峰期，国家电网公司积极应对电力供应紧张局面：加强监测，及时发出预警。配合政府细化有序用电方案，做到“定用户、定负荷、定线路”，最大限度保证居民生活用电和社会用户合理用电。认真落实有序用电方案，保证供电透明度，及时向主管部门和社会通报电力供需情况。坚持“缺电不缺服务”。

公司在窗口单位广泛开展“为民服务创先争优”活动，争创群众满意窗口，争当优质服务标兵，涌现出四川电力共产党员服务队等先进集体和“电力雄鹰”吕清森、“不倒的铁塔”江小金等先进个人。公司被中央创先争优活动领导小组确定为重点联系单位，创先争优活动得到中央领导同志的肯定。2011年8月20日，中共中央政治局常委、中央书记处书记、国家副主席习近平在国家电网四川公司考察时，高度评价四川共产党员服务队十年如一日开展便民服务活动,勉励队员始终牢记宗旨、心系群众,立足岗位、奉献社会。

### (二)立足转变电力发展方式　电网发展迈上新台阶

服务能源和经济发展方式转变,全面加快坚强智能电网建设,国家电网创新发展成效显著、捷报频传。一批输电大通道工程、新能源外送工程和科技引领示范工程建成投运,电网优化配置资源能力大幅提升,技术装备水平全面提高。特高压输电创造多项世界纪录,智能电网建设继续走在世界前列。

特高压和智能电网纳入国家"十二五"规划纲要,标志着国家电网发展进入新阶段。深入研究和提升特高压主网架规划,大力推动疆电外送、皖电东送和内蒙古电力外送。淮南—浙北—上海特高压交流工程获得核准并开工建设。特高压交流扩建、宁东—山东直流、三峡地下电站送出等跨区跨省重点工程竣工投运,国家电网远距离、大规模输电能力大幅提升。战胜高寒缺氧、冻土施工、生态脆弱、保障健康等重重困难,"电力天路"青藏联网工程提前一年建成,创造了世界高海拔地区输电工程建设的新纪录,从根本上解决了西藏缺电问题,全国电网除台湾以外实现全面互联。中俄直流背靠背联网工程投入试运行。四川藏区电网建设全面启动,地震灾区电网三年恢复重建任务圆满完成。积极支持新能源发展,甘肃酒泉风电基地一期送出工程竣工投运,国家电网经营区域并网风电装机超过4 200万千瓦。区域和省级主网架建设继续加强,新一轮农村电网改造升级工程扎实推进。全面加强工程建设、造价、质量管理,220 千伏及以上优质工程率达到 85.0%。特高压交流试验示范工程荣获中国工业大奖,向家坝—上海特高压直流工程荣获国家优质工程金奖。

世界上第一个集风力发电、光伏发电、储能系统、智能输电于一体的国家风光储输示范工程竣工投运,对于推动我国新能源及战略新兴产业发展具有重要意义。自主研发建设了具有国际领先水平的智能调度技术支持系统。在国际上首次提出智能变电站系列技术标准,建成 110 ~ 750 千伏智能变电站 65 座。机器人、无人机智能巡检技术取得突破。柔性直流输电(上海南汇)、天津中新生态城、750 千伏延安智能变电站等一批智能电网示范工程竣工投运。安装应用智能电能表5 162万只,累计实现7 645万户用电信息自动采集。智能电能表得到大规模推广,自动抄表、收费管理、远程费控、线损管理、有序用电等功能得到广泛应用。在 23 个城市核心区建设智能配电网,提高了配电网供电可靠性。建成 28 个智能用电小区,为用户提供未来新生活方式的实景体验。在北京、苏沪杭、青岛等城市建成了一批电动汽车充换电示范工程。新建充换电站 156 座、充电桩6 252个。成功举办 2011 智能电网国际论坛,全面展示坚强智能电网发展成就,进一步增强了公司国际影响力。

公司注重各级电网电网协调发展。省级主网架进一步优化完善,220、110 千伏电网逐渐实现分层分区运行,网络结构进一步加强。加强配电网建设,解决重点城市局部供电"卡脖子"等问题,在 23 个重点城市统一推广配电自动化,建设首批 6 个城市高可靠性示范区。

### (三)企业管理上新水平　体制机制创新迈出重要步伐

2011 年,国家电网积极应对通胀压力增大、货币政策紧缩等影响,加大核心资源调控力度,着力构建集中、统一、高效的运营体系和工作机制,强化基础管理,健全内控机制,严防经营风险,公司发展的全面性和协调性不断增强,管理水平和经济效益全面提升。

人财物集约化管理成效显著。统筹推进人力资源优化配置,规范了网省公司、直属单位机构编制和岗位设置,强化了员工入口和薪酬福利管理,加强了农电等各类用工管理。全面加强财务资源管控,严格投资管理、成本管理和资金管理,完善财务标准体系,编制基建标准成本并开展试点;深化项目储备库建设,促进财务与业务高度协同;引入低成本资金1 480亿元,实现资金运作效益 80 亿元。集团级物资招投标管理体系初步建立,电子商务平台投入运行。开展清仓利库、仓储管理和配送体系建设,利库金额达到 90 亿元,物资保障能力明显提升。公司物资集中采购比例达到 90.5%。全年集中招标金额2 306

亿元,节约资金160亿元以上。

强化综合计划和预算管理,增强了计划和预算的约束力。全面加强市场营销,市场占有率同比提高1.82个百分点。完成营销稽查监控体系建设,实现了营销关键指标和工作质量实时监控。配合国家电价调整,认真落实新的电价政策。防范高耗能和中小企业欠费风险,当年电费回收率99.99%。金融产业布局不断优化,银行、保险、证券、资产管理等核心业务进一步强化。融资租赁公司正式运营,商务服务公司完成工商注册,证券基金管理公司加快筹建。直属产业资源整合力度进一步加大。济南电工电气等产业基地建成投运。直流输电、特高压串补等一批高端设备产业化取得显著成效。加快实施国际化战略,在6个国家和香港设立办事处,与美国、俄罗斯、巴西、法国等相关电力企业签署战略合作协议,资产收购、工程总承包等项目积极推进。菲律宾国家电网公司、国家电网巴西控股公司保持稳健运营。

坚持以改革促发展,体制机制创新迈出重要步伐。根据国资委加强集团管控、压缩管理层级的要求,优化总部机构和职能,成立五个分部,初步形成总部分部一体化格局,优化了公司治理结构。“五大”体系建设试点取得成功,全面验证了公司党组决策的正确性和改革方案的可行性。按照国资委统一部署,落实电力主辅分离改革重组实施方案,经过艰苦努力,全面完成121家辅业单位、845亿元资产、21.8万名职工(含离退休)划转移交工作,确保了改革平稳有序。主多分开和集体企业管理取得重要进展。

把依法治企作为强化管理的着力点,围绕投资管理、成本管理、供电服务、收入分配等政府监管和社会关注的重点领域,集中开展财务和审计专项检查,建机制、查隐患、抓整改,取得显著成效。

### (四)自主创新捷报频传　成果培育和转化取得丰硕成果

实施“一流四大”科技发展战略(建设一流人才队伍、实施大科研、创造大成果、培育大产业、实现大推广),健全公司科技创新体系,整合科研力量,建设攻关团队,重点突破特高压和智能电网核心技术及关键设备,取得一批国内外领先的重大创新成果。

关键技术研究取得重大进展。公司自主研制的世界首套特高压串补装置成功投运,核心部件全部具有完全自主知识产权,特高压交流试验示范工程达到500万千瓦输送能力。特高压可控并联电抗器单相成套设备研制成功,整体性能国际领先。±1 100千伏特高压直流输电方案设计、绝缘配合、电磁环境等关键技术研究快速推进。具有完全自主知识产权的世界首个±1 100千伏/5 000安特高压直流换流阀通过型式试验。特高压基础理论研究取得重要进展,成功进行了世界海拔最高(5 000米)空气间隙绝缘试验,为制修订国内外绝缘海拔校正方法提供了重要依据。

试验能力建设取得良好成效。“电力系统仿真国家工程实验室”和“特高压直流输电工程成套设计平台”通过国家验收,“电力器材产品安全性能质量监督检验中心”获得国家授权,实验室布局不断完善。新能源并网、电能质量监测、冰灾预警控制和导线防舞动等领域试验能力迅速提升,实验室作用得到充分发挥。建立了以“实验室协作组”为平台的管理体系,推动实验室的对外合作与联合攻关。第一批35个公司级实验室通过考核评估,4个检测/校准类实验室获得国家级认证认可,试验研究综合支撑能力显著增强。

成果培育和转化取得丰硕成果。实施“一流四大”科技发展战略,科技成果奖励收效良好。公司获国家科技进步二等奖4项、中国专利优秀奖2项。获中国电力科学技术奖54项,其中一等奖5项,创历史最好成绩。另有82个项目获省部级科技奖励,其中一等奖7项。评选出公司科技进步奖129项,其中“±800千伏特高压直流输电技术研发与工程应用”被授予特等奖。公司首次设立专利奖,科技奖励体系得到完善。标准化工作取得重要进展,发布公司技术标准管理办法实施细则,完成技术标准管理平台升级改造,标准管控及其信息化水平再上新台阶。完成第一批电力标准英文版翻译,发布《中国标准化》英文专刊。发起并成功申请成立IEC智能电网用户接口项目工作委员会(PC118),成为继申请成立IEC高压直流输电技术委员会(TC115)之后,公司标准国际化工作的又一标志性成果。知识产权培育能力不断加强,公司年度专利申请量和授权量位居央企前列,申请专利类型结构逐步改善,发明专利比重达到37.0%。国网电科院、中国电科院、江苏公司累计拥有有效发明专利数量名列公司系统前茅。知识产权国际化工作取得重大进展,2011 年申请国际专利数量超过历年总和。

公司信息化建设位居中央企业第 2 名。SG-186 系统深化应用成效显著,在线人数最多超过 70 万人。直属单位 ERP 系统全面上线运行。信息系统灾备中心全面投运,提高了信息安全保障水平。

### (五)品牌形象深入人心　积极履行社会责任

2011 年,在公司党组的坚强领导下,公司上下深入开展“品牌塑造年”活动,全力发挥品牌的服务、保障和支撑功能,积极履行社会责任,不断创新社会责任工作的理论与实践,进一步巩固公司社会责任工作的领先地位,为加快建设“一强三优”现代公司作出了积极贡献。公司各单位在地方行风评议中名列前茅。积极履行企业社会责任,公司荣获 2011 年中国企业社会责任特别大奖,蝉联中国 500 最具价值品牌排行榜第 2 名。

品牌建设是公司工作的重要组成部分,是公司内质外形建设的重要内容,是深入推进“两个转变”的重要保障。2011 年,品牌推广深入拓展。成功推出青藏联网工程歌集,歌曲《爱如电》入围中国歌曲排行榜前十名。成功推出“中华长歌行 · 青藏联网篇”、“特高压”电视形象广告片,在中央电视台播出的累计收视率达到 24.2%,观众达 1.2 亿人次。发布大众品牌口号——“你用电、我用心”。采用户外广告等各种形式向公众全面推广,受到广泛关注与好评。扎实推进“国家电网”品牌标识标准化工作,21 个省(区、市)公司通过品牌标识标准化验收。公司品牌价值持续快速提升,由 2007 年的 449 亿元上升至 2011 年的1 877亿元。

努力建设贯穿公司上下、方向一致、协同高效的传播体系。一是推进公司品牌建设资源整合。落实公司党组部署,开展公司内部宣传资源整合,完成相关试点工作。推进公司品牌建设工作职能整合。各分部、省(区、市)公司、直属单位组织机构逐步到位,实现了品牌建设职能的有效归集。强化公司品牌建设绩效管理与评估。开发应用中央企业首个品牌建设管理信息系统,实施品牌评估对标,定期委托外部专业机构,对品牌建设成效进行评估。大力开展品牌意识全员教育活动,促进形成“人人传播品牌、人人维护品牌、人人塑造品牌”的浓厚氛围。

开展系列重大社会责任活动。发布我国首个企业价值白皮书,率先从经济、社会和环境综合价值最大化的视角传播公司的价值与理念。召开社会责任年度报告发布会,将社会责任理念和全面社会责任管理要求贯彻落实到公司每一个专业、每一项工作、每一个岗位。主持研究社会责任国际标准中文版(ISO 26000)、《中央企业“十二五”和谐发展战略实施纲要》,获得国家标准化委员会和国务院国资委通报表彰。深化全面社会责任管理。在公司级试点基础上,启动省公司试点及专业试点工作,“责任基建模式”和“责任根植基层”成果获得 2011 年中央企业优秀社会责任实践。深化社会责任落地工程和社会责任外部环境建设。实施“公司社会责任案例进高校”,与北京大学、清华大学等高校建立教学合作机制。加强社会公益战略研究与管理,明确了“集团化运作、规范化管理、品牌化发展”的工作定位。充分发挥国家电网公益基金会集团化运作平台功能,打造公司公益品牌。

将公司大额捐赠事宜统一纳入基金会运作实施。公司系统全年累计捐赠10 800万元,“国家电网公益基金会”累计捐赠3 290万元。开展长江绿化、肿瘤防治、扶贫帮困、与清华大学共同设立卓越创新基金等公益项目,逐步打造统一的公益事业集团化运作和公益品牌塑造平台。公司第四次荣获民政部颁发的“中华慈善奖”。援建爱心希望小学。在甘肃陇南、甘南、天水、定西、平凉等汶川地震受灾区建成 10 所爱心希望小学,援建校舍总面积达8 700平方米,受到灾区人民的广泛好评。

### (六)全面加强大力加强公司党的建设、企业文化建设、队伍建设(即“三个建设”)

认真学习贯彻胡锦涛总书记“七一”重要讲话精神,进一步加强公司党的建设。积极配合中央巡视组开展工作,自觉接受巡视、指导和检查。大力创建“四好”领导班子,优化了班子结构,提升了整体功能，各级领导干部的领导力、执行力明显增强。认真落实党风廉政建设责任制，严格执行《国有企业领导人员廉洁从业若干规定》，落实“三重一大”决策制度。加快构建科学的管控与惩防体系，成立协同监督工作委员会，形成了齐抓共管的协同监督工作格局。

大力实施人才强企战略。落实中央“千人计划”，引进13名海外高层次人才。面向社会公开招聘50名法律、金融等领域骨干人才。遴选10名科技领军人才和471名优秀专家人才。面向全公司开展总部81个岗位公开招聘、竞争上岗。开展四期局级干部培训、一期青年干部培训和两期高级管理人员国际培训。分部集中轮训全面完成。总部与分部、总部与各单位交流锻炼人员310名。注重源头防范和监督检查，公司系统选人用人满意度不断提高。

学习贯彻党的十七届六中全会精神，建设和弘扬统一的企业文化。深化企业文化主题实践活动，全面落实“五统一”要求。公司系统宣传资源清理整合有序推进。出台《职工民主管理纲要》。加强基层班组建设，提高了管理标准化和信息化水平。开展爱心帮扶和送温暖活动，落实离退休老同志待遇。加强后勤保障工作，上海电力医院改造竣工。严格落实维稳责任，促进了企业和谐稳定。大力加强精神文明建设，公司系统92个单位被评为第三批全国文明单位，21个单位、32名员工荣获全国五一劳动奖状、奖章，55个集体荣获全国工人先锋号称号。

# 核工业企业以提升资源保障能力和配置效率为目标的集团化财务运作与管理

中国核工业集团公司

## 一、实施背景

### （一）是增强资源保障能力，实施新时期集团发展战略的客观需要

近年来，中核集团迎来了新时期重要的发展机遇期。一是为优化能源结构，保障能源安全，减少环境污染，实现经济和生态环境协调发展，国家作出了“大力发展核电”战略决策，中核集团作为我国核电发展的先行者和主力军，面临重大的发展机遇；二是我国铀资源开发、核燃料循环、乏燃料处理、核环保等产业，项目建设不断增加，安全生产需要进一步加强，生产能力需要进一步扩大，技术工艺需要进一步提高，中核集团作为这些领域唯一的专营商，具有巨大的发展潜力；三是随着国家“走出去”战略的实施，中核集团作为我国核电技术出口、海外铀资源开发等产业走向国际市场的主要力量，拥有广阔的发展空间。为把握发展机遇，中核集团确定了“以打造强大核心竞争力为中心任务，努力把集团建设成为军工核心能力强，自主创新能力强，资源掌控能力强，安全发展能力强，效益提升能力强的一流企业集团，到2020年，实现‘做强做优，世界一流’”的改革发展总体目标。快速发展需要有力的资源保障，但从集团的实际情况看，资源已成为发展的制约性因素，实施集团化财务运作与管理，挖掘自身潜力，充分发挥现有资源的效用，积极开发外部资源，提升资源保障能力，是集团新时期战略发展的客观需要。

### （二）是优化资源配置，提升集团竞争力的有效途径

为促进产业快速、高效发展，中核集团提出打造核电、核燃料、核仪器仪表、核应用技术、核环保、新兴能源、非核民品等8大产业板块，集团资源配置能力不强，存在的与集团产业发展需要不适应的情况，如何配置资源，使有限的资源能够应用到最需要的地方，是集团亟须解决的矛盾和问题。开展集团化

财务运作与管理，通过集团组织和协调，将同类的、离散的、多元的财务资源集中起来，使无序的资源变为有序，可以科学合理地整合资源，优化资源配置，聚集主业发展，提高资源利用效率，实现集团协同发展。

**（三）是增强风险防范能力，促进集团整体协调发展的重要措施**

在经济国际化、全球化日趋发展的今天，国际国内经济金融环境迅速变化、错综复杂已成为常态，各种不确定因素增多，潜在的问题和风险不断涌现，挑战越来越多，竞争越来越剧烈。积极应对环境变化，提高风险防范能力，是我国企业必须长期面对的重要课题。实施集团化财务运作与管理，增强集团的控制力和影响力，提高应变能力和决策效率，赢得发展主动权，是提升风险防范能力，促进集团整体协调发展的重要措施。

## 二、内涵和主要做法

中国核集团适应加快发展的需要，正确处理发展速度、质量、结构、效益的关系，在财务领域积极进行管理创新，以提升资源保障能力和配置效率为目标，全面构建高效的财务集团化财务运作与管理体系，建立集团化财务运作与管理的保障体系，在融资、保险、债务管理、汇率风险管理等关键财务领域开展集团化运作，不断推进运作精益化管理，发挥了大型企业集团的集团效应、协同效应和规模效应，提升了集团财务管理能力与运营效率，促进了集团协调发展，集团综合实力不断增强，竞争能力进一步提高，可持续发展能力显著提升。

**（一）确立集团化财务运作与管理的理念、目标、原则**

1. 多种措施树立集团化财务运作与管理理念。集团化财务运作与管理是对管理模式、运作机制、业务处理方式的管理变革，需要打破原有体制的影响、原有思维的限制和原有模式的惯性。为此，中核集团树立了"目标一致、行动协调、集中管理、分工协作、统一调度、集成控制"集团化财务运作与管理理念。

2. 确立集团化财务运作与管理目标。集团化财务运作与管理总体目标为：建立符合中核集团发展实践、可适应性调整的集团化财务运作与管理模式，打造集团财务核心能力，使集团财务管理水平在国内领先、逐步与国际接轨，实现集团整体利益最大化，支撑集团战略实现，促进集团可持续发展。

3. 确立集团化财务运作与管理原则。确立了协调平衡原则，处理好整体与局部、内部与外部、长期价值与短期收益、利益与风险等多个方面的关系；确立了集权与分权相结合原则，以"统一规划、集中决策，分工协作、层级管理"为主导，做到"统而不死、分而不散"；确立了"制度化、程序化、规范化"原则，处理好集团总部与各单位、各成员单位间、成员单位内部、集团与外部机构间等广泛财务关系的改变，着眼长远，突出重点，将制度化、程序化、规范化贯穿于集团化财务运作与管理全过程。

**（二）全面构建集团化财务运作与管理体系**

建立"三位一体、三级联动"的集团化财务运作与管理机制。"三位一体"是指集团总部、成员单位、财务公司既突出全局、强调协作，又注重分工、各尽其职，在内部各单位"分工合理、职责明确、关系清晰、优势互补"，对外部形成"目标一致，管理协同，资源整合，信息共享"一个整体。集团总部是集团化财务运作与管理强有力的指挥部，重点在整合、协调、决策和管控；财务公司是内部专业服务与支持平台，重点在发挥专业技能、提供专业服务；成员单位是业务主体和实施主体，重点在明确需求、用好资源、搞好经营（或建好项目）、落实执行；"三级联动"是指金融机构总、分、支（现场）机构之间建立上下联动机制，共同为中核集团及成员单位提供金融支持与服务。金融机构总部发挥领导与协调作用，调配整个系统的资源，协调各个层级的力量，解决困难与矛盾；分、支机构负责开展业务、履行程序、签订合同、提供服务。中核集团总部通过签订战略合作协议、集团化公约等相关综合性文件与金融机构总部建立起总对总的合作框架，成员单位通过签订业务合同、服务协议等与金融分支机构建立起具体的业务合作关系，建立总对总、分对分、总对分的多层级的沟通机制、反馈机制，实现上下协同、内外协调，并不断改善提高。

### （三）建立集团化财务运作与管理的保障体系

一是建立统一的财务管理基础，为集团化财务运作与管理的提供内部资源支持；二是按照“目标明确、系统完善、职责清晰、科学规范”的原则，从修订、废止和新制定三种类别，建立起适应集团化财务运作与管理要求的、完善的制度规范体系；三是再造集团化财务运作与管理业务流程，从理顺总部与成员单位、各成员单位之间、财务部门与业务部门、集团与外部机构之间的业务处理程序入手，按照“内容完善、构架清晰、操作明确、动态优化”的原则，重新设计了基于集团化财务运作与管理、贯穿总部与成员单位、涵盖资金集中管理、融资管理、保险管理、债务管理、风险管理等5大类别业务流程，并逐步固化、不断优化。四是充分发挥内部金融机构的作用，将财务公司打造成集团化财务运作与管理的专业平台，集团将财务公司定位为集团唯一的结算服务中心、融资服务中心、资本运作服务中心、咨询服务中心和资金安全服务中心，为集团化财务运作与管理提供专业服务与支持。五是在集团总部、成员单位、财务公司三个层面上建立了融资、保险、债务、金融风险管理四个人才库，在全集团范围内打造了一支既懂核工业实际又懂财务管理与运作的综合性、高素质的人才队伍。六是建设集团化财务运作与管理信息平台，按照“统一规划、统一标准、统一管理、信息透明、资源共享、风险受控”的原则，在集团管理系统的平台上，建设了贯通集团总部、各级成员单位，包含资金集中管理、现金流预算、融资、保险、债务管理、汇率管理等多个子系统的财务资源管理系统冲破了地域不同、集团内产业差异、高度分工下的壁垒，实现流程穿越。七是建设集团外部金融供应链。通过总对总的统筹安排，对外部金融机构和金融资源合理定位，发展战略合作伙伴关系，增强价值认同，创新合作模式和制度安排，拓宽合作领域，加强金融供应链建设，将已有的内部资源和获取的外部重新组合、配置，构成一个有机的资源系统，真正做到认识资源、开发资源、吸引资源、利用资源。

### （四）选择关键领域，实施开展集团化财务运作与管理

中核集团认真分析集团产业发展的需要，按照重要性、同质化、价值性和集团管控四个标准，确定将集团化财务运作与管理的重点集中在融资、保险、债务管理、汇率风险管理等关键领域。

1. 以保障集团发展资金为目标，开展融资集团化运作。一是结合中核集团产业特点，着眼于发展规划实施中存在的资金约束，对接金融体系和金融市场的发展和要求，从战略高度进行系统性融资规划；二是从集团整体确定融资需求、设计融资方案；三是以集团为决策中心统筹进行融资安排，形成集团化融资计划，统一金融政策、统一合同文本、统一商谈、统一协调、统一决策；四是从集团总部、成员单位、财务公司三个层面，加强融资执行管理；五是加强融资风险管理，注重合规性管理、信用管理、市场风险管理、流动性风险管理、作风险管理；六是积极探索新的融资方式，有步骤的安排资源投入，注重融资渠道的储备，做到了直接融资与间接融资相结合，内部融资与外部融资相结合，获得融资稳定性，提高了集团融资能力。

2. 以有效转移可保核风险为主线，开展保险集团化运作。一是从集团层面统一选择保险合作伙伴，从实际情况出发作为具体项目的合作伙伴，对保险机构进行后续评价，对于已纳入合作范围的保险机构进行动态调整。二是统一保险安排模式、规范投保险种，统一关键保险条件等，形成了标准化又可适应性修改的保险文件和业务规范。三是抓好有利时机适时启动保险集团化运作，2008年，以福清核电作为集团新时期首个新建核电项目正式开工建设为契机，以该项目主体工程建筑安装工程一切险的保险安排为起点，启动了保险集团化运作。从保险效率上，整个保险过程仅用46天时间；在保障条件方面，获得了当时保险市场的最优条件，费率更低，免赔额更低，赔偿限额更高，保险责任更宽；在承保机制上，采用国内共保体模式，释放国内优质承保能力及优质再保险能力，确保了保险质量；在保险单形式上，打破了中国有核电以来长期依赖国际再保市场、使用英文保单的局面，首次使用中文出具保单，形成

了世界上第一份中文核保单，在中国核电保险史上具有里程碑式的意义。四是实现成果共享可复制，逐步覆盖其他核电、核燃料、乏燃料运输、乏燃料后处理等整个核产业链，提升了集团可保风险管理能力和保险管理水平，形成了具有中国核电特色的保险管理模式。

3. 以优化债务结构为重点，开展债务集团化运作。一是把握机遇开展外币债务管理，利用2008年下半年国际金融危机发生后，西方各国现金流趋紧的金融状况，开展外币债务重组、置换和提前偿还，突出重点，提前偿还秦山第三核电公司（秦山三期）对加拿大出口发展公司（EDC）的6.68亿美元借款，为企业创造了财务效益11亿元，也为金融合作伙伴创造了效益2亿元，国外EDC公司也获得了宝贵的现金流，真正实现了国内外多方合作共赢，这次外债重组也成为银企合作、共赢发展的成功范例。二是变被动负债为主动管理，从全局考量下进行债务统筹管理，优化国内债务的结构，为集团创造了价值。三是加强统筹协调，积极开展集团上下游企业间管理，集团总部发挥行政职能，通过利益分配或考核指标调整、集团整体资源调动、改变业务模式或资金支付方式、形成债务管理平台等方式、发挥现金流管理作用等方式，优化了集团产业链各环节的债务结构。

4. 以有效防范金融风险为方向，开展汇率风险集团化管理。一是建立汇率风险集团化管理与运作的框架，确立“积极管理、保值避险、严禁投机”的汇率风险管理原则，制定了“从被动应对转向积极管理，依据环境变化，对不同的涉险项目采取不同的措施，锁定或降低财务成本、防范风险”的管理策略。二是正确识别集团面对的主要汇率风险，准确把握面临的外汇风险主要是外币负债等金融性业务、进出口贸易等带来的汇率风险。三是通过建立统一外汇管理平台、抓住收付汇、用汇、结汇三大关口、选择有利的结算币种、订立汇率－价格调整条款、用进出口押汇、出口信用保险项下的贸易融资等传统金融工具等多种措施管理进出口贸易产生的汇率风险。四是积极管理外币债务产生的汇率风险。对于存量外汇债务，通过置换、提前偿还、债务重组外，利用简单金融衍生工具优化负债结构；对于新增外汇债务，通过债务货币多元化、本币化等措施合理规避债务成本趋于稳定。五是从集团整体层面统一的外汇资产负债管理政策，平衡外汇资产负债表，优化调整外汇资产负债结构。

**（五）开展精益化管理，促进集团化财务运作与管理持续改善与提升**

1. 开展价值链分析，提升运作水平。通过开展横向价值链分析，进行纵向价值链分析，将集团化财务运作与管理分解为六个基本活动构成的“价值链”，确定核心环节和关键流程，通过细化、纠正、优化等方法进行改进；加强全流程管理，及时解决存在的问题。

2. 开展标准化管理。强化包括管理标准、业务标准、评价批准等在内的集团化财务运作与管理标准体系，实现运作目标计划化、决策程序化、业务流程化、权责明晰化、措施具体化、行为标准化、控制过程化、考核定量化，促进集团化财务运作与管理水平的提升。

3. 实施目标责任制。以目标责任制为抓手促进集团化财务运作与管理精益化。制定岗位责任书，将目标、任务和责任分解到每个单位、每个人员，使每个单位、每个人对自己的工作内容进行清晰规划，鼓励各单位对集团化财务运作与管理的目标和过程开展自我检查，主动纠正工作失误，不断提升自身能力；定期或不定期进行总结，及时发现问题，有效解决问题，保障集团化财务运作与管理的整体目标和工作品质。

## 三、实施效果

集团化财务运作与管理使中核集团财务管理走上了一条决策高效、管理协同、资源优化、持续成长的发展道路，实现了集团由独立运行到向协同运作转变，从资源分散向优化配置转变，从粗放管理向精益管理转变，集团合力明显增强，经营业绩大幅提升，综合实力显著提升，促进了集团协调、可持续发展。

**（一）产业发展资金全面保障，有力支撑集团战略实现**

集团化财务运作与管理实现了对财务资源的集

约化管理，有效发挥了资源整合优势、信息资源共享优势、管理资源协同优势、专业人才资源聚合优势，使资源最大限度地得到应用和共享，减少重复、内耗、低效和浪费，为集团产业发展提供了资源保障，有力支撑集团战略的实现。2008—2010 年，集团获得国家财政支持 120 亿元，国有资本预算 32 亿元，发行各类债券 146 亿元，调剂集团内部资金 290 亿元，获得各银行金融机构5 500亿元授信额度，为核电、核燃料等重点项目建设提供资金1 303亿元人民币、30 亿美元，为各成员单位提供流动资金 364 亿元，那些过去无法获得低成本资金的企业，也享受到了集团统一的优惠价格，集团生产经营、项目建设和“走出去”的发展资金得到全面保障。

**（二）资源配置效率显著提高，集团经济效益大幅增长**

建立了集团层面统一的财务运作平台，成员单位改变个体视角，从全局利益的角度开展业务，集团统筹管理能力不断增强，集团效应、协同效应、规模效应显现，核电、核燃料、天然铀等主业的重要企业、重大项目所需资源得到了优先配置和重点支持，实现了集团整体价值最大化，各成员单位也从中受，2008—2010 年期间，集团化财务运作与管理累计创造经济效益 21.6 亿元。通过集团化融资，累计节约财务费用近 8 亿元；通过保险集团化运作，累计投保金额2 612亿元，节约保费6 000余万元，为核电站的安全建设与运营提供了高效的保险保障，为我国核保险走向国际市场打下了坚实基础；通过债务集团化运作，累计重组人民币存量债务 62 亿元，重组外币债务 9.35 亿美元，节省财务费用 11.2 亿元，债务结构不断优化；通过汇率风险集团化管理，实现收益约 2 亿元，有效规避金融风险。通过资源限制有效有序地实现重组、转让或退出，非主业投资由 2008 年的 403 户下降到 2010 年末的 142 户，通过资源引导，基本杜绝了盲目投资现象。

**（三）集团管控能力有效增强，集团竞争优势持续提升**

通过集团化财务运作与管理，中核集团总部、各成员单位相互作用、协调配合，形成一个有序的新型财务功能系统，集团总部站在全局的战略高度，通过“看得见的手”统一调度、高效决策，塑造最具价值的集团整体形象，通过“看不见的手”实现了集团与金融环境协同、集团与成员单位的目标协同、组织协同与方法协同，集团及成员单位财务管理效率和整体管理水平显著提高，集团管控能力显著提升，有效降低了经营风险，提高了集团财务领域的软实力，集团竞争优势持续提升。

（撰稿：孙又奇　王世鑫　韩洪学　刘电文　赵　强　凌晓哲　杜纯勤）

# 追寻中轻总公司生存发展的动力之源

中国轻工业品进出口总公司总裁　潘　旺

当前，国际政经形势风云变幻，国家产业调整步伐加快，中轻公司作为一家历史悠久、从事商品贸易的重要央企，必将肩负起更加艰巨而光荣的历史使命，也必将迎来新的挑战和历史性的发展机遇。回顾中轻 58 年来的发展历程，每一次历史性的大发展都遵循一个规律，那就是使命构建愿景，愿景引领战略，战略指明方向，实践寻求突破。在这个规律中，使命的确立是一切事业发展的动力之源。只有首先确立新的企业发展使命，才能树立更为远大的理想，才能找到适合自己发展的方向，才能从思想上转变观念，才能自觉自愿地在实际行动中贯彻落实中轻总公司的战略要求。

## 一、企业为何而生存发展

众所周知，战略管理包含战略分析、战略选择、战略实施、战略评价和调整四个关键要素。目前，中轻公司已经先后完成了战略分析和战略选择两项工作。我们所选择和确定的战略目标是："以调整创新为动力，以进出口贸易及相关实业、投资为基础，以国际、国内两个市场、两种资源为依托，以大宗商品为重点，以上下游资源控制、营销网络布局为导向适当延伸产业链，以建设专业化商品供应链综合服务商为目标，加快贸易业务转型升级步伐，成为我国重要的大宗资源性商品供应商和贸易集成服务商"。但是，什么是公司战略选择和制定的源动力呢？公司发展的源动力又何在呢？这一课题一直困扰着我们！我一直在问自己："中轻的未来之路在何方？"

这个课题我思考了很久，答案逐渐清晰起来。那就是，我们一定要先想通中国轻工业品进出口总公司（简称"中轻总公司"）为什么要立于世间？我们必须明白：为什么活着，再去想怎么活着，如何活得更好。只有这样，我们才会活得其所！才会当我们回首往事的时不会因虚度年华而悔恨，也不会因碌碌无为而羞愧！

中轻公司成立于1952年，已经经历了58年的风风雨雨。我们曾是全国十大外贸专业总公司之一，为中国的经济建设作出了卓越的贡献。然而，随着不断深入参与市场竞争，国家赋予企业的使命也在不断变化，从最初国有专营外贸公司到如今市场化的、自负盈亏的国有企业，应该说，我们的使命已经发生了本质的变化。我们不禁要问：我们到底为何生存发展呢？难道就是为了解决1 500多人的就业么？还是一直做出口轻工业品为主业的这个行当，习惯成自然地不得不继续做下去呢？我想所有有志向的中轻人都不会同意或者说甘愿这种活法！

在新的历史背景和经济形势下，在充分考虑世情、国情和司情的基础上，我们必须明确中轻总公司的战略使命和愿景，确立我们的理想和价值观。只有这样，我们才会有发展的源动力。有了发展的源动力，很多问题才会迎刃而解。有了发展的源动力，我们才能够选择正确的发展方向、目标和实现途径。

## 二、中轻生存和发展的源动力何在

很久以来，我们都用"地大物博"来形容中国的富饶。的确，如果单纯从数量和种类上来看，我国仅矿产资源就有176种，一些稀有金属的储量也遥遥领先于世界其他国家。但是，中国的资源地区性分布不均，资源的品位较低：煤炭，北多南少；天然气，西多东少；贫矿多、中小型矿床多、共伴生矿床多，开发利用成本远远高于世界平均水平，我国还面临着一个更加特殊的现状，那就是，再大的资源储量，用13亿做基数来除，都将是一个很小的结果。

中国的经济发展需要资源，并且"资源"已经成为支撑中国经济增长的一个重要要素。然而，在乱采滥挖的背后，我们不得不面对的现实是：中国的资源储备正在日益减少，中国经济的快速增长与资源相对稀缺的矛盾日益突出。在这方面，美国、日本等国家的能源战略和保护措施都非常值得我们加以研究和借鉴。美国是矿产资源大国，消费依赖进口，本国只探不采，储备来自海外。日本是重视资源储备，官方民间并举；石油储备够用184天，稀有金属从邻国进口。目前欧美日韩等国未雨绸缪，早已在为今后的激烈竞争处心积虑地进行战略物资储备。而在我国，一个城市的经济发展，无论它的速度是快还是慢，都面临着同一个问题：煤、电供应的紧张，资源的匮乏。而中国的工业化、城市化又是中国崛起的必由之路。伴随着我国工业化和城市化的进展，伴随着经济的高速增长，我国已经成为煤炭、钢铁、铜的世界第一消费大国，世界第二石油和电力消费大国。作为一个正行走在工业化和城市化道路上的大国，作为一个正在崛起的大国，中国对能源和资源的高需求不可避免。

可以预见在未来很长的时间内，资源紧缺与资源高需求的矛盾，都将成为影响和制约国家发展的硬约束，而且是越来越硬的约束，甚至可能是第一硬的约束，或者说是最大的约束。这意味着：中国将长期面临资源紧缺甚至贫乏的困扰！这绝对不是危言耸听，这正是我们国家资源的现状，是摆在所有中国人面前、无法忽视和紧迫的问题。作为有强烈使命感和责任感的央企，作为共和国的长子，我们有义务要为解决未来中国资源紧缺甚至贫乏的问题贡献一份力量，承担一份责任！因此，为中国经济长期可持续发展提供原材料和资源保障，参与解决我国13亿，乃至今后14亿和15亿人口所需资源的长期紧缺甚至贫乏的问题，正是我们中轻公司未来发展的动力之源！

## 三、确立企业发展的战略使命和价值观

我代表全体中轻人宣誓，我们将树立远大理想，积极行动起来，承担起央企在国家经济建设和社会发展过程中应该肩负的责任、义务和使命：依托商品贸易平台，积极参与解决我国13亿，乃至今后14亿和15亿人口所需资源的长期紧缺甚至贫乏的问题，努力为中国经济长期可持续发展提供稀缺的原材料和资源保障，为党的事业、国家的发展、人民的幸福、我们子孙后代的未来和中轻总公司健康的、可持续的发展作出我们实实在在的贡献！

在国家政策引导下，我们有舞台、有机会，有较好的社会地位和收入；公司奉行"以人为本"的理念，积极推行薪酬改革制度，努力改善办公环境，力争在各方面为我们创造更好的条件。就我本人而言，虽与身边的一些同学、朋友相比，非富非贵，但我依然深感知足，深感踏实。为什么？因为我感到：我们是在做一件非常有意义的事情！我们的事业不仅仅是进口资源，创造效益，而是在更高的高度上，与祖国一起，绘制我们国家美好的蓝图，为国家、为人民、为子孙后代谋福利。当我们心中对社会、对时代多了一份使命与担当，肩上对祖国、对人民和子孙后代多了一份责任时，在实现之后，我们的幸福和满足，将更加饱满、更加醇厚！

虽然我们经历了58年的发展，已经成为充分参与市场竞争的企业，但我们绝不等同于个体户和私营企业。我们中国轻工的"中国"二字不仅仅是块金字招牌，她同样赋予我们沉甸甸的责任、义务和特殊的使命。我们绝不能辜负这一光荣的称号！这就是我们每一天艰辛劳作的动力之源，就是我们全体中轻人值得为之奋斗终生的崇高理想和事业！我们只有解放思想，高瞻远瞩，埋头实干，尽快提高综合实力和核心竞争力，抢抓机遇，乘势而为，努力在专业领域和细分市场形成经营优势、取得行业地位，才能牢牢立足于未来更高标准的央企之列，才有资格作为国家队参与更加激烈的国际竞争，才能真正实现中轻总公司的复兴、崛起！

## 四、用三大措施切实提高战略执行力

我们明确了企业未来发展的战略使命和价值观，发展从此成为有源之水、有本之木，接下来我们必须冷静、客观地面对现实调整战略、战术，找到突破口，脚踏实地，阔步向前。为此，我们将采取三个方面的战略举措：

### （一）积极主动地转变观念，统一认识，凝聚共识

有句古话说得好：众人划桨开大船——讲得就是一个团结。我们也经常说：团结出干部，团结出生产力，团结出效率，团结出成绩，团结出健康。我们要开动中轻这艘大船，开好中轻这艘大船，首先就要团结。怎么团结？首先思想上要团结，那就是要转变观念、统一思想，统一认识。统一对公司发展源动力的认识，统一对公司战略目标的认识，统一对公司当前最紧要工作的认识，把思想集中到转型升级、干事创业上来。

我们曾经是全国十大外贸专业总公司之一，为中国的经济建设作出了卓越的贡献。其中，一般贸易板块所占的比重非常大，虽然目前的发展遇到了一些困难和瓶颈，但是只要积极地转变观念，今后同样大有可为。因为，从中国的发展态势来看，第三产业，即服务业在国民经济中所占的比重远未达到西方发达国家的标准，未来发展的空间还相当的大。也就是说，我们的一般贸易板块只要坚定不移地坚持贸易服务的理念，彻底转变传统的小、杂、散商品的经营模式和思路，努力发展可控的优质业务，狠抓业务本身的内部风险和外部风险，今后发展的空间依然广阔无限，仍将作为中轻公司转型升级发展过程中不可或缺的"稳定器"。关键在于观念是否转变！目前，应该说中轻公司整体的状况比较好，大家心比较齐，劲儿比较足，气比较顺。经营氛围积极、向上。

在公司层面，贡献和业绩决定一切。不以"资

历”论英雄，而以贡献和业绩论英雄！就转变观念和统一认识，我想提如下十二个“应该”：一是应该带头提高工作效率和执行力；二是应该着力破除因循守旧、按部就班的保守思想；三是应该破除无所作为、不思进取的平庸观念；四是应该破除影响改革、阻碍发展的陈规陋习；五是应该克服等待观望的心态；六是应该在工作权限范围内敢于拍板，勇于承担责任；七是应该在待人行事时识大局、看大节、看主流、看本质；八是应该协助公司大力完善三大核心流程建设（业务、财务、管理制度），简化工作程序，形成管理规范、程序透明、工作高效的运行体系；九是应该坚持用全面的、历史的、动态的和客观的观点和方法去识别衡量公司现状和发展前景；十是应该发扬“内和外争”精神：对内讲和谐，抢时间，抢速度，对外争市场，争机遇，创效益；十一是应该树立“无功即过”、“有为才有位”的意识；不躺在过去的功劳上睡大觉，不能有“无过即功、无所作为”的思想；十二是应该工作中不仅在岗，而且在状态、更在行（行列和行业）。否则，就是对公司发展不负责任，对广大员工不负责任，最终就要被淘汰。

### （二）全力以赴地提升公司主营业务的核心竞争力

思想观念转变了，认识统一了，我们就可以全心全意地投入到主营业务发展中去。

2011 年公司市场开发和业务储备都取得了不错的进展，可以说实现了历史性突破。同时，我们更要关注业务的发展质量，业务的稳定性、可控性、发展后劲和前景。

此外，公司主营业务所面临的诸多发展瓶颈更加不能被忽视。关于这些瓶颈问题，我概括为五项内容：一是供应链基础尚显薄弱。还未形成大供应、大物流局面。目前在量、面和交易模式等方面，虽然有了很大进步，但还没有形成对市场较强的干预实力，仍未取得渠道的主导力；二是尚未介入产业价值链的核心环节，现有环节还是非常的单薄和脆弱；三是对于市场预测和风险预警功能尚不健全，总体抗风险能力有待提高。大多数交易环节仍受制于人，抵御系统性风险冲击的能力还比较脆弱。缺乏内部系统、实效的风险预警和动态管理机制；四是尚未充分发挥政策的最大效能；五是投资决策体系建设尚待提高。

这 5 个“尚”所陈述的问题都将直接影响到公司未来的发展，必须尽快突破！我想，突破瓶颈最根本之处还是要全力以赴地提升主营业务的核心竞争力。一要通过战略整合着力打造几个具有较强市场竞争能力和实力，具有国际化、专业化、规模化、集约化和管理精细化特点的战略业务单元。攥紧拳头，形成鲜明的市场冲击力；二要强化内部资源调配、业务协同的经营管理能力和效率，轻装前进，提高抗击打、抗风险能力；三要充分利用现有人财物等资源，形成更为有效的对市场的杠杆撬动力，以小搏大、顺势而为。

### （三）不遗余力地加强并创新人力资源建设

企业成败，关键在人。公司的蓬勃发展、转型升级，对人力资源提出了更高的要求。这些要求包括很多方面，对中轻公司来说，目前最紧迫的就是人才梯队建设和激励机制建设。

1. 人才梯队建设。目前，我们的人才梯队呈“倒金字塔”分布状况，老同志多，中层干部多，年轻同志少，业务骨干少。这是不行的，因为人才队伍的根基不牢固，我们要争取建立一个稳固的、正金字塔形的人才队伍。从目前看来，我们的人才队伍暂时还可以支撑发展，但储备不足。从长期看来，我们的人力资源缺少动力、存有隐患。因此，我们必须要未雨绸缪，不遗余力地做好人才的引进、培养、选拔、使用和储备工作。

我们已经准备启动中轻“英才战略”。计划用 3 年左右的时间，在当前总经理助理系列的基础上，在中轻总公司系统内搭建一个金字塔形的老中轻相结合、高中基层相结合的精英人才体系。用“德才兼备、以德为先”的标准选拔人才。让业务和管理骨干有用武之地，有发展空间，有成功后的荣誉；让广大员工看到生活中的英雄和榜样，看到努力工作、创出业绩后的前途和希望。

对于这项工作，我们要求人力资源部要深入调研，了解业务平台情况和人员配置状况，继续研究和设置有利于人才成长的岗位，全力以赴加强年轻干部的培养，使优秀的同志在工作中得到锤炼，脱颖而出，走进各级干部的视野，充实到我们的队伍中来。要加快推进学习型团队的建设，进一步健全和完善全员培训制度。充分发挥"中轻大讲堂"作为学习窗口、交流平台的优势，在培训内容及形式上不断丰富与创新。各职能部门、各子公司要把人才培养作为一项要务，作为一把手工程来抓，全力以赴地配合人力资源部做好各项工作。

2. 激励机制建设。我们力求使薪酬分配与公司战略发展相适应。2012 年，总公司薪酬改革方案平稳落地，它的出发点一是向业务一线倾斜，坚持以贡献和绩效论英雄；二是使公司全体干部员工分享公司发展的成果。就目前的反映来看，广大干部员工反应很好、劲头十足，发挥了激励作用。

下半年公司还将继续推进薪酬制度改革的后续工作，以突出贡献和绩效为核心，针对不同的业务平台和岗位特点，努力在公司内部形成公平、公正、合理、规范的激励机制，真正实现对内强化激励机制，对外增强竞争性的目的。我们鼓励和引导全体员工在分享公司改革发展成果的同时，不断提高经济效益，努力扩大经营规模，建立绩效文化。我们也期望，以后每年都能给大家涨点工资，当然，这必须要有公司的发展做保障，有大家的共同努力做保障！

## 五、目标、梦想、希望

我曾经多次提到：我们能否立一个目标，要力争用 3 ~ 5 年的时间，具备中国 500 强、300 强甚至 200 强的综合实力？我要求每一位中轻人认真思考这个课题。

使命成就梦想。我们的使命就是：依托商品贸易平台，积极参与解决我国 13 亿，乃至今后 14 亿和 15 亿人口所需资源的长期紧缺甚至贫乏的问题，努力为中国经济长期可持续发展提供稀缺的原材料和资源保障。这也是我们战略目标制定的源动力，是我们中轻总公司发展的动力之源！我们的梦想、我们的最终目标是：为党的事业、国家的发展、人民的幸福、我们子孙后代的未来和中轻总公司健康的、可持续的发展作出我们实实在在的贡献！

我坚信，只要我们牢记使命、心中有梦，只要我们"团结拼搏、勤奋耕耘、坚韧执著"，我们每一个中轻人，包括我们的每一位离退休老干部，都将因我们的使命而受益，因我们的梦想而受益，分享到公司发展的成果！

# 全面实施风险预控　保障管道运营安全

中国石油管道公司

能源安全直接关系国家经济安全、社会稳定和人民生产生活。石油天然气管道作为连接油气资源与市场的桥梁和纽带，在国家能源安全战略中占有重要地位，中国目前 70.0% 的石油、99.0% 的天然气是通过管道运输的。管道运输属于典型的高危行业，输送的原油、成品油、天然气等介质具有易燃、易爆、易挥发等特性，天然气含硫化氢、硫醇等有毒物质，一旦事故，对社会和环境造成的影响将是灾难性的。从我国油气管道建设伊始，安全问题就是困扰管道企业最突出的难题。当前，随着我国经济社会的快速发展，对能源的需求越来越大，管道安全环保问题日益凸显，面临着管道自身因素（如焊缝缺陷和腐蚀老化）、第三方损坏、自然灾害和管理不到位以及人的不安全行为等诸多风险和挑战。

从中国石油管道公司多年安全生产实践来看，要实现油气管道安全运营，关键是根据管道运营企业价值定位，按照科学管理规律，立足实现油气管道本质安全，全面开展风险控制与管理创新，努力攻克保障管道安全运行的技术瓶颈和管理难题，建立完善以风险预控为核心，以理念知识、标准规范、体制机制、技术进步、应急保障、安全文化为支撑的油气管道全面风险预控体系（见图 1），提高企业管理水平和保障油气管道安全的能力。

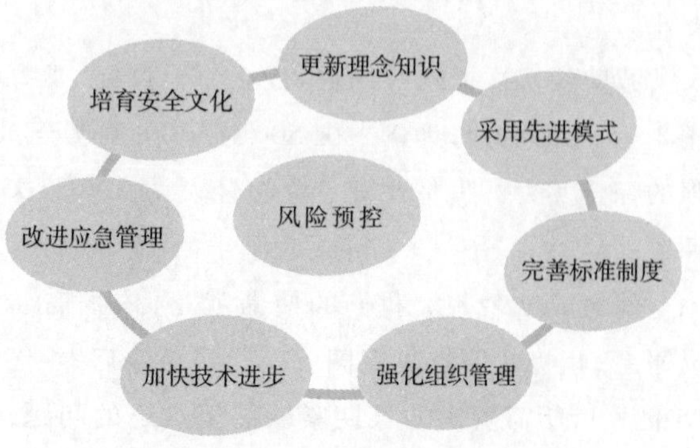


**图1　油气管道全面风险预控体系示意图**

**（一）更新风险管理理念，增强风险可控的观念和信心**

充分总结中国石油工业优良传统，主动学习借鉴国际先进管理理论与实践经验，牢固树立先进的风险管理理念。

1. 树立系统安全观。主动与国际先进管道公司合作，全方位开展对标和差异分析，主动学习国外先进理念，了解国外先进管理思想和最佳实践，深化对安全生产规律的认识，增强事前管理、过程控制的意识，树立"系统安全观"。改变过去那种"头痛医头，脚痛医脚"的简单做法，而是在系统研究和掌握管道设计、施工技术资料的基础上，把影响管道运行安全的各种因素都考虑进来，进行综合治理。开展全面风险评价，针对每一重大风险，都制订风险偏好、风险承受度、风险预警指标及解决方案。

2. 树立"事故可防、风险预控"理念。将安全管理的重点放在控制安全隐患和未遂事故上，与杜邦、挪威船级社等国际知名公司，在输油气站场量化风险评估、作业安全分析（JSA）和安全完整性等级（SIL）等领域开展咨询与合作。推行挪威船级社（DNV）ISRS7 国际安全管理评级，实现安全管理从被动管控向自主管理转变。与 Enbridge 公司在油库安全环保管理方面开展对标，采用量化风险评价（QRA）、危险和可操作性分析（HAZOP）等方法，对油库进行分析与评价。对重大隐患进行整改，实现隐患管理的闭环控制。

3. 开展全员安全知识培训。突出抓好基层执行力建设和员工基本功训练，开展全员安全轮训，采取分级管理、各有侧重、分层实施的方式，进行管理人员、专业技术人员、技能操作人员的安全轮训，达到操作岗位员工 100% 参加培训、100% 持证上岗、100% 掌握岗位应知应会的要求。

**（二）采用国际先进模式，全面实施管道完整性管理**

管道完整性管理作为目前最先进的管道安全管理模式，被世界各国的管道管理者所认可，并已逐渐被世界各大管道公司所普遍采用。管道完整性管理主要是通过对管道面临的风险因素进行识别和评价，针对性地实施风险减缓措施，将风险控制在合理、可接受的范围内。与传统管理模式相比，完整性管理实现了从被动治理到主动预防的根本性转变。

公司于 2004 年正式立项开展管道完整性管理技术研究。在引进消化吸收技术的基础上，结合我国的实际情况，坚持核心技术自主研发，在国内首次清晰地提出了开展完整性管理的 6 步循环。见图 2。

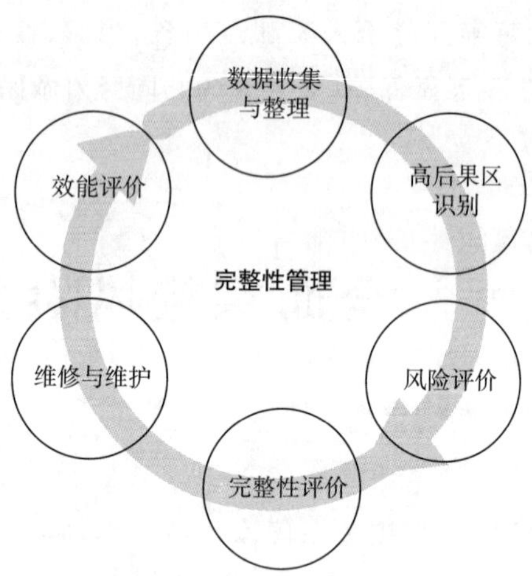


**图2　管道完整性管理 6 步循环**

2007 年根据研究成果，建成了管道完整性数据库和管理平台（见图 3），实现了数据共享和评价决策支持。

2008 年"5·12"地震期间，利用完整性数据库，进行了地震影响区域及管道受灾状况信息整合分析、次生灾害识别、堰塞湖风险评估和涪江穿越段管道抢险预案分析，为抢险指挥提供了科学的技术依据，确保了兰成渝管道这条抗震救灾“生命线”的畅通。2010 年实现了管道完整性管理全覆盖，根据每一个高后果区段的不同情况，包括检测历史、管道属性、周边环境、油气泄漏可能的扩散或流淌区域，提出针对性管理意见，设立警示标牌和宣传措施，特殊地区配有专门联系人，根据每一区段的变化情况，及时记录变化数据。根据高后果区、风险评价和完整性评价结果，制定相应的维修与维护工作，实现了所辖管道主要风险与完整性管理主要工作一一对应，为预防和削减风险提供了重要保证。

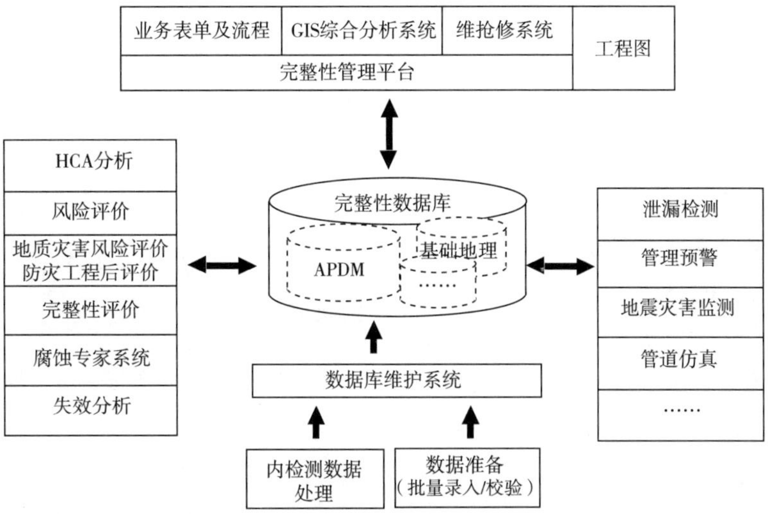


**图 3　基于 GIS 的完整性数据及平台架构**

利用完整性管理，连续 3 年全面识别和评价了自然与地质灾害，建立起了滑坡、崩塌、泥石流、地面塌陷、坡面水毁、河沟道水毁、台田地水毁、黄土湿陷等 8 类地质灾害评价方法和指标体系，开发了管道地质灾害风险评价软件，有效指导了地质灾害防治规划和防护决策实施。目前，管道公司已建成较为完善的管道完整性管理体系，明确了管道完整性管理的内容和流程，发布了国内首套完整性管理规范和标准，并将完整性管理全面纳入公司管理体系文件中，现已在中国石油管道系统全面推广。

**（三）实施基础管理建设工程，完善安全环保制度标准**

强化以质量管理、计量检测、标准规范、业务流程、规章制度等为主要内容的基础管理工作，建立统一精细的标准制度体系，提高安全管控水平和执行能力。

1. 梳理优化安全生产作业流程和管理标准。以“集约、统一、简化”为导向，开展机关与基层业务流程优化整合，基本实现“一贯到底”；区分新老不同管线，逐步实现同类介质的管道，其流程、标准和作业文件“三统一”；精简体系作业文件，基本达到清晰、具体、明确、易懂、好操作。

2. 全面整合、持续改进 QHSE 管理体系。对原有的 D 版 QHSE 管理体系、规章制度、业务流程、标准规范、应急预案、公文管理等管理文件，进行全面整合与关联，同时将两级机关乃至基层站队的体系文件进行有机整合，形成新版管理体系文件（E 版）。新版管理体系作为“一贯到底”的规章制度，涵盖了公司所有管理内容，促进了管理的精细化。

3. 瞄准国际先进标准，开展对标采标工作。建立国外先进标准跟踪和研究机制，持续与国际先进标准差异对比分析，共完成 115 项标准的制修订，包括国家标准 1 项，行业标准 16 项，集团公司企业标准 31 项，管道公司企业标准 67 项。开发了标准查询平台，目前上载标准2 758项，可随时登录查询，达到了从技术标准层面规范安全生产行为。

**（四）健全风险防控组织体系，完善安全环保工作机制**

成立两级安全环保委员会，下设 5 个专业委员会，定期分析安全生产形势，研究解决安全生产中的重大问题。

1. 层层分解落实安全环保责任。结合管理机构的变化和安全环保管理职责的变更，及时修订《安全生产责任制》。2008 年初，与知名国际咨询公司合作，对公司绩效指标体系进行重新设计，设置安全环保前置指标，突出目标管理和过程控制。每年，公司都与所属单位分别签订绩效合同，同时签订安全环保责任书，把安全环保事故控制指标与领导业绩挂钩。

2. 严格体系审核和安全环保检查。委托专业机构，定期进行 QHSE 管理体系审核评估，加以持续改进，强化所属单位管控文件的可操作性及与公司管控文件相应要求的符合性。公司领导所有检查、调研、现场办公等活动，都与 HSE 现场审核相结合，用体系的方法审核各单位存在问题，并出具不符合表单，有关部门落实督办，实施闭环管理。

3. 建立风险隐患及未遂事故上报奖励机制。向国际先进企业学习，真正把事故当成资源进行管理和学习。倡导全员参与，鼓励员工解剖自己和身边曾经发生的未遂事故，将未遂事故上报并作横向交流，实施经验共享。将各单位对未遂事故的反映情况纳入《公司业绩考核管理办法》；制定出台《公司事故、未遂事故管理程序》，规范奖励机制。

**（五）加快实施技术进步，攻克安全生产关键瓶颈技术**

充分发挥自身科技研发优势，把技术进步作为保障管道安全的关键措施持续推进，取得一系列国内领先、国际一流的技术成果，并成功应用到安全生产实践。

1. 螺旋焊缝缺陷检测和评价技术。对三轴高清漏磁检测技术引进消化吸收和再创新，建立螺旋焊缝缺陷信号识别模型，攻克了焊缝缺陷的信号识别关键技术，使得螺旋焊缝缺陷检出率达到 90.0%，取板验证合格率 100%。应用该成果，顺利完成了东北管网完整性评价，实现了东部管网管体缺陷风险预控。

2. 管道泄漏监测和安全预警技术。自主研发了 PFPS 管道光纤预警、PAPS 管道声波预警、多传感器远程跨越预警以及光栅光纤地质灾害预警等 4 项专有技术，实现了对长输油气管道进行泄漏监测和安全预警，预警准确率达 95.0% 以上，及时发现打孔盗油事件 100 多起，由打孔盗油引发的泄漏事故下降 50.0% 以上。油气管道安全预警技术，被列为国家安全生产优秀推荐项目。

3. EP 系列减阻剂技术。成功研制出 EP 系列减阻剂，并成功应用于中石油、中石化、中海油多条管线，还远销苏丹、挪威、伊朗等国家，成为世界知名品牌。该技术荣获 2008 年国家技术发明二等奖、“国家重点产品”、“河北省高新技术产品”等多项奖励。

**（六）完善应急保障体系，建立企业地方合作防控机制**

在防患于未然的基础上，加强应急管理，努力把事故损失和危害降到最低。

1. 不断提高应急抢险救援能力。按照“统一协调、各负其责、预防为主、应急联动”原则，成立了公司应急领导小组和 5 个专业应急工作小组，建立了覆盖全部维抢修体系，形成了“总体、专项、现场处置”三级预案体系，建成了全覆盖的车载卫星应急通信系统，建立起事故现场与指挥中心之间的办公网络，应急抢险救援能力大幅提升。

2. 建设工业视频监视系统。推进工业监视系统建设，使输油气站场重要设施、重点设备实现远程可视。基层站队值班人员通过该系统，实现 24 小时对站内罐、炉、泵、阀、消防等要害部位、重点设备实时监控，减少人的巡检次数，使人远离危险源，有效提升了公司总部、分公司和基层站队三级远程安全管控水平。

3. 建立联防共治管道保护工作机制。建立管道保护联席会议制度，坚持重点工作相互通报，重大事项协商沟通，重大问题联合督办，逐步形成了“企业严管、公安打击、政府协调、群防群治”的管道保护工作格局，所辖管道周边环境明显好转，原油、成品油管道发生打孔盗油案件次数逐年降低，由 2002 年最高时的 26.1 次/千公里，下降到目前的 0.96 次/千公里。

**（七）培育管道特色安全文化，营造主动安全人文环境**

在继承石油工业“三老四严”等优良传统作风的同时，通过制度创新和教育培训，培育具有鲜明管道特色的安全文化，在潜移默化中促进员工实现主动安全。

1. 弘扬“管道为业、四海为家、艰苦为荣、野战为乐”优良传统。针对管道运营点多线长、高度分散、连续生产、容易疲劳的特点，强化理想信念、职业道德教育，做好心理疏导工作，激发干部员工的工作热情，增强责任感和使命感。

2. 推行领导个人安全行动计划，强化 QHSE 管理体系的规范运行。公司所有副处级以上干部，均按照《领导个人安全行动计划管理规定》和年度推进计划，制定个人安全行动计划。公司领导率先垂范，带头执行个人安全行动计划，带头撰写解读文章，讲解“QHSE 管理原则”。各单位在落实措施、加强检查、检验效果上下工夫，使《反违章禁令》成为员工不可逾越的高压线，使《HSE 管理原则》成为领导干部的“第一要约”，有效推动了安全环保工作的落实。

3. 开展向事故事件学习和安全经验分享。把事故当资源，整理形成《中国石油管道事故案例汇编》，建设管道安全警示室，选取 40 起典型事故案例，通过现场照片、情景再现、实物展示、动画模拟等方式生动地展示事故发生过程，分析事故原因，广泛开展警示教育。2009 年开始启动“安全经验分享”活动，在大型会议、班组活动、培训班等集体活动开始之前，安全经验分享也成为不可或缺的内容。

通过全方位实施油气管道安全风险预控，管道公司生产管理精细化、信息化水平不断提高，各项生产作业均有规程、程序可依，有足够的决策支持系统和所需辅助信息，实现了油气管道安全平稳高效运行。2007 年以来，连续 4 年获得中石油集团公司“安全生产先进企业”，2010—2011 年连续 2 年获得中石油集团公司“环境保护先进企业”。

实践证明，全面实施风险预控是油气管道安全运营的根本保障，是中国石油管道事业在快速发展的大背景下，在更高起点上实现本质安全的必然选择，是管道企业实现科学发展的必由之路。管道企业只有大力营造风险可控的氛围，把风险预控变成一种理念、一种文化、一种准则，才能稳步向本质安全目标迈进。

（撰稿：李福田　张雨诚　严都晟）

# 模拟法人激活力　快速联动创效益

新兴际华集团有限公司

新兴际华集团（前身新兴铸管集团）是由解放军总后所辖军需企业重组而成，是国务院国资委监管的中央企业。目前，集团公司有冶金铸造、轻工纺织、装备制造、商贸物流四大业务板块，国有资产规模位居央企前 50 名。2012 年 7 月首次进入世界五百强，排名 484 位。是全球最大的球墨铸管制造商和后勤军需服务商。

## 一、创建“两制”的现实背景

新兴际华的各项业务受相对稳定计划模式的影响，对市场变化传导慢、效率低、反应慢，难以适应生产经营各中心环节的快速联动和剧烈变化的市场。企业以产量和消耗等指标为核算基础，注重工序标准成本和内部利润，导致分配机制与工序实际业绩不对称。

2008 年以来，受全球金融危机冲击，新兴际华面临生产成本上升、产品价格下滑、市场空间萎缩、资金链条紧张四大压力。由于核算机制与市场脱节，尽管各实业部均已完成标准成本计划，但公司整体利润却严重缩水，暴露出各企业生产经营管理上的薄弱环节和深层次问题。

为了适应快速多变的市场，更好地抢抓机遇，有效应对国际金融危机，新兴际华认真按照国务院国资委的部署和要求，坚持苦练内功，不断提升管理，逐步探索和创建了以"层层模拟法人、环环快速联动、人人面向市场、招招应对危机"为核心的"企业内部模拟法人运行机制"和"产供销运用快速联动反应机制"（简称"两制"）。

经过3年多的努力，"两制"的推行已取得明显成效。2008—2011年新兴际华营业收入、利润、EVA年均增长率分别达到58.1%、33.1%和45.6%。其中，核心企业新兴铸管股份公司2008—2011年实现营业收入和利润年均递增36.7%和42.6%。

## 二、实施"两制"的具体做法

1.“两制”的具体内涵。企业内部模拟法人运行机制是以满足市场需求的快速联动为前提，以向全员赋权配责为出发点，以利润为中心，以成本为主线，以考核为手段，将市场化机制引入企业内部各分厂、工序之间，将本来不是法人的内部经济主体推行模拟法人运行，实现"人人都要负责，人人都要当家"；工序间实行产品买断，最终产品贸易买断，全面推行委托招标、比价采购制度；实行业主负责制、质量协商制，确保整体成本最优、效益最佳，实现"模拟法人激活力"。

产供销运用快速联动反应机制是以快速满足用户需求、为用户创造价值为目标，以市场为导向，通过信息共享传递外部市场压力，实现"人人关注市场、人人挖潜算账"；把握资源、产品、物流、资本四个市场的区域差、时间差、品种差及价格差，及时将市场信息通过信息共享平台，实现生产、采购、销售、物流、用户五个环节快速联动，形成市场信息"内循环"，促成生产经营快速决策，深挖采购、生产、物流、销售、资金五个利润源泉，实现"快速联动创效益"。

2. 实施模拟法人运行的主要做法。一是细化核算单元，明确责任主体。通过划小核算单位，对目标成本和目标利润实行动态测算、动态调整，将业绩指标逐级分解落实到工段（工部）、班组、员工，实现指标层层分解、责任层层落实、压力层层传递、活力层层激发。比如，把每个实业部视作独立的法人实体，各种产品完全按照市场售价进行核算，即实业部间产品"买卖"市场化，通过实业部利润保公司利润。通过细化核算单元，各实业部直接体会到来自市场的压力，明确各工序的职责、目标。又比如，每月由模拟法人领导小组根据各管理部门提供的产量计划、原燃料滚动价格、产品销售计划和价格等推算目标利润，以各产品在当前市场上被接受的售价为基础，核算出目标成本。各实业部再根据模拟法人领导小组下达的利润指标，制定出实业部和工段两级目标，各工段再将实业部的细化指标分解到班组，层层明确落实指标责任。

二是优化预算计划，落实工作重点。针对完善全面预算管理体系，新兴际华集团要求各企业制定预算要坚持做到"五个面向"、"两个扎根"和"三个对标"。所谓"五个面向"，即制定预算要面向全体管理者、面向市场营销人员、面向设计研发人员、面向全体党员、面向全体职工，确保预算制定做到全员参与。所谓"两个扎根"，即制定预算要扎根市场（要用3倍的市场预期来保预算收入），扎根基层（从群众中来，到群众中去，指标落实到最小单元及职工个人），确保预算制定要有具体支撑。所谓"三个对标"，即制定预算要与本企业当年三个月的最好水平进行对标、与本企业历史上的最好水平对标、与同行业优秀指标进行对标，确保预算制定体现高标准、高水平、严要求。

为优化预算计划，每年9—10月集团公司便着手部署下年度预算的编制，层层分解、逐级优化，实行三上三下，强化检查督导，一直落实到车间班组。11—12月由集团公司组织听取二级公司预算编制情况及保证措施的汇报，二级公司对全部三级企业实施检查，三级企业对车间、班组的预算分解落实情况实施检查。

为确保预算执行，还要根据市场变化和累计进度等情况每月重新修订，层层调整和修改各实业部、车间月度生产经营预算计划，月月调整分解重点考核指标，坚持“一月一测算，一月一调整，一月一结算”，班组个人则实施日结算。

三是强化业绩考核，严格薪酬兑现。突出以薪酬考核委员会为主导、以年度目标和战略目标为核心、以动态管理为管控手段，坚持不断深化业绩考核与薪酬管理体系。比如，进一步强化了EVA考核，将EVA列入经营效益考核指标，占40.0%；同时加大全员劳动生产率考核，增加了发展成果共享考核指标和社会责任考核指标。

严格遵循“业绩上、薪酬上、职级上，业绩下、薪酬下、职级下”的原则。比如在2010年度考核中，某二级板块9项考核指标中有3项指标没有完成，被评为C级，主持工作的领导被降职，主要领导全部降薪。

对模拟法人主体的业绩考核评价办法和薪酬分配办法进行调整修改。业绩考核办法着重突出利润指标的刚性原则，及时与市场变化对接，引入EVA评价要素，由过去的季度考评转变为月度考评；薪酬兑现办法体现与每月实际经营业绩考评结果联动、升降，增大了内部利润指标的权重系数，坚持向利润贡献大的单位倾斜，同时控制亏损单位的工资额度，坚持“一月一兑现”。对完不成利润目标要求的单位，重点扣罚和降低实业部领导、工段领导以及重要管理人员的当月工资和年度薪酬水平。

3. 实施产供销运用快速联动反应的具体做法。新兴际华的联动反应机制，始于早期的产销单项联动。随着外部市场的变化、特别是内部实施“模拟法人运行机制”以来，为了实现“紧贴市场、信息共享、及时协调、快速反应、综合平衡、谋求最佳”的更高管控目标，新兴际华建立了多形式、各层级的快速联动机制。

一是建立供需联动机制。包括贸易部门与生产部门的产销联动、采购部门与生产部门的供产联动、采购部门与运输部门的供运联动等。比如，既有由贸易部门随时找生产部门的协调联动，以努力满足用户的需求和订单需求，也有由生产部门随时主动找贸易部门的协调联动，以努力满足利润最大化和满负荷生产的需求，构建产销利益共同体。又如，随着采购监督权的进一步完善（采购合同生产部门要签字）和生产部门为保证利润最大化的需求（增设了采购工程师岗位），促成了采购部门与生产部门随时协调联手采购。

二是建立工序联动机制。为确保各自工序利润的最大化，上道工序、下道工序之间随时进行沟通协调，达成共识，协同行动。既有上道工序为下道工序努力创造有利条件，尽力满足效益最佳的需求，联手创造利润最大化（如：炼钢部主动调整钢坯定尺、主动保证钢坯热送）；也有下道工序充分理解上道工序的实际困难，联手处理有关问题（如：在实践中创造的中间产品“让步接收”方式），确保整体综合效益最大化。

三是建立多元联动机制。公司内部两个以上相关单位、相关部门通过定期召开通报、沟通、协商、决策会议加强联动。比如：由销售部门牵头组织的供、产、销相关人员的沟通协调、联动反应会议制度，或者供、产、销、运相关人员的沟通协调、联动反应会议制度，以及供、产、销、运、用相关人员的沟通协调、联动反应会议制度等。

四是建立内部联动机制。各个实业部自己建立的内部有关单位、有关人员，如生产工段、辅助工段、机关部室等单位，设备管理、质量监督、成本测算等人员参加的联动会议制度，由各部负责人视情况变化随时或定期组织召开。

五是建立区域联动机制。公司各地工业区建立的所属实业部、职能部门等单位的生产、采购、物流、财务、销售等有关负责人参加的沟通协调、联动反应的会议制度，由各工业区的总经理组织召开，一般每两周召开一次，特殊情况下随时召开。

六是建立高层联动机制。公司建立的由主管采购、生产、质量、财务副总经理和贸易总公司主管领导以及各工业区（企业）总经理等负责人参加的通报点评、沟通协商、联动反应的会议制度，由公司主管营销的副总经理组织召开（公司总经理参加并作最后决策），一般每季召开一次，特殊情况下随时召开。

4. 实施模拟法人运行和产供销运用快速联动反应的主要保障措施。为有效实施模拟法人运行和产供销运用快速联动反应，新兴际华重点从强化组织领导、业务流程再造、信息资源开发等方面采取了一系列保障措施。

一是建立领导小组，规范联动制度。即各个实业部、各个工业区和公司三个层面的联动工作领导小组，并明确各自的职责。同时在各个层级都建立了联动会议制度，并分别规范了会议程序、内容、主持等，每次联动会议之后都要形成相应的会议纪要。例如：在联动频次上，公司明确规定，高层联动至少每季一次，区域联动至少两周一次，其他联动和沟通协商视情况随时进行。

二是改革机构设置，完善业务流程。比如新兴铸管股份，将原采购部重组为采购中心（下设四部一室）、注册为“武安物资供销分公司”，内部组建了原料、燃料和炉料三个专项结构优化小组。增加了公司大宗原燃料采购合同签订要由“模拟法人单位领导签字确认”的程序，销售部门在下达产品订单时要坚持“向利润高的产品及品种规格倾斜”的原则。采购中心增设了“物流经理岗位”，焦化、炼铁等实业部增设了“采购工程师岗位”，要求采购工程师不仅要熟悉原燃料基本专业知识，而且还能够随时根据市场变化、原料结构变化及时测算出成本和利润，承担一定的即时算账职能。

公司还在资产财务职能管理部门之外，专门设立了直接归属公司主要领导管理的营运会计岗位（增岗不增人），要求营运会计不仅要掌握财会知识，还要熟悉生产工艺、原燃料结构，及时掌握市场行情，熟练运用、设计各种测算数学模型，通过迅速准确的测算为生产经营决策提供参考，通过生产经营过程的经常算账保证生产经营过程的动态控制。同时明确营运会计负责评价考核快速联动效果，每月对快速联动关键环节的指标、效率、效益等各个要素至少进行一次评价考核，及时发现联动中出现的问题，确保快速联动各环节落实责任，联动达到最佳效果。

三是完善信息平台，增强数据支撑。集团将采购信息、生产信息、销售市场信息、物流信息汇聚成简明扼要的决策数据支持系统，使参加联动的成员能够从平台上获得及时的相关数据信息。比如采购中心编制了《原燃料信息周报》，贸易部门编制了《信息周报》，信息管理部制作了“冶金行业信息参考”网页。通过数据支撑，为模拟法人会算账、知行情和快速联动反应提供信息保证，促进了“日跟踪、周分析、月对标”。

## 三、推行“两制”取得的初步成效

经过3年多的探索实践，“两制”主要取得了以下五个方面的成效。

1.“两制”促进了对标挖潜。一是在公司内部各工业区之间进行对标；二是公司各工业区与其周边兄弟企业进行对标；三是与国内同行标杆企业进行对标，努力在技术经济指标和经营业绩上实现“赶三争一”（争取进入行业前三名，力争第一名）；四是与国际同行企业、国际一流企业进行对标，努力实现从中国一流走向世界一流。由此形成了坚持“天天对标、月月对标、年年对标”和“创先争优争一流，科学发展上水平”的长效机制。

2.“两制”带动了技术创新。“两制”的实施倒逼了各个环节、各个企业不断强化科技创新支撑作用。一是提升了企业信息化水平。例如开发了一批计算机模块软件和数学模型。二是提升了生产工艺装备水平。例如，自主研发的新一代高效离心机，生产效率是原离心机的1.5倍。三是持续扩展了系列产品，不断满足了客户新的需求。比如，研制开发的高附加值冶金熔合双金属复合管，已经形成25个品种。四是群众性的技术革新、发明创造活动不断深入。近几年集团公司专利申请数和专利授权数持续增长，2008—2011年年均递增分别达到91.0%和138%。

3.“两制”促进了内部改革。一是各企业在实践中先后调整、修改了业绩考核评价办法，调整、修改了薪酬分配办法，调整、修改了内部生产经营月度预算计划各项指标的计算、核算、结算方法；改革、重组了企业内部的组织机构设置，调整、完善了企业内部的业务流程和管理岗位设置等等。二是建立和完善激励与约束机制方面，目前已形成了即时、定时和多种形式的业绩评价方式，特别是实现了产品分品种、分规格的日成本和日利润核算，进而实现了日考核、日评价、日核算的工资体系。

4.“两制”促进了精细管理。一是建立了即时信息系统。每天收集、整理冶金行业动态及原料、产品和物流行情，在公司局域网上公布。二是建立了利润预测系统。将原料和产品市场价格信息及各工序生产工艺参数等即时信息导入测算模型，通过正向测算，计算出当前原料价格下公司产品成本及利润；通过反向测算，计算出在实现公司利润目标前提下的原料配比数据。三是建立了动态监控系统。通过计算机辅助管理系统，实行日核算（日成本、日利润）、日考核、日评价、日工资。

5.“两制”提升了竞争能力。一是经济技术指标进一步优化。累计到今年一季度，集团公司14项钢铁冶金主要指标居全国同行业第一名，占所有72项指标的近1/5。有25项指标进入前3名，有37项指标进入前5名，有51项指标进入前10名。二是成本控制进一步加强。通过建立“两制”，集团公司成本整体降低2.3%，多种产品成本位居同行业前3名。三是经营质量和效益水平进一步提高。如新兴铸管股份的吨钢产品利润一直保持在行业前三甲，在钢铁板块上市公司综合业绩排名中一直保持数一数二的位置；2008—2011年，集团公司EVA等指标同比始终保持了两位数增长。

## 四、实施“两制”的体会

实施“两制”，是一项全面创新的工作，新兴际华集团在实施“两制”中，体会比较深的是要坚持“两个解放、两个结合”。

一是把大力推进“两个解放”作为强大动力。为顺利实施“两制”，集团公司十分注重强调“两个解放”，即进一步解放思想、解放生产力，积极倡导敢于创新，持续克服“小进即满、小富即安”的传统思想观念，不断寻求突破。

二是与全面推进业绩考核工作相结合。集团公司突出了业绩考核的导向作用，企业所有人，不论职位高低，不论岗位种类，均有考核目标。不仅有年度考核、季度考核、月度考核，甚至有日考核。不仅要考核实物指标，更要考核价值指标；不仅考核成本指标、利润指标，更要考核价值增值指标。

三是与企业内部制度改革相结合。有效实施“两制”，需要一整套制度作支撑。为此，集团继承军钢精神，加快改革，自我超越，先后制定了集团公司《领导班子薪酬与业绩考核管理办法》《经营班子经营业绩考核办法》、《二级公司领导班子及领导人员综合考核评价暂行办法》、《所属企业年薪考核办法》、《信用风险管理制度》、《选人用人监督检查办法》、《后备干部管理暂行规定》、《“四个一流”职工队伍建设活动考评办法》等一系列制度，探索研究了《集团公司从中国一流到世界一流企业》等课题。

下一步，新兴际华集团将进一步贯彻落实国务院国资委关于开展管理提升活动的要求，认真学习借鉴其他企业的好经验、好做法，紧密结合集团公司实际，在初步建立起全面预算指标体系、责任体系、跟踪体系、评价体系和考核激励体系等五个体系闭环管理的基础上，进一步探索实施生产经营五个体系闭环管理，不断深化“两制”，并以13个专项提升为重点，全面提升企业综合管理水平，为推进新兴际华1257831发展战略，即：高举“1”面旗帜：科学发展大旗；坚持“2”个解放：解放思想、解放生产力；推进“5化”建设：生产规模化、产品差异化、市场国际化、队伍专业化、管理信息化；提升“7”种能力：转型升级能力、科技创新能力、国际化经营能力、人才强企能力、和谐发展能力、改革监管能力、党建工程能力；做强做优“8”大基地：球墨铸铁管、制造用钢、双金属复合管、军需品、职业装、职业鞋靴研发生产基地，创建新材料、新能源等两大新兴战略性产业基地；确保“3”个翻番：营业收入、利润总额、人均收入；打造国际“1”流强企：打造以“一流的发展理念、一流的运营效率、一流的科技创新、一流的国际化经营、一流的品牌形象、一流的管控模式、一流的企业文化、一流的人才队伍”为特征的国际一流强企。为加快打造国际一流强企奠定坚实的基础。

# 坚持自主创新　聚焦主业发展　践行高科技中央企业转型发展之路

大唐电信科技产业集团

大唐电信科技产业集团(即电信科学技术研究院,简称“大唐电信集团”)是一家专门从事电子信息系统装备开发、生产和销售的大型高科技中央企业,拥有国内无线移动通信和集成电路领域最雄厚的科研开发和技术创新实力。多年来,大唐电信集团坚持自主创新,掌握了一批电子信息通信领域的关键核心技术,拥有一系列具有完全自主知识产权的重大技术创新和突破,在无线移动通信、集成电路、物联网等战略性新兴产业等领域的技术产业水平居国内外领先水平,已成为中国无线移动通信科技自主创新的主力军和践行创新型国家战略的典范。特别是,大唐电信集团依托 TD - SCDMA(简称“TD”)核心技术优势,把握高科技成果转化的一般规律,成功推动实现自主创新 TD 的产业化和市场化商用,探索走出了一条“技术专利化、专利标准化、标准产业化、产业市场化、市场国际化”的高科技成果转化科学发展道路,真正实践了“中国创造”发展模式,为社会经济科技发展作出了重要的贡献。

## 一、坚持创新驱动,引领移动通信产业发展

谁掌握核心技术标准,谁就掌握竞争的制高点;谁掌控产业发展主动权,谁就掌控市场竞争的主导权。由于科技水平的落后,中国在第一代和第二代移动通信系统标准的研发上远远落后于发达国家,移动通信 1G 和 2G 时代的移动通信产业主要由欧美垄断,中国使用的标准也均为欧美标准,造成了包括专利费用在内的巨额财富外流,同时也不利于打造民族移动通信产业链。大唐电信集团坚持通过科技创新,参与国际标准的竞争,在全球无线移动通信国际标准的舞台上发出中国的声音。

### (一)建设特色技术创新体系,夯实企业科学发展基础

大唐电信集团高度重视技术创新,自 2006 年起,就着手建设具有中央企业特色的技术创新体系,逐步形成以 TD 技术标准为主线,企业为主体,整合内外部创新资源,引领产业和市场为导向,依托国家级实验室和国家科技重大专项,促进产学研用相结合的具有中央企业特色的高效协同研发技术创新体系。

2008 年,大唐电信集团获批建设“无线移动通信国家重点实验室”,是国家首批 36 家依托企业建设的国家级重点实验室之一。随后,集团获得国家发改委批准,承建“新一代无线移动通信系统技术国家工程实验室”。近期,大唐电信集团整合内部创新资源,成立大唐无线创新中心,进一步增强集团在无线移动通信国际标准、前沿技术公共研发平台等方面的竞争力。

作为国家科技创新和重大科技研发任务的重要载体,大唐电信集团承担着“核心电子器件、高端通用芯片、基础软件”国家科技重大专项一、“极大规模集成电路装备与成套工艺”国家科技重大专项二和“新一代宽带无线移动通信网”国家科技重大专项三的重大课题任务,同时参与国家电子信息产业调整与振兴规划中“TD 3G 产业新跨越”和“集成电路升级”两个重大工程的主要任务。

作为高效协同研发技术创新体系的重要组成部分,大唐电信集团高度重视与国内外创新资源的协同整合。集团坚持“轻型研发”理念,大力加强与外部创新资源的整合,以低成本实现高水平的技术创新和应用创新,不断探索技术创新模式的转型。大唐电信集团先后与清华大学、北京大学、复旦大学、

上海交大、中科院计算所等国内 22 所高校、院所签订战略合作协议，并与爱立信等全球领先企业合作共建研发中心，通过多种方式，推动研发与创新资源的协同，提高研发的效率与质量，促进创新成果的转化进程。

### （二）引领移动通信国际标准，主导产业发展方向

自 1998 年代表中国政府提出 TD－SCDMA 第三代移动通信国际标准以来，大唐电信集团始终瞄准无线移动通信领域竞争前沿，不断提升自主创新能力，努力实现在 TD 技术标准研发上的突破，积极占据竞争的制高点，持续提升中国在无线移动通信领域内的掌控力和领导权。大唐电信集团在长期参与国际标准的竞争过程中，已成为全球 4G 国际标准的积极参与者和领导者，始终保持 TD－LTE 国际标准提案及获批数量全球第一位置。

2012 年 1 月，由中国政府主导、大唐电信集团拥有核心基础专利的 TD－LTE－A 被国际电信联盟正式确立为 4G 国际标准，进一步提升了中国在全球移动通信技术领域的国际话语权和国际影响力。更重要的是，此举确立未来 10 年中国在全球无线移动通信产业中的地位，为深化中国无线移动通信产业结构调整与升级，持续提升科技创新能力，促进以 4G 为牵引的新一代信息技术等战略性新兴产业的发展，提升中国信息通信产业国际竞争力奠定了坚实的基础。

### （三）布局产业链高端，带动民族产业整体发展

为加快推动 TD－SCDMA 及 TD－LTE 产业化进程，大唐电信集团积极完成在 TD 产业链上的核心芯片、成套系统设备、仪器仪表等高端环节的研发布局，并处于业内领先地位。近年来，大唐电信集团以集团产业发展战略为指引，成立大唐联芯科技公司，占据手机芯片设计与终端整体解决方案等产业高端环节，成功实现中国工业史上终端芯片从“无芯”到“有芯”的历史性突破。为适应网络信息安全的业务需要，促进自主技术服务于特定用户市场需求，集团专门成立大唐联诚公司，打造自主创新技术在特定领域发展的新平台和窗口。

大唐电信集团秉承中央企业推动行业进步的使命，长期致力于推动 TD 产业联盟的发展，对国内通信企业开放核心专利技术，带动中国移动通信产业的结构调整与升级。通过密切分工合作，带动中国民族企业占据了产业链的关键环节和高端环节，进而在中国移动通信领域内历史性地打造了一条涵盖核心网、无线子系统、终端、核心芯片、芯片制造、仪器仪表、增值业务、运营等环节的完整的民族移动通信产业链，强有力地提升中国移动通信制造业整体竞争能力。

由于移动通信产业自身的带动性和与其他产业间的关联性，TD－SCDMA 以及 TD－LTE－A 的发展不仅带动相关配套产业的发展、促进手机等电子产品的消费，还能够促进增值业务等消费业务产品的发展，直接带动相当规模的消费持续快速增长，有利于增强中国第三产业实力，带动生产性服务业和生活性服务业发展，促进现代服务业快速增长；有利于促进实现中国由“通信大国”向“通信强国”、“电子大国”向“电子强国”的转变，通过电信业的发展调整国家产业结构向高技术、高附加值、低消耗转型，服务于中国经济增长方式转变和产业结构升级。

## 二、落实国家战略，打造具有竞争力的集成电路产业链

集成电路产业是国民经济和社会发展的战略性、基础性和先导性产业，是培育和发展战略性新兴产业、推动信息化和工业化深度融合的核心与基础，更是加快转变发展方式、深入推动产业结构调整升级、保障国家安全的重要支撑，在中国经济社会发展中的战略地位日益凸显。

借鉴国外发展经验，集成电路产业的持续发展需要以成套系统设备厂商为牵引，带动工艺技术升级与结构调整。其中，移动通信产业对集成电路产业的技术促进与产业带动作用日益显著。大唐电信集团在推动具有自主知识产权的、系统性技术创新的 TD－SCDMA 和 TD－LTE－Advanced 发展过程中积累近万件专利，这为大唐电信集团在集成电路制造高端环节进行产业布局奠定了技术和产业基础。

2008 年底，大唐电信集团结合国家战略与企业

发展战略,经过科学决策,入资中芯国际集成电路制造有限公司(简称"中芯国际"),成为其第一大股东。

### (一)科学论证,按照市场化原则完成战略入资

自2007年起,大唐电信集团充分听取了集成电路领域知名专家、行业内企业家及咨询机构的意见,跟踪了解中芯国际的发展情况,同时积极向有关部委了解相关政策规定。在项目的论证、运作过程中,积极发挥集体的智慧,广泛协调各方利益,争取项目实施的主动权;通过与中介机构、各利益相关方及管理层的沟通,把握公司在技术、管理、资金、产业布局等方面的客观情况与存在的问题,确保入资后顺利实施对公司治理。2008年11月,大唐电信集团以所属大唐控股为平台,认购中芯国际定向增发的股份,成为中芯国际第一大股东。

### (二)科学管理,发挥协同效应,推动技术产业升级

大唐电信集团积极发挥战略投资者和大股东作用,加强入资后的管理工作,推动中芯国际乃至中国集成电路产业的快速发展,为中国从集成电路的"消费大国"转变为"制造大国",最终成为"创新强国"奠定基础。

一是,优化公司治理与企业管理,着力提升公司业绩与市场价值,引导公司步入科学发展轨道。入资完成后,大唐电信集团在保持中芯国际独立性和国际化形象的前提下,推动中芯国际改革,优化发展战略和管理结构,持续推进经营业绩改善。在集团支持下,中芯国际中国区的客户收入显著提升,公司经营情况明显改观并转入正轨,力争2012年实现全面盈利。

二是,推动国家科技重大专项协同互动,缩短中国集成电路先进工艺与国际先进水平的差距。发挥大唐电信集团与中芯国际在产业协同方面各自优势,加快推进集成电路与移动通信产业互动,提升中国先进集成电路工艺技术的研发水平。目前,中芯国际的65纳米工艺制程芯片大规模量产,40纳米工艺制程芯片已实现量产,28纳米制程的芯片研发已经启动,使得中国一跃达到全球领先的集成电路工艺水平。

三是,积极推动产业协同互动,带动中国产业结构调整与升级。以战略入资中芯国际为契机,深入推进中国移动通信产业和集成电路产业的对接,推动中芯国际集成电路制造与中国集成电路设计企业协同互动,促进提升中国集成电路产业整体竞争力。

四是,加强人才引进与培养,为产业跨越式发展奠定基础。大唐电信集团牢牢把握"引得进,留得住,用得好"的原则,积极引进优秀人才,为中芯国际乃至中国集成电路产业的持续发展集聚和培养人才。通过入资中芯国际,大唐电信集团积聚了一批世界一流、国内领先的高层次人才,不断促进提升公司的现代化管理水平,为中国集成电路产业的持续健康发展奠定坚实基础。

## 三、高端产业布局,促进战略性新兴产业科学发展

大唐电信集团依托技术创新与产业基础优势,积极参与中国物联网、移动互联网等战略性新兴产业的发展,抢占新一轮经济和科技发展制高点。

### (一)坚持标准先行,推动物联网产业有序发展

大唐电信集团在总结TD-SCDMA 3G技术创新与产业发展成功经验基础上,积极推动TD与物联网产业的融合发展,不断填补中国TD技术在物联网行业应用的技术和产业空白。同时,积极参加国内外与物联网相关的主要产业联盟和标准化组织,紧密跟踪标准进展。

结合中国物联网产业发展的特点和行业市场应用需求,通过技术研发和资本并购,实现国内在传感器和RFID领域的核心技术突破和产业资源整合,为加快促进TD技术和物联网技术相互融合,推动中国物联网产业可持续健康发展奠定基础。

### (二)完善物联网产业环节,打造具有竞争力的物联网应用解决方案

大唐电信集团着力于加强对物联网产业的顶层设计能力,拥有RFID芯片设计、GSM/GPRS工业模块、3G终端芯片、3G无线模块、TD-SCDMA网络设备、宽带无线接入、行业信息化平台软件等产品。特

别是，M2M SIM 卡、GSM/GPRS 工业模块、TD 无线模块等产品处于市场领先地位。大唐电信集团是国内屈指可数的、能够覆盖物联网产业链从芯片设计到感知层、网络层和应用层全套产品服务的高科技企业，目前已在煤炭、水利、油田等行业形成有竞争力的物联网应用解决方案，并逐步推出面向智能电网、应急联动、智慧城市等行业应用整体解决方案。如针对工矿企业生产安全和管理的“矿业企业解决方案”，针对农业水利调度的“水利行业解决方案”等。

通过提供完整的行业应用解决方案，不仅涵盖实时信息的采集、传输，而且通过信息化管理系统等多种应用系统，对信息进行处理加工和应用，切实提高行业客户管理的综合能力和管理水平。目前，大唐电信集团已在国内的煤炭、水利等行业信息化领域取得市场领先地位。其中，在中国神华集团下属数十个矿井、吉林前郭灌区等物联网业务产品和服务已实现规模化应用。

## 四、大唐电信集团自主创新、转型发展之路的经验总结

大唐电信集团紧贴创新型国家战略，践行“中国创造”发展模式，坚持创新驱动，主导提出 TD－SCDMA（3G）和 TD－LTE－Advanced（4G）国际标准，持续推动 TD 成功实现产业化与规模商用，全力推动中国移动通信产业的结构升级与国际竞争力的提升，走出了一条“技术专利化、专利标准化、标准产业化、产业市场化、市场国际化”的高科技中央企业转型发展之路。

### （一）以知识产权为引领，开创“正向创新”模式

高科技产业竞争的核心在于科技创新能力的竞争，掌握并拥有核心专利和知识产权，是企业能否集聚形成综合竞争力的前提和基础。大唐电信集团依托逐步积累形成的技术创新优势，通过加强知识产权管理，从技术标准入手，抢占产业链竞争制高点，首创 TD 产业联盟，历史性成功打造完整民族无线移动通信产业链，辐射上下游企业 200 多家，协同推动 TD 技术标准产业化和市场化，成功实现技术标准规模商用。

大唐电信集团的实践，第一次在中国高新技术领域内，实现了企业从掌握知识产权与核心技术为起点，通过竞争确立国际标准，而后打造完整产业链，推出具有竞争力的商用产品，到最终实现国内国际市场商用的发展路径，不仅实现了中国企业在移动通信领域内的系统性创新，更开创中国企业从技术、专利、标准、产业到运营的“正向创新”模式。

### （二）实施产业转型升级，践行“轻型工业化”发展方式

在科技创新实践过程中，大唐电信集团科学规划企业发展思路，坚定聚焦主业，加快转型升级的发展思路，通过“一进一退”来实现产业资源优化布局，提升竞争优势，通过转型升级实现企业的持续健康发展。

一方面，在持续引领国际技术标准竞争的同时，认真分析移动通信产业价值链规律，加强资源的优化配置，以领先的技术水平和雄厚的研发创新能力为基础，着力占据核心技术标准、集成电路设计与制造、仪器仪表等产业链的高端环节和关键环节，牢牢掌握并培育产业持续竞争优势。

另一方面，深入分析全球信息通信产业转移和发展的规律，坚持走“轻型工业化”发展道路。在落实高端产业布局的同时，加快剥离低端制造业务，减少低效无效资产，将原有的设备加工制造业务几乎全部外包。进一步发挥自身所具有的核心技术创新优势，积极整合中国已形成的大规模、低成本“中国制造”能力，加快推动自主创新技术高质、高效、低成本地快速推向市场，把握市场机遇能力显著提高，核心竞争力不断增强。

### （三）实践“中国创造”高科技企业科学发展道路

在 TD 产业化过程中，大唐电信集团明确技术规划和专利布局策略，强调知识产权意识与技术前瞻思维的有效对接，将知识产权观念及技能深植于科技创新的全过程，做到核心技术专利化。

以核心技术为基础形成标准提案，实现专利与标准的一体化管理，将标准提案积累形成正式国际通信标准，做到核心专利标准化。

坚持开放合作，成立 TD 产业联盟，打造完整民

族无线移动通信产业链,带动上下游企业共同发展,成功实现TD标准产业化。建立以市场为导向的管理运营体系,将客户需求融入技术产品开发与配套服务,全面推动产业市场化。

在TD－SCDMA国内产业化发展取得阶段性成果的基础上,加快推动TD－SCDMA,特别是TD－LTE“走出去”,积极探索TD国际化。通过一系列的实践,大唐电信集团真正走出了一条高科技中央企业的“中国创造”发展道路。

“十二五”正值全球信息通信产业科技进步、产业结构调整重要战略机遇期,大唐电信集团认真落实国家“十二五”规划,不断完善和优化技术创新体系,更好地承担国家重大专项和国家重点科技计划任务,全力推动新一代信息技术等战略性新兴产业领域的关键技术突破,深化产业结构调整,继续实践“轻型工业化”发展模式,加快在新兴产业领域的产业布局,着力提升现代企业管理水平,积极开拓国际市场,通过深入践行“中国创造”发展模式,努力在中国信息通信领域内打造一家具有自主知识产权和国际竞争力的大型高科技中央企业,为中国科技进步与社会经济发展作出更大的贡献!

# 服务实体经济发展　打造特色金融品牌

北京银行

百业兴则金融兴,百业稳则金融稳,离开了实体经济,银行业就失去了生存之本,银行利润就成为无源之水。商业银行作为我国金融业的主体,应当高度重视和深刻认识金融服务实体经济的本质要求,促使银行业与实体经济形成相互依存、相互促进、互利共赢的和谐发展局面。

## 一、实体经济是中国经济长远可持续发展的基础

实体经济直接创造物质财富,是社会生产力的集中体现。国与国之间的竞争就是实体经济的竞争。发达稳健的实体经济,是增加社会财富、增强综合国力的基础,也是改善人民生活、应对外部冲击的保障。目前,美欧国家纷纷回归实体经济。我国正处于结构转型的关键期,只有大力发展实体经济,才能实现稳中求进。

发展实体经济是中国经济走向未来的战略选择。以“十二五”规划为新起点,中国经济步入加快转变增长方式的崭新时期。以重大技术突破和重大发展需求为基础,以新能源、新材料、新医药等为代表的战略性新兴产业,将进一步推动产业结构转型升级和实体经济创新发展,成为引领未来中国经济社会发展的重要力量。未来十年,探索实体经济与虚拟经济相匹配的可持续增长模式,是处于转型时期整个中国经济需要面对的重要课题。特别是,当前我国正处于结构转型的关键期,经济发展中不平衡、不协调、不可持续的矛盾和问题仍很突出,经济增长下行压力和物价上涨压力并存,部分企业经营困难。只有大力发展实体经济,才能有效扩大国内需求、控制物价涨势、增加社会就业、提高生活水平;才能稳中求进,实现平稳可持续发展。

## 二、服务实体经济是银行业的必然选择

现代市场经济中,实体经济的持续健康发展,离不开金融支持。金融是现代经济的核心,银行业是我国金融业的主体。截至2011年末,整个银行业金融机构总资产已经超过1 110 000亿元,各类贷款占2011年全年社会融资规模的比重超过80.0%,股票和债券等直接融资占比仅为14.0%。无论从资产规模来看,还是从融资规模来看,银行业都是我国社会融资格局中的绝对主体。这充分表明,目前银行业是服务实体经济发展的主力军,责任重大、任重道远。

银行业是服务实体经济的主力，而实体经济也是银行业发展的基础，二者相互依存、相互促进、互利共赢。如果实体经济不能健康发展，银行经营就必然不稳健，银行利润就成为无源之水；如果银行脱离实体经济而自我循环和发展，必然是本末倒置、不可持续。为现代实体经济发展创造更加良好的金融生态环境，更好地服务民生改善和社会和谐稳定，更好地促进经济结构调整和经济发展方式转变，是中国银行业肩负的根本使命。

服务实体经济发展，必须与调整经济结构、优化信贷结构相结合。作为商业银行，要认真落实国家产业政策，加快信贷结构调整步伐，加大对战略性新兴产业、节能环保、科技创新、现代服务业、文化产业等的支持力度，加强对小微企业、“三农”等薄弱领域的金融支持，推动传统产业改造提升，引导出口结构优化升级，严控“两高一剩”等国家限制性行业的信贷投放，促进淘汰落后产能，防止盲目重复建设，服务我国经济发展方式转变的大局。

服务实体经济不仅促进国民经济持续健康发展，同时也推动银行业加快战略转型，确保银行业持续稳健发展。必须看到，随着国际金融危机爆发和蔓延，中国经济结构调整加速，金融监管改革深化，银行业战略转型势在必行，已成为银行业生存并保持可持续发展能力的关键。为此，银行业应顺应实体经济发展的需要，不断创新服务方式，持续提升服务实体经济的质量和水平，真正满足实体经济和市场主体的需求。同时，进一步强化资本约束，优化资源配置，通过调整业务结构、收入结构、客户结构和渠道结构，优化组织架构、管理机制、业务流程，努力构建起集约化经营、内涵式发展、具有国际竞争力的现代商业银行经营管理模式，走出一条专业化、差异化的新型股份制银行发展道路。

## 三、北京银行扎实服务实体经济的探索实践

作为一家诞生于亚洲金融危机前夜，定位于“服务地方经济、服务中小企业、服务市民百姓”的中小银行，北京银行从成立之初就肩负着维护金融秩序、化解金融风险、服务经济繁荣的神圣使命，经历了20世纪90年代经济体制转轨、金融秩序整顿的非常时期，深知金融改革之艰辛、金融风险之严酷、社会责任之重大。16年来，北京银行始终坚持专心致志办银行，一心一意谋发展，用脚踏实地的行动服务实体经济发展繁荣。

### （一）差异定位，满足弱势企业金融需求

16年来，北京银行始终在市场夹缝中求生存，用差异化的定位打破同质化的竞争，率先将处于弱势地位的中小企业作为目标客户，高度重视中小实体企业的培育和发展，将一大批处于初创阶段的中小企业，培育成为高成长型优质企业。发展中，北京银行成立了中国银行业第一家中小企业服务中心，推出了中小企业审批“绿色通道”，开发了批量化“信贷工厂”审批模式，打造了业界知名的“小巨人”中小企业服务品牌。目前，北京银行为北京市7万余家中小企业提供金融服务，占首都中小企业的1/4，累计为2万余户中小企业发放贷款8 000多亿元，全力满足中小企业金融需求，扶持和培育了一大批行业内的名牌企业。

### （二）特色服务，引领潜力企业创新发展

为实体经济服务，必须深刻把握经济运行趋势和行业发展规律，充分发挥金融业的智慧和能力。新时期，北京市提出加快“人文北京、科技北京、绿色北京”建设。把握这一趋势，北京银行率先研究文化创意企业、科技创新企业、节能环保企业的内在运行规律，创新推出“创意贷”、“智权贷”、“节能贷”、“软件贷”等金融服务方案，针对小微企业发布“组合贷”、“商户贷”、“银关通”等特色产品，全力打造了“文化金融、科技金融和绿色金融”特色品牌。

文化金融方面，不断深化创新，制定北京银行“文化金融提升工程”实施计划，并邀请北京市委宣传部、中国民主建国会北京市委相关负责人来行沟通，共同研究确定具体实施方案；北京银行中关村分行与海淀区文化发展促进中心签署战略合作协议，同时创新金融产品，完善金融服务手段，为海淀区内文化创意企业提供多种信贷融资支持。截至2011年末，北京银行累计投放文化创意企业贷款近300亿元，覆盖全部9大类文化创意行业，探索出一条“文化＋金融”的和谐发展之路。

科技金融方面，与中关村管委会紧密合作，推出瞪羚计划贷款、留学人员创业贷款、集成电路贷款和软件外包贷款；与人行营管部、北京银监局和中关村管委会联合推出“融信宝”中小企业信用贷款；先后与北京市科委、知识产权局、工商局签署推动知识产权质押贷款战略合作协议，创新推出知识产权质押贷款；与北京软件行业协会密切合作，创新将软件产品登记证和软件著作权引入知识产权质押贷款质物品种，推出“软件贷”特色产品。累计为中关村示范区1 000多户科技型中小企业贷款超过1 000亿元，支持和推动了科技创新。

绿色金融方面，与EMCA签订战略合作协议，在未来5年内为EMCA会员企业提供意向性授信100亿元，并创新采用未来收益权质押和打包授信支持方式，推出“节能贷”产品融资方案。凭借特色担保模式和业务定位，以及优异的市场表现和客户口碑，“节能贷”从全国30个省(市、区)258家银行业金融机构申报的362个金融产品中脱颖而出，荣获中国银行业协会2011年服务小企业及三农十佳特色产品奖，成为北京地区率先获此殊荣的银行。

### (三)稳健经营，坚守金融企业基本职能

脚踏实地服务实体经济，坚决防范各类金融风险，是北京银行16年的核心准则。成立初期，以非法拆借、高息揽存、账外经营为特征的中关村案件爆发，震惊了首都金融界，将北京银行推向了生死存亡的边缘。面对严酷现实，北京银行经过长达十年艰苦卓绝的努力，在没有政府注资、资产剥离的情况下，完全依靠自身创造的税后利润，化解核销了近百亿元历史遗留不良资产，这在中国金融史上也是一个奇迹。风险案件暴露的巨大压力、维护金融安全的艰辛努力，将永远铭刻在北京银行发展的里程碑上，铭刻在每一个北京银行人心中。发展进程中，北京银行从维护经营成果、守护全行品牌、实现发展目标的战略高度，认识风险防控工作的重要性，脚踏实地工作、依法合规经营，全力服务实体经济发展，真正实现更有质量、更有内涵的发展，经得起历史和实践的考验。

回首发展实践，北京银行在服务实体经济的进程中，实现了自身的创新发展，取得了良好的经营业绩，打造了特色金融品牌。目前，北京银行资产规模突破万亿元，达到11 000亿元，年度盈利超过100亿元，人均创利连续3年超过100万元，成本收入比26.0%，是国内人均创利最高、成本收入比最低的上市银行。16年累计上缴财政税收近200亿元。一级资本在全球1 000家银行最新排名中位居132位，品牌价值突破100亿元，荣获中国上市公司价值百强、中国最佳城市商业零售银行、全国文明单位等称号，打造了国际一流银行优秀品牌。

# 战略 管理与文化 招商银行成长的不竭动力

招商银行

招商银行于1987年4月在深圳蛇口成立，是我国境内第一家完全由企业法人持股的股份制商业银行，也是国家从体制外推动我国银行业改革的第一家试点银行。成立25年来，招行艰苦创业，从当初只有1亿元资本金、1个营业网点、30余名员工，偏居深圳蛇口一隅的小银行，发展成为了资本净额超过2 000亿元、资产总额突破30 000亿元、机构网点超过900家、员工5万人，在中国上海和香港两地上市的全国第六大、全球60大商业银行。进入新世纪以来，招行净利润和股东权益分别增长了超过20倍和13倍，年复合增长率分别超过30.0%和24.0%，总资产收益率和净资产收益率年均分别达0.9%和20.6%，资产总额和负债总额增长均超过16倍；不良率持续下降至不到6‰，拨备覆盖率持续上升至超过400%。招行现已成长为中国境内最具品牌影响力的商业银行之一。在国内外权威媒体和机构组织

的各项评选中，招行曾荣获净资产收益率和市净率全球银行之首、品牌价值增幅全球第一，以及中国最佳银行、中国最佳零售银行、中国最佳私人银行等多项殊荣。

回顾25年的成长历程，招行之所以发展得比较好、比较快，首先得益于改革开放带来的良好外部经济金融环境。改革开放以来中国经济的快速增长为居民财富积累及企业加速成长奠定了良好的经济基础，由此带动金融需求日益增长；市场化取向改革纵深推进，金融环境日渐规范，金融体系不断健全；招行总部所在的深圳特区，作为我国改革开放的试验田和排头兵，为招行的创新发展提供了不可多得的宽松环境。这些是招行过去25年成就的重要外部条件。就自身的情况而言，招行主要从战略、管理与文化三方面入手作出坚持不懈的努力，进而形成了自身的特色与竞争优势。

## 一、战略致先

“不知未来者无以评判当下，不知世界者无以理解中国，不知宏观者无以处理微观”。在日趋扁平化的世界中，企业要拥有持续的竞争优势，首先需要具备战略意识，善于从前瞻的、国际的、宏观的视野中来研究和把握社会经济发展的趋势性变化，进而在战略层面上比别人看得早三五年，而且看准了就坚定不移地做下去。这体现在招行，就是致力于做到“早一点、快一点、好一点”。招行近年来的战略可以概括为“三步两转”，即业务网络化、资本市场化、发展国际化三步走以及两次转型的战略。

业务网络化，即抓住互联网兴起带来的历史性机遇，于1999年推出了中国境内第一个系统的网上银行一网通，率先实现资金汇划“零在途”，并逐步构筑和完善了包括自助银行、远程银行、手机银行、网络互动银行等在内的网络服务体系。近年来，招行网上个人银行业务交易量年复合增长率接近100%，电子银行综合替代率接近90.0%。招行以900余个网点服务了5 000多万客户，而客户满意度一直保持同业领先水平，正是网络化有效弥补了物理网点不足的结果。资本市场化，即先后完成了A股上市、可转债发行、H股上市、次级债发行、A＋H股配股融资等五次较大规模的融资活动，不仅创下了国内第一个采用国际会计准则上市、第一个从A股到H股上市的公司等诸多资本市场记录，更重要的是为招行消化不良资产历史包袱、提升管理水平、推进国际化经营、实现可持续发展奠定了良好的基础。发展国际化，即在境内股份制银行中率先设立了中国香港地区分行和美国、伦敦以及中国台湾地区代表处，特别是在2008年成功设立了纽约分行，成为美国自1991年实施《加强外国银行监管法》以来批准中资银行成立的第一家分行，开创了中资银行进入美国市场的大门，其在金融风暴最寒冷的时候如期开业，被纽约市市长彭博先生称为“华尔街冬天里的春风”；成功并购具有75年历史、在中国香港地区本地银行中位列第四的永隆银行，是中国迄今最大、香港地区近11年来最大的银行控股权收购案例，被英国《金融时报》评述为“不具备可复制性”的并购案例。

一次转型始于2004年。进入新世纪以来，资本市场的快速发展和信息技术的广泛应用导致资本性脱媒和技术性脱媒愈演愈烈，加之利率汇率加速市场化，银行作为社会融资中介和支付中介的地位受到挑战，传统的生存空间不断受到挤压，而银行作为社会财富管理中介的职能特征则日趋显现。另一方面，当时中国银行业同质化经营特征显著，客户几乎都是大企业，中小企业无人问津，零售业务严重滞后，利差收入占比高达90.0%以上。针对这种情况，顺应国际银行业的发展趋势，招行于8年前即2004年在国内同业中率先提出并实施了经营战略调整即第一次转型，加快发展零售业务、中小企业业务和中间业务，致力于调整资产结构、负债结构、客户结构与收入结构，至今已取得了明显成效。目前招行储蓄存款占自营存款的比重近36.0%，零售贷款占自营贷款的比重超过38.0%，非利息收入占营业净收入的比重超过22.0%，中小企业贷款占对公贷款的比重超过56.0%，均在国内股份制银行中名列前茅，初步形成了有别于国内同业的经营特色。更重要的是，一次转型的实施，使招行步入了效益、质量、规模协调发展的良性轨道，特别是在资本消耗较少、资产增幅较低、风险不断降低的情况下，实现了利润的大幅增长，被境内外投资者视为国内最具成长性的银行。

二次转型始于2009年年中，主要是基于提升资本回报率、平衡风险与收益的考虑。中国银行业在客户选择上习惯于“抓大放小”，这往往会降低其资本回报率，而且如果总是经营低风险业务，银行就学不会风险定价，无法有效提升风险管理能力。一家优秀的银行需要在风险和收益之间取得最佳平衡，要在一定的风险容忍度下追求收益最大化，并通过收益来覆盖风险。特别是在新的监管框架下，银行受到的资本约束更加严格，也必然要求单位资本消耗能够产生更高的回报。正是基于上述考虑，招行于2009年年中正式提出并实施了二次转型，旨在进一步降低资本消耗，提高风险定价能力，节约成本，并最终实现提高资本收益率的目标。经过艰苦努力，招行二次转型取得了积极进展。截至2011年末，全行资本充足率比年初提高0.53个百分点，平均净资产收益率同比上升1.75个百分点，资本效率稳中有升；成本收入比同比下降3.55个百分点，员工与机构效能明显提高；中间业务增势良好，业务与客户结构继续优化；风险状况也保持良好。

## 二、管理致衡

管理决定发展，未来中国银行业的竞争，归根结底是管理的竞争，管理素质将成为决胜因素。相比于国外先进银行，中资银行最大的差距不在于产品、服务，而在于管理；管理包括多方面的内容，如体制、机制、手段、方法等，但最重要的是管理的理念。近年来，针对管理中的薄弱环节，招行在实践中总结提炼出了一系列管理理念，并通过各种形式反复地在员工中宣传灌输。

2002年初，招行系统地提出了“因势而变”的理念，随后成为创新与改进工作的响亮口号。因势而变是站在银行自身的角度，强调必须根据政治、经济、社会、技术等内外部环境的变化和要求来改变自己、适应市场，以顺应经济、金融全球化趋势，把握时代发展的潮流，实现可持续发展。对变化的预见性和提前采取行动来应对变化，在招行的历史上可以找到很多范例，如对电子化设备的大手笔投入，网上银行的全国领先，按照国际标准审核上市等等。招行所走的每一步都建立在对时代潮流的趋势做出准确预见和分析的基础上，也正因如此，招行的创新能力才会有口皆碑。随后不久，招行全面总结了招行客户服务的经验与教训，又提出了“因您而变”的理念。因您而变是站在客户角度，从维护客户利益出发，强调要以市场为导向，不断地进行产品和服务创新，以满足客户日益增长的金融服务需求。因您而变体现了招行作为服务企业的自我定位，代表了招行不断满足客户需求的创新精神，浓缩了招行永不满足、追求卓越的高远目标。

另一个在招行上下都耳熟能详的理念是“一三五”。“一”是指坚持一个思想，就是在经营和发展过程中，必须坚持效益、质量、规模协调发展的战略指导思想，以效益为目的，以质量为前提，以规模为手段，坚决放弃片面追求规模的做法。我们认为这是商业银行的科学发展观。“三”是指保持三个理性，即理性地对待市场、同业和自己。理性地对待市场，就是不为市场的起伏所左右，始终清醒地判断市场趋势和风险，做到热时不乱、冷时不怨；理性地对待同业，就是要公正、全面地看待同业的发展，一方面积极借鉴学习同业好的经验与做法，在激烈的市场竞争中不断学习和创新，另一方面坚决反对各种不顾风险、不计成本的非理性竞争行为，避免同业恶性竞争；理性地对待自己，就是不能对过去的成绩沾沾自喜，陶醉于外界的赞誉，而是要勇于正视自己的问题，牢记历史教训，不断地挑战自我、超越自我。“五”是指把握五个关系，即处理好管理与发展、收益与风险、长远利益与短期利益、股东客户和员工利益、制度建设与文化建设等五方面的关系。

最集中体现对传统银行经营管理观念与模式颠覆的理念是“十变”。具体包括：在经营目标上变“规模导向”为“价值导向”，在业绩标准上变“账面利润”为“经济利润”，在营销方式上变“粗放营销”为“精准营销”，在客户选择上变“以大论优”为“以质论优”，在风险防范上变“控制风险”为“管理风险”，在盈利模式上变“单一盈利”为“多元盈利”，在风险定价上变“被动定价”为“主动定价”，在资源配置上变“比例管理”为“资本管理”，在运行机制上变“部门银行”为“流程银行”，在管理手段上变“行政调节”为“利益调节”。比如，在客户选择上变“以大论优”为“以质论优”。在公司客户的选择上，中资银行长期以来倾向将大企业视为优质客户，对中小企业特别是小企业避而远之，存在比较突出的“垒大户”现象。随着直接融资快速发展以及利率市场化加速推进，这种经营模式将越来越难以为继。另一方面，随着中国经济转型以及信用环境的改善，风险较高、收益也较高的小型微型企业融资，显示出了巨大的潜力。近年来，招行在调整公司客户结构方面下了很大工夫，努力拓展小型微型企业业务。特别是在银监会的支持下招行于2008年在苏州成立了国内首家准子银行、准法人模式，专营小企业信贷业务的小企业信贷中心，通过风险计量、批量审批、工厂化运作，在小企业专业化经营方面积累了一定经验，而且得到了温家宝总理的肯定。2010年以来，招行推出以投贷联动为主要内容的“千鹰展翼”计划，深受各方欢迎，2011年已与4 000家小企业展开合作，今年计划成倍增加。经过努力，招行小型微型企业业务呈现出良好的发展态势。截至2012年6月末，招行中小企业贷款余额占全部对公贷款的比重已经超过56.0%，其中小型微型企业贷款余额接近3 800亿元，占全部自营贷款的比重达到23.0%。下一步，招行将把小型微型企业业务作为二次转型的突破口和主攻方向，通过改革体制、优化流程、强化考核、创新产品等举措，加快发展小型微型企业业务，努力把招行打造成为深受广大小型微型企业欢迎的金融服务提供商。

针对经营环境的快速变化和管理的薄弱环节，为推动招行再造管理的新优势，实现持续健康发展，在招行第二个20年开始之际也即2008年，招行提出了“管理变革”，从理念、体制、机制和科技等方面入手，以职业化、精细化、专业化、信息化为目标，着力实施全面合规管理、全面风险管理、全面预算管理、全面流程管理、全面服务管理、全面战略管理，以推动招行再造管理的新优势。针对二次转型已步入攻坚阶段的现实情况，招行提出必须通过管理变革加以不断深化，而管理变革的核心是颠覆传统的思想观念，特别是要破除对大企业的不舍、对多贷款的依赖、对低风险的偏好、对约束条件的幻想等传统思想情结。

## 三、文化致胜

现代企业管理实践表明，研发一个新产品可以领先数月，创新一个流程可以领先一年到数年，而只有文化一流的企业，才能保持长久的领先。企业文化作为最高层次的管理手段，具有相对独立性；制度可以不断修订，但文化相对稳定，不因企业制度的变化而变化。成立25年来，招行在致力于制度建设的同时，始终高度重视企业文化建设，形成了具有自身特色的服务文化、创新文化、风险文化和人本文化。独特的企业文化是招行宝贵的精神财富，是招行实现长期可持续发展的希望所在。

招行的服务文化，始于20世纪80年代末90年代初，当国内银行尚普遍处于“门难进、脸难看、事难办”的时候，招行在营业网点摆放了鲜花、牛奶，实施了站立服务、微笑服务、上门服务，很快赢得了客户的好感和信赖，树立了优质服务的良好形象。之后，招行不断优化服务流程、改进服务方式、完善服务手段，并形成了“因您而变”的服务理念和“葵花文化”，即以客户为太阳、招行为葵花，永远围绕客户的需求提供优质的服务。为保证服务质量，招行率先在中资银行中开展了客户满意度测评。从委托第三方所做的调查结果来看，招行的客户满意度在各方面均明显高于亚太地区银行业客户满意度的平均值；与其他中资银行比较，更有较大的领先优势。可以说，服务是招行的金字招牌，是招行赢得市场客户的竞争利器。

招行的创新文化，源于招行的出身与基因。由于没有政府的背景，只有靠自己的拼搏，才能在激烈的市场竞争中占据一席之地；只有坚持不懈地创新，才能赢得持续的竞争优势。这样就形成了招行的创新文化。一卡通的快速发展使招行认识到，只有靠创新产品，才能在竞争中生存和发展，于是不断加大投入，充分发挥拥有全行统一的电子化平台的优势，在国内同业中率先推出了一网通、银关通、公司理财、伙伴一生、集团现金管理等一系列金融产品，在一些新兴业务领域占据了领先优势。在通用电气(GE)2004年首次在中国地区进行的美元现金管理运用招标中，经过与10家中外资银行的激烈角逐，招行最终成功胜出，标志着招行的创新能力和创新文化得到了国际一流企业的认可。可以说，创新是招行成长的灵魂，创新文化是招行永葆青春活力的不竭源泉。

招行的风险文化，建立在完全依靠自身力量消化损失的基础之上。由于没有政府剥离，招行每一笔呆账和案件损失，都要自己拿出利润来弥补，都会影响到股东收益和员工收入，因此对风险有切肤之痛。在化解不良资产包袱，防范贷款和案件风险的过程中，招行通过反复灌输风险理念，完善内部制度，强化监督检查，实行严格问责制，逐渐形成了依法合规经营、自觉防范风险的良好文化氛围。

招行的人本文化，同样源于招行的出身与基因。由于脱胎于当初一个很小的财务公司，底子薄、实力弱、规模小，要在这样的基础上实现快速发展，以及吸引各方面的人才加盟进来，就得营造一个良好的工作氛围，就得构建能够激发员工创造性、主动性和积极性的高效的激励机制，于是逐渐形成了招行的人本文化。招行倡导“尊重、关爱、分享”的人本理念，致力于构建有竞争力的薪酬福利体系、员工职业生涯发展体系，以及营造“既有加油站、又有咖啡屋”的良好工作氛围，培养锻造了一支享誉同业的金融人才队伍。以人为本的企业文化保障了招行的稳定发展。

总之，持续的战略领先、有效的内部管理和优秀的企业文化是招行发展的不竭动力。当前，国内商业银行的经营环境正在发生前所未有的深刻变化，招行正步入新的战略发展阶段，既面临诸多严峻挑战，更面临许多重大机遇。招行将继续以战略、管理、文化为支撑，不断增强差异化竞争优势，为打造成为具有国际竞争力的中国最好的商业银行而不懈努力。

# 转变发展方式　提升管理水平

## ——国家开发投资公司可持续发展的探索

国家开发投资公司党组书记　董事长　王会生

近年来，国家开发投资公司（下称“国投”）认真贯彻落实科学发展观，不断转变发展方式，完善发展战略，调结构、调节奏、强管理、强效益（下称“两调两强”），主要经营指标连创新高。2011 年，国投完成营业收入 764.8 亿元，同比增长 26.0%，利润总额达到 94.8 亿元，同比增长 39.1%，在国务院国资委年度业绩考核中，连续 7 年获得 A 级，并在连续两个任期考核中成为“业绩优秀企业”。2011 年以来，国投加大战略转型力度，开展管理提升活动，拓展发展空间，努力提高企业发展的质量和效益。

### 一、应对形势，加快转变，拓展发展空间

2011 年，为拓展发展空间，完善业务架构，促进转型发展，国投审时度势，经过广泛深入的调研，在“两调两强”的基础上，提出了企业经营的“六个转变”。

#### （一）从国内向国外转变

“走出去”，既是中央的大政方针，是我国参与全球化的重大举措，又是我国企业、特别是中央企业谋求生存发展空间的重要路径。近年特别是金融危机以来，国内资源抢占与市场竞争日趋激烈。在这种形势下，中央企业要积极参与经济全球化，充分利用全球资源，进入全球市场。只有“走出去”，才能更好地服务国家的战略，才能拓展自身生存发展空间。为此，国投专门搭建了海外投融资平台，并且成立了国际业务部，大力实施“走出去”战略，将国际化经营作为转变发展方式的重要途径，形成了对外直接投资、国际贸易、海外工程承包和成套设备出口“三轮驱动”的国际业务发展格局。目前，国投海外业务正科学布局，稳健推进，呈现出了良好的发展势头。

### （二）从传统到新兴转变

随着我国工业化中期向后期的深入发展，传统行业的发展不断成熟，市场趋于饱和。作为中央企业，一定要在结构调整中发挥应有的作用。长期以来，国投按照国家的战略部署，重点投资了电力、煤炭、港口、化肥等传统行业，为国民经济发展作出了重要的贡献。作为国民经济结构布局调整“灵活的双手”的国投，也在积极涉足新兴产业，发挥投资公司的投资导向作用，这是央企履行社会责任的需要，也是企业自身发展的重要方向。如果仅仅发展传统产业，那么国投的发展空间就会受到严重局限，无法进入更广阔的发展区域。而且，如果没有新兴产业的配套，仅进行资源的一次性开发，传统产业也无法实现深度发展。目前我国的新兴产业正蓬勃发展，如果国投不抓住机会进入，很快就会落在市场的后面。进入不了市场主流，就会被市场所抛弃。向新兴产业去转变是国投发展的必经之路。

### （三）从西部转向中、东、西部全面发展转变

国投成立以来，充分发挥了国有投资的导向作用，大力投资了西部基础性、资源性产业，在西部大开发中发挥了中央企业应有的作用。目前，国投75.0%以上的投资在西部。我国东部、中部经济发展的潜力依然很大，市场广阔且规范，对于我国经济承启、均衡发展具有重要意义，是值得投资的重要区域。因此，国投的投资将扩大投资区域，从西部向中东西全面发展转变，全面拓展企业生存发展空间。

### （四）从普通产业向独特产业转变

国投主要投资的煤矿、电厂、港口属于一般性传统产业，目前，这些产业由于进入门槛较低，在市场上已经形成了严峻的竞争格局。因此，国投应该充分发挥投资控股公司的优势，大力投资独特的产业和项目。国投所投资的罗布泊钾肥就是一个典型例子。长期以来，我国对硫酸钾肥有大量需求，其中75.0%依赖进口。国投罗钾一期120万吨硫酸钾肥产能运行以后，大大缓解了我国硫酸钾肥市场供应紧张的局面，打破了国外巨头对我国市场的垄断，为我国农业安全作出了重要的贡献。国投所投资的海水淡化项目已经成功输出淡水，尽管目前还处于亏损状态，但由于我国淡水资源严重匮乏，所以国投坚持发展海水淡化产业，向着国家和人民急需、具有较高进入门槛且适合国投投资的独特产业转型。

### （五）从自我发展向市场需求转变

成立初期，国投按照自身实力、占有资源、人才水平状况去投资发展，这是符合当时实际情况的。但如果发展过程中只是以我为主，以自我为中心，企业很难占据主动和先机。现在各个省以及国外的市场都有自己的急切需求。所以，企业在选择投资项目的时候，一定要考虑地方经济发展的瓶颈是什么，它最关心的问题是什么，影响区域发展的核心问题是什么。只要我们能解决这些问题，我们就能抓住机遇、抢得先机、占据市场，获得今后长期发展的无穷潜力。发展国家需要的产业，投资市场需要的项目，这是国投作为中央企业应担负的使命，也是国投成立以来取得发展成就的重要经验，同时也是国投谋求未来发展的重要理念。

### （六）从资产经营向资本经营转变

经过10多年的实践探索，国投逐步形成了“股权投资—股权管理—股权经营”和“资产经营与资本经营相结合”的独特运作模式，即资本投入获得股权、股权管理提升企业价值、股权转让或股权经营分红获得收益，从而实现国有资产的保值增值。我们要不断理顺思路，解放思想，主动策划资本经营。作为一个投资控股公司，国投要充分开展资本经营，用足资本市场的手段去转变和发展。

## 二、管理提升，做优做强，提高发展质量

管理是企业发展永恒的主题。尤其是在当前，经济环境错综复杂，市场竞争日趋激烈，国投正处在“二次创业”即将收官、承前启后、布局未来的关键时期，积极开展管理提升活动，提高管理效益，非常急迫和必要。

### （一）必要性

第一，管理提升是应对复杂形势的现实需要。

目前,国内外经济形势极其严峻复杂。金融危机仍在蔓延,全球经济放缓,国内经济发展中不均衡、不协调、不可持续的问题仍很突出。从国投内部看,企业成本压力不断加大。

第二,管理提升是实现国投战略目标的有力保障。与世界一流的标准相比,在规模、装备、技术等硬实力方面,以及管理、品牌、人才等软实力方面,还有差距。

第三,管理提升是进一步提高国投发展质量的迫切需要。近年来,通过构建适应投资控股公司特点的集团管控体系,国投的实力和影响力大幅提升,但基础管理、成本管理的不足和薄弱环节,还在制约着国投的长期可持续发展。

**(二)主要做法**

第一,梳理制度流程,加强基础管理。基础管理是企业的基本功,也是衡量企业管理水平的重要标志。强化基础管理要从制度建设开始。集团要求各职能部门进一步强化总部对制度的统一管理,对现有制度进行一次全面的梳理,不断修改完善,使每项制度都固化为具体的操作流程和工作表单,结合信息化手段,实现计算机对关键环节的有效管理和控制。集团切实加强基层建设、基础工作和基本功训练,全面梳理优化工作流程,建立系统、科学、实用的标准和制度体系。集团各级企业加强督办体系建设,保证督办工作的效率和效果。

第二,查找管理的短板,解决瓶颈问题。按照管理提升的要求,国投按照职责分工,对集团管控的各项做法进行跟踪评价并进行整改或修改完善。进一步突出集团总部的协调和服务职能,促进集团企业间的业务合作、人员交流,实现优势互补,资源优化配置。对各成员企业,集团要求其各成员企业紧密结合自身实际,找准经营管理中存在的突出问题和薄弱环节,实现短板消缺和瓶颈突破,继而以点带面,逐层推进,实现管理水平的全面提升。

第三,注意吸收借鉴,促进专项提升。集团在开展管理提升活动中,立足自我,发挥自身优势,同时有效借助外部资源,积极引进优秀的管理理念、方法、手段和技术,逐步形成适应企业自身特点的管理模式。进一步丰富开展管理提升活动的载体,不断创新方式方法和手段;子公司进行典型经验的交流与推广,引导控股企业开展专项提升;总部加大培训,进一步加强与其他中央企业以及世界一流企业之间的学习交流,把一些先进的管理经验引入集团。

第四,不断固化成果,构建长效机制。在开展管理提升活动中,国投以文化建设为载体,充分调动各级组织和广大员工的积极性,长期开展"合理化建议"活动,制定有关工作机制和奖励措施;强化成果的推广与应用,通过建章立制固化管理提升成果,使之成为全体员工的自觉行动;切实建立起管理创新的长效机制。从加快转变发展方式、实现可持续发展的战略高度,促进转型升级,使集团真正走上创新驱动、内生增长的内涵式发展道路。

"二次创业"以来,国投取得了令人瞩目的成绩。这些成绩的取得,归结为两条,一是战略的超前性,二是管理的有效性。"两调两强"、"六个转变",推进管理提升,都实在新的形势下这两条经验的新的阐释。战略决定目标与方向,管理决定运行与效益。只有战略正确超前、管理科学到位,企业才能占得资源与市场先机,并通过有效的管理实现企业更大的效益,推动企业的可持续发展。

# 金融资产管理公司服务实体经济大有可为

中国华融资产管理公司总裁　赖小民

2011 年底和 2012 年初,党中央国务院领导同志对于当前及今后一个时期经济金融工作作了重要战略部署,明确地把大力发展实体经济、金融服务实体经济提到了一个新的重要的高度。如何结合自身发展实际切实贯彻中央精神,发挥本单位服务实体经济的作用,并在服务实体经济中实现更大的作为,是各金融机构管理者需要深入思考的重大战略课题。

## 一、金融机构服务实体经济的精神实质和深刻内涵

做好金融服务实体经济的工作,必须首先高度重视、深入领会、准确把握中央重要战略部署的精神实质和深刻内涵。明确以下五个认识:

1. 发展实体经济是国际社会反思本轮全球金融危机后的广泛共识。众所周知,2007 年华尔街点燃次贷危机导火索,2008 年形成全球金融海啸,直到今天仍余波未了。虚拟金融产品过度交易,与实体经济严重脱节,被广泛认为是本轮国际金融危机的祸因。因此,抑制资本脱实向虚、注重发展实体经济是人们从金融危机中汲取的惨痛教训。

2. 发展实体经济是中国政府应对当前复杂经济形势的战略安排。2009 年尽管我们动用40 000亿元人民币救市,但仍然是社会经济发展最困难的一年,进入 2012 年,金融危机还在持续发酵,国际经济复苏依然乏力,又值全球大选之年,西方国家为转移经济压力四处制造国际争端,政治不稳定因素大量增加,影响到中国经济金融稳定,可以说 2012 年是经济发展最迷茫的一年。大力发展实体经济、实现中国经济“稳中求进”,办好中国自己的事,是中国政府应对 2012 年复杂经济形势的重要战略安排。

3. 服务实体经济,金融业要讲政治、顾大局、看长远。王岐山副总理近期在国内多地调研时均强调指出:百业兴,则金融兴;百业稳,则金融稳。金融业要坚持服务实体经济的本质要求,加大对实体经济薄弱领域的金融支持,特别要加快解决“三农”和小微企业融资难问题,因为这关乎促进就业、改善民生、经济发展和社会稳定的全局。对此,金融业服务实体经济应处理好短期和长期的关系,讲政治、顾大局、看长远,充分认识金融在生产要素配置中的引领作用,充分认识实体经济对金融发展的支撑作用、基础性作用,不断强化为实体经济服务的经营理念,在支持实体经济发展中开拓新的业务领域。

4. 服务实体经济是银行业发展的基石。中国银行业监督管理委员会主席尚福林在 2012 年年初银行监管工作会议上强调指出,中国银行业改革发展必须紧紧抓住服务实体经济这个基石。没有健康良好的国民经济基础,就不可能有稳健运行的银行业。要牢固树立服务实体经济的指导思想,银行业全系统必须对此有足够的认识。要确保信贷资金投向实体经济,有效解决实体经济融资难、融资贵问题,实现银行业与实体经济的互利共赢。

5. 服务实体经济是金融机构自身改革发展的本质要求。地方政府客户、实体企业客户和金融同业客户,都是包括中国华融资产管理公司(简称“中国华融”)在内的金融机构最主要的客户。辅车相依,唇亡齿寒。金融机构和客户是利益共同体,客户好金融机构才会好。因此,金融机构必须强化与客户的伙伴关系,把利润建立在客户发展的基础上,在促进客户发展中为自己争取长远发展空间,真正形成可持续发展的良性循环。

## 二、切实发挥中国华融服务实体经济的独特作用

1997 年亚洲金融危机爆发,促使中国政府在当年的第一次全国金融工作会议上作出整顿金融秩序、化解历史积累风险的决定,以中国华融为代表的四大金融资产管理公司临危而生,专门处置国有银行剥离的14 000亿元不良资产。如此巨额的不良资产,很多都是历史形成的国有企业政策性贷款。因此,可以说中国华融从 1999 年成立之日起就注定了带有服务实体经济改革脱困的先天基因。1999—2005 年的这 6 年,中国华融勇于奉献、不辱使命,圆满完成7 000多亿元政策性资产处置任务,为防范化解金融风险、维护金融体系稳定运行发挥了重要的“稳定器”和“安全网”作用,为服务实体经济特别是国有银行、国有企业凤凰涅槃、浴火重生作出了重要贡献。2006 年,随着政策性任务的完成,因应中国实体经济快速发展的需要,中国华融开始了商业化转型的不懈探索,逐步确立了面向实体经济提供综合金融服务的发展方向。2009 年后,进一步加大市场化转型力度,确定了“五年三步走”发展战略和“12345”工作思路,坚持“做强主业、做大利润、做响品牌”,取得了利润连续三年翻番的历史性突破,2009 年实现利润比 2008 年增长 103%,2010 年实现

利润比2009年增长146%，2011年实现利润比2010年增长147%，三年累计实现利润78.5亿元，中国华融进入超常规、跨越式发展的新时期。在发展模式上，我们初步搭建了以总部为主体，全国32家办事处、10家子公司为两翼的"一体两翼"金融控股集团战略架构，打业务"组合拳"，为实体经济发展提供资产管理、银行、证券、租赁、信托、投资、基金、期货等一揽子综合金融服务。

总的来看，中国华融12年一路走来，始终与中国实体经济发展同呼吸、共命运，风雨同行、相扶相依。中国实体经济昨天的困难催生了中国华融，中国实体经济今天的发展再造了中国华融，而中国实体经济明天的繁荣必将强力推动中国华融实现更好的发展。12年来，从"政策性资产处置机构"到"综合金融服务商"，中国华融切实发挥了资产管理公司服务实体经济的独特作用，集中体现在以下十个方面：

1. 支持国有银行改革发展。中国华融成立以来，累计承接、管理和专业化处置工商银行6 763亿元不良资产，帮助工商银行卸掉了巨额不良资产包袱，有效改善了工商银行资产质量和财务状况，提高了其赢利能力，有力支持了工商银行的改制上市和发展。今天，工商银行已经成为全球市值第一大银行，中国华融作出的历史贡献功不可没。

2. 支持国有企业减债脱困。截至2011年末，中国华融累计对384户大中型国有企业实施债转股，经国务院批准设立债转股新公司426户，实际转股金额约714.6亿元，通过债务重组减轻国有企业债务达上千亿元，帮助一大批国有企业卸下了沉重的历史包袱、扭亏脱困，走上了良性循环的发展道路。

3. 托管危机企业，有效化解金融风险。从2004年起历时三年多，中国华融先后成功托管了中国第一家行政关闭金融机构"中国新技术创业投资公司"和引发社会动荡的大型民营危机企业"德隆系"，对湘火炬等6家上市公司实施重组，对13家金融机构分别进行了托管经营、停业整顿、关闭清算或重组处置，化解了系统性风险，避免了风险对实体经济的冲击。

4. 支持地方经济发展，促进地方深化金融体制改革。截至目前，中国华融已与北京、上海、天津、重庆4家直辖市，17家省政府签署了战略合作协议，推动落实多个项目，累计投放资金超过几百亿元，业务广泛分布于金融、房地产、酒店旅游、农业、中小企业、基础设施和科技等行业，积极支持了各地支柱企业和新兴行业的发展，为维护地方金融稳定、经济社会繁荣腾飞担负起了国有金融机构应尽的责任。

5. 支持服务中小企业。中国华融旗下子公司中，华融租赁公司通过延长租赁期限、给予租金优惠等手段，切实帮助有困难的中小企业走出困境，2011年签订3 000万元以下中小企业项目合同222个，金额达24亿元；华融湘江银行积极发放中小企业贷款，2011年末余额达160亿元，占到全行贷款余额的55.5%；华融证券通过新股申购直接投资中小企业债券，多角度、多层次为中小企业提供合适的投行业务服务；华融信托发行了国内第一单采用"担保/贴息"模式解决中小企业融资难的中小企业集合信托计划等。

6. 助力新兴产业。旗下华融证券2011年通过投行业务帮助华锐风电、特变电工等新兴产业企业从资本市场获取资金近130亿元，通过权益类投资业务投资了西安启源机电、江苏中能硅业等新兴产业；华融信托专门开发出多项针对河北东旭等高新企业的集合资金信托计划等。

7. 支持民生工程。旗下华融租赁公司积极发展公交、水务环保、医疗设备等公用事业租赁业务，仅2011年就新增投放61.7亿元，支持全国17家省会城市购置公交车1.5万辆，支持250多家县及县以下医院更新医疗设备，先后开发了苏州高新、绍兴供水等多个项目，支持兴建水处理厂46座。

8. 支持发展低碳绿色经济。旗下华融湘江银行积极开展绿色金融创新，推行"绿色信贷"理念，明确节能减排的具体要求，实行"环保"一票否决制；华融证券通过帮助吉林化纤再融资、对成都银河磁体进行权益投资等支持低碳环保企业发展；华融租赁公司近年来共支持生物质能、风能、煤矸石发电等清洁能源电厂60座，装机容量超过1 100兆瓦，实现环保租赁从单一的污水处理到固废、热电、城市供热、生物质能利用等八个领域的跨越式发展。

9. 支持"三农"发展。"三农"对中国华融来说是个新领域，近年来旗下华融置业公司积极响应国家关于新农村建设的号召，与河北涿州市政府达成战略合作，为涿州市新农村改造试点提供启动资金；华融湘江银行控股的湘乡市村镇银行充分利用利率浮动政策，创新金融支农产品，2011 年累计投放贷款 7.4 亿元，办理银行承兑汇票近 10 亿元，积极支持了辖内“三农”产业的发展壮大。

10. 支持居民投资消费，帮助百姓理财增殖。旗下华融湘江银行实施零售业务发展优先战略，单独安排信贷投放规模，加强零售产品创新，加大了对市民创业、投资、消费的支持力度，推出一批促进市民消费、投资的零售业务产品，重点解决居民购车、购房的资金缺口。2011 年该行个人贷款新增了 19.6 亿元，增幅达到 97.0%，已累计发放 39 亿元个人贷款，解决个人投资创业的资金缺口，打造出响亮的“市民银行”品牌。

## 三、努力实现中国华融服务实体经济的更大作为

应该说，中国华融立足自身实际，在服务实体经济方面作出了重要实践和探索，发挥了独特作用，成绩有目共睹。但随着国内外经济发展形势的不断变化，中国华融自身的改革发展也进入一个新的阶段，我们需要进一步认清形势，深入贯彻中央战略部署，以股份制改制为契机，发挥综合金融服务优势，创新思路，在服务实体经济方面实现更大的作为。

1. 要更加高度重视服务实体经济工作。中国华融的前途系于国运，而中国经济未来发展和实现现代化的基础必然还在于实体经济。中国华融只有在支持实体经济的实践中，才能实现金融资本与产业资本的融合，挖掘新的业务与产品，培育新的盈利增长点，实现更好的经济效益和更快速的成长；只有在支持实体经济的实践中，紧跟国家产业政策导向，才能真正调整好业务结构，防范化解系统性风险，实现更健康、更有质量的增长；也只有在支持实体经济的实践中，处理好短期与长期的关系，讲政治、顾大局、看长远，时刻应实体经济之需，与之共生共赢、共同成长，才能稳步做大做强，实现“有尊严、有价值、有内涵、有实力、有责任”的现代金融企业愿景。

2. 要更加准确把握服务实体经济的着力点。中央提出大力发展实体经济，主要是基于两点考虑：①实体经济发展在当前出现较大困难，需要大力支持。近年来企业生产原材料成本、劳动力成本、资金成本均出现上升，导致实体经济企业出现微利局面。同时，订单减少、出口萎缩、企业税负仍较重等，也是当前影响实体企业生存的主要因素。②正由于实体经济部门利润下降，国内资金资本脱实向虚，转向民间借贷、房地产等市场进行炒作的迹象明显，需要遏止和疏导。

按照中央明确的政策导向，中国华融服务实体经济的着力点，应落实在以下领域和环节。①国家“十二五”规划提出调结构、促转型中鼓励发展的产业，如以节能环保、新兴信息产业、生物产业、新能源、高端装备制造业和新材料等战略性新兴产业为核心的高科技产业，以传统能源、装备制造、建筑业包括现代农业等为核心的支柱产业等；②与人们日益增长的多元化需求相关的第三产业，如以高品质、健康、环保为主的消费品产业和以生产性、生活性服务为主的服务业等；③以惠民生、促就业为主要政策导向的产业，包括国家重点在建项目和保障性住房建设，“三农”以及符合产业政策的小微企业等，这一类也是实体经济当前最薄弱的领域。

3. 要更加以转型改制为契机，进一步加大服务实体经济的力度。国务院和财政部已经正式批准中国华融股份制改制方案，我们正在稳步推进新股份制公司成立的各项准备工作。改制后，中国华融将建立现代股份制企业公司治理结构，逐步建设成为完全市场化运作的现代金融控股集团公司。股份制公司建立后，融资渠道的拓宽将快速提升公司的资本和资金实力，中国华融服务实体经济的实力将大大加强。同时，治理结构、体制机制、市场定位等方面发生变化，公司支持实体经济的经营机制更灵活、产品更丰富、服务更综合，中国华融服务实体经济的能力也将大大加强。因此，可以说，改制将是中国华融实现在支持实体经济方面更大作为的良好契机。

4. 要更加发挥“一体两翼”综合金融服务的体制优势，支持服务实体经济的发展。目前，中国华融在公司资本规模和资金实力方面，与大型商业银行比还有很大差距，但是综合化经营、全牌照金融服务是中国华融服务好实体经济最大的优势。作为一家初步具备综合性的现代金融控股集团企业，中国华

融业务发展已经呈现多元化、宽领域、全牌照的金融服务功能，旗下已拥有10家平台公司，具有“品牌、牌照、网络、资源、专业”五大优势，已经形成了以不良资产管理为核心，融银行、租赁、证券、信托、投资、基金、期货等多元化金融业务为一体的综合金融服务体系，可以通过打业务“组合拳”的形式更好地服务实体经济。从多元化业务平台的完整性、成熟度，各个金融业态实力的均衡程度综合来看，中国华融无疑具有商业银行无法比拟的独特竞争优势。中国华融可以依托这些服务平台，充分发挥规模经济和范围经济效应，为地方经济发展、产业调整升级提供一揽子投融资和资产管理服务，为小微企业、“三农”提供包括融资在内的全面金融服务。

5. 要更加注重创新“组合拳”打法，两个“拳头”形成合力，加强协同，提升服务实体经济的能力和水平。从目前中国华融服务实体经济的主要做法看，不论是服务小微企业、新兴产业，还是支持民生工程、绿色产业，华融系统内办事处、子公司很多还都是单打独斗，即便有交叉配合也还停留在较低的层次上，“一体两翼”协同效应、并肩作战的优势不突出。为此，今后公司要做到：①要加强规划和立项，系统分类梳理实体经济相关领域的项目，明确支持政策和投向重点，让办事处、子公司做到心中有数、有的放矢；②加强总部协同，提高协同基层单位联合作战的指导能力和协调水平，做好“指挥官”和“服务员”；③办事处、子公司都要增强营销意识、合作意识、服务意识，通过提高合作的效率来提升战斗力，在市场竞争中赢得主动，把握住服务实体经济的机会，实现利润目标。

6. 要更加善于和各级政府及客户打交道，坚持“听党的话，跟政府走，按市场规律办事”的直面市场的打法。中国华融服务实体经济，一定要充分认清地方政府在支持、推动实体经济发展方面的巨大作用和影响力。银行业市场化初期希望摆脱行政干预，希望“远离”政府，但是在当今金融业大发展、风险大积聚的形势下，要真正既做到确保资金进入实体经济，又做到辨清风险、远离风险、化解风险，就离不开政府的帮助。作为国有企业，中国华融在2009年明确提出“听党的话，跟政府走，按市场规律办事”的经营理念。三年来的实践证明，使我们受益无穷。当前，“听党的话”，要求央企必须坚持大方向，切实服务实体经济；“跟政府走”，就是要在中央政府领导下，与各级地方政府密切合作，在支持实体经济发展中觅得商机；“按市场规律办事”，就是遵守市场规则，围绕政府的需求、客户的要求，坚守风险底线，践行科学发展，在服务实体经济的经营过程中力求做到“资源共享、优势互补、风险共担、利益均沾、互惠双赢、合作发展”。

7. 要更加注重创新产品与服务，为实体企业成长提供全方位综合服务，为企业创造实实在在的价值。中国华融服务实体经济，必须创新“增值服务、价值创造、利益共享、风险共担”的客户服务理念，坚持为实体企业创造实实在在的价值。特别是对于符合国家产业政策导向的小微企业、高新企业，要通过提供资金支持，优化企业融资结构，推动企业提升产能、加强研发和营销、扩张市场份额，巩固提升行业地位，整体性提高企业长久的核心竞争力和可持续发展能力。要通过优化股权结构，针对企业实际提出个性化管理方案，改善企业治理，为企业输送专业的财务、法律和管理资源，甚至提供关键业务资源和人脉资源，提升企业盈利能力和竞争力。要做到综合运用旗下银行、信托、证券、PE等平台提供的一篮子金融工具，加大研发、创新产品、整合服务，致力于帮助企业实现实质性价值增长，大力拓展二次并购和战略同业买家市场，把中国华融商业模式向“早期投资+管理服务+业务整合+资本运作”模式全面升级，覆盖可能产生赢利空间的投资全过程。

8. 要更加着力解决“全而不大、小而不强、管而不矩”问题，努力为多牌照服务实体经济提供更好的体制机制保障。中国华融发展到今天，除了保险以外已基本拥有全金融牌照。但是，“全而不大、小而不强、管而不矩”三个问题制约了中国华融服务实体经济的能力。“全而不大”，是指中国华融分支机构多、平台公司牌照全，但公司总的资产规模不大。由于历史原因，中国华融脱胎于政策性机构，注册资本金仅有100亿元，制约了公司资产扩张规模。这个问题，在公司股份制改制后将得到解决。“小而不强”，是指中国华融子公司规模小，实力不强。我们在发展战略上已经提出“做大、做强、做好”子公司的目标，这个问题需要在发展中解决。“管而不矩”，是指中国华融作为事实上的金融控股公司，由银监会主监管，相关平台公司受证监会等部门监管，还没有一部中国的“金融控股法”来专门规范、规划金融控股公司发展。应该尽早出台《金融控股公司法》，现在出台，条件成熟，恰逢其时。上述三个问题的解决，对于中国华融“做强主业，做大利润，做响品牌，不断增强可持续发展能力”至关重要，也是提高中国华融多牌照服务实体经济能力的关键。

9. 要更加重视坚持“引进来”、“走出去”战略，引入合格战略投资者，扩大对外合作，努力在服务全球实体经济增长中有所作为。中国华融完成改制后，下一步将引进战略投资者，并择机上市。在引战投工作上，我们除必须综合考虑其业务功能、企业文化和经营风格外，还要格外认真考虑一点，就是业务发展的互补性，其经营是否稳健、长期可持续，是否与全球实体经济或其母国实体经济的内在要求相一致，是否对中国华融“走出去”战略、国际化战略以及未来的长远发展有支撑作用。同时，在对外合作中，中国华融曾与高盛、摩根士丹利等老牌投行开展过处理不良资产的良好合作，与德意志银行联合组建了国内唯一一家合资资产管理公司，并与中国台湾金联资产管理公司、澳大利亚国民银行签订了合作协议等。下一步，条件成熟后，我们将稳步推进开展海外并购基金项目，通过并购等方式设立海外平台，力争为支持全球实体经济增长提供良好金融服务，打响中国华融民族金融品牌。

# 石油物探企业全面提升国际市场竞争力的战略客户管理

中国石油集团公司东方地球物理勘探有限责任公司

中国石油集团公司东方地球物理勘探有限责任公司（简称“东方物探”）是中石油旗下从事石油勘探的专业化技术服务公司。主要从事国内外陆地、海上地震勘探及综合物化探采集、处理、解释及与地球物理（化学）勘探有关的软件及装备研发、产品研制、技术引进与产品销售等业务。2003 年以来，东方物探通过实施战略客户管理，国际业务实现跨越式发展。销售收入跃居全球地球物理行业前三位，其中陆上业务收入连续 9 年位居行业榜首，被国务院国资委授予中央企业先进集体的荣誉称号。

## 一、实施背景

### （一）应对国际市场激烈竞争的需要

大量的中小物探公司纷纷涌入国际勘探市场，导致低端客户市场低价无序的恶性竞争。面向中小油公司，东方物探无法再继续发挥初入国际市场时的低成本优势。与此同时，西方主要的物探公司垄断着高端客户和高端市场，世界物探行业前五大物探公司占到全球市场份额的 77.0%。在这种竞争格局下，东方物探必须加大市场开发力度，全面开发自身的战略客户。

### （二）适应石油行业发展趋势的需要

世界石油资源的集中程度不断提高，油气资源、资金和技术不断被国际大油公司和国家油公司所掌控。据统计，世界排名前 30 位的石油公司占据全球近 80.0% 的油气资源和 75.0% 的油气勘探投入。因此，东方物探必须把国际大油公司和国家油公司作为自己的战略客户来进行管理。

### （三）实现企业可持续发展目标的需要

为了实施公司“一体化、集约化、国际化、数字化”四大战略，建设具有较强国际竞争力的技术服务公司，促进公司规模、有效、可持续发展，需要全面占领高端市场，并借助高端客户的高标准、严要求来提高自身的服务水平和行业影响力。因此，推行战略客户管理势在必行。

## 二、内涵和主要做法

### （一）树立战略客户理念，准确遴选战略客户

1. 树立战略客户观念。在石油行业中，油气资源丰富、市场容量大、勘探投资稳定、规模效益好的客户市场，主要集中在以国际大油公司、国家油公司为主体的高端客户市场。据美国《石油情报周刊》统计，世界石油公司排名位居前30位的公司占据全球近80.0%的油气资源和75.0%的油气勘探投入。因此，东方物探将这些石油公司选为战略客户，将其发展成东方物探忠实的客户，形成规模化的高端战略市场。

2. 科学细分客户群体、准确把握战略客户。在战略客户选取中，东方物探结合各石油公司的资源概况、业务发展规划、勘探投资趋势等因素，从物探勘探投资频率和勘探投资额度两个维度出发，选取具有中等及以上投资频率和额度的石油公司作为公司的战略客户。为了准确把握战略客户，针对各石油公司的资本属性、经营模式、全球油气资源分布，以及石油行业的发展趋势，对战略客户群进行科学细分。

（1）以壳牌、道达尔、雪佛龙、埃克森美孚为代表的国际大油公司。这类公司以欧美主流文化为背景、全球化经营为特点，具有严格的体系管理和作业标准，对服务商要求严标准高。为这类客户服务，可以提升公司的综合素质、提高公司在业界的知名度和影响力。

（2）以沙特国家石油公司、委内瑞拉国家石油公司、伊朗国家石油公司为代表的欧佩克国家油公司。这类石油公司来自欧佩克成员国，拥有丰富的油气资源。

（3）以拉美、东南亚和中亚地区国有油公司为代表的非欧佩克国家油公司。这类石油公司具有深厚的国家背景，所在国经济增长较快而油气资源相对缺乏，为了分享国际资源和市场，在加快本国石油工业发展的同时加快海外业务拓展，但自身勘探技术能力相对较弱。为这类客户服务有利于发挥东方物探一体化技术服务的优势。

（4）以中石油、中海油、中石化为代表的中资油公司。这类石油公司具有鲜明的中国特色和特殊的历史背景，需要采取不同的营销管理方法。在巩固中石油市场占有率的同时，兼顾培育中海油和中石化两大客户。

（5）以MOL、DNO、BG等为代表的中小、独立油公司。这类石油公司规模不大，属于独立的上市公司。为这类客户服务，有利于作业队伍的灵活调动，保持短期市场的竞争优势。

### （二）构建战略客户管理体系，完善战略客户管理机制

1. 构建战略客户管理组织架构。在构建战略客户管理组织架构的过程中，东方物探以战略客户为中心，坚持管理网络层级少、反应快、协作好的原则，建立高管决策层、总部协调开发层和海外协助开发层“三个层次”的立体联动网状组织架构，见图1。

2. 完善战略客户管理机制。首先从宏观角度对不同类型的战略客户进行分类管理。针对选定的战略客户，从微观角度实行战略客户经理负责制，明确管理职能，责任落实到人。总部市场部选聘战略客户经理负责面向区域的战略客户管理，海外机构（经理部或项目组）设置战略客户经理岗位负责面向辖区内战略客户的管理。

3. 梳理战略客户管理流程。通过对东方物探以往市场开发模式的详细分解、分析、梳理，建立并完善“综合调研—市场布局—客户管理—反馈改进”螺旋上升、循环改进式的战略客户管理流程见图2。

4. 引入客户经理关键绩效指标法（KPI）考核机制和激励机制。在战略客户管理中，东方物探引入关键绩效指标法（KPI）考核和激励机制，把客户经理的工资奖金与战略客户的开发业绩挂钩，实行关键绩效指标法（KPI）考核。针对不同类型的战略客户、不同合同金额的项目，设置不同档次的奖励权重系数。除经济激励外，公司还为客户经理提供“能放心干、愿放心干、能干得好”的氛围和环境，充分发挥他们的积极性和能动性。

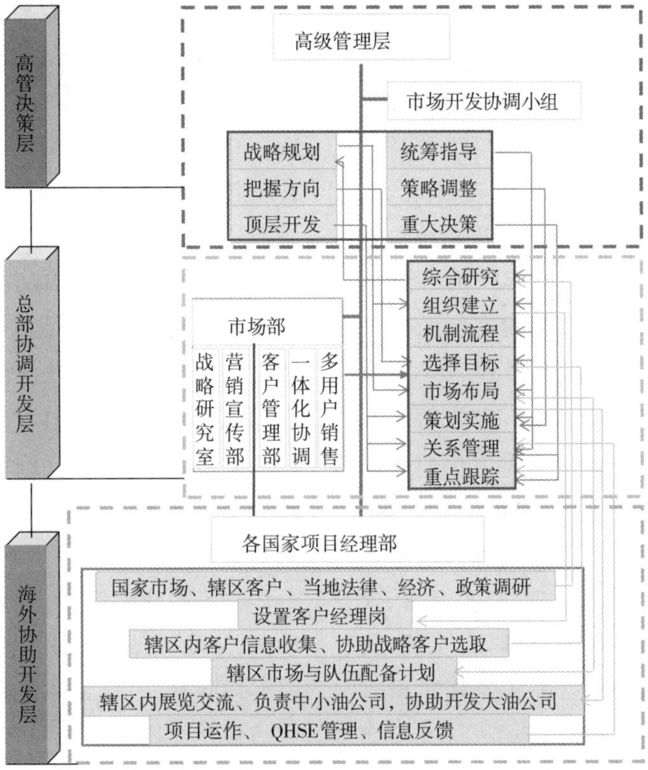


**图1　立体联动网状组织架构**

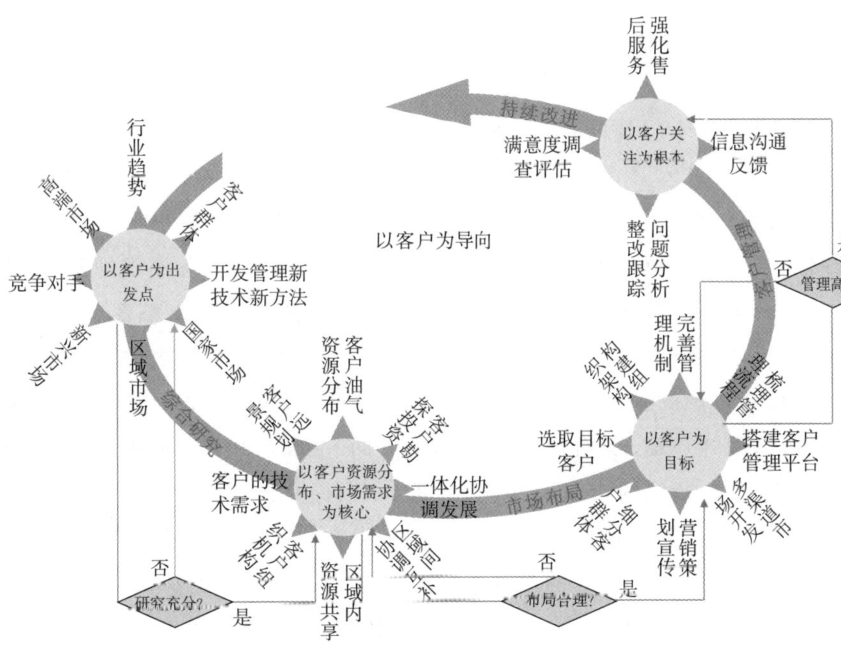


**图2　战略客户管理流程**

### （三）全面开发战略客户，建立稳定的客户关系

建立客户关系是战略客户管理中的一个重要环节，东方物探坚持"以战略客户为中心"的指导思想，与战略客户展开全面的合作，建立稳固的客户关系。

1. 综合研究战略客户，搭建客户管理平台。①创建并实时更新客户信息数据库 CRM[①] 系统。东方物探通过多种途径搜集目标战略客户的各种信息，进而进行分类汇总、分析整理，创建有效的客户数据库，并对数据库进行动态优化和管理。CRM 系统实现对客户信息的共享和动态管理，为全面开发和管理战略客户搭建良好的平台。②全方位拓展战略客户营销渠道。东方物探充分利用包括供应商、设备商、政府机构、科研单位等外部资源准确把握客户需求，通过招募西方人才、聘用代理、技术合作、合资运营等多种方法，对战略客户进行开发。③围绕战略客户展开全球市场布局规划。东方物探紧跟战略客户步伐，围绕战略客户，对全球市场进行统一规划和全面布局。根据战略客户的资源分布，结合自身的海外战略部署，东方物探将资源丰富、对勘探服务需求相对旺盛的中东和北非地区作为首选目标市场进行突破。

2. 全方位开发战略客户，建立密切的客户关系。①全力做好战略客户市场的准入工作。许多国际大油公司和国家石油公司的市场进入门槛高、对服务商的资质审核严格，通过资审是进入其市场的基本要求。因此，东方物探积极组织市场、投标、技术等人员，全面、认真的研究战略客户的资审要求，作好客户资审规划。②全面开展多层次技术交流活动。开展技术交流活动是与客户沟通的有效手段。通过前期调研，东方物探举办有针对性的技术专家专题讲座，从而建立客户关系、掌握客户需求、引导客户投资，同时利用特色技术实现差异化的市场竞争。③建立规范的高层互访机制。为了更好的维护客户关系，东方物探建立起与战略客户规范有效的沟通交流机制，坚持"走出去和请进来"相结合。

东方物探高层领导每年都有计划地到战略客户的总部进行走访，同时借助美国地球物理年会和欧洲地球物理年会等大型行业展会安排高层约见。另外，东方物探还有计划地邀请战略客户代表到公司总部和海外作业现场进行参观，增加客户对东方物探技术实力和作业能力等现场感知。

3. 融入战略客户勘探开发业务链，深化客户合作伙伴关系。①采取定制化服务模式，为客户提供量身定做的服务。根据战略客户需求的侧重点，为客户提供量身定做的贴身服务，虽然不一定是技术含量最高的服务，但是最能满足客户需要的服务。通过定制化的服务，增强客户对东方物探的依赖，从而加强战略客户的忠诚度，保持长期稳定的客户关系。②与战略客户建立技术合作关系，创新合作模式。与战略客户签订技术合作开发协议，进行"成果共享、利益共分"的绑定式合作，即与东方物探签订合作协议的战略客户，要采用新成果技术进行地震勘探，必须排他性地由东方物探承担项目。③与战略客户同舟共济，谋求共同发展。积极参加战略客户的各种会议、活动，与客户共同探讨未来的发展，与客户一起为提高其业绩而努力。在 2008 年金融危机、各大油公司面临财务紧缩困境之际，东方物探把合同报价统一下调 3.0% 左右，与客户共同承担风险、共渡难关。虽然暂时损失一些利益，但是巩固了与战略客户的关系。

4. 全面提升客户满意度，提高客户忠诚度。全面关注客户感受和体验，及时把握客户需求，提高客户满意度，从而进一步稳固客户关系，提高战略客户的忠诚度。①展开多种形式的客户满意度调查，准确把握客户需求。高度重视战略客户的感受和体验，通过多种途径对战略客户满意度进行调查。通过同一年度不同客户之间的横向对比和同一客户不同年度间的纵向对比，了解东方物探需要持续改进的方面，准确判断客户需求所在点，从而制定改进方案，不断提升自我。②建立多途径客户投诉渠道，及时解决客户问题。通过电话传真、网络邮件、内部论坛等途径，建立多通路、方便快捷的客户投诉渠道，并指定专职人员负责对所投诉的问题进行处理，避免中间环节浪费时间、沟通不畅而出现推诿，延误问题的解决。

---

① CRM：客户关系管理系统。

**(四)提高作业水平,加大科研力度,夯实战略客户管理基础**

长久的客户关系维护最终还要回归到公司本身的综合实力上面。

1. 提高项目运作水平。在项目实施过程中,以国际项目运作管理体系为指导,超前策划、精心组织,实施集约化、精细化管理,对作业各环节严格把关。特别是对于作业难度高、安保风险比较大的项目,领导分工负责、靠前支持,确保项目严格按照合同规定的时限、标准顺利执行。

2. 加大技术研发力度。东方物探坚持原始创新、集成创新和引进消化吸收再创新的统一,创新企业的科技管理体制和激励机制,极大地调动科技人才的创造力和创新力,全面加大技术研发力度。一方面加快整合公司技术研发力量,将19个分散的研究机构整合成“一个整体、三个层次”的技术创新体系。另一方面强化核心技术研发和集成,通过并购重组最大限度的提高科研效率。

**(五)提升一体化服务能力,全面满足战略客户需求**

东方物探围绕战略客户,持续调整公司业务结构、创新服务模式,通过横向拓展主营勘探业务、纵向延伸以勘探为主线的后期采集处理、油藏研究等系列业务,逐渐从单一的陆上地震勘探服务向综合一体化技术服务转变,成为全领域的物探技术服务公司,全面满足战略客户的综合需求。

1. 横向拓展业务范围。东方物探从横向上全面拓展业务范围,一是切实做优做强陆上地震勘探主营业务,加快可控震源高效采集等先进成熟技术在国际项目的推广应用。二是全面发展海上地震勘探、井中地震勘探、多用户勘探和综合物化探勘探业务,适应不同战略客户在不同区域的勘探需要。

2. 纵向延伸业务链条。在发展主营勘探业务的同时,东方物探从纵向上不断延伸业务链条,加快推进处理解释、油藏研究、装备制造、信息产业等新兴业务的发展,为战略客户提供自上而下的一体化服务。

**(六)高度重视人才培养,更好服务于战略客户**

多年来,东方物探高度重视人才队伍的整体建设,通过对技术人员、管理人员、营销人员的全面选拔和培育,打造一个结构合理、数量充足、技术过硬、管理先进、沟通流畅的优秀团队,更好地服务于战略客户。

1. 建设国际化管理人才队伍。在国际化管理人才队伍建设方面,东方物探加强职业生涯设计,疏通各类人才发展的通道,着力培养领军人物。一方面重视管理层国际化经营理念的树立,另一方面重视管理层个人综合能力的提升。

2. 建设市场营销人才队伍。一方面切实加强市场营销人员的综合营销能力。一是定期进行不同形式的营销理论知识培训;二是进行交流沟通和营销技巧的培训;三是提高营销人员的心理承受能力。另一方面积极奉行开放、流动的全球人才观,加大对外籍高级市场营销人才的使用力度。

3. 建设科研骨干人才队伍。在科研队伍建设方面,一是加大全球引才引智的力度,通过国务院“千人计划”引进海外高层次人才,二是选派科研人员到国外学习。

4. 建设关键技能人才队伍。东方物探高度重视现场作业人员的水平,始终加强中方员工和国际员工两支队伍建设,不断提高关键技能人才队伍的整体素质。一方面加大对中方人员的多层次培训力度,另一方面高度重视国际员工队伍建设,坚持“操作人员本土化”的原则。

**(七)强化营销策划,提升战略客户对公司的认知度**

东方物探围绕战略客户,采取全方位、多层次的市场营销手段,加大对东方物探品牌的宣传与推广力度,全面提升战略客户对东方物探的认知度和认可度。

1. 定期举办东方物探国际技术研讨会。东方物探自2003年开始每年举办一次国际技术研讨会,会议邀请国际大油公司和国家油公司的高级管理者、技术专家汇聚一堂,共同交流世界物探先进技术,探讨互利双赢合作。

2. 积极参加各种国际会议暨展览。东方物探每年都面向战略客户有选择性的参加石油行业的各种国际展览。针对国际大油公司,主要参加业界最高级别的美国地球物理年会和欧洲地球物理年会；针对欧佩克国家石油公司，主要参加区域性国际展览；针对非欧佩克国家石油公司和中小、独立油公司，主要参加重点国家的展览。

3. 全面强化多渠道广告宣传。东方物探每年都在 SEG① 主办的《The Leading Edge》、EAGE② 主办的《First Break》等行业知名的国际期刊、杂志上刊登插页广告。同时，还设计制作宣传光盘、多语种广告册、品牌 PAI 技术宣传册等宣传材料。此外，东方物探英文网站成为战略客户及时、准确了解东方物探的一个有效窗口。

## 三、实施的效果

### （一）战略客户群日趋稳定，全球市场布局逐步完善

通过实施战略客户管理，在全球综合排名前 20 位的石油公司中，有 15 个油公司是东方物探的战略客户。自 2003 年以来，东方物探的客户结构中，较大的国际油公司和国家油公司占到了 76.0%（见图 3），有利于抵御国际经济危机和行业下行周期的不利影响，保持公司国际市场的稳定。

东方物探国际业务现已覆盖中东、北非、中亚、西非、苏丹、东非、东南亚和拉美 8 大区域。目前东方物探全球市场布局比较完善，基本实现了“区域内互补、区域间共同发展”的目标，奠定了东方物探国际业务规模化发展的基础。

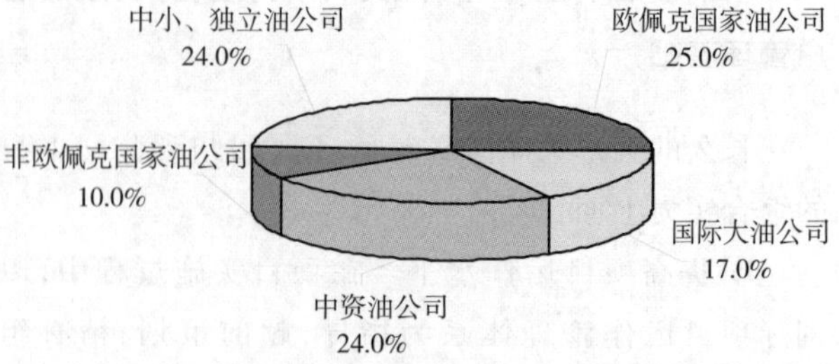


**图 3　东方物探国际业务各类客户收入比例图**

### （二）国际市场占有率显著提高，国际业务收入快速增长

东方物探从 2003 年实施战略客户管理以来，国际业务实现了跨越式发展，作业国家从 15 个扩展到了 47 个，陆上作业队伍从 26 支发展到了 65 支，海上船队从零发展到了 6 支，市场占有率从 4.0% 增长到了 18.0%。

东方物探与战略客户建立了长期稳定的合作关系，在激烈的市场竞争和严峻的安保形势下，国际业务收入仍然保持快速增长，5 年实现“双翻番”。特别是在行业整体处于“低谷”的大背景下，主要竞争对手 CGV、WGC 和 PGS 的业务收入大幅度持续下滑，而东方物探的业务收入仍然保持了良好的增长势头（见图 4），连续 3 年落实市场和实现收入突破“双十亿美元”，并达到历史新高。目前，国际业务已经成为东方物探保持稳定、和谐发展的基础。

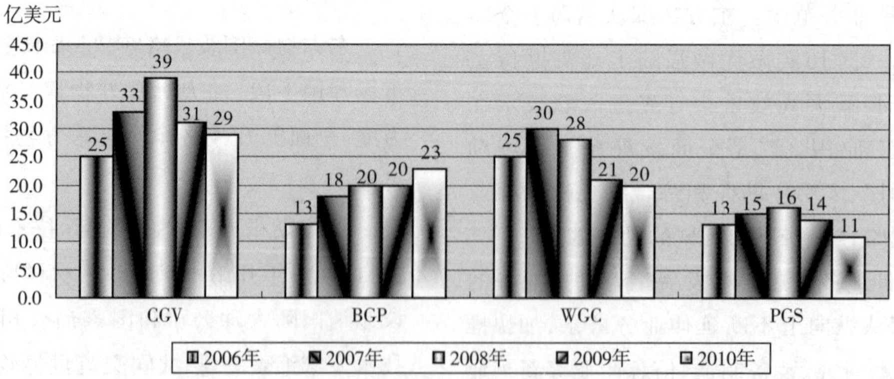


**图 4　2006—2010 年全球四大物探公司主营收入年度对比**

① SEG（Society of Exploration Geophysicists）：地球物理勘探工作者学会。
② EAGE（European Association of Geoscientists &Engineers）：欧洲地质学家与工程师学会。

**（三）综合竞争力全面提升，社会影响力逐渐提高**

目前，东方物探已跃居为全球物探行业第二（见图5），仅次于CGV，并稳居陆上勘探业务的榜首。

随着国际市场占有率和综合竞争力的稳步提升，东方物探的品牌形象得到不断的强化和提升，在行业内的影响力进一步得到增强。目前，东方物探已经成为国际地球物理承包商协会（IAGC）的核心会员、EAGE和SEG的主要会员，由行业规则的遵循者逐渐演变成行业规则的倡导者和制定者，被中国石油集团公司誉为"中国石油海外的一面旗帜"。

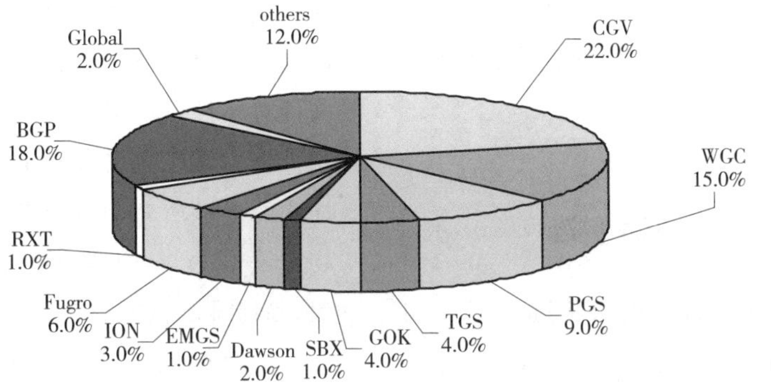


**图5 2010年物探公司综合收入业务对比**

# 打造企业良好形象 提升竞争软实力

中铁第四勘察设计院集团有限公司院长 党委书记 何义斌

企业形象是企业软实力的重要组成部分，作为以知识、智力服务工程建设的勘察设计咨询企业来讲，企业形象不仅是社会、市场对企业的认知和评价，更是企业内在素质的外在表现。

中铁第四勘察设计院集团有限公司（简称"铁四院"），是国家大型综合性勘察设计单位，综合实力位居全国勘察设计百强前列，先后荣获全国五一劳动奖状、全国模范职工之家、中央企业先进集体、中国最佳诚信企业、全国技术创新先进企业、全国重合同守信誉单位、建国六十周年全国勘察设计行业十佳自主创新企业，连续多次被评为湖北省优秀企业（金鹤奖），连续14年7次蝉联湖北省最佳文明单位光荣称号。长期以来，铁四院坚持文化兴企发展战略，高度重视企业形象塑造，不断提升企业软实力，有效促进了企业又好又快发展。

## 一、打造企业良好形象

铁四院在打造企业形象过程中，着重充实四个方面的内涵。

1. 行业排头兵形象。即行业中领先，在行业中承担旗手的角色，引领行业发展。始终保持积极进取的精神状态，始终将技术研发和技术储备放在基础地位，坚持自主创新的发展战略，保持拥有一支优秀的科研人才队伍和鼓励创新、支持创新的文化环境，具备知识密集、技术一流的企业形象。

2. 客户放心的产品形象。铁四院作为工程设计企业，担负着服务国家交通基础设施建设的光荣使命，百年大计，质量第一，设计出的方案图纸，必须让客户、社会放心，同时必须绿色环保，坚持以人为本，体现人性化特征，满足经济社会的可持续发展要求。

3. 客户满意的服务形象。服务型企业的本质要求必须尊重客户，按照客户的要求依法合规设计，想客户之所想，急客户之所急，谋客户未想到之事。具体而言就是要做好配合施工及售后服务，配合业主保质保量实现工程顺利竣工，并为工程设施的运行提供技术帮助。

4. 主动履责的社会形象。企业是依一定的社会资源条件而生成和运行，与社会是相互依存、互为动力、同步发展的。它要求企业要诚信经营，依法承担纳税等义务；要促进企业与员工的共同发展；要热心公益事业，推动公益事业发展。

## 二、实施“铁四院”形象塑造

基于以上四个方面的认识，铁四院进行了长期的实践探索。重点从五个方面进行形象塑造。

1. 实施“科技兴院”战略，塑造自主创新的专业技术品牌形象。铁四院始终坚持技术报国的思想，把自主创新，建设自主创新型企业作为目标。一是高瞻远瞩，以开放的观念、全球的视野，追踪世界行业交通基础设施建设最前沿的技术，准确确定科研选题，选准后就大胆地试、大胆地闯。从 20 世纪六七十年代开始，铁四院就敏锐地预见到高速铁路是铁路技术发展的方向，是中国铁路建设的未来，着手进行研究。经过长期的潜心研究、刻苦攻关、实践检验、系统总结，铁四院在高速铁路技术研究方面行业领先。全国已建成运营的高标准铁路中，60.0% 以上是由铁四院勘察设计的。二是以人为本，注重高素质人才培养。制定实施专业技术带头人、青年科技拔尖人才培养选拔计划，员工教育培训管理规定，员工奖惩条例等，形成了科学物色、选拔、培养、使用人才的体制和机制。为人才的发展营造良好的工作环境和生活环境，三是营造浓厚的科研氛围，鼓励职工开展发明创造、申请专利，目前铁四院共拥有有效专利 114 件、计算机软件著作权登记 48 件。四是积极参与专业技术标准的制定。仅高标准铁路，铁四院就主编了《新建时速 300 ~ 350 公里客运专线设计暂行规定》等 42 项综合性及专业性设计规范、标准。

2. 提高服务质量，塑造质量过硬、服务一流的产品形象。工程设计是工程的“龙头”和“灵魂”，是影响工程质量的基本因素。铁四院着力构建符合市场要求的质量管理体系和服务体系，严格按照 GB/T 19001 质量管理体系、GB/T 24001 环境管理体系、GB/T 28001 - 2001 职业健康管理体系的程序要求从事勘察设计活动。为确保勘察设计质量，铁四院在全体员工中强化“出手必合格”的质量责任意识，强化“确保出手质量就是对业主负责”的诚信服务意识。加强设计复核，严格执行逐项审核制度，有效避免设计差错。通过强化过程控制，严格标准管理。认真开展设计复查、质量巡检和优化设计，抓住设计文件总体性、设计概算准确性、地质勘探真实性和控制投资有效性这四个重点，采取“一票否决”和绩效挂钩的考核管理办法，落实岗位责任。有针对性地制定了 12 个专项质量控制文件，严格执行规范、规程，确保技术标准合理，打造国家精品工程。

3. 加强团队建设，塑造德才兼备作风一流的“四院人”形象。勘察设计咨询企业工作面广，牵涉关系多，工程建设周期长，内部专业多，必须团结协作，才能推动勘察设计顺利进行，保证工程建设项目的科学性、协调性，因此，打造一支凝聚力强、勇于负责、富有创新精神的团队成为企业形象塑造的关键。铁四院坚持将团队建设放在首位。一是坚持文化铸魂。加强企业核心价值体系建设，坚持以“诚信、创新永恒，精品、人品同在”的企业价值观引导和培育员工，注重对员工进行人性化管理，培育员工积极的情绪和良好的心境状态，推动共同价值观的形成和发展。二是坚持开展主题教育活动，增强团队的凝聚力。“我是党员我承诺”、“设计无差错、服务无缺憾”、员工文明礼仪大讨论、做文明职工、“我与四院共成长”读书征文活动、送温暖活动、金秋助学活动等主题活动，打造思想统一、行为合一的“四院人”的灵魂。三是坚持用干部作风带领团队建设，持续开展干部作风教育整顿活动，颁布实施《关于加强干部作风建设的意见》，加强干部的学习、工作、生活作风建设；建立干部廉洁风险防控机制，加强干部考核，领导干部良好的作风为队员树立了榜样，队员能自觉自愿干好工作完成任务。四是发挥群众性组织的作用，齐心协力共铸“四院人”。

4. 忠实履行社会责任，塑造负责任的社会形象。一是不讲条件，敢于担责。为应对全球金融危机，国家曾实施大规模基础设施建设，仅 2009 年铁四院就承担了京沪、武广等40余项铁路建设勘测设计，正线长度接近1万公里。面对繁重的任务和非常紧迫的工期，铁四院干部职工紧急行动，奋力一搏，苦干实干拼命干，确保了各项勘察设计任务的顺利完成。二是不怕困难，勇于攀登。铁四院通过原始创新、集成创新和消化吸收再创新，解决了高速铁路选线、特殊结构桥梁、路基沉降、无砟轨道、精测与精调、列控技术、动车组运用维护设计技术问题，掌握了综合交通枢纽规划、大跨度桥梁、大断面隧道、高速接触网等技术，是中国高速铁路标准规范的主要编写者，高速铁路设计技术达到世界先进水平，铁路站房设计领先行业，复杂山区铁路、水底隧道设计技术独树一帜。宜万铁路，是目前我国地质最复杂、地形最困难、施工风险最大的山区铁路，尤其是复杂岩溶隧道的建设难度更为国内外罕见，铁四院全体参战人员勇克难关，以高度的使命感和责任感，实现了宜万铁路的百年梦想，形成了“敢于负责、锲而不舍、勇于探索、拼搏奉献”的宜万铁路精神。三是技术报国，乐于奉献。作为国家基础设施建设的先行者，铁四院始终把保持国家交通大动脉的畅通作为已任，主动分忧解难。2010年5月，江西、福建数条铁路大动脉遭遇洪水灾害，集团公司紧急行动，主要领导亲自带队第一时间奔赴一线，无私驰援，受到铁道部专电表扬。四是积极参加扶困济贫及其他社会公益事业，广泛传播四院人的爱心。在汶川大地震捐献中，铁四院共捐款227.6万元，人均750元，上交特殊党费123.2万元，特殊团费11.3万元，捐赠棉衣、棉被3 100多件(套)。体现了铁四院扶危济困的良好道德风尚。铁四院与湖北省安陆市结为对口帮扶对象，通过企业捐款和个人捐赠，积极帮助地方修建文化教育设施，向贫困村捐赠书刊音像制品；与通山县大路乡神堂村、南林桥镇罗城村、雨山村开展结对共建新农村活动，帮助改善村小学办学条件，协助对关系民生的当地基础设施如饮水工程、小型水利设施、村组公路等进行共建，改善农户基本生活条件。

5. 加强形象宣传，提高社会知名度，传播“铁四院”形象。形象宣传是企业塑造形象的有效途径。铁四院从四个方面加强形象宣传：一是坚持宣传工作的全员性。引导干部职工树立“院兴我荣、院衰我耻”的意识，使干部职工自觉严格要求自己，言谈举止代表四院，每名职工都成为“铁四院”的形象使者。二是坚持宣传内容的广泛性。不仅宣传四院人做的工程、先进典型人物，更注重宣传企业自觉地实行环保低碳理念，保护生态，响应政府的号召做的一些公益活动，提升了宣传的层次。三是坚持宣传形式的多样性。既充分利用企业内部的视频、网络、报纸杂志、会议、橱窗、展板、画册、文具用品、标语横幅、广告牌等进行内部宣传，又借助社会媒体宣传四院。四是实现宣传区域的广覆盖性。做好工地指挥部、项目部的企业文化宣传、工地广告牌宣传，使凡有四院人、有四院工程的地方都有四院形象宣传。

## 三、强化软实力　提升企业形象

铁四院在企业形象塑造的长期实践中体会到，要搞好企业形象塑造，必须处理好以下四方面的关系。

1. 要处理好企业形象塑造与生产经营之间的关系。优秀的企业形象是企业开拓经营的助力器，是生产经营的基础和保证，勘察设计的成果是企业形象的固化，企业形象是企业生产经营状况的反映，两者相互影响，互相促进，但从根本上说，塑造良好企业形象还是要靠自己的设计精品。要将企业形象塑造提升到企业发展的战略高度，制定规划，形成制度体系，按照“理念渗透、行为养成、环境塑造、管理推进”四个方面的逻辑体系，形成企业形象塑造的体制和机制，整体推进，形成与生产经营的良性互动。上个世纪我们设计的郑州枢纽、大瑶山隧道、广深准高速铁路，近几年设计的武广高铁、武汉和南京长隧道、武汉站和广州南站，得到了社会的广泛赞誉。

2. 要处理好内塑品质与外塑形象之间的关系。形象是品质的外在表现，内在品质是根本、内核，外在形象是表象，是形式，要将重点放在内在品质的塑造上。要坚持以社会主义核心价值体系为根本，下大力气抓好干部职工素质的提升，下功夫狠抓工程的质量，抓好设计服务，为外在形象打造过硬的品质。在此基础上，抓好形象宣传，提升企业的知名度和美誉度。

3. 要处理好实现企业性质与履行社会责任的关系。一方面，勘察设计咨询企业与其他企业一样是独立核算、自主经营、自负盈亏的法人实体，追求效益最大化是企业赖以生存的基础。另一方面，勘察设计咨询企业的社会作用以及其产品的社会属性决定了其社会公益服务性特征。尤其在服务对象的社会化、服务内容的深广度、服务质量的严谨性、服务效果的社会影响力等方面，广度、深度和社会效益之大，在安全、时间和纪律上的严格要求，勘察设计咨询企业具有更为突出的特征，需要勘察设计咨询企业既重视盈利性，也不忽视服务性，必须做到两不误、两兼顾、两促进。

4. 要处理好领导干部带头与普通职工参与的关系。树立企业形象既不是一两个领导干部的事情，也不是某一个部门的事情，而是全体干部职工的责任与义务。在这个过程中，领导干部要做好表率，发挥带头作用，做塑造企业形象的先行者；塑造企业形象也事关每一位职工，每一位职工的工作态度、言行举止就是最好的企业形象广告，这要求每一位员工都要从小处做起，从身边做起，以实际行动塑造企业良好形象，使企业每一位员工不仅是生产任务的完成者，也成为企业品牌的宣传者。

# 转变发展方式　加强行业合作

## ——关于钢铁流通行业发展道路的几点思考

五矿发展股份有限公司总经理　姚子平

“十五”和“十一五”期间，中国钢铁流通行业的规模持续保持高速增长，但在“十二五”期间钢铁行业的整体规模发展预计将转为平缓增长。自 2011 年以来，钢铁行业持续面临需求萎缩、产能过剩、市场低迷等问题，这些问题也影响到了钢铁流通行业的健康发展。目前看，钢铁行业面临的形势短期内难以发生根本性转变。国际上，美国经济复苏仍然艰难，主权债务危机影响不断扩大，日本经济受地震影响出现衰退，新兴经济体逐步采取经济紧缩政策；在国内，经过前期中国持续采取的扩张性经济政策和目前国家进行经济结构调整的总体安排，基础设施领域和制造行业回报好的投资机会越来越少，一些重要终端产品的社会需求已被透支，扩大钢铁应用需求的难度越来越大。直面未来钢铁产业严峻的发展形势，钢铁流通企业必须调整和转变发展方式。

“十二五”期间，中国仍将处于经济发展的重要战略机遇期，这也是钢铁流通行业进行创新转型的关键时期。国家“十二五”规划中提出，要“加快发展生产性服务业”，通过深化专业化分工，加快服务产品和服务模式创新，促进生产性服务业与先进制造业融合，推动生产性服务业加速发展。国家将通过完善服务业政策体系，推动服务业制度创新，营造有利于服务业大发展的良好环境。这些内容都与我们钢铁流通行业当前的经营内容直接相关，为钢铁流通企业指明了发展方向。

当前中国钢铁流通行业中仍然存在一些基础性、根本性的问题。这些问题主要表现在四个方面：一是行业整体服务水平不高；二是钢铁行业产销关系尚未理顺；三是传统贸易模式面临发展瓶颈；四是行业规范性和自律性不足。这些问题不解决，钢铁流通行业就很难真正把握国家在“十二五”期间提供的发展机遇、很难真正实现行业的战略转型发展。解决这些问题，需要我们充分利用当前有利的政策环境和经济环境，在创新转型中解决问题。把这些问题解决好了，我们的行业发展就大有希望。

根据我们对钢铁流通行业发展环境和存在问题的分析、认识，结合自身在发展实践中的体会，我们对钢铁流通行业的转型发展形成了一些基本看法。

### (一) 钢铁流通行业必须走集群化、规模化的发展道路

当前钢铁流通企业数量“小而多”、格局“散而乱”，这是历史环境造成的结果，这一特点的形成和存在在过去有其合理性和必然性，但是这一特点已

不符合当前经营环境的要求。无论是从满足客户需要、赢得生存空间而言，还是从形成资源合力、赢得市场地位而言，钢铁流通行业都需要走集群化、规模化的道路。一方面要提高行业集中度，形成培养行业领军企业或企业群的氛围和机制，集聚行业力量，提升行业地位；另一方面中小流通企业应积极探索集聚资源的方式或机制，形成地域性或专业性的企业集群或共同服务平台，通过增强共同平台的服务能力，提升自己所拥有资源的价值，扩大自己的生存发展空间。

**（二）钢铁流通行业必须走产业链“和谐共生”的发展道路**

作为钢铁行业的两个重要主体，生产企业和流通企业各有各的优势，各有各的作用，始终无法相互取代。在市场经济条件下，社会化分工呈现专业化细分的特点，钢铁流通企业与生产企业共生发展的模式，仍将是很长时期内国内钢铁产业组织的主流模式。在这种模式中，钢铁生产企业专注于产品的生产、质量、成本控制和新产品研发，以及面向大客户、专业化客户的产品直供；而面向社会化应用市场的产品营销则交给流通企业，由流通企业承担流通环节所需的信息、物流、仓储、加工、资金等各类服务功能，在为生产企业降低交易成本的同时，为用户提供增值服务，以此形成稳定交易和利益共享的产业链体系。双方根据各自的相对优势，形成清晰的专业化分工和稳定的合作机制，通过合作真正降低钢材从生产环节到用户手中的最终成本，能真正发现和创造需求，从而实现整个钢铁行业的发展。

**（三）钢铁流通行业必须走多功能、创新型的发展道路**

从产业发展趋势看，未来钢铁流通行业的主体是流通服务型企业，是能够在产业链上创造价值增值的企业。这类企业将承担钢铁产品从出厂到用户这个过程中的分销、仓储物流、加工、金融、电子商务、信息等环节的组合性增值服务，最大限度地实现价值链各环节的高度协同，充分体现出产业价值链流通环节的专业功能。当前，一些新技术、新机制的出现，使钢铁流通企业经营手段和经营方式多样化成为可能。加工中心、信息化标准仓库、钢铁物流园、电子商务、金融物流等多种增值服务模式呈现多点创新、集成创新的趋势。这些新模式、新手段的成功运用将会极大地提高服务效率、降低服务成本、扩大服务覆盖范围以及提高服务的充足性（如提供质押融资和异地跨品种存取货等），钢铁流通企业也必将从传统的买卖模式转向创新型、多功能、综合型交易模式，实现经营的转型升级。

**（四）钢铁流通行业必须走规范化、标准化的发展道路**

钢铁流通行业要实现健康、可持续发展，必须借助规范化和标准化的制度和机制实现他律和自律。通过建设行业诚信体系，制定流通企业分级评定、加工配送中心建设规范、电子商务平台建设规范等行业标准，积极引导和规范钢铁流通企业加强自律、规范经营行为，提高行业诚信水平，树立钢铁流通行业在全社会的信誉。有了良好的行业秩序和环境，流通企业才可能形成稳定的经营预期，才可能有效地安排自己的经营计划和规划；同时行业的规范化、标准化和良好信誉，在一些方面也可以成为降低企业运营成本的有效手段。

我们认为，“十二五”期间是中国钢铁流通行业实现战略发展的关键机遇期，而共同发展则是把握机遇的关键所在。展望未来，五矿发展将始终秉持开放和合作的思想，愿做搭台人、牵头人，与行业内的有识、有志之士，共同建设国家倡导的规模化、现代化、规范化、社会化的中国钢铁大流通体系。

H

# 国民经济和社会发展统计资料

中国企业年鉴

China Enterprise Yearbook 2012

# 2011 年国民经济和社会发展统计公报[1]

国家统计局

2012 年 2 月 22 日

2011 年，面对复杂严峻的国内外环境，全国各族人民在党中央、国务院的正确领导下，坚持以邓小平理论和“三个代表”重要思想为指导，坚持以科学发展为主题、以加快转变经济发展方式为主线，全面贯彻落实加强和改善宏观调控的各项政策措施，国民经济保持平稳较快发展，各项社会事业取得新的进步，实现了“十二五”时期良好开局。

## 一、综　合

初步核算，全年国内生产总值[2]471 564亿元，比上年增长 9.2%。其中，第一产业增加值47 712亿元，增长 4.5%；第二产业增加值220 592亿元，增长 10.6%；第三产业增加值203 260亿元，增长 8.9%。第一产业增加值占国内生产总值的比重为 10.1%，第二产业增加值比重为 46.8%，第三产业增加值比重为 43.1%。见图 1。

全年居民消费价格比上年上涨 5.4%，其中食品价格上涨 11.8%。固定资产投资价格上涨 6.6%。工业生产者出厂价格上涨 6.0%。工业生产者购进价格上涨 9.1%。农产品生产价格[3]上涨 16.5%。见图 2、表 1。

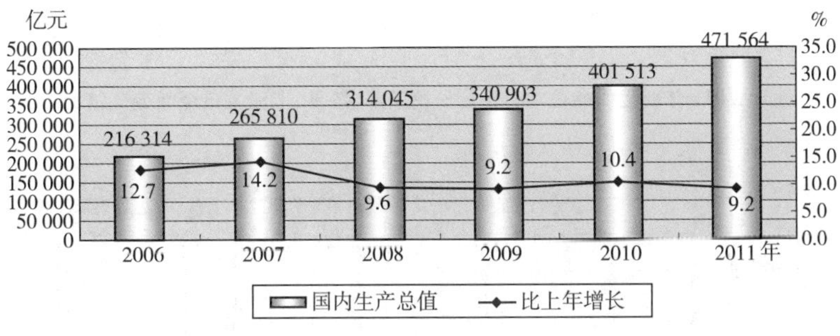


**图 1　2006—2011 年国内生产总值及增长速度**

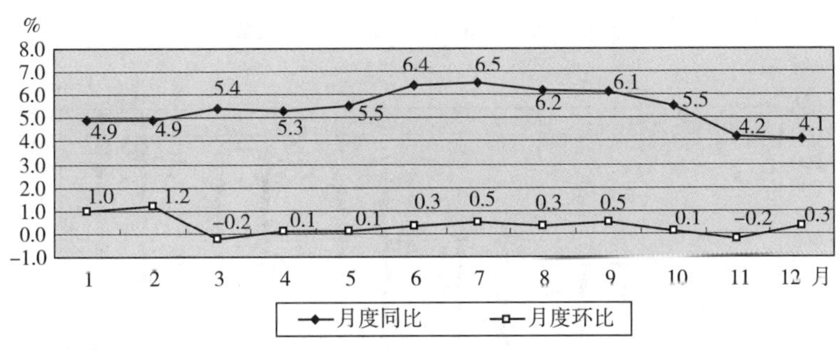


**图 2　2011 年居民消费价格月度涨跌幅度**

2011 年居民消费价格比上年涨跌幅度

表 1 单位:%

| 指 标 | 全 国 | 城 市 | 农 村 |
|---|---|---|---|
| 居民消费价格 | 5.4 | 5.3 | 5.8 |
| 其中:食　品 | 11.8 | 11.6 | 12.4 |
| 烟酒及用品 | 2.8 | 3.0 | 2.4 |
| 衣　着 | 2.1 | 2.2 | 1.9 |
| 家庭设备用品及维修服务 | 2.4 | 2.7 | 1.5 |
| 医疗保健和个人用品 | 3.4 | 3.4 | 3.3 |
| 交通和通信 | 0.5 | 0.2 | 1.3 |
| 娱乐教育文化用品及服务 | 0.4 | 0.3 | 0.8 |
| 居　住 | 5.3 | 5.1 | 5.7 |

70 个大中城市新建商品住宅销售价格月环比下降的城市个数逐步增加。12 月份,70 个大中城市中,环比价格下降的城市为 52 个,比 1 月份增加 49 个。见图 3。

年末全国就业人员76 420万人,其中城镇就业人员35 914万人。全年城镇新增就业1 221万人。年末城镇登记失业率为 4.1%,与上年末持平。全年农民工[4]总量为25 278万人,比上年增长 4.4%。其中,外出农民工15 863万人,增长 3.4%;本地农民工9 415万人,增长 5.9%。见图4。

年末国家外汇储备31 811亿美元,比上年末增加3 338亿美元。年末人民币汇率为 1 美元兑6.300 9元人民币,比上年末升值5.1%。见图5。

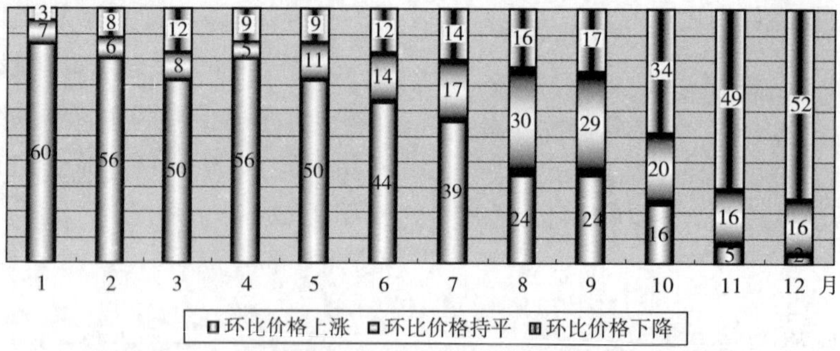


图 3　2011 年新建商品住宅月环比价格下降、持平、上涨城市个数变化情况

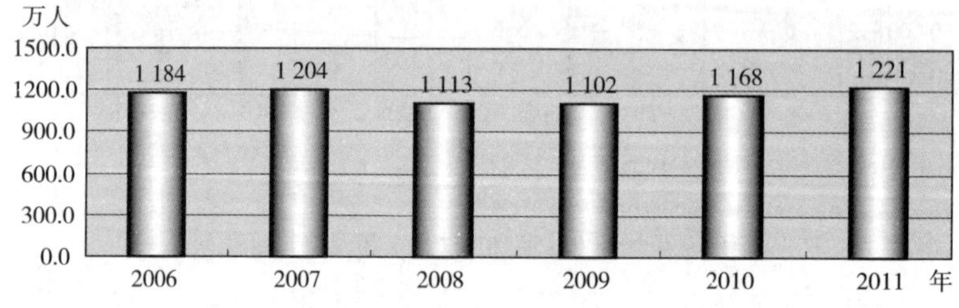


图 4　2006—2011 年城镇新增就业人数

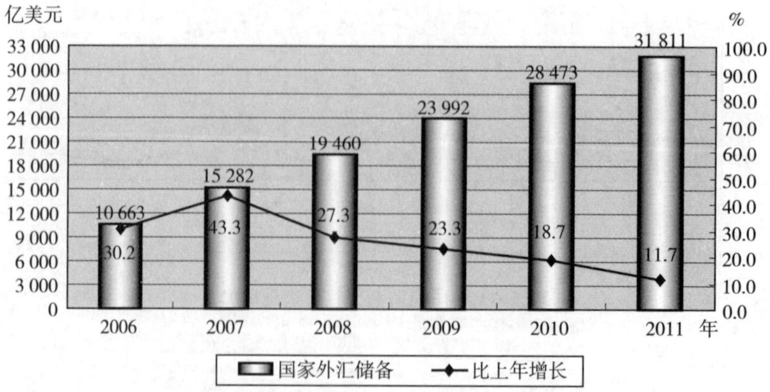


图 5　2006—2011 年年末国家外汇储备及增长速度

全年公共财政收入[5] 103 740亿元，比上年增加20 639亿元，增长 24.8%；其中税收收入89 720亿元，增加16 510亿元，增长 22.6%。见图 6。

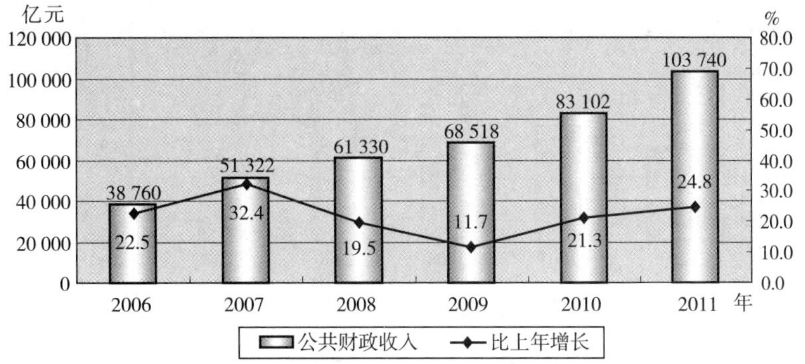


**图 6　2006—2011 年公共财政收入[6]及增长速度**

## 二、农　业

全年粮食种植面积11 057万公顷，比上年增加70 万公顷；棉花种植面积 504 万公顷，增加 19 万公顷；油料种植面积1 379万公顷，减少 10 万公顷；糖料种植面积 195 万公顷，增加 4 万公顷。

全年粮食产量57 121万吨，比上年增加2 473万吨，增产 4.5%。其中，夏粮产量12 627万吨，增产2.5%；早稻产量3 276万吨，增产 4.5%；秋粮产量41 218万吨，增产 5.1%。见图 7。

全年棉花产量 660 万吨，比上年增产 10.7%。油料产量3 279万吨，增产 1.5%。糖料产量12 520万吨，增产 4.3%。烤烟产量 287 万吨，增产 5.1%。茶叶产量 162 万吨，增产 9.9%。

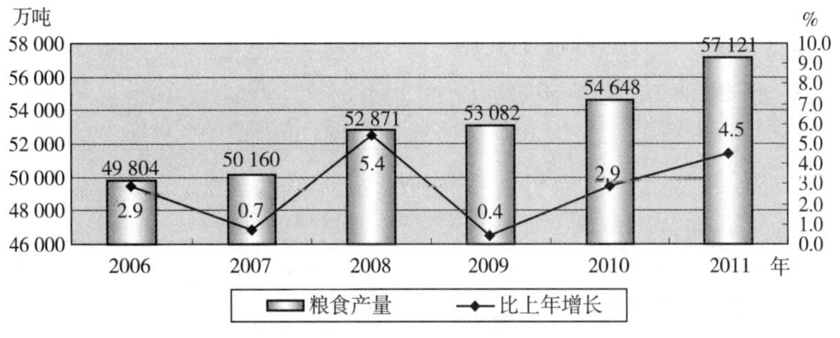


**图 7　2006—2010 年粮食产量及增长速度**

全年肉类总产量7 957万吨，比上年增长 0.4%。其中，猪肉产量5 053万吨，下降 0.4%；牛肉产量 648万吨，下降 0.9%；羊肉产量 393 万吨，下降 1.4%。年末生猪存栏46 767万头，增长 0.7%；生猪出栏66 170万头，下降 0.8%。禽蛋产量2 811万吨，增长1.8%。牛奶产量3 656万吨，增长 2.2%。

全年水产品产量5 600万吨，比上年增长 4.2%。其中，养殖水产品产量4 026万吨，增长 5.2%；捕捞水产品产量1 574万吨，增长 1.9%。

全年木材产量 7 272 万立方米，比上年下降 10.1%。

全年新增有效灌溉面积 181 万公顷，新增节水灌溉面积 221 万公顷。

## 三、工业和建筑业

全年全部工业增加值188 572亿元，比上年增长10.7%。规模以上工业增加值[7]增长 13.9%。在规模以上工业中，国有及国有控股企业增长 9.9%；集体企业增长 9.3%，股份制企业增长 15.8%，外商及港澳台商投资企业增长10.4%;私营企业增长19.5%。轻工业增长13.0%,重工业增长14.3%。见图8。

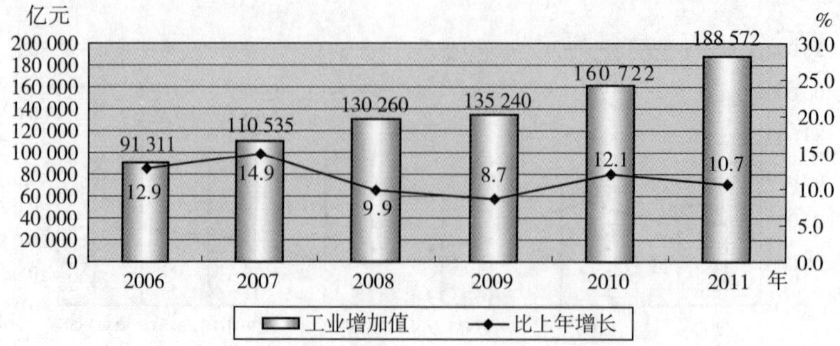


图8　2006—2011年全国工业增加值及增长速度

全年规模以上工业中,农副食品加工业增加值比上年增长14.1%,纺织业增长8.3%,通用设备制造业增长17.4%,专用设备制造业增长19.8%,交通运输设备制造业增长12.0%,通信设备、计算机及其他电子设备制造业增长15.9%,电气机械及器材制造业增长14.5%。六大高耗能行业[8]增加值比上年增长12.3%,其中,非金属矿物制品业增长18.4%,化学原料及化学制品制造业增长14.7%,有色金属冶炼及压延加工业增长13.6%,黑色金属冶炼及压延加工业增长9.7%,电力、热力的生产和供应业增长10.1%,石油加工、炼焦及核燃料加工业增长7.6%。高技术制造业增加值比上年增长16.5%。见表2。

2011年主要工业产品产量及增长速度

表2

| 产品名称 | 单　位 | 产　量 | 比上年增长(%) |
|---|---|---|---|
| 纱 | 万　吨 | 2 900.0 | 6.7 |
| 布 | 亿　米 | 837.0 | 4.6 |
| 化学纤维 | 万　吨 | 3 390.0 | 9.7 |
| 成品糖 | 万　吨 | 1 187.4 | 6.2 |
| 卷　烟 | 亿　支 | 24 474.0 | 3.0 |
| 彩色电视机 | 万　台 | 12 231.4 | 3.4 |
| 其中:液晶电视机 | 万　台 | 10 298.5 | 15.2 |
| 家用电冰箱 | 万　台 | 8 699.2 | 19.2 |
| 房间空气调节器 | 万　台 | 13 912.5 | 27.8 |
| 一次能源生产总量 | 亿吨标准煤 | 31.8 | 7.0 |
| 原　煤 | 亿　吨 | 35.2 | 8.7 |

续表

| 产品名称 | 单　位 | 产　量 | 比上年增长(%) |
|---|---|---|---|
| 原　油 | 亿　吨 | 2.0 | 0.3 |
| 天然气 | 亿立方米 | 1 030.6 | 8.7 |
| 发电量 | 亿千瓦小时 | 47 000.7 | 11.7 |
| 其中:火　电 | 亿千瓦小时 | 38 253.2 | 14.8 |
| 水　电 | 亿千瓦小时 | 6 940.4 | -3.9 |
| 核　电 | 亿千瓦小时 | 863.5 | 16.9 |
| 粗　钢 | 万　吨 | 68 388.3 | 7.3 |
| 钢　材[9] | 万　吨 | 88 258.2 | 9.9 |
| 十种有色金属 | 万　吨 | 3 434.0 | 10.0 |
| 其中:精炼铜(电解铜) | 万　吨 | 517.9 | 12.9 |
| 原　铝(电解铝) | 万　吨 | 1 767.7 | 12.1 |
| 氧化铝 | 万　吨 | 3 417.2 | 18.1 |
| 水　泥 | 亿　吨 | 20.9 | 10.8 |
| 硫　酸 | 万　吨 | 7 466.4 | 5.3 |
| 纯　碱 | 万　吨 | 2 308.2 | 13.4 |
| 烧　碱 | 万　吨 | 2 466.2 | 10.7 |
| 乙　烯 | 万　吨 | 1 527.5 | 7.5 |
| 化　肥(折100%) | 万　吨 | 6 217.2 | -1.9 |
| 发电机组(发电设备) | 万千瓦 | 14 410.4 | 11.9 |
| 汽　车 | 万　辆 | 1 841.6 | 0.8 |
| 其中:基本型乘用车(轿车) | 万　辆 | 1 012.7 | 5.8 |
| 大中型拖拉机 | 万　台 | 40.2 | 19.3 |
| 集成电路 | 亿　块 | 719.6 | 10.3 |
| 程控交换机 | 万　线 | 3 034.0 | -3.3 |
| 移动通信手持机 | 万　台 | 113 257.6 | 13.5 |
| 微型计算机设备 | 万　台 | 32 036.7 | 30.3 |

全年规模以上工业企业实现利润54 544亿元，比上年增长25.4%。见表3。

全年全社会建筑业增加值32 020亿元，比上年增长10.0%。全国具有资质等级的总承包和专业承包建筑业企业实现利润4 241亿元，增长24.4%，其中国有及国有控股企业1 172亿元，增长36.0%。见图9。

2011年规模以上工业企业实现利润及增长速度

表3

| 指　标 | 利润总额（亿元） | 比上年同期增长（%） |
|---|---|---|
| 规模以上工业 | 54 544 | 25.4 |
| 其中：国有及国有控股企业 | 14 989 | 15.0 |
| 其中：集体企业 | 882 | 34.0 |
| 股份制企业 | 31 651 | 31.2 |
| 外商及港澳台商投资企业 | 14 038 | 10.6 |
| 其中：私营企业 | 16 620 | 46.0 |

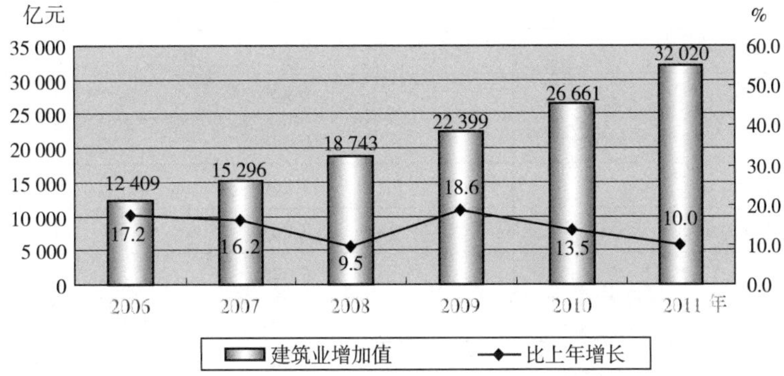


图9　2006—2011年建筑业增加值及增长速度

## 四、固定资产投资

全年全社会固定资产投资[10]311 022亿元，比上年增长23.6%，扣除价格因素，实际增长15.9%。其中，固定资产投资（不含农户）301 933亿元，增长23.8%；农户投资9 089亿元，增长15.3%。东部地区投资[11]130 319亿元，比上年增长20.1%；中部地区投资70 783亿元，增长27.5%；西部地区投资71 849亿元，增长28.7%；东北地区投资32 687亿元，增长30.4%。见图10、表4。

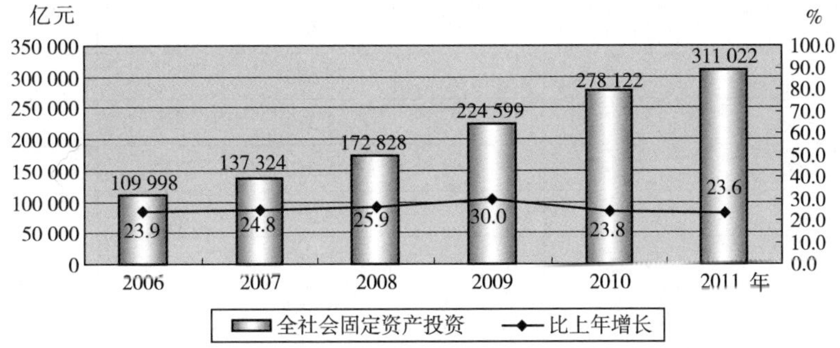


图10　2006—2011年全社会固定资产投资及增长速度

**2011 年分行业固定资产投资(不含农户)及增长速度**

表 4

| 行　业 | 投资额(亿元) | 比上年增长(%) |
|---|---|---|
| 总　计 | 301 933 | 23.8 |
| 农、林、牧、渔业 | 6 792 | 25.0 |
| 采矿业 | 11 810 | 21.4 |
| 其中:煤炭开采及洗选业 | 4 897 | 25.9 |
| 石油和天然气开采业 | 3 057 | 12.5 |
| 制造业 | 102 594 | 31.8 |
| 其中:农副食品加工业 | 5 229 | 44.1 |
| 食品制造业 | 2 386 | 23.1 |
| 纺织业 | 3 669 | 30.9 |
| 纺织服装、鞋、帽制造业 | 2 267 | 43.0 |
| 石油加工、炼焦及核燃料加工业 | 2 234 | 10.1 |
| 化学原料及化学制品制造业 | 8 899 | 26.4 |
| 非金属矿物制品业 | 10 448 | 31.8 |
| 黑色金属冶炼及压延加工业 | 3 860 | 14.6 |
| 有色金属冶炼及压延加工业 | 3 861 | 36.4 |
| 金属制品业 | 5 045 | 23.1 |
| 通用设备制造业 | 7 702 | 30.6 |
| 专用设备制造业 | 5 893 | 39.2 |
| 交通运输设备制造业 | 8 406 | 27.2 |
| 电气机械及器材制造业 | 7 851 | 44.6 |
| 通信设备、计算机及其他电子设备制造业 | 5 266 | 34.2 |
| 电力、燃气及水的生产和供应业 | 14 607 | 3.8 |
| 其中:电力、热力的生产与供应业 | 11 557 | 1.8 |
| 建筑业 | 3 253 | 42.9 |
| 交通运输、仓储和邮政业 | 27 260 | 1.8 |
| 信息传输、计算机服务和软件业 | 2 161 | 0.4 |
| 批发和零售业 | 7 322 | 40.1 |
| 住宿和餐饮业 | 3 916 | 34.3 |
| 金融业 | 628 | 42.0 |
| 房地产业[12] | 75 685 | 29.7 |
| 租赁和商务服务业 | 3 374 | 40.3 |
| 科学研究、技术服务和地质勘查业 | 1 650 | 39.4 |
| 水利、环境和公共设施管理业 | 24 537 | 14.2 |
| 居民服务和其他服务业 | 1 217 | 52.9 |
| 教　育 | 3 882 | 13.7 |
| 卫生、社会保障和社会福利业 | 2 331 | 28.1 |
| 文化、体育和娱乐业 | 3 148 | 21.3 |
| 公共管理和社会组织 | 5 766 | 18.1 |

固定资产投资（不含农户）中，第一产业投资6 792亿元，比上年增长25.0%；第二产业投资132 263亿元，增长27.3%；第三产业投资162 877亿元，增长21.1%。见表5。

**2011年固定资产投资新增主要生产能力**

表5

| 指 标 | 单 位 | 绝对数 |
| --- | --- | --- |
| 新增发电机组容量 | 万千瓦 | 9 041 |
| 新增22万伏及以上变电设备 | 万千伏安 | 20 906 |
| 新建铁路投产里程 | 公 里 | 2 167 |
| 其中：高速铁路[13] | 公 里 | 1 421 |
| 增建铁路复线投产里程 | 公 里 | 1 889 |
| 电气化铁路投产里程 | 公 里 | 3 398 |
| 新建公路 | 公 里 | 55 285 |
| 其中：高速公路 | 公 里 | 9 124 |
| 港口万吨级码头泊位新增吞吐能力 | 万 吨 | 26 639 |
| 新增光缆线路长度 | 万公里 | 209 |
| 新增数字蜂窝移动电话交换机容量 | 万 户 | 20 406 |

全年房地产开发投资61 740亿元，比上年增长27.9%。其中，住宅投资44 308亿元，增长30.2%；办公楼投资2 544亿元，增长40.7%；商业营业用房投资7 370亿元，增长30.5%。

全年新开工建设城镇保障性安居工程住房1 043万套（户），基本建成城镇保障性安居工程住房432万套。见表6。

**2011年房地产开发和销售主要指标完成情况及增长速度**

表6

| 指 标 | 单 位 | 绝对数 | 比上年增长(%) |
| --- | --- | --- | --- |
| 投资额 | 亿 元 | 61 740 | 27.9 |
| 其中：住宅 | 亿 元 | 44 308 | 30.2 |
| 其中：90平方米及以下 | 亿 元 | 13 637 | 28.0 |
| 房屋施工面积 | 万平方米 | 507 959 | 25.3 |
| 其中：住宅 | 万平方米 | 388 439 | 23.4 |
| 房屋新开工面积 | 万平方米 | 190 083 | 16.2 |
| 其中：住宅 | 万平方米 | 146 035 | 12.9 |
| 房屋竣工面积 | 万平方米 | 89 244 | 13.3 |
| 其中：住宅 | 万平方米 | 71 692 | 13.0 |
| 商品房销售面积 | 万平方米 | 109 946 | 4.9 |
| 其中：住宅 | 万平方米 | 97 030 | 3.9 |
| 本年资金来源 | 亿 元 | 83 246 | 14.1 |
| 其中：国内贷款 | 亿 元 | 12 564 | 0.0 |
| 其中：个人按揭贷款 | 亿 元 | 8 360 | -12.2 |
| 本年购置土地面积 | 万平方米 | 40 973 | 2.6 |
| 土地成交价款 | 亿 元 | 8 049 | -1.9 |

## 五、国内贸易

全年社会消费品零售总额183 919亿元,比上年增长17.1%,扣除价格因素,实际增长11.6%。按经营地统计[14],城镇消费品零售额159 552亿元,增长17.2%;乡村消费品零售额24 367亿元,增长16.7%。按消费形态统计,商品零售额163 284亿元,增长17.2%;餐饮收入额20 635亿元,增长16.9%。见图11。

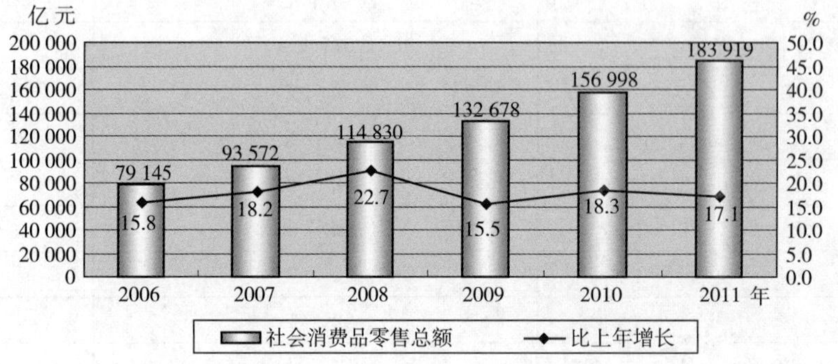


图11　2006—2011 年社会消费品零售总额与增长速度

在限额以上企业商品零售额中,汽车类零售额比上年增长14.6%,粮油类增长29.1%,肉禽蛋类增长27.6%,服装类增长25.1%,日用品类增长24.1%,文化办公用品类增长27.6%,通讯器材类增长27.5%,化妆品类增长18.7%,金银珠宝类增长42.1%,中西药品类增长21.5%,家用电器和音像器材类增长21.6%,家具类增长32.8%,建筑及装潢材料类增长30.1%。

## 六、对外经济

全年货物进出口总额36 421亿美元,比上年增长22.5%。其中,出口18 986亿美元,增长20.3%;进口17 435亿美元,增长24.9%。进出口差额(出口减进口)1 551亿美元,比上年减少264 亿美元。见表7、表8、表9、表10、图12。

2011 年货物进出口总额及增长速度

表7

| 指　标 | 绝对数(亿美元) | 比上年增长(%) |
|---|---|---|
| 货物进出口总额 | 36 421 | 22.5 |
| 货物出口额 | 18 986 | 20.3 |
| 其中:一般贸易 | 9 171 | 27.3 |
| 加工贸易 | 8 354 | 12.9 |
| 其中:机电产品 | 10 856 | 16.3 |
| 高新技术产品 | 5 488 | 11.5 |
| 其中:国有企业 | 2 672 | 14.1 |
| 外商投资企业 | 9 953 | 15.4 |
| 其他企业 | 6 360 | 32.2 |
| 货物进口额 | 17 435 | 24.9 |
| 其中:一般贸易 | 10 075 | 31.0 |
| 加工贸易 | 4 698 | 12.5 |
| 其中:机电产品 | 7 533 | 14.1 |
| 高新技术产品 | 4 630 | 12.2 |
| 其中:国有企业 | 4 934 | 27.1 |
| 外商投资企业 | 8 648 | 17.1 |
| 其他企业 | 3 852 | 42.9 |
| 进出口差额(出口减进口) | 1 551 | — |

2011 年主要商品出口数量、金额及增长速度

表 8

| 商品名称 | 单 位 | 数 量 | 比上年增长(%) | 金额(亿美元) | 比上年增长(%) |
|---|---|---|---|---|---|
| 煤 | 万 吨 | 1 466 | -23.0 | 27 | 20.6 |
| 钢 材 | 万 吨 | 4 888 | 14.9 | 513 | 39.2 |
| 纺织纱线、织物及制品 | | — | — | 947 | 22.9 |
| 服装及衣着附件 | | — | — | 1 532 | 18.3 |
| 鞋 类 | | — | — | 417 | 17.1 |
| 家具及其零件 | | — | — | 379 | 15.0 |
| 自动数据处理设备及其部件 | 万 台 | 183 427 | 10.1 | 1 763 | 7.5 |
| 手持或车载无线电话 | 万 台 | 87 509 | 15.5 | 628 | 34.3 |
| 集装箱 | 万 个 | 324 | 29.6 | 114 | 57.7 |
| 液晶显示板 | 万 个 | 244 141 | 8.5 | 295 | 11.5 |
| 汽车(包括整套散件) | 万 辆 | 82 | 52.2 | 99 | 60.5 |

2011 年主要商品进口数量、金额及增长速度

表 9

| 商品名称 | 数量(万吨) | 比上年增长(%) | 金额(亿美元) | 比上年增长(%) |
|---|---|---|---|---|
| 谷物及谷物粉 | 545 | -4.6 | 20 | 33.8 |
| 大 豆 | 5 264 | -3.9 | 298 | 18.9 |
| 食用植物油 | 657 | -4.4 | 77 | 28.0 |
| 铁矿砂及其精矿 | 68 608 | 10.9 | 1 124 | 40.9 |
| 氧化铝 | 188 | -56.4 | 8 | -48.1 |
| 煤 | 18 240 | 10.8 | 209 | 23.6 |
| 原 油 | 25 378 | 6.0 | 1 967 | 45.3 |
| 成品油 | 4 060 | 10.1 | 327 | 45.5 |
| 初级形状的塑料 | 2 304 | -3.7 | 472 | 8.3 |
| 纸 浆 | 1 445 | 27.1 | 119 | 35.3 |
| 钢 材 | 1 558 | -5.2 | 216 | 7.3 |
| 未锻造的铜及铜材 | 407 | -5.1 | 368 | 12.0 |

2011 年对主要国家和地区货物进出口额及增长速度

表 10

| 国家和地区 | 出口额(亿美元) | 比上年增长(%) | 进口额(亿美元) | 比上年增长(%) |
|---|---|---|---|---|
| 欧 盟 | 3 560 | 14.4 | 2 112 | 25.4 |
| 美 国 | 3 245 | 14.5 | 1 222 | 19.6 |
| 中国香港 | 2 680 | 22.8 | 155 | 26.4 |
| 东 盟 | 1 701 | 23.1 | 1 928 | 24.6 |
| 日 本 | 1 483 | 22.5 | 1 946 | 10.1 |
| 韩 国 | 829 | 20.6 | 1 627 | 17.6 |
| 印 度 | 505 | 23.5 | 234 | 12.1 |
| 俄罗斯 | 389 | 31.4 | 403 | 55.6 |
| 中国台湾 | 351 | 18.3 | 1 249 | 7.9 |

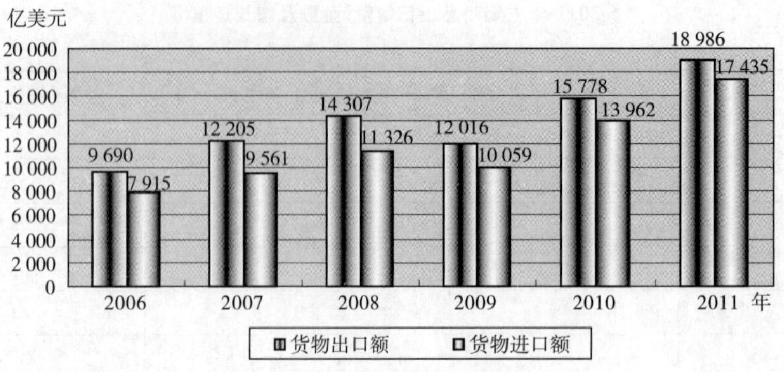


**图 12 2006—2011 年货物进出口总额**

全年非金融领域新批外商直接投资企业27 712家，比上年增长1.1%。实际使用外商直接投资金额1 160亿美元，增长9.7%。见表11。

**2011 年非金融领域外商直接投资及增长速度**

**表 11**

| 行业 | 企业数（家） | 比上年增长（%） | 实际使用金额（亿美元） | 比上年增长（%） |
|---|---|---|---|---|
| 总计 | 27 712 | 1.1 | 1 160.1 | 9.7 |
| 其中：农、林、牧、渔业 | 865 | -6.9 | 20.1 | 5.1 |
| 制造业 | 11 114 | 0.6 | 521.0 | 5.1 |
| 电力、燃气及水的生产和供应业 | 214 | 1.9 | 21.2 | -0.3 |
| 交通运输、仓储和邮政业 | 413 | 4.3 | 31.9 | 42.2 |
| 信息传输、计算机服务和软件业 | 993 | -5.1 | 27.0 | 8.5 |
| 批发和零售业 | 7 259 | 7.0 | 84.2 | 27.7 |
| 房地产业 | 466 | -32.4 | 268.8 | 12.1 |
| 租赁和商务服务业 | 3 518 | 2.9 | 83.8 | 17.6 |
| 居民服务和其他服务业 | 212 | -2.3 | 18.8 | -8.2 |

全年非金融类对外直接投资额601亿美元，比上年增长1.8%。

全年对外承包工程业务完成营业额1 034亿美元，比上年增长12.2%；对外劳务合作派出各类劳务人员45.2万人，增加4.1万人。

## 七、交通、邮电和旅游

全年货物运输总量369亿吨，比上年增长13.7%。货物运输周转量159 014亿吨公里，增长12.1%。见表12、表13。

**2011 年各种运输方式完成货物运输量及增长速度**

**表 12**

| 指标 | 单位 | 绝对数 | 比上年增长（%） |
|---|---|---|---|
| 货物运输总量 | 亿吨 | 368.5 | 13.7 |
| 铁路 | 亿吨 | 39.3 | 8.0 |
| 公路 | 亿吨 | 281.3 | 14.9 |
| 水运 | 亿吨 | 42.3 | 11.7 |
| 民航 | 万吨 | 552.8 | -1.8 |
| 管道 | 亿吨 | 5.4 | 9.0 |
| 货物运输周转量 | 亿吨公里 | 159 014.1 | 12.1 |
| 铁路 | 亿吨公里 | 29 465.8 | 6.6 |
| 公路 | 亿吨公里 | 51 333.2 | 18.3 |

续表

| 指　标 | 单　位 | 绝对数 | 比上年增长（%） |
|---|---|---|---|
| 水　运 | 亿吨公里 | 75 196.2 | 9.9 |
| 民　航 | 亿吨公里 | 171.7 | -4.0 |
| 管　道 | 亿吨公里 | 2 847.2 | 29.6 |

**2011 年各种运输方式完成旅客运输量及增长速度**

**表 13**

| 指　标 | 单　位 | 绝对数 | 比上年增长（%） |
|---|---|---|---|
| 旅客运输总量 | 亿　人 | 351.8 | 7.6 |
| 铁　路 | 亿　人 | 18.6 | 11.1 |
| 公　路 | 亿　人 | 327.9 | 7.4 |
| 水　运 | 亿　人 | 2.4 | 8.6 |
| 民　航 | 亿　人 | 2.9 | 9.2 |
| 旅客运输周转量 | 亿人公里 | 30 935.8 | 10.9 |
| 铁　路 | 亿人公里 | 9 612.3 | 9.7 |
| 公　路 | 亿人公里 | 16 732.6 | 11.4 |
| 水　运 | 亿人公里 | 74.2 | 2.6 |
| 民　航 | 亿人公里 | 4 516.7 | 11.8 |

全年规模以上港口完成货物吞吐量 90.7 亿吨，比上年增长 11.9%，其中外贸货物吞吐量 27.5 亿吨，增长 10.8%。规模以上港口集装箱吞吐量16 231万标准箱，增长 11.4%。

年末全国民用汽车保有量达到 10 578 万辆（包括三轮汽车和低速货车 1 228 万辆），比上年末增长 16.4%，其中私人汽车保有量 7 872 万辆，增长 20.4%。民用轿车保有量 4 962 万辆，增长 23.2%，其中私人轿车 4 322 万辆，增长 25.5%。

全年完成邮电业务总量[15]13 379 亿元，比上年增长 16.5%。其中，邮政业务总量 1 608 亿元，增长 25.0%；电信业务总量 11 772 亿元，增长 15.5%。全年局用交换机容量减少 3 070 万门，总容量 43 467 万门；新增移动电话交换机容量[16]20 406 万户，达到 170 691 万户。年末固定电话用户 28 512 万户。其中，城市电话用户19 110万户，农村电话用户9 402万户。新增移动电话用户12 725万户，年末达到98 625万户，其中 3G 移动电话用户[17]12 842 万户。年末全国固定及移动电话用户总数达到 127 137 万户，比上年末增加 11 802 万户。电话普及率达到 94.9 部/百人。互联网上网人数 5.1 亿多人，互联网普及率达到 38.3%。见图 13。

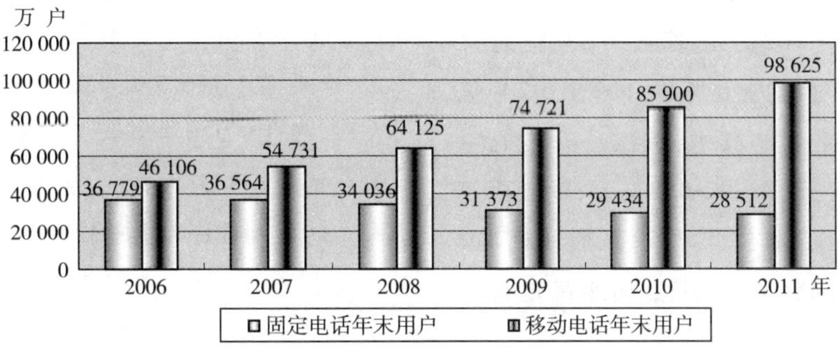


**图 13　2006—2011 年年末电话用户数**

全年国内出游人数 26.4 亿人次，比上年增长 13.2%；国内旅游收入19 306亿元，增长 23.6%。入境旅游人数13 542万人次，增长 1.2%。其中，外国人2 711万人次，增长 3.8%；香港、澳门和台湾同胞10 831万人次，增长 0.6%。在入境旅游者中，过夜旅游者5 758万人次，增长 3.4%。国际旅游外汇收入 485 亿美元，增长 5.8%。国内居民出境人数7 025万人次，增长 22.4%。其中因私出境6 412万人次，增长 24.5%，占出境人数的 91.3%。

## 八、金　融

年末广义货币供应量（$M_2$）余额为852 000亿元，比上年末增长 13.6%；狭义货币供应量（$M_1$）余额为290 000亿元，增长 7.9%；流通中现金（$M_0$）余额为51 000亿元，增长 13.8%。

年末全部金融机构本外币各项存款余额827 000亿元，比年初增加99 000亿元，其中人民币各项存款余额809 000亿元，增加96 000亿元。全部金融机构本外币各项贷款余额582 000亿元，增加79 000亿元，其中人民币各项贷款余额548 000亿元，增加75 000亿元。见表14。

**2011 年年末全部金融机构本外币存贷款金额及增长速度**

**表 14**

| 指　标 | 年末数（亿元） | 比上年末增长（%） |
|---|---|---|
| 各项存款余额 | 826 701 | 13.5 |
| 其中：住户存款 | 351 957 | 15.5 |
| 其中：人民币 | 348 046 | 15.7 |
| 非金融企业存款 | 313 981 | 9.5 |
| 各项贷款余额 | 581 893 | 15.9 |
| 其中：境内短期贷款 | 217 480 | 21.8 |
| 境内中长期贷款 | 333 747 | 11.8 |

全年农村金融合作机构（农村信用社、农村合作银行、农村商业银行）人民币贷款余额66 778亿元，比年初增加10 012亿元。全部金融机构人民币消费贷款余额88 717亿元，增加14 803亿元。其中，个人短期消费贷款余额13 555亿元，增加3 965亿元；个人中长期消费贷款余额75 162亿元，增加10 838亿元。

全年上市公司通过境内市场累计筹资6 780亿元，比上年减少3 495亿元。其中，首次公开发行A股282只，筹资2 825亿元，减少2 058亿元；A股再筹资（包括配股、公开增发、非公开增发、认股权证）筹资2 248亿元，减少1 824亿元；上市公司通过发行可转债、可分离债、公司债筹资1 707亿元，增加387亿元。全年公开发行创业板股票128只，筹资791亿元。

全年发行非上市公司企业（公司）债券3 485亿元，比上年减少142亿元。企业发行短期融资券8 029亿元，增加1 287亿元；中期票据7 270亿元，增加2 346亿元。

全年保险公司原保险保费收入[18]14 339亿元，比上年增长[19]10.5%，其中寿险业务原保险保费收入8 696亿元；健康险和意外伤害险业务原保险保费收入1 025亿元；财产险业务原保险保费收入4 618亿元。支付各类赔款及给付3 929亿元，其中寿险业务给付1 301亿元；健康险和意外伤害险赔款及给付441亿元；财产险业务赔款2 187亿元。

## 九、教育、科学技术和文化

全年研究生教育招生56万人，在学研究生164.6万人，毕业生43万人。普通高等教育本专科招生681.5万人，在校生2 308.5万人，毕业生608.2万人。各类中等职业教育招生808.9万人，在校生2 196.6万人，毕业生662.7万人。全国普通高中招生850.8万人，在校生2 454.8万人，毕业生787.7万人。全国初中招生1 634.7万人，在校生5 066.8万人，毕业生1 736.7万人。普通小学招生1 736.8万人，在校生9 926.4万人，毕业生1 662.8万人。特殊教育招生6.4万人，在校生39.9万人，毕业生4.4万人。幼儿园在园幼儿3 424.4万人。见图14。

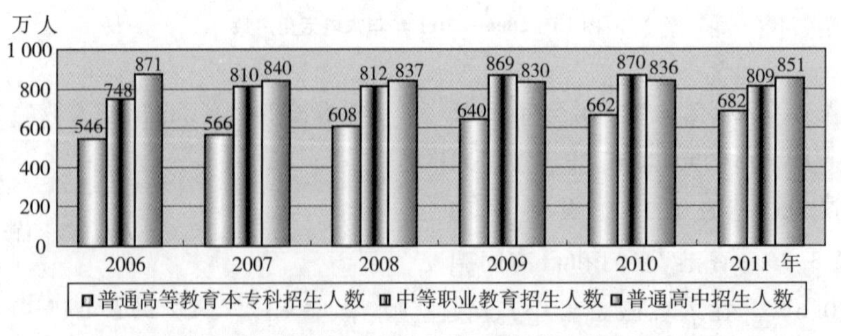


**图 14　2006—2011 年普通高等教育、中等职业教育及普通高中招生人数**

全年研究与试验发展(R&D)经费支出8 610亿元,比上年增长21.9%,占国内生产总值的1.8%,其中基础研究经费396亿元。全年国家安排了952项科技支撑计划课题,524项“863”计划课题。累计建设国家工程研究中心130个,国家工程实验室119个。累计建设国家地方联合工程研究中心101个,国家地方联合工程实验室116个。国家认定企业技术中心达到793家。省级企业技术中心达到6 824家。实施新兴产业创投计划,累计支持设立61家创业投资企业,投资创业企业108家。全年受理境内外专利申请163.3万件,其中境内申请147.9万件,占90.5%。受理境内外发明专利申请52.6万件,其中境内申请40.4万件,占76.7%。全年授予专利权96.1万件,其中境内授权86.4万件,占89.9%。授予发明专利权17.2万件,其中境内授权10.6万件,占61.5%。截至年底,有效专利274.0万件,其中境内有效专利220.2万件,占80.4%;有效发明专利69.7万件,其中境内有效发明专利31.8万件,占45.7%。全年共签订技术合同25.6万项,技术合同成交金额4 763.6亿元,比上年增长21.9%。全年成功发射卫星19次。天宫一号目标飞行器和神舟八号飞船成功发射并实现空中交会对接。载人深潜器“蛟龙”号成功完成5 000米海试。

年末全国共有产品检测实验室25 669个,其中国家检测中心476个。全国现有产品质量、体系认证机构174个,已累计完成对83 549个企业的产品认证。全国共有法定计量技术机构3 740个,全年强制检定计量器具6 179万台(件)。全年制定、修订国家标准1 993项,其中新制定1 559项。全年中央气象台和省级气象台共发布气象预警信号4 034次,警报4 337次。全国共有地震台站1 480个,地震监测台网32个。全国共有海洋观测站74个。测绘地理信息部门公开出版地图2 103种。

年末全国文化系统共有艺术表演团体2 481个,博物馆2 571个,全国共有公共图书馆2 925个,文化馆3 276个。广播电台197座,电视台213座,广播电视台2 153座,教育电视台44个。有线电视用户20 152万户,有线数字电视用户11 455万户。年末广播节目综合人口覆盖率为97.1%;电视节目综合人口覆盖率为97.8%。全年生产电视剧469部14 939集,动画电视261 444分钟。全年生产故事影片558部,科教、纪录、动画和特种影片[20]131部。出版各类报纸467亿份,各类期刊33亿册,图书77亿册(张)。年末全国共有档案馆4 107个,已开放各类档案10 376万卷(件)。

全年运动员在24个大项中获得138个世界冠军,共有4人1队8次创8项世界纪录。

## 十、卫生和社会服务

年末全国共有医疗卫生机构953 432个,其中医院21 638个,乡镇卫生院37 374个,社区卫生服务中心(站)32 812个,诊所(卫生所、医务室)177 754个,村卫生室659 596个,疾病预防控制中心3 499个,卫生监督所(中心)3 005个。卫生技术人员620万人,其中执业医师和执业助理医师251万人,注册护士224万人。医疗卫生机构床位515万张,其中医院368万张,乡镇卫生院103万张。全年甲、乙类法定报告传染病发病人数323.8万例,报告死亡15 264人;报告传染病发病率241.44/10万,死亡率1.14/10万人。

年末全国共有各类提供住宿的社会服务机构[21]4.5万个,床位367.2万张,收养救助各类人员279.6万人。其中,农村养老服务机构3.2万个,床位232.6万张,收养各类人员182.8万人。各类社区服务设施14.8万个,其中,社区服务中心1.4万个,社区服务站4.9万个。年末2 276.8万城市居民得到政府最低生活保障,比上年末减少33.7万人;5 313.5万农村居民得到政府最低生活保障,增加99.5万人;552万农村居民得到政府五保救济[22],减少4.3万人。全年救助城市医疗困难群众711.4万人次,救助农村医疗困难群众1 558.1万人次;资助1 276.5万城镇困难群众参加城镇医疗保险,资助4 544.3万农村困难群众参加新型农村合作医疗。

## 十一、人口、人民生活和社会保障

年末全国大陆总人口为134 735万人,比上年末增加644万人,其中城镇人口为69 079万人,占总人口比重首次超过50.0%,达到51.3%。全年出生人口1 604万人,出生率为 11.93‰;死亡人口 960 万人,死亡率为 7.14‰;自然增长率为 4.79‰。出生人口性别比为 117.78。全国人户分离的人口[23]为 2.7 亿人,其中流动人口[24]为 2.3 亿人。见表 15。

全年农村居民人均纯收入6 977元,比上年增长 17.9%,扣除价格因素,实际增长 11.4%;农村居民人均纯收入中位数[25]为6 194元,增长 19.1%。城镇居民人均可支配收入21 810元,比上年增长 14.1%,扣除价格因素,实际增长 8.4%;城镇居民人均可支配收入中位数为19 118元,增长 13.5%。农村居民食品消费支出占消费总支出的比重为 40.4%,城镇为 36.3%。见图 15、图 16。

**2011 年年末人口数及构成**

表 15

| 指　标 | 年末数(万人) | 比　重(%) |
|---|---|---|
| 全国总人口 | 134 735 | 100.0 |
| 其中:城　镇 | 69 079 | 51.3 |
| 乡　村 | 65 656 | 48.7 |
| 其中:男　性 | 69 068 | 51.3 |
| 女　性 | 65 667 | 48.7 |
| 其中:0 ~ 14 岁 | 22 164 | 16.5 |
| 15 ~ 59 岁 | 94 072 | 69.8 |
| 60 岁及以上 | 18 499 | 13.7 |
| 其中:65 岁及以上 | 12 288 | 9.1 |

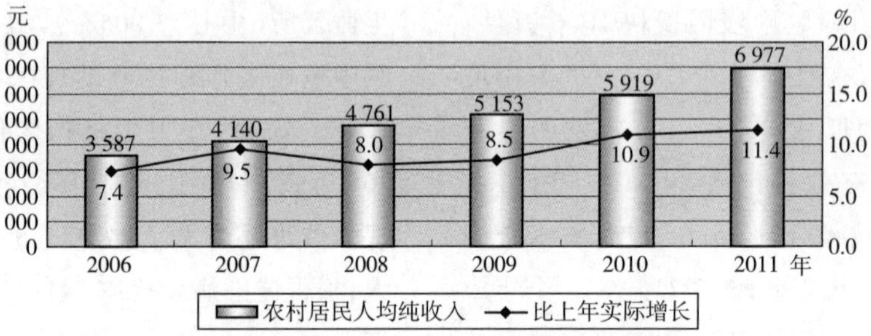


**图 15　2006—2011 年农村居民人均纯收入及实际增长速度**

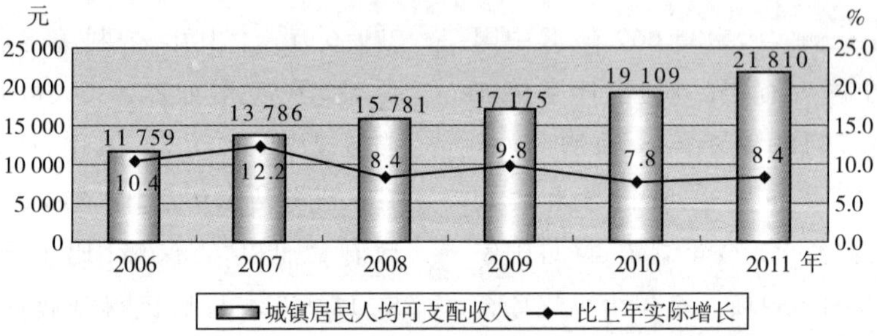


**图 16　2006—2011 年城镇居民人均可支配收入及实际增长速度**

年末全国参加城镇职工基本养老保险人数 28 392万人,比上年末增加2 685万人。其中,参保职工21 574万人,参保离退休人员6 819万人。参加城镇基本医疗保险的人数47 291万人,增加4 028万人。其中,参加城镇职工基本医疗保险[26]人数25 226万人,参加城镇居民基本医疗保险人数22 066万人。参加城镇基本医疗保险的农民工4 641万人,增加 58 万人。参加失业保险的人数14 317万人,增加 941 万人。参加工伤保险的人数17 689万人,增加1 528万人,其中参加工伤保险的农民工6 837万人,增加 537 万人。参加生育保险的人数13 880万人,增加1 544 万人。截至 9 月底,2 646个县(市、区)开展了新型农村合作医疗工作,新型农村合作医疗参合率 97.5%;新型农村合作医疗基金支出总额为1 114亿元,受益 8.4 亿人次。全国列入国家新型农村社会养老保险试点地区参保人数32 643万人。年末全国领取失业保险金人数为 197 万人。2011 年,国家将农村扶贫标准提高到年人均纯收入2 300元(2010 年不变价），按照新标准，年末农村扶贫对象为12 238万人。

## 十二、资源、环境和安全生产

全年全国国有建设用地供应总量[27]58.8万公顷，比上年增长37.2%。其中，工矿仓储用地19.3万公顷，增长26.2%；房地产用地[28]16.7万公顷，增长9.2%；基础设施等其他用地22.8万公顷，增长86.1%。

全年水资源总量24 022亿立方米。全年平均降水量567毫米。年末全国422座大型水库蓄水总量1 956亿立方米，比上年末少蓄水69亿立方米。全年总用水量6 080亿立方米，比上年增长1.0%。其中，生活用水增长2.5%，工业用水增长0.9%，农业用水增长0.8%，生态补水下降4.0%。万元国内生产总值用水量[29]139立方米，比上年下降7.3%。万元工业增加值用水量82立方米，下降8.9%。人均用水量452立方米，增长0.4%。

全年完成造林面积614万公顷，其中人工造林414万公顷。林业重点工程完成造林面积311万公顷，占全部造林面积的50.7%。截至年底，自然保护区达到2 640个，其中国家级自然保护区335个。新增水土流失治理面积3.9万平方公里，新增实施水土流失地区封育保护面积2.8万平方公里。截至年底，已确权集体林地面积为17 333万公顷，其中发放林权证的面积为15 100万公顷。

全年平均气温为9.3℃，共有7个台风登陆。

初步核算，全年能源消费总量34.8亿吨标准煤，比上年增长7.0%。煤炭消费量增长9.7%；原油消费量增长2.7%；天然气消费量增长12.0%；电力消费量增长11.7%。全国万元国内生产总值能耗下降2.01%。主要原材料消费[30]中，钢材消费量8.4亿吨，增长9.0%；精炼铜消费量786万吨，增长5.2%；电解铝消费量1 724万吨，增长12.1%；乙烯消费量1 528万吨，增长7.5%；水泥消费量20.7亿吨，增长11.2%。

七大水系的398个水质监测断面中，Ⅰ—Ⅲ类水质断面比例占56.3%，比上年提高0.3个百分点；劣Ⅴ类水质断面比例占15.3%，下降2.0个百分点。七大水系水质总体上保持稳定。

近岸海域301个海水水质监测点中，达到国家一、二类海水水质标准的监测点占62.8%，三类海水占12.0%，四类、劣四类海水占25.2%。

在监测的330个城市中，有293个城市空气质量达到二级以上（含二级）标准，占监测城市数的88.8%；有33个城市为三级，占10.0%；有4个城市为劣三级，占1.2%。在监测的316个城市中，城市区域声环境质量好的城市占5.1%，较好的占72.8%，轻度污染的占21.5%，中度污染的占0.6%。

年末城市污水处理厂日处理能力达11 255万立方米，比上年末增长7.8%；城市污水处理率达到82.6%，提高0.3个百分点。集中供热面积45.6亿平方米，增长4.6%。建成区绿地率达到34.7%，提高0.2个百分点。

全年各类自然灾害造成直接经济损失3 096亿元，比上年下降42.0%。全年农作物受灾面积3 247万公顷，下降13.2%，其中绝收289万公顷，下降40.5%。全年因洪涝、滑坡和泥石流灾害造成直接经济损失1 260亿元，下降64.0%。全年因旱灾造成直接经济损失928亿元，增长22.6%。全年因低温冷冻和雪灾造成直接经济损失290亿元，下降8.9%。全年因海洋灾害造成直接经济损失60.5亿元，下降54.4%。全年累计发生赤潮面积1 145平方公里，下降89.5%。全年大陆地区共发生5级以上地震17次，成灾15次，造成直接经济损失60.1亿元。全年共发生森林火灾5 550起，下降28.1%。

全年各类生产安全事故共死亡75 572人，比上年下降5.0%。亿元国内生产总值生产安全事故死亡人数为0.173人，下降13.9%；工矿商贸企业就业人员10万人生产安全事故死亡人数为1.88人，下降11.7%；道路交通万车死亡人数为2.8人，下降12.5%；煤矿百万吨死亡人数为0.564人，下降24.7%。

注：[1]本公报中数据均为初步统计数。各项统计数据均未包括香港特别行政区、澳门特别行政区和台湾省。部分数据因四舍五入的原因，存在着与分项合计不等的情况。

[2]国内生产总值、各产业增加值绝对数按现价计算，增长速度按不变价格计算。

[3]农产品生产价格是指农产品生产者直接出售其产品时的价格。

[4]年度农民工数量包括年内在本乡镇以外从业6个月以上的外出农民工和在本乡镇内从事非农产业6个月以上的本地农民工两部分。

[5]公共财政收入是指政府凭借国家政治权力，以社会管理者身份筹集以税收为主体的财政收入，与以往年份财政收入指标口径一致。

[6]图中2006—2010年数据为公共财政收入决算数，2011年为执行数。

[7]从2011年开始，纳入规模以上工业统计范围的工业企业起点标准从年主营业务收入500万元提高到2 000万元。

[8]六大高耗能行业分别为：化学原料及化学制品制造业、非金属矿物制品业、黑色金属冶炼及压延加工业、有色金属冶炼及压延加工业、石油加工炼焦及核燃料加工业、电力热力的生产和供应业。

[9]钢材产量及消费量数据中均含部分使用钢材加工成其他钢材的重复计算因素。

[10]从2011年开始，固定资产投资统计的起点标准从计划总投资50万元提高到500万元，因此2011年全社会固定资产投资绝对数与2010年不可比，但比上年增速是按可比口径计算的。与此同时，月度投资统计制度将统计范围从城镇扩大到城镇和农村企事业组织，并定义为“固定资产投资(不含农户)”。

[11]固定资产投资按东部、中部、西部和东北地区计算的合计数据小于全国数据，是因为有部分跨地区的投资未计算在地区数据中。其中，东部地区是指北京、天津、河北、上海、江苏、浙江、福建、山东、广东和海南10省、直辖市；中部地区是指山西、安徽、江西、河南、湖北和湖南6省；西部地区是指内蒙古、广西、重庆、四川、贵州、云南、西藏、陕西、甘肃、青海、宁夏和新疆12省(自治区、直辖市)；东北地区是指辽宁、吉林和黑龙江3省。

[12]房地产业投资除房地产开发投资外，还包括建设单位自建房屋以及物业管理、中介服务和其他房地产投资。

[13]高速铁路是指最高营运速度达到200公里/小时及以上的铁路。

[14]从2010年起，社会消费品零售总额统计采用新的分组，即将经营单位所在地分组由“市”、“县”、“县以下”改为“城镇”、“乡村”；取消按行业分组，新设按“商品零售额”和“餐饮收入额”两种消费形态的分组。

[15]邮电业务总量按2010年不变价格计算，2001—2010年按照2000年不变价格计算，因此2011年邮电业务总量绝对数与2010年不可比，但比上年增速是按可比口径计算的。

[16]移动电话交换机容量是指移动电话交换机根据一定话务模型和交换机处理能力计算出来的最大同时服务用户的数量。

[17]3G是指第三代蜂窝移动通信系统(3rd - generation，简称3G)，3G移动电话用户是指报告期末在计费系统拥有使用信息、占用3G网络资源的在网用户。

[18]原保险保费收入是指保险企业确认的原保险合同保费收入。

[19]原保险保费收入同比增速是按照行业2011年全面实施《企业会计准则解释第2号》后的口径测算。

[20]特种影片是指那些采用与常规影院放映在技术、设备、节目方面不同的电影展示方式，如巨幕电影、立体电影、立体特效(4D)电影、动感电影、球幕电影等。

[21]提供住宿的社会服务机构除收养性机构外，还包括救助类机构、社区类机构以及军休所、军供站等机构。

[22]农村五保救济是指老年、残疾和未满16周岁的村民，无劳动能力、无生活来源又无法定赡养、抚养、扶养义务人，或者其法定赡养、抚养、扶养义务人无赡养、抚养、扶养能力的村民，在吃、穿、住、医、葬方面得到

的生活照顾和物质帮助。

[23]人户分离的人口是指居住地与户口登记地所在的乡镇街道不一致且离开户口登记地半年以上的人口。

[24]流动人口是指人户分离人口中不包括市辖区内人户分离的人口。市辖区内人户分离的人口是指一个直辖市或地级市所辖区内和区与区之间,居住地和户口登记地不在同一乡镇街道的人口。

[25]人均收入中位数是指将所有调查户按人均收入水平从低到高顺序排列,处于最中间位置的调查户的人均收入。

[26]城镇职工基本医疗保险人数包括参保职工和参保退休人员。城镇居民基本医疗保险的参保对象是不属于城镇职工基本医疗保险覆盖范围的城镇非从业人员。

[27]国有建设用地供应总量是指报告期市、县人民政府根据年度土地供应计划依法以出让、划拨、租赁等方式将国有建设用地使用权提供给单位或个人使用的国有建设用地总量。

[28]房地产用地是指商服用地和住宅用地的总和。

[29]万元国内生产总值用水量、万元工业增加值用水量和万元国内生产总值能耗按2010年不变价格计算,2006—2010年按照2005年不变价格计算,因此2011年绝对数与2010年不可比,但比上年增速是按可比口径计算的。

[30]主要原材料消费量是指表观消费量,即产品产量加上产品净进口量(进口-出口),没有包括库存变动。

资料来源:本公报中城镇新增就业、登记失业率、社会保障等数据来自人力资源社会保障部;外汇储备和汇率数据来自外汇局;财政数据来自财政部;水产品产量数据来自农业部;木材产量、林业、森林火灾等数据来自林业局;灌溉面积、水资源等数据来自水利部;新增发电机组容量、新增220千伏及以上变电设备等数据来自中电联;新建铁路投产里程、增建铁路复线投产里程、电气化铁路投产里程、铁路运输等数据来自铁道部;新建公路、港口万吨级码头泊位新增吞吐能力、公路运输、水运、港口货物吞吐量等数据来自交通运输部;新增光缆线路长度、新增数字蜂窝移动电话交换机容量、电话用户、上网人数等通信数据来自工业和信息化部;保障性住房、城市污水处理、集中供热面积、建成区绿地率等数据来自住房城乡建设部;货物进出口数据来自海关总署;外商直接投资、对外直接投资、对外承包工程、对外劳务合作等数据来自商务部;民航数据来自民航局;管道数据来自中石油、中石化;民用汽车数据来自公安部;邮政业务总量数据来自邮政局;旅游数据来自旅游局、公安部;货币金融数据来自人民银行;上市公司数据来自证监会;企业债券、国家工程研究中心、企业技术中心、新兴产业创投等数据来自国家发改委;保险业数据来自保监会;教育数据来自教育部;安排科技计划课题、技术合同等数据来自科技部;专利数据来自知识产权局;发射卫星数据来自国防科工局;质量检验、国家标准制定修订数据来自质检总局;气象预警、平均气温、登陆台风等数据来自气象局;地震数据来自地震局;测绘数据来自测绘局;海洋观测站、海洋灾害造成直接经济损失、发生赤潮面积等数据来自海洋局;艺术表演团体、博物馆、公共图书馆、文化馆等数据来自文化部;广播、电视、电影等数据来自广电总局;报纸、期刊、图书等数据来自新闻出版总署;档案数据来自档案局;体育数据来自体育总局;卫生、新农合数据来自卫生部;社会服务、低保和五保救济数据、各类自然灾害造成直接经济损失、农作物受灾面积、洪涝滑坡和泥石流灾害造成直接经济损失、旱灾造成直接经济损失、低温冷冻和雪灾造成直接经济损失等数据来自民政部;国有建设用地供应数据来自国土资源部;环境监测数据来自环境保护部;安全生产数据来自安全监管总局;其他数据均来自国家统计局。

# 国民经济和社会发展总量与速度指标

| 指　标 | 总量指标 | | | | | 速度指标（%） | | | | | | |
|---|---|---|---|---|---|---|---|---|---|---|---|---|
| | | | | | | 指数　（2011 为以下各年） | | | | 平均增长速度 | | |
| | 1978 年 | 1990 年 | 2000 年 | 2010 年 | 2011 年 | 1978 年 | 1990 年 | 2000 年 | 2010 年 | 1979—2011 年 | 1991—2011 年 | 2001—2011 年 |
| **人口与就业** | | | | | | | | | | | | |
| 人　口　（万人） | | | | | | | | | | | | |
| 总人口（年末） | 96 259.0 | 114 333.0 | 126 743.0 | 134 091.0 | 134 735.0 | 140.0 | 117.8 | 106.3 | 100.5 | 1.0 | 0.8 | 0.6 |
| 男性人口 | 49 567.0 | 58 904.0 | 65 437.0 | 68 748.5 | 69 068.0 | 139.3 | 117.3 | 105.5 | 100.5 | 1.0 | 0.8 | 0.5 |
| 女性人口 | 46 692.0 | 55 429.0 | 61 306.0 | 65 342.5 | 65 667.0 | 140.6 | 118.5 | 107.1 | 100.5 | 1.0 | 0.8 | 0.6 |
| 城镇人口 | 17 245.0 | 30 195.0 | 45 906.0 | 66 978.0 | 69 079.0 | 400.6 | 228.8 | 150.5 | 103.1 | 4.3 | 4.0 | 3.8 |
| 乡村人口 | 79 014.0 | 84 138.0 | 80 837.0 | 67 113.0 | 65 656.0 | 83.1 | 78.0 | 81.2 | 97.8 | -0.6 | -1.2 | -1.9 |
| 就　业　（万人） | | | | | | | | | | | | |
| 就业人员数 | 40 152.0 | 64 749.0 | 72 085.0 | 76 105.0 | 76 420.0 | 190.3 | 118.0 | 106.0 | 100.4 | 2.0 | 0.8 | 0.5 |
| 城镇登记失业人数 | 530.0 | 383.0 | 595.0 | 908.0 | 922.0 | 174.0 | 240.7 | 155.0 | 101.5 | 1.7 | 4.3 | 4.1 |
| **宏观经济** | | | | | | | | | | | | |
| 国民经济核算　（亿元） | | | | | | | | | | | | |
| 国民总收入 | 3 645.2 | 18 718.3 | 98 000.5 | 399 759.5 | 472 115.0 | 2 246.7 | 795.4 | 299.3 | 109.6 | 9.9 | 10.4 | 10.5 |
| 国内生产总值 | 3 645.2 | 18 667.8 | 99 214.6 | 401 512.8 | 472 881.6 | 2 250.4 | 798.8 | 296.1 | 109.3 | 9.9 | 10.4 | 10.4 |
| 第一产业 | 1 027.5 | 5 062.0 | 14 944.7 | 40 533.6 | 47 486.2 | 436.8 | 229.1 | 157.7 | 104.3 | 4.6 | 4.0 | 4.2 |
| 第二产业 | 1 745.2 | 7 717.4 | 45 555.9 | 187 383.2 | 220 412.8 | 3 527.4 | 1 159.9 | 326.1 | 110.3 | 11.4 | 12.4 | 11.3 |
| 第三产业 | 872.5 | 5 888.4 | 38 714.0 | 173 596.0 | 204 982.5 | 3 027.7 | 836.1 | 316.7 | 109.4 | 10.9 | 10.6 | 11.0 |
| 支出法国内生产总值 | 3 605.6 | 19 347.8 | 98 749.0 | 402 816.5 | 465 731.3 | — | — | — | — | — | — | — |
| 最终消费支出 | 2 239.1 | 12 090.5 | 61 516.0 | 194 115.0 | 228 561.3 | — | — | — | — | — | — | — |
| 居民消费 | 1 759.1 | 9 450.9 | 45 854.6 | 140 758.6 | 164 945.2 | — | — | — | — | — | — | — |
| 政府消费 | 480.0 | 2 639.6 | 15 661.4 | 53 356.3 | 63 616.1 | — | — | — | — | — | — | — |
| 资本形成总额 | 1 377.9 | 6 747.0 | 34 842.8 | 193 603.9 | 225 006.7 | — | — | — | — | — | — | — |

续表

| 指标 | 总量指标 | | | | | 速度指标（%） | | | | | | |
|---|---|---|---|---|---|---|---|---|---|---|---|---|
| | | | | | | 指数（2011为以下各年） | | | | 平均增长速度 | | |
| | 1978年 | 1990年 | 2000年 | 2010年 | 2011年 | 1978年 | 1990年 | 2000年 | 2010年 | 1979—2011年 | 1991—2011年 | 2001—2011年 |
| 固定资本形成总额 | 1 073.9 | 4 827.8 | 33 844.4 | 183 615.2 | 213 043.1 | — | — | — | — | — | — | — |
| 存货增加 | 304.0 | 1 919.2 | 998.4 | 9 988.7 | 11 963.5 | — | — | — | — | — | — | — |
| 货物和服务净出口 | -11.4 | 510.3 | 2 390.2 | 15 097.6 | 12 163.3 | — | — | — | — | — | — | — |
| 固定资产投资（亿元） | | | | | | | | | | | | |
| 全社会固定资产投资总额 | — | 4 517.0 | 32 917.7 | 251 683.8 | 311 485.1 | — | 6 895.8 | 946.3 | 123.8 | — | 22.4 | 22.6 |
| 城镇 | — | 3 274.4 | 26 221.8 | 243 797.8 | 302 396.1 | — | 9 235.2 | 1 153.2 | 124.0 | — | 23.9 | 24.4 |
| #房地产开发 | — | 253.3 | 4 984.1 | 48 259.4 | 61 796.9 | — | 24 401.5 | 1 239.9 | 128.1 | — | 30.9 | 25.6 |
| 全社会施工房屋建筑面积(万平方米) | — | 137 171.0 | 265 293.5 | 885 173.4 | 1 035 518.9 | — | 754.9 | 390.3 | 117.0 | — | 10.1 | 13.2 |
| 全社会竣工房屋建筑面积(万平方米) | — | 107 952.0 | 181 974.0 | 304 306.1 | 329 073.3 | — | 304.8 | 180.8 | 108.1 | — | 5.5 | 5.5 |
| 消费 | | | | | | | | | | | | |
| 社会消费品零售总额（亿元） | 1 558.6 | 8 300.1 | 39 105.7 | 156 998.4 | 183 918.6 | 11 800.2 | 2 215.9 | 470.3 | 117.1 | 15.6 | 15.9 | 15.1 |
| 对外贸易 | | | | | | | | | | | | |
| 货物进出口总额（亿美元） | 206.4 | 1 154.4 | 4 742.9 | 29 740.0 | 36 418.6 | 17 644.7 | 3 154.8 | 767.9 | 122.5 | 17.0 | 17.9 | 20.4 |
| 出口额 | 97.5 | 620.9 | 2 492.0 | 15 777.5 | 18 983.8 | 19 470.6 | 3 057.5 | 761.8 | 120.3 | 17.3 | 17.7 | 20.3 |
| 进口额 | 108.9 | 533.5 | 2 250.9 | 13 962.4 | 17 434.8 | 16 010.0 | 3 268.0 | 774.6 | 124.9 | 16.6 | 18.1 | 20.5 |
| 实际利用外资额（亿美元） | | | | | | | | | | | | |
| 外商直接投资 | — | 34.9 | 407.2 | 1 057.4 | 1 160.1 | — | 3 327.0 | 284.9 | 109.7 | — | 18.2 | 10.0 |
| 外商其他投资 | — | 2.7 | 86.4 | 30.9 | 16.9 | — | 629.5 | 19.5 | 54.7 | — | 9.2 | -13.8 |
| 财政（亿元） | | | | | | | | | | | | |
| 国家财政收入 | 1 132.26 | 2 937.1 | 13 395.2 | 83 101.5 | 103 874.4 | 9 174.1 | 3 536.6 | 775.5 | 125.0 | 14.7 | 18.5 | 20.5 |
| 中央 | 175.8 | 992.4 | 6 989.2 | 42 488.5 | 51 327.3 | 29 201.4 | 5 171.9 | 734.4 | 120.8 | 18.8 | 20.7 | 19.9 |
| 地方 | 956.5 | 1 944.7 | 6 406.1 | 40 613.0 | 52 547.1 | 5 493.7 | 2 702.1 | 820.3 | 129.4 | 12.9 | 17.0 | 21.1 |
| 国家财政支出 | 1 122.1 | 3 083.6 | 15 886.5 | 89 874.2 | 109 247.8 | 9 736.1 | 3 542.9 | 687.7 | 121.6 | 14.9 | 18.5 | 19.2 |
| 中央 | 532.1 | 1 004.5 | 5 519.9 | 15 989.7 | 16 514.1 | 3 103.5 | 1 644.1 | 299.2 | 103.3 | 11.0 | 14.3 | 10.5 |
| 地方 | 590.0 | 2 079.1 | 10 366.7 | 73 884.4 | 92 733.7 | 15 718.4 | 4 460.2 | 894.5 | 125.5 | 16.6 | 19.8 | 22.0 |

续表

| 指　标 | 总量指标 | | | | | 速度指标（%） | | | | | | |
|---|---|---|---|---|---|---|---|---|---|---|---|---|
| | | | | | | 指数　（2011 为以下各年） | | | | 平均增长速度 | | |
| | 1978 年 | 1990 年 | 2000 年 | 2010 年 | 2011 年 | 1978 年 | 1990 年 | 2000 年 | 2010 年 | 1979—2011 年 | 1991—2011 年 | 2001—2011 年 |
| 物价总指数　（上年＝100） | | | | | | | | | | | | |
| 居民消费价格指数 | 100.7 | 103.1 | 100.4 | 103.3 | 105.4 | — | — | — | — | — | — | — |
| 商品零售价格指数 | 100.7 | 102.1 | 98.5 | 103.1 | 104.9 | — | — | — | — | — | — | — |
| 农产品生产价格指数 | 103.9 | 97.4 | 96.4 | 110.9 | 116.5 | — | — | — | — | — | — | — |
| 工业生产者出厂价格指数 | 100.1 | 104.1 | 102.8 | 105.5 | 106.0 | — | — | — | — | — | — | — |
| 工业生产者购进价格指数 | — | 105.6 | 105.1 | 109.6 | 109.1 | — | — | — | — | — | — | — |
| 固定资产投资价格指数 | — | — | 101.1 | 103.6 | 106.6 | — | — | — | — | — | — | — |
| 能源生产与消费　（万吨标准煤） | | | | | | | | | | | | |
| 能源生产总量 | 62 770.0 | 103 922.0 | 135 048.0 | 296 916.0 | 317 987.0 | 506.6 | 306.0 | 235.5 | 107.1 | 5.0 | 5.5 | 8.1 |
| 能源消费总量 | 57 144.0 | 98 703.0 | 145 531.0 | 324 939.0 | 348 002.0 | 609.0 | 352.6 | 239.1 | 107.1 | 5.6 | 6.2 | 8.2 |
| 产　业 | | | | | | | | | | | | |
| 农　业 | | | | | | | | | | | | |
| 农林牧渔业总产值　（亿元） | 1 397.0 | 7 662.1 | 24 915.8 | 69 319.8 | 81 303.9 | 667.8 | 327.5 | 170.6 | 104.5 | 5.9 | 5.8 | 5.0 |
| 主要农产品产量　（万吨） | | | | | | | | | | | | |
| 粮　食 | 30 476.5 | 44 624.3 | 46 217.5 | 54 647.7 | 57 120.8 | 187.4 | 128.0 | 123.6 | 104.5 | 1.9 | 1.2 | 1.9 |
| 棉　花 | 216.7 | 450.8 | 441.7 | 596.1 | 658.9 | 304.1 | 146.2 | 149.2 | 110.5 | 3.4 | 1.8 | 3.7 |
| 油　料 | 521.8 | 1 613.2 | 2 954.8 | 3 230.1 | 3 306.8 | 633.7 | 205.0 | 111.9 | 102.4 | 5.8 | 3.5 | 1.0 |
| 甘　蔗 | 2 111.6 | 5 762.0 | 6 828.0 | 11 078.9 | 11 443.4 | 541.9 | 198.6 | 167.6 | 103.3 | 5.3 | 3.3 | 4.8 |
| 甜　菜 | 270.2 | 1 452.5 | 807.3 | 929.6 | 1 073.1 | 397.1 | 73.9 | 132.9 | 115.4 | 4.3 | -1.4 | 2.6 |
| 茶　叶 | 26.8 | 54.0 | 68.3 | 147.5 | 162.3 | 605.7 | 300.6 | 237.5 | 110.0 | 5.6 | 5.4 | 8.2 |
| 水　果 | 657.0 | 1 874.4 | 6 225.1 | 21 401.4 | 22 768.2 | 3 465.6 | 1 214.7 | 365.7 | 106.4 | 11.3 | 12.6 | 12.5 |
| 肉　类 | — | — | 6 013.9 | 7 925.8 | 7 957.8 | — | — | 132.3 | 100.4 | — | — | 2.6 |
| 奶　类 | — | — | 919.1 | 3 748.0 | 3 810.7 | — | — | 414.6 | 101.7 | — | — | 13.8 |
| 水产品 | 465.4 | 1 237.0 | 3 706.2 | 5 373.0 | 5 603.2 | 1 204.1 | 453.0 | 151.2 | 104.3 | 7.8 | 7.5 | 3.8 |
| 工　业 | | | | | | | | | | | | |

续表

| 指　标 | 总量指标 | | | | | 速度指标（%） | | | | | | |
|---|---|---|---|---|---|---|---|---|---|---|---|---|
| | | | | | | 指数（2011 为以下各年） | | | | 平均增长速度 | | |
| | 1978 年 | 1990 年 | 2000 年 | 2010 年 | 2011 年 | 1978 年 | 1990 年 | 2000 年 | 2010 年 | 1979—2011 年 | 1991—2011 年 | 2001—2011 年 |
| 主要工业产品产量 | | | | | | | | | | | | |
| 原　煤（亿吨） | 6.2 | 10.8 | 13.9 | 32.4 | 35.2 | 569.6 | 325.9 | 254.3 | 108.8 | 5.4 | 5.8 | 8.9 |
| 原　油（万吨） | 10 405.0 | 13 831.0 | 16 300.0 | 20 241.0 | 20 288.0 | 195.0 | 146.7 | 124.5 | 100.2 | 2.0 | 1.8 | 2.0 |
| 天然气（亿立方米） | 137.3 | 153.0 | 272.0 | 948.5 | 1 026.9 | 747.9 | 671.3 | 377.5 | 108.3 | 6.3 | 9.5 | 12.8 |
| 成品糖（万吨） | 227.0 | 582.0 | 700.0 | 1 118.0 | 1 187.0 | 523.1 | 204.0 | 169.6 | 106.2 | 5.1 | 3.5 | 4.9 |
| 布（亿米） | 110.0 | 189.0 | 277.0 | 800.0 | 814.0 | 738.1 | 431.2 | 293.9 | 101.8 | 6.2 | 7.2 | 10.3 |
| 水　泥（万吨） | 6 524.0 | 20 971.0 | 59 700.0 | 188 191.0 | 209 926.0 | 3 217.7 | 1 001.0 | 351.6 | 111.5 | 11.1 | 11.6 | 12.1 |
| 粗　钢（万吨） | 3 178.0 | 6 635.0 | 12 850.0 | 63 723.0 | 68 528.0 | 2 156.3 | 1 032.8 | 533.3 | 107.5 | 9.8 | 11.8 | 16.4 |
| 钢　材（万吨） | 2 208.0 | 5 153.0 | 13 146.0 | 80 277.0 | 88 620.0 | 4 013.6 | 1 719.8 | 674.1 | 110.4 | 11.8 | 14.5 | 18.9 |
| 家用电冰箱（万台） | 2.8 | 463.0 | 1 279.0 | 7 296.0 | 8 699.0 | 310 685.7 | 1 878.6 | 680.2 | 119.2 | 27.6 | 15.0 | 19.0 |
| 房间空气调节器（万台） | 0.02 | 24.0 | 1 827.0 | 10 887.0 | 13 913.0 | 69 562 500.0 | 57 800.2 | 761.6 | 127.8 | 50.3 | 35.4 | 20.3 |
| 家用洗衣机（万台） | 0.04 | 663.0 | 1 443.0 | 6 248.0 | 6 716.0 | 16 789 850.0 | 1 013.5 | 465.4 | 107.5 | 44.0 | 11.7 | 15.0 |
| 彩色电视机（万台） | 0.38 | 1 033.0 | 3 936.0 | 11 830.0 | 12 231.0 | 3 218 773.7 | 1 184.0 | 310.8 | 103.4 | 37.0 | 12.5 | 10.9 |
| 发电量（亿千瓦小时） | 2 566.0 | 6 212.0 | 13 556.0 | 42 072.0 | 47 130.0 | 1 836.7 | 758.7 | 347.7 | 112.0 | 9.2 | 10.1 | 12.0 |
| 规模以上工业企业 | | | | | | | | | | | | |
| 主要指标（亿元） | | | | | | | | | | | | |
| 工业总产值 | — | — | 85 674.0 | 698 591.0 | 844 269.0 | — | — | — | — | — | — | — |
| 资产总计 | — | — | 126 211.0 | 592 882.0 | 675 797.0 | — | — | 535.5 | 114.0 | — | — | 16.5 |
| 主营业务收入 | — | — | 84 152.0 | 697 744.0 | 841 830.0 | — | — | 1 000.4 | 120.7 | — | — | 23.3 |
| 利润总额 | — | — | 4 393.0 | 53 050.0 | 61 396.0 | — | — | 1 397.4 | 115.7 | — | — | 27.1 |
| 建筑业 | | | | | | | | | | | | |
| 建筑业企业从业人员（万人） | — | 1 011.0 | 1 994.0 | 4 160.0 | 3 852.0 | — | 381.2 | 193.2 | 92.6 | — | 6.6 | 6.2 |
| 建筑业总产值（亿元） | — | 1 345.0 | 12 498.0 | 96 031.0 | 117 060.0 | — | 8 703.3 | 936.7 | 121.9 | — | 23.7 | 22.6 |
| 交通运输业 | | | | | | | | | | | | |
| 客运量（万人） | 253 993.0 | 772 682.0 | 1 478 573.0 | 3 269 508.0 | 3 526 319.0 | 1 388.4 | 456.4 | 238.5 | 107.9 | 8.3 | 7.5 | 8.2 |

续表

| 指　标 | 总量指标 | | | | | 速度指标（%） | | | | | | |
|---|---|---|---|---|---|---|---|---|---|---|---|---|
| | | | | | | 指数　（2011 为以下各年） | | | | 平均增长速度 | | |
| | 1978 年 | 1990 年 | 2000 年 | 2010 年 | 2011 年 | 1978 年 | 1990 年 | 2000 年 | 2010 年 | 1979—2011 年 | 1991—2011 年 | 2001—2011 年 |
| 铁　路 | 81 491.0 | 95 712.0 | 105 073.0 | 167 609.0 | 186 226.0 | 228.5 | 194.6 | 177.2 | 111.1 | 2.5 | 3.2 | 5.3 |
| 公　路 | 149 229.0 | 648 085.0 | 1 347 392.0 | 3 052 738.0 | 3 286 220.0 | 2 202.1 | 507.1 | 243.9 | 107.6 | 9.8 | 8.0 | 8.4 |
| 水　运 | 23 042.0 | 27 225.0 | 19 386.0 | 22 392.0 | 24 556.0 | 106.6 | 90.2 | 126.7 | 109.7 | 0.2 | -0.5 | 2.2 |
| 民　航 | 231.0 | 1 660.0 | 6 722.0 | 26 769.0 | 29 317.0 | 12 691.2 | 1 766.1 | 436.1 | 109.5 | 15.8 | 14.7 | 14.3 |
| 货运量　（万吨） | 248 946.0 | 970 602.0 | 1 358 682.0 | 3 241 807.0 | 3 696 961.0 | 1 485.0 | 380.9 | 272.1 | 114.0 | 8.5 | 6.6 | 9.5 |
| 铁　路 | 110 119.0 | 150 681.0 | 178 581.0 | 364 271.0 | 393 263.0 | 357.1 | 261.0 | 220.2 | 108.0 | 3.9 | 4.7 | 7.4 |
| 公　路 | 85 182.0 | 724 040.0 | 1 038 813.0 | 2 448 052.0 | 2 820 100.0 | 3 310.7 | 389.5 | 271.5 | 115.2 | 11.2 | 6.7 | 9.5 |
| 水　运 | 43 292.0 | 80 094.0 | 122 391.0 | 378 949.0 | 425 968.0 | 983.9 | 531.8 | 348.0 | 112.4 | 7.2 | 8.3 | 12.0 |
| 民　航 | 6.0 | 37.0 | 197.0 | 563.0 | 557.0 | 8 710.6 | 1 506.7 | 283.4 | 99.0 | 14.5 | 13.8 | 9.9 |
| 管　道 | 10 347.0 | 15 750.0 | 18 700.0 | 49 972.0 | 57 073.0 | 551.6 | 362.4 | 305.2 | 114.2 | 5.3 | 6.3 | 10.7 |
| 沿海规模以上港口货物吞吐量(万吨) | 19 834.0 | 48 321.0 | 125 603.0 | 548 358.0 | 616 292.0 | 3 107.3 | 1 275.4 | 490.7 | 112.4 | 11.0 | 12.9 | 15.6 |
| 邮电通信业 | | | | | | | | | | | | |
| 邮电业务总量　（亿元） | 34.1 | 155.5 | 4 792.7 | 31 978.5 | 13 333.5 | 146 381.5 | 320 81.0 | 1 041.2 | 116.3 | 24.7 | 31.6 | 23.7 |
| 函　件　（亿件） | 28.4 | 54.9 | 77.7 | 74.0 | 73.8 | 260.3 | 134.5 | 95.0 | 99.7 | 2.9 | 1.4 | -0.5 |
| 报刊期发数　（万份） | 11 250.0 | 20 078.0 | 20 090.0 | 17 158.0 | 15 008.0 | 133.4 | 74.7 | 74.7 | 87.5 | 0.9 | -1.4 | -2.6 |
| 移动电话年末用户　（万户） | — | 1.8 | 8 453.3 | 85 900.3 | 98 625.3 | — | 5 389 360.7 | 1 166.7 | 114.8 | — | 68.0 | 25.0 |
| 固定电话年末用户　（万户） | 192.5 | 685.0 | 14 482.9 | 29 434.2 | 28 509.8 | 14 806.9 | 4 161.8 | 196.9 | 96.9 | 16.4 | 19.4 | 6.4 |
| 城　市 | 119.2 | 538.4 | 9 311.6 | 19 658.1 | 19 121.7 | 16 048.4 | 3 551.3 | 205.4 | 97.3 | 16.6 | 18.5 | 6.8 |
| 农　村 | 73.4 | 146.6 | 5 171.3 | 9 776.1 | 9 388.1 | 12 791.4 | 6 404.7 | 181.5 | 96.0 | 15.8 | 21.9 | 5.6 |
| 公用电话　（万户） | 1.2 | 4.6 | 352.0 | 2 595.9 | 2 468.3 | 212 071.5 | 53 605.1 | 701.2 | 95.1 | 26.1 | 34.9 | 19.4 |
| 局用交换机容量　（万门） | 405.9 | 1 231.8 | 17 825.6 | 46 537.3 | 43 428.4 | 10 699.8 | 3 525.5 | 243.6 | 93.3 | 15.2 | 18.5 | 8.4 |
| 旅游业 | | | | | | | | | | | | |
| 入境旅游过夜游客　（万人次） | 71.6 | 1 048.4 | 3 122.9 | 5 566.5 | 5 758.1 | 8 042.0 | 549.2 | 184.4 | 103.4 | 14.2 | 8.4 | 5.7 |
| 国际旅游外汇收入　（亿美元） | 2.6 | 22.2 | 162.2 | 458.1 | 484.6 | 18 427.4 | 2 185.0 | 298.8 | 105.8 | 17.1 | 15.8 | 10.5 |
| 金融业　（亿元） | | | | | | | | | | | | |

续表

| 指　标 | 总量指标 | | | | | 速度指标（%） | | | | | | |
|---|---|---|---|---|---|---|---|---|---|---|---|---|
| | | | | | | 指数（2011 为以下各年） | | | | 平均增长速度 | | |
| | 1978 年 | 1990 年 | 2000 年 | 2010 年 | 2011 年 | 1978 年 | 1990 年 | 2000 年 | 2010 年 | 1979—2011 年 | 1991—2011 年 | 2001—2011 年 |
| 金融机构人民币各项存款余额 | 1 155.0 | 13 943.0 | 123 804.0 | 718 238.0 | 809 368.0 | 70 075.2 | 5 804.9 | 653.7 | 112.7 | 22.0 | 21.3 | 18.6 |
| 金融机构人民币各项贷款余额 | 1 890.0 | 17 511.0 | 99 371.0 | 479 196.0 | 547 947.0 | 28 991.9 | 3 129.2 | 551.4 | 114.3 | 18.7 | 17.8 | 16.8 |
| 股票筹资额 | — | — | 2 103.0 | 11 972.0 | 5 814.0 | — | — | 276.5 | 48.6 | — | — | 9.7 |
| 保险公司保费金额 | — | — | 1 598.0 | 14 528.0 | 14 339.0 | — | — | 897.3 | 98.7 | — | — | 22.1 |
| 保险公司赔款及给付金额 | — | — | 526.0 | 3 200.0 | 3 929.0 | — | — | 747.0 | 122.8 | — | — | 20.1 |
| **教育、科技、文化** | | | | | | | | | | | | |
| 教　育 | | | | | | | | | | | | |
| 专任教师数（万人） | | | | | | | | | | | | |
| #普通高等学校 | 20.6 | 39.5 | 46.3 | 134.3 | 139.3 | 676.1 | 352.6 | 300.9 | 103.7 | 6.0 | 6.2 | 10.5 |
| 普通中学 | 318.2 | 303.3 | 400.5 | 504.2 | 508.0 | 159.6 | 167.5 | 126.8 | 100.8 | 1.4 | 2.5 | 2.2 |
| 普通小学 | 522.6 | 558.2 | 586.0 | 561.7 | 560.5 | 107.2 | 100.4 | 95.6 | 99.8 | 0.2 | 0.0 | -0.4 |
| 在校学生数（万人） | | | | | | | | | | | | |
| #普通高等学校 | 85.6 | 206.3 | 556.1 | 2 231.8 | 2 308.5 | 2 696.9 | 1 119.0 | 415.1 | 103.4 | 10.5 | 12.2 | 13.8 |
| 普通中学 | 6 548.3 | 4 586.0 | 7 368.9 | 7 703.2 | 7 519.0 | 114.8 | 164.0 | 102.0 | 97.6 | 0.4 | 2.4 | 0.2 |
| 普通小学 | 14 624.0 | 12 241.4 | 13 013.3 | 9 940.7 | 9 926.4 | 67.9 | 81.1 | 76.3 | 99.9 | -1.2 | -1.0 | -2.4 |
| 教育经费支出（亿元） | — | — | 3 849.1 | 19 561.8 | — | — | — | — | — | — | — | — |
| 科　技（亿元） | | | | | | | | | | | | |
| 研究与试验发展经费支出 | — | — | 895.7 | 7 062.6 | 8 687.0 | — | — | 969.9 | 123.0 | — | — | 22.9 |
| 技术市场成交额 | — | 75.1 | 650.8 | 3 906.6 | 4 764.0 | — | 6 343.5 | 732.1 | 121.9 | — | 21.8 | 19.8 |
| 文　化 | | | | | | | | | | | | |
| 图书出版总印数（亿册、亿张） | 37.7 | 56.4 | 62.7 | 71.7 | 77.1 | 204.2 | 136.7 | 122.8 | 107.5 | 2.2 | 1.5 | 1.9 |
| 电视节目制作时间（万小时） | — | 9.2 | 58.5 | 274.3 | 295.0 | — | 3 221.1 | 504.4 | 107.6 | — | 18.0 | 15.8 |
| 故事片产量（部） | 46.0 | 134.0 | 91.0 | 526.0 | 558.0 | 1 213.0 | 416.4 | 613.2 | 106.1 | 7.9 | 7.0 | 17.9 |
| **家庭生活** | | | | | | | | | | | | |
| 规　模（人） | | | | | | | | | | | | |

续表

| 指标 | 总量指标 | | | | | 速度指标（%） | | | | | | |
|---|---|---|---|---|---|---|---|---|---|---|---|---|
| | | | | | | 指数　（2011 为以下各年） | | | | 平均增长速度 | | |
| | 1978 年 | 1990 年 | 2000 年 | 2010 年 | 2011 年 | 1978 年 | 1990 年 | 2000 年 | 2010 年 | 1979—2011 年 | 1991—2011 年 | 2001—2011 年 |
| 城镇居民平均每户家庭人口 | — | 3.50 | 3.13 | 2.88 | 2.87 | — | 82.0 | 91.7 | 99.7 | — | -0.9 | -0.8 |
| 农村居民平均每户常住人口 | — | 4.80 | 4.20 | 3.95 | 3.90 | — | 81.2 | 92.8 | 98.6 | — | -1.0 | -0.7 |
| 婚　姻　（万对） | | | | | | | | | | | | |
| 结婚登记总数 | 597.8 | 951.1 | 848.5 | 1 241.0 | 1 302.4 | 217.9 | 136.9 | 153.5 | 104.9 | 2.4 | 1.5 | 4.0 |
| 离婚数 | 28.5 | 80.0 | 121.3 | 267.8 | 287.4 | 1 008.4 | 359.2 | 237.0 | 107.3 | 7.3 | 6.3 | 8.2 |
| 居　住　（平方米） | | | | | | | | | | | | |
| 城镇人均住房建筑面积 | — | — | — | 31.6 | 32.7 | — | — | — | 103.3 | — | — | — |
| 农村人均住房面积 | 8.1 | 17.8 | 24.8 | 34.1 | 36.2 | 447.5 | 203.6 | 146.1 | 106.4 | 4.6 | 3.4 | 3.5 |
| 生　活 | | | | | | | | | | | | |
| 城镇居民人均可支配收入　（元） | 343.0 | 1 510.0 | 6 280.0 | 19 109.0 | 21 810.0 | 1 046.3 | 528.2 | 272.7 | 108.4 | 7.4 | 8.2 | 9.5 |
| 农村居民人均纯收入　（元） | 134.0 | 686.0 | 2 253.0 | 5 919.0 | 6 977.0 | 1 063.2 | 341.6 | 219.9 | 111.4 | 7.4 | 6.0 | 7.4 |
| 城乡人民币储蓄存款余额　（亿元） | 211.0 | 7 120.0 | 64 332.0 | 303 303.0 | 343 636.0 | 163 169.9 | 4 826.5 | 534.2 | 113.3 | 25.1 | 20.3 | 16.5 |
| 社会保险　（亿元） | | | | | | | | | | | | |
| 社会保险基金收入 | — | 187.0 | 2 645.0 | 18 823.0 | 24 043.0 | — | 12 871.7 | 909.0 | 127.7 | — | 26.0 | 22.2 |
| 社会保险基金支出 | — | 152.0 | 2 386.0 | 14 819.0 | 18 055.0 | — | 11 887.7 | 756.8 | 121.8 | — | 25.5 | 20.2 |
| 卫　生 | | | | | | | | | | | | |
| 医　院　（个） | 9 293.0 | 14 377.0 | 16 318.0 | 20 918.0 | 21 979.0 | 236.5 | 152.9 | 134.7 | 105.1 | 2.6 | 2.0 | 2.7 |
| 执业(助理)医师　（万人） | 97.8 | 176.3 | 207.6 | 241.3 | 246.6 | 252.1 | 139.9 | 118.8 | 102.2 | 2.8 | 1.6 | 1.6 |
| 医院床位数　（万张） | 110.0 | 186.9 | 216.7 | 338.7 | 370.5 | 336.8 | 198.2 | 171.0 | 109.4 | 3.7 | 3.3 | 5.0 |
| 城市市政建设 | | | | | | | | | | | | |
| 年供水总量　（亿吨） | 78.8 | 382.3 | 469.0 | 507.9 | 513.4 | 651.6 | 134.3 | 109.5 | 101.1 | 5.8 | 1.4 | 0.8 |
| 人工煤气供气量　（亿立方米） | — | 174.7 | 152.4 | 279.9 | 84.7 | — | 48.5 | 55.6 | 30.3 | — | -3.4 | -5.2 |
| 天然气供气量　（亿立方米） | — | 64.2 | 82.1 | 487.6 | 678.8 | — | 1 057.3 | 826.8 | 139.2 | — | 11.9 | 21.2 |
| 年末实有道路长度　（万公里） | 2.7 | 9.5 | 16.0 | 29.4 | 30.9 | 1 145.5 | 325.2 | 193.1 | 104.9 | 7.7 | 5.8 | 6.2 |
| 排水管道长度　（万公里） | 2.0 | 5.8 | 14.2 | 37.0 | 41.4 | 2 117.4 | 713.9 | 291.6 | 112.0 | 9.7 | 9.8 | 10.2 |

续表

| 指　标 | 总量指标 | | | | | 速度指标（%） | | | | | | |
|---|---|---|---|---|---|---|---|---|---|---|---|---|
| | | | | | | 指数　（2011 为以下各年） | | | | 平均增长速度 | | |
| | 1978 年 | 1990 年 | 2000 年 | 2010 年 | 2011 年 | 1978 年 | 1990 年 | 2000 年 | 2010 年 | 1979—2011 年 | 1991—2011 年 | 2001—2011 年 |
| 年末公共交通车辆运营数　（万辆） | 2.6 | 6.2 | 22.6 | 38.3 | 41.3 | 1 596.8 | 665.5 | 182.6 | 107.7 | 8.8 | 9.4 | 5.6 |
| 城市绿地面积　（万公顷） | 8.2 | 47.5 | 86.5 | 213.4 | 224.3 | 2 744.1 | 472.2 | 259.3 | 105.1 | 10.6 | 7.7 | 9.0 |
| 环境、灾害 | | | | | | | | | | | | |
| 化学需氧量排放量　（万吨） | — | — | — | — | 2 500.0 | — | — | — | — | — | — | — |
| 二氧化硫排放量　（万吨） | — | — | — | — | 2 218.0 | — | — | — | — | — | — | — |
| 交通事故发生数　（起） | — | 250 244.0 | 616 971.0 | 219 521.0 | 210 812.0 | — | 84.2 | 34.2 | 96.0 | — | -0.8 | -9.3 |
| 交通事故直接财产损失　（万元） | — | 35 362.0 | 263 290.0 | 92 634.0 | 107 873.0 | — | 305.1 | 41.0 | 116.5 | — | 5.5 | -7.8 |
| 火灾发生数　（起） | — | 57 302.0 | 189 185.0 | 132 497.0 | 125 417.0 | — | 218.9 | 66.3 | 94.7 | — | 3.8 | -3.7 |
| 火灾直接经济损失　（万元） | — | 51 182.0 | 152 217.0 | 195 945.0 | 205 743.0 | — | 402.0 | 135.2 | 105.0 | — | 6.8 | 2.8 |

注：1. 本表价值指标除邮电业务总量按不变价格计算外，其余均按当年价格计算。邮电业务总量 2000 年及以前按 1990 年不变价格计算，以后按 2000 年不变价格计算。

2. 本表速度指标中，国民总收入、国内生产总值及三次产业增加值、农林牧渔业总产值、邮电业务总量和城乡居民收入指标均按可比价格计算。固定资产投资平均增长速度按累计法计算。

3. 2011 年起，固定资产投资除房地产投资、农村个人投资外，统计起点由 50 万元提高至 500 万元，城镇固定资产投资数据发布口径改为固定资产投资（不含农户）。固定资产投资（不含农户）等于原口径的城镇固定资产投资加上农村企事业组织的项目投资。为便于比较，2010 年数据作了相应调整（以下有关各表同）。

# 东、中、西、东北地区主要经济指标

（2011年）

| 指 标 | 东部10省市合计或平均 | 占全国比重（%） | 中部6省合计或平均 | 占全国比重（%） | 西部12省区市合计或平均 | 占全国比重（%） | 东北3省合计或平均 | 占全国比重（%） |
|---|---|---|---|---|---|---|---|---|
| 国民经济核算 | | | | | | | | |
| 国内(地区)生产总值 (亿元) | 271 354.8 | 52.0 | 104 473.9 | 20.0 | 100 235.0 | 19.2 | 45 377.5 | 8.7 |
| 第一产业 | 16 885.0 | 35.6 | 12 897.4 | 27.2 | 12 771.2 | 26.9 | 4 894.5 | 10.3 |
| 第二产业 | 132 742.6 | 50.3 | 55 940.2 | 21.2 | 51 039.3 | 19.3 | 24 094.2 | 9.1 |
| 第三产业 | 121 727.2 | 57.9 | 35 636.3 | 17.0 | 36 424.5 | 17.3 | 16 388.9 | 7.8 |
| 投资、消费和进出口 (亿元) | | | | | | | | |
| 全社会固定资产投资额 | 130 262.9 | 42.6 | 70 823.6 | 23.2 | 72 104.0 | 23.6 | 32 643.4 | 10.7 |
| 社会消费品零售总额 | 97 650.8 | 53.1 | 36 957.1 | 20.1 | 32 345.3 | 17.6 | 16 965.3 | 9.2 |
| 货物进出口总额 (亿美元) | 31 386.7 | 86.2 | 1 626.7 | 4.5 | 1 839.0 | 5.0 | 1 566.2 | 4.3 |
| 出口总额 | 16 236.8 | 85.5 | 930.6 | 4.9 | 1 079.2 | 5.7 | 737.1 | 3.9 |
| 进口总额 | 15 149.9 | 86.9 | 696.1 | 4.0 | 759.7 | 4.4 | 829.1 | 4.8 |
| 物价指数 | | | | | | | | |
| 居民消费价格指数(上年=100) | 105.4 | — | 105.5 | — | 105.6 | — | 105.4 | — |
| 农 业 | | | | | | | | |
| 主要农产品产量 | | | | | | | | |
| 粮 食 (万吨) | 14 315.6 | 25.1 | 17 251.7 | 30.2 | 14 776.5 | 25.9 | 10 777.1 | 18.9 |
| 棉 花 (万吨) | 179.5 | 27.2 | 171.9 | 26.1 | 306.1 | 46.5 | 1.3 | 0.2 |
| 油 料 (万吨) | 799.9 | 24.2 | 1 398.4 | 42.3 | 895.9 | 27.1 | 212.6 | 6.4 |
| 工 业 | | | | | | | | |
| 主要工业产品产量 | | | | | | | | |
| 原 油 (亿吨) | 7 857.0 | 38.7 | 564.5 | 2.8 | 6 120.7 | 30.2 | 5 745.4 | 28.3 |
| 水 泥 (万吨) | 80 555.0 | 38.4 | 53 240.5 | 25.4 | 62 149.7 | 29.6 | 13 980.7 | 6.7 |
| 粗 钢 (万吨) | 37 299.4 | 54.4 | 14 584.0 | 21.3 | 9 645.9 | 14.1 | 6 999.1 | 10.2 |
| 发电量 (亿千瓦小时) | 19 424.9 | 41.2 | 10 726.7 | 22.8 | 14 064.3 | 29.8 | 2 914.4 | 6.2 |

注：东部10省市、中部6省、西部12省市区和东北3省合计占全国的比重以全国各地区合计数为100计算。

# 国民总收入和国内生产总值

| 指　标 | | 2007 年 | 2008 年 | 2009 年 | 2010 年 | 2011 年 |
|---|---|---|---|---|---|---|
| 国民总收入 | (亿元) | 266 422.0 | 316 030.3 | 340 320.0 | 399 759.5 | 472 115.0 |
| 国内生产总值 | (亿元) | 265 810.3 | 314 045.4 | 340 902.8 | 401 512.8 | 472 881.6 |
| 第一产业 | | 28 627.0 | 33 702.0 | 35 226.0 | 40 533.6 | 47 486.2 |
| 第二产业 | | 125 831.4 | 149 003.4 | 157 638.8 | 187 383.2 | 220 412.8 |
| 工　业 | | 110 534.9 | 130 260.2 | 135 239.9 | 160 722.2 | 188 470.2 |
| 建筑业 | | 15 296.5 | 18 743.2 | 22 398.8 | 26 661.0 | 31 942.7 |
| 第三产业 | | 111 351.9 | 131 340.0 | 148 038.0 | 173 596.0 | 204 982.5 |
| 人均国内生产总值 | (元) | 20 169.5 | 23 707.7 | 25 607.5 | 30 015.0 | 35 181.2 |
| 支出法国内生产总值 | (亿元) | 266 599.2 | 315 974.6 | 348 775.1 | 402 816.5 | 465 731.3 |
| 最终消费支出 | | 132 232.9 | 153 422.5 | 169 274.8 | 194 115.0 | 228 561.3 |
| 资本形成总额 | | 110 943.2 | 138 325.3 | 164 463.2 | 193 603.9 | 225 006.7 |
| 货物和服务净出口 | | 23 423.1 | 24 226.8 | 15 037.1 | 15 097.6 | 12 163.3 |
| 国民总收入指数(上年=100) | | 114.6 | 110.1 | 108.3 | 110.2 | 109.6 |
| 国内生产总值指数(上年=100) | | 114.2 | 109.6 | 109.2 | 110.4 | 109.3 |
| 第一产业 | | 103.7 | 105.4 | 104.2 | 104.3 | 104.3 |
| 第二产业 | | 115.1 | 109.9 | 109.9 | 112.3 | 110.3 |
| 工　业 | | 114.9 | 109.9 | 108.7 | 112.1 | 110.4 |
| 建筑业 | | 116.2 | 109.5 | 118.6 | 113.5 | 109.7 |
| 第三产业 | | 116.0 | 110.4 | 109.6 | 109.8 | 109.4 |
| 人均国内生产总值指数(上年=100) | | 113.6 | 109.1 | 108.7 | 109.9 | 108.8 |
| 国内生产总值构成 | (%) | 100.0 | 100.0 | 100.0 | 100.0 | 100.0 |
| 第一产业 | | 10.8 | 10.7 | 10.3 | 10.1 | 10.0 |
| 第二产业 | | 47.3 | 47.4 | 46.2 | 46.7 | 46.6 |
| 工　业 | | 41.6 | 41.5 | 39.7 | 40.0 | 39.9 |
| 建筑业 | | 5.8 | 6.0 | 6.6 | 6.6 | 6.8 |
| 第三产业 | | 41.9 | 41.8 | 43.4 | 43.2 | 43.4 |

# 地区生产总值和指数

本表绝对数按当年价格计算,指数按不变价格计算

| 地 区 | 地区生产总值（亿元） | | | | | 指 数（上年＝100） | | | | |
|---|---|---|---|---|---|---|---|---|---|---|
| | 2007 年 | 2008 年 | 2009 年 | 2010 年 | 2011 年 | 2007 年 | 2008 年 | 2009 年 | 2010 年 | 2011 年 |
| 北 京 | 9 846.81 | 11 115.00 | 12 153.03 | 14 113.58 | 16 251.93 | 114.5 | 109.1 | 110.2 | 110.3 | 108.1 |
| 天 津 | 5 252.76 | 6 719.01 | 7 521.85 | 9 224.46 | 11 307.28 | 115.5 | 116.5 | 116.5 | 117.4 | 116.4 |
| 河 北 | 13 607.32 | 16 011.97 | 17 235.48 | 20 394.26 | 24 515.76 | 112.8 | 110.1 | 110.0 | 112.2 | 111.3 |
| 山 西 | 6 024.45 | 7 315.40 | 7 358.31 | 9 200.86 | 11 237.55 | 115.9 | 108.5 | 105.4 | 113.9 | 113.0 |
| 内蒙古 | 6 423.18 | 8 496.20 | 9 740.25 | 11 672.00 | 14 359.88 | 119.2 | 117.8 | 116.9 | 115.0 | 114.3 |
| 辽 宁 | 11 164.30 | 13 668.58 | 15 212.49 | 18 457.27 | 22 226.70 | 115.0 | 113.4 | 113.1 | 114.2 | 112.2 |
| 吉 林 | 5 284.69 | 6 426.10 | 7 278.75 | 8 667.58 | 10 568.83 | 116.1 | 116.0 | 113.6 | 113.8 | 113.8 |
| 黑龙江 | 7 104.00 | 8 314.37 | 8 587.00 | 10 368.60 | 12 582.00 | 112.0 | 111.8 | 111.4 | 112.7 | 112.3 |
| 上 海 | 12 494.01 | 14 069.86 | 15 046.45 | 17 165.98 | 19 195.69 | 115.2 | 109.7 | 108.2 | 110.3 | 108.2 |
| 江 苏 | 26 018.48 | 30 981.98 | 34 457.30 | 41 425.48 | 49 110.27 | 114.9 | 112.7 | 112.4 | 112.7 | 111.0 |
| 浙 江 | 18 753.73 | 21 462.69 | 22 990.35 | 27 722.31 | 32 318.85 | 114.7 | 110.1 | 108.9 | 111.9 | 109.0 |
| 安 徽 | 7 360.92 | 8 851.66 | 10 062.82 | 12 359.33 | 15 300.65 | 114.2 | 112.7 | 112.9 | 114.6 | 113.5 |
| 福 建 | 9 248.53 | 10 823.01 | 12 236.53 | 14 737.12 | 17 560.18 | 115.2 | 113.0 | 112.3 | 113.9 | 112.3 |
| 江 西 | 5 800.25 | 6 971.05 | 7 655.18 | 9 451.26 | 11 702.82 | 113.2 | 113.2 | 113.1 | 114.0 | 112.5 |
| 山 东 | 25 776.91 | 30 933.28 | 33 896.65 | 39 169.92 | 45 361.85 | 114.2 | 112.0 | 112.2 | 112.3 | 110.9 |
| 河 南 | 15 012.46 | 18 018.53 | 19 480.46 | 23 092.36 | 26 931.03 | 114.6 | 112.1 | 110.9 | 112.5 | 111.9 |
| 湖 北 | 9 333.40 | 11 328.89 | 12 961.10 | 15 967.61 | 19 632.26 | 114.6 | 113.4 | 113.5 | 114.8 | 113.8 |
| 湖 南 | 9 439.60 | 11 555.00 | 13 059.69 | 16 037.96 | 19 669.56 | 115.0 | 113.9 | 113.7 | 114.6 | 112.8 |
| 广 东 | 31 777.01 | 36 796.71 | 39 482.56 | 46 013.06 | 53 210.28 | 114.9 | 110.4 | 109.7 | 112.4 | 110.0 |
| 广 西 | 5 823.41 | 7 021.00 | 7 759.16 | 9 569.85 | 11 720.87 | 115.1 | 112.8 | 113.9 | 114.2 | 112.3 |
| 海 南 | 1 254.17 | 1 503.06 | 1 654.21 | 2 064.50 | 2 522.66 | 115.8 | 110.3 | 111.7 | 116.0 | 112.0 |
| 重 庆 | 4 676.13 | 5 793.66 | 6 530.01 | 7 925.58 | 10 011.37 | 115.9 | 114.5 | 114.9 | 117.1 | 116.4 |
| 四 川 | 10 562.39 | 12 601.23 | 14 151.28 | 17 185.48 | 21 026.68 | 114.5 | 111.0 | 114.5 | 115.1 | 115.0 |
| 贵 州 | 2 884.11 | 3 561.56 | 3 912.68 | 4 602.16 | 5 701.84 | 114.8 | 111.3 | 111.4 | 112.8 | 115.0 |
| 云 南 | 4 772.52 | 5 692.12 | 6 169.75 | 7 224.18 | 8 893.12 | 112.2 | 110.6 | 112.1 | 112.3 | 113.7 |
| 西 藏 | 341.43 | 394.85 | 441.36 | 507.46 | 605.83 | 114.0 | 110.1 | 112.4 | 112.3 | 112.7 |
| 陕 西 | 5 757.29 | 7 314.58 | 8 169.80 | 10 123.48 | 12 512.30 | 115.8 | 116.4 | 113.6 | 114.6 | 113.9 |
| 甘 肃 | 2 702.40 | 3 166.82 | 3 387.56 | 4 120.75 | 5 020.37 | 112.3 | 110.1 | 110.3 | 111.8 | 112.5 |
| 青 海 | 797.35 | 1 018.62 | 1 081.27 | 1 350.43 | 1 670.44 | 113.5 | 113.5 | 110.1 | 115.3 | 113.5 |
| 宁 夏 | 919.11 | 1 203.92 | 1 353.31 | 1 689.65 | 2 102.21 | 112.7 | 112.6 | 111.9 | 113.5 | 112.1 |
| 新 疆 | 3 523.16 | 4 183.21 | 4 277.05 | 5 437.47 | 6 610.05 | 112.2 | 111.0 | 108.1 | 110.6 | 112.0 |

# 按主要行业分法人单位数

单位:个

| 项　目 | 2007 年 | 2008 年 | 2009 年 | 2010 年 | 2011 年 |
|---|---|---|---|---|---|
| 全国总计 | 6 495 064 | 7 098 765 | 8 003 868 | 8 754 588 | 9 593 729 |
| 农、林、牧、渔业 | 98 546 | 2 023 | 184 764 | 242 429 | 321 086 |
| 采矿业 | 97 678 | 97 315 | 103 403 | 104 065 | 105 490 |
| 制造业 | 1 702 455 | 1 818 370 | 1 959 254 | 2 098 370 | 2 240 315 |
| 电力、燃气及水的生产和供应业 | 49 052 | 57 923 | 62 038 | 64 151 | 66 652 |
| 建筑业 | 190 517 | 226 768 | 261 694 | 302 232 | 346 026 |
| 交通运输、仓储和邮政业 | 117 228 | 157 589 | 175 914 | 195 829 | 219 630 |
| 信息传输、计算机服务和软件业 | 115 101 | 153 290 | 176 326 | 191 182 | 208 867 |
| 批发和零售业 | 1 246 042 | 1 403 141 | 1 670 315 | 1 965 118 | 2 276 295 |
| 住宿和餐饮业 | 118 173 | 145 297 | 154 895 | 164 762 | 172 070 |
| 金融业 | 31 815 | 28 668 | 36 907 | 45 512 | 55 513 |
| 房地产业 | 187 444 | 214 391 | 244 043 | 284 726 | 323 985 |
| 租赁和商务服务业 | 368 763 | 427 001 | 511 666 | 590 478 | 687 575 |
| 科学研究、技术服务和地质勘察业 | 176 677 | 201 689 | 233 221 | 256 865 | 283 777 |
| 水利、环境和公共设施管理业 | 50 953 | 57 553 | 61 740 | 64 794 | 69 186 |
| 居民服务和其他服务业 | 110 525 | 120 467 | 141 936 | 158 152 | 175 813 |
| 教　育 | 312 339 | 335 065 | 342 003 | 342 408 | 346 390 |
| 卫生、社会保障和社会福利业 | 187 376 | 206 480 | 209 016 | 205 778 | 205 173 |
| 文化、体育和娱乐业 | 76 430 | 81 878 | 90 891 | 95 633 | 102 775 |
| 公共管理和社会组织 | 1 257 950 | 1 363 857 | 1 383 842 | 1 382 104 | 1 387 111 |
| 国际组织 | | | | | |

注:2004 年和 2008 年农、林、牧、渔业法人单位数为兼营第二、三产业的农、林、牧、渔业法人单位。

# 人口数及构成

单位:万人

| 年份 | 总人口(年末) | 按性别分 | | | | 按城乡分 | | | |
|---|---|---|---|---|---|---|---|---|---|
| | | 男 | | 女 | | 城镇 | | 乡村 | |
| | | 人口数 | 比重(%) | 人口数 | 比重(%) | 人口数 | 比重(%) | 人口数 | 比重(%) |
| 1949 | 54 167 | 28 145 | 51.96 | 26 022 | 48.04 | 5 765 | 10.64 | 48 402 | 89.36 |
| 1950 | 55 196 | 28 669 | 51.94 | 26 527 | 48.06 | 6 169 | 11.18 | 49 027 | 88.82 |
| 1951 | 56 300 | 29 231 | 51.92 | 27 069 | 48.08 | 6 632 | 11.78 | 49 668 | 88.22 |
| 1955 | 61 465 | 31 809 | 51.75 | 29 656 | 48.25 | 8 285 | 13.48 | 53 180 | 86.52 |
| 1960 | 66 207 | 34 283 | 51.78 | 31 924 | 48.22 | 13 073 | 19.75 | 53 134 | 80.25 |
| 1965 | 72 538 | 37 128 | 51.18 | 35 410 | 48.82 | 13 045 | 17.98 | 59 493 | 82.02 |
| 1970 | 82 992 | 42 686 | 51.43 | 40 306 | 48.57 | 14 424 | 17.38 | 68 568 | 82.62 |
| 1971 | 85 229 | 43 819 | 51.41 | 41 410 | 48.59 | 14 711 | 17.26 | 70 518 | 82.74 |
| 1972 | 87 177 | 44 813 | 51.40 | 42 364 | 48.60 | 14 935 | 17.13 | 72 242 | 82.87 |
| 1973 | 89 211 | 45 876 | 51.42 | 43 335 | 48.58 | 15 345 | 17.20 | 73 866 | 82.80 |
| 1974 | 90 859 | 46 727 | 51.43 | 44 132 | 48.57 | 15 595 | 17.16 | 75 264 | 82.84 |
| 1975 | 92 420 | 47 564 | 51.47 | 44 856 | 48.53 | 16 030 | 17.34 | 76 390 | 82.66 |
| 1976 | 93 717 | 48 257 | 51.49 | 45 460 | 48.51 | 16 341 | 17.44 | 77 376 | 82.56 |
| 1977 | 94 974 | 48 908 | 51.50 | 46 066 | 48.50 | 16 669 | 17.55 | 78 305 | 82.45 |
| 1978 | 96 259 | 49 567 | 51.49 | 46 692 | 48.51 | 17 245 | 17.92 | 79 014 | 82.08 |
| 1979 | 97 542 | 50 192 | 51.46 | 47 350 | 48.54 | 18 495 | 18.96 | 79 047 | 81.04 |
| 1980 | 98 705 | 50 785 | 51.45 | 47 920 | 48.55 | 19 140 | 19.39 | 79 565 | 80.61 |
| 1981 | 100 072 | 51 519 | 51.48 | 48 553 | 48.52 | 20 171 | 20.16 | 79 901 | 79.84 |
| 1982 | 101 654 | 52 352 | 51.50 | 49 302 | 48.50 | 21 480 | 21.13 | 80 174 | 78.87 |
| 1983 | 103 008 | 53 152 | 51.60 | 49 856 | 48.40 | 22 274 | 21.62 | 80 734 | 78.38 |
| 1984 | 104 357 | 53 848 | 51.60 | 50 509 | 48.40 | 24 017 | 23.01 | 80 340 | 76.99 |
| 1985 | 105 851 | 54 725 | 51.70 | 51 126 | 48.30 | 25 094 | 23.71 | 80 757 | 76.29 |
| 1986 | 107 507 | 55 581 | 51.70 | 51 926 | 48.30 | 26 366 | 24.52 | 81 141 | 75.48 |
| 1987 | 109 300 | 56 290 | 51.50 | 53 010 | 48.50 | 27 674 | 25.32 | 81 626 | 74.68 |
| 1988 | 111 026 | 57 201 | 51.52 | 53 825 | 48.48 | 28 661 | 25.81 | 82 365 | 74.19 |
| 1989 | 112 704 | 58 099 | 51.55 | 54 605 | 48.45 | 29 540 | 26.21 | 83 164 | 73.79 |
| 1990 | 114 333 | 58 904 | 51.52 | 55 429 | 48.48 | 30 195 | 26.41 | 84 138 | 73.59 |
| 1991 | 115 823 | 59 466 | 51.34 | 56 357 | 48.66 | 31 203 | 26.94 | 84 620 | 73.06 |
| 1992 | 117 171 | 59 811 | 51.05 | 57 360 | 48.95 | 32 175 | 27.46 | 84 996 | 72.54 |
| 1993 | 118 517 | 60 472 | 51.02 | 58 045 | 48.98 | 33 173 | 27.99 | 85 344 | 72.01 |
| 1994 | 119 850 | 61 246 | 51.10 | 58 604 | 48.90 | 34 169 | 28.51 | 85 681 | 71.49 |
| 1995 | 121 121 | 61 808 | 51.03 | 59 313 | 48.97 | 35 174 | 29.04 | 85 947 | 70.96 |
| 1996 | 122 389 | 62 200 | 50.82 | 60 189 | 49.18 | 37 304 | 30.48 | 85 085 | 69.52 |
| 1997 | 123 626 | 63 131 | 51.07 | 60 495 | 48.93 | 39 449 | 31.91 | 84 177 | 68.09 |

续表

| 年份 | 总人口(年末) | 按性别分 | | | | 按城乡分 | | | |
|---|---|---|---|---|---|---|---|---|---|
| | | 男 | | 女 | | 城镇 | | 乡村 | |
| | | 人口数 | 比重(%) | 人口数 | 比重(%) | 人口数 | 比重(%) | 人口数 | 比重(%) |
| 1998 | 124 761 | 63 940 | 51.25 | 60 821 | 48.75 | 41 608 | 33.35 | 83 153 | 66.65 |
| 1999 | 125 786 | 64 692 | 51.43 | 61 094 | 48.57 | 43 748 | 34.78 | 82 038 | 65.22 |
| 2000 | 126 743 | 65 437 | 51.63 | 61 306 | 48.37 | 45 906 | 36.22 | 80 837 | 63.78 |
| 2001 | 127 627 | 65 672 | 51.46 | 61 955 | 48.54 | 48 064 | 37.66 | 79 563 | 62.34 |
| 2002 | 128 453 | 66 115 | 51.47 | 62 338 | 48.53 | 50 212 | 39.09 | 78 241 | 60.91 |
| 2003 | 129 227 | 66 556 | 51.50 | 62 671 | 48.50 | 52 376 | 40.53 | 76 851 | 59.47 |
| 2004 | 129 988 | 66 976 | 51.52 | 63 012 | 48.48 | 54 283 | 41.76 | 75 705 | 58.24 |
| 2005 | 130 756 | 67 375 | 51.53 | 63 381 | 48.47 | 56 212 | 42.99 | 74 544 | 57.01 |
| 2006 | 131 448 | 67 728 | 51.52 | 63 720 | 48.48 | 58 288 | 44.34 | 73 160 | 55.66 |
| 2007 | 132 129 | 68 048 | 51.50 | 64 081 | 48.50 | 60 633 | 45.89 | 71 496 | 54.11 |
| 2008 | 132 802 | 68 357 | 51.47 | 64 445 | 48.53 | 62 403 | 46.99 | 70 399 | 53.01 |
| 2009 | 133 450 | 68 647 | 51.44 | 64 803 | 48.56 | 64 512 | 48.34 | 68 938 | 51.66 |
| 2010 | 134 091 | 68 748 | 51.27 | 65 343 | 48.73 | 66 978 | 49.95 | 67 113 | 50.05 |
| 2011 | 134 735 | 69 068 | 51.26 | 65 667 | 48.74 | 69 079 | 51.27 | 65 656 | 48.73 |

注:1. 1981年及以前数据为户籍统计数;1982、1990、2000、2010年数据为当年人口普查数据推算数;其余年份数据为年度人口抽样调查推算数据。

2. 总人口和按性别分人口中包括现役军人,按城乡分人口中现役军人计入城镇人口。

# 就业基本情况

| 项　目 | | 2007 年 | 2008 年 | 2009 年 | 2010 年 | 2011 年 |
|---|---|---|---|---|---|---|
| 经济活动人口 | （万人） | 76 531.0 | 77 046.0 | 77 510.0 | 78 388.0 | 78 579.0 |
| 就业人员合计 | （万人） | 75 321.0 | 75 564.0 | 75 828.0 | 76 105.0 | 76 420.0 |
| 第一产业 | | 30 731.0 | 29 923.0 | 28 890.0 | 27 931.0 | 26 594.0 |
| 第二产业 | | 20 186.0 | 20 553.0 | 21 080.0 | 21 842.0 | 22 544.0 |
| 第三产业 | | 24 404.0 | 25 087.0 | 25 857.0 | 26 332.0 | 27 282.0 |
| 就业人员构成(合计=100) | | | | | | |
| 第一产业 | | 40.8 | 39.6 | 38.1 | 36.7 | 34.8 |
| 第二产业 | | 26.8 | 27.2 | 27.8 | 28.7 | 29.5 |
| 第三产业 | | 32.4 | 33.2 | 34.1 | 34.6 | 35.7 |
| 按城乡分就业人员 | （万人） | | | | | |
| 城镇就业人员 | | 30 953.0 | 32 103.0 | 33 322.0 | 34 687.0 | 35 914.0 |
| #国有单位 | | 6 424.0 | 6 447.0 | 6 420.0 | 6 516.0 | 6 704.0 |
| 城镇集体单位 | | 718.0 | 662.0 | 618.0 | 597.0 | 603.0 |
| 股份合作单位 | | 170.0 | 164.0 | 160.0 | 156.0 | 149.0 |
| 联营单位 | | 43.0 | 43.0 | 37.0 | 36.0 | 37.0 |
| 有限责任公司 | | 2 075.0 | 2 194.0 | 2 433.0 | 2 613.0 | 3 269.0 |
| 股份有限公司 | | 788.0 | 840.0 | 956.0 | 1 024.0 | 1 183.0 |
| 私营企业 | | 4 581.0 | 5 124.0 | 5 544.0 | 6 071.0 | 6 912.0 |
| 港澳台商投资单位 | | 680.0 | 679.0 | 721.0 | 770.0 | 932.0 |
| 外商投资单位 | | 903.0 | 943.0 | 978.0 | 1 053.0 | 1 217.0 |
| 个　体 | | 3 310.0 | 3 609.0 | 4 245.0 | 4 467.0 | 5 227.0 |
| 乡村就业人员 | | 44 368.0 | 43 461.0 | 42 506.0 | 41 418.0 | 40 506.0 |
| #私营企业 | | 2 672.0 | 2 780.0 | 3 063.0 | 3 347.0 | 3 442.0 |
| 个　体 | | 2 187.0 | 2 167.0 | 2 341.0 | 2 540.0 | 2 718.0 |
| 城镇登记失业人数 | （万人） | 830.0 | 886.0 | 921.0 | 908.0 | 922.0 |
| 城镇登记失业率 | （%） | 4.0 | 4.2 | 4.3 | 4.1 | 4.1 |

注：全国就业人员1990年及以后的数据根据劳动力调查、人口普查推算，2001年及以后数据根据第六次人口普查数据重新修订。

# 城镇单位就业人员工资总额和平均工资

| 项　目 | 2007 年 | 2008 年 | 2009 年 | 2010 年 | 2011 年 |
|---|---|---|---|---|---|
| 工资总额　（亿元） | | | | | |
| 合　计 | 29 471.5 | 35 289.5 | 40 288.2 | 47 269.9 | 59 954.7 |
| 国有单位 | 16 689.1 | 19 487.9 | 21 862.7 | 24 886.4 | 28 954.8 |
| 城镇集体单位 | 1 108.1 | 1 203.2 | 1 273.3 | 1 433.7 | 1 737.4 |
| 其他单位 | 11 674.3 | 14 598.4 | 17 152.1 | 20 949.7 | 29 262.4 |
| 指数(上年=100) | | | | | |
| 合　计 | 121.5 | 119.7 | 114.2 | 117.3 | 126.8 |
| 国有单位 | 119.9 | 116.8 | 112.2 | 113.8 | 116.3 |
| 城镇集体单位 | 112.6 | 108.6 | 105.8 | 112.6 | 121.2 |
| 其他单位 | 124.8 | 125.0 | 117.5 | 122.1 | 139.7 |
| 平均工资　（元） | | | | | |
| 合　计 | 24 721.0 | 28 898.0 | 32 244.0 | 36 539.0 | 41 799.0 |
| #在岗职工 | 24 932.0 | 29 229.0 | 32 736.0 | 37 147.0 | 42 452.0 |
| 国有单位 | 26 100.0 | 30 287.0 | 34 130.0 | 38 359.0 | 43 483.0 |
| 城镇集体单位 | 15 444.0 | 18 103.0 | 20 607.0 | 24 010.0 | 28 791.0 |
| 其他单位 | 24 271.0 | 28 552.0 | 31 350.0 | 35 801.0 | 41 323.0 |
| 平均货币工资指数(上年=100) | | | | | |
| 合　计 | 118.5 | 116.9 | 111.6 | 113.3 | 114.4 |
| #在岗职工 | 118.7 | 117.2 | 112.0 | 113.5 | 114.3 |
| 国有单位 | 120.2 | 116.0 | 112.7 | 112.4 | 113.4 |
| 城镇集体单位 | 120.0 | 117.2 | 113.8 | 116.5 | 119.9 |
| 其他单位 | 115.6 | 117.6 | 109.8 | 114.2 | 115.4 |
| 平均实际工资指数(上年=100) | | | | | |
| 合　计 | 113.4 | 110.7 | 112.6 | 109.8 | 108.6 |
| #在岗职工 | 113.6 | 111.0 | 113.0 | 110.0 | 108.5 |
| 国有单位 | 115.0 | 109.8 | 113.7 | 108.9 | 107.7 |
| 城镇集体单位 | 114.8 | 111.0 | 114.8 | 112.9 | 113.9 |
| 其他单位 | 110.6 | 111.4 | 110.8 | 110.7 | 109.6 |

注:2008 年及以前城镇单位就业人员工资总额即为原来的城镇单位就业人员劳动报酬总额。

# 按行业分城镇单位就业人员平均工资

（2011 年）

单位：元

| 项　目 | 合　计 | 国　有<br>单　位 | 城镇集体<br>单　　位 | 其　他<br>单　位 |
|---|---|---|---|---|
| **全国总计** | **41 799** | **43 483** | **28 791** | **41 323** |
| 按国民经济行业分组 | | | | |
| 农、林、牧、渔业 | 19 469 | 19 253 | 21 887 | 23 851 |
| 采矿业 | 52 230 | 53 387 | 30 114 | 52 703 |
| 制造业 | 36 665 | 43 031 | 25 031 | 36 360 |
| 电力、燃气及水的生产和供应业 | 52 723 | 53 333 | 36 122 | 52 377 |
| 建筑业 | 32 103 | 36 071 | 25 027 | 32 097 |
| 交通运输、仓储和邮政业 | 47 078 | 47 318 | 24 927 | 48 362 |
| 信息传输、计算机服务和软件业 | 70 918 | 50 401 | 40 344 | 81 005 |
| 批发和零售业 | 40 654 | 41 337 | 19 982 | 42 596 |
| 住宿和餐饮业 | 27 486 | 28 756 | 23 327 | 27 313 |
| 金融业 | 81 109 | 74 650 | 52 984 | 88 882 |
| 房地产业 | 42 837 | 43 814 | 29 661 | 43 183 |
| 租赁和商务服务业 | 46 976 | 39 447 | 24 499 | 60 406 |
| 科学研究、技术服务和地质勘查业 | 64 252 | 60 316 | 47 764 | 76 446 |
| 水利、环境和公共设施管理业 | 28 868 | 28 812 | 20 987 | 33 331 |
| 居民服务和其他服务业 | 33 169 | 36 923 | 24 834 | 30 287 |
| 教　育 | 43 194 | 43 436 | 36 355 | 38 912 |
| 卫生、社会保障和社会福利业 | 46 206 | 47 185 | 37 853 | 38 803 |
| 文化、体育和娱乐业 | 47 878 | 48 690 | 30 051 | 44 958 |
| 公共管理和社会组织 | 42 062 | 42 230 | 35 277 | 23 891 |

# 全社会固定资产投资

| 指　标 | | 2010 年 | 2011 年 | 2011 年比上年增长(%) |
|---|---|---|---|---|
| 投资总额 | (亿元) | **278 121.9** | **311 485.1** | **23.8** |
| 按构成分 | | | | |
| 建筑安装工程 | | 171 351.8 | 200 195.7 | 28.7 |
| 设备工具器具购置 | | 61 681.5 | 65 152.3 | 21.0 |
| 其他费用 | | 45 088.5 | 46 137.1 | 9.2 |
| 按三次产业分 | | | | |
| 第一产业 | | 7 923.1 | 8 757.8 | 28.7 |
| 第二产业 | | 118 102.1 | 132 476.7 | 27.1 |
| 第三产业 | | 152 096.7 | 170 250.6 | 21.1 |
| 投资资金来源 | (亿元) | 310 964.2 | 345 984.2 | 21.1 |
| 国家预算资金 | | 14 677.8 | 14 843.3 | 14.1 |
| 国内贷款 | | 47 258.0 | 46 344.5 | 5.3 |
| 利用外资 | | 4 986.8 | 5 062.0 | 7.6 |
| 自筹资金 | | 197 099.2 | 229 346.8 | 28.3 |
| 其他资金 | | 46 942.4 | 50 387.5 | 11.2 |
| 建设规模 | (亿元) | | | |
| 建设总规模 | | 819 579.8 | 944 674.6 | 21.5 |
| 在建总规模 | | 634 643.2 | 725 708.0 | 17.2 |
| 在建净规模 | | 309 461.0 | 347 240.5 | 15.2 |
| 房屋建筑面积 | (万平方米) | | | |
| 施工面积 | | 885 173.4 | 1 035 518.9 | 22.7 |
| #住　宅 | | 492 763.6 | 574 909.9 | 19.6 |
| 竣工面积 | | 304 306.1 | 329 073.3 | 18.1 |
| #住　宅 | | 183 172.3 | 197 452.2 | 13.1 |

注:1. 2011 年除房地产投资、农村个人投资外,固定资产投资统计起点由50 万元提高至500 万元,增长速度按可比口径计算。
2. 投资资金来源为财务拨款数,各项相加不等于投资总额。
3. 增长速度未扣除价格因素。

# 各地区按登记注册类型分全社会固定资产投资

（2011 年）

单位：亿元

| 地 区 | 总 计 | 内 资 | | | | | | | | | 港、澳、台商投资 | 外商投资 |
|---|---|---|---|---|---|---|---|---|---|---|---|---|
| | | | 国 有 | 集 体 | 股份合作 | 联 营 | 有限责任公司 | 股份有限公司 | 私 营 | 个 体 | 其 他 | | |
| **全国总计** | **311 485.1** | **292 768.3** | **82 494.8** | **10 245.1** | **1 627.5** | **988.6** | **86 254.9** | **19 023.4** | **71 338.0** | **10 483.2** | **10 312.7** | **9 431.0** | **9 285.9** |
| 北 京 | 5 578.9 | 5 063.5 | 1 274.1 | 90.4 | 4.9 | 1.4 | 3 229.2 | 189.8 | 188.6 | 59.2 | 26.0 | 252.7 | 262.7 |
| 天 津 | 7 067.7 | 6 576.7 | 2 483.8 | 414.1 | 35.8 | 28.9 | 2 276.0 | 412.7 | 736.4 | 63.1 | 125.9 | 197.4 | 293.6 |
| 河 北 | 16 389.3 | 15 929.7 | 2 874.0 | 932.3 | 68.5 | 53.6 | 4 802.1 | 1 036.3 | 4 977.8 | 630.6 | 554.4 | 149.7 | 310.0 |
| 山 西 | 7 073.1 | 6 949.1 | 2 780.8 | 333.4 | 59.6 | 36.9 | 2 045.6 | 426.3 | 880.4 | 249.2 | 137.0 | 44.1 | 79.8 |
| 内蒙古 | 10 365.2 | 10 260.4 | 3 448.2 | 109.2 | 63.4 | 9.3 | 3 972.7 | 724.0 | 1 496.1 | 129.2 | 308.3 | 52.4 | 52.3 |
| 辽 宁 | 17 726.3 | 15 901.8 | 3 475.3 | 410.7 | 37.1 | 18.9 | 4 225.5 | 833.3 | 6 182.5 | 372.6 | 346.0 | 1 094.0 | 730.6 |
| 吉 林 | 7 441.7 | 7 170.9 | 1 650.5 | 44.2 | 17.4 | 11.0 | 2 718.5 | 449.1 | 1 805.5 | 281.3 | 193.3 | 126.7 | 144.1 |
| 黑龙江 | 7 475.4 | 7 327.6 | 2 831.5 | 57.9 | 34.3 | 23.7 | 2 107.1 | 544.4 | 1 165.7 | 358.7 | 204.3 | 55.7 | 92.0 |
| 上 海 | 4 962.1 | 4 201.4 | 1 553.4 | 119.4 | 4.3 | 37.6 | 1 364.6 | 142.5 | 967.4 | 2.1 | 10.1 | 250.1 | 510.6 |
| 江 苏 | 26 692.6 | 23 379.4 | 4 556.4 | 1 042.6 | 85.2 | 97.9 | 5 634.8 | 1 298.5 | 9 624.4 | 417.9 | 621.6 | 1 365.2 | 1 948.0 |
| 浙 江 | 14 185.3 | 12 969.3 | 3 197.5 | 333.0 | 34.5 | 76.6 | 4 495.0 | 481.2 | 3 584.3 | 557.7 | 209.5 | 659.3 | 556.7 |
| 安 徽 | 12 455.7 | 11 983.9 | 2 635.4 | 255.5 | 59.9 | 31.8 | 3 533.3 | 734.1 | 3 841.7 | 487.2 | 404.9 | 249.9 | 222.0 |
| 福 建 | 9 910.9 | 8 686.3 | 2 713.4 | 238.9 | 23.3 | 64.7 | 2 436.3 | 357.1 | 2 366.1 | 248.1 | 238.5 | 712.5 | 512.1 |
| 江 西 | 9 087.6 | 8 658.3 | 1 907.5 | 96.2 | 114.1 | 27.0 | 2 460.6 | 575.6 | 2 811.1 | 429.7 | 236.4 | 216.2 | 213.1 |
| 山 东 | 26 749.7 | 25 438.4 | 3 448.7 | 2 549.7 | 151.3 | 53.9 | 7 348.2 | 1 821.7 | 7 343.5 | 890.7 | 1 830.7 | 537.1 | 774.2 |
| 河 南 | 17 769.0 | 17 352.3 | 2 696.2 | 888.6 | 148.6 | 74.6 | 4 613.8 | 1 716.6 | 4 748.6 | 959.5 | 1 505.8 | 230.7 | 185.9 |
| 湖 北 | 12 557.3 | 11 986.9 | 3 315.2 | 517.8 | 92.6 | 46.4 | 3 108.9 | 1 021.9 | 2 848.0 | 424.4 | 611.8 | 247.8 | 322.7 |
| 湖 南 | 11 880.9 | 11 527.5 | 3 268.6 | 257.4 | 238.2 | 39.4 | 2 785.2 | 900.9 | 2 805.6 | 586.0 | 646.2 | 205.7 | 147.8 |
| 广 东 | 17 069.2 | 14 621.7 | 3 689.7 | 689.7 | 76.5 | 47.3 | 5 171.4 | 979.1 | 2 817.7 | 658.0 | 492.2 | 1 531.5 | 916.0 |
| 广 西 | 7 990.7 | 7 635.8 | 2 120.5 | 112.2 | 58.9 | 26.7 | 2 078.2 | 596.2 | 1 837.1 | 510.4 | 295.8 | 196.8 | 158.0 |
| 海 南 | 1 657.2 | 1 462.1 | 438.2 | 0.8 | 12.4 | 6.8 | 635.2 | 137.1 | 151.7 | 60.9 | 18.9 | 166.5 | 28.6 |
| 重 庆 | 7 473.4 | 6 993.3 | 2 619.5 | 63.6 | 9.9 | 42.0 | 1 961.1 | 335.9 | 1 607.9 | 161.4 | 192.1 | 264.5 | 215.6 |

续表

| 地区 | 总计 | 内资 | | | | | | | | | 港、澳、台商投资 | 外商投资 |
|---|---|---|---|---|---|---|---|---|---|---|---|---|
| | | | 国有 | 集体 | 股份合作 | 联营 | 有限责任公司 | 股份有限公司 | 私营 | 个体 | 其他 | | |
| 四川 | 14 222.2 | 13 616.7 | 4 622.3 | 89.0 | 80.9 | 57.0 | 4 792.5 | 917.8 | 2 056.1 | 581.3 | 419.8 | 302.5 | 303.1 |
| 贵州 | 4 235.9 | 4 121.9 | 1 733.0 | 17.3 | 26.3 | 9.2 | 1 298.5 | 201.3 | 575.3 | 219.1 | 41.9 | 87.9 | 26.2 |
| 云南 | 6 191.0 | 6 058.6 | 2 376.8 | 74.3 | 24.9 | 7.8 | 1 639.4 | 368.1 | 1 192.4 | 294.4 | 80.6 | 58.6 | 73.8 |
| 西藏 | 516.3 | 514.1 | 378.8 | 4.6 | 0.0 | 1.1 | 17.0 | 14.8 | 30.8 | 21.3 | 45.7 | 0.7 | 1.6 |
| 陕西 | 9 431.1 | 9 213.5 | 3 902.1 | 390.0 | 47.6 | 38.1 | 2 509.0 | 596.1 | 1 052.3 | 392.6 | 285.8 | 114.1 | 103.5 |
| 甘肃 | 3 965.8 | 3 932.7 | 1 991.3 | 88.9 | 9.3 | 8.1 | 857.2 | 299.3 | 465.4 | 106.6 | 106.6 | 18.7 | 14.4 |
| 青海 | 1 435.6 | 1 394.3 | 660.3 | 13.4 | 3.3 | 1.4 | 382.2 | 103.7 | 125.6 | 70.4 | 33.9 | 7.0 | 34.3 |
| 宁夏 | 1 644.7 | 1 618.6 | 566.7 | 2.3 | | 0.6 | 432.7 | 105.7 | 447.1 | 56.5 | 7.0 | 11.6 | 14.6 |
| 新疆 | 4 632.1 | 4 570.3 | 1 633.8 | 7.7 | 4.6 | 8.9 | 1 323.3 | 702.1 | 605.0 | 203.3 | 81.7 | 23.5 | 38.4 |
| 不分地区 | 5 651.3 | 5 651.3 | 5 651.3 | — | — | — | — | — | — | — | — | — | — |

# 固定资产投资

（不含农户）

单位:亿元

| 年份<br>地区 | 全社会投资 | 城镇 | #房地产开发 |
|---|---|---|---|
| 1995 | 20 019.3 | 15 643.7 | 3 149.0 |
| 1996 | (22 974.0) | (17 627.7) | (3 216.4) |
| | 22 913.5 | 17 567.2 | 3 216.4 |
| 1997 | 24 941.1 | 19 194.2 | 3 178.4 |
| 1998 | 28 406.2 | 22 491.4 | 3 614.2 |
| 1999 | 29 854.7 | 23 732.0 | 4 103.2 |
| 2000 | 32 917.7 | 26 221.8 | 4 984.1 |
| 2001 | 37 213.5 | 30 001.2 | 6 344.1 |
| 2002 | 43 499.9 | 35 488.8 | 7 790.9 |
| 2003 | 55 566.6 | 45 811.7 | 10 153.8 |
| 2004 | 70 477.4 | 59 028.2 | 13 158.3 |
| 2005 | 88 773.6 | 75 095.1 | 15 909.2 |
| 2006 | 109 998.2 | 93 368.7 | 19 422.9 |
| 2007 | 137 323.9 | 117 464.5 | 25 288.8 |
| 2008 | 172 828.4 | 148 738.3 | 31 203.2 |
| 2009 | 224 598.8 | 193 920.4 | 36 241.8 |
| 2010 | (278 121.9) | (241 430.9) | (48 259.4) |
| | 251 683.8 | 243 797.8 | 48 259.4 |
| 2011 | 311 485.1 | 302 396.1 | 61 796.9 |
| | | | |
| 北　京 | 5 578.9 | 5 519.8 | 3 036.3 |
| 天　津 | 7 067.7 | 7 040.7 | 1 080.2 |
| 河　北 | 16 389.3 | 15 780.3 | 3 054.6 |
| 山　西 | 7 073.1 | 6 837.7 | 790.2 |
| 内蒙古 | 10 365.2 | 10 253.0 | 1 591.2 |
| | | | |
| 辽　宁 | 17 726.3 | 17 431.5 | 4 487.6 |
| 吉　林 | 7 441.7 | 7 226.6 | 1 195.4 |
| 黑龙江 | 7 475.4 | 7 157.9 | 1 227.6 |
| | | | |
| 上　海 | 4 962.1 | 4 959.9 | 2 253.8 |
| 江　苏 | 26 692.6 | 26 313.5 | 5 567.9 |
| 浙　江 | 14 185.3 | 13 651.7 | 4 137.3 |
| 安　徽 | 12 455.7 | 12 007.9 | 2 611.5 |

续表

| 年 份<br>地 区 | 全社会投资 | 城 镇 | |
|---|---|---|---|
| | | | #房地产开发 |
| 福 建 | 9 910.9 | 9 677.1 | 2 406.3 |
| 江 西 | 9 087.6 | 8 753.9 | 867.0 |
| 山 东 | 26 749.7 | 25 907.4 | 4 106.8 |
| | | | |
| 河 南 | 17 769.0 | 16 934.3 | 2 626.5 |
| 湖 北 | 12 557.3 | 12 195.4 | 2 066.5 |
| 湖 南 | 11 880.9 | 11 407.7 | 1 943.8 |
| 广 东 | 17 069.2 | 16 599.2 | 4 809.9 |
| 广 西 | 7 990.7 | 7 580.9 | 1 517.5 |
| 海 南 | 1 657.2 | 1 599.1 | 650.8 |
| | | | |
| 重 庆 | 7 473.4 | 7 367.0 | 2 015.1 |
| 四 川 | 14 222.2 | 13 687.7 | 2 819.2 |
| 贵 州 | 4 235.9 | 4 026.5 | 873.5 |
| 云 南 | 6 191.0 | 5 932.7 | 1 280.1 |
| 西 藏 | 516.3 | 516.3 | 5.1 |
| | | | |
| 陕 西 | 9 431.1 | 9 109.0 | 1 410.9 |
| 甘 肃 | 3 965.8 | 3 870.1 | 367.0 |
| 青 海 | 1 435.6 | 1 365.9 | 144.7 |
| 宁 夏 | 1 644.7 | 1 589.1 | 336.2 |
| 新 疆 | 4 632.1 | 4 445.0 | 516.4 |
| | | | |
| 不分地区 | 5 651.3 | 5 651.3 | — |

注:1. 1995—1996 年,除房地产投资、农村集体投资、个人投资以外,投资统计的起点为 5 万元;自 1997 年起,除房地产投资、农村集体投资、个人投资以外,投资统计的起点由 5 万元提高到 50 万元;自 2011 年起,除房地产投资、农村个人投资外,固定资产投资的统计起点由 50 万元提高至 500 万元;城镇固定资产投资数据发布口径改为固定资产投资(不含农户),固定资产投资(不含农户)等于原口径的城镇固定资产投资加上农村企事业组织的项目投资(以下有关各表同)。

2. 为便于比较,对 1996 年、2010 年的相应数据作了调整,这两年数据中括号内为原口径数,未加括号的为调整后的新口径数。新口径数据中,1996 年为 50 万元起点以上数;2010 年为 500 万元起点以上数,同时其中的城镇固定资产投资数据发布口径改为固定资产投资(不含农户)(以下有关各表同)。

# 全社会固定资产投资资金来源和按构成分固定资产投资

| 年 份 | 投资资金来源 | | | | 投资按构成分 | | |
|---|---|---|---|---|---|---|---|
| | 国家预算内资金 | 国内贷款 | 利用外资 | 自筹和其他资金 | 建筑安装工 程 | 设备工具器具购置 | 其他费用 |
| 总量 （亿元） | | | | | | | |
| 1995 | 621.1 | 4 198.7 | 2 295.9 | 13 409.2 | 13 173.3 | 4 262.5 | 2 583.5 |
| 1996 | (629.7) | (4 576.5) | (2 747.4) | (15 465.4) | (15 153.4) | (4 940.8) | (2 879.8) |
| | 625.9 | 4 573.7 | 2 746.6 | 15 412.4 | 15 109.3 | 4 926.0 | 2 878.3 |
| 1997 | 696.7 | 4 782.6 | 2 683.9 | 17 096.5 | 15 614.0 | 6 044.8 | 3 282.3 |
| 1998 | 1 197.4 | 5 542.9 | 2 617.0 | 19 359.6 | 17 874.5 | 6 528.5 | 4 003.1 |
| 1999 | 1 852.1 | 5 725.9 | 2 006.8 | 20 169.7 | 18 795.9 | 7 053.0 | 4 005.7 |
| 2000 | 2 109.5 | 6 727.3 | 1 696.3 | 22 577.4 | 20 536.3 | 7 785.6 | 4 595.9 |
| 2001 | 2 546.4 | 7 239.8 | 1 730.7 | 26 470.0 | 22 954.9 | 8 833.8 | 5 424.8 |
| 2002 | 3 161.0 | 8 859.1 | 2 085.0 | 30 941.9 | 26 578.9 | 9 884.5 | 7 036.6 |
| 2003 | 2 687.8 | 12 044.4 | 2 599.4 | 41 284.8 | 33 447.2 | 12 681.9 | 9 437.5 |
| 2004 | 3 254.9 | 13 788.0 | 3 285.7 | 54 236.3 | 42 803.6 | 16 527.0 | 11 146.8 |
| 2005 | 4 154.3 | 16 319.0 | 3 978.8 | 70 138.7 | 53 382.6 | 21 422.9 | 13 968.1 |
| 2006 | 4 672.0 | 19 590.5 | 4 334.3 | 90 360.2 | 66 775.8 | 25 563.9 | 17 658.4 |
| 2007 | 5 857.1 | 23 044.2 | 5 132.7 | 116 769.7 | 83 518.3 | 31 574.8 | 22 230.9 |
| 2008 | 7 954.8 | 26 443.7 | 5 311.9 | 143 204.9 | 104 958.9 | 40 594.1 | 27 275.5 |
| 2009 | 12 685.7 | 39 302.8 | 4 623.7 | 193 617.4 | 138 758.3 | 50 844.2 | 34 996.2 |
| 2010 | (14 677.8) | (47 258.0) | (4 986.8) | (244 041.7) | (171 351.8) | (61 681.5) | (45 088.5) |
| | 13 012.7 | 44 020.8 | 4 703.6 | 224 042.0 | 155 580.5 | 53 842.8 | 42 260.5 |
| 2011 | 14 843.3 | 46 344.5 | 5 062.0 | 279 734.4 | 200 195.7 | 65 152.3 | 46 137.1 |
| 构成（%） | | | | | | | |
| 1995 | 3.0 | 20.5 | 11.2 | 65.3 | 65.8 | 21.3 | 12.9 |
| 1996 | 2.7 | 19.6 | 11.8 | 66.0 | 66.0 | 21.5 | 12.5 |
| 1997 | 2.8 | 18.9 | 10.6 | 67.7 | 62.6 | 24.2 | 13.2 |
| 1998 | 4.2 | 19.3 | 9.1 | 67.4 | 62.9 | 23.0 | 14.1 |
| 1999 | 6.2 | 19.2 | 6.7 | 67.8 | 63.0 | 23.6 | 13.4 |
| 2000 | 6.4 | 20.3 | 5.1 | 68.2 | 62.4 | 23.7 | 13.9 |
| 2001 | 6.7 | 19.1 | 4.6 | 69.6 | 61.7 | 23.7 | 14.6 |
| 2002 | 7.0 | 19.7 | 4.6 | 68.7 | 61.1 | 22.7 | 16.2 |
| 2003 | 4.6 | 20.5 | 4.4 | 70.5 | 60.2 | 22.8 | 17.0 |
| 2004 | 4.4 | 18.5 | 4.4 | 72.7 | 60.7 | 23.5 | 15.8 |
| 2005 | 4.4 | 17.3 | 4.2 | 74.1 | 60.1 | 24.1 | 15.7 |
| 2006 | 3.9 | 16.5 | 3.6 | 76.0 | 60.7 | 23.2 | 16.1 |
| 2007 | 3.9 | 15.3 | 3.4 | 77.4 | 60.8 | 23.0 | 16.2 |
| 2008 | 4.3 | 14.5 | 2.9 | 78.3 | 60.7 | 23.5 | 15.8 |
| 2009 | 5.1 | 15.7 | 1.8 | 77.4 | 61.8 | 22.6 | 15.6 |
| 2010 | 4.7 | 15.2 | 1.6 | 78.5 | 61.6 | 22.2 | 16.2 |
| 2011 | 4.3 | 13.4 | 1.5 | 80.9 | 64.3 | 20.9 | 14.8 |

# 固定资产投资资金来源和按隶属关系分固定资产投资

（不含农户）

单位：亿元

| 年份<br>地区 | 投资资金来源 | | | | | 投资按隶属关系分 | |
|---|---|---|---|---|---|---|---|
| | 国家预算内资金 | 国内贷款 | 利用外资 | 自筹资金 | 其他资金 | 中央项目 | 地方项目 |
| 1995 | 569.0 | 3 511.9 | 2 114.1 | 7 940.8 | 2 013.7 | 4 274.5 | 11 369.2 |
| 1996 | (679.2) | (5 247.0) | (3 018.4) | (14 600.3) | (5 340.8) | (4 887.7) | (12 740.0) |
| | 576.4 | 3 903.2 | 2 475.6 | 7 748.2 | 3 308.9 | 4 887.7 | 12 679.5 |
| 1997 | 631.7 | 4 136.7 | 2 424.5 | 8 722.3 | 3 597.7 | 5 521.6 | 13 672.7 |
| 1998 | 1 108.7 | 4 918.0 | 2 377.9 | 9 885.5 | 4 512.1 | 6 121.6 | 16 369.7 |
| 1999 | 1 613.8 | 5 249.8 | 1 832.2 | 10 042.9 | 4 893.1 | 5 894.6 | 17 837.3 |
| 2000 | 1 795.0 | 6 245.8 | 1 526.2 | 11 227.5 | 5 620.0 | 6 275.6 | 19 946.2 |
| 2001 | 2 261.7 | 6 672.5 | 1 570.5 | 13 708.5 | 6 561.4 | 6 586.6 | 23 414.6 |
| 2002 | 2 750.8 | 8 167.5 | 1 825.8 | 16 567.7 | 7 723.9 | 6 526.7 | 28 962.0 |
| 2003 | 2 360.1 | 11 223.9 | 2 211.7 | 23 617.4 | 9 448.2 | 6 113.6 | 39 698.1 |
| 2004 | 2 855.6 | 12 842.9 | 2 706.6 | 32 196.1 | 12 514.5 | 7 524.6 | 51 503.6 |
| 2005 | 3 637.9 | 15 363.9 | 3 386.4 | 44 154.5 | 14 369.7 | 9 111.0 | 65 984.1 |
| 2006 | 4 438.7 | 18 814.8 | 3 811.0 | 56 547.5 | 18 147.0 | 10 856.5 | 82 512.2 |
| 2007 | 5 464.1 | 22 136.1 | 4 549.0 | 74 520.9 | 24 073.3 | 13 165.3 | 104 299.2 |
| 2008 | 7 377.0 | 25 466.0 | 4 695.8 | 97 846.5 | 23 194.4 | 17 172.5 | 131 565.8 |
| 2009 | 11 493.6 | 37 634.1 | 3 983.5 | 127 557.7 | 38 117.7 | 20 697.4 | 173 223.0 |
| 2010 | 13 104.7 | 45 104.7 | 4 339.6 | 165 752.0 | 44 823.6 | 22 790.6 | 218 640.2 |
| 2011 | 14 843.3 | 46 034.8 | 5 062.0 | 220 860.2 | 50 094.8 | 21 797.2 | 280 598.8 |
| 北　京 | 70.7 | 1 711.8 | 29.5 | 3 374.0 | 2 683.6 | 565.5 | 4 954.4 |
| 天　津 | 61.2 | 1 677.0 | 94.8 | 5 104.9 | 1 137.7 | 513.8 | 6 526.9 |
| 河　北 | 380.0 | 1 643.0 | 111.6 | 13 547.7 | 1 755.7 | 743.5 | 15 036.8 |
| 山　西 | 379.7 | 795.9 | 19.5 | 4 744.0 | 758.8 | 526.3 | 6 311.4 |
| 内蒙古 | 424.5 | 1 250.6 | 12.8 | 8 519.6 | 566.1 | 801.6 | 9 451.3 |
| 辽　宁 | 995.3 | 3 149.9 | 380.6 | 13 998.3 | 2 306.0 | 748.7 | 16 682.7 |
| 吉　林 | 234.4 | 451.3 | 66.8 | 5 936.2 | 714.1 | 506.4 | 6 720.3 |
| 黑龙江 | 412.8 | 510.3 | 22.9 | 6 145.3 | 764.2 | 848.9 | 6 309.0 |
| 上　海 | 75.9 | 1 346.0 | 147.7 | 3 355.8 | 1 411.8 | 415.8 | 4 544.1 |
| 江　苏 | 344.9 | 3 751.2 | 1 241.6 | 20 642.4 | 4 394.2 | 625.1 | 25 688.4 |
| 浙　江 | 687.1 | 2 604.3 | 270.8 | 8 862.5 | 3 492.6 | 419.8 | 13 231.9 |
| 安　徽 | 701.1 | 1 186.7 | 106.3 | 9 356.7 | 1 984.3 | 312.8 | 11 695.0 |
| 福　建 | 761.1 | 1 525.8 | 387.2 | 6 307.3 | 2 011.0 | 572.7 | 9 104.4 |
| 江　西 | 435.7 | 741.1 | 176.2 | 7 085.2 | 1 029.7 | 176.7 | 8 577.2 |
| 山　东 | 632.6 | 2 958.6 | 460.2 | 20 829.6 | 3 156.2 | 680.0 | 25 227.3 |

续表

| 年份<br>地区 | 投资资金来源 | | | | | 投资按隶属关系分 | |
|---|---|---|---|---|---|---|---|
| | 国家预算内资金 | 国内贷款 | 利用外资 | 自筹资金 | 其他资金 | 中央项目 | 地方项目 |
| 河南 | 352.5 | 2 093.3 | 100.7 | 13 165.7 | 1 540.5 | 254.0 | 16 680.3 |
| 湖北 | 622.3 | 1 716.3 | 201.9 | 9 277.4 | 1 653.1 | 660.5 | 11 534.9 |
| 湖南 | 666.9 | 1 453.7 | 179.5 | 8 623.0 | 1 791.8 | 271.3 | 11 136.5 |
| 广东 | 378.9 | 2 769.8 | 574.0 | 11 257.1 | 4 257.2 | 1 237.8 | 15 361.4 |
| 广西 | 281.0 | 1 056.2 | 67.0 | 5 308.3 | 1 111.1 | 344.2 | 7 236.7 |
| 海南 | 112.4 | 543.8 | 34.0 | 753.9 | 521.8 | 82.7 | 1 516.4 |
| 重庆 | 542.7 | 1 590.7 | 108.6 | 4 513.6 | 2 217.7 | 390.8 | 6 976.1 |
| 四川 | 1 013.5 | 2 064.9 | 127.3 | 8 964.7 | 2 514.9 | 986.0 | 12 701.7 |
| 贵州 | 379.6 | 891.6 | 15.0 | 2 407.9 | 706.1 | 278.8 | 3 747.6 |
| 云南 | 422.2 | 1 084.6 | 11.8 | 3 651.3 | 1 132.4 | 648.1 | 5 284.7 |
| 西藏 | 377.4 | 16.2 | 4.8 | 166.1 | 43.3 | 277.7 | 238.6 |
| 陕西 | 776.1 | 1 055.9 | 32.7 | 7 019.0 | 1 501.4 | 395.1 | 8 713.9 |
| 甘肃 | 624.9 | 504.2 | 17.5 | 2 246.9 | 384.6 | 274.3 | 3 595.7 |
| 青海 | 298.7 | 213.3 | 7.6 | 738.8 | 160.2 | 129.1 | 1 236.8 |
| 宁夏 | 132.7 | 352.6 | 8.9 | 834.3 | 271.6 | 295.6 | 1 293.6 |
| 新疆 | 585.2 | 635.4 | 13.7 | 2 877.2 | 746.8 | 1 162.3 | 3 282.7 |
| 不分地区 | 679.5 | 2 688.9 | 28.5 | 1 245.4 | 1 374.3 | 5 651.3 | — |

注：表中2010年及以前年份数据统计口径为城镇固定资产投资。

# 规模以上工业企业主要经济指标

（2011 年）

| 项　目 | 企　业<br>单位数<br>（个） | 工　业<br>总产值<br>（当年价格） | 资产总计<br>（亿元） | 主营业务<br>收　入<br>（亿元） | 利润总额<br>（亿元） | 全部从业人员<br>年平均人数<br>（万人） |
|---|---|---|---|---|---|---|
| 总　计 | 325 609 | 844 269 | 675 797 | 841 830 | 61 396 | 9 167.3 |
| 按轻重工业分 | | | | | | |
| 轻工业 | 131 403 | 237 700 | 155 704 | 234 307 | 17 197 | 3 528.2 |
| 重工业 | 194 206 | 606 569 | 520 093 | 607 523 | 44 199 | 5 639.1 |
| 按企业规模分 | | | | | | |
| 大型企业 | 9 111 | 351 507 | 342 999 | 358 893 | 26 434 | 3 231.6 |
| 中型企业 | 52 236 | 199 366 | 162 942 | 195 163 | 15 310 | 2 946.2 |
| 小型企业 | 256 319 | 288 178 | 165 790 | 283 400 | 19 439 | 2 957.3 |
| 微型企业 | 7 943 | 5 218 | 4 066 | 4 374 | 214 | 32.2 |
| 按登记注册类型分 | | | | | | |
| 内资企业 | 268 393 | 625 852 | 513 809 | 625 526 | 45 902 | 6 593.2 |
| 国有企业 | 6 707 | 66 673 | 88 754 | 69 030 | 3 567 | 590.7 |
| 集体企业 | 5 365 | 11 059 | 5 423 | 11 148 | 864 | 150.5 |
| 股份合作企业 | 2 415 | 4 002 | 2 750 | 3 936 | 375 | 47.4 |
| 联营企业 | 506 | 1 718 | 1 508 | 1 618 | 111 | 15.9 |
| 有限责任公司 | 58 626 | 196 177 | 196 338 | 198 772 | 14 260 | 2 043.0 |
| 股份有限公司 | 8 563 | 83 464 | 84 259 | 83 554 | 7 648 | 683.0 |
| 私营企业 | 180 612 | 252 326 | 127 750 | 247 278 | 18 156 | 2 956.4 |
| 其他企业 | 5 599 | 10 434 | 7 028 | 10 189 | 921 | 106.3 |
| 港、澳、台商投资企业 | 25 952 | 77 529 | 59 954 | 76 368 | 5 521 | 1 204.9 |
| 合资经营企业（港或澳、台资） | 8 547 | 27 578 | 23 423 | 26 851 | 2 008 | 332.7 |
| 合作经营企业（港或澳、台资） | 884 | 2 002 | 1 523 | 1 963 | 166 | 33.8 |
| 港、澳、台商独资经营企业 | 16 037 | 44 444 | 31 631 | 44 162 | 3 101 | 807.5 |
| 港、澳、台商投资股份 | 448 | 3 388 | 3 261 | 3 276 | 234 | 29.4 |
| 其他港、澳、台商投资企业 | 36 | 118 | 116 | 116 | 11 | 1.6 |
| 外商投资企业 | 31 264 | 140 888 | 102 034 | 139 937 | 9 973 | 1 369.3 |
| 中外合资经营企业 | 11 673 | 63 876 | 46 950 | 63 535 | 5 463 | 453.9 |
| 中外合作经营企业 | 926 | 2 968 | 2 341 | 2 887 | 185 | 31.2 |
| 外资企业 | 18 052 | 68 938 | 47 327 | 68 340 | 3 894 | 836.3 |
| 外商投资股份有限公司 | 529 | 4 966 | 5 327 | 5 046 | 424 | 44.5 |
| 其他外商投资企业 | 84 | 139 | 90 | 128 | 7 | 3.3 |

注：全国规模以上工业企业统计范围 1998—2006 年为全部国有及年主营业务收入在 500 万元及以上非国有工业企业；2007—2010 年为年主营业务收入在 500 万元及以上的工业企业；2011 年为年主营业务收入在 2 000 万元及以上的工业企业（下同）。

# 按行业分规模以上工业企业主要指标

（2011 年）

| 行业 | 企业单位数（个） | 工业总产值 | 资产总计 | 流动资产合计 | 固定资产原价 | 累计折旧 | 负债合计 | 流动负债合计 | 所有者权益 | 主营业务收入 | 主营业务成本 | 主营业务税金及附加 | 利润总额 | 本年应交增值税 | 全部从业人年员平均人数（万人） |
|---|---|---|---|---|---|---|---|---|---|---|---|---|---|---|---|
| 全国总计 | **325 609** | **844 268.79** | **675 796.86** | **327 778.65** | **386 086.72** | **157 312.32** | **392 644.64** | **298 911.20** | **282 003.81** | **841 830.24** | **708 091.99** | **12 669.53** | **61 396.33** | **26 302.71** | **9 167.29** |
| 煤炭开采和洗选业 | 7 695 | 28 919.81 | 37 936.27 | 16 492.86 | 17 607.58 | 6 693.41 | 22 557.63 | 15 181.15 | 15 293.73 | 31 413.27 | 22 632.84 | 509.79 | 4 560.86 | 2 356.42 | 520.98 |
| 石油和天然气开采业 | 271 | 12 888.76 | 18 785.20 | 4 323.33 | 21 787.89 | 9 764.55 | 9 137.54 | 5 626.54 | 9 631.23 | 12 882.26 | 6 075.80 | 1 250.76 | 4 299.60 | 1 072.36 | 110.98 |
| 黑色金属矿采选业 | 3 482 | 7 904.30 | 7 155.16 | 2 866.45 | 2 779.94 | 846.65 | 3 732.23 | 2 392.01 | 3 392.94 | 8 114.29 | 6 209.75 | 94.85 | 1 210.07 | 414.64 | 65.20 |
| 有色金属矿采选业 | 2 086 | 5 034.68 | 3 557.85 | 1 421.41 | 1 665.12 | 472.66 | 1 685.82 | 1 242.20 | 1 862.93 | 4 928.46 | 3 672.78 | 46.32 | 815.07 | 195.36 | 53.37 |
| 非金属矿采选业 | 3 252 | 3 847.66 | 2 120.85 | 876.49 | 1 298.16 | 563.23 | 958.14 | 702.82 | 1 148.55 | 3 743.41 | 2 916.73 | 56.53 | 358.14 | 152.87 | 53.53 |
| 其他采矿业 | 19 | 16.74 | 12.69 | 4.48 | 10.14 | 2.68 | 4.71 | 2.26 | 7.97 | 14.77 | 11.80 | 0.12 | 1.41 | 0.24 | 0.19 |
| 农副食品加工业 | 20 895 | 44 126.10 | 19 725.22 | 10 887.84 | 11 429.40 | 5 357.93 | 10 657.86 | 8 893.50 | 8 948.24 | 43 848.58 | 38 437.31 | 187.73 | 2 795.22 | 860.80 | 360.71 |
| 食品制造业 | 6 870 | 14 046.96 | 8 511.61 | 4 382.49 | 4 561.53 | 1 794.67 | 4 231.64 | 3 482.80 | 4 250.49 | 13 875.73 | 10 921.33 | 81.12 | 1 232.25 | 478.14 | 176.86 |
| 饮料制造业 | 4 874 | 11 834.84 | 9 441.18 | 4 987.41 | 4 651.95 | 1 798.75 | 4 685.26 | 3 965.13 | 4 728.34 | 11 774.80 | 8 581.47 | 404.14 | 1 315.37 | 511.11 | 136.76 |
| 烟草制品业 | 148 | 6 805.68 | 6 169.25 | 4 228.14 | 1 939.35 | 1 009.89 | 1 492.43 | 1 441.00 | 4 667.58 | 6 666.90 | 1 856.70 | 3 453.41 | 840.52 | 842.72 | 19.93 |
| 纺织业 | 22 945 | 32 652.99 | 19 993.34 | 10 669.80 | 10 954.06 | 4 447.67 | 11 240.90 | 9 642.74 | 8 698.53 | 32 288.52 | 28 349.02 | 156.32 | 1 956.81 | 814.14 | 588.83 |
| 纺织服装、鞋、帽制造业 | 11 750 | 13 538.12 | 7 468.30 | 4 676.06 | 3 037.79 | 1 225.71 | 3 924.54 | 3 360.14 | 3 529.34 | 13 214.41 | 11 020.47 | 67.69 | 951.98 | 371.14 | 382.41 |
| 皮革、毛皮、羽毛(绒)及其制品业 | 6 081 | 8 927.54 | 4 260.10 | 2 659.39 | 1 714.76 | 657.57 | 2 041.51 | 1 851.09 | 2 188.54 | 8 747.22 | 7 339.20 | 42.85 | 714.70 | 255.15 | 259.75 |
| 木材加工及木、竹、藤、棕、草制品业 | 8 193 | 9 002.30 | 3 797.46 | 1 788.81 | 2 512.56 | 1 068.89 | 1 724.32 | 1 337.05 | 2 052.92 | 8 804.01 | 7 485.97 | 60.46 | 643.39 | 244.12 | 128.68 |
| 家具制造业 | 4 255 | 5 089.84 | 2 951.98 | 1 682.78 | 1 284.10 | 472.03 | 1 544.03 | 1 351.97 | 1 395.43 | 4 946.76 | 4 132.90 | 29.99 | 341.04 | 132.52 | 106.42 |
| 造纸及纸制品业 | 7 073 | 12 079.53 | 10 933.74 | 4 907.30 | 6 945.46 | 2 835.41 | 6 274.66 | 4 700.19 | 4 630.45 | 11 807.01 | 10 146.12 | 50.63 | 760.41 | 319.17 | 146.75 |
| 印刷业和记录媒介的复制 | 3 789 | 3 860.99 | 3 147.31 | 1 668.75 | 1 887.03 | 859.86 | 1 499.55 | 1 275.21 | 1 636.90 | 3 784.27 | 3 081.50 | 21.37 | 349.78 | 128.55 | 70.98 |
| 文教体育用品制造业 | 2 992 | 3 212.38 | 1 790.52 | 1 060.62 | 821.90 | 325.44 | 916.23 | 812.47 | 872.47 | 3 133.81 | 2 696.24 | 13.97 | 175.93 | 74.28 | 110.32 |
| 石油加工、炼焦及核燃料加工业 | 1 974 | 36 889.17 | 18 870.47 | 8 877.04 | 12 599.54 | 5 668.46 | 11 894.30 | 9 600.68 | 6 924.78 | 37 275.12 | 32 634.69 | 2 888.49 | 423.10 | 1 129.86 | 96.12 |
| 化学原料及化学制品制造业 | 22 600 | 60 825.06 | 44 919.06 | 20 924.56 | 27 380.34 | 11 045.95 | 25 166.09 | 19 233.28 | 19 759.18 | 60 097.89 | 50 478.68 | 462.88 | 4 432.13 | 1 685.44 | 454.86 |

续表

| 行业 | 企业单位数（个） | 工业总产值 | 资产总计 | 流动资产合计 | 固定资产原价 | 累计折旧 | 负债合计 | 流动负债合计 | 所有者权益 | 主营业务收入 | 主营业务成本 | 主营业务税金及附加 | 利润总额 | 本年应交增值税 | 全部从业人年员平均人数（万人） |
|---|---|---|---|---|---|---|---|---|---|---|---|---|---|---|---|
| 医药制造业 | 5 926 | 14 941.99 | 13 220.51 | 7 288.80 | 5 630.12 | 2 320.22 | 5 667.56 | 4 613.49 | 7 523.01 | 14 484.38 | 10 277.30 | 95.36 | 1 606.02 | 670.28 | 178.60 |
| 化学纤维制造业 | 1 750 | 6 673.67 | 5 236.96 | 2 757.05 | 2 834.81 | 1 196.83 | 3 242.19 | 2 710.12 | 1 991.55 | 6 646.95 | 6 005.38 | 17.01 | 368.07 | 145.02 | 46.27 |
| 橡胶制品业 | 3 266 | 7 330.66 | 4 865.68 | 2 470.84 | 2 965.26 | 1 229.69 | 2 718.03 | 2 209.45 | 2 133.85 | 7 279.95 | 6 264.55 | 36.78 | 435.74 | 158.01 | 93.53 |
| 塑料制品业 | 13 414 | 15 579.54 | 9 640.09 | 5 493.55 | 5 078.44 | 2 210.27 | 5 059.60 | 4 356.77 | 4 551.61 | 15 281.75 | 13 089.18 | 70.82 | 1 016.68 | 372.97 | 254.19 |
| 非金属矿物制品业 | 26 530 | 40 180.26 | 29 888.96 | 13 464.71 | 17 935.83 | 6 102.45 | 16 153.60 | 12 470.37 | 13 660.55 | 39 294.75 | 32 422.81 | 274.32 | 3 587.25 | 1 433.51 | 517.03 |
| 黑色金属冶炼及压延加工业 | 6 742 | 64 066.98 | 52 025.12 | 23 820.33 | 32 170.97 | 14 290.63 | 35 119.55 | 28 416.17 | 16 848.10 | 65 909.31 | 60 285.03 | 200.09 | 2 239.48 | 1 388.37 | 339.92 |
| 有色金属冶炼及压延加工业 | 6 765 | 35 906.82 | 23 710.49 | 12 380.64 | 11 768.85 | 4 337.81 | 14 754.79 | 11 438.47 | 8 920.36 | 36 869.42 | 32 977.05 | 119.68 | 2 067.38 | 826.52 | 192.62 |
| 金属制品业 | 16 573 | 23 350.81 | 15 191.47 | 9 115.56 | 6 662.63 | 2 665.73 | 8 577.35 | 7 566.33 | 6 550.78 | 22 951.33 | 19 706.29 | 110.82 | 1 545.71 | 582.35 | 311.51 |
| 通用设备制造业 | 25 877 | 40 992.55 | 29 853.77 | 18 491.31 | 12 219.55 | 5 030.35 | 16 626.43 | 14 533.63 | 13 135.76 | 40 157.93 | 33 512.26 | 204.91 | 3 054.92 | 1 135.72 | 494.52 |
| 专用设备制造业 | 13 889 | 26 149.13 | 22 778.01 | 14 511.14 | 8 247.44 | 3 318.85 | 12 839.28 | 10 951.81 | 9 874.77 | 26 059.60 | 21 353.47 | 136.11 | 2 154.43 | 730.25 | 323.41 |
| 交通运输设备制造业 | 15 012 | 63 251.30 | 54 340.84 | 33 049.16 | 20 051.76 | 8 315.05 | 33 305.39 | 28 262.44 | 20 925.28 | 63 131.95 | 52 892.54 | 891.02 | 5 478.38 | 1 804.55 | 579.48 |
| 电气机械及器材制造业 | 20 084 | 51 426.42 | 37 583.86 | 25 027.60 | 14 314.65 | 6 977.70 | 21 901.16 | 19 279.17 | 15 618.96 | 50 148.85 | 42 545.12 | 183.57 | 3 310.13 | 1 268.22 | 599.61 |
| 通信设备、计算机及其他电子设备制造业 | 11 364 | 63 795.65 | 41 510.83 | 27 725.97 | 18 331.62 | 9 138.12 | 24 401.50 | 21 667.00 | 17 059.67 | 63 474.89 | 56 534.99 | 155.84 | 2 827.42 | 1 326.11 | 819.48 |
| 仪器仪表及文化、办公用机械制造业 | 3 896 | 7 633.01 | 6 076.74 | 4 080.42 | 2 109.57 | 928.63 | 3 011.09 | 2 723.53 | 3 061.03 | 7 468.83 | 6 136.70 | 33.12 | 612.83 | 208.06 | 124.49 |
| 工艺品及其他制造业 | 4 885 | 7 189.51 | 4 087.01 | 2 622.24 | 1 518.69 | 577.86 | 2 294.08 | 1 956.13 | 1 776.39 | 7 193.49 | 6 246.03 | 33.82 | 445.46 | 158.60 | 124.29 |
| 废弃资源和废旧材料回收加工业 | 1 077 | 2 624.21 | 1 311.79 | 874.17 | 488.28 | 182.75 | 836.35 | 757.63 | 468.40 | 2 645.28 | 2 356.31 | 12.79 | 160.57 | 85.06 | 15.63 |
| 电力、热力的生产和供应业 | 5 287 | 47 352.67 | 83 820.65 | 12 628.75 | 80 634.98 | 29 446.76 | 55 801.04 | 26 095.40 | 28 116.77 | 47 097.57 | 43 215.46 | 187.37 | 1 921.58 | 1 838.91 | 252.60 |
| 燃气生产和供应业 | 875 | 3 142.03 | 3 457.71 | 1 207.74 | 1 940.55 | 543.56 | 1 927.64 | 1 326.74 | 1 559.02 | 3 205.31 | 2 718.12 | 15.07 | 314.48 | 80.45 | 19.86 |
| 水的生产和供应业 | 1 153 | 1 178.11 | 5 648.83 | 1 382.19 | 4 314.11 | 1 587.66 | 3 038.62 | 1 482.29 | 2 607.42 | 1 167.23 | 872.13 | 11.59 | 72.03 | 50.73 | 36.63 |

# 按行业分规模以上工业企业主要经济效益指标

（2011 年）

| 行　业 | 总资产贡献率（%） | 资　产负债率（%） | 流动资产周转次数（次/年） | 工业成本费用利润率（%） | 产品销售率（%） |
|---|---|---|---|---|---|
| 全　国 | 16.09 | 58.10 | 2.62 | 7.71 | 98.05 |
| 煤炭开采和洗选业 | 20.80 | 59.46 | 2.00 | 16.35 | 97.84 |
| 石油和天然气开采业 | 35.75 | 48.64 | 3.04 | 58.75 | 99.11 |
| 黑色金属矿采选业 | 25.07 | 52.16 | 2.86 | 6.86 | 97.16 |
| 有色金属矿采选业 | 30.79 | 47.38 | 3.49 | 20.04 | 97.18 |
| 非金属矿采选业 | 28.04 | 45.18 | 4.30 | 10.88 | 98.04 |
| 其他采矿业 | 15.28 | 37.09 | 3.34 | 10.32 | 96.74 |
| 农副食品加工业 | 21.08 | 54.03 | 4.05 | 6.81 | 98.07 |
| 食品制造业 | 21.92 | 49.72 | 3.20 | 9.75 | 98.21 |
| 饮料制造业 | 24.43 | 49.63 | 2.39 | 12.77 | 97.53 |
| 烟草制品业 | 83.52 | 24.19 | 1.72 | 26.79 | 100.50 |
| 纺织业 | 16.39 | 56.22 | 3.07 | 6.41 | 98.21 |
| 纺织服装、鞋、帽制造业 | 19.64 | 52.55 | 2.84 | 7.81 | 97.46 |
| 皮革、毛皮、羽毛(绒)及其制品业 | 25.27 | 47.92 | 3.30 | 8.92 | 97.77 |
| 木材加工及木、竹、藤、棕、草制品业 | 26.69 | 45.41 | 4.93 | 7.97 | 97.44 |
| 家具制造业 | 18.23 | 52.31 | 2.96 | 7.44 | 97.78 |
| 造纸及纸制品业 | 11.97 | 57.39 | 2.45 | 6.78 | 97.81 |
| 印刷业和记录媒介的复制 | 16.78 | 47.65 | 2.29 | 10.11 | 98.25 |
| 文教体育用品制造业 | 15.77 | 51.17 | 2.97 | 5.94 | 97.81 |
| 石油加工、炼焦及核燃料加工业 | 24.97 | 63.03 | 4.26 | 1.22 | 99.01 |
| 化学原料及化学制品制造业 | 16.00 | 56.03 | 2.91 | 7.92 | 97.79 |
| 医药制造业 | 18.78 | 42.87 | 2.01 | 12.19 | 95.45 |
| 化学纤维制造业 | 11.80 | 61.91 | 2.47 | 5.69 | 97.51 |
| 橡胶制品业 | 14.48 | 55.86 | 2.99 | 6.33 | 98.48 |
| 塑料制品业 | 16.44 | 52.49 | 2.81 | 6.98 | 98.02 |
| 非金属矿物制品业 | 19.11 | 54.05 | 2.94 | 10.05 | 97.77 |
| 黑色金属冶炼及压延加工业 | 8.88 | 67.50 | 2.88 | 3.39 | 98.55 |

续表

| 行　业 | 总资产贡献率（%） | 资　产负债率（%） | 流动资产周转次数（次/年） | 工业成本费用利润率（%） | 产品销售率（%） |
|---|---|---|---|---|---|
| 有色金属冶炼及压延加工业 | 14.48 | 62.23 | 3.05 | 5.84 | 97.73 |
| 金属制品业 | 15.87 | 56.46 | 2.55 | 7.18 | 97.99 |
| 通用设备制造业 | 15.67 | 55.69 | 2.22 | 8.12 | 97.56 |
| 专用设备制造业 | 14.15 | 56.37 | 1.82 | 8.89 | 96.96 |
| 交通运输设备制造业 | 15.84 | 61.29 | 1.96 | 9.20 | 98.43 |
| 电气机械及器材制造业 | 13.70 | 58.27 | 2.04 | 6.95 | 97.50 |
| 通信设备、计算机及其他电子设备制造业 | 10.73 | 58.78 | 2.32 | 4.61 | 98.07 |
| 仪器仪表及文化、办公用机械制造业 | 14.71 | 49.55 | 1.85 | 8.84 | 97.53 |
| 工艺品及其他制造业 | 16.73 | 56.13 | 2.76 | 6.62 | 97.80 |
| 废弃资源和废旧材料回收加工业 | 20.72 | 63.76 | 3.04 | 6.51 | 97.39 |
| 电力、热力的生产和供应业 | 6.72 | 66.57 | 3.78 | 4.11 | 99.60 |
| 燃气生产和供应业 | 12.63 | 55.75 | 2.73 | 10.48 | 99.01 |
| 水的生产和供应业 | 3.58 | 53.79 | 0.91 | 5.87 | 97.48 |

# 各地区规模以上工业企业主要指标

（2011 年）

单位：亿元

| 地区 | 企业单位数（个） | 工业总产值 | 资产总计 | 流动资产合计 | 固定资产原价 | 累计折旧 | 负债合计 | 流动负债合计 | 所有者权益合计 | 主营业务收入 | 主营业务成本 | 主营业务税金及附加 | 利润总额 | 本年应交增值税 | 全部从业人员年平均人数（万人） |
|---|---|---|---|---|---|---|---|---|---|---|---|---|---|---|---|
| 全国 | 325 609 | 844 268.79 | 675 796.86 | 327 778.65 | 386 086.72 | 157 312.32 | 392 644.64 | 298 911.20 | 282 003.81 | 841 830.24 | 708 091.99 | 12 669.53 | 61 396.33 | 26 302.71 | 9 167.29 |
| 北京 | 3 746 | 14 513.63 | 25 321.75 | 9 820.26 | 8 620.82 | 3 509.09 | 12 648.61 | 7 696.32 | 12 673.14 | 15 753.36 | 13 397.61 | 231.93 | 1 129.50 | 427.06 | 117.32 |
| 天津 | 5 013 | 20 862.74 | 17 388.98 | 9 444.93 | 9 213.94 | 3 723.70 | 10 864.26 | 9 166.78 | 6 501.70 | 21 103.32 | 17 770.58 | 278.13 | 1 933.72 | 758.27 | 149.32 |
| 河北 | 11 570 | 39 698.80 | 29 687.55 | 12 692.76 | 18 359.33 | 6 766.37 | 17 865.03 | 13 494.48 | 11 714.09 | 40 201.02 | 34 556.85 | 361.13 | 2 639.01 | 1 062.04 | 356.03 |
| 山西 | 3 675 | 16 013.83 | 22 186.50 | 10 027.79 | 11 994.91 | 4 646.16 | 14 936.46 | 10 735.41 | 7 192.48 | 16 803.91 | 13 546.84 | 164.98 | 1 282.96 | 886.71 | 212.64 |
| 内蒙古 | 4 175 | 17 774.82 | 18 406.42 | 6 745.83 | 11 898.07 | 4 461.25 | 11 188.94 | 6 721.14 | 7 200.22 | 17 542.37 | 13 564.91 | 224.04 | 2 210.94 | 728.71 | 123.57 |
| 辽宁 | 16 914 | 41 776.73 | 31 417.30 | 14 645.77 | 19 977.69 | 8 983.69 | 17 980.57 | 13 164.38 | 13 298.77 | 42 845.44 | 36 381.14 | 734.54 | 2 511.21 | 1 047.26 | 368.92 |
| 吉林 | 5 158 | 16 917.61 | 11 898.88 | 5 045.50 | 10 244.46 | 5 475.57 | 6 484.40 | 4 668.66 | 5 378.56 | 16 745.42 | 14 121.24 | 271.21 | 1 175.97 | 450.65 | 139.51 |
| 黑龙江 | 3 377 | 11 514.56 | 11 918.83 | 5 180.86 | 8 862.27 | 3 798.85 | 6 703.59 | 5 048.86 | 5 204.50 | 11 454.60 | 8 498.87 | 711.90 | 1 446.65 | 585.85 | 134.23 |
| 上海 | 9 962 | 32 445.15 | 29 454.30 | 17 265.35 | 15 420.13 | 7 424.54 | 15 399.53 | 13 397.12 | 14 054.76 | 34 299.95 | 28 911.88 | 727.66 | 2 253.82 | 834.21 | 269.34 |
| 江苏 | 43 368 | 107 680.68 | 76 258.16 | 42 801.75 | 41 481.97 | 17 819.09 | 44 372.68 | 37 481.87 | 31 885.22 | 107 030.09 | 92 370.05 | 845.98 | 7 074.44 | 3 118.03 | 1 091.86 |
| 浙江 | 34 698 | 56 410.48 | 50 663.58 | 29 879.85 | 20 721.44 | 7 511.24 | 30 943.43 | 27 182.93 | 19 855.36 | 55 358.44 | 47 493.50 | 602.52 | 3 320.45 | 1 536.23 | 719.40 |
| 安徽 | 12 432 | 25 875.87 | 19 148.71 | 8 463.30 | 10 831.88 | 4 073.72 | 11 398.66 | 8 201.43 | 7 697.50 | 24 960.16 | 21 226.87 | 307.12 | 1 663.16 | 800.44 | 264.08 |
| 福建 | 14 116 | 27 443.90 | 18 582.15 | 9 797.20 | 8 855.37 | 3 029.16 | 9 699.95 | 7 745.87 | 8 800.24 | 26 850.95 | 22 852.25 | 286.12 | 2 114.54 | 701.84 | 403.82 |
| 江西 | 6 481 | 17 949.38 | 10 211.32 | 4 678.86 | 6 444.34 | 2 422.54 | 5 721.42 | 4 365.99 | 4 450.31 | 18 580.33 | 16 027.56 | 193.19 | 1 215.94 | 554.36 | 202.96 |
| 山东 | 35 813 | 99 504.98 | 60 818.77 | 28 600.94 | 40 717.84 | 18 926.56 | 33 847.62 | 26 063.88 | 26 741.14 | 99 766.24 | 84 816.09 | 1 219.17 | 7 097.71 | 2 863.60 | 859.77 |
| 河南 | 18 328 | 46 856.14 | 29 049.22 | 12 411.51 | 18 484.82 | 6 416.35 | 15 651.99 | 11 067.44 | 13 272.49 | 47 647.21 | 40 301.82 | 589.21 | 4 131.59 | 1 397.73 | 547.10 |
| 湖北 | 10 633 | 28 073.07 | 23 145.87 | 10 225.49 | 16 663.68 | 7 654.91 | 13 675.79 | 10 541.01 | 9 321.23 | 27 081.87 | 22 845.38 | 509.63 | 1 866.26 | 710.53 | 279.64 |

续表

| 地区 | 企业单位数（个） | 工业总产值 | 资产总计 | 流动资产合计 | 固定资产原价 | 累计折旧 | 负债合计 | 流动负债合计 | 所有者权益合计 | 主营业务收入 | 主营业务成本 | 主营业务税金及附加 | 利润总额 | 本年应交增值税 | 全部从业人员年平均人数（万人） |
|---|---|---|---|---|---|---|---|---|---|---|---|---|---|---|---|
| 湖南 | 12 477 | 26 386.58 | 15 473.38 | 6 274.93 | 9 600.29 | 3 096.39 | 8 766.13 | 5 809.50 | 6 707.25 | 25 726.21 | 20 352.21 | 656.74 | 1 832.99 | 1 077.77 | 289.67 |
| 广东 | 38 305 | 94 850.79 | 67 371.40 | 39 286.31 | 33 238.50 | 14 087.45 | 39 757.31 | 33 042.35 | 27 631.44 | 92 983.94 | 79 569.21 | 951.50 | 5 872.23 | 2 728.46 | 1 451.14 |
| 广西 | 5 046 | 12 836.57 | 10 185.46 | 4 605.69 | 5 738.20 | 1 844.41 | 6 315.95 | 4 459.80 | 3 821.02 | 12 216.87 | 10 305.78 | 226.97 | 894.82 | 376.00 | 147.11 |
| 海南 | 358 | 1 600.13 | 1 747.91 | 690.06 | 926.45 | 312.63 | 920.77 | 639.06 | 825.78 | 1 602.00 | 1 262.33 | 101.82 | 154.84 | 61.74 | 11.65 |
| 重庆 | 4 778 | 11 847.06 | 9 321.10 | 4 508.92 | 5 023.45 | 1 989.28 | 5 659.74 | 4 197.80 | 3 629.22 | 11 382.34 | 9 738.61 | 135.73 | 660.35 | 365.58 | 145.76 |
| 四川 | 12 085 | 30 485.09 | 26 113.61 | 11 248.78 | 15 442.86 | 6 387.90 | 15 991.15 | 11 119.10 | 10 049.11 | 29 887.91 | 24 721.71 | 450.44 | 2 197.84 | 1 189.55 | 380.48 |
| 贵州 | 2 329 | 5 519.96 | 6 990.58 | 2 654.50 | 3 981.19 | 1 287.67 | 4 520.64 | 2 675.56 | 2 444.26 | 5 022.11 | 3 866.29 | 203.51 | 456.20 | 237.22 | 84.48 |
| 云南 | 2 773 | 7 780.83 | 11 053.93 | 4 458.32 | 5 790.80 | 1 898.38 | 6 763.81 | 4 383.67 | 4 291.24 | 7 621.91 | 5 784.39 | 619.98 | 639.70 | 404.80 | 90.62 |
| 西藏 | 56 | 74.85 | 346.15 | 102.88 | 206.44 | 58.46 | 99.73 | 66.57 | 246.17 | 72.63 | 56.46 | 1.28 | 12.83 | 6.08 | 1.63 |
| 陕西 | 3 684 | 14 283.48 | 17 234.61 | 7 587.33 | 10 643.40 | 3 909.22 | 9 755.86 | 6 756.56 | 7 462.86 | 13 790.12 | 10 051.41 | 420.08 | 1 976.31 | 720.69 | 156.41 |
| 甘肃 | 1 371 | 6 175.24 | 7 665.01 | 3 072.33 | 5 033.09 | 1 917.43 | 4 908.30 | 3 107.50 | 2 745.03 | 6 568.75 | 5 452.99 | 239.51 | 268.10 | 194.95 | 59.61 |
| 青海 | 386 | 1 393.54 | 3 386.32 | 1 111.03 | 2 303.06 | 667.93 | 2 141.48 | 1 163.67 | 1 237.81 | 1 722.80 | 1 259.55 | 42.54 | 222.85 | 83.88 | 18.11 |
| 宁夏 | 764 | 2 491.44 | 4 044.20 | 1 434.73 | 2 426.14 | 648.18 | 2 655.87 | 1 552.14 | 1 385.19 | 2 425.70 | 2 021.59 | 26.48 | 175.68 | 80.50 | 29.91 |
| 新疆 | 1 738 | 6 720.85 | 9 304.95 | 3 014.91 | 6 939.87 | 2 564.19 | 5 004.99 | 3 194.33 | 4 285.72 | 6 782.25 | 4 966.03 | 334.48 | 963.74 | 312.00 | 61.19 |

# 各地区规模以上工业企业主要经济效益指标

（2011 年）

| 地　区 | 总资产贡献率（%） | 资产负债率（%） | 流动资产周转次数（次/年） | 工业成本费用利润率（%） | 产品销售率（%） |
|---|---|---|---|---|---|
| 全　国 | 16.09 | 58.10 | 2.62 | 7.71 | 98.05 |
| 北　京 | 7.59 | 49.95 | 1.64 | 7.46 | 98.92 |
| 天　津 | 17.80 | 62.48 | 2.30 | 9.79 | 99.26 |
| 河　北 | 15.08 | 60.18 | 3.25 | 7.00 | 98.08 |
| 山　西 | 12.07 | 67.32 | 1.74 | 8.01 | 96.61 |
| 内蒙古 | 18.65 | 60.79 | 2.63 | 14.68 | 98.22 |
| 辽　宁 | 14.78 | 57.23 | 2.96 | 6.26 | 98.38 |
| 吉　林 | 18.12 | 54.50 | 3.42 | 7.34 | 98.34 |
| 黑龙江 | 23.82 | 56.24 | 2.27 | 14.97 | 97.20 |
| 上　海 | 13.39 | 52.28 | 2.03 | 6.93 | 98.89 |
| 江　苏 | 15.63 | 58.19 | 2.56 | 6.97 | 98.74 |
| 浙　江 | 12.46 | 61.08 | 1.89 | 6.29 | 97.77 |
| 安　徽 | 15.78 | 59.53 | 3.02 | 7.04 | 97.63 |
| 福　建 | 18.04 | 52.20 | 2.77 | 8.42 | 97.50 |
| 江　西 | 20.46 | 56.03 | 4.04 | 7.15 | 98.91 |
| 山　东 | 19.88 | 55.65 | 3.54 | 7.70 | 98.49 |
| 河　南 | 22.68 | 53.88 | 3.89 | 9.48 | 98.55 |
| 湖　北 | 14.73 | 59.09 | 2.69 | 7.28 | 97.34 |
| 湖　南 | 24.57 | 56.65 | 4.14 | 7.97 | 98.62 |
| 广　东 | 14.98 | 59.01 | 2.40 | 6.64 | 97.63 |
| 广　西 | 16.32 | 62.01 | 2.69 | 7.73 | 95.40 |
| 海　南 | 19.11 | 52.68 | 2.35 | 1.27 | 98.52 |
| 重　庆 | 13.66 | 60.72 | 2.58 | 6.02 | 97.36 |
| 四　川 | 16.08 | 61.24 | 2.69 | 7.94 | 97.69 |
| 贵　州 | 14.56 | 64.67 | 1.95 | 9.98 | 95.09 |
| 云　南 | 16.49 | 61.19 | 1.79 | 9.18 | 96.75 |
| 西　藏 | 6.04 | 28.81 | 0.74 | 18.27 | 99.50 |
| 陕　西 | 19.09 | 56.61 | 1.85 | 17.03 | 96.52 |
| 甘　肃 | 10.61 | 64.04 | 2.19 | 4.38 | 95.48 |
| 青　海 | 12.05 | 63.24 | 1.59 | 14.47 | 95.09 |
| 宁　夏 | 8.77 | 65.67 | 1.73 | 7.58 | 95.90 |
| 新　疆 | 18.29 | 53.79 | 2.32 | 16.90 | 98.20 |

# 对外经济贸易基本情况

| 指标 | 2007 年 | 2008 年 | 2009 年 | 2010 年 | 2011 年 |
|---|---|---|---|---|---|
| 货物进出口总额　（亿元人民币） | 166 863.7 | 179 921.5 | 150 648.1 | 201 722.1 | 236 402.0 |
| 出口总额 | 93 563.6 | 100 394.9 | 82 029.7 | 107 022.8 | 123 240.6 |
| 进口总额 | 73 300.1 | 79 526.5 | 68 618.4 | 94 699.3 | 113 161.4 |
| 进出口差额 | 20 263.5 | 20 868.4 | 13 411.3 | 12 323.5 | 10 079.2 |
| 货物进出口总额　（亿美元） | 21 765.7 | 25 632.6 | 22 075.4 | 29 740.0 | 36 418.6 |
| 出口总额 | 12 204.6 | 14 306.9 | 12 016.1 | 15 777.5 | 18 983.8 |
| 初级产品 | 615.1 | 779.6 | 631.1 | 816.9 | 1 005.5 |
| 工业制成品 | 11 562.7 | 13 527.4 | 11 384.8 | 14 960.7 | 17 978.4 |
| 进口总额 | 9 561.2 | 11 325.7 | 10 059.2 | 13 962.4 | 17 434.8 |
| 初级产品 | 2 430.9 | 3 623.9 | 2 898.0 | 4 338.5 | 6 042.7 |
| 工业制成品 | 7 128.6 | 7 701.7 | 7 161.2 | 9 623.9 | 11 392.1 |
| 进出口差额 | 2 618.3 | 2 981.3 | 1 956.9 | 1 815.1 | 1 549.0 |
| 外商直接投资合同项目　（个） | 37 871.0 | 27 514.0 | 23 435.0 | 27 406.0 | 27 712.0 |
| 实际使用外资额　（亿美元） | 783.4 | 952.5 | 918.0 | 1 088.2 | 1 177.0 |
| 外商直接投资 | 747.7 | 924.0 | 900.3 | 1 057.4 | 1 160.1 |
| 外商其他投资 | 35.7 | 28.6 | 17.7 | 30.9 | 16.9 |
| 外资企业基本情况 | | | | | |
| 年底登记户数　（户） | 406 442.0 | 434 937.0 | 434 248.0 | 445 244.0 | 446 487.0 |
| 投资总额　（亿美元） | 21 088.0 | 23 241.3 | 25 000.0 | 27 059.0 | 29 931.2 |
| 注册资本　（亿美元） | 11 554.0 | 13 005.5 | 14 035.0 | 15 738.0 | 17 294.3 |
| #外　方 | 9 211.0 | 10 388.5 | 11 369.0 | 12 590.0 | 13 810.2 |
| 对外经济合作　（亿美元） | | | | | |
| 合同金额 | 853.0 | 1 130.0 | 1 337.0 | 1 431.0 | — |
| #对外承包工程 | 776.0 | 1 046.0 | 1 262.0 | 1 344.0 | 1 423.0 |
| 对外劳务合作 | 67.0 | 76.0 | 75.0 | 87.0 | |
| 完成营业额 | 479.0 | 651.2 | 866.2 | 1 010.5 | |
| #对外承包工程 | 406.4 | 566.1 | 777.1 | 921.7 | 1 034.2 |
| 对外劳务合作 | 67.7 | 80.6 | 89.1 | 88.8 | — |

注：1. 从 2001 年起，外商投资合同金额和实际使用外资额均不包括对外借款。

2. 从 2007 年起商务部不再对外公布外资合同金额数据。

3. 外资企业基本情况数据来自国家工商总局，其年底登记户数自 2008 年起口径调整为企业加分支机构，（同时调整了以前年份数据）。

4. 自 2009 年起商务部将对外设计咨询纳入对外承包工程合并统计。

5. 自 2011 年起商务部不再公布对外劳务合作项下合同数、合同金额以及完成营业额数据。

# 证券市场基本情况

| 项　目 | 单　位 | 2010 年 | 2011 年 |
|---|---|---|---|
| 境内上市公司数（A、B 股） | 家 | 2 063.0 | 2 342.0 |
| 境内上市外资股公司数(B 股) | 家 | 108.0 | 108.0 |
| 境外上市公司数（H 股） | 家 | 165.0 | 171.0 |
| 股票总发行股本 | 亿　股 | 33 184.0 | 36 096.0 |
| #流通股本 | 亿　股 | 25 642.0 | 28 850.0 |
| 股票市价总值 | 亿　元 | 265 423.0 | 214 758.0 |
| #股票流通市值 | 亿　元 | 193 110.0 | 164 921.0 |
| 股票成交量 | 亿　股 | 42 152.0 | 33 957.5 |
| 股票成交金额 | 亿　元 | 545 634.0 | 421 650.0 |
| 上证综合指数（收盘） | | 2 808.1 | 2 199.4 |
| 深证综合指数（收盘） | | 1 290.9 | 866.7 |
| 股票有效账户数 | 万　户 | 13 391.0 | 14 050.0 |
| 平均市盈率 | | | |
| 上　海 | | 21.6 | 13.4 |
| 深　圳 | | 44.7 | 23.1 |
| 平均换手率 | % | | |
| 上　海 | | 198.0 | 124.8 |
| 深　圳 | | 557.0 | 340.5 |
| 国债发行额 | 亿　元 | 19 778.3 | 17 100.0 |
| 企业债发行额 | 亿　元 | 15 491.5 | 21 850.7 |
| 债券成交额 | 亿　元 | 76 206.0 | 216 349.5 |
| 国债现货成交金额 | 亿　元 | 1 661.6 | 1 253.3 |
| 国债回购成交金额 | 亿　元 | 65 877.8 | 204 621.3 |
| 证券投资基金只数 | 只 | 704.0 | 914.0 |
| 证券投资基金规模 | 亿　元 | 24 228.4 | 26 510.4 |
| 证券投资基金成交金额 | 亿　元 | 8 996.0 | 6 347.4 |
| 期货总成交量 | 万　手 | 312 890.0 | 105 413.8 |
| 期货总成交额 | 亿　元 | 2 959 480.0 | 1 375 162.4 |

注：1. 股票总发行股本中含（A+H）股公司发行的H股。
2. 换手率=全年成交金额/[（本年末流通市值+上年末流通市值）/2]×100%。
3. 企业债包含企业债券、短期融资券、超短期融资券、中期票据及中小企业集合票据、非公开定向债务融资工具。

# 能源生产总量及构成

| 年　份 | 能源生产总量（万吨标准煤） | 占能源生产总量的比重（%） | | | |
|---|---|---|---|---|---|
| | | 原　煤 | 原　油 | 天然气 | 水电、核电、风电 |
| 1978 | 62 770 | 70.3 | 23.7 | 2.9 | 3.1 |
| 1980 | 63 735 | 69.4 | 23.8 | 3.0 | 3.8 |
| 1985 | 85 546 | 72.8 | 20.9 | 2.0 | 4.3 |
| 1990 | 103 922 | 74.2 | 19.0 | 2.0 | 4.8 |
| 1991 | 104 844 | 74.1 | 19.2 | 2.0 | 4.7 |
| 1992 | 107 256 | 74.3 | 18.9 | 2.0 | 4.8 |
| 1993 | 111 059 | 74.0 | 18.7 | 2.0 | 5.3 |
| 1994 | 118 729 | 74.6 | 17.6 | 1.9 | 5.9 |
| 1995 | 129 034 | 75.3 | 16.6 | 1.9 | 6.2 |
| 1996 | 133 032 | 75.0 | 16.9 | 2.0 | 6.1 |
| 1997 | 133 460 | 74.3 | 17.2 | 2.1 | 6.5 |
| 1998 | 129 834 | 73.3 | 17.7 | 2.2 | 6.8 |
| 1999 | 131 935 | 73.9 | 17.3 | 2.5 | 6.3 |
| 2000 | 135 048 | 73.2 | 17.2 | 2.7 | 6.9 |
| 2001 | 143 875 | 73.0 | 16.3 | 2.8 | 7.9 |
| 2002 | 150 656 | 73.5 | 15.8 | 2.9 | 7.8 |
| 2003 | 171 906 | 76.2 | 14.1 | 2.7 | 7.0 |
| 2004 | 196 648 | 77.1 | 12.8 | 2.8 | 7.3 |
| 2005 | 216 219 | 77.6 | 12.0 | 3.0 | 7.4 |
| 2006 | 232 167 | 77.8 | 11.3 | 3.4 | 7.5 |
| 2007 | 247 279 | 77.7 | 10.8 | 3.7 | 7.8 |
| 2008 | 260 552 | 76.8 | 10.5 | 4.1 | 8.6 |
| 2009 | 274 619 | 77.3 | 9.9 | 4.1 | 8.7 |
| 2010 | 296 916 | 76.6 | 9.8 | 4.2 | 9.4 |
| 2011 | 317 987 | 77.8 | 9.1 | 4.3 | 8.8 |

注：电力折算标准煤的系数根据当年平均发电煤耗计算。

# 能源消费总量及构成

| 年 份 | 能源消费总量（万吨标准煤） | 占能源生产总量的比重（%） | | | |
|---|---|---|---|---|---|
| | | 煤 炭 | 石 油 | 天然气 | 水电、核电、风电 |
| 1978 | 57 144 | 70.7 | 22.7 | 3.2 | 3.4 |
| 1980 | 60 275 | 72.2 | 20.7 | 3.1 | 4.0 |
| 1985 | 76 682 | 75.8 | 17.1 | 2.2 | 4.9 |
| 1990 | 98 703 | 76.2 | 16.6 | 2.1 | 5.1 |
| 1991 | 103 783 | 76.1 | 17.1 | 2.0 | 4.8 |
| 1992 | 109 170 | 75.7 | 17.5 | 1.9 | 4.9 |
| 1993 | 115 993 | 74.7 | 18.2 | 1.9 | 5.2 |
| 1994 | 122 737 | 75.0 | 17.4 | 1.9 | 5.7 |
| 1995 | 131 176 | 74.6 | 17.5 | 1.8 | 6.1 |
| 1996 | 135 192 | 73.5 | 18.7 | 1.8 | 6.0 |
| 1997 | 135 909 | 71.4 | 20.4 | 1.8 | 6.4 |
| 1998 | 136 184 | 70.9 | 20.8 | 1.8 | 6.5 |
| 1999 | 140 569 | 70.6 | 21.5 | 2.0 | 5.9 |
| 2000 | 145 531 | 69.2 | 22.2 | 2.2 | 6.4 |
| 2001 | 150 406 | 68.3 | 21.8 | 2.4 | 7.5 |
| 2002 | 159 431 | 68.0 | 22.3 | 2.4 | 7.3 |
| 2003 | 183 792 | 69.8 | 21.2 | 2.5 | 6.5 |
| 2004 | 213 456 | 69.5 | 21.3 | 2.5 | 6.7 |
| 2005 | 235 997 | 70.8 | 19.8 | 2.6 | 6.8 |
| 2006 | 258 676 | 71.1 | 19.3 | 2.9 | 6.7 |
| 2007 | 280 508 | 71.1 | 18.8 | 3.3 | 6.8 |
| 2008 | 291 448 | 70.3 | 18.3 | 3.7 | 7.7 |
| 2009 | 306 647 | 70.4 | 17.9 | 3.9 | 7.8 |
| 2010 | 324 939 | 68.0 | 19.0 | 4.4 | 8.6 |
| 2011 | 348 002 | 68.4 | 18.6 | 5.0 | 8.0 |

# 环境保护基本概况

| 项 目 | 单 位 | 2010 年 | 2011 年 |
|---|---|---|---|
| 水环境 | | | |
| 水资源总量 | 亿立方米 | 30 906.0 | 23 259.0 |
| 人均水资源量 | 立方米/人 | 2 310.0 | 1 730.0 |
| 用水总量 | 亿立方米 | 6 022.0 | — |
| #农 业 | 亿立方米 | 3 689.0 | — |
| 工 业 | 亿立方米 | 1 447.0 | — |
| 生 活 | 亿立方米 | 766.0 | — |
| 生 态 | 亿立方米 | 120.0 | — |
| 废水排放总量 | 亿 吨 | 617.3 | 659.2 |
| 化学需氧量排放量 | 万 吨 | 1 238.1 | 2 499.9 |
| 大气环境 | | | |
| 二氧化硫排放量 | 万 吨 | 2 185.1 | 2 217.9 |
| 固体废物 | | | |
| 一般工业固体废物综合利用量 | 万 吨 | 161 772.0 | 195 215.0 |
| 一般工业固体废物倾倒丢弃量 | 万 吨 | 498.0 | 433.0 |
| 生态环境 | | | |
| 森林面积 | 万公顷 | 19 545.2 | 19 545.2 |
| 森林覆盖率 | % | 20.4 | 20.4 |
| 当年造林面积 | 万公顷 | 591.0 | 599.7 |
| 全国湿地面积 | 千公顷 | 38 485.5 | 38 485.5 |
| 全国湿地面积占国土面积 | % | 4.0 | 4.0 |
| 全国自然保护区数 | 个 | 2 588.0 | 2 640.0 |
| #国家级 | 个 | 319.0 | 335.0 |
| 全国自然保护区面积 | 万公顷 | 14 944.0 | 14 971.0 |
| 全国保护区面积占辖区面积 | % | 14.9 | 14.9 |
| 自然灾害 | | | |
| 发生地质灾害起数 | 次 | 30 670.0 | 15 804.0 |
| 发生地震灾害次数 | 次 | 12.0 | 18.0 |

注：森林面积和森林覆盖率为全国森林资源清查资料。湿地面积为1995—2003年中国首次湿地调查资料。

# 人民生活基本情况

| 指　标 | | 1990 年 | 2000 年 | 2010 年 | 2011 年 |
|---|---|---|---|---|---|
| 就　业 | | | | | |
| 城镇居民家庭每户就业人口 | (人) | 1.98 | 1.68 | 1.49 | 1.48 |
| 农村居民家庭每户整半劳动力 | (人) | 2.92 | 2.76 | 2.85 | 2.78 |
| 城镇居民家庭每一就业者负担人数 | (人) | 1.77 | 1.86 | 1.93 | 1.94 |
| 农村居民家庭每一劳动力负担人数 | (人) | 1.64 | 1.52 | 1.39 | 1.40 |
| 城镇登记失业人数 | (万人) | 383.00 | 595.00 | 908.00 | 922.00 |
| 城镇登记失业率 | (%) | 2.50 | 3.10 | 4.10 | 4.10 |
| 收入与支出 | | | | | |
| 城镇居民人均可支配收入 | (元) | 1 510.00 | 6 280.00 | 19 109.00 | 21 810.00 |
| 农村居民人均纯收入 | (元) | 686.00 | 2 253.00 | 5 919.00 | 6 977.00 |
| 城镇居民人均消费支出 | (元) | 1 279.00 | 4 998.00 | 13 471.00 | 15 161.00 |
| 农村居民人均生活消费支出 | (元) | 585.00 | 1 670.00 | 4 382.00 | 5 221.00 |
| 人均储蓄存款余额 | (元) | 623.00 | 5 076.00 | 22 619.00 | 25 505.00 |
| 生活质量 | | | | | |
| 居民家庭恩格尔系数 | (%) | | | | |
| 城　镇 | | 54.20 | 39.40 | 35.70 | 36.30 |
| 农　村 | | 58.80 | 49.10 | 41.09 | 40.36 |
| 居住条件 | | | | | |
| 城镇居民人均住房建筑面积 | (平方米) | | | 31.60 | 32.65 |
| 农村居民人均住房面积 | (平方米) | 17.80 | 24.80 | 34.08 | 36.24 |
| 交通条件 | | | | | |
| 城市每万人拥有公交车辆 | (标台) | 2.20 | 5.30 | 9.70 | 11.80 |
| 城市人均拥有道路面积 | (平方米) | 3.10 | 6.10 | 13.20 | 13.80 |
| 城镇居民每百户拥有家用汽车 | (辆) | | 0.50 | 13.07 | 18.58 |
| 农村居民每百户拥有生活用汽车 | (辆) | | 0.30 | 2.75 | 5.51 |
| 通信条件 | | | | | |
| 电话普及率(含移动电话) | (部/百人) | 1.11 | 19.10 | 86.41 | 94.81 |
| 移动电话普及率 | (部/百人) | 0.002 | 6.72 | 64.36 | 73.55 |
| 城市公用设施普及占有率 | | | | | |
| 用水普及率 | (%) | 48.00 | 63.90 | 96.70 | 97.00 |
| 燃气普及率 | (%) | 19.10 | 45.40 | 92.00 | 92.40 |
| 人均公园绿地面积 | (平方米) | 1.80 | 3.70 | 11.20 | 11.80 |
| 每万人拥有公共厕所 | (座) | 3.00 | 2.70 | 3.00 | 2.95 |
| 人均国内旅游花费 | (元) | — | 427.00 | 598.00 | 731.00 |
| 城　镇 | | — | 679.00 | 883.00 | 878.00 |
| 农　村 | | — | 227.00 | 306.00 | 471.00 |
| 文化、教育和卫生 | | | | | |

续表

| 指　标 | | 1990 年 | 2000 年 | 2010 年 | 2011 年 |
|---|---|---|---|---|---|
| 文　化 | | | | | |
| 广播节目综合人口覆盖率 | (%) | 74.70 | 92.50 | 96.80 | 97.10 |
| 电视节目综合人口覆盖率 | (%) | 79.40 | 93.70 | 97.60 | 97.80 |
| 每百户彩色电视机拥有量 | (部) | | | | |
| 城　镇 | | 59.00 | 116.60 | 137.40 | 135.20 |
| 农　村 | | 4.70 | 48.70 | 111.80 | 115.50 |
| 每百户家庭计算机拥有量 | (部) | | | | |
| 城　镇 | | — | 9.70 | 71.20 | 81.90 |
| 农　村 | | — | 0.50 | 10.40 | 18.00 |
| 居民家庭文教娱乐支出比重 | (%) | | | | |
| 城　镇 | | 11.10 | 13.40 | 12.10 | 12.20 |
| 农　村 | | 5.40 | 11.20 | 8.40 | 7.60 |
| 教　育 | | | | | |
| 各级普通学校毕业生升学率 | (%) | | | | |
| 高中升学率 | | 27.30 | 73.20 | 83.30 | 86.50 |
| 初中升学率 | | 40.60 | 51.20 | 87.50 | 88.90 |
| 小学升学率 | | 74.60 | 94.90 | 98.70 | 98.30 |
| 卫　生 | | | | | |
| 每万人口医院、卫生院床位数 | (张) | 23.20 | 23.80 | 32.70 | 35.00 |
| 每万人口执业(助理)医师 | (人) | 16.00 | 17.00 | 18.00 | 18.00 |
| 居民家庭医疗保健支出比重 | (%) | | | | |
| 城　镇 | | 2.00 | | 7.00 | 6.00 |
| 农　村 | | 3.00 | 5.00 | 7.00 | 8.00 |
| 社会保障 | | | | | |
| 社会保障 | | | | | |
| 参加城镇职工基本养老保险人数 | (万人) | 6 166.00 | 13 62 | 25 707.00 | 28 391.00 |
| #职工人数 | | 5 201.00 | 10 45 | 19 402.00 | 21 565.00 |
| 离退休人数 | | 965.00 | 3 17 | 6 305.00 | 6 826.00 |
| 参加城镇基本医疗保险职工和退休人数 | (万人) | | 3 79 | 23 735.00 | 25 227.00 |
| 参加失业保险人数 | (万人) | | 10 41 | 13 376.00 | 14 317.00 |
| 参加工伤保险人数 | (万人) | | 4 35 | 16 161.00 | 17 696.00 |
| 参加生育保险人数 | (万人) | | 3 00 | 12 336.00 | 13 892.00 |
| 社会保险基金收入 | (亿元) | 187.00 | 2 65 | 18 823.00 | 24 043.00 |

注：农村居民每百户拥有生活用汽车，包括小面包车。

1. 城市交通状况、城市公用事业资料由住房和城乡建设部提供。
2. 城镇居民人均住房建筑面积为城镇住户抽样调查数据(不含集体户)。

# 附 录

# 2011 年全国信用企业

（排名不分先后）

| 序 号 | 企业名称 | 全国统一编号 |
|---|---|---|
| | 一、AAA 级信用企业 | |
| 1 | 中国药材公司 | 201204211100434 |
| 2 | 上海绿地（集团）有限公司 | 201204211100435 |
| 3 | 山东航空集团有限公司 | 201204211100436 |
| 4 | 红云红河烟草（集团）有限责任公司 | 201204211100437 |
| 5 | 西南兵器工业公司 | 201204211100438 |
| 6 | 山东招金集团有限公司 | 201204211100439 |
| 7 | 合肥百货大楼集团股份有限公司 | 201204211100440 |
| 8 | 山东如意科技集团有限公司 | 201204211100441 |
| 9 | 凌源钢铁集团有限责任公司 | 201204211100442 |
| 10 | 青建集团股份公司 | 201204211100443 |
| 11 | 宁波金田铜业（集团）股份有限公司 | 201204211100444 |
| 12 | 天津市水利工程有限公司 | 201204211100445 |
| 13 | 山东昊龙集团有限公司 | 201204211100446 |
| 14 | 重庆对外建设（集团）有限公司 | 201204211100447 |
| 15 | 株洲联诚集团有限责任公司 | 201204211100448 |
| 16 | 长缆电工科技股份有限公司 | 201204211100449 |
| 17 | 重庆医药（集团）股份有限公司 | 201204211100450 |
| 18 | 山东青岛烟草有限公司 | 201204211100451 |
| 19 | 齐齐哈尔二机床（集团）有限责任公司 | 201204211100452 |
| 20 | 青岛路桥建设集团有限公司 | 201204211100453 |
| 21 | 胜利方圆实业集团有限公司 | 201204211100454 |
| | 二、AA 级信用企业 | |
| 1 | 山西大昌汽车集团有限公司 | 201204201100455 |
| 2 | 胜利油田北方实业有限公司 | 201204201100456 |
| 3 | 北京皮特丹顿服饰有限公司 | 201204201100457 |
| 4 | 山东省垦利县供电公司 | 201204201100458 |
| | 三、A 级信用企业 | |
| 1 | 四川省川铁枕梁构件厂 | 201204200100459 |

资料来源：中国企业联合会、中国企业家协会

# 2011 年全国质量奖获奖企业

| 序 号 | 企业名称 |
|---|---|
| | 一、再次获奖企业 |
| 1 | 兖州煤业股份有限公司 |
| 2 | 上海三菱电梯有限公司 |
| 3 | 贵州茅台酒股份有限公司 |
| 4 | 宜宾五粮液股份有限公司 |
| | 二、大中型企业 |
| 1 | 安阳钢铁股份有限公司 |
| 2 | 宁波方太厨具有限公司 |
| 3 | 武汉钢铁集团氧气有限责任公司 |
| 4 | 远东电缆有限公司 |
| 5 | 浙江世友木业有限公司 |
| 6 | 浙江奥康鞋业股份有限公司 |
| | 三、服务业 |
| 1 | 日照港股份有限公司第二港务公司 |
| | 四、特殊行业 |
| 1 | 中国航天科工集团第三研究院第三总体设计部 |

资料来源：中国质量协会

# 第十八届全国企业管理现代化创新成果名单

| 等级 | 成果名称 | 申报单位 | 主要创造人 | 参与创造人 |
|---|---|---|---|---|
| 一等 | 以自主经营体为基础的人单合一管理 | 海尔集团公司 | 张瑞敏 | 杨绵绵 武克松 梁海山 周云杰 谭丽霞 柴永森 喻子达 |
| 一等 | 大型国有外贸企业战略转型 | 中国中化集团公司 | 刘德树 | 韩根生 罗东江 潘正义 张志银 杜克平 王引平 李彬 杜国盛 冯志斌 杨林 |
| 一等 | 非公企业实现与员工和谐发展的劳动关系管理 | 传化集团有限公司 | 徐冠巨 | 陈捷 应天根 余琴 许旺泉 钱之杨 蔡阳春 杨传生 赵文琴 李邦清 |
| 一等 | 航天武器装备研产并重的工艺管理 | 中国航天科工集团公司 | 承文 沈维伟 | 符志民 许建荣 张铁军 张勇 林英苏 陈英香 马杰 倪树敏 张毅哲 肖新平 |
| 一等 | 国有大型企业以"三项核心制度"为基础的职工民主管理 | 宝钢集团有限公司 | 徐乐江 汪金德 | 刘金喜 张帆 钟群 倪颂迅 李南山 |
| 一等 | 以信息化企业为建设目标的IT与流程深度融合管理 | 中国航空工业集团公司西安飞行自动控制研究所 | 张新国 | 刘林 张登馨 宋科璞 滕霖 高星海 郝俊 辛钊 翟汪轶 乐清洪 宋晶 |
| 一等 | 系统控制下的国家重大工程项目群集成管理 | 中国石油化工集团公司 | 曹耀峰 | 沈琛 王春江 郑国生 董法昌 杨玉坤 滕和福 蒋贤儒 邓明高 梁海军 |
| 一等 | 以价值创造为导向的第四代港口建设 | 天津港(集团)有限公司 | 于汝民 | 田长松 安卫兵 王建 孙埠 秦昕 王培伟 何明波 张雷杰 |
| 一等 | 实现质量与效益相统一的国家航天工程全面成本管理 | 中国航天科技集团公司 | 吴艳华 | 许世龙 杨春平 吴江 王林 刘旭东 彭建国 王深坤 毛以金 刘永 郑海燕 |
| 一等 | 大型石油企业实现精细管控的资金管理信息平台建设与运行 | 中国石油天然气股份有限公司 | 周明春 马晓峰 | 柴守平 王跃 杨旭 方红伟 尹国平 袁宏林 刘庆松 马保华 徐庆红 刘岩 |
| 一等 | 实现技术升级和产业链提升的跨国并购与整合 | 南车株洲电力机车研究所有限公司 | 丁荣军 李东林 | 梁裕国 舒丽辉 江奕 言武 谭兴进 吴煜东 刘国友 庞义明 |
| 一等 | 从单一外包服务商到人力资源整体服务供应商的战略转型 | 中智上海经济技术合作公司 | 石磊 | 王慧 |
| 一等 | 坚持公益、效率、效益相统一的公立医院股份制改造与管理 | 南京鼓楼医院集团宿迁市人民医院 | 倪忠翔 | 丁义涛 沈志龙 洪正贵 凡金田 王勤 王幼林 周恒斌 张荣林 盛家玉 殷小娟 |
| 一等 | 保障国家粮油食品安全的全产业链战略决策与实施 | 中粮集团有限公司 | 宁高宁 | 于旭波 马建平 |
| 一等 | 引进型航空装备的自主维修能力建设 | 中国人民解放军第五七二〇工厂 | 檀传文 | 袁先明 强迎春 梁岳 张森林 徐立举 袁让国 |
| 一等 | 医药流通企业以社会责任为导向的诚信经营管理 | 重庆医药股份有限公司 | 龚伟 | 李良斌 申晓 |
| 一等 | 石油物探企业全面提升国际市场竞争力的战略客户管理 | 中国石油集团东方地球物理勘探有限责任公司 | 王铁军 郑华生 | 刘聚祥 曾庆平 马永琴 聂建鄂 吴海斌 覃明京 史政军 张雷 翟东燕 宋宝国 |

续表

| 等 级 | 成果名称 | 申报单位 | 主 要<br>创造人 | 参与创造人 |
|---|---|---|---|---|
| 一等 | 以科技创新为支撑的缓控释肥产业化开发管理 | 山东金正大生态工程股份有限公司 | 万连步 | 陈宏坤 丁贵强 张 勇 徐淑江 高海波 范玲超 葛雨明 |
| 一等 | 提升资源保障能力和配置效率的集团化财务管理 | 中国核工业集团公司 | 孙又奇<br>王世鑫 | 韩洪学 刘电文 赵 强 李书明 杜纯勤 曹琦琪 凌晓哲 程 磊 赵 欣 王 蓓 |
| 一等 | 传统运输企业转型与升级管理 | 万合集团股份有限公司 | 武庆发<br>周景源 | 张运良 胡新平 霍志强 曹士义 谢广印 任海渠 赵云峰 李新县 贾 鹏 |
| 一等 | 基于财务共享平台的大型企业财务管理变革 | 四川长虹电器股份有限公司 | 刘体斌<br>叶洪林 | 胡 嘉 寇化梦 熊光海 张晓龙 谭丽清 唐 斌 罗 博 王小杰 刘建荣 |
| 一等 | 以风险预控为核心的输油气管道运营安全管理 | 中国石油天然气股份有限公司管道分公司 | 姚 伟<br>姜昌亮 | 丛建华 李福田 张忠东 张雨诚 |
| 一等 | 大型火电厂示范工程建设与运行的全面创优管理 | 华能国际电力股份有限公司海门电厂 | 李学忠 | 张俊伟 王秋明 程卫东 卢怀钿 李福顺 邱丹芬 陈建忠 赵守景 贾 嵩 肖化群 |
| 一等 | 大型外贸企业的节点管理 | 中建材集团进出口公司 | 黄安中<br>吴苏华 | 顾 达 牛振华 李 婧 罗 彩 王云飞 李 韬 刘晓睿 姜高宇 |
| 一等 | 保证患者用药安全的医药物流延伸服务管理 | 北京医药股份有限公司 | 陈济生<br>李向明 | 张德华 葛 路 崔根起 邢 伍 史 忠 侯立业 于 宏 霍永清 姚 楠 马 雷 |
| 一等 | 以卓越运营为目标的电网企业标准化体系建设 | 四川省电力公司 | 王抒祥 | 张 伟 何源森 罗永铭 涂 辉 王 卓 但传江 景 敏 杨 俊 姚 勤 |
| 一等 | 大型石油公司科技专家评价体系的构建与实施 | 中国海洋石油总公司 | 傅成玉<br>吕 波 | 李凡荣 唐代治 陈和志 胡宗玉 蒋 凯 杨宏滨 王守君 付玉娥 王志君 田 华 |
| 一等 | 航空主机院所引领需求和产业链升级的核心能力建设 | 中航工业第一飞机设计研究院 | 李守泽<br>张亚平 | 杨 毅 张 凯 迟文海 杨建国 梁太和 李热爱 秦兴华 董海锋 张北光 孙 敏 |
| 一等 | 大型钢铁企业以客户需求为导向的服务型制造管理 | 马钢(集团)控股有限公司 | 顾建国<br>苏鉴钢 | 赵建明 高海建 惠志刚 施雄梁 苏世怀 蒋育翔 钱海帆 朱苠南 刘先礼 张建平 |
| 一等 | 多产权下高速公路联网收费管理 | 广东省公路建设有限公司 | 魏浩华<br>陈新华 | 曹植英 周信明 杨 阳 赵梓城 朱桂新 华允安 吕 莉 邱伟明 张春声 |
| 一等 | 证券公司提高交易系统安全性的"同城双中心"建设与运营 | 西南证券股份有限公司 | 翁振杰<br>王宜四 | 林 林 陈 洪 刘铁斌 彭 勇 杨 婕 陈万荣 杨元军 曹亚博 苏 婕 李玲斌 |
| 一等 | 提升专业化服务能力的工程设计咨询业务开拓与管理 | 武汉铁四院工程咨询有限公司 | 汤友富<br>刘建成 | 葛 敏 张绪尧 江先冬 刘时运 刘 瑛 刘和清 邵锦霞 王久生 |
| 二等 | 以"和"文化为引领的和谐企业建设 | 中国机械工业集团有限公司 | 任洪斌<br>徐 建 | 王锡岩 李 光 寇平均 翟祥粿 王永祥 王朝晖 宋云婷 |
| 二等 | "军民结合、产研结合、银企结合"三位一体战略实施 | 包头北奔重型汽车有限公司 | 王世宏<br>阎维林 | 李日明 郝 勇 郭平晓 汪宝营 王玉堂 郭丽宇 董正明 王 丹 赵 团 胡春梅 |
| 二等 | 大型电网企业"双路径、三保障"的职工民主管理体系建设 | 国家电网公司 | 刘振亚<br>王 敏 | 胡贵福 史高社 马曙光 李云峰 王峰峰 |

续表

| 等级 | 成果名称 | 申报单位 | 主要创造人 | 参与创造人 |
|---|---|---|---|---|
| 二等 | 石油钻探企业拓展国际高端市场的综合技术能力提升 | 中国石油集团长城钻探工程有限公司 | 张凤山 刘乃震 | 胡欣峰 杜君 王英君 曹建国 查金才 卢毓周 郑宇 杨立文 樊晓萍 毕玉荣 |
| 二等 | 贸易摩擦风险监测和应对体系的构建与实施 | 宝山钢铁股份有限公司 | 周世春 匡敏 | 黄丽萍 陆俊勇 沈雁 蒋丽 陶海成 陈玉华 |
| 二等 | 大型煤炭企业实现多元协同发展的重组整合 | 陕西煤业化工集团有限责任公司 | 华炜 | 杨照乾 尤西蒂 孙喜民 张茹敏 杜平 |
| 二等 | 通信企业信息安全合规管理 | 中国移动通信集团公司 | 刘爱力 张滨 | 赵刚 冯运波 丛健 赵亚妮 李越新 陈豫蓉 陈众 |
| 二等 | 中华老字号企业提升民族品牌价值的管理变革 | 中国宣纸集团公司 | 肖阳 胡文军 | 罗鸣 吴中良 赵代胜 陈宇平 徐志宏 曹峰 李存伟 唐理想 张庆军 |
| 二等 | 钢铁集团竞争成本管理体系建设 | 武汉钢铁(集团)公司 | 邓崎琳 赵小明 | 彭辰 黄德林 谭丽丽 李承斌 苏凤 胡桂林 黄晓霖 陶志连 张文静 胡利俊 |
| 二等 | 以技术和管理创新为引领的超低渗透油藏经济有效开发 | 中国石油天然气股份有限公司长庆油田分公司 | 冉新权 沈复孝 | 杨华 李安琪 李忠兴 尚友民 张兴良 赵继勇 薛建强 刘小康 刘占平 钟世才 |
| 二等 | 以设计流程再造为核心的新产品研发管理 | 安徽江淮汽车股份有限公司 | 安进 严刚 | 任国清 靳素华 魏中良 赵涛 杨敏 张心怀 徐清魁 童兴 李传斌 |
| 二等 | 以打造钢铁流通综合服务商为目标的转型升级 | 五矿钢铁有限责任公司 | 姚子平 | 徐忠芬 贺宗春 杨宏 耿巽纺 刘庆贤 |
| 二等 | 电网企业实现安全、效能、周期成本综合最优的资产全寿命周期管理 | 上海市电力公司 | 周永兴 胥传普 | 沈力 汤军 谷东 李云峰 徐宛容 奚增辉 余钟民 张勇 |
| 二等 | 企业大型复杂工程项目管理能力评估体系建设 | 中国中化股份有限公司 | 王引平 冯志斌 | 李仰景 吴琦 李兵 杨龙 张宗强 李超 吴洋 |
| 二等 | 多元化集团整合后的综合管控体系构建 | 河北钢铁集团有限公司 | 王义芳 刘如军 | 李怡平 李红宴 谢文华 李鹏伟 冯靖 |
| 二等 | 大型投资控股公司提升管控能力的合并财务报表系统建设 | 国家开发投资公司 | 张华 | 叶柏寿 潘坤华 戴刚 邱向东 刘志强 肖清华 朱秉青 徐蓓蓓 麦舒曼 涂峥 |
| 二等 | 基于精益理念的多元化大型企业集团制造管理体系建设 | 中国南方工业集团公司 | 聂晓夫 | 郭召山 张健 胡玺光 莫莉 刘庆志 李均超 唐建 荣军 李小亮 朱凤亮 |
| 二等 | 战略导向的军机外贸商业模式创新 | 成都飞机工业(集团)有限责任公司 | 王广亚 柳青 | 干继才 帅朝林 宋宁 王鲁芳 梁俊俊 倪永锋 马志平 李培 邓志宏 汪云波 |
| 二等 | 油气产品交易全程信用风险管理体系的构建与实施 | 中国海洋石油有限公司 | 钟华 黄晓峰 | 刘俊侠 吴韬 桑一 |
| 二等 | 邮政企业工时精细化管理体系的构建 | 中国邮政集团公司 | 冯新生 柯岩 | 马志民 闫峻 李晓涛 曹应文 李光 杨明军 吴建华 黄一芳 |
| 二等 | 确保农产品安全的全过程管理体系建设 | 重庆市农业投资集团有限公司 | 王义昭 | 吴少先 王千六 汪开益 罗勇 刘波 |
| 二等 | 汽车售后技术维修远程支持管理体系建设 | 浙江吉利控股集团汽车销售有限公司 | 林杰 | 朱其谦 杨刚伟 杨凤清 张祖良 黄庆 赵炎 |

续表

| 等 级 | 成果名称 | 申报单位 | 主 要 创造人 | 参与创造人 |
|---|---|---|---|---|
| 二等 | 大型疏浚企业基于价值链优化的战略实施 | 中交天津航道局有限公司 | 钱献国 周静波 | 张绍华 赵燕丽 顾 明 符敬昌 孙德中 姜电波 王文俊 强耀明 袁国方 史立波 |
| 二等 | 石油企业提升整体价值的大预算管理 | 中国石油天然气股份有限公司华北油田分公司 | 姜立增 闫德山 | 李新霞 张 伟 王 涛 戴伟彬 吕江萍 贝今舒 李树玉 张 宁 方 莉 杨 静 |
| 二等 | 知识型企业提升专业技术水平的组织能力建设 | 中国航空综合技术研究所 | 梁丽涛 石秀峰 | 周保富 徐 明 任占勇 赵洪岭 辜 希 陈晓东 蒙有为 鲍 凯 陈志峰 |
| 二等 | 以"联销体"为核心的大众消费品营销管理 | 杭州娃哈哈集团有限公司 | 宗庆后 | 刘智民 |
| 二等 | 以文化为核心的中华老字号企业品牌建设 | 漳州片仔癀药业股份有限公司 | 冯忠铭 潘 杰 | 刘丛盛 黄国伟 |
| 二等 | 大型军工企业国际化经营战略的实施 | 中国三江航天工业集团公司 | 刘石泉 徐 涛 | 倪明星 周 克 朱同方 刘汉明 邓明清 樊京辉 陈朝阳 张 晅 何 璐 袁世英 |
| 二等 | 大型钢铁联合企业安全生产标准化管理 | 鞍山钢铁集团公司 | 张晓刚 陈 平 | 黄晓煜 赵玉强 孙广慧 刘宏舒 黄晓明 于国海 于 利 闵春新 金勇成 徐高升 |
| 二等 | 石油勘察设计企业国际化经营能力建设 | 中国石化集团江汉石油管理局勘察设计研究院 | 张召平 丰国斌 | 伍昌臣 阮金奎 张亚军 曾祥雄 孙玲林 |
| 二等 | 以重大风险防范为核心的全面风险管理 | 兖矿集团有限公司 | 王 信 | 李位民 石学让 张胜东 谢汉林 高 程 尹 江 辛庆福 杨 通 周 楠 褚志国 |
| 二等 | 快速响应市场的工业余能产业轻资产经营 | 成都发动机(集团)有限公司 | 杨春雷 张智军 | 刘升波 罗登坤 郭定义 刘栋梁 王国有 刘 路 师亚洲 朱 璐 邵 昆 |
| 二等 | 邮政企业"三农"嵌入式服务体系的构建 | 河南省邮政公司 | 杨海福 | 李玉杰 徐茂君 王德武 宋一化 张忠贤 黄 晶 刘锁成 |
| 二等 | 大型煤炭企业基于定额对标选优的预算管控 | 冀中能源峰峰集团有限公司 | 陈亚杰 张建峰 | 夏学英 高文赞 周 涛 孙鑫科 刘永芹 叶中兴 董 艳 朱梅丽 李庆寿 |
| 二等 | 服务于海外油气资源开发的投资项目评价管理 | 中国石油天然气股份有限公司勘探开发研究院 | 卞德智 穆龙新 | 王建君 葛艾继 齐 梅 汪 平 尹秀玲 赵书怀 易成高 王 青 吴书成 白建辉 |
| 二等 | 农村图书发行网点混业经营业态管理 | 安徽新华发行(集团)控股有限公司 | 宋海平 | 倪志敏 徐春生 肖晓英 黄 震 汤跃彬 |
| 二等 | 海外大型主题公园建设的联合总承包管理 | 中国京冶工程技术有限公司；中冶天工集团有限公司 | 李佩勋 刘 波 | 张培义 侯兆新 孙庆东 谭志勇 王 波 王月栋 刘志明 曾昭波 程武英 隋作刚 |
| 二等 | 资源型企业提高全要素生产率的转型升级 | 淄博矿业集团有限责任公司 | 张寿利 | 季海波 刁兴建 李景慧 马洪吉 王利民 王德龙 张礼威 |
| 二等 | 基于产品全生命周期的双循环知识管理体系建设 | 中国航空工业集团公司洛阳电光设备研究所 | 王建刚 邹伟锋 | 杨晓峰 王 洛 张鸿翎 张红涛 熊 涛 钟 海 董 晓 郭晓文 郭丽娜 叶艳娟 |
| 二等 | 适应企业多元发展的绩效管理 | 上海城建(集团)公司 | 冯 凯 岑佳翔 | 叶 颖 徐鑫江 周凤学 陈 洁 |
| 二等 | 公交企业员工情绪管理 | 深圳巴士集团股份有限公司 | 李永生 何 斌 | 周志成 纪志龙 雷玉斌 李 威 陈立芳 黄海雯 孔 鹏 董 伟 |

续表

| 等级 | 成果名称 | 申报单位 | 主要创造人 | 参与创造人 |
|---|---|---|---|---|
| 二等 | 建设数字化矿井的集成管理 | 平顶山天安煤业股份有限公司八矿 | 陈寒秋 戴学增 | 李军鸿 罗志强 王海生 牛翠溪 张丽 回胜利 付耀杰 袁军利 王佩跃 范瑞彬 |
| 二等 | 省级成品油应急供应保障体系建设 | 中国石油天然气股份有限公司四川销售分公司 | 姚志强 蒋胡民 | 刘华治 刘星国 刘苏 程懿 朱力洋 吴明文 帅虹 贾晋宏 陈清 刘纯珂 |
| 二等 | 现代农业企业绿色循环经济体系建设 | 安徽省联河米业有限公司 | 甘启斌 | 甘义松 余兴根 孙三霞 |
| 二等 | 全面提升核心制造能力的对标管理 | 广西中烟工业有限责任公司南宁卷烟厂 | 张雨夏 覃荣 | 李江宁 谢志勇 戴翔 吴华滨 陆剑锋 梁健 兰彬 谢航宇 芮缅云 杜孝文 |
| 二等 | 小型矿山企业与农村合作互利的和谐发展管理 | 自贡万桥盐矿有限公司 | 谢学端 | 陈文跃 程平 陈桂霞 余龙 唐宗国 张宏 宋俊 刘建平 齐莉丽 |
| 二等 | 面向中小企业的国际贸易服务平台建设 | 新华锦集团 | 张建华 孙恒勤 | 王辉道 丛彦 于浩 孙皓 王小苗 赵鸿生 |
| 二等 | 以专用设备国产化为目标的科研成果产业化管理 | 中国核动力研究设计院 | 赵海江 张必祥 | 张义东 王琰 张波 万海生 王广金 刘才学 赵月伟 尹小龙 付正中 陈浩 |
| 二等 | 炼化企业业务外包管理 | 中国石油化工股份有限公司镇海炼化分公司 | 江正洪 | 熊晓洋 黄明刚 乔伟新 翟洵豪 |
| 二等 | 电力设计企业基于服务链的流程再造 | 湖北省电力勘测设计院 | 刘西林 刘启德 | 陈子平 余新才 申俊杰 黄定寅 刘会武 王新传 |
| 二等 | 以关键环节控制为重点的大型水电站工程造价管理 | 贵州乌江水电开发有限责任公司构皮滩电站建设公司 | 曹险峰 鲁承宏 | 莫勍 杨新伟 雷辉光 杨松 唐燚 章立 蔡扬 李亚锋 赵斌 |
| 二等 | 提升集约化管理水平的电网企业财务评价体系建设 | 重庆市电力公司 | 朱立 | 陈虹 杨玉文 兰崴 金鑫 贾介宏 胡林 马毅 汪渝 陈建凯 |
| 二等 | 国家大型煤电基地生态和谐矿区建设与管理 | 淮南矿业(集团)有限责任公司 | 王源 孔祥喜 | 鲍焕祥 杨林 程功林 黄乃斌 董淦林 郑群 张克兵 刘冠学 |
| 二等 | 节能服务企业基于强执行力的战略决策和实施 | 中材节能股份有限公司 | 张奇 胡也明 | 刘习德 刘春燕 魏文华 杨泽学 杨德广 水伟 董兰起 葛立武 |
| 二等 | 军工研究所提升技术创新能力的系统管理 | 中国航天科工集团第二研究院二〇六所 | 丁旭昶 魏小鸣 | 郑伟 刘浩 乔军 范利明 周凯 王彦丰 王超锋 康虎 黎岩 侯冰瑶 |
| 二等 | 大型油气田以流程为核心的风险管理体系建设 | 中国石油天然气股份有限公司西南油气田分公司 | 康建国 牟英石 | 冯京 程劲松 冯爱山 方健 任志鸿 钟毅 邹晓琴 姚莉 郭小鹏 赵萌 |
| 二等 | 发挥产业集聚与规模效益的现代宇航产业研制基地建设 | 中国空间技术研究院 | 杨保华 张洪太 | 常明 周宏 王占宇 于松晶 刘家川 温礼 张蕾 侯清海 谢平 黄翔 |
| 二等 | 大型建筑企业以集约管理为目标的信息化建设 | 北京住总集团有限责任公司 | 张贵林 王宝申 | 张建勋 周伟 吴小杰 何京伟 王宏 谢夫海 宋涛 邓同钰 凌红 许海涛 |
| 二等 | 联合石化企业价值链优化管理 | 中国石油天然气股份有限公司大庆石化分公司 | 王德义 万志强 | 徐永宁 范晓彬 康志军 王一民 孔庆发 田文超 曹成才 梁守新 贯涛 |

续表

| 等级 | 成果名称 | 申报单位 | 主要创造人 | 参与创造人 |
|---|---|---|---|---|
| 二等 | 通信企业基于细分客户服务的呼叫中心资源优化配置管理 | 中国移动通信集团天津有限公司 | 张永东 符 珊 | 及晓梅 马海红 杨树起 孙憬超 刘玉娜 金圣达 |
| 二等 | 大型钢铁企业整体搬迁的系统化管理 | 重庆钢铁(集团)有限责任公司 | 董荣华 | 夏 彤 何男男 刘 东 常晓冬 谢朝忠 刘代华 李 巍 孙耿涅 黎红英 |
| 二等 | 以创建中国名牌为目标的品牌经营管理 | 安徽槐祥工贸集团有限公司 | 郭少祥 朱同贵 | 宫为银 张 尧 朱景幻 |
| 二等 | 基于产业链延伸和资源综合利用的循环经济园区建设 | 西山煤电(集团)有限责任公司 | 金智新 薛道成 | 侯水云 高 翔 王保平 杨彦群 荣国林 赵高荣 武青林 刘晓钢 邓开俊 乔志刚 |
| 二等 | 能源化工工程建设企业代业主项目管理 | 中国石化集团第四建设公司 | 张克华 肖 刚 | 石海追 邱长友 彭卫权 施立新 杜海鹏 王之赳 杨明伟 刘建雄 |
| 二等 | 边疆铁路局促进地区经济发展的运输管理 | 乌鲁木齐铁路局 | 唐士晟 | 马叶江 刘希平 王 刚 周鸣镝 薛成喜 毛 伟 苏正业 张 磊 |
| 二等 | 多品种、小批量军品的适应性生产管理 | 四川九洲电器集团有限责任公司 | 张正贵 孙 仲 | 胡冬川 胡兴洪 何林虎 陈 锐 范维平 段家刚 王军波 |
| 二等 | 提升企业价值创造能力的航空科技人才队伍建设 | 江西洪都航空工业集团有限责任公司 | 宋承志 熊 敏 | 易楚才 黄莉玲 乐 阳 邹小勇 朱伟国 秦 昶 魏 俊 薛国兴 崔 晟 |
| 二等 | 大型煤炭企业实现健康发展的班组安全建设 | 开滦(集团)有限责任公司煤业分公司 | 李建民 | 汤守会 刘双勇 董守义 静国峰 董 祥 刘连富 陈天扶 王同申 王世杰 高丽川 |
| 二等 | 实现油藏科学高效开发的系统可控管理 | 中国石油天然气股份有限公司长庆油田分公司第三采油厂 | 郑明科 闵建雄 | 曹继虎 李兆国 谢银伍 张 营 朱广社 马永宁 李怀杰 王淑琴 赵勇东 郭大江 |
| 二等 | 大型铁矿山企业集中统一的物资精细化管理 | 鞍钢集团矿业公司 | 张晓刚 邵安林 | 陈 平 田嘉印 王 凯 李之奇 程卫东 郑少文 王 珂 刘炳宇 孟凡利 于 淼 |
| 二等 | 电网建设标准化工作卡体系的构建与实施 | 山东电力集团公司 | 李同智 | 潘敬东 刘福卿 范士锋 张晓华 丁宝民 董江帆 韩义成 李 强 周振国 刘家远 |
| 二等 | 强化员工标准化作业的单元要素岗位管理 | 平顶山天安煤业股份有限公司田庄选煤厂 | 李合群 | 张 帆 张同军 曾庆刚 张丙申 朱玉爱 晋学硕 尚 勇 赵 勇 王万恩 李军伟 |
| 二等 | 地方石化企业以战略为导向的绩效管理 | 山东东明石化集团有限公司 | 李湘平 | 尚庆录 王文革 |
| 二等 | 基于内涵式发展的企业精简高效管理 | 江西铜业股份有限公司德兴铜矿 | 聂 震 张建华 | 刘小毛 李国平 江春庚 杨景云 项根发 谢小莉 |
| 二等 | 石化施工企业基于战略合作的国际化经营 | 中国化学工程第三建设有限公司 | 赵春才 | 赵显棣 黄庆平 刘锡武 刘玉华 占德庆 李建共 顾士新 张家龙 常 华 王泽志 |
| 二等 | 纺织企业兼并重组后的转型升级 | 富润控股集团有限公司 | 赵林中 何丰平 | 陈黎伟 卢伯军 赵 海 全剑军 张利琴 |
| 二等 | 以龙头企业为中心的全产业链食品安全管理 | 安徽同福食品有限责任公司 | 刘山国 | 张金泽 钱英燕 段胜林 宋丽雅 刘 辉 苏玉成 刘兵军 张文忠 王红武 张 嘉 |
| 二等 | 以促进企业发展为中心的党务工作绩效管理 | 冀中能源股份有限公司 | 王社平 任连顺 | 宋全保 高金凯 宋仁涛 宋士岭 李文学 王矿山 梁凤林 邓小凤 |

续表

| 等级 | 成果名称 | 申报单位 | 主要创造人 | 参与创造人 |
|---|---|---|---|---|
| 二等 | 以综合性国际能源公司为目标的跨国经营战略管理体系构建 | 中国石油天然气股份有限公司海外勘探开发分公司 | 薄启亮 | 王仲才 张品先 郑 炯 陆如泉 裴国平 赵 林 朱颖超 肖 岚 周 默 李 申 |
| 二等 | 技术共生、资源共享的军民融合型企业建设 | 中国航天科技集团公司第六研究院第十一研究所(京) | 周利民 张 楠 | 李鸿鑫 王琦珀 吴 焘 刘宝琴 季文好 肖燕军 陆志明 格晓宇 蔡 芳 乔立军 |
| 二等 | 以新媒体为平台的企业人际关系管理 | 中国东方航空股份有限公司 | 李九鹏 冯 亮 | 张振民 龙芳莉 董 政 江成龙 徐燮欣 赵学强 汤隽烨 丁欣慧 |
| 二等 | 卷烟企业基于订单的协同成本管理 | 河南中烟工业有限责任公司漯河卷烟厂 | 程国胜 肖 洪 | 丁恒杰 谢庆宏 赵群发 王志安 张文华 赵保国 张文科 徐 铭 |
| 二等 | 酿酒企业以消费需求为导向的技术创新管理 | 重庆诗仙太白酒业(集团)有限公司 | 陈红兵 苏 展 | 张 鸣 倪亚丽 程宏连 方永强 欧阳冰 蒋育萌 刘中利 范前辉 郛严明 何晓明 |
| 二等 | 基于信息化的钢铁企业计量全过程管理 | 河北钢铁股份有限公司唐山分公司 | 于 勇 王兰玉 | 袁志明 刘景钧 周 刚 张宝玉 贾 磊 靳三峰 张 培 孙雪娇 魏庆丰 孙 越 |
| 二等 | 发电企业基建生产一体化管理 | 中国华能集团公司安徽分公司 | 马洪顺 | 白玉峰 蔡斯龙 瞿九生 李云生 孙 毅 |
| 二等 | 装备制造企业合并后的整合与升级 | 大连重工·起重集团有限公司 | 宋甲晶 朱德康 | 贾祎晶 田长军 张昭凯 孙宝东 卫旭峰 许 昌 陈狄奇 于春凯 杨 昆 于庆超 |
| 二等 | 实现企业和员工双赢的分级质量管理 | 永济新时速电机电器有限责任公司 | 徐印平 | 武志民 董春梅 牛志钧 苏志波 姜 骏 尚继华 王惠生 赵竹英 陈运霞 |
| 二等 | 煤炭企业“六位一体”材料成本管理体系建设 | 上海大屯能源股份有限公司 | 向开满 | 许之前 高道云 任艳杰 张万华 钱祝银 王铭云 刘宝明 |
| 二等 | 油田企业以最佳指标为对象的标杆管理 | 中国石油化工股份有限公司河南油田分公司第一采油厂 | 李联五 张初阳 | 陶光辉 金书勤 毕普田 黄成林 娄红洋 陆广玉 张晓红 胡朝荣 董科武 欧光铁 |
| 二等 | 以共赢共管为原则的市政 BT 项目管理 | 云南云岭高速公路桥梁工程有限公司 | 陈宙翔 | 龚云娍 谭平祥 但路昭 刘建彪 陈 刚 |
| 二等 | 石油钻探企业以战略为导向的全员培训管理 | 中国石油集团渤海钻探工程有限公司 | 秦永和 | 周宝华 刘德如 张旭光 陈集军 刘荣军 刘建伟 李 峰 马 强 岳连平 解高岩 |
| 二等 | 制造企业以“五力”为核心的卓越运营管理 | 西子联合控股有限公司 | 王水福 | 陈夏鑫 |
| 二等 | 通信企业信息安全机制建设 | 中国联合网络通信有限公司北京市分公司 | 刘守江 郭建利 | 王学毅 崔普成 冷志高 李 巍 林 宁 吴 玲 赵 旭 王 磊 蔡旦军 解 嵩 |
| 二等 | 电网企业管理综合评价体系建设 | 福建省电力有限公司 | 张 磊 程章磊 | 王 峰 林集养 蔡锦麟 张宇芸 黄炜杰 |
| 二等 | 矿山企业基于人文关怀和心理疏导的人本管理 | 鞍钢集团矿业公司眼前山铁矿 | 邵安林 吴 鸣 | 吕世波 李 勇 周仁杰 吕 昌 宋修波 刘长波 郭友学 屈丰成 王家财 宋英华 |
| 二等 | 高科技企业提升专业能力的战略绩效管理 | 中核建中核燃料元件有限公司 | 畅 欣 丁建波 | 彭宏斌 李旭东 李济民 肖 林 陈 建 丁建民 陈义明 余希木 童慎修 李朝端 |

续表

| 等 级 | 成果名称 | 申报单位 | 主 要<br>创造人 | 参与创造人 |
|---|---|---|---|---|
| 二等 | 基于渠道合作的贵金属消费品深度营销 | 中钞国鼎投资有限公司 | 张数沧<br>张 旭 | 郭清波 周菊珍 陈 涛 周艺兵<br>李 京 |
| 二等 | 油田企业合理化建议长效机制的构建与运行 | 中国石化集团中原石油勘探局 | 孔凡群<br>杜广义 | 王亚钧 冷 潜 王红晨 王承来<br>石书灿 朱景川 孙尚敏 刘宗儒<br>周立保 石 岩 |
| 二等 | 烟草商业企业实现和谐高效的“六有”管理 | 浙江省烟草专卖局;杭州市烟草公司萧山分公司 | 邱 萍<br>涂 勇 | 唐利光 潘昵珑 周 博 姚柏松<br>冯 晓 吴乐飞 李柳燕 於伟慧 |
| 二等 | 涉密信息系统安全保密体系建设与管理 | 湖北三江航天江河化工科技有限公司 | 张开春<br>韩志远 | 何前明 潘云武 潘俊军 喻成山<br>黄文明 马良科 王学斌 |
| 二等 | 建筑企业实现与员工共同成长的学习型组织建设 | 重庆中环建设有限公司 | 毋元林 | 李成涛 张顺翔 黄 彬 邓 蓉<br>刘 勇 |
| 二等 | 打造世界第一轧辊企业的多层次、开放式全员创新管理 | 中钢集团邢台机械轧辊有限公司 | 薛灵虎 | 贾建平 梁从涛 张业庆 张聚峰<br>赵爱秀 |
| 二等 | 基于EDA知识库的航天电子学设计管理系统建设 | 北京空间机电研究所 | 忻 刚 | 李 涛 石 民 刘正敏 裴永胜<br>曹 伟 杨 磊 |
| 二等 | 以可持续发展为导向的复杂难采油气藏开发管理 | 中国石油天然气股份有限公司西南油气田分公司川中油气矿 | 谢 军<br>杨再勇 | 杨金利 胡永东 潘用平 张友彩<br>王廷勇 冉晓旭 香 进 贾 静<br>李正强 刘泽元 |
| 二等 | 大型企业集团基于集群化协同发展的产业布局优化管理 | 昆明钢铁控股有限公司 | 王长勇<br>李幼灵 | 付 霞 张振伟 严锡九 孙小跃<br>赵永平 沈忠华 杜陆军 李建军<br>钱树德 |
| 二等 | 以打造先进综合型玻璃与光电集团为目标的新兴产业发展战略管理 | 蚌埠玻璃工业设计研究院 | 彭 寿 | 茆令文 李志铭 周 鸣 马立云<br>赵 飞 王 伟 魏晓俊 谢莉萍<br>王 芸 王海英 |
| 二等 | 降低设备维修成本的关键备件开发与管理 | 首钢总公司 | 王青海<br>刘水洋 | 王玉海 周大沆 白昆岩 马 云<br>田晓峰 丁建国 李景超 高伯弘<br>闫永志 滑铁钢 |
| 二等 | 采油企业基于全程优化的降本增效管理 | 中国石油化工股份有限公司中原油田分公司采油五厂 | 周延军<br>唐俊峰 | 温佐元 刘福亭 黄国连 陈庆陵<br>胡晓明 程如铁 吴淑英 严 碧<br>杨 鲁 田保权 |
| 二等 | 汽车客票联网销售平台建设 | 安徽省邮政公司 | 鞠 勇<br>李丕征 | 姚 杰 刘世伟 杨志权 田 斐<br>胡 飞 吴 松 |
| 二等 | 发电企业以人为本的安全管理 | 北方联合电力有限责任公司包头第一热电厂 | 刘崇斌<br>薛胜利 | 索勇文 王存元 李东风 |
| 二等 | 铁路客运企业员工正向激励管理 | 哈尔滨铁路局齐齐哈尔客运段 | 潘忠锐<br>马宏伟 | 曹建新 景 泉 刘宏伟 毕延海<br>张体森 赵 鑫 于 丽 于德友<br>高 峰 哈 斯 |
| 二等 | 大型施工企业基于“三人工作小组”的高效运营管理 | 中国化学工程第四建设有限公司 | 刘德辉 | 何玉文 谢云辉 |
| 二等 | 军工企业电力系统节能降耗的精细化管理 | 内蒙古第一机械集团有限公司 | 白晓光<br>黄 明 | 王建平 秦红梅 王正东 李爱民<br>王祥玺 柴 鹏 李建国 王振锋<br>薛鸿翔 刘永河 |
| 二等 | 老油田提升开发综合效益的注采单元差异化管理 | 中国石油天然气股份有限公司华北油田分公司第三采油厂 | 李大洲<br>高联益 | 李秋华 王进宝 王 青 张桂迎<br>乔培君 李高峰 刘艳军 李 东<br>华 兵 彭 扬 |
| 二等 | 煤矿安全风险预控管理 | 山东济宁运河煤矿有限责任公司 | 高立群<br>袁守莲 | 柴同义 王利平 李有利 刘克东<br>李远清 张 勇 高维东 臧 健<br>王 育 刘 祺 |

续表

| 等级 | 成果名称 | 申报单位 | 主要创造人 | 参与创造人 |
|---|---|---|---|---|
| 二等 | 聚酯企业以绿色环保为导向的创新管理 | 华润包装材料有限公司 | 朱振达 宗建平 | 陈　群 文　兰 石振亭 杨　明 庄细华 魏茂清 袁正俊 陈　旭 陈小雷 徐　梅 |
| 二等 | 促进蓝色经济区建设的城市商业银行营销管理 | 青岛银行股份有限公司 | 郭少泉 | 王　麟 邹君秋 陈　青 杨峰江 王　瑜 陈　霜 胡高雷 吕　岚 |
| 二等 | 基于资产经营平台的实物资产盘活与增值管理 | 中国联合网络通信有限公司山东省分公司 | 柳林芳 | 楼　斌 张　羽 赵秀云 孙铁军 |
| 二等 | 基于远程系统的营销管理 | 欧贝黎新能源科技股份有限公司 | 费建明 何晶珺 | 孙旭斌 徐世才 储佰红 韩志伟 郑　晖 陈服玲 姜夏平 王　哲 |
| 二等 | 基于价值创造和正向激励的考核分配体系建设 | 中国铝业股份有限公司广西分公司 | 武建强 郑铁生 | 刘永刚 刘保伟 刘晓辉 陈广展 李　兵 夏远强 李国乾 蒋凤贵 江　治 梁家宏 |
| 二等 | 通信企业社会责任风险管理体系的构建与实施 | 中国移动通信集团黑龙江有限公司 | 栾大为 高香雪 | 孙天福 高　华 |
| 二等 | 科研项目知识产权全过程管理 | 中国船舶重工集团公司第七一九研究所 | 杨金成 冷文军 | 王维伟 吴亮东 张锦岚 邱志强 卢　兵 陈　虹 张　蓓 王　磊 钱家昌 国占东 |
| 二等 | 发电企业提升竞争力的领导班子建设 | 北方联合电力有限责任公司海勃湾发电厂 | 金铁明 | 佟长敏 王德山 陈文俊 陈永胜 齐玉胜 王忠和 李利红 |
| 二等 | 适应数字化管理的采油生产组织方式变革 | 中国石油天然气股份有限公司长庆油田分公司第七采油厂 | 祁凤鸾 吴宗福 | 刘宏涛 董晓利 韩　笠 宋　彬 武登峰 张富畋 杨　琨 王建春 雷江国 章海英 |
| 二等 | 核电工程协同管理平台建设与运营 | 华能山东石岛湾核电有限公司 | 王永福 李昌银 | 李亚军 张爱军 朱龙云 贺　捷 贺　岗 郭　云 吴晓波 |
| 二等 | 提升集团管控能力的安全生产管理信息系统建设 | 中国建筑材料集团有限公司 | 张　健 王海洲 | 刘宝瑛 崔云龙 姜　劦 牛振华 谭东杰 金　玲 任高峰 梁　霄 胡仲春 孙佳亮 |
| 二等 | 以提高设备保障能力为目标的全过程设备管理 | 石家庄印钞有限公司 | 郭占旺 孟文喜 | 贡玉梅 吴安全 邢建军 刘　军 琚金书 耿治震 严云山 赵文斌 崔金亮 景　想 |
| 二等 | 高坡重载铁路机务安全管理 | 郑州铁路局新乡机务段 | 陈　华 | 张凤岭 刘喜生 张延召 张　力 苏　东 王建斌 杨春峰 孙永胜 徐春明 赵红印 |
| 二等 | 采油企业业务流程优化管理 | 中国石油辽河油田曙光采油厂 | 陈铁铮 李　湃 | 滕立勇 田立金 李文轩 吴　华 葛　利 刘宏雷 李云翱 郑　军 和　冰 马立平 |
| 二等 | 县级供电企业助推一线员工成长的导师制管理 | 东平县供电公司 | 李　飞 | 裴晓韫 邱　瑾 方绪芹 赵　娜 冯承伟 贾政起 刘庆昌 陈　斌 蔚　阳 |
| 二等 | 提高工程质量的高速公路施工标准化管理 | 福建省高速公路有限责任公司 | 李德金 黄祥谈 | 唐建辉 吴庭锵 赵宣宪 潘向阳 方炬洋 杨金栋 唐勇三 许　晟 刘代文 高晓影 |
| 二等 | 科研院所创新能力培育机制的构建 | 中国航空工业集团公司北京航空材料研究院 | 李　莉 肖程波 | 周建林 王志刚 孙　巍 王红红 唐定中 赵振辉 许剑伟 李　艳 梁志凯 王英杰 |
| 二等 | 道路运输企业的社会责任管理 | 南阳宛运集团有限公司 | 胡逸云 | 杨青霞 范　平 高明涛 郑向华 |
| 二等 | 适应铁路技术装备水平快速提升的工人技师队伍建设 | 北京铁路局 | 何玉华 谭光明 | 闫国铭 万永红 李梦文 胡本杰 朱　磊 张　亮 张　翼 艾　杰 董占君 程俊朝 |

续表

| 等 级 | 成果名称 | 申报单位 | 主 要<br>创造人 | 参与创造人 |
|---|---|---|---|---|
| 二等 | 石油销售企业精细化为导向的系统优化管理 | 中国石油化工股份有限公司江苏石油分公司 | 吕建华<br>张有根 | 叶传华 方顺利 周铭德 李 宁<br>张家林 朱建平 闫近伦 胡春艳 |
| 二等 | 多业态企业集团现代流通体系的构建与运行 | 安徽省徽商集团有限公司 | 许家贵<br>吴红星 | 巢良存 刘光景 张 皓 余保山<br>刘明建 |
| 二等 | 适应先进技术装备的小机组作业管理 | 瓦房店轴承集团有限责任公司 | 王路顺 | 邵 阳 高永洋 王路军 魏丽芳<br>王 伟 吴运奎 陈家军 王吉元<br>赵 敏 初 勇 |
| 二等 | 以提升企业核心竞争力为目标的关键岗位人才培养 | 江西中烟工业有限责任公司南昌卷烟厂 | 张胜健 | 赵长军 万 晴 |
| 二等 | 资源衰退期矿井的精细化开采管理 | 郑州煤炭工业(集团)有限责任公司米村煤矿 | 郭矿生<br>谢 超 | 李西卿 张绍伟 尹万涛 李建军<br>刘巧敏 杨自刚 杨得青 阎保红<br>鲁 雨 鲍慧峰 |
| 二等 | 发电企业物资分类编码的开发与应用 | 北方联合电力有限责任公司 | 吴景龙<br>张 纲 | 陈 祯 赵丽萍 乌 恩 李银广<br>张 弛 那顺乌日图 |
| 二等 | 流程型石化企业基于过程控制的目标成本管理 | 中国石油化工股份有限公司巴陵分公司 | 朱建民<br>程立泉 | 黄 彬 向 益 王亚男 向海波<br>高 明 朱刚亮 柳向阳 张 伟<br>李建平 刘 勇 |
| 二等 | 钢铁企业以联合重组为契机的管理整合 | 首钢长治钢铁有限公司 | 郭士强 | 熊万平 张振新 段钟贤 陈建利<br>刘永青 桑三江 刘彩萍 秦小波<br>牛晓强 李战红 |
| 二等 | 国有建筑施工企业和谐劳动关系管理 | 中建五局第三建设有限公司 | 田卫国 | 唐德文 张 红 刘家军 张志国<br>粟元甲 尹湘平 吕基平 冯 涛 |
| 二等 | 供电企业以精益化为导向的经营绩效管理 | 山东电力集团公司淄博供电公司 | 高晓东<br>咸日常 | 孙学锋 李志刚 翟 建 蒋 涛<br>杨海生 高 鹏 徐淑文 张 聪<br>王 晔 王世儒 |
| 二等 | 服务于企业战略转型的人才管理 | 中化石油有限公司 | 张志银 | 任 兵 伊力扎提 王 健 沈也迪<br>董大川 万 红 刘 兴 屈 鹏<br>李 瑞 |
| 二等 | 汽车零部件企业战略导向的全员绩效管理 | 重庆青山工业有限责任公司 | 董具宏<br>许跃明 | 逯献云 李培军 吴 锐 谭晓霞<br>徐廷英 孔祥忠 |
| 二等 | 汽车制造企业打造核心竞争力的方针管理 | 东风柳州汽车有限公司 | 程道然 | 毛卫国 杨振球 管伟荣 何家海<br>江 源 唐巨中 |
| 二等 | 重特大活动通信保障体系建设与运营管理 | 中国电信股份有限公司上海分公司 | 张维华<br>谌 刚 | 马 明 杨中涛 花锐强 张 侃<br>刘越峰 徐震宇 汤凯锋 金瑞伟<br>吴宏美 李 波 |
| 二等 | 资产经营公司统一融资平台建设 | 北京市金正资产投资经营公司 | 张 涛 | 杨纳新 |
| 二等 | 高新技术企业实行多元激励的绩效管理 | 江苏海四达电源股份有限公司 | 沈晓彦 | 徐忠元 周 丽 |
| 二等 | 石化企业以加强基础管理为导向的标杆管理 | 中国石油化工股份有限公司天津分公司 | 许红星 | 于洪涛 关有利 武 斌 常 军<br>郜宪洪 李茂祥 周恩阳 杨义成<br>刘培玉 |
| 二等 | 以团队建设为基础的执行力管理 | 郑州煤炭工业(集团)有限责任公司供电分公司 | 郭矿生<br>马建民 | 周韶华 刘福俊 高新建 关铭芝<br>王红敏 张绍伟 马 飞 孙庆伟<br>岳建超 刘军保 |
| 二等 | 中小企业以市场为导向的创新管理 | 浙江永达电力实业股份有限公司 | 张发庆 | 张海庆 周玉良 |

资料来源:全国企业管理现代化创新成果审定委员会

# 2011 年度中国企业十大新闻

中国企业联合会　中国企业家协会

## 一、2011 中国企业十大新闻

1. 69 家中国企业跻身世界 500 强，列世界第二，其中央企 38 家
2. 文化产业及企业迎来发展机遇，文化体制改革大幕开启
3. 甬温线发生“7·23”严重动车事故，影响深远
4. 温州中小企业爆借贷危机，国务院加速中小企业扶持政策出台
5. 企业助力，天宫一号、神舟八号发射并对接成功
6. 楼市调控力度加大，频现开发商降价销售
7. 利比亚变局致中资项目损失严重，75 家企业安全撤离
8. 康菲渤海钻井平台持续漏油，社会关注处罚及赔偿
9. 央企战略双线并进，“打造世界一流”与“央地合作”共举
10. 国家发改委对中国电信中国联通进行反垄断调查

## 二、2011 中国国有企业十大新闻

1. 打造“世界一流”成国资委战略，38 家央企进入“世界 500 强”
2. 央企担纲主力，天宫一号、神舟八号发射并对接成功
3. 中国南车等央企为高铁自主创新达世界水平作出卓越贡献
4. 央企与地方企业合作效果明显，国企带动中小企业发展
5. 体制改革深化，超三成央企完成现代企业董事会制度建设
6. 中国电信、中国联通接受国家发改委反垄断调查引关注
7. 两大电建央企成立实现电网主辅分离，电力改革再获突破
8. 13 家央企启动分红权激励试点，推动央企市场化进程
9. 央企红利上缴比例上调 5.0%，年度上缴税金同比增长 24.8%
10. 75 家央企发布社会责任报告，占中央企业总数的六成多

## 三、2011 中国企业技术创新十大新闻

1. 企业助力天宫一号、神舟八号发射并对接成功
2. 高铁及轨道交通运行速度不断刷新，技术世界领先
3. 中航工业成飞集团“歼-20”重型隐形战斗机成功首飞
4. 中船重工潜水器“蛟龙”号创造中国载人深潜新纪录
5. 全国企业技术创新大会和中央企业科技创新工作会议举行
6. 普天集团研发出中国首套数字集群通信系统
7. 丝绸之路集团 30 多项新技术造就我国最大丝绸制造企业
8. 世界首条特高压输电线路将扩一倍缓冲“电荒”压力
9. 中国钢研研制成功第三代汽车钢，具世界领先水平
10. 福田汽车牵头成立“北京汽车物联网产业联盟”，成行业创举

## 四、2011 中国企业社会责任十大新闻

1. 75 家央企发布社会责任报告，上缴税金同比增长 24.8%
2. 中国企联牵头全球契约中国网络，200 多家企

业加入全球契约

3. 康菲石油渤海钻井平台持续漏油，遭遇集体赔偿诉讼

4. 日本核泄漏引发公众恐慌，中盐多策并举平息抢盐潮

5. 中粮“全产业链”惠及三农，九大系统确保食品安全

6. 双汇使用“瘦肉精”被曝光，企业承担损失完成整改

7. 锦湖轮胎违规掺用返炼胶，国内市场大批轮胎被召回

8. 曲靖铬污染致30人患癌，晶科能源污染环境引公众事件

9. “绿猪肉”致重庆沃尔玛停业，引发大中华区高管更换

10. 郭美美事件引发慈善危机，商红会被撤多家企业参与

## 五、2011 中国企业发展环境十大新闻

1. “十二五”规划及分项规划陆续发布，新兴产业获支持

2. 中央部署文化体制改革，文化产业迎来发展繁荣机遇

3. 温州爆发民间借贷危机，国家加速中小企业扶持政策出台

4. 楼市调控力度加大，频现开发商降价销售

5. 应对大面积停工，铁道部筹资陆续偿还企业建设欠款

6. 金融政策做出微调，存款准备金率三年来首次下降

7. 发改委三次上调电价，高能耗产业进一步承压

8. 中国加大稀土行业整治，中国铝业等央企强势进入

9. 人民币全年升值约5.0%，年末剧烈震荡创十二“跌停”

10. 沪指全年累计下跌约21.7%，股市融资环境进一步恶化

## 六、2011 中国企业十大人物

1. 傅成玉　中国石油化工集团公司董事长、党组书记
2. 杨凯生　中国工商银行行长
3. 周纪昌　中国交通建设集团有限公司董事长
4. 宋志平　中国建材集团董事长、党委书记，中国医药集团有限公司董事长
5. 任洪斌　中国机械工业集团公司董事长
6. 真才基　大唐电信集团董事长兼总裁
7. 袁　欣　上海贝尔股份有限公司董事长、党委书记
8. 于汝民　天津港（集团）有限公司董事长
9. 谢　明　泸州老窖集团董事局主席、泸州老窖股份有限公司董事长
10. 李新民　中国石油大庆钻探工程公司鲁迈拉项目部副经理兼哈法亚项目负责人

## 七、2011 中国民营企业十大人物

1. 任正非　华为技术有限公司总裁
2. 徐文荣　横店集团创始人，横店共创共有共富共享工作委员会主席
3. 梁稳根　三一集团董事长
4. 单祥双　中科招商创业投资管理有限公司董事长
5. 张忠正　滨化集团董事长
6. 王均金　均瑶集团董事长
7. 陈清渊　银鹭集团董事长
8. 李　强　凤凰（远东）投资集团董事局主席
9. 刘锦成　北京合康亿盛变频科技股份有限公司董事长
10. 吕建中　陕西西安大唐西市置业有限公司董事长

# 2011—2012 年全国优秀企业家名单

（以姓氏笔画为序）

| 序号 | 姓名 | 工作单位及职务 | 序号 | 姓名 | 工作单位及职务 |
|---|---|---|---|---|---|
| 1 | 于国家 | 南京大地建设集团有限责任公司总裁 | 37 | 吴强 | 攀枝花钢城集团有限公司总经理 |
| 2 | 丹志民 | 五得利面粉集团有限公司董事长 | 38 | 吴佳林 | 泰格林纸集团股份有限公司总裁 |
| 3 | 尹亮 | 抚顺矿业集团有限责任公司董事长 | 39 | 吴厚刚 | 大连獐子岛渔业集团股份有限公司董事长 |
| 4 | 尹同跃 | 奇瑞汽车股份有限公司董事长 | 40 | 宋玉芳 | 中国铁路物资股份有限公司董事长 |
| 5 | 方红卫 | 陕西汽车集团有限责任公司董事长 | 41 | 张录 | 青岛热电集团公司董事长 |
| 6 | 王良 | 贵州黎阳航空动力有限公司董事长 | 42 | 张俊 | 成都建筑工程集团总公司董事长 |
| 7 | 王大壮 | 沈阳化工集团有限公司总经理 | 43 | 张麟 | 大冶有色金属集团控股有限公司董事长 |
| 8 | 王创民 | 太原重型机械集团有限公司董事长 | 44 | 张再春 | 青岛港(集团)前港公司经理 |
| 9 | 王启明 | 泉州海天材料科技股份有限公司董事长 | 45 | 张华荣 | 赣州华坚国际鞋城有限公司董事长 |
| 10 | 王社平 | 冀中能源集团有限责任公司董事长 | 46 | 张有喜 | 大同煤矿集团有限责任公司董事长 |
| 11 | 王金山 | 重庆金山科技(集团)有限公司董事长 | 47 | 张轩松 | 永辉超市股份有限公司董事长 |
| 12 | 王金华 | 中国煤炭科工集团有限公司总经理 | 48 | 张建华 | 新华锦集团董事长 |
| 13 | 王培火 | 太子龙控股集团有限公司董事长 | 49 | 张彦森 | 狗不理集团股份有限公司董事长 |
| 14 | 王维航 | 北京华胜天成科技股份有限公司总裁 | 50 | 张振武 | 东辰控股集团有限公司董事长 |
| 15 | 乐林 | 济南铁路经营集团有限公司董事长 | 51 | 张晓芳 | 本钢集团有限公司董事长 |
| 16 | 付合年 | 北京京煤集团有限责任公司董事长 | 52 | 张海亮 | 上海大众汽车有限公司总经理 |
| 17 | 付志高 | 江西百神药业股份有限公司董事长 | 53 | 李世中 | 杭州钢铁集团公司董事长 |
| 18 | 冯小华 | 广西洋浦南华糖业集团股份有限公司董事长 | 54 | 李安喜 | 中国石化集团齐鲁石油化工公司总经理 |
| 19 | 冯亚丽 | 海亮集团有限公司董事长 | 55 | 李位民 | 兖矿集团有限公司总经理 |
| 20 | 叶时湘 | 广西北部湾国际港务集团有限公司董事长 | 56 | 李庚生 | 天津市津能投资公司总经理 |
| 21 | 任亚光 | 北京京城机电控股有限责任公司董事长 | 57 | 李晓波 | 太原钢铁(集团)有限公司董事长 |
| 22 | 刘志 | 中国石油天然气运输公司总经理 | 58 | 李鹭光 | 中国石油西南油气田总经理 |
| 23 | 刘锦 | 内蒙古电力(集团)有限责任公司董事长 | 59 | 杜传志 | 日照港集团有限公司董事长 |
| 24 | 刘山国 | 安徽同福食品有限责任公司董事长 | 60 | 杨生良 | 青海物通(集团)实业有限公司董事长 |
| 25 | 刘永康 | 交运集团总经理 | 61 | 杨志钢 | 武昌船舶重工有限责任公司董事长 |
| 26 | 刘应宽 | 宁夏发电集团有限责任公司董事长 | 62 | 杨志强 | 甘肃金川集团股份有限公司董事长 |
| 27 | 刘迎忠 | 登封电厂集团有限公司董事长 | 63 | 杨海福 | 河南省邮政公司总经理 |
| 28 | 刘绍勇 | 中国东方航空集团公司总经理 | 64 | 杨乾坤 | 中船重工物资贸易集团有限公司董事长 |
| 29 | 刘星吾 | 青岛开源集团有限公司董事长 | 65 | 杨镜璞 | 重庆建工集团股份有限公司董事长 |
| 30 | 刘德树 | 中国中化集团公司总经理 | 66 | 邱栋 | 山东如意科技集团有限公司总裁 |
| 31 | 孙杰 | 北京二商集团有限责任公司董事长 | 67 | 邵安林 | 鞍钢集团矿业公司总经理 |
| 32 | 孙波 | 中石油中亚天然气管道公司总经理 | 68 | 陈昌 | 番禺珠江钢管有限公司董事长 |
| 33 | 朱江洪 | 珠海格力电器股份有限公司董事长 | 69 | 陈云华 | 二滩水电开发有限责任公司总经理 |
| 34 | 许景南 | 福建匹克集团有限公司董事长 | 70 | 周云杰 | 海尔电器集团有限公司总经理 |
| 35 | 阮大平 | 四川省邮政公司总经理 | 71 | 周少方 | 云南物流产业集团有限公司董事长 |
| 36 | 齐振伟 | 江南工业集团有限公司董事长 | 72 | 周新源 | 中石油塔里木油田分公司总经理 |

续表

| 序号 | 姓名 | 工作单位及职务 | 序号 | 姓名 | 工作单位及职务 |
|---|---|---|---|---|---|
| 73 | 房如义 | 黑龙江省长力建设有限公司董事长 | 95 | 真才基 | 大唐电信科技产业集团董事长 |
| 74 | 竺保国 | 宁波华东城集团有限公司董事长 | 96 | 翁占斌 | 招金矿业股份有限公司总裁 |
| 75 | 范集湘 | 中国电力建设集团有限公司董事长 | 97 | 耿养谋 | 北京昊华能源股份有限公司董事长 |
| 76 | 姚　燕 | 中国建筑材料集团有限公司总经理 | 98 | 耿洪臣 | 北方重工集团有限公司董事长 |
| 77 | 姜德义 | 北京金隅股份有限公司总裁 | 99 | 袁志伦 | 重庆市博赛矿业(集团)有限公司董事长 |
| 78 | 昝安胜 | 陕西医药控股集团有限责任公司董事长 | 100 | 郭少泉 | 青岛银行股份有限公司董事长 |
| 79 | 柏广新 | 中国吉林森林工业集团有限责任公司董事长 | 101 | 陶志远 | 山东丰源煤电股份有限公司董事长 |
| 80 | 柳万东 | 红塔烟草(集团)有限责任公司董事长 | 102 | 崔根良 | 亨通集团有限公司董事长 |
| 81 | 柳西学 | 山东高佐矿业集团有限公司董事长 | 103 | 章鹏飞 | 现代联合控股集团有限公司董事长 |
| 82 | 段东明 | 中铁十七局集团有限公司董事长 | 104 | 黄迪南 | 上海电气集团股份有限公司总裁 |
| 83 | 洪水坤 | 中国诚通控股集团有限公司总裁 | 105 | 龚　伟 | 重庆医药(集团)股份有限公司董事长 |
| 84 | 胡永生 | 中国大唐集团新能源股份有限公司总经理 | 106 | 傅建伟 | 中国绍兴黄酒集团有限公司董事长 |
| 85 | 胡金根 | 中船澄西船舶修造有限公司董事长 | 107 | 葛家德 | 皖北煤电集团有限公司董事长 |
| 86 | 贺　禹 | 中国广东核电集团有限公司董事长 | 108 | 蒋再秋 | 中铁第四勘察设计院集团有限公司董事长 |
| 87 | 赵明远 | 东北特殊钢集团有限责任公司董事长 | 109 | 谢　明 | 泸州老窖集团有限责任公司董事局主席 |
| 88 | 唐一林 | 济南圣泉集团股份有限公司董事长 | 110 | 韩仁年 | 莱州市供电公司总经理 |
| 89 | 徐　平 | 东风汽车公司董事长 | 111 | 韩有波 | 辽宁铁法能源有限责任公司董事长 |
| 90 | 徐　佐 | 中信戴卡轮毂制造股份有限公司总经理 | 112 | 韩贵义 | 天津钢铁集团有限公司董事长 |
| 91 | 徐自力 | 海口农工贸(罗牛山)股份有限公司董事长 | 113 | 楼增明 | 浙江万丰企业集团公司董事长 |
| 92 | 徐周文 | 长春大成实业集团有限公司董事长 | 114 | 赖小民 | 中国华融资产管理公司总裁 |
| 93 | 徐宗祥 | 南车株洲电力机车有限公司总经理 | 115 | 熊维平 | 中国铝业公司总经理 |
| 94 | 徐建一 | 中国第一汽车集团公司董事长 | 116 | 魏彦辉 | 宁夏大地化工有限公司董事长 |

资料来源:中国企业联合会、中国企业家协会

# 第七届“袁宝华企业管理金奖”获奖名单

**海尔集团公司董事局主席　党委书记　首席执行官　张瑞敏**

张瑞敏，1949年1月生，高级经济师，中国科技大学工商管理硕士，中共第十六届、第十七届中央委员会候补委员。1984—1991年，任青岛电冰箱总厂厂长；1991—2000年6月，任海尔集团公司总裁；2000年6月至今，任海尔集团公司董事局主席、党委书记、首席执行官。

**中国航天科工集团公司总经理　党组书记　许达哲**

许达哲，1956年9月生，哈尔滨工业大学机械工程系研究生毕业，高级工程师，研究员，航天工程专家。现任中国航天科工集团公司总经理、党组书记，中央纪律检查委员会委员，国家载人航天工程副总指挥，国际宇航科学院院士，国际欧亚科学院院士。曾获国家科技进步特等奖2项、部级科技进步奖8项，获“载人航天工程突出贡献者”、“国家创新能力建设先进工作者”等荣誉称号。

**江苏沙钢集团董事局主席　沈文荣**

沈文荣，1946年2月生，高级经济师，研究员级高级工程师。现任江苏沙钢集团董事局主席，中国企业联合会副会长、全国工商联冶金业商会会长、中国钢铁工业协会副会长。先后当选九届全国人大代表和党的十六大、十七大代表，荣获全国五一劳动奖章、全国劳动模范、2009年CCTV中国年度经济人物、中国慈善事业特殊贡献奖等殊荣。

**新兴际华集团有限公司董事长　党委书记　刘明忠**

刘明忠，1959年1月生，博士，教授级高级工程师，现任新兴际华集团有限公司（原新兴铸管集团）董事长、党委书记兼新兴铸管股份有限公司董事长，第十届、十一届全国人大代表，荣获全国五一劳动奖章、全国劳动模范。

**四川九洲电器集团有限责任公司董事长　张正贵**

张正贵，1949年12月生，高级管理人员工商管理硕士，现任四川九洲电器集团有限责任公司董事长，是全国优秀创业企业家、全国首批有特殊贡献高级职业经理人，享受国务院政府特殊津贴专家，全国五一劳动奖章获得者、全国劳动模范，第十一届全国人大代表。

资料来源：中国企业联合会、中国企业家协会

# 2011年度杰出创业女性名单

（以姓氏笔画为序）

| 序 号 | 姓 名 | 工作单位及职务 | 序 号 | 姓 名 | 工作单位及职务 |
|---|---|---|---|---|---|
| 1 | 弓永红 | 郑州三中收获实业有限公司总经理 | 36 | 刘绍菊 | 江西娘子粮油工贸有限公司董事长 |
| 2 | 马 群 | 四川阆中海达建筑工程有限公司总经理 | 37 | 刘望明 | 武汉乐福园美食有限责任公司董事长 |
| 3 | 马丽华 | 上海申威资产评估有限公司董事长 | 38 | 吕 卉 | 云南汇丰达投资有限公司董事长 |
| 4 | 马春英 | 北京义利面包食品有限公司总经理 | 39 | 孙月焕 | 北京中企华资产评估有限责任公司董事长 |
| 5 | 马晓红 | 丹东鸿祥实业发展有限公司董事长 | 40 | 朱小明 | 南通新利基国际贸易有限公司董事长 |
| 6 | 孔德璐 | 四川银河影视传媒有限公司董事长 | 41 | 朱甦光 | 重庆精益仪表有限公司董事长 |
| 7 | 尹华蓉 | 四川建设发展股份有限公司副董事长 | 42 | 余金琦 | 上海医药分销控股有限公司总经理 |
| 8 | 文彩纯 | 益阳湘运投资控股有限责任公司总经理 | 43 | 吴平月 | 北京平月茶业企业管理有限公司董事长 |
| 9 | 木巴拉克·沙帕洪 | 新疆亲努尔生物科技有限公司董事长 | 44 | 吴志清 | 重庆江拓汽车配件厂厂长 |
| 10 | 王 燕 | 新疆万紫千红建安集团有限责任公司董事长 | 45 | 吴廼峰 | 天津天士力集团有限公司总裁 |
| 11 | 王月季 | 河南世纪通讯设备有限公司董事长 | 46 | 吴炳荣 | 哈尔滨美联美容管理有限公司副总裁 |
| 12 | 王如云 | 滨州亚泰雅德动力配件有限公司董事长 | 47 | 张 华 | 广州仕邦人力资源有限公司董事长 |
| 13 | 王安安 | 湖南艾华集团股份有限公司总裁 | 48 | 张 春 | 惠州市惠鹏园林科学研究所有限公司总经理 |
| 14 | 王延娟 | 山东临沂银凤陶瓷集团有限公司总经理 | 49 | 张 萍 | 四川环太实业有限责任公司董事长 |
| 15 | 王丽梅 | 哈尔滨市工大集团红博商业总经理 | 50 | 张凤琴 | 银川新华百货商业集团股份有限公司总裁 |
| 16 | 王宝琴 | 宁夏恒岳工贸有限公司总经理 | 51 | 张丽琼 | 内蒙古天佐置业有限责任公司董事长 |
| 17 | 王素娟 | 阳泉市中嘉磨料磨具有限公司董事长 | 52 | 张继丹 | 汕头市锦骏驾驶培训有限公司总经理 |
| 18 | 王新敏 | 山东金马大厦酒店有限公司董事长 | 53 | 张晶华 | 吉林晶辉集团肥料有限公司董事长 |
| 19 | 王燕琴 | 西安一顺实业有限责任公司董事长 | 54 | 李 娟 | 湖南省神农礼品开发有限公司总经理 |
| 20 | 付喜珍 | 长葛市世纪鑫实业发展有限公司董事长 | 55 | 李 莉 | 天津长荣印刷设备股份有限公司董事长 |
| 21 | 冯 明 | 河北昭远钢结构有限公司总经理 | 56 | 李兰贞 | 天津天一建设集团有限公司总经理 |
| 22 | 史燕来 | 北京红黄蓝儿童教育科技发展有限公司董事长 | 57 | 李桂芝 | 广西全通投资集团有限公司董事长 |
| 23 | 宁 烜 | 兰州城临石油钻采设备有限公司董事长 | 58 | 李素芬 | 唐山市恒瑞瓷业有限公司总经理 |
| 24 | 由丽华 | 沈阳华铁企业集团董事长 | 59 | 李培云 | 诸城市佳和园制衣有限公司总经理 |
| 25 | 白存珍 | 曲靖市宣威宇恒水泥有限公司副总经理 | 60 | 杨春兰 | 南昌市梅氏食品有限责任公司副总经理 |
| 26 | 白钰婷 | 宁夏伊味清真食品有限公司董事长 | 61 | 杨雪梅 | 贵州红樱桃果业有限公司董事长 |
| 27 | 白睿琴 | 包头神华国际大酒店总经理 | 62 | 肖 焰 | 湖南凌华印务有限责任公司董事长 |
| 28 | 石海芳 | 浙江省诸暨市森威特针织有限公司总经理 | 63 | 苏俊秀 | 山西崇康食品集团有限公司董事长 |
| 29 | 仲兆敏 | 哈尔滨秋林里道斯食品有限责任公司董事长 | 64 | 陈云薇 | 创富融资租赁(上海)有限公司董事长 |
| 30 | 任丽彬 | 华夏银行鄂尔多斯分行副行长 | 65 | 陈冠君 | 宁波太平洋大酒店有限公司总经理 |
| 31 | 刘 洋 | 秦皇岛洋洋集团董事长 | 66 | 陈晓敏 | 浙江俊尔新材料有限公司董事长 |
| 32 | 刘 湃 | 吉林省龙兴集团董事长 | 67 | 陈清英 | 福建三青生态农林发展有限公司董事长 |
| 33 | 刘玉红 | 甘肃祥宇油橄榄开发有限公司总经理 | 68 | 陈锡萍 | 六安亿牛乳业有限公司董事长 |
| 34 | 刘丽艳 | 呼和浩特市百得利汽车服务有限公司董事长 | 69 | 周晓曦 | 北京今圣梅家具制造有限公司董事长 |
| 35 | 刘佳琳 | 千里马工程机械集团股份有限公司总经理 | 70 | 易腊英 | 襄阳裕盛华纺织有限公司董事长 |

续表

| 序号 | 姓名 | 工作单位及职务 | 序号 | 姓名 | 工作单位及职务 |
|---|---|---|---|---|---|
| 71 | 罗是香 | 江西永生现代连锁宾馆有限责任公司董事长 | 93 | 贯春梅 | 乌海市飞云酒店总经理 |
| 72 | 郁霞秋 | 长江润发集团有限公司总裁 | 94 | 高秋菊 | 石家庄双鸽食品有限责任公司董事长 |
| 73 | 郑　华 | 山东泰华食品股份有限公司总经理 | 95 | 商翠云 | 靖江市太平洋百货有限公司董事长 |
| 74 | 侯洪涛 | 西瓦科自动化装备有限公司董事长 | 96 | 常　莹 | 淮南市润莹农业开发有限责任公司董事长 |
| 75 | 姜国云 | 南通市现代印务有限责任公司总经理 | 97 | 梁凤仪 | 广东昭信企业集团有限公司董事长 |
| 76 | 段　立 | 广州市佳丽日用化妆品有限公司董事长 | 98 | 曾淑平 | 云南东方红节能设备工程有限公司董事长 |
| 77 | 洪益清 | 柳州市白莹劳保用品有限公司董事长 | 99 | 程顺玲 | 湖北公路客运(集团)有限公司董事长 |
| 78 | 赵　珑 | 四川斯琴高娃服饰有限公司董事长 | 100 | 葛艳华 | 翔坤集团董事局主席 |
| 79 | 赵晓红 | 哈尔滨九洲电气股份有限公司总经理 | 101 | 董晓燕 | 腾龙科技集团有限公司董事长 |
| 80 | 钟帆飞 | 深圳市东方银座美爵酒店董事长 | 102 | 谢玉华 | 广西三正国际拍卖有限公司董事长 |
| 81 | 唐　雪 | 国家会议中心副总经理 | 103 | 韩　玲 | 陕西雅兰寝饰用品有限公司董事长 |
| 82 | 唐振杰 | 青海惠佳杰商贸有限公司总经理 | 104 | 褚月华 | 吉林华商建设集团董事长 |
| 83 | 夏　湞 | 福建东南拍卖有限公司总经理 | 105 | 解玉霞 | 山西省新绛县绛州澄泥砚研制所总经理 |
| 84 | 夏凤琴 | 银川市盛硕物资有限公司董事长 | 106 | 管玉霞 | 青海德令哈市正和天然气有限公司董事长 |
| 85 | 徐　慧 | 中国银行股份有限公司宁波市分行副行长 | 107 | 翟美卿 | 香江集团总裁 |
| 86 | 徐晓玲 | 兖州市绿源食品有限公司董事长 | 108 | 雒　波 | 辽宁天龙药业有限公司董事长 |
| 87 | 栾　芳 | 哈尔滨中央红集团股份有限公司董事长 | 109 | 潘少玲 | 梧州市光华纺织制品有限责任公司董事长 |
| 88 | 秦子砚 | 河北今朝建工集团有限公司董事长 | 110 | 薛　荣 | 河南圜方物业管理有限公司董事长 |
| 89 | 耿志侠 | 青岛今鹏翔投资有限公司总经理 | 111 | 薛景霞 | 河南康利达集团董事长 |
| 90 | 聂志萍 | 江西三龙电气有限公司常务副总经理 | 112 | 戴桂秀 | 重庆耀文建设(集团)有限公司总经理 |
| 91 | 贾玉珠 | 大连天华石材市场有限公司董事长 | 113 | 魏金华 | 合肥客来福家居用品有限公司总经理 |
| 92 | 贾亚芳 | 陕西捷尔泰凉皮有限公司董事长 | | | |

资料来源：中国女企业家协会

# 2011 中国企业 500 强名单

| 2010名次 | 2011名次 | 企业名称 | 地 区 | 营业收入（万元） | 利 润（万元） | 资 产（万元） | 所有者权益（万元） | 从业人数 |
|---|---|---|---|---|---|---|---|---|
| 1 | 1 | 中国石油化工集团公司 | 北 京 | 196 904 221 | 5 164 026 | 148 524 057 | 50 437 059 | 640 535 |
| 3 | 2 | 中国石油天然气集团公司 | 北 京 | 172 088 519 | 9 725 232 | 262 995 626 | 139 565 211 | 1 674 541 |
| 2 | 3 | 国家电网公司 | 北 京 | 152 880 849 | 3 244 284 | 207 752 374 | 79 292 976 | 1 564 001 |
| 5 | 4 | 中国工商银行股份有限公司 | 北 京 | 54 500 200 | 16 602 500 | 1 345 862 200 | 82 165 700 | 397 339 |
| 4 | 5 | 中国移动通信集团公司 | 北 京 | 51 901 596 | 6 588 500 | 105 915 327 | 75 126 571 | 207 404 |
| 9 | 6 | 中国中铁股份有限公司 | 北 京 | 47 366 265 | 748 849 | 38 930 635 | 7 389 188 | 285 054 |
| 8 | 7 | 中国铁建股份有限公司 | 北 京 | 47 015 879 | 431 664 | 35 019 402 | 5 823 142 | 260 268 |
| 6 | 8 | 中国建设银行股份有限公司 | 北 京 | 45 408 700 | 13 484 400 | 1 081 031 700 | 69 679 200 | 313 867 |
| 7 | 9 | 中国人寿保险(集团)公司 | 北 京 | 43 752 296 | 2 372 918 | 177 602 026 | 6 468 225 | 118 362 |
| 10 | 10 | 中国农业银行股份有限公司 | 北 京 | 40 794 200 | 9 487 300 | 1 033 740 600 | 54 207 100 | 444 447 |
| 11 | 11 | 中国银行股份有限公司 | 北 京 | 40 024 770 | 10 969 100 | 1 045 986 500 | 64 416 500 | 279 301 |
| 14 | 12 | 中国建筑股份有限公司 | 北 京 | 37 041 753 | 1 471 521 | 39 753 912 | 10 326 047 | 123 579 |
| 13 | 13 | 东风汽车公司 | 湖 北 | 36 883 383 | 2 322 133 | 21 776 372 | 7 912 510 | 163 990 |
| 12 | 14 | 中国南方电网有限责任公司 | 广 东 | 36 857 369 | 717 914 | 49 077 334 | 15 835 594 | 323 958 |
| 17 | 15 | 上海汽车工业(集团)总公司 | 上 海 | 36 727 716 | 1 295 615 | 29 252 033 | 7 018 380 | 109 500 |
| 19 | 16 | 中国海洋石油总公司 | 北 京 | 35 476 183 | 7 423 092 | 61 720 044 | 39 078 726 | 65 900 |
| 15 | 17 | 中国中化集团公司 | 北 京 | 33 532 680 | 734 480 | 21 145 578 | 7 637 934 | 50 073 |
| 21 | 18 | 中国第一汽车集团公司 | 吉 林 | 29 401 552 | 2 489 577 | 17 254 979 | 6 974 412 | 84 191 |
| 18 | 19 | 中国交通建设股份有限公司 | 北 京 | 27 357 150 | 943 707 | 31 106 704 | 7 502 167 | 103 010 |
| 23 | 20 | 宝钢集团有限公司 | 上 海 | 27 298 409 | 1 987 703 | 43 213 018 | 26 017 495 | 104 768 |
| 20 | 21 | 中国中信集团公司 | 北 京 | 26 389 387 | 3 335 074 | 253 905 748 | 17 250 544 | 140 028 |
| 16 | 22 | 中国电信集团公司 | 北 京 | 26 040 613 | 845 958 | 64 764 039 | 42 922 193 | 493 919 |
| 22 | 23 | 中国兵器装备集团公司 | 北 京 | 25 720 490 | 152 130 | 21 932 144 | 3 197 536 | 225 033 |
| 30 | 24 | 中国五矿集团公司 | 北 京 | 25 421 754 | 452 106 | 19 878 521 | 5 272 677 | 101 276 |
| 35 | 25 | 中国人民保险集团股份有限公司 | 北 京 | 24 431 400 | 388 200 | 4 4058 900 | 2 195 400 | 94 578 |
| 31 | 26 | 中国兵器工业集团公司 | 北 京 | 24 118 198 | 361 175 | 22 836 758 | 5 467 607 | 279 996 |
| 25 | 27 | 中国华能集团公司 | 北 京 | 22 799 419 | 19 363 | 66 239 943 | 2 883 871 | 141 996 |
| 26 | 28 | 河北钢铁集团有限公司 | 河 北 | 22 709 711 | 277 760 | 28 208 254 | 7 814 526 | 132 977 |
| 33 | 29 | 神华集团有限责任公司 | 北 京 | 21 963 390 | 2 881 208 | 55 092 663 | 23 639 003 | 161 170 |
| 27 | 30 | 中国冶金科工集团有限公司 | 北 京 | 21 713 056 | 200 976 | 31 806 302 | 3 611 127 | 159 500 |
| 29 | 31 | 中国航空工业集团公司 | 北 京 | 20 988 800 | 887 644 | 46 928 196 | 16 028 229 | 411 490 |
| 46 | 32 | 首钢总公司 | 北 京 | 19 753 446 | 25 986 | 31 012 814 | 10 642 837 | 105 993 |
| 28 | 33 | 百联集团有限公司 | 上 海 | 19 644 457 | 161 932 | 6 824 428 | 2 061 955 | — |
| 38 | 34 | 中国平安保险(集团)股份有限公司 | 广 东 | 19 553 413 | 1 731 100 | 117 162 700 | 11 203 000 | 128 808 |
| 43 | 35 | 中国铝业公司 | 北 京 | 19 543 309 | －27 805 | 37 421 865 | 2 535 150 | 186 266 |
| 42 | 36 | 武汉钢铁(集团)公司 | 湖 北 | 19 069 111 | 272 676 | 20 382 720 | 7 131 676 | 117 374 |

续表

| 2010名次 | 2011名次 | 企业名称 | 地区 | 营业收入（万元） | 利润（万元） | 资产（万元） | 所有者权益（万元） | 从业人数 |
|---|---|---|---|---|---|---|---|---|
| 36 | 37 | 中国邮政集团公司 | 北京 | 19 017 095 | 885 058 | 352 066 208 | 11 507 122 | 860 200 |
| 41 | 38 | 华润(集团)有限公司 | 广东 | 18 805 269 | 1 067 861 | 45 901 676 | 7 959 171 | 320 464 |
| 37 | 39 | 华为技术有限公司 | 广东 | 18 507 600 | 2 375 700 | 16 084 100 | 5 525 100 | 110 000 |
| 32 | 40 | 中国中钢集团公司 | 北京 | 18 456 624 | -146 690 | 12 583 533 | 891 621 | 45 994 |
| 24 | 41 | 中粮集团有限公司 | 北京 | 17 917 250 | 541 732 | 23 260 720 | 5 403 399 | 88 508 |
| 40 | 42 | 江苏沙钢集团有限公司 | 江苏 | 17 862 398 | 737 424 | 15 258 254 | 5 088 441 | 40 545 |
| 34 | 43 | 中国联合网络通信集团有限公司 | 北京 | 17 681 154 | -256 670 | 51 267 478 | 24 555 768 | 312 700 |
| 39 | 44 | 中国大唐集团公司 | 北京 | 17 542 649 | -14 538 | 52 058 235 | 6 364 198 | 95 882 |
|  | 45 | 中国远洋运输(集团)总公司 | 北京 | 16 415 080 | 786 125 | 31 958 432 | 11 338 183 | 71 105 |
| 45 | 46 | 交通银行股份有限公司 | 上海 | 16 374 112 | 3 904 201 | 395 159 317 | 22 227 317 | 85 290 |
| 48 | 47 | 中国国电集团公司 | 北京 | 16 242 588 | 404 193 | 53 583 753 | 9 686 973 | 131 024 |
| 44 | 48 | 广州汽车工业集团有限公司 | 广东 | 16 224 204 | 1 239 720 | 9 121 239 | 4 131 526 | 46 933 |
| 68 | 49 | 中国电子信息产业集团有限公司 | 北京 | 16 084 475 | 90 620 | 10 817 474 | 4 053 182 | 111 651 |
| 51 | 50 | 北京汽车集团有限公司 | 北京 | 15 769 729 | 844 413 | 12 633 073 | 5 609 680 | 53 140 |
| 50 | 51 | 苏宁电器集团有限公司 | 江苏 | 15 622 292 | 410 551 | 4 390 738 | 1 884 539 | 150 419 |
| 55 | 52 | 国美电器有限公司 | 北京 | 15 490 000 | — | — | — | — |
| 58 | 53 | 中国铁路物资股份有限公司 | 北京 | 15 319 125 | 78 559 | 4 975 038 | 819 822 | 8 707 |
| 64 | 54 | 中国航空油料集团公司 | 北京 | 15 318 726 | 212 655 | 3 010 052 | 890 288 | 9 430 |
| 61 | 55 | 中国机械工业集团有限公司 | 北京 | 15 221 844 | 510 246 | 13 135 501 | 3 184 308 | 84 789 |
| 74 | 56 | 鞍钢集团公司 | 辽宁 | 15 157 209 | 260 287 | 24 500 977 | 8 108 021 | 208 489 |
| 53 | 57 | 天津市物资集团总公司 | 天津 | 14 862 736 | 48 671 | 6 354 601 | 676 313 | 5 151 |
| 60 | 58 | 河南煤业化工集团有限责任公司 | 河南 | 14 699 085 | 527 208 | 14 055 952 | 3 873 857 | 181 756 |
| 56 | 59 | 联想控股有限公司 | 北京 | 14 669 743 | 323 484 | 11 460 039 | 1 204 643 | 30 000 |
| 97 | 60 | 冀中能源集团有限责任公司 | 河北 | 14 385 863 | 294 370 | 8 993 168 | 2 567 940 | 124 651 |
| 49 | 61 | 中国船舶重工集团公司 | 北京 | 14 252 440 | 685 144 | 31 811 447 | 8 100 852 | 161 000 |
| 59 | 62 | 中国太平洋保险(集团)股份有限公司 | 上海 | 14 166 200 | 855 700 | 47 571 100 | 8 029 700 | — |
| 47 | 63 | 海尔集团公司 | 山东 | 14 053 629 | 452 649 | 11 265 393 | 2 103 260 | 65 219 |
| 54 | 64 | 中国化工集团公司 | 北京 | 14 022 404 | 10 730 | 17 961 190 | 1 695 719 | 137 797 |
| 52 | 65 | 浙江省物产集团公司 | 浙江 | 13 539 303 | 150 520 | 4 555 827 | 963 939 | 16 073 |
| 71 | 66 | 中国建筑材料集团有限公司 | 北京 | 13 535 530 | 584 145 | 15 348 103 | 3 409 221 | 110 691 |
| 57 | 67 | 中国华电集团公司 | 北京 | 13 015 252 | 57 951 | 44 464 297 | 2 093 800 | 98 233 |
| 63 | 68 | 中国电力投资集团公司 | 北京 | 12 704 010 | 325 821 | 44 339 335 | 6 715 634 | 116 825 |
| 73 | 69 | 山东魏桥创业集团有限公司 | 山东 | 11 845 598 | 854 619 | 5 576 300 | 3 095 163 | 131 972 |
| 67 | 70 | 美的集团有限公司 | 广东 | 11 671 971 | 695 515 | 7 828 694 | 2 427 186 | 182 000 |
| 62 | 71 | 太原钢铁(集团)有限公司 | 山西 | 11 654 838 | 194 045 | 10 272 741 | 3 941 135 | 40 091 |
| 85 | 72 | 山西煤炭运销集团有限公司 | 山西 | 11 588 080 | 266 251 | 8 860 735 | 2 027 219 | 87 572 |
| 66 | 73 | 山东钢铁集团有限公司 | 山东 | 10 976 027 | 258 867 | 15 116 265 | 3 800 120 | 89 370 |
| 75 | 74 | 中国平煤神马能源化工集团有限责任公司 | 河南 | 10 662 320 | 136 091 | 8 232 502 | 2 732 502 | 146 142 |
|  | 75 | 山东能源集团有限公司 | 山东 | 10 598 960 | 818 146 | 12 953 462 | 3 313 005 | 200 875 |

续表

| 2010名次 | 2011名次 | 企业名称 | 地区 | 营业收入（万元） | 利润（万元） | 资产（万元） | 所有者权益（万元） | 从业人数 |
|---|---|---|---|---|---|---|---|---|
| 76 | 76 | 山西焦煤集团有限责任公司 | 山西 | 10 572 891 | 343 207 | 12 551 687 | 4 352 046 | 178 321 |
| 79 | 77 | 光明食品(集团)有限公司 | 上海 | 10 417 152 | 659 995 | 15 561 802 | 6 585 409 | 125 612 |
| 72 | 78 | 陕西延长石油(集团)有限责任公司 | 陕西 | 10 207 104 | 753 749 | 14 482 801 | 6 257 484 | 114 464 |
| 83 | 79 | 黑龙江北大荒农垦集团总公司 | 黑龙疆 | 10 160 000 | 55 769 | 8 843 862 | 1 682 097 | 721 547 |
| 78 | 80 | 中国水利水电建设集团公司 | 北京 | 10 148 156 | 266 481 | 12 346 476 | 1 682 744 | 133 175 |
| 65 | 81 | 上海电气(集团)总公司 | 上海 | 9 942 011 | 670 122 | 11 847 191 | 4 017 188 | 68 852 |
| 69 | 82 | 天津冶金集团有限公司 | 天津 | 9 852 214 | 15 810 | 6 529 671 | 844 872 | 13 253 |
|  | 83 | 中国供销集团有限公司 | 北京 | 9 693 017 | 53 757 | 5 514 771 | 841 394 | 22 743 |
| 77 | 84 | 天津汽车工业(集团)有限公司 | 天津 | 9 665 895 | 734 658 | 4 245 037 | 2 188 007 | 35 870 |
| 87 | 85 | 中国中煤能源集团有限公司 | 北京 | 9 601 682 | 469 833 | 17 256 094 | 5 228 522 | 124 371 |
| 70 | 86 | 天津中环电子信息集团有限公司 | 天津 | 9 480 707 | 51 346 | 2 370 789 | 1 030 944 | 43 232 |
| 96 | 87 | 上海绿地(集团)有限公司 | 上海 | 9 478 176 | 541 071 | 13 871 297 | 1 926 701 | 3 700 |
| 81 | 88 | 中国外运长航集团有限公司 | 北京 | 9 465 135 | 270 540 | 11 655 354 | 5 126 104 | 73 063 |
| 88 | 89 | 中国通用技术(集团)控股有限责任公司 | 北京 | 9 383 848 | 247 094 | 8 100 537 | 2 483 648 | 44 932 |
| 82 | 90 | 新华人寿保险股份有限公司 | 北京 | 9 364 308 | — | — | — | — |
| 103 | 91 | 开滦(集团)有限责任公司 | 河北 | 9 326 836 | 43 375 | 4 835 514 | 2 028 689 | 69 276 |
| 89 | 92 | 金川集团有限公司 | 甘肃 | 9 233 633 | 175 408 | 6 552 988 | 2 594 399 | 31 359 |
| 117 | 93 | 潍柴控股集团有限公司 | 山东 | 9 113 760 | 799 639 | 5 947 033 | 2 397 682 | 42 664 |
| 84 | 94 | 中国航天科工集团公司 | 北京 | 9 043 872 | 579 704 | 13 172 060 | 4 873 588 | 120 183 |
| 90 | 95 | 中国医药集团总公司 | 北京 | 8 817 424 | 339 154 | 7 002 177 | 3 071 668 | 47 003 |
| 112 | 96 | 江西铜业集团公司 | 江西 | 8 634 538 | 495 968 | 6 602 866 | 3 807 176 | 28 258 |
| 86 | 97 | 大连大商集团有限公司 | 辽宁 | 8 615 769 | — | — | — | — |
| 80 | 98 | 上海建工(集团)总公司 | 上海 | 8 585 000 | 121 007 | 6 964 078 | 1 003 417 | 31 831 |
| 92 | 99 | 天津钢管集团股份有限公司 | 天津 | 8 515 615 | 63 168 | 4 982 076 | 1 323 020 | 10 735 |
| 127 | 100 | 山西潞安矿业(集团)有限责任公司 | 山西 | 8 500 830 | 281 776 | 8 188 490 | 2 207 851 | 62 923 |
| 107 | 101 | 天津天钢集团有限公司 | 天津 | 8 300 015 | 24 389 | 5 417 586 | 1 625 167 | 15 125 |
| 116 | 102 | 中国航空集团公司 | 北京 | 8 248 441 | 1 236 888 | 16 497 551 | 4 710 996 | 54 590 |
| 105 | 103 | 中国重型汽车集团有限公司 | 山东 | 8 119 180 | 359 275 | 12 847 057 | 5 066 698 | 26 704 |
| 110 | 104 | 新兴际华集团有限公司 | 北京 | 8 035 667 | 214 849 | 5 262 126 | 2 622 845 | 74 186 |
| 162 | 105 | 中国东方航空集团公司 | 上海 | 8 010 875 | 345 766 | 11 308 184 | 983 289 | 67 534 |
| 101 | 106 | 中国南方航空集团公司 | 广东 | 7 824 707 | 510 585 | 11 800 461 | 2 665 274 | 55 752 |
| 98 | 107 | 泰康人寿保险股份有限公司 | 北京 | 7 744 119 | 209 520 | 29 347 528 | 1 346 273 | 42 592 |
| 128 | 108 | 阳泉煤业(集团)有限责任公司 | 山西 | 7 555 878 | 162 106 | 9 114 445 | 2 782 455 | 149 329 |
| 113 | 109 | 上海烟草集团有限责任公司 | 上海 | 7 282 682 | 1 307 493 | 8 914 584 | 8 251 147 | 16 595 |
| 119 | 110 | 招商银行股份有限公司 | 广东 | 7 137 700 | 2 576 900 | 240 250 700 | 13 400 600 | 43 089 |
| 93 | 111 | 天津天铁冶金集团有限公司 | 天津 | 7 130 832 | 18 704 | 62 229 215 | 1 137 743 | 27 218 |
| 94 | 112 | 中兴通讯股份有限公司 | 广东 | 7 026 387 | 347 648 | 8 415 236 | 2 496 200 | 85 323 |
| 161 | 113 | 本钢集团有限公司 | 辽宁 | 6 902 791 | 70 593 | 6 889 654 | 2 104 302 | 61 048 |
| 106 | 114 | 山西晋城无烟煤矿业集团有限责任公司 | 山西 | 6 854 486 | 266 675 | 10 027 877 | 2 653 816 | 124 877 |

续表

| 2010名次 | 2011名次 | 企业名称 | 地区 | 营业收入（万元） | 利润（万元） | 资产（万元） | 所有者权益（万元） | 从业人数 |
|---|---|---|---|---|---|---|---|---|
| 359 | 115 | 浙江吉利控股集团有限公司 | 浙江 | 6 827 951 | 315 925 | 10 445 849 | 3 212 939 | 30 680 |
| 108 | 116 | 马钢(集团)控股有限公司 | 安徽 | 6 805 958 | 114 934 | 7 983 964 | 3 380 099 | 55 598 |
| 130 | 117 | 华晨汽车集团控股有限公司 | 辽宁 | 6 793 178 | 20 545 | 4 467 151 | 228 440 | 35 928 |
| 196 | 118 | 正威国际集团有限公司 | 广东 | 6 781 763 | — | 4 565 750 | 3 561 958 | 11 056 |
| 147 | 119 | 厦门建发集团有限公司 | 福建 | 6 770 462 | 154 661 | 5 305 614 | 697 416 | 17 514 |
| 131 | 120 | 中国南车集团公司 | 北京 | 6 680 286 | 126 362 | 7 877 519 | 1 239 104 | 88 381 |
| 158 | 121 | 铜陵有色金属集团控股有限公司 | 安徽 | 6 654 485 | 120 458 | 5 080 191 | 1 162 366 | 27 204 |
| 118 | 122 | 万向集团公司 | 浙江 | 6 613 800 | 245 329 | 4 674 298 | 1 417 190 | 28 729 |
| 125 | 123 | 徐州工程机械集团有限公司 | 江苏 | 6 602 645 | 373 056 | 3 245 421 | 1 636 849 | 21 451 |
| 123 | 124 | 湖南华菱钢铁集团有限责任公司 | 湖南 | 6 578 713 | -59 166 | 11 376 825 | 2 464 011 | 42 155 |
| 149 | 125 | 中国北方机车车辆工业集团公司 | 北京 | 6 482 579 | 208 206 | 8 534 064 | 2 741 109 | 87 740 |
| 136 | 126 | 中国海运(集团)总公司 | 上海 | 6 481 092 | 296 203 | 14 292 567 | 5 028 118 | 45 937 |
| 145 | 127 | 新疆广汇实业投资(集团)有限责任公司 | 新疆 | 6 475 589 | 357 825 | 4 360 840 | 1 490 545 | 42 269 |
| 135 | 128 | 雨润控股集团有限公司 | 江苏 | 6 475 546 | 391 942 | 5 875 258 | 2 598 328 | 100 000 |
| 179 | 129 | 海航集团有限公司 | 海南 | 6 466 806 | 391 408 | 20 146 164 | 4 096 308 | 49 659 |
| 139 | 130 | 杭州钢铁集团公司 | 浙江 | 6 436 295 | 107 261 | 3 896 176 | 1 339 180 | 13 956 |
| 102 | 131 | 海信集团有限公司 | 山东 | 6 374 092 | 303 233 | 4 455 033 | 1 528 169 | 27 045 |
| 104 | 132 | 红塔烟草(集团)有限责任公司 | 云南 | 6 325 981 | 406 734 | 8 546 441 | 6 270 343 | 30 942 |
| 109 | 133 | 江苏悦达集团有限公司 | 江苏 | 6 232 144 | 147 597 | 4 030 041 | 1 061 407 | 28 392 |
| 133 | 134 | 国家开发投资公司 | 北京 | 6 143 153 | 471 321 | 23 734 908 | 7 247 062 | 76 527 |
| 120 | 135 | 南京钢铁集团有限公司 | 江苏 | 6 098 646 | 112 435 | 3 601 348 | 948 186 | 12 661 |
| 167 | 136 | 珠海振戎公司 | 北京 | 6 098 492 | 18 946 | 565 879 | 140 448 | 97 |
| 143 | 137 | 珠海格力电器股份有限公司 | 广东 | 6 080 724 | 430 321 | 6 560 438 | 1 401 171 | 60 570 |
| 122 | 138 | 广厦控股创业投资有限公司 | 浙江 | 6 035 959 | 107 029 | 2 587 121 | 993 995 | 90 012 |
| 115 | 139 | 兖矿集团有限公司 | 山东 | 6 032 548 | 988 533 | 11 727 577 | 3 526 738 | 98 470 |
| 124 | 140 | 湖南中烟工业有限责任公司 | 湖南 | 5 888 856 | 506 299 | 44 74 266 | 3 764 482 | 21 278 |
| 151 | 141 | 四川长虹电子集团有限公司 | 四川 | 5 859 688 | 52 905 | 5 106 396 | 1 538 632 | 69 686 |
| 229 | 142 | 福建联合石油化工有限公司 | 福建 | 5 857 077 | 93 635 | 4 599 325 | 1 134 555 | 2 070 |
| 114 | 143 | 广东物资集团公司 | 广东 | 5 831 123 | 21 942 | 2 590 066 | 389 253 | 8 208 |
| 155 | 144 | 酒泉钢铁(集团)有限责任公司 | 甘肃 | 5 694 581 | 97 845 | 7 848 242 | 2 861 445 | 30 793 |
| 134 | 145 | 新希望集团有限公司 | 四川 | 5 595 767 | 211 954 | 3 615 191 | 1 633 020 | 61 718 |
| 140 | 146 | 广东省广新控股集团有限公司 | 广东 | 5 579 451 | 88 203 | 3 059 012 | 821 467 | 18 847 |
| 126 | 147 | 红云红河烟草(集团)有限责任公司 | 云南 | 5 499 012 | 488 009 | 5 614 830 | 3 896 461 | 13 903 |
| 141 | 148 | 杭州娃哈哈集团有限公司 | 浙江 | 5 487 355 | 660 021 | 2 884 712 | 1 664 758 | 28 268 |
| 146 | 149 | 中国民生银行股份有限公司 | 北京 | 5 476 800 | 1 758 100 | 182 373 700 | 10 410 800 | 30 931 |
|  | 150 | 绿城房地产集团有限公司 | 浙江 | 5 420 000 | 153 177 | 12 535 895 | 1 019 951 | 3 435 |
| 150 | 151 | 安徽海螺集团有限责任公司 | 安徽 | 5 389 400 | 651 359 | 6 639 880 | 3 704 637 | 40 281 |
| 181 | 152 | 庞大汽贸集团股份有限公司 | 河北 | 5 377 439 | 124 265 | 3 499 390 | 330 612 | 29 585 |
| 171 | 153 | 海亮集团有限公司 | 浙江 | 5 258 400 | 202 345 | 2 160 800 | 786 209 | 11 872 |

续表

| 2010名次 | 2011名次 | 企业名称 | 地 区 | 营业收入（万元） | 利 润（万元） | 资 产（万元） | 所有者权益（万元） | 从业人数 |
|---|---|---|---|---|---|---|---|---|
| 121 | 154 | 北大方正集团有限公司 | 北 京 | 5 214 299 | 111 521 | 5 022 302 | 1 967 674 | 19 231 |
| 278 | 155 | 武汉商联（集团）股份有限公司 | 湖 北 | 5 212 909 | 70 907 | 1 719 804 | 629 360 | 56 999 |
| 137 | 156 | TCL集团股份有限公司 | 广 东 | 5 183 357 | 47 240 | 5 347 806 | 1 809 244 | 52 359 |
| 292 | 157 | 中国国际海运集装箱（集团）股份有限公司 | 广 东 | 5 176 832 | 300 185 | 5 413 065 | 1 920 670 | 63 354 |
| 195 | 158 | 陕西煤业化工集团有限责任公司 | 陕 西 | 5 156 645 | 868 215 | 13 437 875 | 4 500 096 | 93 654 |
| 183 | 159 | 淮南矿业（集团）有限责任公司 | 安 徽 | 5 150 679 | 94 250 | 10 271 966 | 2 615 191 | 73 499 |
| 169 | 160 | 北京建龙重工集团有限公司 | 北 京 | 5 126 817 | 121 364 | 5 001 214 | 1 552 225 | 40 084 |
| 138 | 161 | 江苏华西集团公司 | 江 苏 | 5 125 876 | 128 682 | 2 970 090 | 1 037 523 | 20 780 |
| 187 | 162 | 中国黄金集团公司 | 北 京 | 5 122 864 | 232 021 | 4 314 038 | 1 613 949 | 46 440 |
| 168 | 163 | 南山集团有限公司 | 山 东 | 5 120 064 | 568 462 | 4 458 935 | 2 816 570 | 38 402 |
| 191 | 164 | 长沙中联重工科技发展股份有限公司 | 湖 南 | 5 085 768 | 541611 | 6 299 527 | 2 747 445 | 22 356 |
| 157 | 165 | 山东六和集团有限公司 | 山 东 | 5 068 613 | 92 762 | 715 931 | 351 280 | 52 000 |
| 160 | 166 | 河南省漯河市双汇实业集团有限责任公司 | 河 南 | 5 066 989 | 346 020 | 1 916 526 | 920 251 | 57 038 |
| 205 | 167 | 三一集团有限公司 | 湖 南 | 5 020 000 | 714 056 | 5 195 129 | 1 992 026 | 54 384 |
| 185 | 168 | 中天钢铁集团有限公司 | 江 苏 | 5 016 965 | 115 944 | 2 960 067 | 1 014 711 | 8 404 |
| 182 | 169 | 中国中材集团有限公司 | 北 京 | 5 010 701 | 370 631 | 7 604 037 | 2 532 134 | 67 602 |
| 197 | 170 | 天津市一轻集团（控股）有限公司 | 天 津 | 5 000 300 | 125 400 | 3 052 015 | 998 401 | 17 647 |
| 173 | 171 | 上海浦东发展银行股份有限公司 | 上 海 | 4 985 585 | 1 917 721 | 219 141 077 | 12 299 634 | 28 081 |
| 163 | 172 | 中国港中旅集团公司 | 北 京 | 4 837 930 | 181 278 | 5 500 193 | 2 489 449 | 42 659 |
| 142 | 173 | 广州铁路（集团）公司 | 广 东 | 4 818 250 | 72 801 | 24 059 967 | 15 126 656 | 163 892 |
| 200 | 174 | 厦门国贸控股有限公司 | 福 建 | 4 809 649 | 66 673 | 2 729 094 | 613 211 | 12 656 |
| 170 | 175 | 包头钢铁（集团）有限责任公司 | 内蒙古 | 4 797 643 | 189 155 | 7 787 636 | 2 762 319 | 48 825 |
| 166 | 176 | 内蒙古电力（集团）有限责任公司 | 内蒙古 | 4 774 013 | 220 680 | 4 476 982 | 1 263 698 | 34 394 |
| 154 | 177 | 浙江省能源集团有限公司 | 浙 江 | 4 702 046 | 318 711 | 10 721 743 | 3 696 800 | 11 465 |
| 189 | 178 | 中国诚通控股集团有限公司 | 北 京 | 4 674 979 | 58 022 | 3 834 155 | 1 476 784 | 18 129 |
|  | 179 | 比亚迪股份有限公司 | 广 东 | 4 668 535 | 252 341 | 5 387 466 | 1 846 032 | — |
| 198 | 180 | 陕西有色金属控股集团有限责任公司 | 陕 西 | 4 622 904 | 71 645 | 6 708 226 | 2 703 155 | 40 252 |
| 164 | 181 | 山东大王集团有限公司 | 山 东 | 4 592 139 | 264 267 | 4 130 521 | 1 162 894 | 26 056 |
| 180 | 182 | 浙江省兴合集团公司 | 浙 江 | 4 580 663 | 92 047 | 2 245 858 | 610 998 | 13 747 |
|  | 183 | 恒大地产集团 | 广 东 | 4 580 140 | 802 468 | 10 445 246 | 2 136 623 | 19 351 |
| 177 | 184 | 上海复星高科技（集团）有限公司 | 上 海 | 4 569 219 | 439 477 | 10 667 214 | 3 005 258 | 29 446 |
| 156 | 185 | 天津渤海化工集团公司 | 天 津 | 4 559 695 | 33 524 | 7 758 074 | 2 299 820 | 42 039 |
| 224 | 186 | 中国有色矿业集团有限公司 | 北 京 | 4 547 986 | 117 136 | 5 279 171 | 1 277 250 | 34 301 |
| 175 | 187 | 无锡产业发展集团有限公司 | 江 苏 | 4 505 925 | 157 331 | 2 341 095 | 1 167 195 | 15 812 |
| 184 | 188 | 中国核工业集团公司 | 北 京 | 4 454 545 | 480 608 | 22 338 423 | 5 973 983 | 85 059 |
| 178 | 189 | 日照钢铁控股集团有限公司 | 山 东 | 4 412 783 | 192 670 | 4 856 794 | 1 425 197 | 10 444 |
| 188 | 190 | 安徽省徽商集团有限公司 | 安 徽 | 4 379 994 | — | 1 147 368 | 77 251 | 15 200 |
| 190 | 191 | 天津荣程联合钢铁集团有限公司 | 天 津 | 4 376 256 | 45 866 | 1 174 560 | 554 838 | 6 880 |
| 192 | 192 | 安阳钢铁集团有限责任公司 | 河 南 | 4 372 115 | 5 707 | 4 017 941 | 1 016 336 | 30 517 |

续表

| 2010名次 | 2011名次 | 企业名称 | 地区 | 营业收入（万元） | 利润（万元） | 资产（万元） | 所有者权益（万元） | 从业人数 |
|---|---|---|---|---|---|---|---|---|
| | 193 | 兴业银行股份有限公司 | 福建 | 4 345 591 | 1 852 058 | 184 967 338 | 9 199 529 | 29 214 |
| 247 | 194 | 大连万达集团股份有限公司 | 辽宁 | 4 339 652 | 725 605 | 14 146 523 | 1 286 185 | 31 432 |
| 1223 | 195 | 江苏新长江实业集团有限公司 | 江苏 | 4 329 266 | 170 960 | 2 387 335 | 411 382 | 9 109 |
| 176 | 196 | 北京城建集团有限责任公司 | 北京 | 4 321 296 | 99 057 | 4 260 163 | 619 383 | 26 997 |
| 153 | 197 | 广东省粤电集团有限公司 | 广东 | 4 299 980 | 302 566 | 11 771 261 | 5 389 194 | 13 039 |
| | 198 | 中国烟草总公司湖南省公司 | 湖南 | 4 294 715 | 385 818 | 1 961 832 | 1 747 015 | 16 454 |
| | 199 | 大秦铁路股份有限公司 | 山西 | 4 201 380 | 1 041 080 | 10 014 600 | 5 633 380 | 91 837 |
| 490 | 200 | 上海世博(集团)有限公司 | 上海 | 4 122 641 | 72 683 | 1 669 532 | 523 568 | 3 533 |
| 204 | 201 | 湖北宜化集团有限责任公司 | 湖北 | 4 108 935 | 201 081 | 4 431 719 | 1 757 540 | 35 377 |
| 259 | 202 | 山西煤炭进出口集团有限公司 | 山西 | 4 062 147 | 120 324 | 3 808 539 | 555 519 | 11 720 |
| | 203 | 上海城建(集团)公司 | 上海 | 4 060 000 | 112 155 | 4 400 617 | 1 019 093 | 11 439 |
| 186 | 204 | 四川省宜宾五粮液集团有限公司 | 四川 | 4 029 684 | 555 309 | 4 866 991 | 3 200 121 | 46 419 |
| 174 | 205 | 三胞集团有限公司 | 江苏 | 3 980 819 | 80 862 | 2 101 891 | 1 206 108 | 16 000 |
| | 206 | 厦门海翼集团有限公司 | 福建 | 3 951 373 | 124 111 | 2 869 063 | 862 184 | 21 527 |
| 208 | 207 | 北京建工集团有限责任公司 | 北京 | 3 933 412 | 300 90 | 2 796 340 | 336 353 | 9 640 |
| 250 | 208 | 新余钢铁集团有限公司 | 江西 | 3 866 655 | 52 613 | 3 187 570 | 977 527 | 28 754 |
| 165 | 209 | 东方电气股份有限公司 | 四川 | 3 808 011 | 267 601 | 8 225 289 | 1 178 438 | 19 990 |
| 238 | 210 | 河北津西钢铁集团股份有限公司 | 河北 | 3 775 850 | 129 943 | 2 146 715 | 709 124 | 9 655 |
| 240 | 211 | 云天化集团有限责任公司 | 云南 | 3 766 624 | 77182 | 6 706 613 | 1 491 011 | 37 328 |
| 193 | 212 | 物美控股集团有限公司 | 北京 | 3 750 456 | 86 989 | 1 166 409 | 563 661 | 35 400 |
| | 213 | 上海医药集团股份有限公司 | 上海 | 3 741 107 | 136 825 | 2 816 902 | 913 456 | 31 493 |
| | 214 | 广东格兰仕集团有限公司 | 广东 | 3 722 894 | 33 075 | 1 871 060 | 405 339 | 41 315 |
| 227 | 215 | 广西玉柴机器集团有限公司 | 广西 | 3 704 602 | — | 2 511 306 | 945 378 | 20 818 |
| 230 | 216 | 中国葛洲坝集团公司 | 湖北 | 3 704 335 | 154 111 | 5 583 197 | 1 252 871 | 36 788 |
| 242 | 217 | 山东省商业集团有限公司 | 山东 | 3 702 662 | 97 033 | 4 015 660 | 582 581 | — |
| 210 | 218 | 上海华谊(集团)公司 | 上海 | 3 699 916 | 44 886 | 4 237 564 | 1 381 325 | 33 964 |
| 255 | 219 | 新华联合冶金投资集团有限公司 | 北京 | 3 690 620 | 163 280 | 2 863 191 | 1 182 215 | 14 091 |
| 256 | 220 | 上海纺织控股(集团)公司 | 上海 | 3 634 705 | 49 779 | 2 279 083 | 817 971 | 18 057 |
| 235 | 221 | 浙江恒逸集团有限公司 | 浙江 | 3 607 627 | 205 981 | 1 792 184 | 601 295 | 6 698 |
| 206 | 222 | 天津百利机电控股集团有限公司 | 天津 | 3 582 315 | 226 949 | 3 127 023 | 1 298 334 | 19 473 |
| 219 | 223 | 大连西太平洋石油化工有限公司 | 辽宁 | 3 570 378 | 116 008 | 1 037 329 | -88 444 | 1 024 |
| 194 | 224 | 黑龙江龙煤矿业控股集团有限责任公司 | 黑龙江 | 3 563 681 | 118 584 | 5 609 299 | 1 630 081 | 259 138 |
| 209 | 225 | 浙江中烟工业有限责任公司 | 浙江 | 3 542 970 | 157 304 | 2 483 378 | 2 231 175 | 3 127 |
| 252 | 226 | 奇瑞汽车股份有限公司 | 安徽 | 3 537 921 | 68 965 | 4 429 491 | 1 038 806 | 20 467 |
| 237 | 227 | 内蒙古伊泰集团有限公司 | 内蒙古 | 3 525 971 | 740 240 | 4 176 031 | 2 039 422 | 5 918 |
| | 228 | 江苏汇鸿国际集团有限公司 | 江苏 | 3 511 668 | 50 137 | 2 824 227 | 972 505 | 5 539 |
| 243 | 229 | 山东黄金集团有限公司 | 山东 | 3 493 835 | 118 751 | 2 474 462 | 812 779 | 20 356 |
| 211 | 230 | 浙江省国际贸易集团有限公司 | 浙江 | 3 491 306 | 114 258 | 2 669 310 | 796 303 | 14 724 |
| 202 | 231 | 青岛钢铁控股集团有限责任公司 | 山东 | 3 485 576 | 9 178 | 1 737 080 | 314 187 | 14 101 |

续表

| 2010名次 | 2011名次 | 企业名称 | 地 区 | 营业收入（万元） | 利 润（万元） | 资 产（万元） | 所有者权益（万元） | 从业人数 |
|---|---|---|---|---|---|---|---|---|
| 254 | 232 | 安徽江淮汽车集团有限公司 | 安 徽 | 3 471 074 | 149 369 | 2 333 690 | 749 545 | 31 398 |
| 251 | 233 | 华侨城集团公司 | 广 东 | 3 442 354 | 341 476 | 6 717 947 | 1 959 369 | 39 884 |
| 218 | 234 | 河北敬业企业集团有限责任公司 | 河 北 | 3 438 118 | 54 243 | 965 218 | 430 395 | 12 320 |
| 214 | 235 | 临沂新程金锣肉制品集团有限公司 | 山 东 | 3 423 996 | 152 204 | 1 041 595 | 887 575 | 28 824 |
| 241 | 236 | 广发银行股份有限公司 | 广 东 | 3 408 515 | 618 861 | 81 439 002 | 4 288 160 | 15 939 |
| 225 | 237 | 雅戈尔集团股份有限公司 | 浙 江 | 3 348 136 | 386 269 | 5 811 821 | 1 826 312 | 53 084 |
| 220 | 238 | 广东省交通集团有限公司 | 广 东 | 3 308 711 | 301 658 | 16 440 049 | 5 025 207 | 51 621 |
| 253 | 239 | 大冶有色金属集团控股有限公司 | 湖 北 | 3 264 918 | 19 329 | 1 582 403 | 525 900 | 15 892 |
|  | 240 | 中国化学工程股份有限公司 | 北 京 | 3 258 320 | 165 895 | 1 470 840 | 1 302 120 | 39 650 |
| 275 | 241 | 恒力集团有限公司 | 江 苏 | 3 250 480 | 258 100 | 3 126 435 | 1 336 183 | 28 314 |
| 201 | 242 | 哈尔滨电气集团公司 | 黑龙江 | 3 225 505 | 123 464 | 5 461 498 | 1 351 462 | 32 808 |
| 246 | 243 | 淮北矿业(集团)有限责任公司 | 安 徽 | 3 223 792 | 44 080 | 6 138 333 | 785 600 | 88 725 |
| 244 | 244 | 重庆商社(集团)有限公司 | 重 庆 | 3 215 632 | 49 567 | 1 469 385 | 317 089 | 87 705 |
| 314 | 245 | 太平人寿保险有限公司 | 上 海 | 3 200 626 | 3 200 626 | 11 132 794 | 913 748 | 20 988 |
| 264 | 246 | 江苏三房巷集团有限公司 | 江 苏 | 3 177 616 | 87 513 | 1 624 815 | 738 033 | 6 235 |
| 258 | 247 | 北京首都旅游集团有限责任公司 | 北 京 | 3 169 904 | 33 515 | 3 352 525 | 717 168 | 55 887 |
| 272 | 248 | 浙江省商业集团有限公司 | 浙 江 | 3 161 013 | 143 189 | 4 103 338 | 784 580 | 8 998 |
| 260 | 249 | 江西萍钢实业股份有限公司 | 江 西 | 3 149 313 | 62 203 | 2 515 620 | 590 633 | 18 766 |
| 267 | 250 | 陕西汽车集团有限责任公司 | 陕 西 | 3 137 042 | 41 849 | 2 376 375 | 461 387 | 29 681 |
| 231 | 251 | 北京控股集团有限公司 | 北 京 | 3 118 499 | 192 575 | 7 539 241 | 3 920 425 | 43 000 |
| 239 | 252 | 浙江省建设投资集团有限公司 | 浙 江 | 3 101 645 | 31 818 | 1 749 781 | 232 630 | 153 369 |
| 306 | 253 | 中国中纺集团公司 | 北 京 | 3 087 432 | 48 666 | 1 910 527 | 542 255 | 9 369 |
|  | 254 | 金东纸业(江苏)股份有限公司 | 江 苏 | 3 075 301 | 250 401 | 5 843 455 | 1 834 849 | 13 720 |
| 269 | 255 | 北京金隅集团有限责任公司 | 北 京 | 3 073 125 | 239 110 | 6 983 112 | 1 970 441 | 31 135 |
| 212 | 256 | 湖北中烟工业有限责任公司 | 湖 北 | 3 071 298 | 140 350 | 2 471 427 | 1 072 497 | 7 158 |
|  | 257 | 通威集团有限公司 | 四 川 | 3 063 896 | 84 362 | 827 276 | 499 731 | 14 986 |
| 228 | 258 | 浪潮集团有限公司 | 山 东 | 3 053 517 | 61 768 | 751 252 | 419 711 | 5 950 |
| 282 | 259 | 宁波金田投资控股有限公司 | 浙 江 | 3 036 011 | 17 116 | 520 235 | 253 423 | 5 317 |
|  | 260 | 内蒙古蒙牛乳业(集团)股份有限公司 | 内蒙古 | 3 026 541 | 135 591 | 1 730 584 | 1 021 750 | 23 929 |
| 249 | 261 | 内蒙古伊利实业集团股份有限公司 | 内蒙古 | 2 966 498 | 79 576 | 1 536 232 | 451 203 | 21 174 |
| 226 | 262 | 江苏苏宁环球集团有限公司 | 江 苏 | 2 952 000 | 263 300 | 4 806 620 | 1 845 430 | 7 556 |
| 266 | 263 | 重庆建工集团股份有限公司 | 重 庆 | 2 923 386 | 39 524 | 3 326 109 | 357 525 | 13 041 |
| 345 | 264 | 长城汽车股份有限公司 | 河 北 | 2 897 189 | 282 708 | 2 369 828 | 1 040 031 | 38 268 |
| 315 | 265 | 江苏西城三联控股集团有限公司 | 江 苏 | 2 867 590 | 31 029 | 1 136 097 | 278 383 | 5 596 |
| 236 | 266 | 江苏阳光集团有限公司 | 江 苏 | 2 866 095 | 136 301 | 1 361 965 | 679 761 | 15 600 |
| 222 | 267 | 天狮集团有限公司 | 天 津 | 2 856 380 | 291 384 | 1 182 283 | 858 229 | 2 407 |
| 283 | 268 | 紫金矿业集团股份有限公司 | 福 建 | 2 853 958 | 575 575 | 3 840 123 | 2 602 867 | 21 455 |
| 263 | 269 | 中国工艺(集团)公司 | 北 京 | 2 838 134 | 40 876 | 891 085 | 199 076 | 2 177 |
| 265 | 270 | 红豆集团有限公司 | 江 苏 | 2 818 600 | 87 877 | 1 467 790 | 548 993 | 17 262 |

续表

| 2010名次 | 2011名次 | 企业名称 | 地区 | 营业收入（万元） | 利润（万元） | 资产（万元） | 所有者权益（万元） | 从业人数 |
|---|---|---|---|---|---|---|---|---|
| 245 | 271 | 广东省丝绸纺织集团有限公司 | 广东 | 2 773 446 | 9 473 | 914 888 | 166 331 | 4 813 |
| 309 | 272 | 南方石化集团有限公司 | 广东 | 2 752 872 | 13 359 | 976 903 | 77 091 | 1 100 |
|  | 273 | 广州医药集团有限公司 | 广东 | 2 752 645 | 79 660 | 1 382 763 | 249 735 | 14 818 |
| 294 | 274 | 杭州汽轮动力集团有限公司 | 浙江 | 2 745 835 | 107 050 | 1 655 960 | 511 270 | 4 936 |
| 270 | 275 | 中天发展控股集团有限公司 | 浙江 | 2 734 295 | 94 768 | 1 644 319 | 405 904 | 4 236 |
| 332 | 276 | 江铃汽车集团公司 | 江西 | 2 719 540 | 35 434 | 2 139 026 | 816 415 | 23 712 |
| 234 | 277 | 湖南省建筑工程集团总公司 | 湖南 | 2 714 049 | 15 572 | 1 166 169 | 266 721 | 44 224 |
|  | 278 | 海南大印集团有限公司 | 海南 | 2 713 098 | — | 215 386 | — | 1 588 |
| 261 | 279 | 河南中烟工业有限责任公司 | 河南 | 2 682 846 | 185 614 | 2 001 953 | 1 102 221 | 10 017 |
|  | 280 | 晶龙实业集团有限公司 | 河北 | 2 672 924 | 319 010 | 2 218 027 | 1 123 240 | 18 121 |
| 330 | 281 | 四川华西集团有限公司 | 四川 | 2 671 700 | 20 405 | 1 814 493 | 200 676 | 62 400 |
| 277 | 282 | 天津一商集团有限公司 | 天津 | 2 660 644 | 12 669 | 674 035 | 120 876 | 3 992 |
| 351 | 283 | 新华联控股有限公司 | 北京 | 2 623 299 | 136 716 | 2 170 607 | 1 005 817 | 35 723 |
| 296 | 284 | 奥克斯集团有限公司 | 浙江 | 2 621 103 | 56 601 | 982 960 | 369 310 | 18 151 |
| 327 | 285 | 成都建筑工程集团总公司 | 四川 | 2 619 663 | 13 485 | 2 768 545 | 390 649 | 109 381 |
| 303 | 286 | 浙江荣盛控股集团有限公司 | 浙江 | 2 604 134 | 221 331 | 2 282 631 | 669 933 | 5 635 |
| 279 | 287 | 山东泰山钢铁集团有限公司 | 山东 | 2 604 107 | -7 875 | 1 062 829 | 151 794 | 9 417 |
| 395 | 288 | 江苏申特钢铁有限公司 | 江苏 | 2 602 279 | 34 971 | 1 006 858 | 122 421 | 4 386 |
| 352 | 289 | 唐山港陆钢铁有限公司 | 河北 | 2 598 080 | 73 048 | 1 167 032 | 474 856 | 8 237 |
|  | 290 | 碧桂园控股有限公司 | 广东 | 2 580 411 | 693 744 | 8 208 125 | 2 541 808 | 32 943 |
| 344 | 291 | 厦门象屿集团有限公司 | 福建 | 2 576 816 | 32 052 | 1 384 543 | 313 437 | 2 257 |
| 299 | 292 | 中国盐业总公司 | 北京 | 2 568 624 | 56 877 | 3 488 951 | 1 030 992 | 52 347 |
| 320 | 293 | 滨化集团公司 | 山东 | 2 546 193 | 230 833 | 1 084 540 | 611 972 | 3 836 |
| 308 | 294 | 山东招金集团有限公司 | 山东 | 2 536 421 | 159 952 | 1 556 790 | 701 024 | 12 352 |
| 257 | 295 | 四川宏达(集团)有限公司 | 四川 | 2 536 014 | 134 959 | 2 652 516 | 860 075 | 15 824 |
| 286 | 296 | 申能(集团)有限公司 | 上海 | 2 534 147 | 265 749 | 10 467 099 | 6 665 632 | 12 410 |
| 293 | 297 | 四川省川威集团有限公司 | 四川 | 2 519 760 | 64 023 | 1 417 893 | 753 114 | 15 740 |
| 328 | 298 | 扬子江药业集团有限公司 | 江苏 | 2 501 626 | 165 361 | 938 029 | 776 828 | 7 915 |
| 289 | 299 | 海澜集团有限公司 | 江苏 | 2 501 357 | 129 436 | 1 558 969 | — | 19 125 |
| 285 | 300 | 合肥百货大楼集团股份有限公司 | 安徽 | 2 490 000 | 36 713 | 447 353 | 165 092 | 7 762 |
| 248 | 301 | 正泰集团有限公司 | 浙江 | 2 488 000 | 96 376 | 1 556 239 | 739 253 | 21 405 |
| 284 | 302 | 人民电器集团有限公司 | 浙江 | 2 485 721 | 100 509 | 552 984 | 325 893 | 22 000 |
| 468 | 303 | 北京银行 | 北京 | 2 483 461 | 680 303 | 73 321 050 | 4 254 598 | 6 455 |
| 276 | 304 | 江阴澄星实业集团有限公司 | 江苏 | 2 452 410 | 83 091 | 1 560 684 | 661 141 | 6 393 |
| 291 | 305 | 北京市政路桥建设控股(集团)有限公司 | 北京 | 2 451 385 | 29 399 | 2 130 014 | 203 988 | 14 088 |
| 342 | 306 | 华夏银行股份有限公司 | 北京 | 2 447 889 | 598 958 | 104 023 044 | 3 549 588 | 14 304 |
|  | 307 | 阳光保险集团股份有限公司 | 北京 | 2 446 216 | 4 033 | 4 169 011 | 749 138 | 94 747 |
| 298 | 308 | 广州市建筑集团有限公司 | 广东 | 2 428 809 | 7 300 | 1 425 291 | 163 152 | 17 161 |
| 268 | 309 | 百兴集团有限公司 | 江苏 | 2 421 253 | 60 061 | 667 556 | 389 035 | 4 508 |

续表

| 2010名次 | 2011名次 | 企业名称 | 地 区 | 营业收入（万元） | 利 润（万元） | 资 产（万元） | 所有者权益（万元） | 从业人数 |
|---|---|---|---|---|---|---|---|---|
| 295 | 310 | 南京医药产业(集团)有限责任公司 | 江 苏 | 2 415 239 | 35 914 | 1 577 596 | 546 332 | 13 335 |
|  | 311 | 重庆机电控股(集团)公司 | 重 庆 | 2 412 418 | 164 522 | 2 794 181 | 959 076 | 31 847 |
| 364 | 312 | 中国恒天集团有限公司 | 北 京 | 2 405 347 | 72 686 | 3 297 829 | 969 279 | 45 217 |
| 203 | 313 | 世纪金源投资集团有限公司 | 北 京 | 2 402 798 | 414 267 | 3 332 961 | 1 532 407 | 16 407 |
| 310 | 314 | 海城市西洋镁矿有限公司 | 辽 宁 | 2 400 325 | — | — | — | — |
| 316 | 315 | 江苏高力集团有限公司 | 江 苏 | 2 393 521 | 89 932 | 735 668 | 458 495 | 3 955 |
| 323 | 316 | 广东省广晟资产经营有限公司 | 广 东 | 2 368 231 | 180 208 | 6 187 421 | 2 058 384 | 49 882 |
| 280 | 317 | 山东时风(集团)有限责任公司 | 山 东 | 2 363 926 | 83 848 | 431 710 | 310 428 | 22 601 |
| 336 | 318 | 广西建工集团有限责任公司 | 广 西 | 2 346 788 | 3 263 | 794 477 | 135 902 | 131 285 |
| 273 | 319 | 浙江省交通投资集团有限公司 | 浙 江 | 2 337 958 | 212 371 | 13 332 518 | 3 652 330 | 20 302 |
| 288 | 320 | 唐山瑞丰钢铁(集团)有限公司 | 河 北 | 2 337 512 | 42 381 | 684 611 | 265 629 | 10 895 |
| 333 | 321 | 云南建工集团有限公司 | 云 南 | 2 333 215 | 22 559 | 1 537 829 | 276 465 | 35 825 |
| 305 | 322 | 天津友发钢管集团有限公司 | 天 津 | 2 330 848 | 26 583 | 981 261 | 230 939 | 8 005 |
| 318 | 323 | 金龙精密铜管集团股份有限公司 | 河 南 | 2 329 025 | 19 214 | 1 306 418 | 171 779 | 7 387 |
| 322 | 324 | 河北文丰钢铁有限公司 | 河 北 | 2 324 345 | 63 949 | 926 119 | 350 297 | 6 680 |
| 281 | 325 | 山东鲁北企业集团总公司 | 山 东 | 2 324 123 | 249 612 | 1 205 846 | 908 637 | 4 362 |
| 287 | 326 | 陕西东岭工贸集团股份有限公司 | 陕 西 | 2 322 147 | 31 080 | 1 022 082 | 337 269 | 11 026 |
| 350 | 327 | 陕西建工集团总公司 | 陕 西 | 2 312 286 | 10 180 | 1 327 413 | 153 741 | 17 323 |
| 427 | 328 | 福佳集团有限公司 | 辽 宁 | 2 301 336 | 370 951 | 6 376 521 | 4 397 839 | 1 998 |
| 361 | 329 | 江苏扬子江船业集团公司 | 江 苏 | 2 266 895 | 375 740 | 3 424 840 | 1 225 685 | 20 007 |
| 271 | 330 | 上海华冶钢铁集团有限公司 | 上 海 | 2 258 908 | 29 438 | 649 882 | 254 867 | 1 598 |
| 349 | 331 | 杭州橡胶(集团)公司 | 浙 江 | 2 249 364 | 77 991 | 1 325 144 | 458 475 | 21 449 |
| 334 | 332 | 中国煤炭科工集团有限公司 | 北 京 | 2 236 925 | 223 512 | 2 179 205 | 1 031 810 | 27 043 |
| 362 | 333 | 青建集团股份公司 | 山 东 | 2 228 763 | 12 013 | 569 381 | 151 577 | 7 628 |
| 343 | 334 | 广西投资集团有限公司 | 广 西 | 2 221 897 | 125 810 | 5 201 168 | 1 404 723 | 17 600 |
| 321 | 335 | 福建省三钢(集团)有限责任公司 | 福 建 | 2 220 311 | 40 557 | 1 881 607 | 608 050 | 17 189 |
| 347 | 336 | 中国国际技术智力合作公司 | 北 京 | 2 220 298 | 22 653 | 312 256 | 105 821 | 2 541 |
| 297 | 337 | 上海人民企业(集团)有限公司 | 上 海 | 2 207 688 | 204 617 | 975 055 | 948 614 | 29 318 |
| 371 | 338 | 重庆钢铁(集团)有限责任公司 | 重 庆 | 2 198 712 | 24 993 | 5 348 012 | 1 461 348 | 23 503 |
| 400 | 339 | 义马煤业集团股份有限公司 | 河 南 | 2 196 755 | 138 935 | 3 331 924 | 1 010 526 | 56 591 |
|  | 340 | 江西赛维LDK太阳能高科技有限公司 | 江 西 | 2 196 582 | — | — | — | 14 699 |
| 399 | 341 | 山东太阳纸业股份有限公司 | 山 东 | 2 196 542 | 95 088 | 1 475 759 | 362 681 | 9 052 |
| 338 | 342 | 华盛江泉集团有限公司 | 山 东 | 2 193 973 | 72 891 | 1 108 780 | 594 047 | 22 066 |
|  | 343 | 万基控股集团有限公司 | 河 南 | 2 190 828 | 30 575 | 2 091 481 | 375 126 | 13 574 |
|  | 344 | 东方国际(集团)有限公司 | 上 海 | 2 187 347 | 35 378 | 1 291 131 | 496 131 | 7 036 |
|  | 345 | 上海市糖业烟酒(集团)有限公司 | 上 海 | 2 180 001 | 71 637 | 2 049 226 | 897 416 | 5 357 |
| 387 | 346 | 河南神火集团有限公司 | 河 南 | 2 175 477 | 93 165 | 2 967 258 | 682 478 | 34 020 |
| 274 | 347 | 南金兆集团有限公司 | 山 东 | 2 175 187 | 55 824 | 1 737 690 | 291 342 | 4 816 |
| 302 | 348 | 广东省建筑工程集团有限公司 | 广 东 | 2 129 624 | 18 136 | 1 084 579 | 145 463 | 25 246 |

续表

| 2010名次 | 2011名次 | 企业名称 | 地区 | 营业收入（万元） | 利润（万元） | 资产（万元） | 所有者权益（万元） | 从业人数 |
|---|---|---|---|---|---|---|---|---|
| 313 | 349 | 九州通医药集团股份有限公司 | 湖北 | 2 125 177 | 36 026 | 811 904 | 399 879 | 7 412 |
| 431 | 350 | 远大物产集团有限公司 | 浙江 | 2 121 081 | 14 936 | 368 979 | 45 966 | 420 |
| 326 | 351 | 山东中烟工业有限责任公司 | 山东 | 2 118 738 | 99 796 | 2 099 264 | 1 331 421 | 5 949 |
| 301 | 352 | 徐州矿务集团有限公司 | 江苏 | 2 109 802 | 56 855 | 3 024 520 | 998 508 | 60 018 |
| 363 | 353 | 重庆化医控股(集团)公司 | 重庆 | 2 105 643 | 40 619 | 3 290 416 | 991 801 | 36 366 |
| 404 | 354 | 青山控股集团有限公司 | 浙江 | 2 100 000 | 36 600 | 757 000 | 317 000 | 6 700 |
| 376 | 355 | 桐昆集团股份有限公司 | 浙江 | 2 099 222 | 120 303 | 567 198 | 289 699 | 11 274 |
| 375 | 356 | 山东京博控股股份有限公司 | 山东 | 2 084 451 | 66 635 | 1 131 948 | 271 185 | 5 300 |
| 413 | 357 | 山东金诚石化集团有限公司 | 山东 | 2 082 155 | 77 305 | 315 270 | 250 025 | 1 600 |
| 392 | 358 | 云南煤化工集团有限公司 | 云南 | 2 082 031 | 19 488 | 3 925 287 | 1 029 511 | 32 472 |
| 335 | 359 | 贵州中烟工业有限责任公司 | 贵州 | 2 074 708 | 119 271 | 1 488 322 | 756 387 | 10 181 |
| 373 | 360 | 吉林亚泰(集团)股份有限公司 | 吉林 | 2 069 831 | 57 611 | 2 652 447 | 869 898 | 28 515 |
| 300 | 361 | 德力西集团有限公司 | 浙江 | 2 069 467 | 81 378 | 816 245 | 315 858 | 16 500 |
| 366 | 362 | 新世纪控股集团有限公司 | 浙江 | 2 064 319 | 24 762 | 225 275 | 173 956 | 5 920 |
| 414 | 363 | 安徽省皖北煤电集团有限责任公司 | 安徽 | 2 062 864 | 7 594 | 3 170 343 | 750 459 | 42 980 |
| 348 | 364 | 江苏南通三建集团有限公司 | 江苏 | 2 058 000 | 77 047 | 1 076 387 | 332 780 | 88 216 |
| 340 | 365 | 天津二轻集团(控股)有限公司 | 天津 | 2 056 793 | 20 151 | 1 276 538 | 452 089 | 16 972 |
| 388 | 366 | 新疆特变电工集团有限公司 | 新疆 | 2 053 899 | 198 880 | 2 952 038 | 1 543 163 | 16 495 |
| 339 | 367 | 江苏国泰国际集团有限公司 | 江苏 | 2 053 783 | 53 421 | 608 224 | 238 058 | 11 000 |
|  | 368 | 雅居乐地产控股有限公司 | 广东 | 2 052 019 | 641 860 | 6 987 833 | 1 868 082 | — |
| 358 | 369 | 昆明钢铁控股有限公司 | 云南 | 2 050 435 | 98 705 | 3 358 232 | 1 563 799 | 17 606 |
| 346 | 370 | 深圳市天音通信发展有限公司 | 广东 | 2 038 253 | 42 391 | 778 047 | 261 988 | 7 000 |
| 384 | 371 | 盾安控股集团有限公司 | 浙江 | 2 035 269 | 95 747 | 1 817 494 | 698 648 | 14 500 |
| 383 | 372 | 江苏南通二建集团有限公司 | 江苏 | 2 034 806 | 97 705 | 1 251 039 | 438 645 | 73 880 |
|  | 373 | 旭阳控股有限公司 | 北京 | 2 033 958 | 34 250 | 2 081 962 | 700 302 | 8 296 |
| 369 | 374 | 郑州煤炭工业(集团)有限责任公司 | 河南 | 2 032 412 | 39 202 | 2 481 450 | 757 194 | 57 373 |
| 382 | 375 | 陕西龙门钢铁(集团)有限责任公司 | 陕西 | 2 028 705 | 22 891 | 1 465 887 | 98 982 | 10 952 |
| 374 | 376 | 山东如意科技集团有限公司 | 山东 | 2 020 289 | 99 778 | 1 223 168 | 635 218 | 24 272 |
| 458 | 377 | 亚邦投资控股集团有限公司 | 江苏 | 2 014 886 | 64 790 | 1 603 406 | 492 761 | 8 035 |
|  | 378 | 沈阳煤业(集团)有限责任公司 | 辽宁 | 2 009 407 | 93 349 | 2 758 048 | 789 472 | 48 138 |
| 341 | 379 | 上海外高桥造船有限公司 | 上海 | 2 008 777 | 155 439 | 3 442 394 | 860 062 | 5 120 |
| 319 | 380 | 天正集团有限公司 | 浙江 | 2 003 138 | 75 307 | 283 970 | 169 672 | 9 303 |
| 329 | 381 | 青岛啤酒股份有限公司 | 山东 | 1 989 783 | 152 048 | 1 777 712 | 971 975 | 29 039 |
| 312 | 382 | 北京京城机电控股有限责任公司 | 北京 | 1 982 564 | 151 480 | 2 999 906 | 1 342 085 | 24 156 |
| 432 | 383 | 重庆市能源投资集团公司 | 重庆 | 1 980 039 | 45 036 | 3 907 644 | 1 460 540 | 76 061 |
| 380 | 384 | 西王集团有限公司 | 山东 | 1 974 421 | 92 330 | 1 452 900 | 684 688 | 10 000 |
| 386 | 385 | 东北特殊钢集团有限责任公司 | 辽宁 | 1 967 419 | 10 795 | 3 590 968 | 454 332 | 24 272 |
|  | 386 | 腾讯控股有限公司 | 广东 | 1 964 603 | 811 521 | 3 583 011 | 2 184 086 | 10 692 |
| 493 | 387 | 河南豫联能源集团有限责任公司 | 河南 | 1 962 774 | -9 704 | 2 277 804 | 589 793 | 7 254 |

续表

| 2010名次 | 2011名次 | 企业名称 | 地 区 | 营业收入（万元） | 利 润（万元） | 资 产（万元） | 所有者权益（万元） | 从业人数 |
|---|---|---|---|---|---|---|---|---|
| 331 | 388 | 尚德电力控股有限公司 | 江 苏 | 1 960 379 | 160 038 | 3 524 412 | 1 261 725 | 12 587 |
|  | 389 | 金地(集团)股份有限公司 | 广 东 | 1 959 250 | 269 404 | 7 281 650 | 278 221 | 8 262 |
|  | 390 | 中金再生资源(中国)投资有限公司 | 上 海 | 1 957 180 | 77 555 | 1 193 942 | 402 478 | 438 |
|  | 391 | 浙江前程投资股份有限公司 | 浙 江 | 1 952 596 | 28 970 | 646 249 | 110 025 | 1 144 |
|  | 392 | 江苏省丝绸集团有限公司 | 江 苏 | 1 941 494 | 43 586 | 2 248 567 | 885 217 | 8 662 |
| 418 | 393 | 丰立集团有限公司 | 江 苏 | 1 928 819 | 48 658 | 1 635 898 | 491 429 | 3 280 |
| 403 | 394 | 沈阳远大企业集团 | 辽 宁 | 1 920 049 | 139 908 | 1 088 726 | 405 504 | 16 900 |
| 357 | 395 | 上海国际港务(集团)股份有限公司 | 上 海 | 1 910 545 | 541 712 | 6 589 467 | 3 537 835 | 20 304 |
| 324 | 396 | 中国广东核电集团有限公司 | 广 东 | 1 906 885 | 819 774 | 19 586 151 | 4 654 559 | 21 890 |
| 337 | 397 | 西部矿业集团有限公司 | 青 海 | 1 899 157 | 13 563 | 2 932 143 | 462 163 | 11 590 |
| 370 | 398 | 天津市医药集团有限公司 | 天 津 | 1 897 284 | 136 615 | 2 361 680 | 1 172 062 | 16 436 |
| 377 | 399 | 山东高速集团有限公司 | 山 东 | 1 872 435 | 183 688 | 13 748 760 | 3 930 141 | 23 301 |
| 317 | 400 | 山东晨鸣纸业集团股份有限公司 | 山 东 | 1 866 196 | 116 334 | 3 507 713 | 1 353 579 | 17 679 |
|  | 401 | 伊川电力集团总公司 | 北 京 | 1 853 812 | 7 127 | 2 401 287 | 173 682 | 8 805 |
|  | 402 | 春风实业集团有限责任公司 | 河 北 | 1 852 903 | 15 575 | 499 081 | 231 298 | 19 400 |
| 378 | 403 | 浙江中成控股集团有限公司 | 浙 江 | 1 837 328 | 46 586 | 880 861 | 377 408 | 50 837 |
| 406 | 404 | 中储发展股份有限公司 | 天 津 | 1 834 723 | 28 785 | 936 022 | 412 000 | 6 751 |
| 217 | 405 | 同方股份有限公司 | 北 京 | 1 825 751 | 47 956 | 2 486 464 | 798 670 | 17 882 |
| 355 | 406 | 中南控股集团有限公司 | 江 苏 | 1 825 268 | 196 366 | 3 156 656 | 1 134 613 | 31 000 |
| 381 | 407 | 华泰集团有限公司 | 山 东 | 1 808 503 | 122 867 | 2 023 089 | 728 436 | 13 682 |
| 398 | 408 | 北京外企服务集团有限责任公司 | 北 京 | 1 801 715 | 12 447 | 352 689 | 59 733 | 2 612 |
| 372 | 409 | 哈药集团有限公司 | 黑龙江 | 1 800 000 | 77 174 | 1 781 166 | 539 381 | 20 769 |
|  | 410 | 上海永达控股(集团)有限公司 | 上 海 | 1 785 615 | 20 378 | 505 522 | 120 008 | 6 865 |
| 469 | 411 | 河北普阳钢铁有限公司 | 河 北 | 1 785 275 | 73 134 | 1 040 656 | 570 010 | 9 862 |
| 444 | 412 | 广州万宝集团有限公司 | 广 东 | 1 771 204 | 77 803 | 1 055 787 | 384 845 | 15 775 |
| 416 | 413 | 万达控股集团有限公司 | 山 东 | 1 760 489 | 107 374 | 1 109 395 | 512 967 | 8 446 |
|  | 414 | 新疆金风科技股份有限公司 | 新 疆 | 1 759 550 | 153 194 | 2 806 160 | 1 328 900 | 3 908 |
| 421 | 415 | 天津港(集团)有限公司 | 天 津 | 1 751 557 | 36 978 | 7 804 311 | 1 929 292 | 17 894 |
| 464 | 416 | 沂州集团有限公司 | 山 东 | 1 749 998 | 101 352 | 112 839 | 470 110 | 5 300 |
|  | 417 | 西林钢铁集团有限公司 | 黑龙江 | 1 735 829 | 7 702 | 1 753 229 | 111 314 | 12 197 |
|  | 418 | 广西柳工集团有限公司 | 广 西 | 1 723 390 | 156 774 | 2 319 050 | 989 667 | 15 709 |
| 360 | 419 | 江苏省苏中建设集团股份有限公司 | 江 苏 | 1 720 446 | 25 743 | 1 403 909 | 147 770 | 86 739 |
| 454 | 420 | 内蒙古鄂尔多斯羊绒集团有限责任公司 | 内蒙古 | 1 716 680 | 166 651 | 3 381 346 | 1 033 731 | 21 080 |
| 410 | 421 | 北京能源投资(集团)有限公司 | 北 京 | 1 714 195 | 169 292 | 9 000 929 | 3 087 076 | 9 137 |
| 353 | 422 | 新华锦集团有限公司 | 山 东 | 1 709 406 | 22 071 | 496 839 | 98 562 | 9 200 |
| 453 | 423 | 云南冶金集团股份有限公司 | 云 南 | 1 707 230 | 4 417 | 4 386 915 | 841 137 | 29 067 |
| 394 | 424 | 苏州创元投资发展(集团)有限公司 | 江 苏 | 1 693 208 | 82 474 | 1 512 276 | 503 297 | 14 348 |
| 379 | 425 | 利群集团股份有限公司 | 山 东 | 1 693 036 | 25 554 | 1 016 447 | 307 983 | 8 637 |
| 445 | 426 | 盛虹集团有限公司 | 江 苏 | 1 689 406 | 86 428 | 1 621 843 | 531 235 | 19 296 |

续表

| 2010名次 | 2011名次 | 企业名称 | 地区 | 营业收入（万元） | 利润（万元） | 资产（万元） | 所有者权益（万元） | 从业人数 |
|---|---|---|---|---|---|---|---|---|
| 457 | 427 | 利华益集团股份有限公司 | 山东 | 1 681 632 | 48 075 | 1 209 142 | 489 974 | 3 828 |
| 368 | 428 | 江苏法尔胜泓昇集团有限公司 | 江苏 | 1 663 644 | 67 958 | 789 763 | 336 496 | 6 110 |
| 401 | 429 | 东营方圆有色金属有限公司 | 山东 | 1 655 967 | 78 350 | 800 168 | 343 689 | 2 012 |
| 391 | 430 | 山东东明石化集团有限公司 | 山东 | 1 654 831 | 30 746 | 780 993 | 321 534 | 3 335 |
|  | 431 | 河北省物流产业集团有限公司 | 河北 | 1 653 285 | 2 733 | 304 488 | 52 023 | 1 048 |
|  | 432 | 江苏金浦集团有限公司 | 江苏 | 1 652 418 | 50 710 | 899 068 | 435 632 | 8 500 |
| 434 | 433 | 安徽建工集团有限公司 | 安徽 | 1 651 463 | 18 849 | 1 095 767 | 143 141 | 16 324 |
|  | 434 | 中国轻工业品进出口总公司 | 北京 | 1 650 754 | 14 173 | 752 378 | 196 598 | 1 562 |
| 425 | 435 | 安徽国贸集团控股有限公司 | 安徽 | 1 648 284 | 27 133 | 1 490 766 | 290 738 | 4 636 |
| 354 | 436 | 江苏新世纪造船（集团）有限公司 | 江苏 | 1 644 184 | 296 045 | 1 876 393 | 526 967 | 4 497 |
| 500 | 437 | 云南锡业集团（控股）有限责任公司 | 云南 | 1 643 841 | 50 195 | 2 968 812 | 833 442 | 28 581 |
|  | 438 | 四川公路桥梁建设集团有限公司 | 四川 | 1 643 166 | 61 430 | 2 673 384 | 325 086 | 9 060 |
|  | 439 | 大连机床集团有限责任公司 | 辽宁 | 1 642 154 | 69 845 | 1 623 624 | 368 105 | 7 908 |
| 402 | 440 | 亨通集团有限公司 | 江苏 | 1 641 979 | 67 452 | 1 628 838 | 654 546 | 7 280 |
| 405 | 441 | 北京首都创业集团有限公司 | 北京 | 1 637 597 | 155 919 | 8 896 874 | 1 885 737 | 12 842 |
| 430 | 442 | 三角集团有限公司 | 山东 | 1 626 122 | 46 368 | 846 368 | 276 517 | 9 889 |
| 397 | 443 | 江苏双良集团有限公司 | 江苏 | 1 625 919 | 36 899 | 1 662 826 | 561 662 | 5 019 |
| 412 | 444 | 江苏金辉集团公司 | 江苏 | 1 620 772 | 24 670 | 307 289 | 189 584 | 550 |
| 385 | 445 | 郑州宇通集团有限公司 | 河南 | 1 620 560 | 195 969 | 1 918 682 | 582 293 | 29 299 |
| 497 | 446 | 河北建工集团有限责任公司 | 河北 | 1 620 000 | 3 198 | 512 105 | 38 164 | 8 662 |
| 472 | 447 | 石家庄北国人百集团有限责任公司 | 河北 | 1 619 223 | 20 250 | 647 468 | 120 002 | 30 000 |
| 389 | 448 | 江苏华厦融创置地集团有限公司 | 江苏 | 1 615 860 | 635 577 | 3 267 150 | 2 499 269 | 2 500 |
| 424 | 449 | 宁波银亿集团有限公司 | 浙江 | 1 615 030 | 99 214 | 2 473 734 | 330 634 | 5 060 |
| 419 | 450 | 重庆力帆控股有限公司 | 重庆 | 1 605 513 | 29 246 | 1 428 223 | 633 757 | 14 447 |
| 396 | 451 | 山东石横特钢集团有限公司 | 山东 | 1 592 328 | 49 535 | 704 010 | 309 672 | 6 711 |
|  | 452 | 湖南晟通科技集团有限公司 | 湖南 | 1 590 499 | 19 637 | 826 194 | 319 282 | 4 100 |
| 467 | 453 | 山东西水橡胶集团有限公司 | 山东 | 1 590 462 | 167 304 | 1 110 390 | 473 366 | 10 500 |
| 365 | 454 | 中国西电集团公司 | 陕西 | 1 588 152 | 51 186 | 3 017 140 | 1 063 020 | 21 468 |
| 499 | 455 | 波司登股份有限公司 | 江苏 | 1 580 011 | 132 582 | 1 209 060 | 616 974 | 24 392 |
| 447 | 456 | 山东淄博傅山企业集团有限公司 | 山东 | 1 578 594 | 77 753 | 566 832 | 282 598 | 8 658 |
| 456 | 457 | 新疆天业（集团）有限公司 | 新疆 | 1 575 338 | 105 800 | 2 456 582 | 818 832 | 16 636 |
| 411 | 458 | 天津城建集团有限公司 | 天津 | 1 565 900 | 20 539 | 1 319 100 | 138 612 | 10 867 |
|  | 459 | 山西省国新能源发展集团有限公司 | 山西 | 1 557 374 | 17 608 | 782 605 | 128 501 | 1 148 |
| 428 | 460 | 深圳市中金岭南有色金属股份有限公司 | 广东 | 1 552 235 | 94 999 | 1 457 088 | 562 727 | 10 480 |
|  | 461 | 精功集团有限公司 | 浙江 | 1 551 021 | 90 115 | 2 166 159 | 534 998 | 12 698 |
| 439 | 462 | 中国贵州茅台酒厂有限责任公司 | 贵州 | 1 550 241 | 605 686 | 3 318 679 | 2 482 502 | 16 678 |
|  | 463 | 黑龙江省建设集团有限公司 | 黑龙江 | 1 534 629 | 6 219 | 1 279 320 | 168 778 | 60 385 |
| 409 | 464 | 宁波富邦控股集团有限公司 | 浙江 | 1 530 145 | 57 163 | 2 189 582 | 692 810 | 10 892 |
|  | 465 | 白银有色集团股份有限公司 | 甘肃 | 1 529 410 | 55 263 | 2 050 077 | 833 130 | 14 869 |
| 498 | 466 | 福建省能源集团有限责任公司 | 福建 | 1 528 110 | 45 859 | 3 247 123 | 863 578 | 31 663 |
| 441 | 467 | 重庆轻纺控股（集团）公司 | 重庆 | 1 527 488 | 153 511 | 2 208 984 | 698 071 | 23 958 |
|  | 468 | 中太建设集团股份有限公司 | 河北 | 1 527 046 | 43 794 | 181 505 | 134 461 | 70 000 |
| 254 | 469 | 华勤橡胶工业集团 | 山东 | 1 521 231 | 93 299 | 1 362 547 | 674 172 | 6 102 |

续表

| 2010名次 | 2011名次 | 企业名称 | 地 区 | 营业收入（万元） | 利 润（万元） | 资 产（万元） | 所有者权益（万元） | 从业人数 |
|---|---|---|---|---|---|---|---|---|
| 408 | 470 | 浙江宝业建设集团有限公司 | 浙 江 | 1 518 836 | 18 132 | 281 064 | 116 727 | 49 600 |
|  | 471 | 维维集团股份有限公司 | 江 苏 | 1 516 718 | 79 620 | 775 680 | 465 792 | 19 500 |
| 390 | 472 | 天津市津能投资公司 | 天 津 | 1 514 162 | 20 091 | 4 495 961 | 1 344 898 | 87 |
| 443 | 473 | 北京住总集团有限责任公司 | 北 京 | 1 510 600 | 10 380 | 2 257 574 | 250 358 | 11 067 |
|  | 474 | 龙湖地产有限公司 | 北 京 | 1 509 312 | 413 016 | 7 171 356 | 1 598 026 | — |
| 423 | 475 | 玲珑集团有限公司 | 山 东 | 1 508 721 | 54 957 | 953 460 | 337 587 | 6 764 |
| 473 | 476 | 山东博汇集团有限公司 | 山 东 | 1 507 067 | 101 404 | 1 585 227 | 476 977 | 9 663 |
| 429 | 477 | 浙江昆仑控股集团有限公司 | 浙 江 | 1 504 480 | 55 986 | 906 623 | 213 567 | 27 868 |
| 426 | 478 | 三河汇福粮油集团有限公司 | 河 北 | 1 503 658 | 35 689 | 520 000 | 113 763 | 3 000 |
|  | 479 | 凌源钢铁集团有限责任公司 | 辽 宁 | 1 493 466 | 35 963 | 1 364 714 | 536 074 | 9 463 |
| 438 | 480 | 隆鑫控股有限公司 | 重 庆 | 1 485 079 | 84 377 | 1 448 648 | 383 765 | 9 357 |
| 448 | 481 | 山东科达集团有限公司 | 山 东 | 1 480 177 | 88 921 | 898 004 | 365 730 | 10 558 |
|  | 482 | 武安市裕华钢铁有限公司 | 河 北 | 1 474 151 | 58 567 | 691 656 | 480 501 | 6 921 |
|  | 483 | 海城市后英经贸集团有限公司 | 辽 宁 | 1 469 641 | 114 671 | 1 049 639 | 627 221 | 15 960 |
|  | 484 | 许继集团有限公司 | 河 南 | 1 469 260 | 105 964 | 1 918 253 | 455 226 | — |
| 442 | 485 | 青岛港(集团)有限公司 | 山 东 | 1 464 587 | 251 893 | 2 711 312 | 1 518 763 | 13 362 |
| 478 | 486 | 浙江元立金属制品集团有限公司 | 浙 江 | 1 461 790 | 50 958 | 946 869 | 255 053 | 16 000 |
| 494 | 487 | 河南豫光金铅集团有限责任公司 | 河 南 | 1 458 460 | 30 373 | 943 368 | 199 592 | 6 974 |
| 484 | 488 | 传化集团有限公司 | 浙 江 | 1 457 968 | 78 882 | 1 506 539 | 718 257 | 8 083 |
| 495 | 489 | 远东控股集团有限公司 | 江 苏 | 1 453 368 | 41 531 | 1 156 677 | 194 412 | 6 805 |
| 476 | 490 | 河北新金钢铁有限公司 | 河 北 | 1 445 683 | 50 652 | 570 587 | 207 077 | 5 780 |
| 466 | 491 | 天津市建工集团(控股)有限公司 | 天 津 | 1 443 121 | 30 238 | 863 949 | 264 545 | 8 375 |
| 420 | 492 | 北京燕京啤酒集团公司 | 北 京 | 1 441 961 | 105 155 | 1 641 701 | 1 031 011 | 37 289 |
| 462 | 493 | 沈阳机床(集团)有限责任公司 | 辽 宁 | 1 435 268 | 40 590 | 1 721 774 | 431 263 | 18 465 |
|  | 494 | 老凤祥股份有限公司 | 上 海 | 1 431 090 | 29 219 | 548 334 | 165 613 | 2 131 |
| 475 | 495 | 浙江八达建设集团有限公司 | 浙 江 | 1 428 656 | 52 267 | 408 621 | 137 402 | 48 017 |
| 436 | 496 | 辽宁铁法能源有限责任公司 | 辽 宁 | 1 428 348 | 99 868 | 1 875 907 | 630 375 | 45 863 |
| 435 | 497 | 杉杉控股有限公司 | 浙 江 | 1 428 080 | 68 471 | 1 814 964 | 789 429 | 14 562 |
| 471 | 498 | 天津纺织集团(控股)有限公司 | 天 津 | 1 423 337 | 7 609 | 1 949 366 | 335 862 | 15 234 |
|  | 499 | 浙江龙盛控股有限公司 | 浙 江 | 1 421 638 | 52 460 | 843 828 | 625 413 | 4 966 |
|  | 500 | 福田雷沃国际重工股份有限公司 | 山 东 | 1 419 873 | 26 979 | 705 545 | 178 760 | 12 118 |
|  |  | 合 计 |  | **3 631 555 845** | **208 349 877** | **10 811 242 521** | **1 709 251 274** | **27 239 012** |

说明：1. 2011 中国企业500强是中国企业联合会、中国企业家协会参照国际惯例，组织企业自愿申报，并经专家审定确认后产生的。申报企业包括在中国内地注册、2010 年完成营业收入达到90亿元人民币以上(含90亿元)的企业，不包括行政性公司和资产经营公司，不包括在华外资、港澳台独资、控股企业，也不包括行政性公司、政企合一的单位(如铁路局)以及各类资产经营公司，但包括在境外注册、投资主体为中国自然人或法人、主要业务在境内，属于我国银监会、保监会和各级国资委监管的企业，都有资格申报参加排序。属于集团公司的控股子公司或相对控股子公司，由于其财务报表最后能被合并到母公司的财务会计报表中去，因此只允许其母公司申报。

2. 表中所列数据由企业自愿申报或属于上市公司公开数据，并已经公认会计师事务所或审计师事务所等单位认可。

3. 营业收入或销售收入是2010 年不含增值税的收入，包括企业的所有收入，即主营业务和非主营业务、境内和境外的收入。商业银行的营业额为2010 年利息总额和非利息营业额之和。保险公司是2010 年保险费和年金收入扣除储蓄的资本收益或损失。利润是2010年上交所得税后的净利润(不含少数股权收益)。资产是2010 年度末的资产总额。所有者权益是2010 年末所有者权益总额(不含少数股东权益)。研究开发费用是2010 年企业投入研究开发的所有费用。从业人数是2010 年度的平均人数(含所有被合并报表企业的人数)。

4. 行业分类既参照了国家统计局的分类方法，为了进行对比分析，也参考了美国《财富》杂志的分类方法，企业主要是依据其主营业务收入所在行业来划分。

5. 地区分类是按企业总部所在地划分。

# 2011 中国制造业排序前 100 名企业

| 名 次 | 企业名称 | 地 区 | 营业收入（万元） | 利 润（万元） | 资 产（万元） | 所有者权益（万元） | 从业人数 |
|---|---|---|---|---|---|---|---|
| 1 | 中国石油化工集团公司 | 北 京 | 196 904 221 | 5 164 026 | 148 524 057 | 50 437 059 | 640 535 |
| 2 | 东风汽车公司 | 湖 北 | 36 883 383 | 2 322 133 | 21 776 372 | 7 912 510 | 163 990 |
| 3 | 上海汽车工业(集团)总公司 | 上 海 | 36 727 716 | 1 295 615 | 29 252 033 | 7 018 380 | 109 500 |
| 4 | 中国第一汽车集团公司 | 吉 林 | 29 401 552 | 2 489 577 | 17 254 979 | 6 974 412 | 84 191 |
| 5 | 宝钢集团有限公司 | 上 海 | 27 298 409 | 1 987 703 | 43 213 018 | 26 017 495 | 104 768 |
| 6 | 中国兵器装备集团公司 | 北 京 | 25 720 490 | 152 130 | 21 932 144 | 3 197 536 | 225 033 |
| 7 | 中国五矿集团公司 | 北 京 | 25 421 754 | 452 106 | 19 878 521 | 5 272 677 | 101 276 |
| 8 | 中国兵器工业集团公司 | 北 京 | 24 118 198 | 361 175 | 22 836 758 | 5 467 607 | 279 996 |
| 9 | 河北钢铁集团有限公司 | 河 北 | 22 709 711 | 277 760 | 28 208 254 | 7 814 526 | 132 977 |
| 10 | 中国航空工业集团公司 | 北 京 | 20 988 800 | 887 644 | 46 928 196 | 16 028 229 | 411 490 |
| 11 | 首钢总公司 | 北 京 | 19 753 446 | 25 986 | 31 012 814 | 10 642 837 | 105 993 |
| 12 | 中国铝业公司 | 北 京 | 19 543 309 | -27 805 | 37 421 865 | 2 535 150 | 186 266 |
| 13 | 武汉钢铁(集团)公司 | 湖 北 | 19 069 111 | 272 676 | 20 382 720 | 7 131 676 | 117 374 |
| 14 | 华为技术有限公司 | 广 东 | 18 507 600 | 2 375 700 | 16 084 100 | 5 525 100 | 110 000 |
| 15 | 江苏沙钢集团有限公司 | 江 苏 | 17 862 398 | 737 424 | 15 258 254 | 5 088 441 | 40 545 |
| 16 | 广州汽车工业集团有限公司 | 广 东 | 16 224 204 | 1 239 720 | 9 121 239 | 4 131 526 | 46 933 |
| 17 | 中国电子信息产业集团有限公司 | 北 京 | 16 084 475 | 90 620 | 10 817 474 | 4 053 182 | 111 651 |
| 18 | 北京汽车集团有限公司 | 北 京 | 15 769 729 | 844 413 | 12 633 073 | 5 609 680 | 53 140 |
| 19 | 鞍钢集团公司 | 辽 宁 | 15 157 209 | 260 287 | 24 500 977 | 8 108 021 | 208 489 |
| 20 | 联想控股有限公司 | 北 京 | 14 669 743 | 323 484 | 11 460 039 | 1 204 643 | 30 000 |
| 21 | 中国船舶重工集团公司 | 北 京 | 14 252 440 | 685 144 | 31 811 447 | 8 100 852 | 161 000 |
| 22 | 海尔集团公司 | 山 东 | 14 053 629 | 452 649 | 11 265 393 | 2 103 260 | 65 219 |
| 23 | 中国化工集团公司 | 北 京 | 14 022 404 | 10 730 | 17 961 190 | 1 695 719 | 137 797 |
| 24 | 中国建筑材料集团有限公司 | 北 京 | 13 535 530 | 584 145 | 15 348 103 | 3 409 221 | 110 691 |
| 25 | 山东魏桥创业集团有限公司 | 山 东 | 11 845 598 | 854 619 | 5 576 300 | 3 095 163 | 131 972 |
| 26 | 美的集团有限公司 | 广 东 | 11 671 971 | 695 515 | 7 828 694 | 2 427 186 | 182 000 |
| 27 | 太原钢铁(集团)有限公司 | 山 西 | 11 654 838 | 194 045 | 10 272 741 | 3 941 135 | 40 091 |
| 28 | 山东钢铁集团有限公司 | 山 东 | 10 976 027 | 258 867 | 15 116 265 | 3 800 120 | 89 370 |
| 29 | 光明食品(集团)有限公司 | 上 海 | 10 417 152 | 659 995 | 15 561 802 | 6 585 409 | 125 612 |
| 30 | 上海电气(集团)总公司 | 上 海 | 9 942 011 | 670 122 | 11 847 191 | 4 017 188 | 68 852 |
| 31 | 天津冶金集团有限公司 | 天 津 | 9 852 214 | 15 810 | 6 529 671 | 844 872 | 13 253 |
| 32 | 天津汽车工业(集团)有限公司 | 天 津 | 9 665 895 | 734 658 | 4 245 307 | 2 188 007 | 35 870 |
| 33 | 天津中环电子信息集团有限公司 | 天 津 | 9 480 707 | 51 346 | 2 370 789 | 1 030 944 | 43 232 |
| 34 | 金川集团有限公司 | 甘 肃 | 9 233 633 | 175 408 | 6 552 988 | 2 594 399 | 31 359 |
| 35 | 潍柴控股集团有限公司 | 山 东 | 9 113 760 | 799 639 | 5 947 033 | 2 397 682 | 42 664 |
| 36 | 中国航天科工集团公司 | 北 京 | 9 043 872 | 579 704 | 13 172 060 | 4 873 588 | 120 183 |

续表

| 名 次 | 企业名称 | 地 区 | 营业收入（万元） | 利 润（万元） | 资 产（万元） | 所有者权益（万元） | 从业人数 |
|---|---|---|---|---|---|---|---|
| 37 | 江西铜业集团公司 | 江 西 | 8 634 538 | 495 968 | 6 602 866 | 3 807 176 | 28 258 |
| 38 | 天津钢管集团股份有限公司 | 天 津 | 8 515 615 | 63 168 | 4 982 076 | 1 323 020 | 10 735 |
| 39 | 天津天钢集团有限公司 | 天 津 | 8 300 015 | 24 389 | 5 417 586 | 1 625 167 | 15 125 |
| 40 | 中国重型汽车集团有限公司 | 山 东 | 8 119 180 | 359 275 | 12 847 057 | 5 066 698 | 26 704 |
| 41 | 新兴际华集团有限公司 | 北 京 | 8 035 667 | 214 849 | 5 262 126 | 2 622 845 | 74 186 |
| 42 | 上海烟草集团有限责任公司 | 上 海 | 7 282 682 | 1 307 493 | 8 914 584 | 8 251 147 | 16 595 |
| 43 | 天津天铁冶金集团有限公司 | 天 津 | 7 130 832 | 18 704 | 6 229 215 | 1 137 743 | 27 218 |
| 44 | 中兴通讯股份有限公司 | 广 东 | 7 026 387 | 347 648 | 8 415 236 | 2 496 200 | 85 323 |
| 45 | 本钢集团有限公司 | 辽 宁 | 6 902 791 | 70 593 | 6 889 654 | 2 104 302 | 61 048 |
| 46 | 浙江吉利控股集团有限公司 | 浙 江 | 6 827 951 | 315 925 | 10 445 849 | 3 212 939 | 30 680 |
| 47 | 马钢(集团)控股有限公司 | 安 徽 | 6 805 958 | 114 934 | 7 983 964 | 3 380 099 | 55 598 |
| 48 | 华晨汽车集团控股有限公司 | 辽 宁 | 6 793 178 | 20 545 | 4 467 151 | 228 440 | 35 928 |
| 49 | 正威国际集团有限公司 | 广 东 | 6 781 763 | — | 4 565 750 | 3 561 958 | 11 056 |
| 50 | 中国南车集团公司 | 北 京 | 6 680 286 | 126 362 | 7 877 519 | 1 239 104 | 88 381 |
| 51 | 铜陵有色金属集团控股有限公司 | 安 徽 | 6 654 485 | 120 458 | 5 080 191 | 1 162 366 | 27 204 |
| 52 | 万向集团公司 | 浙 江 | 6 613 800 | 245 329 | 4 674 298 | 1 417 190 | 28 729 |
| 53 | 徐州工程机械集团有限公司 | 江 苏 | 6 602 645 | 373 056 | 3 245 421 | 1 636 849 | 21 451 |
| 54 | 湖南华菱钢铁集团有限责任公司 | 湖 南 | 6 578 713 | -59 166 | 11 376 825 | 2 464 011 | 42 155 |
| 55 | 中国北方机车车辆工业集团公司 | 北 京 | 6 482 579 | 208 206 | 8 534 064 | 2 741 109 | 87 740 |
| 56 | 雨润控股集团有限公司 | 江 苏 | 6 475 546 | 391 942 | 5 875 258 | 2 598 328 | 100 000 |
| 57 | 杭州钢铁集团公司 | 浙 江 | 6 436 295 | 107 261 | 3 896 176 | 1 339 180 | 13 956 |
| 58 | 海信集团有限公司 | 山 东 | 6 374 092 | 303 233 | 4 455 033 | 1 528 169 | 27 045 |
| 59 | 红塔烟草(集团)有限责任公司 | 云 南 | 6 325 981 | 406 734 | 8 546 441 | 6 270 343 | 30 942 |
| 60 | 江苏悦达集团有限公司 | 江 苏 | 6 232 144 | 147 597 | 4 030 041 | 1 061 407 | 28 392 |
| 61 | 南京钢铁集团有限公司 | 江 苏 | 6 098 646 | 112 435 | 3 601 348 | 948 186 | 12 661 |
| 62 | 珠海格力电器股份有限公司 | 广 东 | 6 080 724 | 430 321 | 6 560 438 | 1 401 171 | 60 570 |
| 63 | 湖南中烟工业有限责任公司 | 湖 南 | 5 888 856 | 506 299 | 4 474 266 | 3 764 482 | 21 278 |
| 64 | 四川长虹电子集团有限公司 | 四 川 | 5 859 688 | 52 905 | 5 106 396 | 1 538 632 | 69 686 |
| 65 | 福建联合石油化工有限公司 | 福 建 | 5 857 077 | 93 635 | 4 599 325 | 1 134 555 | 2 070 |
| 66 | 酒泉钢铁(集团)有限责任公司 | 甘 肃 | 5 694 581 | 97 845 | 7 848 242 | 2 861 445 | 30 793 |
| 67 | 新希望集团有限公司 | 四 川 | 5 595 767 | 211 954 | 3 615 191 | 1 633 020 | 61 718 |
| 68 | 红云红河烟草(集团)有限责任公司 | 云 南 | 5 499 012 | 488 009 | 5 614 830 | 3 896 461 | 13 903 |
| 69 | 杭州娃哈哈集团有限公司 | 浙 江 | 5 487 355 | 660 021 | 2 884 712 | 1 664 758 | 28 268 |
| 70 | 安徽海螺集团有限责任公司 | 安 徽 | 5 389 400 | 651 359 | 6 639 880 | 3 704 637 | 40 281 |
| 71 | 海亮集团有限公司 | 浙 江 | 5 258 400 | 202 345 | 2 160 800 | 786 209 | 11 872 |
| 72 | 北大方正集团有限公司 | 北 京 | 5 214 299 | 111 521 | 5 022 302 | 1 967 674 | 19 231 |
| 73 | TCL 集团股份有限公司 | 广 东 | 5 183 357 | 47 240 | 5 347 806 | 1 809 244 | 52 359 |
| 74 | 中国国际海运集装箱(集团)股份有限公司 | 广 东 | 5 176 832 | 300 185 | 5 413 065 | 1 920 670 | 63 354 |
| 75 | 北京建龙重工集团有限公司 | 北 京 | 5 126 817 | 121 364 | 5 001 214 | 1 552 225 | 40 084 |

续表

| 名 次 | 企业名称 | 地 区 | 营业收入（万元） | 利 润（万元） | 资 产（万元） | 所有者权益（万元） | 从业人数 |
|---|---|---|---|---|---|---|---|
| 76 | 江苏华西集团公司 | 江 苏 | 5 125 876 | 128 682 | 2 970 090 | 1 037 523 | 20 780 |
| 77 | 中国黄金集团公司 | 北 京 | 5 122 864 | 232 021 | 4 314 038 | 1 613 949 | 46 440 |
| 78 | 南山集团有限公司 | 山 东 | 5 120 064 | 568 462 | 4 458 935 | 2 816 570 | 38 402 |
| 79 | 长沙中联重工科技发展股份有限公司 | 湖 南 | 585 768 | 541 611 | 6 299 527 | 2 747 445 | 22 356 |
| 80 | 山东六和集团有限公司 | 山 东 | 5 068 613 | 92 762 | 715 931 | 351 280 | 52 000 |
| 81 | 河南省漯河市双汇实业集团有限责任公司 | 河 南 | 5 066 989 | 346 020 | 1 916 526 | 920 251 | 57 038 |
| 82 | 三一集团有限公司 | 湖 南 | 5 020 000 | 714 056 | 5 195 129 | 1 992 026 | 54 384 |
| 83 | 中天钢铁集团有限公司 | 江 苏 | 5 016 965 | 115 944 | 2 960 067 | 1 014 711 | 8 404 |
| 84 | 中国中材集团有限公司 | 北 京 | 5 010 701 | 370 631 | 7 604 037 | 2 532 134 | 67 602 |
| 85 | 天津市一轻集团(控股)有限公司 | 天 津 | 5 000 300 | 125 400 | 305 215 | 998 401 | 17 647 |
| 86 | 包头钢铁(集团)有限责任公司 | 内蒙古 | 4 797 643 | 189 155 | 7 787 636 | 2 762 319 | 48 825 |
| 87 | 比亚迪股份有限公司 | 广 东 | 4 668 535 | 252 341 | 5 387 466 | 1 846 032 | — |
| 88 | 陕西有色金属控股集团有限责任公司 | 陕 西 | 4 622 904 | 71 645 | 6 708 226 | 2 703 155 | 40 252 |
| 89 | 山东大王集团有限公司 | 山 东 | 4 592 139 | 264 267 | 4 130 521 | 1 162 894 | 26 056 |
| 90 | 上海复星高科技(集团)有限公司 | 上 海 | 4 569 219 | 439 477 | 10 667 214 | 3 005 258 | 29 446 |
| 91 | 天津渤海化工集团公司 | 天 津 | 4 559 695 | 33 524 | 7 758 074 | 2 299 820 | 42 039 |
| 92 | 中国有色矿业集团有限公司 | 北 京 | 4 547 986 | 117 136 | 5 279 171 | 1 277 250 | 34 301 |
| 93 | 无锡产业发展集团有限公司 | 江 苏 | 4 505 925 | 157 331 | 2 341 095 | 1 167 195 | 15 812 |
| 94 | 中国核工业集团公司 | 北 京 | 4 454 545 | 480 608 | 22 338 423 | 5 973 983 | 85 059 |
| 95 | 日照钢铁控股集团有限公司 | 山 东 | 4 412 783 | 192 670 | 4 856 794 | 1 425 197 | 10 444 |
| 96 | 天津荣程联合钢铁集团有限公司 | 天 津 | 4 376 256 | 45 866 | 1 174 560 | 554 838 | 6 880 |
| 97 | 安阳钢铁集团有限责任公司 | 河 南 | 4 372 115 | 5 707 | 4 017 941 | 1 016 336 | 30 517 |
| 98 | 江苏新长江实业集团有限公司 | 江 苏 | 4 329 266 | 170 960 | 2 387 335 | 411 382 | 9 109 |
| 99 | 湖北宜化集团有限责任公司 | 湖 北 | 4 108 935 | 201 081 | 4 431 719 | 1 757 540 | 35 377 |
| 100 | 四川省宜宾五粮液集团有限公司 | 四 川 | 4 029 684 | 555 309 | 4 866 991 | 3 200 131 | 46 419 |

资料来源：中国企业联合会、中国企业家协会

# 2011 中国服务业排序前 100 名企业

| 名次 | 企业名称 | 地区 | 营业收入（万元） | 利润（万元） | 资产（万元） | 所有者权益（万元） | 从业人数 |
|---|---|---|---|---|---|---|---|
| 1 | 国家电网公司 | 北京 | 152 880 849 | 3 244 284 | 207 752 374 | 79 292 976 | 1 564 001 |
| 2 | 中国工商银行股份有限公司 | 北京 | 54 500 200 | 16 602 500 | 1 345 862 200 | 82 165 700 | 397 339 |
| 3 | 中国移动通信集团公司 | 北京 | 51 901 596 | 6 588 500 | 105 915 327 | 75 126 571 | 207 404 |
| 4 | 中国建设银行股份有限公司 | 北京 | 45 408 700 | 13 484 400 | 1 081 031 700 | 69 679 200 | 313 867 |
| 5 | 中国人寿保险(集团)公司 | 北京 | 43 752 296 | 2 372 918 | 177 602 026 | 6 468 225 | 118 362 |
| 6 | 中国农业银行股份有限公司 | 北京 | 40 794 200 | 9 487 300 | 1 033 740 600 | 54 207 100 | 444 447 |
| 7 | 中国银行股份有限公司 | 北京 | 40 024 770 | 10 969 100 | 1 045 986 500 | 64 416 500 | 279 301 |
| 8 | 中国南方电网有限责任公司 | 广东 | 36 857 369 | 717 914 | 49 077 334 | 15 835 594 | 323 958 |
| 9 | 中国中化集团公司 | 北京 | 33 532 680 | 734 480 | 21 145 578 | 7 637 934 | 50 073 |
| 10 | 中国中信集团公司 | 北京 | 26 389 387 | 3 335 074 | 253 905 748 | 17 250 544 | 140 028 |
| 11 | 中国电信集团公司 | 北京 | 26 040 613 | 845 958 | 64 764 039 | 42 922 193 | 493 919 |
| 12 | 中国人民保险集团股份有限公司 | 北京 | 24 431 400 | 388 200 | 44 058 900 | 2 195 400 | 94 578 |
| 13 | 百联集团有限公司 | 上海 | 19 644 457 | 161 932 | 6 824 428 | 2 061 955 | — |
| 14 | 中国平安保险(集团)股份有限公司 | 广东 | 19 553 413 | 1 731 100 | 117 162 700 | 11 203 000 | 128 808 |
| 15 | 中国邮政集团公司 | 北京 | 19 017 095 | 885 058 | 352 066 208 | 11 507 122 | 860 200 |
| 16 | 华润(集团)有限公司 | 广东 | 18 805 269 | 1 067 861 | 45 901 676 | 7 959 171 | 320 464 |
| 17 | 中国中钢集团公司 | 北京 | 18 456 624 | -146 690 | 12 583 533 | 891 621 | 45 994 |
| 18 | 中粮集团有限公司 | 北京 | 17 917 250 | 541 732 | 23 260 720 | 5 403 399 | 88 508 |
| 19 | 中国联合网络通信集团有限公司 | 北京 | 17 681 154 | -256 670 | 51 267 478 | 24 555 768 | 312 700 |
| 20 | 中国远洋运输(集团)总公司 | 北京 | 16 415 080 | 786 125 | 31 958 432 | 11 338 183 | 71 105 |
| 21 | 交通银行股份有限公司 | 上海 | 16 374 112 | 3 904 201 | 395 159 317 | 22 227 317 | 85 290 |
| 22 | 苏宁电器集团有限公司 | 江苏 | 15 622 292 | 410 551 | 4 390 738 | 1 884 539 | 150 419 |
| 23 | 国美电器有限公司 | 北京 | 15 490 000 | — | — | — | — |
| 24 | 中国铁路物资股份有限公司 | 北京 | 15 319 125 | 78 559 | 4 975 038 | 819 822 | 8 707 |
| 25 | 中国航空油料集团公司 | 北京 | 15 318 726 | 212 655 | 3 010 052 | 890 288 | 9 430 |
| 26 | 中国机械工业集团有限公司 | 北京 | 15 221 844 | 510 246 | 13 135 501 | 3 184 308 | 84 789 |
| 27 | 天津市物资集团总公司 | 天津 | 14 862 736 | 48 671 | 6 354 601 | 676 313 | 5 151 |
| 28 | 中国太平洋保险(集团)股份有限公司 | 上海 | 14 166 200 | 855 700 | 47 571 100 | 8 029 700 | — |
| 29 | 浙江省物产集团公司 | 浙江 | 13 539 303 | 150 520 | 4 555 827 | 963 939 | 16 073 |
| 30 | 山西煤炭运销集团有限公司 | 山西 | 11 588 080 | 266 251 | 8 860 735 | 2 027 219 | 87 572 |
| 31 | 中国供销集团有限公司 | 北京 | 9 693 017 | 53 757 | 5 514 771 | 841 394 | 22 743 |
| 32 | 上海绿地(集团)有限公司 | 上海 | 9 478 176 | 541 071 | 13 871 297 | 1 926 701 | 3 700 |
| 33 | 中国外运长航集团有限公司 | 北京 | 9 465 135 | 270 540 | 11 655 354 | 5 126 104 | 73 063 |
| 34 | 中国通用技术(集团)控股有限责任公司 | 北京 | 9 383 848 | 247 094 | 8 100 537 | 2 483 648 | 44 932 |
| 35 | 新华人寿保险股份有限公司 | 北京 | 9 364 308 | — | — | — | — |
| 36 | 中国医药集团总公司 | 北京 | 8 817 424 | 339 154 | 7 002 177 | 3 071 668 | 47 003 |

续表

| 名次 | 企业名称 | 地区 | 营业收入（万元） | 利润（万元） | 资产（万元） | 所有者权益（万元） | 从业人数 |
|---|---|---|---|---|---|---|---|
| 37 | 大连大商集团有限公司 | 辽宁 | 8 615 769 | — | — | — | — |
| 38 | 中国航空集团公司 | 北京 | 8 248 441 | 1 236 888 | 16 497 551 | 4 710 996 | 54 590 |
| 39 | 中国东方航空集团公司 | 上海 | 8 010 875 | 345 766 | 11 308 184 | 983 289 | 67 534 |
| 40 | 中国南方航空集团公司 | 广东 | 7 824 707 | 510 585 | 11 800 461 | 2 665 274 | 55 752 |
| 41 | 泰康人寿保险股份有限公司 | 北京 | 7 744 119 | 209 520 | 29 347 528 | 1 346 273 | 42 592 |
| 42 | 招商银行股份有限公司 | 广东 | 7 137 700 | 2 576 900 | 240 250 700 | 13 400 600 | 43 089 |
| 43 | 厦门建发集团有限公司 | 福建 | 6 770 462 | 154 661 | 5 305 614 | 697 416 | 17 514 |
| 44 | 中国海运(集团)总公司 | 上海 | 6 481 092 | 296 203 | 14 292 567 | 5 028 118 | 45 937 |
| 45 | 新疆广汇实业投资(集团)有限责任公司 | 新疆 | 6 475 589 | 357 825 | 4 360 840 | 1 490 545 | 42 269 |
| 46 | 海航集团有限公司 | 海南 | 6 466 806 | 391 408 | 20 146 164 | 4 096 308 | 49 659 |
| 47 | 国家开发投资公司 | 北京 | 6 143 153 | 471 321 | 23 734 908 | 7 247 062 | 76 527 |
| 48 | 珠海振戎公司 | 北京 | 6 098 492 | 18 946 | 565 879 | 140 448 | 97 |
| 49 | 广东物资集团公司 | 广东 | 5 831 123 | 21 942 | 2 590 066 | 389 253 | 8 208 |
| 50 | 广东省广新控股集团有限公司 | 广东 | 5 579 451 | 88 203 | 3 059 012 | 821 467 | 18 847 |
| 51 | 中国民生银行股份有限公司 | 北京 | 5 476 800 | 1 758 100 | 182 373 700 | 10 410 800 | 30 931 |
| 52 | 绿城房地产集团有限公司 | 浙江 | 5 420 000 | 153 177 | 12 535 895 | 1 019 951 | 3 435 |
| 53 | 庞大汽贸集团股份有限公司 | 河北 | 5 377 439 | 124 265 | 3 499 390 | 330 612 | 29 585 |
| 54 | 武汉商联(集团)股份有限公司 | 湖北 | 5 212 909 | 70 907 | 1 719 804 | 629 360 | 56 999 |
| 55 | 上海浦东发展银行股份有限公司 | 上海 | 4 985 585 | 1 917 721 | 219 141 077 | 12 299 634 | 28 081 |
| 56 | 中国港中旅集团公司 | 北京 | 4 837 930 | 181 278 | 5 500 193 | 2 489 449 | 42 659 |
| 57 | 广州铁路(集团)公司 | 广东 | 4 818 250 | 72 801 | 24 059 967 | 15 126 656 | 163 892 |
| 58 | 厦门国贸控股有限公司 | 福建 | 4 809 649 | 66 673 | 2 729 094 | 613 211 | 12 656 |
| 59 | 浙江省能源集团有限公司 | 浙江 | 4 702 046 | 318 711 | 10 721 743 | 3 696 800 | 11 465 |
| 60 | 中国诚通控股集团有限公司 | 北京 | 4 674 979 | 58 022 | 3 834 155 | 1 476 784 | 18 129 |
| 61 | 浙江省兴合集团公司 | 浙江 | 4 580 663 | 92 047 | 2 245 858 | 610 998 | 13 747 |
| 62 | 恒大地产集团 | 广东 | 4 580 140 | 802 468 | 10 445 246 | 2 136 623 | 19 351 |
| 63 | 安徽省徽商集团有限公司 | 安徽 | 4 379 994 | — | 1 147 368 | 77 251 | 15 200 |
| 64 | 兴业银行股份有限公司 | 福建 | 4 345 591 | 1 852 058 | 184 967 338 | 9 199 529 | 29 214 |
| 65 | 大连万达集团股份有限公司 | 辽宁 | 4 339 652 | 725 605 | 14 146 523 | 1 286 185 | 31 432 |
| 66 | 中国烟草总公司湖南省公司 | 湖南 | 4 294 715 | 385 818 | 1 961 832 | 1 747 015 | 16 454 |
| 67 | 大秦铁路股份有限公司 | 山西 | 4 201 380 | 1 041 080 | 10 014 600 | 5 633 380 | 91 837 |
| 68 | 上海世博(集团)有限公司 | 上海 | 4 122 641 | 72 683 | 1 669 532 | 523 568 | 3 533 |
| 69 | 山西煤炭进出口集团有限公司 | 山西 | 4 062 147 | 120 324 | 3 808 539 | 555 519 | 11 720 |
| 70 | 三胞集团有限公司 | 江苏 | 3 980 819 | 80 862 | 2 101 891 | 1 206 108 | 16 000 |
| 71 | 物美控股集团有限公司 | 北京 | 3 750 456 | 86 989 | 1 166 409 | 563 661 | 35 400 |
| 72 | 山东省商业集团有限公司 | 山东 | 3 702 662 | 97 033 | 4 015 660 | 582 581 | — |
| 73 | 江苏汇鸿国际集团有限公司 | 江苏 | 3 511 668 | 50 137 | 2 824 227 | 972 505 | 5 539 |
| 74 | 浙江省国际贸易集团有限公司 | 浙江 | 3 491 306 | 114 258 | 2 669 310 | 796 303 | 14 724 |
| 75 | 华侨城集团公司 | 广东 | 3 442 354 | 341 476 | 6 717 947 | 1 959 369 | 39 884 |

续表

| 名 次 | 企业名称 | 地 区 | 营业收入（万元） | 利 润（万元） | 资 产（万元） | 所有者权益（万元） | 从业人数 |
|---|---|---|---|---|---|---|---|
| 76 | 广发银行股份有限公司 | 广 东 | 3 408 515 | 618 861 | 81 439 002 | 4 288 160 | 15 939 |
| 77 | 广东省交通集团有限公司 | 广 东 | 3 308 711 | 301 658 | 16 440 049 | 5 025 207 | 51 621 |
| 78 | 重庆商社(集团)有限公司 | 重 庆 | 3 215 632 | 49 567 | 1 469 385 | 317 089 | 87 705 |
| 79 | 太平人寿保险有限公司 | 上 海 | 3 200 626 | 94 968 | 11 132 794 | 913 748 | 20 988 |
| 80 | 北京首都旅游集团有限责任公司 | 北 京 | 3 169 904 | 33 515 | 3 352 525 | 717 168 | 55 887 |
| 81 | 浙江省商业集团有限公司 | 浙 江 | 3 161 013 | 143 189 | 4 103 338 | 784 580 | 8 998 |
| 82 | 北京控股集团有限公司 | 北 京 | 3 118 499 | 192 575 | 7 539 241 | 3 920 425 | 43 000 |
| 83 | 中国中纺集团公司 | 北 京 | 3 087 432 | 48 666 | 1 910 527 | 542 255 | 9 369 |
| 84 | 浪潮集团有限公司 | 山 东 | 3 053 517 | 61 768 | 751 252 | 419 711 | 5 950 |
| 85 | 江苏苏宁环球集团有限公司 | 江 苏 | 2 952 000 | 263 300 | 4 806 620 | 1 845 430 | 7 556 |
| 86 | 中国工艺(集团)公司 | 北 京 | 2 838 134 | 40 876 | 891 085 | 199 076 | 2 177 |
| 87 | 广东省丝绸纺织集团有限公司 | 广 东 | 2 773 446 | 9 473 | 914 888 | 166 331 | 4 813 |
| 88 | 南方石化集团有限公司 | 广 东 | 2 752 872 | 13 359 | 976 903 | 77 091 | 1 100 |
| 89 | 海南大印集团有限公司 | 海 南 | 2 713 098 | — | 215 386 | — | 1 588 |
| 90 | 天津一商集团有限公司 | 天 津 | 2 660 644 | 12 669 | 674 035 | 120 876 | 3 992 |
| 91 | 碧桂园控股有限公司 | 广 东 | 2 580 411 | 693 744 | 8 208 125 | 2 541 808 | 32 943 |
| 92 | 厦门象屿集团有限公司 | 福 建 | 2 576 816 | 32 052 | 1 384 543 | 313 437 | 2 257 |
| 93 | 申能(集团)有限公司 | 上 海 | 2 534 147 | 265 749 | 10 467 099 | 6 665 632 | 12 410 |
| 94 | 合肥百货大楼集团股份有限公司 | 安 徽 | 2 490 000 | 36 713 | 447 353 | 165 092 | 7 762 |
| 95 | 北京银行 | 北 京 | 2 483 461 | 680 303 | 73 321 050 | 4 254 598 | 6 455 |
| 96 | 华夏银行股份有限公司 | 北 京 | 2 447 889 | 598 958 | 104 023 044 | 3 549 588 | 14 304 |
| 97 | 阳光保险集团股份有限公司 | 北 京 | 2 446 216 | 4 033 | 4 169 011 | 749 138 | 94 747 |
| 98 | 南京医药产业(集团)有限责任公司 | 江 苏 | 2 415 239 | 35 914 | 1 577 596 | 546 332 | 13 335 |
| 99 | 世纪金源投资集团有限公司 | 北 京 | 2 402 798 | 414 267 | 3 332 961 | 1 532 407 | 16 407 |
| 100 | 江苏高力集团有限公司 | 江 苏 | 2 393 521 | 89 932 | 735 668 | 458 495 | 3 955 |

资料来源：中国企业联合会、中国企业家协会

# 2011 中国企业按利润排序前 100 名企业

| 排名 | 公司名称 | 总排名 | 利润（万元） | 排名 | 公司名称 | 总排名 | 利润（万元） |
|---|---|---|---|---|---|---|---|
| 1 | 中国工商银行股份有限公司 | 4 | 16 602 500 | 51 | 大连万达集团股份有限公司 | 194 | 725 605 |
| 2 | 中国建设银行股份有限公司 | 8 | 13 484 400 | 52 | 中国南方电网有限责任公司 | 14 | 717 914 |
| 3 | 中国银行股份有限公司 | 11 | 10 969 100 | 53 | 三一集团有限公司 | 167 | 714 056 |
| 4 | 中国石油天然气集团公司 | 2 | 9 725 232 | 54 | 美的集团有限公司 | 70 | 695 515 |
| 5 | 中国农业银行股份有限公司 | 10 | 9 487 300 | 55 | 碧桂园控股有限公司 | 290 | 693 744 |
| 6 | 中国海洋石油总公司 | 16 | 7 423 092 | 56 | 中国船舶重工集团公司 | 61 | 685 144 |
| 7 | 中国移动通信集团公司 | 5 | 6 588 500 | 57 | 北京银行 | 303 | 680 303 |
| 8 | 中国石油化工集团公司 | 1 | 5 164 026 | 58 | 上海电气(集团)总公司 | 81 | 670 122 |
| 9 | 交通银行股份有限公司 | 46 | 3 904 201 | 59 | 杭州娃哈哈集团有限公司 | 148 | 660 021 |
| 10 | 中国中信集团公司 | 21 | 3 335 074 | 60 | 光明食品(集团)有限公司 | 77 | 659 995 |
| 11 | 国家电网公司 | 3 | 3 244 284 | 61 | 安徽海螺集团有限责任公司 | 151 | 651 359 |
| 12 | 神华集团有限责任公司 | 29 | 2 881 208 | 62 | 雅居乐地产控股有限公司 | 368 | 641 860 |
| 13 | 招商银行股份有限公司 | 110 | 2 576 900 | 63 | 江苏华厦融创置地集团有限公司 | 448 | 635 577 |
| 14 | 中国第一汽车集团公司 | 18 | 2 489 577 | 64 | 广发银行股份有限公司 | 236 | 618 861 |
| 15 | 华为技术有限公司 | 39 | 2 375 700 | 65 | 中国贵州茅台酒厂有限责任公司 | 462 | 605 686 |
| 16 | 中国人寿保险(集团)公司 | 9 | 2 372 918 | 66 | 华夏银行股份有限公司 | 306 | 598 958 |
| 17 | 东风汽车公司 | 13 | 2 322 133 | 67 | 中国建筑材料集团有限公司 | 66 | 584 145 |
| 18 | 宝钢集团有限公司 | 20 | 1 987 703 | 68 | 中国航天科工集团公司 | 94 | 579 704 |
| 19 | 上海浦东发展银行股份有限公司 | 171 | 1 917 721 | 69 | 紫金矿业集团股份有限公司 | 268 | 575 575 |
| 20 | 兴业银行股份有限公司 | 193 | 1 852 058 | 70 | 南山集团有限公司 | 163 | 568 462 |
| 21 | 中国民生银行股份有限公司 | 149 | 1 758 100 | 71 | 四川省宜宾五粮液集团有限公司 | 204 | 555 309 |
| 22 | 中国平安保险(集团)股份有限公司 | 34 | 1 731 100 | 72 | 中粮集团有限公司 | 41 | 541 732 |
| 23 | 中国建筑股份有限公司 | 12 | 1 471 521 | 73 | 上海国际港务(集团)股份有限公司 | 395 | 541 712 |
| 24 | 上海烟草集团有限责任公司 | 109 | 1 307 493 | 74 | 长沙中联重工科技发展股份有限公司 | 164 | 541 611 |
| 25 | 上海汽车工业(集团)总公司 | 15 | 1 295 615 | 75 | 上海绿地(集团)有限公司 | 87 | 541 071 |
| 26 | 广州汽车工业集团有限公司 | 48 | 1 239 720 | 76 | 河南煤业化工集团有限责任公司 | 58 | 527 208 |
| 27 | 中国航空集团公司 | 102 | 1 236 888 | 77 | 中国南方航空集团公司 | 106 | 510 585 |
| 28 | 华润(集团)有限公司 | 38 | 1 067 861 | 78 | 中国机械工业集团有限公司 | 55 | 510 246 |
| 29 | 大秦铁路股份有限公司 | 199 | 1 041 080 | 79 | 湖南中烟工业有限责任公司 | 140 | 506 299 |
| 30 | 兖矿集团有限公司 | 139 | 988 533 | 80 | 江西铜业集团公司 | 96 | 495 968 |
| 31 | 中国交通建设股份有限公司 | 19 | 943 707 | 81 | 红云红河烟草(集团)有限责任公司 | 147 | 488 009 |
| 32 | 中国航空工业集团公司 | 31 | 887 644 | 82 | 中国核工业集团公司 | 188 | 480 608 |
| 33 | 中国邮政集团公司 | 37 | 885 058 | 83 | 国家开发投资公司 | 134 | 471 321 |
| 34 | 陕西煤业化工集团有限责任公司 | 158 | 868 215 | 84 | 中国中煤能源集团有限公司 | 85 | 469 833 |
| 35 | 中国太平洋保险(集团)股份有限公司 | 62 | 855 700 | 85 | 海尔集团公司 | 63 | 452 649 |
| 36 | 山东魏桥创业集团有限公司 | 69 | 854 619 | 86 | 中国五矿集团公司 | 24 | 452 106 |
| 37 | 中国电信集团公司 | 22 | 845 958 | 87 | 上海复星高科技(集团)有限公司 | 184 | 439 477 |
| 38 | 北京汽车集团有限公司 | 50 | 844 413 | 88 | 中国铁建股份有限公司 | 7 | 431 664 |
| 39 | 中国广东核电集团有限公司 | 396 | 819 774 | 89 | 珠海格力电器股份有限公司 | 137 | 430 321 |
| 40 | 山东能源集团有限公司 | 75 | 818 146 | 90 | 世纪金源投资集团有限公司 | 313 | 414 267 |
| 41 | 腾讯控股有限公司 | 386 | 811 521 | 91 | 龙湖地产有限公司 | 474 | 413 016 |
| 42 | 恒大地产集团 | 183 | 802 468 | 92 | 苏宁电器集团有限公司 | 51 | 410 551 |
| 43 | 潍柴控股集团有限公司 | 93 | 799 639 | 93 | 红塔烟草(集团)有限责任公司 | 132 | 406 734 |
| 44 | 中国远洋运输(集团)总公司 | 45 | 786 125 | 94 | 中国国电集团公司 | 47 | 404 193 |
| 45 | 陕西延长石油(集团)有限责任公司 | 78 | 753 749 | 95 | 雨润控股集团有限公司 | 128 | 391 942 |
| 46 | 中国中铁股份有限公司 | 6 | 748 849 | 96 | 海航集团有限公司 | 129 | 391 408 |
| 47 | 内蒙古伊泰集团有限公司 | 227 | 740 240 | 97 | 中国人民保险集团股份有限公司 | 25 | 388 200 |
| 48 | 江苏沙钢集团有限公司 | 42 | 737 424 | 98 | 雅戈尔集团股份有限公司 | 237 | 386 269 |
| 49 | 天津汽车工业(集团)有限公司 | 84 | 734 658 | 99 | 中国烟草总公司湖南省公司 | 198 | 385 818 |
| 50 | 中国中化集团公司 | 17 | 734 480 | 100 | 江苏扬子江船业集团公司 | 329 | 355 740 |
| | 中国企业500强平均数 | | | | | | 426 160 |

资料来源：中国企业联合会、中国企业家协会

# 2011 中国企业按收入利润率排序前 100 名企业

| 排名 | 公司名称 | 总排名 | 利润率（%） | 排名 | 公司名称 | 总排名 | 利润率（%） |
|---|---|---|---|---|---|---|---|
| 1 | 中国广东核电集团有限公司 | 396 | 42.99 | 51 | 山东鲁北企业集团总公司 | 325 | 10.74 |
| 2 | 兴业银行股份有限公司 | 193 | 42.62 | 52 | 长沙中联重工科技发展股份有限公司 | 164 | 10.65 |
| 3 | 腾讯控股有限公司 | 386 | 41.31 | 53 | 山东西水橡胶集团有限公司 | 453 | 10.52 |
| 4 | 江苏华厦融创置地集团有限公司 | 448 | 39.33 | 54 | 电能（集团）有限公司 | 296 | 10.49 |
| 5 | 中国贵州茅台酒厂有限责任公司 | 462 | 39.07 | 55 | 天狮集团有限公司 | 267 | 10.20 |
| 6 | 上海浦东发展银行股份有限公司 | 171 | 38.47 | 56 | 重庆轻纺控股（集团）公司 | 467 | 10.05 |
| 7 | 招商银行股份有限公司 | 110 | 36.10 | 57 | 中国煤炭科工集团有限公司 | 332 | 9.99 |
| 8 | 中国民生银行股份有限公司 | 149 | 32.10 | 58 | 华桥城集团公司 | 233 | 9.92 |
| 9 | 雅居尔地产控股有限公司 | 368 | 31.28 | 59 | 北京能源投资（集团）有限公司 | 421 | 9.88 |
| 10 | 中国工商银行股份有限公司 | 4 | 30.46 | 60 | 山东高速集团有限公司 | 399 | 9.81 |
| 11 | 中国建设银行股份有限公司 | 8 | 29.70 | 61 | 长城汽车股份有限公司 | 264 | 9.76 |
| 12 | 上海国际港务（集团）股份有限公司 | 395 | 28.35 | 62 | 内蒙古鄂尔多斯羊绒集团有限责任公司 | 420 | 9.71 |
| 13 | 中国银行股份有限公司 | 11 | 27.41 | 63 | 新疆特变电工集团有限公司 | 366 | 9.68 |
| 14 | 北京银行 | 303 | 27.39 | 64 | 上海复星高科技（集团）有限公司 | 184 | 9.62 |
| 15 | 龙湖地产有限公司 | 474 | 27.36 | 65 | 北京首都创业集团有限公司 | 441 | 9.52 |
| 16 | 碧桂园控股有限公司 | 290 | 26.89 | 66 | 上海人民企业（集团）有限公司 | 337 | 9.27 |
| 17 | 大秦铁路股份有限公司 | 199 | 24.78 | 67 | 广东省交通集团有限公司 | 238 | 9.12 |
| 18 | 华夏银行股份有限公司 | 306 | 24.47 | 68 | 广西柳工集团有限公司 | 418 | 9.10 |
| 19 | 交通银行股份有限公司 | 46 | 23.84 | 69 | 浙江省交通投资集团有限公司 | 319 | 9.08 |
| 20 | 中国农业银行股份有限公司 | 10 | 23.26 | 70 | 滨化集团公司 | 293 | 9.07 |
| 21 | 内蒙古伊泰集团有限公司 | 227 | 20.99 | 71 | 中国烟草总公司湖南省公司 | 198 | 8.98 |
| 22 | 中国海洋石油总公司 | 16 | 20.92 | 72 | 江苏苏宁环球集团有限公司 | 262 | 8.92 |
| 23 | 紫金矿业集团股份有限公司 | 268 | 20.17 | 73 | 红云红河烟草（集团）有限责任公司 | 147 | 8.87 |
| 24 | 广东银行股份有限公司 | 236 | 18.16 | 74 | 中国平安保险（集团）股份有限公司 | 34 | 8.85 |
| 25 | 江苏新世纪造船（集团）有限公司 | 436 | 18.01 | 75 | 潍柴控股集团有限公司 | 93 | 8.77 |
| 26 | 上海烟草集团有限责任公司 | 109 | 17.95 | 76 | 新疆金风科技股份有限公司 | 414 | 8.71 |
| 27 | 恒大地产集团 | 183 | 17.52 | 77 | 湖南中烟工业有限责任公司 | 140 | 8.60 |
| 28 | 世纪金源投资集团有限公司 | 313 | 17.24 | 78 | 浙江荣盛控股集团有限公司 | 286 | 8.50 |
| 29 | 青岛港（集团）有限公司 | 485 | 17.20 | 79 | 中国第一汽车集团公司 | 18 | 8.47 |
| 30 | 陕西煤业化工集团有限责任公司 | 158 | 16.84 | 80 | 波司登股份有限公司 | 455 | 8.39 |
| 31 | 大连力达集团股份有限公司 | 194 | 16.72 | 81 | 尚德电力控股有限公司 | 388 | 8.16 |
| 32 | 江苏扬子江船业集团公司 | 329 | 16.58 | 82 | 金东纸业（江苏）股份有限公司 | 254 | 8.14 |
| 33 | 兖矿集团有限公司 | 139 | 16.39 | 83 | 恒力集团有限公司 | 241 | 7.94 |
| 34 | 福佳集团有限公司 | 328 | 16.12 | 84 | 海城市后英经贸集团有限公司 | 483 | 7.80 |
| 35 | 中国航空集团公司 | 102 | 15.00 | 85 | 北京金隅集团有限责任公司 | 255 | 7.78 |
| 36 | 三一集团有限公司 | 167 | 14.22 | 86 | 上海外高桥造船有限公司 | 379 | 7.74 |
| 37 | 四川省宜宾五粮液集团有限公司 | 204 | 13.78 | 87 | 山东能源集团有限公司 | 75 | 7.72 |
| 38 | 金地（集团）股份有限公司 | 389 | 13.75 | 88 | 国家开发投资公司 | 134 | 7.67 |
| 39 | 神华集团有限责任公司 | 29 | 13.12 | 89 | 广州汽车工业集团有限公司 | 48 | 7.64 |
| 40 | 华为技术有限公司 | 39 | 12.84 | 90 | 青岛啤酒股份有限公司 | 381 | 7.64 |
| 41 | 中国移动通信集团公司 | 5 | 12.69 | 91 | 北京京城机电控股有限责任公司 | 382 | 7.64 |
| 42 | 中国中信集团公司 | 21 | 12.64 | 92 | 广东省广晟资产经营有限公司 | 316 | 7.61 |
| 43 | 郑州宇通集团有限公司 | 445 | 12.09 | 93 | 天津汽车工业（集团）有限公司 | 84 | 7.60 |
| 44 | 安徽海螺集团有限责任公司 | 151 | 12.09 | 94 | 中国中材集团有限公司 | 169 | 7.40 |
| 45 | 杭州娃哈哈集团有限公司 | 148 | 12.03 | 95 | 陕西延长石油（集团）有限责任公司 | 78 | 7.38 |
| 46 | 晶龙实业集团有限公司 | 280 | 11.93 | 96 | 沈阳远大企业集团 | 394 | 7.29 |
| 47 | 雅戈尔集团股份有限公司 | 237 | 11.54 | 97 | 北京燕京啤酒集团公司 | 492 | 7.29 |
| 48 | 南山集团有限公司 | 163 | 11.10 | 98 | 宝钢集团有限公司 | 20 | 7.28 |
| 49 | 中国核工业集团公司 | 188 | 10.79 | 99 | 许继集团有限公司 | 484 | 7.21 |
| 50 | 中南控股集团有限公司 | 406 | 10.76 | 100 | 山东魏桥创业集团有限公司 | 69 | 7.21 |
| 中国企业500强平均数 | | | | | | | 5.77 |

资料来源：中国企业联合会、中国企业家协会

# 2011 中国企业按总资产排序前 100 名企业

| 排名 | 公司名称 | 总排名 | 资产（万元） | 排名 | 公司名称 | 总排名 | 资产（万元） |
|---|---|---|---|---|---|---|---|
| 1 | 中国工商银行股份有限公司 | 4 | 1 345 862 200 | 51 | 中粮集团有限公司 | 41 | 23 260 720 |
| 2 | 中国建设银行股份有限公司 | 8 | 1 081 031 700 | 52 | 中国兵器工业集团公司 | 26 | 22 836 758 |
| 3 | 中国银行股份有限公司 | 11 | 1 045 986 500 | 53 | 中国核工业集团公司 | 188 | 22 338 423 |
| 4 | 中国农业银行股份有限公司 | 10 | 1 033 740 600 | 54 | 中国兵器装备集团公司 | 23 | 21 932 144 |
| 5 | 交通银行股份有限公司 | 46 | 395 159 317 | 55 | 东风汽车公司 | 13 | 21 776 372 |
| 6 | 中国邮政集团公司 | 37 | 352 066 208 | 56 | 中国中化集团公司 | 17 | 21 145 578 |
| 7 | 中国石油天然气集团公司 | 2 | 262 995 626 | 57 | 武汉钢铁(集团)公司 | 36 | 20 382 720 |
| 8 | 中国中信集团公司 | 21 | 253 905 748 | 58 | 海航集团有限公司 | 129 | 20 146 164 |
| 9 | 招商银行股份有限公司 | 110 | 240 250 700 | 59 | 中国五矿集团公司 | 24 | 19 878 521 |
| 10 | 上海浦东发展银行股份有限公司 | 171 | 219 141 077 | 60 | 中国广东核电集团有限公司 | 396 | 19 586 151 |
| 11 | 国家电网公司 | 3 | 207 752 374 | 61 | 中国化工集团公司 | 64 | 17 961 190 |
| 12 | 兴业银行股份有限公司 | 193 | 184 967 338 | 62 | 中国中煤能源集团有限公司 | 85 | 17 256 094 |
| 13 | 中国民生银行股份有限公司 | 149 | 182 373 700 | 63 | 中国第一汽车集团公司 | 18 | 17 254 979 |
| 14 | 中国人寿保险(集团)公司 | 9 | 177 602 026 | 64 | 中国航空集团公司 | 102 | 16 497 551 |
| 15 | 中国石油化工集团公司 | 1 | 148 524 057 | 65 | 广东省交通集团有限公司 | 238 | 16 440 049 |
| 16 | 中国平安保险(集团)股份有限公司 | 34 | 117 162 700 | 66 | 华为技术有限公司 | 39 | 16 084 100 |
| 17 | 中国移动通信集团公司 | 5 | 105 915 327 | 67 | 光明食品(集团)有限公司 | 77 | 15 561 802 |
| 18 | 华夏银行股份有限公司 | 306 | 104 023 044 | 68 | 中国建筑材料集团有限公司 | 66 | 15 348 103 |
| 19 | 广东银行股份有限公司 | 236 | 81 439 002 | 69 | 江苏沙钢集团有限公司 | 42 | 15 258 254 |
| 20 | 北京银行 | 303 | 73 321 050 | 70 | 山东钢铁集团有限公司 | 73 | 15 116 265 |
| 21 | 中国华能集团公司 | 27 | 66 239 943 | 71 | 陕西延长石油(集团)有限责任公司 | 78 | 14 482 801 |
| 22 | 中国电信集团公司 | 22 | 64 764 039 | 72 | 中国海运(集团)总公司 | 126 | 14 292 567 |
| 23 | 中国海洋石油总公司 | 16 | 61 720 044 | 73 | 大连万达集团股份有限公司 | 194 | 14 146 523 |
| 24 | 神华集团有限责任公司 | 29 | 55 092 663 | 74 | 河南煤业化工集团有限责任公司 | 58 | 14 055 952 |
| 25 | 中国国电集团公司 | 47 | 53 583 753 | 75 | 上海绿地(集团)有限公司 | 87 | 13 871 297 |
| 26 | 中国大唐集团公司 | 44 | 52 058 235 | 76 | 山东高速集团有限公司 | 399 | 13 748 760 |
| 27 | 中国联合网络通信集团有限公司 | 43 | 51 267 478 | 77 | 陕西煤业化工集团有限责任公司 | 158 | 13 437 875 |
| 28 | 中国南方电网有限责任公司 | 14 | 49 077 334 | 78 | 浙江省交通投资集团有限公司 | 319 | 13 332 518 |
| 29 | 中国太平洋保险(集团)股份有限公司 | 62 | 47 571 100 | 79 | 中国航天科工集团公司 | 94 | 13 172 060 |
| 30 | 中国航空工业集团公司 | 31 | 46 928 196 | 80 | 中国机械工业集团有限公司 | 55 | 13 135 501 |
| 31 | 华润(集团)有限公司 | 38 | 45 901 676 | 81 | 山东能源集团有限公司 | 75 | 12 953 462 |
| 32 | 中国华电集团公司 | 67 | 44 464 297 | 82 | 中国重型汽车集团有限公司 | 103 | 12 847 057 |
| 33 | 中国电力投资集团公司 | 68 | 44 339 335 | 83 | 北京汽车集团有限公司 | 50 | 12 633 073 |
| 34 | 中国人民保险集团股份有限公司 | 25 | 44 058 900 | 84 | 中国中钢集团公司 | 40 | 12 583 533 |
| 35 | 宝钢集团有限公司 | 20 | 43 213 018 | 85 | 山西焦煤集团有限责任公司 | 76 | 12 551 687 |
| 36 | 中国建筑股份有限公司 | 12 | 39 753 912 | 86 | 绿城房地产集团有限公司 | 150 | 12 535 895 |
| 37 | 中国中铁股份有限公司 | 6 | 38 930 635 | 87 | 中国水利水电建设集团公司 | 80 | 12 346 476 |
| 38 | 中国铝业公司 | 35 | 37 421 865 | 88 | 上海电气(集团)总公司 | 81 | 11 847 191 |
| 39 | 中国铁建股份有限公司 | 7 | 35 019 402 | 89 | 中国南方航空集团公司 | 106 | 11 800 461 |
| 40 | 中国远洋运输(集团)总公司 | 45 | 31 958 432 | 90 | 广东省粤电集团有限公司 | 197 | 11 771 261 |
| 41 | 中国船舶重工集团公司 | 61 | 31 811 447 | 91 | 兖矿集团有限公司 | 139 | 11 727 577 |
| 42 | 中国冶金科工集团有限公司 | 30 | 31 806 302 | 92 | 中国外运长航集团有限公司 | 88 | 11 655 354 |
| 43 | 中国交通建设股份有限公司 | 19 | 31 106 704 | 93 | 联想控股有限公司 | 59 | 11 460 039 |
| 44 | 首钢总公司 | 32 | 31 012 814 | 94 | 湖南华菱钢铁集团有限责任公司 | 124 | 11 376 825 |
| 45 | 泰康人寿保险股份有限公司 | 107 | 29 347 528 | 95 | 中国东方航空集团公司 | 105 | 11 308 184 |
| 46 | 上海汽车工业(集团)总公司 | 15 | 29 252 033 | 96 | 海尔集团公司 | 63 | 11 265 393 |
| 47 | 河北钢铁集团有限公司 | 28 | 28 208 254 | 97 | 太平人寿保险有限公司 | 245 | 11 132 794 |
| 48 | 鞍钢集团公司 | 56 | 24 500 977 | 98 | 中国电子信息产业集团有限公司 | 49 | 10 817 474 |
| 49 | 广州铁路(集团)公司 | 173 | 24 059 967 | 99 | 浙江省能源集团有限公司 | 177 | 10 721 743 |
| 50 | 国家开发投资公司 | 134 | 23 734 908 | 100 | 上海复星高科技(集团)有限公司 | 184 | 10 667 214 |
| 中国企业500强平均数 | | | | | | | 21 840 894 |

资料来源：中国企业联合会、中国企业家协会

# 2011 中国企业按资产利润率排序前 100 名企业

| 排名 | 公司名称 | 总排名 | 资产利润率(%) | 排名 | 公司名称 | 总排名 | 资产利润率(%) |
|---|---|---|---|---|---|---|---|
| 1 | 大正集团有限公司 | 380 | 26.52 | 51 | 东风汽车公司 | 13 | 10.66 |
| 2 | 天狮集团有限公司 | 267 | 24.65 | 52 | 大秦铁路股份有限公司 | 199 | 10.40 |
| 3 | 山东金诚石化集团有限公司 | 357 | 24.52 | 53 | 山东招金集团有限公司 | 294 | 10.27 |
| 4 | 中太建设集团股份有限公司 | 468 | 24.13 | 54 | 中国煤炭科工集团有限公司 | 332 | 10.26 |
| 5 | 杭州娃哈哈集团有限公司 | 148 | 22.88 | 55 | 维维集团股份有限公司 | 471 | 10.26 |
| 6 | 腾讯控股有限公司 | 386 | 22.65 | 56 | 郑州宇通集团有限公司 | 445 | 10.21 |
| 7 | 滨化集团公司 | 293 | 21.28 | 57 | 通威集团有限公司 | 257 | 10.20 |
| 8 | 桐昆集团股份有限公司 | 355 | 21.21 | 58 | 江苏阳光集团有限公司 | 266 | 10.01 |
| 9 | 上海人民企业(集团)有限公司 | 337 | 20.99 | 59 | 德力西集团有限公司 | 361 | 9.97 |
| 10 | 山东鲁北企业集团总公司 | 325 | 20.70 | 60 | 山东科达集团有限公司 | 481 | 9.90 |
| 11 | 中国烟草总公司湖南省公司 | 198 | 19.67 | 61 | 安徽海螺集团有限责任公司 | 151 | 9.81 |
| 12 | 江苏华厦融创置地集团有限公司 | 448 | 19.45 | 62 | 东营方圆有色金属有限公司 | 429 | 9.79 |
| 13 | 山东时风(集团)有限责任公司 | 317 | 19.42 | 63 | 浙江荣盛控股集团有限公司 | 286 | 9.70 |
| 14 | 中国贵州茅台酒厂有限责任公司 | 462 | 18.25 | 64 | 万达控股集团有限公司 | 413 | 9.68 |
| 15 | 人民电器集团有限公司 | 302 | 18.18 | 65 | 海亮集团有限公司 | 153 | 9.36 |
| 16 | 河南省漯河市双汇实业集团有限责任公司 | 166 | 18.05 | 66 | 苏宁电器集团有限公司 | 51 | 9.35 |
| 17 | 内蒙古伊泰集团有限公司 | 227 | 17.73 | 67 | 青岛港(集团)有限公司 | 485 | 9.29 |
| 18 | 扬子江药业集团有限公司 | 298 | 17.63 | 68 | 河南中烟工业有限责任公司 | 279 | 9.27 |
| 19 | 天津汽车工业(集团)有限公司 | 84 | 17.31 | 69 | 雅居乐地产控股有限公司 | 368 | 9.19 |
| 20 | 江苏新世纪造船(集团)有限公司 | 436 | 15.78 | 70 | 百兴集团有限公司 | 309 | 9.00 |
| 21 | 山东魏桥创业集团有限公司 | 69 | 15.33 | 71 | 沂州集团有限公司 | 416 | 8.99 |
| 22 | 山东西水橡胶集团有限公司 | 453 | 15.07 | 72 | 美的集团有限公司 | 70 | 8.88 |
| 23 | 紫金矿业集团股份有限公司 | 268 | 14.99 | 73 | 河北新金钢铁有限公司 | 490 | 8.88 |
| 24 | 华为技术有限公司 | 39 | 14.77 | 74 | 江苏国泰国际集团有限公司 | 367 | 8.78 |
| 25 | 上海烟草集团有限责任公司 | 109 | 14.67 | 75 | 红云红河烟草(集团)有限责任公司 | 147 | 8.69 |
| 26 | 临沂新程金锣肉制品集团有限公司 | 235 | 14.61 | 76 | 长沙中联重工科技发展股份有限公司 | 164 | 8.60 |
| 27 | 中国第一汽车集团公司 | 18 | 14.43 | 77 | 江苏法尔胜泓昇集团有限公司 | 428 | 8.60 |
| 28 | 晶龙实业集团有限公司 | 280 | 14.38 | 78 | 青岛啤酒股份有限公司 | 381 | 8.55 |
| 29 | 三一集团有限公司 | 167 | 13.74 | 79 | 武安市裕华钢铁有限公司 | 482 | 8.47 |
| 30 | 山东淄博傅山企业集团有限公司 | 456 | 13.72 | 80 | 碧桂园控股有限公司 | 290 | 8.45 |
| 31 | 广州汽车工业集团有限公司 | 48 | 13.59 | 81 | 兖矿集团有限公司 | 139 | 8.43 |
| 32 | 潍柴控股集团有限公司 | 93 | 13.45 | 82 | 海澜集团有限公司 | 299 | 8.30 |
| 33 | 山东六和集团有限公司 | 165 | 12.96 | 83 | 恒力集团有限公司 | 241 | 8.26 |
| 34 | 沈阳远大企业集团 | 394 | 12.85 | 84 | 上海国际港务(集团)股份有限公司 | 395 | 8.22 |
| 35 | 浙江八达建设集团有限公司 | 495 | 12.79 | 85 | 浪潮集团有限公司 | 258 | 8.22 |
| 36 | 南山集团有限公司 | 163 | 12.75 | 86 | 新疆广汇实业投资(集团)有限责任公司 | 127 | 8.21 |
| 37 | 世纪金源投资集团有限公司 | 313 | 12.43 | 87 | 合肥百货大楼集团股份有限公司 | 300 | 8.21 |
| 38 | 江苏高力集团有限公司 | 315 | 12.22 | 88 | 山东如意科技集团有限公司 | 376 | 8.16 |
| 39 | 中国海洋石油总公司 | 16 | 12.03 | 89 | 江苏金辉集团公司 | 444 | 8.03 |
| 40 | 长城汽车股份有限公司 | 264 | 11.93 | 90 | 贵州中烟工业有限责任公司 | 359 | 8.01 |
| 41 | 浙江恒逸集团有限公司 | 221 | 11.49 | 91 | 内蒙古蒙牛乳业(集团)股份有限公司 | 260 | 7.83 |
| 42 | 徐州工程机械集团有限公司 | 123 | 11.49 | 92 | 江苏南通二建集团有限公司 | 372 | 7.81 |
| 43 | 四川省宜宾五粮液集团有限公司 | 204 | 11.41 | 93 | 恒大地产集团 | 183 | 7.68 |
| 44 | 湖南中烟工业有限责任公司 | 140 | 11.32 | 94 | 江西铜业集团公司 | 96 | 7.51 |
| 45 | 中国化学工程股份有限公司 | 240 | 11.28 | 95 | 中国航空集团公司 | 102 | 7.50 |
| 46 | 大连西太平洋石油化工有限公司 | 223 | 11.18 | 96 | 物美控股集团有限公司 | 212 | 7.46 |
| 47 | 新世纪控股集团有限公司 | 362 | 10.99 | 97 | 广州万宝集团有限公司 | 412 | 7.37 |
| 48 | 波司登股份有限公司 | 455 | 10.97 | 98 | 天津百利机电控股集团有限公司 | 222 | 7.26 |
| 49 | 江苏扬子江船业集团公司 | 329 | 10.97 | 99 | 中国国际技术智力合作公司 | 336 | 7.25 |
| 50 | 海城市后英经贸集团有限公司 | 483 | 10.92 | 100 | 江苏南通三建集团有限公司 | 364 | 7.16 |
| | 中国企业500强平均数 | | | | | | 1.93 |

资料来源：中国企业联合会、中国企业家协会

# 2011 中国企业按所有者权益排序前 100 名企业

| 排名 | 公司名称 | 总排名 | 所有者权益(万元) | 排名 | 公司名称 | 总排名 | 所有者权益(万元) |
|---|---|---|---|---|---|---|---|
| 1 | 中国石油天然气集团公司 | 2 | 139 565 211 | 51 | 大秦铁路股份有限公司 | 199 | 5 633 380 |
| 2 | 中国工商银行股份有限公司 | 4 | 82 165 700 | 52 | 北京汽车集团有限公司 | 50 | 5 609 680 |
| 3 | 国家电网公司 | 3 | 79 292 976 | 53 | 华为技术有限公司 | 39 | 5 525 100 |
| 4 | 中国移动通信集团公司 | 5 | 75 126 571 | 54 | 中国兵器工业集团公司 | 26 | 5 467 607 |
| 5 | 中国建设银行股份有限公司 | 8 | 69 679 200 | 55 | 中粮集团有限公司 | 41 | 5 403 399 |
| 6 | 中国银行股份有限公司 | 11 | 64 416 500 | 56 | 广东省粤电集团有限公司 | 197 | 5 389 194 |
| 7 | 中国农业银行股份有限公司 | 10 | 54 207 100 | 57 | 中国五矿集团公司 | 24 | 5 272 677 |
| 8 | 中国石油化工集团公司 | 1 | 50 437 059 | 58 | 中国中煤能源集团有限公司 | 85 | 5 228 522 |
| 9 | 中国电信集团公司 | 22 | 42 922 193 | 59 | 中国外运长航集团有限公司 | 88 | 5 126 104 |
| 10 | 中国海洋石油总公司 | 16 | 39 078 726 | 60 | 江苏沙钢集团有限公司 | 42 | 5 088 441 |
| 11 | 宝钢集团有限公司 | 20 | 26 017 495 | 61 | 中国重型汽车集团有限公司 | 103 | 5 066 698 |
| 12 | 中国联合网络通信集团有限公司 | 43 | 24 555 768 | 62 | 中国海运(集团)总公司 | 126 | 5 028 118 |
| 13 | 神华集团有限责任公司 | 29 | 23 639 003 | 63 | 广东省交通集团有限公司 | 38 | 5 025 207 |
| 14 | 交通银行股份有限公司 | 46 | 22 227 317 | 64 | 中国航天科工集团公司 | 94 | 4 873 588 |
| 15 | 中国中信集团公司 | 21 | 17 250 544 | 65 | 中国航空集团公司 | 102 | 4 710 996 |
| 16 | 中国航空工业集团公司 | 31 | 16 028 229 | 66 | 中国广东核电集团有限公司 | 396 | 4 654 559 |
| 17 | 中国南方电网有限责任公司 | 14 | 15 835 594 | 67 | 陕西煤业化工集团有限责任公司 | 158 | 4 500 096 |
| 18 | 广州铁路(集团)公司 | 173 | 15 126 656 | 68 | 福佳集团有限公司 | 328 | 4 397 839 |
| 19 | 招商银行股份有限公司 | 110 | 13 400 600 | 69 | 山西焦煤集团有限责任公司 | 76 | 4 352 046 |
| 20 | 上海浦东发展银行股份有限公司 | 171 | 12 299 634 | 70 | 广东银行股份有限公司 | 236 | 4 288 160 |
| 21 | 中国邮政集团公司 | 37 | 11 507 122 | 71 | 北京银行 | 303 | 4 254 598 |
| 22 | 中国远洋运输(集团)总公司 | 45 | 11 338 183 | 72 | 广州汽车工业集团有限公司 | 48 | 4 131 526 |
| 23 | 中国平安保险(集团)股份有限公司 | 34 | 11 203 000 | 73 | 海航集团有限公司 | 129 | 4 096 308 |
| 24 | 首钢总公司 | 32 | 10 642 837 | 74 | 中国电子信息产业集团有限公司 | 49 | 4 053 182 |
| 25 | 中国民生银行股份有限公司 | 149 | 10 410 800 | 75 | 上海电气(集团)总公司 | 81 | 4 017 188 |
| 26 | 中国建筑股份有限公司 | 12 | 10 326 047 | 76 | 太原钢铁(集团)有限公司 | 71 | 3 941 135 |
| 27 | 中国国电集团公司 | 47 | 9 686 973 | 77 | 山东高速集团有限公司 | 399 | 3 930 141 |
| 28 | 兴业银行股份有限公司 | 193 | 9 199 529 | 78 | 北京控股集团有限公司 | 251 | 3 920 425 |
| 29 | 上海烟草集团有限责任公司 | 109 | 8 251 147 | 79 | 红云红河烟草(集团)有限责任公司 | 147 | 3 896 461 |
| 30 | 鞍钢集团公司 | 56 | 8 108 021 | 80 | 河南煤业化工集团有限责任公司 | 58 | 3 873 857 |
| 31 | 中国船舶重工集团公司 | 61 | 8 100 852 | 81 | 江西铜业集团公司 | 96 | 3 807 176 |
| 32 | 华润(集团)有限公司 | 38 | 7 959 171 | 82 | 山东钢铁集团有限公司 | 73 | 3 800 120 |
| 33 | 东风汽车公司 | 13 | 7 912 510 | 83 | 湖南中烟工业有限责任公司 | 140 | 3 764 482 |
| 34 | 河北钢铁集团有限公司 | 28 | 7 814 526 | 84 | 安徽海螺集团有限责任公司 | 151 | 3 704 637 |
| 35 | 中国中化集团公司 | 17 | 7 637 934 | 85 | 浙江省能源集团有限公司 | 177 | 3 696 800 |
| 36 | 中国交通建设股份有限公司 | 19 | 7 502 167 | 86 | 浙江省交通投资集团有限公司 | 319 | 3 652 330 |
| 37 | 中国中铁股份有限公司 | 6 | 7 389 188 | 87 | 中国冶金科工集团有限公司 | 30 | 3 611 127 |
| 38 | 国家开发投资公司 | 134 | 7 247 062 | 88 | 华夏银行股份有限公司 | 306 | 3 549 588 |
| 39 | 武汉钢铁(集团)公司 | 36 | 7 131 676 | 89 | 上海国际港务(集团)股份有限公司 | 395 | 3 537 835 |
| 40 | 上海汽车工业(集团)总公司 | 15 | 7 018 380 | 80 | 兖矿集团有限公司 | 139 | 3 526 738 |
| 41 | 中国第一汽车集团公司 | 18 | 6 974 412 | 91 | 中国建筑材料集团有限公司 | 66 | 3 409 221 |
| 42 | 中国电力投资集团公司 | 68 | 6 715 634 | 92 | 马钢(集团)控股有限公司 | 116 | 3 380 099 |
| 43 | 申能(集团)有限公司 | 296 | 6 665 632 | 93 | 山东能源集团有限公司 | 75 | 3 313 005 |
| 44 | 光明食品(集团)有限公司 | 77 | 6 585 409 | 94 | 浙江吉利控股集团有限公司 | 115 | 3 212 939 |
| 45 | 中国人寿保险(集团)公司 | 9 | 6 468 225 | 95 | 四川省宜宾五粮液集团有限公司 | 204 | 3 200 121 |
| 46 | 中国大唐集团公司 | 44 | 6 364 198 | 96 | 中国兵器装备集团公司 | 23 | 3 197 536 |
| 47 | 红塔烟草(集团)有限责任公司 | 132 | 6 270 343 | 97 | 中国机械工业集团有限公司 | 55 | 3 184 308 |
| 48 | 陕西延长石油(集团)有限责任公司 | 78 | 6 257 484 | 98 | 山东魏桥创业集团有限公司 | 69 | 3 095 163 |
| 49 | 中国核工业集团公司 | 188 | 5 973 983 | 99 | 北京能源投资(集团)有限公司 | 421 | 3 087 076 |
| 50 | 中国铁建股份有限公司 | 7 | 5 823 142 | 100 | 中国医药集团总公司 | 95 | 3 071 668 |
| 中国企业500强平均数 | | | | | | | 3 488 068 |

资料来源:中国企业联合会、中国企业家协会

# 2011 中国企业按从业人数排序前 100 名企业

| 排名 | 公司名称 | 总排名 | 从业人数 | 排名 | 公司名称 | 总排名 | 从业人数 |
|---|---|---|---|---|---|---|---|
| 1 | 中国石油天然气集团公司 | 2 | 1 674 541 | 51 | 中国人寿保险(集团)公司 | 9 | 118 362 |
| 2 | 国家电网公司 | 3 | 1 564 001 | 52 | 武汉钢铁(集团)公司 | 36 | 117 374 |
| 3 | 中国邮政集团公司 | 37 | 860 200 | 53 | 中国电力投资集团公司 | 68 | 116 825 |
| 4 | 黑龙江北大荒农垦集团总公司 | 79 | 721 547 | 54 | 陕西延长石油(集团)有限责任公司 | 78 | 114 464 |
| 5 | 中国石油化工集团公司 | 1 | 640 535 | 55 | 中国电子信息产业集团有限公司 | 49 | 11 1651 |
| 6 | 中国电信集团公司 | 22 | 493 919 | 56 | 中国建筑材料集团有限公司 | 66 | 110 691 |
| 7 | 中国农业银行股份有限公司 | 10 | 444 447 | 57 | 华为技术有限公司 | 39 | 110 000 |
| 8 | 中国航空工业集团公司 | 31 | 411 490 | 58 | 上海汽车工业(集团)总公司 | 15 | 109 500 |
| 9 | 中国工商银行股份有限公司 | 4 | 397 339 | 59 | 成都建筑工程集团总公司 | 285 | 10 9381 |
| 10 | 中国南方电网有限责任公司 | 14 | 323 958 | 60 | 首钢总公司 | 32 | 105 993 |
| 11 | 华润(集团)有限公司 | 38 | 320 464 | 61 | 宝钢集团有限公司 | 20 | 104 768 |
| 12 | 中国建设银行股份有限公司 | 8 | 313 867 | 62 | 中国交通建设股份有限公司 | 19 | 103 010 |
| 13 | 中国联合网络通信集团有限公司 | 43 | 312 700 | 63 | 中国五矿集团公司 | 24 | 101 276 |
| 14 | 中国中铁股份有限公司 | 6 | 285 054 | 64 | 雨润控股集团有限公司 | 128 | 100 000 |
| 15 | 中国兵器工业集团公司 | 26 | 279 996 | 65 | 兖矿集团有限公司 | 139 | 98 470 |
| 16 | 中国银行股份有限公司 | 11 | 279 301 | 66 | 中国华电集团公司 | 67 | 98 233 |
| 17 | 中国铁建股份有限公司 | 7 | 260 268 | 67 | 中国大唐集团公司 | 44 | 95 882 |
| 18 | 黑龙江龙煤矿业控股集团有限责任公司 | 224 | 259 138 | 68 | 阳光保险集团股份有限公司 | 307 | 94 747 |
| 19 | 中国兵器装备集团公司 | 23 | 225 033 | 69 | 中国人民保险集团股份有限公司 | 25 | 94 578 |
| 20 | 鞍钢集团公司 | 56 | 208 489 | 70 | 陕西煤业化工集团有限责任公司 | 158 | 93 654 |
| 21 | 中国移动通信集团公司 | 5 | 207 404 | 71 | 大秦铁路股份有限公司 | 199 | 91 837 |
| 22 | 山东能源集团有限公司 | 75 | 200 857 | 72 | 广厦控股创业投资有限公司 | 138 | 90 012 |
| 23 | 中国铝业公司 | 35 | 186 266 | 73 | 山东钢铁集团有限公司 | 73 | 89 370 |
| 24 | 美的集团有限公司 | 70 | 182 000 | 74 | 淮北矿业(集团)有限责任公司 | 243 | 88 725 |
| 25 | 河南煤业化工集团有限责任公司 | 58 | 181 756 | 75 | 中粮集团有限公司 | 41 | 88 508 |
| 26 | 山西焦煤集团有限责任公司 | 76 | 178 321 | 76 | 中国南车集团公司 | 120 | 88 381 |
| 27 | 东风汽车公司 | 13 | 163 990 | 77 | 江苏南通三建集团有限公司 | 364 | 88 216 |
| 28 | 广州铁路(集团)公司 | 173 | 163 892 | 78 | 中国北方机车车辆工业集团公司 | 125 | 87 740 |
| 29 | 神华集团有限责任公司 | 29 | 161 170 | 79 | 重庆商社(集团)有限公司 | 244 | 87 705 |
| 30 | 中国船舶重工集团公司 | 61 | 161 000 | 80 | 山西煤炭运销集团有限公司 | 72 | 87 572 |
| 31 | 中国冶金科工集团有限公司 | 30 | 159 500 | 81 | 江苏省苏中建设集团股份有限公司 | 419 | 86 739 |
| 32 | 浙江省建设投资集团有限公司 | 252 | 153 369 | 82 | 中兴通讯股份有限公司 | 112 | 85 323 |
| 33 | 苏宁电器集团有限公司 | 51 | 150 419 | 83 | 交通银行股份有限公司 | 46 | 85 290 |
| 34 | 阳泉煤业(集团)有限责任公司 | 108 | 149 329 | 84 | 中国核工业集团公司 | 188 | 85 059 |
| 35 | 中国平煤神马能源化工集团有限责任公司 | 74 | 146 142 | 85 | 中国机械工业集团有限公司 | 55 | 84 789 |
| 36 | 中国华能集团公司 | 27 | 141 996 | 86 | 中国第一汽车集团公司 | 18 | 84 191 |
| 37 | 中国中信集团公司 | 21 | 140 028 | 87 | 国家开发投资公司 | 134 | 76 527 |
| 38 | 中国化工集团公司 | 64 | 137 797 | 88 | 重庆市能源投资集团公司 | 383 | 76 061 |
| 39 | 中国水利水电建设集团公司 | 80 | 133 175 | 89 | 新兴际华集团有限公司 | 104 | 74 186 |
| 40 | 河北钢铁集团有限公司 | 28 | 132 977 | 90 | 江苏南通二建集团有限公司 | 372 | 73 880 |
| 41 | 山东魏桥创业集团有限公司 | 69 | 131 972 | 91 | 淮南矿业(集团)有限责任公司 | 159 | 73 499 |
| 42 | 广西建工集团有限责任公司 | 318 | 131 285 | 92 | 中国外运长航集团有限公司 | 88 | 73 063 |
| 43 | 中国国电集团公司 | 47 | 131 024 | 93 | 中国远洋运输(集团)总公司 | 45 | 71 105 |
| 44 | 中国平安保险(集团)股份有限公司 | 34 | 128 808 | 94 | 中天建设集团股份有限公司 | 468 | 70 000 |
| 45 | 光明食品(集团)有限公司 | 77 | 125 612 | 95 | 四川长虹电子集团有限公司 | 141 | 69 686 |
| 46 | 山西晋城无烟煤矿业集团有限责任公司 | 114 | 124 877 | 96 | 开滦(集团)有限责任公司 | 91 | 69 276 |
| 47 | 冀中能源集团有限责任公司 | 60 | 124 651 | 97 | 上海电气(集团)总公司 | 81 | 68 852 |
| 48 | 中国中煤能源集团有限公司 | 85 | 124 371 | 98 | 中国中材集团有限公司 | 169 | 67 602 |
| 49 | 中国建筑股份有限公司 | 12 | 123 579 | 99 | 中国东方航空集团公司 | 105 | 67 534 |
| 50 | 中国航天科工集团公司 | 94 | 120 183 | 100 | 中国海洋石油总公司 | 16 | 65 900 |
| 中国企业 500 强平均数 | | | | | | | 55 703 |

资料来源：中国企业联合会、中国企业家协会

# 2011 中国企业按研究开发费用排序前 100 名企业

| 排名 | 公司名称 | 总排名 | 研发费用（万元） | 排名 | 公司名称 | 总排名 | 研发费用（万元） |
|---|---|---|---|---|---|---|---|
| 1 | 中国石油天然气集团公司 | 2 | 2 261 707 | 51 | 恒力集团有限公司 | 241 | 219 984 |
| 2 | 中国航空工业集团公司 | 31 | 1 844 671 | 52 | 哈尔滨电气集团公司 | 242 | 217 547 |
| 3 | 华为技术有限公司 | 39 | 1 655 600 | 53 | 中国海洋石油总公司 | 16 | 209 315 |
| 4 | 中国移动通信集团公司 | 5 | 1 361 595 | 54 | 中国建筑材料集团有限公司 | 66 | 207 360 |
| 5 | 国家电网公司 | 3 | 984 751 | 55 | 铜陵有色金属集团控股有限公司 | 121 | 203 820 |
| 6 | 中国铁建股份有限公司 | 7 | 882 460 | 56 | TCL 集团股份有限公司 | 156 | 197 200 |
| 7 | 中国船舶重工集团公司 | 61 | 872 772 | 57 | 中国核工业集团公司 | 188 | 187 414 |
| 8 | 中国航天科工集团公司 | 94 | 868 632 | 58 | 北京汽车集团有限公司 | 50 | 181 303 |
| 9 | 中国中铁股份有限公司 | 6 | 820 026 | 59 | 中国北方机车车辆工业集团公司 | 125 | 179 845 |
| 10 | 中国兵器工业集团公司 | 26 | 797 791 | 60 | 江西铜业集团公司 | 96 | 179 000 |
| 11 | 海尔集团公司 | 63 | 766 393 | 61 | 珠海格力电器股份有限公司 | 137 | 178 845 |
| 12 | 中国兵器装备集团公司 | 23 | 741 145 | 62 | 安阳钢铁集团有限责任公司 | 192 | 173 290 |
| 13 | 中国石油化工集团公司 | 1 | 712 264 | 63 | 上海建工(集团)总公司 | 98 | 171 940 |
| 14 | 中兴通讯股份有限公司 | 112 | 709 197 | 64 | 腾讯控股有限公司 | 386 | 168 552 |
| 15 | 武汉钢铁(集团)公司 | 36 | 627 177 | 65 | 三一集团有限公司 | 167 | 166 864 |
| 16 | 宝钢集团有限公司 | 20 | 546 929 | 66 | 四川长虹电子集团有限公司 | 141 | 162 561 |
| 17 | 中国冶金科工集团有限公司 | 30 | 495 839 | 67 | 广州汽车工业集团有限公司 | 48 | 162 073 |
| 18 | 东风汽车公司 | 13 | 482 643 | 68 | 新希望集团有限公司 | 145 | 160 438 |
| 19 | 美的集团有限公司 | 70 | 482 000 | 69 | 奇瑞汽车股份有限公司 | 226 | 159 757 |
| 20 | 上海汽车工业(集团)总公司 | 15 | 471 120 | 70 | 长沙中联重工科技发展股份有限公司 | 164 | 157 659 |
| 21 | 首钢总公司 | 32 | 459 800 | 71 | 中国中材集团有限公司 | 169 | 151 707 |
| 22 | 中国电信集团公司 | 22 | 453 646 | 72 | 陕西延长石油(集团)有限责任公司 | 78 | 151 364 |
| 23 | 中国第一汽车集团公司 | 18 | 452 623 | 73 | 包头钢铁(集团)有限责任公司 | 175 | 149 760 |
| 24 | 上海电气(集团)总公司 | 81 | 429 685 | 74 | 河北钢铁集团有限公司 | 28 | 146 136 |
| 25 | 山东魏桥创业集团有限公司 | 69 | 416 345 | 75 | 山西潞安矿业(集团)有限责任公司 | 100 | 144 330 |
| 26 | 河南煤业化工集团有限责任公司 | 58 | 397 982 | 76 | 比亚迪股份有限公司 | 179 | 140 346 |
| 27 | 山东钢铁集团有限公司 | 73 | 358 854 | 77 | 北大方正集团有限公司 | 154 | 136 546 |
| 28 | 中国工商银行股份有限公司 | 4 | 338 453 | 78 | 中国水利水电建设集团公司 | 80 | 132 266 |
| 29 | 中国南车集团公司 | 120 | 330 239 | 79 | 徐州工程机械集团有限公司 | 123 | 128 663 |
| 30 | 中国电子信息产业集团有限公司 | 49 | 320 979 | 80 | 山东泰山钢铁集团有限公司 | 287 | 126 360 |
| 31 | 中国铝业公司 | 35 | 320 615 | 81 | 四川省宜宾五粮液集团有限公司 | 204 | 125 130 |
| 32 | 浙江吉利控股集团有限公司 | 115 | 320 400 | 82 | 云天化集团有限责任公司 | 211 | 124 854 |
| 33 | 中国平煤神马能源化工集团有限责任公司 | 74 | 320 000 | 83 | 湖北宜化集团有限责任公司 | 201 | 123 145 |
| 34 | 中国建筑股份有限公司 | 12 | 319 747 | 84 | 山西焦煤集团有限责任公司 | 76 | 120 451 |
| 35 | 中国机械工业集团有限公司 | 55 | 299 936 | 85 | 天津渤海化工集团公司 | 185 | 118 004 |
| 36 | 中国南方电网有限责任公司 | 14 | 277 908 | 86 | 山东六和集团有限公司 | 165 | 112 737 |
| 37 | 马钢(集团)控股有限公司 | 116 | 266 049 | 87 | 天津汽车工业(集团)有限公司 | 84 | 112 279 |
| 38 | 江苏沙钢集团有限公司 | 42 | 261 669 | 88 | 新兴际华集团有限公司 | 104 | 106 668 |
| 39 | 中国化工集团公司 | 64 | 260 630 | 89 | 天津市一轻集团(控股)有限公司 | 170 | 105 000 |
| 40 | 中国交通建设股份有限公司 | 19 | 259 455 | 90 | 南山集团有限公司 | 163 | 103 242 |
| 41 | 海信集团有限公司 | 131 | 255 601 | 91 | 潍柴控股集团有限公司 | 93 | 100 150 |
| 42 | 太原钢铁(集团)有限公司 | 71 | 248 380 | 92 | 东方电气股份有限公司 | 209 | 97 739 |
| 43 | 神华集团有限责任公司 | 29 | 244 515 | 93 | 天津钢管集团股份有限公司 | 99 | 97 301 |
| 44 | 中国重型汽车集团有限公司 | 103 | 242 598 | 94 | 中国西电集团公司 | 454 | 95 014 |
| 45 | 阳泉煤业(集团)有限责任公司 | 108 | 239 600 | 95 | 浪潮集团有限公司 | 258 | 94 605 |
| 46 | 酒泉钢铁(集团)有限责任公司 | 144 | 237 200 | 96 | 中国葛洲坝集团公司 | 216 | 94 357 |
| 47 | 天津天铁冶金集团有限公司 | 111 | 236 466 | 97 | 天津百利机电控股集团有限公司 | 222 | 92 765 |
| 48 | 中国中煤能源集团有限公司 | 85 | 230 081 | 98 | 春风实业集团有限责任公司 | 402 | 92 645 |
| 49 | 湖南华菱钢铁集团有限责任公司 | 124 | 225 149 | 99 | 内蒙古伊利实业集团股份有限公司 | 261 | 91 989 |
| 50 | 兖矿集团有限公司 | 139 | 221 880 | 100 | 中国国电集团公司 | 47 | 91 724 |
| 中国企业500强平均数 | | | | | | | 103 691.58 |

资料来源：中国企业联合会、中国企业家协会

# 2011 年度中国民营企业 500 强名单

| 排序 | 企业名称 | 所属行业 | 所在地 | 营业收入总额（万元） |
|---|---|---|---|---|
| 1 | 江苏沙钢集团有限公司 | 黑色金属冶炼和压延加工业 | 江 苏 | 20 752 771 |
| 2 | 华为投资控股有限公司 | 计算机、通信和其他电子设备制造业 | 广 东 | 20 392 874 |
| 3 | 苏宁电器集团 | 批发和零售业 | 江 苏 | 19 473 388 |
| 4 | 联想控股有限公司 | 计算机、通信和其他电子设备制造业 | 北 京 | 18 307 800 |
| 5 | 山东魏桥创业集团有限公司 | 纺织业 | 山 东 | 16 101 478 |
| 6 | 浙江吉利控股集团有限公司 | 汽车制造业 | 浙 江 | 15 099 498 |
| 7 | 大连万达集团股份有限公司 | 房地产业 | 辽 宁 | 10 510 228 |
| 8 | 雨润控股集团有限公司 | 食品制造业 | 江 苏 | 9 074 651 |
| 9 | 新疆广汇实业投资(集团)有限责任公司 | 批发和零售业 | 新 疆 | 8 020 696 |
| 10 | 三一集团有限公司 | 通用设备制造业 | 湖 南 | 8 018 661 |
| 11 | 南京钢铁集团有限公司 | 黑色金属冶炼和压延加工业 | 江 苏 | 7 844 459 |
| 12 | 新希望集团有限公司 | 农、林、牧、渔业 | 四 川 | 7 538 106 |
| 13 | 北京建龙重工集团有限公司 | 黑色金属冶炼和压延加工业 | 北 京 | 7 212 870 |
| 14 | 万科企业股份有限公司 | 房地产业 | 广 东 | 7 178 275 |
| 15 | 广厦控股集团有限公司 | 建筑业 | 浙 江 | 7 103 764 |
| 16 | 杭州娃哈哈集团有限公司 | 酒、饮料和精制茶制造业 | 浙 江 | 6 785 504 |
| 17 | 海亮集团有限公司 | 有色金属冶炼和压延加工业 | 浙 江 | 6 779 700 |
| 18 | 中天钢铁集团有限公司 | 黑色金属冶炼和压延加工业 | 江 苏 | 6 265 259 |
| 19 | 恒大地产集团有限公司 | 房地产业 | 广 东 | 6 191 819 |
| 20 | 上海复星高科技(集团)有限公司 | 综 合 | 上 海 | 5 798 111 |
| 21 | 浙江恒逸集团有限公司 | 化学纤维制造业 | 浙 江 | 5 629 501 |
| 22 | 山东新希望六和集团有限公司 | 农、林、牧、渔业 | 山 东 | 5 473 446 |
| 23 | 东方希望集团有限公司 | 有色金属冶炼和压延加工业 | 上 海 | 5 315 000 |
| 24 | 河北津西钢铁集团 | 黑色金属冶炼和压延加工业 | 河 北 | 5 296 009 |
| 25 | 恒力集团有限公司 | 化学纤维制造业 | 江 苏 | 5 229 566 |
| 26 | 新华联合冶金控股集团有限公司 | 黑色金属冶炼和压延加工业 | 北 京 | 5 149 035 |
| 27 | 江苏新长江实业集团有限公司 | 黑色金属冶炼和压延加工业 | 江 苏 | 5 007 567 |
| 28 | 日照钢铁控股集团有限公司 | 黑色金属冶炼和压延加工业 | 山 东 | 4 991 508 |
| 29 | 比亚迪股份有限公司 | 汽车制造业 | 广 东 | 4 882 692 |
| 30 | 三胞集团有限公司 | 批发和零售业 | 江 苏 | 4 820 321 |
| 31 | 天津荣程联合钢铁集团有限公司 | 黑色金属冶炼和压延加工业 | 天 津 | 4 626 240 |
| 32 | 碧桂园控股有限公司 | 房地产业 | 广 东 | 4 320 245 |
| 33 | 江苏西城三联控股集团有限公司 | 黑色金属冶炼和压延加工业 | 江 苏 | 4 173 937 |
| 34 | 江西萍钢实业股份有限公司 | 黑色金属冶炼和压延加工业 | 江 西 | 4 109 451 |
| 35 | 物美控股集团有限公司 | 批发和零售业 | 北 京 | 4 107 499 |
| 36 | 内蒙古伊泰集团有限公司 | 采矿业 | 内蒙古 | 4 024 572 |
| 37 | 临沂新程金锣肉制品集团有限公司 | 食品制造业 | 山 东 | 3 653 760 |
| 38 | 江苏永钢集团有限公司 | 黑色金属冶炼和压延加工业 | 江 苏 | 3 626 752 |
| 39 | 雅戈尔集团股份有限公司 | 纺织服装、服饰业 | 浙 江 | 3 603 107 |

续表

| 排序 | 企业名称 | 所属行业 | 所在地 | 营业收入总额（万元） |
|---|---|---|---|---|
| 40 | 江苏苏宁环球集团有限公司 | 房地产业 | 江　苏 | 3 542 400 |
| 41 | 通威集团有限公司 | 农、林、牧、渔业 | 四　川 | 3 525 196 |
| 42 | 山东晨曦集团有限公司 | 化学原料和化学制品制造业 | 山　东 | 3 520 001 |
| 43 | 新华联控股有限公司 | 综　合 | 湖　南 | 3 517 183 |
| 44 | 红豆集团有限公司 | 纺织服装、服饰业 | 江　苏 | 3 517 139 |
| 45 | 江苏申特钢铁有限公司 | 黑色金属冶炼和压延加工业 | 江　苏 | 3 508 238 |
| 46 | 中天发展控股集团有限公司 | 建筑业 | 浙　江 | 3 495 609 |
| 47 | 浙江荣盛控股集团有限公司 | 化学纤维制造业 | 浙　江 | 3 485 658 |
| 48 | 江苏扬子江船业集团公司 | 铁路、船舶、航空航天和其他运输设备制造业 | 江　苏 | 3 461 903 |
| 49 | 盾安控股集团有限公司 | 通用设备制造业 | 浙　江 | 3 383 134 |
| 50 | 新奥集团股份有限公司 | 电力、热力、燃气及水生产和供应业 | 河　北 | 3 303 286 |
| 51 | 四川省川威集团有限公司 | 黑色金属冶炼和压延加工业 | 四　川 | 3 295 502 |
| 52 | 唐山国丰钢铁有限公司 | 黑色金属冶炼和压延加工业 | 河　北 | 3 293 478 |
| 53 | 奥克斯集团股份有限公司 | 电气机械和器材制造业 | 浙　江 | 3 209 693 |
| 54 | 青山控股集团有限公司 | 黑色金属冶炼和压延加工业 | 浙　江 | 3 200 000 |
| 55 | 宁波金田投资控股有限公司 | 有色金属冶炼和压延加工业 | 浙　江 | 3 150 260 |
| 56 | 远大物产集团有限公司 | 批发和零售业 | 浙　江 | 3 128 623 |
| 57 | 四川宏达集团有限公司 | 采矿业 | 四　川 | 3 090 273 |
| 58 | 江阴澄星实业集团有限公司 | 化学原料和化学制品制造业 | 江　苏 | 3 056 369 |
| 59 | 青建集团股份公司 | 建筑业 | 山　东 | 3 042 666 |
| 60 | 陕西东岭工贸集团股份有限公司 | 批发和零售业 | 陕　西 | 3 030 988 |
| 61 | 山东泰山钢铁集团有限公司 | 黑色金属冶炼和压延加工业 | 山　东 | 3 030 960 |
| 62 | 山东金诚石化集团有限公司 | 石油加工、炼焦和核燃料加工业 | 山　东 | 2 903 978 |
| 63 | 桐昆集团股份有限公司 | 化学纤维制造业 | 浙　江 | 2 903 279 |
| 64 | 天狮集团有限公司 | 医药制造业 | 天　津 | 2 890 657 |
| 65 | 江苏阳光集团有限公司 | 纺织业 | 江　苏 | 2 866 095 |
| 66 | 扬子江药业集团 | 医药制造业 | 江　苏 | 2 835 824 |
| 67 | 修正药业集团 | 医药制造业 | 吉　林 | 2 810 051 |
| 68 | 海澜集团有限公司 | 纺织服装、服饰业 | 江　苏 | 2 801 268 |
| 69 | 江苏南通三建集团有限公司 | 建筑业 | 江　苏 | 2 772 000 |
| 70 | 中南控股集团有限公司 | 房地产业 | 江　苏 | 2 750 000 |
| 71 | 广州富力地产股份有限公司 | 房地产业 | 广　东 | 2 737 009 |
| 72 | 河北普阳钢铁有限公司 | 黑色金属冶炼和压延加工业 | 河　北 | 2 735 432 |
| 73 | 华泰集团有限公司 | 造纸和纸制品业 | 山　东 | 2 720 066 |
| 74 | 江苏南通二建集团有限公司 | 建筑业 | 江　苏 | 2 712 983 |
| 75 | 玖龙纸业(控股)有限公司 | 造纸和纸制品业 | 广　东 | 2 690 584 |
| 76 | 科创控股集团有限公司 | 医药制造业 | 四　川 | 2 690 000 |
| 77 | 百兴集团有限公司 | 批发和零售业 | 江　苏 | 2 663 325 |
| 78 | 人民电器集团有限公司 | 仪器仪表制造业 | 浙　江 | 2 657 124 |
| 79 | 盛虹集团有限公司 | 化学纤维制造业 | 江　苏 | 2 650 231 |
| 80 | 华盛江泉集团有限公司 | 黑色金属冶炼和压延加工业 | 山　东 | 2 633 698 |
| 81 | 四川德胜集团钢铁有限公司 | 黑色金属冶炼和压延加工业 | 四　川 | 2 619 416 |

续表

| 排序 | 企业名称 | 所属行业 | 所在地 | 营业收入总额（万元） |
|---|---|---|---|---|
| 82 | 晶龙实业集团有限公司 | 电气机械和器材制造业 | 河　北 | 2 618 721 |
| 83 | 华芳集团有限公司 | 纺织业 | 江　苏 | 2 605 193 |
| 84 | 山东太阳纸业股份有限公司 | 造纸和纸制品业 | 山　东 | 2 585 783 |
| 85 | 湖南晟通科技集团有限公司 | 有色金属冶炼和压延加工业 | 湖　南 | 2 584 006 |
| 86 | 广东美的集团芜湖制冷设备有限公司 | 电气机械和器材制造业 | 安　徽 | 2 554 579 |
| 87 | 东营方圆有色金属有限公司 | 有色金属冶炼和压延加工业 | 山　东 | 2 554 059 |
| 88 | 江苏三房巷集团有限公司 | 化学原料和化学制品制造业 | 江　苏 | 2 540 293 |
| 89 | 重庆龙湖企业拓展有限公司 | 房地产业 | 重　庆 | 2 530 133 |
| 90 | 浙江前程投资股份有限公司 | 批发和零售业 | 浙　江 | 2 518 800 |
| 91 | 正泰集团股份有限公司 | 电气机械和器材制造业 | 浙　江 | 2 515 732 |
| 92 | 新世纪控股集团有限公司 | 计算机、通信和其他电子设备制造业 | 浙　江 | 2 497 183 |
| 93 | 天津友发钢管集团有限公司 | 金属制品业 | 天　津 | 2 497 149 |
| 94 | 河北文丰钢铁有限公司 | 黑色金属冶炼和压延加工业 | 河　北 | 2 484 514 |
| 95 | 九州通医药集团股份有限公司 | 批发和零售业 | 湖　北 | 2 483 868 |
| 96 | 上海龙昂国际贸易有限公司 | 批发和零售业 | 上　海 | 2 469 503 |
| 97 | 上海人民企业(集团)有限公司 | 综　合 | 上　海 | 2 413 666 |
| 98 | 上海华冶钢铁集团有限公司 | 黑色金属冶炼和压延加工业 | 上　海 | 2 374 837 |
| 99 | 四川金广实业(集团)股份有限公司 | 黑色金属冶炼和压延加工业 | 四　川 | 2 345 661 |
| 100 | 西王集团有限公司 | 农副食品加工业 | 山　东 | 2 319 651 |
| 101 | 天正集团有限公司 | 电气机械和器材制造业 | 浙　江 | 2 310 051 |
| 102 | 亚邦投资控股集团有限公司 | 综　合 | 江　苏 | 2 302 923 |
| 103 | 亿利资源集团有限公司 | 化学原料和化学制品制造业 | 内蒙古 | 2 280 372 |
| 104 | 东方集团实业股份有限公司 | 综　合 | 黑龙江 | 2 267 584 |
| 105 | 华勤橡胶工业集团有限公司 | 橡胶和塑料制品业 | 山　东 | 2 264 099 |
| 106 | 宁波银亿集团有限公司 | 房地产业 | 浙　江 | 2 259 246 |
| 107 | 湖南博长控股集团有限公司 | 黑色金属冶炼和压延加工业 | 湖　南 | 2 227 904 |
| 108 | 丰立集团有限公司 | 废弃资源综合利用业 | 江　苏 | 2 209 692 |
| 109 | 浙江中成控股集团有限公司 | 建筑业 | 浙　江 | 2 208 876 |
| 110 | 德力西集团有限公司 | 电气机械和器材制造业 | 浙　江 | 2 208 842 |
| 111 | 中太建设集团股份有限公司 | 建筑业 | 河　北 | 2 168 205 |
| 112 | 山东博汇集团有限公司 | 化学原料和化学制品制造业 | 山　东 | 2 123 890 |
| 113 | 江苏金浦集团有限公司 | 化学原料和化学制品制造业 | 江　苏 | 2 103 147 |
| 114 | 山东石横特钢集团有限公司 | 黑色金属冶炼和压延加工业 | 山　东 | 2 099 539 |
| 115 | 利华益集团股份有限公司 | 石油加工、炼焦和核燃料加工业 | 山　东 | 2 091 663 |
| 116 | 传化集团有限公司 | 综　合 | 浙　江 | 2 079 132 |
| 117 | 亨通集团有限公司 | 电气机械和器材制造业 | 江　苏 | 2 074 786 |
| 118 | 万达控股集团有限公司 | 电气机械和器材制造业 | 山　东 | 2 056 319 |
| 119 | 江苏高力集团有限公司 | 房地产业 | 江　苏 | 2 029 466 |
| 120 | 江苏文峰集团有限公司 | 批发和零售业 | 江　苏 | 2 021 800 |
| 121 | 正邦集团有限公司 | 农、林、牧、渔业 | 江　西 | 2 018 954 |
| 122 | 精功集团有限公司 | 金属制品业 | 浙　江 | 2 017 818 |
| 123 | 维维集团股份有限公司 | 食品制造业 | 江　苏 | 2 017 536 |

续表

| 排序 | 企业名称 | 所属行业 | 所在地 | 营业收入总额（万元） |
|---|---|---|---|---|
| 124 | 山东西水橡胶集团有限公司 | 橡胶和塑料制品业 | 山　东 | 1 994 944 |
| 125 | 西林钢铁集团有限公司 | 黑色金属冶炼和压延加工业 | 黑龙江 | 1 939 398 |
| 126 | 大汉控股集团有限公司 | 批发和零售业 | 湖　南 | 1 936 912 |
| 127 | 浙江宝业建设集团有限公司 | 建筑业 | 浙　江 | 1 936 233 |
| 128 | 江苏省苏中建设集团股份有限公司 | 建筑业 | 江　苏 | 1 926 185 |
| 129 | 江苏法尔胜泓昇集团有限公司 | 金属制品业 | 江　苏 | 1 926 051 |
| 130 | 远东控股集团有限公司 | 电气机械和器材制造业 | 江　苏 | 1 925 335 |
| 131 | 内蒙古伊东投资集团有限公司 | 采矿业 | 内蒙古 | 1 922 949 |
| 132 | 山东科达集团有限公司 | 建筑业 | 山　东 | 1 921 025 |
| 133 | 浙江八达建设集团有限公司 | 建筑业 | 浙　江 | 1 913 338 |
| 134 | 内蒙古鄂尔多斯投资控股集团有限公司 | 综　合 | 内蒙古 | 1 872 902 |
| 135 | 山东大海集团有限公司 | 有色金属冶炼和压延加工业 | 山　东 | 1 860 235 |
| 136 | 兴华财富集团有限公司 | 黑色金属冶炼和压延加工业 | 河　北 | 1 857 676 |
| 137 | 全威（铜陵）铜业科技有限公司 | 有色金属冶炼和压延加工业 | 安　徽 | 1 838 329 |
| 138 | 浙江昆仑控股集团有限公司 | 综　合 | 浙　江 | 1 834 575 |
| 139 | 宜昌三峡全通涂镀板有限公司 | 金属制品业 | 湖　北 | 1 832 998 |
| 140 | 澳洋集团有限公司 | 纺织业 | 江　苏 | 1 821 685 |
| 141 | 波司登股份有限公司 | 纺织服装、服饰业 | 江　苏 | 1 821 341 |
| 142 | 重庆力帆控股有限公司 | 汽车制造业 | 重　庆 | 1 819 978 |
| 143 | 江苏双良集团有限公司 | 专用设备制造业 | 江　苏 | 1 818 217 |
| 144 | 宁波富邦控股集团有限公司 | 综　合 | 浙　江 | 1 812 280 |
| 145 | 新华锦集团 | 批发和零售业 | 山　东 | 1 803 929 |
| 146 | 香江集团有限公司 | 综　合 | 广　东 | 1 802 180 |
| 147 | 天瑞集团有限公司 | 综　合 | 河　南 | 1 792 252 |
| 148 | 江苏金辉集团公司 | 有色金属冶炼和压延加工业 | 江　苏 | 1 779 431 |
| 149 | 南京丰盛产业控股集团有限公司 | 建筑业 | 江　苏 | 1 772 479 |
| 150 | 河北省武安市裕华钢铁有限公司 | 黑色金属冶炼和压延加工业 | 河　北 | 1 763 688 |
| 151 | 河南龙成集团有限公司 | 黑色金属冶炼和压延加工业 | 河　南 | 1 751 154 |
| 152 | 攀枝花钢城集团有限公司 | 黑色金属冶炼和压延加工业 | 四　川 | 1 722 662 |
| 153 | 福建恒安集团有限公司 | 造纸和纸制品业 | 福　建 | 1 705 056 |
| 154 | 浙江元立金属制品集团有限公司 | 金属制品业 | 浙　江 | 1 704 473 |
| 155 | 隆鑫控股有限公司 | 铁路、船舶、航空航天和其他运输设备制造业 | 重　庆 | 1 689 548 |
| 156 | 河北新金钢铁有限公司 | 黑色金属冶炼和压延加工业 | 河　北 | 1 683 618 |
| 157 | 中基宁波集团股份有限公司 | 批发和零售业 | 浙　江 | 1 677 343 |
| 158 | 浙江龙盛控股有限公司 | 化学原料和化学制品制造业 | 浙　江 | 1 654 089 |
| 159 | 河北新武安钢铁集团文安钢铁有限公司 | 黑色金属冶炼和压延加工业 | 河　北 | 1 653 240 |
| 160 | 南通化工轻工股份有限公司 | 批发和零售业 | 江　苏 | 1 652 379 |
| 161 | 江苏新世纪造船有限公司 | 铁路、船舶、航空航天和其他运输设备制造业 | 江　苏 | 1 642 408 |
| 162 | 西子联合控股有限公司 | 专用设备制造业 | 浙　江 | 1 633 851 |
| 163 | 江苏熔盛重工有限公司 | 铁路、船舶、航空航天和其他运输设备制造业 | 江　苏 | 1 624 336 |
| 164 | 和润集团有限公司 | 农副食品加工业 | 浙　江 | 1 618 682 |
| 165 | 江苏华夏融创置地集团有限公司 | 房地产业 | 江　苏 | 1 615 860 |

续表

| 排序 | 企业名称 | 所属行业 | 所在地 | 营业收入总额（万元） |
|---|---|---|---|---|
| 166 | 杭州富春江冶炼有限公司 | 有色金属冶炼和压延加工业 | 浙 江 | 1 612 810 |
| 167 | 山西常平钢铁有限公司 | 黑色金属冶炼和压延加工业 | 山 西 | 1 579 000 |
| 168 | 深圳市庆鹏实业集团有限公司 | 综 合 | 广 东 | 1 578 081 |
| 169 | 河北新武安钢铁集团明芳钢铁有限公司 | 黑色金属冶炼和压延加工业 | 河 北 | 1 568 914 |
| 170 | 山东汇丰石化集团有限公司 | 石油加工、炼焦和核燃料加工业 | 山 东 | 1 563 026 |
| 171 | 海鑫钢铁集团有限公司 | 黑色金属冶炼和压延加工业 | 山 西 | 1 558 620 |
| 172 | 海城市后英经贸集团有限公司 | 非金属矿物制品业 | 辽 宁 | 1 543 640 |
| 173 | 江苏三木集团有限公司 | 化学原料和化学制品制造业 | 江 苏 | 1 536 318 |
| 174 | 富海集团有限公司 | 石油加工、炼焦和核燃料加工业 | 山 东 | 1 530 727 |
| 175 | 四川科伦实业集团有限公司 | 医药制造业 | 四 川 | 1 529 474 |
| 176 | 天能电池集团有限公司 | 电气机械和器材制造业 | 浙 江 | 1 526 364 |
| 177 | 杭州锦江集团有限公司 | 有色金属冶炼和压延加工业 | 浙 江 | 1 514 953 |
| 178 | 福星集团控股有限公司 | 房地产业 | 湖 北 | 1 512 553 |
| 179 | 金科地产集团股份有限公司 | 房地产业 | 重 庆 | 1 510 000 |
| 180 | 东兆长泰投资集团有限公司 | 建筑业 | 北 京 | 1 505 040 |
| 181 | 宁波神化化学品经营有限责任公司 | 批发和零售业 | 浙 江 | 1 504 414 |
| 182 | 上海美特斯邦威股份有限公司 | 纺织服装、服饰业 | 上 海 | 1 502 262 |
| 183 | 南京金鹰国际集团有限公司 | 批发和零售业 | 江 苏 | 1 479 324 |
| 184 | 浙江新湖集团股份有限公司 | 综 合 | 浙 江 | 1 471 978 |
| 185 | 百度在线网络技术（北京）有限公司 | 信息传输、软件和信息技术服务业 | 北 京 | 1 450 100 |
| 186 | 环宇集团有限公司 | 电气机械和器材制造业 | 浙 江 | 1 448 861 |
| 187 | 德龙钢铁有限公司 | 黑色金属冶炼和压延加工业 | 河 北 | 1 447 792 |
| 188 | 河南济源钢铁（集团）有限公司 | 黑色金属冶炼和压延加工业 | 河 南 | 1 434 992 |
| 189 | 新城控股集团有限公司 | 房地产业 | 江 苏 | 1 424 554 |
| 190 | 宗申产业集团有限公司 | 铁路、船舶、航空航天和其他运输设备制造业 | 重 庆 | 1 420 726 |
| 191 | 银泰百货（集团）有限公司 | 批发和零售业 | 浙 江 | 1 413 242 |
| 192 | 深圳海王集团股份有限公司 | 医药制造业 | 广 东 | 1 410 000 |
| 193 | 永鼎集团有限公司 | 电气机械和器材制造业 | 江 苏 | 1 396 155 |
| 194 | 江西赛维 LDK 太阳能高科技有限公司 | 非金属矿物制品业 | 江 西 | 1 392 985 |
| 195 | 升华集团控股有限公司 | 化学原料和化学制品制造业 | 浙 江 | 1 392 769 |
| 196 | 江苏华宏实业集团有限公司 | 化学纤维制造业 | 江 苏 | 1 386 681 |
| 197 | 天津天士力集团有限公司 | 医药制造业 | 天 津 | 1 381 080 |
| 198 | 浙江东南网架集团有限公司 | 建筑业 | 浙 江 | 1 380 334 |
| 199 | 大全集团有限公司 | 电气机械和器材制造业 | 江 苏 | 1 378 940 |
| 200 | 广西洋浦南华糖业集团股份有限公司 | 农副食品加工业 | 广 西 | 1 374 980 |
| 201 | 奥康集团有限公司 | 皮革、毛皮、羽毛及其制品和制鞋业 | 浙 江 | 1 372 982 |
| 202 | 嘉晨集团有限公司 | 石油加工、炼焦和核燃料加工业 | 辽 宁 | 1 370 000 |
| 203 | 江苏新海石化有限公司 | 石油加工、炼焦和核燃料加工业 | 江 苏 | 1 367 400 |
| 204 | 金花投资有限公司 | 综 合 | 陕 西 | 1 362 005 |
| 205 | 安钢集团信阳钢铁有限公司 | 黑色金属冶炼和压延加工业 | 河 南 | 1 360 905 |
| 206 | 南通四建集团有限公司 | 建筑业 | 江 苏 | 1 352 341 |
| 207 | 山东长星集团有限公司 | 通用设备制造业 | 山 东 | 1 351 691 |

续表

| 排序 | 企业名称 | 所属行业 | 所在地 | 营业收入总额（万元） |
|---|---|---|---|---|
| 208 | 金海重工股份有限公司 | 铁路、船舶、航空航天和其他运输设备制造业 | 浙　江 | 1 350 703 |
| 209 | 超威电源有限公司 | 电气机械和器材制造业 | 浙　江 | 1 337 205 |
| 210 | 常州天合光能有限公司 | 电气机械和器材制造业 | 江　苏 | 1 327 922 |
| 211 | 江苏沃得机电集团有限公司 | 通用设备制造业 | 江　苏 | 1 327 503 |
| 212 | 湖南省曾氏企业有限公司 | 有色金属冶炼和压延加工业 | 湖　南 | 1 326 000 |
| 213 | 宁夏宝塔石化集团有限公司 | 石油加工、炼焦和核燃料加工业 | 宁　夏 | 1 321 360 |
| 214 | 上海均瑶（集团）有限公司 | 综　合 | 上　海 | 1 318 300 |
| 215 | 威高集团有限公司 | 专用设备制造业 | 山　东 | 1 313 239 |
| 216 | 江苏南通六建建设集团有限公司 | 建筑业 | 江　苏 | 1 306 631 |
| 217 | 卧龙控股集团有限公司 | 电气机械和器材制造业 | 浙　江 | 1 302 640 |
| 218 | 内蒙古满世投资集团有限公司 | 采矿业 | 内蒙古 | 1 287 647 |
| 219 | 山西安泰控股集团有限公司 | 黑色金属冶炼和压延加工业 | 山　西 | 1 287 166 |
| 220 | 阿特斯（中国）投资有限公司 | 电气机械和器材制造业 | 江　苏 | 1 285 183 |
| 221 | 金鼎重工股份有限公司 | 黑色金属冶炼和压延加工业 | 河　北 | 1 278 000 |
| 222 | 中国龙工控股有限公司 | 专用设备制造业 | 福　建 | 1 272 116 |
| 223 | 春和集团有限公司 | 铁路、船舶、航空航天和其他运输设备制造业 | 浙　江 | 1 266 673 |
| 224 | 辽宁曙光汽车集团股份有限公司 | 汽车制造业 | 辽　宁 | 1 265 439 |
| 225 | 山东五征集团有限公司 | 汽车制造业 | 山　东 | 1 253 733 |
| 226 | 中球冠集团有限公司 | 批发和零售业 | 浙　江 | 1 248 113 |
| 227 | 纳爱斯集团有限公司 | 化学原料和化学制品制造业 | 浙　江 | 1 227 332 |
| 228 | 浙江华成控股集团有限公司 | 建筑业 | 浙　江 | 1 222 807 |
| 229 | 华立集团股份有限公司 | 医药制造业 | 浙　江 | 1 215 723 |
| 230 | 美锦能源集团有限公司 | 石油加工、炼焦和核燃料加工业 | 山　西 | 1 212 814 |
| 231 | 浙江广天日月集团股份有限公司 | 建筑业 | 浙　江 | 1 212 051 |
| 232 | 人人乐连锁商业集团股份有限公司 | 批发和零售业 | 广　东 | 1 209 192 |
| 233 | 沈阳远大企业集团 | 建筑业 | 辽　宁 | 1 208 695 |
| 234 | 天地龙控股集团有限公司 | 有色金属冶炼和压延加工业 | 江　苏 | 1 208 430 |
| 235 | 山东金岭集团有限公司 | 化学原料和化学制品制造业 | 山　东 | 1 204 249 |
| 236 | 广东海大集团股份有限公司 | 农副食品加工业 | 广　东 | 1 197 572 |
| 237 | 江苏大明金属制品有限公司 | 金属制品业 | 江　苏 | 1 195 407 |
| 238 | 卓尔控股有限公司 | 综　合 | 湖　北 | 1 192 000 |
| 239 | 浙江大东南集团有限公司 | 橡胶和塑料制品业 | 浙　江 | 1 191 948 |
| 240 | 湖北稻花香集团 | 酒、饮料和精制茶制造业 | 湖　北 | 1 188 563 |
| 241 | 新凤鸣集团股份有限公司 | 化学纤维制造业 | 浙　江 | 1 184 194 |
| 242 | 江苏上上电缆集团有限公司 | 电气机械和器材制造业 | 江　苏 | 1 180 986 |
| 243 | 上海胜华电缆（集团）有限公司 | 电气机械和器材制造业 | 上　海 | 1 180 153 |
| 244 | 洛阳紫金银辉黄金冶炼有限公司 | 有色金属冶炼和压延加工业 | 河　南 | 1 165 153 |
| 245 | 巨星联合控股集团有限公司 | 通用设备制造业 | 浙　江 | 1 164 440 |
| 246 | 山西通达（集团）有限公司 | 铁路、船舶、航空航天和其他运输设备制造业 | 山　西 | 1 161 112 |
| 247 | 新八建设集团有限公司 | 建筑业 | 湖　北 | 1 156 126 |
| 248 | 浙江百诚集团股份有限公司 | 批发和零售业 | 浙　江 | 1 143 258 |
| 249 | 中发实业（集团）有限公司 | 金融业 | 黑龙江 | 1 141 463 |

续表

| 排序 | 企业名称 | 所属行业 | 所在地 | 营业收入总额（万元） |
|---|---|---|---|---|
| 250 | 大华(集团)有限公司 | 房地产业 | 上　海 | 1 136 721 |
| 251 | 佳杰科技(上海)有限公司 | 批发和零售业 | 上　海 | 1 131 609 |
| 252 | 江苏金峰水泥集团有限公司 | 非金属矿物制品业 | 江　苏 | 1 127 467 |
| 253 | 鄂尔多斯市乌兰煤炭集团有限责任公司 | 采矿业 | 内蒙古 | 1 126 502 |
| 254 | 龙海钢铁有限公司 | 黑色金属冶炼和压延加工业 | 河　北 | 1 123 325 |
| 255 | 苏州市相城区江南化纤集团有限公司 | 化学纤维制造业 | 江　苏 | 1 122 612 |
| 256 | 海马汽车集团股份有限公司 | 汽车制造业 | 海　南 | 1 121 430 |
| 257 | 广州立白企业集团有限公司 | 化学原料和化学制品制造业 | 广　东 | 1 114 003 |
| 258 | 唐山瑞丰钢铁(集团)有限公司 | 黑色金属冶炼和压延加工业 | 河　北 | 1 109 570 |
| 259 | 阳光凯迪新能源集团有限公司 | 电力、热力、燃气及水生产和供应业 | 湖　北 | 1 108 816 |
| 260 | 红太阳集团有限公司 | 化学原料和化学制品制造业 | 江　苏 | 1 106 999 |
| 261 | 华峰集团有限公司 | 化学原料和化学制品制造业 | 浙　江 | 1 101 853 |
| 262 | 天津立业钢铁集团有限公司 | 批发和零售业 | 天　津 | 1 096 496 |
| 263 | 东方建设集团有限公司 | 建筑业 | 浙　江 | 1 095 017 |
| 264 | 江苏飞达控股集团有限公司 | 有色金属冶炼和压延加工业 | 江　苏 | 1 092 017 |
| 265 | 江苏天工集团有限公司 | 黑色金属冶炼和压延加工业 | 江　苏 | 1 088 653 |
| 266 | 浙江天圣控股集团有限公司 | 化学纤维制造业 | 浙　江 | 1 088 420 |
| 267 | 浙江栋梁新材股份有限公司 | 有色金属冶炼和压延加工业 | 浙　江 | 1 087 500 |
| 268 | 盘锦北方沥青燃料有限公司 | 石油加工、炼焦和核燃料加工业 | 辽　宁 | 1 082 788 |
| 269 | 五洋建设集团股份有限公司 | 建筑业 | 浙　江 | 1 082 722 |
| 270 | 通鼎集团有限公司 | 电气机械和器材制造业 | 江　苏 | 1 081 328 |
| 271 | 大亚科技集团有限公司 | 木材加工和木、竹、藤、棕、草制品业 | 江　苏 | 1 081 086 |
| 272 | 江苏常发实业集团有限公司 | 专用设备制造业 | 江　苏 | 1 079 101 |
| 273 | 海外海集团有限公司 | 租赁和商务服务业 | 浙　江 | 1 076 000 |
| 274 | 山东万通石油化工集团有限公司 | 石油加工、炼焦和核燃料加工业 | 山　东 | 1 073 730 |
| 275 | 龙元建设集团股份有限公司 | 建筑业 | 浙　江 | 1 072 886 |
| 276 | 四川西南不锈钢有限责任公司 | 黑色金属冶炼和压延加工业 | 四　川 | 1 067 849 |
| 277 | 兴乐集团有限公司 | 电气机械和器材制造业 | 浙　江 | 1 067 398 |
| 278 | 泰通(泰州)工业有限公司 | 电气机械和器材制造业 | 江　苏 | 1 063 316 |
| 279 | 浙江康桥汽车工贸集团股份有限公司 | 批发和零售业 | 浙　江 | 1 060 000 |
| 280 | 河北省武安市元宝山工业集团有限公司 | 黑色金属冶炼和压延加工业 | 河　北 | 1 059 878 |
| 281 | 常州东方特钢有限公司 | 黑色金属冶炼和压延加工业 | 江　苏 | 1 056 366 |
| 282 | 上海奥盛投资控股(集团)有限公司 | 金属制品业 | 上　海 | 1 053 748 |
| 283 | 润东汽车集团有限公司 | 批发和零售业 | 江　苏 | 1 050 000 |
| 284 | 江苏华尔润集团有限公司 | 非金属矿物制品业 | 江　苏 | 1 048 753 |
| 285 | 江苏新时代控股集团有限公司 | 有色金属冶炼和压延加工业 | 江　苏 | 1 044 684 |
| 286 | 利时集团股份有限公司 | 橡胶和塑料制品业 | 浙　江 | 1 043 614 |
| 287 | 唐人神集团股份有限公司 | 农副食品加工业 | 湖　南 | 1 041 771 |
| 288 | 亚厦控股有限公司 | 建筑业 | 浙　江 | 1 041 037 |
| 289 | 连云港兴鑫钢铁有限公司 | 黑色金属冶炼和压延加工业 | 江　苏 | 1 039 046 |
| 290 | 河南金汇不锈钢产业集团有限公司 | 黑色金属冶炼和压延加工业 | 河　南 | 1 038 000 |
| 291 | 新七建设集团有限公司 | 建筑业 | 湖　北 | 1 037 312 |

续表

| 排序 | 企业名称 | 所属行业 | 所在地 | 营业收入总额（万元） |
|---|---|---|---|---|
| 292 | 江苏省镔鑫特钢材料有限公司 | 黑色金属冶炼和压延加工业 | 江　苏 | 1 034 760 |
| 293 | 祐康食品集团有限公司 | 食品制造业 | 浙　江 | 1 032 830 |
| 294 | 辽宁忠旺集团有限公司 | 有色金属冶炼和压延加工业 | 辽　宁 | 1 031 767 |
| 295 | 苏州金螳螂企业集团有限公司 | 建筑业 | 江　苏 | 1 031 174 |
| 296 | 博发控股集团 | 科学研究和技术服务业 | 黑龙江 | 1 029 035 |
| 297 | 内蒙古源通煤化集团有限责任公司 | 采矿业 | 内蒙古 | 1 026 800 |
| 298 | 中天科技集团有限公司 | 电气机械和器材制造业 | 江　苏 | 1 026 338 |
| 299 | 内蒙古特弘煤电集团有限责任公司 | 采矿业 | 内蒙古 | 1 025 231 |
| 300 | 内蒙古兴泰置业集团有限公司 | 建筑业 | 内蒙古 | 1 023 728 |
| 301 | 山东鲁花集团有限公司 | 农副食品加工业 | 山　东 | 1 023 267 |
| 302 | 内蒙古庆华集团有限公司 | 采矿业 | 内蒙古 | 1 021 590 |
| 303 | 福中集团有限公司 | 计算机、通信和其他电子设备制造业 | 江　苏 | 1 020 000 |
| 304 | 海天塑机集团有限公司 | 专用设备制造业 | 浙　江 | 1 017 861 |
| 305 | 浙江万马集团有限公司 | 电气机械和器材制造业 | 浙　江 | 1 017 433 |
| 306 | 天津宝迪农业科技股份有限公司 | 食品制造业 | 天　津 | 1 016 708 |
| 307 | 欧美投资集团有限公司 | 综　合 | 山　东 | 1 014 157 |
| 308 | 荣盛控股股份有限公司 | 房地产业 | 河　北 | 1 014 034 |
| 309 | 红楼集团有限公司 | 批发和零售业 | 浙　江 | 1 011 561 |
| 310 | 重庆市博赛矿业(集团)有限公司 | 有色金属冶炼和压延加工业 | 重　庆 | 1 011 205 |
| 311 | 上海绿地建设(集团)有限公司 | 建筑业 | 上　海 | 1 001 533 |
| 312 | 东辰控股集团有限公司 | 化学原料和化学制品制造业 | 山　东 | 990 400 |
| 313 | 秦皇岛安丰钢铁有限公司 | 黑色金属冶炼和压延加工业 | 河　北 | 985 580 |
| 314 | 龙信建设集团有限公司 | 建筑业 | 江　苏 | 984 675 |
| 315 | 山东胜通集团股份有限公司 | 金属制品业 | 山　东 | 984 331 |
| 316 | 杭州华三通信技术有限公司 | 计算机、通信和其他电子设备制造业 | 浙　江 | 984 255 |
| 317 | 山东荣信煤化有限责任公司 | 石油加工、炼焦和核燃料加工业 | 山　东 | 983 880 |
| 318 | 重庆小康工业集团股份有限公司 | 汽车制造业 | 重　庆 | 973 007 |
| 319 | 浙江翔盛集团有限公司 | 纺织业 | 浙　江 | 970 307 |
| 320 | 福耀玻璃工业集团股份有限公司 | 非金属矿物制品业 | 福　建 | 968 941 |
| 321 | 晶科能源有限公司 | 非金属矿物制品业 | 江　西 | 967 392 |
| 322 | 宁波华东物资城市场建设开发有限公司 | 综　合 | 浙　江 | 966 650 |
| 323 | 铜陵精达铜材(集团)有限责任公司 | 电气机械和器材制造业 | 安　徽 | 960 394 |
| 324 | 富通集团有限公司 | 电气机械和器材制造业 | 浙　江 | 955 990 |
| 325 | 中厦建设集团有限公司 | 建筑业 | 浙　江 | 950 268 |
| 326 | 通州建总集团有限公司 | 建筑业 | 江　苏 | 949 163 |
| 327 | 广东志高空调有限公司 | 电气机械和器材制造业 | 广　东 | 947 273 |
| 328 | 沈阳东方钢铁有限公司 | 黑色金属冶炼和压延加工业 | 辽　宁 | 945 931 |
| 329 | 天津塑力线缆集团有限公司 | 电气机械和器材制造业 | 天　津 | 938 005 |
| 330 | 冠城大通股份有限公司 | 房地产业 | 福　建 | 932 006 |
| 331 | 长业建设集团有限公司 | 建筑业 | 浙　江 | 931 505 |
| 332 | 浙江富春江通信集团有限公司 | 电气机械和器材制造业 | 浙　江 | 928 023 |
| 333 | 天津现代集团有限公司 | 房地产业 | 天　津 | 927 799 |

续表

| 排序 | 企业名称 | 所属行业 | 所在地 | 营业收入总额（万元） |
|---|---|---|---|---|
| 334 | 曙光控股集团有限公司 | 建筑业 | 浙 江 | 924 585 |
| 335 | 开氏集团有限公司 | 化学纤维制造业 | 浙 江 | 921 826 |
| 336 | 江苏新华发集团有限公司 | 批发和零售业 | 江 苏 | 921 284 |
| 337 | 华升建设集团有限公司 | 建筑业 | 浙 江 | 918 316 |
| 338 | 江苏华地国际控股集团有限公司 | 批发和零售业 | 江 苏 | 917 561 |
| 339 | 森马集团有限公司 | 纺织服装、服饰业 | 浙 江 | 912 800 |
| 340 | 南通建工集团股份有限公司 | 建筑业 | 江 苏 | 912 131 |
| 341 | 青岛世纪瑞丰集团有限公司 | 批发和零售业 | 山 东 | 910 171 |
| 342 | 上海春秋国际旅行社(集团)有限公司 | 交通运输、仓储和邮政业 | 上 海 | 910 058 |
| 343 | 群升集团有限公司 | 房地产业 | 浙 江 | 908 615 |
| 344 | 宁波市慈溪进出口股份有限公司 | 批发和零售业 | 浙 江 | 907 891 |
| 345 | 宁波申洲针织有限公司 | 纺织服装、服饰业 | 浙 江 | 904 344 |
| 346 | 人本集团有限公司 | 金属制品业 | 浙 江 | 901 133 |
| 347 | 孚日集团股份有限公司 | 纺织业 | 山 东 | 894 857 |
| 348 | 河南省淅川铝业(集团)有限公司 | 有色金属冶炼和压延加工业 | 河 南 | 892 276 |
| 349 | 上海舜业钢铁集团有限公司 | 批发和零售业 | 上 海 | 880 734 |
| 350 | 胜达集团有限公司 | 造纸和纸制品业 | 浙 江 | 880 287 |
| 351 | 三花控股集团有限公司 | 通用设备制造业 | 浙 江 | 877 116 |
| 352 | 湖北新洋丰肥业股份有限公司 | 化学原料和化学制品制造业 | 湖 北 | 871 704 |
| 353 | 浙江明日控股集团股份有限公司 | 批发和零售业 | 浙 江 | 871 000 |
| 354 | 常州市盛洲铜业有限公司 | 废弃资源综合利用业 | 江 苏 | 870 670 |
| 355 | 文安县新钢钢铁有限公司 | 黑色金属冶炼和压延加工业 | 河 北 | 867 918 |
| 356 | 亿达集团有限公司 | 房地产业 | 辽 宁 | 860 649 |
| 357 | 浙江航民实业集团有限公司 | 文教、工美、体育和娱乐用品制造业 | 浙 江 | 860 191 |
| 358 | 东莞市东糖集团有限公司 | 食品制造业 | 广 东 | 858 966 |
| 359 | 江苏邗建集团有限公司 | 建筑业 | 江 苏 | 858 108 |
| 360 | 山东创新金属科技股份有限公司 | 有色金属冶炼和压延加工业 | 山 东 | 858 010 |
| 361 | 花园工贸集团有限公司 | 综 合 | 浙 江 | 853 433 |
| 362 | 河北春兴实业集团有限公司 | 黑色金属冶炼和压延加工业 | 河 北 | 851 280 |
| 363 | 彬县煤炭有限责任公司 | 采矿业 | 陕 西 | 848 549 |
| 364 | 青年汽车集团有限公司 | 汽车制造业 | 浙 江 | 848 107 |
| 365 | 步步高商业连锁股份有限公司 | 批发和零售业 | 湖 南 | 843 919 |
| 366 | 重庆协信控股(集团)有限公司 | 房地产业 | 重 庆 | 839 875 |
| 367 | 深圳市百泰珠宝首饰有限公司 | 文教、工美、体育和娱乐用品制造业 | 广 东 | 836 331 |
| 368 | 佛山市顺德区乐从供销集团有限公司 | 批发和零售业 | 广 东 | 835 383 |
| 369 | 常熟市龙腾特种钢有限公司 | 黑色金属冶炼和压延加工业 | 江 苏 | 835 372 |
| 370 | 星星集团有限公司 | 电气机械和器材制造业 | 浙 江 | 834 262 |
| 371 | 齐鲁特钢有限公司 | 黑色金属冶炼和压延加工业 | 山 东 | 833 979 |
| 372 | 兴惠化纤集团有限公司 | 纺织业 | 浙 江 | 829 601 |
| 373 | 中电电气集团有限公司 | 电气机械和器材制造业 | 江 苏 | 827 429 |
| 374 | 江苏海达科技集团有限公司 | 有色金属冶炼和压延加工业 | 江 苏 | 821 775 |
| 375 | 攀华集团有限公司 | 黑色金属冶炼和压延加工业 | 江 苏 | 819 414 |

续表

| 排序 | 企业名称 | 所属行业 | 所在地 | 营业收入总额（万元） |
|---|---|---|---|---|
| 376 | 中博建设集团有限公司 | 建筑业 | 浙 江 | 817 061 |
| 377 | 杭州滨江房产集团股份有限公司 | 房地产业 | 浙 江 | 816 841 |
| 378 | 中设建工集团有限公司 | 建筑业 | 浙 江 | 816 579 |
| 379 | 腾邦投资控股有限公司 | 信息传输、软件和信息技术服务业 | 广 东 | 816 272 |
| 380 | 高深（集团）有限公司 | 橡胶和塑料制品业 | 云 南 | 816 128 |
| 381 | 贵州宏立城集团 | 房地产业 | 贵 州 | 814 734 |
| 382 | 云南力帆骏马车辆有限公司 | 汽车制造业 | 云 南 | 813 308 |
| 383 | 富丽达集团控股有限公司 | 纺织业 | 浙 江 | 812 692 |
| 384 | 浙江中南建设集团有限公司 | 建筑业 | 浙 江 | 810 951 |
| 385 | 山东广富集团有限公司 | 黑色金属冶炼和压延加工业 | 山 东 | 809 517 |
| 386 | 中冀斯巴鲁（天津）汽车销售有限公司 | 批发和零售业 | 天 津 | 807 836 |
| 387 | 上海致达科技集团有限公司 | 房地产业 | 上 海 | 805 973 |
| 388 | 济源市万洋冶炼（集团）有限公司 | 有色金属冶炼和压延加工业 | 河 南 | 803 710 |
| 389 | 江苏骏马集团有限责任公司 | 纺织业 | 江 苏 | 802 650 |
| 390 | 万丰奥特控股集团有限公司 | 汽车制造业 | 浙 江 | 801 669 |
| 391 | 安徽楚江投资集团有限公司 | 有色金属冶炼和压延加工业 | 安 徽 | 798 920 |
| 392 | 万事利集团有限公司 | 纺织服装、服饰业 | 浙 江 | 797 953 |
| 393 | 济源市金利冶炼有限责任公司 | 有色金属冶炼和压延加工业 | 河 南 | 795 710 |
| 394 | 鸿翔控股集团有限公司 | 建筑业 | 浙 江 | 793 677 |
| 395 | 恒达中泰集团有限公司 | 房地产业 | 江 苏 | 791 000 |
| 396 | 四川四海集团 | 食品制造业 | 四 川 | 790 113 |
| 397 | 华太建设集团有限公司 | 建筑业 | 浙 江 | 787 263 |
| 398 | 重庆中科控股有限公司 | 建筑业 | 重 庆 | 786 223 |
| 399 | 研祥高科技控股集团有限公司 | 计算机、通信和其他电子设备制造业 | 广 东 | 780 578 |
| 400 | 重庆中汽西南汽车有限公司 | 批发和零售业 | 重 庆 | 780 034 |
| 401 | 华夏幸福基业控股股份公司 | 房地产业 | 河 北 | 779 001 |
| 402 | 江苏顺通建设集团有限公司 | 建筑业 | 江 苏 | 778 875 |
| 403 | 弘阳集团有限公司 | 房地产业 | 江 苏 | 777 374 |
| 404 | 新龙药业集团 | 批发和零售业 | 湖 北 | 773 857 |
| 405 | 辽宁德营石油化工集团有限公司 | 石油加工、炼焦和核燃料加工业 | 辽 宁 | 772 816 |
| 406 | 绿都控股集团有限公司 | 房地产业 | 浙 江 | 772 536 |
| 407 | 承德兆丰钢铁集团有限公司 | 黑色金属冶炼和压延加工业 | 河 北 | 772 481 |
| 408 | 中利科技集团股份有限公司 | 电气机械和器材制造业 | 江 苏 | 770 913 |
| 409 | 天津市丽兴京津钢铁贸易有限公司 | 批发和零售业 | 天 津 | 769 961 |
| 410 | 温州中城建设集团有限公司 | 建筑业 | 浙 江 | 769 826 |
| 411 | 内蒙古明华能源集团有限公司 | 批发和零售业 | 内蒙古 | 767 597 |
| 412 | 武汉人和集团有限公司 | 批发和零售业 | 湖 北 | 766 910 |
| 413 | 唐山市德龙钢铁有限公司 | 黑色金属冶炼和压延加工业 | 河 北 | 765 388 |
| 414 | 山东金正大生态工程股份有限公司 | 化学原料和化学制品制造业 | 山 东 | 762 679 |
| 415 | 云南南磷集团股份有限公司 | 化学原料和化学制品制造业 | 云 南 | 761 607 |
| 416 | 浙江协和集团有限公司 | 黑色金属冶炼和压延加工业 | 浙 江 | 761 129 |
| 417 | 深圳华强集团有限公司 | 综 合 | 广 东 | 760 031 |

续表

| 排序 | 企业名称 | 所属行业 | 所在地 | 营业收入总额（万元） |
|---|---|---|---|---|
| 418 | 方远建设集团股份有限公司 | 建筑业 | 浙 江 | 755 870 |
| 419 | 天颂建设集团有限公司 | 建筑业 | 浙 江 | 752 698 |
| 420 | 华仪电器集团有限公司 | 电气机械和器材制造业 | 浙 江 | 752 618 |
| 421 | 致远控股集团有限公司 | 综 合 | 浙 江 | 752 168 |
| 422 | 富阳申能固废环保再生有限公司 | 有色金属冶炼和压延加工业 | 浙 江 | 752 011 |
| 423 | 龙大食品集团有限公司 | 食品制造业 | 山 东 | 751 878 |
| 424 | 法派集团有限公司 | 纺织服装、服饰业 | 浙 江 | 750 062 |
| 425 | 内蒙古太西煤集团股份有限公司 | 采矿业 | 内蒙古 | 748 560 |
| 426 | 广州东凌实业集团有限公司 | 农副食品加工业 | 广 东 | 745 198 |
| 427 | 无锡兴达泡塑新材料股份有限公司 | 化学原料和化学制品制造业 | 江 苏 | 744 406 |
| 428 | 四川濠吉食品(集团)有限责任公司 | 食品制造业 | 四 川 | 737 000 |
| 429 | 道恩集团有限公司 | 批发和零售业 | 山 东 | 728 244 |
| 430 | 蒙发能源投资集团有限责任公司 | 采矿业 | 内蒙古 | 726 338 |
| 431 | 华通机电集团有限公司 | 电气机械和器材制造业 | 浙 江 | 724 988 |
| 432 | 十堰荣华东风汽车专营有限公司 | 批发和零售业 | 湖 北 | 724 600 |
| 433 | 辽宁禾丰牧业股份有限公司 | 农、林、牧、渔业 | 辽 宁 | 723 401 |
| 434 | 月星集团有限公司 | 批发和零售业 | 江 苏 | 722 234 |
| 435 | 高运控股集团有限公司 | 建筑业 | 浙 江 | 721 782 |
| 436 | 杭州诺贝尔集团有限公司 | 非金属矿物制品业 | 浙 江 | 721 300 |
| 437 | 宜华企业(集团)有限公司 | 家具制造业 | 广 东 | 720 715 |
| 438 | 安德利集团有限公司 | 电气机械和器材制造业 | 浙 江 | 719 126 |
| 439 | 五洲汽车商贸集团有限公司 | 批发和零售业 | 浙 江 | 716 634 |
| 440 | 北京京奥港集团 | 批发和零售业 | 北 京 | 716 595 |
| 441 | 苏州二建建筑集团有限公司 | 建筑业 | 江 苏 | 716 444 |
| 442 | 万控集团有限公司 | 电气机械和器材制造业 | 浙 江 | 715 441 |
| 443 | 南京建工集团有限公司 | 建筑业 | 江 苏 | 715 153 |
| 444 | 江苏吴中集团有限公司 | 综 合 | 江 苏 | 715 103 |
| 445 | 海润光伏科技有限公司 | 电气机械和器材制造业 | 江 苏 | 713 949 |
| 446 | 武汉龙发钢铁物资有限公司 | 批发和零售业 | 湖 北 | 713 601 |
| 447 | 天津市恒兴钢业有限公司 | 黑色金属冶炼和压延加工业 | 天 津 | 712 726 |
| 448 | 青海庆华矿冶煤化集团有限公司 | 采矿业 | 青 海 | 712 090 |
| 449 | 无锡商业大厦大东方股份有限公司 | 批发和零售业 | 江 苏 | 709 437 |
| 450 | 江阴江东集团公司 | 有色金属冶炼和压延加工业 | 江 苏 | 708 692 |
| 451 | 浙江暨阳建设集团有限公司 | 建筑业 | 浙 江 | 707 146 |
| 452 | 闰土控股集团有限公司 | 化学原料和化学制品制造业 | 浙 江 | 706 506 |
| 453 | 山西长信工业有限公司 | 黑色金属冶炼和压延加工业 | 山 西 | 706 159 |
| 454 | 胜利油田高原石油装备有限责任公司 | 专用设备制造业 | 山 东 | 705 563 |
| 455 | 浙江中联建设集团有限公司 | 建筑业 | 浙 江 | 705 370 |
| 456 | 浙江国泰建设集团有限公司 | 建筑业 | 浙 江 | 703 941 |
| 457 | 龙达集团有限公司 | 化学纤维制造业 | 浙 江 | 702 015 |
| 458 | 内蒙古黄河工贸集团有限责任公司 | 采矿业 | 内蒙古 | 701 989 |
| 459 | 湖北枝江酒业股份有限公司 | 酒、饮料和精制茶制造业 | 湖 北 | 701 041 |

续表

| 排序 | 企业名称 | 所属行业 | 所在地 | 营业收入总额（万元） |
|---|---|---|---|---|
| 460 | 九鼎建设集团股份有限公司 | 建筑业 | 浙 江 | 700 618 |
| 461 | 永兴特种不锈钢股份有限公司 | 黑色金属冶炼和压延加工业 | 浙 江 | 700 613 |
| 462 | 徐龙食品集团有限公司 | 农副食品加工业 | 浙 江 | 699 877 |
| 463 | 恒尊集团有限公司 | 房地产业 | 浙 江 | 699 635 |
| 464 | 江苏集群信息产业集团 | 信息传输、软件和信息技术服务业 | 江 苏 | 695 421 |
| 465 | 太平鸟集团有限公司 | 纺织服装、服饰业 | 浙 江 | 695 180 |
| 466 | 浙江中富建筑集团股份有限公司 | 建筑业 | 浙 江 | 694 879 |
| 467 | 浙江舜江建设集团有限公司 | 建筑业 | 浙 江 | 693 979 |
| 468 | 江苏综艺集团 | 综 合 | 江 苏 | 691 152 |
| 469 | 江苏江中集团有限公司 | 建筑业 | 江 苏 | 691 027 |
| 470 | 农夫山泉股份有限公司 | 酒、饮料和精制茶制造业 | 浙 江 | 688 768 |
| 471 | 震雄铜业集团有限公司 | 金属制品业 | 江 苏 | 687 839 |
| 472 | 宝业湖北建工集团 | 建筑业 | 湖 北 | 687 524 |
| 473 | 温州东瓯建设集团有限公司 | 建筑业 | 浙 江 | 687 129 |
| 474 | 金洲集团有限公司 | 金属制品业 | 浙 江 | 684 068 |
| 475 | 扬帆集团股份有限公司 | 铁路、船舶、航空航天和其他运输设备制造业 | 浙 江 | 682 356 |
| 476 | 百步亭集团有限公司 | 房地产业 | 湖 北 | 682 142 |
| 477 | 湖北东圣化工集团有限公司 | 化学原料和化学制品制造业 | 湖 北 | 681 426 |
| 478 | 河南财鑫集团有限责任公司 | 农副食品加工业 | 河 南 | 680 629 |
| 479 | 珠海秦发贸易有限公司 | 批发和零售业 | 广 东 | 680 427 |
| 480 | 山西潞宝集团 | 石油加工、炼焦和核燃料加工业 | 山 西 | 680 049 |
| 481 | 浙江兴日钢控股集团有限公司 | 黑色金属冶炼和压延加工业 | 浙 江 | 679 673 |
| 482 | 辅仁药业集团有限公司 | 医药制造业 | 河 南 | 679 049 |
| 483 | 江苏隆力奇生物科技股份有限公司 | 化学原料和化学制品制造业 | 江 苏 | 677 892 |
| 484 | 浙江东杭控股集团有限公司 | 批发和零售业 | 浙 江 | 672 700 |
| 485 | 邯郸市正大制管有限公司 | 金属制品业 | 河 北 | 672 000 |
| 486 | 江西民生集团有限公司 | 房地产业 | 江 西 | 671 200 |
| 487 | 陕西黄河矿业（集团）有限责任公司 | 石油加工、炼焦和核燃料加工业 | 陕 西 | 668 002 |
| 488 | 德华集团控股股份有限公司 | 木材加工和木、竹、藤、棕、草制品业 | 浙 江 | 666 632 |
| 489 | 南通新华建筑集团有限公司 | 建筑业 | 江 苏 | 665 335 |
| 490 | 中鑫建设集团有限公司 | 建筑业 | 浙 江 | 665 073 |
| 491 | 云南玉溪仙福钢铁（集团）有限公司 | 黑色金属冶炼和压延加工业 | 云 南 | 665 043 |
| 492 | 天津贻成集团有限公司 | 房地产业 | 天 津 | 664 980 |
| 493 | 锦联控股集团有限公司 | 交通运输、仓储和邮政业 | 辽 宁 | 664 720 |
| 494 | 江苏华亚化纤有限公司 | 化学纤维制造业 | 江 苏 | 662 691 |
| 495 | 成都红旗连锁股份有限公司 | 批发和零售业 | 四 川 | 662 388 |
| 496 | 温州开元集团有限公司 | 批发和零售业 | 浙 江 | 661 428 |
| 497 | 汇宇控股集团 | 房地产业 | 浙 江 | 657 690 |
| 498 | 浙江四通化纤有限公司 | 纺织业 | 浙 江 | 656 993 |
| 499 | 林州市林丰铝电有限责任公司 | 有色金属冶炼和压延加工业 | 河 南 | 656 926 |
| 500 | 伟星集团有限公司 | 综 合 | 浙 江 | 656 858 |

资料来源：中华全国工商业联合会

# 2011年度中国民营制造业排序前100名企业

| 排序 | 企业名称 | 所属行业 | 所在地 | 营业收入总额（万元） |
|---|---|---|---|---|
| 1 | 江苏沙钢集团有限公司 | 黑色金属冶炼和压延加工业 | 江　苏 | 20 752 771 |
| 2 | 华为投资控股有限公司 | 计算机、通信和其他电子设备制造业 | 广　东 | 20 392 874 |
| 3 | 联想控股有限公司 | 计算机、通信和其他电子设备制造业 | 北　京 | 18 307 800 |
| 4 | 山东魏桥创业集团有限公司 | 纺织业 | 山　东 | 16 101 478 |
| 5 | 浙江吉利控股集团有限公司 | 汽车制造业 | 浙　江 | 15 099 498 |
| 6 | 雨润控股集团有限公司 | 食品制造业 | 江　苏 | 9 074 651 |
| 7 | 三一集团有限公司 | 通用设备制造业 | 湖　南 | 8 018 661 |
| 8 | 南京钢铁集团有限公司 | 黑色金属冶炼和压延加工业 | 江　苏 | 7 844 459 |
| 9 | 北京建龙重工集团有限公司 | 黑色金属冶炼和压延加工业 | 北　京 | 7 212 870 |
| 10 | 杭州娃哈哈集团有限公司 | 酒、饮料和精制茶制造业 | 浙　江 | 6 785 504 |
| 11 | 海亮集团有限公司 | 有色金属冶炼和压延加工业 | 浙　江 | 6 779 700 |
| 12 | 中天钢铁集团有限公司 | 黑色金属冶炼和压延加工业 | 江　苏 | 6 265 259 |
| 13 | 上海复星高科技(集团)有限公司 | 综　合 | 上　海 | 5 798 111 |
| 14 | 浙江恒逸集团有限公司 | 化学纤维制造业 | 浙　江 | 5 629 501 |
| 15 | 东方希望集团有限公司 | 有色金属冶炼和压延加工业 | 上　海 | 5 315 000 |
| 16 | 河北津西钢铁集团 | 黑色金属冶炼和压延加工业 | 河　北 | 5 296 009 |
| 17 | 恒力集团有限公司 | 化学纤维制造业 | 江　苏 | 5 229 566 |
| 18 | 新华联合冶金控股集团有限公司 | 黑色金属冶炼和压延加工业 | 北　京 | 5 149 035 |
| 19 | 江苏新长江实业集团有限公司 | 黑色金属冶炼和压延加工业 | 江　苏 | 5 007 567 |
| 20 | 日照钢铁控股集团有限公司 | 黑色金属冶炼和压延加工业 | 山　东 | 4 991 508 |
| 21 | 比亚迪股份有限公司 | 汽车制造业 | 广　东 | 4 882 692 |
| 22 | 天津荣程联合钢铁集团有限公司 | 黑色金属冶炼和压延加工业 | 天　津 | 4 626 240 |
| 23 | 江苏西城三联控股集团有限公司 | 黑色金属冶炼和压延加工业 | 江　苏 | 4 173 937 |
| 24 | 江西萍钢实业股份有限公司 | 黑色金属冶炼和压延加工业 | 江　西 | 4 109 451 |
| 25 | 临沂新程金锣肉制品集团有限公司 | 食品制造业 | 山　东 | 3 653 760 |
| 26 | 江苏永钢集团有限公司 | 黑色金属冶炼和压延加工业 | 江　苏 | 3 626 752 |
| 27 | 雅戈尔集团股份有限公司 | 纺织服装、服饰业 | 浙　江 | 3 603 107 |
| 28 | 山东晨曦集团有限公司 | 化学原料和化学制品制造业 | 山　东 | 3 520 001 |
| 29 | 新华联控股有限公司 | 综　合 | 湖　南 | 3 517 183 |
| 30 | 红豆集团有限公司 | 纺织服装、服饰业 | 江　苏 | 3 517 139 |
| 31 | 江苏申特钢铁有限公司 | 黑色金属冶炼和压延加工业 | 江　苏 | 3 508 238 |
| 32 | 浙江荣盛控股集团有限公司 | 化学纤维制造业 | 浙　江 | 3 485 658 |
| 33 | 江苏扬子江船业集团公司 | 铁路、船舶、航空航天和其他运输设备制造业 | 江　苏 | 3 461 903 |
| 34 | 盾安控股集团有限公司 | 通用设备制造业 | 浙　江 | 3 383 134 |
| 35 | 四川省川威集团有限公司 | 黑色金属冶炼和压延加工业 | 四　川 | 3 295 502 |
| 36 | 唐山国丰钢铁有限公司 | 黑色金属冶炼和压延加工业 | 河　北 | 3 293 478 |

续表

| 排序 | 企业名称 | 所属行业 | 所在地 | 营业收入总额（万元） |
|---|---|---|---|---|
| 37 | 奥克斯集团股份有限公司 | 电气机械和器材制造业 | 浙　江 | 3 209 693 |
| 38 | 青山控股集团有限公司 | 黑色金属冶炼和压延加工业 | 浙　江 | 3 200 000 |
| 39 | 宁波金田投资控股有限公司 | 有色金属冶炼和压延加工业 | 浙　江 | 3 150 260 |
| 40 | 江阴澄星实业集团有限公司 | 化学原料和化学制品制造业 | 江　苏 | 3 056 369 |
| 41 | 山东泰山钢铁集团有限公司 | 黑色金属冶炼和压延加工业 | 山　东 | 3 030 960 |
| 42 | 山东金诚石化集团有限公司 | 石油加工、炼焦和核燃料加工业 | 山　东 | 2 903 978 |
| 43 | 桐昆集团股份有限公司 | 化学纤维制造业 | 浙　江 | 2 903 279 |
| 44 | 天狮集团有限公司 | 医药制造业 | 天　津 | 2 890 657 |
| 45 | 江苏阳光集团有限公司 | 纺织业 | 江　苏 | 2 866 095 |
| 46 | 扬子江药业集团 | 医药制造业 | 江　苏 | 2 835 824 |
| 47 | 修正药业集团 | 医药制造业 | 吉　林 | 2 810 051 |
| 48 | 海澜集团有限公司 | 纺织服装、服饰业 | 江　苏 | 2 801 268 |
| 49 | 河北普阳钢铁有限公司 | 黑色金属冶炼和压延加工业 | 河　北 | 2 735 432 |
| 50 | 华泰集团有限公司 | 造纸和纸制品业 | 山　东 | 2 720 066 |
| 51 | 玖龙纸业(控股)有限公司 | 造纸和纸制品业 | 广　东 | 2 690 584 |
| 52 | 科创控股集团有限公司 | 医药制造业 | 四　川 | 2 690 000 |
| 53 | 人民电器集团有限公司 | 仪器仪表制造业 | 浙　江 | 2 657 124 |
| 54 | 盛虹集团有限公司 | 化学纤维制造业 | 江　苏 | 2 650 231 |
| 55 | 华盛江泉集团有限公司 | 黑色金属冶炼和压延加工业 | 山　东 | 2 633 698 |
| 56 | 四川德胜集团钢铁有限公司 | 黑色金属冶炼和压延加工业 | 四　川 | 2 619 416 |
| 57 | 晶龙实业集团有限公司 | 电气机械和器材制造业 | 河　北 | 2 618 721 |
| 58 | 华芳集团有限公司 | 纺织业 | 江　苏 | 2 605 193 |
| 59 | 山东太阳纸业股份有限公司 | 造纸和纸制品业 | 山　东 | 2 585 783 |
| 60 | 湖南晟通科技集团有限公司 | 有色金属冶炼和压延加工业 | 湖　南 | 2 584 006 |
| 61 | 广东美的集团芜湖制冷设备有限公司 | 电气机械和器材制造业 | 安　徽 | 2 554 579 |
| 62 | 东营方圆有色金属有限公司 | 有色金属冶炼和压延加工业 | 山　东 | 2 554 059 |
| 63 | 江苏三房巷集团有限公司 | 化学原料和化学制品制造业 | 江　苏 | 2 540 293 |
| 64 | 正泰集团股份有限公司 | 电气机械和器材制造业 | 浙　江 | 2 515 732 |
| 65 | 新世纪控股集团有限公司 | 计算机、通信和其他电子设备制造业 | 浙　江 | 2 497 183 |
| 66 | 天津友发钢管集团有限公司 | 金属制品业 | 天　津 | 2 497 149 |
| 67 | 河北文丰钢铁有限公司 | 黑色金属冶炼和压延加工业 | 河　北 | 2 484 514 |
| 68 | 上海人民企业(集团)有限公司 | 综　合 | 上　海 | 2 413 666 |
| 69 | 上海华冶钢铁集团有限公司 | 黑色金属冶炼和压延加工业 | 上　海 | 2 374 837 |
| 70 | 四川金广实业(集团)股份有限公司 | 黑色金属冶炼和压延加工业 | 四　川 | 2 345 661 |
| 71 | 西王集团有限公司 | 农副食品加工业 | 山　东 | 2 319 651 |
| 72 | 天正集团有限公司 | 电气机械和器材制造业 | 浙　江 | 2 310 051 |
| 73 | 亚邦投资控股集团有限公司 | 综　合 | 江　苏 | 2 302 923 |
| 74 | 亿利资源集团有限公司 | 化学原料和化学制品制造业 | 内蒙古 | 2 280 372 |
| 75 | 华勤橡胶工业集团有限公司 | 橡胶和塑料制品业 | 山　东 | 2 264 099 |

续表

| 排序 | 企业名称 | 所属行业 | 所在地 | 营业收入总额（万元） |
|---|---|---|---|---|
| 76 | 湖南博长控股集团有限公司 | 黑色金属冶炼和压延加工业 | 湖　南 | 2 227 904 |
| 77 | 丰立集团有限公司 | 废弃资源综合利用业 | 江　苏 | 2 209 692 |
| 78 | 德力西集团有限公司 | 电气机械和器材制造业 | 浙　江 | 2 208 842 |
| 79 | 山东博汇集团有限公司 | 化学原料和化学制品制造业 | 山　东 | 2 123 890 |
| 80 | 江苏金浦集团有限公司 | 化学原料和化学制品制造业 | 江　苏 | 2 103 147 |
| 81 | 山东石横特钢集团有限公司 | 黑色金属冶炼和压延加工业 | 山　东 | 2 099 539 |
| 82 | 利华益集团股份有限公司 | 石油加工、炼焦和核燃料加工业 | 山　东 | 2 091 663 |
| 83 | 传化集团有限公司 | 综　合 | 浙　江 | 2 079 132 |
| 84 | 亨通集团有限公司 | 电气机械和器材制造业 | 江　苏 | 2 074 786 |
| 85 | 万达控股集团有限公司 | 电气机械和器材制造业 | 山　东 | 2 056 319 |
| 86 | 精功集团有限公司 | 金属制品业 | 浙　江 | 2 017 818 |
| 87 | 维维集团股份有限公司 | 食品制造业 | 江　苏 | 2 017 536 |
| 88 | 山东西水橡胶集团有限公司 | 橡胶和塑料制品业 | 山　东 | 1 994 944 |
| 89 | 西林钢铁集团有限公司 | 黑色金属冶炼和压延加工业 | 黑龙江 | 1 939 398 |
| 90 | 江苏法尔胜泓昇集团有限公司 | 金属制品业 | 江　苏 | 1 926 051 |
| 91 | 远东控股集团有限公司 | 电气机械和器材制造业 | 江　苏 | 1 925 335 |
| 92 | 内蒙古鄂尔多斯投资控股集团有限公司 | 综　合 | 内蒙古 | 1 872 902 |
| 93 | 山东大海集团有限公司 | 有色金属冶炼和压延加工业 | 山　东 | 1 860 235 |
| 94 | 兴华财富集团有限公司 | 黑色金属冶炼和压延加工业 | 河　北 | 1 857 676 |
| 95 | 全威（铜陵）铜业科技有限公司 | 有色金属冶炼和压延加工业 | 安　徽 | 1 838 329 |
| 96 | 宜昌三峡全通涂镀板有限公司 | 金属制品业 | 湖　北 | 1 832 998 |
| 97 | 澳洋集团有限公司 | 纺织业 | 江　苏 | 1 821 685 |
| 98 | 波司登股份有限公司 | 纺织服装、服饰业 | 江　苏 | 1 821 341 |
| 99 | 重庆力帆控股有限公司 | 汽车制造业 | 重　庆 | 1 819 978 |
| 100 | 江苏双良集团有限公司 | 专用设备制造业 | 江　苏 | 1 818 217 |

资料来源：中华全国工商业联合会

# 2011 年度中国民营服务业排序前 100 名企业

| 排序 | 企业名称 | 所属行业 | 所在地 | 营业收入总额（万元） |
|---|---|---|---|---|
| 1 | 苏宁电器集团 | 批发和零售业 | 江　苏 | 19 473 388 |
| 2 | 大连万达集团股份有限公司 | 房地产业 | 辽　宁 | 10 510 228 |
| 3 | 新疆广汇实业投资(集团)有限责任公司 | 批发和零售业 | 新　疆 | 8 020 696 |
| 4 | 万科企业股份有限公司 | 房地产业 | 广　东 | 7 178 275 |
| 5 | 恒大地产集团有限公司 | 房地产业 | 广　东 | 6 191 819 |
| 6 | 三胞集团有限公司 | 批发和零售业 | 江　苏 | 4 820 321 |
| 7 | 碧桂园控股有限公司 | 房地产业 | 广　东 | 4 320 245 |
| 8 | 物美控股集团有限公司 | 批发和零售业 | 北　京 | 4 107 499 |
| 9 | 江苏苏宁环球集团有限公司 | 房地产业 | 江　苏 | 3 542 400 |
| 10 | 远大物产集团有限公司 | 批发和零售业 | 浙　江 | 3 128 623 |
| 11 | 陕西东岭工贸集团股份有限公司 | 批发和零售业 | 陕　西 | 3 030 988 |
| 12 | 中南控股集团有限公司 | 房地产业 | 江　苏 | 2 750 000 |
| 13 | 广州富力地产股份有限公司 | 房地产业 | 广　东 | 2 737 009 |
| 14 | 百兴集团有限公司 | 批发和零售业 | 江　苏 | 2 663 325 |
| 15 | 重庆龙湖企业拓展有限公司 | 房地产业 | 重　庆 | 2 530 133 |
| 16 | 浙江前程投资股份有限公司 | 批发和零售业 | 浙　江 | 2 518 800 |
| 17 | 九州通医药集团股份有限公司 | 批发和零售业 | 湖　北 | 2 483 868 |
| 18 | 上海龙昂国际贸易有限公司 | 批发和零售业 | 上　海 | 2 469 503 |
| 19 | 东方集团实业股份有限公司 | 综　合 | 黑龙江 | 2 267 584 |
| 20 | 宁波银亿集团有限公司 | 房地产业 | 浙　江 | 2 259 246 |
| 21 | 江苏高力集团有限公司 | 房地产业 | 江　苏 | 2 029 466 |
| 22 | 江苏文峰集团有限公司 | 批发和零售业 | 江　苏 | 2 021 800 |
| 23 | 大汉控股集团有限公司 | 批发和零售业 | 湖　南 | 1 936 912 |
| 24 | 浙江昆仑控股集团有限公司 | 综　合 | 浙　江 | 1 834 575 |
| 25 | 宁波富邦控股集团有限公司 | 综　合 | 浙　江 | 1 812 280 |
| 26 | 新华锦集团 | 批发和零售业 | 山　东 | 1 803 929 |
| 27 | 香江集团有限公司 | 综合 | 广　东 | 1 802 180 |
| 28 | 中基宁波集团股份有限公司 | 批发和零售业 | 浙　江 | 1 677 343 |
| 29 | 南通化工轻工股份有限公司 | 批发和零售业 | 江　苏 | 1 652 379 |
| 30 | 江苏华夏融创置地集团有限公司 | 房地产业 | 江　苏 | 1 615 860 |
| 31 | 深圳市庆鹏实业集团有限公司 | 综　合 | 广　东 | 1 578 081 |
| 32 | 福星集团控股有限公司 | 房地产业 | 湖　北 | 1 512 553 |
| 33 | 金科地产集团股份有限公司 | 房地产业 | 重　庆 | 1 510 000 |
| 34 | 宁波神化化学品经营有限责任公司 | 批发和零售业 | 浙　江 | 1 504 414 |
| 35 | 南京金鹰国际集团有限公司 | 批发和零售业 | 江　苏 | 1 479 324 |
| 36 | 浙江新湖集团股份有限公司 | 综　合 | 浙　江 | 1 471 978 |

续表

| 排序 | 企业名称 | 所属行业 | 所在地 | 营业收入总额（万元） |
|---|---|---|---|---|
| 37 | 百度在线网络技术（北京）有限公司 | 信息传输、软件和信息技术服务业 | 北 京 | 1 450 100 |
| 38 | 新城控股集团有限公司 | 房地产业 | 江 苏 | 1 424 554 |
| 39 | 银泰百货（集团）有限公司 | 批发和零售业 | 浙 江 | 1 413 242 |
| 40 | 金花投资有限公司 | 综 合 | 陕 西 | 1 362 005 |
| 41 | 上海均瑶（集团）有限公司 | 综 合 | 上 海 | 1 318 300 |
| 42 | 中球冠集团有限公司 | 批发和零售业 | 浙 江 | 1 248 113 |
| 43 | 人人乐连锁商业集团股份有限公司 | 批发和零售业 | 广 东 | 1 209 192 |
| 44 | 卓尔控股有限公司 | 综 合 | 湖 北 | 1 192 000 |
| 45 | 浙江百诚集团股份有限公司 | 批发和零售业 | 浙 江 | 1 143 258 |
| 46 | 中发实业（集团）有限公司 | 金融业 | 黑龙江 | 1 141 463 |
| 47 | 大华（集团）有限公司 | 房地产业 | 上 海 | 1 136 721 |
| 48 | 佳杰科技（上海）有限公司 | 批发和零售业 | 上 海 | 1 131 609 |
| 49 | 天津立业钢铁集团有限公司 | 批发和零售业 | 天 津 | 1 096 496 |
| 50 | 海外海集团有限公司 | 租赁和商务服务业 | 浙 江 | 1 076 000 |
| 51 | 浙江康桥汽车工贸集团股份有限公司 | 批发和零售业 | 浙 江 | 1 060 000 |
| 52 | 润东汽车集团有限公司 | 批发和零售业 | 江 苏 | 1 050 000 |
| 53 | 博发控股集团 | 科学研究和技术服务业 | 黑龙江 | 1 029 035 |
| 54 | 欧美投资集团有限公司 | 综 合 | 山 东 | 1 014 157 |
| 55 | 荣盛控股股份有限公司 | 房地产业 | 河 北 | 1 014 034 |
| 56 | 红楼集团有限公司 | 批发和零售业 | 浙 江 | 1 011 561 |
| 57 | 宁波华东物资城市场建设开发有限公司 | 综 合 | 浙 江 | 966 650 |
| 58 | 冠城大通股份有限公司 | 房地产业 | 福 建 | 932 006 |
| 59 | 天津现代集团有限公司 | 房地产业 | 天 津 | 927 799 |
| 60 | 江苏新华发集团有限公司 | 批发和零售业 | 江 苏 | 921 284 |
| 61 | 江苏华地国际控股集团有限公司 | 批发和零售业 | 江 苏 | 917 561 |
| 62 | 青岛世纪瑞丰集团有限公司 | 批发和零售业 | 山 东 | 910 171 |
| 63 | 上海春秋国际旅行社（集团）有限公司 | 交通运输、仓储和邮政业 | 上 海 | 910 058 |
| 64 | 群升集团有限公司 | 房地产业 | 浙 江 | 908 615 |
| 65 | 宁波市慈溪进出口股份有限公司 | 批发和零售业 | 浙 江 | 907 891 |
| 66 | 上海舜业钢铁集团有限公司 | 批发和零售业 | 上 海 | 880 734 |
| 67 | 浙江明日控股集团股份有限公司 | 批发和零售业 | 浙 江 | 871 000 |
| 68 | 亿达集团有限公司 | 房地产业 | 辽 宁 | 860 649 |
| 69 | 步步高商业连锁股份有限公司 | 批发和零售业 | 湖 南 | 843 919 |
| 70 | 重庆协信控股（集团）有限公司 | 房地产业 | 重 庆 | 839 875 |
| 71 | 佛山市顺德区乐从供销集团有限公司 | 批发和零售业 | 广 东 | 835 383 |
| 72 | 杭州滨江房产集团股份有限公司 | 房地产业 | 浙 江 | 816 841 |
| 73 | 腾邦投资控股有限公司 | 信息传输、软件和信息技术服务业 | 广 东 | 816 272 |
| 74 | 贵州宏立城集团 | 房地产业 | 贵 州 | 814 734 |
| 75 | 中冀斯巴鲁（天津）汽车销售有限公司 | 批发和零售业 | 天 津 | 807 836 |

续表

| 排序 | 企业名称 | 所属行业 | 所在地 | 营业收入总额（万元） |
|---|---|---|---|---|
| 76 | 上海致达科技集团有限公司 | 房地产业 | 上　海 | 805 973 |
| 77 | 恒达中泰集团有限公司 | 房地产业 | 江　苏 | 791 000 |
| 78 | 重庆中汽西南汽车有限公司 | 批发和零售业 | 重　庆 | 780 034 |
| 79 | 华夏幸福基业控股股份公司 | 房地产业 | 河　北 | 779 001 |
| 80 | 弘阳集团有限公司 | 房地产业 | 江　苏 | 777 374 |
| 81 | 新龙药业集团 | 批发和零售业 | 湖　北 | 773 857 |
| 82 | 绿都控股集团有限公司 | 房地产业 | 浙　江 | 772 536 |
| 83 | 天津市丽兴京津钢铁贸易有限公司 | 批发和零售业 | 天　津 | 769 961 |
| 84 | 内蒙古明华能源集团有限公司 | 批发和零售业 | 内蒙古 | 767 597 |
| 85 | 武汉人和集团有限公司 | 批发和零售业 | 湖　北 | 766 910 |
| 86 | 深圳华强集团有限公司 | 综　合 | 广　东 | 760 031 |
| 87 | 道恩集团有限公司 | 批发和零售业 | 山　东 | 728 244 |
| 88 | 十堰荣华东风汽车专营有限公司 | 批发和零售业 | 湖　北 | 724 600 |
| 89 | 月星集团有限公司 | 批发和零售业 | 江　苏 | 722 234 |
| 90 | 五洲汽车商贸集团有限公司 | 批发和零售业 | 浙　江 | 716 634 |
| 91 | 北京京奥港集团 | 批发和零售业 | 北　京 | 716 595 |
| 92 | 江苏吴中集团有限公司 | 综　合 | 江　苏 | 715 103 |
| 93 | 武汉龙发钢铁物资有限公司 | 批发和零售业 | 湖　北 | 713 601 |
| 94 | 无锡商业大厦大东方股份有限公司 | 批发和零售业 | 江　苏 | 709 437 |
| 95 | 恒尊集团有限公司 | 房地产业 | 浙　江 | 699 635 |
| 96 | 江苏集群信息产业集团 | 信息传输、软件和信息技术服务业 | 江　苏 | 695 421 |
| 97 | 江苏综艺集团 | 综　合 | 江　苏 | 691 152 |
| 98 | 百步亭集团有限公司 | 房地产业 | 湖　北 | 682 142 |
| 99 | 珠海秦发贸易有限公司 | 批发和零售业 | 广　东 | 680 427 |
| 100 | 浙江东杭控股集团有限公司 | 批发和零售业 | 浙　江 | 672 700 |

资料来源：中华全国工商业联合会

# 优 秀 企 业 风 采

（排序不分先后）

五矿发展股份有限公司
首钢总公司
河北钢铁集团有限公司
唐山钢铁集团有限责任公司
邯郸钢铁集团有限责任公司
江苏沙钢集团公司
天津钢管集团股份有限公司
天津钢铁集团有限公司
本钢集团有限公司
中国金属再生资源（控股）有限公司
东北特殊钢集团有限责任公司
攀钢集团有限公司
鞍钢集团矿业公司
首钢长治钢铁集团有限公司
东风汽车公司
安徽江淮汽车股份有限公司
江铃汽车股份有限公司
长沙中联重工科技发展股份有限公司
万丰奥特控股集团
大唐电信科技产业集团
中国航空工业集团公司
中国核工业集团公司
中信国安集团公司
国家开发投资公司
中国长江电力股份有限公司
中国石油化工集团公司
中国石化中原油田
中国石油管道公司
中国石油东方地球物理勘探有限责任公司
中国石油辽河油田分公司
中国石油集团渤海钻探工程有限公司
中铁第四勘察设计院集团有限公司
招商银行
北京银行
中国黄金集团公司
中国轻工业品进出口总公司
中建材集团进出口公司
浙江大东南股份有限公司
重庆医药（集团）股份有限公司
南京医药产业（集团）有限责任公司
北京京煤集团有限责任公司
山东能源新矿集团翟镇煤矿
广西中烟工业有限责任公司
红云红河烟草（集团）有限责任公司
江南工业集团有限公司

中国钢铁流通e联盟成立大会

五矿发展股份有限公司（简称“五矿发展”）是国内黑色金属流通领域领先的综合服务商，业务范围涵盖冶金原材料贸易、钢材贸易、加工配送、物流服务等黑色金属产业链的各个关键环节。2011年，五矿发展实现营业收入1 621亿元，同比增长23.0%；实现利润总额8.3亿元，同比增长146%。

五矿发展控股股东是中国五矿集团公司，2011年中国五矿位列世界500强第169位；销售钢材2 783万吨，位列国内重点生产资料流通企业钢材销售量首位。

作为国内钢铁流通领域的领军企业，五矿发展致力于引领行业转型升级。以“三大体系”、“三大平台”、“三种能力”为核心战略举措，形成了服务重点钢厂的冶金原料集成供应体系、服务终端客户的钢材加工配送体系、服务行业大型终端客户的工程钢材配供体系；构建了电子商务平台、钢铁/原料区域物流整合平台、钢铁流通行业协作平台。“十二五”期间，五矿发展将以提升供应链管理水平为目标，积极构建以钢铁流通供应链条为核心的服务体系，为客户提供整体解决方案，努力打造“世界一流的综合性钢铁流通服务商”。

中国企业年鉴
会社
Corporation
美国矿产金属有限公司
Minmetals Inc
南美五金矿产有限公司
China Metal E Minerals (Brazil) Ltda.
中国五矿新西兰有限公司
China Minmetals NZ Ltd.
贸易企业7家
7 Trading Companies
生产企业4家
4 Manufacturing Enterprises
分销网点、加工中心120家
120 Distribution Companies and Processing Centers
物流分支机构80家
80 Logistics Branches
海外合作企业20多家
more than 20 Overseas Cooperative Enterprises
MINMETALS
五矿发展股份有限公司
MINMETALS DEVELOPMENT CO.,LTD.
冶金原材料贸易
五矿营钢
钢材加工中心
综合物流
电话：（010）68494600　传真：（010）68494830
地址：北京市海淀区三里河路5号B座　邮编：100044
C3

4 300毫米宽厚板生产线

京西重工减震器工厂

鲁家山垃圾发电项目效果图

首钢顺义冷轧公司高品质
镀锌板卷下线

中国动漫游戏城首意工坊

电话：（010）88291404　　传真：（010）88295578
地址：北京市石景山区石景山路68号　　邮编：100041

底图为京唐公司全景

HBIS
河北钢铁集团

# 河北钢铁集团

董事长、总经理　**王义芳**

河北钢铁集团有限公司于2008年6月30日由原唐钢集团和邯钢集团联合组建而成。2011年集团粗钢产量4 436万吨，列国内首位、世界第二，实现营业收入2 503亿元，在册员工14万人。集团连续3年跻身世界500强，2011年居279位。

集团以钢铁为主业，横跨钢铁、资源、制造、金融、物流五大板块，拥有唐钢、邯钢、宣钢、承钢、舞钢、矿业、石钢、销售、采购、国际物流、钢研总院、国贸、财达证券、衡板、宣工、燕山大酒店16个子、分公司。

集团致力于建设“国内领先、国际一流”现代化钢铁集团，主体装备实现了大型化、现代化、高效节能环保化，形成了5 000万吨完全符合国家产业政策的优质产能。产品以“精品板材、优质建材、高品质特钢和特色钒钛”四大系列为主导，辐射航空航天、军工、汽车、铁路、桥梁、建筑、交通、机械、造船等20多个重要应用领域。目前，拥有2 000立方米级以上高炉8座、3 200立方米高炉5座，200平方米以上烧结机13台，6米以上大型焦炉10座；拥有120吨以上炼钢转炉20座、100吨超高功率电炉4座，LF精炼炉26座，双工位RH精炼炉8座，VOD精炼炉2座，AOD精炼炉1座，VD精炼炉4座；拥有棒材、高线、型钢、窄带生产线54条，1 580毫米到2 250毫米热轧生产线6条；拥有冷轧生产线7条，并配备有酸洗、镀锌、电镀锡、彩涂等强大的涂镀层板材深加工能力，还拥有2 800毫米到4 200毫米中厚板生产线6条，产能达860万吨。集团还拥有2个国家技术中心，346项自主知识产权，制定出《低焊接裂纹敏感性高强度钢板》、《耐磨钢板》、《石油天然气输送管线用宽厚钢板》、《建筑结构用钢板》、《厚度方向性能钢板》5项国家产品标准，200多个钢材品种替代进口。

*电话：（0311）66778886*
*地址：河北石家庄市裕华西路40号*
*邮编：050000*

团有限公司
河北钢铁集团
HBIS
SMS
DEMAG

# 唐山钢铁集团

董事长、总经理　于　勇

唐山钢铁集团有限责任公司（简称“唐钢”）是河北钢铁集团的骨干企业，始建于1943年，是我国转炉炼钢的发祥地，全国大型钢铁企业。

唐钢现有在册职工3.7万人。钢铁主业具有1 800万吨/年的配套生产能力，主要产品为板、棒、线、型四大类，包括热轧薄板、冷轧薄板、镀锌板、彩涂板、中厚板、不锈钢、棒材、线材、型材等140多个品种，精品板材占产品总量的40.0%。唐钢通过了质量、环境、职业健康安全管理体系“三合一”整合认证。

在唐钢的发展进程中，依靠自身的力量推进实施了铁、钢、轧三大系统技术改造，实现一系列重大进步，取得突飞猛进的发展，主要装备实现了大型化和现代化，跻身国际先进行列，工艺技术达到行业较高水平，成为中国重要的精品板材和精品建材生产基地。

“十一五”以来，唐钢坚持“我们不能左右市场，但可以左右自身工作”的理念，视危机为机遇，变压力为动力，以开放性思维、全行业视野和国际化定位，深入落实科学发展观，努力转变生产组织模式，全面转型升级，奋力提质增效，提高成本控制力和产品创效能力，不断实现新的进步和跨越式发展，得到了国内外钢铁同行和社会各界的高度关注和广泛赞誉。

唐钢先后荣获全国五一劳动奖状、全国绿化模范单位、全国十佳生态文化示范企业、全国模范劳动关系和谐企业、十二五首批具社会责任感企业、河北省明星企业等荣誉称号，并成为全国首批“资源节约型和环境友好型”试点企业。

# 有限责任公司

镀锌生产线

4号高炉平台

文化广场

高品质的冷轧产品

水处理中心

优美的厂区

电话：（0315）2702409

地址：河北唐山市滨河路9号

邮编：063016

HBIS 河北钢铁集团

# 邯郸钢铁集团有限责任公司

董事长、党委书记　李贵阳

总经理　彭兆丰

河北钢铁集团邯郸钢铁集团有限责任公司（简称“邯钢”）是河北钢铁集团的核心企业，于1958年建厂投产，经过持续的革新、改造，现具备了年产千万吨钢的综合生产能力，已发展成为我国重要的优质板材生产基地。邯钢曾先后荣获全国五一劳动奖状、全国优秀企业金马奖、全国先进基层党组织、全国文明单位、全国思想政治工作优秀企业、全国模范劳动关系和谐企业等荣誉称号。

20世纪90年代，邯钢推墙入海，主动走向市场，通过推行并不断深化“模拟市场核算、实行成本否决”经营机制，创造了显著的经济效益和社会效益。1996年被国务院树立为全国先进典型，“邯钢经验”广为传播，享誉全国，邯钢被赞誉为“全国工业战线上的一面红旗”。

进入新世纪以来，邯钢加快用高新技术和先进适用技术改造提升传统产业步伐，相继建成投产了年产250万

具有国际领先水平的2250热连轧生产线

邯钢冷轧板卷

邯钢新区250吨炼钢转炉

邯钢新区3 200立方米炼铁高炉

吨薄板坯连铸连轧生产线、国内首条热轧薄板酸洗镀锌生产线、年产130万吨冷轧薄板生产线，和以新区为代表的一大批具有国际一流水平的大型现代化装备集群，综合竞争实力发生了质的飞跃，产品结构实现了由普通建材为主向优质板材为主的转变。

邯钢产品涵盖汽车、家电、建筑、造船、航天、机械制造、石油化工等国民经济各个领域，并成功应用于中央电视台新址、北京奥运场馆、上海城市交通枢纽建设和京沪高铁等国家重点工程。邯钢造船板取得九国船级社船板生产资格认证，冷轧板成为国内外20多家知名家电制造企业的主要原料，并出口到欧美等国家和地区。

“十二五”期间，面对新的机遇和挑战，邯钢将以“创新发展、绿色转型”为主线，拓展钢厂三大功能，谋划实施主业功能群、钢铁产品延伸加工功能群、资源能源高效利用功能群、城市服务友好功能群、创新产业群“4+1”功能群，建设“精品钢材、冶金化工、清洁能源、绿色建材、服务城市、创新产业”六大基地，力争到“十二五”末，实现“产能不增、产值倍增”，年销售收入达到1 200亿元以上。

邯钢CCPP燃气蒸汽发电机组

# 沙钢集团

# SHAGANG GROUP

沙钢集团是江苏省重点企业集团、国家大型工业企业，全国列首位的民营钢铁企业。目前集团拥有总资产1 700多亿元，职工4万余名。年生产能力炼铁2 900万吨、炼钢3 500万吨、轧材3 300万吨。主导产品宽厚板、热轧卷板、不锈钢热轧和冷轧板、高速线材、大盘卷线材、带肋钢筋、特钢大棒材等产品荣获“实物质量达到国际先进水平金杯奖”、“全国用户满意产品”等称号。2012年世界500强企业中沙钢集团排名346位，比上年又递进了20位。

集团认真落实贯彻国家有关钢铁产业发展政策，以科学发展观为指导，坚持科技领航，自主创新，加快转型升级，大力推进产品结构调整，深化节能减排，不断增强企业综合竞争力，进一步把企业做精、做强、做优，努力把沙钢打造成“百年老厂”，为构建和谐江苏、建设中国钢铁强国做出新的贡献。

董事局主席　沈文荣

5 000毫米特宽厚板

热卷板

大棒材

沙钢牌高速线材

沙钢牌带肋钢筋

天津钢管集团

# 股份有限公司

天津钢管集团股份有限公司俗称“大无缝”，是中国能源工业钢管基地。1989年动工兴建，1992年热试成功，1996年正式投产。

做强做大钢管主业，打造规模优势。拥有MPM、PQF、ASSEL和REM 4种机型、7套轧机，管加工系统拥有32条生产线，无缝钢管年生产能力可达350万吨，成为世界单厂规模最大的无缝钢管生产厂。建成了铜材、不锈板、彩涂板、高压气瓶等一批高水平的项目，发展了设备制造、国际贸易和物流等新的产业，建设成为多产业交替拉动、协调发展的综合性大型企业集团。

经济效益综合指数连续多年位居全国重点钢铁企业前列。列中国企业500强第99位、制造业500强第38位。企业3次获全国企业管理现代化创新成果一等奖，获全国五一劳动奖状，被评为全国文明单位和天津市文明单位标兵。公司党委2次获全国先进基层党组织称号。公司领导班子被授予首批全国国有企业创建“四好”领导班子工作先进集体称号。

# 天津钢铁集

天津钢铁集团有限公司是集烧结、炼铁、炼钢、连铸、轧钢、金属制品生产工艺为一体千万吨级生产能力的大型现代化钢铁联合企业。2011年名列中国企业500强第101位，中国制造业企业500强第39位，黑色冶金及延压加工业第11位，天津市百强企业第8位。

天钢工艺技术装备达到国内领先、世界一流水平，建成了国家级企业技术中心，拥有博士后工作站和雄厚的科研团队，企业连续4年获得天津市技术创新先进企业。采用了国际先进的管理体系，通过ISO 9001质量管理体系、ISO 14001环境管理体系和GB/T 28001－2001职业健康安全管理体系认证。

天钢产品在国内外市场享有很高的声誉。主要产品包括中厚板、棒材、高速线材、角钢、带钢、圆管坯、金属制品等七大系列。船体用结构钢板等16个产品获国家金杯奖，低合金结构钢热轧钢板等13个产品获卓越产品奖。板材产品通过欧盟CE认证，获得中国、法国、美国、英国、德国、意大利、日本、韩国等八国船级

# 团有限公司

社高强船板认可，钢绞线产品取得美国（PTI）认证。天钢牌产品被广泛应用到长江三峡、京沪高铁、珠港澳大桥等100多个重点工程，并销往欧洲、北美、中东、东南亚等41个国家和地区。

在未来的发展中，天钢围绕转变发展方式，加快转型升级的步伐，大力推进“六个转变”，即：向价值创造型转变，向品种效益型转变，向资源节约型转变，向经营开放型转变，向学习创新型转变，向文明和谐型转变，把天钢打造成最具竞争力的价值创造型钢铁集团。

电话：（022）24706800　　传真：（022）24706820
地址：天津市东丽区津塘公路398号　　邮编：300301

# 本钢集团

本钢集团有限公司（简称“本钢”）是由本溪钢铁（集团）有限责任公司和北台钢铁（集团）有限责任公司等优秀国有企业合并重组，于2010年6月8日成立，现为辽宁省大型骨干企业集团。现有在职员工11万人，总资产923亿元，占地面积21平方公里，年产能已达到2 000万吨，年销售收入超1 000亿元。

合并重组后的本钢形成了科学合理的资源配置和工艺装备优势。现拥有亚洲大型铁矿——南芬露天铁矿并参股开发世界大型的铁矿——本溪大台沟铁矿；东北大容积4 747立方米高炉、世界巨宽幅2 300热轧机组、同韩国POSCO公司合资兴建的世界先进冷轧生产线等世界顶级工艺装备已经建成并达到设计生产能力。

集团开发研制的汽车板、家电板、石油管线钢、集装箱用钢和不锈钢等产品已处于国内领先水平；拥有普碳钢、特钢、不锈钢和球墨铸管等系列产品；高附加值和高技术含量产品占总产量的80.0%。质量管理体系、环境管理体系、职业健康安全管理体系和汽车板16 949国际标准体系四位一体的标准化管理，为集团产品品质

# 有限公司

保证和企业科学发展提供了坚实基础。2010年本钢成为国内制造业仅有的一家质量管理创新基地。产品广泛应用于国内汽车、家电、石油化工、航空航天、机械制造、能源交通、建筑装潢和金属制品等领域，在国际市场上也显示出强大的竞争力，2010年、2011年集团出口产品总量位居国内同行业首位。

作为辽宁省经济发展的领军企业，本钢将倾力构建面向世界面向未来的全新战略布局，努力把自身打造成为社会和公众提供最具价值产品与服务、为员工创造幸福生活的世界级优秀企业集团。

2300热轧机组

新1号高炉

南芬露天铁矿

高强钢轧机

# 中国金属再生资

## China Metal Recyc

CHINA METAL

中国金属再生资源（控股）有限公司是以废钢加工配送为主业，兼营废有色金属、铁矿石、钢坯、生铁、煤炭等冶金原料贸易以及港口物流、汽车拆解、信息研究、电子商务等业务，集科、工、贸为一体的再生资源大型跨国集团公司。是亚洲首家再生金属资源上市公司。公司于2009年在香港联合交易所主板上市，股票编号为0773.HK。跻身2011中国企业500强排名第390位，中国服务企业500强排名第118位。

公司采用规模化经营、系统化管理、机械化生产、网络化销售的经营模式。生产经营网络覆盖华东、华南、华北、华中及港澳地区。在江苏江阴、浙江宁波、广东广州、中山、北京、天津、内蒙古包头等5省（自治区）11市（含2直辖市）及香港、澳门地区建有较大规模的废钢加工配送基地，年产能达到500万吨以上。在广州珠江和江阴长江、港澳等地区建有废钢专用码头。其中，广州亚钢是中国废钢铁应用协会早期废钢加工配送示范基地，并通过了ISO 9001质量管理体系认证和ISO 14001环境管理体系认证。2011年底经国家环保部验收批准成为我国首家“进口废钢加工配送中心”，获得了自主进口废钢的资质。

2009年销售收入 90.6亿港元，同比增长 38.9%，利润4.8亿港元，同比增长62.6%。

2010年销售收入225.1亿港元，同比增长148.0%，利润8.9亿港元，同比增长85.6%。

2011年销售收入521.4亿港元，同比增长131.7%，利润18.6亿港元，同比增长110%。

公司着力于科技进步，注重投资引进国外先进废钢加工技术、加工设备和环保监测设施，以确保废钢产品质量和二次污染防治能力。公司注重战略发展的研究、产业信息研究、“电子商务”及废钢产业链核心技术的研究。着力拓展海外市场，加快境外废钢铁、废金属经营网络的建立，致力于创建中国大型的废金属进出口跨国公司。为实现钢铁循环，为建立“资源节约型、环境友好型”社会；为促进人口、资源、环境的和谐发展不断作出贡献，力争进入世界500强。

地址：香港中环云咸街60号中央广场30楼3003A－5室　　总机：(00852) 25474725　34750940

地址：上海浦东南路528号证券大厦北塔13楼　　邮编：200120

电话：(021) 60580777　传真：(021) 60897968　　http：//www.cmr773.com

# 源（控股）有限公司

ng (Holdings) Limited

中金再生在中国区域的主要废钢加工配送基地

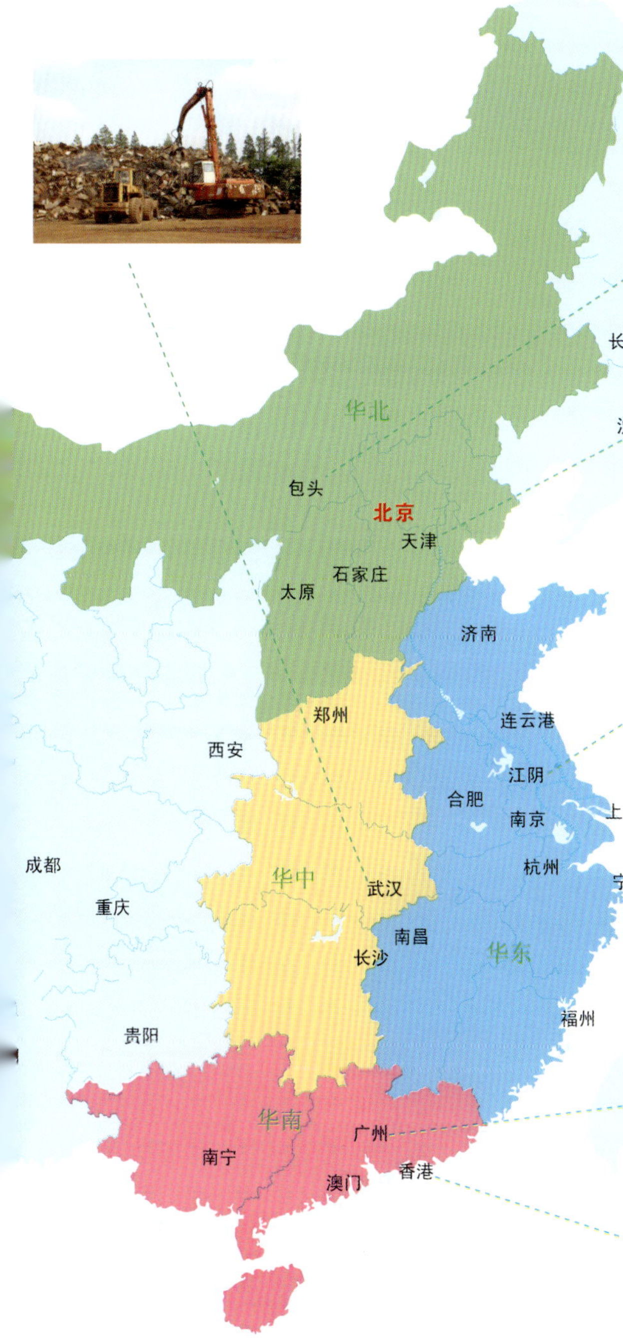

董事长、党委书记　**赵明远**

东北特殊钢集团有限责任公司是我国专业生产高端特殊钢知名企业，以产能大、技术含量高、品种组距全列世界前端。公司由原国家特殊钢骨干企业——大钢、抚钢、北钢于2004年重组而成。2012年中国500强企业排名388位、中国制造业500强企业排名206位。公司拥有24家控股、5家参股子公司，其中抚钢股份为上市公司，在岗员工2万人。2011年底总资产472亿元，营业收入230亿元，出口创汇4.4亿美元，钢产量187万吨，精品钢材产量161万吨。

公司定位以建设国际化科技型一流特钢企业为发展目标，以振兴民族特钢事业为核心价值观。在我国国防军工领域占有极为重要地位，承担85.0%新材料生产研制任务。装备工艺水平世界一流、国内领先。产品群不仅在国内具有垄断性竞争强势，在国际上也具有较强竞争力，拥有十八大支柱品牌产品，形成六大主导产品：工模具钢、轴承钢、汽车用钢、不锈钢、高温合金和高强钢。不锈钢、轴承钢、工模具钢和汽车用钢规模产量居国内首位，高温合金、高强钢市场占有率达80.0%以上，工模具钢为国内领先品牌，不锈钢棒（线）材、轴承钢热轧棒（线）材荣获2007年度中国名牌产品。目前与全球150多家客户建立合作关系，与世界500强企业中的46家有商务合作，产品销往35个国家和地区，覆盖全球85个港口。

“十二五”发展目标：以技术创新为引擎，走精品规模化道路，打造“主业特强、适度多元”运营格局，建成世界特钢第一企业。到2015年特殊钢产量超过800万吨，特殊钢材690万吨，实现销售收入1 000亿元。

高速线材生产线

团有限责任公司

# 攀钢集团

攀钢集团有限公司40多年坚持不懈开展攀西钒钛资源综合利用，已发展成为我国首位、世界第二的产钒企业，我国首位的钛原料供应商和产业链完整的钛制品加工企业，我国首位的铁路用钢生产基地、重要的无缝钢管及军工特钢配套生产基地。

攀钢以独有的资源、技术和特色产品优势在我国钢铁工业中具有独特地位。**资源优势**：攀西地区是中国乃至世界矿产资源较富集的地区之一，蕴藏钒钛磁铁矿资源上百亿吨，其中钒资源储量占世界的11.6%、中国的52.0%；钛资源储量占世界的35.0%、中国的95.0%。同时还伴生钴、铬、镍、镓、钪等稀有贵重矿产资源，综合利用价值极高。**产品优势**：钒产业技术和品种世界领先，拥有五氧化二钒、中钒铁、高钒铁、三氧化二钒、钒氮合金等系列产品。钛产业国内领先，拥有从钛精矿、高钛渣、钛白粉、海绵钛到高端钛材等系列产品。重轨获得国家出口免验资格，绿色家电用钢板通过欧盟ROHS认证，高端无缝钢管、特殊用钢广泛用于我国国防军工、航空航天、核电等重点项目。**技术优势**：是我国首批自主创新型企业，钒钛磁铁矿资源综合利用技术国际国内领先。普通高炉冶炼高钛型钒钛磁铁矿、钒氮合金生产工艺技术分别获得国家技术发明一等奖、二等奖；高速重载钢轨、大口径无缝钢管、微细粒级钛精矿等工艺技术国际领先。核电新产品、新材料研发生产技术国内领先。**区域优势**：是西南地区规模、技术、产品质量居首的钢铁精品基地，在西南区域市场具有“地利”优势。

# 有 限 公 司

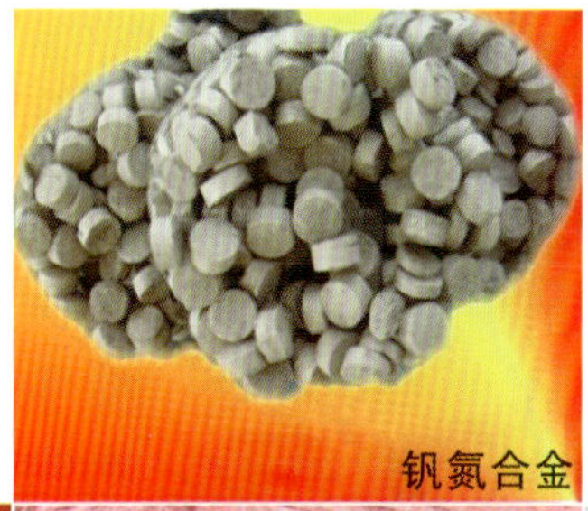
钒氮合金

高钒铁

五氧化二钒

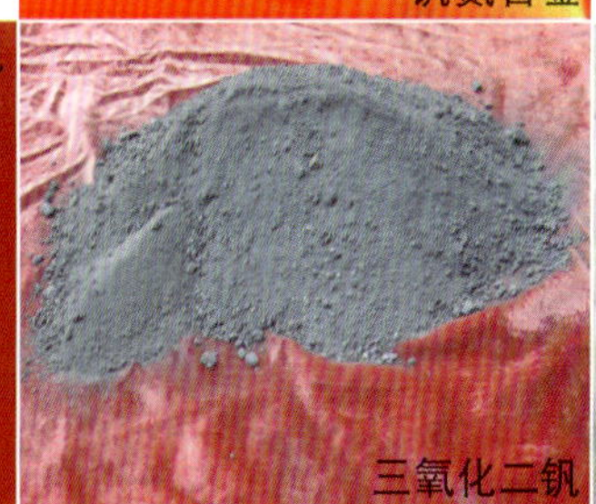
三氧化二钒

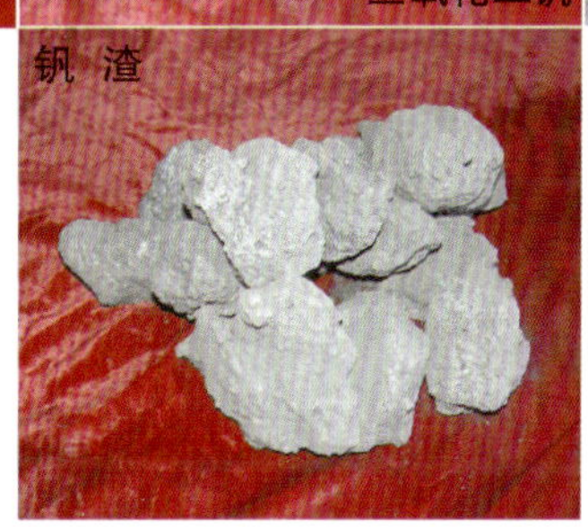
钒 渣

电话：（0812）3394123

传真：（0812）3392222

地址：四川攀枝花市东区向阳村

邮编：617067

西昌钢钒有限公司全景

鞍钢集团矿业公司
Ansteel Mineral Industry Company

# 致力成为能够引领世界
# 冶金矿山行业发展的矿山企业

鞍钢总经理助理、矿业公司经理 邵安林

近年来，鞍钢集团矿业公司在鞍钢新时期发展战略指引下，着眼于全球矿产资源开发利用和保障国内钢铁工业资源供给大局，全面实施了矿业总体发展战略，推进矿山建设、降本增效、管理升级、科技创新和企业文化建设，持续提升企业核心竞争力。按照全面领先的标准，打造了国内领先的信息化管理平台，实现生产全过程的信息化、智能化和精细化管理。全面实施基于价值链的战略成本管理，提升经营品质。弘扬传统美德，倡导时代新风，构建卓越文化，涌现出以“雷锋传人”郭明义同志为代表的一大批英模人物。以肩负企业社会责任、打造和谐矿山为己任，努力建设资源节约型、环境友好型绿色矿山，走出了一条以战略为主导，以产业化为方向，持续推进“三个创新”的科学发展道路，企业的产业化经营能力、综合竞争实力、行业影响力、可持续发展能力显著提升。目前，鞍钢矿业资源储量丰富，产业链十分完整，产量规模、低生产成本及技术和管理水平均居行业首位，已成为国内冶金矿山行业的龙头企业。2011年，销售收入192.6亿元，上缴税金39.2亿元，企业盈利高达66.6亿元，是2007年的近5倍。2007年以来，累计完成重大科研成果74项，其中，31项成果获得省部委以上奖项，2项成果获得国家科技进步二等奖；有8项管理创新成果获得省部委以上奖项，4项获得全国管理创新成果一、二等奖。鞍钢总经理助理、矿业公司经理邵安林荣获2012年度全国优秀企业荣誉称号。

# 首钢长治钢

董事长、党委书记　郭士强

首钢长治钢铁有限公司前身为故县铁厂，创建于1947年，是我党亲手建立的首个钢铁企业。2009年8月8日与首钢总公司联合重组后，企业步入了崭新的历史发展时期，现已形成集采矿、采煤、炼焦、炼铁、炼钢、轧材、水泥制造、工程建设、锻压机械制造、房地产开发于一体、年钢铁生产能力360万吨的大型钢铁联合企业。

公司产品包括钢铁产品、锻压机械、矿渣水泥三大系列。钢铁产品主要有H型钢、棒材、线材、热轧带肋钢筋、热轧左旋带肋钢筋、抗震钢筋、热轧无缝钢管。主导产品“上党”牌热轧带肋钢筋荣获国家冶金产品实物质量“金杯奖”、“国家免检产品”、“山西省标志性名牌产品”等荣誉称号，被毛主席纪念堂、北京奥运场馆、青藏铁路、深圳湾跨海大桥、秦山核电站等重点建设工程采用。

8号高炉

生产的螺纹钢

# 铁有限公司

热轧光圆钢筋

转炉炉台生产现场

# 东风汽车公司

## DONGFENG MOTOR CORPORATION

东风汽车公司（原第二汽车制造厂）始建于1969年，是中国大型国有骨干企业，总部设在武汉，主要制造基地分布在十堰、襄阳、武汉、广州等地，主营业务涵盖全系列商用车、乘用车、零部件、汽车装备和汽车水平事业。其中，商用车涵盖轻、中、重全系列卡车和客车产品，乘用车拥有1.0L～3.5L高中低档全系列的轿车、SUV、MPV和交叉型乘用车。

公司日益发展壮大，逐步成为集科研、开发、生产、销售于一身的特大型国有骨干企业，是国有经济的重要支柱企业。截至2011年底，公司总资产2 320.6亿元，员工15万人。2011年销售汽车305.9万辆，营业收入4 071亿元。位居2011年《财富》世界500强第145位，2011年中国企业500强第13位，中国制造业企业500强第2位。

公司秉承“关怀每一个人，关爱每一部车”的经营理念，将以“把东风打造成为国内领先、国际一流的汽车制造商；创造同业中国际居前、中国领先的盈利率；实现可持续成长，为股东、员工和社会长期创造价值”为事业梦想，以“建设永续发展的百年东风，面向世界的国际化东风，在开放中自主发展的东风”为企业愿景，以“实现三个跨越，构建一方和谐”为奋斗目标，致力于把一个自主开放、可持续发展、具有国际竞争力的东风推向世界。

天籁·公爵
舒适尊贵之王
创造新财富
东风·猛士
东风轻型车
物流新干线
2012款 智跑

# JAC 安徽江淮汽

董事长 安 进

爱心诊疗车交付

安徽江淮汽车股份有限公司是集商用车、乘用车及动力总成研发、制造、销售和服务于一体的综合型汽车厂商。各类产品在其细分市场表现优异。

江淮汽车创建于1964年，1968年制造出安徽省首台汽车，是中国较早的汽车企业。2001年在上海证券交易所挂牌上市，股票代码600418。2010年荣获全国质量奖，成为首个获此殊荣的自主品牌汽车企业。

目前公司主导产品有：6～12米客车底盘，0.5～50吨重、中、轻、微卡车，星锐多功能商用车，6～12座瑞风商务车（MPV），瑞鹰越野车（SRV），C级宾悦、B级和悦及和悦RS、A级同悦及同悦RS、A0级悦悦轿车。

面向未来，公司将始终保持"藐视一切困难，敢于竞争，敢于胜利"的新红军精神，始终如一的坚持"系统思考、团队学习、协调平衡、追求卓越"的核心理念，创新发展自主品牌，振兴民族汽车工业。

# 车股份有限公司

向中国解放军总装备部交车

出口免验企业

JMC

Ford
Go Further

# 江铃汽车股份有限公司
JIANGLING MOTORS CO.,LTD

江铃汽车股份有限公司，中国汽车行业的骨干企业，与美国福特汽车公司等世界500强结成战略合作伙伴关系，连续8年位列中国上市公司综合实力百强。

通过与福特等世界 500 强的战略合作，江铃汽车吸收了世界领先的产品技术、制造工艺、管理理念，并以合理的股权制衡机制、高效透明的运作和高水准的经营管理，成为中国上市公司治理100强。

江铃汽车自主品牌与合资品牌比翼齐飞，产品涵盖轻客、轻卡、皮卡、SUV 四大系列，成为节能、实用、环保汽车的典范。悬挂江铃全新标志的自主品牌SUV驭胜震撼上市，开启江铃股份乘用车品牌新纪元。

近年来，江铃汽车销量连续多年稳定增长，盈利能力稳步提升。公司构建了遍布全国的强大营销网络，建立了



咨询服务电话：4008801099 8008691099　网址：www.jmc.com.cn

国家技术中心，被认定为国家高新技术企业，JMC 自主品牌产品出口 80 多个国家，是中国轻型柴油商用车主要出口商，被认定为“国家整车出口基地”。

江铃汽车建立精益生产管理体系，实现了高效的供应链管理、产品开发和信息化管理，成为国内率先通过 TS 16949 一体化管理审核的汽车企业。

以“成为卓越的汽车制造企业，以高质量、盈利好的产品行销国内外”为愿景，江铃汽车在企业与员工、环境、社会的和谐共处中，不断朝更高目标迈进。

# 中联重科

中联重科股份有限公司创建于1992年，2000年10月在深交所上市（简称“中联重科”,股票代码000157）、2010年12月在香港联交所上市（股票代码01157），是中国工程机械装备制造领军企业，全国首批创新型企业之一。主要从事建筑工程、能源工程、环境工程、交通工程等国家重点基础设施建设工程所需重大高新技术装备的研发制造。公司注册约资本77.1亿元，员工3万余人。2011年，公司下属各经营单元实现销售收入近850亿元，利税过120亿元，在全球工程机械行业排名第7位。

中联重科自成立以来年均增长速度超过65.0%，目前生产具有完全自主知识产权的13大类别、86个产品系列，800多个品种的主导产品，是全球产品链非常齐备的工程机械企业。2008年收购意大利CIFA公司后，公司已成为全球领先的混凝土机械制造商。

中联重科股份有限公司

地址：湖南长沙银盆南路361号　　电话：（0731）88923899　　传真：（0731）8898181

中联重科秉承了原建设部长沙建设机械研究院雄厚的科研沉淀，参与制定了逾300项工程机械国家和行业标准。公司年均产生约300项新技术、新产品，对公司营业收入的年贡献率超过50.0%，累计国内申请专利2 400多项，国际申请专利200多项，并承担了国家“工程机械电气系统电磁兼容关键技术研究”，“大型移动式起重机研究与产业化开发”等973、863、科技支撑国家重点科技计划30余项。

在全球经济一体化趋势下，中联重科形成了混凝土机械、工程起重机械、城市环卫环保机械、建筑起重机械、路面施工养护机械、基础施工机械、土方机械、专用车辆、物料输送设备、液压元器件、工程机械薄板覆盖件、消防设备、专用车桥等多个专业分、子公司，打造一个国际化工程机械产业集群，朝着年销售收入千亿元目标进军！

ZOOMLION

www.zoomlion.com

# 萬豐奥特控股集團

WANFENG AUTO HOLDING GROUP

万丰奥特控股集团是民营股份制的大型工业企业，自创立以来，遵循“信誉万丰、绿色万丰、数字万丰”的经营理念，涉足汽车部件、机械装备、金融投资、新能新材、新城新园等五个产业，其中集团旗下的主营业务汽车零部件打造了全球列首位的铝轮生产基地。

万丰奥特坚持“科技创新是企业发展的永恒主题”，在行业内率先建立了国家企业技术中心、院士工作站、博士后工作站、留学生创业园，与中科院、工程院、中汽中心等开展长期产学研合作。近年来，完成了国家“863”计划、“火炬”计划、“星火”计划、“双高一优”等科技创新项目，是行业国际标准、国家标准的起草修订单位之一。

总结过去，万丰是辉煌的；正视现在，万丰是稳健的；展望未来，万丰是灿烂的。万丰人将以科学发展观为统领，响应省委省政府提出的“创新强省、创业富民”总战略和四大平台建设号召，向新能源汽车混合动力及军工产业等领域转型升级，通过实业资本与国际资本相结合，实现“百强、百誉、百年”万丰，为振兴地方经济促进社会发展作出更大贡献。

物联网解决方案已成功应用于煤炭等行业

研发人员正在紧张工作

知识产权教育基地

# 大唐电信

# 大唐电信科技产业集团

## DATANG TELECOM TECHNOLOGY &INDUSTRY GROUP

大唐电信科技产业集团（即电信科学技术研究院）是一家专门从事电子信息系统装备开发、生产和销售的大型高科技中央企业，拥有国内无线移动通信和集成电路领域最雄厚的科研开发和技术创新实力。多年来，集团坚持自主创新，掌握了一批电子信息通信领域内的关键核心技术，拥有一系列具有完全自主知识产权的重大技术创新和突破，在无线移动通信、集成电路、特种通信及战略性新兴产业等领域居国内外领先水平，已成为我国无线移动通信科技自主创新的主力军和践行创新型国家战略的典范。特别是，集团依托TD-SCDMA核心技术优势，把握高科技成果转化的规律，成功推动实现自主创新TD-SCDMA的产业化和市场化商用，积极布局TD-LTE，探索走出了一条“技术专利化、专利标准化、标准产业化、产业市场化、市场国际化”的高科技成果转化科学发展道路。

2012年1月，集团主导提出的TD-LTE-A被ITU正式确认为4G国际标准

歼十飞机

中国航空工业集团公司（简称“中航工业”）是由中央管理的国有特大型企业，2008年11月在原中国航空工业第一、第二集团公司基础上重组整合而成立。中航工业实行母子公司管理体制，设有装备、飞机、发动机、直升机、航电系统、机电系统、通用飞机、航空研究、飞行试验、贸易物流、资产管理等19个产业板块，下辖130多家企事业单位，拥有25家上市公司，其中A股19家，香港H股4家，德国和新加坡上市公司各1家。员工近50万人，其中两院院士17人，享受政府津贴专家约3 000人。

截至2011年末，中航工业资产总额近5 200亿元。2011年实现营业收入近408.4亿美元，同比增长31.7%，利润9.3亿美元，同比增长32.1%，跻身2012年度《财富》世界500强企业，排名第250位，较2011年跃升61位，连续4年上榜并保持了持续增长的势头。

# 中国航空工

Aviation Industry C

直九武装型编队

*电话：（010）58356984*

*传真：（010）58356979*

*地址：北京市朝阳区建国路128号中航工业大厦*

*邮编：100022*

走向世界的新舟60

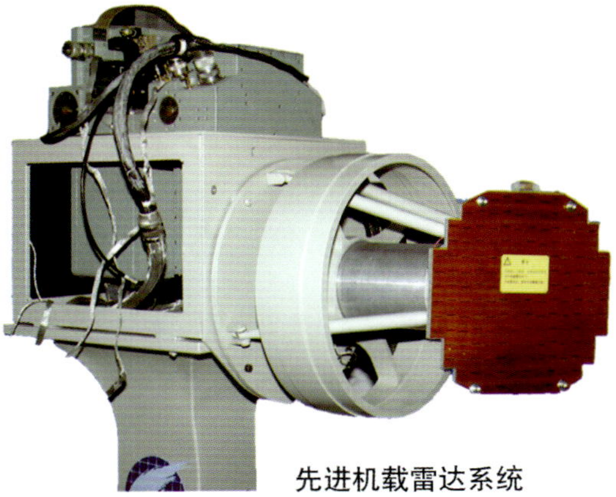
先进机载雷达系统

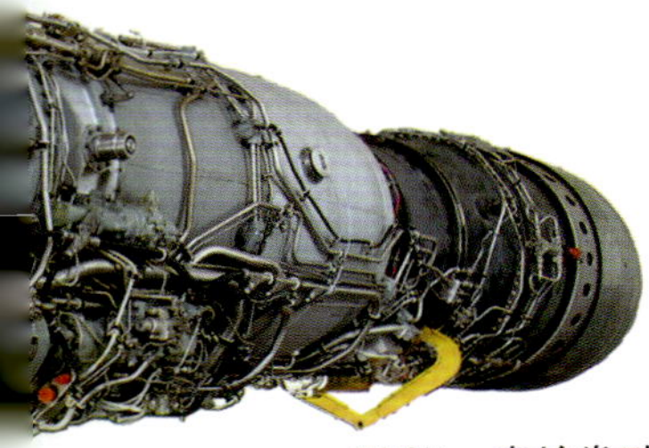
OOOK－秦岭发动机（FWS9）

歼八空中加油

飞豹出师

# 中国核工业集团公司
# China National Nuclear Corporation

中国核工业集团公司（简称“中核集团”）是经国务院批准组建、中央直接管理的国有大型重要骨干企业，成立于1999年，其前身为第二机械工业部、核工业部、中国核工业总公司，由100多家企事业单位和科研院所组成，现有员工约10万人，其中专业技术人才达3.8万人，中国科学院、工程院院士17人。中核集团拥有完整的核科技工业体系，是国家战略核力量的核心和国家核能发展与核电建设的主力军，肩负着国防建设和国民经济与社会发展的双重历史使命。

近年来，中核集团深化产业结构调整，加快转变经济发展方式，形成了核动力、核电、核燃料、天然铀、核环保、核技术应用、非核民品、新能源八大板块的产业格局，大力实施“走出去”战略，积极开拓国际市场，提出了“开放、包容、合作、共赢”的发展理念，确定了“集团运作、专业经营，科技兴核、人才强企，精益管理、双资推进”的经营方针，明确了“五个一工程”战略目标和“做强做优，世界一流”的愿景，全面完成了科研生产任务和经营业绩考核指标，截至2011年末总资产达到2 586亿元，实现主营业务收入443亿元，实现利润70亿元，连续7年获得国务院国资委年度考核A级，并被授予2004—2006年、2007－2009年连续两个任期“业绩优秀企业奖”，《提升资源保障能力和配置效率的集团化财务管理》荣获第十八届全国企业管理现代化创新成果一等奖。

在新的历史阶段，中核集团传承核工业半个多世纪以来举世瞩目的“两弹一艇”和实现中国大陆核电“零的突破”的辉煌历程，积极推进我国核电事业发展，不断提高核科技工业的整体水平和国际竞争力，努力实现核工业又好又快安全发展。

秦山二期



http://www.cnnc.com.cn

总部大楼

压水堆核燃料元件

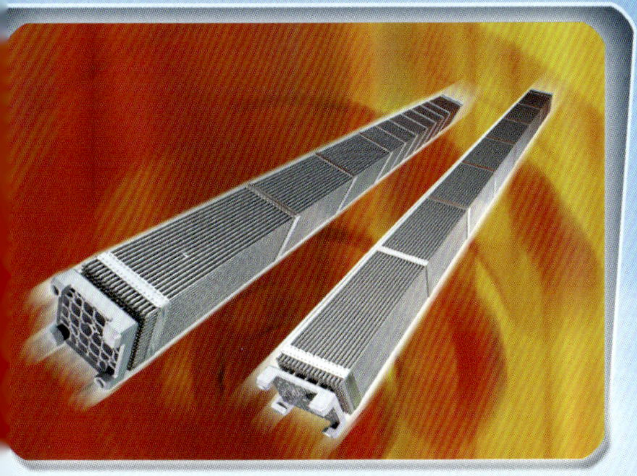

中国首个快堆

# 兴核强国　服务社会

田湾核电全景

国安大厦外景

# 中信国

中信国安集团有限公司（简称“国安公司”）为中国中信集团有限公司所属全资子公司。在中信集团领导下，始终坚决贯彻执行党的路线方针政策，以科学发展观为指导，自觉服从和服务于国家经济建设大局。国安公司成立20多年来，积极发扬“永远争第一”的企业精神，开拓进取、积极创新，各项业务取得了快速发展。目前，公司经营行业涉及信息产业相关业务（包

国安股份公司投资的合肥有线电视项目电视监控墙

中葡酒业系列产品

中信国安第一城

# 安集团有限公司

ZHONGXINGUOANJITUAN

括有线电视网络投资经营、电信增值业务、卫星通信、网络系统集成、软件开发、广告业务）、高新技术及资源开发、旅游房地产等领域，是中信集团在国内核心骨干实业子公司。国安公司下辖中信国安信息产业股份有限公司（SZ000839）和中信国安葡萄酒业股份有限公司（SH600084）两家上市公司，以及白银有色集团股份有限公司、中信国安第一城国际会议展览有限公司、北京国安城市物业管理有限公司、中信国安盟固利动力科技有限公司、三亚椰林滩大酒店有限责任公司等子公司。

国安公司现为亚太经合组织（APEC）中国企业联席会议成员企业，中国企业联合会、中国企业家协会成员企业。“国安”商标为著名商标和知名品牌。

三亚椰林滩大酒店外景

白银公司铜业公司电解车间

# SDIC 国家开发投资公司

国家开发投资公司（简称“国投”）成立于1995年5月5日，是国务院批准设立的国家投资控股公司和中央直接管理的国有重要骨干企业之一。国投注册资本194.7亿元，截至2011年末，资产总额2 766亿元，员工8万多人，在境外投资的糖联项目和汽车零部件项目为所在国创造就业岗位2万余个。2011年实现经营收入813亿元，利润95亿元。在国务院国资委年度业绩考核中，连续7年获得A级，并在连续2个任期考核中成为“业绩优秀企业”。

国投成立以来，不断完善发展战略，优化资产结构，构建了实业、金融服务业、国有资产经营“三足鼎立”的业务框架。实业重点投向电力、煤炭、港航、化肥等基础性、资源性产业及高科技产业；金融服务业重点发展金融、资产管理和咨询业务；国有资产经营业务主要根据国资委确定的国有资产经营管理平台的定位和要求，参与中央企业重组。

经过10多年的实践探索，国投逐步形成了“股权投资－股权管理－股权经营”和“资产经营与资本经营相结合”的独特运作模式，通过此模式实现国有资产的保值增值。

国投实行母子公司管理体制，总部设有12个职能部门，以及国投集团直属党委、中国投资协会国有投资委员会办公室、国投研究中心和国投培训中心，下设11个全资子公司和13个控股子公司，拥有三级以上全资和控股投资企业176家，其中包括5家控股上市公司：国投电力（600886）、国投新集（601918）、国投中鲁（600962）、中纺投资（600061）、中成股份（000151）。

党组书记、董事长 **王会生**

…滩水电站

天津国投津能发电有限公司

中国首个数字化矿井——刘庄煤矿

国家一类对外开放口岸——洋浦港

亚普汽车部件有限公司

底图为国投新疆罗布泊钾盐有限责任公司生产基地

***地址：北京市西城区阜成门北大街6号-6国际投资大厦***

***邮编：100034***

***http：//www.sdic.com.cn***

# 中国长江电力股份有限公司

## China Yangtze Power Co., Ltd.

中国长江电力股份有限公司是由中国长江三峡集团公司作为主发起人发起设立的股份有限公司，创立于2002年9月29日。2003年10月28日，公司首次公开发行人民币普通股2 326 000 000股，总股本为7 856 000 000股。2003年11月18日，公司首次公开发行股票中的1 279 300 000股社会公众股股票在上海交易所挂牌交易，股票代码600900。未来，公司将受托管理和收购中国长江三峡集团公司金沙江流域梯级电站。

公司主要从事水力发电业务。截至2011年底，公司拥有葛洲坝电站全部发电资产、三峡工程已投产的左右岸电站26台发电机组、地下电站3台机组，以及电源电站2台机组，总装机容量为2 317.7万千瓦。此外，公司通过参股发电企业，拥有权益装机容量约278.76万千瓦。

致力于成为世界水

高速公路加油站

海上钻井平台

江苏油田

2-49

中国石化

中原油田隶属于中国石化集团公司，由中原石油勘探局和中原油田分公司组成，主要从事石油天然气勘探开发、工程技术服务、炼油化工、油气销售等业务，主要勘探开发区域包括东濮凹陷、川东北普光气田和内蒙探区，基地位于河南省濮阳市。油田现有用工总量8.6万人，资产总额681.7亿元。2011年，中原油田生产油气当量首次突破千万吨，经营规模突破400亿元。油田连续三次被评为全国文明单位，荣获全国模范劳动关系和谐企业、全国五五普法先进单位和全国模范职工之家等荣誉称号。连续10年跻身全国对外承包工程30强，连年荣获河南省“外经业务完成营业额状元”，连续5年进入ENR国际承包商225强。

# 中国石油管道公司

中国石油管道公司作为中央直属企业，是从1970年建设的东北“八三”管道工程起始和演变过来的，已有42年历史。1999年中石油系统重组改制时，管道公司与管道局分开分立，现隶属于中国石油天然气股份有限公司，是从事长距离、高压力、大口径、多介质油气管道运输和天然气销售的专业化公司。公司下设22个输油气分公司和4个管道建设项目经理部，以及管道科技研究中心、储运技术服务中心等单位，现有用工13 460人。主要业务包括油气管道运营、天然气销售、管道工程建设、管道科技研究、储运技术服务、矿区管理等。

目前，公司运营管理油气管道总里程13 140公里，分布在全国16个省（自治区、直辖市）。其中，原油管道5 126公里、成品油管道5 227公里、天然气管道2 787公里。年输原油能力8 500万吨，年输成品油能力2 485万吨，年输天然气能力357亿立方米，储油能力571万立方米。资产总额达463亿元。

公司自1999年重组以来，已累计输送原油56 100万吨、成品油4 800万吨、天然气400亿立方米，为国民经济和社会发展做出了重要贡献。先后荣获全国五一劳动奖状、抗震救灾重建家园工人先锋号、中央企业先进基层党组织、全国模范职工之家等多项荣誉。

中国石油管道公司

# 中国石油集团东方地球物

中国石油集团东方地球物理勘探有限责任公司自2002年12月6日重组成立以来，坚持建设具有较强国际竞争力的技术服务公司目标，全面实施“一体化、集约化、国际化、数字化”发展战略，积极推进业务一体化发展，强化集约化管理创新和数字化技术创新，持续提升国际化水平，努力在更高层次、更广领域参与国际竞争，在野外采集、数据处理、资料解释、装备制造、软件开发等方面，都具备强大的市场竞争力。迅速成长为全球著名的地球物理承包商之一，成为国际地球物理承包商协会（IAGC）的核心会员。

公司始终秉承找油找气的服务理念，“矢志找油，当好主力军，持续创新，再做新贡献”，勘探足迹国内遍布各油气盆地，海外业务覆盖5大洲55个国家。公司坚持为油气勘探开发提供采集、处理、解释一体化地球物理勘探解决方案，不断破解技术难题，实现新突破、取得新发现，充分体现了找油找气主力军的作用和价值。

# 理勘探有限责任公司

# 与时俱进 开拓创新 实现辽河油田整体协调有效发展

辽河油田地跨辽宁省、内蒙古自治区的13个市（地）、35个县（旗），1970年开始大规模勘探开发建设，经过近40年的勘探开发建设，辽河油田攻克了一系列技术难关，形成了一整套适合辽河油田稠油、超稠油和高凝油等各种油品的开采技术，建成了全国最大的稠油、高凝油生产基地。截至2011年底，累计生产原油约4亿吨，生产天然气515亿立方米，已经在千万吨规模稳产了25年；累计上缴利、税、费总额1 646亿元，为国家经济建设和中国石油工业的发展做出了突出贡献。

辽河油田秉承“奉献能源、创造和谐”的企业宗旨，坚持以科学发展观为统领，以履行经济责任、政治责任和社会责任“三大责任”为己任，大力实施人才强企、技术创新和管理创新战略，坚持以加快转变发展方式为主线，致力推动“三个转变”。一是向突出结构优化调整转变。把着力调整优化结构作为加快转变发展方式的重要手段，重点推进产量、储量、业务、投资、成本、资产、市场、组织、队伍、分配等十个方面的结构优化调整。努力实现稠油与稀油、高凝油产量各占“半壁江山”，规模优质储量增加、动用程度提高，企业改革重组取得新突破，业务结构和布局更趋合理，投资、成本和资产结构更加优化，市场机制作用充分发挥；二是向全面推动科技创新转变。把科技进步和创新作为加快转变发展方式的有力支撑，建立完善潜山、致密砂岩油气成藏理论，配套形成蒸汽吞吐、SAGD、二元驱等“十大开发方式”，具有辽河特色的勘探开发技术保持国际先进水平；工程技术、工程建设、装备制造等技术接近或达到国内领先水平，整体自主创新能力持续增强。强化技术有形化和集成应用，科技进步在保障油田稳产、开拓外部市场、增强企业核心竞争力等方面的主导地位更加突出、驱动作用更为明显；三是向坚持规模效益并重转变。把全面提升发展质量和效益作为加快转变发展方式的最终目标，突出发展油气主营业务，协调发展工程技术服务、油田工程建设、装备制造业务，加快发展燃气事业，在稳步增加油田经济总量的同时，坚持以效益为中心，大力推进低成本发展，将效益理念贯穿于决策、生产、管理的全过程。依法以规治企形成共识和自觉行为，基础管理全面加强，管控能力显著提升，企业经济增加值持续增长，实现了集约发展、内涵发展。

辽河油田解放思想，创新思维，持续推进重组整合和发展方式转变，持续推进技术创新和管理创新，企业的核心竞争力和社会影响力不断提升，广大干部员工始终保持旺盛斗志、充满必胜信心，为打造“千万吨产量规模、千亿元经济规模”的国有骨干企业，持续提升全面协调可持续发展能力，为中国石油建设综合性国际能源公司不断作出新的贡献。辽河油田公司先后荣获全国五一劳动奖状、中国企业管理杰出贡献奖、全国精神文明建设先进单位、中央企业先进集体、全国企业文化建设先进单位等多项荣誉称号。

# 中国石油集团渤海

总经理　**秦永和**

党委书记　**秦文贵**

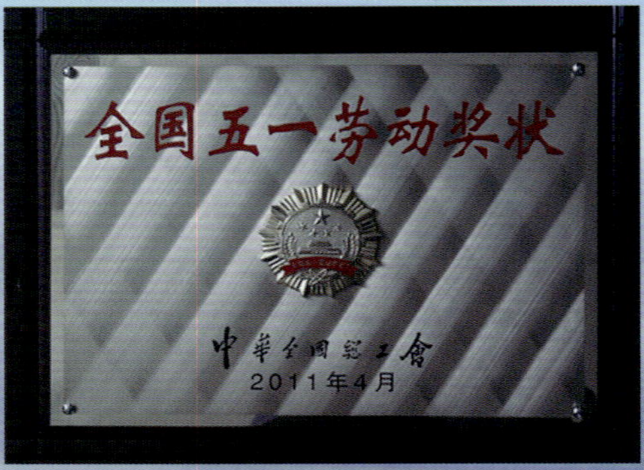

# 钻探工程有限公司

中国石油集团渤海钻探工程有限公司（简称“渤海钻探公司”）成立于2008年2月27日，地处天津经济技术开发区，是为油气田勘探开发提供石油工程技术服务的专业化公司。资产总额223亿元，用工总量约2.9万人。技术服务队伍遍及河北、天津、山西、内蒙古、陕西、海南、浙江、青海、新疆等省（自治区、直辖市）内的十几个油气田，以及委内瑞拉、印尼、缅甸、伊拉克、伊朗、蒙古等国际市场。渤海钻探公司成立以来，以建设优势突出的国际化石油技术服务公司为发展目标，坚持国际化、集约化、差异化、人性化原则，大力实施技术领先、市场优化、管理创新、人才强企、质量品牌、低成本战略，打造了业务精通、技术精专、技能精湛的管理人员、技术人员和操作人员队伍，形成了国内领先的“十大”优势系列技术和“六项”特色系列产品，成为全国高新技术企业、天津市企业技术中心、中国石油天然气集团公司技术分中心，综合技术实力处于国内同类企业领先地位。2008—2011年，渤海钻探公司先后荣获全国五一劳动奖状、第十届国家技能人才培育突出贡献奖、全国“安康杯”竞赛优胜企业、全国文明单位、全国企业文化建设优秀单位、天津市五一劳动奖状、天津市劳动关系和谐企业（AAA）等荣誉称号，连年被评为中国石油天然气集团公司安全生产先进企业。

武汉轻轨一号线

合武高铁

武汉长江隧道武昌进出口

武广高铁

中国铁建

# 中铁第四勘察设计院集

CHINA RAILWAY SIYUAN SURVEY AND DE

中铁第四勘察设计院集团有限公司（简称“铁四院”）是国家大型综合性勘察设计企业，是首批获得国家工程设计综合甲级资质、国家铁路投资咨询评估资格的设计企业，可承揽各行业工程勘察、设计、咨询、监理、工程总承包任务，具有对外经营权，设有博士后科研工作站、中国铁建轨道工程实验室等科技研发平台。连续多年在全国勘察设计行业综合实力百强中名列前茅。

半个世纪以来，铁四院完成了55 000公里和20多个大型铁路枢纽的铁路勘察设计任务，占建国后全国铁路建设勘察设计任务的30.0%。

设计建成了京沪、武广、郑西等一大批高速铁路，占全国新建高速铁路通车里程60.0%以上。

设计建成了武汉长江隧道、南京长江隧道、广深港高铁狮子洋海底隧道，是我国仅有的一家能设计四种隧道施工工法的设计院。

设计建成了以武汉站、广州南站、南京南站为代表的现代化车站。

承担了武汉、长沙、苏州、无锡、昆明、郑州、南京等城市的31条总长700余公里的轨道交通总体总包设计，是全国承担轨道交通总体总包设计较多的设计院。

铁四院主持了数十项国家、行业规范与标准的编写，先后获得全国大奖71项，省部委奖350项，其中全国优秀工程勘察设计奖14项，国家优质工程奖29项，国家工程勘察设计优秀软件奖3项，国家科技进步奖25项。拥有各类专利47项，143项工程设计入选中国企业新纪录。

铁四院被评为建国六十周年全国勘察设计行业十佳自主创新企业，先后获得全国诚信先进单位、全国优秀设计院、全国五一劳动奖状。

温福高铁

# 团有限公司
GN GROUP CO., LTD.

招商银行品牌代言人、国际钢琴巨星：郎朗

公司，成为首家入股保险公司的中小银行，开辟了中小银行创新发展的经典模式。

目前，北京银行资产规模突破10 000亿元，占全国147家城商行总量的1/10，成为中国人民银行指定的系统重要性银行。年度利润总额超过100亿元，人均创利连续多年超过100万元，各项经营指标均达到国际先进标准，成为人均创利高、效益优的精品上市银行之首。在英国《银行家》杂志2012年公布的全球1 000家大银行排名中，北京银行按一级资本排名第132位；在亚洲银行竞争力综合排名中位居第13位，在中国银行业位居第7位；品牌价值106.39亿元，在中国银行业排名第9位。

凭借优异的经营业绩和优质的产品服务，北京银行赢得了社会的高度赞誉。先后荣获中国上市公司百强企业、中国社会责任优秀企业、全国文明单位、中国优秀企业公民等几十项荣誉称号。

www.bankofbeijing.com.cn

中国黄金
中国黄金
China Gold
中国黄金
财富金条

孙兆学总经理荣获“2011CCTV中国经济年度人物”

收购中十冶签字仪式

# 开发有限资源　满足无限需求

地址：北京市东城区安定门外大街9号　　邮编：100011

网址：www.chinagoldgroup.com

避灾硐室员工自救系统

乌山二期项目

# 中国轻工业品进出口总公司

CHINALIGHT

中国轻工业品进出口总公司（简称"中轻总公司"）成立于1952年，是一家历史悠久、实力雄厚、具有良好商誉和发展前景的大型国有企业。主营业务包括浆纸、原材料资源性商品和一般商品进出口贸易。所属子公司从北京到珠三角、长三角等地形成了多方位的经营格局；位于汉堡、莫斯科、土耳其、温哥华、香港、曼谷、迪拜、圣地亚哥、约翰内斯堡等地的经营机构形成了国际化的营销网络。中轻总公司本部与所属子公司已全部通过ISO 9001：2000国际质量管理体系认证。

总裁 潘 旺

纸浆

进口可可豆

中轻总公司已成为我国大宗资源性商品的重要进口贸易商之一。目前年进口纸浆占国内进口纸浆市场流通量的20.0%，是国内纸浆市场的主要供应商。有色金属及金属矿产品、锰铬矿、石材、木材、化工及塑料原料、硼化工产品、橡胶、可可豆、芝麻、乳制品等多项商品业务已经形成了相当的经营规模和一定的市场影响力。其中，大理石荒料采购能力在国内名列前茅；铜精矿年进口量已占到国内市场进口贸易流通量的20.0%；乳胶及加纳可可豆进口量排名全国首位；铬矿、芝麻的进口规模稳居国内前三位。作为我国日用消费品以及工业制成品的主要进出口商之一。

中轻总公司以参与“为我国经济长期可持续发展提供稀缺的原材料和资源保障”为使命，将以调整创新为动力，以能力建设为核心，以增强竞争力为目标，逐步建设成为我国重要的大宗资源性商品供应商和集成贸易服务商。

*地址：北京市朝阳区劲松九区910号*
*邮编：100021*
*http://www.chinalight.com.cn*

塑料原料

木材

矿石装卸

# 打造具有国际竞争力的世界一流企业

## 中建材集团进出口公司

作为全球500强企业之一的中国建筑材料集团有限公司旗下国际贸易和物流平台，中建材集团进出口公司是一家建材行业国际贸易综合服务商，致力于成为国内大宗基础原材料现代物流引领者。

公司以“全球化、大建材、人才强企”和“大市场、大商品、大客户、大品牌”为战略，现已建成五大业务平台：中建材贸易、中建材装备、中建材矿业、中建材钢铁、中建材木业，主营业务涵盖建材产品、钢材、木材、建筑机械、机电产品、新能源产品、矿产品、煤炭等商品的贸易，大型成套装备出口及国际工程总包，电子商务和e物流等领域。公司与全球160多个国家和地区的客户建立长期稳定的合作关系，营业额以年均50.0%以上的速度递增。

公司弘扬“创新、绩效、和谐、责任”的核心价值，以“效率最高、成本最低、风险控制最好”为管理目标，不断优化经营模式，强化精细管理，打造具有国际竞争力的世界一流企业。

www.cbmie.com

# 易单网

中建材集团进出口公司的电子商务平台易单网（www.okorder.com）是面向全球提供建筑材料产品和服务的综合性网络平台，致力于通过互联网为国内供应商提供全新的交易平台，开创多样化的销售渠道；为国外客户提供一站式、快速、便捷的采购服务。

## 易单国际站

专注于建材及相关产品，打造期货和现货相结合的垂直型外贸电子商务网站。

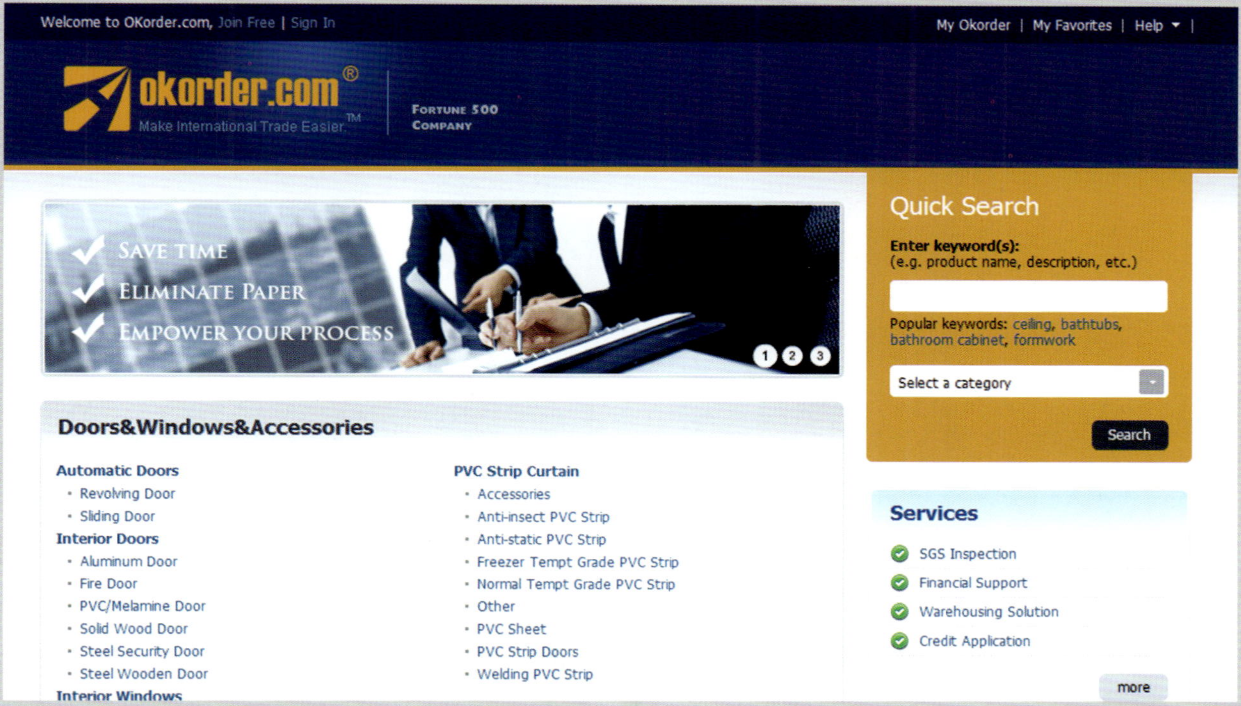


## 易单中国站

集社区、工具、知识、专家、资讯及服务为一体，打造中国最大的外贸门户网站。

浙江大东南股份有限公司是一家由浙江大东南集团有限公司作为主要发起人，经浙江省人民政府证券委员会批准于2000年6月成立的股份制企业。主要生产高科技塑料薄膜和各种规格的塑料制成品，是目前国内大型的塑料制品生产基地之一。公司十分注重现代化企业管理、科技进步和技术创新工作，先后从香港、日本、德国、英国、意大利等国家和地区引进了一系列具有国际先进水平的技术设备，开发生产适应市场需求的高档次塑料包装基材和塑料包装产品，使企业形成了“一流的设备、一流的技术、一流的产品”的竞争优势，成为全国塑料制品行业龙头企业，产品远销美国，欧洲，中东，日本，香港等国家和地区。并于2008年7月28日在深圳证券交易所成功上市发行A股股票（股票代码：002263）。

公司为实现中国塑料包装产业现代化、科技化，把企业打造成为全中国乃至全世界领先的可降解再利用的新型绿色健康塑料包装产业研发、生产基地。自创建以来，始终围绕塑料包装这一主业，不断做大做强，坚持视质量为生命，视用户为上帝，求真务实，不断创新。“大东南”将以进入资本市场为契机，塑造崭新的企业形象，提高管理者队伍素质，用良好的效益回报广大投资者，实现大东南人的最终目标——打造世界一流包装企业。

股东放心

客户满意 百姓

董事长、总经理 龚伟

# 重庆医药（集团）股份有限公司

## Chongqing Medicines (Group) CO., LTD.

重庆医药（集团）股份有限公司（简称“重庆医药”）是重庆化医控股（集团）公司的控股子公司，前身为1950年成立的中国医药公司西南区公司，1994年改制为国有控股的股份制企业。

重庆医药是中国西部地区列首位的医药商业企业，涵盖纯销、分销、零售等业态，有进出口经营许可权，是中央和重庆两级政府药械定点储备单位，是中国3家经营特殊药品的全国性批发企业之一，是国际医药批发商联合会会员单位。

重庆医药通过以社会责任为导向的诚信经营管理，经营质量和经济效益显著提高。重庆医药经营品规从2006年的3万个左右发展到2011年的7万多个，销售网络从2006年覆盖全国10个省市发展到2011年覆盖全国31个省（自治区、直辖市）。重庆医药在银行的授信总额从2006年的8亿元增加到2011年的37.9亿元，翻了3.7倍。2006—2011年，重庆医药销售连续6年列中国医药商业前8位，居西部医药商业第1位，销售收入增幅163.5%，净利润增幅9.3倍，上缴税金增长2.5倍，注册资本增幅380.0%，总资产增幅123.0%，净资产增幅594.4%。截至2011年底，重庆医药超过10亿元规模的分子公司从无到有，增加至6家，首次突破20亿元规模的2家。

# 员工自豪

## 言赖 政府省心

电话：（023）63842684　传真：（023）63841227　邮编：400010
地址：重庆市渝中区大同路1号　http：//www.cq-m.com.cn

南京医药产业集团组建于2000年，是集科工贸于一体、融中西药于一身的国有大型企业集团，集团控股“南京医药”、“金陵药业”2家上市公司；拥有2个企业博士后科研工作站和1个国家级企业技术中心、1个省级开发中心、1个国家级中药材基地。集团所属企业分布全国11省（市），经济规模及经营业绩连续7年位列中国500强，2011年荣登中国企业500强第310位。集团拥有特色中成药、化学制剂、化学原料药，拥有心血管类、抗肿瘤类等专科制剂。

## 集团所属企业

南京医药股份有限公司
金陵药业股份有限公司
南京白敬宇制药有限责任公司
南京中山制药有限公司
南京艾德凯腾生物科技有限公司
金陵药业股份有限公司南京金陵制药厂
南京同仁堂药业股份有限责任公司
南京恒生制药厂
南京生命能科技开发有限公司
金陵药业股份有限公司福州梅峰制药厂
金陵药业股份有限公司浙江天峰制药厂
南京益同药业有限公司

电话：（025）83199566　　传真：（025）83199555
地址：江苏南京市唱经楼西街65号　　邮编：210008

# 北京京煤集团有限责任公司

北京京煤集团有限责任公司是国有独资大型企业集团，拥有权属二三级单位60余家，资产314亿元，员工约2.8万人。集团发挥规模优势和区位优势，依托行业、技术、资源和人才优势，形成“以能源、房地产和城市服务三大产业为主导，其他相关产业多元发展”的战略格局。集团在北京市和内蒙古自治区建有大型现代化煤矿，是中国无烟煤重要产业基地，所产洁净环保无烟煤注册“京局洁”牌，发热量高、灰分低、硫分低，为冶金、电力、化工等行业的重要燃料和原料，除供应国内工厂和民用外，年出口煤炭200万吨。集团房地产业立足首都，面向全国，在北京市开发有众多地标性建筑，在天津市、辽宁省、内蒙古自治区、海南省等均开发有大型基建项目。集团利用拥有丰富土地资源和经营网点的条件，发展现代物流、旅游饭店、燃料经营、物业租赁、汽车贸易等城市服务业，并在民爆化工、机械加工制造、建筑建材等相关领域全面发展。2011年，集团资产总额314亿元，经营总收入179亿元。集团努力打造理念先进型、质量效益型、本质安全型、技术创新型、和谐发展型的“五型”企业，先后被评为中国煤炭工业优秀企业、中国煤炭工业百强企业、北京市百强企业、北京市先进管理企业、北京市守信企业和中国企业文化建设先进单位等荣誉称号。并先后通过ISO 9001国际质量体系、GBT 28001职业健康安全管理体系和ISO 14001国际环境管理体系认证。

机械化采煤

京煤鑫华源公司研制的立体车库

京煤化工公司研制的全自动雷管装配机

在内蒙古乌海市投资建设的京海电厂

三亚山屿湖项目实景

内蒙古高家梁煤矿选煤厂

# 山东能源新矿

矿长　何希霖

山东能源新矿集团翟镇煤矿1993年建成投产，是核定年生产能力190万吨的大型现代化矿井。配套建有大型现代化选煤厂，原煤全部入洗。产品有动力精煤、冶炼精煤、洗混煤和优质块煤等多个品种。“翟镇”精煤、“双八”精煤畅销国内外。经营范围涉及煤炭、电力、机械制修等多个领域，在山西、内蒙古、新疆建有三大煤炭基地，产能达1 200多万吨。

围绕国家矿产资源节约综合利用示范基地建设，结合企业实际，确立了“五型六化”矿井创建目标，牢固树立绿色开采，安全发展理念，创新实施以充填开采为核心，以系统节能、清洁生产、环境整治为支撑的煤矿绿色开采模式，实现了“矸石不升井、污水不外排、采场不产尘、采动不影响、资源不浪费”的目标。

以先进文化为引领，深入推进以“立信、重信、守信，学习力、执行力、发展力”为核心的“3+3”安全诚信文化建设，有力的提升了矿井安全生产整体水平。矿井已实现连续安全生产3 500多天，安全产煤2 000多万吨。

矿井先后荣获全国安全文化建设示范企业、全国绿色矿山试点单位、煤炭工业双十佳矿井、煤炭工业科技进步十佳矿、行业一级安全高效矿井、全国重合同守信用企业、齐鲁先锋基层党组织等80多项省部委以上荣誉称号。

电话：（0538）7842147　　传真：（0538）7842637
地址：山东新泰市翟镇　　邮编：271204

# 集团翟镇煤矿

齐鲁先锋
基层党组织
中共山东省委
2012年6月
全国安全文化建设
示范企业
国家安全生产监督管理总局
二〇一二年四月
国家级
企业管理现代化创新成果
第十六届

翟镇煤矿

# 山东济宁运河煤

矿长 高立群

党委书记 柴同义

团结务实的领导班子

矿区一角

鸟瞰图

# 矿有限责任公司

山东济宁运河煤矿有限责任公司，是济宁能源发展集团下属的一座国有现代化矿井，现有职工1 950人，各类专业技术人员463人，年核定生产能力110万吨。矿井装备有国内先进的综采放顶煤设备，煤层赋存条件复杂多变，开采难度较大，但煤炭质量优良，发热量高，是优质的动力煤和炼焦配煤。

作为济宁市重点企业和利税大户，运河煤矿努力打造安全生产精细化管理体系，大力推行节支降耗，企业效益稳步增长，安全生产实现持续稳定推进，为济宁市的经济发展做出了积极贡献。

近年来，在公司领导班子的正确带领下，广大干部职工努力拼搏，干事创业，取得显著成绩，先后荣获全国首批管理创新示范单位、全国煤炭工业先进集体、全国五一劳动奖状、全国煤炭行业一级安全高效矿井、全国安全质量标准化煤矿、山东省富民兴鲁劳动奖状、山东省管理创新十佳企业、山东省首届诚信示范企业、山东省劳动关系和谐企业等荣誉称号。

文化长廊

电话：（0537）2593501　传真：（0537）2593503
地址：山东济宁市任城区南张镇　邮编：272155
http：//www.yhmk.com

真龍游天
C88

www.gxzygygs.com

传承 和谐

中国企业年鉴
红云映辉 红河奔腾
创新 超越
红云红河集团
HONGYUNHONGHE GROUP

# 江南工业集团有限公司

董事长　齐振伟

总经理　廖　平

江南工业集团有限公司是中国兵器集团公司直管单位，成立于1952年，是国家"一五"期间前苏联援建的156个重点项目之一。公司占地6.26平方公里，资产总额28亿元，下设6个制造分厂、2个研究所、4个支撑保障中心；同时，集团下辖13个控股、参股子公司，其中包括一个上市公司。公司子公司驻地分布在上海、山东、四川等地，并相继在公司本部、湘潭高新技术开发区、长沙国家级高新技术开发区建立了产品研发中心和制造基地。

公司坚持实施"寓军于民，融合发展"战略，在军品方面，积极履行核心使命，初步形成了设计制造一体化的数字化军工能力。在民品方面，积极融入地方经济、融入新兴产业、融入优势企业，确立了"2+1"发展战略，形成了以银箭CNG气瓶、LNG气瓶、智能化CNG加气储运集成罐车、加气装备研制、生产以及天然气加气站建设等为代表的新能源装备系列，以成都银河动力的缸套、活塞为代表的汽车零部件系列，以江南奥拓、朗俊、朗悦等为代表的汽车系列。公司具有完备的质量保证体系，通过了ISO 9001国际质量体系认证、法国BV认证、德国莱茵认证。

目前，企业为全国"双高"企业（高新工程、高新技术）、全国创新型企业、国家认定企业技术中心、国家一级计量单位、一级理化企业、兵器工业集团现场管理五星级单位和法律风险标准化规范工作一级单位。公司先后获得了国家科学技术进步奖特等奖、全国先进基层党组织、高技术武器装备发展建设工程突出贡献奖、中国载人航天突出贡献奖、兵器集团公司科学技术进步特等奖等20多项重大荣誉称号。